2021 郑州年鉴

ZHENGZHOU YEARBOOK

郑州市人民政府 主办

郑州市地方史志办公室 编

中州古籍出版社

·郑州·

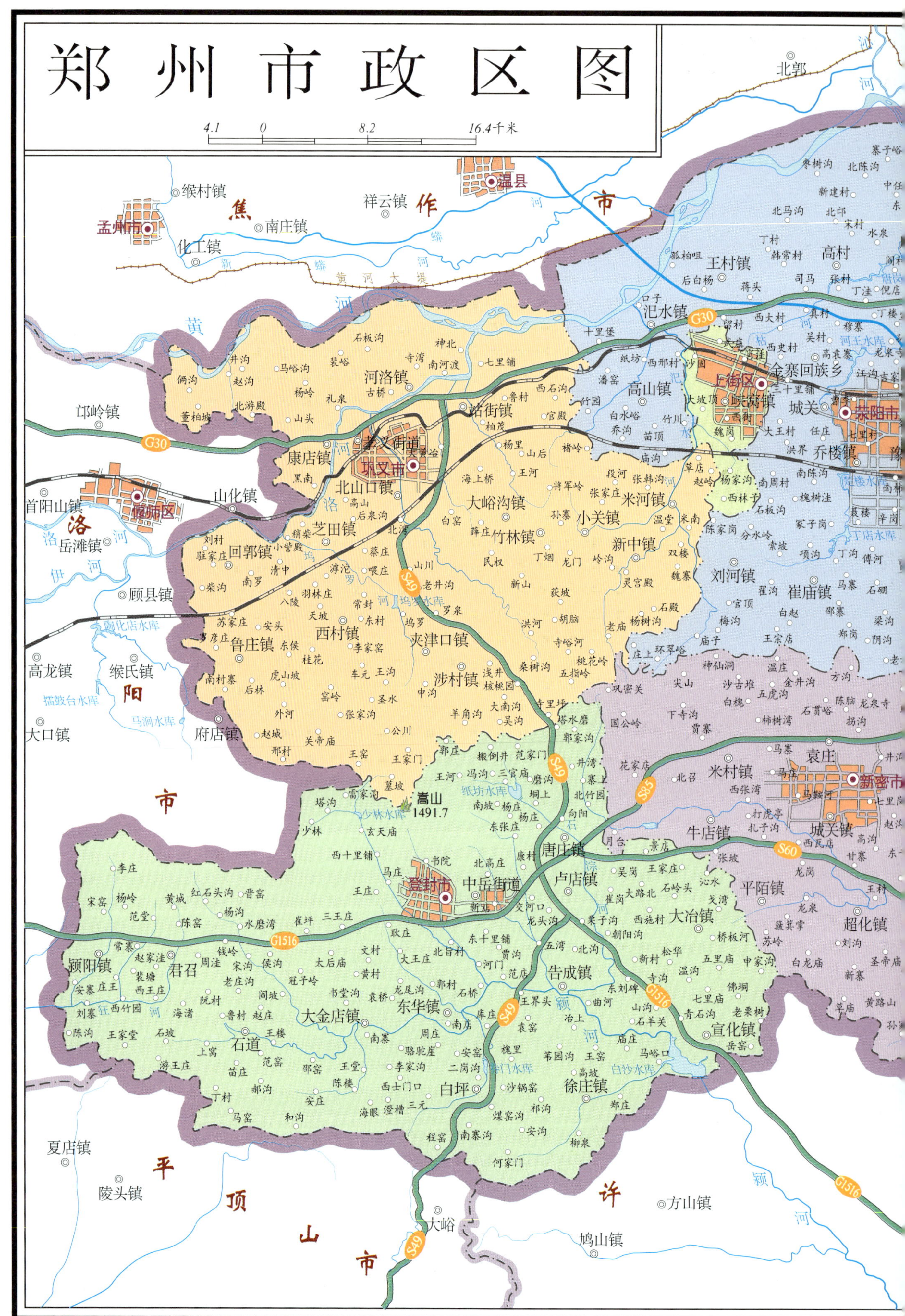

注: 图上行政界线为权宜画法，不作为划界依据

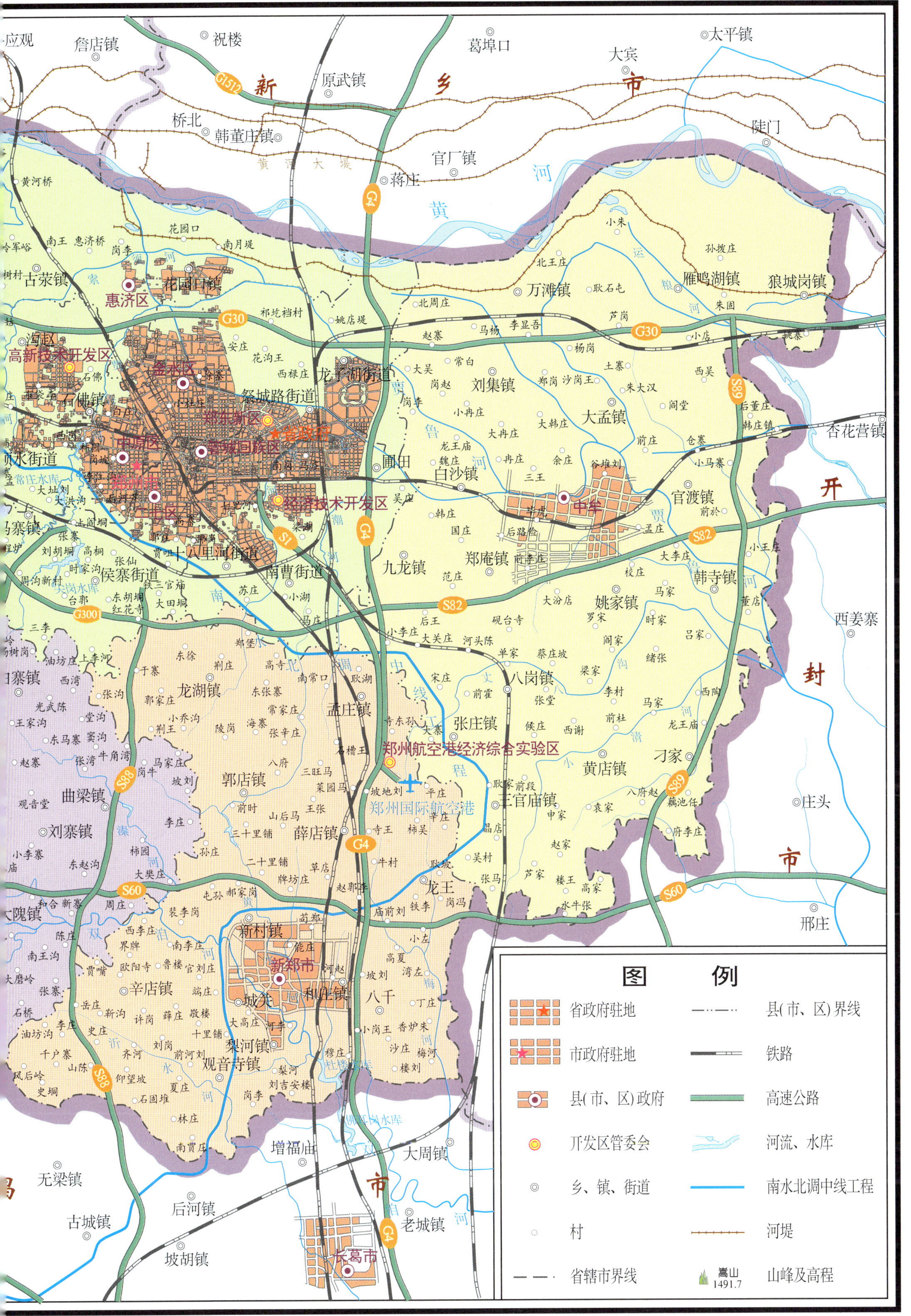

河南省科学院地理研究所 编制　　审图号: 豫郑S【2021】004号

注：图上行政界线为权宜画法，不作为划界依据

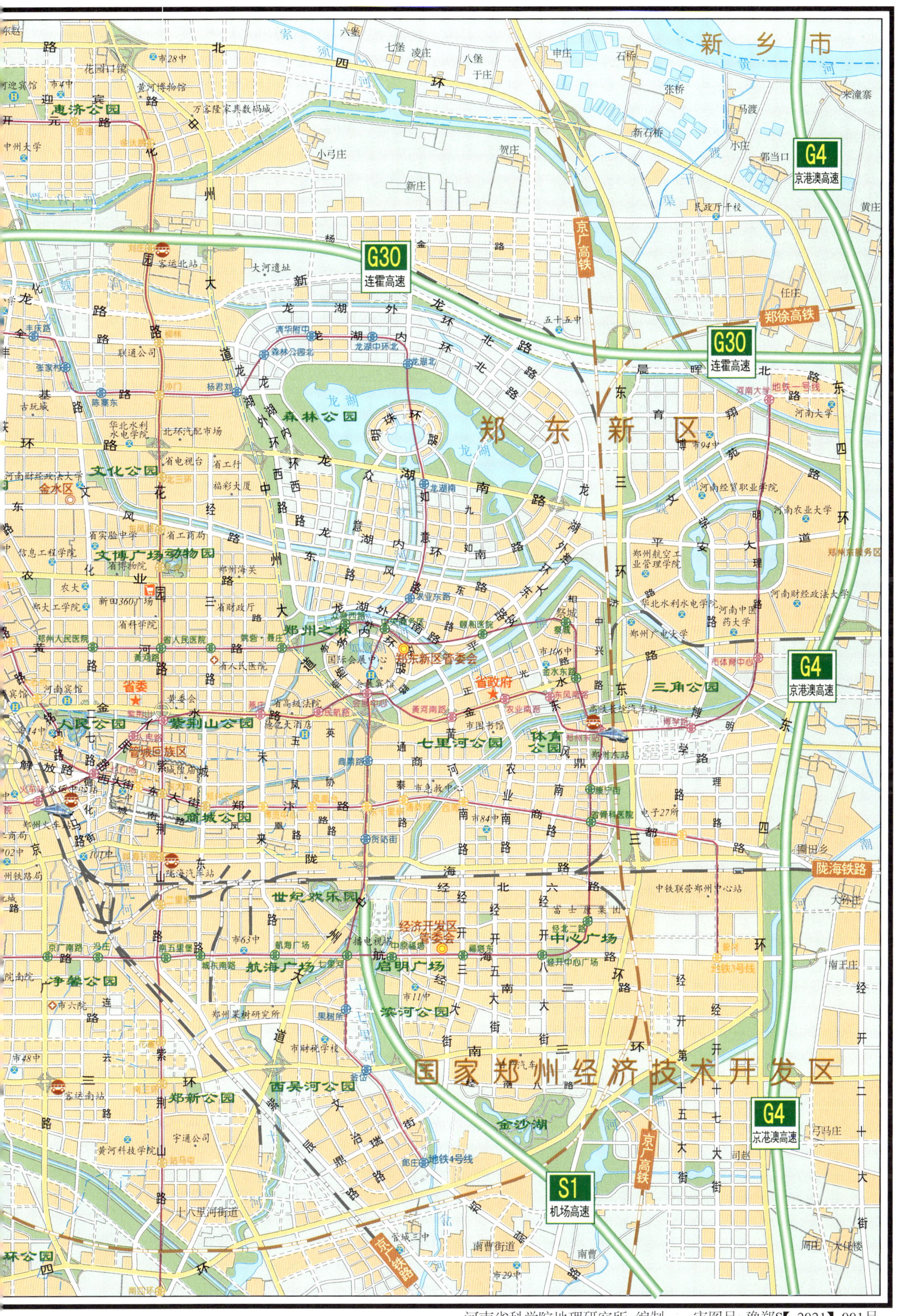

河南省科学院地理研究所 编制　审图号: 豫郑S【2021】001号

注：图上行政界线为权宜画法，不作为划界依据

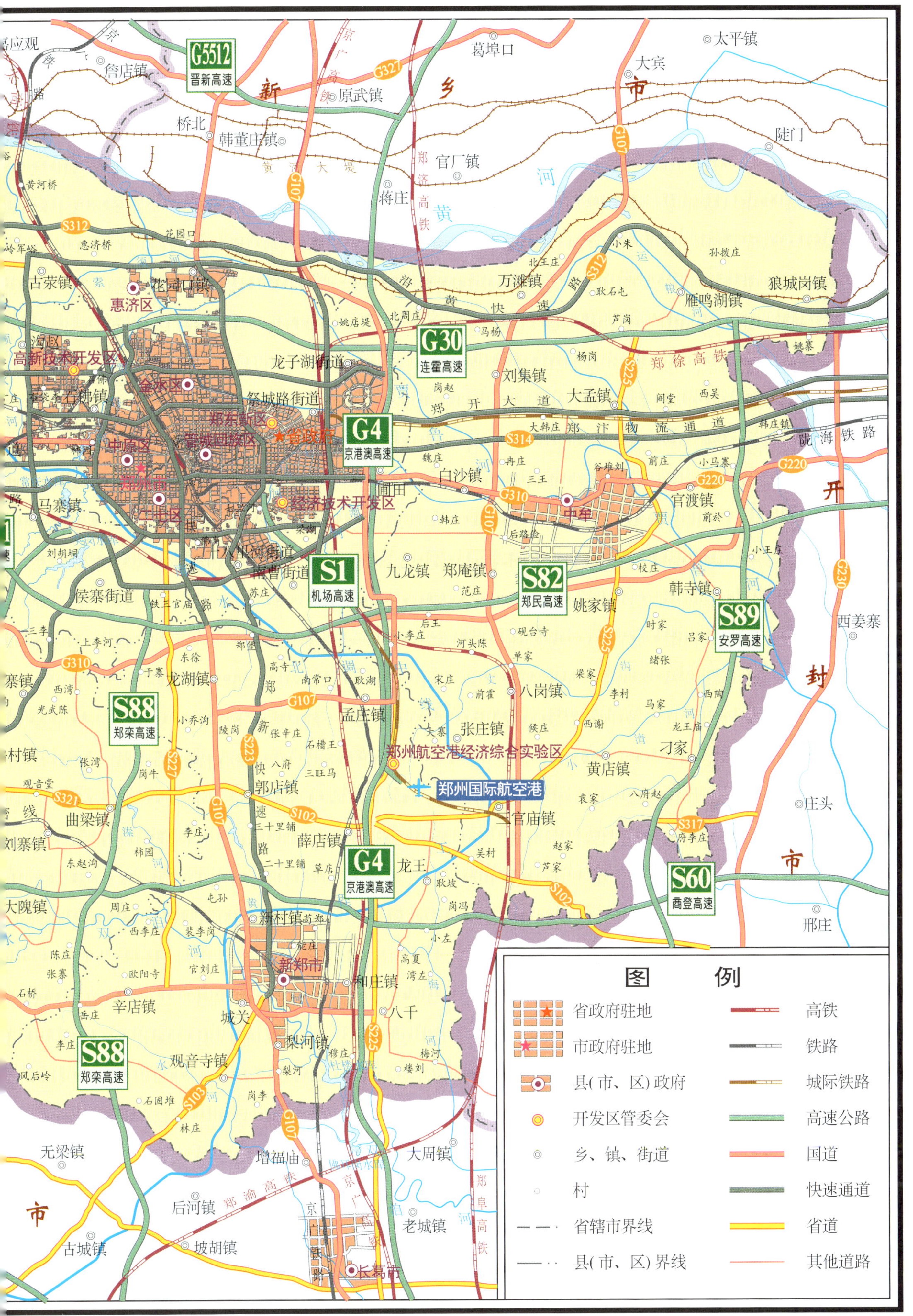

河南省科学院地理研究所 编制 审图号: 豫郑S【2021】002号

郑州市地势图

注: 图上行政界线为权宜画法，不作为划界依据

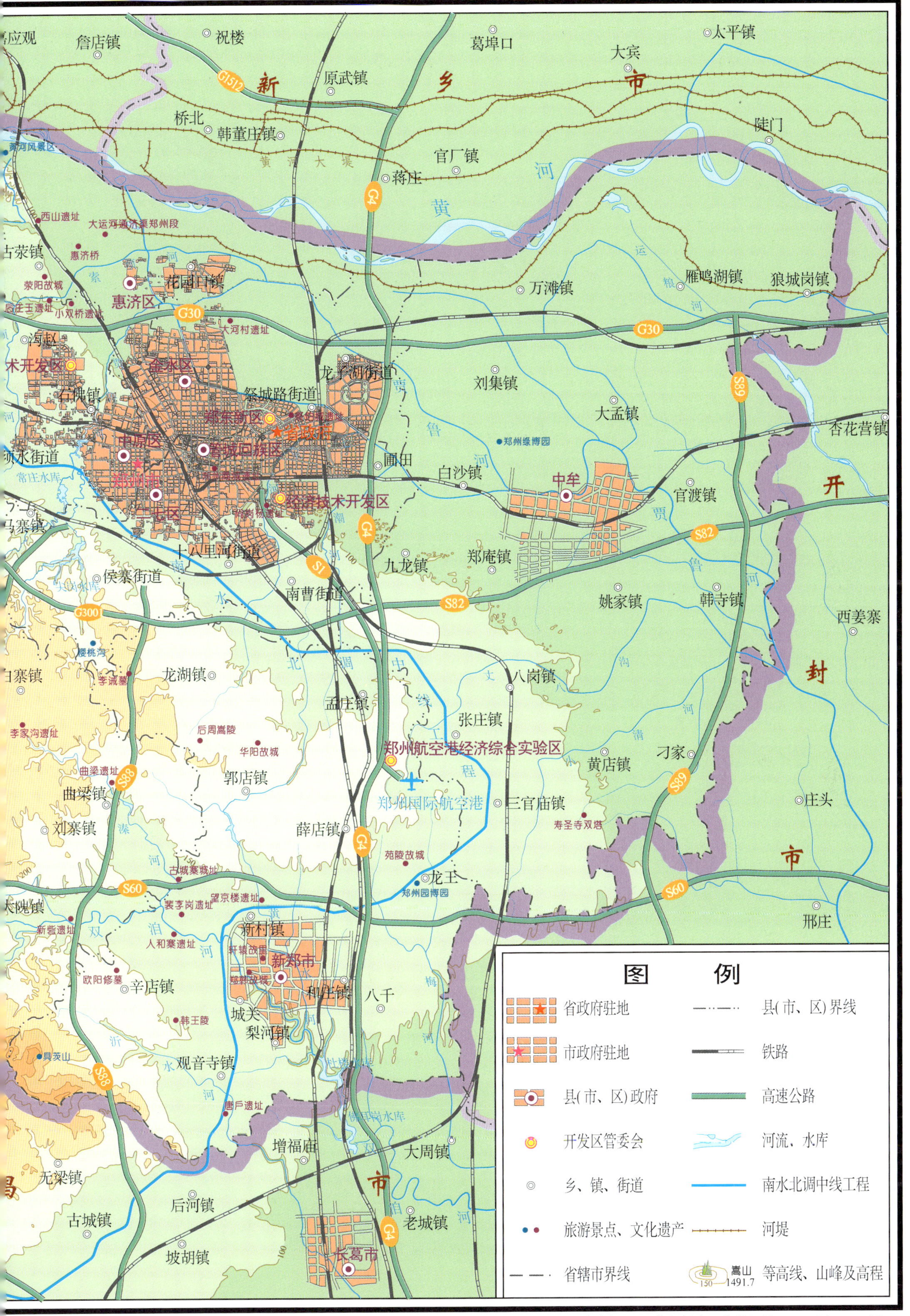

河南省科学院地理研究所 编制　　审图号: 豫郑S【2021】003号

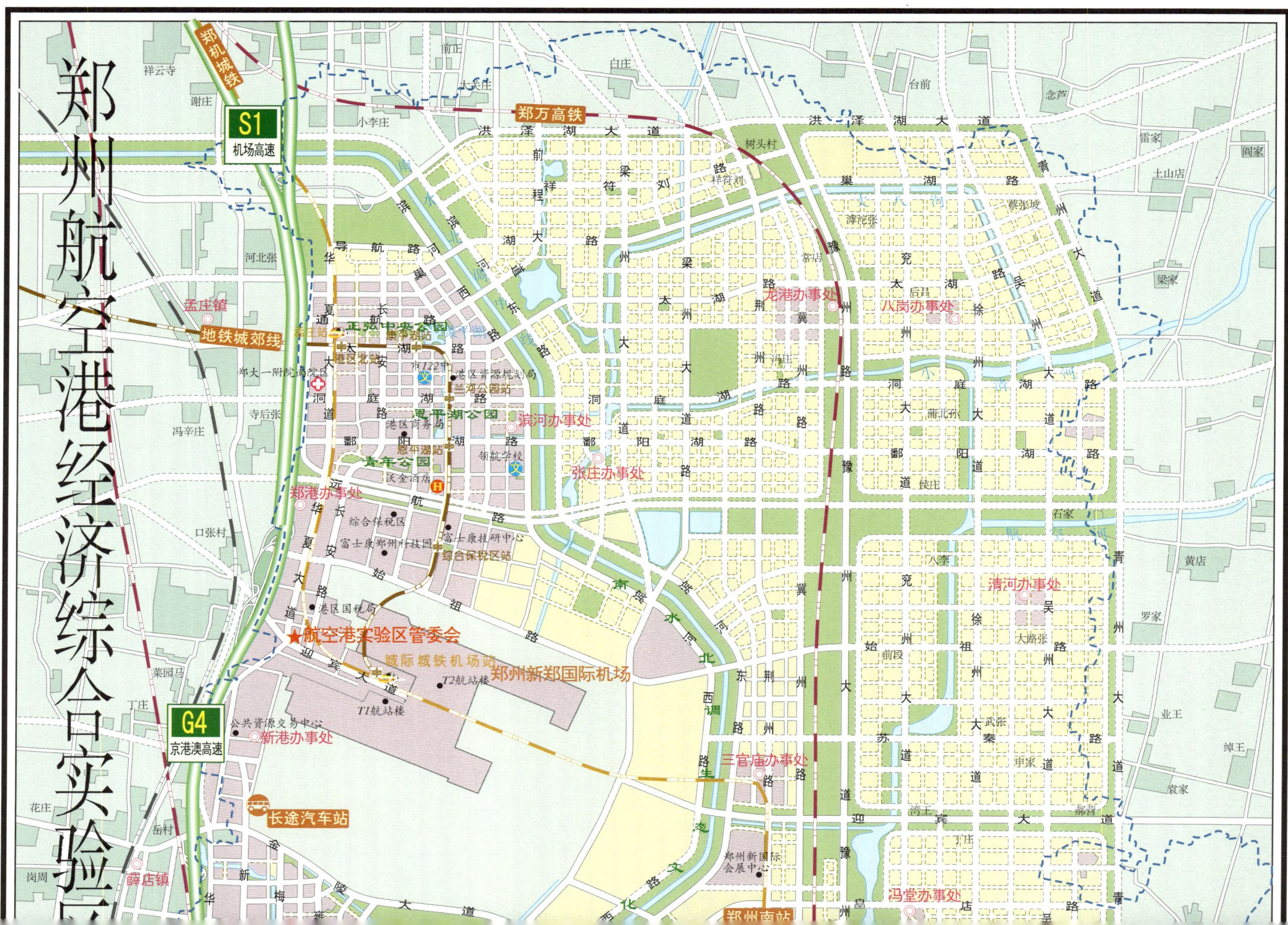
郑州航空港经济综合实验区
郑机城铁
S1
机场高速
郑万高铁
G4
京港澳高速
地铁城郊线
孟庄镇
薛店镇
祥云寺
谢庄
小李庄
河北张
寺后张
冯辛庄
口张村
菜园马
丁庄
花庄
岳村
岗周
前庄
大吴庄
白庄
台前
念芦
雷家
阎家
土山店
梁家
树头村
黄店
罗家
业王
绰王
袁家
洪泽湖大道
青州大道
航空港实验区管委会
郑州新郑国际机场
城际城铁机场站
T2航站楼
T1航站楼
港区国税局
公共资源交易中心
新港办事处
长途汽车站
郑港办事处
滨河办事处
张庄办事处
龙港办事处
八岗办事处
清河办事处
三官庙办事处
冯堂办事处
正弦中央公园
兰河公园站
兰河公园
恩平湖公园
恩平湖站
青年公园
港区资源规划局
港区商务局
领航学校
沃金酒店
综合保税区
富士康郑州科技园
富士康技研中心
综合保税区站
港区北站
郑大一附院航空港院区
郑州南站
郑州新国际会展中心
南水北调
迎宾大道

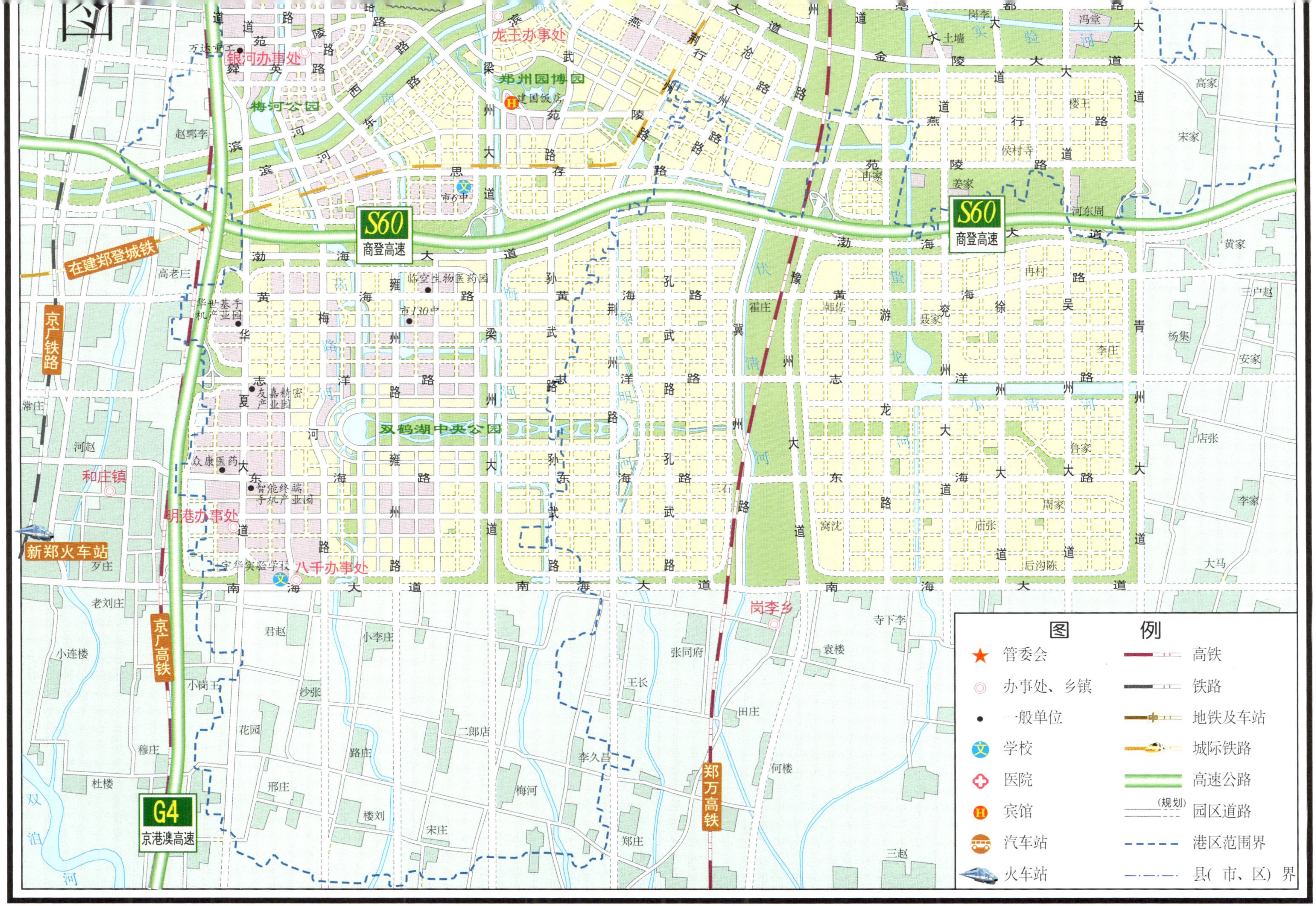

图例

★	管委会		高铁
◎	办事处、乡镇		铁路
•	一般单位		地铁及车站
文	学校		城际铁路
✚	医院		高速公路
H	宾馆	(规划)	园区道路
	汽车站		港区范围界
	火车站		县(市、区)界

S60 商登高速

G4 京港澳高速

京广铁路

京广高铁

郑万高铁

在建郑登城铁

新郑火车站

双鹤湖中央公园

郑州园博园

梅河公园

龙王办事处

银河办事处

明港办事处

八千办事处

和庄镇

岗李乡

注: 图中行政界线为权宜画法，不作定界依据

编　制: 河南省科学院地理研究所　审图号: 豫郑S【2021】005 号

编辑说明

一、《郑州年鉴》以马克思列宁主义、毛泽东思想、邓小平理论、“三个代表”重要思想、科学发展观、习近平新时代中国特色社会主义思想为指导，坚持辩证唯物主义和历史唯物主义立场、观点和方法，继承和发扬我国优秀文化传统，认真学习宣传贯彻党的十九大精神，积极服务郑州市国家中心城市建设大局，客观翔实地记述郑州市在经济建设、政治建设、文化建设、社会建设、生态文明建设方面的发展状况，力求达到思想性、资料性、科学性的统一。

二、《郑州年鉴》是郑州市人民政府主办、郑州市地方史志办公室承办的地方综合年鉴。该鉴是系统记述本行政区域政治、经济、文化、社会、生态等方面情况的年度资料性文献，为机关、企事业单位等组织及外来投资者和社会各界人士了解郑州、研究郑州、建设郑州提供丰富翔实的地情资料。

三、《郑州年鉴》以出版年号为卷次名称，自1985年创刊以来，每年出版一卷，本卷年鉴是总第37卷，记录2020年郑州市经济社会发展情况和大事要事。

四、《郑州年鉴》采取分类编辑法，按篇目、类目、分目、条目的结构组成内容体系。全书以不同字体、字号区别不同层次。条目标题均加【 】表示，大事记收录的条目前均加△表示。为方便读者检索，《郑州年鉴》正文前设置专题图片目录、总目、中英文目录；正文后设置主题词索引、表格和示意图索引，主题词索引标目按汉语拼音声母音序分类排列，表格和示意图索引按页码顺序排列。

五、《郑州年鉴》2021卷设有特载、专记、市情概要、大事记、国家战略、党政机构、群众团体、法治、军事、农业农村、水利、工业、交通运输业、商贸流通、对外经贸、金融业、邮电通信业、财政税务、城乡建设与管理、房地产业、生态与环境保护、经济监督与管理、教育、科技、文化事业、新闻出版与传媒、卫生健康、体育、社会事业、园区建设、区县（市）、人物荣誉、附录等33个篇目。全书除文字内容外，还收录了反映郑州市国家中心城市建设、城乡新貌、重大事件等方面的彩色图片。

六、《郑州年鉴》所辑录的内容由市直各部、委、办、局，各区县（市）、开发区及部分驻郑单位组织提供，均经各供稿单位审核，资料真实可靠。“统计资料”由郑州市统计局提供，内文条目中的数据由各供稿单位提供，部分条目中的数据因统计口径等原因可能与统计资料中的数据不相符合，在引用本书的有关数据时，应以“统计资料”为准。

郑州年鉴编纂委员会

郑州年鉴编辑部

主　　编	朱　军
副 主 编	梁豫生
编　　辑	蒋晓娜　程天天　李　栋　范鹏飞 苏金平　刘　恒　李丛蕾　高　畅 魏海薇　王　丹　李莹丽　李　靖
装帧设计	凡响工作室

郑州年鉴各县（市）区编辑组

巩义市

组　长：景晓明（副市长）
副组长：路培育（市史志办主任）
组　员：魏小艳

登封市

组　长：刘　宁（市委常委、副市长）
副组长：梁跃飞（市政府办主任）
成　员：刘华东　白少丹　鲍丽丽

新密市

组　长：贾　昊（市委常委、统战部部长，兼市委办公室主任）
副组长：王西林（四级调研员）
组　员：樊彩凤　程淑青　王文硕　桑黎晖

荥阳市

组　长：付　赟（副市长）
副组长：吴　边（市史志办主任）
组　员：闫春燕　赵宏杰　宋幻红　丁红梅

新郑市

组　长：张慧娴（市委常委、常务副市长）
副组长：李　磊（市史志办主任）
组　员：李连忠　朱小盼　黄龙飞

中牟县

组　长：赵启恒（县委常委、统战部部长，县委办公室主任，县政协党组副书记）
副组长：李新建（副县长）
组　员：师永超　冉　宁　董宝强　吕会强
李　昊　徐　园

中原区

组　长：魏　强（副区长）
副组长：刘　伟（区史志办主任）
组　员：方治华（区史志办副主任）

二七区

组　长：黄卫红（三级调研员）
副组长：刘　琴（区史志办主任）
组　员：胡　雷

金水区

组　长：张　超（区委常委、常务副区长）
副组长：杨宇峰（区政府办主任）
组　员：向天燕　谢雨诺　万　萌

管城区

组　长：郑向阳（管城区商都新区管委会副主任）
副组长：王佰顺（区地方志办公室主任）
组　员：韩　越

惠济区

组　长：赵敏祥（区委常委、副区长）
副组长：杨喜军（区政府办主任）
组　员：袁玉强　徐玲玲　李　静　马振华

上街区

组　长：张　超（区委常委、常务副区长）
副组长：张　伟（区政府办主任）
组　员：王东亮　周昱宏　雷　权　王怡婧

中原科技城（马　健/摄）

深入学习贯彻习近平总书记系列重要讲话精神……………………02

经济发展方式转变…………………………………………………06

城市建设和管理……………………………………………………12

深化改革……………………………………………………………16

生态环保……………………………………………………………18

宣传思想文化工作…………………………………………………22

民主政治建设………………………………………………………26

社会建设……………………………………………………………28

全面从严治党………………………………………………………32

新冠肺炎疫情防控…………………………………………………36

2020年春节联欢晚会郑州分会场…………………………………42

2020年中国金鸡百花电影节（第35届大众电影百花奖）…44

深入学习贯彻习近平总书记系列重要讲话精神

7月22日，中国共产党郑州市第十一届委员会第十二次全体（扩大）会议召开，动员全市上下增强“四个意识”、坚定“四个自信”、做到“两个维护”，紧扣“六稳”“六保”，强化责任担当，积极主动作为，凝心聚力加快郑州国家中心城市建设步伐，努力在中原出彩、中部崛起、黄河战略实施中发挥重要作用、作出应有贡献（李利强/摄）

员会第十二次全体（扩大）会议

郑州黄河文化公园（马　健/摄）

2020年，郑州市启动黄河流域生态保护和高质量发展核心示范区规划建设。图为郑州黄河湿地省级自然保护区（马　健/摄）

经济发展方式转变

5月19日，郑济铁路郑州黄河特大桥钢桁梁顺利合龙（丁友明/摄）

6月28日，郑州港揭牌成立仪式举行。图为郑州港揭牌启动之后开行的首趟铁海快线（张　倩/摄）

7月20日，郑州市“长三角区域合作”重点项目签约仪式举行（王秀清/摄）

9月15日，中原科技城政策发布会举行（市委组织部/供图）

9月27日，2020中国500强企业高峰论坛在郑州开幕（马　健/摄）

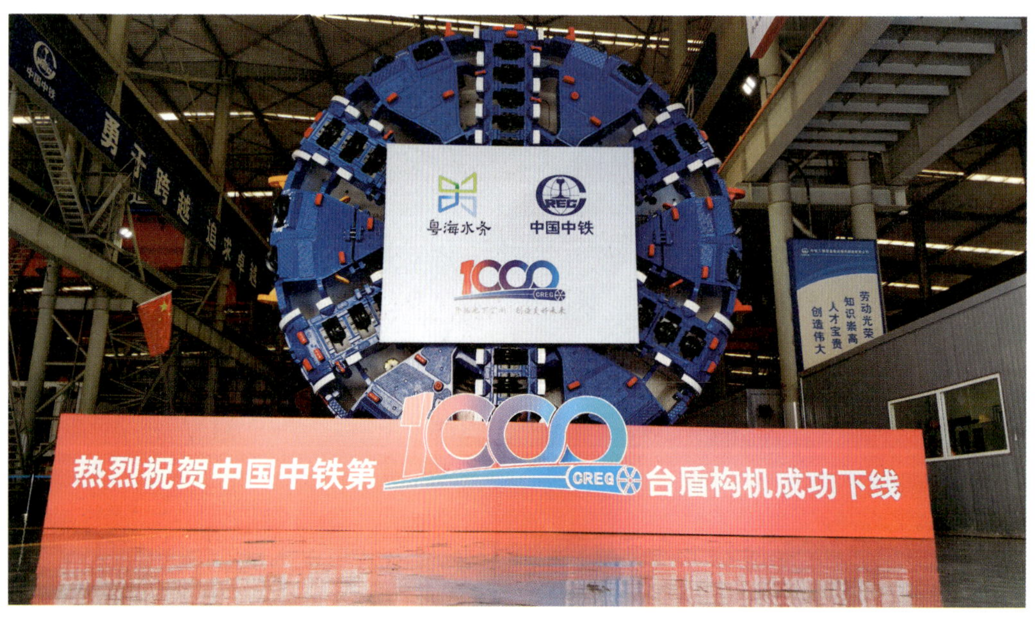

9月29日，中国中铁自主研制的第1000台盾构机下线（王泽博/摄）

10月28日，京东物流升级启用郑州亚洲一号智能物流园区（郑州报业集团/供图）

10月31日，国家超级计算郑州中心通过科技部专家验收，成为全国第7家国家超级计算中心（市发改委/供图）

11月1日，中国区域经济50人论坛第十七次专题研讨会在郑州举行（周 甬/摄）

11月20日，郑州中欧班列集结中心示范工程（中国郑州—芬兰赫尔辛基）首班开行（郝 源/摄）

2020年，郑州机场货邮吞吐量达到63万吨，跃居全国机场第6位（张　倩/摄）

城市建设和管理

6月29日，郑州市四环高架主线试通车。图为北四环立交桥（马　健/摄）

11月12日，郑州市印发《郑州市美丽乡村建设实施方案》。图为美丽乡村大南沟村（赵艺丹/摄）

12月26日，郑州市轨道交通3号线一期和4号线初期运营启动（张　倩/摄）

12月28日，郑州地铁10号线一期工程开始铺轨（朱　祥/摄）

2020年，郑州市城市亮化水平不断提高。图为9月30日郑东新区如意湖畔夜景（郑东新区管委会/供图）

2020年，郑州市实施32个核心板块开发。图为10月17日开园的郑州中国二砂文创园（马　健/摄）

2020年，郑州市部署推进“三项工程、一项管理”。图为改造后的城乡结合部管城区张华楼村（郑州报业集团/供图）

2020年，郑州市完成老旧小区改造1374个。图为整治提升后的汝河小区（汝河路街道办事处/供图）

深化改革

7月13日，郑州市首批11个商事登记“一件事”在郑州市政务服务网发布上线。图为志愿者引导市民网上办理（市政务办/供图）

8月30日，在第二届中国国际化营商环境高峰论坛上，河南自贸区郑州片区荣获“十佳优质营商环境产业园区”奖。图为河南自贸区郑州片区办事大厅（丁友明/摄）

11月6日，2020数智治理领航者峰会在郑州高新区智慧城市实验场举行（郑州高新区管委会/供图）

12月20日，郑州城市大脑建设成果发布会举行（丁友明/摄）

生态环保

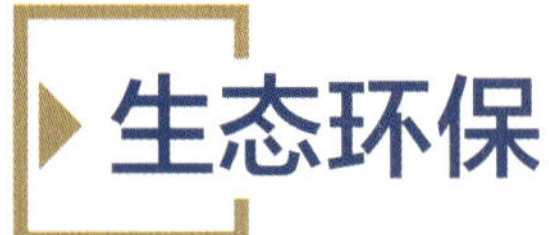

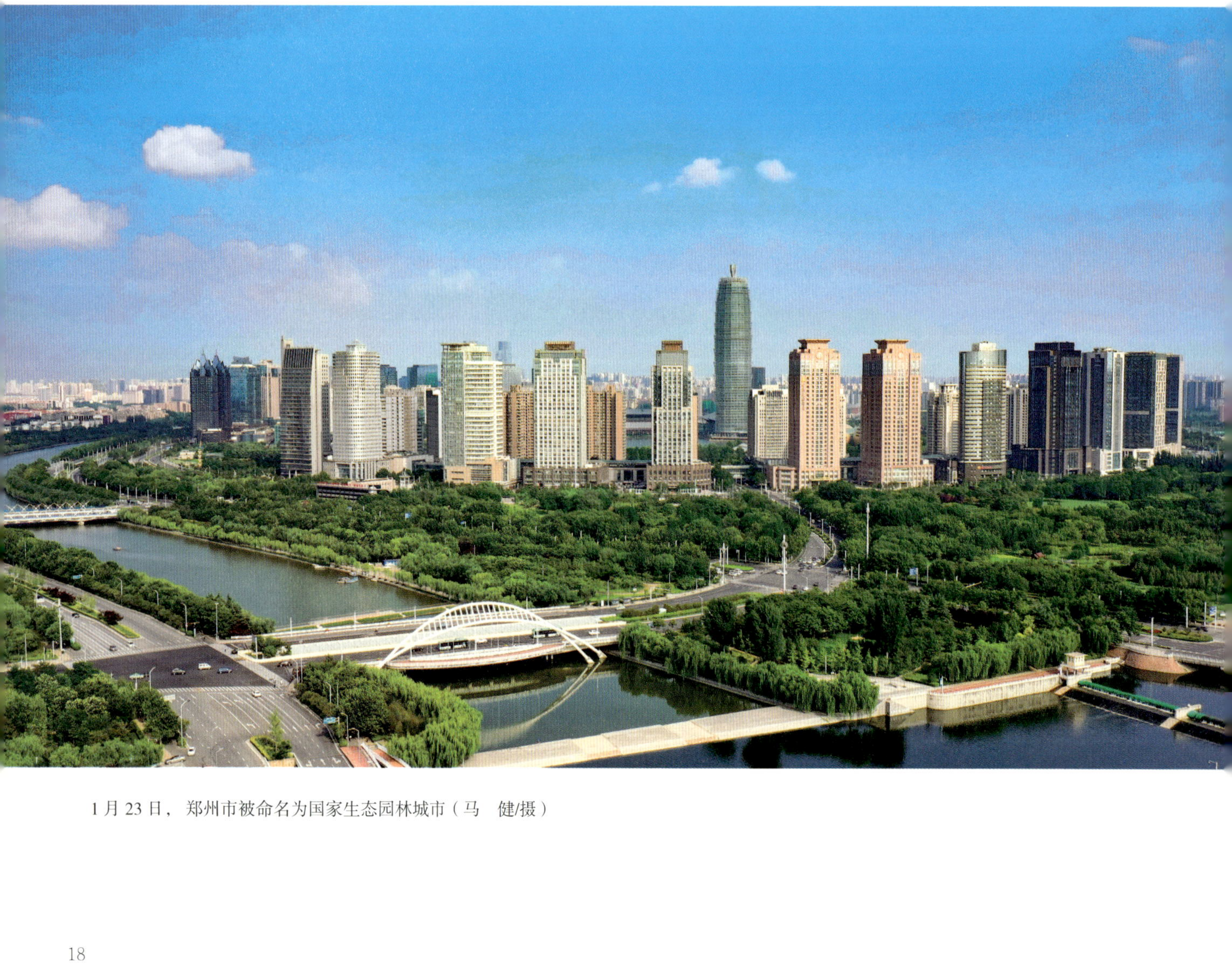

1月23日，郑州市被命名为国家生态园林城市（马　健/摄）

9月16日，郑州市开展以涉黄河水污染处置为主要情节的跨流域、跨区域、跨部门联动综合实战性环境应急演练（市应急管理局/供图）

2020年，郑州市新增绿地2813万平方米。图为高铁公园（郑东新区管委会/供图）

2020年，郑州市持续开展快速路立体绿化工程。图为陇海路快速通道西四环立交桥（丁友明/摄）

2020年，郑州市大力开展河湖水系生态建设。图为北龙湖天鹅（马　健/摄）

2020年，郑州市开展黄河滩区突出生态问题专项整治（马　健/摄）

宣传思想文化工作

3月26日，庚子年黄帝故里拜祖大典举行（马　健/摄）

5月7日，河南郑州巩义双槐树古国时代都邑遗址考古重大发现发布会举行（李　焱/摄）

9月14日，2020年国家网络安全宣传周高峰论坛在郑州举行（马　健/摄）

9月16日，第四届“强网杯”全国网络安全挑战赛线下赛在郑州开赛（丁友明　李　焱　黄余洋/摄）

11月8日，郑州大剧院启用（市委宣传部/供图）

11月19—22日，交通银行2020国际乒联总决赛在郑州举行（郑州地产集团有限公司/供图）

11月26日，郑州歌舞剧院创排的大型原创舞剧《精忠报国》通过国家舞台艺术精品创作扶持工程专家组考核评估（李　焱/摄）

民主政治建设

5月13日上午，中国人民政治协商会议郑州市第十四届委员会第三次会议开幕（市政协办公厅/供图）

12月27日上午，郑州市新的社会阶层人士联谊会成立大会召开（市委统战部/供图）

6月20日，郑州市公安局郑东分局在祭城社区举办警民恳谈会（市公安局/供图）

5月14日，郑州市第十五届人民代表大会第三次会议开幕（市人大常委会办公厅/供图）

2020年，郑州市连续第八次蝉联全国双拥模范城。图为7月20日举行的郑州市2020年国防教育暨征兵宣传演讲网络直播活动（郑州警备区/供图）

社会建设

6月7日，由郑州市市场发展投资有限公司打造的国有公益性农贸市场——市投集市丰乐农贸市场店投用（李爱琴/摄）

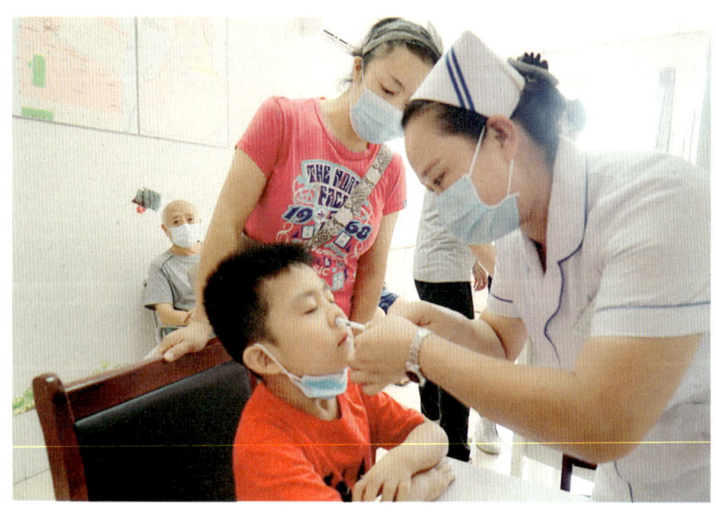

8月27日，国内首支冻干鼻喷流感减毒活疫苗在郑州市完成接种（李京儒/摄）

9月1日，清华附中郑州学校落成暨2020-2021学年开学典礼举行（郑东新区管委会/供图）

11月18日，“2020中国最具幸福感城市”调查推选结果发布，郑州市榜上有名（王秀清/摄）

2020年，郑州市安置房建设回迁安置居民10.2万人。图为郑东新区的安置区（郑东新区管委会/供图）

2020年，郑州市坚持把保就业放在首位，完成新增城镇就业11.74万人。图为2020届高校毕业生就业专场双选会（马　健/摄）

2020年，郑州市全面实施中小学免费课后延时服务。图为金水区艺术小学课后服务合唱社团（金水区教育局/供图）

全面从严治党

1月21日，中国共产党郑州市第十一届纪律检查委员会第五次全体会议召开（市纪委监委/供图）

7月25—26日，市公安局以案促改动员部署暨警示教育大会召开（市公安局/供图）

8月12日，郑州市学习贯彻党的十九届四中全会精神集中培训班开班（市委组织部/供图）

12月1日，郑州市纪检监察机关持续深化“6-45”问题整改落实暨村（社区）“两委”换届正风肃纪工作会议召开（市纪委监委/供图）

2020年，郑州市坚持党建引领破解老旧小区改造中的难题。图为祥云里建成的小区党建会客厅（刘伟平/摄）

2020年，郑州市坚持专家领学，创办全市领导干部“问学前沿”高端讲堂。图为6月14日开讲的第二期“问学前沿”高端讲堂（市委组织部/供图）

2020年4月，棉纺路街道办事处组织召开“一征三议两公开”党群社情恳谈会（棉纺路街道办事处/供图）

新冠肺炎疫情防控

面对突如其来的新冠肺炎疫情，郑州市坚持人民至上、生命至上，坚持底线思维，强化统筹措施，努力夺取疫情防护和经济发展“双战双胜”。市委常委会召开8次专题会议，疫情防控领导小组召开25次会议，把中央、省委部署与郑州实际相结合，因时因势、果断行动，第一时间组织发动，市、县、乡、村四级响应，迅速构建起农村“以村保乡、以乡保县”、城市“以小区保社区、以社区保城区”的全覆盖防控体系；第一时间建立健全救治体系，确定13家定点医院、65家发热门诊，仅用10天时间建成岐伯山医院，汇集优质资源提高救治水平；第一时间构建数字防控体系，在全国率先形成“交通卡口—居民小区—各个单位—公共场所”四位一体的健康码智能管理体系，对进口冷链食品实行集中监管，做到全覆盖赋码、全流程扫码；第一时间支援湖北、落实入境分流任务，先后派出4批187名医务工作者驰援武汉，累计承接国际航班210架次、31717人；第一时间启动复工复产，落实“六稳”“六保”要求，明确“控、保、稳、进、抬、扛”工作原则，出台应对疫情促进经济平稳健康发展30条、促消费增活力稳增长10条、扩大有效投资11条等政策举措，常态化开展“三送一强”和“一联三帮”活动，累计帮扶企业37.6万家，减免税费478亿元，提供资金支持6559万元，发放4亿元消费券，鼓励消费、扶持商家、提振市场信心、促进经济恢复，形成了经济恢复迅速、稳中向好的良好发展态势。

1月27日，郑州市新型冠状病毒隔离病房项目正式开工，该项目在原郑州市第一人民医院港区医院基础上进行改造扩建，将集中收治新型冠状病毒感染的肺炎患者（李　淼/摄）

2月5日上午，来自郑州各医院急救中心的13辆急救车和医护人员紧急集结，驰援武汉（周　甬/摄）

2月6日，中原区棉纺路街道办事处防疫一线（赵卫平/摄）

2月7日，陇海路高速卡口检查外来进郑人员（秦云鹏/摄）

2月9日，河南省第5批医疗队出发，驰援湖北。其中有来自郑州8家医院的120名医务人员（郑州报业集团/供图）

2月10日晚，“大玉米”亮灯，向医疗卫生工作者致敬（马　健/摄）

2月16日，中欧班列（郑州）2020春季整装首发（马　健　宋　晔/摄）

2月21日，阿塞拜疆丝绸之路西部航空公司一架从巴库飞来的全货机降落在郑州新郑国际机场，飞机上满载着数十吨从欧洲运来的各种物资（马　健/摄）

3月8日，郑济高铁郑州黄河特大桥加紧建设（朱　祥/摄）

3月19日，援鄂医疗队凯旋（马　健/摄）

4月4日，河南省、郑州市举行活动悼念新冠肺炎疫情牺牲烈士和逝世同胞（马　健/摄）

5月6日，郑州初高中全面复学（郑州报业集团/供图）

4月4—6日清明小长假，郑州街头又见繁华景象（马　健/摄）

2020年春节联欢晚会郑州分会场

1月24日晚，2020年春节联欢晚会在郑州设立分会场。分会场设在黄河之滨的炎黄广场，节目以“用黄河自强不息的民族精神决胜小康之年”为主题，以河南的年俗文化为基础，以河南非遗项目为素材，阵容庞大，拉开一幅“欢乐吉祥、喜气洋洋”的盛世除夕喜庆图，展示了文化大省、粮食大省、人口大省的精神风貌和文化自信，以特殊的方式在除夕之夜向全国及全球华人送去新春祝福。

龚首鹏/摄

冯威锋　赵一博/摄

冯威锋　赵一博/摄

冯威锋　赵一博/摄

市委宣传部/供图

2020年中国金鸡百花电影节（第35届大众电影百花奖）

9月24—26日，2020年中国金鸡百花电影节（第35届大众电影百花奖）在郑州举行。本届电影节由中国文联、中国电影家协会和郑州市人民政府共同主办，围绕大众电影主题，先后举办了星空放映启动仪式、专题电影展、中国电影论坛、提名者表彰仪式、大众电影百花奖颁奖典礼和电影节闭幕式等五项主题活动，并创新举办了“艺术家下基层”“星空放映”“观影惠民季”等特色活动。

8月16日，2020年中国金鸡百花电影节（第35届大众电影百花奖）“日出嵩山坳·重聚少林寺”系列群众文化活动启动（马　健/摄）

9月21日，“光影岁月 百花齐放”经典影片配音大赛总决赛举行（李　焱/摄）

9月24日，第35届大众电影百花奖“星空放映”启动仪式举行（马　健/摄）

9月25日，第35届大众电影百花奖提名者表彰仪式举行（马　健/摄）

9月26日，2020年中国金鸡百花电影节闭幕式暨第35届大众电影百花奖颁奖典礼举行（马　健/摄）

总 目

篇目类目	目录页码	内文页码
特　载	1	1
专　记	1	16
郑州市全面建成小康社会大事记	1	16
脱贫攻坚	2	54
市情概要	2	65
自然环境	2	65
人文历史	2	65
建置与区划	2	66
人口状况	2	67
发展综述	2	68
组织机构及负责人	2	72
大事记	3	79
国家战略	3	103
黄河流域生态保护和高质量发展	3	103
国家中心城市建设	3	103
中国（河南）自由贸易试验区郑州片区	3	104
郑洛新国家自主创新示范区	3	105
中国（郑州）跨境电子商务综合试验区	3	106
中欧班列（郑州）	3	106
国家功能性口岸建设	4	107
党政机构	4	108
中国共产党郑州市委员会	4	108
郑州市人民代表大会	6	171
郑州市人民政府	6	177
政协郑州市委员会	8	213
纪检监察工作	8	221
民主党派	9	223
群众团体	9	235
工会	9	235
共青团	9	237
妇女联合会	10	238
科学技术协会	10	240
归国华侨联合会	10	242
工商业联合会	10	243
红十字会	10	244
残疾人联合会	10	245
文学艺术界联合会	10	246
法　治	11	248
政法委及综治	11	248
立法	11	249
法治政府建设	11	249
公安	11	250
检察	11	252
法院	11	254

篇目类目	目录页码	内文页码
司法行政	11	255
仲裁	11	256
军　事	11	257
郑州警备区	11	257
武警郑州支队	12	259
人民防空	12	260
农业农村	12	261
综述	12	261
农业产业化经营	12	261
农村改革	12	263
种植业	12	263
美丽乡村建设	12	264
农业机械化	12	265
畜牧业	12	265
水产业	13	268
水 利	13	269
水利建设	13	269
黄河治理	13	271
工　业	13	273
综述	13	273
制造业	13	275
烟草工业	13	275
交通运输业	14	277
铁路	14	277
公路运输	14	287
航空运输业	15	292
商贸流通	15	294
综述	15	294
供销合作	15	295

篇目类目	目录页码	内文页码
粮油购销和物资储备	15	296
会展业	15	297
对外经贸	16	299
综述	16	299
口岸建设	16	300
投资促进	16	301
金融业	16	302
综述	16	302
银行	16	302
保险	17	308
邮电通信业	17	309
邮政	17	309
通信	17	310
财政　税务	18	314
财政	18	314
税务	18	316
城乡建设与管理	18	317
建设行业管理	18	317
自然资源和规划	18	318
市政建设与管理	18	322
园林绿化	19	326
公用事业	19	328
房地产业	20	333
综述	20	333
房地产行业管理	20	334
住房公积金管理	20	335
生态与环境保护	20	337
综述	20	337
环境治理	20	337

篇目类目	目录页码	内文页码
生态保护	20	339
绿色发展	20	340
经济监督与管理	20	343
发展计划管理	20	343
审计监督	21	359
市场监督管理	21	359
国有资产监督管理	21	363
市场发展管理	22	367
统计工作	22	367
海关工作	22	369
边防检查	22	370
教　育	22	371
综述	22	371
基础教育	22	373
职业、成人、高等教育	22	374
民办教育	22	374
师资队伍建设	22	374
综合管理	23	375
科　技	23	376
综述	23	376
气象服务	23	377
文化事业	23	380
综述	23	380
社会文化	23	381
旅游	23	382
庚子年黄帝故里拜祖大典	23	383
文物管理	23	385
社会科学工作	24	387
档案工作	24	388
地方史志工作	24	389
新闻出版与传媒	24	390
新闻出版	24	390
传媒	24	391
卫生健康	24	396
综述	24	396
疾病防控	25	397
医疗服务管理	25	398
基层服务网络建设	25	398
爱国卫生运动	25	399
体　育	25	400
综述	25	400
公共体育服务	25	400
竞技体育	25	401
体育产业	25	401
社会事业	25	402
民生工程	25	402
城乡居民生活	25	402
社会救助	25	403
养老服务	26	404
儿童福利	26	404
慈善事业	26	404
社会治理	26	405
专项社会事务	26	405
民政系统新冠肺炎疫情防控	26	406
城乡社区发展治理	26	406
退役军人事务	26	407
民族与宗教	26	407

篇目类目	目录页码	内文页码
医疗保障	26	408
社会保障	27	409
园区建设	27	411
郑州航空港经济综合实验区（郑州新郑综合保税区）	27	411
郑东新区	27	412
郑州经济技术开发区	27	415
郑州高新技术产业开发区	27	418
中国（河南）自由贸易试验区郑州片区	28	422
区县（市）	28	424
中原区	28	424
二七区	28	427
金水区	28	430
管城回族区	28	432
惠济区	29	435
上街区	29	437
巩义市（河南省直管县）	29	439
登封市	29	442
新密市	29	445
荥阳市	29	449
新郑市	29	451
中牟县	30	454
人物　荣誉	30	457
人物	30	457
荣誉	30	466
附　录	30	467
统计资料	30	467
法规	30	470
重要文件目录	30	479
索　引	30	482

目 录

特 载

在市委十一届十三次全会暨市委经济工作会议上的讲话
省委常委、市委书记 徐立毅 …1

政府工作报告
代市长 侯 红…………………7

专 记

郑州市全面建成小康社会大事记

1978年12月党的十一届三中全会—1992年10月党的十四大

一九七八年 ………………………16
一九七九年 ………………………16
一九八〇年 ………………………16
一九八一年 ………………………16
一九八二年 ………………………17
一九八三年 ………………………17
一九八四年 ………………………17
一九八五年 ………………………18
一九八六年 ………………………18
一九八七年 ………………………19
一九八八年 ………………………19
一九八九年 ………………………19
一九九〇年 ………………………20
一九九一年 ………………………20
一九九二年 ………………………21

1992年10月党的十四大—2002年12月党的十六大

一九九二年 ………………………22
一九九三年 ………………………22
一九九四年 ………………………22
一九九五年 ………………………23
一九九六年 ………………………23
一九九七年 ………………………24
一九九八年 ………………………24
一九九九年 ………………………25
二〇〇〇年 ………………………26
二〇〇一年 ………………………27
二〇〇二年 ………………………28

2002年12月党的十六大—2012年11月党的十八大

二〇〇三年 ………………………29
二〇〇四年 ………………………30
二〇〇五年 ………………………30
二〇〇六年 ………………………31
二〇〇七年 ………………………32
二〇〇八年 ………………………33
二〇〇九年 ………………………35
二〇一〇年 ………………………36
二〇一一年 ………………………37
二〇一二年 ………………………38

2012年11月党的十八大—2021年7月1日建党百年纪念大会

二〇一二年 ………………………39
二〇一三年 ………………………40
二〇一四年 ………………………41

二〇一五年 ……………………42
二〇一六年 ……………………44
二〇一七年 ……………………46
二〇一八年 ……………………47
二〇一九年 ……………………48
二〇二〇年 ……………………49
二〇二一年 ……………………52

脱贫攻坚

综 述

概况 ……………………………54
组织领导 …………………………55
政策制订与落实 …………………56
驻村帮扶 …………………………56
结对帮扶 …………………………57
督查巡查 …………………………58

行业扶贫

党建促脱贫攻坚 …………………58
扶贫扶志工作 ……………………58
教育扶贫 …………………………59
健康扶贫 …………………………59
产业扶贫 …………………………60
金融扶贫 …………………………60
水利扶贫 …………………………61
贫困劳动力就业脱贫 ……………61
民政行业兜底保障 ………………62
易地扶贫搬迁 ……………………63

社会扶贫

概况 ……………………………63
企业扶贫 …………………………63
公益扶贫 …………………………64
消费扶贫 …………………………64

市情概要

自然环境

概况 ……………………………65
地质地貌 …………………………65
山脉水系 …………………………65
矿产资源 …………………………65
气候气象 …………………………65
生物资源 …………………………65

人文历史

市名溯源 …………………………65
历史文化 …………………………65
历史人物 …………………………66

建置与区划

概况 ……………………………66
建置沿革 …………………………66
行政区划 …………………………66
附表：2020年郑州市行政区划情况……………………67

人口状况

概况 ……………………………67
人口构成 …………………………67
附表：郑州市人口基本情况（第七次人口普查）…………68

发展综述

概况 ……………………………68
政治建设 …………………………68
经济建设 …………………………69
社会建设 …………………………70
文化建设 …………………………71
生态文明建设 ……………………71

组织机构及负责人

中共郑州市委 ……………………72
市纪律检查委员会、市监察委员会 ……………………………72
·市委工作部门· ………………72
·市委直属事业单位· …………72
郑州市十五届人大常委会 ………72

市人大法制委员会……………………73
·市人大常委会工作机构·……73
郑州市人民政府…………………73
·市政府工作部门·……………73
·市政府直属事业单位·………75
·市政府派出机构·……………76
·市政府驻外办事机构·………76
·省市双重管理机构·…………76
政协郑州市第十四届委员会……76
·市政协工作机构·……………77
民主党派与工商联………………77
郑州市中级人民法院……………77
郑州市人民检察院………………77
郑州市群众团体组织……………77
驻郑部属及省属单位……………78
·金融机构·……………………78
·保险机构·……………………78
·其他单位·……………………78

大事记

1月……………………………………79
2月……………………………………81
3月……………………………………83
4月……………………………………85
5月……………………………………88
6月……………………………………89
7月……………………………………91
8月……………………………………92
9月……………………………………94
10月…………………………………96
11月…………………………………98
12月…………………………………100

国家战略

黄河流域生态保护和高质量发展

概况…………………………………103
功能定位……………………………103
顶层设计……………………………103
重大项目库…………………………103
重大工程……………………………103
深化对外开放………………………103

国家中心城市建设

概况…………………………………103
发展目标……………………………104
主攻方向……………………………104
支撑性工程…………………………104

中国（河南）自由贸易试验区郑州片区

概况…………………………………104
改革创新……………………………104
“四路协同”发展…………………104
招商引资……………………………105
营商环境优化提升…………………105

郑洛新国家自主创新示范区

概况…………………………………105
体制机制改革………………………105
科技创新资源集聚…………………105
多元投入机制建立…………………105
创新创业环境优化…………………106

中国（郑州）跨境电子商务综合试验区

概况…………………………………106
监管方式创新………………………106
通关信息服务平台互联互通……106
产业体系和服务体系完善………106
构建战“疫”通道…………………106
“跨境电商+市场采购”出口模式创新……………………………106
商业模式创新………………………106

中欧班列（郑州）

概况…………………………………106
网络体系建设………………………106

业务开展 ……………………………107

国家功能性口岸建设

概况 ………………………………107
汽车整车进口口岸 ………………107
进口肉类指定口岸 ………………107
澳洲活牛进口屠宰口岸 …………107
邮政转运口岸 ……………………107
进境粮食指定口岸………………107
食用水生动物口岸 ………………107
进口水果指定口岸 ………………107
进口冰鲜水产品指定口岸 ………107
药品进口口岸 ……………………107

党政机构

中国共产党郑州市委员会

综　述

概况 ………………………………108
政治建设 …………………………108
疫情防控 …………………………108
经济发展方式转变 ………………109
城市建设和管理 …………………109
全面深化改革 ……………………109
生态文明建设 ……………………110
宣传思想文化工作 ………………110
社会主义民主政治建设 …………110
民生事业 …………………………111
全面从严治党 ……………………111

重要会议

中国共产党郑州市第十一届委员会第十二次全体（扩大）会议 …111
市委常务会议 ……………………112
市委理论学习中心组学习会 ……120
新冠肺炎疫情防控重要会议 ……122
黄河流域生态保护和高质量发展重要会议 ………………………123
脱贫攻坚重要会议 ………………125
党建工作重要会议 ………………126
经济工作重要会议 ………………128
深化改革重要会议 ………………130
新型城镇化建设重要会议 ………132
生态文明建设重要会议 …………135
其他重要会议 ……………………136

重要活动

郑州市重大项目集中开工仪式 …142
2020年郑州市招商引资集中网络签约活动 ………………………142
庚子年黄帝故里拜祖大典 ………142
郑州市领导干部“问学前沿”高端讲堂 …………………………142
郑州市“弘扬劳动精神 争当出彩先锋”宣讲活动 ………………144
济南市党政代表团到郑州市考察…144
市委书记徐立毅到二七区接待来访群众 …………………………144
郑州—卢森堡“空中丝绸之路”座谈会暨BAA（中国）航空培训中心启动仪式 ……………144
郑州市与阿里巴巴集团举行座谈并签署战略合作协议 …………145
“弘扬劳动精神 争当出彩先锋”庆“七一”主题宣讲会 ………145
郑州市“长三角区域合作”市情推介会暨项目签约仪式 ………145
郑州市党政考察团到上海市考察并座谈 …………………………146
2020年度全国浙江商会会长、秘书长工作会议暨知名浙商走进郑州活动 ……………………146
郑州市“弘扬抗疫精神 护佑人民健康”庆祝表彰活动 …………146
第五届清华校友三创大赛全球总决赛颁奖典礼暨中原数字经济高峰论坛 …………………146
清华大学附属中学郑州学校揭牌 ……………………………………146
2020年国家网络安全宣传周在郑州举行 ……………………………146
中原科技城政策发布会 …………147

芝麻街双创园开园 ……………………147
第四届全球跨境电子商务大会 …147
2020年中国金鸡百花电影节（第35届大众电影百花奖）在郑州举行……………………………148
2020中国500强企业高峰论坛 ……148
郑州市党政考察团到许昌开封焦作新乡四市考察学习 ……………148
中国区域经济50人论坛第十七次专题研讨会 ……………………148
2020年数智治理领航者峰会 ……149
郑州大剧院启用 ……………………149
市委书记徐立毅到中原工学院宣讲党的十九届五中全会精神 ……149
焦作市党政考察团到郑州市考察学习 ………………………………149
联合国工发组织ITPO Beijing项目北方区域协同中心在郑州揭牌 ………………………………150
重要调研活动 ………………………150

组织工作

概况 ……………………………………153
服务中心大局 ………………………153
政治思想建设 ………………………153
干部队伍建设 ………………………153
基层党建 ……………………………153
人才工作 ……………………………154

宣传工作

概况 ……………………………………154
思想理论建设 ………………………154
意识形态工作 ………………………154
新闻宣传和舆论引导 ……………155
培育和践行社会主义核心价值观 ……………………………………155
文化事业发展 ………………………155
文化产业发展 ………………………155

精神文明建设

概况 ……………………………………156
文明城市创建 ………………………156
思想道德建设 ………………………156
助力新冠肺炎疫情防控 …………156
新时代文明实践工作 ……………156
志愿服务 ……………………………157
诚信制度化建设 ……………………157
公共文明素养提升 …………………158
群众性精神文明创建 ……………158
农村精神文明建设 …………………158

统战工作

概况 ……………………………………159
疫情防控和复工复产 ……………159
多党合作和政治协商 ……………159
民族宗教工作 ………………………159
新的社会阶层人士统战工作 ……160
非公经济领域统战工作 …………160
港澳台海外统战工作 ……………160

政策研究

概况 ……………………………………161
以文辅政 ……………………………161
深化改革工作 ………………………162

网络安全与信息化

概况 ……………………………………162
新冠肺炎疫情防控 …………………162
网络内容建设 ………………………162
网络综合治理 ………………………163
国家网络安全宣传周系列重要活动 ……………………………………163

外事工作

概况 ……………………………………163
党管外事 ……………………………163
涉外疫情防控 ………………………164
友好城市携手抗疫 …………………164
外事接待 ……………………………164
服务经济社会发展 …………………165
涉外管理与服务 ……………………165

对外宣传 ……166
参与国际治理 ……166
国际友城与民间交流 ……166

机构编制管理

概况 ……166
机构改革 ……166
事业单位改革 ……166
重点领域体制改革 ……167
开发区机构优化设置 ……167
机构编制刚性约束 ……167
机构编制实名制管理 ……167
机构编制资源优化配置 ……167
服务保障中心工作 ……167

老干部工作

概况 ……167
离退休干部思想政治建设 ……168
离退休干部组织建设 ……168
离退休干部优势作用发挥 ……168
离退休干部服务管理 ……169
老干部学习活动阵地建设 ……169

机关党建

深化理论武装 ……169
服务重点工作 ……169
机关党组织建设 ……170
机关作风建设 ……170
新冠肺炎疫情防控 ……170

党史研究

概况 ……170
党史资料征集和编纂 ……170
党史宣传教育 ……170

党校工作

概况 ……170
干部教育培训 ……171
科研工作 ……171
分校管理指导 ……171

郑州市人民代表大会

综　述

概况 ……171
疫情防控和复工复产 ……172
人大法治建设 ……172
人大代表工作 ……172
人大自身建设 ……172

重要会议

人大全会 ……173
人大常委会会议 ……173
人大常委会主任会议 ……175

监督工作

概况 ……177
黄河流域生态保护和高质量发展国家战略实施监督 ……177
经济运行监督 ……177
社会民生监督 ……177

郑州市人民政府

综　述

概况 ……177
疫情防控 ……178
现代产业体系构建 ……178
城市发展提质增效 ……178
改革开放 ……178
三大攻坚战 ……178
民生社会事业 ……178
政务信息编发和上报 ……178

重要会议

市政府常务会议 ……179
新冠肺炎疫情防控重要会议 ……188
郑州市问题楼盘信访突出问题化解攻坚总结大会 ……189
市安委会2020年第一次全体（扩大）

会议 ……………………………………189
郑州市“菜篮子”工程工作领导小组会议 …………………………190
郑州市政务服务改革和城市大脑项目建设工作专题会议 ………190
郑州市招商引资工作会 …………190
郑州市食品安全委员会全体（扩大）会议 …………………………………190
郑州市经济运行分析会 …………191
郑州市国家中心城市建设工作专题会议 …………………………………191
市政府第一次全体（扩大）会议…191
郑州市科技领导小组工作会议 …191
郑州市5G网络建设和产业发展工作推进会议 …………………………191
郑州市文物安全暨保护利用“双百工程”推进会 ……………………192
郑州市中国·河南招才引智创新发展大会“2020招才引智专项行动”动员会 ……………………192
郑州市经济运行分析会议 ………192
郑州市2020—2021年秋冬季大气污染防治攻坚动员视频会议 …192
郑州市道路交通安全集中整治“百日攻坚”行动动员部署会议 ……193
市政府召开专题会议听取经济工作汇报 ………………………………193
市政府召开专题会议听取房地产情况汇报 …………………………193

重要活动

央视春晚在郑州设立分会场 ……193
市政府与紫光集团等6家企业集中签约 ……………………………………194
第三届国家中心城市建设高层论坛 …………………………………………194
启迪科服落地河南签约暨揭牌仪式在郑州举行 ……………………194
2020中国（郑州）产业转移系列对接活动举行 ……………………194
第二十六届郑交会 ………………194
郑州获评“2020中国最具幸福感城市” ……………………………195
中国·郑州2020国际乒联总决赛 …………………………………………195
市长王新伟到高校宣讲党的十九届五中全会精神 …………………195
第十二届启迪创新论坛 …………195
重要调研活动 ……………………195

脱贫攻坚

概况 ………………………………………204
新冠肺炎疫情防控 ………………204
农民增收 …………………………204
问题整改 …………………………205
资金投入 …………………………205
扶贫工程 …………………………205
志智双扶 …………………………205
防返贫机制建设 …………………205
兜底保障 …………………………205
脱贫攻坚与乡村振兴衔接 ………205
结对帮扶贫困县 …………………205
消费扶贫 …………………………205
社会扶贫 …………………………206
定点扶贫 …………………………206
扶贫小额信贷 ……………………206
农业担保 …………………………206
精准脱贫攻坚专项培训 …………206
雨露计划培训 ……………………206

大数据管理

城市大脑项目建设 ………………206
“一网通办”政务服务改革 ……206
数字经济发展 ……………………207
新冠肺炎疫情防控 ………………207
信息基础设施建设 ………………207

人力资源和社会保障

就业创业工作 ……………………207
社会保障工作 ……………………208
人才人事工作 ……………………208
构建和谐劳动关系工作 …………208
行风建设工作 ……………………208

政务服务

概况 ……………………………………209
“放管服”改革 …………………………209
政务服务事项颗粒化 …………………209
权责清单调整完善 ……………………209
“一件事”梳理集成 …………………209
重点领域专项提升 ……………………209
线上线下融合 …………………………209
政务服务体系建设 ……………………209

应急管理

概况 ……………………………………210
应急管理体系建设 ……………………210
完善安全生产责任制 …………………210
遏制重特大安全事故 …………………210
防范化解重大安全风险 ………………210
应急知识宣传教育 ……………………210
应急基层基础建设 ……………………210
应急管理信息化建设 …………………211

信访工作

概况 ……………………………………211
信访工作责任制落实 …………………211
基层源头防范化解 ……………………211
群众信访渠道创新 ……………………211
信访突出问题化解 ……………………211
信访工作机制创新 ……………………212

机关事务管理

概况 ……………………………………212
省市青年人才公寓建设 ………………212
重点工程项目建设 ……………………212
办公用房管理 …………………………212
公务用车管理 …………………………212
公共机构节能管理 ……………………212
市直机关爱国卫生工作 ………………212
机关事务管理服务规范化建设 …………………………………212

政协郑州市委员会

综　述

概况 ……………………………………213
疫情防控和复工复产 …………………213
助推国家战略实施 ……………………213
助力重大项目建设 ……………………213
庚子年黄帝故里拜祖大典 ……………214
政协提案工作 …………………………214
政协委员培训 …………………………215
政协自身建设 …………………………215
调研视察活动 …………………………215
政协双月协商座谈会 …………………219

重要会议

政协全体会议 …………………………220
政协常委会议 …………………………220

纪检监察工作

综　述

概况 ……………………………………221
深化改革 ………………………………221
业务能力建设 …………………………222
队伍管理 ………………………………222
中国共产党郑州市第十一届纪律检查委员会第五次全体会议 …222

监督工作

概况 ……………………………………222
政治监督 ………………………………222
作风建设 ………………………………222
服务高质量发展 ………………………222
民生领域突出问题专项治理 ……223
涉黑涉恶腐败和“保护伞”查处 ……………………………………223
案件查处 ………………………………223
以案促改 ………………………………223
宣传教育 ………………………………223

巡察工作

概况 ……223
巡察整改 ……223
巡察规范化建设 ……223

民主党派

综 述

概况 ……223
政党协商 ……224
民主党派履行职能 ……224
民主党派自身建设 ……224

民革郑州市委员会

疫情防控 ……225
思想建设 ……225
组织建设 ……225
参政议政 ……226
社会服务 ……226
促进祖国和平统一 ……227

民盟郑州市委员会

概况 ……227
思想建设 ……227
疫情防控 ……227
组织建设 ……227
参政议政 ……227
社会服务 ……228

民建郑州市委员会

概况 ……228
疫情防控 ……228
思想建设 ……228
组织建设 ……229
参政履职 ……229
社会服务 ……230

民进郑州市委员会

概况 ……230
思想建设 ……230
参政议政 ……230
社会服务 ……231
组织建设 ……231

农工党郑州市委员会

概况 ……231
疫情防控 ……231
思想建设 ……231
组织建设 ……232
参政议政 ……232
社会服务 ……232

九三学社郑州市委员会

概况 ……233
疫情防控 ……233
思想建设 ……233
参政议政 ……233
组织建设 ……234
社会服务 ……234
社内监督 ……234

群众团体

工 会

概况 ……235
职工队伍思想政治和先进文化建设 ……235
疫情防控和复工复产 ……235
职工技能提升 ……236
职工权益维护 ……236
职工帮扶服务 ……236
工会基层组织建设 ……236
脱贫攻坚 ……236

共青团

概况 ……237
青年思想政治引领 ……237
青年服务经济社会发展大局 ……237

共青团基层组织建设……………237
服务青少年发展…………………238
改革创新…………………………238
助力脱贫攻坚……………………238

妇女联合会

概况………………………………238
疫情防控与复工复产……………238
“巾帼心向党”行动……………238
“巾帼建新功”行动……………239
“巾帼暖人心”行动……………239
“德润万家”活动………………239
“育兴万家”活动………………239
“书香万家”活动………………239
“业安万家”活动………………239
“法进万家”活动………………240
“康乐万家”活动………………240
“心暖万家”活动………………240
改革创新…………………………240

科学技术协会

疫情防控…………………………240
助力实施黄河领域生态保护和
高质量发展战略…………………240
惠农兴村和人才培训……………240
产学研对接………………………240
全民科学素质提升………………240
社区科普大学工作………………240
青少年科普工作…………………240
反邪教工作………………………241
科普信息化工作…………………241
科普基础设施建设………………241
学会管理服务……………………241
企事业科协建设…………………241
事业单位改革……………………241
创新驱动助力工程………………241
科技经济融合行动项目申报……241
全国科普日活动…………………241
承办网络安全宣传周科普活动…241

归国华侨联合会

概况………………………………242
疫情防控和复工复产……………242
基层侨联组织建设………………242
归侨关怀活动……………………242
服务经济社会发展………………243
助力中原文化传播………………243

工商业联合会

概况………………………………243
疫情防控和复工复产……………243
民营企业服务保障工作…………243
民营企业意识形态工作…………244
商会建设…………………………244

红十字会

概况………………………………244
“三救”工作……………………244
“三献”工作……………………244
志愿服务…………………………244
人道传播…………………………245
创新发展…………………………245

残疾人联合会

概况………………………………245
疫情防控…………………………245
残疾人救助帮扶…………………245
残疾人精准康复…………………245
残疾人就业培训…………………246
残疾人教育帮扶…………………246
残疾人权益保障…………………246
扶残助残氛围营造………………246
残疾人证核发管理………………246

文学艺术界联合会

概况………………………………246
文艺展演…………………………247
服务中心工作……………………247
中原文化推介……………………247

法 治

政法委及综治

概况……248
党领导政法工作体系建设……248
疫情防控……248
服务保障大局……248
扫黑除恶斗争……248
平安郑州建设……249
政法系统改革……249
政法队伍建设……249

立 法

概况……249
城市建设和管理立法……249
立法工作机制创新……249

法治政府建设

概况……249
依法治市……249
法治政府建设……250
政府立法……250
行政执法监督……250

公 安

概况……250
社会治理……250
综合打击效能提升……251
疫情防控……251
公安基层基础建设……251
公安系统改革……251
公安队伍建设……252

检 察

概况……252
服务经济社会发展……252
刑事检察……252
民事检察……253
公益诉讼检察……253
行政检察……253
司法为民……253
检务公开……253
队伍建设……254

法 院

概况……254
法治营商环境……254
扫黑除恶工作……254
执行结案工作……254
民事诉讼改革……254
智慧法院建设……254
法院队伍建设……255

司法行政

概况……255
公共法律服务……255
刑事执行……255
脱贫攻坚……255
司法行政基础……256

仲 裁

概况……256
仲裁规范管理……256
互联网+仲裁工作……256
仲裁法律制度宣传……256

军 事

郑州警备区

概况……257
思想政治建设……257
疫情防控……257
征兵工作……257
国防教育……258
军民融合……258
休干体系建设……258
基层组织建设……258
作风安全管理……258
服务保障……258
郑州警备区军民共建“双拥示范

路”通车 ……………………………258
巩义市民兵完成黄河受损堤坝抢修任务 ……………………………258
2020“国防教育日”系列活动 …258

武警郑州支队

概况 ……………………………………259
思想政治建设 …………………………259
基层建设 ………………………………259
综合保障能力建设 ……………………259
党的建设 ………………………………259

人民防空

概况 ……………………………………260
人防工程审批 …………………………260
人防工程建设管理 ……………………260
人防宣传 ………………………………260

农业农村

综 述

概况 ……………………………………261
疫情防控 ………………………………261

农业产业化经营

概况 ……………………………………261
农产品品牌建设 ………………………262
农业展会 ………………………………262
农业产业园建设 ………………………262
第三批都市生态农业示范园建设 ……………………………………262
农村集体经济发展试点建设 ……262
新型农业经营主体培育 …………262
农业龙头企业复工复产指导服务工作 ……………………………262
休闲农业及乡村旅游业 …………262

农村改革

农村集体产权制度改革 …………263
农村承包地管理与改革 …………263
农村宅基地管理与改革 …………263
家庭农场高质量发展 ……………263

种植业

粮食生产 ………………………………263
蔬菜生产 ………………………………263
“菜篮子”生产示范基地建设 …263
水果生产 ………………………………263
耕地地力保护补贴 ……………………263
种业监管 ………………………………263
畜禽种业发展 …………………………263
高标准农田建设 ………………………263
耕地土壤环境质量类别划定 ……263
化肥农药零增长行动 ………………263
废弃农膜回收利用 …………………264
农药包装废弃物回收处理 ………264
畜禽粪污资源化利用 ………………264

美丽乡村建设

概况 ……………………………………264
村庄清洁行动 …………………………264
农村生活垃圾治理 …………………264
农村生活污水治理 …………………264
户厕改造 ………………………………264
村容村貌提升 …………………………265
贫困村农村人居环境改善 ………265
农村公共服务建设维护试点项目 ……………………………………265

农业机械化

概况 ……………………………………265
农机购置补贴 …………………………265
重要农时机械化生产 ………………265
农机社会化服务 ……………………265
农机新技术新机具推广 …………265
农机安全生产 …………………………265

畜牧业

概况 ……………………………………265

生猪稳产保供给……265
畜牧业高质量发展……266
美丽牧场创建……266
营商环境优化……266
奶业提质增效行动……266
农资管理……266
重大动物疫病防控……267
非洲猪瘟疫情常态化防控……267
违法违规调运生猪专项整治……267
全国执业兽医资格考试组织工作……267
洗消中心项目建设……267

水产业

概况……268
春季禁渔工作……268
水产养殖业转型升级……268
水产品质量安全监管……268

水 利

水利建设

概况……269
水利脱贫攻坚……269
水利高质量发展规划体系……269
水资源保障……269
水资源管理……269
节水型社会建设……269
水旱灾害防御……270
农村水利……270
南水北调工作……270
移民后期扶持……270
水利工程建设管理……270
水利工程运行管理……270
水利行业营商环境……270
水文化建设……270

黄河治理

概况……271
防汛……271
工程建设……271
工程管理……271
依法治河管河……271
水资源管理与调度……271
科技创新……271
助力黄河流域生态保护和高质量发展……271

工 业

综 述

概况……273
产业政策制订……273
产业结构调整……273
创新平台培育……273
军民深度融合发展……274
防疫物资保障供应……274
工业运行调度……274
企业生产要素保障……274
优化营商环境……274
安全生产……274
产业扶贫……274
郑州市入选国家综合型信息消费示范城市……275

制造业

招商引资……275
项目建设……275
制造业与互联网融合发展……275
制造业与服务业融合发展……275
上汽乘用车郑州基地整车产量突破60万辆……275
中铁装备获2020年中国优秀工业设计奖金奖……275

烟草工业

概况……275
疫情防控与复工复产……275
卷烟经营……275
专卖管理……276
科技创新和管理提升……276

交通运输业

铁 路

综 述

概况 ……277
企业经营管理 ……277
安全生产管理 ……278
运输经营 ……278
路网规模扩充 ……278
中欧班列常态化开行 ……278
客运直属站布局调整 ……279
“复兴号”动车组列车上线运营 ……279
郑州南站站房工程建设 ……279
“发现最美铁路·豫见魅力郑万”一线行活动 ……279
内陆无水港“郑州港”揭牌 ……279
“河南人游河南”专列开行 ……279
郑太高铁全线开通运营 ……280
扶贫开发 ……280

郑州站

概况 ……280
主要技术设备 ……280
列车调图 ……281
运输安全 ……281
运输生产任务 ……282
客运服务 ……282
队伍建设 ……283

郑州北车站

概况 ……283
主要技术设备 ……284
安全管理 ……284
运输组织 ……284

郑州客运段

概况 ……284
主要技术设备 ……284
客运安全 ……284
客运乘务 ……285
客运收入 ……285
服务质量 ……285
卧具洗涤 ……286
旅服管理 ……286
队伍建设 ……286

轨道交通

概况 ……286
地铁建设 ……287
地铁运营 ……287
地铁开发 ……287
公司管理 ……287
品牌建设 ……287

公路运输

综 述

概况 ……287
行业“三大攻坚战” ……288
交通运输脱贫攻坚 ……288
行业管理服务 ……289
安全生产监管 ……289
智慧交通 ……289

交通基础设施建设

交通规划 ……289
交通重点项目建设 ……289
道路养护工作 ……290
“四好农村路”建设 ……290

道路运输生产

大客车综合治理 ……290
“两客一危”企业专项整治 ……290
运输结构调整 ……290

交通行业管理

依法行政 ……290

"互联网+监管"和"双随机一公开" ……290
"打非治违" ……290
超限超载运输治理 ……291
机动车维修行业服务管理 ……291
海事管理 ……291
工程建设管理 ……291
"放管服"改革和优化营商环境 ……291

交通企业

郑州交通运输集团有限责任公司 ……291
郑州市交通规划勘察设计研究院 ……291

航空运输业

综 述

概况 ……292
工程建设 ……292
运行管理 ……292
口岸保障 ……292
郑州药品进口口岸启用 ……292

航空货运

概况 ……293
货运航线网络拓展 ……293
中州航空开航 ……293

航空客运

概况 ……293
客运航线网络拓展 ……293
旅客服务 ……293

商贸流通

综 述

概况 ……294
招商引资 ……294
市级重点项目建设 ……294
高质量项目引进 ……294
企业品牌化连锁化发展 ……294
生活必需品应急储备与投放 ……294
线上线下促销活动 ……294
惠民消费券发放 ……294
三大区域招商活动 ……294
德化街入围国家级步行街改造提升试点 ……295
"醉美·夜郑州"消费季系列活动 ……295

供销合作

概况 ……295
再生资源体系建设 ……295
企业改革 ……295
助力脱贫攻坚 ……295
郑州财经技师学院新校区建设 ……295

粮油购销和物资储备

概况 ……296
疫情期间粮油市场保供稳价 ……296
粮食和物资储备 ……296
粮食应急 ……296
粮油市场监管 ……296
粮食产业 ……296
爱粮节粮宣传 ……296

会展业

概况 ……297
统筹疫情防控和会展业发展 ……297
政策支持 ……297
融合线上线下展会 ……297
优化营商环境 ……297
行业交流合作 ……297
2020中国中博（春季）建筑建材装饰博览会在郑州举办 ……297
第四届全球跨境电子商务大会在郑州举办 ……297
2020中国500强企业高峰论坛在郑州举办 ……298
第88届全国汽车配件交易会在郑州

举办 ……………………………298
第二十六届郑州全国商品交易会
举办 ……………………………298
2020第三届郑州国际城市设计大会
在郑州举办 ……………………298
中国·河南招才引智创新发展大会
在郑州举办 ……………………298
中国测绘学会2020学术年会暨第十
届中国测绘地理信息技术装备
博览会在郑州举办 ……………298
2020第16届中国郑州工业装备博览
会在郑州举办 …………………298
2020高等教育国际论坛年会在郑州
举办 ……………………………298
2020中国（郑州）会展主办方大会
暨黄河流域会展联盟成立大会
在郑州举办 ……………………298

对外经贸

综　述

概况 ……………………………299
国际交通枢纽门户建设 …………299
内陆对外开放高地建设 …………299
参与国际合作高地打造 …………299

口岸建设

概况 ……………………………300
丝绸之路建设 …………………300
口岸体系建设 …………………300
物流业转型发展 ………………301

投资促进

概况 ……………………………301
区域经济交流与合作 ……………301
国内友好城市、友好合作城市交流
与合作 …………………………301
驻郑单位联络服务 ………………301

金融业

综　述

概况 ……………………………302
金融机构体系 …………………302
资本市场建设 …………………302
金融精准扶贫 …………………302
地方金融组织发展 ………………302

银　行

人民银行

概况 ……………………………302
金融供给结构 …………………302
货币信贷管理 …………………303
普惠金融改革 …………………303
自贸区业务创新 ………………303
金融稳定 ………………………303
金融服务管理 …………………303
支付结算 ………………………303
货币发行 ………………………303
国库信息化建设 ………………304
征信管理与服务 ………………304
外汇管理 ………………………304

工商银行

概况 ……………………………304
客户拓展 ………………………304
服务实体 ………………………304
管理品质 ………………………304
服务品质 ………………………305

农业银行

概况 ……………………………305
经营业绩 ………………………305
普惠金融贷款 …………………305
精准扶贫 ………………………305
服务民生 ………………………305
客户拓展 ………………………305
创新转型 ………………………305
机制建设 ………………………305
基础管理 ………………………305

建设银行

概况……305
战略发展……305
创新发展……305
风险管理……306
深化服务……306
品牌打造……306

中国银行

概况……306
存款业务……306
贷款业务……306
网络金融……306
投行业务……306
普惠金融业务……306
金融扶贫……307
渠道建设……307
风险管理……307
内控案防……307

郑州银行

概况……307
新冠肺炎疫情防控……307
助力脱贫攻坚……307
服务实体经济……307
公司治理……307
金融改革……308
存款业务……308
贷款业务……308
理财业务……308
金融创新……308
信息科技……308
特色金融……308

保 险

中国人寿

概况……308
疫情防控……308
脱贫攻坚……308
科技赋能……308
风险防范……308

邮电通信业

邮 政

概况……309
普遍服务……309
寄递服务品质改革提升……309
寄递发展改革配套……309
信息化能力提升……309
金融风险防范……309
集邮主题文化活动……310
邮政5G全场景智慧营业厅开业……310
助力精准扶贫……310
郑州税务·邮政战略合作发布会……310
夏日邮爱 大河传情社区公益行……310
“双11”生产经营……310

通 信

移动通信

概况……310
新冠肺炎疫情防控……310
业务发展……310
客户服务……310
网络建设……311
企业管理……311

联通通信

概况……311
业务经营……311
基础管理……311
网络建设……311
企业管理……311
客户服务……312
新冠肺炎疫情防控……312
5G产业联盟……312
全国首个5G^{n}全流程多场景智慧庭审系统建成……312

郑州市5G工业互联网平台发布 …312
郑州电联4G网络深度共建共享启动 ……………………………………312
5G商用 ……………………………………312

电信通信

概况 ……………………………………312
疫情防控 ……………………………………312
脱贫攻坚 ……………………………………313
深化改革 ……………………………………313
转型升级 ……………………………………313
网络建设 ……………………………………313
重大活动网络保障 ……………………313

财政　税务

财　政

预算执行 ……………………………………314
新冠肺炎疫情防控 ……………………314
财政政策落实 ……………………………314
财政支持打好三大攻坚战 ………314
财政支持经济社会高质量发展 …315
财政支持社会保障和民生改善 …315
财政体制改革 ……………………………315

税　务

概况 ……………………………………316
优化税收营商环境 ……………………316
税务监管 ……………………………………316

城乡建设与管理

建设行业管理

概况 ……………………………………317
高品质推进城市建设 ………………317
城市基础设施建设 ……………………317
建筑业行业管理 ………………………317
城乡统筹发展 ……………………………318

自然资源和规划

概况 ……………………………………318
自然资源调查监测 ……………………318
自然资源确权登记 ……………………318
农房登记权籍调查 ……………………318
国土三调工作 ……………………………318
土地收储 ……………………………………318
自然资源资产管理统计报告 ……319
自然资源开发利用 ……………………319
历史文化街区划定 ……………………319
土地利用总体规划局部调整 ……319
村庄规划编制 ……………………………319
重要片区规划 ……………………………319
建设用地预审及报批 ………………319
用地计划改革 ……………………………319
市政基础设施专项规划 …………320
生态建设规划 ……………………………320
道路管线综合规划 ……………………320
交通规划 ……………………………………320
郑州市32个核心板块城市设计工作 ……………………………………320
耕地保护 ……………………………………320
矿业权管理 ………………………………320
地质矿产保护监督 ……………………320
测绘地理信息管理 ……………………321
建设工程日照分析管理 …………321
建成区划定标准 ………………………321
“一张图”建设 ………………………321
电子证照数据归集工作 …………321
重点项目保障 ……………………………321
行政审批 ……………………………………321
土地供后监管 ……………………………321
执法整改工作 ……………………………321
违建别墅问题清查整治专项行动 ……………………………………321
农村乱占耕地建房摸排工作 ……322

市政建设与管理

综　述

概况 ……………………………………322
市政设施管理 ……………………………322
公用事业发展 ……………………………322
环境卫生管理 ……………………………322
市容环境整治 ……………………………323

县级城市管理……323
城管运行机制改革……323
城市管理体制机制……323
城市管理应急处置……323
新冠肺炎疫情防控……323

市政设施养护

概况……324
市政设施综合整治提升……324
市政设施防汛除雪……324
城市道路绿化……324
城市照明设施管理……324
城区河道管理……324
环城快速公路管理……325
郑开大道市政管理……325
城市隧道综合管理养护……325

市容环境卫生

市容管理……325
环境卫生管理……326

数字化城市管理

概况……326
数字化城市管理监督……326
数字城管案件派遣……326
智慧城管建设……326

园林绿化

概况……326
新冠肺炎疫情防控……326
民生实事工作……327
园林绿化管理……327
“解民忧、纾民困、转作风、提效能”专项行动……328
园林绿化依法行政工作……328
园林科研成果……328
动物繁育与管养……328

公用事业

城市供电

概况……328
全社会用电量情况……328
电力供需情况……328
安全生产……328
抗疫保电……328
服务“三大攻坚战”……328
电网建设……329
供电服务……329
附表：郑州市2020年全社会用电量统计表……329

城市供水

概况……329
供水工程建设……329
供水安全……329
供水营销管理……330
供水服务……330

城市燃气

概况……330
气源保障……330
输配系统建设……330
供气安全……330
技术创新……330
优质服务……330

集中供热

概况……330
工程建设……331
供热生产……331
技术进步……331
供热服务……331

城市公共交通

服务夜间经济……331
赛事保障……332
公交场站建设……332
全域公交……332
公共交通线网优化配置……332
巡游出租汽车新能源替代工作……332

城市环境雕塑建设

城市雕塑管理……332
雕塑规划……332
主题雕塑创作……332

房地产业

综 述

概况……333
新冠肺炎疫情防控……333
住房保障体系建设……333
物业管理……334
房屋安全管理……334
脱贫攻坚……334

房地产行业管理

房地产市场监管……334
房地产行业信用体系建设……335
住房租赁市场……335
产权交易……335

住房公积金管理

概况……335
新冠肺炎疫情防控……335
公积金归集……335
公积金运作使用……336
公积金服务……336
风险防控……336
分支机构建设……336

生态与环境保护

综 述

概况……337
服务经济社会发展……337

环境治理

大气污染防治……337
水污染防治……338
土壤污染防治……338
矿山生态环境治理恢复……338
露天矿山整治……338
农作物秸秆禁烧和综合利用……339

生态保护

生态环保综合能力建设……339
黄河流域生态保护……339
黄河流域生态保护和高质量发展核心示范区建设……339
生态保护红线评估调整……340
水生态系统建设……340
水土保持生态建设……340
河长制湖长制工作……340
增殖放流……340

绿色发展

概况……340
造林绿化……340
森林、湿地公园建设……341
森林（湿地）资源管理……341
铁路沿线五项综合整治……341
重大园林工程建设……341
单位及居住区绿化建设……341
各区园林绿化建设……342
绿色交通……342
绿色邮政建设……342
“绿惠万家”活动……342

经济监督与管理

发展计划管理

经济社会发展概况……343
社会事业发展工作……346
地区经济……347
区域开放工作……348
固定资产投资……349
创新和高技术发展……349
价格服务……350
价格监测……350
价格认定……351
价格调控……351

价格成本调查监审 ……………………351
农村经济工作 …………………………352
数字经济工作 …………………………353
航空经济工作 …………………………353
公共资源交易管理 ……………………354
轨道交通规划建设 ……………………355
行政事业性收费管理 …………………356
重点项目建设 …………………………356
财贸金融和信用建设 …………………357

审计监督

概况 ……………………………………359
财政预算执行审计 ……………………359
“三大攻坚战”审计 …………………359
民生项目和资金审计 …………………359
领导干部经济责任审计 ………………359
政府投资审计 …………………………359

市场监督管理

概况 ……………………………………359
新冠肺炎疫情防控 ……………………359
“六稳”服务复工复产 ………………360
市场监管营商环境优化 ………………360
质量工作 ………………………………360
知识产权保护 …………………………360
标准化工作 ……………………………361
食品安全监管 …………………………361
药械化安全监管 ………………………361
重要工业品质量监管 …………………361
“双随机、一公开”监管 ……………361
失信联防机制建设 ……………………362
专项治理整顿 …………………………362
公平竞争环境优化 ……………………362
放心消费环境优化 ……………………362
智慧监管能力提升 ……………………362
市场监管机构改革 ……………………363

国有资产监督管理

概况 ……………………………………363
“十四五”国资国企规划 ……………363
市管企业三年滚动规划 ………………363
市管企业年度投资计划 ………………363
重大投资事项监管 ……………………363
投资事项负面清单 ……………………363
助推卢氏县产业扶贫 …………………364
促进营商环境优化 ……………………364
减免中小微企业房租 …………………364
制定印发权责清单 ……………………364
企业依法治理 …………………………364
国有企业重组整合和集中统一监管 ……………………………………364
国企改革三年行动实施方案 …………364
国有企业治理结构和运营机制 ………364
中原环保“双百行动”综合改革 ……………………………………364
企业法人治理结构 ……………………364
国有企业退休人员社会化管理 ………364
“僵尸企业”处置及“四供一业”移交 ……………………………………364
国有企业资产清查 ……………………364
企业经济运行监测分析 ………………365
企业财务基础管理 ……………………365
助力企业防范化解经营风险 …………365
市管企业考核 …………………………365
保值增值责任落实 ……………………365
企业负责人薪酬管理 …………………365
2020年预算收入超额完成 ……………365
预算资金合理安排使用 ………………365
编制2021年国有资本经营预算建议草案 ……………………………………365
行政事业国有资产管理 ………………365
市管企业产权登记 ……………………365
市管企业担保发债 ……………………366
国有资产评估备案 ……………………366
污水净化公司重组上市 ………………366
驻郑部队全面停止军队有偿服务 ……………………………………366
市管企业督导检查 ……………………366
监管方式和手段创新 …………………366
市管企业房产出租、租赁清理整治 ……………………………………366
“平安国资”创建 ……………………366
安全生产督导检查 ……………………366
“细胞工程”创建 ……………………366

市场发展管理

概况……367
商品交易市场发展……367
标准化智慧化农贸市场建设……367
疫情防控保供稳价……367
助力脱贫攻坚……367

统计工作

概况……367
统计法治……367
统计精准服务决策……368
第七次全国人口普查……368
统计改革……368
统计基础保障……368

海关工作

概况……369
新冠肺炎疫情防控……369
海关监管……369
海关检验检疫……369
海关税收征管……369
海关缉私……369
落实“六稳”“六保”部署……369
服务“空中丝绸之路”建设……369
服务“陆上丝绸之路”建设……369
服务“网上丝绸之路”建设……370
服务产业企业发展……370
优化口岸营商环境……370
支持开放平台建设……370

边防检查

概况……370
新冠肺炎疫情防控……370
复工复产保障……370
货运查验……370
口岸管控……370

教育

综述

概况……371
中初等教育规模……371
中初等教育主要水平指标……371
中初等教育师资队伍……371
中初等教育基本办学条件……371
市内五区及四开发区中初等教育基本情况……372

基础教育

学生德育……373
健康教育……373
校园体育……373
校园美育……373
课程建设……373
中外合作办学……373
学前教育……373
义务教育……373
高中教育……373
特殊教育……374
语言文字工作……374

职业、成人、高等教育

中职教育……374
成人社区教育……374
高等教育……374

民办教育

校外培训机构管理……374
招生政策改革……374
民办学校规范管理……374

师资队伍建设

教师人事管理……374
教师工资待遇……374
师德师风建设……374
教师培训……375
班主任队伍建设……375
教师资格认证管理……375

综合管理

疫情防控……375
督导与评估……375
依法治教……375
教育信息化建设……375
招生考试管理……375
校园安全……375

科　技

综　述

概况……376
高新技术企业……376
新型研发机构……376
创新平台……376
科技服务……376
科技惠民……376
科技支撑疫情防控……376
“三送一强”活动……377
科技政策……377
重大科技创新专项……377
科技创新投入……377
科技体制改革……377

气象服务

气温……377
主要气候特点……377
主要天气气候事件及影响……377
气候对行业的影响评价……378

文化事业

综　述

概况……380
新冠肺炎疫情防控……380
复工复产……380
公共服务……380
对外文化交流……381
脱贫攻坚工作……381
市级文化市场综合行政执法改革……381
优化营商环境……381

社会文化

文艺作品创作……381
文化活动……382

旅　游

概况……382
附表：郑州市A级旅游景区名单…382
全域旅游……383
拓展宣传推广渠道……383
文化旅游市场管理……383
黄河文化旅游工作……383

庚子年黄帝故里拜祖大典

概况……383
大典仪程……384
庚子年拜始祖轩辕黄帝文……384
第十四届黄帝文化国际论坛……385

文物管理

概况……385
黄河文化保护与传承……385
夏文化研究保护……385
国家文物保护利用示范区创建…385
“两带一心”城市规划建设……385
文物保护利用“双百工程”……385
考古前置改革……386
世界文化遗产保护……386
文物资源基础保护……386
文物保护科研……386
重点项目建设……386
非国有博物馆管理……386
文物宣传与公共服务……386
文物安全责任……386
法治与执法工作……386
队伍建设……387

优化服务保障……387

社会科学工作

概况……387
新冠肺炎疫情防控……387
学会管理……387
研究机制建设……387
社科研究……387
社会科学优秀成果评奖……387
社科普及……387
《中州纵横》杂志……388
全国城市社科院院长联席会……388
2020年度社科学术年会……388

档案工作

概况……388
档案宣传推广……388
档案查阅利用……388
档案资源建设……388
重大活动档案收集……389
档案编研成果……389
档案信息化建设……389

地方史志工作

概况……389
综合年鉴编纂……389
郑州市名镇志、名村志、名街志文化工程……389
《郑州大事月报》编印……389
地方志资源收集整理和开发利用……389
地方史研究……389
信息化建设……389
方志馆建设……389

新闻出版与传媒

新闻出版

概况……390
出版管理……390
版权宣传……390
软件正版化管理……390
版权市场监管……390
版权服务体系建设……391
黄河历史文化宣传……391
电影行业管理……391
书香郑州建设……391

传 媒

报 纸

概况……391
新冠肺炎疫情防控报道……392
“郑州发布”运营……392
特刊品牌打造……392
视听品牌打造……392
政务服务……392
新型媒体平台建设……393
脱贫攻坚……393

电 视

概况……393
网络宣传……393
对外宣传……393
新媒体矩阵……394
短视频分发矩阵……394
直播带货和电商经济……394

电 台

概况……394
新闻宣传报道……394
疫情防控报道……394
对外宣传……394
强化节目质量……395
融媒体建设……395
政务服务平台建设……395
公益宣传……395

卫生健康

综 述

概况……396

公立医院改革……………………396
药品供应保障……………………396
卫生健康综合监管………………396
计划生育服务……………………396
健康扶贫…………………………396
健康郑州行动……………………397
健康管理…………………………397
智慧健康建设……………………397
健康教育…………………………397
老年和妇幼健康保障……………397
卫生健康民生实事………………397
对外医疗援助……………………397

疾病防控

概况………………………………397
复工复产复学服务保障…………397
公卫应急能力建设………………397
疾控体系建设……………………397
重大疾病防控……………………398
职业健康和食品安全……………398
应急保障…………………………398

医疗服务管理

概况………………………………398
人才队伍和合作交流……………398
中医药服务能力建设……………398

基层服务网络建设

县域医共体建设…………………398
基层卫生机构建设………………398
基层队伍建设……………………399

爱国卫生运动

概况………………………………399
健康城市建设……………………399
病媒生物防制管理………………399

体 育

综 述

概况………………………………400
新冠肺炎疫情防控………………400
2020 年郑州市全民健身活动月（线上健身）活动……………………400

公共体育服务

概况………………………………400
公共体育服务平台建设…………401
体育社会组织建设………………401
国民体质监测……………………401
2020年郑州市“千村百镇”系列体育活动…………………………401

竞技体育

后备人才培养……………………401
2020国际乒联总决赛……………401

体育产业

概况………………………………401
体育产业项目创建………………401

社会事业

民生工程

概况………………………………402
2020年重点民生实事完成情况…402

城乡居民生活

概况………………………………402
工资性收入………………………402
经营净收入………………………402
财产净收入………………………403
转移净收入………………………403
居民消费…………………………403

社会救助

城乡低保标准一体化……………403

低保专项治理 ……………………403
分散供养特困人员照料服务 ……403
低保审批权限下放 ………………403
救助补贴 …………………………403
宣传工作 …………………………403

养老服务

养老服务质量建设 ………………404
高龄津贴发放 ……………………404
养老设施建设 ……………………404

儿童福利

孤弃儿童保障 ……………………404
留守儿童关爱保护和困境儿童保障……………………………404

慈善事业

概况 ………………………………404
助力疫情防控 ……………………404
助力乡村振兴战略 ………………404
慈善助学 …………………………404
慈善募捐渠道拓展 ………………404
依法行善 …………………………405
冬季送温暖活动 …………………405
新时代郑州慈善文明实践中心建设 ……………………………405
郑州慈善日活动 …………………405

社会治理

农村自治体系建立 ………………405
社会工作 …………………………405
社会组织管理 ……………………405

专项社会事务

区划和地名管理 …………………405
婚姻登记 …………………………405
殡葬管理 …………………………405
流浪乞讨人员救助 ………………406
残疾人关爱保护 …………………406

民政系统新冠肺炎疫情防控

服务指导 …………………………406
联防联控 …………………………406

城乡社区发展治理

概况 ………………………………406
社区新冠肺炎疫情防控 …………406
城乡社区治理机制建设 …………406
无主管楼院整治提升 ……………406
城乡结合部社区环境综合整治提升 ……………………………407
城乡社区服务功能提升 …………407

退役军人事务

双拥优抚 …………………………407
移交安置 …………………………407
就业创业 …………………………407
权益维护 …………………………407
社会保险集中补缴 ………………407
服务保障体系建设 ………………407

民族与宗教

概况 ………………………………407
民族团结进步创建活动 …………407
民族宗教政策法规学习培训 ……408
少数民族经济社会发展 …………408
少数民族脱贫攻坚 ………………408
清真食品监管 ……………………408
少数民族流动人口服务与管理 …408
依法行政 …………………………408

医疗保障

概况 ………………………………408
新冠肺炎疫情医保救治 …………408
医保扶贫 …………………………408
医疗保障信息化建设 ……………408

医保改革……409
“两病”门诊医保……409
依法行政……409
医保经办服务……409
医保基金保障……409
医保基金监管……409

社会保障

概况……409
基金收入……410
基金支出……410
机关事业单位养老保险制度改革……410
基金监督管理……410
助力脱贫攻坚工作……410
降费减负……410
“放管服”改革……410
依法行政……410
“双提升”工作……410
经办服务模式创新……410
政策宣传……410

园区建设

郑州航空港经济综合实验区（郑州新郑综合保税区）

概况……411
疫情防控……411
航空枢纽建设……411
产业集群培育……412
改革创新发展……412
航空新城建设……412
群众生活……412
党的建设……412

郑东新区

概况……412
产业发展……412
科技创新……413
城市建设……413
城市管理……413
脱贫攻坚……414
民生事业……414
社会治理……414
党建工作……414

郑州经济技术开发区

概况……415
疫情防控……415
推进产业结构转型升级……415
对外开放“枢纽+开放”……415
精准招商引资……415
创新创业……415
产城融合发展……416
共建共享……416
优化营商环境……416
中欧班列（郑州）……416
郑州跨境电商综试区建设……417

郑州高新技术产业开发区

概况……418
新冠肺炎疫情防控……418
助力复工达产……418
“六稳”“六保”……419
智慧产业发展……419
创新要素集聚……419
制造业发展……419
金融服务……419
政策支持……419
企业服务……419
科技创新……419
政务服务……420
审批监管改革……420
纳税服务……420
人才服务……420
新型城镇化建设……420
“三项工程、一项管理”……420
城市数智治理……420
环保智慧管控……420
就业创业服务……421
社会民生事业……421
脱贫帮扶工作……421

安全生产 ……………………………421
信访工作 ……………………………421
平安建设 ……………………………421
党的建设 ……………………………421
党风廉政建设 ………………………422

中国（河南）自由贸易试验区郑州片区

概况 …………………………………422
改革创新 ……………………………422
巩固“四路协同”优势 ……………422
招商引资 ……………………………422
优化营商环境 ………………………423
体制机制建设 ………………………423
优化升级展示中心 …………………423
跨境电商零售进口退货中心仓模式全国复制推广 ……………………423
上海市外商投资协会调研座谈会在郑州召开 ………………………423
线上招商推介会暨重点项目签约仪式举行 …………………………423
全国自贸区创新联盟制度创新对接大会（线上）召开 ……………423
世贸组织亚太地区研讨会（线上）召开 …………………………………423
郑州片区在全国自贸试验区高质量发展现场会作发言 ……………423

区县（市）

中原区

概况 …………………………………424
机构与领导 …………………………424
新冠肺炎疫情防控 …………………424
经济发展 ……………………………425
招商引资 ……………………………425
产业结构调整 ………………………425
营商环境优化 ………………………425
核心板块建设 ………………………425
“三项工程、一项管理” ………425
生态建设 ……………………………425
民生保障 ……………………………426
文体事业 ……………………………426
社会治理 ……………………………426
脱贫攻坚 ……………………………426
全面建成小康社会 …………………426

二七区

概况 …………………………………427
机构与领导 …………………………427
经济工作 ……………………………428
新冠肺炎疫情防控 …………………428
“六稳”“六保” …………………428
产城融合 ……………………………429
产业结构优化 ………………………429
重点项目建设 ………………………429
城市建设 ……………………………429
生态环境 ……………………………429
乡村振兴 ……………………………429
民生保障 ……………………………429
社会事业 ……………………………430
社会稳定 ……………………………430
社区治理 ……………………………430
郑卢结对帮扶 ………………………430

金水区

概况 …………………………………430
机构与领导 …………………………430
高质量发展 …………………………431
改革创新 ……………………………432
城区建设 ……………………………432
社会民生 ……………………………432
新冠肺炎疫情防控 …………………432

管城回族区

概况 …………………………………432
机构与领导 …………………………432
经济社会发展 ………………………433
转型升级动能 ………………………433
改革创新 ……………………………434
高品质城市建设 ……………………434
生态环境质量 ………………………434

社会事业……………………………434

惠济区

概况………………………………435
机构与领导…………………………435
经济发展……………………………436
全面践行国家黄河战略……………436
城市建设……………………………436
生态环境建设………………………436
优化发展环境………………………436
民生事业……………………………437
新冠肺炎疫情防控…………………437

上街区

概况………………………………437
机构与领导…………………………438
产业发展……………………………438
发展动能……………………………438
城市品质提升………………………439
生态环境优化………………………439
民生社会事业………………………439
新冠肺炎疫情防控…………………439

巩义市（河南省直管县）

概况………………………………439
机构与领导…………………………440
经济发展……………………………440
招商引资……………………………441
文旅融合……………………………441
城市建设……………………………441
乡村振兴……………………………441
生态环境……………………………441
社会事业……………………………441
新冠肺炎疫情防控…………………442
脱贫攻坚……………………………442
巩义市双槐树古国时代都邑遗址考古重大发现……………………442

登封市

概况………………………………442
机构与领导…………………………442
产业转型……………………………443
城乡建设与管理……………………443
农业发展……………………………444
脱贫攻坚……………………………444
生态建设……………………………444
社会事业……………………………444
优化营商环境………………………445
文化旅游……………………………445
新冠肺炎疫情防控…………………445

新密市

概况………………………………445
机构与领导…………………………445
农业经济……………………………446
工业经济……………………………446
经济贸易……………………………446
第三产业……………………………446
疫情防控……………………………447
脱贫攻坚……………………………447
创新转型……………………………447
优化环境……………………………448
城乡融合……………………………448
社会民生……………………………448
党的建设……………………………449
荣获七个“全国百强”……………449

荥阳市

概况………………………………449
机构与领导…………………………449
产业结构优化………………………450
城乡建设……………………………450
改革开放……………………………451
生态环境……………………………451
社会保障……………………………451
三大攻坚……………………………451
疫情防控和复工复产………………451

新郑市

概况………………………………451

机构与领导 ……………………………451
工业经济 ………………………………452
第三产业 ………………………………452
现代农业 ………………………………452
新型城镇化建设 ………………………453
开放创新 ………………………………453
三大攻坚战 ……………………………453
社会事业 ………………………………453
疫情防控 ………………………………453

中牟县

概况 ……………………………………454
机构与领导 ……………………………454
新冠肺炎疫情防控 ……………………454
复工复产 ………………………………454
创新驱动 ………………………………454
制造业转型升级 ………………………455
现代服务业 ……………………………455
城市建设 ………………………………455
乡村振兴 ………………………………455
巩固脱贫攻坚成果 ……………………455
生态环境 ………………………………455
营商环境提升 …………………………455
社会民生 ………………………………455

人物　荣誉

人　物

2020年全国劳动模范 ………457

2020年全国先进工作者 ……464

2020年河南省“五一劳动奖章”获得者名单 ………………466

荣　誉

2020年河南省“五一劳动奖状”获得单位名单 ……………466

2020年河南省“工人先锋号”获得集体名单 …………………466

附　录

统计资料

2020年郑州市国民经济和社会发展统计公报 …………………467

法　规

郑州市人民代表大会常务委员会关于修改部分地方性法规的决定 ……………………………470
郑州市人民代表大会常务委员会关于废止部分地方性法规的决定 ……………………………472
郑州市城市公共汽车客运条例 …472
郑州市房屋使用安全管理条例 …476

重要文件目录

中共郑州市委文件 ………………479
郑州市人大常委会文件 …………479
郑州市人民政府文件 ……………480

索　引

…………………………………………482

CONTENTS

Specialized Edition

Special Records

Zhengzhou Chronicle of Building a Moderately Prosperous Society in All Aspects ······16
Poverty Alleviation ······54

Brief Introduction of Zhengzhou

Natural Environment ······65
Humanistic History ······65
Establishment and districts ······66
Population Situation ······67
Overview of Development ······68
Organizations and Responsible Officers ······72

Chronicle of Events

National Strategy

Ecological Conservation and High-quality Development of the Yellow River Basin ······103
Construction of National Center City ······103
China (Henan) Pilot Free Trade Zone ······104
Zhengzhou-Luoyang-Xinxiang National Self-dependent Innovation Demonstration Area ······105
China (Zhengzhou) Cross Border E-commerce comprehensive Pilot Zone ······106
China-Europe Block Train (Zhengzhou) ······106
Construction of National Functional Ports ······107

CPC and Government Organizations

Zhengzhou Municipal Committee of the Communist Party of China ······108
Summary ······108
Important Meeting ······111
Important Activites ······142
Organization Work ······153
Public Information Work ······154
Spiritual Civilization Development ······156
United Front Work ······159
Policy Research ······161
Network Security and Informatization ······162
Foreign Affairs Work ······163
Management on Authorized Size of Stuffing ······166
Veteran Cadre Affairs ······167
Party Building in Government Offices ······169
Research on Party History ······170

Party School Affairs ……170

Zhengzhou Municipal People's Congress ……171

Summary ……171

Important Meeting ……173

Supervision Affairs ……177

Zhengzhou Municipal People's Government ……177

Summary ……177

Important Meeting ……179

Important Activities ……193

Poverty Alleviation ……204

Big Data Management ……206

Human Resources and Social Security ……207

Government Affairs Service ……209

Emergency Management ……210

Petition Solution ……211

Government Offices Administration ……212

CPPCC Zhengzhou Municipal Committee ……213

Summary ……213

Important Meeting ……220

Work of Discipline and Inspection ……221

Summary ……221

Supervision Affairs ……222

Disciplinary Inspection ……223

Democratic Parties ……223

Summary ……223

RCCK Zhengzhou Municipal Committee ……225

Zhengzhou Municipal Committee of China Democratic League ……227

Zhengzhou Municipal Committee of China National Democratic Construction Association ……228

Zhengzhou Municipal Committee of China Association for Promotion Democracy ……230

Zhengzhou Municipal Committee of China Peasants and Workers Democratic Party ……231

Zhengzhou Municipal Committee of Jiu San Society ……233

Mass Organization

Union ……235

Communist Youth League ……237

Woman's Federation ……238

Association of Science and Technology ……240

Returned Overseas Chinese Federation ……242

Federation of Industry and Commerce ……243

Red Cross Society ……244

Disabled Person's Federation ……245

Federation of Literature and Art ……246

Rule by Law

Politics and Law Committee and Comprehensive Administration of Social Public Security Affairs ……248

Legislation ……249

Construction of Law-ruled Government ……249

Public Security ……250

Procuratorate ……252

Court ……254

Judicial Administration ……255

Arbitration ……256

Military Affairs

Zhengzhou Garrison Control ……257

Zhengzhou Branch of People's Armed Police ……259

Civil Air Defence ……260

Agricultural and Rural Areas

Summary ·························261
Agricultural Industrialization ·························261
Rural Reform ·························263
Crop Farming ·························263
Beautiful Countryside Construction ·························264
Agricultural Mechanization ·························265
Animal Husbandry ·························265
Aquaculture ·························268

Water

Water Conservancy ·························269
Yellow River Management ···271

Industry

Summary ·························273
Manufacturing Industry ···275
Tobacco Industry ·························275

Transportation Industry

Railway ·························277
Summary ························· 277
Zhengzhou Station ·························280
Zhengzhou North Station ·························283
Zhengzhou Passenger Service Section ·························284
Rail Transit ·························286
Road Transport ·························287
Summary ·························287
Transportation Infrastructure Construction ·························289
Road Transport Production ·························290
Transportation Industry Management ·························290
Transport and Communication Enterprises ·························291
Air Transport Industry ······292
Summary ·························292
Air Freight ·························293
Air Passenger Transport ·························293

Commercial Circulation

Summary ·························294
Supply and Marketing Cooperative ·························295
Purchase and Sale of Grain and Oil and Material Reserve ···296
Convention and Exhibition Industry ·························297

Foreign Economy and Trade

Summary ·························299
Port Construction ·························300
Investment Promotion ·························301

Finance

Summary ·························302
Bank ·························302
The People's Bank of China (PBC) ·························302
Industrial and Commercial Bank of China (ICCB) ·························304
Agricultural Bank Of China (ABC) ·························305
China Construction Bank (CCB) ···305
Bank Of China (BOC) ·························306
Zhengzhou Bank ·························307
Insurance ·························308
China Life Insurance ························· 308

Post and Communication Industry

Postal Service ·························309
Communications ·························310
Mobile Communications ························· 310

Unicom Communications ············311
Telecommunication ··················312

Finance Tax Affairs

Fiscal Administration ·········314
Taxation ····························316

Urban and Rural Construction and Management

Construction Industry Management ··················317
Natural resources and Planning ···318
Municipal Construction and Management ··················322
Summary ·································322
Municipal Facilities Maintenance ······324
City Environment and Health ·········325
Administration of Digital City ·········326
Landscaping ·························326
Public Affairs ·······················328
City Power Supply ·····················328
City Water Supply ·····················329
City Gas ································330
Centralized Heating ················· 330
Urban Public Transportation ·········331
Construction on Urban Environmental Sculptures ···························332

Estate

Summary ····························333
Management of Real Estate Industry ·························334
Housing Provident Fund Management ··················335

Ecology and Environmental Protection

Summary ····························337
Environmental Governance ···337
Ecological Protection ·········339
Green Development ············340

Economic Supervision and Management

Development Planning Management ··················343
Auditing Supervision ·········359
Market Inspection and Management ··················359
State-owned Assets Supervision and Administration ·········363
Market Development ·········367
Statistical Work ··················367
Customs Work ·····················369
Border Inspection ···············370

Education

Summary ···························371
Basic Education ··················373
Secondary Vocational Education、Adult Community Education and Higher Education ···374
Non-government Education ···374
Teachers Cultivation ·········374
Comprehensive Management ···375

Science & Technology

Summary ···························376
Weather Service ··················377

Culture Undertakings

Summary ···························380
Social Culture ····················381
Tourism ······························382
Geng Zi Year Huangdi's Ancestral Worship Ceremony ·········383

Administration of Culture Relics ······385
Social Science Work ······387
Archival Work ······388
Local Chronicles Work ······389

Press and Publication Media

Press and Publications ······390
Media ······391
Newspaper ······391
Television ······393
Broadcasting Station ······394

Sanitation and Health

Summary ······396
Disease Control ······397
Medical Service Management ······398
Construction of Grassroots Service Network ······398
Patriotic Health Campaign ······399

Sports

Summary ······400
Public Sports Service ······400
Competitive Sports ······401
Sport Industry ······401

Social Undertakings

Projects for People's Well-being ······402
Livelihood of Urban and Rural Resident ······402
Social Assistance ······403
Elderly Care ······404
Child Welfare ······404
Philanthropy ······404
Social Governance ······405
Special Social Affairs ······405
Covid-19 Prevention and Control in Civil Affairs System ······406
Development and Governance of Urban and Rural Community ······406
Veterans Affairs ······407
Ethnic and Religion ······407
Medical Security ······408
Social Security ······409

Park Construction

Zhengzhou Airport Economy Zone (Zhengzhou Xinzheng Comprehensive Bonded Zone) ······411
Zhengdong New District ······412
Zhengzhou Economic and Technological Development Zone ······415
Zhengzhou High & New Technology Industrial Development Zone ······418
Zhengzhou Area of China (Henan) Pilot Free Trade Zone ······422

District County(city)

Zhongyuan District ······424
Erqi District ······427
Jinshui District ······430
Guancheng Hui Autonomous District ······432
Huiji District ······435
Shangjie District ······437
Gongyi City ······439
Dengfeng City ······442
Xinmi City ······445
Xingyang City ······449
Xinzheng City ······451
Zhongmu City ······454

Character Honor

Character ······457

2020 National Model Worker ·········457

2020 National Advanced Worker ···464

Winner List of Henan ‘May 1Labor Medals’ in 2020 ·········466

Honour ·····························466

Winner List of Henan ‘May 1Labor Certificate’ in 2020 ···············466

Group Winner List of Henan National ‘Workers Pioneer’ in 2020 ···466

Appendix

Statistics ···························467

Regulations ························470

Important Document Catalogue ···479

Index

特载

在市委十一届十三次全会暨市委经济工作会议上的讲话

省委常委、市委书记 徐立毅

（2021年1月5日）

这次会议的主题是，高举习近平新时代中国特色社会主义思想伟大旗帜，深入贯彻习近平总书记关于河南和郑州的重要讲话指示精神、党的十九届五中全会和中央经济工作会议精神，认真落实省委十届十二次全会暨省委经济工作会议精神，研究审议《中共郑州市委关于制定郑州市国民经济和社会发展第十四个五年规划和二〇三五年远景目标的建议（讨论稿）》，安排部署2021年经济工作，动员全市上下强化责任担当，主动作为，奋勇争先，凝心聚力加快郑州国家中心城市现代化建设，为中原更加出彩、中部地区崛起、黄河流域生态保护和高质量发展作出新的更大贡献。

下面，我受市委常委会委托，向全会报告过去一年的工作。

2020年是全面建成小康社会和“十三五”规划的收官之年，是决战决胜脱贫攻坚和推动郑州国家中心城市建设的关键一年。一年来，面对新冠肺炎疫情的严重冲击，市委常委会坚持以习近平新时代中国特色社会主义思想为指导，深入贯彻习近平总书记关于河南和郑州的重要讲话指示精神，坚决落实中央和省委决策部署，坚持人民至上，牢记责任使命，强化统筹，精准发力，推动疫情防控取得重大成果，保持经济稳定增长，民生事业协调发展，社会大局和谐稳定，党的建设进一步加强，各项工作都取得了显著成效。

一年来，市委常委会坚持以政治建设为统领，用贯彻落实习近平总书记重要讲话精神和党中央决策部署的实际行动体现“四个意识”“两个维护”，盯紧抓牢以下几件大事。

一是持续推进习近平新时代中国特色社会主义思想入脑入心、落地落实。市委常委会坚持把学习贯彻习近平新时代中国特色社会主义思想作为首要政治任务，落实省委“五种学习方式”“五比五不比”要求，在学通弄通做实上下功夫、求实效。坚持跟进学习，落实“第一议题”制度，先后开展学习22次，对总书记的重要讲话和批示指示精神，第一时间学习、第一时间贯彻、第一时间行动。坚持专题学习，围绕《习近平谈治国理政（第三卷）》、总书记给郑州圆方集团全体职工的回信、党的十九届四中五中全会等，组织开展理论学习中心组集中学习8次，交流研讨、相互促进。坚持以讲促学，市委常委同志自觉主动进党校、进高校、进基层，上党课、讲理论、促共识。坚持专家领学，创办“问学前沿”高端讲堂，邀请国内知名专家学者解读政策、深化认识，举办讲座6次，以县处级以上领导干部为重点，每次覆盖市直各单位和各区县（市）基层单位党员干部3500人左右。坚持学以致用，建立健全部署、落实、督查相衔接的“闭环”机制，对总书记重要讲话和指示批示、党中央的决策部署，及时研究贯彻意见、紧盯不放抓好执行。围绕总书记视察河南重要讲话精神，召开市委十一届十一次、十二次全会，研究出台市委《关于深入学习贯彻习近平总书记视察河南重要讲话精神的意见》，制定并实施高质量发展制造业、高水平扩大对外开放、高品质推进城市建设和管理等系列三年行动计划；围绕黄河流域生态保护和高质量发展战略实施，成立高规格领导小组，召开3次领导小组会议和20多次项目规划论证，制定形成建设黄河流域生态保护和高质量发展核心示范区总体规划、起步区规划和行动方案，启动实施黄河生态保护和修复、防洪安全防范提升、黄河历史文化主地标打造等十大工程；围绕总书记给圆方集团的重要回信，组建32人宣讲团，开展宣讲宣传，传递总书记的关怀，弘扬劳模精神；围绕总书记关于环境突出问题的批示指示精神，坚决开展沿黄环境问题集中整治、违建别墅整治、“占地造湖”整治，坚决把“两个维护”落实到行动上、体现到工作实效上。

二是统筹疫情防控和经济发展。面对突如其来的新冠疫情，市委常委会本着“宁可信其重、不可信其轻”的原则，坚持底线思维，强化统筹措施，努力夺取疫情防护和经济发展“双战双胜”。市委常委会召开8次专题会议，疫情防控领导小组召开25次会议，把中央、省委部署与郑州实际相结合，因时因势、果断行动，第一时间组织发动，市、县、乡、村四级响应，迅速构建起农村“以村保乡、以乡保县”、城市“以小区保社区、以社区保城区”的全覆盖防控体系；第一时间建立健全救治体系，确定13家定点医院、65家发热门诊，仅用10天时间建成岐伯山医院，汇集优质资源提高救治水平；第一时间构建数字防控体系，在全国率先形成“交通卡口—居民小区—各个单位—公共场所”四位一体的健康码智能管理体系，对进口冷链食品实行集中监管，做到全覆盖赋码、全流程扫码；第一时间支援湖北、落实入境分流任务，先后派出4批187名医务工作者驰援武汉，累计承接国际航班210架次、31717人；第一时间启动复工复产，落实“六稳”“六保”要求，明确“控、保、稳、进、抬、扛”工作原则，出台应对疫情促进经济平稳健康发展30条、促消费增活力稳增长10条、扩大有效投资11条等政策举措，常态化开展“三送一强”和“一联三帮”活动，累计帮扶企业37.6万家，减免税费478亿元，提供资金支持6559万元，发放4亿元消费券，鼓励消费、扶持商家、提振市场信心、促进经济恢复。预计全年生产总值完成1.2万亿元以上；固定资产投资增长4.5%，一般公共预算收入增长3%，形成了经济恢复迅速、稳中向好的良好发展态势。

三是健全完善高质量发展实践体系。先后召开市委十一届十一次、十二次全会和系列专题会议，深入学习贯彻习近平总书记关于河南、郑州的重要讲话指示精神，落实省委对郑州提出的“三个在”“四个内涵”发展要求，把加快郑州国家中心城市建设、发挥好高质量发展区域增长极作用作为目标引领，确立了“东强、南动、西美、北静、中优、外联”的城市功能布局，高标准编制新一轮国土空间规划，实施32个核心板块开发和“三项工程、一项管理”，促进空间结构优化，加快城市有机更新。规划建设中原科技城，大力推进以人才聚集为核心的科技创新。开展长三角、珠三角定向招商活动，积极引进“头部”企业，着力培育新兴产业。坚持以自贸区为引领，以“一门户、两高地”为目标，加快对外开放步伐。深化以“一网通办、一次办成”为牵引的“放管服”改革，不断优化营商环境。开展“城市大脑”建设攻坚，推进政务服务管理数字化全面提速。坚持绿化工程、污染管控、源头治理多策并举，促进绿色发展。通过一年努力，全市上下贯彻新发展理念、打造更高水平的高质量发展区域增长极的思路更清晰、路径更明确、行动更自觉、效果不断显现。

四是坚持把以人民为中心的发展思想落实落细。巩固“不忘初心、牢记使命”主题教育成果，持续加强党员干部群众思想观念教育，引导党员干部把增进群众的获得感作为工作的成就感，把群众立场落实到工作全过程。坚持人民至上，疫情期间全力救治病人，疫情得到控制之后，及时出台为民造福10条意见，突出做好稳岗位、保就业、惠民生工作。坚持走好群众路线，把“三项工程、一项管理”作为社会治理工程来实施，充分发动群众、依靠群众，促进共建共治共享。坚持群众需求导向，大力推进老旧小区改造、电梯加装及社区卫生、社区文化、老年照料中心等建设，加大基础教育、公共卫生基础设施建设力度，提升公共服务水平。围绕群众反映的学生午餐等问题，在全国率先全面实施中小学午餐配餐和免费课后延时服务；围绕群众眼里的“一件‘事’”，推进政务服务模式创新；围绕群众反映的诉求问题，组织开展信访稳定突出问题攻坚化解活动，随着一大批便民利民措施的实施，群众有了切实的获得感，党群干群关系得到进一步改善。

五是坚持把加强党的领导、强化政治建设贯穿始终。研究制定市委《关于加强党的政治建设推进全面从严治党向纵深发展的实施意见》，坚决扛稳加强党的领导的政治责任，推动全市上下增强“四个意识”、坚定“四个自信”、做到“两个维护”。市委常委会召开会议35次，研究议题148个，对事关中央和省委决策部署落实、事关全局、事关民生的大事要事及时研究、及时部署。市委深改委召开会议4次，研究重大改革事项32项。进一步完善了市委依法治市委员会、市委国家安全委员会、市委编制委员会、市委审计委员会等议事机构的工作机制，切实加强对相关工作的领导。坚持“一个党委、三个党组”工作制度，先后召开了市委人大工作会议和市委政协工作会议，定期听取市人大常委会、市政府、市政协、法检等部门党组工作报告，充分发挥领导核心作用、调动各方面积极性，统一意志、团结一心、步调一致推动中央决策、省委部署在郑州有效落实。

一年来，市委常委会高举旗帜、把准方向、扎实工作、狠抓落实，统筹推进各项工作取得显著进展。

一、坚持高质量发展方向，加快经济发展方式转变

加强党对经济工作的领导，统筹推进疫情防控和经济发展，做好“六稳”工作、落实“六保”任务，推动经济平稳运行、稳中向好。

（一）科技创新全面发力。 高标准谋划建设中原科技城，加快构建“一廊、两翼、四区、多点”的科技创新驱动发展空间格局，出台实施“黄河人才计划”，创新推出“郑科贷”金融产品，不断优化科技创新生态。复星国际、芯成科技全球研发中心等首批60个高科技项目签约入驻中原科技城，形成了高科技企业、机构、人才加快聚集的良好效应。加快创新平台建设，国家超算郑州中心顺利通过科技部验收，国家技术转移郑州中心即将建成投用，郑州科技大市场建设稳步推进，新建省级研发平台209家，市级研发平台152家，累计建设各级各类研发平台3547家。强化企业主体作用，新培育科技型企业1861家、同比增长30.5%，预计新增高新技术企业800家，增长

40%，累计达到2900家，占全省45%以上。新增省、市新型研发机构17家、总数达到43家，全社会研发投入强度有望达到2.1%，全社会向科技发力、各种资源要素向科技倾斜、全力支持科技创新的氛围越来越浓厚、科技创新活动越来越活跃。

（二）产业转型步伐加快。立足郑州的人力资源优势，把发展以大批高素质劳动力为支撑的高新技术产业作为制造业发展的着力点，以数字化改造存量，以高质量项目招商做优增量，加快新旧动能转换。组织开展长三角、珠三角定向招商活动，推进阿里巴巴、新华三、浪潮集团、富泰华、中软国际等项目加快建设，新落地开工32个投资10亿元以上的高质量产业项目，预计全年工业投资增长18%，高技术产业投资增长64%左右。工业结构不断优化，以数字经济和电子信息产业为引领的战略性新兴产业占工业的比重同比提升12.3个百分点、达到35.5%；全市"上云企业"达到3.1万家，占全省的38%。现代服务业加快发展，信息传输、软件和信息技术服务业增加值同比预计增长18%，金融业、物流业增加值预计分别同比增长4.9%、5.8%。农业生产提质发展，粮食生产再获丰收，新建市级以上现代农业示范园30个、美丽牧场7个，国家级、省级农业龙头企业达到74家。

（三）对外开放体系更加完善。随着郑万、郑阜、郑太高铁河南段和机南城际通车，米字形高铁网基本成形。"空中丝绸之路"国际航线网络进一步加密，货邮吞吐量达到63万吨、跃居全国机场第6位，其中国际航空货邮吞吐量增幅为48.2%，居全国机场首位。"陆上丝绸之路"班列开行突破1130班，同比增长11.3%，班列运行综合效益继续保持全国先进，获批开展中欧班列集结中心示范工程建设。"网上丝绸之路"预计全年跨境电商交易额增长20%左右，成功举办第四届全球跨境电商大会，入围跨境电商综试区先导城市。"海上丝绸之路"获批"郑州港"国际代码，实现与青岛、连云港等港口无缝衔接。自贸区制度创新持续深化，航空口岸全面实施"7×24小时"通关，铁路口岸推行"7×24小时"预约通关，药品进口口岸正式投入运营，口岸体系更加完善。国际经贸合作更加广泛，在疫情条件下，进出口逆势上扬，前11个月进出口额完成4228.4亿元，同比增长13.5%，保持中部省会城市首位、处于全国领先水平。

二、坚持高品质推进城市建设和管理，开创城乡转型发展新局面

围绕"东强、南动、西美、北静、中优、外联"城市功能布局，统筹老城复兴、新城开发和乡村振兴，走好多中心、组团式、集约化、"三生"融合的城市发展路子。加强对规划工作的领导。完善规委会制度，全年召开规委会6次，研究专项规划42个，以《郑州市国土空间总体规划（2020—2035）》编制为引领，进一步明晰了城市空间结构、交通组织、产业布局、功能分区，实现了重点开发区域的规划、设计全覆盖。城市更新全面展开。部署推进"三项工程、一项管理"，道路综合改造一期7条道路全面完工、二期9条道路正在建设；老旧小区改造完成1374个，受益群众70万人；36个城乡结合部综合改造扎实推进，建成示范村（点）21个。先后开展工地"围而不建"、规范交通秩序、解决停车难等专项行动，城市"序化、洁化、绿化、亮化"水平不断提升，人民群众切实感受到城市环境的显著变化。32个核心板块开发建设全面启动。规划设计基本完成，开发机制得到完善，坚持主体功能先行、基础设施先行、公共服务先行、生态环境先行，全年实施项目261个，预计完成投资960亿元。基础设施建设力度加大。轨道交通三期全部开工，3号线一期、4号线建成通车，全市轨道交通运营里程达到206.3公里，在建里程达到203.5公里，网络化建设运营水平全面提升。四环快速化高架主线、北三环东延快速通道等道路工程建成通车，水电气暖等基础设施建设项目有序实施、供给能力进一步增强。扎实推进美丽乡村建设，编制美丽乡村建设导则，制定精品村、示范村建设布局规划，新启动建设美丽乡村项目17个，按照"四美乡村"标准，创建省级"千村示范、万村整治"示范村80个，农村生活垃圾治理实现全覆盖，生活污水处理率达到87.8%，无害化卫生厕所普及率达到90%以上。深化郑州大都市圈协同发展，加强与开封、许昌、新乡、焦作的全方位对接，推进郑开同城化先行示范区建设，深入研究"1+4"城市通勤化交通体系，各方面的战略合作不断深化。

三、坚持以制度建设为主线持续深化改革，增强城市发展内生动力和活力

坚持把解决体制机制上的瓶颈障碍作为基础性、攻坚性工作来抓，用好改革"关键一招"，刀刃向内、既破又立、系统集成，着力构建与特大城市发展相适应的治理体系、与中国特色社会主义市场体系相适应的营商环境。围绕加快政府职能转变、数字化转型，大力推进数字郑州"城市大脑"建设，深化以"一件'事'"为牵引的"一网通办"改革和以"一'事件'"为牵引的"一网统管"改革，公民个人、企业法人544项高频事项实现"网上办"，其中475项依托"郑好办"App实现"掌上办"，300个"一件'事'"改革任务圆满完成，智慧交通、智慧城管、智慧医疗等14个领域118个应用场景上线运行，基本构建了"一脑赋城、一网治城、一码通城、一端惠城"的格局，探索形成了政务服务网、城市治理网一体建设的"数字郑州模式"。围绕降低制度交易成本，以"一网通办、一次办成"改革为抓手，创新商事登记"1+X"模式，大力推进减环节、减材料、减时限、减跑动、清理中介事项、清理证明事项"四减两清理"，工程项目审批服务事项由122项精减到98项，审批时间由340个工作日压减至最长61个工作日、最短30个工作日，不动产登记、企业登记、水电气暖等重点领域审批环节、事项和时间大幅度减少。围绕城市有序发展，深化规划编制集中统一管理改革，建立了分类、分层、全流程的规划管理机制，实现规划闭环管理。围绕土地要素市场化配置，坚持一级市场政府垄断、二级市场放开，完善土地储备和做地机制，创新土地出让办法，完善地价形成机制，探索推出新型产业用地、"亩均论英雄"评估、"标准地"供应、带"施工图"出让等举措，建立起了以优地优供支撑和保证高质量发展的用地制度。围绕提高城市治理能力，按照"一件事一个部门负责"和"块抓条保、以块为主"的原则，持续深化党政机构改革，进一步完善党政机构权责

职能体系，公安系统“一区一分局”、法检系统统管改革基本到位，财政体制得到完善，市、区两级事权财权进一步清晰，基层在城市治理中的主体作用得到充分发挥。围绕激发市场主体活力，深化国有企事业单位改革，积极推进政企分开、政资分开，维护公开公平的市场秩序；深化投融资公司市场化改革，优化公司运作模式，增强自主经营能力；深化产业园区管理体制改革，积极布局小微产业园，打造更加有利于市场主体发展的承接平台。围绕提升公共服务能力，深化市属学校、医院去行政化改革，圆满完成义务阶段分级办学体制改革，大力推进医联（共）体和分级医疗制度改革，探索推行社保卡基础上的市民卡“一卡通、一码通”，人民群众切实感受到改革带来的便利和实惠。

四、以坚决态度抓好生态环保，着力打造沿黄生态保护示范区

深入学习贯彻习近平总书记关于黄河流域生态保护和高质量发展的重要讲话精神，引导全市上下深化对“绿水青山就是金山银山”的认识，把生态治理作为实施黄河流域生态保护和高质量发展战略的先导工程、率先推进，聚焦“保安全、清乱象、强节水、优生态、美环境”，加快推进沿黄生态保护示范区建设。重拳治理大棚房和违建别墅整治等“四乱”问题，沿黄区域排查出的1801个环境问题整治到位。在全省率先开展“占地造湖”专项整治行动，对排查出的37个项目逐一研判，大幅“减面瘦体”4处、取消湖面湖体5处。雁鸣湖区域环境问题依法依规处置到位，并健全了长效机制。持续推进绿化工程，全市新建绿地面积2480万平方米，贾鲁河综合治理、生态廊道建设等重大生态工程效果不断显现。推进节水型城市建设，编制实施《郑州市黄河水资源节约集约利用规划》《节水型城市建设三年行动计划》，开工建设圃田泽水循环工程，完善以污水处理厂为中心的中水回用管网系统，积极推行中水回用、循环节约用水。持续打好污染防治攻坚战，实现了市域散煤清零、主城区煤电清零、燃煤锅炉清零，全年优良天数达到230天，比上年增加57天，PM10、PM2.5年平均同比下降14.3%和12.1%；空气综合指数在全国168个重点城市排名中从后20位前移至后23位，大气污染防控三年攻坚圆满收官。水污染防治、土壤污染防治深入推进，农业农村面源污染治理取得明显成效。

五、加强宣传思想文化工作，凝聚强大社会正能量

坚持“举旗帜、聚民心、育新人、兴文化、展形象”，守正创新，担当作为，把稳主基调，唱响主旋律，打好主动仗，不断强化改革发展的思想保证、舆论支持和精神动力。

（一）意识形态向上向好。成立市委宣传思想工作领导小组，3次召开市委常委会专题研究意识形态工作，4次召开市委意识形态联席会议，切实加强对意识形态工作的领导。建立意识形态联席会议“4+N”、舆情四级督办等制度，形成“监测—共享—研判—引导—化解”的意识形态管理闭环。建立网络信息常态化研判处置机制，严格落实意识形态责任制，确保各类意识形态阵地可管可控。推出宣传思想工作“十大工程”，在国内主流媒体推进了一系列有影响力、感染力的新闻报道，进一步树立了郑州的良好形象。大力构建网上发声主渠道，重新整合“郑州发布”平台，特别是在疫情期间通过高密度、高精度、高时效发声，凝聚了群防群控的合力，提升了其影响力、权威性，关注量突破300万人，跃居全国城市发布平台前列。积极推进“学习强国”学习平台在我市推广运用，建成“学习强国”郑州学习平台，注册人数和发稿量均居全省第一。加快市、县两级媒体融合发展，市属媒体的新闻舆论传播力、引导力、影响力得到不断增强。

（二）价值引领持续深化。持续推进社会主义核心价值观教育，建好用好16个县级新时代文明实践中心、2293个所（站）等阵地，完善运行机制，加强内容建设，创新实践形式，扩大教育覆盖面和实效性。坚持把文明城市创建与“三项工程、一项管理”等工作相结合，充分发动群众、引导群众，深入推进群众性文明创建、文明行为养成，顺利通过全国文明城市到届重创测评，连续四届蝉联全国文明城市。持续推动志愿服务制度化、常态化，疫情防控期间，25万名志愿者“逆行”而上，“志愿红”成为战“疫”一道靓丽风景线。

（三）文化繁荣持续发展。以黄河战略实施为契机，围绕讲好黄河故事、郑州故事，深入谋划推进郑汴洛“三座城、三百里、三千年”世界级文化旅游带建设，研究完善了沿黄文化带、环嵩山文化带和中心城市文化集中展现区“两带一心”文旅融合发展布局，二砂文创园首期、芝麻街双创园正式开园，大河村国家考古遗址公园、二七商圈改造复兴等工程开工建设，黄河国家博物馆、黄河天下文化综合体、黄帝故里改造提升、商代王城遗址保护开发等重大文化项目前期工作取得显著进展。成功举办央视春晚郑州分会场、庚子年黄帝故里拜祖大典、2020年网络安全宣传周、中国金鸡百花电影节、国际乒联总决赛等一系列重大活动，进一步展示了郑州的良好形象，提升了全社会的精气神、正能量。

六、加强社会主义民主政治建设，巩固发展生动活泼、安定团结的政治局面

坚持把发展社会主义民主法治作为推动各项事业发展的重要保障，坚持党的领导、人民当家作主、依法治市有机统一，更好地凝聚共识、共推发展、促进和谐。

（一）支持人大履行宪法法律赋予的各项职责。市人大及其常委会依法行使立法、监督、决定和任免等职权，制定地方性法规2件，作出决定决议13件，审议专项工作报告33个，对4部法律实施情况开展了检查，开展专题询问和专项工作评议6次，依法任免国家机关工作人员127人次，市十五届人大三次会议上代表议案7件、建议352件以及闭会期间代表建议57件已全部办理完毕，促进了一批群众关注问题的有效解决。

（二）支持政协履行政治协商、民主监督、参政议政职能。市政协及其常委会围绕事关全局的重大问题、重点工作进行全面协商，围绕高水平扩大开放、高质量发展制造业等开展专题议政，围绕5G建设、黄河文化培育、健康郑州建设等进行双月协商座谈，围绕打赢抗疫攻坚战、助推“六稳”“六保”等深入开展民主监督和视察调研活动，较好地发挥了职能作用。

（三）巩固发展最广泛的爱国统一战线。定期向各民主党派、工商联和无党派人士通报情况，密切

联系协作，听取意见建议。加强非公经济统战工作，深入开展“两个健康”和“一联三帮”专项行动，支持非公经济健康发展。成立郑州市新的社会阶层人士联谊会，新阶层人士统战工作扎实推进，民族交流交往交融更加深入广泛，宗教治理三年行动计划扎实实施，港澳台侨和海外联络工作进一步加强，郑州欧美同学会（归国留学人员联谊会）成立，群团组织的桥梁纽带作用得到充分发挥，郑州市连续第八次获得“全国双拥模范城”称号。

（四）深入推进全面依法治市。认真贯彻习近平法治思想和中央全面依法治国工作会议精神，坚持把依法治市作为重要基础工作、首要营商环境来抓，围绕科学立法、严格执法、公正司法、全民守法，完善责任体系和工作机制，加大工作推进力度。深化法治政府建设，从严落实行政执法“三项制度”，切实规范执法行为。深入开展影响法治化营商环境执法司法突出问题专项整治，健全执法司法权力运行和监督制约机制，促进公正司法，维护社会公平正义。以提高领导干部“关键少数”的法治素养为重点，加强法治培训和普法教育，全社会法治观念不断增强。

（五）坚定不移打好风险防范攻坚战。深入贯彻总体国家安全观，增强忧患意识，强化底线思维，高度重视和切实化解各类风险隐患。深化平安郑州建设，以开展全国市域社会治理现代化试点工作为抓手，加强基层基础建设，加大各领域不稳定因素排查化解力度。严厉打击各类违法犯罪，深入开展扫黑除恶斗争，打掉涉黑组织7个、恶势力犯罪集团4个、恶势力团伙10个，有效净化了社会风气。全面加强应急防灾体系建设，健全城市运营安全、生产安全、交通安全、防洪安全等管控机制，最大限度减少安全事故发生，与2019年同比事故起数下降18.8%。扎实做好问题楼盘化解工作，集中化解37个；加大金融风险防控力度，有效缓解个别上市企业退市风险，依法妥善处置了一批非法集资、民间借贷、融资纠纷案件，政府债务风险总体可控。

七、坚持以人民为中心，推进为民造福工作走深走实

紧紧围绕人民群众反映强烈的民生问题，谋划实施十二大类重点民生实事项目，预计全年民生支出完成1220亿元，占一般公共预算支出的74%。扎实推进脱贫攻坚，巩固脱贫成果，盯紧“脱贫不稳定户”“边缘易致贫户”，完善责任体系，细化政策落实，确保每户每人高质量脱贫。坚持把保就业放在首位，从宽从快落实稳岗返还、就业补助、创业支持政策，全市完成新增城镇就业11.74万人，农村劳动力新增转移就业4.6万人。进一步完善社会保障体系，全市基本养老、失业、工伤保险参保率提前完成“十三五”规划目标，基本医疗、大病保险、困难群众大病补充医疗保险的保障水平稳步提升。坚持办好人民满意的美好教育，持续加大教育投入，市区中小学新开工31所、新投用30所，义务阶段教育大班额占比下降到8.8%；新增141所公立幼儿园，城镇小区配套幼儿园280所已完成移交273所，新建农村教师周转房1115套。组织召开卫生健康大会，全面研究部署新时代卫生事业发展工作，加大力度推进公共卫生服务体系、疾病控制体系建设，政府主导的社区卫生服务中心建成62家，校园医务室基本实现全覆盖，公立医院全面开展按病种收付费改革，104个病种费用平均降低12%，群众看病难、看病贵问题得到进一步缓解。安置房建设进度加快，竣工面积1425万平方米，回迁安置群众10.2万人。社会救助、养老服务、社会福利和慈善事业等稳步推进，群众的获得感、幸福感不断增强，跻身“2020中国最具幸福感城市”。

八、推进全面从严治党向纵深发展，持续营造学的氛围、严的氛围、干的氛围

市委常委会坚决扛稳全面从严治党主体责任，深入贯彻新时代党的建设总体要求，着力以党的建设高质量推动经济发展高质量，为国家中心城市建设提供坚强保证。

（一）强化理论武装。持续巩固深化“不忘初心、牢记使命”主题教育成果，推进“不忘初心、牢记使命”制度建设，以各级理论学习中心组为平台完善跟进学习习近平总书记重要讲话、文章、指示批示制度，拓展学习方式，强化计划管理，加强学习督查，推动学习常态化。持续开展“万名党员进党校”，开办研修班170余班次、培训干部6万人左右。开展“党的创新理论万场宣讲进基层”活动，扎实做好党的十九届四中、五中全会精神集中宣讲活动，广泛组织开展“听党话、感党恩、跟党走”主题宣讲活动，营造了浓厚的学习氛围，广大党员干部群众践行“四个意识”“四个自信”“两个维护”更加坚定自觉。

（二）夯实基层基础。强化大抓基层、大抓支部鲜明导向，召开4次乡镇（街道）党（工）委书记工作交流会，抓人促事、抓乡促县，传导压力、夯实责任、交流方法，推进基层党组织全面进步、全面过硬。城市党建，以建设全国城市基层党建示范市为抓手，把党的组织优势贯穿“三项工程、一项管理”全过程，用党的组织资源统筹调动社会资源，在改善环境、服务群众中强化党组织的领导地位、健全完善组织体系，探索形成了无主管楼院“一核多元、融合共治”的工作机制，全市4137个无主管楼院全部建立党组织，“两新”组织党建进一步有效覆盖。农村党建，以党建引领乡村振兴为牵引，深化市县乡“三级抓村”机制，深入开展村党组织书记“亮承诺、赛实绩、比干劲”活动，结合村（社区）换届整顿复杂村193个，实施“三年强村计划”，366个集体经济空壳村全部“清零”，经营性收入5万元村达到90%以上。机关党建，大力实施“作风效能提升”行动，推动党建工作与业务工作深度融合、相互促进。国有企业、学校等领域党建，通过载体创新、制度创新、组织创新得到进一步加强。

（三）建设忠诚干净担当骨干队伍。坚持政治导向、事业需求导向、基层导向，坚持“干部是干出来的、不是熬出来的”和“凭实绩论英雄”，以正确用人导向激发干部活力。高度重视干部选配工作，着眼领导班子换届，坚持“一盘棋”谋划、分步调整，坚持因岗选人、人岗相宜，用好职务职级并行政策，先后调整区县（市）、市直单位、高校等关键岗位干部422人，进一步优化了干部队伍。强化干部动态考核、精准识别，建立完善“狮子型、专家型、老黄牛式、好苗子”四类干部队伍库，推行重点岗位实绩纪实、部长谈心谈话、“无任用推荐”等制度，全面掌握干部情况。加强年轻干部培养历练，制定年轻干部培养使用“硬规

定”，实施优秀年轻干部“五个一批”三年行动计划，选派45名年轻干部双向交流挂职，近期正在开展“双百工程”，进一步加大年轻干部基层历练力度，为郑州事业发展培养造就生力军。

（四）驰而不息推进党风廉政建设和反腐败斗争。坚持标本兼治，持之以恒正风肃纪，保持高压惩治态势，一体推进“不敢腐、不能腐、不想腐”机制，促进政治生态不断净化、持续优化。坚持把严守政治纪律摆在首位，持续加强对党中央重大决策部署和习近平总书记重要指示批示精神落实情况的监督检查，全市共立案审查违反政治纪律案件32件、处分52人。坚持常态化整治形式主义、官僚主义问题，从严落实中央八项规定及其实施细则精神，紧盯重要节点，严查顶风违纪问题，共查处违反中央八项规定精神问题282起、处理506人。坚持把从严监督推向纵深，进一步完善“四个全覆盖”权力监督格局，扎实开展十一届市委第十、第十一轮巡察，发现和解决了一批管党治党不力的突出问题。坚持高压惩腐不放松，共处置违纪违法问题线索5648件，立案1890件，给予党纪政务处分2371人，移送司法机关91人。坚持宣传引领、反腐倡廉，推动以案促改从案发单位向系统领域、市县全域延伸，促进警示教育常态长效，先后有15人主动投案、50人主动交代问题。注重用好监督执纪“四种形态”，第一种形态占到“四种形态”的66.58%。制定出台《关于建立容错纠错机制激励干部担当作为的实施办法》《严肃查处诬告陷害行为澄清保护党员干部工作办法》等文件，坚持“三个区分开来”，支持干部干事创业。

一年来，市委常委会切实加强自身建设，带头加强学习，持续深入学习习近平新时代中国特色社会主义思想，自觉增强“四个意识”，坚定“四个自信”，做到“两个维护”，努力提高把方向、谋大局、定政策、促改革的能力和定力；带头严肃党内政治生活，高质量召开班子民主生活会，市委常委坚持以普通党员的身份参加所在支部组织生活，坚持民主集中制，严格按程序办事、按规矩办事，形成了团结一心、合作共事的良好氛围；带头改进作风，坚持以人民为中心，注重调查研究、注重听取各方面的意见，密切联系群众，深入一线调研指导、推动工作；带头廉洁自律，从严执行中央八项规定精神，自觉抵制“四风”，严格遵守廉洁自律各项规定，注重家风家教，自觉接受各方面的监督，以勤政廉政的实际行动树立市委常委班子的良好形象。

在看到成绩的同时，市委常委会也清醒认识到工作中的不足和差距，特别是在优化产业结构、提升科技创新能力、完善城市承载功能、改善生态环境、提高干部队伍现代领导能力等方面都有待进一步加强。在今后的工作中，市委常委会将始终高举习近平新时代中国特色社会主义思想伟大旗帜，深入贯彻习近平总书记关于河南、郑州的重要讲话指示精神，认真落实中央、省委部署，不忘初心、牢记使命、担当作为、奋勇争先，和全市人民一道，努力加快郑州国家中心城市现代化建设，为中原更加出彩、中部地区崛起、黄河流域生态保护和高质量发展做出更大贡献。

以上是市委常委会过去一年的主要工作情况，请同志们对市委常委会的工作提出意见和建议。

政府工作报告

——2021年1月30日在郑州市第十五届人民代表大会第四次会议上

代市长　侯　红

各位代表：

现在，我代表市人民政府向大会报告工作，请予审议，并请各位政协委员和列席人员提出意见。

一、2020年和“十三五”工作回顾

2020年，是全面建成小康社会和“十三五”规划收官之年，更是应对新冠肺炎疫情考验极不平凡的一年。一年来，在省委、省政府和市委的坚强领导下，全市上下高举习近平新时代中国特色社会主义思想伟大旗帜，始终牢记习近平总书记殷殷嘱托，认真落实中部地区崛起和国家黄河战略，围绕国家中心城市高质量建设，坚定扛起“三个在”和“龙头高高扬起来”职责使命，紧扣“控、保、稳、进、抬、扛”总要求，积极应对各种风险挑战，全力做好“六稳”“六保”工作，疫情防控取得重大战略成果，经济企稳向好态势巩固拓展，社会大局保持总体稳定。初步核算，全市生产总值比上年增长3%，一般公共预算收入增长3%，固定资产投资增长3.6%，居民人均可支配收入增长3.7%，形成了经济迅速恢复、稳中向上的良好发展态势。

尤为可喜的是，在党中央国务院的关心支持和省市的共同努力下，央视春晚郑州分会场、国家网络安全宣传周、金鸡百花电影节、中国500强企业高峰论坛、国际乒联总决赛等一大批国内外重大节赛成功举办；荣获中国国际化营商环境标杆城市、中国最具幸福感城市、全国体育事业突出贡献奖等称号，蝉联全国文明城市“四连冠”、全国双拥模范城市“八连冠”，成为长江以北唯一获得国家生态园林城市殊荣的省会以上城市，郑州的影响力、带动力和美誉度持续提升。

一年来，主要做了以下工作：

（一）疫情防控“双战双胜”，经济社会发展加快恢复

全面打好疫情防控阻击战、持久战。坚持人民至上、生命至上，1.6万名机关下沉干部、2.2万个基层党组织、20余万名党员闻令而动，依靠群众构建了“市县乡村”四级立体防控网；25万名志愿者逆行而上，“志愿红”成为绿城郑州的靓丽风景。依托城市大脑，排查重点人员数据4.15亿条，织就疫情防控“数据天网”。仅用10天时间建成岐伯山医院，不惜一切代价救治182名确诊患者、233名无症状感染者。作为第一入境点，承接国际航班208架次32235人在郑医学观察，全程监管4553家冷链企业、2914个冷库，防护口罩日产能由20万只提升至3000万只。7批219名医务人员紧急驰援武汉、湖北、新疆；积极援助法国、意大利、卢森堡等7国9座友好城市和2个国际组织，彰显了郑州人民齐心战“疫”的热血情怀。

统筹推进复工复产。出台促进经济平稳发展30条、稳就业28条，全域开展“三送一强”“一联三帮”，累计帮扶企业37.6万家，解决用工275万人，拨付稳岗补贴等财政资金21亿元，减免缓税费514亿元。开展100亿元社保基金竞争性存放，设立应急转贷周转资金15亿元，带动3月份以来经济指标企稳向好，逐步恢复常态。

打好扩投资促消费组合拳。制定扩大有效投资加快项目建设11条，省市重点项目完成投资4651.8亿元；新开工省市重点项目216个；建立“十四五”重大项目库，入库项目5330个，总投资5.65万亿元。争取抗疫特别国债22.9亿元、地方政府债券218.1亿元、获批企业债券300亿元。实施促消费增活力10条措施，发放消费券4亿元；开展“春暖郑州”网上购物节、“醉美·夜郑州”等系列活动，带动社会直接消费200多亿元。

（二）新旧动能转换提速，现代产业体系加快构建

创新驱动战略深入实施。全社会研发投入236.7亿元、增长27.8%。中原科技城挂牌启动，复星国际等首批60个高科技项目入驻。国家超算郑州中心通过验收，国家技术转移郑州中心即将投用，郑州技术要素交易市场稳步推进。新建省级及以上研发平台137家，新增高新技术企业870家，增长42%，新培育科技型企业1861家。超大直径硬岩盾构等关键核心技术实现新突破。新增中科院计算所大数据研究院、郑州计量先进技术研究院等省级重大新型研发机构3家。技术合同成交额突破200亿元、增长55%，万人发明专利拥有量达18.2件。新增国家级众创空间11家、科技企业孵化器3家，新建全国首家新能源汽车领域国家级专业化众创空间。

制造业高质量发展深入推进。工业指标企稳回升。规模以上工业增加值增长6.1%、工业投资增长20.9%，其中高技术制造业投资增长52.6%。产业结构持续优化。战略性新兴产业比重达38.8%、提高8.1个百分点；高技术产业增加值占比33.3%、提高6.4个百分点；六大高耗能产业比重降至26.2%、降低0.4个百分点。战略支撑更加突出。紫光、浪潮、中软国际等重大项目落地，富泰华5G手机精密机构件、奥克斯智能家用空调生产基地等230个项目开工，华锐光电等215个项目投产。国家产融合作试点城市成功创建。安图生物医学检测设备智能化取得突破，郑州临空生物园入驻企业23家。成功举办中国（郑州）产业转移对接系列活动。制造业绿色化融合化加快推进。培育国家绿色工厂3家、绿色供应链

管理企业4家。新增“两化融合”贯标对标企业438家。新增“接链”企业2837家，“上云企业”达到3.2万家。

现代服务业提质增效。金融业增加值完成1302.9亿元、增长4.1%、占GDP比重10.9%；存贷款余额分别突破2.4万亿元、2.8万亿元，存贷比达110%以上；郑商所上市交易期货期权品种累计达28个，居国内商品交易所首位。全国首个千亿级科技服务企业启迪科服总部落户郑州。物流业增加值905亿元、增长5.8%，A级以上物流企业达101家。新建和提升改造标准化市场20家。

数字经济发展迅猛。设立20亿元大数据产业发展基金。软通动力、海康威视等龙头企业和中科院过程所等科研机构顺利入驻。总投资846.7亿元的79个新基建重点项目开建，新华三智慧计算终端全球总部基地、中国长城（郑州）自主创新基地等重大项目开工建设，鲲鹏生态软件小镇初具规模。5G基站实现市区、县城全覆盖。城市大脑一、二期建成投用，智慧交通、智慧城管、智慧医疗等14个领域118个应用场景上线运行，我市成为全国场景应用最多的数字化运营城市。

都市现代农业提质发展。落实最严格耕地保护制度，粮食总产146.4万吨，生猪产能稳步提升。全市“三品一标”农产品达406个，115家企业与国家农产品质量安全追溯平台实现数据对接。新建高标准农田3.1万亩、“菜篮子”生产示范基地6000亩，新建市级以上现代农业示范园30个、美丽牧场7个、创建全国休闲农业与乡村旅游星级企业11家，三农基础更加稳固。

（三）城市发展提质增效，综合承载能力持续提升

国家黄河战略加快实施。启动黄河流域生态保护和高质量发展核心示范区规划建设，谋划世界级沿黄文化遗产带和郑汴洛文化旅游带，大河村国家考古遗址公园等95个项目完成投资640亿元。黄河入河排污口治理、黄河滩区突出生态环境问题专项整治、汜水河与枯河河道治理扎实推进，黄河流域核心示范区涉黄河1800多个问题整治到位。与济南市签订协同实施黄河战略合作协议。

城市空间结构持续优化。以加快国家中心城市建设、发挥好高质量发展区域增长极作用为目标引领，确立了“东强、南动、西美、北静、中优、外联”城市功能新布局，编制新一轮国土空间总体规划，实施32个核心板块开发，加快城市有机更新，中原科技城、二七商圈等261个项目累计完成投资848亿元，黄帝千古情、二砂文创园（首期）建成开业。

基础设施建设步伐加快。郑太高铁、郑州机场至郑州南站城际铁路建成运营。郑州机场三期开工。上街机场至襄阳、阜阳、南阳短途航线开通；新国道107、省道312中牟段通车。四环及大河路快速化工程高架主线通车，下穿二七广场隧道工程开建。轨道交通三期全面开工，3号线一期、4号线开通；新增公共停车泊位5.9万个、夜间限时泊位10.9万个。南水北调中线观音寺调蓄工程开工建设，新建改建供水管网133.5公里，新增供热面积1681万平方米；清洁取暖、综合管廊、海绵城市等试点城市工作顺利推进。

城市人居环境持续改善。“一环十横十纵”城市道路改造试验段及一期工程全面完工；整治提升老旧小区1374个；36个城乡结合部乡镇环境综合整治加快推进，建成示范村（点）21个；打造美丽街区28个，创建优秀以上道路1231条，居民小区垃圾分类覆盖率99.4%。实施国土绿化18.74万亩，其中生态廊道提升绿化5.5万亩，抚育中幼林11.8万亩。建成公园、微公园、小游园400个，新增绿地2813万平方米；贾鲁河综合治理生态修复工程基本建成，全年向城区调引生态水3.7亿立方米；河湖“清四乱”“三污一净”整治河道189.5公里。城市“序化、洁化、绿化、亮化”水平不断提升，人民群众切实感受到城市环境的显著变化。

乡村振兴战略加快实施。出台美丽乡村建设导则，新建美丽乡村17个，创建省级“千万工程”示范村80个；规划保留村生活垃圾有效治理，户厕改造18万户；新改建农村公路554公里，20户以上自然村全部通硬化路；新郑、巩义、新密、荥阳上榜中国县域经济百强县，巩义入选中国最具幸福感城市。中牟官渡镇、巩义竹林镇分别获批全国农业产业强镇、乡村治理示范乡镇。

“1+4”郑州都市圈加快建设。主动加强与开封、新乡、焦作、许昌四市对接，制定郑开同城化先行示范区建设工作方案，推动建立市长联席会议制度及城市部门间一体化联动发展机制。加快郑开科创走廊、郑许智能制造、郑新生物医药等产业带建设。

（四）改革开放纵深推进，动力活力不断释放

放管服改革持续深化。2110项服务事项“最多跑一次”、占比90%；1756项“一次不用跑”、占比80%。依托政务服务网、“郑好办”上线政务服务、便民服务事项544项。工程建设项目审批时间压缩至最长61个工作日、最短30个工作日办结。不动产一件事“当场办、当天办”；“互联网+不动产登记”实现16个部门数据集成，“登银合作”模式全国领先。

重点领域改革成效明显。围绕激发市场主体活力，深化国企改革，645家国有企业资产清查完成，10.8万名企业退休人员实现社会化管理。围绕城市有序发展，深化规划编制统一集中管理改革，储备土地综合开发、产业用地和“标准地”试点改革落地。围绕完善财政管理体制，市县两级财政预算绩效管理框架基本成型，财政支出定额标准化体系加快建立。政府投资母基金设立智能制造、科技创新等专项产业子基金90亿元，设立航空港区、巩义市区域子基金350亿元。围绕提升公共服务能力，完成公立医院去行政化、教育分级管理等改革。

四条丝路协同发力。空中丝绸之路辐射力不断增强，引进全货航公司8家，新开航线17条、通航城市21个。旅客吞吐量2140.7万人次、居全国11位；货邮吞吐量64万吨，增速22.5%居全国大型机场首位，货运规模入列全国六强。陆上丝绸之路核心竞争力持续提升，获批中东部地区唯一中欧班列集结中心。中欧班列（郑州）开行1126班、增长13%，货值、货重分别增长27%、31%。网上丝绸之路取得新突破，成功举办全球跨境电商大会，入选全国跨境电商B2B出口监管试点城市，跨境电商交易额133亿美元、增长23.5%。入围跨境电商综试区先导城市，综试区城市发展指数居全国第五。海上丝绸之路无缝衔接，“郑州港”国际代码获批，与青岛、上海等五个港口无缝衔接，海铁联运班列完成1.51万标箱。

“两高地”加快建设。“跨境电商零售进口退货中心仓模式”入选国务院第六批自贸区改革试点经验。药品进口口岸投入运营，汽车口岸二期具备验收条件。国际贸易“单一窗口”申报率100%，航空口岸“7×24小时”通关，铁路口岸“7×24小时”预约通关。在疫情冲击下，进出口逆势上扬，完成4946.4亿元、增长19.7%。联合国工业发展组织总部北方区域协同中心落户郑州。

招商引资成效显著。全年新签约项目430个，签约总额突破5700亿元、增长8.9%，引进域外境内资金2359.6亿元、增长5.6%，实际吸收外资46.3亿美元、增长5%，成功举办长三角、珠三角等区域重大招商活动。

（五）三大攻坚战有力有效，短板弱项加快补齐

脱贫攻坚成效持续巩固。建立完善防返贫动态监测机制，开展“两不愁三保障”回头看，全市9.6万已脱贫人口脱贫成效持续巩固。累计投入资金3.43亿元，对口帮扶卢氏县实现脱贫摘帽。

污染防治攻坚战深入推进。国、省控断面6个稳定达到三类及以上水质，7个市级集中式饮用水源地达标率100%。受污染耕地、建设用地安全利用率100%。主城区燃煤机组、全市非电燃煤锅炉双“清零”，重点行业超低排放全覆盖基本实现；PM2.5、PM10年浓度分别下降12.1%、14.3%；优良天数230天，比上年增加53天，大气污染防治三年行动计划目标圆满完成，空气质量综合指数稳定退出全国168城市后20位！

防范化解风险攻坚战扎实推进。严密组织网贷机构专项整治，积极防控地方性银行风险；坚决遏制隐性债务增量，全市各级政府债务风险整体可控，守住了不发生系统性区域性风险的底线。有序化解问题楼盘40个、完成省交办任务的81.6%。

（六）民生社会事业持续改善，人民获得感幸福感稳步提升

大力实施为民造福10条，民生支出1282.9亿元、占一般公共预算支出74.5%。省市民生实事全面完成。以创业带动就业。新增城镇就业14万人，农村劳动力转移就业4.6万人，发放创业担保贷款13亿元。累计减免企业养老、工伤、失业保险费119亿元，惠及企业1.55万家99.7万人。美好教育建设提质加速。新增公办幼儿园241所、公办学位占比55.9%，普惠率81.85%。市区新投用中小学校30所、开工34所。新建农村教师周转宿舍1276套。中小学及托幼机构食堂“互联网+明厨亮灶”全覆盖。与哈工大签订合作协议，优质高等教育资源引进实现突破。卫生健康持续改善。国家儿童区域医疗中心揭牌；组建县域医共体7个，县域医疗中心全覆盖，县域就诊率90.7%；建成政府主导社区卫生服务中心62家，148家社区卫生服务中心、乡镇卫生院达到国家标准；全面开展按病种收付费改革，104个病种费用平均降低12%。全民健身活动蓬勃发展。新改造全民健身路径220条、智能健身步道10条，新建社会足球场210个。社会救助和养老服务水平不断提升。发放临时救助资金1292.7万元、价格临时补贴6922.8万元，为6.89万名低保、特困及低收入对象和4.36万名优抚救助对象发放消费券5625万元。群众精神文化生活不断丰富。双槐树“河洛古国”考古项目入选国内十大考古新闻。美术馆新馆、大剧院开放运营，新建遗址生态文化公园20处、各类博物馆30家。“舞台艺术进乡村、进社区”文艺演出1200场；组织精品剧目（节目）50场。住房保障能力稳步增强。棚户区住房改造基本建成11.8万套，公租房实物分配7848套，网签安置房13.2万套，建成青年人才公寓5078套。

同时，我们还认真做好中央、省委巡视及国务院大督查反馈问题整改，自觉执行市人大及其常委会决议决定，办理省市人大代表建议和政协委员提案1294件、满意率100%。军民融合深度发展。“扫黑除恶”专项斗争取得阶段性成效。食品药品监管、安全生产、信访稳定、社会治理等工作进一步加强。工会、共青团、妇女儿童、残疾人、红十字、慈善等事业健康发展。民族宗教、外事、侨务、对台、统计、审计、史志、气象、地震、文联、社科研究、援疆等工作取得新成绩。

各位代表！2020年主要目标任务顺利完成，标志着“十三五”规划圆满收官。“十三五”以来，以习近平同志为核心的党中央大力擘画区域协调发展大战略，将郑州摆在突出位置，习近平总书记高度关注郑州，肯定郑州对外开放成效，将我市列入国家高质量发展区域增长极城市行列，明确郑州国家中心城市目标定位，多次强调要发挥好郑州在中部地区崛起、国家黄河战略中的带动作用，去年“五一”前夕，总书记亲自回信圆方集团，盛赞疫情防控中展现出的人民力量，这些都极大激发了绿城儿女奋勇争先、精彩出彩的满腔热情。全市人民牢记总书记殷殷嘱托，在抢抓机遇中乘势而上，在爬坡过坎中克难攻坚，在动能转换中蓄势崛起，在破解瓶颈中砥砺奋进，干成了一大批打基础、利长远的大事要事，办成了一大批叫响全国、扬名世界的盛事喜事，解决了一大批事关大局和民生福祉的急事难事，经济社会发展取得重大成就，郑州站在了新的发展起点！

五年来，综合实力实现历史性跨越，经济总量跃上万亿元台阶，国家中心城市建设阔步前行。成功晋身国家中心城市建设行列，2020年全市生产总值完成12003亿元、地方财政一般公共预算收入1259.2亿元，进入中国城市综合竞争力20强。形成超百亿级企业13家，智能手机产量约占全球1/7，宇通客车产量约占全球1/8，速冻食品约占全国市场60%以上。一二三产业比重调整为1.3：39.7：59。国家级互联网骨干直联点总带宽全国第三，通信运营商互通带宽全国第一。郑州在全国大局中的地位作用持续强化。

五年来，城市建设日新月异，国际化现代化生态化城市风貌展现新风采，综合承载能力大幅提升。32个核心板块成效初显，市域建成区面积由744.77平方公里扩大至1200平方公里左右。机场二期建成投用，米字形高铁网基本建成。轨道交通由线成网，进入网络化运营时代，运营里程达206公里。所有行政村实现公路“双通”。供水能力接近200万立方米/日，90%以上市民喝上丹江水。PM2.5、PM10分别下降46.9%、49.7%，优良天数比2015年增加90天以上。新建绿地8755万平方米，绿化覆盖率由40.1%提高到41.2%。圆满举办第十一届中国国际园林博览会。

五年来，国际枢纽门户地位持续强化，开放平台支撑更加坚实，国际化水平显著提升，城市能级大幅攀升。自贸区、自主创新示范区、跨境电商综试区、大数据综试区等国家级平台相继落地，成为全国首批唯一的空港型国家物流枢纽。进出口总额近2万亿元、全省占比70%左右，稳居中部城市第一。郑州机场开通客货运航线245条，通航全球132个城市，2017年以来客货运规模始终保持中部“双第一”；国家通航产业综合示范区累计入驻通航企业70家，机队规模100多架。中欧班列（郑州）网络覆盖全球30多个国家130多个城市，开行班次、质量稳居全国第一方阵。全球网购商品集疏分拨中心基本建成，跨境电商交易额年均增长25%以上。建成功能性口岸9个，我市成为内陆地区功能性口岸数量最多、种类最全城市。

五年来，改革创新纵深推进，先行先试成果丰硕，动力活力不断释放。以“一网通办、一次办成”为牵引的“放管服”改革取得重大突破，市县机构改革全面完成，土地供应制度改革、财政体制改革扎实推进，科技、教育、医疗、文化、农村及社会治理等领域改革取得新进展，郑煤机改革经验全国推广。营商环境持续优化，成为全国第8个市场主体超百万省会城市。高新技术企业增长5.3倍、技术合同成交额增长9倍、万人发明专利拥有量增长1.65倍，全社会研发投入强度超过2%。获国家科学技术奖32项，获批国家级研发平台15个。引进境内外高层次人才1042名、项目团队413个。科技创新成为高质量发展强大引擎。

五年来，民生社会事业繁荣兴盛，人民生活质量不断改善，群众获得感幸福感安全感显著增强。五年净流入人口260多万，每年20多万青年人才来郑创新创业。民生支出年均增长5.6%，居民人均可支配收入从26253.5元提高到37274.8元、年均增长7.3%。基本医疗保险参保人数760万人。新增幼儿园397所学位7.99万个，新建、改扩建中小学校179所学位27.6万个，新增普通高中13所学位2.96万个。全面实施中小学校午餐配餐和课后延时服务，诊间支付、“就医一卡通”等便民服务受到群众普遍欢迎。取消药品耗材加成、联合议价等措施有效减轻就医负担，千人口床位、执业医师、注册护士分别增长23%、40%和42%。全市181个贫困村全部摘帽。安置房竣工6759万平方米，回迁群众89万人。“四个中心”陆续建成投用，中央文化区成为城市发展新地标。成功举办第十一届全国少数民族传统体育运动会。

同时，我们认真执行市人大及其常委会各项决议决定，坚持人大代表议案建议、政协委员提案办理“一把手”负责制，累计办结人大代表、政协委员建议提案6580件，满意率99.8%以上。

各位代表！五年的成就，最根本的是以习近平同志为核心的党中央举旗定向、掌舵领航的结果，得益于省委、省政府的坚强领导和关心支持，得益于市委的科学谋划和总揽全局，凝聚着郑州人民的聪明才智和辛勤汗水，承载着历届市委、市政府打下的良好基础。在此，我代表市人民政府，向全市各族人民，向给予政府工作大力支持的人大代表、政协委员，向各民主党派、各人民团体和各界人士，向中央在郑单位和各类驻郑机构，向驻郑部队、武警官兵，向为郑州建设发展提供智力支持的专家学者，向参与城市建设的劳动者，向所有关心支持郑州建设发展的港澳台同胞、海外侨胞和国际友人，表示崇高敬意和衷心感谢！

在看到成绩同时，我们也清醒认识到，郑州发展和政府工作还存在一些问题和不足：随着国际疫情持续蔓延，“外防输入、内防反弹”的风险始终存在，经济发展不确定性因素依然较多；我市发展不平衡不充分问题仍然突出；产业可持续发展竞争力还不强，产业链创新链亟须优化提升；污染治理和生态建设任重道远；教育、医疗等民生保障还存在短板；营商环境有待进一步优化；城市综合承载力亟待提升；政府治理体系和治理能力与现代化国家中心城市建设要求还有差距。对此，我们一定高度重视，认真加以解决。

二、“十四五”时期指导思想和重点任务

“十四五”时期，是落实国家黄河战略和中部地区崛起重大部署、推进现代化国家中心城市建设、加快形成国家高质量发展区域增长极的关键时期。根据《市委关于制定国民经济和社会发展第十四个五年规划和二〇三五远景目标的建议》，市政府编制了《郑州市国民经济和社会发展第十四个五年规划和二〇三五年远景目标纲要（草案）》，提请大会审议。

《纲要草案》提出了2035年的远景目标是：国家中心城市功能全面形成，基本实现“两化五强”建设目标。“两化”，即：现代化，综合经济实力进入国内城市第一方阵，人均国内生产总值达到中上等发达国家水平，率先基本实现社会主义现代化；国际化，融入共建“一带一路”水平大幅提升，国内大循环节点支撑、国内国际双循环战略联结点地位和作用充分显现，成为代表国家参与全球竞争合作先行区。“五强”，即：创新强，成为全省创新策源地、国家区域科技创新中心；枢纽强，成为辐射全国、链接世界、服务全球的国际综合枢纽；生态强，基本建成人与自然和谐共生的美丽郑州；文旅强，成为古今相映生辉的国家历史文化名城和具有独特魅力的黄河流域国际旅游门户，建成具有黄河流域鲜明特征的文旅强市；法治强，法治郑州、法治政府、法治社会基本建成，全社会尊法学法守法用法的氛围更加浓厚。

“十四五”时期，我市经济社会发展的指导思想是：高举习近平新时代中国特色社会主义思想伟大旗帜，深入贯彻党的十九大和十九届二中、三中、四中、五中全会精神，全面贯彻党的基本理论、基本路线、基本方略，深入贯彻习近平总书记关于河南、郑州的重要讲话指示精神，统筹推进“五位一体”总体布局，协调推进“四个全面”战略布局，坚持党的全面领导，坚持以人民为中心，坚持新发展理念，坚持深化改革开放，坚持系统观念，坚持稳中求进工作总基调，以推动高质量发展为主题，以深化供给侧结构性改革为主线，以改革创新为动力，以数字化为基础，统筹发展和安全，着力优化城市空间布局，着力构建现代经济体系，着力扩大开放优势，着力强化生态文明建设，着力满足人民群众对美好生活的需要，着力提升市域社会治理体系和治理能力现代化水平，着力以党的建设高质量推动经济社会发展高质量，努力建设现代化国家中心城市、打造更高水平的高质量发展区域增长极，为中原更加出彩、中部地区崛起、黄河流域生态保护和高质量发展作出更大贡献。

“十四五”时期，我市发展要抓实“一二三四五”目标路径：“一”就是以建设现代化国家中心城市为总目标；“二”就是以黄河

流域生态保护和高质量发展、中部地区崛起两大战略引领发展；“三”就是把牢省委省政府赋予“三个在”努力方向，让郑州这个龙头高高扬起来、国内大循环战略节点立起来、国内国际双循环相互促进战略联结点强起来；“四”就是加快建设国际综合交通枢纽和开放门户、国家先进制造业基地、国家历史文化名城、黄河流域生态保护和高质量发展核心示范区；“五”就是经济综合实力迈上新台阶、空间结构优化形成新布局、中心城市功能实现新提升、社会文明程度达到新水平、市域治理能力得到新增强。

围绕上述目标，必须处理好五种关系、重点抓好十项任务。即：处理好城市规模化与网络化的关系、城市与产业的关系、市场培育与公共服务供给的关系、设施建设与制度建设的关系、坚持党的领导与依靠群众的关系。重点抓好强化创新驱动，加快发展动能战略性升级；畅通内外循环，打造内陆高水平开放新高地；产业提质升级，构建高质量发展区域增长极；转变发展方式，强力推进高品质都市建设；建设美丽郑州，打造黄河生态保护示范窗口；彰显古都魅力，建设黄河历史文化主地标；强化辐射带动，建设引领中原城市群高质量发展都市圈；全面深化改革，优化营商环境激发市场活力；增进民生福祉，建设人民满意幸福城市；和谐公正平安，推进市域社会治理现代化十个方面任务。

各位代表，《纲要草案》是市委“十四五”时期战略意图的具体体现，是政府履行职责的重要依据，是推动经济社会发展的工作重点，凝聚各方智慧，承载人民期盼，我们要按照规划要求，永葆“领”的担当，“创”的精神，“闯”的劲头，奋勇争先，更加出彩。我们坚信，绿城郑州的明天一定会更加美好！

三、2021年重点工作

今年是实施“十四五”规划的开局之年，我们将牢牢把握“新阶段”的新定位、“新理念”的新内涵、“新格局”的新机遇，全面落实省委“领、创、闯”要求，始终坚持党的领导、坚持人民至上、坚持系统思维、坚持法治思想、坚持统筹发展和安全，锐意进取、精准施策，努力完成各项目标任务，确保现代化国家中心城市建设开好局、起好步。

2021年主要预期目标：地区生产总值增长7.5%以上，地方一般公共预算收入增长5%，全社会固定资产投资增长6%，社会消费品零售总额增长9%，城乡居民收入增长与经济增长同步。重点抓好以下八个方面的工作：

（一）围绕创新驱动发展，着力打造国家极具活力区域科技创新中心。按照“一带引领、两翼驱动、四区支撑、多点联动”总体布局，围绕产业链完善创新链，围绕创新链布局产业链，让科技创新成为郑州的最强音！

迅速掀起中原科技城建设热潮。以龙湖北部、智慧岛、科学谷为主体，重点发展数字文创、信息技术、前沿科技等产业，着力把中原科技城打造成为全市新旧动能转换发动机、中原地区科技创新策源地和黄河流域高质量发展引领区。加快起步区建设，高强度、大投入，推进基础设施、配套服务设施建设，快速形成“城”的功能和形象；围绕科创企业的不同需求和成长规律，完善政策提供服务，大力推广轻资产入驻“拎包办公、拎包入住”，重资产落地“签约即拿地、拿地即开工”服务模式，低成本、高效率聚集一批科创企业；加大精准招引力度，力争年底前入驻落地头部企业、大院大所、领军团队60家；整合一批在郑、在豫研发机构，出台政策，推动其资源整合、体制创新、作用发挥。

大力实施黄河人才计划。发布“1+N”政策体系，集成办好人才引进“一件事”；推进“人才+资本+场景”建设，让人才和团队带着项目落地；加强创新型、应用型、技能型、研究型人才培养，推动头部企业与驻郑高校联合实施“十万码农”培养计划；完善人才评价体系和政府资助体系，进一步优化留住人才、用好人才的环境，激发各类人才创业活力。

抓好以企业为主体的产学研结合。研究出台围绕产业链完善创新链政策，利用郑洛新国家自主创新示范区政策，加快谋划建设沿黄科创带，争创国家新一代人工智能创新发展试验区，创造条件融入国家实验室体系；以高新区为平台，强化企业主体作用，鼓励企业与高校、科研院所、创新创业平台、科创投资机构深度合作，打造新型研发机构创新联合体；引导企业运用资本投入、科技分红等方式，加大研发投入，推动企业内部科技创新成果转化，新增高新技术企业1000家、科技型企业1500家、技术合同成交额240亿元以上；全社会研发投入强度达到2.2%。新建省级及以上创新平台100家、引进培育新型研发机构5家，努力让郑州成为创新创业热土。

（二）推动产业转型升级，着力构建现代产业体系。把保障供应链安全提升到战略高度，推动产业链供应链创新链价值链深度融合，强化产业数字化赋能，加快推进产业基础高级化、产业链现代化。

把制造业高质量发展作为主攻方向。做强主导产业，聚焦电子信息、汽车、装备制造等重点产业强链补链，落实“链长制”，绘制“四个图谱”，建立“四个清单”，实施“四个一”推进机制，培育一批具有生态主导力的产业链“链主”企业，主导产业占工业比重达到80%左右；做大新兴产业，抓住国家燃料电池汽车应用示范城市建设机遇，大力发展新能源产业，持续加大生物医药、物联网、人工智能、网络安全等重点产业培育力度；做优传统产业，以绿色化、智能化、技术改造和数字化转型为抓手，提升食品、铝加工制品、建材耐材、服装家居等传统产业发展水平，实施“新技改”项目500个，开工、续建、竣工项目各200个。

推动现代服务业提质增效。大力发展生产性服务业，突出抓好以资本市场培育为重点的现代金融业，提升郑州龙子湖基金岛集聚效应，完善基金、债券、企业上市、财富管理等服务体系，抓住注册制有利时机，培育上市企业4家以上，支持郑商所打造亚洲重要的期货交易中心；抓好以创新能力提升为核心的科技服务业，做大郑州技术要素交易市场、国家技术转移郑州中心，培育信息传输、软件服务等营利性服务业，做强技能培训、技术交易、知识产权服务等产业；抓好以“枢纽+开放”体系为依托的贸易流通业，带动现代物流、商务会展、转口贸易等服务功能提升，力争A级物流企业达到106家，高标准推进郑州新国际会展中心建设。大力发展生活性服务业，持续壮大商贸业，研究出台推动商贸业转型提质总体规划，加快建设高铁东站商圈，改造升级二七商圈，提升郑东新区CBD商圈商务服务功能，打造一批特色型国家级步行街建设试点标杆；做强文旅产业，研究出台推动文旅融合政策措施，围绕沿黄文化带、环嵩山文化带、中心城区文化板块“两带一心”城市文化总体格局，加大顶层规划、策划、推介力度，统筹推进全域旅游发展，力争培育10个左右全国知名的文化旅游节会品牌，形成一批在全国、全球有知名度和影响力的旅游景区、度假区；积极培育时尚产业，找准有独特文化内涵和产业基础的街区及品牌，通过创新、创意、创造、整合，形成一批代表国家中心城市的时尚特色街区或时尚品牌，引领时尚消费。加快推动健康医疗、养老服务、体育健身等发展。科学布局、加大密度，新建和提升改造一批标准化市场。

大力发展数字经济。推动产业数字化、数字产业化，促进新一代信息技术和制造业融合发展，加快国家工业互联网创新应用推广中心等平台建设，申请建设“星火—链网”新型基础设施超级节点，推进“上云接链”企业达到4万家。加快中原鲲鹏生态创新中心运营、5G+示范工程实施，争创国家大数据新型工业化示范基地，力争数字郑州产业生态联盟高校院所达20家。

做强各类企业主体。引导各层级企业明晰成长路径，推动全市市场主体结构持续优化。紧盯80家引领型龙头企业，跟踪服务发挥其支撑带动作用；聚焦“三高”企业，研究出台支持高技术、高成长、高附加值企业做大做强政策，推动培育2000家“三高”企业实现高速成长和高质量发展；实施“个转企、小升规”专项行动，新增“四上企业”2000家；落实各项小微企业政策措施，拓展支持小微企业方式和渠道，增强企业发展活力动力。

增强招商引资实效。在抓好915个年度计划完成投资4650亿元的省市重点项目建设基础上，加大产业类项目招商引资力度，完善招商引资政策措施，实施线索生成、专家评估、布局统筹、成果共享等推进机制；集中力量抓好产业类项目投资，工业类项目投资增长8%以上；围绕产业链编制招商引资图谱，以32个核心板块和产业集聚区为载体，瞄准头部企业，常态化开展长三角、珠三角、京津冀等重点区域招商，实施高质量项目招商“125”计划，即各开发区引进1个100亿元以上的头部企业；开发区引进30亿元以上、区县（市）引进10亿元以上高质量项目均不少于2个；围绕主导产业链开发区引进5亿元以上关联企业均不少于5个，区县（市）引进均不少于3个，创新招商模式，确保招商项目落地。

优化产业承接平台。强化四大功能区“四梁八柱”作用，航空港区打造电子信息、航空物流、生物医药等高端产业集聚地，提升支撑服务双循环功能；郑东新区打造服务中原城市群、辐射中部地区的高端服务业功能区；经开区围绕汽车与装备制造业科技研发、补链强链及产品升级，提升产业竞争力；高新区突出科技型制造业，推进信息安全、智能传感器等新一代信息技术产业成规模上水平；持续实施“亩均效益”评价，推进产业集聚区“二次创业”，支持龙头企业领办特色园区，打造产业集群；围绕三年新建60个以上生产制造类小微企业园目标，先期打造20个小微企业园；办好世界传感器大会、智能网联汽车大赛等活动，以赛事平台集聚产业要素。

持续深化改革，优化营商环境。聚焦土地、资金、平台等关键要素，开展盘活存量土地攻坚行动，加快土地要素市场化改革；探索市级零基预算，推进分领域财政事权与支出责任划分改革；发挥投融资平台和产业基金作用，开展资本招商，提供招商项目融资服务；以供水改革为突破，率先实现三个开发区和新郑龙湖片区供水“一张网”，推进基础设施“一张网”“一体化”建设运营。紧盯营商环境进入全国第一方阵目标，以一件“事”为牵引，推进“一网通办、一次办成”政务服务改革；以“一事件”为牵引，抓好“一网统管、依法处置”改革，理清权力责任两张清单；深入实施国企改革三年行动，推动同类同质企业全面整合。各级政府部门要围绕市场主体，当好“店小二”，依法保护各类企业合法权益，一视同仁、平等对待，让各类市场主体都能在公平、公正、开放、透明的发展环境中健康成长、充满活力！

（三）积极融入新发展格局，着力构筑国家内陆高水平开放高地。充分发挥“枢纽+物流+开放”比较优势，深度融入“一带一路”建设，以自贸区为引领，持续提升“四路协同”发展水平，在服务“双循环”新发展格局中厚植新优势。

打造国际综合交通枢纽门户。围绕打造国内大循环的重要枢纽、国内国际双循环的战略支点，强化郑州机场门户枢纽建设，加快郑州机场三期建设，开展第四跑道及南货运区建设前期工作；强化郑州国家铁路枢纽地位，建成高铁南站、郑济高铁河南段，推动小李庄火车站等交通节点工程开工建设。积极推进铁路及场站布局优化和全市域物流体系布局优化，统筹薛店、占杨物流基地建设。高标准建好中欧班列集结中心。推进与东航战略合作，加快基地航空公司培育引进。

打造国际物流贸易中心。探索以“空中丝绸之路”为核心的“四路协同”发展新模式，打造立足中部、辐射全国、通达全球的国际物流贸易中心，建设具有国际影响力的枢纽经济先行区。空中丝绸之路强基扩面。深化郑州—卢森堡“双枢纽”战略合作，继续推进卢货航亚太地区分拨中心建设。支持郑州机场客货运发展，用好第五航权，扎实做好大型物流集成商、货代商、运输商引进培育。陆上丝绸之路扩量提质。做强中东欧、西欧、中亚和东盟线路，拓展北欧新线路，力争中欧班列（郑州）开行1500班以上。加快郑州国际陆港及第二节点建设。网上丝绸之路创新突破。办好第五届全球跨境电商大会，加快跨境电商进口药品和医疗器械试点业务发展，高标准建设中国（郑州）跨境电商综试区，交易额增长10%以上。海上丝绸之路无缝衔接。强化与中铁联集及连云港、天津等港口合作，建设以东向为主的铁海联运国际通道，联运集装箱增长10%以上。

推进自由贸易试验区建设。实施自贸区郑州片区深化改革开放方案，加快推动自贸区扩区。大力推进制度创新，提升投资贸易自由化便利化水平；推进与“一带一路”沿线国家通关一体化，探索建设境外经贸合作区。积极谋划内陆最大的国际集装箱租赁交易中心。办好世界城地组织亚太区第八届全体会员大会。发挥口岸优势，拓展进出口渠道，突出医药、美妆等特色产品，打造内陆地区国际网购消费中心。建设一批国际社区、医院、学校、商务楼宇，打造更具吸引力和国际化的生活环境。

（四）全面落实国家黄河战略，着力建设黄河流域生态保护和高质量发展核心示范区。遵循“重在保护、要在治理”总要求，坚持生态优先、文化引领、绿色发展，打造“造福人民的幸福河”，建设具有黄河鲜明特征的特大城市。

加快沿黄生态保护示范区建设。把保障黄河安澜摆在突出位置，将治河、惠民和滩区生态保护结合起来，研究推进黄河郑州段刚性护岸工程，解决好滩区居民防洪安全和安居问题。实施沿黄生态廊道和滩地生态修复工程，形成堤内绿网、堤外绿廊、城市绿芯的“山水河林路”一体区域生态格局。启动大河文化绿道建设，完成省道312市区段绿化工作，打造沿黄最美道路。依托黄河文化公园，规划建设“自然风光+黄河文化+慢生活”休闲生态系统，形成“水、滩、林、草、文化、产业”有机融合的城市沿河风貌，推进沿黄生态廊道建设，让沿黄区域成为慢生活、微度假理想目的地。围绕“保安全、清乱象、强节水、优生态、美环境”，继续抓好沿黄区域环境突出问题整治。

加快黄河历史文化主地标建设。按照郑州“华夏之根、黄河之魂、天地之中、文明之源”主地标城市战略布局，围绕讲好郑汴洛“三座城、三百里、三千年”文化故事，加快建设黄河文化带，高水平规划建设黄河流域国际旅游门户。全面提升“天地之中”景区文旅发展品质，统筹新密伏羲山、巩义浮戏山、荥阳环翠峪，高水平打造国家级环嵩山文化旅游大景区。筹备世界大河文明论坛，力争将郑州确定为永久会址。以黄帝故里拜祖大典、中国（郑州）国际旅游城市市长论坛、中国（郑州）黄河合唱周等活动为串联，办好“黄河文化月”，推出沿黄文化旅游精品线路，不断提升黄河文化全球吸引力、辐射力和影响力。

加快核心示范区起步区建设。以大运河文化片区为主体，处理好起步区结构问题，形成符合城市肌理、体现高品质发展要求的形态结构和产业业态。实施中华文明探源工程、黄河流域“考古中国”重大研究项目，加快建设黄河国家文化公园、沿黄文化廊道，推进黄河国家博物馆、大河村国家考古遗址公园、黄河天下文化综合体、邙岭绿化等项目建设，把起步区打造成为黄河流域生态保护示范区、黄河历史文化展示区、高质量发展引领区。

（五）持续增强城市综合承载力，着力提升现代化城市品质。围绕“东强、南动、西美、北静、中优、外联”城市功能新布局，坚持规划引领、产业主导，走好多中心、组团式、集约化、“三生”融合的城市发展路子，建设安全、整洁、有序、智能的城市。

加快32个核心板块规划建设。按照“一年准备、两年初见成效、三年大见成效、五年基本成型”建设要求，坚持征地拆迁、基础设施、主体功能先行，注重打造以建筑形态为骨架的城市天际线，使城市形象立体化，突出推进“新基建”项目落地，将32个核心板块打造成为城市经济发展的支撑点、城市建设开发的新亮点、城市网络结构的关键点。

大力建设轨道上的都市。围绕“市区连片成网、都市区互联互通”和“十四五”末建成700公里左右的目标，提速建设“轨道上的都市”，确保郑许市域铁路实现轨通，城郊铁路二期、6号线一期首通段开通，加快3号线二期、7号线一期、8号线一期、10号线一期、12号线一期等工程建设，做好K1、K2市域快线前期工作。

深化城市大脑项目建设。紧紧围绕“一年突破、两年看齐、三年领先”目标，巩固提升城市大脑一期、二期建设成果，全面启动城市大脑三期建设，完善“一脑赋城、一网治城、一码通城、一端惠城”体系，整合打通各部门现有信息化系统，激发城市大脑治理效能。

加快城市基础设施建设。积极推进住建部新型城市基础设施建设试点、河南省新型智慧城市试点，统筹地上地下，推广海绵城市、韧性城市建设。强化公路枢纽功能，第二绕城高速全面开工建设，环城货运通道上半年具备通车条件。加快渠南路、农业路（西四环—西三环）快速路、下穿二七广场隧道等工程建设。加快54个公交场站建设，推动佛岗等公交场站综合开发利用。实施郑开同城郑州东部供水系统、“西热东送”干线管网、郑州新区污水处理厂二期、南曹污水处理厂等项目建设，新建改造燃气管网100公里、供热管网40公里，新增燃气居民用户9万户，签订集中供热用户入网面积500万平方米。加快推进郑州市垃圾综合处理厂的封停和生态治理工作；南部（二期）生活垃圾焚烧发电项目建成投运，新增生活垃圾处理能力2250吨。大力实施“断头路”打通工程。围绕“两年时间断头路全部打通”目标任务，优先打通群众反映强烈、对交通影响突出的支小路、次干道，统筹做好跨行政区道路的连通，今年先期打通65条，以“微循环”畅通“大循环”，以“小工程”解决“大问题”，让市民出行更方便！

强力推进城市“双改”工作。持续推进“三项工程、一项管理”。高标准推进“一环十横十纵”城市道路综合改造工程，完成建设路等二期、中原路等三期建设任务。有序实施老旧小区综合改造，确保2000年前的1992个老旧小区改造项目实现大头落地，推动无主管楼院“红色物业”全覆盖。持续推进36个城乡结合部综合改造，确保违法建筑、黑臭水体、垃圾乱堆乱放全部清零。深化完善“大城管”体系，结合城市大脑“一网统管”建设，推进管理重心下移。持续深化“序化、洁化、绿化、亮化”常态管理，打造精品道路1000条；中小修道路63.8万平方米；实施市域机场高速亮化工程；完善垃圾分类末端处理设施，年底前全市建成区生活垃圾分类覆盖率97%以上，生活垃圾回收利用率37%以上。聚焦短板开展专项整治，推动停车管理、渣土车治理等，全力消除城市管理乱象。

持续推动都市圈协同发展。发挥国家中心城市龙头带动作用，加快推进“1+4”郑州都市圈建设，推动郑开同城化先行示范区建设，推进郑新、郑焦、郑许一体化发展，不断扩大基础设施、公共服务一体化覆盖面，加快郑洛西高质量发展合作带建设。

（六）深入实施乡村振兴战略，着力提升农业农村现代化水平。把解决好三农问题作为重中之重，优先发展农业农村，促进农业高质高效，农村宜居宜业，农民富裕富足。

提高现代都市农业质量效益。强化农业科技和装备支撑，加强种质资源保护利用。严格落实“藏粮于地、藏粮于技”，扛稳粮食安全责任。推动粮食产业“三链同构”，以龙头企业拉动产业链、以特色产品提升价值链、以电商物流串起供应链，大力发展现代都市农业。以农村乱占耕地建房清理整治专项行动为抓手，遏制耕地“非农化”、防止“非粮化”。建设县级以上现代农业示范园30个、美丽牧场10个，培育提升全国休闲农业与乡村旅游星级精品园区5家。新建“菜篮子”示范基地5000亩，高标准农田2万亩，生猪存栏提高到100万头，着力保障城乡居民“米袋子”“菜篮子”。加大智慧农业投入建设，加快发展品牌农业。

实施美丽乡村建设行动。坚持城乡融合、文旅农旅融合，开工建设精品村50个、示范村80个，尽快建成沿黄美丽乡村示范带，形成3至5个美丽乡村旅游精品线路。推进人居环境整治全覆盖，塑造乡村全域美格局。

统筹做好脱贫攻坚与乡村振兴衔接。保持脱贫攻坚政策总体稳定，严格落实“四个不摘”要求，巩固拓展脱贫攻坚成果。健全防返贫监测和帮扶机制，对脱贫不稳定户、边缘易致贫户开展常态化监测预警。以现有农村社会保障和救助体系为基础，健全农村低收入人口分类帮扶机制，持续动员社会力量参与脱贫村帮扶。持续抓好脱贫村产业培育，打造一批产业振兴示范村。

扎实推进农村综合改革。有序推进农村承包地“三权分置”改革，探索农村宅基地、集体经营性建设用地制度、农村公共基础设施管护体制改革。深化农村集体产权制度改革，发展新型农村集体经济，增加农民财产性收入。健全城乡融合发展机制，推动城乡要素平等交换、双向流动，增强农业农村发展活力。

加快县域经济高质量发展。强化县域产业支撑，支持新密节能环保、登封新型材料和文旅产业、荥阳高端装备制造和新型材料、新郑新一代信息技术、中牟新能源汽车及零部件和文旅产业、巩义新型材料和高端装备制造等产业创新发展。聚焦县城和中心镇建设，推进县城有机更新，抓好特大镇管理体制改革。把县城作为城乡融合发展关键纽带，以新郑国家级县城新型城镇化建设示范县和省级县域治理“三起来”示范县（市）为带动，强化县城综合承载能力，满足农村人口向县城转移需求，推动县域发展取得新成效。

（七）大力推动绿色发展，着力构建生态屏障。坚持绿水青山就是金山银山理念，转变发展方式，加强生态治理，促进经济社会发展全面绿色转型。

加快减污降碳协同控制。持续推进产业、能源、交通运输、用地等结构调整。坚持“以热定电”，持续压减化石能源消费。大力压减低效产能，加快煤炭分类处置，压减产能230万吨以上。持续开展“散乱污”企业动态清零。优化交通运输结构，抓好“3+2”新能源车辆替代。推进矿山地质保护与恢复治理，抑制季节性裸地农田扬尘。开展碳排放达峰行动，推进低碳试点示范。

持续改善环境质量。深入推进大气污染防治。实施重点治污工程，推进重点行业氮氧化物与氨逃逸“双控”、涉VOCs行业排放浓度与去除效率“双控”；推动全市空气质量持续改善，主要污染物浓度稳步下降，重污染天气稳步减少，完成国家、省下达任务，“退出全国168城市后20位”的成效持续巩固提升。强力推进水污染防治。推进污水处理厂提质增效，力争污水全收集、全处理。持续开展河湖“清四乱”“三污一净”专项整治，切实改善水生态环境。推进南水北调中线工程总干渠（郑州段）两侧饮用水水源保护区风险源排查，保障“一渠清水永续北送”。积极开展土壤污染防治。加强农业面源污染治理，统筹推进土壤污染防治，严控地下水污染，确保安全利用率100%。

打造宜居宜业绿色生态环境。以“两带、三山、五河、一网”绿化为重点，实施国土绿化3.13万亩、中幼林抚育5.8万亩。新建5000平方米以上综合公园20个，开工建设长江西路等生态廊道14条，完成黄河大堤、紫荆山南路等道路绿化130条。坚持节水优先，实施全社会节水行动，全域推进分质供水、循环用水。加快建设南水北调中线新郑观音寺调蓄工程，开工建设圃田泽水循环、西水东引、城区西部“四库两河”、贾峪河生态治理等工程，提升水资源承载能力。全面落实最严格水资源管理制度，持续深化落实“河长+检察长”制，坚决制止“占地造湖”等行为，坚决防止触碰生态红线的违法建设行为。

（八）坚持以人民为中心，着力建设幸福美好家园。站稳人民立场，坚持人民至上，不断增强人民群众获得感、幸福感、安全感。

毫不放松抓好常态化疫情防控。严格落实“四早”“四集中”要求，统筹“人物同查同防”“城乡同查同防”，压实“四方责任”，依靠现代科技，加强源头防控，织密织牢常态化疫情防控体系。持续提升市民自我防控和入境人员管控能力，有序推进新冠疫苗分批接种。全力做到境外输入病例零传播、重点高危群体零失控、医疗机构内部零交叉、隔离酒店人员零感染、进口冷链食品监测零遗漏。发挥“郑冷链”和进口冷链食品监管仓作用，形成冷链食品监管数字、物理“双闭环”。提升卫生防治能力，建成市传染病应急检测中心，改造升级市疾控中心实验室，完成8家县级疾控中心标准化建设，将市六院、岐伯山医院建成市级重大疫情救治基地；推进市卫生应急物资储备中心建设。

认真办好民生重点实事。一是新增城镇就业12万人、农村劳动力转移就业4万人。二是新开工安置房1.5万套，建成安置房4万套，分配公租房7000套，回迁安置群众10万人；完成老旧小区改造358个，既有住宅加装电梯200部。三是市区新建公共停车泊位5万个以上，为市区路侧2万个以上停车泊位配建高位视频探头，实现无感支付。四是市区新建、改扩建中小学校20所，市区新投用中小学校30所，新增学位2.7万个。五是免费为符合条件的妇女、儿童等重点人群开展有关疾病筛查；为0~14岁残疾儿童康复救助不少于1500名；为2.7万名视力、听力、言语残疾人发放通信信息消费补贴。六是打通“断头路”65条。七是更新健身路径400条、新增智能健身驿站30个，多功能运动场20个；“舞台艺术进乡村、进社区”文艺演出1200场、精品剧目演出30场。八是新增便民利企高频事项掌上办、随身办事项300个，上线跨部门、跨层级、跨领域的民生热点“一件事”50件。九是在全市选取200家基层诊所推行药房标准化建设。十是新建绿地500万平方米，新建公园、游园100个。

继续强化就业优先政策。以高校毕业生、登记失业人员、农民工、建档立卡贫困劳动力、城镇就业困难群体为服务对象，着力促进重点群体就业创业。坚持稳企业、保就业、促创业同向发力，打好社保降费减负政策组合拳，支持多渠道灵活就业。城镇登记失业率控制在4%以内。

高质量建设郑州美好教育。推进新建公办园、回收配套园投用和规范管理，加快普及普惠学前教育。全面启动县域义务教育优质均衡创建，午餐供餐和课后延时服务向县乡延伸，年内开工9所高中。继续支持郑州大学、河南大学"双一流"建设。加快推进特色中职学校建设，推进市属高校内涵式发展，规范支持民办教育发展。国内外优质高等教育资源引进取得实质性进展。

提高公共文化服务水平。牢牢把握社会主义先进文化前进方向，大力践行社会主义核心价值观，持续推进精神文明创建和志愿服务行动，全域开展文明创建工作。创建国家文物保护利用示范区，加快生态保遗项目和百家博物馆建设。开放运营郑州博物馆新馆、郑州商都遗址博物院和郑州市文物考古研究院。提高"郑品书舍"城市书房、24小时自助借阅机运营水平，加快建设一批小剧场。办好第九届博博会。

扎实推进健康郑州建设。全面完成政府主导社区卫生服务中心100个，基层医疗卫生机构达标率80%。加快优质医疗资源均衡布局，稳步推进郑州儿童医院南院区等10个重点项目建设。持续完善分级诊疗体系，深化"四医联动"，加快推动区域医疗中心建设。大力发展中医药事业，加快智慧健康项目建设。深入开展爱国卫生运动，巩固提升国家卫生城市成果。

扎实推进体育强市建设。推进各区"一场一馆"和县（市）"两场三馆"建设，打造"十分钟健身圈"。举办市第十二届运动会暨第二届全民健身大会，高标准承办全国羽毛球冠军赛等。

健全完善社会保障体系。开展基金管理风险防控专项整治，确保各项社保待遇按时足额发放。落实城乡低保标准自然增长机制，增强低保兜底保障能力。持续做好退役军人服务保障管理、社会福利和公益慈善事业，建立残疾人"两项补贴"自然增长机制。新增养老床位3000张。

持续提升住房保障服务水平。落实城市主体责任，坚持"房子是用来住的，不是用来炒的"，"控地价、竞自持"，规范市场秩序，积极化解问题楼盘、安置房及过渡费等信访攻坚任务，促进房地产市场平稳健康发展。加强青年人才公寓建设，确保年底前完工3098套。

各位代表，进入新发展阶段，面对各种风险挑战，我们在抓好高质量发展的同时，必须统筹好发展和安全，善于预见和预判各种风险挑战。大力推进平安郑州建设，以"天眼一张网"建设为突破口，扎实推进全国市域社会治理现代化试点城市创建工作，持续提升市域社会治理的科学化、精细化、智能化水平；健全完善城乡社区管理服务机制，高质量完成村（社区）"两委"换届工作；强化信息网络安全管理，打造清朗网络空间；认真开展信访突出问题攻坚化解，确保上半年化解率80%以上；持续推动"扫黑除恶"专项斗争向纵深开展；加大网贷机构市场出清力度，严格遏制地方政府隐性债务增量，严防金融、企业、财政等风险叠加累积；进一步压实属地安全生产责任、部门安全监管责任、企业主体责任，抓好建筑施工、交通运输、消防、危化、煤矿、非煤矿山等重点领域常态化监管，全面提升防灾减灾救灾抗灾能力，确保城市安全、社会安定、人民安宁！

加强国防动员、后备力量和人民防空建设，持续深化双拥共建工作。强化统计工作，做好国民经济核算和第七次人口普查工作。支持工会、共青团、妇联、残联、红十字会等群团组织更好发挥桥梁纽带作用。做好民族宗教、外侨、对台、史志、气象、地震、文联、社科研究、援疆等工作。

各位代表！全市人民的重托庄严而神圣，政府肩负的使命光荣而艰巨，我们将切实加强政府自身建设，努力推动政府治理体系和治理能力现代化。切实加强政治建设。认真落实新时代党的建设总要求，增强"四个意识"、坚定"四个自信"、做到"两个维护"，扛稳意识形态工作责任，不断提高政治判断力、政治领悟力和政治执行力，完整、准确、全面贯彻新发展理念，确保党中央和省委、市委重大决策部署落地生根。严格落实依法行政。深入贯彻《法治中国建设规划（2020—2025年）》，完善重大行政决策程序制度，坚持科学、民主、依法决策。严格执行人大及常委会决议决定，认真办理人大代表建议、政协提案，自觉接受人大、政协、司法、社会、舆论监督。加大对重点工作和重大风险防范化解的审计监督。不断深化作风建设。坚决整治形式主义、官僚主义等突出问题，在全市工作"一盘棋"中，梳理一批重大专项、项目、企业、改革事项、支撑平台，以钉钉子精神，盯环节、盯堵点、盯进度、盯实效，抓执行保落地。做到沉到底发现问题，静下来研究政策，出真招破解难题，深入基层开展调查研究，着力解决人民群众所急所需所盼。持续改进文风会风，切实为基层减负。全面打造廉洁政府。认真履行全面从严治党主体责任和"一岗双责"责任，严格落实中央八项规定及实施细则精神和省市有关要求。严惩重点领域、关键环节及群众身边腐败和作风问题。厉行节约反对浪费，坚持政府过紧日子，让老百姓过好日子，始终保持为民、务实、清廉的政治本色。

各位代表！征途漫漫，惟有奋斗。承载着1200多万人民的梦想和期盼，我们踏上"十四五"发展的新征程。让我们更加紧密地团结在以习近平同志为核心的党中央周围，高举习近平新时代中国特色社会主义思想伟大旗帜，在省委、省政府和市委的坚强领导下，振奋精神、勇于担当，真抓实干、奋发有为，为加快现代化国家中心城市建设，推进中原更加出彩、中部地区崛起、国家黄河战略实施共同奋斗，以优异成绩迎接建党100周年！

郑州市全面建成小康社会大事记

1978年12月党的十一届三中全会—1992年10月党的十四大

一九七八年

12月25日

△中共郑州市委平反昭雪领导小组成立。

一九七九年

2月2日

△中共郑州市委作出《关于为“二七广场事件”等冤案、错案、假案平反昭雪的决定》。

2月6日

△郑州市革委决定，为适应旅游业发展的需要，把花园口至邙山提灌站这段黄河堤岸建成游览区。

4月30日

△郑州市第一条无轨电车线路试运通车。

9月11日

△中共郑州市委发出《关于认真贯彻省委〈关于广泛深入开展真理标准问题讨论的通知〉的通知》。

10月20日

△中共郑州市委、市革委发出《关于提高主要副食品销售价格和给职工副食品价格补贴的通知》，规定给职工每人每月副食品价格补贴5元。

一九八〇年

1月

△金水河治理工程竣工。

4月16日

△中共郑州市委发出《关于健全党的组织生活加强党员教育的通知》。

5月14日

△原国家主席刘少奇骨灰迎送仪式在河南人民会堂举行。

6月13日

△郑州市革委在益民市场和劳动市场分别设立工业品市场，国营、集体、个体的商品，凡持有营业执照均可到工业品市场出售。

7月30日

△中共中央副主席邓小平抵郑视察黄河花园口。

9月30日

△中共郑州市委发出《关于认真学习中共中央〈关于控制我国人口增长问题致全体共产党员、共青团员的公开信〉的通知》，要求党团员带头实行计划生育，争做一对夫妇只生育一个孩子的模范。

10月4日

△为活跃郑州市的经济、方便群众生活，郑州市革委决定在东门口、北菜市、冉屯、郑州大学、郑棉六厂等处建立5个农副产品市场。同时，在大石桥、石桥东里、向阳区（管城）回民集中居住区分别增设1个建筑材料市场和1个牛羊肉市场。

是月

△郑州市第二座立交桥——金水路立交桥竣工通车。

12月15日

△郑州市郊区人民政府成立。

12月31日

△郑州砂轮厂的白鸽牌350—400毫米单线磨螺纹砂轮荣获国家银质奖章。

是月

△郑州市革命委员会撤销，同时成立郑州市人民政府。

一九八一年

1月1日

△《郑州晚报》复刊。

1月26日

△郑州市青少年宫落成。

3月6日

△中共市委宣传部、市教育局、市文化局、市卫生局、市公安局联合发出《关于在全市开展文明礼貌活动的通知》。

3月12日

△全市组织11.5万人赴邙山、须水苗圃等处参加植树节活动。

4月1日

△郑州人民广播电台正式播音。

4月24日

△中共郑州市委发出通知，决定建立郑州志编纂委员会，在全市范围开

展社会主义新方志编纂工作。

5月1日

△大岗刘液化气站建成，郑州市部分居民开始使用液化气作为生活燃料。

5月9日

△中共郑州市委召开“创先进党支部，争当优秀共产党员”动员大会。

8月8—12日

△中共中央总书记胡耀邦到郑州视察。

8月10日

△郑州市区内自动拨号电话改为5位号码拨号。

10月12日

△郑州市和日本琦玉县浦和市结为友好城市。

10月13日

△郑州人民警察学校建立。

10月27日

△郑州运动员巫兰英在阿根廷图库曼举行的第四十二届世界飞碟射击锦标赛中，荣获女子个人双向飞碟射击世界冠军，这是中国选手第一次获得这个项目的冠军。

11月20日

△郑州市向阳区更名为向阳回族区。

一九八二年

2月7日

△郑州第二柴油机厂生产的柴油机首次进入国际市场。

4月17日

△西流湖、尖岗水库储水管道工程竣工通水。

5月24日

△郑州照相机厂生产的102B型教学投影器，在世界银行主持的国际教学器材招标中中标，这是中国首次出口教学投影器材。

8月2日

△黄河出现1958年以来最大洪峰，花园口站实测为15300立方米/秒，这次洪水水位高（比1958年水位高出0.24米），含沙量低（最高为63.4公斤/立方米），流量大，持续时间长。

11月10日

△全国第三次人口普查郑州市普查工作结束。全市总人口（包括荥阳县）1968432人，男性占52.1%，女性47.9%。

12月10日

△郑州市增设新密区建制。设立煤城新密区是继铝城上街区之后建立的第二个工业区。

12月28日

△河南财经学院建成，这是河南省第一所财经类高等学校。

一九八三年

1月

△郑州市被评为全民义务植树绿化祖国先进城市。

3月5日

△全市团员青年开展“把党的温暖送千家——为您服务”活动，纪念党中央号召“向雷锋同志学习”20周年。

3月21日

△郑州市第七届人民代表大会第三次会议确定月季花为郑州市市花。

4月1日

△郑州市紫荆山百货大楼开业，这是当时河南省最大的批零兼营的大型综合商业设施。

4月2日

△中共郑州市委印发《关于贯彻执行中纪委公开信坚决制止干部在建房分房中的不正之风的决定》。

5月5日

△中共郑州市委、市政府在全市开展“优良秩序月”活动。

8月1日

△郑州市实行市带县体制，原属开封地区的巩县、新郑、密县、登封、中牟等5县划归郑州市管辖。

10月1日

△郑州市邮局开办国际特快专递邮件业务，与世界上15个国家和地区建立业务关系。

10月10日

△在全国城市节水会议上，郑州市被评为节水先进单位。

10月25日

△郑州市开展“环境保护宣传月”活动。

11月25—30日

△中共郑州市委、市政府召开市带县后第一次农村工作会议。会议强调走农林牧副渔全面发展、农工商综合经营的道路，组织以城市为中心，以集镇为纽带，以农村为基础的不同类型的经济区和各种经济网络。

一九八四年

1月11日

△国务院批复同意郑州市城市总体规划。这是解放以来，国家批准的郑州市第二个城市总体规划。

1月19日

△在郑州郊区大河村遗址的北半部进行考古发掘时，从距地表1.4米深的地层中发现距今4000多年前的鸟蛋，长径为3.9厘米，短径为2.8厘米。这在中国新石器时代考古中还是首次。

2月14日

△中国人民武装警察部队郑州市支队正式成立。

2月22日

△中共郑州市委决定，成立郑州市五讲四美三热爱活动委员会。

4月13日

△郑州市政府批准建立郑州电视台。

4月29日

△郑州市伊斯兰教协会、基督教协会、佛教协会成立。

5月1日

△巩县杜甫研究会成立，并决定重建杜甫故里纪念馆。

5月3日

△郑州市首届青年运动会开幕式在省体育馆举行。

6月30日

△郑州市第二水厂主体工程试车成功，投入运行。郑州老市区、行政区、二里岗一带的供水状况得到明显改善。

7月11日

△郑州市政府颁布《郑州市城市集资办学暂行办法》《郑州市农村集资办学暂行办法》。

8月1日

△郑州市体育馆奠基。

8月31日

△1984年国家质量奖评比揭晓，郑州市水工机械厂生产的“郑州牌大型闸阀式平板闸门”获金质奖；郑棉三厂的“嵩山牌T/C65/35×50s/2×22.6s涤棉精梳半线提花卡普呢”、郑棉二厂的“雪山牌96号（6s）起绒纯

棉纱”、郑州中药制药厂的“中州牌银翘解毒片”、第二砂轮厂的“白鸽牌Φ900—1400毫米高中速磨曲轴砂轮”和“Φ350—400毫米碟形砂轮”、郑州煤矿机械厂的“嵩山牌ZY35型支撑掩护式液压支架”获得银质奖。

9月6日

△中国第一台运煤兼运工人上井和下井的SD—450钢心强力皮带运输机在新密矿务局王庄矿安装试运成功。

9月27日

△郑州市火车站广场改建第一期工程竣工。

9月28日

△郑州市群众艺术宫举行落成典礼。

10月1日

△陇海路立交工程竣工通车。

10月5日

△郑州市石羊寺煤场一期工程竣工，这是河南省当时最大的储煤、配煤综合煤场。

11月25日

△吉鸿昌烈士纪念碑、亭在郑州陵园落成揭碑。

12月8日

△当时中国最大的一条皂粉生产线——郑州油脂化学厂年产万吨皂粉车间投产。

12月20日

△郑州动物园开工兴建，这是河南省唯一的专业性动物园。

12月25日

△河南嵩山风景名胜区管理局成立。嵩山风景名胜区是中国44个重点风景名胜区之一。

一九八五年

2月3日

△上海民航局“运十”大型客机首航郑州，试飞成功。

2月18日

△郑州市政府市长电话设立，直接听取群众对生产、生活等方面的意见和建议。

3月25日

△郑州铁路编组站全部建成开通使用，是亚洲规模最大的铁路编组站。

4月1日

△郑州中原民间航空公司在郑州机场举行首航典礼。中原民间航空公司成立于1985年1月3日，7月15日在此基础上组建中原航空公司，转属国营企业。

5月7日

△郑州市政府召开天然气市区输配工程会议，中原油田向郑州市每年供气8000万立方米，可以解决郑州市15.3万户、64万居民和部分工厂的用气需要。

5月10日

△郑州市政府召开首次环境保护新闻发布会。公布当年环境保护八项工作：扩大3条噪声控制路段；完成金水河综合治理一期工程；修通内环路；3年内使市区成为无黑烟区；完成限期治理的37个项目；完成加固硫型煤试验；2年内完成电镀废水及100张床位以上医院污水治理；建立西流湖水源保护区。

5月31日

△郑州市首届人才交流大会闭幕。共接待各类专业技术人员8160人，初步选定2589人，正式办理手续的313人。

7月1日

△中共郑州市委举行纪念中国共产党诞生六十四周年大会。

7月16—17日

△郑州市台湾同胞联谊会成立。

7月22日

△中共河南省委决定，郑州市作为河南省城市经济体制综合改革试点。

8月18日

△郑州市第四中学招收的首批100名西藏初中新生，抵郑入学。

8月31日

△郑州市火车头体育馆落成。

9月3日

△省会各界人士1200多人在黄岗寺烈士陵园举行集会，纪念抗日战争和世界反法西斯战争胜利四十周年，并举行杨靖宇、彭雪枫纪念碑（亭）揭碑仪式。

10月1日

△郑州电信局首次在市内公共场所安装投币式公用电话亭10个。

10月6日—18日

△全国首届青少年运动会在郑州举行。

10月26日

△中共中央总书记胡耀邦视察登封。

11月15日

△郑州市“五讲四美三热爱”活动委员会，决定在全市开展“争当文明市民”的活动。

12月9日

△在摩纳哥举行的蒙特卡洛国际马戏杂技大赛上，郑州市杂技团演员孔红文表演的《椅子顶》荣获“银小丑”奖。

一九八六年

1月15日

△郑州市大型集贸市场中原集贸市场开业。

2月7日

△河南省规模最大的国营粗梳毛纺织厂——郑州毛纺织厂试车生产。

2月8日

△郑州嵩山制药厂开始批量生产获得中国科学院重大科技成果奖的国内首创新药——维酶素。

2月18日

△郑棉三厂生产的110×76‘47吋宽幅涤棉布进入国际市场。

2月25日

△郑州天然气输气管道工程在郑州东十里铺破土动工。

3月3日

△航海路破土动工，该路东起城东路，西至西环路，长9245米，宽15米，是郑州市修建最长的水泥混凝土道路。

4月11日

△郑州水工机械厂生产的葛洲坝长江船闸两次通水后，门轴柱等关键部位经受住了长江波涛的考验。

4月19日

△郑州市万门程控电话工程开始装机工作。

4月30日

△郑州海关开关。

6月11日

△水电部命名在葛洲坝一号大型船闸研制中做出贡献的郑州水工机械厂船闸组为集体功臣。

7月15日

△郑州市全长28公里的内环路建成通车。

8月1日

△郑州邮政大楼开业，该大楼是全国邮政通信枢纽重点工程之一。

9月4日

△郑州至西安1800路中同轴电缆载波工程竣工。

9月30日

△郑州黄河公路大桥通车，该桥是当时黄河上最长公路桥。邓小平题写“郑州黄河公路大桥”桥名。

10月31日

△郑州市“开发沿黄30000亩低洼盐碱荒地，发展15000亩淡水精养鱼塘”工程项目，列入《世界粮食计划署——中国2914项目》。

11月19日

△郑州市合成纤维厂投料试产，是河南省当时最大的合成纤维厂。

11月30日

△郑州证券公司开业。

一九八七年

1月3日

△全省第一家电脑储蓄所——市工商银行花园路市场储蓄所开业。

1月6日

△中国纺织业第一家融生产、科研、教学于一体的企业集团——河南三环纺织机械工业联营公司成立。它是以郑纺机为龙头，吸收24个单位参加的跨地区、跨行业、跨部门的工业集团公司，拥有固定资产1.8亿元。

1月14日

△郑州工商银行资金市场开业。

1月23日

△平顶山姚孟电厂至郑州50万伏超高压输电线路竣工送电，该线路全长122.7公里。

2月23日

△陇海——兰新地区郑州资金市场开业。

3月1日

△郑州市政府决定，全市国营商业中小型企业全面推行租赁经营制。

3月10日

△经国务院和省政府批准，郑州市撤销郊区、金海区、新密区等3个区建制，建立邙山区。

5月1日

△郑州市绿城广场第一期工程竣工并投入使用，这是郑州市第一个规模较大的文化游憩场所。

5月5日

△郑州市小麦贸易中心开业。

5月10日

△郑州至香港临时旅游包机通航。

6月10日

△陇海——兰新经济地带市（州）长、专员联席会暨经济技术协作洽谈会首届会议在郑州开幕，亚欧大陆桥地带合作开发走向新阶段。

6月11日

△郑州市天然气工程市内主干管道铺通输气。

10月7日

△郑州市政府举行市百货大楼、紫荆山百货大楼、华侨友谊公司、化工公司、盐业公司、肉类联合加工厂等6家国营大中型商业企业承包合同签字仪式。

11月20日

△郑州轻金属研究所试验成功国家重点科技项目“高浓度铝酸钠溶液制取砂状氧化铝半工业试验”。

12月24日

△世界粮食计划署援助郑州市的项目——中牟万滩鱼塘动工。

一九八八年

3月2日

△郑州市政府实行市长、副市长目标管理责任制，在全市政府系统推行目标管理。

3月24日

△郑州市政府决定全市国营工业企业全面推行工资总额同经济效益挂钩。

3月25日

△郑州市政府决定，按东西南北4个方向，建立5个长途汽车客运分站，实行客运分流。

3月28日

△郑州市首批农民企业家命名表彰大会举行。全市52名乡镇企业厂长、经理荣获“农民企业家”称号。

4月20日

△郑州市政府在郑州火车站广场、河南人民会堂前及市政府门前设立市长信箱。

4月22日

△以郑州第二砂轮厂为主体，以白鸽牌磨料磨具产品为龙头的“白鸽磨料磨具联营总公司”成立，这是中国磨料磨具行业成立的第一个企业集团。

5月16日

△河南省政府批准郑州市经济技术开发区规划方案。

5月23日

△郑州市调整猪肉、羊肉、鲜蛋、白糖等主要副食品价格，给职工以适当补贴。

6月2日

△中共河南省委、省政府授予郑州市“建设文明城市先进单位”称号。

7月22日

△郑州市政府印发《关于鼓励农业科技人员下乡进行技术承包技术服务的决定》。

7月29日

△郑州市劳务市场开业。

8月4日

△经河南省政府批准，郑州市被确定为给予外贸企业进出口经营权并承包出口四项指标试点市。

8月11日

△郑州市举行首批颁发城镇房屋产权证大会。

9月26日

△嵩山少林武术馆开馆，这是中国第一所面向海外招生的综合性武术馆。

10月14日

△郑州市价格违法举报中心成立。

10月22日

△解放郑州烈士纪念碑亭揭幕仪式在郑州烈士陵园隆重举行。

12月27日

△郑州市首家股份制金融企业郑州交通银行开业。

一九八九年

1月8日

△中国建筑第七工程局第四建筑公司兼并郑州市医疗器械厂签字仪式在郑举行。这是郑州市首次跨行业、跨部门、跨地区的企业兼并。

2月2日

△国务院正式批准郑州机场对外开放。

4月9日

△郑州市运动员邓亚萍在第40届

世界乒乓球锦标赛中荣获女子双打世界冠军。

5月6日
△郑州亚细亚商场开业。

6月2日
△郑州第二砂轮厂、郑州电缆厂、郑纺机、省纺机、省建一公司及省建五公司等6家企业，被河南省政府定为河南省放开经营试点单位。

7月15日
△中共郑州市委、市政府决定7月25—31日为全市“拥军优属活动周”。

8月1日
△郑州市执行企业定价许可证制度。

8月10日
△郑州市股票交易市场正式开业，这是河南省开业的第一家股票市场。

9月20日
△郑州商业大厦开业，这是当时河南省最大的多功能现代化商场。

9月30日
△107国道郑州段通车。

11月14日
△郑州市评选出10佳建筑：亚细亚商场、黄和平大厦、河南人民会堂、二七纪念塔、河南国际饭店、少林武术馆、郑州海关业务楼、中原油田驻郑办事处综合楼（金桥宾馆）、河南省体育场、紫荆山百货大楼。

12月20日
△郑州市第一条村办铁路专用线在管城区南十里铺建成通车。

12月26日
△郑州市供水工程动工。

一九九〇年

2月6日
△郑州市委、市政府召开廉政建设工作会议。

2月21日
△中共郑州市委、市政府召开开展“四学一评”活动动员大会，号召广泛开展学雷锋、学焦裕禄、学王进喜、学赖宁和在农村评定“十星级文明农户”活动。

4月1日
△中国民航乌鲁木齐—郑州—福州—郑州—乌鲁木齐航线首航仪式在郑州市举行。

6月1日
△郑州市汽车客运总站动工兴建。

6月12日
△河南省达利拖拉机联合体在郑州拖拉机厂成立。该联合体以郑州拖拉机厂为主体，由省内外54家农机企业联合组成。

6月20日
△郑州市政府在纬一路建立郑州市第一个鸟类资源保护区。

7月15日
△经国家计委批准的“七五”大中型基建项目——郑州热电厂扩建2×20万千瓦机组工程开工。

7月18日
△熊耳河疏浚工程完工。

8月21日
△郑州火车站6502型大站电气集中顺利开通投入使用。

9月1日
△郑州华联商厦开业。

9月20日
△横跨欧亚两大洲的铁路运输线——“欧亚大陆桥”贯通通车。这条运输线东起中国连云港，经陇海线、兰新线，至荷兰鹿特丹港，全长1万多公里，是一条国际陆上运输线，郑州为重要枢纽城市之一。

10月12日
△全国第一家粮食批发市场——中国郑州粮食批发市场开业。

11月1—5日
△郑州市首届老年人运动会在市体育场举行。

一九九一年

1月8日
△郑州铝厂“七五”期间国家重点科技攻关项目絮凝沉降新工艺和设备，荣获国家科技进步一等奖。

1月22日
△全省第一家集体合作金融企业——郑州市城市信用合作社开业。

2月8日
△郑州热电厂扩建工程转为中外合资项目，这是河南省电力系统首家中外合资企业。

2月10日
△中共中央总书记、中央军委主席江泽民到郑州市视察黄河水利工作，提出“让黄河变害为利，为中华民族造福”。

2月11日
△郑州市对外贸易公司经经贸部批准成立，享有对外进出口贸易经营权，隶属郑州市对外经济贸易委员会。

2月22日
△国务院发展研究中心和中国中部地区的河南、山西、安徽、湖北、湖南、江西等省在郑州召开中部地区发展战略研究第一次会议，研究中部地区经济发展问题。

3月18日
△郑州高新技术产业开发区被国务院批准为国家高新技术产业开发区。

4月15日
△中共郑州市委、市政府、郑州军分区向拥军模范刘国华赠送“子弟兵的好妈妈”匾额，并作出向刘国华学习的决定。

5月6日
△郑州市运动员邓亚萍在第四十一届世界乒乓球锦标赛上荣获女子单打冠军。

5月17日
△郑州市黄河游览区、少林寺、塔林、观星台、嵩岳寺塔等景点被列为第一批国家级旅游景点。

6月20日
△郑州市市属6县直拨长途电话全部开通，可与全国900多个县、市及世界170多个国家和地区直接通话。

6月30日
△河南省第一条高速公路——开封至洛阳段在郑州动工。这条高等级公路是交通部规划的国家公路网络中一条承东启西的主骨架路段，全长201.4公里。

7月2日
△郑州轻型汽车制造厂出产首辆“郑州东风”汽车。

7月8日
△河南省沿黄县区开发、利用黄河的大规模引黄灌溉水利建设工程开工。

7月16日
△国家统计局根据1990年商品销售额、实现利税额、人均销售额等经济指标，排出全国100家最大百货商店，郑州市商业大厦、百货大楼、紫荆山百货大楼榜上有名。

7月20日
△郑州市出台《郑州市创建卫生

城市方案》，成立郑州市创建卫生城市领导小组。

7月25日

△在首届全国西瓜优良品种评选活动中，郑州果树研究所培育的优良品种“郑州8902”、“郑州8901”、“郑州8903”分别获得第一、二、三名。

8月9日

△郑州市政府举报中心挂牌办公，受理和查处人民群众举报的市政府各行政机关和工作人员的违法违纪行为。

8月10日

△经国务院批准，撤销巩县，设立巩义市（县级），委托郑州市代管。

8月14日

△郑州市对市容综合管理体制和环境卫生管理体制进行改革，实行市、区、街、居委会四级管理体制。

8月22日

△中国人民银行总行批准将郑州市列为“全国金融体制改革试点城市”。

9月10—15日

△1991中国郑州国际少林武术节举行。期间，开展郑州全国技术成果交流交易会、河南省经济贸易洽谈会、省名优特新产品展销会暨黄河流域9省区第二届商品交易会、省际经济技术协作洽谈会、河南省秋季物资交易会等大型经贸活动。

9月12日

△炎黄二帝巨塑奠基仪式在郑州黄河游览区举行。

10月1日

△全国铁路网中心郑州北编组站完成技术改造，日均办理列车编组达23119辆，各项作业自动化程度达到国际先进水平，为亚洲最大的编组站。

10月6日

△郑州市房地产交易中心正式开业。

10月10日

△郑州市旅游局推出旅游新线路“黄河一日游”。

10月23日

△以纺织、印染、服装大中型企业为骨干的跨行业、跨地区的大型企业集团——河南嵩岳纺织工业集团公司成立。

11月11日

△郑州欧丽电子工业集团成立。

11月18日

△郑州轻型汽车制造厂改扩建工程全面竣工，投入试生产。

11月26日

△由郑州第二砂轮厂生产的磨录音机磁头精密砂轮通过鉴定，结束了中国磨录音机磁头砂轮完全依赖进口的历史。

12月2日

△郑州市集中供热管网工程开工。

12月10日

△郑州国棉五厂生产的“蓝雀”牌牛仔布荣获国家金质奖章。

12月12日

△在1991年国优产品评比中，郑州市工业企业夺得金牌3枚、银牌4枚。至此，郑州市拥有国优产品金质奖4项、银质奖33项。

12月30日

△京广线郑州至信阳段铁路电气化工程在郑州火车站举行通车典礼，该工程是国家“七五”重点项目，它的建成对加快河南省乃至华南、华东各省经济发展，特别对豫、晋两地的煤炭外运有着重要意义。

是月

△中央电视台与河南电视台联合拍摄并播出的反映郑州商业竞争的电视系列专题片《商战》，在全国引起轰动。

一九九二年

1月8日

△郑州纺织机械厂生产的GA301型浆纱机荣获国家优质产品金奖，这是新中国成立后全国纺织机械行业获得的第一块“国优”金奖。

1月22日

△河南科技市场奠基，这是河南省第一家集科工贸于一体，以高新技术、科研成果展销为主的科技城。

3月19日

△郑州市和哈萨克斯坦阿拉木图市结为友好城市。

4月13日

△郑州市成立郑州贸易城建设领导小组。

5月27日

△河南省规模最大、设施一流、功能齐全的郑州生产资料市场开业。

6月8日

△经国务院批准，中国首家集生产、建设、科研、经营为一体的最大的铝工业基地、铝联合企业——中国长城铝业公司在郑州市上街区成立。

6月30日

△白庙水厂扩建工程试车送水，日供水能力由16万立方米增加到36万立方米。

7月25日

△郑州市公交公司开通501路、504路、505路3条公交新线路，新增1路、2路、4路、6路汽车和101路、102路电车区间快车。

8月5日

△郑州市政府确定设立郑州高新技术产业开发区金水科技园区和中原科技园区，为郑州高新技术产业开发区政策区。

是日

△郑州市乒乓球运动员邓亚萍在第二十五届奥运会上取得两枚金牌。实现郑州市和河南省在奥运史上金牌零的突破。

8月9日

△郑州市和罗马尼亚布勒依拉市结为友好城市。

8月11日

△郑州市被国务院辟为内陆开放城市，实行沿海开放城市政策。

9月1日

△西环路工程竣工。

9月4日

△郑州市政府与白俄罗斯共和国经贸委关于发展经济贸易意向书签字。

9月6日

△商业部统一规划的全国重点批发市场之一——郑州蔬菜果品批发市场开业。

9月10—15日

△1992中国郑州国际少林武术节举行。

9月16日

△河南省统计局根据1991年国民收入总量、人均国民收入及其综合经济指数，对全省118个县（市）综合经济实力排序，郑州市辖新郑县、巩义市居全省前2名，密县、荥阳县进入前20名。

9月30日

△郑州市旧城改造重点配套工程项目——月季变电站正式通电运行。

10月24日

△全国内陆省份第一个二类公路口岸——郑州公路港启用。

一九九二年

11月17日
△河南省最大的现代化纺织品专业批发市场——郑州纺织大世界奠基。

12月4日
△郑州市招商团在香港举行对外经济技术合作项目新闻发布会，共发布郑州市8个门类、200多个对外经济合作项目。

12月17日
△在中国城市社会经济发展水平评价中心举行的新闻发布会上，郑州市被列为全国城市综合实力第37名，并被评为中国城市投资硬环境40优城市之一。

12月23日
△北环路工程动工。

12月26日
△全国爱卫会命名郑州市为全国卫生城市。

12月30日
△郑州汽车客运总站投入试运行，日发班车158台次，日发运旅客4000人次。

一九九三年

1月1日
△河南省第一个利用世界银行贷款建设的交通项目，国家“八五”重点建设项目之一——郑州至洛阳高速公路开工。

1月13日
△郑州商城遗址保护首期工程奠基。

3月1日
△郑州市粮油价格全部放开，居民到粮店买粮不再使用粮本。

3月5日
△“八五”期间全国重点建设项目——京广铁路北段北京至郑州间电气化铁路工程开工。

3月8日
△全省最大的汽车交易市场——郑州汽车城开业。

4月1日
△郑州经济技术开发区成立。

4月9日
△中共中央总书记江泽民为郑州二七纪念馆题写馆名。

4月20日
△国内规模最大的中国郑州中药批发市场开业。

5月12日
△郑州日产汽车有限公司开业。

5月26日
△全国第一家通过卫星双向传送股市行情的证券商——国泰证券有限公司郑州营业部，开通上海至郑州双向卫星通信网。

5月28日
△中国郑州商品交易所开始期货交易。

6月7—10日
△由国家科委、国家计委、国务院发展战略研究中心联合主办的新亚欧大陆桥（中国段）沿桥发展战略研讨会在郑州召开。

7月6日
△郑州市电话全部实现程控化。

8月5日
△国内首家规范化的期货交易所——中国郑州商品交易所，开通与美国德励公司的信息发射。从此，“郑州价格”走向世界。

8月6日
△郑州有线电视台建成试播。

8月12日
△河南省第一所私立大学——郑州市升达大学奠基。

8月24日
△郑州热电厂扩建的两台20万千瓦供热机组投入生产运行。

9月1日
△中原国际博览中心落成。

10月15日
△京汉广架空光缆全线开通，郑州市新增近万条长途通信电路。

12月2日
△郑州白鸽（集团）股份有限公司成立。

是月
△商业大厦、百货大楼、花园春副食品商场完成企业改制，分别成立郑州碧沙集团股份有限公司、郑州市百货大楼股份有限公司、郑州市花园春有限公司。

是年
△郑州客车厂改造为股份制企业，并更名郑州宇通客车股份有限公司，实行无主管部门经营。

一九九四年

1月1日
△碧沙岗商业城建设启动。

1月18日
△河南省烟草行业第一家集团公司——新郑烟草（集团）公司在新郑卷烟厂成立。

1月24日
△河南省“八五”期间十大基础设施之一的中原国际博览中心二期工程开工。

1月27日
△经国务院批准，郑州市成为第三批国家历史文化名城。

2月5日
△郑州市总商会成立。

3月26日
△郑州国棉五厂生产的“蓝雀王”牛仔布和牛仔服被中国保护消费者基金会评为中国名牌产品和消费者信得过产品。

4月5日
△经国务院批准，撤销荥阳县、密县，设立荥阳市、新密市（均为县级），委托郑州市代管。

4月20日
△郑州市十届人大常委会举行第二次会议通过《郑州市禁止燃放烟花爆竹条例》《儿童计划免疫条例》。

5月10日
△郑州纺织大世界建成，跨入全国前10名小商品批发市场之列。

5月16日
△经国务院批准，撤销登封县，设立登封市（县级），委托郑州市代管。

6月1日
△中共郑州市纪委、市监察局对

首批12家企业挂牌实行重点保护，对干扰企业自主权的一律查处。

6月10日

△郑州市“四桥一路”工程动工。

6月15日

△郑州市绕城高等级公路开工。

6月23日

△河南省“七五”改扩建重点工程郑州轻型汽车制造厂通过省级验收并正式投产。

6月28日

△郑州金星啤酒厂生产的蓝马啤酒和金星啤酒被评为中国名牌产品和中国公认名牌产品。

7月22日

△郑州市首次被命名为全国“双拥”模范城。

8月18日

△河南嵩岳纺织工业集团更名为河南省嵩岳集团国有独资有限责任公司，是国家体改委确定的全国8家国有独资有限责任公司改革试点之一，也是河南省被列入国家级改革试点的唯一企业。

9月12日

△黄河游览区炎黄二帝巨塑动工。

9月14日

△郑州市和美国弗吉尼亚州里士满市结为友好城市。

10月27日

△郑州市第一所“希望小学”在荥阳落成。

11月30日

△中原航空公司引进3架波音飞机，河南省地方民航开始有了大型客机。

12月1日

△《郑州市禁止燃放烟花爆竹条例》《郑州市关于深化城镇住房制度改革的实施方案》正式实施。

12月15日

△首例集装箱直达快车于16时07分从郑州出发，直抵香港九龙车站，并将经葵涌码头转港运往世界各地。

12月26日

△郑州至开封段高速公路和郑新高速公路郑州至薛店段同时开通，结束了河南省没有高速公路的历史。

12月28日

△郑州市“四桥一路”全线通车。

12月30日

△北郊环路建成通车。至此，环绕郑州市的4条外环干道全部贯通。

是年

△巩义市实现工农业总产值112.7亿元、财政收入2.01亿元，提前完成省、市确定的“创百亿”目标，成为全省第一个百亿县（市），荣获全国百强县（市）称号。

△郑州电缆厂、郑州第一柴油机厂、郑州4057厂和郑州钢铁厂进行股份制改建，分别改建为郑州电缆（集团）股份有限公司、郑州金牛（集团）股份有限公司、郑州欧丽电子（集团）股份有限公司和郑州钢铁股份有限公司。

一九九五年

2月21日

△郑州市召开减轻农民负担工作会议，要求农民负担超出上年人均收入5%的18个乡镇切实把农民负担减下来。

4月13—15日

△郑州市召开扶贫富民工作会议，在全市迅速推进扶贫富民工作，促进农村经济发展。

5月1日

△郑州市和罗马尼亚克鲁日—纳波卡市结为友好城市。

7月1日

△《郑州市城市房地产市场管理条例》正式实施。

7月8日

△紫荆山百货大楼新楼建成营业。

8月19日

△花园商厦建成开业。

8月28日

△’95郑州商品交易会在中原国际博览中心开幕，这是继上海商品交易会、天津商品交易会之后，第三个由国内贸易部参与主办的全国性、综合性大型商品交易会。

9月1—5日

△第四届中国郑州国际少林武术节举行。

9月2日

△省会党政军民各界代表2500多人在郑州烈士陵园隆重举行纪念中国人民抗日战争和世界反法西斯战争胜利50周年祭扫活动，并向革命烈士纪念碑和杨靖宇、彭雪枫、吉鸿昌3位烈士的纪念亭敬献花圈。

9月7日

△中国人民银行总行批准在郑州市成立郑州市城市合作商业银行，成为包括北京、上海等大城市在内的全国15家试点城市之一。

10月11日

△在第三届中国综合实力百强县（市）信息发布会公布的1995年综合实力百强县（市）中，巩义市位居59位，比第一届前进了20位。

11月

△公交运营市区线路票价全部实行一票制，上车5角。

12月11日

△河南省政府和国家体改委正式批准嵩岳集团建立现代企业制度试点实施方案，这是郑州市唯一被列入全国百家现代企业制度试点单位。

12月28日

△郑洛高速公路通车，连通107、207国道，形成纵贯南北、连接东西的交通纽带。

一九九六年

1月10日

△郑州市开办至台湾省台北、台中、高雄等25个城市的双向鲜花礼仪电报业务。

3月10—16日

△郑州市第十届人民代表大会第三次会议通过《关于郑州市国民经济和社会发展“九五”计划和2010年远景目标的决议》。

是月

△郑州陈寨蔬菜批发市场建成开业。

4月1日

△郑州市电信局国家公用全球通数字移动电话（GSM·139）系统正式开通，实现移动电话（“大哥大”）自动漫游。

6月4—5日

△中共中央总书记、国家主席、中央军委主席江泽民先后视察巩义市竹林镇、河南省农科院良种小麦基地、郑州高新技术产业开发区、郑州商品交易所和绿云小区，并为郑州市和郑州高新技术产业开发区题词：“把郑州建设成为社会主义现代化的商贸城市”、“办好高新技术产业开发区，为振兴中原作贡献”。

6月20日

△由郑州市物资局转体组建的大型国有独资企业郑州物产（集团）有限责任公司成立，以政府授权形式经营管理下属12家国有物资流通企业的国有资产，实行自主经营、自负盈亏、独立核算。

6月27日

△郑州市召开科教兴郑大会。

7月29日

△郑州市公安局“110”报警服务台开通。

8月28日

△’96郑州全国商品交易会在中原国际博览中心举行。

8月30日

△郑州市出台《郑州市城区居民最低生活保障暂行办法》。

10月25—28日

△’96中国中西部地区对外经济技术合作洽谈会在郑州举行。

11月6—9日

△第一届全国棉花交易会在郑州举行。

12月5日

△中共郑州市委、市政府召开对外开放工作会议，提出今后15年郑州市对外开放的总体思路和目标。

12月25—26日

△中共郑州市委六届九次全会召开，审议通过《中共郑州市委关于“九五”期间社会主义精神文明建设规划》。

是年

△郑州市区初中招生全面实行小学毕业生免试、划片、相对就近入学的招生办法。

一九九七年

1月1日

△郑州市实行60岁以上老人凭老年乘车证免费乘坐市内公交车。

1月14日

△郑州市召开扶贫工作会议，中共郑州市委、市政府向全市人民承诺，到20世纪末基本解决全市贫困人口温饱问题。

2月21日

△中共郑州市委、市人大常委会、市政府、市政协、郑州军分区领导和全市各界人士举行座谈会，沉痛悼念邓小平同志。

3月4日

△郑州市召开住房制度改革工作会议，要求加快房改步伐，加速住房商品化进程。

4月2日

△郑州市委、市政府召开城区工作会议，改革城区管理体制，推行“两级政府、三级管理”的城区管理新体制。

4月16日

△《郑州市妇女发展规划（1996—2000年）》颁布实施。

4月21日

△南三环工程开工。

4月26日

△金水河滨河公园建设启动。

5月24日

△郑州产品（上海）展销会在上海市举行，这是郑州市首次在上海举办大型商贸活动。

是月

△国家体改委等5部委正式批准郑州为商贸中心改革试点城市。

8月13日

△郑州市委、市政府召开省会各界“讲文明、树新风、告别不文明行为”动员会。

8月28日

△郑州新郑机场开航仪式举行。

9月1—5日

△第五届中国郑州国际少林武术节举行。

10月6日

△郑州市纺织行业再就业服务中心成立，这是郑州市第一家下岗职工托管机构。

10月16日

△’97全国糖酒商品交易会在郑州开幕。

10月25日

△商都信息港开通。

10月28日

△郑州市绕城高等级公路建成通车。

11月16日

△丹尼斯百货开业，这是郑州市第一家与台商合资的商业企业。

11月28日

△国务院下文批复开放郑州东站铁路货运口岸，这是中国内陆省份第一个陆路货运一类口岸。

12月16日

△郑州煤制气输配工程开工。

12月19—21日

△郑州市举行企业改革与发展现场会，要求全市以放开搞活小企业为重点，打好企业改革的攻坚战，全面推进企业改革与发展。

12月25日

△郑州市召开个体私营经济工作会议，要求全市各级党委、政府努力为个体私营经济创造良好环境，并对全市100强私营企业和500优个体劳动者进行表彰。

12月29日

△郑州市污水处理厂工程奠基，该工程是国务院淮河流域水污染防治重点工程之一，投资概算7.61亿元。

一九九八年

1月7日

△郑州煤电股份有限公司股票（A股）在上海证券交易所正式挂牌上市。“郑州煤电”是全国煤炭企业第一家上市公司和全省上市股票第一大盘。

1月9日

△郑州市政府举行首届郑州市十佳百优外来务工青年表彰会。郑州市有外来劳动力约70万人，为郑州市经济建设作出贡献。市有关部门将为十佳外来务工青年当选者申报“农转非”户口，为百优外来务工青年办理1万元的人身事故保险。

1月12—13日

△中共郑州市委、市政府在荥阳召开郑州市农村精神文明建设座谈会，推广评定“十星级文明农户”活动。

3月10日

△郑州市召开素质教育工作会议，出台《素质教育实施方案》。

3月11日

△南二七路被中共中央宣传部、内贸部、国家工商总局、国家技术监督局4部局确定为全国15条“百城万店无假货”活动示范街之一。

6月14日

△郑州市政府代表团赴英国北安普顿市参加第十一届世界中等城市合作发展网年会及商贸交流大会。

6月26日

△中共郑州市委、市政府召开全市国有企业下岗职工基本生活保障和再就业工作会议，就做好郑州市国有企业下岗职工基本生活保障和再就业工作作了具体部署。

8月6日

△荥阳市通过省级卫生城市考核验收。至此，郑州市所辖各县（市）区全部达到省级卫生城市行列。

8月28—31日

△98郑州全国商品交易会举行。

9月1日

△科技部在巩义市为巩义市入选全国科技进步示范区授牌。巩义市是科技部批准设立的全国第三个、也是中西部地区第一个全国科技进步示范区。

9月18日

△郑州市东周水厂开工奠基。

9月28日

△郑州市召开企业职工基本养老保险制度向全国统一制度并轨实施大会。

9月29日

△国家安居工程——市属学校教职工住宅竣工及入住仪式在春晖住宅小区举行，郑州市850名教师喜迁新居。

10月28日

△107国道跨郑州金水路、郑汴路立交桥正式通车。

10月30日

△中共郑州市委、市政府召开专业技术拔尖人才和跨世纪学术技术带头人表彰大会。

是日

△郑州南三环铁路立交桥竣工通车，为河南境内最大的顶进框架式铁路立交桥。

11月3日

△98秋季全国家电商品交易会在郑州开幕。

11月13日

△郑州市召开扶贫开发及小康村建设工作会议，就加大扶贫力度、推进全市农村小康村建设进行工作部署。

是日

△郑州—青岛口岸铁（路）海（运）联运开通。

11月24日

△郑州市热力公司枣庄集中供热工程正式启动。

12月12日

△中国中西部地区第一个国家级乡村城市化试点县（市）——《巩义市总体规划》通过建设部评审。

12月13日

△《郑州市城市总体规划》获国务院批准。

12月26日

△陈寨花卉交易市场建成开业。陈寨花卉市场是河南省规模最大、标准最高、设施最先进的花卉交易中心。

一九九九年

1月12日

△南阳路（北段）、陇海路（西段）、农业路东路、文化路（中段）、货栈街（东段）、经一路（北段）、经二路（北段）等7条市区道路投入使用。

2月9日

△紫荆广场建成开园。

2月12日

△郑州购书中心开业，时为河南省最大、最具现代化功能的综合性书店。

3月2日

△郑州市环城生态防护林工程开工。

是月

△郑州市制定出台《关于依靠科技进步推动产业结构优化升级的意见》，提出切实把经济增长转移到依靠科技进步和提高劳动者素质的轨道上来，从根本上提高郑州经济的整体素质和综合竞争能力。

5月18日

△郑州市流动人口管理新体制开始启动，市区48个管理服务站统一实行“一站式”服务，办理计生卡、暂住证、就业证等所有手续。

6月17日

△郑州市召开社会保障工作会议，要求做好医疗保险制度改革、再就业服务中心建设和下岗职工再就业工作。

6月21日

△中共中央总书记、国家主席江泽民在郑州视察黄河并主持召开黄河治理开发工作座谈会。

7月1日

△郑州市开始禁售含铅汽油。

8月5日

△郑州市召开个体私营经济工作会议，中共郑州市委、市政府印发《关于进一步加快发展个体私营等非公有制经济的决定》。

8月13日

△郑州市政府常务会议通过《郑州市无公害蔬菜管理办法》《郑州市城市露天场所饮食摊点卫生管理办法》《郑州市农业产业化经营规划》。

8月28—31日

△99郑州全国商品交易会举行。

8月31日

△郑州市召开领导干部“三讲”教育动员大会，决定从8月下旬至10月下旬，在领导干部中深入开展以“讲学习、讲政治、讲正气”为主要内容的党性党风教育。

9月1日

△郑州市“12315”消费者投诉热线电话开通。

是日

△第六届中国郑州国际少林武术节开幕。

9月2日

△航海路及西环路南段拓宽工程开工。

9月4日

△99中西部（郑州）旅游展示交易会开幕。

9月26日

△郑州艺术宫改造竣工并投入使用。

10月11—13日

△第十二届世界中等城市合作发展网年会暨国际商贸交流大会在郑州举行。

10月13日

△郑州市政府常务会议通过《关于开展全市减轻农民负担大检查实施方案》《郑州市大气污染防治管理办法》《郑州临街标牌管理办法》《郑州市党政领导干部和企业领导人任期经济责任审计办法》。

10月16日

△河南省第一支预备役高炮部队——郑州预备役高炮师成立。

10月29日

△郑州市十一届人大常委会第七次会议通过《郑州市饮用水源保护和污染防治条例》《郑州市农业投资保障条例》。

11月2日

△郑州市召开第三产业工作会

议，印发《关于进一步加快发展第三产业的若干意见（讨论稿）》。

11月9日

△郑州市加快企业产权制度改革、促进非公有制经济发展现场会在巩义市召开，要求通过明晰产权关系，改革产权制度，大力促进郑州市多种所有制经济共同发展。

11月22日

△郑州高新技术产业开发区加入国际科学园区协会（IASP）签字仪式在澳大利亚悉尼市科技园举行。

12月3日

△中共郑州市第七届委员会第六次全体（扩大）会议召开，讨论修订《中共郑州市委、郑州市政府关于国有企业改革和发展的若干实施意见》。

12月9日

△郑州市召开扶贫工作暨30强乡镇、小康村（镇）命名大会。新郑市城关镇等30个乡镇被命名为“30强乡镇”，巩义市岳岭村等110个村被命名为“小康村”。

12月27日

△郑州市政府常务会议通过《郑州市商品交易市场建设管理办法》《郑州市行政事业单位非经营性资产转经营性资产管理办法》《郑州市建筑材料管理规定》。

12月28日

△郑州火车站举行车站主楼落成仪式。主楼高9层，面积4万平方米，总候车面积仅次于北京西站。至此，历时11年的郑州车站改、扩建工程全部竣工。

12月31日

△郑州纺织机械厂承担的国家重大引进技术消化吸收项目——自动络筒机和无梭织机引进技术、清梳联合机子项技术引进与国产化项目竣工并通过验收。

是年

△郑州市建成秸秆气化集中供气工程17个，供气3500户。秸秆气化技术的推广应用，为减轻污染、改善生态环境、提高农民生活水平开辟了一条新途径。

二〇〇〇年

1月21日

△全国“双拥工作”领导小组命名郑州市为全国“双拥”模范城，这是郑州市连续三年获得该荣誉。

1月21—25日

△在全国农村改水改厕工作会议上，郑州市农村改水改厕工作分获第三和第二名，受到国家爱卫会的表扬。

2月27日

△郑州市商业银行开业。经中国人民银行批准，原郑州城市合作银行经过资本、机构重组，更名为郑州市商业银行。

3月23日

△郑州市召开机关事业单位社会保险工作会议，要求全市机关事业单位按规定参加社会保险，按时足额缴纳保险金。

3月24日

△郑州市政府常务会议通过《郑州市商代遗址保护管理规定》《郑州市房地产中介服务管理办法》等。

4月15日

△国家郑州经济技术开发区挂牌。

4月20日

△黄河科技学院晋升普通本科高校揭牌，这是全国第一所晋升本科的民办高校。

4月29日

△郑州科技馆正式开馆。

5月8日

△郑州市旧城改造项目——东西大街商业一条街建设开发、郑汴路拓宽改造、经三路北段新建工程开工。

5月10日

△郑州市政府代表团参加在美国拉费耶特市举行的第十三届世界中等城市发展网年会暨国际商贸交流大会（IBE）。

5月26日

△郑州市北郊供水工程通水。

5月27日

△郑州市人才大楼启用暨郑州市企业高级经营管理人才中心揭牌。

6月15日

△郑州市第一家社区委员会——中原区桐柏路街道送变电社区委员会揭牌。

6月18日

△郑花公路拓宽改造工程竣工通车。

7月18日

△中共郑州市委、市政府召开加快郑州城市化进程工作会议。计划到2005年，建成区面积扩大到189平方公里，人口达250万人，城市化水平提高到45%；到2010年，城市人口达到300万人，城市化水平达到55%。

7月25日

△郑州市和韩国晋州市结为友好城市。

8月28—31日

△2000年郑州全国商品交易会在中原国际博览中心和郑州交易中心开幕。

8月29日

△紫荆山路南段打通、城东路铁路立交拓宽改造、新郑路铁路立交工程开工。

9月14日

△郑州市召开城镇职工基本医疗保险制度和医药卫生体制改革工作会议，印发《郑州市城镇职工基本医疗保险暂行规定》《郑州市城镇医药卫生体制改革实施意见》等。

10月27日

△中共郑州市委、市政府召开全市加快非公有制经济发展大会。

是月

△郑州市被列为全国加强城市商业网点规划首批试点城市。

是月

△郑州市开通宽带IP业务。

11月7日

△在第四次全国人民防空会议上，郑州市被授予全国人民防空先进城市称号。

12月2日

△淮河东路打通工程竣工通车。

12月16日

△解放军信息工程大学新校区奠基仪式在郑州高新技术产业开发区举行。

12月20日

△郑州邮政“185”客户服务中心正式开通。

12月24日

△中原西路延伸工程开工。

12月28日

△郑州市污水处理厂竣工通水。该厂日处理污水40万吨，时为淮河流域规模最大的城市污水处理厂。

12月30日

△陇海铁路线郑州东—郑州—郑州西客车复线建成通车。

二〇〇一年

1月3日

△中共郑州市委宣传部、市卫生局、市红十字会组织“送医、送药、送温暖”三下乡活动小分队分赴新密、新郑、登封等地，为贫困山区和灾区群众开展义诊活动。

1月12日

△郑州市第十一届人民代表大会第三次会议通过《郑州市地方立法条例》《关于郑州市国民经济和社会发展“十五”计划（草案）的决议》。

2月24日

△郑州市召开建设管理工作会议，要求加快城市建设步伐，推进郑州城市化进程。

2月26日

△郑州市召开第三产业工作会议。

3月15日

△郑州市组织市直机关驻村工作队赴农村开展“三个代表”学教工作。

3月20日

△市环城快速路开工。

3月30日

△郑州市政府常务会议通过《郑州市行政审批制度改革实施意见》《郑州市商品交易市场建设管理条例》《郑州市教育督导条例》《关于大力发展农副产品加工业、促进乡镇企业结构调整的意见》。

4月3日

△郑州市召开优化经济环境工作会议。

4月4日

△郑州市召开行政审批制度改革工作会议，要求做好行政审批制度改革工作，为经济发展创造良好环境。

4月19日

△郑州市召开整顿和规范市场经济秩序工作会议，要求通过集中整治，使市场经济秩序明显好转。

4月23日

△郑州市召开反腐败抓源头工作会议。

4月27日

△郑州市召开依法治市工作会议。

5月14日

△郑州市首届“科技活动周”活动启动。

5月15日

△郑州市召开防汛工作会，市政府与各县（市）区签订黄河、内河及水库防汛安全工作责任书。

5月18日

△郑州市以农业经济信息服务和农业科技交流为主要内容的互联网站“商都农网”开通。

6月9日

△东风渠市区段治理工程开工。

6月19日

△郑州市人力资源市场竣工开业。

是日

△郑州市再就业培训基地开业。

6月26日

△中原西路（百花路至西环路段）拓宽改造工程竣工通车。

6月28日

△郑州市举行纪念建党80周年暨表彰大会。

是日

△郑州市召开人畜吃水献爱心捐助大会，市直各部门、各县（市）区捐助款540万元。

6月29日

△郑州市政府组织察看郑州市城市防汛和107国道市区段综合整治工作，要求抓紧做好人防设施加固、道路积水点改造等工作。

6月30日

△东西大街和郑汴路拓宽改造、经三路打通工程竣工通车。

是日

△豫01线郑州段、花园路、纬二路、迎宾路拓宽改造工程开工。

8月7日

△市政府组织察看城市居民最低生活保障工作，走访部分享受“低保”的职工家庭，强调要充分发挥社会保障体系的作用，切实解决城市困难群众生活问题。

8月8日

△郑州农业高新技术产业示范区国际玉米小麦改良中心（中国）试验示范基地揭牌。

8月16日

△郑州市组织安全生产检查，要求对消防隐患抓紧整改，确保安全。

8月25日

△花园路、纬二路拓宽改造工程竣工。

8月30日

△郑州全国商品交易会暨信息技术信息产品博览会开幕。

8月31日

△第14届世界中等城市合作发展网年会暨国际商贸交流大会在郑州开幕。

9月1日

△第七届中国郑州国际少林武术节开幕。

9月14日

△郑州市召开整顿和规范文化市场动员大会，要求做好全市文化市场整顿规范工作，促进文化市场繁荣和文化产业健康发展。

9月16日

△郑少高速公路开工建设。

是日

△嵩山南路建成通车。

9月18日

△郑州市第一批“双困”家庭廉租房入住。

10月31日

△国家高新技术产品出口基地在郑州高新技术产业开发区挂牌成立。

11月7日

△中建七局职工和家属381人领取准迁证。这是自2001年11月1日起郑州市开始推行户籍制度改革以来第一批成建制迁入的市民。

11月8日

△郑州市召开城镇职工基本医疗保险制度和医药卫生体制改革工作会议，要求认真做好改革工作，让群众切实得到好处。

11月9日

△郑州市召开基础教育工作会议。从2002年起，全市农村教师工资由县级财政统一发放，年底前全市初中及县城以上的小学开设信息技术必修课。

11月11日

△郑州市举行首届“科普活动周”活动。

11月14日

△郑州市召开郑东新区暨起步区概念规划评审会，日本黑川纪章建筑都市设计事务所等6家国内外设计单位编制的郑东新区概念规划方案，中国城市规划院等4家单位编制的起步区概念规划方案参加评审。

11月21日

△郑州市召开郑东新区规划方案国际征集情况汇报会。河南省政府要求高标准搞好郑东新区规划，加快新区建设，争取使郑东新区三年出形象，五年成规模。

11月28日

△邙山输水干渠改造工程奠基。

12月16日

△郑州市召开郑东新区总体发展概念规划评审会，国际著名建筑规划设计大师黑川纪章的方案通过评委会评审。

12月26日

△环城快速路通车。

二〇〇二年

1月18日

△紫荆山南路铁路立交通车。

1月22日

△郑州市召开优化经济发展环境工作会，要求开展“为纳税人服务”和“社会各界评议政府部门”活动，抓好深化行政审批制度改革，治理“四乱”，整顿和规范市场经济秩序等工作。

1月23日

△中共郑州市委、市政府召开落实困难企业职工低保工作会议，要求深入困难企业和职工家庭，了解群众生活，把低保政策落实到位。

2月25日

△郑州市召开郑东新区详细规划评审会，对郑东新区起步区详细规划和龙湖概念规划中期方案进行评审。

4月2日

△郑州市召开郑东新区规划展市民建议座谈会，听取市民代表对郑东新区规划的意见和建议。

4月25日

△郑州市召开老城区改造规划评议会。

6月8日

紫荆山百货大楼进入“中国商业名牌企业”行列，这是河南省零售商业惟一获此称号的企业。

6月15日

△黄河第一个“数字化”水文站——花园口水文站新站投入使用。

6月19日

△郑州市即日起正式实施新的户籍管理政策，外地公民入郑户口条件进一步放宽。

6月21日—23日

△中国郑州先进适用技术交易会举行。

6月29日

△黄河东路开工建设。

7月4日

△黄河首次调水调沙正式开始，控制花园口流量每秒2600立方米，历时10天左右。黄河调水调沙是迄今为止世界水利史上最大的一次人工实验，其范围包括从河南小浪底水库到山东黄河入海口的近千公里河段。

是日

△南大街拓宽改造工程启动。

7月9日

△泰航公司航班降落郑州新郑机场，这是郑州航空口岸正式对外开放以来，外籍飞机在河南省首次飞行。

7月29日

△郑州市老城区总体概念性城市设计通过评审。

8月9日

△熊耳河截污工程开工。

8月21日

△中共郑州市委、市政府召开进一步开展帮扶困难职工活动动员大会，要求进一步抓好帮扶工作。

8月22日

△郑州市召开小城镇建设工作会议，要求搞好小城镇建设规划，高标准建设示范镇，提高全市城镇化水平。

8月30日

△2002年郑州全国商品交易会暨海峡两岸经贸博览会开幕。

9月20日

△郑州市召开农业税灾歉减免资金落实现场会。

9月25日

△郑州市被国家科技部认定为全国制造业信息化工程重点城市。

10月10日

△郑州市困难职工帮扶基金即日起投入运作。

10月11日

△郑州人力资源网开通运行。

10月22日

△经劳动和社会保障部批准，原河南省纺织技工学校被认定为高级技工学校，这是全国第一所纺织高级技工学校。

10月26日

△解放军信息工程大学科技成果转化中心落户于郑州高新区的国家863中部软件孵化器。

10月29日

△郑州燃气股份有限公司在香港联交所上市，该公司是我国第一家在香港上市的国有控股燃气企业，也是郑州市第一家在香港创业板上市的企业。

11月8日

△中原东路拓宽改造工程动工。

11月11日

△郑州入选“国家高技能人才培训工程”重点实施城市。

11月20日

△少洛高速公路开工建设。少洛高速与连霍高速、郑少高速相连，将把郑州、少林寺、洛阳连接在一起，构成河南省黄金旅游金三角。

11月29日

△郑州市被国家建设部、经贸委命名为全国首批“节水城市”。

12月5日

△全省第一个国家级留学人员创业园——中国河南留学人员创业园在郑州经济技术开发区成立。

12月10日

△郑州市首个特大安全生产事故（险情）应急救援预案出台。

12月13日

△登封市公安局局长任长霞荣获第四届“中国十大杰出女性”称号。

12月16日

△熊耳河一期河道治理工程动工。

12月18日

△中国农业银行与郑州市人民政府全面合作暨向郑东新区综合授信100亿元签字仪式举行。

是日

△中原西路贾鲁河中原大桥竣工通车。

12月19日

△郑东新区龙湖水系——“三河一渠”河道治理工程动工。郑东新区“三河一渠”包括金水河、熊耳河、七里河和东风渠。

12月25日

△郑州东站铁路货运口岸海关监管区扩建工程竣工。

二〇〇三年

1月1日

△郑州市举行“蓝天行动”万人签名活动。

1月20日

△郑州国际会展中心工程奠基。

1月24日

△郑州市领导深入基层慰问困难群众，看望孤寡老人。

1月29日

△郑州市五一公园竣工开放。

2月18日

△郑州日产汽车有限公司生产的PALADIN（帕拉丁）新车下线。

3月10日

△郑州市旅游发展总体规划通过评审。

4月4日

△2003年中国新郑炎黄文化旅游节开幕，拜祖大典在全国侨联命名的爱国主义教育基地——新郑始祖山举行。

4月11日

△2003中国北方旅游交易会在郑州开幕。

4月15日

△河南省公共保税中心在郑州经济技术开发区开工建设。

4月18日

△中共郑州市委研究部署非典型肺炎防治工作。

4月19日

△郑州市召开省会非典防治工作动员大会。

4月21日

△郑州市召开非典防治工作督查指导动员会。

4月22日

△中共郑州市委、市政府召开电话会议，贯彻党中央、国务院以及省委、省政府关于防治非典型肺炎的最新精神，对全市防治非典型肺炎工作进行再动员、再部署。

4月29日

△郑州市召开非典疫情监测检查紧急会议，要求全市紧急行动起来，打好预防非典保卫战。

5月8日

△郑州市召开全市领导干部会议，动员广大干部群众进一步做好全市特别是农村的非典防治工作，保持目前良好局面。

5月9日

△郑州市召开防汛工作会议，要求做好防大汛、抗大洪、抢大险的准备，防患于未然。

5月16日

△郑州市召开企业改革与发展工作会议。

5月22日

△郑州市召开讲文明、讲卫生、讲科学、树新风集中整治城乡环境卫生动员大会，开展爱国卫生运动。

6月3日

△省会非典防治工作推进会议召开，要求省会非典防治工作全面、深入、有效、持久地开展下去。

6月6日

△为优化经济发展环境，及时发现解决企业发展面临的困难和问题，中共郑州市委、市政府研究决定，向郑州市重点工业企业派驻特派联络员。

7月1日

△嵩山国家地质公园开园。

7月11日

△省会防治非典总结表彰大会举行。

8月6日

△郑州市召开清理整顿违法排污企业暨水污染防治工作会议，要求树立全民环保意识，下大力气把环保工作做好。

8月30日

△第四届郑州国际超硬材料及制品研讨会暨庆祝中国人造金刚石诞生40周年大会开幕。

9月19日

△郑州市表彰获得2003年“中国名牌”称号的郑州三全公司、河南思念公司，全国质量兴市先进市巩义市受到通报表彰。

10月16日

△西气东输郑州配套工程赵家庄门站顺利置换点火，郑州市成为西气东输的首家用户和全国首家拥有双气源的城市。

10月26日—28日

△世界客属第十八届恳亲大会在郑州举行。

10月27日

△世界客属文化中心在郑东新区奠基。

10月30日

△中共郑州市委、市政府召开企业改革现场会，要求国企改革要以股份制改革为重点，通过改革搞活企业，增强竞争力。

10月31日

△国家开发银行河南省分行与高新区签订开发性金融合作协议，我国第一家专利孵化转移中心——中国河南专利孵化转移中心成立，并入驻高新区科技创业广场。

11月3日

△2003年新亚欧大陆桥区域经济合作国际研讨会在郑州举行。

11月18日

△中铝河南分公司年产70万吨氧化铝扩建项目动工。

11月25日

△淮河流域最大的城市污水处理工程——郑州市王新庄污水处理厂竣工。

12月2日

△郑州市召开农村卫生工作会议，要求全面推动新时期农村卫生事业的改革与发展。

12月10日

△郑州市召开农村教育和职业教育工作会议。

12月12日

△河南省艺术中心在郑东新区奠基。

12月17日

△郑州市召开科学技术大会。

12月28日

△郑州至少林寺高速公路通车。

是日

△郑州市开展送培训、送岗位、

送家教、送温暖对口帮扶困难职工活动。

△郑州古都学会成立。

12月30日

△郑州市残疾人康复教育中心竣工。

二〇〇四年

1月6日

△中共郑州市委印发《关于全面建设小康社会的决议》。

1月10日

△郑州市举行 “全国双拥模范城”挂牌仪式。

1月30日

△中共郑州市委印发《郑州市全面建设小康社会规划纲要》。

2月2日

△省会造林绿化动员大会召开。

2月6日

△郑州航空工业管理学院、河南教育学院、河南广播电视大学在郑东新区奠基开工，拉开龙子湖高校园区建设序幕。

2月28日

△河南省最大的煤田——新郑赵家寨煤田开工建设。

3月12日

△中共郑州市委召开农村工作会议，印发《中共郑州市委、郑州市人民政府关于促进农民增收的意见》，从政策、资金、科技、教育等方面加大对农业的投入，县（市）、区分别减、免农业税，推进农业产业化，切实增加农民收入。

4月2日

△郑州市召开劳动和社会保障工作会议。郑州市在确保完成10万人就业计划的同时，还将确保完成全市农村劳动力转移就业10万人工作目标。

4月14日

△登封市公安局长任长霞同志因公牺牲。

4月21日

△甲申年公拜始祖轩辕黄帝大典在新郑举行。

是日

△中共郑州市委、郑州市政府作出《关于向立警为公执法为民的楷模任长霞学习的决定》。

4月27日

△郑州市召开扶贫开发工作会议。

5月13日

△第27次全国中心城市经济运行工作会议在郑州召开。

5月18日

△京珠高速公路新乡至郑州段——黄河二桥主体工程完工。

5月22日

△中共中央宣传部将任长霞列入“全国精神文明建设重大典型”，中央主要新闻媒体采访团来郑州采访。

5月30日

△中日青年郑州高村乡生态绿化林揭牌，由中日双方青年代表共同参与的“共建黄河生态林”行动正式启动。

6月1日

△河南郑州出口加工区通过海关总署、发改委、财政部、国土资源部、商务部、税务总局、工商总局、质检总局、外汇局等国家九部委验收，具备正式运营条件。

是日

△经中国证监会批准的棉花期货合约在郑州商品交易所上市交易。

6月8日

△中共中央总书记、国家主席胡锦涛就学习任长霞同志先进事迹做出重要指示。中央宣传部、公安部、全国妇联在人民大会堂联合召开任长霞同志先进事迹报告会。

6月22日

△郑州市新设郑州旅游职业学院、郑州职业技术学院、郑州电子信息职业技术学院、嵩山少林武术职业学院等4所高等职业院校挂牌。

6月28日

△郑州市紧急救援中心在郑东新区奠基。

6月30日

△嵩山世界地质公园开园。

7月27日

△国务院在北京人民大会堂隆重举行追授仪式，授予常香玉同志“人民艺术家”荣誉称号。

7月28日

△郑州市召开加快旅游业发展工作会议。

8月29日

△中共中央组织部、中共中央宣传部、中央文明办、人事部联合发出表彰决定：追授任长霞同志“人民满意的公务员”荣誉称号。

9月12日

△中共郑州市委、市政府为奥运冠军孙甜甜举行庆功颁奖仪式。在第28届雅典奥运会上，郑州市运动员孙甜甜荣获女双网球冠军，实现中国网球运动历史性突破。

9月22日

△郑州市召开进一步加强和改进未成年人思想道德建设工作会议。

10月15日—17日

△第十届郑州全国商品交易会举行。

10月16日—20日

△首届世界传统武术节在郑州举行。

10月24日

△国务院南水北调工程建设委员会专家委员会对经过新郑、荥阳的南水北调中线工程总干渠线路进行实地考察。

11月2日—5日

△郑州市政府与中国古都学会联合举办郑州商都3600年学术研讨会暨中国古都学会2004年年会，会议宣布，古都郑州与西安、北京、洛阳、开封、南京、杭州、安阳七大古都一起并称为“中国八大古都”。

11月10日

△世界商业零售巨头麦德龙与澳柯玛郑州国际物流园区签约。至此，继沃尔玛、家乐福后，世界商业零售前三名的企业全部入驻郑州。

11月25日

郑州市召开人才工作会议。

11月27日

△中共郑州市委、市政府召开工业大会，出台《关于进一步加快工业会进程的决定》。

12月22日

△郑州市十二届人大常委会第七次会议通过《郑州市失业保险条例》。

12月30日

△省会郑州创建国家园林城市、国家卫生城市、国家环保模范城市、全国文明城市动员大会举行。

二〇〇五年

1月6日

△“红旗渠精神巡回展”在郑州

市博物馆开幕。

1月24日

△中共郑州市委召开保持共产党员先进性教育活动工作会议。

3月12日

△郑州市开展青少年“建设绿色家园、保护母亲河行动”

3月31日

△郑州市政府第二十五次常务会议通过《郑州市生产安全应急救援体系建设方案》《进一步深化城市社区建设争创全国社区建设示范市的意见》。

4月11日

△乙酉年公拜始祖轩辕黄帝大典在新郑举行。

4月14日

△郑州市召开优化经济发展环境工作会议，要求抓好加快经济发展的软环境。

4月21日

△郑州市召开高等教育工作会议。

5月14日

△郑州市开展维护职工社会保险合法权益活动。

6月15日

△郑州市召开非公有制经济工作会。

6月22日

△郑州市十二届人大常委会第十二次会议批准《郑州森林生态城总体规划（2003—2013）》。

6月29日

△中共郑州市委、市政府召开建设学习型城市工作会议，要求提升郑州核心竞争力，提高全体市民素质。

7月10日

△首届中国国际会展文化节暨2005中国会展年会在郑州开幕，郑州市入选2004年度中国会展业最佳会展城市。

8月12日

△郑州西南绕城高速公路和少洛高速公路建成通车。

8月19日

△郑州市召开文化产业发展和文化体制改革工作会议。

8月25日

△郑州市十二届人大常委会第十三次会议通过《郑州市城市中小学校幼儿园规划建设管理条例》。

8月26日

△由国家教育部、国家体育总局、共青团中央联合主办，郑州市人民政府承办，中国中学生体育协会协办的中华人民共和国第九届全国中学生运动会开幕。

9月8日

△2005年中国郑州先进适用技术交易会开幕。

9月15日

△郑州市启动城市医疗救助试点工作。

9月28日

△中国国际航空股份有限公司开通郑州——北京——法兰克福（CA1332／931M）和郑州——北京——洛杉矶（CA1326／983M）国际航线，郑州成为国航首批开通国际联程航线的14个国内城市之一。

10月10日

△郑州市十二届人大常委会第十四次会议通过《郑州市农产品质量安全条例》《郑州市市区烟花爆竹安全管理条例》。

10月28日

△2005中国（郑州）汽车产品展销会开幕。

11月2日

△安飞电子玻璃有限公司自主研发的我国第一枚29英寸超薄型彩色电视玻壳在郑州下线。

11月7日

△郑州市召开森林生态城市建设工作会议。

11月18日—20日

△第十一届郑州全国商品交易会暨首届郑州日用消费品博览会举行。

11月22日

△郑州歌舞剧院原创大型舞剧《风中少林》获第五届中国舞蹈荷花奖舞剧比赛金奖。

11月30日

△中国共产党郑州市第八届委员会第六次全体会议召开，全会审议通过《中共郑州市委关于制定全市国民经济和社会发展第十一个五年规划的建议》。

12月3日

△郑州市召开旅游产业发展大会。

12月6日

△中原城市群快速交通联络重点工程——郑州至开封城市通道开工。

12月10日

△郑西铁路客运专线协议书签字仪式暨郑西铁路客运专线有限责任公司第一次股东会议在郑州举行。这标志着郑西铁路客运专线建设步入全面推进阶段。

12月24日

△国家统计局发布2004年度中国城市综合实力百强城市和投资环境50优城市名单，郑州市名列“百强城市”第23位，被评定为中国投资环境50优城市。

二〇〇六年

1月6日

△白糖期货交易在郑州商品交易所上市。

1月10日

△郑州市召开郑东新区建设工作会议，要求严格按照规划搞好新区开发建设。

1月23日

△国家建设部命名郑州市为“国家园林城市”。

2月14日

△郑州市召开全民义务植树暨创建全国绿化模范城市动员大会。

2月18日

△经国家建设部批准，嵩山风景名胜区列入首批“国家自然与文化双遗产”预备名录。

3月1日

△郑州市行政审批项目从即日起可在互联网“中国·郑州”网站上办理，实行网上互联审批。

3月2日

△郑州市第十二届人民代表大会第三次会议闭幕，会议通过关于郑州市国民经济和社会发展第十一个五年规划纲要的决议。

3月3日

△中共郑州市委召开农村工作会议，就社会主义新农村建设进行全面部署。

3月17日

△首届中国中部（河南）旅游交易会在郑州开幕。

3月23日

△郑州市召开扶优扶强工程暨工业项目建设年工作会议。

3月28日

△郑州市召开创建外来流动党员“红色家园”现场会。

3月31日

△丙戌年黄帝故里拜祖大典在新郑举行。

4月3日

△中国南方航空股份有限公司开通郑州至洛杉矶、雅加达、墨尔本、巴黎、吉隆坡、胡志明市、槟城等7条国际航线。

4月11日

△第四届中国河南国际投资贸易洽谈会在郑州开幕。

6月6日

△深圳航空有限责任公司郑州分公司挂牌。

6月16日

△郑州市召开县域经济工作会议，要求全力推进县域经济实现跨越式发展。

7月4日

△郑州市召开社会主义新农村建设现场会。

7月14日

△郑州市获得“国家卫生城市”称号。

7月26日

△郑州市召开现代服务业大会。

7月28日

△21世纪中国文化产业论坛第四届年会——郑州论坛举行。

8月23日

△郑州市召开农村文化暨精神文明建设工作会议。

8月25日

△郑州市十二届人大常委会第二十三次会议通过《郑州市中小学校学生人身伤害事故预防与处理条例》《郑州市节约用水管理条例》。

8月28日

△首届豫商大会在郑州开幕。

9月6日

△郑州市知名品牌三全、宇通、红旗渠、黄金叶被评为中国驰名商标。

9月9日

△郑州市召开贫困村新农村建设现场会。

是日

△国家863计划郑州创新基地筹建工作启动，这是863计划在全国筹备建设的第一个创新基地。

9月18日

△郑州市首批书记市长信箱投入使用。

10月16日—19日

△第二届世界传统武术节在郑州举行。

是日

△第六届中国粮油精品展示交易会在郑州开幕。

10月20日

△郑州海关、河南出入境检验检疫局、郑州市人民政府签署《扩大外贸出口、加快郑州国际物流港建设战略合作框架协议》。

10月22日

△2006年秋季全国种子产品交易会在郑州开幕。

11月3日

△国家粮食交易中心落户郑州粮食批发市场，郑州国家粮食交易中心以小麦交易为主。

11月16日

△郑州市、开封市举行首次“郑汴一体化发展联席会议”。

11月17日

△第十二届郑州全国商品交易会暨日用品消费品博览会举行。

11月19日

△郑开大道开通。

12月13日

△郑州市召开新农村建设现场会。

12月18日

△全球第一只PTA（精对苯二甲酸）期货合约在郑州商品交易所上市交易。

12月21日

△郑州国家干线公路物流港一期工程开工。郑州国家干线公路物流港位于郑东新区商都路与京珠高速公路交会处，是郑州市高速公路网络核心，并将与郑州铁路集装箱货运中心一起成为郑州公铁联运中心。

12月29日

△郑州日产汽车有限公司第1万辆东风锐骐多功能商用车下线。

二〇〇七年

1月16日

△郑州市开展“帮扶送温暖、和谐迎新春”帮扶困难职工专项行动。

2月1日

△郑州市政府实施《郑州市城镇居民基本医疗保险办法（试行）》《郑州市城镇居民补充医疗保险办法（试行）》。

2月8日

△郑州市召开建设大会，要求把郑州建成“天蓝、地绿、水清、气爽、路畅、景美”的宜居城市。

2月26日

△中共郑州市第九届委员会第二次全体会议召开，会议通过《中共郑州市委关于加快推进和谐郑州建设的实施意见》。

3月14日

△郑州市召开矿产资源整合工作现场会，要求全市矿产资源实现优化配置、集约开发、规范有序、有偿使用、生态优美的整治目标。

3月15日

△2007年郑州首个廉租住房项目开建。

3月20日

△郑州市和开封市签订两地“邮政一体化”合作协议，两地交寄的EMS特快专递、速递礼仪服务等可实现上午交寄下午送达。

3月21日

△郑州市召开“讲正气、树新风”主题教育活动暨优化经济发展环境工作动员大会，要求加强干部作风建设，优化经济发展环境，为实现全市经济社会跨越式发展提供有力保障。

3月23日

△郑州市召开扶贫开发暨农业综合开发工作会议。

3月26日

△郑州市政府常务会议通过《郑州市人民政府关于进一步加强节能工作的实施意见》《郑州市人民政府关于加强污染物减排工作的实施意见》。

4月13日

△郑州市召开新农村建设工作会议，要求用科学发展观统领新农村建设，把产业发展摆在首要位置，扎实工作，稳步推进新农村建设。

4月18日

△郑州·中华炎黄二帝巨型塑像落成庆典在黄河风景名胜区举行。

4月19日

△丁亥年黄帝故里拜祖大典在新郑举行。

4月26日

△第二届中国中部投资贸易博览会在郑州开幕。

5月1日

△中共中央总书记、国家主席、中央军委主席胡锦涛视察郑州，到郑州市公安局指挥中心110报警服务台，走进电话接警中心，看望节日期间坚守岗位的公安民警。在郑州煤矿机械集团有限责任公司，胡锦涛与正在辛勤工作的职工亲切交谈，详细了解企业生产经营和职工工作生活情况。在郑州市鑫苑社区，胡锦涛到社区卫生服务站、便民超市、党员活动室等，了解社区服务和党建工作情况，并到鑫苑名家社区亲切看望居民群众。胡锦涛还登上黄河花园口将军坝大堤，考察了黄河河南段、郑州段水利工程建设情况。

5月9日

△郑州市政府常务会议通过《郑州市人民政府关于加强城市社区和农村安全工作的指导意见》。

5月16日

△郑州黄河国家地质公园地质博物馆开工奠基。

5月23日

△郑州市召开加强土地调控、严格国土资源管理工作会议，要求认真贯彻落实国家土地调控政策，保障经济社会实现跨越式发展。

6月8日

△菜籽油期货合约在郑州商品交易所挂盘交易。

6月17日

△郑州大方桥梁机械有限公司研制成功我国首台冶金系统重载运输车，把我国同类技术装备水平推到世界先进行列。

6月21日

△郑州市召开国有企业党建工作会议，要求加强企业党建工作，做大做强国有企业，实现国企改革发展新突破。

6月26日

△郑州市召开新农村建设现场会，要求坚持科学发展、典型引路，努力开创新农村建设的新局面。

6月30日

△东风渠引黄供水补源灌溉工程动工。

7月6日

△国家专利技术（河南）展示交易中心在郑州高新区揭牌。

8月25日

△“郑州——开封‘区域协调发展和配套改革试验区’高峰论坛”在郑州举行。

8月30日

△郑州市十二届人大常委会第三十次会议通过《郑州市嵩山历史建筑群保护管理条例》《郑州市生态林管理条例》。

9月10日

△郑州市创建国家环保模范城市重点工程马头岗污水处理厂通水试运行。

9月22日

△郑州市开展首个“无车日”活动，宣传公交优先，倡导绿色出行。

10月26日

△郑州综合交通枢纽配套工程建设启动。

10月31日

△中共郑州市第九届委员会第五次全体会议召开，通过《中共郑州市委关于深入学习宣传贯彻党的十七大精神推进经济社会跨越式发展的决定》。

是日

△2007郑州中德经济技术合作暨项目洽谈会在郑州经济开发区举行。

11月1日

△郑州市十二届人大常委会第三十一次会议通过《郑州市物业管理条例》《郑州市市区中小学布局规划》。

11月2日

△第十三届郑州全国商品交易会暨消费品博览会开幕。

11月16日—18日

△首届中国（郑州）印刷包装产品博览会举行。

11月22日

△郑州市召开加快产业园区建设工作会议。

11月29日

△2007中部崛起新经济高峰论坛在郑州举行。

12月9日

△郑州获得“全国绿化模范城市”称号，登封获得“全国绿化模范县”称号。

12月14日

△郑州市十二届人大常委会第三十二次会议通过《郑州市城市综合交通近期建设规划》《郑州市生态水系规划》。

12月17日

△郑州市高新区荣获第二批“国家科技兴贸创新基地”称号。

12月21日

△郑州至石人山高速公路通车。

12月25日

△郑州东500千伏输变电工程开工。

12月29日

△郑州新郑国际机场改扩建工程竣工并投入使用。

是日

△商城遗址公园项目一期工程开工。

二○○八年

1月1日

△省会郑州2008年“体彩杯”全民健身与奥运同行迎新春迎奥运元旦万人长跑活动举行。

1月4日

△郑州市再次荣获全国双拥模范城称号，实现争创全国双拥模范城“五连冠”。

1月11日

郑州市开展以“扶贫济困解难事，温暖和谐进万家”为主题的“双节”送温暖活动。

1月25日

△郑州市首个“留守流动儿童之家”在中原区秦岭路小学揭牌。

1月31日

△郑州市召开城中村和旧城改造工作会议，提出在3年内完成全市建成区城中村和旧城改造工作。

2月2日

△郑州市召开郑东新区“五年成规模”总结表彰暨“十年建新区”动员大会，要求郑东新区要立足新起点、找准新定位、明确新目标、实现新跨越，做跨越发展的先行者。

2月18日

△中共郑州市委召开九届七次全会，审议通过《郑州全面建设小康社会规划纲要》（修订稿）。

2月22日

△中共郑州市委常委会专题研究节能减排工作，通过《中共郑州市委、郑州市人民政府关于实行节能减排目标问责制和“一票否决”制的规定》。

2月23日

△郑州市召开卫生工作会议，启动实施“片医”负责制试点工作，5年内实现中心城区居民拥有自己的社区保健医生。

2月27日

△全省中职教育规模最大、培养学生规格最高的技工院校——郑州商业技师学院竣工揭牌。

3月1日

△《郑州市城市总体规划（2007—2020年）纲要》通过建设部、建设厅联合审查。

3月6日

△中共郑州市委召开农村工作会议，要求加强农业基础设施建设和社会主义新农村建设，促进农民持续增收，开创农业农村工作新局面。

3月30日

△2008年中国郑开国际马拉松赛开幕。

4月3日

△郑州市被授予“全国绿化模范城市”称号。

4月8日

△以“共建中华精神家园、祈福北京奥运盛会”为主题的戊子年黄帝故里拜祖大典在新郑举行。

4月9日

△首届中国郑州炎黄文化周开幕。

4月10日

△2008中国（郑州）世界旅游城市市长论坛开幕。

4月11日

△2008中国国内旅游交易会在郑州开幕。

4月26日

△第十八届全国图书交易博览会在郑州开幕。

5月23日

△郑州市抗震救灾慰问队携带急需物资前往四川地震灾区慰问。

5月25日

△来自四川灾区的111名伤员安全入住郑州市定点医院。

5月28日

△新建郑州市儿童福利院开园。

6月3日

△2008郑州水污染治理论坛开幕。

6月12日

△2008中国（郑州）纺织品服装博览会开幕。

6月15日

△郑州市召开县域经济工作会议。

6月26日

△郑州市十二届人大常委会第三十七次会议通过《郑州市开发区条例》《郑州市企业职工基本养老保险条例》。

7月2日

△国家发改委核准海马投资集团股份有限公司河南15万辆轿车项目，批准该公司在郑州独资设立海马（郑州）汽车有限公司，开发具有自主知识产权的轿车和发动机，海马轿车项目正式落地郑州。

7月4日

△国家开发银行河南省分行与郑州中小企业担保有限公司签署《支持县域经济及中小企业发展贷款合作协议》。

7月9日

△郑州市对口援建考察团抵达四川省江油市，考察灾后恢复重建工作。

7月17日

△郑州市政府常务会议通过《郑州市人民政府关于贯彻落实〈城乡规划法〉加强郑州城乡规划工作有关问题的决定》《郑州市人民政府关于保障食品药品安全实施方案》。

7月29日

△深圳航空公司参股的鲲鹏航空公司主运营基地和总部将迁至郑州。

7月31日

△郑州市启动城乡居民养老保险工作。

是日

△中州大道农业路立交桥通车。

8月5日

△郑州市政府常务会议通过《郑州市廉租住房保障办法》。

8月22日

△郑州市十二届人大常委会第三十九次会议通过《郑州市城市总体规划（2008—2020年）》《郑州市城市公共交通条例》。

8月26日

△第五届中国河南国际投资贸易洽谈会开幕式在郑州举行。

9月10日

△正在河南考察工作的中共中央总书记、国家主席、中央军委主席胡锦涛，教师节专程到郑州市盲聋哑学校看望师生。

9月26日

△第十届亚洲艺术节在郑州开幕。

9月29日

△郑州日产第二工厂在郑州经济技术开发区奠基。

10月8日

△首家进入河南省的外资银行——汇丰银行（中国）有限公司郑州分行开业。

10月10日

△郑州市召开深入学习实践科学发展观活动动员大会。

10月13日

△2008第二届中国·郑州农业博览会开幕。

10月15日

△石家庄至武汉铁路客运专线在郑州开工。

10月20日

△郑州数字化城市管理系统投入综合试运行。

10月26日

△2008年全国农机产品订货交易会暨第十二届中国国际农业机械展览会在郑州开幕。

10月31日

△第十四届郑州全国商品交易会暨消费品博览会开幕。

11月16日

△郑州市疾病预防控制中心迁建工程和省传染病医院（市第六人民医院）呼吸道病房楼工程开工。

11月30日

△郑州市数字化城市管理试点建设通过住房和城乡建设部验收，正式成

为“全国数字化城市管理试点城市”。

12月3日

△郑州市召开南水北调丹江口库区移民安置动员大会，要求坚持以人为本、顾全大局原则，扎实做好移民安置工作。

12月5日

△第二届全球外包大会在郑州开幕。

12月19日

△郑州市政府常务会议通过《调整我市城镇职工基本医疗保险参保人员医疗保险待遇的办法》《市属国有破产企业（困难企业）退休人员大病统筹医疗保险转为城镇职工基本医疗保险实施办法》。

12月27日

△京广路——沙口路快速通道工程开工建设。

是日

△新郑州汽车客运南站开工建设。

12月30日

△郑州市政府常务会议通过《郑州市城区经济社会发展评价指标体系》《郑州市民生福利指标体系》。

二〇〇九年

1月9日

△国电荥阳煤电一体化有限公司2×600万MW（2×60万千瓦）机组工程项目奠基。

2月8日

△郑州——台北直航航线开通。

2月12日

△《郑州市城市快速轨道交通近期建设规划（2008—2015）》获国家发改委批准，郑州市成为全国第19个获准建设地铁的城市。

2月20日

△中共郑州市委九届十四次全体扩大会议通过《郑州现代化国际化信息化和生态型创新型城市建设纲要（2009—2020）》。

3月20日

△河南郑州出口加工区拓展保税物流功能启动。

3月25日

△郑州市召开优化经济发展环境工作会议，要求全面优化发展环境，努力打造中西部乃至全国“创业最宽松、社会最文明、人居最安全和低交易成本、低生产成本、低行政成本、低社会成本”的地区。

3月29日

△以“同根同祖同源，和平和睦和谐”为主题的己丑年黄帝故里拜祖大典在新郑市举行。

3月30日

△第二届中国郑州炎黄文化周开幕。

4月12日

△郑州马寨至巩义米河（马米线）改建工程开工。

4月20日

△早籼稻期货合约在郑商所上市交易。

5月28日

△郑州市快速公交首期线网通车。

6月2日

△郑州市召开职业教育攻坚动员大会，要求全面推动全市职业教育加快发展，到2012年基本建立满足人民群众终身学习需要的现代职业教育体系。

6月6日

△郑州轨道交通1号线一期工程开工。

6月8日

△郑汴新区空间发展战略规划方案通过评审。

6月12日

△河南首个数字化变电站——“1811”电网发展提速工程暨郑州110千伏河芦输变电工程开工建设。

6月17日

△郑州市举行自主创新暨科学技术特别贡献奖表彰大会。

6月25日

△郑州市十三届人大常委会第三次会议通过《郑州市专利促进和保护条例》。

6月29日

△新建京广铁路客运专线郑州东站工程启动。

是日

△世界上首条修建在大面积湿陷性黄土地区的高速铁路——郑西铁路客运专线全线接轨铺通。

7月18日

△中共郑州新区工作委员会、郑州新区管理委员会揭牌。郑州新区主要包括郑东新区、郑州经济技术开发区、郑州国际航空港区、中牟产业集聚区、郑州国际物流园区以及沿黄生态文化旅游产业带对应区域和现代农业示范区等。

7月20日

△中共郑州市委、市政府召开全市旅游产业发展大会，部署实施“旅游强市”战略，推动郑州旅游业实现跨越式发展。

7月24日

△郑州市政府常务会议通过《郑州市人民政府关于进一步加快纺织服装产业发展的意见》《郑州市人民政府关于加快食品工业发展的意见》《关于进一步推进产业集聚区科学发展的实施意见》。

7月28日

△南水北调中线工程郑州段开工建设。

8月7日

△郑州新区开发建设动员大会召开，要求把郑州新区打造成全省经济社会发展的核心增长极。

8月8日

△第一届全国老年人体育健身大会开幕式在郑州举行。

8月27日

△郑州市召开南水北调干渠征地拆迁暨丹江口库区移民安置动员大会。

9月10日

△由中央宣传部、中央组织部、中央统战部、中央文献研究室等部门联合组织开展的评选“100位为新中国成立作出突出贡献的英雄模范人物和100位新中国成立以来感动中国人物”活动揭晓，郑州市任长霞、常香玉入选感动中国人物。

9月19日

△郑州市政府常务会议通过《郑州市人民政府关于促进中小企业发展的意见》。

9月26日

△河南省国家大学科技园东区项目在郑州高新区奠基。

9月29日

△中国船舶重工集团第七一三所高科技产业园区在郑州高新区奠基。

10月11日

△2009年秋季全国糖酒商品交易会在郑州开幕。

10月15日

△郑州市政府常务会议通过《郑州市汽车产业发展规划》《郑州市纺织服装产业发展规划》《"数字郑州"一期建设方案》《郑州市实物配租廉租住房管理办法》。

10月30日

△第十五届郑州全国商品交易会暨消费品博览会开幕。

12月7日

△郑州市政府常务会议通过《郑州市农田灌溉机井升级改造工程规划》《郑州市农村饮水安全村村通自来水工程总体规划》。

12月18日

△国家海外高层次人才创新创业基地在郑州高新区挂牌。

是日

△郑许城际公交开通。

12月22日

△山西中南部铁路通道和合肥至福州、杭州至长沙铁路客运专线建设动员大会在郑州举行。

12月29日

△中原城市群城际铁路建设启动，郑州至焦作、郑州至开封、郑州至新郑机场等3条城际铁路开工建设。

二〇一〇年

1月4日

△郑州市第四次荣获"全国科技进步先进市"称号。

1月12日

△郑州经济技术开发区管委会、郑州航空港区管委会、郑州出口加工区管委会正式交由郑州新区管委会统一管理。

1月14日

△《郑州新区环境保护规划》通过评审。

1月21日

△郑州新区城镇体系规划方案通过评审。

1月26日

△郑州黄河风景名胜区获得"国家级风景名胜区"称号。

2月6日

△郑州至西安高速铁路正式投入运营。

2月9日

△郑州市首家慈善医院在市第二人民医院挂牌。

2月21日

△郑州市被国家知识产权局批准为国家知识产权工作示范城市。

3月1日

△中铁隧道装备制造有限公司盾构研发制造基地在郑州经济技术开发区开工奠基。

3月19日

△郑州与北京、上海、广州、深圳等全国邮政航空通航城市建立邮政速递进出口邮件直达业务。

3月28日

△郑开国际马拉松赛举行。

3月29日

△嵩山南路与南四环立交新建工程开工。

4月16日

△庚寅年黄帝故里拜祖大典在新郑市举行。

4月24日

△郑州市政府与中国中铁股份有限公司签订战略合作框架协议，中国中铁在郑州建立盾构研发和总装基地，国家盾构实验室将落户郑州。

4月29日

郑州生态水系通水。

4月30日

△郑州综合交通枢纽公路客运站工程开工建设。

5月16日

△郑州师范学院挂牌成立。

5月23日

△郑州中华之源与嵩山文明研究会成立暨郑州嵩山文明研究院揭牌。

5月29日

△郑州市西绕城公路改建工程全线通车。

是日

△科学大道与西三环互通式立交工程竣工通车。

6月2日

△郑州市被列为国家节能与新能源汽车示范推广试点城市。

6月11日

△2010中国（郑州）世界旅游城市市长论坛开幕。

7月16日

△郑州市政府常务会议通过《郑州市关于打好节能减排攻坚战，确保实施"十一五"节能减排目标的意见》。

7月23日

△郑州市政府常务会议通过《关于提高我市城乡低保和医疗救助标准的方案》《郑州市公共租赁住房管理暂行办法》。

8月1日

△在第34届世界遗产大会上，中国登封"天地之中"历史建筑群经联合国教科文组织世界遗产委员会批准，正式列入《世界遗产名录》。这次申遗的内容共有8处11项，即：观星台、太室阙和中岳庙、启母阙、少室阙、会善寺、嵩阳书院、嵩岳寺塔、少林寺建筑群（常住院、塔林、初祖庵）等。

8月2日

△富士康科技集团郑州出口加工区IT零部件生产项目投产。

8月16日

△郑州旭飞光电科技有限公司液晶玻璃基板项目一期投产，二期开工建设。

8月26日

△第六届中国河南国际投资贸易洽谈会在郑州举行。

8月30日

△郑开大道与京港澳高速互通式立交、花园路与连霍高速互通式立交开工建设。

是日

△郑州市政府常务会议通过《关于加快推进郑州国际物流中心建设的意见》《关于推进农村土地综合整治促进城乡统筹协调发展的若干意见》。

9月3日

△省会各界代表纪念抗日战争胜利65周年暨向革命先烈纪念碑敬献花篮仪式在郑州烈士陵园举行。

9月16日

△富士康郑州科技园项目奠基。

9月17日

△2010城市发展（郑州）论坛开幕。

9月18日

△郑州—莫斯科—法兰克福国际货运航线开通，这是河南省首条欧洲定期货运航线。

9月26日

△第二届中国绿化博览会在郑州开幕。

9月29日

郑新黄河大桥公路桥通车。

10月22日—26日

△第八届中国郑州国际少林武术节举行。

10月24日

△国务院正式批准设立郑州新郑综合保税区。

10月29日

△郑州市政府常务会议通过《关于进一步加强保障性住房建设管理的意见》。

11月5日

△第十六届郑州全国商品交易会暨消费品博览会开幕。

12月2日

△郑州市召开人才暨教育工作会议，要求打造区域性人才集聚高地，为持续推进经济社会跨越式发展提供人才保障和智力支持。

12月8日

△河南保税物流中心揭牌。

12月14日

△G107线郑州段改建工程北段通车。G107线郑州段改建工程孟庄至龙湖连接线和中州大道与郑新快速通道立交工程同时开工建设。

12月18日

△郑州市政府与国家投资开发公司、上海交通大学共同组建的国投交大郑州清洁能源技术研发中心签约揭牌。

12月27日

△郑州客运北站开工建设。

12月28日

△郑州市轨道交通2号线一期工程开工建设。

12月30日

△郑汴路与G107新线互通式立交、金水东路与G107新线分离式立交和东南四环连接线新建工程同时开工建设，建成后将全线贯通G107线郑州段，形成航空港、公路港、铁路港和信息港的四港联动。

二〇一一年

1月1日

△“2011中华文化游”在郑州启动。

1月11日

△郑州市全面启动扬尘排污量核定及排污费征收工作。

1月21日

△郑州市召开工业和信息化工作会议，要求做好产业结构调整、扩大开放及招商引资、产业集聚区建设和技术创新工作，实现工业经济转型升级、提速提质提效。

1月25日

△郑州市被确定为全国人口和计划生育综合改革示范市。

2月11—15日

△郑州市第十三届人民代表大会第三次会议召开，通过《关于郑州市国民经济和社会发展第十二个五年规划纲要的决议》。

3月27日

△郑州新郑国际机场直飞新加坡首航。

是日

△2011年中国郑开国际马拉松赛举行。

4月5日

△辛卯年黄帝故里拜祖大典在新郑市举行。

4月6日

△首届中原经济区论坛在郑州举行。

4月25日

△中原报业传媒集团揭牌成立。

5月11日

△河南保税物流中心开关运行，经开区海关EDI（电子数据交换）综合楼奠基。

5月24日

△工信部批复郑州市为第二批“国家级信息化和工业化融合试验区”。

5月26日

△郑州国际邮件互换局成立并正式运行。

6月26日

△郑州市举行纪念中国共产党成立90周年暨“七一”表彰大会。

6月28日

△河南（郑州）新加坡国际物流产业园揭牌成立。

7月16日

△《郑州黄河湿地自然保护区详细规划》通过评审。

7月23日

△第七届中国国际会展文化节在郑州开幕。

7月30日

△扬子江快运航空有限公司“上海—郑州—卢森堡—布拉格—上海”货运航线成功首航，这是郑州第一条直达欧洲的国际货运定期航线。

8月3日

△郑州新郑综合保税区揭牌。

8月19日

△郑州市召开富士康项目推进暨航空枢纽建设工作会议。

8月22日

△国家文物局发布《国家文物博物馆事业发展“十二五”规划》，郑州市被确立为国家重点支持的六大遗址片区之一。

8月29日—9月1日

△中国共产党郑州市第十次代表大会召开，大会通过《关于〈中原经济区郑州都市区建设纲要（2011—2020年）〉的决议》。

9月9日

△107国道新郑境改建工程开工建设。

9月16日—18日

△第十七届郑州全国商品交易会暨日用消费品博览会举行。

10月8日

△中共郑州市委、市政府学习贯彻落实《国务院关于支持河南省加快建设中原经济区的指导意见》。

10月12日

△2011年中国糖酒食品博览会暨国际糖酒商品交易会在郑州开幕。

10月19日

△河南（郑州）新加坡国际物流产业园奠基。

是日

△中原经济区区域旅游合作交流会议、沿黄九省区黄河之旅旅游联盟第一次会议在郑州举行。

10月28日

△郑州市十三届人大常委会第二十三次会议通过《关于加快中原经济区郑州都市区建设的决定》。

11月4日

△郑州新郑综合保税区封关运行。

11月15日

△郑州市召开新型城镇化重点工作推进会，安排部署城中村改造、旧城改造、合村并城、新型农村社区、产业集聚区建设等工作。

11月26日

△2011年中国（河南）—韩国合作交流洽谈会在郑州举行。

11月30日

△107辅道道路及下穿隧道工程竣工。

12月3日

△连霍高速公路郑州至洛阳段改扩建工程新建路段通车。

12月9日

△郑州市国家级信息化和工业化融合试验区授牌。

12月10日

△郑州市中原西路与西南绕城高速公路互通式立交等10个重点项目开工建设。

12月17日

△郑州市三环快速化暨三环高架工程、郑州滨黄河森林公园示范园等5个重点项目开工建设。

12月20日

△郑州市被中央文明委授予“全国文明城市”称号。

12月24日

△郑州歌舞剧院大型原创舞剧《水月洛神》获得第八届“荷花奖”舞剧·舞蹈诗比赛金奖。

12月26日

△郑州机场年旅客吞吐量突破千万人次，跨入全国“千万级”大型机场行列。

12月29日

△郑开大道与京港澳高速公路互通式立交建成通车。

12月30日

△郑州市党政机关和职能部门互动网络平台“心通桥”微博发布厅上线。

二〇一二年

1月17日

△郑州市社区帮扶慈善救助项目启动。

1月18日

△郑汴公交一卡通开通。

2月9日

△青岛港与河南保税物流中心共建郑州“无水港”开通揭牌。

2月16日

△郑州市召开新型城镇化建设推进大会，要求全面加快郑州都市区建设，在中原经济区建设中挑大梁、走前头。

2月25日

△郑州市召开转变领导方式创新党务工作会议，中共郑州市委、市政府印发《关于建立“坚持依靠群众、推进工作落实”长效机制的意见》。

2月27日

△郑州市荣膺全国双拥模范城“六连冠”。

3月13日

△中共郑州市委、市政府召开郑州都市区五年建设规划及城建工作会议。

3月17日

△郑州市被国家测绘地理信息局授予“全国数字城市建设示范市”称号。

3月22日

△郑东新区龙子湖科研创意集聚区建设启动。

3月23日

△第七届中国河南国际投资贸易洽谈会开幕式暨合作项目签约仪式在郑州举行。

是日

△郑州市被确定为“国家创新型试点城市”。

3月24日

△壬辰年黄帝故里拜祖大典在新郑市举行。

3月25日

△以“华夏历史文明传承创新”为主题的第二届中原经济区论坛在郑州举行。

3月26日

△郑州市政府印发《关于新型农村社区建设工作的指导意见》。

4月5日

△郑州大学附属郑州中心医院揭牌。

4月13日

△郑州老奶奶庙旧石器时代遗址入选“2011年度全国十大考古新发现”。

4月26日

△郑州市十三届人大常委会第二十八次会议通过《郑州市城市园林绿化条例》。

是日

△中铁隧道集团有限公司“盾构及掘进技术国家重点实验室”在郑州高新区揭牌。

4月27日

△国家知识产权局公布郑州市为首批国家知识产权示范城市之一。

4月28日

△京广快速路竣工通车。

5月7日

△郑州市政府公布《郑州市环境保护“十二五”规划》。

5月10日

△国家质检中心郑州综合检测基地在郑东新区奠基。

5月13日

△哈密南—郑州±800千伏特高压直流输电工程开工。

5月22日

△郑州市三环快速化建设重要节点工程——北三环东延工程开工建设。

是日

△南三环东段新建工程通车。

5月26日

△中原路西延快速通道、陇海路西延快速通道开工。

6月2日

△河南省与中国联通战略合作重点项目、“智慧中原”核心基础设施——中原数据基地在郑州高新区开工奠基。

6月9日

△国家监测预警体系建设试点单位、登封“天地之中”历史建筑群世界文化遗产监测中心揭牌。

是日

△郑州商代都城遗址博物院、郑州市文物考古研究院建设项目开工，拉开郑州商城国家考古遗址公园全面建设序幕。

6月28日

△郑州市召开妇女儿童工作会议，颁发《郑州市妇女发展规划（2011—2020年）》《郑州市儿童发展规划（2011—2020年）》。

7月1日

△郑州—浦东—大阪航线开通。

7月7日

△西流湖城市生态公园（南区）开工建设。

7月19日

△2012中国（郑州）国际航空物流对接会开幕。

8月7日

△国家发展改革委组织召开中原经济区规划编制工作启动会在郑州举行，中原经济区建设进入关键阶段。

9月1日

△河南·郑州首届黄河湿地文化节在郑州黄河国家湿地公园举行。

9月12日

△国家电子商务示范城市郑州市跨境贸易电子商务服务（E贸易）试点项目启动。

是日

△科学大道西延工程高新区段全线通车。

9月21日

△“天地之中（嵩山）——华夏文明与世界文明论坛”在登封开幕。

9月24日

△郑州歌舞剧院大型舞剧《水月洛神》获中宣部第十二届精神文明建设“五个一工程”优秀作品奖。

9月27日

△2012中国（郑州）世界旅游城市市长论坛开幕。

9月28日

△京广高铁郑州至武汉段通车运营、综合交通枢纽——郑州东站建成启用。

10月8日

△美国联合包裹公司（UPS）郑州—美国阿拉斯加安克雷奇市货运新航线开通。

10月12日

△《郑州通用航空实验区产业发展战略规划》通过评审。

是日

△第十八届郑州全国商品交易会暨日用消费品博览会开幕。

10月17日

△郑州市政府印发《郑州市新型城镇化建设三年行动计划》。

10月21日—24日

△第九届中国郑州国际少林武术节举行。

10月27日

△郑汴物流快速通道通车。

是日

△郑州市科学大道与西南绕城高速互通式立交、陇海西路与西南绕城高速互通式立交、大学南路与西南绕城高速互通式立交、郑新快速通道与西南绕城高速互通式立交、G107辅道南延线与西南绕城高速互通式立交等项目开工建设。

10月30日

△郑州市入选全国“公交都市”建设示范工程第一批创建城市。

11月9日

△郑登、陇海西路西延和科学大道西延快速通道开工建设。

11月16日

△首届中国农业投资大会在郑州举行。

是日

△第四届中国·郑州农业博览会开幕。

11月17日

△河南省首家区域医疗联合体——郑州大学附属郑州中心医院（郑州市中心医院）区域医疗联合体成立。该院与医院近域内一级、二级医院、乡镇卫生院、社区卫生服务中心等44家医疗机构签约组成跨行政隶属关系的区域医疗联合体。

2012年11月党的十八大—2021年7月1日建党百年纪念大会

二〇一二年

11月18日

△中共郑州市委召开市委常委（扩大）会议，传达学习党的十八大会议精神，要求把学习宣传贯彻落实党的十八大精神作为当前首要的政治任务。

11月20日

△中共郑州市委印发《关于认真学习宣传贯彻党的十八大精神的通知》。

11月21日

△郑州市召开学习宣传贯彻党的十八大精神大会，传达贯彻党的十八大精神，动员全市迅速兴起学习贯彻热潮，切实用党的十八大精神统一思想、凝聚力量、坚定信心、指导工作。

11月23日

△郑州市南水北调配套工程开工建设。

是日

△经教育部批准，郑州大学正式入选“中西部高校提升综合实力”学校，跨上“一省一校”、国家建设“有特色、高水平”大学的新平台。

11月27日

△郑州市航空港区公交综合停车场、龙子湖高校园区综合停车场、高铁新客站公交综合枢纽站、航空港区客运长途汽车站和航空港区出租汽车服务区等5个交通场站开工建设。

12月12日

△郑州黄河生态旅游风景区荣获国家水利风景区称号揭牌。

12月14日

△河南省发改委、郑州市政府、开封市政府 “进一步加快推进郑汴一体化发展的框架协议”签字仪式在郑州举行。

12月17日

△中共郑州市常委会传达学习习近平总书记重要讲话精神和中央政治局关于改进工作作风、密切联系群众的八项规定及实施细则，研究贯彻落实措施。

12月18日

△河南全国性快递集散交换中心项目签约暨电子商务·快递物流园启动仪式在郑州举行。

12月19日

△河南投资集团有限公司、国家开发银行、郑州新郑综合保税区（郑州航空港区）战略合作签约仪式和郑州航空港经济综合实验区市政道路项目开工

仪式举行。

是日

△郑州铁路集装箱中心站铁路一类口岸工程在经开区开工奠基。

△海关总署在郑州召开国家跨境贸易电子商务服务试点工作启动部署会，为郑州、上海、重庆、杭州、宁波5个国家跨境贸易电子商务服务试点承建单位授牌。

△郑州新郑国际机场二期工程开工建设。

12月26日

△郑州至徐州铁路客运专线开工。

是日

△京广高铁北京至郑州段开通运营。

二〇一三年

1月8日

△港龙航空郑州至香港返往航班开通。

1月9日

△郑州市社会公共管理信息平台上线运行。

1月18日

△新郑郑韩故城遗址公园开工建设。郑韩故城是1961年国务院公布的首批全国重点文物保护单位和首批国家重点扶持保护的36处大遗址之一，也是20世纪全国100项重大考古发现之一。

2月6日

△郑州市召开全市新型工业化推进大会，要求加快实施工业经济“三年倍增、五年超越”计划，抢抓机遇，加快推进新型工业化进程。

是日

△郑州市政府常务会议通过《郑州市易地扶贫搬迁三年行动计划》《郑州市农田水利现代化示范乡镇建设规划》《郑州市创建国家生态园林城市工作方案》。

2月17日

△郑州绿博园被批准为国家4A级旅游景区。

2月23日

△郑州市召开都市区新型城镇化建设推进大会。

2月28日

△中共郑州市委、市政府召开组团新区产业集聚区建设工作会议，要求进一步加快各类开发区建设和发展，为郑州都市区建设提供更加有力的战略支撑。

3月7日

△国务院正式批复《郑州航空港经济综合实验区发展规划（2013—2025年）》，要求努力把实验区建设成为全国航空港经济发展先行区，为中原经济区乃至中西部地区开放发展提供强有力支撑。这是国务院批准的首个以航空港经济为主题的实验区。

4月9日

△郑焦城际铁路黄河特大桥合龙贯通。

4月10日

△2013中国郑州科技成果交易暨高科技人才交流会开幕。

4月12日

△癸巳年黄帝故里拜祖大典在新郑举行。

是日

△郑州海关与厦门海关在新郑国际机场正式签署《关于郑州—厦门—雅加达国际航线合作监管协议》。随后，“郑州—厦门—雅加达”航线将正式开通运行。

4月18日

△郑州市召开大气污染综合治理动员会，部署燃煤污染治理、黄标车淘汰限行、控制扬尘污染等工作。

4月26日

△中国沿黄区域名优商品博览会暨第十一届中国郑州糖酒食品交易会开幕。

5月8日

△郑州市国家级信息化和工业化融合试验区通过工信部验收。

5月18日

△第八届中国中部投资贸易博览会在郑州开幕。

6月6日

△郑州路港国际综合物流园区项目签约。

6月16日

△郑州市政府印发《关于进一步巩固完善县级公立医院综合改革的实施意见》。

6月19日

△中共郑州市委召开会议，传达学习贯彻落实中央党的群众路线教育实践活动工作会议精神，要求深刻认识开展教育实践活动重大意义，把握关键，抓好落实，确保活动取得实效。

7月5日

△中共郑州市委召开全市领导干部会议，传达学习全省党的群众路线教育实践活动工作会议精神，以“学习精神、促作风转变、促科学发展、促民生改善”为核心组织好教育实践活动。

7月10日

△郑州航空港经济综合实验区开发建设动员大会召开。中共河南省委、省政府向航空港实验区党工委、管委会正式授牌。

7月12日

△郑州市召开深化行政审批制度改革动员会，全面启动新一轮行政审批制度改革，着力打造有利于招商引资、开放合作、创新发展和便民利民的政务环境。

7月18日

△郑州至欧洲的铁路国际货运班列正式开通。

8月14日

△郑州市召开招商引资工作会议，要求以航空港经济综合实验区为统揽，以新型城镇化为引领，积极主动地抓好招商引资工作和产业集群培育工作，做大做强郑州都市区的产业支撑。

8月23日

△中国证监会批准郑州商品交易所开展动力煤期货交易。

8月30日

△郑州市十三届人大常委会第三十八次会议通过《郑州市社会急救医疗条例》。

9月9日

△郑州市政府印发《关于加快建设智慧城市的实施意见》。

9月19—21日

△“美丽郑州·炫舞世界”首届中国（郑州）国际街舞大赛举行。

9月27日

△桃花峪黄河大桥通车。

9月28日

△中国南方航空河南航空有限公司在郑州航空港经济综合实验区揭牌。

10月11日

△第十九届郑州全国商品交易会暨日用消费品博览会开幕。

10月23日

△郑汴一体化联席会议在郑州召

开，郑州和开封两地党政领导就深化郑汴合作进行了深入洽谈。

10月26日

△郑州开封电信实现同城。

是日

△郑州歌舞剧院原创大型舞剧《水月洛神》获得第十四届“文华奖”优秀剧目奖。

10月29日

△国家专利导航产业发展实验区授牌仪式在荥阳举行。

11月5日

△2013中国（河南）—日韩经贸合作交流洽谈会中原经济区产业集群发展和郑州航空港经济综合实验区推介会暨合作项目签约仪式在郑州举行。

11月6日

△郑州市被文化部、财政部授予“国家公共文化服务体系示范区”称号。

11月10日

△郑州大学“微纳成型技术国际联合研究中心”获批国家级国际联合研究中心。

11月29日

△中共郑州市委、市政府召开国际陆港建设与E贸易试点工作会议，推进国际陆港建设、郑欧班列运行、E贸易试点、汽车产业发展等工作。

12月2日

△郑州市政府常务会议通过《郑州市扶贫攻坚发展规划（2014—2020年）》。

12月11日

△“丝绸之路经济带”中欧物流通道建设国际交流会在郑州开幕

12月23日

△金水路西延工程动工。

12月28日

△郑州地铁1号线开通试运营。

是日

△三环快速路主体高架桥通车。

二〇一四年

1月1日

△陇海路跨南水北调桥主体结构成功合龙。至此，郑州市市区段13座跨南水北调干渠桥梁工程全部完工。

1月4日

△中共郑州市第十届委员会第六次全体（扩大）会议召开，会议通过关于科学推进新型城镇化的决议。

1月27日

△新疆哈密至河南郑州800千伏特高压直流输电工程竣工投产。

2月9日

△郑州市政府印发《郑州市蓝天工程行动计划实施方案》《郑州市林业生态建设工作实施方案》。

2月27日

△中共郑州市委召开党的群众路线教育实践活动工作会议，学习贯彻习近平总书记有关重要讲话精神，要求以高度的政治责任感，扎实开展教育实践活动，以党风带政风促民风，为加快推进以航空港实验区为统揽的郑州都市区建设、在全省率先全面建成小康社会提供坚强保障。

2月28日

△郑州市垃圾综合处理厂垃圾填埋发电项目并网发电。

3月25日

△中共郑州市委召开社会稳定暨依靠群众推进工作落实长效机制建设工作会议，要求把深化规范提升长效机制建设作为开展教育实践活动、促进作风转变、密切联系群众的重要抓手，把群众反映的突出问题作为专项治理内容立改立行，营造稳定、有序、和谐的发展环境。

4月2日

△甲午年黄帝故里拜祖大典在新郑举行。

4月3日

△第九届中国中小企业电子商务大会暨2014中国（河南）跨境贸易电子商务峰会在郑州开幕。

4月23日

△中共市委十届八次全体（扩大）会议召开，通过《中共郑州市委关于全面深化改革的实施意见》。

5月10日

△中共中央总书记、国家主席、中央军委主席习近平在郑州先后考察郑州市跨境贸易电子商务服务试点项目、郑州国际陆港、中铁工程装备集团有限公司。在河南保税物流中心E贸易服务大厅，习近平了解郑州市跨境贸易电子商务服务试点项目开展情况，勉励朝着“买全球卖全球”的战略目标不断迈进。在郑州国际陆港铁路集装箱中心站广场，习近平详细了解郑欧班列的运行情况和物流状态，希望河南建成连通境内外、辐射东中西的物流通道枢纽，为丝绸之路经济带建设多作贡献。在中铁工程装备集团有限公司总装车间，习近平详细了解隧道掘进机研发制造和企业自主创新情况，指出装备制造业是一个国家制造业的脊梁。要加大投入、加强研发、加快发展，努力占领世界制高点、掌控技术话语权，使我国成为现代装备制造业大国。要加快构建以企业为主体、市场为导向、产学研相结合的技术创新体系，加强创新人才队伍建设，搭建创新服务平台，推动科技和经济紧密结合，努力实现优势领域、共性技术、关键技术的重大突破，推动中国制造向中国创造转变、中国速度向中国质量转变、中国产品向中国品牌转变。

5月15日

△郑州市政府印发《郑州市新型城镇化建设中历史文化遗存保护整改工作实施方案》。

5月16日

△郑焦城际铁路黄河大桥正式启用。

6月9日

△郑州市政府常务会议《郑州市大气污染防治工作实施方案（2014—2018）》。

6月13日

△郑州市政府常务会议通过《关于进一步做好全市最低生活保障工作的意见》。

6月22日

△第36届世界遗产大会宣布中国大运河项目入选世界文化遗产名录，大运河通济渠郑州段成为郑州继登封“天地之中”历史建筑群后又一处世界文化遗产。

6月27日

△郑州市第十四届人大常委会通过《郑州市大气污染防治条例》。

是日

△“郑州—卢森堡”国际货运航线正式开通，中欧货运“空中丝绸之路”开启。

8月5日

△郑州市政府印发《郑州市电子商务发展规划（2014—2020年）》。

8月8日

△铁合金之硅铁、锰硅2个期货品种在郑州商品交易所挂牌上市，这是我国首批上市的铁合金期货品种。

8月18日

△郑州市政府印发《关于加快郑州市节能环保产业发展的实施意见》。

8月22日
△郑州市政府印发《郑州市平价蔬菜直通车进社区工作实施方案》。

是日
△郑州市第十四届人大常委会第四次会议通过《郑州市郑韩故城遗址保护管理条例》。

8月23—24日
△“嵩山论坛——华夏文明与世界文明对话”2014年会在登封举行。

9月19日
△南航河南航空有限公司正式独立运营。至此，郑州拥有了货运（卢森堡货运航空）和客运（南航河南航空）两大基地航空公司。

9月25日
△郑州市被全国绿化委员会、国家林业局授予“国家森林城市”称号。

9月30日
△省会各界代表在郑州市烈士陵园纪念碑广场举行2014年烈士纪念日烈士公祭仪式。

10月10—13日
△第二十届郑州全国商品交易会开幕。

10月15日
△中共郑州市委召开全市领导干部会议，传达学习贯彻习近平总书记在中央党的群众路线教育实践活动总结大会上的重要讲话精神，要求把握新形势下从严治党，加强作风建设的规律和方法，进一步增强全市推进作风建设常态化、密切联系群众的主动性。

10月18日
△台湾友嘉实业集团全球加工中心暨友嘉（河南）精密机械产业园开工仪式在郑州航空港实验区举行。

10月19—22日
△第十届中国郑州国际少林武术节举行。

10月21日
△中共郑州市委全面深化改革领导小组第二次会议通过《郑州市全面深化文化体制改革实施方案》。

10月22日
△庆祝郑州市人民代表大会成立60周年暨中共郑州市委人大工作会议召开。

是日
△庆祝人民政治协商会议成立65周年暨中共郑州市委政协工作会议召开。

24日
△中共郑州市委召开全市党的群众路线教育实践活动总结会议，对郑州市教育实践活动进行全面总结，对巩固和扩大活动成果、加强党的作风建设、落实从严治党要求进行再动员、再部署。

是日
△中共郑州市委召开全市领导干部会议，传达学习党的十八届四中全会精神，安排部署贯彻落实工作，要求全面推进依法治市工作，提高法治化水平，为郑州都市区建设提供坚强保障。

10月31日
△中州大道南北延伸工程高架桥全线建成通车。

11月15日
△2014中国（郑州）世界旅游城市市长论坛开幕式暨联合国世界旅游组织旅游可持续发展河南省观测站揭牌仪式在郑州国际会展中心举行。

11月18日
△郑州市汽车整车进口口岸启用。

是日
△“中国郑州航空港引智试验区”揭牌。

11月28日
△丝绸之路经济带中欧物流枢纽建设国际交流会在郑州举行。

11月29日
△郑州航空港经济综合实验区中部国际电子商务产业园开园暨签约仪式举行。

12月5日
△郑州市政府印发《郑州市城市河流清洁行动实施方案》。

12月10日
△郑州市政府印发《郑州市政府热线资源整合工作实施方案》。

是日
△郑州市召开加快全域旅游产业发展大会，就旅游产业升级、推进全域旅游发展进行安排部署。

12月11日
△科学大道西延快速通道工程通车。

12月12日
△郑州市政府、郑州海关、河南省出入境检验检疫局共同召开郑州市电子商务产业发展推进会。会议围绕贯彻落实习近平总书记对郑州提出的向“买全球、卖全球”目标迈进的重要指示精神和省委、省政府关于郑州建设国际商都的战略构想，动员全市以跨境贸易电子商务为引领全面推进郑州电子商务产业健康快速发展，努力把电子商务产业打造成为郑州都市区的重要支撑产业、国际商都的战略支点、郑州转型发展的强大引擎。

是日
△郑州商品交易所启动夜盘交易。

12月15日
△随着南水北调水进入郑州市刘湾水厂，河南省南水北调工程正式通水。

12月25日
△中国（郑州）国际大宗商品产业园开工仪式在郑州航空港经济综合实验区举行。

12月28日
△郑开城际铁路开通运营。

二〇一五年

1月4日
△中共郑州市委召开贯彻落实河南省委第一巡视组反馈意见整改工作推进会。会议强调要以高度的政治自觉、思想自觉、行动自觉落实中央和省委关于巡视工作的各项部署要求，切实抓好省委第一巡视组反馈意见的整改落实，如期完成整改任务。

1月7日
△中共郑州市第十届委员会第十次全体（扩大）会议召开，通过《中共郑州市委关于深入学习贯彻〈河南省全面建成小康社会加快现代化建设战略纲要〉的决定》。

1月21日
△郑州航空港实验区企业总部经济园开工。

1月26日
△中国中铁装备集团自主研制的直径8.03米全断面岩石掘进机（TBM）在郑州经开区中铁装备集团生产车间下线。这标志着我国岩石隧道掘进机技术已跻身世界第一方阵。

是日
△郑州市政府常务会议通过《郑州市人民政府关于促进市场公平竞争维护市场正常秩序的实施意见》《郑州城区生态水系“水清河美”工程方案》。

2月3日
△全国首台“铁路旅客云服务”

设备在郑州东站启用。

2月6日

△河南电子口岸平台上线启动仪式在郑州航空港区河南电子口岸服务中心举行。该平台上线标志着河南省初步建成集通关、物流、商务服务于一体的大通关统一信息平台，提升了政府管理部门和贸易经营企业间信息传递效率。

是日

△中共郑州市委、市政府在经开区召开国际陆港建设、E贸易试点、郑欧班列运营工作督察会议。会议强调要认真贯彻落实习近平总书记在郑调研指示精神，围绕贸易便利化，进一步加快国际陆港建设，深化提升E贸易、郑欧班列运营水平，努力做大规模、做出地位、做出影响，为加快郑州航空港经济综合实验区建设提供有力支撑。

2月8日

△河南省第四代云计算数据中心浪潮集团云海科技园在郑州航空港经济综合实验区奠基。

2月26日

△郑州市政府印发《郑州市千亿级物联网产业集群发展实施方案（2015—2020年）》。

2月28日

△郑州市经中央文明委复查审核确认，继续保留“全国文明城市”荣誉称号。

3月7日

△郑州市12338家庭暴力心理危机干预中心和未成年人心理健康帮助中心揭牌。

3月13日

△郑州至德国汉堡的中欧光伏班列开行。这是我国首个输欧光伏专列。

3月18日

△郑州市政府印发《关于加快推进跨境贸易电子商务发展的意见》。

3月26日

△郑州市政府印发《关于加快推进都市生态农业示范园区建设的实施意见》。

3月27日

△郑州市政府印发《郑州市扶贫开发三年攻坚行动计划（2015—2017年）》。

3月28日

△2015年中国郑开国际马拉松赛举行。

4月9日

△2014年度全国十大考古新发现在北京揭晓，郑州东赵遗址考古项目入选。

4月15日

△中原航空港产业投资基金管理有限公司成立，中原航空港产业投资基金运作全面启动。

4月21日

△乙未年黄帝故里拜祖大典在新郑举行。

4月22日

△第九届中国（河南）国际投资贸易洽谈会暨第三届（2015）世界新兴产业大会在郑州国际会展中心开幕。

4月27日

△郑州市轨道交通世界银行贷款项目正式启动。

4月29日

△郑州航空港经济综合实验区第二污水处理厂再生水工程竣工通水。

4月30日

△河南跨境贸易电子商务通关服务平台在郑州机场实单测试运行，首批海外货品办理跨境贸易电子商务服务试点“一般模式”通关。

5月4日

△郑州市政府印发《关于加快全域旅游发展的意见》。

是日

△郑州—新西伯利亚邮件航线在郑州机场首航，郑州至俄罗斯国际航空邮路正式开通。

5月15日

△在郑州铁路集装箱中心站，郑州至青岛港直通班列、郑州至中亚班列实现首发，这标志着郑州打通“陆海联运”国际物流大通道，郑州连通境内外、辐射东中西的国际物流通道枢纽地位越发明显。

5月28日

△以“创新创业、引领未来”为主题的郑州（首届）国际创新创业大会暨全球众筹峰会召开。

6月1日

△郑州市政府常务会议通过《加快发展众创空间推进大众创新创业的实施意见》。

6月4日

△中共郑州市委十届十一次全体（扩大）会议召开，通过《中共郑州市委关于全面推进依法治市的实施意见》。

6月26日

△郑焦铁路开通运营。

7月7日

△郑州市政府印发《关于加快推进郑州市“宽带中国”示范城市建设的实施意见》。

8月25日

△郑州直达东京航线开通。

8月30日

△纪念中国人民抗日战争暨世界反法西斯战争胜利70周年，“炎黄儿女在黄河岸边万人齐唱保卫黄河”活动在郑州黄河风景名胜区炎黄广场举行。

9月14日

△中共郑州市委十届十二次全体（扩大）会议召开，通过《中共郑州市委关于推进全面从严治党的实施意见》。

9月15日

△郑州市政府常务会议通过《郑州市2015—2017年燃煤削减和清洁能源建设工作方案》。

9月20日

△国家干细胞研究基地河南基地、郑州市干细胞转化与应用工程技术研究中心在郑州市第一人民医院揭牌成立。

9月21日

△107国道郑州段改建工程与郑汴路互通式立交通车。至此，郑州四环全线贯通。

9月22日

△郑州市启动大学生创新创业支持计划项目。

9月25日

△2015郑州航展在上街机场开幕。

10月10日

△第二十一届郑州全国商品交易会开幕。

10月21日

△2015中部（郑州）跨境电子商务发展峰会举行。

10月31日

△陇海路快速通道工程全线通车。

是日

△金水路准快速化工程经三路—城东路隧道工程通车。

△郑州至万州高铁河南段开工。

11月12日

△郑州市政府常务会议通过《郑州市国内贸易流通体制改革发展综合试点实施方案》。

11月17日

△郑州东站被授予2014—2015年度中国建设工程“鲁班奖”。

11月26—27日

△郑州跨境贸易电子商务服务（E贸易）试点项目通过海关总署和国家发改委等单位验收。

11月30日

△中共郑州市委常委（扩大）会议召开，传达学习中央扶贫开发工作会议会议精神，要求全市各级各部门站在全面建成小康社会的高度，坚决打赢脱贫攻坚战，确保郑州市在全省率先全面完成所有贫困地区和贫困人口的精准脱贫。

12月1日

△郑州市民公共文化服务区奥体中心、文博艺术中心、市民活动中心、现代传媒中心“四个中心”项目开工。

12月8日

△郑州市与解放军信息工程大学签署《军民融合发展战略合作框架协议》和《共建郑州信大先进技术研究院协议》。

12月14—15日

△上海合作组织成员国政府首脑（总理）理事会第十四次会议在郑州举行。

12月18日

△郑州市政府常务会议通过《郑州市“互联网+”行动实施方案》。

是日

△郑西高铁郑州西站正式开通。

12月23日

△郑州银行股份有限公司在香港联合交易所主板上市。

12月29日

△河南省政府办公厅印发《中国（郑州）跨境电子商务综合试验区申建工作方案》，河南省政府决定向国务院申请设立郑州跨境电商综合试验区，持续在产业融合、业务流程、监管模式创新等方面先行先试，推动全省跨境电子商务工作更加快速、更为有序地发展。

12月31日

△郑机城际铁路开通运营。

二〇一六年

1月1日

△郑州市覆盖市、县（市）区、乡（镇）办、村（社区）的政务服务网开通。郑州市转变政府职能、推进简政放权实现新突破，该政务服务网拥有行政审批、便民服务、政务公开、效能监察、资源共享、咨询投诉等功能。

1月5—10日

△中共郑州市委十届十三次全体（扩大）会议召开。会议全面贯彻中共十八届五中全会、中央经济工作会议精神，研究“十三五”时期发展、国际商都建设工作，动员全市为实现在全省率先全面建成小康社会、率先开启现代化建设新征程“两个率先”目标，建设国际商都而努力奋斗。

1月6日

△国务院决定郑州设立跨境电子商务综合试验区，用新模式为外贸发展提供新支撑。

1月7日

△郑州国际陆港跨境通平台正式运营。

1月16日

△全球跨境电子商务产学研联盟在郑州成立。

1月24日

△国内具有自主知识产权的首台双X撑靴式TBM（硬岩掘进机）在郑州成功下线并完成验收。

2月5日

△郑州市政府常务会议通过《关于进一步深化商事制度改革释放经济发展活力的意见》。

2月24日—28日

△郑州市第十四届人民代表大会第三次会议举行。会议通过《关于郑州市国民经济和社会发展第十三个五年规划纲要的决议》《关于郑州建设国际商都发展战略规划纲要的决议》。

是日

△郑州市常务会议通过《郑州市降成本优供给推进实体经济持续健康快速发展的若干意见》。

3月30日

△国务院常务会议决定设立河南郑洛新国家自主创新示范区。郑洛新国家自主创新示范区，依托郑州、洛阳、新乡3个国家高新区，举全省之力将其建设成为具有较强辐射能力和核心竞争力的创新高地。

4月8日

△以“创新、协调、绿色、开放、共享”为主题的第十届中国（河南）国际投资贸易洽谈会暨内陆开放高地创新论坛在郑州开幕。

4月9日

△丙申年黄帝故里拜祖大典在新郑市举行。

4月13日

△郑州市入围中国网络零售百强市，位列全国第19位。

5月5日

△商务部、发改委、教育部等九部委联合下发《关于新增中国服务外包示范城市的通知》，郑州被确定为中国服务外包示范城市。

5月12日

△国务院办公厅印发《关于建设大众创业万众创新示范基地的实施意见》，确定首批共28个双创示范基地，郑州航空港经济综合实验区为区域示范基地。

5月13日

△生物芯片北京国家工程研究中心郑州市中医院基地揭牌。

5月21日

△首届中国考古学大会（2016·郑州）开幕。

5月26日

△2016中国国际摄影艺术节暨中国第16届国际摄影艺术展览在郑州开幕。

5月27日

△中国（郑州）第二届国际创新创业大会暨跨国技术转移大会开幕。

5月30日

△郑州市入选国家第二批促进科技和金融结合试点城市。

6月15日

△郑州市召开脱贫攻坚推进会，印发《中共郑州市委办公厅、郑州市人民政府办公厅关于开展脱贫攻坚督导工作的通知》《贯彻落实〈中共郑州市委、郑州市人民政府关于深入落实精准扶贫打赢脱贫攻坚战的实施意见〉分工方案》。

6月23日

△河南机场集团、郑州铁路局、河南城际铁路公司签订战略合作协议，三方将充分发挥民航和铁路各自的优势，完善综合交通运输体系结构，实现旅客在空铁之间无缝衔接和快速换乘。

6月30日

△贾鲁河综合治理工程开工建设。

7月2日

△河南保税物流中心和郑州国际航空物流园入选首批国家级示范物流园区。

7月18日

△郑州直通罗马包机航线开通，成为郑州首条直通欧洲的包机航线。

7月20日

△郑州市召开新型城镇化建设暨城市工作会议，中共郑州市委、市政府印发《关于加强城市规划建设管理工作的实施意见》《关于深入推进新型城镇化建设的意见》《畅通郑州白皮书（2016—2018）》《郑州市提升县级城市管理水平三年行动计划》。

7月29日

△郑州市第七次荣膺全国双拥模范城称号。

8月8日

△郑州市政府常务会议通过《关于在公民中开展法治宣传教育的第七个五年规划（2016—2020年）》《关于促进科技和金融结合的意见》《关于建设郑洛新国家自主创新示范区实施方案》《关于贯彻落实〈国家创新驱动发展战略纲要〉的实施意见》。

8月19日

△郑州市轨道交通2号线一期工程开通试运营。

8月22日

△国家工信部批复同意建设郑州互联网国际通信专用通道。

8月24日

△郑州市政府常务会议通过《郑州市人民政府关于建设中国制造强市的若干政策》。

8月25日

△郑州市政府印发《关于加快国家区域性会展中心城市建设意见》，提出郑州建设"国家区域性会展中心城市"五年发展目标及打造"国际会展名城"的中长期发展目标。

8月31日

△郑州进境粮食指定口岸项目在郑州铁路集装箱中心站海关监管区内动工开建。

是日

△国家发改委正式批复《新建郑州至济南铁路可行性研究报告》。河南省"米"字形高速铁路网至此完成构建。

9月2日

△郑州市召开对外开放工作大会。会议强调要抢抓自贸区获批建设机遇，进一步扩大对外开放，全面提升城市国际化水平，努力开创郑州对外开放新局面，加快郑州向国家中心城市迈进步伐、推进国际商都进程。

9月3日

△全国人大常委会表决通过决定，授权最高人民法院、最高人民检察院在郑州等18个城市开展刑事案件认罪认罚从宽制度试点工作，试点期限为两年。

9月6日

△河南郑州出口加工区B区通过验收。

是日

△中国（郑州）全球水果供应商航空论坛在郑州新郑国际机场举行。

9月7日

△第七届中航国际通用航空发展（郑州）论坛暨2016年客户峰会举行。

9月9日

△2016中国（郑州）国际期货论坛开幕。

9月10日

△郑徐高铁正式载客运营。

9月25日—28日

△中共郑州市第十一次代表大会举行。会议强调要抢抓机遇，担当使命，加快发展，为向国家中心城市迈进而努力奋斗。

10月13日

△第二十二届郑州全国商品交易会在郑州国际会展中心开幕。

10月16日—20日

△第十一届中国郑州国际少林武术节举行。

10月25日

△郑州市政府常务会议通过《郑州市2016—2017年度冬季大气污染防治工作方案》《郑州市重污染天气应急预案》。

11月7日

△2016中国（郑州）产业转移系列对接活动开幕。

11月11日

△郑州至加拿大温哥华洲际航线开通。

11月12日

△国家财政部、国家税务总局、商务部、科技部、国家发展改革委联合发布通知，郑州等10个新增服务外包示范城市可享受技术先进型服务企业所得税优惠。

11月13日

△国家技术转移郑州中心运营机构揭牌仪式暨2016中国（北京）跨国技术转移大会郑州对接会举行，标志着国家技术转移郑州中心正式运营。这是继北京中关村之后，科技部批复设立的全国第二家区域性国家技术转移中心。

11月17日

△郑州市政府常务会议通过《郑州市"十三五"时期电动汽车充电基础设施发展规划》《郑州市完善法律援助制度的实施意见》。

11月25日

△郑州市政府办公厅印发《郑州市建设中国制造强市若干政策实施细则》。

11月30日

△轨道交通1号线二期工程与运营的1号线一期工程全线贯通试运行。

12月5日

△郑州、开封两市在郑州召开郑汴一体化深度发展工作对接会。

12月16日

△郑州市政府常务会议通过《郑州市湿地保护条例（草案）》《郑州市社会信用体系建设规划（2016—2020年）》。

12月19日

△郑州大学医学科学院国际化示范学院揭牌。

12月20日

△郑州互联网国际通信专用通道正式开通运行。

12月28日

△国务院批复同意《中原城市群发展规划》。

12月29日

△国家发展改革委《关于印发中原城市群发展规划的通知》提出，把支持郑州建设国家中心城市作为提升城市群竞争力的首要突破口，强化郑州对外开放门户功能，提升综合交通枢纽和现代物流中心功能，集聚高端产业，完善综合服务，推动与周边毗邻城市融合发展，形成带动周边、辐射全国、联通国际的核心区域。

2021

郑州年鉴

专记

二〇一七年

1月4日

△国家发展改革委印发《关于建设通用航空产业综合示范区的实施意见》，明确郑州等26个城市为首批通用航空产业综合示范区。

1月12日

△郑州市轨道交通城郊铁路一期工程及1号线二期工程开通试运营。

1月14日

△郑州市全面禁售禁放烟花爆竹。

1月22日

△国家发展改革委印发《关于支持郑州建设国家中心城市的指导意见》，明确提出郑州市要努力建设具有创新活力、人文魅力、生态智慧、开放包容的国家中心城市，在引领中原城市群一体化发展、支撑中部崛起和服务全国发展大局中作出更大贡献。

2月3日

△郑州市召开生态建设动员大会，全面启动生态建设三年行动计划，推进郑州生态环境不断改善，为建设国家中心城市奠定发展基础、强化生态支撑。会议印发《郑州市都市湿地农业建设专项实施方案》。

是日

△国务院印发《“十三五”现代综合交通运输体系发展规划》，明确提出将郑州建设成为国际性综合交通枢纽。

2月16日

△郑州大学（郑州）超级计算中心揭牌。

3月30日

△丁酉年黄帝故里拜祖大典在新郑举行。

4月1日

△中国（河南）自由贸易试验区挂牌仪式在郑州举行。

4月6日

△河南省科学技术厅与郑州市人民政府举行共建国家技术转移郑州中心签约仪式。

6月14日

△国家主席习近平在北京人民大会堂会见卢森堡首相贝泰尔。习近平强调，要深化双方在“一带一路”建设框架内金融和产能等合作，中方支持建设郑州—卢森堡“空中丝绸之路”。

7月11日

△郑州市政府印发《关于建立企业挂牌上市融资“绿色通道”制度的通知》。

7月14日

△郑州市被国家住房和城乡建设部列为第三批生态修复城市修补试点城市。

7月18日

△国家住房和城乡建设部会同国家发改委、公安部、财政部、国土资源部、人民银行、税务总局、工商总局、证监会等部门，联合印发《关于在人口净流入的大中城市加快发展住房租赁市场的通知》，郑州等12个城市成为全国首批开展住房租赁试点的单位。

7月28日

△全球跨境电子商务大会在郑州举行。

7月29日

△郑州南站枢纽工程开工。

8月14日

△中共郑州市委十一届四次全体（扩大）会议召开，深入贯彻习近平总书记系列重要讲话精神和治国理政新理念新思想新战略，统一思想，凝聚共识，形成合力，加快建设国家中心城市。会议审议通过《中共郑州市委关于加快国家中心城市建设的意见》。

8月17日

△郑州市政府常务会议通过《关于深入推进城市执法体制改革改进城市管理工作的实施意见》《关于促进建筑业持续健康发展的实施意见》。

8月18日

△棉纱期货在郑州商品交易所上市。

8月21日

△中欧班列（郑州）首次开通郑州—慕尼黑线路。

8月25日

△中共郑州市委、市政府与中共新乡市委、市政府在郑州举行郑新融合协同发展洽谈会，两市共同签署《郑新战略合作框架协议》。

9月8日

△EWTO核心功能集聚区建设启动仪式在郑州河南保税物流中心举行。

9月15日

△2017年河南省双创活动周暨郑东新区龙子湖众创岛建设启动仪式在郑东新区智慧岛国家大数据综合试验区展示中心举行。

9月19日

△郑州市政府常务会议通过《郑州市加快总部经济发展激励暂行办法》《郑州市“十三五”加快残疾人小康进程规划》。

9月21日

△郑州政协文史馆建成开馆。

9月29日

△第十一届中国（郑州）国际园林博览会开幕。

10月12日

△第二十三届郑州全国商品交易会开幕。

10月18日

△中国贸促会（河南）自由贸易试验区服务中心在郑州揭牌。

10月26日

△中共郑州市委召开常委会会议，传达学习党的十九大精神和十九届一中全会精神，研究郑州市关于学习宣传贯彻十九大精神工作方案。会议强调，全市上下要把学习宣传贯彻党的十九大精神作为当前和今后一个时期的首要政治任务，迅速掀起学习宣传贯彻党的十九大精神的热潮，切实把全市上下的思想统一到党的十九大精神上来，把各方面的力量凝聚到实现党的十九大提出的各项目标任务上来，以十九大精神为指导，推进各项工作迈上新台阶。

10月27日

△郑州市政府常务会议通过《郑州市“十三五”煤炭消费总量控制工作实施方案》《实施“智汇郑州”人才工程加快推进国家中心城市建设意见》《郑州市土壤污染防治工作方案》。

10月28日

△中共郑州市委常委会召开扩大会议，研究部署全市学习宣传贯彻党的十九大精神工作，会议印发《中共郑州市委学习宣传贯彻党的十九大精神工作方案》。

11月2日

△郑州市政府政府常务会议通过《郑州市地方志工作规定》《郑州国家通用航空产业综合示范区实施方案（2017—2020）》《郑州市非国有博物馆扶持办法（试行）》《郑州市城市雕塑管理办法》。

11月17日

△郑州市蝉联全国文明城市称号。

11月22日

△中共郑州市委十一届五次全体（扩大）会议举行。会议通过《中共郑州市委关于高举习近平新时代中国特色社会主义思想伟大旗帜开启郑州全面建设国家中心城市新征程的意见》。

是日

△郑州市召开领导干部会议，传达学习贯彻落实《中共中央政治局关于加强和维护党中央集中统一领导的若干规定》《中共中央政治局贯彻落实中央八项规定实施细则》。

11月24日

△郑州市政府常务会议通过《郑州市激励引导企业加大研发投入实施方案》。

12月6日

△郑州至澳大利亚墨尔本航线开通。

12月21日

△郑州市十四届人大常委会第三十三次会议表决通过《郑州建设国家中心城市行动纲要（2017—2035）》。

12月22日

△全球首个鲜果期货品种——苹果期货在郑州商品交易所上市交易。

12月26日

△郑州市轨道交通航空港区至许昌市域铁路工程郑州段开工建设。

二〇一八年

1月3日

△中国中原人力资源服务产业园区在郑州航空港经济综合实验区启用。

1月4日

△中共郑州市委办公厅、市政府办公厅印发《关于加快国家中心城市重大项目建设的意见》。

2月8日

△中共郑州市委召开市委常委会会议，通过市委关于坚决维护党中央集中统一领导的规定。

2月9日

△郑州市政府办公厅公布《郑州市政务服务集成化提供改革工作方案》，将以建设市级政务服务综合平台、全面规范市县乡村四级政务服务体系为依托，全面运行一号申请、一窗受理、一网通办工作机制。

3月2日

△郑州知识产权法庭挂牌成立。

4月1日

△跨境电子商务（简称E贸易）郑州—芝加哥出口专线包机首飞成功。

4月10日

△新郑郑韩故城遗址入选“2017年度全国十大考古新发现”。

4月16日

△卢森堡旅游签证（郑州）便捷服务平台在郑东新区揭牌运营。

是日

△市政府印发《郑州市加快文化产业发展若干政策》，加快建设华夏历史文明传承创新中心，推动文化产业成为国民经济支柱性产业。

4月17—19日

△第十二届中国（河南）国际投资贸易洽谈会在郑州举行。

4月18日

△戊戌年黄帝故里拜祖大典在新郑举行。

4月20日

△国家知识产权局批准郑州市建设国家知识产权服务业集聚发展示范区。

4月24日

△郑州市召开对外开放工作会议，强调要深入学习贯彻习近平总书记博鳌亚洲论坛主旨演讲和庆祝海南建省办特区30周年大会重要讲话精神，努力把郑州打造成内陆对外开放高地，不断提升国际化水平，全面加快国家中心城市建设步伐。会议印发《郑州市人民政府关于印发郑州市跨境电子商务综合试验区发展规划（2018—2020年）的通知》《郑州市人民政府办公厅关于加快郑州国际会展名城建设的意见》。

5月10日

△第二届全球跨境电子商务大会在郑州举行。

5月18日

△郑州开往中亚的铁路货运班列启运，标志着郑欧班列分支线路中亚班列（郑州）开通。

6月10日

△郑州市政府办公厅印发《郑州市海绵城市规划建设管理的指导意见》。

6月27日

△郑卢“空中丝绸之路”重点项目——河南卢森堡中心在郑东新区开工建设。

7月6日

△郑州市政府常务会议通过《关于深化“放管服”改革推进政务服务“最多跑一次”打造国际化营商环境的实施方案》。

7月17日

△欧洲铁路交通联盟2018年度大会暨亚欧互联互通产业合作论坛（郑州）召开。

7月18日

△第13次中欧区域政策合作研讨会在郑州召开。

7月19日

△全国首届临空经济示范区联席会在郑州航空港实验区举行。会议通过《全国临空经济发展郑州倡议》。

7月25日

△郑州市政府常务会议通过《郑州市人口发展规划（2016—2030）》《郑州市防治艾滋病“十三五”行动计划》。

8月3日

△中共郑州市委十一届七次全会暨市委工作会议召开。会议讨论研究《关于加快制造业高质量发展“1+N”政策体系》《关于推进新型智慧城市建设的实施意见》《关于加快建设国际化营商环境的实施意见》《关于进一步加强城市管理工作的意见》《关于推进新一轮高水平对外开放的意见》《关于以习近平新时代中国特色社会主义思想为指导全面推进党的建设高质量发展的实施意见》。

8月15日

△郑州市政府常务会议通过《关于全面放开养老服务市场提升养老服务质量的实施意见》《关于加强农村留守儿童关爱保护和困境儿童保障工作的实施意见》《关于发展超低能耗建筑的实施意见》。

8月21日

△郑州市政府常务会议通过《郑州市农村人居环境整治三年行动实施方案》《郑州市解决就学难消除大班额三年行动计划（2018—2020年）》。

9月26日

△位于郑州铁路集装箱中心站内的河南进境粮食指定口岸正式运营。

10月12—15日

△第二十四届郑州全国商品交易会举行。

10月13日

△工信部公布郑州市入选国家级

服务型制造示范城市。

10月18日

△2018数字经济峰会暨5G重大技术展示与交流会在郑东新区龙子湖智慧岛举行。

10月20—23日

△第十二届中国郑州国际少林武术节举行。

10月25日

△郑州市召开生态环境保护大会，印发《中共郑州市委 郑州市人民政府关于全面加强生态环境保护坚决打好污染防治攻坚战的实施意见》。

是日

△郑州市政府常务会议通过《郑州市大数据发展规划（2018—2020年）》。

11月1日

△中欧班列（郑州）开通郑州—列日班列。

11月12—14日

△2018首届世界传感器大会在郑州举行。

11月17日

△郑州市政府常务会议通过《郑州市开展河流“堵污口、清污泥、治污水、清水质”专项行动方案》《郑州市进一步加快物流业转型发展的意见》《郑州市进一步促进文化事业发展的若干政策》。

是日

△郑州经非洲至南美洲首条包机货运航线开通。

12月7日

△中欧班列（郑州）开行东盟（郑州—越南）国际货运线路，标志着中欧班列（郑州）延伸至东盟的南向通道打通，河南省至欧洲和中亚、东盟“一体两翼”国际货运班列格局基本成形。

12月10日

△郑州市政府公布《郑州市第一批历史建筑保护名录》，确定郑州大学（南校区）3号教学楼、亚细亚商场、郑州百货大楼等212处建筑为郑州市第一批历史建筑。

12月13日

△郑州市被交通运输部授予“国家公交都市示范城市”称号。

12月25日

△郑州市召开促进民营经济健康发展大会。会议印发中共郑州市委、市政府《关于促进民营经济健康发展的若干意见》《关于营造企业家健康成长环境弘扬优秀企业家精神更好发挥企业家作用的实施意见》。

二〇一九年

1月28日

△棉花期权在郑州商品交易所上市交易。

2月14日

△郑州市统计局发布信息，2018年郑州市GDP总量突破万亿，达到10143.3亿元，成为全国第16个GDP总量突破万亿的城市。

3月18日

△中共郑州市委常委会会议研究《郑州市进一步贯彻落实习近平总书记打好“四张牌”重要指示精神三年行动计划（2019—2021年）》《关于全面加快科技创新推动经济高质量发展的若干意见》。

3月20日

△郑州市政府研究部署《郑州市老旧小区整治提升工作实施方案》《郑州市商贸市场提质发展三年行动计划》。

4月7日

△己亥年黄帝故里拜祖大典在新郑举行。

4月8—11日

△第十三届中国河南国际投资贸易洽谈会在郑州举行。

4月12日

△“郑州—连云港—东南亚”铁海联运国际东向通道铁路箱下水业务起运仪式在郑州铁路集装箱中心站举行。

5月10—12日

△第三届全球跨境电子商务大会在郑州举办。

5月17日

△郑阜高铁郑州至阜阳全线贯通。

5月20日

△郑州市轨道交通5号线初期运营。

6月13日

△郑州市政府常务会议审议《中国（河南）自由贸易试验区郑州片区三年行动计划（2019—2021年）》《郑州市推进运输结构调整工作实施方案》。

6月21—23日

△第二届中国粮食交易大会在郑州召开。

6月25日

△郑州—伦敦航线首航。

6月27日

△中共郑州市委常委会会议研究《郑州市乡村振兴战略规划（2018—2022年）》。

7月4日

△郑州市政府办公厅印发《中国（河南）自由贸易试验区郑州片区三年行动计划（2019—2021年）》。

7月31日

△中共郑州市委党的建设工作领导小组2019年第三次会议审议《关于加强以新时代党的建设为根本的基层基础工作的实施方案》《关于深化党建引领深入推进城乡社区发展治理的实施意见》《郑州市社区法定工作事项和工作准入管理办法（试行）》。

8月5日

△郑州市政府印发《郑州国家中心城市森林生态系统规划（2019—2025）》。

8月20—21日

△第三届中国服务型制造大会在郑州开幕。

8月27日

△郑州—吉隆坡跨境电商专线货运包机首航。

9月8—16日

△第十一届全国少数民族传统体育运动会在郑州举行。

9月11日

△郑州市召开“不忘初心、牢记使命”主题教育工作会议，深入学习贯彻习近平总书记在中央“不忘初心、牢记使命”主题教育工作会议上的重要讲话精神，安排部署郑州市主题教育工作。

9月16—18日

△中共中央总书记、国家主席、中央军委主席习近平在河南省委书记王国生、省长陈润儿陪同下，先后到信阳、郑州等地，就经济社会发展和“不忘初心、牢记使命”主题教育情况进行考察调研。在郑州市，习近平先后到郑州煤矿机械集团股份有限公司、黄河博物馆、黄河国家地质公园临河广场等地调研考察，并主持召开黄河流域生态保护和高质量发展座谈会，听取河南省委和省政府工作汇报，接见驻豫部队副师级以上领导和团级单位主官。

9月19日

△中共郑州市委召开全市领导干部会议，传达学习习近平总书记考察调研河南的重要讲话精神，落实全省领导干部会议部署，安排郑州市学习宣传、贯彻落实工作。

是日

△郑州地铁14号线一期工程开通运营。

9月23日

△中共郑州市委全面深化改革委员会第三次会议召开，研究审议《郑州市节水行动实施方案（讨论稿）》，听取关于郑州市社保卡“就医一卡通”有关情况的汇报。

9月30日

△省会各界在郑州烈士陵园纪念碑广场举行2019年烈士纪念日向人民英雄敬献花篮仪式，缅怀革命先烈、追思英雄伟绩、继承烈士遗志。

10月11—14日

△第二十五届郑州全国商品交易会举行。

10月12日

△中共郑州市委常委议军会召开，听取讨论《关于加强新时代党管武装工作的实施意见》《关于进一步加强新时代双拥工作的意见》《郑州市2019年度为驻军部队办实事方案》等文件，研究支持国防和军队建设有关问题。

10月16日

△国道107官渡黄河大桥通车。

10月25日

△以色列CAL航空公司经列日至郑州的定期货运航线开通。

10月26—27日

△第二届中国·河南招才引智创新发展大会、中国·河南开放创新暨跨国技术转移大会在郑州举行。

11月4日

△中共郑州市委常委会召开扩大会议，传达学习党的十九届四中全会精神。

11月11日

△中共郑州市委常委会召开扩大会议，传达学习近期习近平总书记在上海考察时的重要讲话精神和《中共中央关于坚持和完善中国特色社会主义制度、推进国家治理体系和治理能力现代化若干重大问题的决定》，研究郑州市贯彻落实意见。会议原则通过《郑州市改进城市管理与改善人居环境总体方案》。

11月15日

△郑州市召开改进城市管理与改善人居环境工作会议。会议印发《关于推进“三项工程 一项管理”改进城市管理与改善人居环境的实施意见》等文件。

12月1日

△郑州至重庆高速铁路郑州至襄阳段、郑州至阜阳高速铁路、京港高速铁路商丘至合肥段开通运营。

12月5日

△中共郑州市委全面深化改革委员会第四次会议召开，传达学习中央和省委会议精神，研究郑州市贯彻落实意见和相关改革事项。会议研究审议《郑州市产业工人队伍建设改革实施方案》，及深化农业、文化市场、交通运输综合行政执法等改革方案。

12月12—15日

△2019国际乒联世界巡回赛总决赛在郑州举办。

12月16—17日

△2019（第八届）国际智慧城市峰会暨智慧生态博览会在郑州举行。

12月28日

△郑州地铁2号线二期开通。

12月30日

△中国共产党郑州市第十一届委员会第十一次全体（扩大）会议召开，通过《中共郑州市委关于深入学习贯彻习近平总书记视察河南重要讲话精神的意见》《中共郑州市委关于贯彻落实党的十九届四中全会精神 推进市域治理体系和治理能力现代化的意见》。

二〇二〇年

1月2日

△郑州市政府常务会议研究审议《郑州市加快数字经济发展实施方案（2020—2022年）》。

1月4日

△郑州市召开《郑州建设黄河流域生态保护和高质量发展核心示范区概念性总体规划》评审会。

1月17日

△郑州市召开高质量发展制造业和高水平扩大对外开放工作推进会。会议印发《郑州市制造业高质量发展三年行动计划（2020—2022年）》《郑州市对外开放三年行动计划（2020—2022年）》。

1月18日

△郑州市召开“不忘初心、牢记使命”主题教育总结大会。

1月21日

△郑州市召开新型冠状病毒感染的肺炎疫情防控工作会议，对疫情防控工作进行安排部署。

1月22日

△中共郑州市委召开常委会（扩大）会议，认真学习贯彻习近平总书记对新型冠状病毒感染的肺炎疫情作出的重要指示精神，落实国务院总理李克强批示要求和国家、省有关会议部署，听取全市近期疫情防控工作情况汇报，分析形势，进一步部署落实各项防控措施。

1月23日

△郑州市被命名为国家生态园林城市。

1月24日

△郑州市召开新型冠状病毒感染的肺炎疫情防控工作专题会，听取全市疫情防控工作情况汇报，分析研判形势，安排部署当前防控工作。

是日

△央视春晚在郑州炎黄广场设立分会场，节目以“用黄河自强不息的民族精神决胜小康之年”为主题。

1月25日

△郑州市召开专题会议，传达河南省委书记王国生到郑州市检查指导新型冠状病毒感染肺炎疫情防控工作时的指示要求，并实地调研全市疫情防控工作。

是日

△郑州市组织收听收看全省新型冠状病毒感染的肺炎疫情防控工作电视电话会议。会后，郑州市随即召开会议，安排部署贯彻落实省电视电话会议精神。

1月26日

△郑州市召开新型冠状病毒肺炎疫情防控工作电视电话会议，学习贯彻习近平总书记重要讲话精神和中央政治局常委会会议精神，对疫情防控工作再研究、再部署、再动员。

1月27日

△郑州市召开市疫情防控领导小组视频调度会，研判疫情形势，研究突出问题，安排部署下一步工作。

1月28日

△郑州市召开疫情分析会，听取全市新型冠状病毒肺炎防控救治工作开展情况，安排部署下一步工作。

1月29日

△郑州市召开市新型冠状病毒感染的肺炎疫情防控领导小组会议，传达河南省委常委会会议精神，听取工作汇报，研究加强疫情防控举措。

1月31日

△郑州市召开市疫情防控领导小组会议，专题研究疫情防控大数据监测、人员返程管理、企业复工等问题，部署进一步加强疫情防控工作。

2月2日

△郑州市召开疫情防控工作电视电话会议，坚决贯彻落实习近平总书记重要批示和中央有关会议精神，按照省委安排，扎实推进疫情防控工作。

2月3日

△郑州市政府召开会议专题研究企业复工复产工作，并实地检查督导物流企业疫情防控情况。

2月4日

△中共郑州市委召开常委会（扩大）会议，传达学习2月3日习近平总书记重要讲话精神和中央政治局常委会会议精神，结合当前疫情形势研究贯彻落实意见，部署推进疫情防控工作。

是日

△郑州市政府召开会议专题研究部署全市重点医疗物资生产企业增产扩能工作。

△郑州市政府召开专题会议，传达学习全省保障疫情防控应急物资及人员运输车辆顺畅通行电视电话会精神，安排部署贯彻落实工作。

2月5日

△来自郑州11个急救站的49名急救人员紧急集结在市紧急医疗救援中心，带着13辆急救车奔赴武汉，协助当地进行危重患者救治及急救转运工作。

2月6日

△郑州市召开会议要求各级各部门把疫情防控摆在当前工作的首要位置，在坚决打赢疫情防控阻击战的同时，统筹做好改革发展稳定各项工作。

是日

△郑州市第一人民医院传染病医院（郑州岐伯山医院）项目完成验收移交。

2月7日

△郑州市召开疫情防控视频调度会，传达贯彻习近平总书记重要指示和中央重要会议精神，实地检查集中隔离点管理、医疗废物废水处置、地铁站点运营等情况。

2月8日

△郑州市召开市疫情防控领导小组专题会议，传达贯彻省委书记王国生到郑州市调研指示要求，安排部署疫情防控工作。

2月9日

△河南省第5批医疗队出发，驰援湖北。该批医疗队共300人，其中有来自郑州8家医院的120名医务人员。

2月10日

△郑州市政府常务会议通过《关于应对新型冠状病毒肺炎疫情促进经济平稳健康发展的若干举措》。

2月11日

△郑州市十五届人大常委会第十四次会议以视频会议形式召开，审议通过《郑州市人民代表大会常务委员会关于依法全力做好当前新冠肺炎疫情防控工作的决定》。

2月12日

△郑州市召开市疫情防控领导小组会议，会议听取专家对郑州市疫情防控形势的分析预测、居民小区健康登记管理系统运行情况、市疫情防控领导小组工作汇报，研究部署进一步加强疫情防控、有序推动复工复学工作的各项措施。

2月14日

△郑州市召开市疫情防控工作领导小组会议，学习贯彻习近平总书记重要讲话和中央政治局常委会会议精神，进一步研究部署疫情防控期间企业复工复产工作。

2月20日

△郑州市召开市委常委会（扩大）会议，传达学习习近平总书记近期重要讲话精神和中央、省委重要会议精神，分析全市近期新冠肺炎疫情防控形势，研究部署疫情防控和企业复工复产、经济发展工作。

2月21日

△郑州市召开建设黄河流域生态保护和高质量发展核心示范区工作领导小组第一次会议，传达学习习近平总书记在中央财经委员会第六次会议上的重要讲话精神，研究部署黄河流域生态保护和高质量核心示范区建设工作。

2月24日

△中共郑州市委召开视频会议，学习贯彻习近平总书记重要讲话精神，贯彻落实中央、省委统筹推进新冠肺炎疫情防控和经济社会发展工作部署会议精神，安排下一步工作。

2月26日

△郑州市政府召开专题会议，研究部署全市国有企业资产清查、政务服务改革和国土空间规划等工作。

2月28日

△郑州市召开市疫情防控工作领导小组会议，深入学习贯彻习近平总书记2月26日在中央政治局常务委员会会议上重要讲话精神，落实中央、省委部署，统筹兼顾促复产，坚决打好打赢统筹推进疫情防控和经济社会发展工作的硬仗，持续两手抓，夺取双胜利。

是日

△郑州市召开电视电话会议，专题部署教育系统疫情防控、线上教学等工作。

3月6日

△中共郑州市委召开常委会（扩大）会议，传达学习中央政治局常务委员会会议精神，研究部署郑州市进一步统筹推进疫情防控和经济社会运行重点工作。

是日

△郑州市召开落实中央、省委决战决胜脱贫攻坚会议精神电视电话会议，要求深入学习贯彻习近平总书记在中央决战决胜脱贫攻坚座谈会上的重要讲话精神，统筹抓好疫情防控和脱贫攻坚工作，高质量打赢脱贫攻坚战，出色完成全面建成小康社会的目标任务。

3月7日

△郑州市政府常务会议研究部署全市疫情防控、复工复产等重点工作。

3月9日

△郑州市政府召开专题会议，研究郑州建设国家中心城市水资源优化配置及重大建设项目规划工作。

3月12日

△河南省沿黄生态廊道示范工程集中开工暨全省春季义务植树活动在郑州举行。

3月13日

△郑州市召开优化营商环境电视电话会议，深入贯彻落实中央、省委“放管服”改革和优化营商环境决策部署，对优化营商环境工作进行安排部署。

是日

△郑州市召开疫情防控视频调度会议，安排部署防境外输入重点工作。

3月19日

△郑州市召开市疫情防控工作领导小组会议，学习贯彻习近平总书记在

中央政治局常委会会议上的重要讲话精神，听取全市进一步调整完善疫情防控措施、加快复工复产工作的情况汇报，研究部署新形势下全市统筹抓好疫情防控与经济社会发展重点工作。

3月20日

△郑州市召开“数字郑州”城市大脑项目建设工作会议。

3月26日

△庚子年黄帝故里拜祖大典在新郑举行。本次拜祖大典以“现场无嘉宾、无观众、无演员表演”、大典“规格不降、影响力不降”为基本遵循简约庄严举办；以“同根同祖同源，和平和睦和谐”为主题，以“长江黄河共战‘疫’，轩辕黄帝佑中华”为主旨，以现场仪式、全球网上拜祖、电视连线等线上线下、大屏小屏互动交互的形式进行。

3月27日

△郑州市召开专题会议研究黄河流域生态保护和高质量发展核心示范区起步区开发建设工作，强调要深刻领会习近平总书记重要讲话精神，立足当前、谋划长远，创新机制，高标准推进起步区开发建设，加快具有黄河流域生态保护和高质量发展鲜明特征的国家中心城市建设。

3月29日

△郑州市召开疫情防控视频调度会议，强调要坚持“外防输入、内防反弹”策略，因时因势调整工作着力点和应对举措，坚决守住来之不易的防控向好态势，精准推动经济社会回归高质量发展正常轨道。

4月1日

△中共郑州市委召开农村工作暨脱贫攻坚工作会议，深入学习贯彻习近平总书记在决战决胜脱贫攻坚座谈会上的重要讲话精神，贯彻落实中央、省委农村工作会议部署，巩固脱贫攻坚成果，统筹抓好“三农”工作，在乡村振兴中迈开大步，在城乡协调发展中走在前列，走好具有大城市特色的乡村振兴、农业发展之路。

4月8日

△中共郑州市委召开常委会会议，深入学习贯彻习近平总书记重要讲话指示精神，研究部署疫情防控常态化条件下全力推进经济社会发展工作。

4月30日

△中共中央总书记、国家主席、中央军委主席习近平给郑州圆方集团全体职工回信，向他们并向全国各族劳动群众致以节日的问候。

5月1日

△中共郑州市委理论学习中心组在圆方集团举行集体学习会，学习习近平总书记给圆方集团全体职工的重要回信精神。

是日

△中共郑州市委办公厅印发《关于深入学习贯彻习近平总书记给郑州圆方集团全体职工的重要回信精神的通知》，要求全市各级党组织和广大党员干部群众深入学习习近平总书记的重要回信精神，进一步树立劳动观念、弘扬劳动精神。

5月6日

△郑州市高一高二，初一初二年级学生正式返校复课，全市中学全面复学。

5月7日

△河南文物考古学会在郑州市举行巩义双槐树古国时代都邑遗址考古重大发现发布会。

5月8日

△中共郑州市委人才工作领导小组2020年度第一次会议召开，传达学习习近平总书记关于人才工作的重要论述，研究《高质量建设人才强市三年行动计划》《关于实施“郑州英才计划”加快推进人才强市战略的意见》。

5月11日

△郑州市小学生返校复课，省会中小学实现全面有序复学。

5月16日

△郑州市召开卫生健康大会，深入学习贯彻习近平总书记关于卫生健康工作和疫情防控重要讲话指示精神，印发《健康郑州行动实施方案》《关于促进中医药传承创新发展实施方案（2020—2025年）》《郑州市社区卫生服务体系建设三年行动计划》。

6月1日

△中共郑州市委常委会会议研究《关于贯彻以人民为中心的发展思想进一步做好为民造福工作的意见》。

6月14日

△郑州—卢森堡“空中丝绸之路”座谈会暨BAA（中国）航空培训中心启动仪式在郑州举行。

6月16日

△郑州市与阿里巴巴集团举行2020年数字郑州产业生态联盟座谈会并签署深化数字城市建设战略合作协议。

6月22日

△中共郑州市委常委会（扩大）会议研究审议《关于加快推进县域经济高质量发展的实施意见》《关于推进学习贯彻习近平总书记给郑州圆方集团全体职工重要回信精神持续走深走实的工作方案》。

7月3日

△中共河南省委、省政府在郑州市召开专题会议，深入学习贯彻习近平总书记重要讲话精神，总结近年工作，深入研究谋划事关郑州发展全局和长远的重大问题，加快推进郑州国家中心城市建设。

7月22日

△中国共产党郑州市第十一届委员会第十二次全体（扩大）会议召开，审议并表决通过中国共产党郑州市第十一届委员会第十二次全体会议决议。

7月23日

△郑州市召开脱贫攻坚专项推进会议，贯彻落实全省脱贫攻坚第八次推进会议精神，分析当前脱贫攻坚工作面临的形势，动员全市上下着力解决工作中存在的突出问题，趁势而上、紧抓不放，把脱贫攻坚工作抓牢抓细抓实抓好，以决战决胜姿态全面打好打赢这场硬仗，向党和人民交上一份满意答卷。

7月31日

△郑州市组织收听收看国家和省严防聚集性疫情做好秋冬季防控工作电视电话会议，并召开会议安排部署全市疫情防控工作。

8月18日

△郑州市举行“弘扬抗疫精神 护佑人民健康”庆祝表彰活动。

8月25日

△郑州市召开专题会议，研究中原科技城规划建设工作，强调要坚持新发展理念和以人民为中心的发展思想，围绕“东强”功能布局，坚定目标定位，高标准规划建设中原科技城，打造有影响力的沿黄科创带和高质量发展走廊。

8月26日

△郑州市召开脱贫攻坚问题整改暨总攻动员会，贯彻落实全省会议精神，动员全市上下增强紧迫感、责任感，坚定打赢必胜的决心，保持战时状态，强化战时纪律，以决战决胜之势发起总攻，确保高质量打赢脱贫攻坚战。

9月10日

△郑州市召开人才工作领导小组2020年第二次全体会议，研究《郑州市关于实施“黄河人才计划”加快建设人才强市的意见》《关于在中原科技城建设河南省人才创新创业试验区

的实施意见》。

9月14—20日

△2020年国家网络安全宣传周在郑州举行。

9月15日

△河南省人才创新创业试验区、中原科技城管委会揭牌，中原科技城规划和人才政策发布。

9月17日

△由郑煤机老厂区改造提升建设的芝麻街双创园开园。

9月18日

△中共郑州市委召开人大工作会议，深入学习贯彻习近平总书记关于坚持和完善人民代表大会制度的重要思想，研究推进新形势下人大工作。会议印发《中共郑州市委关于加强新时代人大工作和建设的意见》。

9月22—24日

△以“全球疫情下跨境电商发展的机遇与挑战”为主题的第四届全球跨境电子商务大会在郑州举行。

9月24日

△中共郑州市委召开政协工作会议，深入学习贯彻习近平总书记在中央政协工作会议暨庆祝中国人民政治协商会议成立70周年大会上的重要讲话精神，对新时代加强和改进政协工作进行安排部署。会议印发《中共郑州市委关于加强和改进人民政协工作的实施意见》。

9月24—26日

△2020年中国金鸡百花电影节（第35届大众电影百花奖）在郑州举行。

9月28日

△郑州市十五届人大常委会第十九次会议审议《郑州市国土空间规划管理条例》。

9月30日

△省会各界2020年烈士纪念日向人民英雄敬献花篮仪式在郑州烈士陵园举行。

10月12日

△郑州商品交易所短纤期货上市。

10月16—19日

△第二十六届郑州全国商品交易会举行。

10月12日、20日

△郑州市党政考察团到许昌市、开封市、焦作市、新乡市考察学习，深入贯彻黄河流域生态保护和高质量发展战略，加快推动“1+4”郑州大都市圈建设，引领带动中原城市群高质量发展，为谱写中原更加出彩绚丽篇章提供有力支撑。

10月20日

△郑州市连续第8次获得“全国双拥模范城”称号。

10月29日

△“豫芬交流合作对接会”在郑州举行。“豫芬企业合作交流平台”上线运行，举行郑州和赫尔辛基“双枢纽”建设专项对接会。

10月30日

△郑州市举行脱贫攻坚推进会，深入学习贯彻习近平总书记关于决战决胜脱贫攻坚的重要讲话精神，动员全市上下以决战决胜的姿态，鼓足干劲、奋力冲刺，抓紧抓实脱贫攻坚各项收尾工作，坚决打赢打好高质量脱贫攻坚战。

10月31日

△中共郑州市委召开常委会（扩大）会议，传达学习贯彻党的十九届五中全会精神，安排部署学习贯彻落实工作。

11月3日

△郑州市冷链食品物防追溯系统“郑冷链”在中原四季水产物流港上线，全市进口水产将实现“来源可溯，流转可查，去向可追”。

11月6日

△2020年数智治理领航者峰会在郑州高新区举行。

11月10日

△郑州市蝉联全国文明城市称号。

11月12日

△郑州市召开改进城市管理与改善人居环境工作推进会，要求深入贯彻落实党的十九届五中全会精神和习近平总书记关于城市建设管理的重要指示精神，贯彻新发展理念和以人民为中心的发展思想，持续推进“三项工程、一项管理”，以城市高质量发展助推国家中心城市建设。

11月20日

△郑州中欧班列集结中心示范工程（中国郑州—芬兰赫尔辛基）首班开行。中国郑州—芬兰赫尔辛基线路是中欧班列（郑州）继德国汉堡、慕尼黑、比利时列日线路之后，新增的第4条欧洲线路。

11月26日

△郑州市召开疫情防控领导小组会议，贯彻落实全国疫情防控电视电话会议精神，分析研判疫情防控形势，安排部署工作。

12月8日

△郑州市召开脱贫攻坚工作会议，贯彻落实中央政治局常务委员会会议、省脱贫攻坚问题整改巩固提升工作推进会议精神，安排部署全市脱贫攻坚工作。

12月16日

△联合国工业发展组织投资和技术促进办公室（中国·北京）（简称ITPO Beijing）项目北方区域协同中心落户郑州航空港实验区。

12月26日

△郑州市轨道交通3号线一期和4号线初期运营启动。

12月31日

△郑州市举行抗击新冠肺炎疫情表彰大会，深入学习贯彻习近平总书记在全国抗击新冠肺炎疫情表彰大会上的重要讲话精神，对全市抗击新冠肺炎疫情斗争中涌现出来的先进个人和先进集体进行表彰。

二〇二一年

1月1日

△郑州公交投用新型无轨电车，采用“动力电池+线网”双源无轨交通运行模式，车辆在运行过程中利用线网供电行驶，在无线网路段可利用自身配备的锂电池组进行动力供给。

1月5—6日

△中共郑州市第十一届委员会第十三次全体会议暨市委经济工作会议召开。会议通过《中共郑州市委关于制定郑州市国民经济和社会发展第十四个五年规划和二〇三五年远景目标的建议》，表决通过中国共产党郑州市第十一届委员会第十三次全体会议决议。

1月7日

△郑州市召开疫情防控领导小组会议，强调要深入学习贯彻习近平总书记关于疫情防控的重要讲话精神，认真落实1月6日省疫情形势分析研判会议精神，坚持人民至上、生命至上，强化精准管控，筑牢坚固防线，切实维护好人民群众生命安全和身体健康。

1月9日

△国道310项目郑州西南段改建工程SG01标段南水北调特大桥合龙。

1月11日

△郑州市召开人才工作领导小组2021年第一次会议。会议研究了“黄河

人才计划”配套政策、《大数据人才培养“码农计划”实施方案》、第三批高层次人才分类认定拟定人选等。

是日

△中铁装备集团自主研制的“海宏号”盾构机贯通大连地铁五号线火车站至梭鱼湾南站区间海底隧道，成功攻克大盾构下穿海域岩溶地质这一世界性难题。

1月12日

△中共郑州市委召开专题会议研究“断头路”打通工作，优化交通路网结构，畅通“微循环”，改善群众出行环境，提升城市品质，提高人民群众获得感。

1月13日

△由郑州市95名医护人员、18台转运及保障车辆组成的疫情防控河南省首批援冀医疗队援助石家庄。

1月15日

△郑州市召开疫情防控专题会议，要求迅速把思想和行动统一到中央省市决策部署上来，慎之又慎、严之又严、实之又实做好“外防输入、内防反弹”各项工作，切实维护好人民群众生命安全和身体健康。

是日

△中欧班列（郑州）越南河内—德国汉堡的过境中转班列开通。

1月20日

△中欧班列（郑州）波兰新线路开通，中欧班列（郑州）境外目的站城市增至9个，国际直达线路达到9条，形成了“九大目的站点、六大出入境口岸”的国际多式联运物流网络。

1月22日

△中共郑州市委召开市委常委会，要求认清责任，担当作为，认真贯彻落实好省“两会”精神，按照中共河南省委对郑州提出的“领、创、闯”要求，加快建设现代化国家中心城市，深化研究、细化完善我市2035年远景目标、“十四五”目标路径和2021年六项重点任务。

是日

△郑州市召开美丽乡村建设调度会，要求美丽乡村的建设定位要精准，在补齐农村基础设施和公共服务短板基础上，因地制宜找准每个村的建设定位，50个精品村要做标杆、出亮点。

1月25日

△郑州市召开党管武装工作会议，深入学习贯彻习近平强军思想和习近平总书记关于河南及郑州的重要讲话指示精神，落实党管武装制度，总结工作，分析形势，部署任务，进一步强化责任，传导压力，推动我市国防动员和后备力量建设迈上新台阶。

1月27日

△国家商务部召开2020年国家级经开区考核评价结果专题发布会，郑州经济技术开发区综合发展水平在国家级开发区中位列第26位。

2月1日

△郑州市十五届人大四次会议通过关于郑州市国民经济和社会发展第十四个五年规划和2035年远景目标纲要的决议。

是日

△花生期货在郑州商品交易所上市交易。

2月9日

△郑州市政府办公厅印发《关于进一步明确我市居住证办理有关事项的通知》，经市以上人社部门认定的高层次人才，其本人及共同生活的直系亲属，以及夫妻一方为郑州市户籍人口的配偶，可直接申请办理居住证，提出申请后，公安机关受理之日起10日内制作发放。

2月18日

△郑州市政府办公厅发布实施《郑州市土地出让管理工作实施细则（试行）》，该细则是为贯彻落实《郑州市人民政府关于加强土地出让管理工作的意见》，加强土地供应计划管理、市场价格体系管理、土地市场调控管理而制订。

2月23日

△中共郑州市委召开市委常委会（扩大）会议，传达学习习近平总书记在党史学习教育动员大会上的重要讲话精神，要求把学习教育同“十四五”开局之年各项工作落实、同为民办实事结合起来，让干部受教育、群众得实惠、党群干群关系更密切，形成团结一心、干事创业的良好氛围，为国家中心城市现代化建设注入强大动力。

2月25日

△全国脱贫攻坚总结表彰大会在北京举行。登封市农业农村工作委员会、中共新密市尖山风景区管委会委员会获评全国脱贫攻坚先进集体；巩义市鲁庄镇党委书记王东、中牟县扶贫开发办公室主任乔松伟获评全国脱贫攻坚先进个人。

3月1日

△《郑州航空港经济综合实验区条例》正式施行。

3月2日

△郑州市召开党史学习教育动员大会，深入学习贯彻习近平总书记在党史学习教育动员大会上的重要讲话精神，动员全市上下学党史、悟思想、办实事、开新局，以扎实有效的学习教育促进党的建设高质量，为郑州国家中心城市现代化建设提供更加坚强保障。

是日

△郑州市召开政法队伍教育整顿动员部署会议，认真贯彻习近平总书记关于加强政法队伍建设的重要指示和训词精神，落实全国、全省政法队伍教育整顿动员部署会议精神，对全市政法队伍教育整顿进行动员部署。

3月4日

△深圳证券交易所河南基地在郑州高新区揭牌。

3月18日

△郑州经开综合保税区正式运营，中共郑州经开综合保税区工作委员会和郑州经开综合保税区管理委员会揭牌。

3月22日

△中共郑州市委常委班子举行“重温二七精神、感悟百年历程”学习座谈活动，接受“二七精神”教育洗礼，深刻感悟党史、新中国史，推动全市党史学习教育走深走实。

3月24日

△2021世界数字产业博览会在郑州举行。

3月25日

△郑州市召开新冠病毒疫苗接种工作会议，安排部署全市新冠病毒疫苗接种工作，进一步建立群体免疫屏障，有效阻断病毒传播，保障人民生命安全和身体健康。

是日

△郑州与长沙、宁波、合肥、南昌、武汉、贵阳、株洲、湘潭等长江经济带8个城市，举行城市政务服务“跨省通办”线上签约仪式。

4月2日

△任长霞同志先进事迹陈列展正式开展。

4月13日

△中国（郑州）黄河文化月开幕式举行。

是日

△巩义双槐树遗址入选2020年度全国十大考古新发现。

4月14日

△辛丑年黄帝故里拜祖大典在新郑举行。

4月18日

△郑州至雅典定期货运航线首航。

4月21日

△2021中国（郑州）国际旅游城市市长论坛开幕。

4月26日

△郑州市出台《郑州市高层次人才公共服务保障措施实施细则》。

4月27日

△郑州至布达佩斯专属海外货站在匈牙利布达佩斯国际机场挂牌，这是国内机场在海外建立的首个境外航空货站。

4月28日

△郑州市实现电子营业执照和电子印章同步发放。

4月29日

△中共郑州市委党建工作领导小组召开2021年第一次会议，通过《市委党的建设工作领导小组2021年工作要点》《市委领导班子成员2021年度履行全面从严治党主体责任清单》《关于党建引领优化营商环境的实施意见》《市委关于加强和改进全市机关党的建设的实施意见》《关于在全市机关开展“双抓双促”活动的实施意见》。

4月30日

△市委全面深化改革委员会召开第十次会议，通过《关于持续推进工业企业分类综合评价实施差别化资源要素配置的若干措施》《郑州市粮食储备管理运营机制改革实施方案》《郑州市推进全市供水一体化一张网改革实施方案》《关于适应现代化国家中心城市要求推进郑州律师行业高质量发展的意见》。

是日

△郑州博物馆新馆开馆。S312郑州境改建工程（G107东移至江山路段）通车。郑州市四环线及大河路快速化工程高架主线全面通车。

5月6日

△郑州市18岁以上人群大规模新冠疫苗接种启动。

5月7日

△“郑州—青岛港”铁海快线延至北非。

5月10日

△第五届全球跨境电子商务大会在郑州开幕。

是日

△世界上单体最大的智能化盾构装备产业园——中国中铁智能化高端装备产业园启用。

5月11日

△郑州市中心医院互联网医院揭牌。

5月12日

△“郑开同城 自贸通办”启动，河南自贸试验区郑州、开封两片区实现涉企行政审批服务事项跨片区通办。

5月15日

△郑州市统计局公布第七次全国人口普查结果，截至2020年11月1日零时，郑州市常住人口为1260万人，是河南省唯一常住人口超过1000万的城市，占全省常住人口的12.68%，居全国城市第十位、中部地区第一。

5月19日

△郑州市政府召开常务会议，要求充分认识疫情防控的长期性、艰巨性和复杂性，毫不放松抓好“外防输入、内防反弹”，把常态化疫情防控措施落实落细，坚决防止疫情出现反复。

5月20日

△桐柏路下穿陇海路隧道通车。

是日

△郑州市政府办公厅印发《郑州市市属高中阶段学校建设三年行动计划（2020—2022年）》。

5月21日

△郑州国际文化交流中心在中原科技城开工。

5月26日

△国务院办公厅电子政务办发布《省级政府和重点城市一体化政务服务能力（政务服务“好差评”）调查评估报告（2021）》，郑州市在重点城市一体化政务服务能力总体指数排名位列第10，成为全国一体化政务服务能力提升显著的城市之一。

6月15日

△郑州市政府办公厅印发《郑州市市民卡建设实施方案》。

6月17日

△国产首台高原高寒大直径硬岩掘进机“雪域先锋号”在郑州下线。

6月23—24日

△郑州市十五届人大常委会第二十六次会议举行，通过《郑州市物业管理条例》。

6月25日

△中原科技城特色园中园签约暨揭牌仪式举行。

6月26日

△郑州市召开“两优一先”表彰大会，表彰为郑州作出突出贡献的优秀党员、优秀党务工作者和先进基层党组织，颁发“光荣在党50年”纪念章。

是日

△地铁3号线一期全线通车运营。郑州商都国家考古遗址公园开园。

6月28日

△首列中国标准地铁列车在郑州下线，这是在中国标准地铁列车技术平台下诞生的首个示范应用项目，标志着我国在地铁车辆技术领域取得重大创新突破。

（郑州市地方史志办公室依据第一轮、第二轮《郑州市志》和《郑州年鉴》整理而成）

脱贫攻坚

综 述

【概况】 1993年，郑州市成立了贫困地区经济开发领导小组及其办事机构，按照当时的扶贫标准，截至1993年底，全市确定了11个贫困乡、246个贫困村、32万贫困人口。为实现“八七”扶贫攻坚目标，市委、市政府先后制定下发《郑州市1994—2000年扶贫攻坚规划》《中共郑州市委 郑州市人民政府〈关于尽快解决全市农村贫困人口温饱问题的实施意见〉》《中共郑州市委办公厅 郑州市人民政府办公厅关于进一步做好对口帮扶贫困村工作的通知》等文件，市县设立专项扶贫资金，市本级财政扶贫资金由1994年的100万元增加到2000年的500万元。七年间，市县两级共投入财政扶贫资金5697万元，派出扶贫工作队321支，通过实施基础设施扶贫、产业扶贫、科技扶贫等扶贫举措，到2000年底，基本解决32万贫困人口的温饱问题。

2001年，根据《中国农村扶贫开发纲要（2001—2020年）》确定的标准，郑州市没有扶贫开发工作重点县、重点乡，但有161个扶贫开发工作重点村、11.89万农村贫困人口，其中尚未解决温饱的贫困人口3.36万人、初步解决温饱但还不稳定的贫困人口8.53万人。2001年郑州市成立由市长任组长的扶贫开发领导小组及其办事机构，各县（市）区也成立相应的机构。市委、市政府于2003年出台《中共郑州市委 郑州市人民政府关于切实做好新阶段农村扶贫开发工作的意见》，明确财政、信贷、定点帮扶等一系列政策措施，建立完善考核机制，派出161支工作队帮扶161个扶贫开发工作重点村，初步构建起专项扶贫、行业扶贫和社会扶贫“三位一体”的大扶贫格局，并从2005年开始将扶贫工作列入年度十大民生实事进行督办。同时，在扶贫举措上，明确提出宏观上实行区域化扶贫，微观上实行一村一策扶贫的思路，并划定六大扶贫区域，推进扶贫由分散向集中转变，由单一向多元转变，由间接向直接转变。至2010年，累计投入各级各类扶贫资金8.9亿元，其中财政扶贫资金4.7亿元，基本完成了140个贫困村的整村推进任务和7300户2.9万人的扶贫移民搬迁任务，有7万人实现了脱贫，161个扶贫开发工作重点村农民人均纯收入由2000年底的822元提高到2010年底的2141元。

2012年，郑州市出台《中共郑州市委、郑州市人民政府关于贯彻落实〈中国农村扶贫开发纲要（2011—2020年）〉的实施方案》，确定将扶贫标准提高到3000元，并据此对扶贫对象和低保对象进行摸底调查，建立扶贫对象档案。但由于这一时期扶贫对象识别仍采用了自上而下分解任务的形式进行，致使不精准问题依然存在。

2013—2015年，全面实施精准扶贫阶段。2014年，郑州市委、市政府先后印发了《郑州市扶贫攻坚发展规划（2014—2020年）》和《关于创新机制扎实推进农村扶贫开发和革命老区建设工作的实施意见》，将全市贫困乡村划分为浮戏山、石君颖、具茨山、五云山、徐庄白坪豫西抗日根据地革命老区、航空港发展区、平原高效农业发展区等7大区域，着力实施易地搬迁扶贫、现代农业扶贫、产业扶贫、发展贫困山区区域特色经济为主的连片开发扶贫、基础设施和公共服务提升扶贫，以及对口扶贫、行业扶贫、社会帮扶扶贫，创新社会管理扶贫、财政金融政策保障扶贫等8大行动计划，配套制定《郑州市易地扶贫搬迁三年行动计划（2013—2015年）》《郑州市人民政府关于切实做好易地扶贫搬迁后续扶持工作的意见》等政策文件。同时，全面开始精准识别、建档立卡工作，对2011—2012年识别的扶贫对象进行逐村逐户逐人进行甄别、清洗。截至2014年年底，全市识别贫困人口9.6万人。2014—2015年两年间累计完成脱贫71335人，占比达到74.24%。

2016—2020年，决战决胜脱贫攻坚阶段。2016年年初，市委、市政府下发《关于深入推进精准扶贫打赢脱贫攻坚战的实施意见》，成立以市委书记为第一组长、市长任组长的双组长脱贫攻坚领导小组，并层层签订目标责任书。2017年下发《关于改进作风狠抓落实进一步完善脱贫攻坚责任体系的意见》，进一步明确和落实市、县、乡、村、村级责任组、行业部门、帮扶工作队、督查巡查组等8个层面责任；成立3个脱贫攻坚督查巡查组，加大督查巡查力度。推动19个行业部门出台各自行业扶贫政策，形成了“1+19”政策体系。开创性提出以“N+2”为主线，以精准对户（人）、对事、对时、对责、对账“五对”为抓手，以“转扶搬保救”为基本路径的精准扶贫模式。2018年，市委、市政府制定《关于打赢脱贫攻坚战三年行动实施方案》，成立15个重点工作专项指挥部，出台15个专案，形成“1+15+19”政策体系。至2016年年底，全市181个贫困村全部退出。至2018年底，全市仅余政策兜底贫困人口769户1785人，实现了除政策性兜底外存量贫困人口全部脱贫目标。自2019年起，郑州市由脱贫攻坚转向脱贫攻坚与巩固提升并重新阶段，并于当年下发《中共郑州市委 郑州市人民政府关于提高脱贫质量巩固脱贫成效的意见》。到2020年年底，全市9.6万贫困人口如期实现全部脱贫，脱贫攻坚战取得决定性成效。郑州市连续四年在全省脱贫攻坚成效考核中获得“好”的等次，排在第一方阵。

贫困农民收入快速增长。2020年底，全市贫困农民人均可支配收入达到15127元，是2015年底4213元的3.6倍，与全市农村居民人均可支配收入比由2015年的1:4缩小到1:1.7，农民生活水平显著提高。贫困村集体经济收入从无到有，全部超过5万元，平均达到21.89万元，发展后劲不断增强。贫困乡村面貌发生巨大变化。基础设施不断完善，村村通硬化路率、通客车率达到100%，村村通动力电率、户户通电率达到100%，贫困人口饮水安全100%动态达标，宽带和4G网络实现全覆盖。公共服务设施不断提升，贫困乡村教学条件和师资队伍不断加强，村村建有标准化卫生室，配备有合格的乡村医生，村村有综合性文化服务中心。五年累计建成易地扶贫搬迁社区5个，完成搬迁1421户5649人。人居环境整治全面完成，打造贫困村美丽乡村11个。贫困乡村治理水平显著提升。深入开展抓党建促脱贫工作，全面完成贫困村党支部的整顿和提升。先后派出3批共1334支工作队、1334名第一书记、2.7万名工作队员和帮扶责任人投身脱贫攻坚一线，实现对贫困村和贫困户的帮扶全覆盖。通过建立“一约五会”、设立好人榜、评选脱贫攻坚先进典型等，激发了贫困群众的内生动力。探索加强法治、德治、自治“三位一体”的基层治理新路子，为深入实施乡村振兴战略奠定基础。结对帮扶贫困县工作成效显著。成立结对帮扶贫困县工作领导小组，组建郑卢帮扶综合协调办公室和驻卢氏工作组，抽调12个区县（市）对口帮扶卢氏县18个乡镇，构建了市委、市政府统一领导，市直部门分工负责，区县（市）对口帮扶，社会力量积极参与的帮扶工作格局。2018—2020年，累计投入结对帮扶财政资金3.37亿元，11大类197个帮扶项目和22项重点工作顺利推进；引进落地企业20个，实现招商引资1.38亿元，助力卢氏县顺利摘帽脱贫。连续两年在全省结对帮扶贫困县考核中名列第一。巩义市结对帮扶淮滨县、新郑市结对帮扶南召县任务顺利完成，均被评为“好”的等次。

【组织领导】 市委、市政府坚持把脱贫攻坚作为树牢“四个意识”、坚定“四个自信”、做到“两个维护”的政治任务来抓，把学习习近平总书记关于脱贫攻坚工作的重要论述、习近平总书记在宁夏、陕西、山西、湖北等地调研以及出席2020年3月6日决战决胜脱贫攻坚座谈会等重要讲话精神，作为市委

9月8日，郑州市消费扶贫月活动启动仪式暨扶贫产品展销会举行（市农委/供图）

常委会的“第一议题”，着力在学懂弄通做实上下功夫，推动学习贯彻不断深化。成立以市委书记任第一组长、市长任组长的脱贫攻坚领导小组，主要领导亲力亲为，以上率下；分管领导具体抓，促落实；定期召开市委常委会、政府常务会、领导小组会专题研究部署脱贫攻坚工作。建立市委常委联系县区、市级领导负责分管领域脱贫攻坚工作和分包贫困村制度，成立由市级领导牵头的15个三年行动计划专项指挥部，开展四级书记遍访扶贫对象行动。市人大、市政协每年组织开展脱贫攻坚专项视察和专项监督活动，带动解决一大批难点问题。

【政策制订与落实】先后出台了《关于深入推进精准扶贫打赢脱贫攻坚战的实施意见》《关于打赢脱贫攻坚战三年行动实施方案》和《关于提高脱贫质量巩固脱贫成效的意见》，市直19个行业部门、15个重大专项指挥部分别出台专案，构建了完整的政策体系。在扶贫举措上，积极探索实践“N+2”精准扶贫模式，逐村逐户逐人编制脱贫帮扶计划，因村因户因人精准施策，切实提高帮扶成效，省委办公厅《督促检查情况》、省委政研室《调查研究》《农民日报》分别进行了宣传推介。在推进机制上，以对人、对事、对时、对责、对账“五对”为主要内容，定期组织开展督查巡查和脱贫成效“回头看”，有效破解了“扶持谁”“谁来扶”“怎么扶”“如何退”要精准的问题。

坚持在“精准”上下功夫。精准识别退出，坚持以家庭人均纯收入稳定超过国家扶贫标准且实现“两不愁三保障”为主要衡量指标，严格按照“统计摸底、民主评议、核实认可、公告公示、脱贫销号”的程序规范操作，逐村逐户逐人过筛子，及时开展动态调整和问题整改，有效杜绝虚假脱贫、数字脱贫，切实做到“零差错”。年度数据质量指数稳定在100%，全市贫困识别准确率、脱贫退出准确率、问题整改准确率等主要指标均达到100%。精准落实政策，紧紧围绕“两不愁三保障”，不断完善政策举措，坚持条块联动，加强督促检查，确保每一项政策第一时间精准落实到户到人。全市政策到位率稳定在100%，5年累计发放教育资助资金14.81亿元，惠及学生177.17万人次；享受健康扶贫“七免一减”和“先诊疗后付费”惠民政策15.78万人次，累计减免医疗费用5331.1万元，大病集中救治率、慢性病签约率、家庭医生签约服务率均达到100%；落实医保“四重保障制度”，实现应保尽保；全市7014名建档立卡贫困残疾人全部纳入扶贫助残范围，累计办理残疾人证2114份，实施家庭无障碍改造2129户，实现应改尽改；累计鉴定房屋1.3万余户，改造危房944户；农村低保标准由320元提高到730元，低保兜底保障水平不断提升。精准推进工作，紧紧围绕巩固提升脱贫成果，以发展产业、促进就业、消费扶贫为重点，千方百计增加农民收入；以加强基础设施建设为重点，不断改善贫困群众生产生活条件，夯实发展基础。五年累计投入产业扶贫资金10.69亿元，发放扶贫小额贷款3.27亿元，实施产业扶贫项目682个，培育带贫农民专业合作社166个，实现了产业帮扶对户对人全覆盖；累计培训贫困劳动力1.85万人，解决就业2万多人，其中公益性岗位安置就业2840人，实现“应培训尽培训、应就业尽就业”目标。

凝聚“广泛”合力。坚持专项扶贫、行业扶贫、社会扶贫“三位一体”，坚持“志智双扶”，凝聚脱贫攻坚强大合力。充分发挥专项扶贫的主导和引导作用，五年累计投入财政专项扶贫资金24.8亿元，其中市本级投入20.9亿元，实施财政扶贫项目2483个。充分发挥行业扶贫的支持作用，市直各部门全力打好产业扶贫、就业创业扶贫、生态扶贫、金融扶贫“四场硬仗”，扎实开展健康扶贫、教育扶贫、扶贫助残、易地扶贫搬迁、危房改造清零、扶贫扶志“六大行动”，深入推进交通扶贫、水利扶贫、电网升级和网络扶贫、环境整治“四项工程”，助力贫困乡村发展。充分发挥社会扶贫的补充作用，扎实开展“百企帮百村”、慈善捐助、扶贫助残、“巧媳妇”工程、定点扶贫、消费扶贫等活动，带动一大批贫困群众走上了致富道路。截止目前，全市累计投入社会扶贫资金近50亿元。充分发挥贫困群众的主体作用，积极探索“以劳动换积分，以积分换商品”扶贫模式，建设扶贫超市202个。加强励志教育，完善村规民约，选树先进典型，涌现出了无臂羊倌曹建新、“最帅水果哥”牛世权、身残志坚杨淑丽等一批自立自强的先进典型，弘扬了社会正能量，激发了“我要脱贫”的强大内生动力。

【驻村帮扶】2015年9月份以来，全市共分三批选派驻村工作队1334个、驻村第一书记1334名、驻村队员2858名，做到帮扶力量在建档立卡贫困村、市级低收入村、党组织软弱涣散村、艾滋病治帮扶重点村、集体经济空壳村和乡村振兴任务重的村全覆盖。广大驻村第一书记和工作队员扎根基层、苦干实干，有力地推动了精准脱贫、夯实了基层组织、提升了治理水平、惠及了民心民生。全市181个建档立卡贫困村和109个市级低收入村全部提前摘帽并走向致富，实现除政策兜底外存量贫困人口全部脱贫，673个党组织软弱涣散村全部得到转化提升、7个艾滋病治帮扶重点村的疫情和群众思想日益稳定。全市广大驻村干部持续完善所驻村的生产生活基础设施、协调引进大批资金和致富项目（新修村级道路1455公里、桥梁83座，安装路灯25500多盏、新打机井1951眼，引进各类致富项目447个，帮助创办合作社442个），大力开展“最美家庭”“最美婆婆”“最美媳妇”评选，举办一系列传统文化活动，弘扬正能量、引领新风尚。

强党建，培养领头雁。坚持以党建为龙头，抓班子强队伍，树导向增活力，加快脱贫攻坚和乡村振兴步伐。大力实施“领头雁四个一”工程，即：建强一个班子（党支部班子）打造一支队伍（党员干部和乡土人才队伍）健全一套制度（组织生活制度和事务公示公开制度）、丰富一批载体（传承优秀传统文化的活动载体），持续增强村级组织的战斗堡垒作用。实现制度系统化、管理常态化、活动经常化。重民生，丰富大厨房。广大第一书记着力帮助所驻村完善生产生活基础设施、打造绿色环保食物品牌，更好地服务市民的“米袋子”和“菜篮子”，推进村规模化种植，实现农产品的高质高效；推广“合作帮扶、社会帮扶、直接帮扶、托管帮扶、代种代养、股份帮扶 资产收益”等七种帮扶脱贫模式，帮助贫困户增产增收，取得明显成效。兴产业，同走致富路。坚持农村一二三产业融合发展，

登封大滹沱村香菇种植基地（市农委/供图）

引导农村开展特色种植、特色加工和电商流通，大力发展都市生态农业，基本实现“村村有特色产业、有新型合作经济组织、有集体经济收入、户户有增收项目”的目标；以扶优扶强农业龙头企业为切入点，推进农业产业化集群培育工程，依托各县（市）特色产业，不断完善农业发展产业链、利益链、组织链、服务链，使农民走上土地流转收租金、就近就业拿薪金、入股分红得股金的脱贫致富之路。优生态，打造后花园。践行“绿水青山就是金山银山”绿色发展理念，建设美丽乡村、培育休闲农业、发展特色旅游，推进农业由单一功能向休闲、生态、养生、文化等多功能拓展，促进产业融合、农民增收，并逐步形成“雁阵效应”，示范带动周边村庄生活环境、生态环境持续改善和提升。

登封市君召乡“巧媳妇”转移就业基地（市农委/供图）

【结对帮扶】 自2018年5月郑州市结对帮扶卢氏县以来，郑州市高度重视，周密部署，精心谋划全面发力，积极做好结对帮扶工作。2019年4月和2020年6月底，河南省脱贫攻坚领导小组分别通报2018年度、2019年度全省脱贫攻坚成效考核情况，在19个承担结对帮扶贫困县任务的市县中，郑州市连续两年名列第一。2020年2月底，卢氏县经省政府批准退出国家级贫困县。

强化责任担当。市委、市政府高度重视，主要领导先后13次深入卢氏调研对接和互访。每年市委、市政府多次召开市委常委会、市政府常务会、帮扶工作专题会和工作推进协调会，研究部署并推进郑卢结对帮扶工作。组建帮扶机构。市级成立以市委副书记为组长，主管副市长为副组长的结对帮扶工作领导小组，加强对帮扶工作的统一领导；从市直部门和区县（市）抽调4名科级和2名副县级干部组建郑州结对帮扶卢氏县工作综合协调办公室和郑州驻卢氏县帮扶工作组，负责日常沟通、协调、服务和项目推进工作。凝聚帮扶合力。建立市委、市政府统一领导，市直部门分工负责，区县（市）分包乡镇，社会力量积极参与的“两级多元”帮扶机制，由12个区县（市）对口帮扶卢氏县18个乡（镇），市直行业部门根据分工对口做好帮扶工作，广泛动员社会力量参与，凝聚帮扶合力。加大资金投入。全市累计投入结对帮扶资金3.43亿元，对郑卢确定的11大类197个帮扶项目及22项重点工作进行全方位扶。

精准对接。市委市政府、结对各区县（市）、市直部门主要领导或分管领导带队多批次赴卢氏县深入对接、研究解决帮扶问题。明确思路。根据卢氏县所需与郑州市所能，明确“1346”工作思路，紧盯“一个目标”，即“卢氏县2019年贫困县摘帽、2020年实现贫困村、贫困人口全部出列的总体目标”；围绕“三个着力”，即“着力推进卢氏产业发展，着力实施一批与贫困群众生活密切相关的民生工程，着力激发贫困群众内生动力”；坚持“四个聚焦”，即“聚焦脱贫退出硬指标、聚焦重点人群、聚焦群众直接受益、聚焦能力提升”；实施“六大工程”，即“产业带贫帮扶工程、健康扶贫帮扶工程、教育扶贫帮扶工程、劳务协作和人才培养帮扶工程、助残养老服务体系提升帮扶工程和公共文化服务体系完善工程”，确保帮扶不走弯路，取得实效。

根据《郑州市结对帮扶卢氏县工作方案》，各区县（市）和市直各单位以“六大帮扶工程”为抓手，强化领导，深度对接，认真制定帮扶计划，全面开展帮扶工作。围绕民生工程帮扶。对《郑州市结对帮扶卢氏县工作方案》确定的1大类197个帮扶项目及22项重点工作进行全方位帮扶。截至2020年年底，22项重点工作按计划顺利完成，197个帮扶项目全部完成，58个行政村的综合文化服务中心全面建成；20个乡镇卫生院医疗设备全部配备到位；42个村级标准化卫生室全部完工；4大项目工程中的郑卢小学、思源水厂投入使用，卢氏县妇幼保健院迁健项目和就业公共服务平台基建项目均已完工。围绕产业发展帮扶。2018年5月以来，把产业帮扶作为带动卢氏经济发展，实现贫困群众就业和脱贫增收的重要帮扶措施来抓，以探索建立的“44N”产业帮扶机制（郑州市一产、二产、三产、国有资产和12个对口帮扶区县（市）产业扶持）为统领，积极推进卢氏产业发展。市财政出资5000万元投入“河南农兴产业发展基金”，重点支持卢氏县域内具有较强带贫优势、且有一定产业规模、经营效益显著的优质农业龙头企业，带动1209户贫困人口实现脱贫，带动3115户9359人从事食用菌种植增收致富。12个帮扶区县（市）和农委、发改委、工信局等市直单位积极为郑卢两地企业搭建平台，大力开展产业推介和产业资金帮扶，全市共投入产业帮扶资金3.37亿元，已规划或落地实施的物流、扶贫车间、石榴基地、食用菌大棚等产业项目35个。郑州农业担保股份有限公司和卢氏县政府、卢氏县农商银行合作，推出“香菇贷”金融产品，支持卢氏香菇产业的发展。累计担保贷款1.35亿元，帮助解决香菇产业发展中的资金颈问题。引进郑州现代物流中心有限公司与卢氏县合作共建卢氏县、乡、村三级物流网络节点体系建设项目，使卢氏县农村物流成本明显降低，实现产销直连，推进农产品销售。围绕劳务协作帮扶。把帮助提升卢氏县群众，尤其是贫困劳动力实用技术、就业能力、拓宽就业渠道贯穿落实到结对帮扶的全过程，完善职业介绍、就业招聘、人员输出、就业平台建设等机制，推动实施就业。共组织对卢氏有关人员烹调、旅游、文化等技能和实用技术培训共142期7939人。先后18次在卢氏县组织举办“春风行动暨郑卢结对帮扶招聘会”，提供就业岗位5万余个，共帮助卢氏县建档立卡贫困劳动力就业4496人。市委组织部共培训卢氏县村两委主要负责人、科级干部733名，郑州市人社局、交运委、财政局等单位组织近1500名干部职工分批到卢氏县学习、拓展训练和开展红色革命教育，对宣传推介卢氏旅游，提升卢氏在郑州的知名度和美誉度起到了积极推动作用。围绕健康扶贫帮扶。通过院与院对口结对帮扶，开展设备捐助、远程医疗、讲座培训、义诊等活动，帮助卢氏县提升健康医疗水平。郑州市属12家医院对口帮扶卢氏县4家县直医院和20家乡镇卫生院。经常组织专家和骨干医在到卢氏义诊，共举办大型义诊8次，小型义诊活动90余场，义诊群众18500余人次；出台优惠政策，卢氏县建档立卡贫困群众在郑州市属医疗机构就诊，享受郑州市贫困人口就诊优惠政策中的“五免一减”政策，至2020年底共对卢氏县来郑就医的患者减免医疗费用合计10万余元。围绕教育扶贫帮扶。通过校与校结对帮扶，跟岗学习、派驻支教老师、暑期集中培训、送教等多种形式帮助卢氏县全面提升教学水平。郑州市中小学校结对帮扶卢氏县73所学校，覆盖卢氏县所有成建制学校。2先后组织教育专家、特级教师开展送教496人次，上观摩课2770节，培训卢氏教师3299人次，卢氏教师到郑州跟岗学习993人次，全面提升了卢氏县的教育教学质量。围绕社会参与帮扶。广泛动员公共单位、企业、社团组织、慈善机构、个体工商户等社会力量参与帮扶卢氏县工作，累计开展公益捐助捐赠3154.13万元。围绕消费扶贫帮扶。2018年5月以来，结合卢氏大面积种植香菇、木耳等特色菌类产品的实际，组织动员郑州市社会力量到卢氏县开展消费扶贫活动。号召公共单位带头消费，鼓励党政机关、企事业单位干部职工优先采购卢氏县产品。引导出席郑州金鸡百花奖电影艺术节的明星们到卢氏县展开直播带货，助力消费扶贫行动。郑州市在832平台采购农副产品完成预留份额的比例为126.32%，有力推动了卢氏经济社会发展。广泛动员域内各级各类行业协会、商会、慈善机构、社会组织、个体工商户、爱心人士等社会力量参与消费扶贫等措施，切实提高卢氏群众，特别是贫困家庭菌类种植户的收入，共帮助购买、采购、消费卢氏县各类农产品等32948.67万元。

【督查巡查】健全责任体系，制定出台了《关于改进作风、狠抓落实，进一步完善脱贫攻坚责任体系的意见》，明确了市、县、乡、村、村级责任组、行业部门、帮扶工作队、督查巡查组等8个层面责任，制定相应奖惩制度，逐级传导压力，夯实工作责任。加强督查巡查，抽调市直部门业务骨干组建3个督查巡查组，采取定期不定期暗访督查的形式，及时发现问题，帮助解决问题，带动扶贫工作精准度、社会认同度和群众满意度显著提升。从严追责问责，坚持“正负”激励两手抓，提拔重用了一批扶贫干部，对工作不力的单位和个人进行追责问责。五年来，全市查处扶贫领域腐败和作风问题154件，处理人数234人，以严肃问责倒逼责任落实。

行业扶贫

【党建促脱贫攻坚】郑州市先后出台《全市组织部门服务脱贫攻坚工作实施意见》《抓党建促决战决胜脱贫攻坚二十八条举措》《关于在决战决胜脱贫攻坚中查短补弱进一步筑牢村党组织战斗堡垒的通知》等文件，从思想动力、干部导向、组织基础、人才支撑、物质保障等方面，对抓党建促脱贫攻坚工作进行具体安排部署。建立市县乡“三级抓村机制”，明确市级15项、县级26项、乡级34项抓党建促脱贫攻坚具体任务，把抓党建促脱贫攻坚作为县乡党委书记抓基层党建述职评议考核的重要内容，引导各级党委书记严格履行党建工作“第一责任人”责任。

坚持强弱项、补短板，每年按照不低于10%的比例倒排整顿软弱涣散村党组织。2019年，在“不忘初心、牢记使命”主题教育中开展以农村为重点的集中整顿软弱涣散基层党组织工作，推动120个软弱涣散村完成整顿提升。围绕决战决胜脱贫攻坚，开展“查短补弱”行动，确定79个软弱涣散村，逐村派驻第一书记、整顿工作组，开展集中整顿；对全市181个贫困村，由市级组织部门班子成员带头，逐村摸排分析，有针对性地落实整顿措施，逐个建强党组织。2016—2020年，全市共排查整顿软弱涣散村党组织673个，其中贫困村48个，调整撤换不胜任不尽职贫困村党组织书记33人。

结合2018年村“两委”换届，选优配强181个贫困村党组织书记，换届后市级层面分13期对5400名村（社区）“两委”负责人进行全员轮训，对全市所有贫困村“两委”负责人进行精准培训。2019—2020年，分两批对181名贫困村党组织书记开展脱贫攻坚专项培训，进一步提高贫困村党组织书记综合素质和业务能力。聚焦加强村级后备干部建设，按照每个村3—5名的数额建立村级后备人选库7000余人。连续三年开展乡土人才联络和回归工程，累计17586人纳入全市乡土人才库。创新建立换届“后评估”机制，研究出台县级备案管理制度，对不胜任不称职的贫困村党组织书记及时进行调整调换。建立完善政治激励、经济保障、帮扶慰问等机制，不断激发村“两委”干部干事创业热情。启动村党组织书记“亮赛比”活动，通过自下而上层层“比武”、交流经验，推动全市党组织书记对标看齐、强化担当，从“要我干”变为“我要干”，激发干事创业活力。

出台《郑州市农村干部激励保障办法》《关于进一步加强村级组织运转经费保障工作的通知》，提高农村党支部书记补贴，并全部列入县级财政预算。全面落实村级组织运转经费，从2019年起，将村级组织运转经费由原来的7.4万元提高至15万元，办公经费、服务群众经费、党建经费各5万元，真正让村里有钱办事。同时，全面加强村级党群服务中心建设，95%的村达到200平方米，规范标识、挂牌，落实各项服务制度。

坚持把发展壮大村级集体经济，作为巩固脱贫攻坚成果、实现乡村振兴、夯实党在农村执政基础的重要举措，先后研究出台抓党建促乡村振兴“六项行动“、发展壮大村集体经济“三年强村计划”等。聚焦村级集体经济“清零”“提质”等重点任务，在全市部署推进基层党建重点任务“挂图作战、集中攻坚”行动，有力推进各项工作落实。

【扶贫扶志工作】突出思想“扶志”。深入开展理论宣讲，组织开展“党的创新理论万场宣讲进基层”“听党话、感党恩、跟党走”“决胜全面小康、决战脱贫攻坚”等宣讲活动，增强贫困群众的政治认同、思想认同和情感认同。建立理论宣讲骨干人才库，从第一书记、基层党员、先进典型、道德模范、乡土能人中选拔培养宣讲人才，以群众身边人讲述群众身边事的方式开展宣讲，推进理论宣讲对象化、分众化、互动化。市属五大媒体先后开设“脱贫攻坚进行时”“深化走转改·扶贫扶志郑州行”“潮涌中原——扶贫扶志先进典型人物”“决战决胜脱贫攻坚”“我们的小康生活”等专题专栏，以解读打好脱贫攻坚战政策措施和进展成效为切入点，从不同角度、不同层面加大对脱贫攻坚的宣传力度，形成重点突出、互相配合的立体化宣传格局。围绕全市脱贫攻坚“四场硬仗”“六大行动”“四项工程”，举办15场决战决胜脱贫攻坚系列新闻发布会，全面展示全市脱贫攻坚工作成效。

突出文明“扶志”。按照试点先行、逐步推进的方式，扎实推进全市新时代文明实践中心（所、站）建设，实现所有区县（市）文明实践中心（所、

登封市唐庄镇易地扶贫搬迁社区（市农委/供图）

站）全覆盖。建立工作机制，发挥文明实践中心统筹、协调作用，构建县乡村三级贯通、协调有力的阵地体系，实行“群众点单、中心派单、志愿者接单、群众评单”的模式，向基层群众宣讲传播科学理论，为群众提供针对性服务。扎实推进移风易俗，全市1600多个行政村开展了孝善敬老活动，98%以上的行政村制订了符合自身实际的村规民约。常态化开展星级文明户、道德模范、身边好人及好媳妇、好婆婆、好妯娌、好少年等先进典型选树活动，广泛开展“传家训、立家规、扬家风”活动，持续开展“志愿服务乡村行”活动，受益群众81万余人。

突出文化“扶志”。建好农村文化设施，全市共建成基层综合性文化服务中心2783个，实现全覆盖。明确要求惠民演出与扶贫扶志工作相结合，2018、2019年连续两年完成“舞台艺术进乡村、进社区”“舞台艺术送基层”“中原文化大舞台”等多个惠民演出活动，覆盖全市近400个行政村（社区），受益群众400余万人次。2020年开展“舞台艺术进乡村、进社区”活动1054场次、“舞台艺术送基层”活动46场次。加大脱贫攻坚题材文艺精品创作和展演力度，鼓舞贫困群众致富奔小康的信心和决心。持续推进以区县（市）图书馆为总馆、乡镇为分馆的图书馆总分馆制建设，建成图书馆分馆191个。不断提升农家书屋建设水平，全市2242家农家书屋累计配备图书84万册，注册开通数字农家书屋平台803个。拓展书屋科普功能和惠民实效，搭建“屋校互补”乡村第二课堂，举办新型职业农民劳动技能培训活动。

新密市尖山风景区山区道路（市农委/供图）

【教育扶贫】贯彻落实好各学段家庭困难学生教育资助、扶持政策。2016—2020年发放资金14.81亿元，惠及学生177.17万人次，其中给建档立卡家庭经济困难学生发放资助资金1.19亿元，惠及学生22.12万人次。进行贫困地区乡村义务教育薄弱学校改造，推进寄宿制学校建设，认真执行学生营养改善计划。

义务教育阶段贫困家庭学生控辍保学工作。特别是解决贫困地区贫困家庭学生上学特殊困难情况，确保九年义务教育贫困家庭学生身体正常、应该上学的适龄儿童都能上学，不能因贫辍学。2016—2020年郑州市无辍学学生。将留守儿童关爱教育纳入招生工作任务，协调各方力量，校内与校外有机结合，通过加强特殊教育学校建设和开展送课上门活动等，做好留守儿童入学及关爱工作。

开展乡村教师支持计划。对乡村在编在岗教师，经年度考核合格的，给予每人每月700元或500元生活补助。开展乡村名师评选活动，评选出112名郑州市首届乡村名师。对乡村教师开启职称评定“绿色通道”，对定向录用到农村任教的高校毕业生每年给予学费补偿或助学贷款代偿。对到乡村学校交流支教1年及以上的城区教师，在支教期间每人每月给予生活补助，将乡村教师生活补助、班主任津贴、地方教龄津贴改为按月发放，增加广大教师的获得感。

为边远乡村提供人才支持。着眼贫困劳动力长远发展，指导各职业学校充分发挥人才和专业优势支持，完善体系，确保贫困家庭有意愿的初中毕业生都能接受中等职业教育；多措并举，加大建档立卡学生的就业帮扶力度；开展技能培训，积极为贫困地区和贫困家庭提供人才和技术支持。2020年，郑州市依靠职业学校、社区教育三级办学体系，以及乡镇成人学校为依托，共开展农民教育培训104期，培训当地居民32869人次，培训农民工11330余人次，促进再就业创业450人。

【健康扶贫】市委、市政府高度重视健康扶贫工作，成立健康扶贫行动指挥部，统筹协调，高位推进。结合郑州实际，统筹谋划布局，创新体制机制，完善政策体系，聚焦让贫困人口“看得起病、看得好病、看得上病、少生病”，以“大病集中救治一批、慢病签约服务管理一批、重病兜底保障一批”为抓手，实施“先诊疗后付费”“七免一减两帮扶”“一站式即时结算”等健康扶贫措施，全力打赢健康扶贫攻坚战。

着力构建健康扶贫体系。充分利用现有医保制度，尽最大限度向贫困人口倾斜。全额资助贫困人口参加基本医保，实现贫困人口全覆盖；大病保险对贫困人口实行降低报销起付线、提高报销比例，并取消年度封顶线。建立困难群众大病补充医疗保险制度，将贫困人口全部纳入医疗救助范围。实施疾病应急救助，鼓励社会组织，爱心人士和慈善机构开展慈善救助。启动实施“七免一减两帮扶”系列惠民政策，即：建档立卡贫困人口在县乡医疗机构就诊，免县乡住院起付线、门诊挂号费、注射费、换药费、救护车接送费、住院押金、免费健康体检，住院费用医保报销后医疗机构给予10%减免；全市二三级公立医疗机构对口帮扶所有贫困村、对贫困村卫生室每年给予2000元定额帮扶补助、优先录用贫困家庭医学毕业生等。全市贫困人口看病就医住院费用报销比例和县域内就诊率均达到90%以上，贫困人口就医负担明显减轻。截至年底，全市享受“七免一减”和“先诊疗后付费”惠民政策共15.78万人次，累计减免医疗费用5331.1万元。

积极开展精准分类救治。全面开展大病专项集中救治。对贫困人口中患儿童心脏病、儿童白血病等30种大病共279人开展集中救治，救治率达100%。扎实推进慢病签约服务。由家庭医生签约服务团队与贫困慢病患者签订服务协议，提供基本医疗、公共卫生和健康管理服务。会同市残联、市扶贫办分别制定政策，明确利用残联康复基金和市级扶贫资金，进一步加强贫困慢病患者签约服务经费保障。全市贫困人口慢病签约8121人，签约率100%。兜底保障贫困重病患者。对需要长期治疗、医疗费用较高的重病患者，落实政府兜底保障措施，确保得到及时有效救治。共有3640名重病患者落实医疗兜底保障政策，实现应兜尽兜、不落一人。

提升基层医疗卫生服务能力。“十三五”以来，先后投人40多亿元，新建、改扩建17家县（区）级医院、81家乡镇卫生院和2099家标准化村卫生室，更新基层医疗机构设施设备。组织全市二、三级医院对口支援贫困村，为建档立卡贫困人口提供专项帮扶服务，解决贫困群体实际医疗需求。在市、县、乡三级医疗机构开通贫困患者优先就诊绿色通道，为贫困人口提供一站式健康服务。自2016年起，将全市村卫生室基本药物定额补助增加到每年5000

元，对全市290个贫困村卫生室每年补助2000元，实现每个村有一所标准化村卫生室，每个村卫生室都配备至少一名合格乡村医生，基本实现“小病不出村，常见病不出乡，大病不出县”。

全面提升居民健康素养。全面推进基本公共卫生服务均等化。为所有贫困群众建立居民健康电子档案，实行动态化管理，积极开展12项国家基本公共卫生服务项目，做好重点传染病、慢性病防控；增加新生儿耳聋基因和35种遗传代谢病筛查项目，并提高新生儿筛查、产前超声筛查经费标准，“两癌”筛查实现城镇低保人群和农村贫困人口全覆盖。2018—2020年，省、市、县三级累计投入资金超3亿元，惠及群众180余万人次，有效阻断贫困和疾病的代际传播。深入实施健康教育工作。定期为贫困群众发放健康教育宣传资料，举办健康知识讲座及咨询活动，开展个性化健康教育和健康技能培训；推进健康教育进社区、进学校、进农户及“三减三健”活动，增强群众健康意识，养成健康生活习惯，从源头上减少和控制因病致贫。截至年底，共开展健康大讲堂430余场次，受益人数3.9万余人；各级各类医疗机构共组织专家上门义诊720场次，发放“健康大礼包”23万余份、价值920余万元。广泛开展爱国卫生运动。加强贫困地区卫生环境综合整治，倡导戒烟限酒，改善人居环境，切实做到让贫困人口“少生病”。

【产业扶贫】郑州市以产业项目建设为抓手，立足贫困村当地资源，努力探索稳定的利益联结机制和“可造血、可持续”的长效产业扶贫模式。

因地制宜，发展乡村特色产业。不断提高财政专项扶贫资金用于产业扶贫的比重，积极引导贫困地区立足资源优势，坚持短中长目标统筹谋划扶贫产业，夯实产业基础。2016—2020年，累计投入产业扶贫资金10.69亿元，发放扶贫小额贷款3.27亿元，实施产业扶贫项目682个，培育带贫农民专业合作社166个，实现了产业帮扶对户对人全覆盖。在特色种养方面，通过实施“菜篮子”工程、现代农业示范园、产业扶贫、到户增收等农项目建设，引导、推动贫困村因地制宜发展蔬菜、林果、花木、中西材、畜禽、水产、食用菌等农业特色产业，促进贫困群众就业增收。在乡村加工业方面，积极发展特色农产品、特色食品、服装、鞋帽、玩具、手工艺品加工等劳动密集型产业，把工厂建在乡村，吸纳贫困村民创业就业，实现在家门口增收。在乡村旅游业方面，累计投入财政扶贫资金3.8亿元，实施贫困山区区域特色经济项目，打造一批乡村旅游扶贫点，覆盖困村42个，带动一批贫困户通过从事旅游业脱贫致富。积极推广“景区带村”“能人带户”和“公司＋农户”等旅游扶贫示范项目建设，打响了新密伏羲山大峡谷、登封大熊山仙人谷等旅游扶贫品牌。在农村电商方面，加强县、乡、村电商公共服务体系建设，完成服务站点对全市建档立卡贫困村的全覆盖，建成益农信息社1604个，打通电商扶贫最后“一公里”，实现“网货下乡”和“农产品进城”的双向流通。打造了“溱美新密”“我看蒙”“轩辕故里”等县域农产品公共品牌。在光伏扶贫方面，实施光伏发电项目，总投资1618万元建设6座村级电站、150户分布式电站，关联受益贫困户707户。

强化引导，壮大村级集体经济。每年安排1亿元专项资金对集体经济试点村进行扶持，试点村重点向贫困村倾斜，确定了特色种养、电商流通、乡村旅游等七大产业类型以及合作帮扶、托管帮扶、股份帮扶等七种脱贫模式，激活农村生产要素，激发乡村经济发展内生动力。贫困村集体经济收入从无到有，年收入全部超过5万元，平均达到21.89万元，发展后劲不断增强。

凝心聚力，形成产业帮扶合力。成立产业扶贫硬仗指挥部，市、县、乡、村及行业部门共同发力，农业、发改、旅游、商务等涉农部门资金政策向贫困村倾斜，以“扶贫驿站工程”“慈善超市工程”“巧媳妇”工程等活动为抓手，切实调动各方力量参与产业扶贫。深化“百企帮百村”精准扶贫行动，引导龙头企业或合作社在贫困地区建立生产基地、仓储设施、农产品加工、乡村旅游等项目，吸纳贫困村民就近就业创业，形成企业与贫困村抱团发展的利益联结机制，力争“输血式”向“造血式”扶贫转变。带贫企业达到208家，实施社会扶贫项目366个，投入社会扶贫资金近50亿元，其中产业帮扶项目资金45.9亿元，辐射带动农户6万余人

精准服务，注重发挥主体作用。在全市181个贫困村选聘产业发展指导员673名，共培育贫困村致富带头人1013人，指导贫困户12071户。坚持扶贫与扶智、“输血”和“造血”、治穷和治愚相结合，组织开展就业、特色种养殖、旅游扶贫、电商扶贫等专项技能培训3万余人次，解决就业2万多人，其中公益性岗位安置就业2816人，实现“应培训尽培训、应就业尽就业”目标。

【金融扶贫】2016年以来，郑州市瞄准“精准扶贫、精准脱贫”工作目标，持续把政策落地、措施落实作为金融扶贫工作重点，引导金融机构加大信贷投放、强化金融服务、加强政策宣传，充分发挥金融扶贫在脱贫攻坚中的保障作用，为全市脱贫攻坚提供强有力地金融支持。

政策制定。出台《郑州市金融扶持脱贫实施方案》《关于进一步做好金融扶持脱贫工作的通知》《郑州市金融扶贫政策宣传工作方案》《关于进一步推进产业扶贫工作的通知》《郑州市金融扶贫三年行动方案》《关于落实脱贫攻坚三年行动计划加快推进产业扶贫的若干意见》等政策性文件，明确细化金融扶贫的工作任务、着力重点和具体措施。

推进机制。加快贷款投放。指导各区县（市）进一步发挥三级金融服务网络作用，通过“户贷户用”扶贫小额信贷模式和精准扶贫企业贷模式并举，发动辖区金融机构服务辖区已脱贫但仍享受扶贫政策，以及未脱贫的建档立卡贫困户，并实现小额扶贫信贷投放覆盖面提升。同时，通过签订不同类别的带贫协议，使扶贫保救对象能享受不同形式的帮扶，做到能

荥阳市刘沟村村民种植石榴脱贫致富（市农委/供图）

贷尽贷、能贷快贷。认真落实政策。做好年内和过渡期政策落实，督促金融扶贫各主体责任银行，严格执行“5万元以下、3年期、基准利率放贷、免抵押、免担保、财政全额贴息”等政策，不得出现变通现象；通过金融服务下基层等多种形式广泛宣传精准扶贫小额信贷政策，破除贫困户有金融需求却不懂贷、不敢贷的心理，确保精准扶贫小额贷款“放得出、用得好、收得回”。严控金融风险。严格遵循风险防控制度、风险熔断机制，对已贷款的农户及企业督促银行按季进行贷后跟踪调查，了解农户贷款使用情况，及时发现风险问题；对问题苗头及预警情风险，迅速启动风险化解处置机制，将风险解决在萌芽状态。抓好问题整改。针对省市脱贫攻坚成效考核反馈问题、国家考核反馈问题、第三方评估、暗访调研及各级督导检查所反馈的问题，对标对表，建立台账，责任到人，开展自查，举一反三，逐项制定整改措施，确保各项问题全面深入整改到位。

措施成效。截至2020年年底，全市金融服务体系方面，建成县级服务中心6个、乡镇服务站48个、村级服务部253个；信用评价体系方面，以农商银行为主，累计完成完成采集和录入657个行政村的23186户建档立卡贫困户信用评价基础档案，将农户信用划分等级，确定授信额度；风险防控体系方面，建立县级风险补偿金，累计到位风险补偿金1.64亿元，降低产业发展中出现的自然和市场风险，确保脱贫零风险；产业支撑体系方面，共有带贫企业数155个，带贫农民专业合作社192个，初步实现产业发展带动贫困户脱贫致富。落实精准扶贫企业，全年年新增扶贫小额信贷11548.40万元，新增贷款户数338户，新增户贷率23.48%；新增精准扶贫企业贷款13890万元，带动贫困户2034户。全市累计发放精准扶贫企业贷款14510万元，带动贫困户2097，带贫率14.75%。

【水利扶贫】郑州市农村人饮解困工作始于上世纪末，主要解决有水吃问题；从“十一五”开始到“十二五”末，市委、市政府安排专项资金在全市开展村村通自来水工程建设，至“十二五”末，累计完成投资15.91亿元，建设1019处工程，受益农村人口324万人，全市集中供水率达到91%，自来水普及率达到85%，基本上解决了全市农村饮水安全问题，走在全省前列。2016年精准扶贫以来，制定《郑州市农村饮水安全巩固提升工程“十三五”规划》《郑州市水利脱贫专项方案》和《郑州市打赢水利脱贫攻坚战三年（2018—2020）行动方案》等，以农村饮水安全巩固提升工程为重点，加快涉贫行政村水利基础设施建设，补齐补强水利短板。为进一步补齐工程管理短板，在2019年专门制定《郑州市农村饮水安全脱贫攻坚“双百”达标工作方案》，建立了“从源头到龙头”的农村饮水安全指标体系，实施对水源保护、运行管护、水质管理、水价形成全过程精细化、标准化管理，确保农村饮水安全工程建的成、管得好、长受益。在2017年安排郑州市财政资金，优先巩固提升136个贫困村和低收人村饮水安全条件，2018年以后，由县（市）筹资，统筹巩固提升非贫困村饮水安全条件。至2020年底，圆满完成“十三五”饮水安全工程建设任务，全市农村供水保障水平得到显著提升。

贫困人口饮水安全百分之百动态达标。2016年以来，市、县共落实资金6.69亿元，建设和巩固提升832处工程，累计提升102.4万农村人口供水保障水平。其中，涉及6.7万贫困人口和低收人人口。根据《农村饮水安全评价准则》，全市建档立卡贫困人口水质、水量、方便程度、保证率等“四项指标”全部动态达标。农村供水保障程度显著提高。积极推进农村供水规模化工程建设，通过以大并小、并网联网等措施，着力补齐工程短板共建设1255处农村集中供水工程，集中供水人口330.91万人，农村集中供水率99.4%、自来水普及率96.2%，均高于全国和全省“十三五”规划目标。饮水问题实现动态清零。全市水利系统切实将农村饮水安全脱贫攻坚作为政治任务，加强组织领导，抽调精锐力量，层层压实责任，落实建设资金，按时完成工程建设任务。每年结合脱贫攻坚专项巡视、脱贫攻坚成效考核、督察巡查等排查整改工作部署，举一反三，全面、深入排查饮水安全工作的短板弱项和薄弱环节，对所有行政村和农村人口饮水情况、饮水安全工程运行情况进行拉网式排查和回头看，对存在的动态问题建立问题台账，一对一施策，实行清单管理，采取挂牌督战、周排名、周通报、下发提示函等形式，狠抓问题整改落实，并及时开展督导检查，跟踪问效，进一步巩固脱贫攻坚成效。2016年以来，各渠道反馈、排查发现和群众反映问题，均按照时限要求，整改到位。实现了任务清零、问题清零、贫困人口饮水安全百分之百动态达标的目标。探索巩固扩展脱贫攻坚成果的新举措，助力乡村振兴。在稳固住、巩固好现有农村饮水安全工程的基础上，按照“大水源、大水网、大水务”工作思路，对标农村供水管理“自动化、精细化、信息化”三项标准，谋划和编制全市“十四五”农村供水保障规划，推进巩义市和新郑市农村供水“四化”工作试点，探索“规模化、市场化、水源地表化、城乡供水一体化”的农村供水“四化”之路，巩固扩展脱贫攻坚成果，助力乡村振兴和城乡融合发展。

【贫困劳动力就业脱贫】郑州市把稳定贫困人口、困难群众就业作为“六稳”“六保”的重点，通过“精准服务、就业援助、创业带动、技能提升”等一系列举措，促进贫困劳动力就业脱贫。截至2020年12月底，全市省级建档立卡人口中有就业能力和就业愿望的贫困劳动力20417人，就业率100%；省级建档立卡贫困劳动力参加各类培训18458人（含其他部门培训和以工代训人员），有培训意愿且符合受训条件的人员培训率为100%，实现了“应就业尽就业、应培训尽培训”。

动态跟踪摸排，精准服务帮扶。加强动态监测。各区县（市）辖区内贫困劳动力就业现状逐户逐人调查核实，落实日报告制度，动态监测建档立卡贫困劳动力尤其是“脱贫监测户”“边缘户”家庭劳动力的就业情况，及时掌握贫困劳动力就业形势为实施精准帮扶提供依据。开展“就业扶贫百日攻坚行动”。印发《就业扶贫百日攻坚方案》，实行“月报告、月督查”工作制度，依据台账开展“一对一”帮扶，实现就业一人、销号一人，帮扶贫困人口就业增收。组织安全有序返岗。新冠肺炎疫情发生后，为让贫困劳动力“出的来，进的去”，强化劳务对接，实施“四有一可”模式（有组织开展健康监测、有组织开展劳务输出、有序推动企业复工复产、有力引导留乡就业创业、建设可追溯信息系统），全力保障贫困劳动力有序复工和外出务工。

多措并举送岗，就业援助帮扶。制定实施《郑州币就业创业贫硬仗指挥部专项工作推进方案（2019—2020年）》，严格落实“七个优先”政策，多措并举送岗，有力促进贫困劳动力能够稳定就业，实现增收。每年组织开展“春风行动”“就业扶贫行动日专场招聘”等系列活动，主动为贫困劳动力送岗，持续做好农村贫困劳动力稳就业、促增收工作。2018年以来，全市人社部门组织就业扶贫专场招聘会193场（次），累计提供就业岗位信息13万余条，7800余名贫困劳动力与用工单位达成就业意向。完善鼓励政策，2020年出台《郑州市人民政府关于进一步做好稳就业工作的实施意见》，鼓励企业吸纳贫困家庭劳动力就业、贫困劳动力参加技能培训、人力资源服务机构为贫困劳动力提供就业服务，并按规定给予政策补贴，减轻疫情对贫困劳动力就业的影响。开发公益性岗位安置，优先安置“三无”人员就业，2018年以来，累计开发公益性岗位安置贫困劳动力就业2840

人，发放公益性岗位补贴495.85万元，发放社保补贴27.74万元。

加大扶持力度，创业带动帮扶。完善落实创业补贴、创业担保贷款等扶持政策，以创业带动贫困人员就地就近就业。2017年以来，全市先后为1625名返乡创业农民工发放创业补贴1288.6万元。其中，为28名建档立卡贫困劳动力发放创业补贴14.9万元。有117名建档立卡贫困人员自主创业，737名贫困劳动力被带动就业。加大创业担保贷款扶持力度。将农民工创业担保贷款额度提高至30万元，利息由市财政全额负担，解决创业资金难题。2016年以来，先后为7000余名农民工发放创业贷款15.67亿元，为20名贫困劳动力发放创业担保贷款200万元。强化典型培育力度。持续开展示范园区、示范项目及助力脱贫攻坚优秀项目等评选活动，至2020年年底，全市共有农民工返乡创业示范县1个、省级返乡创业示范园区6个，省级返乡创业示范项目11个、助力脱贫攻坚项目7个，市级返乡创业优秀项目20个，省市级返乡创业之星66个。

组织就业培训，技能提升帮扶。制定精准扶贫方案，建立精准信息台账，引导认定的农村劳动力职业技能定点培训机构，采取“订单培训”“以工代训”“技能＋创业”“送技能下乡”等灵活多样的方式进行培训。结合疫情防控实际，及时调整培训方式，依托“互联网＋职业技能培训”优质平台，免费开展线上就业创业培训，为参训贫困劳动力发放生活费补贴，确保贫困劳动力技能培训工作不断线。2018年以来，先后组织贫困家庭劳动力技能培训4882人，落实培训补贴124.08万元、生活费补贴103.55万元；为30名贫困劳动力开展创业培训，落实补贴2.24万元。落实技能提升政策措施，扎实开展职业技能提升行动，至2020年9月底，全市已完成职业技能提升培训45.86万人次，拨付资金约2.2亿元，其中，培训城乡贫困劳动力、低收入家庭919人次，拨付补助资金96.757万元。落实技工院校学费减免政策。2016年以来，全市17所技工院校先后为6.2万名困难家庭学生发放助学金6275.41万元，为33.45万名困难家庭学生免学费2.95亿元。

【民政行业兜底保障】2016年以来，郑州市充分发挥民政行业在脱贫攻坚战中的兜底保障作用，完善社会救助等相关政策，织密织牢兜底保障网，保障困难群众基本生活，有效防止兜底保障的困难群众致贫、返贫。

积极推进低保政策与扶贫政策衔接。出台《郑州市最低生活保障制度兜底脱贫和特殊救助脱贫实施方案》，推进农村最低生活保障制度与扶贫政策有效对接；印发《关于规范档卡过程中做好贫困人口识别工作的通知》，把建档立卡贫困户中符合农村低保条件的家庭纳入低保范围，做到应保尽保；建设完善市、县两级救助申请家庭经济状况核对平台和机构，实现市、县两级民政部门纵向联通和各相关部门（机构）横向联通，提高低保对象认定的精准度。截至2020年12月底，全市共有低保对象53466人，特困供养对象12413人，建档立卡贫困人口纳入农村低保兜底保障6722人、纳入农村特困供养898人。健全完善低保政策。出台《郑州市脱贫攻坚三年行动中切实做好社会救助兜底保障工作实施方案》，围绕提标、扩面、扣减、渐退等方面对低保制度进行完善。全面推进低保审批权限下放。印发《郑州市民政局关于全面开展最低生活保降审批权限下放工作的通知》推进低保工作“放管服”改革，将低保审批权限下放至乡镇一级，提高精准施救和便民、惠民服务水平。做好贫困边缘人口社会技助，密切关注物价变动情况，认真执行社会救助和保障标准与物价上涨挂钩联动机制，及时足额发放价格临时补贴。调整提高低保、特困供养标准。农村低保标准由2016年的每人每月320元调整提高到2020年的730元，农村特困人员救助供养基本生活标准由2016年的每人每年不低于4608元整提高到2020年的不低于9198元。2016—2020年，全市累计保障城乡低保对象近26.5万人、发放低保金11.9亿余元，累计保障特困人员供养对象近5.5万人，累计发放特困供养金近4.9亿余元。

规范临时救助制度。下发《关于做好临时救助有关工作的通知》，要求各区县（市）制定出台切实可行的临时救助实施细则。出台《关于进一步加强和改进临时救助工作的实施意见》，建立健全防止返贫工作机制和临时救助标准上限动态调整机制，临时救助标准上限由原来的5000元调整为城市低保标准的10倍，并随城市低保标准的调整而提高。2020年印发《关于在新冠肺炎疫情期间进步做好临时救助有关工作的通知》，要求充分发挥临时救助制度在疫情防控期间的应急性、过渡性救助作用，防止群众因遭遇突发事件、意外伤害、重大疾病或其他特殊原因而致贫、返贫。2016—2020年，全市累计临时救助困难群众共计5.3万人次，累计发放救助金4736万元，有效缓解了困难群众的突发困难。

严格落实残疾人两项补贴工作。2016年印发《关于郑州市困难残疾人生活补贴和重度残疾人护理补贴实施细则的通知》，2018年印发《关于进一步规范残疾人两项补贴发放工作的通知》，进一步明确两项补贴资金发放流程、政策衔接、部门职责、监督管理等问题。2020年，出台《关于做好脱贫攻坚中贫困重度残疾人照护服务工作的通知》，为贫困重度残疾人照护服务工作提供政策支撑。保证残疾人两项补贴按月足额发放到位。残疾人两项补贴政策每年惠及全市残疾人7万余人，2016—2020年，累计发放“两项补贴”资金3.5亿余元，覆盖率100%。

孤儿保障水平持续提升。2011年，市政府出台《关于加强孤儿保障工作的意见》，正式将孤儿纳入政府保障范围，建立孤儿基本生活最低养育标准自然增长机制，逐步提高全市孤儿最低生活保障标准。2016—2020年，城镇社会散居孤儿基本生活最低养育标准由每人每月1100元增长至1380元；农村社会散居孤儿基本生活最低养育标准由每人每月790元增长至1080元；机构养育孤儿基本生活最低养育标准由每人每月1650元增长至2060元，保障标准居全省第一，在中西部省会城市位于前列。2019年，根据民政部《“福彩圆梦.孤儿助学工程”项目实施暂行办法》要求，建立孤儿就学资助和教育帮扶制度，确保其不因经济困难而失学。截至2020年底，全市有61名孩子享受到资助。

事实无人抚养儿童得到政府有力保障。2020年，出台《关于进一步加强事实无人抚养儿童保障工作的实施意见》，将父母双方均符合重残、重病、服刑在押、强制隔离戒毒、被执行其他限制人身自由的措施、失联情形之一的儿童；或者父母一方死亡或失踪，另一方符合重残、重病、服刑在押、强制隔离戒毒、被执行其他限制人身自由的措施、失联情形之一的儿童纳入保障范围，参照孤儿标准进行保障，让“事实孤儿”享受基本生活、医疗康复、教育资助和关爱服务等保障。截至2020年底，全市有589名事实无人抚养儿童纳入保障。

农村留守儿童和困境儿童关爱保护更加贴心。推动建立健全完善农村留守儿童关爱保护和困境儿童保障工作协调机制，成立由市委、市政府主要领导为组长，29个局委负责人为组员的领导小组，推进关爱保护和保障工作落实。

慈善工作开展情况。积极推动《慈善法》的学习宣传和贯彻落实，重点围绕脱贫攻坚、扶贫赈灾、扶老助残、恤幼济困、助学助医、生活帮扶等方面培育发展慈善组织，加强慈善捐助体系建设，依法规范慈善行为，动员社会力量广泛参与慈善活动，慈善事业发展取得明显成效。募捐款物总额从2016年的1.74亿元逐年提高到2020年的4.75亿元。

做好养老服务工作。逐步建立普惠的老年人高龄津贴制度。2016—2020年，市民政局共下拨高龄津贴资金2.536亿元，惠及老年人8万余人。加快推进农村养老服务中心（农村幸福院）建设，截至2020年底，全市共建设农村幸福院214个。做好政府购买养老服务工作，出台《郑州市政府购买养老服务暂行办法》，2016—2020年全市下拨政府购买养老服务资金近亿元，惠及特殊困难老人9000余人。开展农村留守老年人关爱服务工作，印发《郑州市关于加强农村留守老年人关爱服务工作实施方案》，要求建立农村留守老年人定期排查摸底制度、建立健全农村留守老年人救助保护机制，在高新区、荥阳市开展试点，取得良好效果。在疫情期间，为全市空巢老人发放口罩18.9万个。积极开展敬老月爱老助老活动，2016—2020年，累计为全市所有百岁老人发放慰问金162.7万元。

【易地扶贫搬迁】“十三五”期间，为解决登封市、新密市、新郑市、巩义市部分山区村、偏远村的贫困群众教育、医疗、交通、就业、产业等生产生活条件基础薄弱的问题，郑州市委、市政府启动实施易地扶贫搬迁工作，并把易地扶贫搬迁作为“挪穷窝”“拔穷根”，从根本上解决贫困群众脱贫致富的重要举措来抓。认真做好搬迁户拆旧复垦、后续产业就业帮扶、社区融入及“回头看”等工作，圆满完成易地扶贫搬迁收官任务，累计完成搬迁1421户5649人，确保搬迁群众稳定脱贫。

成立易地扶贫搬迁工作领导小组，市委常委会、市政府常务会多次研究易地扶贫搬迁工作。相关区县（市）积极落实省、市要求，成立组织，加强领导，并结合实际，编制“十三五”规划和年度实施方案，有序推进工作。市脱贫攻坚督巡组和市搬迁办坚持把易地扶贫搬迁工作纳入巡查范围，坚持重点督导和日常督导相结合，持续开展常态化实地督导，，确保各项目标任务在规定时间节点如期完成。

坚持以严格的标准、规范的程序推进易地扶贫搬迁，确保不因搬迁而增加群众负担，实现和谐搬迁。严把搬迁对象关。严格按照贫困户申请、村民代表大会评议、村委研究、村内公示、乡镇审核及公示、县级扶贫开发领导小组审批等6项程序，精准识别易地扶贫搬迁人口。充分尊重搬迁群众意愿，签订搬迁协议和承诺书。严把住房建设面积关。按照量力而行、保障基本的原则，严守建房标准，全市5个搬迁点住房建设总面积94225平方米，符合人均住房面积不超过25平方米的规定。严把资金安全关。全市四个有搬迁任务的区县（市）均成立融资平台，负责搬迁资金的承贷承还，并按照《河南省易地扶贫搬迁融资资金运作流程》开展业务对接。同时，严格按照财政扶贫资金报账制管理要求，对易地扶贫搬迁资金进行专账管理，切实做到廉洁扶贫、阳光扶贫。

坚持安居乐业推进易地扶贫搬迁。狠抓搬迁工程质量安全。始终把“搬得出、稳得住、能致富、生活好”作为核心目标，将安居与乐业并重，按照搬迁安置点必须靠近城区、镇区、产业集聚区、旅游景区，方便群众生产生活的原则，把各个搬迁安置点全部选择在镇区附近。加强工程建设全过程监管，确保实现精准对接，合规建设。扎实开展易地扶贫搬迁工程质量安全专项检查，积极排查化解不安定因素，确保工程质量不出问题。严格按照“搬迁入住后3—6个月内完成拆旧复垦”的要求，通过增加拆旧房补助资金、给与适当物质奖励的方式，加快搬迁群众实际入住。严格落实“搬新居、拆老宅”要求，及时收缴搬迁户的宅基证或集体土地使用证，杜绝搬迁户“两头占地”现象的发生，拆旧复垦工作全部完成。如期完成实际搬迁入住。充分发挥基层党支部战斗堡垒作用，利用已搬迁群众生产生活方式的前后变化，示范引导贫困群众加快迁入新居。加大组织引导力度，采取适度奖励补助的方法，早搬多补，晚搬少补，进一步调动迁入新家的积极性。同时，定期组织人员、车辆帮助群众搬入新家，积极动员爱心企业、公益组织等社会力量，为搬迁群众提供帮助。至2020年年底，所有搬迁群众如期实现搬迁入住。全面启动“5个新”专项工程。积极开展感恩教育活动，提升搬迁群众思想水平，使搬迁群众饮水思源感党恩。严格执行国家政策标准，保质保量完成建设任务，积极创新建立管护机制。在搬迁社区内广泛开展“美丽乡村·文明家园”、文明社区、文明家庭、星级文明户、文明信用户等系列创建活动，提升搬迁群众精神面貌。坚持把扶贫同扶志、扶智结合起来，建立健全长期稳定的利益联结机制，增强搬迁群众发展能力。将搬迁户中的党员吸收到社区党支部，选优配强党支部书记，不断建立健全安置点基层党组织。加快建立安置点综合服务中心，成立村务监督委员会，完善搬迁群众自治机制，不断提升安置点综合治理水平。

坚持精准脱贫推进易地扶贫搬迁。以县级后续扶持发展公司为依托，以2016年、2017年搬迁户为重点，因户施策，逐户制定产业扶贫措施，确保每个搬迁户都能享受到1项以上产业帮扶措施，实现搬迁一户、稳定脱贫一户的目标。积极发展村级小电站，使搬迁群众受益。着力发展特色农林业，大力发展集体产业，通过技能培训劳动力转移就业，让搬迁户在家门口务工，拓展增收渠道。充分利用搬迁后续产业发展扶持资金。郑州市2015年以来，出台搬迁群众每年补助2000元，连续扶持五年的后续产业发展扶持资金政策。

社会扶贫

【概况】自2016年以来，郑州市全面贯彻落实《国务院办公厅关于进一步动员社会各方面力量参与扶贫开发的意见》精神，大力弘扬社会主义核心价值观，大兴友善互助、守望相助的社会风尚，社会各界呈现出踊跃扶贫的良好氛围，形成政府、市场、社会协同推进的大扶贫格局，为全市乡村振兴和脱贫攻坚汇聚强大动力。

讲好扶贫脱贫故事。先后组织参加2次脱贫攻坚先进事迹巡回报告会。挖掘身边励志榜样，先后推荐荥阳市汜水镇新沟村无臂羊倌曹建新入选河南省2018年脱贫攻坚十大新闻人物、巩义市鲁庄镇南村身残志坚的脱贫户杨淑丽入选2019年河南省脱贫攻坚奋进奖。在市属各大媒体开设“脱贫攻坚进行时”“深化走转改·扶贫扶志郑州行”“脱贫攻坚走进直播间”等专题专栏，发表各类扶贫励志文章300多篇。加强扶贫阵地宣传。由社会力量筹资拍摄、发生在郑州市真实故事改编的脱贫攻坚励志电影《幸福路上》在河南放映，对奋战在脱贫攻坚一线的干部群众以极大的启发和鼓舞，填补了无贫困县有面上贫困人口地市脱贫攻坚宣传上的空白。联合市电视台创作制作《春暖乱石坡》《老栗树》等各类扶贫题材影视歌和戏曲24部（首）。在贫困村修建文化墙，配备文化管理员，每人每月补助300—600元；配好“一套广播器材”，实现贫困村应急广播“村村响”。积极探索扶贫扶志新途径，建设扶贫超市202个，以劳动换积分，以积分换商品，最大限度减少送钱送物式扶贫，不断激发贫困群众“我要脱贫”的内生动力。

【企业扶贫】百企帮百村深入开展。联合市工商联引导208家民营企业参与“百企帮百村”扶贫活动，帮扶市内外366个村（其中建档立卡贫困村181个）5万贫困人口。“十三五”期间累计投入社会扶贫资金近50亿元，其中产业帮扶项目资金18.3余亿元；就业帮扶资金总额3783余万元，通过产业、就业和技能帮扶贫困人数达5.2万人。

产业带动立足长远。通过扶贫龙头企业带动农业产业化发展和农民致富。如中牟县工商联采取“公司+基地+专业合作社+农户（贫困户）”的运作模式，引进河南老家印象农业科技开发有限公司重点推进项目“中药材产业扶贫项目”。在党建牵头，贫困户积极配合的条件下，该公司初步建立了大孟镇枣林朱村黑参种植示范基地、黄店镇药食同源养生示范基地等多个养生示范基地。

旅游扶贫持久发力。通过旅游产业带动精准扶贫，在贫困山区利用优质的自然资源建设精品化的旅游景区，带领山区群众脱贫致富。河南伏羲山旅游开发有限公司8年投入资金20亿元，将生态农林业、观光休闲和传统三农产业有机融合，引导当地群众以旅游业为龙头，开展种植、农家乐等三农产业，助推旅游产业发展。企业优先安排当地劳动力参与景区的建设，优先安排本地区贫困户家庭人员参与景区的经营管理工作，优先安排当地居民到景区参与农副产品销售与农家乐等经营活动，彻底改变了村民们固有的生存格局与发展思路。郑州塔山农业开发有限公司紧紧围绕绿色脱贫理念，以旅游餐饮、生态养殖、果品加工、生态养老为产业支柱，7年陆续投资近5亿元，在不破坏生态环境的情况下，建成集文化旅游、特色餐饮、农业观光、民俗民宿、生态养老、休闲娱乐为一体的乡村旅游休闲度假区。

【公益扶贫】 联合市慈善总会连续三年开展“助力脱贫攻坚、创建慈善城市”活动，2018年爱心企事业单位、个人、社会公益组织现场慈善捐赠2.78亿元，2019年捐赠3.8亿元，2020年募捐款物4.75亿元，创历史最高纪录。同时，创新救助模式从“钱物扶贫”扩宽到“精神扶贫”，创新救助手段从“授之以鱼”变为“授之以渔”，扶贫济困精神在全市进一步传扬。

动员中国人像摄影协会扶贫志愿团队走进深度贫困县，为卢氏县1010对贫困夫妻免费拍摄婚纱照，大大提高了群众的幸福指数。金鸡百花艺术节期间，引导电影艺术家走进卢氏县，为扶贫产品直播带货，引起广泛关注。小水滴以“传递爱心，服务社会，促进和谐”为宗旨，以脱贫攻坚志愿服务为核心，“爱心助学十帮一、“爱心图书·共享阅读”等公益项目为抓手，坚持扶贫与扶志、扶智相结合，生活扶贫与教育扶贫、文化扶贫相结合，致力于关爱帮助贫困学生、留守儿童，积极做好党委政府、爱心团体（人士）和弱势群体的桥梁纽带，广泛凝聚社会爱心，努力为打赢脱贫攻坚战贡献力量。特别是2017年以来，小水滴先后组织开展“爱心助学十帮一”“爱心图书、共享阅读”“爱心支教”等志愿服务活动，累计参加志愿者8000余人次，募集爱心助学资金40余万元、爱心物资价值60余万元，受益群众约2万人次。

【消费扶贫】 成立郑州市消费扶贫行动重大专项指挥部，切实推动消费扶贫各项工作落实；举行郑州市消费扶贫月活动启动仪式暨扶贫产品展销会。召开郑州市消费扶贫智能专柜落地对接座谈会，明确各区县（市）《消费扶贫专柜项目实施方案》任务；配合市商务局按时完成六县（市）消费扶贫专馆的布展任务，保证了全省“促销费助脱贫优质农产品进万邦产销对接活动”顺利举行并取得实效。利用中国社会扶贫网、河南省驻村第一书记扶贫成果展销中心、河南农购网推广销售扶贫产品；发起助脱贫、促振兴、奔小康“云耕计划”系列宣传活动，以“时尚绿城乐享郑州”为主题，举办“春暖郑州”网上购物节；动员各级领导、驻村第一书记、农业大咖和电影艺术家纷纷为扶贫产品直播带货。经过社会各界的广泛动员，帮助销售扶贫产品120.8万吨，实现销售额57.1亿元，贫困地区的农产品由部分滞销转向全面促销阶段。

建设体系强服务。持续加强电商公共服务体系建设，建成国家级电子商务进农村综合示范县1个（新密市），省级2个（新郑市、荥阳市），电子商务供销示范县1个（登封市），共建成县级电商公共服务中心5个，乡（镇）服务站38个，村级电商公共服务点1192个。实现181个建档立卡贫困村全覆盖。切实解决了消费扶贫“最后一公里”问题，实现"网货下乡”和“农产品进城”的双向流通。突出特色抓创新。推广应用中国社会扶贫网。狠抓用户注册、夯实工作基础、利用多种渠道强化舆论宣传、服务供需双方实现精准对接、上架特色产品促进消费扶贫，推广应用工作取得阶段性成果。在国务院扶贫办申报达到三品一标认证的有26个企业、91个扶贫产品。指导区县（市）利用多种形式，畅通消费扶贫农产品销售渠道。新密市打造“溱美新密”县域电商公共品牌，荥阳市打造“我看荥”市域公共品牌，每月销售额平均在1.2万元左右。通过万邦电商平台千禾商城开设“扶贫馆”，线上展示和销售20余种特色农产品，单月网售订单1万余单，总金额100余万元。深化应用求实效。联合“农购网”搭建新平台。积极参与省扶贫办、省商务厅、省事管理局、省总工会联合开展的“互联网+战疫情促销售助脱贫”活动，以帮助贫困地区解决滞销问题为重点，以探索建立消费扶贫长效机制为目的，以“农购网”为网络对接平台，动员社会各界扫码注册、上传产品、申报需求、对接采购。举办供购双方线上签约仪式；开展“互联网+促消费+助脱贫”荥阳站、新密站的活动。在省农购网上传152个供应商的281个产品，全市2万多个社区与基地实现点对点对接。每天供应蔬菜200吨左右。动员极地鹰社交新零售电子商务平台在新郑千稼集举办2020第一届社交新零售电商峰会，参加首届中国（郑州）食品博览会。开设消费扶贫线下店和社区扶贫网点发展到60余家，线下联盟商家达到800家，供应及代理商近2万家，线上开办“扶贫专区”、线下开展“年货节”、“产销对接会”等专栏，组织开展“招商扶贫”“旅游扶贫”“爱心认购”“订单扶贫”等形式的活动150余场次，出售、推广第一书记及贫困群众各类农产品7000多吨。

（市农委供稿）

市情概要

自然环境

【概况】 郑州市地处黄河中下游和伏牛山脉东北翼向黄淮平原过渡的交接地带，地理坐标为东经112° 42'—114° 14'、北纬34° 16'—34° 58'。郑州市是河南省省会，位居河南省中部偏北，东接开封，西依洛阳，北临黄河与新乡、焦作相望，南部与许昌、平顶山接壤，辖区东西长135—143公里，南北宽70—78公里，面积7446.2平方公里，占全省总面积的4.5%。

【地质地貌】 郑州地区地质构造复杂，西部为嵩山、箕山隆起区，东部为开封、大金店坳陷区。地壳发展的5个历史时期形成的地层单元在郑州地区均有出露，有"五世同堂"美称的中岳嵩山已被命名为世界地质公园。

郑州地区现代地貌结构的基本轮廓是西部多山地丘陵，占总面积的2/3弱；东部多平原，占总面积的1/3强。基本地势由西南向东北倾斜，呈阶梯状降低，山地、丘陵、平原分界明显。在总土地面积中，山地2377平方公里，占31.9%；丘陵2255平方公里，占30.3%；平原2815平方公里，占37.8%。

【山脉水系】 郑州市境内的山脉多分布在京广铁路线以西、交结于登封、巩义、荥阳、新密、新郑5市边界一带。主要山脉有嵩山、箕山、邙山、具茨山、五指山等；著名山峰有少室山主峰连天峰、太室山主峰峻极峰、箕山老婆寨、五指岭鸡鸣峰、始祖山风后岭等。

郑州市地跨黄河、淮河两大流域。黄河流域面积1830平方公里，占全市总面积的24.6%；淮河流域面积5616.2平方公里，占全市总面积的75.4%。境内有大小河流124条，流域面积较大的河流有29条，其中黄河流域6条，淮河流域23条。过境河流有黄河、伊洛河，其中黄河在郑州市境内河长160公里，堤防71.42公里。

【矿产资源】 郑州市矿产资源种类丰富，已发现各类矿产36种，占全省的1/3。探明储量的16个矿种分别为煤、铝土矿、铁矿、硫铁矿、熔剂灰岩、耐火黏土、冶金用石英岩、水泥配料用灰岩、水泥配料用砂岩、天然油石、锂、镓、陶瓷土、水泥配料用黏土、水泥配料用黄土、冶金用白云岩等。全市有大型矿床11处，中型矿床69处，小型矿床120处。全市矿产资源探明保有储量潜在价值为3010.64亿元，单位国土面积（每平方公里）矿产资源潜在价值为4043.19万元。

郑州市矿产资源储量巨大，煤矿累计探明储量55.26亿吨，保有储量50.66亿吨，探明储量位居全省第一。铝土矿累计探明储量14209.7万吨，保有储量12825.6万吨，储量位居全省第一。耐火黏土矿累计探明储量12080.1万吨，保有储量11504.1万吨，储量位居全省第一。溶剂用灰岩累计探明储量13429万吨，保有储量12168.9万吨。金属锂累计探明储量和保有储量均为5617吨；金属镓累计探明储量和保有储量均为6932吨。

【气候气象】 郑州市地处中原腹地，属北温带大陆性季风气候，冷暖气团交替频繁，春夏秋冬四季分明。冬季漫长而干冷，雨雪稀少；春季干燥少雨多春旱，冷暖多变大风多；夏季比较炎热，降水高度集中；秋季气候凉爽，时间短促。全年平均气温15.6℃；8月份最热，月平均气温25.9℃；1月份最冷，月平均气温2.15℃。全年平均降雨量542.15毫米，无霜期209天。全年日照时间约1869.7小时。

【生物资源】 郑州市植物资源十分丰富，主要包括农作物、林木、花草、药材和菌类植物等，约有184科、900属、1900多种，乔木、灌木、草本植物皆有，遍布于山区、丘陵、平原及河谷地带；植物区系划分上属于暖温带落叶阔叶林植被型。郑州地区动物区系属于华北动物区系。动物资源中西部山地丘陵区动物种类和数量较多，森林动物资源较丰富；东部平原地区以小型动物为主，饲养动物资源丰富，兽类较贫乏。鱼类资源中江河平原区鱼类占优势，以鲤科鱼类最多。

郑州市市花为月季（1983年3月确定），市树为法桐（2007年9月确定）；土特产主要有黄河鲤鱼、新郑大枣、中牟大蒜和西瓜、河阴石榴、荥阳柿子、新密金银花、嵩山芥片等。

（玉　生）

人文历史

【市名溯源】 郑州是我国最古老的城市之一，历史上，夏、商、管、郑、韩曾建都于此。"郑州"一名始用于隋开皇三年（583），因所处地域为春秋时期郑国辖区而得名。隋大业三年（607）改郑州为荥阳郡。唐武德二年（619）恢复郑州；天宝元年（742）撤销郑州，复称荥阳郡；乾元元年（758），第三次启用郑州之名——这次复名，"郑州"之名一直沿用至清代。1912年成立中华民国，郑州直隶州降为县级，改称郑县。1927年6月冯玉祥任河南省主席后着手郑州市市政筹建工作，并于1928年3月正式成立郑州市政府。1931年撤销郑州市。1948年10月郑州解放，在郑县城区设立郑州市，成立郑州市人民民主政府，郑州的历史揭开了崭新的一页。

【历史文化】 郑州是华夏文明的重要

发祥地、国家历史文化名城，是中国八大古都之一、国家重点支持的六个大遗址片区之一、世界历史都市联盟成员。在华夏民族传统宇宙观中，郑州地区是“天地之中心”，自古以来就是文明交流的十字要冲，域内留存了丰富的文化遗产。

新石器文化和青铜器文化遗址及文物是郑州古代文化遗存的重要特征。8000年前的裴李岗文化遗址、6000年前的大河村文化遗址等是著名的古人类活动遗址；5000年前，中华人文始祖轩辕黄帝出生并建都于此；3600年前，中国第二个奴隶制王朝——商朝在此建都，至今中心城区依然保留着7公里长的古代城墙遗址，发现有古老的原始瓷器、青铜器、甲骨文等。在中华民族早期文明史中，郑州处于黄河文明的发祥地和中心地带。

悠久的历史积淀了灿烂的文明，禅宗祖庭少林寺、道教圣地中岳庙、宋代四大书院之一的嵩阳书院、中国最古老的天文建筑观星台等都是中华文明史上的璀璨明珠，嵩山佛、儒、道教文化成为郑州历史文化名城最重要的文化组成部分之一。

截至2019年年底，全市拥有历史名胜和文化古迹等不可移动文物近万件，其中世界文化遗产2处、国家级文物保护单位74处80项、省级文物保护单位131处、市级文物保护单位246处，可移动文物近15万件（套），文物数量和规模居全国城市前列，也是全国为数不多的文物分布密集型城市。同时，在文化遗产的历史价值和影响上也有着自己独特的优势。如荥阳织机洞遗址距今10万年，被考古界称为“河南第一洞”；阳城遗址是中国第一个奴隶制王朝夏朝建都地；商城遗址为全国现存规模最大的商代前期都城遗址；古荥汉代冶铁遗址发现了当时世界上现存最早的冶铁高炉和最早的球墨铸铁等。

【历史人物】 郑州丰富的人文文化，造就了众多的杰出人物，在中国历史上产生过重大影响。郑国名相子产，兴改革、铸刑鼎，为春秋时期著名的政治家、思想家；战国时期百家争鸣，郑州涌现出道家名师列子，政治家、思想家、法家代表人物申不害，哲学家、思想家、先秦法家学派集大成者韩非；文学方面，西晋文学家潘岳，以及唐代著名画家、书法家、文学家郑虔，伟大的现实主义诗人、“诗圣”杜甫，晚唐著名诗人白居易、李商隐，南宋文学家周必大等，展现了郑州深厚的文化底蕴。此外，还有战国末期著名水利家郑国，秦末农民起义军领袖陈胜，北宋伟大的建筑学家、著有“中国古典科技七书”之一《营造法式》的李诫，金元之际教育家、理学家许衡，明代名相、思想家高拱，清代爱国将领沙春元，以及近现代著名教育家、自然科学史家仓孝和，著名作家魏巍，豫剧大师常香玉等。

（郑　志）

建置与区划

【概况】 至2019年年底，郑州市共辖金水区、二七区、管城回族区、中原区、惠济区、上街区6个区和巩义市、新密市、登封市、新郑市、荥阳市、中牟县5市1县，总面积7446.2平方公里，人口1035.2万人。中心城区建成区面积647.59平方公里（含郑州航空港经济综合实验区），市域城市建成区面积1077.75平方公里，城镇化率74.58%。

【建置沿革】 1948年10月郑州解放，人民政府实行市县分设政策，在郑县城区设立郑州市，下辖第一、第二、第三区，面积5.23平方公里，人口16.4万人。

1949年12月，郑县的104个自然村、3.6万人划归郑州市管辖，在原设三个区的基础上，郑州市新设第四、第五区。1950年4月，为统一领导四郊的工作，郑州市撤销第四、第五区，设立郊区。1953年1月，为贯彻民族区域自治政策，郑州市设立回族自治区；同年3月，为适应大规模城市建设需要，经政务院批准，原郑县大部和荥阳县、成皋县一部划归郑州市管辖。

1954年10月，河南省会由开封迁到郑州，郑州市遂成为全省政治、经济、文化中心。1955年10月，郑州市城区行政区划调整，将第一、第二、第三区分别更名为陇海区、二七区、建设区。1956年，郑州市将回族自治区更名为金水回族区。1958年4月，为大力发展工业，将荥阳县马固镇和巩县小关一带的河南铝业公司采矿区划归郑州市管辖，并在此处设立郑州市上街区；同年8月，郑州市将金水回族区与陇海区合并为管城区；同年12月，经国务院批准，开封专区西部的荥阳县、巩县、登封县、密县、新郑县划归郑州市管辖。1960年6月，郑州市撤销建设区，新设中原区、金水区。1961年12月，荥阳县、巩县、登封县、密县、新郑县复归开封专区管辖。1966年，郑州市管城区更名为向阳区。1971年11月，荥阳县划归郑州市管辖。至此，郑州市共辖6个区、1个县，即二七区、金水区、中原区、向阳区、郊区、上街区和荥阳县。

1981年11月，郑州市向阳区更名为向阳回族区。1982年1月，为解决城市蔬菜供应问题，郑州市设立金海区。1982年12月，为加强矿区开发与管理，郑州市在密县境内设立新密区。1983年7月，郑州市向阳回族区更名为管城回族区。1983年8月，为实行市带县体制，将开封地区所辖的巩县、登封县、密县、新郑县、中牟县划归郑州市。至此，郑州市共辖中原区、二七区、金水区、管城回族区、郊区、上街区、金海区、新密区8个区和荥阳县、巩县、登封县、密县、新郑县、中牟县6个县。

1987年2月，郑州市撤销郊区、金海区、新密区，新设邙山区。1991年6月，经国务院批准，撤销巩县，设立巩义市（县级）。1994年4月，经国务院批准，撤销荥阳县、密县，设立荥阳市（县级）、新密市（县级）。1994年5月，经国务院批准，撤销新郑县、登封县，设立新郑市（县级）、登封市（县级）。2004年5月，郑州市邙山区更名为惠济区。

（玉　生）

【行政区划】 截至2019年年底，郑州市共辖12个县（市）区，其中，市辖区6个、县级市5个、县1个；另有4个非行政区：郑州航空港经济综合实验区（已上升为国家战略），郑州高新技术产业开发区（国家级），郑州经济技术开发区（国家级），郑东新区（城市新区）。全市共有91个街道、73个镇、13个乡。2019年年底，各县（市）区所属乡、镇、街道情况如下：

中原区共辖1个镇、1个乡、14个街道。分别是：石佛镇，沟赵乡，建设路街道、三官庙街道、林山寨街道、棉纺路街道、桐柏路街道、绿东村街道、秦岭路街道、汝河路街道、中原西路街道、航海西路街道、须水街道、西流湖街道、柳湖街道、莲湖街道。

二七区共辖1个镇、15个街道。分别是：马寨镇，大学路街道、五里堡街道、一马路街道、解放路街道、德化街街道、铭功路街道、建中街街道、福华街街道、蜜蜂张街道、淮河路街道、嵩山路街道、长江路街道、京广路街道、人和路街道、侯寨街道。

管城回族区共辖1个乡、12个街道。分别是：圃田乡，城东路街道、北下街街道、南关街道、陇海马路街道、二里岗街道、紫荆山南路街道、航海东路街道、西大街街道、东大街街道、十八里河街道、南曹街道、金岱街道。

金水区共辖19个街道。分别是：花园路街道、经八路街道、文化路街道、人民路街道、南阳路街道、南阳新村街道、大石桥街道、杜岭街道、丰产路街道、北林路街道、未来路街道、龙子湖街道、祭城路街道、东风路街道、凤凰台街道、兴达路街道、丰庆路街道、国基路街道、杨金路街道。

惠济区共辖2个镇、6个街道。分别是：古荥镇、花园口镇，刘寨街道、江山路街道、长兴路街道、迎宾路街道、新城街道、大河路街道。

上街区共辖1个镇、5个街道。分

2020年郑州市行政区划情况

表1　　　　单位：个

县（市）区	镇	乡	街道	社区	村
中原	1	1	14	100	46
二七	1	0	15	125	51
管城	0	1	12	88	23
金水	0	0	19	171	24
惠济	2	0	6	22	53
上街	1	0	5	36	23
中牟	14	1	4	20	273
巩义	15	0	5	31	288
荥阳	9	3	2	26	288
新密	12	1	3	48	311
新郑	9	3	3	34	212
登封	9	3	3	20	303
合计	73	13	91	721	1895

（张向军）

别是：峡窝镇，工业路街道、新安路街道、济源路街道、中心路街道、矿山街道。

中牟县共辖14个镇、1个乡、4个街道。分别是：九龙镇、张庄镇、郑庵镇、官渡镇、万滩镇、狼城岗镇、黄店镇、白沙镇、韩寺镇、八岗镇、刘集镇、雁鸣湖镇、姚家镇、三官庙镇，刁家乡，青年路街道、东风路街道、广惠街街道、大孟街道。

巩义市共辖15个镇、5个街道。分别是：新中镇、小关镇、大峪沟镇、竹林镇、河洛镇、站街镇、北山口镇、夹津口镇、涉村镇、米河镇、回郭镇、西村镇、鲁庄镇、康店镇、芝田镇，新华路街道、杜甫路街道、紫荆路街道、永安路街道、孝义街道。

荥阳市共辖9个镇、3个乡、2个街道。分别是：汜水镇、高山镇、刘河镇、乔楼镇、豫龙镇、广武镇、崔庙镇、贾峪镇、王村镇，城关乡、、金寨回族乡高村乡，索河街道、京城路街道。

新密市共辖12个镇、1个乡、3个街道。分别是：城关镇、平陌镇、苟堂镇、米村镇、岳村镇、超化镇、大隗镇、牛店镇、刘寨镇、白寨镇、来集镇、曲梁镇，袁庄乡，新华路街道、青屏街街道、西大街街道。

新郑市共辖9个镇、3个乡、3个街道。分别是：梨河镇、观音寺镇、和庄镇、新村镇、龙湖镇、薛店镇、辛店镇、郭店镇、孟庄镇，城关乡、八千乡、龙王乡，新建路街道、新华路街道、新烟街道。

登封市共辖9个镇、3个乡、3个街道。分别是：卢店镇、宣化镇、颍阳镇、大冶镇、告成镇、大金店镇、东华镇、唐庄镇、徐庄镇，石道乡、君召乡、白坪乡，林街道、嵩阳街道、少中岳街道。

（张向军）

人口状况

【概况】根据第七次全国人口普查结果，2020年11月1日零时，全市常住人口为12600574人，与2010年第六次全国人口普查的8626505人相比，增加3974069人，增长46.07%，年平均增长率为3.86%。全市共有家庭户3636411户，集体户497157户。家庭户人口为10237153人，集体户人口为2363421人。平均每个家庭户的人口为2.82人，比2010年第六次全国人口普查减少0.33人。16个区县（市），人口超过100万人的区县（市）有3个，分别是二七区、金水区和新郑市；在70万人至100万人之间的区县（市）有8个，分别是中原区、管城回族区、郑东新区、中牟县、巩义市、荥阳市、新密市、登封市；在50万人至70万人之间的区县（市）有3个，分别是惠济区、高新技术产业开发区和航空港经济综合实验区；少于50万人的区县（市）有2个，分别是上街区和经济技术开发区。

【人口构成】按城乡分，2020年11月1日零时，全市常住人口中，居住在城镇的人口为9879029人，占78.40%；居住在乡村的人口为2721545人，占21.60%。与2010年第六次全国人口普查相比，全市城镇人口增加4401534人，乡村人口减少428049人，城镇人口比重增加14.91个百分点。

按性别分，2020年11月1日零时，全市常住人口中，男性人口为6467170人，占51.32%；女性人口为6133404人，占48.68%。总人口性别比为105.44，与2010年第六次全国人口普查105.17相比略有上升。

按年龄分，2020年11月1日零时，全市常住人口中，0—14岁人口为2400787人，占19.05%；15—59岁人口为8582395人，占68.11%；60岁及以上人口为1617392人，占12.84%，其中65岁及以上人口为1130977人，占8.98%。与2010年第六次全国人口普查相比，0—14岁人口的比重提高3.05个百分点，15—59岁人口的比重下降5.22个百分点，60岁及以上人口的比重提高2.17个百分点，65岁及以上人口的比重提高1.82个百分点。

按受教育程度分，2020年11月1日零时，全市常住人口中，拥有大学文化程度的人口为3653200人；拥有高中（含中专）文化程度的人口为2323072人；拥有初中文化程度的人口为3467645人；拥有小学文化程度的人口为1964667人。与2010年第六次全国人口普查相比，全市常住人口中，15岁及以上人口的平均受教育年限由10.87年增加至11.76年。全市常住人口中，

郑州市人口基本情况（第七次人口普查）

表2　　　　单位：人、%

地区	常住人口数	占全市常住人口比重
全　市	12600574	100.00
中原区	962642	7.64
二七区	1061263	8.42
管城回族区	819439	6.50
金水区	1617541	12.84
上街区	197399	1.57
惠济区	555002	4.40
经济技术开发区	328812	2.61
高新技术产业开发区	546226	4.33
航空港经济综合实验区	621382	4.93
郑东新区	945234	7.50
中牟县	702657	5.58
巩义市	785242	6.23
荥阳市	730135	5.79
新密市	826031	6.56
新郑市	1172237	9.30
登封市	729332	5.79

（郑　惠）

文盲人口（15岁及以上不识字的人）为110369人，与2010年第六次全国人口普查相比，文盲人口减少74903人，文盲率由2.15 %下降为0.88%，下降1.27个百分点。

（郑　惠）

发展综述

【概况】2020年，郑州市坚持以习近平新时代中国特色社会主义思想为指导，全面贯彻党的十九大和十九届五中全会精神，深入贯彻习近平总书记关于河南和郑州的重要讲话精神，坚决落实中央和省委各项决策部署，坚持人民至上，牢记责任使命，强化统筹，精准发力，推动疫情防控取得重大成果，保持经济稳定增长，民生事业协调发展，社会大局和谐稳定，党的建设进一步加强，各项工作取得新的成效。

【政治建设】2020年，郑州市坚持以政治建设为统领，用贯彻落实习近平总书记重要讲话精神和党中央决策部署的实际行动体现“四个意识”“两个维护”。

持续推进习近平新时代中国特色社会主义思想入脑入心。落实省委“五种学习方式”“五比五不比”要求，在学通弄通做实上下功夫、求实效。市委常委会落实“第一议题”制度，先后22次学习总书记的重要讲话和批示指示精神。围绕《习近平谈治国理政》第三卷、总书记给郑州圆方集团全体职工的回信、党的十九届四中和五中全会等专题组织开展理论学习中心组集中学习8次，交流研讨、相互促进。市委常委同志自觉主动进党校、进高校、进基层，上党课、讲理论、促共识。创办“同学前沿”高端讲堂，邀请国内知名专家学者解读政策、深化认识，举办讲座6次，以县处级以上领导干部为重点，每次覆盖市直机关各单位和各区县（市）基层单位党员干部3500人左右。以各级理论学习中心组为平台完善跟进学习习近平总书记重要讲话、文章、指示批示制度，拓展学习方式，强化计划管理，加强学习督查，推动学习常态化。持续开展“万名党员进党校”，开办研修班170余班次、培训干部6万人左右。开展“党的创新理论万场宣讲进基层”活动，扎实做好党的十九届四中、五中全会精神集中宣讲活动，广泛组织开展“听党话、感党恩、跟党走”主题宣讲活动，广大党员干部群众践行“四个意识”“四个自信”“两个维护”更加坚定自觉。

紧盯抓好党中央重大决策部署和习近平总书记重要指示批示精神的贯彻落实。围绕总书记视察河南重要讲话精神，召开市委十一届十一次、十二次全会，研究出台市委《关于深入学习贯彻习近平总书记视察河南重要讲话精神的意见》，制定并实施高质量发展制造业、高水平扩大对外开放、高品质推进城市建设和管理等系列三年行动计划；围绕黄河流域生态保护和高质量发展战略实施，成立高规格领导小组，召开3次领导小组会议和20多次项目规划论证，制定形成建设黄河流域生态保护和高质量发展核心示范区总体规划、起步区规划和行动方案，启动实施黄河生态保护和修复等十大工程；围绕总书记关于环境突出问题的批示指示精神，坚决开展沿黄环境问题集中整治、违建别墅整治、“占地造湖”整治，坚决把“两个维护”落实到行动上、体现到工作实效上。

坚持把加强党的领导贯穿始终。研究制定市委《关于加强党的政治建设推进全面从严治党向纵深发展的实施意见》（郑发〔2020〕5号），坚决扛稳加强党的领导的政治责任。市委常委会召开会议35次，研究议题148个，对事关中央和省委决策部署落实、事关全局、事关民生的大事要事及时研究、及时部署。市委深改委召开会议4次，研究重大改革事项32项。进一步完善了市委依法治市委员会、市委国家安全委员会、市委编制委员会、市委审计委员会等议事机构的工作机制，切实加强对相关工作的领导。坚持“一个党委、三个党组”工作制度，先后召开了市委人大工作会议和市委政协工作会议，定期听取市人大常委会、市政府、市政协、法检等部门党组工作报告，充分发挥领导核心作用、调动各方面积极性，统一意志、团结一心、步调一致推动中央决策、省委部署在郑州有效落实。

切实加强党的基层组织建设。强化大抓基层、大抓支部鲜明导向，召开4次乡镇（街道）党（工）委书记工作交流会，抓人促事、抓乡促县，推进基层党组织建设全面进步、全面加强。城市党建坚持以建设全国城市基层党建示范市为抓手，在改善环境、服务群众中强化党组织的领导地位、健全完善组织体系，全市4137个无主管楼院全部建立党组织，“两新”组织党建进一步有效覆盖。农村党建坚持以党建引领乡村振兴为牵引，深化市县乡“三级抓村”机制，深入开展村党组织书记“亮承诺、赛实绩、比干劲”活动，结合村（社区）换届整顿复杂村193个，实施“三年强村计划”，366个集体经济空壳村全部“清零”，经营性收入5万元村达到90%以上。机关党建坚持大力实施“作风效能提升”行动，推动党建工作与业务工作深度融合、相互促进。国有企业、学校等领域党建，通过载体创新、制度创新、组织创新得到进一步加强。

建设忠诚干净担当骨干队伍。坚持以正确用人导向激发干部活力，先后调整区县（市）、市直机关单位、高校等关键岗位干部422人，进一步优化了干部队伍。强化干部动态考核、精准识别，推行重点岗位实绩纪实、部长谈心谈话、“无任用推荐”等制度，全面掌握干部情况。加强年轻干部培养历练，实施优秀年轻干部“五个一批”三年行动计划，选派45名年轻干部双向交流挂职，实施年轻干部“双百工程”，为郑州事业发展培养造就了生力军。

驰而不息推进党风廉政建设和反腐败斗争。保持高压惩治态势，一体推进“不敢腐、不能腐、不想腐”机制，促进政治生态不断净化、持续优化。全市共立案审查违反政治纪律案件32件、处分52人。坚持常态化整治形式主义、官僚主义问题，从严落实中央八项规定及其实施细则精神，共查处违反中央八项规定精神问题282起、处理506人。坚持把从严监督推向纵深，进一步完善“四个全覆盖”权力监督格局，扎实开展十一届市委第十和第十一轮巡察，发现和解决了一批管党治党不力的突出问题。坚持高压惩腐不放松，共处置违纪违法问题线索5648件，立案1890件，给予党纪政务处分2371人，移送司法机关91人。坚持宣传引领、反腐倡廉，推动以案促改从案发单位向系统领域、市县全域延伸，先后有15人主动投案、50人主动交代问题。注重用好监督执纪“四种形态”，第一种形态占到“四种形态”的66.58%。制定出台《关于建立容错纠错机制激励干部担当作为的实施办法》等文件，坚持“三个区分开来”，支持干部干事创业。

加强社会主义民主政治建设。2020年，郑州市人大及其常委会依法行使立法、监督、决定和任免等职权，制定地方性法规2件，作出决定决议13件，审议专项工作报告33个，市十五届人大三次会议上代表议案7件、建议352件以及闭会期间代表建议57件已全部办理完毕，促进了一批群众关注问题的有效解决。支持政协履行政治协商、民主监督、参政议政职能。市政协及其常委会围绕事关全局的重大问题、重点工作进行全面协商，围绕高水平扩大开放、高质量发展制造业等开展专题议政，围绕5G建设、黄河文化培育等进行双月协商座谈，围绕助推“六稳”“六保”等深入开展民主监督和视察调研活动，较好地发挥了职能作用。巩固发展最广泛的爱国统一战线。定期向各民主党派、工商联和无党派人士通报情况，加强非公经济统战工作，新阶层人士统战工作扎实推进，民族交流交往交融更加深入广泛，宗教治理三年行动计划扎实实施，港澳台侨和海外联络工作进一步加强，郑州欧美同学会（归国留学人员联谊会）成立，群团组织的桥梁纽带作用得到充分发挥，郑州市连续第八次获得“全国双拥模范城”称号。

【经济建设】2020年，郑州市坚持加强党对经济工作的领导，深入贯彻新发展理念，突出新动能培育，着力提高发展质量和效益。郑州市完成生产总值12003.0亿元，比上年增长3.0%。地方财政一般公共预算收入1259.2亿元，增长3.0%；全年规模以上工业增加值增长6.1%；固定资产投资完成额增长3.6%；全市直接进出口总额4946.4亿元，增长19.7%；居民人均可支配收入36661元，增长2.0%。

推动科技创新全面发力。高标准谋划建设中原科技城，加快构建“一廊、两翼、四区、多点”的科技创新驱动发展空间格局，出台实施“黄河人才计划”，首批60个高科技项目签约入驻中原科技城。加快创新平台建设，国家超算郑州中心顺利通过科技部验收，国家技术转移郑州中心即将建成投用，郑州科技大市场建设稳步推进。新建省级研发平台209家，市级研发平台152家，累计建设各级各类研发平台3547家。新培育科技型企业1861家、同比增长30.5%，新增高新技术企业870家，增长42%，总数达到2918家。新增省、市新型研发机构17家、总数达到43家，全社会研发投入强度逾2%。

加快产业转型步伐。制定并实施高质量发展制造业三年行动计划，组织开展长三角、珠三角定向招商活动，新落地开工32个投资10亿元以上的高质量产业项目。工业结构不断优化，以数字经济和电子信息产业为引领的战略性新兴产业占工业的比重同比提升12.3个百分点、达到35.5%；全市“上云企业”达到3.1万家，占全省的38%。现代服务业加快发展，信息传输、软件和信息技术服务业增加值同比增长18.7%，金融业、物流业增加值分别同比增长4.1%、5.8%。农业生产提质发展，粮食生产再获丰收。

着力提升对外开放水平。随着郑万、郑阜、郑太高铁河南段和机南城际通车，“米”字形高铁网基本成形。制定并实施高水平对外开放三年行动计划，“空中丝路”国际航线网络进一步加密，货邮吞吐量达到63万吨、跃居全国机场第6位，其中国际航空货邮吞吐量增幅为48.2%，居全国机场首位。“陆上丝路”班列开行突破1130班，同比增长11.3%，班列运行综合效益继续保持全国先进，获批开展中欧班列集结中心示范工程建设。“网上丝路”全年跨境电商交易额增长23.5%左右。“海上丝路”获批“郑州港”国际代码，实现与青岛、连云港等港口无缝衔接。自贸区制度创新持续深化，航空口岸全面实施“7×24小时”通关，铁路口岸推行“7×24小时”预约通关，药品进口口岸正式投入运营，口岸体系更加完善。国际经贸合作更加广泛，在疫情条件下，进出口逆势上扬，前11个月进出口额完成4228.4亿元，同比增长13.5%，保持中部省会城市首位、处于全国领先水平。

夺取疫情防控和经济发展“双战双胜”。市委常委会召开8次专题会议，疫情防控领导小组召开25次会议，把中央、省委部署与郑州实际相结合，因时因势、果断行动，第一时间组织发动，市、县、乡、村四级响应，迅速构建起农村“以村保乡、以乡保县”、城市“以小区保社区、以社区保城区”的全覆盖防控体系；第一时间建立健全救治体系，确定13家定点医院、65家发热门诊，仅用10天时间建成岐伯山医院，汇集优质资源提高救治水平；第一时间构建数字防控体系，在全国率先形成“交通卡口—居民小区—各个单位—公共场所”四位一体的健康码智能管理体系，对进口冷链食品实行集中监管，做到全覆盖赋码、全流程扫码；第一时间支援湖北、落实入境分流任务，先后派出4批187名医务工作者驰援武汉，累计承接国际航班210架次、31717人；第一时间启动复工复产，做好“六稳”工作、落实“六保”任务，明确“控、保、稳、进、抬、扛”工作原则，出台应对疫情促进经济平稳健康发展30条、促消费增活力稳增长10条、扩大有效投资11条等政策举措，常态化开展“三送一强”和“一联三帮”活动，累计帮扶企业37.6万家，减免税费478亿元，提供资金支持6559万元，发放4亿元消费券，鼓励消费、扶持商家、提振市场信心、促进经济恢复。

【社会建设】2020年，郑州市坚持以人民为中心，坚持全面深化改革，坚持全面依法治市，坚持在发展中保障和改善民生，不断开创社会建设工作的新局面，努力让改革发展成果更多更公平惠及全体人民。全年民生支出完成1282.9亿元，占一般公共预算支出的74.5%。

脱贫攻坚扎实推进。盯紧“脱贫不稳定户”“边缘易致贫户”，坚持以提高脱贫质量、巩固脱贫成效为主线，严格落实“四个不摘”要求，确保打赢打好高质量脱贫攻坚战。资金投入不断加大。全年投入财政专项扶贫资金6.32亿元，同比增长11.07%，对接项目5全市安排170名贫困人员参与造林、抚育及改培建设，年人均增收1000元。“两不愁三保障”水平不断提高。推动各项政策精准落实到户到人，全年发放教育资助资金2.17亿元，惠及贫困学生27.59万人次；享受健康扶贫“七免一减”惠民政策4.25万人次，累计减免金额1284万元；医保“四重保障制度”待遇惠及林业企业安排贫困劳动力就业146人，年人均增收5000元。危房改造87户，实现动态清零。农民收入不断增长。实施产业扶贫项目195个。18个贫困村被列入集体经济发展试点村。开展就业扶贫百日攻坚行动，组织就业扶贫专场招聘会42场次，提供就业信息6.2万条，就业业扎实人数22960人。培训建档立卡贫困劳动力1.85万人次，开展致富带头人培训678人次。

民生事业稳步推进。全市完成新增城镇就业11.74万人，农村劳动力新增转移就业4.6万人。进一步完善社会保障体系，全市基本养老、失业、工伤保险参保率提前完成“十三五”规划目标。持续加大教育投入，市区中小学新开工31所、新投用30所，义务阶段教育大班额占比下降到8.8%；新增141所公立幼儿园，城镇小区配套幼儿园280所已完成移交273所。围绕群众反映的学生午餐等问题，在全国率先全面实施中小学午餐配餐和免费课后延时服务。政府主导的社区卫生服务中心建成62家，校园医务室基本实现全覆盖，公立医院全面开展按病种收付费改革，104个病种费用平均降低12%，群众看病难、看病贵问题得到进一步缓解。安置房建设进度加快，竣工面积1425万平方米，回迁安置群众10.2万人。

城市建设和管理高品质推进。制定并实施高品质推进城市建设三年行动计划，围绕“东强、南动、西美、北静、中优、外联”城市功能布局，统筹老城复兴、新城开发和乡村振兴，走好多中心、组团式、集约化、“三生”融合的城市发展路子。加强对规划工作的领导。完善规委会制度，全年召开规委会6次，研究专项规划42个，以《郑州市国土空间总体规划（2020—2035年）》编制为引领，进一步明晰了城市空间结构、交通组织、产业布局、功能分区，实现了重点开发区域的规划、设计全覆盖。城市更新全面展开。部署推进“三项工程、一项管理”，道路综合改造一期7条道路全面完工、二期9条道路正在建设；老旧小区改造完成1374个，受益群众70万人；36个城乡结合部综合改造扎实推进，建成示范村（点）21个。城市“序化、洁化、绿化、亮化”水平不断提升，人民群众切实感受到城市环境的显著变化。32个核心板块开发建设全面启动。规划设计基本完成，开发机制得到完善，坚持主体功能先行、基础设施先行、公共服务先行、生态环境先行，全年实施项目261个，累计完成投资848亿元。基础设施建设力度加大。轨道交通三期全部开工，3号线一期、4号线建成通车，全市轨道交通运营里程达到206.3公里，在建里程达到203.5公里，网络化建设运营水平全面提升。四环快速化高架主线、北三环东延快速通道等道路工程建成通车，水电气暖等基础设施建设项目有序实施、供给能力进一步增强。扎实推进美丽乡村建设，编制美丽乡村建设导则，制定精品村、示范村建设布局规划，新启动建设美丽乡村项目17个，按照“四美乡村”标准，创建省级“千村示范、万村整治”示范村80个，农村生活垃圾治理实现全覆盖，生活污水处理率达到84.4%，无害化卫生厕所普及率达到90%以上。深化郑州大都市圈协同发展，加强与开封、许昌、新乡、焦作的全方位对接，各方面的战略合作不断深化。

全面深化改革全面推进。着力构建与特大城市发展相适应的治理体系、与中国特色社会主义市场体系相适应的营商环境。围绕加快政府职能转变、数字化转型，大力推进数字郑州“城市大脑”建设，深化以“一件‘事’”为牵引的“一网通办”改革和以“一‘事件’”为牵引的“一网统管”改革，公民个人、企业法人544项高频事项实现“网上办”，其中475项依托“郑好办”App实现“掌上办”，300个“一件‘事’”改革任务圆满完成，智慧交通、智慧城管、智慧医疗等14个领域118个应用场景上线运行，基本构建了“一脑赋城、一网治城、一码通城、一端惠城”的格局，探索形成了政务服务网、城市治理网一体建设的“数字郑州模式”。围绕降低制度交易成本，以“一网通办、一次办成”改革为抓手，创新商事登记“1+X”模式，大力推进“四减两清理”，工程项目审批服务事项由122项精减到98项，审批时间由340个工作日压减至最长61个工作日、最短30个工作日，不动产登记、企业登记、水电气暖等重点领域审批环节、事项和时间大幅度减少。围绕城市有序发展，深化规划编制集中统一管理改革，建立了分类、分层、全流程的规划管理机制，实现规划闭环管理。围绕土地要素市场化配置，坚持一级市场政府垄断、二级市场放开，完善土地储备和做地机制，创新土地出让办法，完善地价形成机制，探索推出新型产业用地、“亩均论英雄”评估、“标准地”供应、带“施工图”出让等举措，建立起了以优地优供支撑和保证高质量发展的用地制度。围绕提高城市治理能力，按照“一件事一个部门负责”和“块抓条保、以块为主”的原则，持续深化党政机构改革，进一步完善党政机构权责职能体系，财政体制得到完善，市、区两级事权财权进一步清晰，基层在城市治理中的主体作用得到充分发挥。围绕激发市场主体活力，深化国有企事业单位改革，积极推进政企分开、政资分开，维护公开公平的市场秩序；深化投融资公司市场化改革，优化公司运作模式，增强自主经营能力；深化产业园区管理体制改革，积极布局小微产业园，打造更加有利于市场主体发展的承接平台。围绕提升公共服务能力，深化市属学校、医院去行政化改革，圆满完成义务阶段分级办学体制改革，大力推进医联（共）体和分级医疗制度改革，探索推行社保卡基础上的市民卡“一卡通、一码通”，人民群众切实感受到改革带来的便利和实惠。

全面依法治市深入推进。围绕科学立法、严格执法、公正司法、全民守法，完善责任体系和工作机制，加大工作推进力度。深化法治政府建设，从严落实行政执法“三项制度”，切实规范执法行为。深入开展影响法治化营商环境执法司法突出问题专项整治，健全执法司法权力运行和监督制约机制，促进公正司法，维护社会公平正义。深化平安郑州建设，深入开展扫黑除恶斗争，打掉涉黑组织7个、恶势力犯罪集团4个、恶势力团伙10个，有效净化了社会风气。

国家安全统筹推进。深入贯彻总体国家安全观，增强忧患意识，强化底线思维，高度重视和切实化解各类风险隐患。深化平安郑州建设，以开展全国市域社会治理现代化试点工作为抓手，加强基层基础建设，加大各领域不稳定因素排查化解力度。全面加强应急防灾体系建设，健全城市运营安全、生产安全、交通安全、防洪安全等管控机制，最大限度减少安全事故发生，与2019年同比事故起数下降18.8%。扎实做好问题楼盘化解工作，集中化解37个；加大金融风险防控力度，有效缓解个别上市企业退市风险，依法妥善处置了一批非法集资、民间借贷、融资纠纷案件，政府债务风险总体可控。

【文化建设】 坚持"举旗帜、聚民心、育新人、兴文化、展形象"，守正创新，担当作为，把稳主基调，唱响主旋律，打好主动仗，不断强化改革发展的思想保证、舆论支持和精神动力。

意识形态向上向好。成立市委宣传思想工作领导小组，3次召开市委常委会专题研究意识形态工作，4次召开市委意识形态联席会议，切实加强对意识形态工作的领导。建立意识形态联席会议"4+N"、舆情四级督办等制度，形成"监测—共享—研判—引导—化解"的意识形态管理闭环。建立网络信息常态化研判处置机制，严格落实意识形态责任制，确保各类意识形态阵地可管可控。推出宣传思想工作"十大工程"，在国内主流媒体推进了一系列有影响力、感染力的新闻报道，进一步树立了郑州的良好形象。大力构建网上发声主渠道，重新整合"郑州发布"平台，特别是在疫情期间通过高密度、高精度、高时效发声，凝聚了群防群控的合力，提升了其影响力、权威性，关注量突破300万人，跃居全国城市发布平台前列。积极推进"学习强国"学习平台在我市推广运用，建成"学习强国"郑州学习平台，注册人数和发稿量均居全省第一。加快市、县两级媒体融合发展，市属媒体的新闻舆论传播力、引导力、影响力得到不断增强。

价值引领持续深化。持续推进社会主义核心价值观教育，建好用好16个县级新时代文明实践中心、2293个所（站）等阵地，完善运行机制，加强内容建设，创新实践形式，扩大教育覆盖面和实效性。坚持把文明城市创建与"三项工程、一项管理"等工作相结合，充分发动群众、引导群众，深入推进群众性文明创建、文明行为养成，顺利通过全国文明城市到届重创测评，连续四届蝉联全国文明城市。持续推动志愿服务制度化、常态化，疫情防控期间，25万名志愿者"逆行"而上，"志愿红"成为战"疫"一道靓丽风景线。

文化繁荣持续发展。以黄河战略实施为契机，围绕讲好黄河故事、郑州故事，深入谋划推进郑汴洛"三座城、三百里、三千年"世界级文化旅游带建设，研究完善了沿黄文化带、环嵩山文化带和中心城市文化集中展现区"两带一心"文旅融合发展布局，二砂文创园首期、芝麻街双创园正式开园，大河村国家考古遗址公园、二七商圈改造复兴等工程开工建设，黄河国家博物馆、黄河天下文化综合体、黄帝故里改造提升、商代王城遗址保护开发等重大文化项目前期工作取得显著进展。成功举办央视春晚郑州分会场、庚子年黄帝故里拜祖大典、2020年网络安全宣传周、中国金鸡百花电影节、国际乒联总决赛等一系列重大活动，进一步展示了郑州的良好形象，提升了全社会的精气神、正能量。

【生态文明建设】 2020年，郑州市树牢"绿水青山就是金山银山"发展理念，坚决打好污染防治攻坚战，生态环境质量得到持续改善，全年优良天数达到230天，同比增加57天；重污染天同比减少16天，全年未出现严重污染。7个市级集中式饮用水源地均达到Ⅲ类水质，达标率100%，建成区黑臭水体全面消除。全市受污染耕地安全利用率达到100%，建设用地安全利用率保持100%。全市生态承载力全面提升。

关于大气污染防治。深入开展精准治污、科学治污、依法治污，取得"三个突破"：一是能源结构调整取得突破，实现主城区燃煤机组"清零"、全市非电燃煤锅炉"清零"、平原地区散煤动态"清零"，全市煤炭消费总量从3000万吨减少到2000万吨以下，碳排放强度提前完成"十三五"目标。二是工业深度治理取得突破，基本实现重点行业超低排放全覆盖，全市1蒸吨以上燃气锅炉基本完成低氮改造，水泥行业深度治理走在世界前列。三是PM2.5与臭氧协同治理取得突破，全面推进NO2与VOCs协同减排，夏季臭氧污染得到控制，臭氧年浓度实现下降，优良天数实现突破。实现"三个提升"：一是移动源管理能力显著提升，创新开展重型货车电子通行证、重点用车单位门禁系统、非道路移动机械挂牌联网等工作，对移动源实行排放和总量双控。二是精准治理、智能管理实现提升，工业企业绩效分级、分类管理全覆盖，做好"六稳"工作、落实"六保"任务，引领绿色发展，实行"三网合一"智能化监管，提升数字化监管水平。三是环境承载能力不断提升，开展城乡结合部环境综合整治、老旧小区改造、"一环十横十纵"道路综合改造，持续加强生态建设，城区环境显著改善。

关于水污染防治。牢固树立绿色发展理念，坚持"治、护、建、管"多措并举，做到全省"三个率先"。一是率先开展水环境生态补偿。利用综合污染指数实施水生态环境生态补偿，促进各区县（市）主体责任落实。二是率先实施入河排污口整治。设计完善全市入河排污口和雨水口、农业退水口等不同类别的标识牌，按照一口一标的要求，封堵一批、整治一批、完善手续一批。三是率先启动生活污水处理厂提标治理。在全省率先启动了污水处理厂提标治理工作，力争出水标准主要因子达到地表水Ⅲ类标准。

关于土壤污染防治。坚持预防为主、分类管理、强化管控，持续改善土壤环境质量，做到"三个突出"。一是突出基础调查，全面完成全市537个重点行业企业用地污染状况调查，摸清全市建设用地风险状况，工作进度处于全省领先。二是突出示范引领，在全省率先实现所有区县（市）土壤环境质量监测点位全覆盖，动态掌握全市土壤环境质量状况。率先开展地下水污染状况调查，建立我市地下水污染防治分区，探索水土联治监管模式。三是突出面源防治，完成全市59家省定村庄整治，完成比例100%，农村生活污水处理率达到70%，位居全省首位。

关于黄河流域生态保护。坚决贯彻习总书记调研河南重要讲话精神，高举黄河流域生态保护大旗，开展"三项治理"。一是开展黄河流域入河排污口监管和治理。组织开展黄河流域入河排污口排查，整治黄河支流排污口146个。二是开展黄河流域河道综合整治。开展上街区汜水河生态提升工程和枯河生态提升工程，分河段、分时段开展河道治理，有效改善水质。三是开展黄河流域农村综合整治。完成黄河流域核心示范区累计55个村庄综合整治，启动80个村庄生活污水治理工作。

关于环境综合治理。着力解决危害群众健康和影响可持续发展的突出环境问题，不断补齐生态环境治理短板，推进"四个提升"。一是环境监测能力持续提升。进一步优化完善大气、水环境监测网络，推动土壤环境质量监测网络建设，首次实现16个区县（市）土壤监测点位全覆盖；开展功能区声环境监测点位调整，加快推进噪声监测自动化进程。二是生态环境法治建设持续提升。多措并举，对12种轻微违法行为免于处罚，推行"生态环境企业服务官"制度，协同推进经济高质量发展和生态环境高水平保护。三是环评审批效率持续提升。区域空间生态环境评价"三线一单"编制取得阶段性成果，正面清单制度全面落实，环评审批制度改革取得新突破。四是生态环境数字化持续提升。开展"智慧环保"项目建设，构建生态环境大数据平台，推进生态环境管理和治理模式的创新，实现决策科学化、治理精准化、服务高效化。

（刘跃亭　张　凯　翟景伟　左雨龙）

组织机构及负责人

中共郑州市委

书　记　徐立毅
副书记　王新伟（12月免）
　　　　侯　红（女，12月任）
　　　　周富强（1月任）
常　委　徐立毅　王新伟（12月免）
　　　　侯　红（女，12月任）
　　　　马　健（1月免）　周富强
　　　　杨福平　于东辉　牛卫国
　　　　黄　卿　吕挺琳
　　　　杜新军（5月任）
　　　　白江民
秘书长　牛卫国
常务副秘书长　杨昆峰
副秘书长　刘旭光（兼，10月免）
　　　　张志泉（10月免）
　　　　祖武斌　李红轩（10月免）
　　　　王柏军（7月任）
　　　　赵惠玲（女，兼，10月任）

市纪律检查委员会、市监察委员会

纪委书记、监委主任
　　　　周富强（6月免）
　　　　杜新军（6月任）
纪委副书记、监委副主任
　　　　葛震远　周　英　孙　武
纪委常委、监委委员
　　　　高　志　郭秋丽（女）
纪委常委　冯忠信　吴　蔚（女）
监委委员　宁建海

·市委工作部门·

办公厅

主　任　杨昆峰
副主任　张志泉（10月免）
　　　　陈　凯（10月任）
　　　　李颖辉（10月任）
派驻纪检监察组组长　程　炜

组织部

部　长　吕挺琳
常务副部长　朱河顺
副部长　张杰锋　史传春
　　　　李建国（兼）
派驻纪检监察组组长　赵　涵（女）

宣传部

部　长　黄　卿
常务副部长　徐西平（10月免）
　　　　王丽艳（女，10月任）
副部长　裴保顺（10月免）　石大东
派驻纪检监察组组长　王书广
文明办主任　裴保顺（10月免）
文明办副主任　尚　杰　黄红雨（女）

统战部

部　长　杨福平
常务副部长　吴志强（10月免）
　　　　王　丽（女，10月任）
副部长　郑继孝　李金勇
　　　　刘红梅（女，9月任）
派驻纪检监察组组长　孙　玄

政法委

书　记　于东辉
常务副书记　苏西刚
副书记　李华云（10月免）
　　　　侯保卫（10月免）
　　　　马晓霞（女）
政治部主任　拓新强
派驻纪检监察组组长　范　娟（女）

政策研究室

主　任　祖武斌
副主任　汤清典　左巧娈（女）
　　　　崔剑波　王庆先　赵　光
　　　　罗谷仁

网络安全和信息化委员会办公室

主　任　卢士海
副主任　李兴志　柏中新　任彦旭
　　　　韩锋全

外事工作委员会办公室

主　任　潘新红（女）
副主任　马国立　张树忱
　　　　黄改玲（女）　刘　洪
　　　　张镇宇

机构编制委员会办公室

主　任　陈春梅（女）
副主任　王学军（10月免）
　　　　王晓燕（女）　王信军
　　　　王曙光　梅忠东

市直属机关工委

书　记　刘旭光（10月免）
　　　　赵惠玲（女，10月任）
副书记　王永福　朱　光　李书英
　　　　乔成田　尹红卫
纪工委书记　范兴辉
委　员　钟孝君　康青山　岳得全

巡察工作领导小组办公室

主　任　赵国锋
副主任　王保敬　陈　刚

老干部局

局　长　李建国
副局长　战文胜　邢万顺　卢国祥
　　　　赵　华（女）　郭　愿
　　　　鲍　欣

城乡社区发展治理委员会

主　任　吕挺琳（兼）
第一副主任　吴福民（兼）
常务副主任　王海江
副主任　鲁超祥　楚拉民

·市委直属事业单位·

档案馆

馆　长　徐宏杰
副馆长　贾欣营　李永强　靳林中
　　　　廖　洁（女）　魏栓成
　　　　范革新

市委党校

校　长　周富强（兼）
常务副校长　李俊超（11月免）
　　　　李伟革（11月任）

郑州报业集团

党委书记、董事长、社长　石大东
党委副书记、总编辑　张子明
党委副书记、总经理　许　聪（女）
郑州日报社总编辑　张子明（兼）
郑州晚报社总编辑　程玉峰
副社长、副总经理　张明俊　王亚楼
　　　　杜长涛
中原网总编辑　张新彬
副总编辑　刘春兰（女）
纪委书记　张　永

党史研究室

主　任　薛稳定
副主任　王宗民　李红霞（女）
　　　　孙红旗　高　峰
　　　　牛宏波（12月任）

郑州市十五届人大常委会

主　任　胡　荃
副主任　王广灿　王贵欣（5月免）

赵新中（5月免）
法建强（回族） 张春阳
袁三军 王福松
孙 黎（女）
宋书杰（5月任）
蒿铁群（5月任）
秘书长 周亚民
副秘书长 张 辉（11月免）
杨郑安 尹明理
龚华章（11月免）
潘 冰（11月任）
委 员（按姓名笔画为序）
马 波（回族）
马斐颖（女） 王 志
王 新 毛鸿雁（女）
朱河顺 刘献志 闫龙涛
李元中 李凤芝（女）
李永茂 李幸福（回族）
李国立 李金鹏
李建霞（女，回族）
李政军 李 艳（女，回族）
李 晋 李 强
杨郑安（回族） 杨彦峰
何 飞 何 青
何艳丽（女） 沈丕黎（女）
张自福 张洛通
张艳华（女） 张 辉
张福清 英 瑾（女，回族）
周军营 赵志新
姜朝红（女） 秦士旺
柴栓庆 徐 笠（女）
崔正明 阎书刚 蔡仲友
石 玉（女，5月任）
李金勇（5月任）
周 铭（5月任）
徐 军（5月任）

市人大法制委员会

主任委员 李 艳（女，回族）
副主任委员 张国宏（11月免）
罗 丽（女）
委 员 马晓宇（女） 王保军
朱明军 孙会萍（女）
李国立 张 辉
赵 青（女）
高红敏（女，满族）

·市人大常委会工作机构·

办公厅

主 任 张 辉（11月免）
潘 冰（11月任）
副主任 尹明理 龚华章（11月免）

法制工作委员会

主 任 李 艳（女，回族）
副主任 韩广道

内务司法工作委员会

（8月更名为监察和司法工作委员会）
主 任 蔡仲友（8月免）
副主任 邢金勇（8月免）

监察和司法工作委员会

主 任 蔡仲友（8月任，11月免）
张国宏（11月任）
副主任 邢金勇（8月任）

经济工作委员会

主 任 李元中（11月免）
朱巨亚（11月任）
副主任 常沁民

教育科学文化卫生工作委员会

主 任 姜朝红（女）
副主任 罗 晖（女）

城乡建设环境保护工作委员会

主 任 柴栓庆（11月免）
杨彦峰（11月任）
副主任 周 薇（女，1月免）

农村工作委员会

主 任 秦士旺（11月免）
张晓英（女，11月任）

选举任免代表联络工作委员会

主 任 崔正明（11月免）
马安庄（11月任）

民族侨务外事工作委员会

主 任 沈丕黎（女，11月免）
曹晓苗（11月任）
副主任 牛志熳（女）

预算工作委员会

主 任 李金鹏（11月免）
王宏伟（11月任）
副主任 成 刚

高新技术产业开发区工作委员会

主 任 李幸福（回族，11月免）
张良才（11月任）
副主任 高彦夫 侯明臻（女）

经济技术开发区工作委员会

主 任 李国立
副主任 杨 宁（11月免）
赵 凯（11月免）

郑州航空港经济综合实验区（郑州新郑综合保税区）工作委员会

主 任 王 志
副主任 闫长松 赵建设 张建周

郑东新区工作委员会

主 任 周军营
副主任 李汉志 孟祥岭

研究室

主 任 李永茂
副主任 冯 乐（女）

信访室

主 任 杨彦峰（11月免）
龚华章（11月任）
副主任 崔永勋

（常红敏）

郑州市人民政府

市 长 王新伟（12月免）
代市长 侯 红（女，12月任）
副市长 李喜安 万正峰（12月免）
孙晓红（女） 吴福民
史占勇 马义中
陈兆超（1月免）
高 永（11月任）
陈宏伟（1月任）
秘书长 薛永卿
常务副秘书长 张 吉（10月免）
副秘书长 冯卫平 翟 政（7月免）
李 兵 王春晓（7月免）
孙建功（7月免）
马宏伟（6月免）
王义民（7月任）
张江涛（7月任）
王智明（12月任）
柴 丹（女）
张红军（7月免）
牛建军（7月任）
王保来（7月任）

·市政府工作部门·

办公厅

主 任 薛永卿
副主任 张晓英（女，11月免）
张丽华（女）
陈立志（10月任）
申红涛（10月任）
纪检组长 吴相武

发展和改革委员会

党组书记、主任　杨东方
党组副书记　严　波
副主任　王保来（8月免）
派驻纪检监察组组长　刘雅琳（女）

教育局

局　长　王中立
常务副局长　刘鹏利（8月免）
副局长　葛　飞　张大龙　曾昭传
派驻纪检监察组组长　杜国政

科学技术局

局　长　夏　扬
党组副书记　乔英奎
副局长　任　灿　李大群　缑云峰
　　范　昕

工业和信息化局

局　长　范建勋
党组副书记　刘延龄
副局长　巫怀民　杜设亮　谷振风
　　郜东辉
派驻纪检监察组组长　王　东

民族宗教事务局

主　任　杜敏生
副主任　刘佩伦　雷建生　周建军
　　马　伟

公安局

局　长　马义中
党委副书记、常务副局长
　　张书军（10月免）
党委副书记　李　珂（女）
副局长　张　保　李奎业（5月免）
　　马会强　蔡东赞　冯献彬
派驻纪检监察组组长　王晓宁（女）
政治部主任　刘　煜（10月免）

民政局

局　长　冯明杰
党组副书记　吴同欣
副局长　袁　杰（10月免）
　　李淑萍（女）　张国强
派驻纪检监察组组长
　　郎克俊（7月免）
　　吕　源（9月任）

司法局

党委书记、局长
　　司久贵（8月任局长职务）
党委副书记、局长　张江涛（8月免）
党委副书记　李文德（8月免）
　　张予琳（女）
副局长　李惟锋　张金生　黄耀欣
　　牛承志　焦占坤
　　胡以杰（女）
派驻纪检监察组组长　刘德林
政治部主任　赵永良

财政局

局　长　赵新民（1月任）
党组副书记　刘　健
副局长　丁二勇　张予红（女）
　　樊玉涛
派驻纪检监察组组长　姚　光

人力资源和社会保障局

局　长　李德耀
党组副书记　王翠玲（女）
副局长　娄渊胜　王松亭　申顺建
　　赵树春（7月任）
派驻纪检监察组组长　杨　彬（女）

自然资源和规划局

党组书记、副局长　吕安民（11月免）
党组书记、局长
　　孙建功（11月任党组书记职务）
党组副书记　曹晓苗（10月免）
副局长　许　振　李五云
　　王　敏（女）　陈国清
　　牛建军（7月免）　张国兴
　　贾大勇
派驻纪检监察组组长　吴振华（女）

生态环境局

党组书记、副局长　潘　冰（10月免）
党组书记、局长
　　王春晓（10月任党组书记）
副局长　李俊杰　李春德（8月免）
　　韩松涛　赵　凯（12月免）
派驻纪检监察组组长
　　丁剑波（9月任）

城乡建设局

党组书记　杨虎臣（8月免）
局　长　梁远森（10月免）
党组书记、局长　耿勇军（10月任）
党组副书记　张春喜（8月免）
副局长　金建新　王立新　杨　琦
　　曲　标　李俊铭
派驻纪检监察组组长　丁启豹

住房保障和房地产管理局

局　长　赵红军
副局长　王修安（8月免）　杨智威
　　赵鲜玲（女）　苗吉寅
派驻纪检监察组组长　雷　鸣（女）

交通运输局

主　任　翟　政
党组副书记　曹培林（10月免）
副主任　陆秀玲（女）　魏　予
　　李　刚　王　乐（女）
　　薛河川（女）
派驻纪检监察组组长　刘　宇（女）

城市管理局

局　长　李雪生
党组副书记　李　平
副局长　郭克河　翟月修　贾　中
　　张建彬
派驻纪检监察组组长
　　郭书君（9月任）

农业农村工作委员会

主　任　樊惠林
副主任　李新有　董　锐
　　马占军（7月免）　吴　蒙
　　宋俊英（女）　曹东坡
派驻纪检监察组组长　张玉成

水利局

党组书记、局长　张胜利（10月免）
党组书记　韩俊远（10月任）
局　长　梁远森（11月任）
党组副书记　武拥军
副局长　胡文杰　刘玉钊　高国振
　　刘德坡　王　举
派驻纪检监察组组长
　　马海红（女，9月任）

林业局

局　长　司同义
党组副书记　宋万党
副局长　张卫东　牛培玲（女）
　　李佳刚　毛亚军
派驻纪检监察组组长
　　郭书君（9月免）

商务局

局　长　余遂盈（4月免）
　　李　兵（4月任）
党组副书记　陈　彦（女）
副局长　张海亮　林继民　曹宏伟
　　吴安德
派驻纪检监察组组长　李国书

文化广电和旅游局

党组书记、副局长　宋建国（10月免）
党组书记、局长　李　芳（女，10月任

党组书记职务）

副局长　何宏波　董　娣（女）
张文书　刘根成
宁凤丽（女）　李明伟
胡家安　刘海青（女）
刘　源　魏志雄

卫生和计划生育委员会

主　任　付桂荣（女）
党组副书记　张文艳（女，10月免）
副主任　原学岭　许迎喜　段新国
陈　勇
派驻纪检监察组组长　张智光

退役军人事务管理局

党组书记、局长
李建伟（10月任局长职务）
局　长　刘天启（10月免）
副局长　张铁山　马忠杰

应急管理局

党委书记、局长
任立公（10月任党委书记职务）
副局长　朱建勋　丁清卫　郭项峰
时富宗
派驻纪检监察组组长　房志伟

审计局

局　长　刘啸峰
副局长　徐　平（女）　桑富强
于士营　乔德宁
邹　鹭（女）
派驻纪检监察组组长　赵　军

国有资产监督管理委员会

主　任　李秀山
党委副书记　黄名坤
副主任　岳启明　郭耀伟　刘学银
于东启　孟庆平
派驻纪检监察组组长　苏海平

市场监督管理局

党组书记、局长
吴凤军（10月任局长职务）
党组副书记、局长
李建霞（女，10月免）
副局长　尚建国　韩黎民　祁红亮
王拥军　李海陆　张松安
张元龙　刘涪江　江　洪
陈传建　闫荣魁
派驻纪检监察组组长　黄　静（女）

体育局

局　长　王　微（10月免）
李红轩（10月任）
副局长　张国防　周朝晖　张家富
赵　君（10月免）　朱聚江
蒋　涛

统计局

党组书记　陈平山（10月任）
局　长　滕　飞（10月免）
郝　伟（女，10月任）
副局长　祝遵刚　孙玉平（女）
张庆华

粮食和物资储备局

局　长　李文岭
党组副书记　魏来圈
副局长　王喜胜　张世然

医疗保障局

党组书记、局长　连书平（10月免）
党组书记　杜建强（10月任）
局　长　魏宁娣（女，7月任）
副局长　邹庆明　孙景莉（女）
刘坚强　秦　镜（12月任）

信访局

局　长　宋建伟（11月免）
李新军（11月任）
副局长　田书黎　金爱江

人民防空办公室

主　任　周顺杰
副主任　项忠阳　石如善　王作伟

文物局

局　长　任　伟
党组副书记　郭　磊（女）
副局长　王　杰（8月免）　汪文道
任晓红　闫凤岗　胡　鹏
派驻纪检监察组组长　梁晓东

园林局

局　长　辛绍河
党组副书记　赵景尧（10月免）
副局长　姚喜民（10月免）　赵富荣
许学清　祖应军　张　强

金融工作局

党组书记、副局长　赵向东（10月免）
局　长　郝　伟（女，10月免）
党组书记、局长　杨迎辉（10月任）
副局长　李新锋　张少康　李士兵

物流口岸局

局　长　王　敏
副局长　郑景峰　闻清涛　张　毅

大数据管理局

局　长　郭程明
副局长　张　阳（9月免）　韩晓东
盛　铎（12月任）

政务服务办公室

党组书记、主任　王　新（10月任）
主　任　李留宪（10月免）
副主任　李庆伟　张红振（9月免）
杨江平　吴鹏辉
派驻纪检监察组组长
谢枝彤（9月任）

·市政府直属事业单位·

市直机关事务管理局

局　长　徐　勇
党组副书记　韩　勇
副局长　姚希岗　常　利　李洪建
王新涛　孙建军　孟　翔

接待办公室

主　任　宋林杰
副主任　白建军　李建军

地方史志办公室

主　任　朱　军
副主任　王丹东

住房公积金管理中心

主任、党组副书记　朱蜀辽
党组书记　赵　伟（女）
副主任　薛佩玲（女）　罗　鸣
李力刚　刘帮成　史保金
派驻纪检监察组组长　尹丙申

供销合作社

主　任　张　杰
监事会主任　宫建国
副主任　杨燕青　苏现民　赵文生

市场发展中心

局　长　田跃平
副局长　唐文革　罗黎明　房广明
陈付全　王海涛

仲裁委员会办公室

主　任　杨爱玲（女）
副主任　柴　青（女）　谷　青（女）
李红武　崔工作　陈世东

建设投资总公司
总经理　秦广远
监事会主席　付立文
副总经理　汪　洋　张　岩　代　璐

社会保险中心
主　任　丁桂芳
副主任　王继然　李华亮
派驻纪检检察组组长　史　良

·市政府派出机构·

郑州航空港经济综合实验区（郑州新郑综合保税区）
党工委书记　马　健（1月免）
张俊峰（11月任）
党工委副书记、管委会主任
张俊峰（11月免）
万正峰（11月任）
党工委副书记　常继红（女）
管委会副主任　王春山
魏学彬（5月任）
蔡　红（女）　郑福林
樊福太

郑东新区
党工委副书记、管委会主任
牛瑞华（7月任）
党工委副书记　马安庄（10月免）
周定友（10月任）
管委会副主任　魏宁娣（女，7月免）

经济技术开发区
党工委书记、管委会主任　樊福太（7月免管委会主任职务）
管委会主任　李小虎（7月任）
党工委副书记　姚志伟（7月任）
副主任　王义民（7月免）
孙　兵（10月免）　杨　光
马　良　王　潜（7月任）
刘　丹（7月任）
纪工委书记　武　斌（10月免）

高新技术产业开发区
党工委书记、管委会主任　王新亭（11月免管委会主任职务）
党工委副书记、管委会主任
张红军（11月任管委会主任）
党工委副书记　张良才（10月免）
管委会副主任　张静伟　王　军
王宏伟（11月免）
姚五洲
纪工委书记　孟溯繁

郑州黄河文化公园
党工委书记　李伟光
管委会主任　雒国栋
党工委副书记　李振兴
管委会副主任　马玉林
杜振宇　胡　春
李宗建　李志辉
纪工委书记　王建军

中国（河南）自由贸易试验区郑州片区
管委会主任　万正峰（兼，12月免）
史占勇（兼，12月任）
管委会常务副主任
李　兵（兼，4月任）
副主任　袁进超　朱召龙

·市政府驻外办事机构·

市政府驻北京联络处
主　任　张党权
副主任　常宏瑞

市政府驻广州办事处
主　任　彭起信
副主任　王忠文

市政府驻上海联络处
主　任　刘亚涛
副主任　张　凯

·省市双重管理机构·

国家税务总局郑州市税务局
局　长　刘　峰（4月免）
张　涛（9月任）
副局长　杨立平（9月免）
孙武江（10月任）
冯　霖（女）　李　巍
刘伟红　李雷鸣（6月免）
白嵩峰（6月免）
宋　山（6月免）
马松伟（11月免）
纪检组组长　韦　鑫（6月免）

烟草专卖局（公司）
局　长（经理）　蒋中民
副局长　施鹏跃（7月免）
康　鹏（7月任）
副经理　孟红新（女）　司军鹏
李剑秋（9月任）
纪检组长　陈　涛（女，7月免）
魏　伟（7月任）

河南省邮政公司郑州市分公司
总经理　孙东凤（3月免）
马　华（3月任）
副总经理　梁　斌　范克洲
苏　强
程　亮（5月任）
纪委书记　梁　斌（兼）

国网郑州供电公司
总经理、党委副书记　刘长义
党委书记、副总经理　程乐园
副总经理　王　柳　代鑫波　程　旭
张绍辉（12月免）
辛忠良（12月任）
纪委书记　王　鹏
（范鹏飞　刘　恒　程天天）

政协郑州市第十四届委员会
党组书记、主席　张延明（1月任党组书记，5月任政协主席）
副主席　吴晓君（女，满族）　李新有
薛景霞（女）　岳希荣（女）
王万鹏　王东亮　刘　睿
党组副书记　杨福平　吴晓君
秘书长　吴耀田（11月免）
副秘书长　谭　哲（11月免）
汤　燕（女，11月免）
王松涛（11月免）
滕　飞（11月任）
常务委员（按姓氏笔划排）
丁言兆　丁海燕　于存涛　于　明
于　珊　马克霞　王万鹏　王文浩
王长旗　王东亮　王巧荣　王红梅
王　丽　王丽艳　王松涛　王春晓
王洪波　王跃胜　王琳琳　王　辉
王新荣　王　鹏　巨立让　申培红
刘五一　刘　东　刘光访　刘旭光
刘忠明　刘胜平　刘崇怀　刘清江
刘理伟　刘　睿　吕　龙　吕　剑
许建华（5月任）　汤　燕　阴志勇
齐秀娟　严　璐　吴予红　吴　咏
吴晓君　吴营昌　吴耀田　宋长峰
张玉笋　张志泉　张杰锋　张　英
张春香　张琳琳　张新东　李文凡
李华云　李建伟　李秋红　李海铁
李　琳　李新有　李献峰　杜敏生
杨保成　汪德峰　沈立承　花姝红
陈玉山　周宇红　尚　贤　岳希荣
岳　明　郑方燕　郑俊杰　郑高飞
施　展　柳　青　胡华敏　赵永录
赵克新　赵学庆　郝　伟　钟海涛
徐　平　郭玉兵　郭　伟　郭　良
郭益民　郭耀伟　寇　爽　常　伟

曹红学　梁远森　黄万新　黄国敏
葛　飞　葛震远　董建山　释会童
虞　婕　路志欣　蔡玉奇　谭　哲
潘泽林　潘新红　薛景霞　魏宁娣

·市政协工作机构·

办公厅

主　任　谭　哲（11月免）
　　　　滕　飞（11月任）
副主任　徐　莹（女，回族）　乔　磊

纪检组

副组长　侯明坤

调研室

主　任　张　英
副主任　金　武

提案委员会

主　任　李献峰
副主任　张沄龙

经济委员会

主　任　李海铁（11月免）
　　　　刘天启（11月任）
副主任　张灵芝（女，11月免）

农业委员会

主　任　郭　良（11月免）
　　　　李留宪（11月任）
副主任　陈金城

人口资源环境委员会

主　任　钟海涛（11月免）
　　　　钱世哲（11月任）
副主任　何　洁（女）　汪　华

教科文卫体委员会

主　任　虞　婕（女，11月免）
　　　　汤　燕（女，11月任）
副主任　刘艳秋（女）

社会和法制委员会

主　任　刘五一
副主任　侯艳芳（女）

民族和宗教委员会

主　任　刘光访（11月免）
　　　　赵景尧（11月任）
副主任　陈　斌

文史资料委员会

主　任　丁言兆
副主任　杨合法

港澳台侨和外事委员会

主　任　蔡玉奇（11月免）
　　　　宋建伟（11月任）
副主任　王爱芳（女）

委员管理联络委员会

主　任　张春香（女，11月免）
　　　　李晓龙（11月任）
副主任　赵先玲（女）

城市建设委员会

主　任　于　明

拜祖大典组委会办公室

主　任　董建山

（李　杰　刘惠娟）

民主党派与工商联

民革郑州市第十三届委员会

主　委　刘　东（女）
副主委　张自福　牛培玲（女）
　　　　刘五一　王巧荣（女）
　　　　郝军峰
秘书长　张　路

民盟郑州市第十三届委员会

主　委　郝　伟
副主委　张洛通　王新荣（女）
　　　　张志华　齐迎萍（女）
　　　　刘清江
秘书长　宋喜玲（女）

民建郑州市第十五届委员会

主　委　孙　黎（女）
副主委　李政军　于　珊（女）
　　　　周　平（女）　沈立承
　　　　尚建国
秘书长　百金丽（女）

民进郑州市第五届委员会

主　委　赵学庆
副主委　汪德峰　张　强
　　　　李建霞（女）　安惠萍（女）
　　　　郭玉兵
秘书长　李建霞（女，兼）

农工党郑州市第七届委员会

主　委　李新有
副主委　李凤芝（女）　郑方燕（女）
　　　　毋心灵（女）　潘泽林
秘书长　师艳军

九三学社郑州市第六届委员会

主　委　郑高飞
副主委　刘崇怀　李秋红（女）
　　　　黄万新　何艳丽（女）

（石　林　沈开伟）

工商联

主　席　薛景霞（女，兼）
党组书记　李金勇（兼）
驻会副主席　王清祥　许元浩　马秦岭
秘书长　李　翔

（李　翔　张宇飞）

郑州市中级人民法院

院　长　李志增
副院长　李广湖　王志民
　　　　刘玉华（女）　石志军
政治部主任　高延安
派驻纪检监察组组长　霍训军

（王高峰　李　尧）

郑州市人民检察院

检察长　刘海奎
副检察长　宋　楠（女）　赵光南
　　　　范　俊　苏长明
政治部主任　丁　力（12月免）
派驻纪检监察组组长　司永军

（罗存才）

郑州市群众团体组织

总工会

主　席　赵新中
党组副书记、常务副主席
　　　　王玉红（女）
党组副书记　赵志新
副主席　施　展　宋少丹　张建涛
　　　　林增志　许振亚　朱　宁
　　　　杜建新

共青团郑州市委员会

书　记　石　玉（女）
副书记　张琳琳（女）
　　　　毛新辉　赵静波（7月任）
　　　　马庆华（12月任）

妇女联合会

主　席　马斐颖（女）
副主席　侯淑玲（女）　刘翠柳
　　　　刘　欣（女）

刘景艳（女，12月任）

文学艺术界联合会

主　席　徐大庆（10月免）

景雪萍（10月任）

副主席　李国昌　程李德专　杨少勇

贾伟东　楚彦凯　周春晖

归国华侨联合会

主　席　吕　剑（女）

副主席　李卓瑜（女）

残疾人联合会

理事长　张群保

常务副理事长　程广平

副理事长　周长信（8月免）

陈　卓（女）　王军辉

包亚斌　张松振

社会科学界联合会

主　席　叶光林（女）

党组副书记、副主席　宫银峰

副主席　许颖杰　秦贤卿　马　飞

秦凤云（女）　韩玉冰

科学技术协会

党组书记　张泽宏

主　席　吴予红（女）

副主席　马国明　崔光伟

王世珍（女）　曲海涛

李文龙　刘国俊

耿聪慧（女）

红十字会

会　长　孙晓红（女，兼）

常务副会长　丁振勇

副会长　韩孝坤（女）　汤　震

杨　威　张晓煜

秘书长　邓保华（女，7月任）

驻郑部属及省属单位

·金融机构·

中国人民银行郑州中心支行

行　长　徐诺金

副行长　王深德　朱培玉

崔晓芙（女）　刘　明

李文瑞　翟向祎

中国工商银行郑州分行

行　长　王晓东

副行长　荣卫民　刘建民

刘永祥（4月免）　张　充

夏　青

纪委书记　樊桂喜

中国农业银行郑州分行

行　长　梁本录

副行长　吴振华　李炳英（女）

李　光　王少云（女）

曾　升　张　峰　张竣岭

·保险机构·

中国人寿保险股份有限公司郑州市分公司

总经理　徐春成

副总经理　高德胜　李小广

刘浩燕（女）

郑菊红　连英奎（5月任）

·其他单位·

郑州市黄河河务局

局　长　艾广章

副局长　蔡长治　余孝志

刘培勋（10月任）

纪检组组长　何柏林（12月任）

郑州银行

董事长　王天宇

行　长　申学清

监事长　赵丽娟（女）

党委副书记、副行长　夏　华

副董事长　冯　涛

党委副书记　赵麦城

副行长　郭志彬　孙海刚　张文建

毛月珍（女）　傅春乔

纪委书记　张　骅

（范鹏飞　刘　恒　程天天）

1月

1日

△省委常委、市委书记徐立毅，市委副书记、市长王新伟分别带队深入市场和车站，检查节日市场供应、民生保障和安全生产等工作。

2日

△郑州市举行2020年第一批重大项目集中开工仪式，省委常委、市委书记徐立毅宣布开工，开工重大项目57个，涵盖装备制造、电子信息、金融商贸、基础设施和民生社会事业等重点领域。

△省委常委、市委书记徐立毅到郑州航空港实验区调研，实地察看高铁南站、机场货运区三期、中部设计中心，了解规划建设情况，并与航空港区、机场负责人等进行座谈。

△市委副书记、市长王新伟主持召开市政府第42次常务会议。会议研究审议《郑州市加快数字经济发展实施方案（2020—2022年）》，听取2019年全市消防工作情况报告，研究讨论粮食安全应急网点建设管理暂行办法等事宜。

3日

△省委常委、市委书记徐立毅会见中国电力建设集团有限公司党委书记、董事长晏志勇一行，双方就加强务实合作进行深入交流，达成广泛共识。

4日

△郑州市召开《郑州建设黄河流域生态保护和高质量发展核心示范区概念性总体规划》评审会，省委常委、市委书记徐立毅，市委副书记、市长王新伟等出席。

6日

△省委常委、市委书记徐立毅主持召开市委常委会会议，传达学习习近平总书记在中央财经委员会第五次、第六次会议上的重要讲话精神和在中央政治局"不忘初心、牢记使命"专题民主生活会上的重要讲话精神，研究郑州市贯彻落实意见。

6—7日

△省委常委、市委书记徐立毅深入二七区政务服务中心、市政务服务中心，围绕优化营商环境进行调研，了解公民个人事项、商事登记和工程项目审批办理情况，并与有关企业、市直部门座谈，听取意见建议。

7日

△市委副书记、市长王新伟主持召开专题座谈会，征求部分市人大代表、政协委员对政府工作报告起草的意见建议。

△市委副书记、市长王新伟组织召开全市问题楼盘信访突出问题化解攻坚总结大会，总结2019年工作情况，分析当前面临的问题和形势，部署2020年工作，并对省"两会"和春节期间全市信访稳定工作进行安排。

10日

△省十三届人大三次会议郑州代表团举行全体会议，审议政府工作报告。省委常委、市委书记徐立毅主持审议并发言。

11日

△省委书记王国生到省十三届人大三次会议郑州代表团，与代表一起审议政府工作报告。省委常委、市委书记徐立毅等参加郑州团审议。

△省委常委、市委书记徐立毅主持召开市委常委会（扩大）会议，传达学习省委书记王国生参加省十三届人大三次会议郑州代表团审议时的讲话精神，研究郑州市贯彻落实意见。

13日

△全市党管武装工作会议召开。省委常委、市委书记、郑州警备区党委第一书记徐立毅强调，要坚持以习近平新时代中国特色社会主义思想为指导，深入学习贯彻习近平强军思想，落实省委会议部署，坚决扛起新时代党管武装使命，不断提高组织动员能力，提升军民融合发展水平，为国家中心城市建设和国防建设做出更大贡献。

△市长王新伟主持召开市政府第43次常务会议，研究部署节前安全生产工作。

14日

△省委常委、市委书记徐立毅带队看望慰问驻郑部队官兵，送上节日问候，畅叙鱼水深情，共话融合发展。

△市委副书记、市长王新伟会见双良集团董事局主席缪双大一行，双方就进一步深化合作进行沟通交流，达成广泛共识。

15日

△市委副书记、市长王新伟调研老旧小区改造及春节期间氛围营造工作，实地察看道路街区序化、洁化、绿化、亮化情况。

16日

△市委召开党外人士座谈会，向各民主党派、工商联负责人和无党派人士代表通报2019年全市经济社会发展情况，就做好新一年工作征求意见和建议。

△市人大常委会主任胡荃带队走访慰问老党员、困难党员、困难群众、优抚对象、福利机构和驻郑部队。

17日

△郑州市高质量发展制造业和高水平扩大对外开放工作推进会召开，深入贯彻习近平总书记视察河南重要讲话精神，贯彻落实省"两会"精神，细化落实市委十一届十一次全会工作任务，表彰先进企业和先进单位，对高质量发展制造业、高水平扩大对外开放两个三

年行动计划进行动员部署。省委常委、市委书记徐立毅出席会议并讲话。会议印发《郑州市制造业高质量发展三年行动计划（2020年—2022年）》《郑州市对外开放三年行动计划（2020—2022年）》。

△省委常委、市委书记徐立毅到二七区、金水区实地察看“三项工程、一项管理”工作推进情况，并与社区居民亲切交谈，听取群众对工作推进的意见和想法。

△郑州市收听收看全省安全生产工作电视电话会议，并接续召开会议安排部署相关工作。市委副书记、市长王新伟参加会议。

△郑州市收听收看全省大气污染防治攻坚工作电视电话会议，并接续召开会议安排部署相关工作。

18日

△郑州市“不忘初心、牢记使命”主题教育总结大会召开。会议深入学习贯彻习近平总书记在“不忘初心、牢记使命”主题教育总结大会上的重要讲话精神，落实省委会议部署，回顾总结全市主题教育开展情况。

△市委副书记、市长王新伟亲切看望慰问在郑的部分离退休老干部，致以新春佳节的问候和祝福。

△市委副书记、市长王新伟深入福利机构和困难党员、优抚对象、困难群众家中走访慰问。

△郑州市政府与前海方舟资产管理有限公司签署战略合作协议。市委副书记、市长王新伟等参加签约仪式。

19日

△省会新闻界迎新春座谈会举行。省委常委、市委书记徐立毅出席座谈会。

20日

△市委常委会召开会议，传达学习十九届中央纪委四次全会、中央“不忘初心、牢记使命”主题教育总结大会、中央政治局1月16日会议和省委主题教育总结大会、省“两会”会议精神，研究郑州市贯彻落实意见。听取市人大常委会、市政府、市政协、市中级人民法院、市人民检察院党组2019年度工作汇报。

△省委常委、市委书记徐立毅在郑州会见柬埔寨王国旅游部部长唐坤一行，双方就进一步深化旅游合作、加强文化经贸往来进行交流，达成广泛共识。

21日

△中国共产党郑州市第十一届纪律检查委员会第五次全体会议召开，全面贯彻落实习近平总书记重要讲话精神和十九届中央纪委四次全会精神，落实十届省纪委五次全会部署，回顾2019年纪检监察工作，安排部署2020年工作。省委常委、市委书记徐立毅出席会议并讲话。

△省委常委、市委书记徐立毅到市社会福利院、市儿童福利院和优抚对象家中走访慰问。

△郑州市新型冠状病毒感染的肺炎疫情防控工作会议召开。市委副书记、市长王新伟出席会议并讲话。会议传达国家、省相关会议精神，通报相关疫情情况，并对下一步疫情防控工作进行安排部署。

△市委副书记、市长王新伟主持召开市政府第44次常务会议。会议认真传达学习贯彻习近平总书记对新型冠状病毒感染的肺炎疫情作出的重要指示精神，全面落实国务院总理李克强批示和国务院常务会议、新型冠状病毒感染的肺炎疫情防控工作电视电话会议要求，听取研究全市疫情防控有关工作，研究《郑州市关于推进“亩均论英雄”综合评价的实施意见》，学习《河南省安全生产风险管控与隐患治理办法》。

△市人大常委会主任胡荃主持召开市十五届人大常委会第十三次会议。

22日

△市委、市政府举行2020年春节团拜会。

△省委常委、市委书记徐立毅主持召开市委常委会扩大会议，认真学习贯彻习近平总书记对新型冠状病毒感染的肺炎疫情作出的重要指示精神，落实国务院总理李克强批示要求和国家、省有关会议部署，听取全市近期疫情防控工作情况汇报，分析形势，进一步部署落实各项防控措施。

23日

△省委书记王国生到郑州市检查节日保障工作，向春节期间奋战在工作一线的广大劳动者致以节日问候和新春祝福。省委常委、市委书记徐立毅等参加慰问。

△省委常委、市委书记徐立毅到新密山区，看望慰问困难群众、基层干部、脱贫攻坚一线干部。

△郑州市被正式命名为国家生态园林城市，荥阳市、新郑市被命名为2019年国家园林城市，中牟县被命名为2019年国家园林县城。

24日

△省委常委、市委书记徐立毅主持召开新型冠状病毒感染的肺炎疫情防控工作专题会，听取全市新型冠状病毒感染肺炎疫情防控工作情况汇报，分析研判形势，安排部署当前防控工作。

△央视春晚在郑州炎黄广场设立分会场，节目以“用黄河自强不息的民族精神决胜小康之年”为主题。

25日

△省委书记王国生到郑州市检查新型冠状病毒感染的肺炎疫情防控工作，省委常委、市委书记徐立毅等参加调研。

△省委常委、市委书记徐立毅主持召开专题会议，传达省委书记王国生到郑州市检查指导新型冠状病毒感染肺炎疫情防控工作时的指示要求，并实地调研全市疫情防控工作。

△郑州市组织收听收看全省新型冠状病毒感染的肺炎疫情防控工作电视电话会议。市领导王新伟等在郑州分会场参加会议。会后，郑州市随即召开会议，安排部署贯彻落实省电视电话会议精神。

26日

△郑州市召开新型冠状病毒肺炎疫情防控工作电视电话会议，学习贯彻习近平总书记重要讲话精神和中央政治局常委会会议精神，落实省委书记王国生在郑州市检查疫情防控工作时的讲话要求和全省电视电话会议精神，对疫情防控工作再研究、再部署、再动员。会上下发《郑州市新型冠状病毒感染的肺炎疫情防控领导小组关于市级有关领导同志分包各开发区、县（市）区疫情防控工作的通知》。

△省委常委、市委书记徐立毅到航空港实验区调研疫情防控工作，强调要深入贯彻习近平总书记重要讲话和中央政治局常委会会议精神，按照省委、省政府部署，坚决遏制疫情蔓延扩散。

△市委副书记、市长王新伟到荥阳市、上街区等地，调研新型冠状病毒感染的肺炎疫情防控情况，并看望慰问疫情防控一线工作人员。

△市委副书记、市长、郑州市新型冠状病毒感染的肺炎疫情防控领导小组常务副组长王新伟主持召开全市新型冠状病毒感染的肺炎疫情防控领导小组第三次调度会。听取市疫情防控领导小组“一办八组”工作情况汇报，并研究相关问题。

27日

△省委常委、市委书记徐立毅主持召开市疫情防控领导小组视频调度会，研判疫情形势，研究突出问题，安排部署下一步工作。

△国家卫健委督导组到二七区督导新型冠状病毒感染的肺炎疫情防控工作情况。市委副书记、市长王新伟陪同督导。

28日

△省委书记王国生到中牟县农村、社区、疾控中心，了解新型冠状病毒感染的肺炎疫情发展态势，指导群防群控工作。省委常委、市委书记徐立毅等参加活动。

△省委常委、市委书记徐立毅到

管城区调研社区疫情防控工作，并主持召开疫情分析会，听取全市新型冠状病毒肺炎防控救治工作开展情况，安排部署下一步工作。

△市委副书记、市长王新伟到巩义市、登封市、新密市、二七区，检查督导疫情防控工作。

29日

△省委常委、市委书记徐立毅主持召开市新型冠状病毒感染的肺炎疫情防控领导小组会议，传达省委常委会会议精神，听取市疫情防控领导小组“一办七部”工作汇报，研究全市进一步加强疫情防控举措。

30日

△省委常委、市委书记徐立毅深入城市社区、农贸市场、超市等地，仔细了解、随机抽查疫情防控情况，并调研市场供应工作。

△市委副书记、市长王新伟到新郑市、航空港实验区、中牟县和经开区，检查督导疫情防控工作，看望防控一线工作人员。

31日

△省委常委、市委书记徐立毅主持召开市疫情防控领导小组会议，专题研究疫情防控大数据监测、人员返程管理、企业复工等问题，部署进一步加强疫情防控工作。

△市委副书记、市长王新伟实地检查督导管城区、金水区疫情防控工作，要求把人民群众生命安全和身体健康放在第一位，众志成城扛起疫情防控的郑州担当。

2月

1日

△省委常委、市委书记徐立毅赴巩义市检查新型冠状病毒感染的肺炎疫情防控工作，强调当前已进入疫情防控关键时期，要深入学习贯彻习近平总书记重要讲话和指示精神，落实省委、省政府部署，打赢疫情防控阻击战。

△市委副书记、市长王新伟主持召开市政府第45次常务会议，决定追授郑凯同志和授予崔立志同志“郑州市先进工作者”称号。

2日

△郑州市疫情防控工作电视电话会议召开，传达学习省委有关座谈会精神，分析郑州市形势，对疫情防控工作再研究、再部署。省委常委、市委书记徐立毅强调，要坚决贯彻落实习近平总书记重要批示和中央有关会议精神，按照省委安排，推进疫情防控工作更加扎实有效。

△市人大常委会主任胡荃实地察看并听取新型冠状病毒感染的肺炎疫情防控工作开展情况，看望慰问执勤点工作人员和党员志愿者。

3日

△省委常委、市委书记徐立毅调研重点交通入口疫情防控工作，强调要坚决贯彻落实习近平总书记重要指示精神，深入落实中央、省委有关工作部署，充分运用好大数据技术，全力打好打赢疫情防控阻击战。

△市委副书记、市长王新伟慰问疫情防控领导小组全体人员，召开会议专题研究企业复工复产工作，并实地检查督导物流企业疫情防控情况。

4日

△省委常委、市委书记徐立毅主持召开市委常委会（扩大）会议，传达学习2月3日习近平总书记重要讲话精神和中央政治局常委会会议精神，结合当前疫情形势研究贯彻落实意见，对下一步疫情防控工作再研判、再部署、再推进。

△市委副书记、市长王新伟主持召开会议，专题研究部署全市重点医疗物资生产企业增产扩能工作。

△市委副书记、市长王新伟主持召开专题会议，传达学习全省保障疫情防控应急物资及人员运输车辆顺畅通行电视电话会精神，安排部署全市贯彻落实工作。

5日

△省委常委、市委书记徐立毅走访调研部分企业，研究部署疫情防控期间企业复工复产工作。

△来自郑州11个急救站的49名急救人员紧急集结在市紧急医疗救援中心，带着13辆急救车奔赴武汉，协助当地进行危重患者救治及急救转运工作。

6日

△省委常委、市委书记徐立毅赴航空港区调研郑州市第一人民医院传染病医院建设情况，以及企业复工疫情防控准备工作。

△郑州市收听收看全省政府工作电视电话会议，并接续召开会议安排部署相关工作。市委副书记、市长王新伟强调，各级各部门要全面贯彻落实省政府决策部署，把疫情防控摆在当前工作的首要位置，在坚决打赢疫情防控阻击战的同时，统筹做好改革发展稳定各项工作。

△郑州市第一人民医院传染病医院（郑州岐伯山医院）项目正式完成验收移交。

7日

△市委副书记、市长王新伟主持召开疫情防控视频调度会，传达贯彻习近平总书记重要指示和中央重要会议精神，落实省委书记王国生和省委省政府有关部署，按照省委常委、市委书记徐立毅在疫情防控领导小组会议的安排，实地检查集中隔离点管理、医疗废物废水处置、地铁站点运营等情况。

8日

△省委书记王国生到郑州市检查疫情防控工作。省委常委、市委书记徐立毅等参加活动。王国生强调要深入贯彻落实习近平总书记重要讲话指示精神，充分认识疫情防控工作的严峻性复杂性，全面加强党对疫情防控工作的领导，坚决打赢疫情防控阻击战。

△省委常委、市委书记徐立毅主持召开市疫情防控领导小组专题会议，传达贯彻省委书记王国生到郑州市调研指示要求，安排部署下一步工作。市领导王新伟等参加会议。

9日

△省委常委、市委书记徐立毅随机检查部分居民小区疫情管控情况，强调要严格执行中央、省市有关规定，既要确保管控到位、又要方便群众正常生活。

△河南省第5批医疗队出发，驰援湖北。该批医疗队共300人，其中有来自省会郑州8家医院的120名医务人员。

△市委副书记、市长王新伟检查企业复工、社区管控等情况，主持召开会议传达贯彻省委书记王国生检查郑州市疫情防控时的讲话精神和省委常委、市委书记徐立毅在市疫情防控领导小组专题会议上的讲话要求。

10日

△省长尹弘深入郑州市检查指导新冠肺炎疫情防控、居民生活必需品保供、复工复产等工作，强调要不折不扣落实党中央国务院部署，坚决遏制疫情扩散蔓延，努力保持生产生活平稳有序，维护正常经济社会秩序。省委常委、市委书记徐立毅等参加活动。

△省委常委、市委书记徐立毅调研检查全市复学工作准备情况，并主持召开市疫情防控领导小组会议，传达贯彻尹弘省长检查指导郑州防控工作时的重要讲话精神。

△市委副书记、市长王新伟主持召开市政府第46次常务会议，研究并原则通过《关于应对新型冠状病毒肺炎疫情促进经济平稳健康发展的若干举措》。

11日

△市委副书记、市长王新伟主持召开疫情防控视频调度会，学习贯彻习近平总书记在北京市调研新冠肺炎疫情防控工作时的重要讲话精神，部署落实省委常委、市委书记徐立毅在市疫情防控领导小组会议上的工作要求。

△市十五届人大常委会第十四次会议以视频会议的形式召开。市人大常

委会主任胡荃主持视频会议。本次会议审议了《郑州市人民代表大会常务委员会关于依法全力做好当前新冠肺炎疫情防控工作的决定（草案）》，并通过线上表决的方式，表决通过了该决定。

11—12日

△市委副书记、市长王新伟实地调研督导生活物资保供应、医疗物资保生产、基层社区保安全等情况。

12日

△省委常委、市委书记徐立毅主持召开市疫情防控领导小组会议，会议听取了专家对郑州市疫情防控形势的分析预测、居民小区健康登记管理系统运行情况、市疫情防控领导小组“一办七部”工作汇报，研究部署进一步加强疫情防控、有序推动复工复学工作的各项措施。

13日

△省委常委、市委书记徐立毅在新密市调研检查疫情防控期间企业复工复产工作。

△市委副书记、市长王新伟调研督导疫情防控期间城管环卫系统生活垃圾处置工作。

14日

△省委常委、市委书记徐立毅主持召开市疫情防控工作领导小组会议，学习贯彻习近平总书记重要讲话和中央政治局常委会会议精神，进一步研究部署疫情防控期间企业复工复产工作。市委副书记、市长王新伟等出席会议。

△市委副书记、市长王新伟检查企业复工复产、社区疫情防控等情况，主持召开视频调度会传达贯彻2月12日习近平总书记在中央政治局常委会会议上的重要讲话精神，部署落实省委常委、市委书记徐立毅在疫情防控领导小组会议上的工作要求。

15日

△省委常委、市委书记徐立毅调研督导郑州岐伯山医院接诊准备及企业复工复产情况，强调要深入学习贯彻习近平总书记重要讲话和中央政治局常委会会议、中央深改委会议精神，严格落实中央和省委、省政府安排部署，进一步加强医疗救治力量，统筹做好疫情防控和企业复工复产工作。

△市委副书记、市长王新伟实地调研检查巩义市疫情防控期间工业企业复工复产工作，强调要深入学习贯彻习近平总书记重要讲话精神，全面落实中央省市战疫情各项工作部署，切实做到疫情防控和经济发展两手抓、两手都要硬。

16日

△省委常委、市委书记徐立毅调研检查重点交通卡口、社区疫情防控情况，强调要深入贯彻落实习近平总书记系列重要讲话指示精神，以更严密的疫情防控措施守好郑州防线，有力保障企业安全复工复产。

16—17日

△市委副书记、市长王新伟检查督导航空港实验区、郑东新区、上街区、新郑市、金水区疫情防控和企业复工复产工作。

18日

△市委副书记、市长王新伟检查二七区、惠济区、高新区集中隔离、复工复产等情况，并主持召开视频调度会传达贯彻省委常委会议精神，部署落实省委常委、市委书记徐立毅在疫情防控领导小组专题会议上的工作要求。

20日

△省委常委、市委书记徐立毅主持召开市委常委会（扩大）会议，传达学习习近平总书记近期重要讲话精神和中央、省委重要会议精神，分析我市近期新冠肺炎疫情防控形势，研究部署疫情防控和企业复工复产、经济发展工作。

△市委副书记、市长王新伟检查督导登封市、新密市集中隔离点管理、企业复工复产等情况。

21日

△省委常委、市委书记徐立毅主持召开郑州市建设黄河流域生态保护和高质量发展核心示范区工作领导小组第一次会议，传达学习习近平总书记在中央财经委员会第六次会议上的重要讲话精神，研究部署黄河流域生态保护和高质量核心示范区建设工作。

△市委副书记、市长王新伟主持召开市政府第47次常务会议。会议传达贯彻了习近平总书记近期重要讲话精神和中央省市重要会议精神，安排部署全市疫情防控、复工复产和经济发展有关工作。

22日

△省委常委、市委书记徐立毅调研重点企业复工复产和务工人员返岗情况，实地走访富士康郑州科技园、新郑市薛店镇格大张村和郑州豫力新材料科技有限公司。

△市委副书记、市长王新伟到经开区、二七区、金水区、惠济区，察看疫情防控、企业复工、物资供应、项目建设等情况，主持召开视频调度会传达贯彻中央政治局会议精神，部署落实市委常委扩大会议工作要求。

23日

△省委常委、市委书记徐立毅看望慰问樊树锋同志家属，号召全市党员干部学习樊树锋同志精神。

△市委副书记、市长王新伟检查督导中牟县疫情防控和企业项目复工复产工作，强调当前疫情防控形势依然严峻，各级各部门要毫不松懈抓好疫情防控这个头等大事，奋力夺取疫情防控和经济社会发展双胜利。

24日

△市委召开视频会议，学习贯彻习近平总书记重要讲话精神，贯彻落实中央、省委统筹推进新冠肺炎疫情防控和经济社会发展工作部署会议精神，安排下一步工作。省委常委、市委书记徐立毅出席会议并讲话。市委副书记、市长王新伟主持会议。

△市委副书记、市长王新伟主持召开市政府第48次常务会议。会议传达学习习近平总书记重要讲话精神，贯彻落实省市统筹推进新冠肺炎疫情防控和经济社会发展工作相关部署。

25日

△省委书记王国生到郑州国际陆港开发建设有限公司、郑州新郑国际机场、富士康郑州科技园，检查疫情防控措施落实情况，调研对外开放、复工复产等工作。

△省委常委、市委书记徐立毅调研轨道交通规划建设情况，强调要在严格落实防疫措施的基础上，加快建设进度、加大投资力度，有力拉动投资增长、更好服务群众出行、促进城市高质量发展。

△市委副书记、市长王新伟实地检查复学准备情况，主持召开视频调度会传达贯彻习近平总书记2月23日重要讲话精神，部署落实中央省市推进疫情防控和经济社会发展工作要求。

26日

△省委常委、市委书记徐立毅调研金水科教园区企业复工复产及疫情防控工作，强调要深入贯彻落实习近平总书记关于统筹做好疫情防控和经济社会发展的重要讲话和重要指示精神，严格落实中央和省委省政府决策部署，把精准防控与精准服务相结合，促进科技型企业快速复工、健康发展，加快推动城市转型升级，努力夺取疫情防控和经济社会发展双胜利。

△市委副书记、市长王新伟主持召开专题会议，研究部署全市国有企业资产清查、政务服务改革和国土空间规划等工作。

26—27日

△市委副书记、市长王新伟督导检查航空港实验区、上街区、新郑市等地疫情防控、复工复产、项目建设情况。

27日

△省委常委、市委书记徐立毅深入荥阳市检查农业生产、国土绿化工作。

28日

△省委常委、市委书记徐立毅主持召开市疫情防控工作领导小组会议，分析当前疫情形势，研究部署下一步工作。强调要深入学习贯彻习近平总书记2月26日在中央政治局常务委员会会议上重要讲话精神，落实中央、省委部署，统筹兼顾促复产，坚决打好打赢统筹推进疫情防控和经济社会发展工作的硬仗，持续两手抓、夺取双胜利。

△郑州市召开电视电话会议，专题部署教育系统疫情防控、线上教学等工作。

△市委副书记、市长王新伟主持召开全市重点项目推进会议，专题听取2020年省市重点项目情况汇报，研究加快推进联审联批工作。

29日

△省长尹弘到郑州市民政服务机构调研检查疫情防控工作，强调要坚决贯彻习近平总书记重要讲话和指示精神，继续绷紧疫情防控这根弦，落实落细防控措施，切实保障好“一老一小”等民政服务对象生命安全和身体健康。市委副书记、市长王新伟等陪同调研。

△市委副书记、市长王新伟主持召开视频调度会议，传达贯彻省长尹弘调研郑州疫情防控工作时的指示精神，分析研判全市战疫情促发展态势，安排部署下步重点工作。

3月

2月29日—3月1日

△市委副书记、市长王新伟到荥阳市、高新区等地巡河，到登封市等地调研督贫攻坚、农田管理、国土绿化等工作。

1日

△市委副书记、市长王新伟到郑东新区、经开区等地，调研督导物流商贸交通等服务行业疫情防控和复工复产情况。

2日

△市人大常委会主任胡荃到金水区，详细了解复工复产情况。

3日

△省长尹弘到郑州市调研服务业和城市运行工作，强调要落实落细防控措施，科学有序恢复正常生产生活秩序，统筹做好疫情防控和经济社会发展工作。省委常委、市委书记徐立毅等参加调研。

△市委副书记、市长王新伟调研督导铁路沿线综合治理、四环快速化工程、沿黄生态廊道建设等工作。

4日

△2020年郑州市春季绿化工作观摩推进会召开。省委常委、市委书记徐立毅强调，要深入贯彻中央、省委部署，努力推进郑州由“绿城”向“绿都”提升，为建设国家中心城市提供生态保障，为人民群众营造良好宜居环境。

5日

△2020年郑州市招商引资集中网络签约活动举行。省委常委、市委书记徐立毅出席签约仪式并讲话，市委副书记、市长王新伟等出席签约仪式。本次签约35个项目，签约总额464.15亿元。

△市委外事工作委员会举行第一次会议，深入学习贯彻习近平外交思想及对外工作的重要论述，研究部署全市外事工作。省委常委、市委书记、市委外事工作委员会主任徐立毅主持会议并讲话。市委副书记、市长王新伟等出席会议。

△市委副书记、市长王新伟主持召开视频调度会议，研判分析全市疫情防控态势，部署下一步重点工作。

6日

△市委常委会（扩大）会议召开，传达学习中央政治局常务委员会会议精神，研究部署郑州市进一步统筹推进疫情防控和经济社会运行重点工作。省委常委、市委书记徐立毅主持会议。市委副书记、市长王新伟等出席会议。

△郑州市落实中央、省委决战决胜脱贫攻坚会议精神电视电话会议召开。省委常委、市委书记徐立毅强调，要深入学习贯彻习近平总书记在中央决战决胜脱贫攻坚座谈会上的重要讲话精神，按照省委安排部署，统筹抓好疫情防控和脱贫攻坚工作，高质量打赢脱贫攻坚战，出色完成全面建成小康社会的目标任务。

7日

△市委副书记、市长王新伟主持召开市政府常务会议，研究部署全市疫情防控、复工复产等重点工作。会议传达学习3月4日中央政治局常委会议主要精神，听取全市疫情防控和复工复产情况汇报，研究通过《郑州市人民政府工作规则》。

△市委副书记、市长王新伟到经开区、郑东新区督导检查疫情防控和企业复工复产工作。

8日

△市委副书记、市长王新伟到中原区、惠济区、荥阳市、巩义市，督导检查疫情防控和沿黄河生态文化建设等工作。

9日

△省委常委、市委书记徐立毅会见绿地控股集团董事长、总裁张玉良一行，双方就加强城市开发建设合作进行交流，达成广泛共识。

△市委副书记、市长王新伟督导高新区疫情防控和复工复产情况，并主持召开视频调度会议。

△市委副书记、市长王新伟主持召开会议，专题研究郑州建设国家中心城市水资源优化配置及重大建设项目规划工作。

10日

△省委常委、市委书记徐立毅深入航空港区，察看企业运行、项目建设情况，仔细了解和帮助解决企业疫情防控和复工复产中遇到的问题。

△郑州市收听收看全省重点项目建设暨中小微企业支持政策落实推进工作电视电话会议，并接续召开会议安排部署相关工作。市委副书记、市长王新伟强调，各级各部门要加快推进重点项目建设，落实惠企政策，建立与疫情防控相适应的经济运行秩序。

△庚子年黄帝故里拜祖大典组委会举行新闻发布会，通报大典具体安排及主要特点。

△市人大常委会主任胡荃到高新区，了解掌握企业复工复产和发展难题，为企业纾困解难。

11日

△省长尹弘到郑州市调研国土空间总体规划和大都市区空间规划有关情况，听取《郑州市国土空间总体规划》编制以及《郑州大都市区空间规划》推进落实情况，省委常委、市委书记徐立毅等参加调研，市委副书记、市长王新伟等参加相关活动。

△省委常委、市委书记徐立毅主持召开市疫情防控工作专题会议，分析当前疫情防控形势，研究部署下一步工作。

△国务院应对新冠肺炎疫情联防联控机制综合组第十一工作指导组到郑州市，对疫情防控工作进行检查指导。

△市委副书记、市长王新伟会见中国银行河南省分行党委书记、行长何方恩一行，并共同见证双方签署支持企业复工复产合作协议。

12日

△河南省举行沿黄生态廊道示范工程集中开工暨全省春季义务植树活动。省委书记王国生、省长尹弘、省政协主席刘伟等省领导在惠济区花园口镇七堡村黄河岸边主现场参加活动。省委常委、市委书记徐立毅，市委副书记、市长王新伟等参加活动。

△市委副书记、市长王新伟调研金水科教园区企业复工复产及疫情防控工作。王新伟先后到河南省信息安全产

业示范基地、郑州信大捷安信息技术股份有限公司、河南金惠新悦信息科技有限公司、金科智汇谷等地，实地察看企业疫情防控、生产经营、创新驱动、人才引进等情况，详细了解园区疫情防控措施、惠企政策落实、项目规划建设、招商引资进度等情况。

13日

△郑州市召开2020年全市优化营商环境电视电话会议，深入贯彻落实中央、省委“放管服”改革和优化营商环境决策部署，对全市优化营商环境工作进行再动员、再安排、再部署。省委常委、市委书记徐立毅出席会议并讲话。市委副书记、市长王新伟主持会议。

△省委常委、市委书记徐立毅调研疫情防控与城市核心板块规划建设情况，强调要深入贯彻习近平总书记重要讲话精神，落实中央、省委决策部署，坚持两手抓、两手硬，以更加科学有效的措施，从严从细抓好疫情防控，统筹推进经济社会发展，把城市核心板块作为城市经济增长点、发展支撑点、建设新亮点来打造，有力促进高质量发展，努力夺取疫情防控和经济社会发展双胜利。

△市委副书记、市长王新伟主持召开疫情防控视频调度会议，传达省委常委、市委书记徐立毅在疫情防控领导小组专题会上的工作要求，安排部署防境外输入重点工作。

△市委副书记、市长王新伟到管城区、经开区开展“三送一强”活动，调研疫情防控和复工复产工作。

14日

△郑州市召开环境污染防治攻坚战第3次视频调度会，通报近期污染防治督查情况，听取空气质量专家组的分析建议，研判近期空气质量态势，安排部署联防联控重点工作。市委副书记、市长王新伟参加会议。

△市委副书记、市长王新伟主持召开“一网通办、一次办成”政务服务改革工作领导小组第3次周例会，听取各任务组工作进展情况汇报，安排部署下一阶段工作。

15日

△省委常委、市委书记徐立毅调研疫情防控和复工复产工作。徐立毅先后来到郑州机场、航空港区鑫港假日酒店分流隔离点、郑州东站等处，仔细察看卡口工作情况，随后在市公安局主持召开工作会议。

△市委副书记、市长王新伟到航空港区、二七区、中牟县，督导检查疫情防控和企业复工复产工作。

16日

△市长王新伟调研督导二七区、管城区、郑东新区、金水区“双改”工作，强调要在众志成城战疫情前提下，抢抓项目施工黄金季节，深入推进“改善人居环境、改进城市管理”工作，在大战大考中建设幸福家园。

△市委副书记、市长王新伟主持召开会议，听取郑州建设国家中心城市水资源优化配置及重大建设项目规划方案情况汇报，安排部署相关工作。

△市政协召开党组会议，传达学习习近平总书记重要讲话精神，讨论研究2020年政协党组工作要点。

16—17日

△省委常委、市委书记徐立毅深入重点企业、行业，调研督导全市复工复产及“三送一强”活动开展情况，并主持召开工作推进会。

17日

△省委常委、市委书记、郑州市第一总河长兼贾鲁河省级河长徐立毅巡查调研贾鲁河，强调要深入贯彻落实习近平生态文明思想，牢固树立绿色理念，优化环境，补齐功能，进一步提升贾鲁河综合治理水平，高品质打造城市生态线、风景线，更好满足人民群众对美好生活的向往。

△市委副书记、市长王新伟到中原区、荥阳市调研企业疫情防控和复工复产情况，强调要以“三送一强”为抓手，让政策跑在企业受困前、把服务做到企业心坎上，切实为企业着想、帮企业解难、助企业发展，以全面复工复产助推经济社会步入正常轨道，奋力夺取大战大考的双胜利。

18日

△省委常委、市委书记徐立毅徐立毅到新郑市南街历史文化风貌保护区、黄帝故里景区，实地察看规划建设情况，随后召开工作会议，研究部署大典筹备、黄帝故里历史文化区规划建设工作。

△市委副书记、市长王新伟主持召开市政府第50次常务会议。会议听取疫情防控、复工复产、经济运行情况汇报，通报第8次防疫考核排名。会议还研究疫情防控重点保障企业名单管理和强化政策支持、脱贫攻坚2020年工作要点、法治政府建设2020年工作要点等事宜。

△市委副书记、市长王新伟调研督导铁路沿线综合整治和绿化工作，强调要坚持整治提升与疫情防控相结合，做好防疫不松劲、绿化不误时、标准不降低、工程不减速，迅速掀起国土绿化行动热潮，打造铁路沿线景观视觉通廊。

19日

△省委常委、市委书记徐立毅主持召开市疫情防控工作领导小组会议，学习贯彻习近平总书记在中央政治局常委会会议上的重要讲话精神，听取我市进一步调整完善疫情防控措施、加快复工复产工作的情况汇报，研究部署新形势下全市统筹抓好疫情防控与经济社会发展重点工作。

△郑州援鄂医疗队队员光荣凯旋，省委常委、市委书记徐立毅代表市委、市政府和全市一千万人民向队员们致以崇高敬意和诚挚感谢，称赞他们是“最美天使、真正英雄”。市委副书记、市长王新伟主持欢迎仪式。

20日

△省政协主席刘伟在新郑市黄帝故里园区现场研究庚子年黄帝故里拜祖大典有关工作。

△省委常委、市委书记徐立毅调研荥阳、上街核心板块规划建设情况，强调要深入学习贯彻习近平总书记在中央政治局常务委员会会议上的讲话精神，贯彻落实省委安排部署，统筹抓好疫情防控和经济社会发展重点工作，以核心板块规划建设为牵引，推动经济社会高质量发展。

△省委常委、市委书记徐立毅主持召开“数字郑州”城市大脑项目建设工作会议，听取全市城市大脑项目建设推进情况汇报，安排部署下步工作。市领导王新伟等出席会议。

△市人大常委会在高新区召开优化营商环境和“三送一强”工作座谈会，听取人大代表、企业家代表、政府职能部门意见建议，帮助企业纾难解困，推动营商环境持续优化。市人大常委会主任胡荃出席并讲话。

21日

△省委常委、市委书记徐立毅调研旅游服务业复工复产情况，强调要深入贯彻落实中央、省委决策部署，立足于当前疫情形势变化，在严格做好外防输入工作的基础上，积极有序放开，鼓励群众走出家门，享受美好春光，扩大生活消费，促进经济社会尽快恢复正常秩序。

△市委副书记、市长王新伟调研庚子年黄帝故里拜祖大典筹备及黄帝故里历史文化区规划建设情况。

22日

△市委副书记、市长王新伟会见中国农业银行河南省分行党委书记、行长董玉华一行，并共同见签双方签署支持企业复工复产合作协议。

△市委副书记、市长王新伟主持召开“一网通办、一次办成”政务服务改革工作领导小组第4次周例会，听取工作进展情况汇报，安排部署下一阶段工作。

23日

△市十五届人大常委会举行第

二十次主任会议。市人大常委会主任胡荃主持会议。

△市政协召开党组（扩大）会议，传达学习中共中央政治局常务委员会会议和全市复工复产及“三送一强”工作推进会会议精神，研究部署重点工作。

24日

△市委理论学习中心组举行集体学习，传达学习《求是》杂志刊发的习近平总书记重要文章《为打赢疫情防控阻击战提供强大科技支撑》。省委常委、市委书记徐立毅主持会议。市领导王新伟等参加。

△市委常委会召开会议，传达省长尹弘郑州调研听取国土空间规划工作情况时的重要讲话精神，研究郑州市贯彻落实意见。省委常委、市委书记徐立毅主持会议。市领导王新伟等出席会议。

△郑州市举行企业复工复产政银企座谈会，听取企业、金融机构代表的意见建议，加强银企之间信息交流、合作共赢，全力推动经济社会尽快恢复正常秩序，加快新旧动能转换、产业结构调整、经济高质量发展。省委常委、市委书记徐立毅主持会议并讲话。

△国务院应对新冠肺炎疫情联防联控机制综合组第十一工作指导组对郑州市境外疫情防输入工作进行督导检查，组长薛晓林向郑州市反馈指导意见。市委副书记、市长王新伟做表态发言，市委副书记、市纪委书记、市监察委主任周富强汇报全市疫情防控工作情况。

25日

△郑州市举行高品质城市建设管理工作观摩活动，察看工程进度，交流工作经验，相互学习启发。省委常委、市委书记徐立毅参加观摩。市委副书记、市长王新伟等参加活动。

26日

△庚子年黄帝故里拜祖大典在新郑黄帝故里举行。大典以“现场无嘉宾、无观众、无演员表演”、大典“规格不降、影响力不降”为基本遵循简约庄严举办。本次拜祖大典以“同根同祖同源，和平和睦和谐”为主题，以“长江黄河共战‘疫’，轩辕黄帝佑中华”为主旨，由十二届全国政协副主席齐续春担任主拜人，以现场仪式、全球网上拜祖、电视连线等线上线下、大屏小屏互动交互的形式进行。

△省委常委、市委书记、市委全面深化改革委员会主任徐立毅主持召开市委全面深化改革委员会第五次会议，传达学习中央全面深化改革委员会第十二次会议和省委全面深化改革委员会第六次、第七次会议精神，研究郑州市2020年改革要点及相关改革事项。

△全市高品质城市建设工作推进电视电话会议召开，贯彻落实习近平总书记关于河南、郑州重要讲话精神，总结2019年度全市新型城镇化、百城建设提质、城市“双改”等工作，表彰先进集体和个人，全面部署高品质推进城市建设三年行动计划，安排“三项工程、一项管理”阶段工作，省委常委、市委书记徐立毅出席会议并讲话。

27日

△省委常委、市委书记徐立毅主持召开专题会议，研究黄河流域生态保护和高质量发展核心示范区起步区开发建设工作，强调要深刻领会习近平总书记重要讲话精神，立足当前、谋划长远，创新机制，高标准推进起步区开发建设，加快具有黄河流域生态保护和高质量发展鲜明特征的国家中心城市建设。

29日

△市委副书记、市长王新伟主持召开视频调度会议，研判当前疫情防控形势，安排下一步重点工作。强调各级各部门要坚持“外防输入、内防反弹”策略，因时因势调整工作着力点和应对举措，坚决守住来之不易的防控向好态势，精准推动经济社会回归高质量发展正常轨道。

30日

△省委常委、市委书记徐立毅在市农业农村工作委员会主持召开座谈会，与市农委班子成员、乡村干部代表，围绕脱贫攻坚、乡村振兴战略实施深入交流，强调要抓好典型引领，深化农村各项改革，把农业结构调整、农业增产、农民增收、服务城市有机结合起来，探索走好具有特大城市特点的“三农”工作路子，推动农业更强、农村更美、农民更富。

△市委副书记、市长王新伟主持召开市政府第51次常务会议。会议传达学习3月27日中央政治局会议精神，研究部署疫情防控、复工复产等工作。

31日

△郑州市与水利部黄河水利委员会举行座谈会，研究谋划黄河流域生态保护和高质量发展核心示范区重点项目规划建设工作。省委常委、市委书记徐立毅等出席会议。

△省委常委、市委书记徐立毅深入郑东新区、经开区，调研新经济企业生产经营情况。徐立毅先后到郑州阿帕斯科技有限公司、郑州云海信息技术有限公司、宇通集团、优德传媒5G电商直播基地等企业，实地察看新经济企业产品研发、科技创新、人才引进等情况，详细了解生产经营和行业发展现状。

4月

1日

△省长尹弘到郑州市调研汽车产业发展，强调要顺应市场需求，抢抓发展机遇，提高技术水平，扩大生产规模，不断提升全省汽车产业优势。省委常委、市委书记徐立毅参加调研。

△2020年市委农村工作暨脱贫攻坚工作会议召开，深入学习贯彻习近平总书记在决战决胜脱贫攻坚座谈会上的重要讲话精神，贯彻落实中央、省委农村工作会议部署。省委常委、市委书记徐立毅出席会议并讲话。

△副省长、市长王新伟实地督导中央和省生态环保督察反馈问题整改情况，察看市垃圾处理厂改造提升项目和荥阳市南部山区生态恢复工作。

△市人大常委会党组书记、主任胡荃主持召开党组会议，传达学习中共中央政治局会议精神，研究部署下一步人大重点工作。

△市政协党组书记张延明带队到新郑市调研政协工作和黄帝故里园区规划建设推进情况，督导“三送一强”活动开展情况。

2日

△省委常委、市委书记徐立毅听取“新基建”工作谋划情况汇报，强调要深入贯彻落实习近平总书记在中央政治局常委会会议及在浙江调研时的重要讲话精神，深化理解、开拓视野、深入谋划，用足用好国家政策，推进“新基建”规划布局，为加快经济发展方式转变、推动城市高质量发展注入新动能。

△郑州市收听收看全省耕地保护与土地利用管理电视电话会议，并接续召开会议安排部署相关工作。副省长、市长王新伟参加会议。

△副省长、市长王新伟主持召开郑州市重点项目建设推进会，听取市重点项目建设和市本级政府投资项目进展情况汇报，研究部署下一步工作。

△市人大常委会主任胡荃带领部分常委会委员、专委会委员和市人大代表，对高品质城市建设推进情况进行视察。

3日

△2020年第一次全市乡（镇）街道党（工）委书记工作交流会召开，结合当前统筹疫情防控和经济社会发展这一阶段重点工作，围绕如何更好发挥基层作用，选取典型、交流经验、共同提高。省委常委、市委书记徐立毅出席会议并讲话，副省长、市长王新伟出席会议。

△副省长、市长王新伟主持召开第52次市政府常务会议，传达习近平总书记对四川省凉山州西昌市森林火灾重要指示精神，学习李克强总理批示要求，按照省委、省政府和市委统一部

署，研究部署全市当前安全生产重点工作。讨论通过加强食品药品安全监管工作意见，研究表彰“公交都市”创建等事宜。

4日

△副省长、市长王新伟先后到郑州市第101中学、106中学、96中学，检查督导开学复课准备工作。

5日

△省委常委、市委书记徐立毅到郑州市外国语学校、高新区八一中学调研市内部分学校复学准备情况。

△副省长、郑州市市长王新伟到巩义市检查督导森林防火和安全生产工作，强调要树牢安全生产红线意识和底线思维，按照省委、省政府和市委安排部署，把预防工作抓在日常、把隐患消除在萌芽状态，从严从细织密筑牢安全生产防护网，确保人民群众生命财产安全。

6日

△郑州市召开改进城市管理工作3月份观摩讲评会。副省长、市长王新伟参加会议。会前，与会人员观摩了金水区、管城区、二七区市政道路改造、生活垃圾分类、口袋公园建设等情况；会上，通报了3月份考核排名结果。

7日

△省委书记王国生先后到郑州市第十二中学、第一中学和第七十三中学，检查学校复学、疫情防控等工作。省委常委、市委书记徐立毅等参加调研。

△副省长、市长王新伟组织召开大气污染防治攻坚工作专题会议，听取市环境攻坚办2020年大气污染防治攻坚方案编制情况汇报，并对相关工作进行安排部署。

8日

△省委常委、市委书记徐立毅主持召开市委常委会会议，深入学习贯彻习近平总书记重要讲话指示精神，研究部署疫情防控常态化条件下全力推进经济社会发展工作。副省长、市长王新伟参加会议。

△省委常委、市委书记徐立毅调研全市城市管理工作。徐立毅先后到金水区和二七区，实地察看违章建筑拆除、道路绿化、立体停车库建设管理等情况，并在市城管局主持召开座谈会，详细听取全市城市管理工作有关情况汇报，向市直相关部门和基层单位征求意见建议。

△市政协党组书记张延明带队到二七区调研政协工作和文化建设工作。

9日

△省委常委、市委书记徐立毅主持召开全市招商引资工作情况汇报会，听取工作进展情况汇报，安排部署疫情防控常态化条件下的招商引资工作。

△省委常委、市委书记徐立毅会见省政协副主席、郑州大学校长刘炯天一行，就共同推动一流高校建设、加强市校合作进行深入交流，达成广泛共识。

△副省长、市长王新伟主持召开市政府第53次常务会议。会议传达贯彻4月8日中央政治局常委会会议精神和习近平总书记浙江考察重要讲话精神，按照市委常委会会议工作要求，对疫情防控、复工复产复学等工作进行部署。

△郑州市召开2020年国家网络安全宣传周筹备工作领导小组会议，通报国家网络安全宣传周活动基本情况，部署近期重点工作。副省长、市长王新伟参加会议。

10日

△全市组织工作会议召开。市委常委、组织部部长吕挺琳主持会议并作具体安排。省委常委、市委书记徐立毅参加会议。

△副省长、市长王新伟主持召开视频调度会议，传达贯彻4月8日中央政治局常委会会议精神，按照市委常委会会议要求，对当前战疫情保发展重点工作进行安排。

△副省长、市长王新伟会见中国长城集团董事长宋黎定一行。

11日

△副省长、市长王新伟实地察看商代城墙断面保护情况，听取商代王城遗址规划设计方案汇报，研究解决项目建设相关工作。

12日

△副省长、市长王新伟主持召开制造业招商引资重点项目推进会，听取航空港区浪潮安全可靠生产基地及生态基地、经开区东风日产郑州发动机工厂扩能等4个重点项目进展情况汇报，并就相关工作进行安排部署。

13日

△省委常委、市委书记徐立毅调研航空港区“三送一强”活动开展情况，强调要深入贯彻落实习近平总书记在中央政治局常务委员会会议上的重要讲话精神，以“三送一强”活动为抓手，在常态化疫情防控条件下千方百计助推企业复工复产、达产达效，不断增强经济社会发展的动力活力，确保完成全年各项目标任务。

△市安委会召开2020年第一次全体（扩大）会议，副省长、市长王新伟等参加会议。

△副省长、市长王新伟主持召开“一网通办、一次办成”政务服务改革工作领导小组第5次周例会，研究解决政务服务改革相关问题。

14日

△市委书记徐立毅到郑州图书馆、郑州电视台、郑州人民广播电台、郑州歌舞剧院调研宣传思想文化工作，强调要深入贯彻落实习近平总书记关于宣传思想文化工作的重要讲话精神，坚持正确舆论导向，守好阵地、打好主动仗，推动文化事业、文化产业创新发展，更好担负起举旗帜、聚民心、育新人、兴文化、展形象的使命任务。

△副省长、市长王新伟主持召开专题会议，研究鲲鹏软件小镇、中原网球中心二期项目建设情况。

△副省长、市长王新伟主持召开郑州市投融资决策管理委员会专题会议，研究郑州黄河文化演艺综合体项目工作方案和国家中心城市科技创新子基金二期、航空港区产业基金、巩义市城市产业发展基金设立等工作进展情况。

15日

△全市宣传思想工作会议召开，深入学习贯彻习近平总书记关于宣传思想工作的重要讲话精神，按照全国、全省宣传部长会议部署，坚持目标导向、效果导向，推进全市宣传思想工作守正创新、跟上时代，为建设具有黄河流域生态保护和高质量发展鲜明特征的国家中心城市营造浓厚氛围、凝聚强大合力、夯实文化支撑。省委常委、市委书记徐立毅出席会议并讲话。

△郑州市人大常委会主任胡荃带队到巩义市调研驻村工作队扶贫工作。

16日

△省委常委、市委书记徐立毅会见复星国际董事长郭广昌一行，双方就加强产业发展、城市建设等方面合作进行深入交流，达成广泛共识。副省长、市长王新伟参加会见。

△省委常委、市委书记徐立毅调研商代王城遗址规划建设工作，先后到商代王城遗址宫殿区、塔湾路、敞墟、东南城垣等处，实地察看考古发掘、项目规划建设情况，并主持召开专题会议，听取商代王城遗址城市设计方案、项目推进情况汇报。副省长、市长王新伟参加调研。

△郑州市召开节水行动动员会暨领导小组第一次会议。副省长、市长王新伟参加会议。

△市人大常委会主任胡荃到金水区督导复学情况。胡荃对学校制定的防控预案和采取的复学复课措施给予充分肯定。

17日

△郑州市2020年污染防治攻坚战动员视频会召开，通报2019年全市大气、水、土壤污染防治攻坚工作考核情况，总结2019年环境污染防治攻坚战工

作，安排部署2020年工作。省委常委、市委书记徐立毅出席会议并讲话。副省长、市长王新伟主持会议。

△省委常委、市委书记徐立毅主持召开二七广场及周边地区整体规划设计成果汇报会议，认真听取设计单位关于二七广场及周边地区整体规划设计的成果汇报，对下一步工作进行安排部署。

18日

△省委常委、市委书记徐立毅主持召开大河村国家考古遗址公园修建性详细规划专题汇报会，副省长、市长王新伟出席会议。

△副省长、市长王新伟主持召开视频调度会议，研究部署疫情防控和经济运行工作。

19日

△副省长、市长王新伟召开专题会议，听取研究2020年重大项目储备和专项债券申报有关工作。

20日

△副省长、市长王新伟调研督导重点项目建设情况，察看经开区郑煤机产业园、郑东新区鲲鹏软件小镇、中原大数据中心等项目施工现场。

21日

△省委常委、市委书记徐立毅专题调研全市卫生健康工作，强调要深入贯彻习近平总书记关于健康中国建设的重要论述，按照全省卫生健康大会部署，坚持以人民为中心的发展思想，补齐公共医疗卫生服务短板，做强优势学科，保基本、提质量、调结构，以高质量的公共卫生服务体系满足群众需求，助推城市高质量发展。

△副省长、市长王新伟主持召开招商引资工作月例会，会议点评全市一季度招商引资情况，通报签约项目建设进度。

△郑州市召开“菜篮子”工程工作领导小组会议。副省长、市长王新伟参加会议。会议通报农业农村部办公厅对郑州市“菜篮子”市长负责制考核情况反馈，并研究讨论整改方案。

△副省长、市长王新伟调研督导“双改”工作，察看中原区桐柏路、二七区京广南路等道路改造情况和金水区纺机前街二号院、二七区航海小区改造情况。

22日

△省长尹弘在郑州会见来郑参加先进制造业重点项目集中签约仪式的紫光集团联席总裁于英涛一行。省委常委、市委书记徐立毅，副省长、市长王新伟参加会见。

△市政府与紫光集团等企业举行集中签约仪式，总投资额213.8亿元的6个先进制造业项目落地郑州。省委常委、市委书记徐立毅出席仪式并致辞，副省长、市长王新伟主持仪式。

23日

△省委常委、市委书记徐立毅主持召开市委常委会扩大会议，传达学习习近平总书记在中央政治局会议上的重要讲话精神，按照省委常委会会议要求，研究部署疫情防控常态化条件下加快经济社会发展工作。副省长、市长王新伟出席会议。

△省委常委、市委书记徐立毅主持召开市委党建工作领导小组会议，会议审议《市委2019年度全面从严治党工作总结》《市委党的建设工作领导小组2020年工作要点》《2020年基层党建工作实事》、市委领导班子成员2020年度履行全面从严治党主体责任清单和《市委党的建设工作领导小组工作规则（修订）》，回顾总结去年全面从严治党工作，对今年的党建工作进行研究部署。

△副省长、市长王新伟出席中国长城（郑州）自主创新产品下线暨基地建设项目启动仪式，并与中国电子信息产业集团有限公司董事长、党组书记芮晓武视频会商深化合作事宜。

△副省长、市长王新伟主持召开市政府第54次常务会议。会议传达贯彻4月17日中央政治局会议精神，研究部署常态化疫情防控和稳定经济运行等工作。

△市人大常委会开展主任接待代表日活动。市人大常委会主任胡荃与部分市人大代表面对面交流，就闭会期间代表提出的建议进行督办。

24日

△省委常委、市委书记徐立毅调研黄河滩地公园及沿黄慢行系统规划建设情况，实地察看沿黄的大河文化绿道规划建设情况，并主持召开座谈会，听取设计单位关于黄河滩地公园、沿黄慢行系统规划设计情况的汇报。副省长、市长王新伟参加调研。

△副省长、市长王新伟到惠济区调研督导违建别墅问题清查整治工作，实地察看南月堤、绿源山水、百汇地等违建别墅项目整治情况，详细询问违建拆除进度、后期复耕复绿等情况。

△市十五届人大常委会举行第二十一次主任会议。市人大常委会主任胡荃主持会议。会议听取了关于人事任免案的说明和补充说明市十五届人大常委会第十五次会议议题准备情况等内容。

25日

△副省长、市长王新伟调研金岱核心板块规划建设情况，并主持召开专题会议听取金岱科创城规划设计方案汇报。会前，王新伟一行调研考察了智能建筑科技产业园一期项目、航天金穗电子有限公司建设及运行情况。

26日

△副省长、市长王新伟调研四环快速化工程和“四个中心”建设工作。在市民活动中心、大剧院、现代传媒中心、博物馆等处，察看项目施工进度，听取有关工作汇报。在四环快速化施工现场，详细询问工程进展情况，研究解决难点问题。

△副省长、市长王新伟主持召开专题会议，听取政务服务“一网通办”“一网通管”和城市大脑项目推进情况。

27日

△省委常委、市委书记徐立毅主持召开市委常委会扩大会议，传达贯彻习近平总书记在陕西考察时的重要讲话精神，研究郑州市贯彻落实工作。副省长、市长王新伟出席会议。

△市委理论学习中心组举行集体学习，集中学习习近平总书记关于打好打赢脱贫攻坚战的系列重要讲话指示精神。省委常委、市委书记徐立毅主持会议。副省长、市长王新伟出席学习会。

△省委常委、市委书记徐立毅调研重点企业生产经营情况，强调要深入贯彻落实习近平总书记关于做好疫情防控常态化条件下经济社会发展的重要讲话精神，抓住关键，精准施策，以更有针对性的措施帮助企业尽快复产达产，推进先进制造业高质量发展，加快经济运行恢复正常秩序，努力实现“六稳”“六保”，争取全年发展取得好的成效。

28日

△河南省举行县域经济高质量发展观摩活动，省委书记王国生带队到巩义市观摩县域经济发展情况，现场观摩明泰铝业高精度铝箔和智能仓库、标兵新材料超级易拉盖、众赢铝箔铝制餐盒、新昌电工科技高性能铜材等项目。

29日

△全省县域经济高质量发展工作会议召开，会议深入贯彻习近平总书记关于县域治理“三起来”重要指示精神，围绕在新起点上推进县域经济高质量发展进行安排部署。会议以电视电话会议形式召开。省委书记王国生讲话，省长尹弘主持并讲话，省政协主席刘伟出席。会议印发了省委、省政府《关于推进县域经济高质量发展的指导意见（讨论稿）》。省委常委、市委书记徐立毅等参加会议。

△市十五届人大常委会举行第十五次会议，市人大常委会主任胡荃主持会议。会议传达学习习近平总书记关于打赢脱贫攻坚战的系列讲话精神、在

陕西考察及在中央全面深化改革委员会第十三次会议讲话精神，听取并审议有关人事任免案的说明、关于《郑州市房屋使用安全管理条例（草案）》的说明等事项。

△市政协就全市5G网络建设推进情况进行专题调研。

30日

△中共中央总书记、国家主席、中央军委主席习近平总书记给郑州圆方集团全体职工回信，向他们并向全国各族劳动群众致以节日的问候。

△省委常委、市委书记徐立毅主持召开全市疫情防控工作领导小组会议，学习贯彻4月29日中央政治局常务委员会会议精神，综合分析当前疫情形势，就“五一”期间学校复学及下一步常态化疫情防控工作进行研究部署。

△副省长、市长王新伟主持召开市政府常务会议，传达学习贯彻习近平总书记在陕西考察时重要讲话精神，以及全省县域经济高质量发展工作会议、省辖市市长座谈会议精神，安排部署疫情防控和经济运行重点工作。

5月

1日

△省委书记王国生到郑州市垃圾中转站、项目施工现场、公交公司看望慰问一线劳动者，传达学习习近平总书记给郑州圆方集团全体职工的重要回信精神，向全省各行各业、各条战线的广大劳动者致以节日的问候。省委常委、市委书记徐立毅等参加活动。

△省长尹弘到郑州市经开区顺丰速运有限公司丹尼斯营业点、安置区项目工地看望慰问基层一线劳动者，副省长、市长王新伟参加慰问。

△市委理论学习中心组在圆方集团举行集体学习会，学习习近平总书记给圆方集团全体职工的重要回信精神，传达省委常委会会议学习贯彻精神。省委常委、市委书记徐立毅主持会议，副省长、市长王新伟出席学习会。

△郑州市委办公厅印发《关于深入学习贯彻习近平总书记给郑州圆方集团全体职工的重要回信精神的通知》，要求全市各级党组织和广大党员干部群众深入学习习近平总书记的重要回信精神，进一步树立劳动观念、弘扬劳动精神。

2日

△副省长、市长王新伟看望慰问基层一线劳动者和坚守安全生产岗位的干部职工，勉励大家按照中央和省市工作部署，弘扬劳动精神，坚守安全底线，在各自岗位上恪尽职守、担当作为、再立新功，合力交出一份疫情防控和经济社会发展双统筹双胜利的“郑州答卷”。

6日

△副省长、市长王新伟主持召开市政府党组会议，传达学习贯彻习近平总书记给圆方集团全体职工的重要回信精神。

△全市高一高二，初一初二年级学生正式返校复课，全市中学全面复学。

7日

△省委常委、市委书记徐立毅会见河南大学党委书记卢克平、校长宋纯鹏一行，双方就加强市校合作、推动“双一流”高校建设进行深入交流，达成广泛共识。

△省委常委、市委书记徐立毅主持召开市委常委会会议，传达学习4月29日和5月6日中央政治局常务委员会会议精神，研究全市贯彻落实工作。副省长、市长王新伟出席会议。

△副省长、市长王新伟主持召开视频调度会议，传达学习贯彻中央关于疫情防控和经济社会发展工作重要部署。

△河南文物考古学会在郑州市举行巩义双槐树古国时代都邑遗址考古重大发现发布会，公布了一系列重大考古发现。

8日

△省委常委、省纪委书记、省监委主任任正晓到中牟县开展人大代表联系群众活动，就纪检监察机关在疫情防控常态化条件下做好监督执纪执法工作情况进行调研。

△省委常委、市委书记、市委人才工作领导小组组长徐立毅主持召开市委人才工作领导小组2020年度第一次会议，传达学习习近平总书记关于人才工作的重要论述，听取2019年全市人才工作总结和2020年工作要点汇报，研究《高质量建设人才强市三年行动计划》《关于实施“郑州英才计划” 加快推进人才强市战略的意见》《郑州市人才工作领导小组工作规则》。

△省委常委、市委书记徐立毅主持召开郑州市建设黄河流域生态保护和高质量发展核心示范区工作领导小组第二次会议，研究部署核心示范区建设工作。

△郑州市收听收看全省防汛抗旱工作电视电话会议，并接续召开会议安排部署相关工作。副省长、市长王新伟参加会议。

△市十五届人大常委会举行第十六次会议，市人大常委会主任胡荃主持会议。会议听取关于市十五届人民代表大会代表变动情况的代表资格审查报告等事项。

10日

△副省长、市长王新伟到经开区接访，对群众反映的拆迁安置、房产纠纷、基层干部作风等问题，耐心倾听交流，仔细查阅材料，作出安排部署。

11日

△全省文化旅游大会召开，省委书记王国生、省长尹弘出席并讲话，省政协主席刘伟出席。会议明确了推动文化旅游发展的总体要求和目标任务，对推动文旅高质量发展进行具体安排部署。省委常委、市委书记徐立毅，副省长、市长王新伟等在郑州分会场收听收看会议。

△郑州市小学生正式返校复课，标志着省会中小学实现全面有序复学。

12日

△首期全市领导干部“问学前沿”高端讲堂举行，邀请中国工程院院士王坚为全市领导干部作数字城市专题辅导报告。省委常委、市委书记徐立毅主持报告会。副省长、市长王新伟出席报告会。

△市政协十四届十五次主席会议和九次常委会议举行。会议审议通过政协郑州市第十四届委员会常务委员会第九次会议议程，听取中共郑州市委有关辞去、增补市政协委员情况的说明，审议有关人事事项，听取市政协十四届三次会议筹备情况的说明。

13日

△省长、省总河长、黄河省级河长尹弘在郑州市巡河并检查黄河防汛抗旱工作，强调要深入贯彻习近平总书记关于加强防灾减灾救灾和防汛抗旱工作的重要指示精神，深入落实河长制，加强监测预报预警，全力防汛备汛，确保黄河安澜和人民生命财产安全。

△市人大常委会主任胡荃主持召开市十五届人大三次会议预备会议，会议选举市十五届人大三次会议主席团和秘书长，通过市十五届人大三次会议议程、市十五届人大三次会议议案审查委员会组成人员名单。市十五届人大三次会议主席团举行第一次会议。会议推选徐立毅、胡荃、吕挺琳、王广灿、王贵欣、赵新中、张春阳、袁三军、王福松、孙黎、周亚民为大会主席团常务主席。

13—15日

△13日上午，中国人民政治协商会议郑州市第十四届委员会第三次会议在省人民会堂开幕。会议通过市政协十四届三次会议议程。受政协郑州市第十四届委员会常务委员会委托，吴晓君向大会作工作报告。

△15日上午，郑州市政协十四届三次会议举行第二次全体会议，选举张延明为政协郑州市第十四届委员会主席，补选许建华为政协郑州市第十四届委员会常务委员。圆满完成各项议程后，中国人民政治协商会议郑州市第

十四届委员会第三次会议闭幕。

△中国影协分党组书记、驻会副主席张宏带队，到郑州市商谈金鸡百花电影节前期筹备工作。副省长、市长王新伟等接见张宏一行。

14日

△省委常委、市委书记徐立毅到市十五届人大三次会议新郑代表团，与代表一起审议政府工作报告及相关报告。

△省委常委、市委书记徐立毅参加市政协十四届三次会议联组讨论，与委员们一起讨论政府工作报告及其他有关报告。

△副省长、市长王新伟到市十五届人大三次会议二七区代表团，共同审议政府工作报告。

△副省长、市长王新伟参加科技、科协、新闻出版、工商、教育等界别联组讨论。

△市人大常委会主任胡荃来到市十五届人大三次会议中原区代表团，与代表们共同审议政府工作报告和市人大常委会、市法院、市检察院工作报告，审查计划报告和预算报告。

14—15日

△14日上午，郑州市第十五届人民代表大会第三次会议在省人民会堂开幕。大会由省委常委、市委书记、主席团常务主席徐立毅主持。会议听取副省长、市长王新伟所作的郑州市人民政府工作报告，市人大常委会主任胡荃所作市人大常委会工作报告，市中级人民法院院长李志增所作市中级人民法院工作报告，市人民检察院检察长刘海奎所作市人民检察院工作报告。大会还审查了关于郑州市2019年国民经济和社会发展计划执行情况与2020年计划草案的报告、郑州市2019年预算执行情况和2020年预算草案的报告；表决通过了有关同志辞去有关职务请求的决定和大会选举办法。

15日下午，郑州市第十五届人民代表大会第三次会议举行第二次全体会议。在完成大会预定的各项议程后，市十五届人大三次会议闭幕。

16日

△全市卫生健康大会召开，深入学习贯彻习近平总书记关于卫生健康工作和疫情防控重要讲话指示精神，贯彻落实全国、全省卫生健康大会精神。省委常委、市委书记徐立毅，副省长、市长王新伟出席会议并讲话。会议印发《健康郑州行动实施方案》《关于促进中医药传承创新发展实施方案（2020—2025年）》《郑州市社区卫生服务体系建设三年行动计划》等。

17日

△省委常委、市委书记徐立毅深入中原区、管城区和金水区，调研高品质推进城市建设管理工作和城市夜经济发展情况。

△副省长、市长王新伟主持召开市政府第57次常务会议。会议传达学习贯彻5月14日中央政治局常委会会议精神及习近平总书记在山西考察时重要讲话精神，安排部署我全市当前重点工作，研究讨论推进产业集聚区高质量发展工作方案等事项。

18日

△郑州市启动“弘扬劳动精神 争当出彩先锋”宣讲活动，省委常委、市委书记徐立毅出席启动仪式。会议以视频形式召开。会议重温了习近平总书记给郑州圆方集团全体职工重要回信全文，郑州圆方集团党委书记薛荣作了“给总书记写信背后的故事”宣讲。

△省委常委、市委书记徐立毅主持召开全市疫情防控和信访安全稳定工作会议，听取工作汇报，分析研判形势，安排部署近期工作。

△郑州市收听收看全省安全生产电视电话会议，并接续召开会议安排部署相关重点工作。副省长、市长王新伟出席会议。会议通报全市安全生产和防汛抗旱情况，部署安全生产专项整治三年行动计划等工作。

△市人大常委会党组（扩大）理论学习中心组举行集体学习。学习习近平总书记在中共中央政治局常务委员会会议上的重要讲话精神，传达市十五届人大三次会议精神及全市卫生健康大会会议精神。市人大常委会党组书记、主任胡荃主持会议。

△市政协召开市政协十四届二十九次党组（扩大）会议，传达学习市两会精神，安排部署近期工作。

22日

△市长王新伟在十三届全国人大三次会议河南代表团全体会议上发言，表示郑州正在加快建设国家中心城市，建议在提高经济和人口承载能力、优化行政区划格局、水资源配置、建设用地指标调整等方面予以支持。

23日

△市委书记徐立毅在十三届全国人大三次会议河南代表团小组会议上发言，表示郑州将深入学习贯彻习近平总书记重要讲话精神，落实党中央、国务院和省委、省政府部署，为黄河流域生态保护和高质量发展国家战略实施做出应有贡献。

26日

△省委常委、市委书记徐立毅，副省长、市长王新伟参加十三届全国人大三次会议河南代表团分组审议全国人大常委会工作报告。

27日

△市委书记徐立毅参加十三届全国人大三次会议河南代表团审议两高工作报告。

31日

△市委召开全市领导干部会议，传达学习全国两会精神，动员全市上下深入学习贯彻习近平总书记重要讲话精神，落实全国两会各项部署，扎实做好“六稳”工作，坚决落实“六保”任务。省委常委、市委书记徐立毅主持会议并讲话，副省长、市长王新伟出席会议。

△副省长、市长王新伟到新郑市调研“三夏”生产和秸秆禁烧工作。

6月

1日

△省委常委、市委书记徐立毅主持召开市委常委会会议，传达学习习近平总书记在山西考察和在全国两会期间系列重要讲话精神，研究郑州市《关于贯彻以人民为中心的发展思想 进一步做好为民造福工作的意见》及其他事项。副省长、市长王新伟出席会议。

△省委常委、市委书记徐立毅到中原区伊河路小学、郑州市实验小学，与师生一起学习领会习近平总书记对少年儿童的重要寄语，向少年儿童送上节日祝福，向广大少儿工作者表示诚挚感谢。

2日

△省长尹弘在郑州与浙商总会执行会长沈国军一行，就深化拓展合作举行会谈。省委常委、市委书记徐立毅，副省长、市长王新伟参加会见。

△郑州市与浙商总会代表团举行座谈会，双方就进一步加强沟通合作进行深入交流，达成广泛共识。省委常委、市委书记徐立毅主持座谈会，副省长、市长王新伟介绍了郑州市情。浙商总会执行会长、银泰集团创始人、董事长沈国军介绍浙商总会有关情况。航空港实验区、郑东新区、经开区、高新区作区情推介。

△副省长、市长王新伟主持召开市政府第58次常务会议。会议传达学习贯彻全国两会精神，安排部署近期重点工作。

4日

△省委常委、市委书记徐立毅会见东风汽车有限公司总裁山崎庄平一行。双方就进一步深化合作、加快项目进展进行深入交流。副省长、市长王新伟参加会见。

△省委常委、市委书记徐立毅分别会见携程集团董事局主席梁建章、融创中国控股有限公司董事会主席孙宏斌一行，就深化合作进行座谈交流，并达

成广泛共识。

△副省长、市长王新伟主持召开全市招商引资工作会，会议通报点评4—5月份全市招商引资情况，听取各开发区、县（市）区招商成效汇报。

△市政协召开十四届三次会议提案交办会，安排部署2020年提案办理工作。

5日

△郑州市举行2020年第二批重大项目集中开工仪式，省委常委、市委书记徐立毅宣布开工。副省长、市长王新伟出席仪式。第二批集中开工的重大项目共267个，总投资3179亿元、年度投资703亿元。

△全市“双改”工作推进会召开，总结“三项工程、一项管理”工作推进情况，分析存在问题，安排部署下一阶段工作。省委常委、市委书记徐立毅参加会议。副省长、市长王新伟主持会议。

7日

△省委常委、市委书记徐立毅调研黄河滩地公园规划情况，实地查看大河村国家考古遗址公园、荥泽古城片区沿黄村庄保护黄河滩地公园项目建设情况。

7—8日

△山东省委常委、济南市委书记孙立成率领济南市党政代表团到郑州市，围绕黄河流域生态保护和高质量发展、城市规划建设、产业转型发展等进行考察，共商两市合作，协同推进黄河流域生态保护和高质量发展战略实施。河南省委常委、郑州市委书记徐立毅陪同考察并主持座谈会。

9日

△全国双拥工作调研考评组实地考评郑州市创建全国双拥模范城工作情况。副省长、市长王新伟出席汇报会。

10日

△副省长、市长王新伟会见中车青岛四方股份公司党委副书记、总经理马利军一行，并共同见证双方签署轨道交通装备产业基地项目合作协议。

△市人大常委会主任胡荃带领部分常委会组成人员和市人大代表，对全市中小学校午餐供应和课后托管工作开展情况进行视察。

10—11日

△省委常委、市委书记徐立毅，副省长、市长王新伟调研全市防汛抗旱工作。

11日

△省委常委、市委书记徐立毅到二七区接待来访群众，面对面倾听群众诉求，现场协调解决民生难题。

△副省长、市长王新伟主持召开疫情防控视频调度会，对有关工作提出要求。

△郑州市召开食品安全委员会全体（扩大）会议暨食品安全示范创建工作推进电视电话会议。副省长、市长王新伟出席会议。会议通报2019年食品安全示范创建工作开展情况，安排部署2020年食品安全重点工作。

12日

△省委常委、市委书记徐立毅到金水区调研。

△市人大常委会主任胡荃带领部分常委会组成人员和市人大代表，对全市防汛工作进行视察。

13日

△郑州市召开安全生产双重预防体系建设工作推进会议。会前，副省长、市长王新伟一行实地观摩中建八局郑投科技园、郑州公交三公司安全生产双重预防体系建设情况。

14日

△郑州—卢森堡“空中丝绸之路”座谈会暨BAA（中国）航空培训中心启动仪式在郑州举行，卢森堡首相格扎维埃·贝泰尔、副首相弗朗索瓦·鲍施，立陶宛交通部副部长维拉迪斯拉夫、外交部前部长维格达斯进行视频致辞。省委书记王国生出席，省长尹弘致辞。东航集团董事长刘绍勇、南航集团总经理马须伦等致辞。省委常委、市委书记徐立毅，副省长、市长王新伟等出席座谈会。

15日

△市政协委员助推“六稳”“六保”工作座谈会召开。

16日

△省委书记王国生、省长尹弘会见阿里巴巴集团董事局主席张勇一行。会见前，郑州市与阿里巴巴集团签署深化数字城市建设战略合作等协议，双方将围绕数字城市建设、数字产业生态建设、信息技术人才培养等方面开展深度合作，积极探索数字经济高质量发展的郑州模式。省委常委、市委书记徐立毅，副省长、市长王新伟出席相关活动。

△郑州市与阿里巴巴集团举行2020年数字郑州产业生态联盟座谈会并签署深化数字城市建设战略合作协议。省委常委、市委书记徐立毅主持座谈会，阿里巴巴集团董事局主席兼首席执行官张勇出席并讲话。座谈会后，郑州市政府，在郑有关高校、科研院所、企业，分别与阿里巴巴集团签署了《深化数字城市建设战略合作协议》《2020年数字郑州产业生态联盟》《数字郑州人才培养合作协议》。

17日

△副省长、市长王新伟主持召开市政府第59次常务会议。会议传达学习贯彻习近平总书记近期系列重要讲话精神，安排部署当前重点工作，讨论研究安全生产专项整治三年行动方案等事项。

△市十五届人大常委会举行第二十三次主任会议。市人大常委会主任胡荃主持会议。

18日

△省委书记王国生到郑州市调研国家中心城市建设等工作。省委常委、市委书记徐立毅参加调研。

△郑州市“助力乡村振兴，人大代表在行动”工作推进会在新密市召开。市人大常委会主任胡荃出席活动并讲话。

21日

△副省长、市长王新伟主持召开全市经济运行分析会，强调要全面落实中央省市“六稳”“六保”各项部署，有效畅通产业、市场、经济社会“三个循环”，巩固提升经济运行向稳向好向优态势，确保全市经济社会平稳健康发展。

22日

△省委常委、市委书记徐立毅主持召开市委常委会（扩大）会议，传达学习习近平总书记近期系列重要讲话、指示、文章精神，研究部署郑州市深入学习贯彻民法典、统筹推进常态化疫情防控和经济社会发展工作。副省长、市长王新伟出席会议。

△省委常委、市委书记徐立毅主持召开市委常委会（扩大）会议，传达学习省委书记王国生在郑州调研时的讲话精神，研究郑州市贯彻落实意见。副省长、市长王新伟出席会议。研究并审议《关于加快推进县域经济高质量发展的实施意见》《关于推进学习贯彻习近平总书记给郑州圆方集团全体职工重要回信精神持续走深走实的工作方案》。

23日

△省委常委、市委书记徐立毅赴高新区调研国家网络安全宣传周活动筹备工作。

24日

△市委理论学习中心组举行集体学习会，集中学习习近平总书记关于民法典和民族宗教工作的重要论述、民法典的主要内容，交流收看电视政论片《雄关》心得，传达省纪委典型案例通报精神。省委常委、市委书记徐立毅主持学习会，副省长、市长王

新伟出席。

25日

△省委常委、市委书记徐立毅会见新加坡丰益国际集团董事局主席、益海嘉里集团董事长郭孔丰一行，双方进行深入交流，达成广泛共识。

△副省长、市长、市总河长王新伟调研督导黄河郑州段突出生态环境问题专项整治情况。

28日

△省长尹弘到郑州市调研国家自主创新示范区建设，省委常委、市委书记徐立毅参加调研。尹弘一行实地走访了汉威科技集团股份有限公司、郑州磨料磨具磨削研究所、新华三大数据技术有限公司。

△副省长、市长王新伟调研省市重点项目建设情况，实地查看富士康新建5G生产线、海尔热水器、中原网球中心二期建设等项目。

29日

△深入学习贯彻习近平总书记重要回信精神“弘扬劳动精神 争当出彩先锋”庆“七一”主题宣讲会在省人民会堂举行。省委常委、市委书记徐立毅，副省长、市长王新伟出席。

△郑州市召开2020年第二次全市乡镇（街道）党（工）委书记工作交流会，省委常委、市委书记徐立毅出席会议并讲话。副省长、市长王新伟出席会议。

△副省长、市长王新伟主持召开2020年国家网络安全宣传周执委会第二次会议，执委会“一办五部”分别汇报工作进展情况。

△副省长、市长王新伟主持召开专题会议，听取落实省委常委、市委书记徐立毅调研省发改委讲话精神，加强重点工作对接和任务分工方案情况汇报，研究落实省发改委支持郑州国家中心城市建设有关工作。

7月

1日

△省委常委、市委书记徐立毅到惠济区、巩义市、荥阳市，实地察看黄河沿线生态保护和环境整治情况，听取防汛工作汇报，并主持召开座谈会专题研究部署有关工作。

△省委常委、市委书记徐立毅到惠济区裕华社区党支部工作联系点参加主题党日活动，看望慰问老党员，向全市广大党员致以节日的问候。

△副省长、市长王新伟主持召开市政府第60次常务会议。会议传达学习贯彻习近平总书记对防汛救灾工作重要指示精神，安排部署有关工作；传达全省脱贫攻坚第八次推进会议精神，研究郑州市贯彻落实意见；讨论研究加强传统村落保护发展意见和统计督察反馈意见整改等事项。

2日

△市委全面深化改革委员会第六次会议召开。省委常委、市委书记、市委全面深化改革委员会主任徐立毅主持会议。会议传达学习中央全面深化改革委员会第十三次、第十四次会议精神，研究审议《我市需要下放省级管理权限需求清单》《郑州市农村宅基地管理导则》《加强新时代高质量统计工作的意见》《郑州市党委政府领导联系非公有制企业制度》《社保卡作为郑州市民卡方案》《郑州市残疾人联合会改革方案》。

△郑州市与奥克斯集团举行座谈会，双方就加快项目进展、全面深化合作进行深入交流，达成广泛共识。省委常委、市委书记徐立毅主持座谈会，副省长、市长王新伟，奥克斯集团董事长郑坚江出席座谈。

△市政协十四届十九次主席会议召开，会议审议通过市政协十四届十二次常委会议议程（草案）和日程，听取市政协十四届十二次常委会议筹备情况及主调研报告起草情况汇报，研究2020年第1期双月协商座谈会工作方案。

3日

△省委书记王国生到省招生考试管理部门、郑州市部分考点检查高考准备情况。省委常委、市委书记徐立毅等参加调研。

△省委、省政府在郑州市召开专题会议，深入学习贯彻习近平总书记重要讲话精神，总结近年来工作，深入研究谋划事关郑州发展全局和长远的重大问题，加快推进郑州国家中心城市建设。省委书记王国生主持会议，省长尹弘出席会议。

△省长尹弘在郑州与中兴通讯总裁徐子阳进行会谈，就共同推进河南5G网络建设和产业发展，加强新经济领域合作深入交流。副省长、市长王新伟参加会谈。

4日

△市委常委会（扩大）会议召开，传达省委省政府郑州专题会议精神，安排部署贯彻落实工作。省委常委、市委书记徐立毅主持会议，副省长、市长王新伟出席会议。

5日

△副省长、市长王新伟到郑州四中、七十三中检查高考准备情况，看望慰问一线考务人员。2020年郑州市高考考生18.2万人，设11个考区、115个考点、5629个考场。

6日

△市委审计委员会召开第二次会议，深入学习贯彻习近平总书记关于审计工作重要指示和中央审计委员会第二次会议、中央政治局常委会会议精神，传达省委审计委员会第二次会议精神和省委审计工作部署，研究推进郑州市审计工作。省委常委、市委书记、市委审计委员会主任徐立毅主持会议，副省长、市长王新伟出席会议。

△市委全面依法治市委员会举行第二次会议。省委常委、市委书记、市委全面依法治市委员会主任徐立毅主持会议，副省长、市长王新伟出席会议。

△副省长、市长王新伟主持召开市长议事会，总结通报6月份重点工作进展情况，安排部署7月份重点工作任务。

7日

△市政协召开双月协商座谈会，邀请部分市政协委员、市直有关部门负责人及专家学者、公民代表，围绕“全面提速5G建设 构建互联新城市”开展专题协商。

8日

△副省长、市长王新伟会见绿地控股集团党委书记、执行总裁茹君才一行，双方就进一步加强合作进行深入交流，达成广泛共识。

9日

△省长尹弘在郑州与宁德时代董事长曾毓群会谈，就推进新能源产业领域合作深入交流。副省长、市长王新伟参加会谈。

△省委常委、市委书记徐立毅调研“一网通办、一网统管”政务改革工作。徐立毅先后到二七区、管城区、市政务服务中心等处，实地察看智能门禁、智慧停车等情况，听取办事群众意见建议，主持座谈会。

10日

△第三届国家中心城市建设高层论坛在郑州举行，中国国际经济交流中心副理事长黄奇帆、国务院参事仇保兴、中国国际经济交流中心副理事长兼秘书长张大卫、中国区域经济学会副会长肖金成等11位经济学领域专家学者，围绕“抗疫背景下我国特大型城市建设”主题开展深入探讨。

11日

△省委书记王国生到登封市调研文化旅游融合发展工作。副省长、市长王新伟等参加调研。

12日

△省委书记王国生到郑州市城区察看主要排水通道、地铁项目工地和多处易积水区域，查找隐患，研究对策，安排部署防汛排涝工作。副省长、市长王新伟参加调研。

△副省长、市长王新伟到金水区、郑东新区调研督导城乡接合部综合整治工作，详细听取环境整治、污水处理、社区管理、产业发展等情况汇报。

14日

△市委常委会召开扩大会议，传达学习习近平总书记近期重要讲话、指示精神及中央政治局会议精神，研究全市贯彻落实意见。省委常委、市委书记徐立毅主持会议，副省长、市长王新伟出席会议。

△市委常委会（扩大）会议召开，传达学习省委全会暨省委工作会议精神，研究全市脱贫攻坚、文明城市创建和“三散”污染治理等工作。省委常委、市委书记徐立毅主持会议，副省长、市长王新伟出席会议。

△省委常委、市委书记徐立毅会见裸心集团首席执行官马偌杰一行，双方就文旅产业合作事宜深入交流并达成广泛共识。

△副省长、市长王新伟主持召开市政府第61次常务会议。会议传达学习贯彻习近平总书记在中央全面深化改革委员会第十四次会议等重要讲话精神，研究讨论做好稳就业工作的实施意见和做好2020年高校毕业生工作的通知和中国·河南招才引智创新发展大会“2020招才引智专项行动”郑州市总体方案。

15日

△省委常委、市委书记徐立毅主持召开部分核心板块城市设计工作情况汇报会，听取中央文化区（CCD）北部片区板块、二砂文化创意园板块城市设计情况汇报。

16日

△市委常委会召开扩大会议，传达学习中央有关会议、文件精神和全省民营经济百县提升行动现场会精神，听取并研究扫黑除恶专项斗争收官等工作。省委常委、市委书记徐立毅主持会议，副省长、市长王新伟出席会议。

△省委常委、市委书记徐立毅主持召开专题座谈会，就文旅产业发展问题与相关企业单位深入交流探讨。

17日

△省委常委、郑州市委书记徐立毅深入荥阳市和市气象局，调研防汛救灾工作情况。

△省委常委、市委书记徐立毅到郑州东站东广场、鲲鹏软件小镇、豫发中心调研郑东新区核心板块规划建设情况。

20日

△郑州市“长三角区域合作”市情推介会暨项目签约仪式在上海举行。省委常委、市委书记徐立毅，副省长、市长王新伟出席活动。活动共签约项目37个，投资总额1067.7亿元。

21日

△上海市委书记李强，上海市委副书记、市长龚正，与河南省委常委、郑州市委书记徐立毅，河南省副省长、郑州市市长王新伟率领的郑州市党政考察团一行在上海举行座谈。

22日

△中国共产党郑州市第十一届委员会第十二次全体（扩大）会议召开。全会由市委常委会主持。省委常委、市委书记徐立毅讲话。市领导王新伟等在主席台就坐。全会审议并表决通过中国共产党郑州市第十一届委员会第十二次全体会议决议。

△省委常委、市委书记徐立毅在市防汛抗旱指挥部主持召开专题会议。

23日

△郑州市脱贫攻坚专项推进会议召开。省委常委、市委书记徐立毅出席会议并讲话。会议通报全市2019年度脱贫攻坚成效考核情况，宣读《省脱贫攻坚成效考核反馈问题整改工作方案》。

△市人大常委会主任胡荃主持召开市十五届人大常委会举行第二十四次主任会议。会议传达学习市委十一届十二次全会精神，书面听取关于全民健身工作评议意见整改落实情况的报告等事项。

24日

△郑州市举行重大文旅项目集中开工仪式并召开文化旅游大会，省委常委、市委书记徐立毅讲话并宣布集中开工。会议对文化旅游强市建设工作作了安排部署，对2019年度文化旅游先进单位和企业通报表彰。

△市人大常委会主任胡荃带领部分常委会组成人员和市人大代表，就《郑州市文明行为促进条例》实施情况进行视察。

25日

△市政府召开第一次全体（扩大）会议，贯彻落实市委十一届十二次全会精神，总结上半年工作，分析当前形势，部署下步重点任务。副省长、市长王新伟主持会议并讲话。

26日

△副省长、市长王新伟主持召开市政府第63次常务会议。会议传达学习贯彻习近平总书记在中央政治局常委会会议和企业家座谈会上的重要讲话精神，研究讨论落实生活垃圾分类全覆盖打造收运处理体系全链条三年行动方案和支持制造业高质量发展若干政策等事项。

△郑州市召开改进城市管理工作5至6月份观摩讲评会，通报考核排名情况，安排部署大城管工作。副省长、市长王新伟参加会议。

27日

△市人大常委会主任胡荃带领评议调查组到高新区，对全市高水平对外开放工作进行视察。

28日

△省会创建全国文明城市暨城乡接合部综合改造工作推进会召开，观摩进度，交流经验，安排部署下一步工作。省委常委、市委书记徐立毅出席会议并讲话。副省长、市长王新伟主持会议。

△副省长、市长王新伟会见交通银行河南省分行党委书记、行长杨勇一行，双方就进一步深化合作、加快项目进展进行深入交流。

29—30日

△2020年度全国浙江商会会长、秘书长工作会议暨知名浙商走进郑州活动在郑州举行。会议期间，省委书记王国生、省长尹弘会见了全国工商联副主席、长三角浙商联盟名誉理事长、正泰集团董事长南存辉等浙商企业家代表一行。省委常委、市委书记徐立毅，副省长、市长王新伟等出席相关活动。活动期间，正泰集团与郑州市签署战略合作协议。

30日

△省委常委、郑州市委书记徐立毅到登封市调研脱贫攻坚工作。

31日

△郑州市召开2020年国家网络安全宣传周暨第29届中国金鸡百花电影节倒计时动员大会，省委常委、市委书记徐立毅出席会议并作动员讲话。会议总结前一阶段筹备工作，安排部署倒计时冲刺阶段工作。

△省委常委、市委书记徐立毅，副省长、市长王新伟分别带队看望慰问驻郑部队官兵，向广大官兵送上节日问候，共叙军民鱼水深情，共话军民融合发展，凝聚军地高质量发展合力。

△郑州市收听收看全国安全生产电视电话会议，并召开会议安排部署相关工作。副省长、市长王新伟出席会议。

△郑州市组织收听收看国家和省严防聚集性疫情做好秋冬季防控工作电视电话会议，并召开会议安排部署全市疫情防控工作。副省长、市长王新伟出席会议。

8月

1日

△郑州市召开会议研究安置房建

设网签办证工作，副省长、市长王新伟主持召开会议，听取全市安置房建设网签办证工作情况汇报，研究工作中存在的困难和问题，并就相关工作进行安排部署。

3日

△启迪科服落地河南签约暨揭牌仪式在郑州举行，省长尹弘与清华大学党委常务副书记姜胜耀共同出席仪式，并举行会谈，就加强省校合作进行深入交流。副省长、市长王新伟参加活动。

△市委常委会召开扩大会议，传达学习习近平总书记近期重要讲话指示精神和中央政治局会议精神等，分析全市经济运行和疫情防控形势，安排部署下一步工作。省委常委、市委书记徐立毅主持会议并讲话，副省长、市长王新伟出席会议。

4日

△省委常委、市委书记徐立毅深入郑州航空港经济综合实验区，调研督导市委十一届十二次全会精神贯彻落实情况。

5日

△全市河长述职视频会议召开，深入贯彻习近平生态文明思想和习近平总书记在黄河流域生态保护和高质量发展座谈会上重要讲话精神，贯彻落实全省河长述职视频会议精神，总结2019年以来河长制工作，安排部署下一步重点任务及防汛抗灾工作。省委常委、市委书记、市第一总河长徐立毅出席并讲话。

△省委常委、市委书记徐立毅会见中电海康集团董事长、海康威视董事长陈宗年和中电科22所所长吴健一行，双方就推动务实合作进行深入交流，达成广泛共识。

△副省长、市长王新伟主持召开疫情防控视频调度会。会议强调要认真贯彻习近平总书记系列重要讲话精神，全面落实中央省市秋冬季疫情防控部署，筑牢“防输入、防散发、防反弹”底线，切实守护群众生命安全和身体健康。

6日

△省委常委、市委书记徐立毅主持召开专题会议，听取郑州市国民经济和社会发展“十四五”规划编制工作情况。

△省委常委、市委书记徐立毅会见恒力集团董事长、总裁陈建华一行，双方就加强项目合作进行深入交流，达成广泛共识。

△副省长、市长王新伟主持召开招商引资工作例会，传达全省招商引资工作电视电话会议精神，通报招商引资项目建设和重点区域招商活动筹备情况。

7日

△省委书记王国生、省长尹弘在郑州会见上汽集团董事长陈虹一行。省领导徐立毅、王新伟参加会见。

△第三期全市领导干部“问学前沿”高端讲堂举行。报告会以视频形式举行，邀请复旦大学特聘教授、中国国际经济交流中心副理事长黄奇帆，作了题为《疫情下世界经济发展走势和国际国内双循环的战略》的经济形势分析辅导报告。

△副省长、市长王新伟主持召开市政府第64次常务会议。会议传达学习贯彻习近平总书记近期系列重要讲话精神，安排部署当前重点工作。

8日

△市政府召开第二次廉政工作会议，传达贯彻国务院、省政府第三次廉政工作会议精神，安排部署全市政府系统党风廉政建设和反腐败工作。副省长、市长王新伟出席会议并讲话。

10日

△副省长、市长王新伟主持召开市科技领导小组工作会议，专题研究郑州科技大市场建设运营方案和新型研发机构建设相关问题。

11日

△省委书记王国生到河南省科技馆新馆、郑州南站建设工地，检查省重点项目建设情况。副省长、市长王新伟等参加有关活动。

△副省长、市长王新伟到郑州航空港实验区调研，实地察看郑州机场三期扩建工程、视博数字经济产业园、临空生物医药产业园等项目建设和运营情况，听取豫沪合作科技城及海归小镇项目规划进展汇报，研究确定产业链招商等事宜。

12日

△省委书记王国生到荥阳市，调研乡村振兴、产业发展情况。

13日

△省委常委、市委书记徐立毅听取大运河文化片区城市设计方案汇报。

15日

△省委常委、市委书记徐立毅调研“三项工程、一项管理”及2020年国家网络安全宣传周筹备工作。

△郑州市召开全市高品质城市建设重点工作推进会，副省长、市长王新伟出席并讲话，会议通报高品质城市建设重点工作进展情况，研判分析存在的问题，明晰下一步目标任务。

16日

△副省长、市长王新伟调研督导2020年国家网络安全宣传周暨第29届金鸡百花电影节筹备情况，并主持召开执委会第三次工作会议。

18日

△郑州市举行“弘扬抗疫精神 护佑人民健康”庆祝表彰活动，10名“郑州好医生”、21名“生命守护人”、15名“逆行英雄”、20名“防控哨点标兵”、20名“转运先锋”、21名“防疫尖兵”受到表彰。省委常委、市委书记徐立毅会见受表彰人员，副省长、市长王新伟主持会见活动。

△副省长、市长王新伟主持召开市政府第65次常务会议。会议听取中央和省环保督察反馈问题整改工作情况汇报，研究讨论工程建设项目审批提升有关政策文件和加快5G网络建设和产业发展等事项。

△郑州市召开5G网络建设和产业发展工作推进会议。副省长、市长王新伟出席会议并讲话。会议总结全市5G网络建设和产业发展情况，分析面临的形势和问题，部署近期重点工作。

19日

△省长尹弘与科大讯飞董事长刘庆峰在郑州举行会谈，双方就加强人工智能等领域合作进行深入交流。副省长、市长王新伟参加会谈。

△市委理论学习中心组举行集体学习会，集中学习《习近平谈治国理政》第三卷。省委常委、市委书记徐立毅主持学习会。

△市委召开党外人士座谈会，向各民主党派、工商联和无党派人士通报上半年有关情况，就做好下半年工作听取意见和建议。省委常委、市委书记徐立毅主持会议并讲话。副省长、市长王新伟出席会议。

△部分驻豫全国人大代表到郑州，围绕地热资源开发利用工作开展专题调研。

20日

△省委常委、市委书记徐立毅主持召开市政协重点提案协商座谈会，并领衔督办《进一步牢固树立绿色理念加强郑州市黄河流域生态保护》提案。

△省委常委、市委书记徐立毅会见科大讯飞股份有限公司董事长刘庆峰一行，双方就加强新兴技术应用、提升城市数字化发展水平进行深入交流。

△市十五届人大常委会举行第二十五次主任会议，市人大常委会主任胡荃主持会议。会议听取有关人事任免案的说明和补充说明；关于提请任免杜文龙等28名工作人员法律职务的议案的说明、关于市十五届人民代表大会代表变动情况的代表资格审查报告的说明；市十五届人大常委会第十八次会议准备

情况。

△市政协举办委员大讲堂，传达中共郑州市委十一届十二次全体（扩大）会议精神，听取市政府关于我市上半年经济社会发展情况的通报，宣读《政协郑州市委员会关于加强委员联络促进委员参加政协活动全覆盖工作的意见》《郑州市政协委员助推“六稳”“六保”工作方案》。

21日

△省长尹弘在郑州市检查5G建设及应用推进情况，并主持召开座谈会，副省长、市长王新伟参加调研。

△省委常委、市委书记徐立毅调研全国文明城市创建工作，到鹰城鑫地大酒店、郑州汽车客运总站、管城区航海东路街道银莺社区、金城街集贸市场等处，实地察看创建情况，听取工作汇报，并沿途察看道路环境卫生、公益广告宣传、车辆停放、交通秩序等情况。

△省委常委、市委书记徐立毅到郑东新区瑞茂通供应链管理股份有限公司和郑州国际陆港开发建设有限公司视察调研全市开放型经济工作。

22日

△省委常委、市委书记徐立毅会见国家开发银行党委副书记、行长欧阳卫民一行，双方就进一步加强金融领域合作进行深入交流。

△省委常委、市委书记徐立毅调研二七商圈城市复兴工作，先后实地察看钱塘衣城、皮具批发市场和德化街沿街商铺改造提升情况，听取二七商圈改造提升工作进展情况汇报。

23日

△郑州市召开文物安全暨保护利用“双百工程”推进会，传达全国文物局长工作会议和全省文物工作会议精神，通报全市文物安全暨保护利用“双百工程”巡查情况，研判分析存在的问题，部署下步重点工作。副省长、市长王新伟出席会议并讲话。会前，王新伟察看了高新区双湖博物馆聚落、杜寨遗址生态文化公园建设情况。

24日

△省委常委、市委书记徐立毅会见华南城控股集团董事局主席郑松兴一行，双方就加快项目转型发展进行深入交流，达成广泛共识。

△副省长、市长王新伟主持召开市政协重点提案协商座谈会，领衔督办《关于抓牢数字经济发展机遇 实现郑州超越式发展》提案。

△副省长、市长王新伟主持召开国家新一代人工智能创新发展试验区创建工作推进会，听取市科技局创建工作进展情况汇报，并对下一步工作进行安排部署。

24—25日

△全国人大代表郑州小组先后到惠济区、经开区、金水区等，围绕“加快郑州国家中心城市建设，推动黄河战略实施”开展专题调研。副省长、市长王新伟参加调研。

25日

△省委常委、市委书记徐立毅主持召开专题会议，研究中原科技城规划建设工作，强调要坚持新发展理念和以人民为中心的发展思想，围绕“东强”功能布局，坚定目标定位，高标准规划建设中原科技城，打造有影响力的沿黄科创带和高质量发展走廊。

△省委常委、市委书记徐立毅会见中核集团总经济师、同方股份有限公司董事长黄敏刚一行，双方就加强智慧能源和电子信息产业合作进行深入交流，达成广泛共识。

△郑州市与国开行河南省分行签署开发性金融支持国家中心城市高质量发展合作框架协议。副省长、市长王新伟会见国家开发银行河南省分行行长傅小东一行，并共同见证双方签署合作框架协议。

26日

△郑州市召开脱贫攻坚问题整改暨总攻动员会，贯彻落全省脱贫攻坚问题整改暨总攻动员会议精神。省委常委、市委书记徐立毅出席会议并讲话。副省长、市长王新伟主持会议。

△省委常委、市委书记徐立毅先后到郑州市第五中学、二七区汝河路小学、郑州外国语中学，调研教育工作。

26—28日

△市十五届人大常委会举行第十八次会议。市人大常委会主任胡荃主持会议。会议期间，胡荃与列席会议的市人大代表进行座谈，听取代表对相关议题、履职情况及人大工作的意见建议。

27日

△省委常委、省纪委书记、省监委主任任正晓就深入学习习近平总书记重要讲话指示批示精神、贯彻落实中央纪委和省纪委全会部署，到惠济区、管城区、新郑市和航空港区调研。

△省委常委、市委书记、贾鲁河省级河长徐立毅到贾鲁河部分河段巡河调研，主持召开贾鲁河省级河长会议，会议安排部署贾鲁河综合治理工作。

△副省长、市长王新伟主持召开市政府第66次常务会议。会议传达贯彻习近平总书记在经济社会领域专家座谈会上的讲话精神，听取无证幼儿园专项治理工作情况汇报，研究讨论国家儿童区域医疗中心、国家儿童医学中心河南分中心合作共建事宜。

△郑州市召开中国·河南招才引智创新发展大会“2020招才引智专项行动”动员会。副省长、市长王新伟出席会议并讲话。

28日

△省委常委、市委书记徐立毅在卢氏调研结对帮扶工作。

△郑州市红十字会第六次全市会员代表大会召开，省委常委、市委书记徐立毅就大会召开作出重要批示，副省长、市长王新伟出席开幕式并讲话。

29日

△第五届清华校友三创大赛全球总决赛颁奖典礼暨中原数字经济高峰论坛在郑州举行，省委常委、市委书记徐立毅会见与会嘉宾。副省长、市长王新伟等出席活动。

△省委常委、市委书记徐立毅到黄河中牟段九堡险工现场，深入察看险情，了解抢险进度，部署防汛抢险工作。

△省委常委、市委书记徐立毅会见中国葛洲坝集团股份有限公司党委书记、董事长陈晓华一行，双方就加强基础设施建设等合作进行深入交流，达成广泛共识。

31日

△省委常委、市委书记徐立毅到中牟县调研。徐立毅先后到中牟县中部设计城、只有河南·戏剧幻城项目、安罗高速官渡站、中牟官渡生物医药产业园等处，实地察看产业链打造、项目规划建设、土地开发利用情况，并与中牟县领导班子座谈，听取中牟经济社会发展、“十四五”规划和国土空间规划编制、重点板块建设等工作情况汇报。

9月

1日

△清华大学附属中学郑州学校揭牌暨2020—2021学年开学典礼举行。省委常委、市委书记徐立毅等出席活动。

△省委、省政府召开专题会议，听取郑州市关于2020年国家网络安全宣传周和第29届中国金鸡百花电影节筹备情况汇报，研究部署下一步工作。省委书记王国生主持会议，省长尹弘出席会议。

2日

△市委书记徐立毅到巩义市调

研“十四五”规划，实地察看新中镇浮戏山脱贫攻坚和乡村振兴项目、巩义市科创中心泛锐研究院、G310紫荆互通立交项目、康百万丝路文化城项目、河南恒星科技公司等，并与巩义市领导班子座谈。

3日

△市委常委会召开扩大会议，传达学习习近平总书记近期重要讲话指示精神，研究我市贯彻落实意见。省委常委、市委书记徐立毅主持会议。

△市委书记徐立毅调研检查秋冬季疫情防控工作，强调要深入贯彻落实习近平总书记关于疫情防控的重要讲话精神，按照中央、省委安排部署，坚持人民至上、生命至上，始终绷紧疫情防控这根弦，进一步夯实防控基础，完善防控流程，突出抓好重点部位、重点领域和重大活动疫情防控，坚决打好疫情防控这场持久战。

7日

△郑州市召开招商引资暨区域经济高质量发展工作推进会议，学习贯彻习近平总书记关于统筹抓好疫情防控和经济社会发展的重要讲话精神，贯彻落实全省县域经济高质量发展工作会议、招商引资会议精神。省委常委、市委书记徐立毅出席会议并讲话。

△副省长、市长王新伟调研全国文明城市创建和“三项工程、一项管理”工作，强调要深入学习贯彻习近平总书记系列重要讲话精神，始终坚持以人民为中心的发展思想，切实做到文明创建和城市建设两手抓两统筹，合力打造整洁有序、舒适愉悦的城市人居环境。

8日

△郑州市召开网络安全宣传周暨金鸡百花电影节执委会第四次会议，听取执委会一办六部工作情况汇报，研究解决存在的问题，安排部署近期重点任务。副省长、市长王新伟出席会议并讲话。

9日

△郑州市举行教师节庆祝暨表彰大会，对近年来涌现出的优秀教师和教育工作者进行表彰，进一步营造全社会尊师重教的浓厚氛围，高质量办好美好教育、人民满意教育。省委常委、市委书记徐立毅出席会议并讲话。

△郑州市32个核心板块规划建设工作推进会议召开。现场展示了32个核心板块规划建设成果，通报并部署全市核心板块规划建设工作，省委常委、市委书记徐立毅发表讲话。

10日

△省委常委、市委书记、市人才工作领导小组组长徐立毅主持召开市人才工作领导小组2020年第二次全体会议，研究《郑州市关于实施“黄河人才计划”加快建设人才强市的意见》《关于在中原科技城建设河南省人才创新创业试验区的实施意见》等。

11—12日

△全国人大常委会副委员长武维华率调研组到郑州市，就珍惜粮食、反对浪费情况开展专题调研。

13日

△郑州市召开疫情防控视频调度会，会议传达省委常委、市委书记徐立毅调研全市秋冬季疫情防控工作要求，点评疫情处置应急演练情况。副省长、市长王新伟主持并发表重要讲话。

△副省长、市长王新伟主持召开市政府第67次常务会议。会议学习贯彻8月31日中央政治局会议等精神，讨论研究政务数据安全管理暂行办法、城市道路窨井盖治理提升方案和停止军队有偿服务下篇文章相关问题等事项。

14—20日

△2020年国家网络安全宣传周在郑州举行。网安周以“网络安全为人民，网络安全靠人民”为主题，线下主题论坛、“强网杯”网络安全挑战赛线下赛、网络安全博览会等主题活动贯穿始终，共吸引现场参与35万人次，移动App关注突破2.2亿次，短视频点击超17亿次。网安周签约项目153个、投资总额突破1200亿元。

15日

△中原科技城政策发布会举行，河南省人才创新创业试验区、中原科技城管委会揭牌，中原科技城规划和人才政策同期发布。省委常委、市委书记徐立毅出席活动并讲话，副省长、市长王新伟主持。郑东新区管委会与首批入驻中原科技城的60个项目签约，总金额突破1100亿元。

△省委常委、市委书记徐立毅会见上海建工集团董事长徐征一行，双方就进一步加强合作进行深入交流，达成广泛共识。

△省委常委、市委书记徐立毅会见北京嘀嘀无限科技发展有限公司董事长兼首席执行官程维一行，双方就深化务实合作进行沟通交流，达成广泛共识。

15—16日

△省人大常委会专题调研组到郑州市就学前教育工作开展情况进行专题调研。市人大常委会主任胡荃等陪同调研。

16日

△省委常委、市委书记徐立毅会见奇安信科技集团董事长齐向东一行，双方就网络安全产业发展进行深入交流，达成广泛共识。

17日

△由郑煤机老厂区改造提升建设的芝麻街双创园正式开园。省委常委、市委书记徐立毅出席开园仪式，并就园区建设进行调研。

△省委常委、市委书记徐立毅会见中国国际能源集团控股有限公司党委书记、董事局主席吴国迪一行，双方就进一步加强合作进行深入交流，达成广泛共识。

18日

△市委常委会召开扩大会议，重温习近平总书记关于河南和郑州工作及在黄河流域生态保护和高质量发展座谈会上的重要讲话精神，传达学习习近平总书记近期重要讲话指示精神，研究郑州市贯彻落实意见。传达学习中央《2019—2023年全国党政领导班子建设规划纲要》及省委《贯彻落实若干措施》，研究郑州市大气污染防治、促进旅游消费等工作。省委常委、市委书记徐立毅主持会议，副省长、市长王新伟出席。

△市委人大工作会议召开，深入学习贯彻习近平总书记关于坚持和完善人民代表大会制度的重要思想，落实省委人大工作会议部署，结合郑州实际研究推进新形势下人大工作。会议印发《中共郑州市委关于加强新时代人大工作和建设的意见》。省委常委、市委书记徐立毅出席会议并讲话，副省长、市长王新伟主持。

19日

△第四期全市领导干部“问学前沿”高端讲堂举行，邀请国家住房和城乡建设部总经济师、雄安新区总体规划技术总牵头负责人杨保军作城市规划设计专题辅导。省委常委、市委书记徐立毅主持，副省长、市长王新伟出席报告会。

20日

△郑州市召开第29届中国金鸡百花电影节执委会第五次工作会议，听取筹备对接情况，安排部署重点工作。副省长、市长王新伟出席会议并讲话。

21日

△省委常委、市委书记徐立毅调研金鸡百花电影节筹备工作。在郑州大剧院、郑州博物馆新馆、河南艺术中心等电影节重要活动承办场馆，徐立毅实地察看电影节提名者表彰仪式、星空放映启动仪式、闭幕式等重要活动和节点筹备情况，以及场馆周边及道路沿线环境整治和氛围营造

情况。

21—22日

△国务院发展研究中心副主任王安顺带队到郑州，调研《优化营商环境条例》落实情况，并与省市相关部门座谈交流有关问题。副省长、市长王新伟参加调研并主持会议。

22—24日

△以“全球疫情下跨境电商发展的机遇与挑战”为主题的第四届全球跨境电子商务大会在郑州举行，外国政要、国际组织代表、专家学者、知名跨境电商企业代表等600余人参加。吉尔吉斯共和国总理博罗诺夫进行视频致辞。省长尹弘出席并致辞。省委常委、市委书记徐立毅出席。

23日

△市委全面深化改革委员会第七次会议召开，传达学习中央全面深化改革委员会第十五次会议精神，研究郑州市贯彻落实意见及相关改革事项。省委常委、市委书记、市委全面深化改革委员会主任徐立毅主持会议。副省长、市长王新伟出席会议。

△副省长、市长王新伟会见宁德时代公司副董事长李平一行，双方就特高压输变电规模级电储能项目相关问题进行会谈。

24日

△市委政协工作会议召开，深入学习贯彻习近平总书记在中央政协工作会议暨庆祝中国人民政治协商会议成立70周年大会上的重要讲话精神，落实中央、省委政协工作会议精神，对新时代加强和改进全市政协工作进行安排部署。省委常委、市委书记徐立毅出席会议并讲话，副省长、市长王新伟主持。会议印发《中共郑州市委关于加强和改进人民政协工作的实施意见》。

24—26日

△2020年中国金鸡百花电影节（第35届大众电影百花奖）在郑州举行。本届电影节由中国文联、中国电影家协会和郑州市人民政府共同主办，围绕大众电影主题，先后举办星空放映启动仪式、专题电影展、中国电影论坛、提名者表彰仪式、大众电影百花奖颁奖典礼和电影节闭幕式等五项主题活动，并举办“艺术家下基层”“星空放映”“观影惠民季”等特色活动。

25日

△省委常委、市委书记徐立毅分别会见西门子（中国）有限公司董事长、总裁兼首席执行官赫尔曼和中国二十冶集团有限公司党委书记、董事长樊金田一行，就深化合作进行交流，达成广泛共识。

26日

△副省长、市长王新伟主持召开市政府第68次常务会议。会议传达学习习近平总书记近期系列重要讲话精神，研究讨论落实河南省做好“六稳”工作落实“六保”任务若干政策工作方案和国土空间规划管理条例等事项。

△郑州绿地全球商品贸易港项目启动仪式在郑州航空港实验区举行。该项目总投资约20亿元，占地6.73公顷，总建筑面积33.6万平方米。

△郑州市召开全市问题楼盘化解攻坚工作视频推进会议，对2020年以来问题楼盘化解攻坚工作进行阶段性回顾总结，交流经验做法，安排部署下步工作。

28日

△2020中国500强企业高峰论坛在郑州举行，知名专家学者、500强企业代表和各界人士1300余人参加论坛，就论坛主题“育新机、开新局，变化中的大企业发展”深入交流。十届全国政协副主席，中国企业联合会、中国企业家协会会长王忠禹在论坛上作主旨讲话，省长尹弘出席并致辞。

△省委常委、市委书记徐立毅会见华为技术有限公司副董事长、轮值董事长徐直军一行，双方就进一步加强数字经济领域合作进行深入交流，达成广泛共识。

△市十五届人大常委会第十九次会议召开。会议听取关于《郑州市国土空间规划管理条例（草案）》的说明，并进行分组审议。

△市政协召开十四届十三次常委会议，传达学习全国政协十三届十三次常委会议、全国地方政协工作经验交流会和市委政协工作会议精神，围绕“推进产业链、创新链、服务链高效衔接的制造业发展”进行专题议政。

29日

△郑州市建设黄河流域生态保护和高质量发展核心示范区工作领导小组第三次会议召开，重温习近平总书记关于黄河流域生态保护和高质量发展重要讲话精神，落实全省黄河流域生态保护推进会议精神，研究部署核心示范区规划建设工作，推动黄河战略更好更快更有效在郑州落地实施。省委常委、市委书记徐立毅主持会议并讲话，副省长、市长王新伟出席会议。

△郑州市举行2020年第三批重大项目集中开工仪式。第三批集中开工的重大项目共209个，总投资1503亿元、年度投资334亿元。省委常委、市委书记徐立毅宣布开工。副省长、市长王新伟出席仪式。

△省委常委、市委书记徐立毅会见世界乒乓球职业大联盟理事会主席、中国乒乓球协会主席刘国梁一行，双方就进一步加强赛事合作、推进体育事业发展进行深入交流，达成广泛共识。

30日

△省会各界2020年烈士纪念日向人民英雄敬献花篮仪式在郑州烈士陵园举行。省委书记王国生、省长尹弘、省政协主席刘伟和省委常委、市委书记徐立毅等出席仪式。

△省委常委、市委书记徐立毅深入中原区、管城区、金水区、惠济区、二七区，实地察看桐柏路、航海路、未来路、城东路、经三路、黄河路、京广路、嵩山路等综合改造情况，调研城市道路综合改造一期工程。

△郑州市召开招商引资工作例会，副省长、市长王新伟出席会议并讲话。

10月

1日

△省委书记王国生在郑州检查节日安保、交通安全等工作，看望慰问坚守一线的干部职工。

△省委常委、市委书记徐立毅深入基层一线，调研节日期间疫情防控和安全生产工作，看望慰问坚守岗位的一线干部职工。

△副省长、市长王新伟带领相关部门负责人，实地察看经开区中原福塔团购车展、二七区锦荣国际轻纺城时装周、中原区万达商场市场供应等，调研检查“十一”黄金周促消费情况。

4日

△副省长、市长王新伟到郑州航空港实验区，调研督导秋冬季疫情防控和假期旅游安全保障，看望慰问坚守一线的工作人员。

5日

△联合国工业发展组织“城市之桥2020”市长圆桌会以视频方式召开，副省长、市长王新伟受邀出席会议，并分享交流郑州市在抗击新冠肺炎疫情、统筹经济社会发展和增强城市活力方面的经验做法。

8日

△副省长、市长王新伟调研督导城市道路综合改造一期工程，先后察看航海路、城东路、京广路、嵩山路部分节点的路面综合整治、景观绿化优化、城市家具提升、建筑立面美化等情况。

10日

△全国政协副主席、九三学社中央常务副主席邵鸿带领九三学社中央调研组一行到郑州市，就“推动民办高等教育健康发展”开展专题调研。

△副省长、市长王新伟主持召开市政府第69次常务会议。会议传达贯彻习近平总书记近期系列重要讲话精

神，讨论研究储备土地综合开发实施细则等文件和迎接国务院第七次大督查等事项。

12日

△郑州商品交易所举办短纤期货上市仪式。

△市政协就“建设健康郑州，着力推进全市国民体质监测工作进展”进行专题调研。

13日

△省委常委、市委书记徐立毅会见奥克斯集团董事长郑坚江一行，双方就加快既有项目建设、进一步深化合作进行深入交流，达成广泛共识。

△副省长、市长王新伟到高新区调研新兴产业发展和“三送一强”等情况。强调要准确把握构建新发展格局的新趋势新机遇，聚焦网络安全、智能传感、北斗应用、超硬材料等新兴产业，推动产业链、创新链、服务链、人才链相互贯通，助推质量、动力、效率“三大变革”，加速向国家高新技术产业开发区第一方阵迈进。

△副省长、市长王新伟调研督导全市秋冬季污染防治工作，强调要深入践行习近平生态文明思想，抓住秋冬季这一关键时段，聚焦重点区域、重点行业、重点企业，强化精准治污、科学治污、依法治污，全力确保“打赢蓝天保卫战三年行动计划”目标任务圆满完成。

14日

△上街区举行重点产业项目开工仪式，总投资50亿元、年产600万套的奥克斯郑州智能空调生产基地项目开工建设，标志着奥克斯全球第10个生产制造基地正式落户中原。

14—16日

△由工信部、中国工程院与河南、河北、山西、内蒙古、安徽、江西、湖北、湖南、陕西等9省（区）政府共同主办的2020中国（郑州）产业转移系列对接活动在郑州举行。郑州市共邀请参会省外客商120余名，征集报送签约项目64个，总签约额614亿元，位居全省第一。

15日

△2020年全市乡镇（街道）党（工）委书记第三次工作交流会召开，动员全市党员干部深入学习贯彻习近平总书记关于加强和创新基层治理的重要论述，围绕做好第四季度工作，扎实推进秋冬季疫情防控、大气污染防治、“三项工程、一项管理”、基层公共服务体系建设、村（社区）换届准备等重点任务，不断提升基层治理能力和水平，努力营造和谐有序、安居乐业的发展环境。

△郑州市中欧班列集结中心示范工程建设指挥部全体会议召开，并对下一步工作作出安排。

△庆祝第十三个“郑州慈善日”暨第五届“郑州慈善大奖”颁奖盛典举行，展示郑州慈善事业服务疫情防控、助力脱贫攻坚的突出成果。活动现场，爱心企业、单位和个人共捐赠善款超4.7亿元，再创慈善日捐款新高。

16—19日

△第二十六届郑州全国商品交易会举行。本届郑交会以“新经济、新业态、新消费，共享中国经济发展新未来”为主题，期间举行中国（郑州）国际商贸合作论坛暨黄河流域商贸合作峰会。

17日

△省委常委、市委书记徐立毅深入管城区北三街片区、二七区祥云里小区、中原区汝河小区、金水区通信花园社区等处，调研老旧小区改造工作。

19日

△省委常委、市委书记徐立毅到中原公安分局、金水公安分局和花园路派出所等处，了解警务改革推进情况，调研全市公安警务体制改革工作。

△河南省“乌拉圭周”启动仪式暨乌拉圭当代艺术展开幕式在郑州博物馆举行。

△郑州市召开疫情防控视频调度会议，通报专项督查和月考核情况，安排部署下一步重点工作。副省长、市长王新伟出席会议并讲话。

12日、20日

△12日、20日，郑州市党政考察团到许昌市、开封市、焦作市、新乡市考察学习，深入贯彻黄河流域生态保护和高质量发展战略，落实省委、省政府决策部署，加快推动“1+4”郑州大都市圈建设，引领带动中原城市群高质量发展，为谱写中原更加出彩绚丽篇章提供有力支撑。省委常委、市委书记徐立毅，副省长、市长王新伟参加活动。

20日

△市人大常委会主任胡荃到巩义市新中镇亚沟村，调研驻村扶贫工作。

△全国双拥模范城（县）命名暨双拥模范单位和个人表彰大会举行，郑州市再次被命名为“全国双拥模范城”。这是郑州市连续第8次获此荣誉。

21日

△省委书记王国生、省长尹弘在郑州会见中国化工集团董事长、中国中化集团董事长宁高宁，中国化工集团总经理杨兴强一行。副省长、市长王新伟参加会见。

△河南省抗击新冠肺炎疫情表彰大会举行，郑州市20个先进集体和65名先进个人受到表彰。

22日

△郑州市公安工作会议召开，省委常委、市委书记徐立毅出席会议并讲话。会议深入学习贯彻习近平总书记关于加强新时代公安工作的重要论述和全国、全省公安工作会议精神，切实加强党对公安工作的领导，以警务体制改革为契机，研究部署新时代公安工作。

△省委常委、市委书记徐立毅与市委党校中青班学员代表座谈，深入学习贯彻习近平总书记在中央党校2020年秋季学期中青年干部培训班开班仪式上的重要讲话精神，强调要坚持“学思践悟”、知行合一，练就过硬本领、提高“七种能力”，更好为郑州国家中心城市建设贡献力量、发挥作用。

△副省长、市长王新伟主持召开市政府第70次常务会议。听取“十四五”规划编制情况汇报，研判分析全市经济运行情况。

△市人大常委会组织五级人大代表对全市改进城市管理与改善人居环境工作情况进行视察。市人大常委会主任胡荃等参加视察。

△市政协组织部分住郑全国、省、市政协委员，视察全市改进城市管理与改善人居环境工作情况。

23日

△市委常委会召开扩大会议，传达学习习近平总书记近期重要讲话精神，研究郑州市贯彻落实意见。省委常委、市委书记徐立毅主持会议，副省长、市长王新伟出席。会议研究分析前三季度经济运行情况，安排部署第四季度经济工作。

24日

△中国·河南招才引智创新发展大会“2020招才引智专项行动”高端人才（项目）对接洽谈会在郑州启动。

△第五期全市领导干部“问学前沿”高端讲堂举行，邀请中国科学院大学教授黄金川围绕营商环境做专题辅导。省委常委、市委书记徐立毅主持。

25日

△郑州美术馆新馆开馆暨首展系列活动开幕，省委常委、市委书记徐立毅出席活动。

26日

△副省长、市长王新伟主持召开全市经济运行分析会议，会议通报前三季度经济运行情况，分析存在问题，明确下一步重点工作。

27日

△副省长、市长王新伟到经开

区、郑东新区，调研督导省市重点项目建设，要求全市上下牢固树立“项目为王”理念，坚定不移把项目建设作为落实“六稳”“六保”部署、融入双循环新发展格局的主抓手，大力营造一切围绕项目转、一切盯着项目干的浓厚氛围，不断为高质量发展注入新动能、新活力。

28日

△副省长、市长王新伟主持召开“一网通办、一网统管”工作推进会议，听取市政务办、大数据局等单位“一网通办、一网统管”进展情况汇报，分析研判存在问题，安排部署下一步重点工作。

29日

△河南省政府、芬兰驻华大使馆联合主办的“豫芬交流合作对接会”在郑州举行。交流会上，“豫芬企业合作交流平台”正式上线运行，并同步举行郑州和赫尔辛基“双枢纽”建设专项对接会。

△副省长、市长王新伟到市委党校讲课，与县处级干部研修班、中青年干部培训班等学员学习探讨习近平总书记关于构建双循环新发展格局的系列重要论述，勉励大家要胸怀大局、担当实干，对标“七种能力”强基固本，为郑州加快构建新发展格局贡献智慧和力量。

△副省长、市长王新伟在郑州调研5G网络建设和重点场景应用情况，研究安排下步工作。

△省委督查组对郑州市贯彻落实中央和省委政协工作会议精神情况开展实地督查。

30日

△市政协召开双月协商座谈会，邀请部分市政协委员、市政府职能部门负责人及专家学者、社会体育指导员、健身达人代表，围绕“建设健康郑州着力推进国民体质监测工作”进行协商座谈。

△全市脱贫攻坚推进会举行，深入学习贯彻习近平总书记关于决战决胜脱贫攻坚的重要讲话精神，认真落实全省脱贫攻坚问题整改暨总攻动员会议要求，动员全市上下以决战决胜的姿态，鼓足干劲、奋力冲刺，抓紧抓实脱贫攻坚各项收尾工作，坚决打赢打好高质量脱贫攻坚战。

31日

△市委常委会召开扩大会议，传达学习贯彻党的十九届五中全会精神和省委省级党员领导干部会议精神，安排部署学习贯彻落实工作。省委常委、市委书记徐立毅主持会议，副省长、市长王新伟出席。

△副省长、市长王新伟主持召开市政府第71次常务会。会议传达学习党的十九届五中全会精神，安排部署政府系统贯彻落实工作。会议听取全市重点项目和新签约招商项目推进情况汇报，研究讨论加强政府性融资担保体系建设支持中小微企业和“三农”发展实施意见、大运河片区综合开发项目推进方案等事项。

11月

10月31日—1日

△10月31日—1日，省委常委、市委书记徐立毅，副省长、市长王新伟分别参加第七次全国人口普查现场摸底登记和现场登记。

1日

△中国区域经济50人论坛第十七次专题研讨会在郑州开幕，国内知名专家学者围绕“黄河流域生态保护和高质量发展——沿黄中心城市的地位与使命”主题进行研讨交流。省委常委、市委书记徐立毅致辞，副省长、市长王新伟主持。

2日

△郑州市召开2020国际乒联世界巡回赛总决赛筹备工作动员会。副省长、市长王新伟强调，要深入贯彻落实习近平总书记关于体育工作重要指示批示精神，聚焦“让参赛运动员满意、让广大市民满意”目标，精益求精办好一届安全有序精彩出彩的体育盛会。

△市人大常委会召开党组（扩大）会议，传达学习党的十九届五中全会精神和省委省级党员领导干部会议精神、市委常委会（扩大）会议精神，安排部署贯彻落实工作。市人大常委会党组书记、主任胡荃主持会议。

△市政协召开十四届四十二次党组（扩大）会议，传达学习贯彻党的十九届五中全会精神，安排部署政协系统学习贯彻落实工作。

3日

△2020年河南省5G应用推进峰会在郑州举行，副省长、市长王新伟出席并致辞。

△郑州市冷链食品物防追溯系统“郑冷链”在中原四季水产物流港上线，全市进口水产将实现“来源可溯，流转可查，去向可追”。

3—4日

△中共中央政治局常委、国务院总理李克强在河南省委书记王国生、省长尹弘陪同下，在安阳、郑州考察。国务委员兼国务院秘书长肖捷、国家发改委主任何立峰陪同考察。在郑州，李克强听取河南培育新兴产业集群、推动新旧动能转换和郑东新区发展情况汇报，并先后来到中原动力智能机器人公司、郑州大学工程研究中心和三全食品公司考察。

3—5日

△市十五届人大常委会第二十次会议举行。市人大常委会主任胡荃主持会议，会议传达学习十九届五中全会精神。听取关于市十五届人民代表大会代表变动情况的代表资格审查报告、有关人事任免的说明等。

6日

△2020年数智治理领航者峰会在郑州高新区举行。行业专家、企业代表和地方政府负责人深入探讨数字化智慧化条件下的城市发展和治理变革，郑州（国家）高新区智慧城市实验场同步启动。省委常委、市委书记徐立毅出席活动并讲话。

△副省长、市长王新伟主持召开市政府第72次常务会议。会议学习传达习近平总书记近期重要讲话精神，听取2019年度全市依法行政考核情况汇报、调整公共租赁住房申请条件和审核程序等问题情况汇报。

8日

△郑州大剧院正式启用，省委常委、市委书记徐立毅等为郑州大剧院启幕。

△黄河战略指引下的区域增长极建设暨2020年课题发布会举行，会议以“黄河战略指引下的区域增长极建设”为主题，发布《国家中心城市指数坐标上的郑州渐变》《郑州建设黄河流域生态保护和高质量发展核心示范区战略研究》《郑州城市治理体系与治理能力现代化》《郑州长期护理服务体系建设研究》4项重大课题研究等一系列课题成果。

9日

△学习贯彻党的十九届五中全会精神中央宣讲团宣讲报告会在郑州举行。中央宣讲团成员、国务院研究室党组书记、主任黄守宏作宣讲报告，省委书记王国生主持报告会，省长尹弘出席报告会。

△市委常委会召开扩大会议，学习贯彻习近平总书记近期重要讲话和指示精神，传达李克强总理在河南考察时的指示要求，研究郑州市贯彻落实意见。省委常委、市委书记徐立毅主持会议，副省长、市长王新伟出席。

10日

△中央文明办公布第六届全国文明城市入选城市名单和复查确认保留荣誉称号的前五届全国文明城市名单，郑州、巩义上榜，再度蝉联全国文明城市荣誉称号。

11日

△省委常委、市委书记徐立毅主持召开全市美丽乡村精品村建设工作会议。

△市政协十四届十四次常委会议召开，传达学习党的十九届五中全会精神，审议通过有关人事事项。

12日

△郑州市改进城市管理与改善人居环境工作推进会召开。省委常委、市委书记徐立毅强调，要深入贯彻落实党的十九届五中全会精神和习近平总书记关于城市建设管理的重要指示精神，贯彻新发展理念和以人民为中心的发展思想，坚定信心、再接再厉、务求必胜，持续推进“三项工程、一项管理”，以城市高质量发展助推国家中心城市建设，在黄河战略、中部崛起战略中发挥好支撑作用。

13日

△省委常委、市委书记徐立毅调研郑州航空港实验区重大产业项目发展。徐立毅先后到华锐光电液晶显示器件项目、河南众驰富联科技有限公司等处，实地察看项目建设、设备调试、企业运营等情况，随后召开工作座谈会，听取航空港区重点产业项目招引、落地、建设推进及下一步谋划情况汇报。

△郑州市召开疫情防控视频调度会议，副省长、市长王新伟出席会议并讲话。会前，王新伟实地察看中原四季水产物流港冷链食品储运监管情况，并就有关工作提出要求。

14日

△副省长、市长王新伟主持召开市政府第73次常务会议。会议传达学习习近平总书记在党的十九届五中全会上的重要讲话精神，听取2019年全市产业集聚区企业分类综合评价情况汇报，研究讨论绿色出行创建行动方案和加快安置房网签等事项。

15日

△郑州市召开2020—2021年秋冬季大气污染防治攻坚动员视频会议，副省长、市长王新伟出席会议并讲话。

17日

△副省长、市长王新伟带领有关部门主要负责人，到郑州航空港实验区调研重点项目建设情况。

18日

△由新华社《瞭望东方周刊》与瞭望智库共同主办的“2020中国幸福城市论坛”暨第十四届中国最具幸福感城市调查推选活动在杭州举行，郑州获评“2020中国最具幸福感城市”。副省长、市长王新伟出席活动并作主旨演讲。巩义市同时入选县级市“2020中国最具幸福感城市”。

19—22日

△中国·郑州2020国际乒联总决赛在郑州举行，比赛共设男、女单打2个项目，赛事总奖金50万美元。来自14个国家和地区的32 名运动员（男、女运动员各16名）参赛。经过激烈角逐，中国乒乓球队包揽本届总决赛男、女单打冠亚军，其中，陈梦获女单冠军、马龙获男单冠军。

20日

△郑州中欧班列集结中心示范工程（中国郑州—芬兰赫尔辛基）首班开行仪式，在经开区中铁联集郑州集装箱中心站举行，副省长、市长王新伟宣布发车。中国郑州—芬兰赫尔辛基线路是中欧班列（郑州）继德国汉堡、慕尼黑、比利时列日线路之后，新增的第4条欧洲线路。

△副省长、市长王新伟主持召开市政府第74次常务会议，会议传达学习习近平总书记近期重要讲话和重要指示精神，讨论研究加快5G新型基础设施建设的实施意见、电梯物联网和冷链食品智慧化监管等事项。

21日

△由中国高等教育学会与郑州大学共同举办的2020高等教育国际论坛年会在郑州开幕。论坛年会采取线上线下相结合方式举办，主题为“加快推进大学治理体系和治理能力现代化”，来自美国、俄罗斯、英国、德国等27个国家和地区的嘉宾以及清华、北大、浙江大学等数百所高校的专家学者参会。

23日

△副省长、市长王新伟到郑煤机集团调研，详细了解该集团生产经营情况，并主持召开座谈会。

24日

△市委常委会召开扩大会议，传达学习中央全面依法治国工作会议精神、习近平总书记重要讲话和指示精神，研究郑州市贯彻落实意见。省委常委、市委书记徐立毅主持会议，副省长、市长王新伟出席。会议听取并原则通过《关于贯彻落实〈河南省中长期青年发展规划（2019—2025年）〉的实施意见》、市人大常委会2021年度地方立法计划和全市2019年对外开放工作考核情况。

△省委常委、市委书记徐立毅到中国船舶重工集团公司第七一三研究所、中国电子科技集团公司第二十七研究所、中科院过程工程研究所郑州分所、黄河水利科学研究院调研科技创新工作。

△副省长、市长王新伟主持召开专题会议，研究部署全市道路交通安全“百日攻坚”行动重点工作。市交通局、市城管局、市城建局、市公安局分别就“两客一危”和公交出租车、渣土车、水泥罐车、市政道路和交通违章的综合整治工作汇报“百日攻坚”行动方案。

24—26日

△市人大常委会组织市十五届人大代表进行集中履职学习培训。市人大常委会主任胡荃等出席开班仪式。

25日

△省委书记王国生到郑州海关、郑州疫情防控指挥部检查疫情防控工作。

△郑州市村（社区）“两委”换届工作推进会在新密召开，深入贯彻落实习近平总书记关于基层党建的重要指示精神，落实全国、全省村（社区）“两委”换届工作会议精神，对全市村（社区）“两委”换届工作再动员再安排再推进。省委常委、市委书记徐立毅出席并讲话。

26日

△河南省沿黄市（区）政协助推黄河流域生态保护和高质量发展重大国家战略实施协商研讨第一次会议在郑州召开。省政协主席刘伟出席会议并讲话，省委常委、郑州市委书记徐立毅在会上致辞。

△省委常委、市委书记徐立毅主持召开市疫情防控领导小组会议，贯彻落实全国疫情防控电视电话会议精神，传达学习省委书记王国生、省长尹弘到郑州市检查疫情防控时的指示精神，分析研判全市疫情防控形势，安排部署下一步工作。

△郑州市与北航企业家代表团座谈会举行，双方就科技创新、产业发展等领域合作进行深入交流，达成广泛共识。省委常委、市委书记徐立毅出席会议并讲话。

26—27日

△第三届全国钱学森班（院校）工作论坛在郑州四中举行。上海交通大学钱学森图书馆馆长、钱学森之子钱永刚教授，中国工程院院士、神舟飞船首任总设计师戚发轫院士等多位专家作报告。

27日

△省委常委、市委书记徐立毅会见深圳市河南商会和中小企业发展促进会投资考察团一行，双方就加强沟通、深化合作进行深入交流，达成广泛共识。

△省委常委、市委书记徐立毅到中原工学院宣讲党的十九届五中全会精神。

△第六期全市领导干部“向学前

沿”高端讲堂举行，北京大学建筑与景观设计学院教授俞孔坚以“美丽城市的生态与艺术”为题，作高品质城市规划建设专题辅导。

28日

△副省长、市长王新伟主持召开市政府第75次常务会议。会议讨论研究加快推进新型智慧城市建设的指导意见，听取“智汇郑州·1125聚才计划”中期评估情况汇报和新能源巡游出租车更新替代政策等事项。

30日

△省委常委、市委书记徐立毅会见郑州市受表彰的2020年全国劳动模范和先进工作者代表。徐立毅代表市四个班子和全市人民向受表彰的全国劳动模范和先进工作者代表表示祝贺，并和大家共同学习习近平总书记在全国劳动模范和先进工作者表彰大会上的重要讲话精神，交流学习体会。

△省委常委、市委书记徐立毅主持召开科技创新人才座谈会，强调要深入贯彻落实党的十九届五中全会精神和习近平总书记关于科技创新的重要讲话精神，坚持以人才为核心集聚创新要素，以数字化为引领，围绕产业链完善创新链，把培育战略性新兴产业与人才队伍建设紧密结合起来，着力提升国家中心城市的科创功能，走好具有郑州特色的科技创新驱动高质量发展路子。

△河南省儿童医院举行国家区域医疗中心揭牌仪式，标志着河南省国家儿童区域医疗中心建设进入新阶段。

△郑州市召开市疫情防控领导小组工作人员全体会议，传达省委省政府疫情防控工作有关精神及市疫情防控领导小组会议精神，对下一阶段疫情防控工作进行安排部署。市委副书记周富强参加会议并讲话。

12月

1日

△海康威视郑州科技园开工仪式在郑东新区举行。副省长、市长王新伟出席仪式。

2日

△部分住豫全国政协委员、省政协委员在郑州调研。省政协主席刘伟参加调研，省委常委、市委书记徐立毅一同调研。

△省委常委、市委书记徐立毅会见浙江吉利控股集团董事长李书福一行，双方就深化新能源汽车领域合作进行深入交流，达成广泛共识。

△郑州市召开道路交通安全集中整治“百日攻坚”行动动员部署会议，通报全市道路交通安全形势和存在问题，安排部署“百日攻坚”行动重点任务。副省长、市长王新伟出席会议并讲话。

3日

△全省脱贫攻坚问题整改巩固提升工作推进会在郑州召开，深入学习贯彻习近平总书记对脱贫攻坚工作作出的重要指示批示精神，认真贯彻落实党的十九届五中全会精神，扎实做好2020年度省脱贫攻坚成效考核发现问题整改工作，进一步巩固拓展全省脱贫攻坚成果。省委书记王国生出席并讲话，省长尹弘主持。省委常委、市委书记徐立毅，副省长、市长王新伟等在郑州分会场收听收看。

4日

△省委常委、市委书记徐立毅调研全市大气污染防治工作。在市生态环境局，徐立毅认真听取全市智慧环保系统建设、大气污染防治工作情况汇报，并召开工作会议，研究部署全市大气污染防治工作。

△副省长、市长王新伟到郑州工程技术学院宣讲党的十九届五中全会精神，交流学习感悟，共话郑州发展，勉励广大师生与伟大时代同行、用奋斗创造幸福，努力在建设国家中心城市新征程中书写最美青春。

△全市人大工作座谈会第二十八次会议在中牟县召开，深入学习习近平法治思想，传达学习中央全面依法治国工作会议精神，贯彻落实市委人大工作会议部署，交流研讨全市人大2020年工作创新和亮点，谋划安排2021年全市人大工作。市人大常委会主任胡荃等参加会议。

5日

△副省长、市长王新伟主持召开市政府第76次常务会议。会议传达学习习近平总书记在中央政治局常委会会议上听取脱贫攻坚总结评估汇报时的重要讲话精神，讨论研究新形势下加强招商引资工作的意见和平安郑州建设等事项。

6日

△省委书记王国生、省长尹弘、省政协主席刘伟等省领导在郑州市与干部群众一起参加义务植树活动。省委常委、市委书记徐立毅，副省长、市长王新伟等参加活动。

△郑州市召开环境污染防治攻坚战调度会议，副省长、市长王新伟出席会议并讲话，强调要深入贯彻习近平生态文明思想，扛稳抓牢大气污染防治的政治责任、民生责任、发展责任，从严从细落实中央省市各项决策部署，以决战决胜的姿态打赢污染防治攻坚战。

7日

△学习贯彻党的十九届五中全会精神省委宣讲团在郑州举行宣讲报告会，省委宣讲团成员、省委宣传部常务副部长曾德亚作宣讲报告。省委常委、市委书记徐立毅主持报告会。

△省委常委、市委书记徐立毅会见浪潮集团执行总裁、中国工程院院士王恩东一行，双方就进一步深化数字经济合作进行深入交流，达成广泛共识。

△全市民生实事项目人大代表票决制工作推进会举行，贯彻落实市委关于全面推行民生实事项目人大代表票决制工作要求，总结交流试点经验，推进全市民生实事项目人大代表票决制工作明年在全市全面铺开、提质增效。

8日

△全市美丽乡村建设现场观摩会召开，深入贯彻党的十九届五中全会精神和习近平总书记关于美丽乡村建设重要指示要求，全面落实黄河流域生态保护和高质量发展战略，动员全市上下以美丽乡村精品村、示范村建设为带动，加快推进乡村振兴。省委常委、市委书记徐立毅出席并讲话，副省长、市长王新伟主持会议。

△全市脱贫攻坚工作会议召开，贯彻落实中央政治局常务委员会会议、省脱贫攻坚问题整改巩固提升工作推进会议精神，安排部署全市脱贫攻坚工作。省委常委、市委书记徐立毅出席会议并讲话，副省长、市长王新伟主持会议。

△市政协召开双月协商座谈会，邀请部分市政协委员、市政府职能部门负责人及公民代表，围绕“提高市民守法意识，推进城市交通治理”进行协商座谈。

9日

△市委常委会召开扩大会议，传达学习习近平总书记近期重要讲话精神，研究我市贯彻落实意见。省委常委、市委书记徐立毅主持会议。副省长、市长王新伟出席。同日，市委召开常委会会议，研究部署基层党建、市属高中阶段学校建设、现代环境治理体系建设、辛丑年黄帝故里拜祖大典筹备等工作。省委常委、市委书记徐立毅主持会议。副省长、市长王新伟出席。

9—11日

△部分驻郑省十三届人大代表在郑州市人大常委会主任胡荃的带领下，到郑州和洛阳开展集中视察。

10日

△焦作市党政考察团到郑州市考察学习，就贯彻落实黄河流域生态保护和高质量发展战略、推动“1+4”郑州大都市圈建设，围绕科技创新、民生改善、产业发展、生态建设等参观交流。省委常委、市委书记徐立毅，副省长、市长王新伟参加活动。

11日

△省委常委、市委书记徐立毅主持召开全市开放及枢纽建设工作座谈会，听取全市“枢纽+物流+开放”专题研究情况报告，并与省、市有关单位负责人，部分专家、企业负责人就加强枢纽建设、发展枢纽经济和外向型经济、创新开放政策体系等进行深入研讨交流。

△省委常委、市委书记徐立毅会见中国服装协会会长陈大鹏一行，双方就服装产业助力脱贫攻坚、时尚创意产业发展等方面进行深入交流，达成广泛共识。

12日

△省委常委、市委书记徐立毅围绕“十四五”轨道交通建设工作进行专题调研，强调要深入贯彻落实党的十九届五中全会精神，坚持新发展理念，围绕建设国家中心城市目标，大力推进轨道交通建设，加快打造“轨道上的都市”，以现代化交通体系支撑城市现代化发展，实现城市结构优化、发展方式转变和质量提升。

△省委常委、市委书记徐立毅主持召开市疫情防控领导小组会议，分析当前疫情防控形势，安排部署下一步防控工作。

△第六届中国创客领袖大会暨“双12”创客节在郑州举行。现场发布“中国创客领袖创业加速营计划”和《2020年中国双创白皮书》。

△副省长、市长王新伟主持召开市政府第77次常务会议。会议传达学习习近平总书记近期重要讲话精神，讨论研究行政规范性文件管理规定、市级政府公物仓管理办法（试行）和制造业高质量发展等事项。

14日

△市委全面深化改革委员会召开第八次会议，传达学习中央全面深化改革委员会第十六次会议精神，研究郑州市贯彻落实意见及相关改革事项。省委常委、市委书记、市委深改委主任徐立毅主持会议，副省长、市长王新伟出席会议。

15日

△省委常委、市委书记徐立毅调研“数字郑州”城市大脑工作，强调要深入学习贯彻习近平总书记重要讲话精神，锚定“一年突破、两年看齐、三年领先”目标，持续发力、全面提升，加快“数字郑州”城市大脑建设，推动城市数字化转型、现代化治理。

△省委常委、市委书记徐立毅主持召开产业发展座谈会。会上，徐立毅与部分制造业、服务业企业代表围绕电子信息、汽车及装备制造、生物医药、金融、商贸物流、文旅、会展等产业发展深入探讨交流，听取意见建议。

△第十二届启迪创新论坛在郑州开幕。副省长、市长王新伟等出席论坛。

15—16日

△全省5G应用场景建设观摩暨5G工作推进会在郑州召开，副省长、市长王新伟参加观摩并在推进会上讲话。

16日

△省委常委、市委书记徐立毅到市信访局接待来访群众，和来访群众面对面交流，认真听取群众反映的农民工工资拖欠、老旧小区暖气改造、城中村改造项目过渡费拖欠等具体问题，现场研究解决办法。随后，徐立毅听取全市信访工作汇报，安排部署下一步工作。

△联合国工业发展组织投资和技术促进办公室（中国·北京）（简称ITPO Beijing）项目北方区域协同中心落户郑州航空港实验区。省委常委、市委书记徐立毅，联合国工发组织ITPO Beijing主任武雅斌共同为中心揭牌。

△省委常委、市委书记徐立毅会见宁波市委常委、鄞州区委书记褚银良带领的考察团一行，双方就加强两地交流、扩大经济合作进行深入座谈。

17日

△郑州市第十一次民族团结进步表彰大会召开。会议宣读了《郑州市人民政府关于表彰郑州市民族团结进步模范集体和模范个人的决定》，并为模范集体和模范个人代表颁奖。省委常委、市委书记徐立毅出席会议，副省长、市长王新伟主持会议。

△副省长、市长王新伟带领市直有关部门负责人调研进口冷链食品监管工作，强调要认清复杂形势、强化底线思维，全面落实中央省市疫情防控各项部署，加快建立更严密、更高效、更智慧的进口冷链食品监管体系，通过人物同防、人物同查织密疫情防护网，全力守护好人民群众生命健康安全。

△市人大常委会主任胡荃以人大代表身份，深入中原区中原西路街道人大代表联络站，与群众和基层代表座谈交流，协调解决关乎群众利益问题。

18日

△副省长、市长王新伟接待来访群众。在市信访局，王新伟听取信访工作情况汇报，研判分析面临的形势，安排部署下步重点工作。接访中，他听取来访群众诉求，阅读省市分包信访案件材料，与有关部门现场研究处理办法，切实解决占地租金补偿、不动产权证办理等问题。

19日

△副省长、市长王新伟主持召开市政府第78次常务会议。会议传达学习习近平总书记在中央政治局第二十六次集体学习时的重要讲话精神，研究讨论加强土地出让管理工作的意见等文件，听取产业集聚区、组团新区、专业园区考核评先情况汇报。

20日

△以“城市会思考·郑州更美好”为主题的郑州城市大脑建设成果2020发布会举行。副省长、市长王新伟出席发布会，并与社区群众、企业和基层工作人员代表共同启动“郑州城市大脑应用场景”。

21日

△市委常委会召开扩大会议，传达学习中央经济工作会议精神和习近平总书记在党外人士座谈会、中央政治局第二十六次集体学习、中央政治局会议上的重要讲话精神以及《共担时代责任，共促全球发展》重要文章，研究我市贯彻落实意见。省委常委、市委书记徐立毅主持会议。

22日

△省委常委、市委书记徐立毅到新郑市龙湖镇，以人大代表身份走进代表联络站开展联系基层代表和人民群众活动，听取各级人大代表意见建议，回应人民群众关切。市人大常委会主任胡荃等参加活动。

△郑州市召开副市厅级以上领导干部会议，宣布省委决定：侯红同志任中共郑州市委委员、常委、副书记，王新伟同志不再担任中共郑州市委副书记、常委、委员职务。

22—23日

△全国人大代表、省人大常委会副主任徐济超带领驻豫全国人大代表到郑州市，就科技创新工作开展集中视察。市人大常委会主任胡荃等陪同视察。

23日

△郑州市举办党的十九届五中全会及中央经济工作会议精神专题学习会，贯彻落实省委“五种学习方式”，集中学习研讨，交流学习体会，对“十四五”发展和明年工作的重大问题进行深入研讨。省委常委、市委书记徐立毅主持会议。市领导侯红、胡荃等出席会议并发言。

24日

△省委常委、市委书记徐立毅到二七区调研，强调要深入学习贯彻党的十九届五中全会和中央经济工作会议精神，提升认识、统筹推进，加快激活产业补齐短板，加强生态修复和美丽乡村建设，加大公共服务体系建设力度，努力打造有活力有秩序有品质、宜居宜业宜游的生产生活环境。

△市委副书记、市政府党组书记

侯红调研科技创新工作，强调要深入贯彻党的十九届五中全会和中央经济工作会议精神，坚持创新在现代化建设全局中的核心地位，高标准高质量高效率推进中原科技城建设，加速人才链、创新链、产业链深度融合，着力构建科创产业和科技人才能落地、留得住、发展好的创新创业生态。

△市委副书记、市政府党组书记侯红主持召开专题会议，听取全市当前经济运行情况和明年经济工作谋划，强调要深入贯彻落实党的十九届五中全会和中央经济工作会议精神，把新发展理念融入到经济工作全方位、全过程，科学谋划、合理布局明年经济工作，推动经济社会发展稳中有进、持续向好，为“十四五”发展开好局、起好步。

25日

△市委召开党外人士座谈会，就中共郑州市委关于制定郑州市国民经济和社会发展第十四个五年规划和二〇三五年远景目标的建议以及明年全市经济社会发展工作，听取各民主党派、工商联和无党派人士的意见和建议。省委常委、市委书记徐立毅主持会议并讲话。市领导侯红等出席会议。

26日

△郑州市轨道交通3号线一期和4号线初期运营启动仪式在省体育中心站举行。市委副书记、市政府党组书记侯红出席并宣布运营启动，市民代表试乘轨道交通3号线一期和4号线。

△市政府召开专题会议，听取全市房地产市场情况汇报。市委副书记、市政府党组书记侯红主持会议，强调要深入贯彻落实习近平总书记关于促进房地产市场平稳健康发展的重要讲话精神，合理引导预期，整治市场秩序，因地制宜、多措并举、精准施策，切实把稳地价、稳房价、稳预期的主体责任落到实处，为加快建设国家中心城市提供有力支撑。

29日

△市委常委会召开扩大会议，传达学习中央政治局民主生活会重要精神，研究郑州市贯彻落实意见。省委常委、市委书记徐立毅主持会议。市领导侯红等出席会议，胡荃等列席会议。

△市委常委会召开扩大会议，传达学习省委十届十二次全会暨省委经济工作会议精神、省委书记王国生参加郑州组讨论时的讲话精神，研究郑州市贯彻落实意见。省委常委、市委书记徐立毅主持会议。市领导侯红等出席会议，胡荃等列席会议。

△市委副书记、市政府党组书记侯红调研疫情防控工作，强调要深入贯彻习近平总书记关于疫情防控的重要讲话指示精神，落细落实中央省市冬春季防控各项部署，紧盯重点部位、关键环节和重要节点查风险、堵漏洞，健全完善疫情防控全链条闭环管理体系，切实保障好人民群众身体健康和生命安全。

29—31日

△市十五届人大常委会第二十一次会议举行第一次全体会议，市人大常委会主任胡荃主持会议。

30日，会议就全市制造业高质量发展情况开展专题询问。市人大常委会委员围绕全市制造业高质量发展工作中存在的主要问题和改进措施等情况，提出针对性强的询问。市政府及有关部门负责人一一作答，并提出解决问题的办法。

31日，市十五届人大常委会第二十一次会议闭幕。会议全票通过了关于任命侯红为郑州市人民政府副市长、代理市长职务的决定。新任命的郑州市副市长、代理市长侯红面向国徽，向中华人民共和国宪法宣誓，并作任职发言。会议期间，就全市水文化保护传承和弘扬工作情况进行专项工作评议，举行国际形势专题讲座。胡荃与列席会议的市人大代表进行座谈交流。

30日

△省长尹弘在郑州检查冬季供暖和市场供应工作。指出要践行以人民为中心的发展思想，把保障冬季供暖、老旧小区改造等民生实事抓细抓实抓好，关心困难群体，推进清洁取暖，确保广大人民群众温暖过冬。

31日

△郑州市抗击新冠肺炎疫情表彰大会隆重举行，深入学习贯彻习近平总书记在全国抗击新冠肺炎疫情表彰大会上的重要讲话精神和全省抗疫表彰大会精神，对全市抗击新冠肺炎疫情斗争中涌现出来的先进个人和先进集体进行表彰。省委常委、市委书记徐立毅出席会议并讲话。市委副书记、代市长侯红主持会议。会议宣读了《中共郑州市委关于表彰郑州市优秀共产党员和郑州市先进基层党组织的决定》《中共郑州市委、郑州市人民政府关于表彰郑州市抗击新冠肺炎疫情先进个人和先进集体的决定》，并为受表彰的先进个人、先进集体和优秀共产党员、先进基层党组织代表颁奖。

国家战略

黄河流域生态保护和高质量发展

【概况】 2019年9月18日习近平总书记视察河南，在郑州主持召开黄河流域生态保护和高质量发展座谈会，把黄河流域生态保护和高质量发展上升为重大国家战略。郑州市深入贯彻落实习近平总书记在黄河流域生态保护和高质量发展座谈会、中央财经委第六次会议上的重要讲话精神，按照省委、省政府安排部署，遵循“重在保护，要在治理”的总要求，聚焦生态保护、污染治理、黄河安澜、水资源集约节约利用、高质量发展、文化传承等重点，坚持规划引领、项目化推进，认真梳理、研究和谋划，启动了黄河流域生态保护和高质量发展核心示范区规划建设工作。成立以市委书记为组长、市长为常务副组长、分管副市长为专项组长的市级领导小组，建立“一办五组”组织架构，组建办公室日常工作专班和专项组工程指挥部，制定印发《郑州市建设黄河流域生态保护和高质量发展核心示范区领导小组工作规则》，健全议事会、协调推进会、联席会、专题会、联络员、请示报告、信息报送等7项工作机制，为推进核心示范区起步区建设提供高效组织保障。

【功能定位】 谋划核心示范区总范围为郑州市全域7446平方公里，重点区域为连霍高速以北沿黄区域约1200平方公里，起步区为桃花峪段至花园口段约210平方公里。初步明确了彰显郑州特色的核心示范区“沿黄生态保护示范区、国家高质量发展区域增长极和黄河历史文化主地标”三大功能定位。

【顶层设计】 按照省委、省政府对郑州提出“三个在”要求，坚持规划引领，联合国家13个部委的科研团队，围绕“国家使命、黄河战略、郑州作为”主题，编制形成了“1+1+1+N”规划方案体系，即“一个报告”郑州建设核心示范区重大战略研究报告，“一个规划”核心示范区总体发展规划，“一个方案”核心示范区起步区建设方案，以及文化博物旅游、生态综合治理、交通工程等系列三年行动计划和年度工作方案，为核心示范区建设提供了规划引领。

【重大项目库】 围绕核心示范区建设，聚焦生态环保与黄河安澜、水资源节约集约利用、产业转型升级和创新、开放合作、保护传承弘扬黄河文化、基础设施互联互通、民生保障等领域，谋划建立了1400余项、总投资近万亿元的重大项目库。

【重大工程】 印发《2020年郑州市建设黄河流域生态保护和高质量发展核心示范区工作要点》，着力实施郑开同城化推进工程、生态廊道示范工程、生态保护和修复工程、防洪安全治理提升工程、水资源优化配置、黄河历史文化主地标打造、交通基础网络建设、新兴产业培育和对外开放提升等九大工程，加快推进125项标志性、引领性重点任务和重点项目，配套出台了专项工作绩效考核方案，建立推进月报制度、台账制度和日常考核制度，以项目带动加快核心示范区起步区建设。

【深化对外开放】 中欧班列（郑州）集结中心试点城市通过国家发改委批复，举办中国区域经济50人论坛·黄河流域高质量发展专题研讨会、以视频会方式在郑州同步举办第三届亚欧互联互通产业合作论坛分论坛等活动，并与欧铁盟就推动泛亚欧铁路经济合作平台建设达成合作意向、与济南市签订了战略合作协议，与青岛等城市进一步对接合作事项，拓宽加深与国内外交流合作。

（李林晓　张　赫）

国家中心城市建设

【概况】 郑州市国家中心城市建设的总体思路是高举习近平新时代中国特色社会主义思想伟大旗帜，按照“五位一体”总体布局和“四个全面”战略布局，牢固树立新发展理念，积极把握引领经济发展新常态，深入推进供给侧结构性改革，以国家中心城市建设为统揽，以郑州航空港经济综合实验区建设为引领，以国际化现代化生态化为方向，着力发展枢纽经济，着力提升科技创新能力，着力增强经济综合实力，努力建设具有发展活力、人文魅力、生态智慧、开放包容的国家中心城市，形成具有持续竞争力的国际化都市，在引领中原城市群一体化发展，支撑中部崛起和服务全国发展大局中作出更大贡献。功能定位为国家重要的经济增长中心、极具活力的创新创业中心、华夏历史文明传承创新中心、国际综合交通和物流枢纽、内陆地区对外开放门户。基本原则为必须坚持站位全局、高标定位、规划引领；必须坚持发展第一要务；必须坚持全面落实新发展理念；必须坚持以人民为中心的发展思想；必须坚持从严治党强化保证。六大基础性工作为规划完善提升工作、招商引资工作、体制机制创新工作、城市品质提升工作、环保攻坚工作、社会治理创新工作。

制定出台《郑州建设国家中心城市行动纲要（2017—2035年）》，省委办公厅、省政府办公厅联合印发《郑州大都市区空间规划（2018—2035年）》。成立高规格的郑州国家中心城市建设推进委员会、中国社会科学院郑州市人民政府郑州研究院，举办首届“一带一路”倡议下的国家中心城市建设—2018年中国城市百人论坛秋季论坛，发布“国家中心城市指数”等研究成果。发布总投资4.5万亿元的国家中心城市建设重大项目库，设立运营总规模1000亿元的国家中心城市产业发展基金。省委、省政府研究出台《关于支持郑州建设国家中心城市的若干意见》，明确了35条政策支持措施，全力推进郑州国家中心城市建设。郑州市首次进入“世界城市100强”“亚洲城市50强”；上榜“国家物流枢纽承载城市”，晋身国家区域协调发展新机制12城市，荣登中国社科院研究机构发布的“国家中心城市指数”之潜在国家重要中心七项榜单，名列“中国大陆最佳商业城市”和《中国金融中心指数报告》第12位，排名粤港澳大湾区研究院发布的《中国城市营商环境报告2018》第17位，成为科尔尼发布的《全球城市营商环境指数报告》中国20座上榜城市之一并晋级世界百强，荣膺全省首次营商环境评价中第一名。

【发展目标】 到2020年，全面推进国家中心城市建设，基本确立国际枢纽地位，基本形成现代化国际化大都市的框架体系，进入全国经济总量万亿城市行列，实现人民生活水平、生活环境、生活质量的全面提高；到2030年，全面建成国家中心城市，综合实力位居全国主要城市前列，基本实现现代化，达到中等发达国家水平，人民生活更加殷实，国际枢纽地位更加突出，建成国家重要的创新创业中心，成为现代化大都市，向全球城市迈进；到2049年，建成联通全球的国际枢纽中心、世界一流的内陆商贸物流中心、重要的金融中心、极具活力的创新创业中心、开放包容的国际交流中心、生态多元社会公平正义的国际宜居大都市，实现由生产型城市向高端消费型城市的转变，成为在全球有影响力的世界城市。

【主攻方向】 走好新型城镇化发展路子。坚持中心城市现代化国际化、县域城镇化、城乡一体化发展方向，把握“以建为主、提升品质、扩大成效”的阶段任务，全面提升规划、建设、管理的现代化水平。

构建现代产业体系。围绕做强先进制造业、做大现代服务业、做优都市农业、做兴网络经济，聚焦电子信息、汽车与装备制造、现代金融商贸物流、文化创意旅游、都市生态农业五大战略产业，统筹传统产业改造升级和新兴产业培育，全面实施“互联网+”“标准+”“品牌+”战略，推动产业高端化、智能化、绿色化、服务化。

厚植开放优势。要准确把握全球经济一体化的发展趋势，深度融入“一带一路”倡议，加快形成政府主导、企业主体、社会参与、双向开放、深度融合的开放新格局，构建内陆地区开放高地。

深化改革创新。充分发挥科技创新的基础、关键和引领作用，以科技创新带动全面创新，形成新的增长动力源泉。

提升枢纽能级。把持续提升枢纽优势作为郑州建设国家中心城市的战略突破口，着力强化航空、铁路、公路“三网融合”，打造以“一单制”为核心的多式联运体系，提升配套服务，实现各种运输方式“零距离换乘、无缝化衔接”，建立成本低、时效优、通达性强、覆盖范围广的现代化立体综合交通枢纽，不断提升郑州的服务辐射带动功能。

建设生态郑州。坚持“大生态、大环保、大格局、大统筹”，把生态文明贯穿到经济社会发展的各领域，让绿色发展成为全社会的自觉行为不断提升城市可持续发展能力，建设天蓝地绿水清的美丽郑州。

彰显文化魅力。充分发挥文化的引领和支撑作用，加强“书香郑州”建设，以文化人、以德润城，深度挖掘商都文化、嵩山文化、黄帝文化、黄河文化、革命传统文化等资源，加强历史文化遗产保护利用，建设一批城市展厅、城市会客厅、国际交流场所和社区，让每一个到郑州的人都能感受到历史的厚重感和开放包容的现代感。

培育人才优势。进一步总结完善“智汇郑州·1125聚才计划”政策体系，多方式、广领域引进国内外高层次人才，完善“产学研用”相结合的协同育人机制，造就更多科技创新人才，优化人才创新创业环境，让人才的创新创业活力充分迸发。

增进人民福祉。要坚决打赢脱贫攻坚战，进一步完善社会保障、医疗保障、住房保障体系，着力促进就业创业，持续加大教育、医疗投入，建立健全城乡义务教育资源、优质医疗资源均衡配置机制，让人民群众有更多的获得感、幸福感。

提高社会治理能力。完善党委领导、政府主导、社会协同、公众参与、法治保障的体制机制，鼓励支持社会力量参与社会治理和公共服务，实现政府治理和社会调节、居民自治良性互动，构建全民共建共享的社会治理格局。

【支撑性工程】 以轨道交通、高速公路、快速路网为支撑的畅通郑州工程；以现代化设施为基础、智能化管理运行为支撑的数字郑州工程；以项目为载体、以中国制造2025郑州行动、服务业提升计划为抓手的产业再造工程；以郑州—卢森堡“空中丝绸之路”、高铁南站建设为带动的枢纽提升工程；以安置房建设、脱贫攻坚、民生实事为带动的幸福郑州工程；以贾鲁河综合治理为带动、以五大生态体系建设为支撑的美丽郑州工程；以“四大文化片区”和市民公共文化服务区建设为重点的文化郑州工程；以航空港实验区、自贸区、自主创新示范区、跨境电商综试区等国家载体平台建设为引领的活力郑州工程；以实施“1125聚才计划”和普惠型人才引进政策为抓手的智汇郑州工程。

（李林晓　张　赫）

中国（河南）自由贸易试验区郑州片区

【概况】 2020年，面对突如其来的新冠肺炎疫情，中国（河南）自由贸易试验区郑州片区管委会围绕国家赋予河南自贸试验区“两体系一枢纽”战略定位，把握制度创新这一工作核心和可复制可推广的基本要求，主动融入国内国际“双循环”新发展格局，持续放大开放平台带动效应，一批重大项目落地建设，实际利用外资、外贸进出口等指标均实现逆势大幅增长，制度创新高地、产业高质量发展高地和营商环境高地建设取得新进展。

【改革创新】 稳步推进改革创新试点任务完成。围绕256项改革创新试点任务，深入对接各项任务涉及部门，建立分工台账，经第三方评估，256项改革创新试点任务完成率达到98%。持续新增更多创新成果。新形成创新案例48项，累计形成创新成果200余项，其中全国首创35项。“跨境电商零售进口退货中心仓”等创新成果在全国复制推广，消防安全许可便利化措施经验被国务院政府职能转变和“放管服”改革简报推广，跨境电商“多模式综合监管”等2项成果被评为河南省首届经济体制改革十大案例。开展三周年制度创新成果宣传。精选“郑欧班列+跨境电商”运营模式等100个案例汇编成郑州片区《三周年创新成果100例选编》，制作跨境电商“网购保税+线下提货”新模式等5个重点案例动画宣传片，以多种形式将自贸试验区制度创新成果进行宣传推广。

【“四路协同”发展】 空中丝绸之路建设方面，国家赋予的第五航权政策在郑州机场得到应用，卢森堡货航的卢森堡—郑州—亚特兰—芝加哥等航线享受第五航权带来的货运便利。郑州机场新引进8家全货运航空公司，新开17条航线，新增20个通航城市，全年完成货邮吞吐量63.94万吨，全国排名提升至第6位；完成旅客吞吐量2140.67万人次，全国排名提升至第11位，客货运全国排名均晋升1位，运输规模连续4年保持中部“双第一”。

陆上丝绸之路建设方面，郑州国际陆港获批成为全国5个之一、中东部唯一的中欧班列集结中心。全年中欧班列（郑州）开行1126班，同比增长12.6%；货值43.1亿美元，同比增长28.7%；货重72.4万吨，同比增长3.8%。

网上丝绸之路建设方面，举办第

四届全球跨境电商大会，入选全国10个跨境电商B2B出口监管试点城市。开辟郑州至首尔、列日、东京、纽约、洛杉矶等跨境电商包机航线，实现网上丝绸之路和空中丝绸之路高效联动。入围跨境电商综试区先导城市，综试区城市发展指数位列全国第五位、发展创新指数位列全国第三位。河南保税物流中心实现进出口商品包裹8069万单，同比增长51%；货值176.04亿元，同比增长93.85%。

对接海上丝绸之路方面，加快内陆启运港申建，获批"郑州港"国际代码，合作港口由3个增加到5个，与青岛港、连云港、郑州海关联合开发业务集成系统，实现与青岛、连云港、天津、宁波、上海等港口无缝衔接，打造了沿海港口向西开放的桥头堡、中西部地区向东开放的无水港。海铁联运班列全年完成15112标箱。

【招商引资】 克服疫情影响，加强企业帮扶。郑州片区主动对接区内企业，持续开展送政策、送服务、送要素、强信心的"三送一强"活动，特别针对外贸、外资"白名单"企业，实施"一企一策""一企一专班"，及时协调解决建业新生活、瑞贸通大宗商品交易平台、豫新企业服务中心等项目的便利进资、进口配额、外籍人员来郑等实际困难。围绕主导产业，科学编制招商图谱。针对各区块着力发展的主导产业和新兴产业，组织编制汽车、生物医药、科技金融、信息技术（5G）、数字经济及陆港物流产业链招商图谱。加大宣传推介力度，积极招商引资。片区各区块加大长三角、京津冀、珠三角等招商力度，积极洽谈、引进重大项目50余个，其中世界500强项目7个，总投资额超1000亿元，富泰华5G手机精密机构件、上汽集团云计算软件研发中心、阿里巴巴中原区域中心等项目落户并加快建设。11月13日，郑州片区贯彻落实习近平总书记在浦东开发开放30周年庆祝大会上讲话精神的深化改革创新思路举措在中央电视台新闻联播中播出，郑州片区的影响力得到进一步提升。郑州片区全年新注册企业18008家，同比增长16.6%，新增注册资本1731.6亿元；实际利用外资11.5亿美元，同比增长105.4%；实现外贸进出口约290亿元，比上年同期增长75.8%。

【营商环境优化提升】 全面实施"证照分离"改革。市政府办公厅印发《郑州片区"证照分离"改革全覆盖试点实施方案》，梳理市、区级的涉企经营许可事项100项，其中取消审批2项、审批改为备案5项、实行告知承诺制20项、优化审批服务73项，全部实施"证照分离"改革。截至年底，郑州片区共办理"证照分离"改革事项14313件，其中，审批改备案1912件、告知承诺制1394件、优化审批服务11007件。实施综合服务中心优化提升工程。片区综合服务中心实施政务大厅软硬件升级改造、片区政务平台与省市政务平台互联互通和平台安全、自贸大数据联通应用和管理项目，开发上线外贸企业开办、外资律所等10个"一件事"服务，完成开发并部署上线，服务广大企业的能力和效率得到极大提升。持续优化政务服务。新冠肺炎疫情发生后，片区综合服务中心在2月初全面推行政务服务"网上办"服务，创新方法、简化流程、优化服务，满足疫情防控期间企业各种办事需求。企业注册网上办理率达95%以上，纳税服务网上办理率达75%。为方便外贸企业出口退税，片区综合服务中心设置企业注册自助办理区、纳税自助服务区，增添商事登记智能审批机等自助办理设备，提升自助办理效率。郑州片区荣获《环球时报》评选的"十佳优质营商环境产业园区"，成为第三批自贸试验区中唯一入选片区。

（李林晓　张　赫）

郑洛新国家自主创新示范区

【概况】 2020年，郑洛新国家自主创新示范区郑州片区（以下简称自创区）建设深入贯彻习近平总书记关于科技创新重要论述和视察河南、郑州重要讲话精神，加快实施创新驱动发展战略，围绕省委、省政府工作部署和国家中心城市建设需求，加强顶层设计，持续深化改革，聚集创新资源，优化双创环境，示范带动全市科技创新工作再上新台阶，为经济社会高质量发展提供科技支撑。创新主体不断扩大，全年新增高新技术企业610家、科技型企业1370家，分别占全市的70.1%、73.6%。创新能力持续提升，新布局省级及以上研发平台156家，占全市的67.5%；承担"煤矿工作面一体化智能综采成套装备的研究及应用"等郑州市重大科技创新专项33项，占全市的67.3%；培育引进新型研发机构11家，占全市的73.3%。创新服务水平显著提高，创新创业载体达到180家，带动全市创新创业载体增加到255家；技术合同成交额137.94亿元，带动全市技术合同成交额超212亿元。

谋划形成科技发展新思路。围绕打好"创新驱动发展牌"，开展"为国家中心城市建设提供强大科技支撑"大讨论，研究出台《关于加快推进郑州国家自主创新示范区建设的若干政策意见》《关于全面加快科技创新推动经济高质量发展的若干意见》，明确"一条主线、二力联动、三大创新、四个一批"的总体发展思路（以建设国家极具活力的创新创业中心为主线，引进和培育创新资源联动，坚持开放创新、产业创新、制度创新三大创新，加快扶持一批创新引领型企业、平台、人才、机构），细化形成覆盖支持加大研发投入、科技金融等全链条的"1+N"科技创新政策体系。谋划沿黄科创带，加快推动构建"一廊两翼四区多点"科技创新格局。

【体制机制改革】 以自创区核心区为重点，探索自创区管理体制及人事薪酬改革，通过"赋权、改制、考核、激励"四步联动，激发干事创业活力。开展新型产业用地政策试点，在全省率先推出新型产业用地（M0）试点，新增"新型工业用地（M1A）"支持新兴产业，有效降低科技型企业用地成本。全力推进科技领域"放管服"改革，率先在全市实现全流程"一网通办"零的突破。深入推进政府职能转变，转变事后审批为事前辅导，以党建促进服务意识提升，为企业讲好政策、做好培训、靠前指导，提供优质高效服务。

【科技创新资源集聚】 着力扶持一批创新引领型企业。先后引进新华三、海康威视、中国电子等创新型龙头企业。实施高新技术企业倍增计划，连续多年高企增速超过40%。实施创新引领型产业集群专项，带动智能装备制造、智能终端、信息安全、智能传感器等领域创新企业快速发展。全市高新技术企业总量2918家、科技型企业总量7846家，初步形成以宇通客车、郑州煤机、林中铁装备等本地龙头企业为引领，众多中小微企业蓬勃发展的格局。着力搭建一批创新引领型平台。国家超算郑州中心建成投用，列入国家超算中心序列，实现全省国家大科学装置零的突破。河南省地下工程装备技术创新中心成功筹建，成为全省首个省级技术创新中心。谋划筹建黄河实验室、嵩山实验室工作稳步推进。全市累计建设各级各类研发平台3680家。着力引进建设一批创新引领型机构。加强院地合作，中科院过程所、微电子所、苏州医工所等在郑设立分所；加强校地合作，浙江大学、大连理工大学等高校在郑建立新型研发机构；加强军地合作，组建信大先进技术研究院，打通军民科技成果双向转移转化通道。引进培育各类新型研发机构31个，全市累计建设43个。着力培育一批创新引领型人才。持续深化"智汇郑州"人才工程，健全完善人才引育、投入、流动、激励、评价机制，推动"政策+环境+机制"多向发力，自创区累计引进高层次创新创业人才537名、团队266个，分别占全市的51.5%、64.4%，形成以人才带团队、以团队促研发、以研发促转化的创新生态圈，每年吸引20多万青年人才来郑创新创业，为全市高质量发展提供了人才保障。

【多元投入机制建立】 改革涉企财政科技经费使用方式，从竞争性点对点支持转变为后补助支持，从择优选拔转变为条件审查，林享受研发费用补助的企业大幅增加。全年全市财政科学技术支出超69.07亿元，带动企业研发投入持续快速增长，研发投入超10亿元企业4家、1亿元以上企业39家。自创区增长研发投入经费占全市增长的80%左右，带动全社会研发投入经费增长27.8%，高于全国15.3个百分点、全省9.7个百分点。全市年度全社会研发投入经费236.7亿元，研发投入强度首次超过2%，实现里程碑式突破。

【创新创业环境优化】 科技孵化承载能力进一步提升，全市在孵企业超过1.2万家，初步形成“众创空间—孵化器—加速器—产业园”的全链条孵化体系。持续完善科技金融服务体系，建立科技贷款风险补偿机制，设立贷款利息补助和担保费用补助资金，遴选合作银行14家、合作担保机构6家，引导金融机构为科技型企业提供42亿元贷款额度。开展创新创业赛事活动，UU跑腿、泛锐熠辉等一批创新创业企业在“郑创汇”大赛中脱颖而出。

（李林晓　张　赫）

中国（郑州）跨境电子商务综合试验区

【概况】 2020年，中国（郑州）跨境电子商务综合试验区跨境电商进出口货值共计196.43亿元，同比增长89.99%，其中，进口20亿元、出口176.43亿元。进出口走货量1.02亿包，其中，进口出区1313.99万包，同比下降59.88%；出口出区8880.11万包，同比增长41.84%。征收进口税款约1.58亿元。全区有保税集团、出口加工区、国际陆港、中美创业港、凯越、河南商报、河南邮政、豫满全球等8个专业跨境电商产业园，基本形成了“多园区、多模式、多平台、多主体”产业发展格局。保税集团和豫满全球两家省级外贸综合服务企业成为跨境电商快速发展的主力军。品牌辐射带动效应逐步增强。河南保税集团首创的1210模式在南宁、昆明、延安、呼和浩特、乌鲁木齐等城市综保区复制推广，在卢森堡等境外城市反向复制推广，推进与美国、越南、印度尼西亚、马来西亚、匈牙利等国家的深度合作。产业集聚效应不断增强。引进和培育了优德直播、沃飞、麦迪逊、欧双佰、凯利特等跨境电商企业，跨境电商产业体系和服务体系不断完善。跨境电商区域品牌辐射带动效应逐步增强。举办第四届全球跨境电商大会，邀请省内外知名跨境电商企业98家约142名客商参会；完成鼎菱跨境综合产业园项目、别样跨境零售总部基地项目等两个项目的签约；河南跨境电商进口药品和医疗器械试点正式启动。建立跨境电商的目标体系、统计体系、考核体系。结合海关统计体制、机制的变化，进行反复对接，实现每月定期推送跨境电商业务规模、业务业绩、制定跨境电商园区目标责任书。

【监管方式创新】 跨境电商1210、“O2O线下自提”、“一区多功能”、“一店多模式”、“班列+电商”等改革创新案例在全国复制推广。河南跨境电商进口药品和医疗器械试点正式启动。跨境电商B2B“9710”“9810”出口监管试点完成全模式、全通道首单测试。

【通关信息服务平台互联互通】 在全国最早开发运营的郑州跨境电商通关信息服务平台，实现与海关、公安、银行等部门信息互联互通，“买卖全球网”和“贸易单一窗口”处理能力达到每秒1000单。初步形成企业运营数据化、政府监管数据化、配套服务数据化的数字经济网络。

【产业体系和服务体系完善】 聚集聚美优品、豌豆公主、傲基、DHL、中通国际、中国邮政、支付宝、财付通、亚联商贸等一大批行业龙头企业。41.43万平方米的保税仓和“1+9”智能分拣中心为产业发展提供良好的基础条件。在哈萨克斯坦、泰国、缅甸、柬埔寨、越南、印度、德国、俄罗斯等12个“一带一路”沿线国家设立海外仓。

【构建战“疫”通道】 针对疫情国际运力不足的严峻形势，依托河南保税集团平台国际化优势，开展“五定包机”，2020年4月7日起，开通郑州—欧洲列日全货往返包机，每周5架次；5月6日开通郑州—纽约全货往返包机，每周3架次。6月9日开通郑州—洛杉矶全货往返包机，每周3架次。全年三条航线共飞行478班次（265架次）。为全省带来国际空运3万余吨，进出口贸易额约60亿元，产品服务覆盖欧美30余个国家和地区。为近350家跨境企业节约物流成本上亿元。

【“跨境电商+市场采购”出口模式创新】 为进一步落实国家“六稳”“六保”的要求，提升河南省“网上丝绸之路”服务全国的能力和范围，河南保税集团运营的E贸易核心功能集聚区积极与中国（义乌）跨境电商综试区开展合作，将郑州跨境电商创新模式与义乌市场采购贸易试点模式（1039）进行有效叠加创新，并嫁接郑州航空口岸资源，经过积极测试，落地并正式开展市场化商业运营。10月23日晚，来自义乌一达通公司的1.57吨货物，由浙江省义乌市聚力报关代理有限公司通过义乌海关市场采购贸易（1039）空运一体化申报，经河南保税集团子公司——中大门国际物流（CGL）国内中转揽货报关服务，完成郑州机场口岸海关通关，于10月26日搭载郑州机场货运航班，经由中大门国际物流自营货运航线出口至比利时列日，再通过中大门国际物流的海外仓中转、分拨派送至全球各地。

【商业模式创新】 在河南昇阳跨境电商产业园新落户优德传媒5G电商直播基地，是河南省首个以5GVR直播作为试点的电商直播基地。优德传媒5G电商直播基地整合河南各大直播机构优势资源，通过直播、电商服务、全品类供应链平台、智能云仓等一站式服务，借助郑州联通5G网络，利用5G“大带宽、低时延、大连接”的优势，创新使用VR、AR等新技术，打造“云逛街”“云购物”。

（李林晓　张　赫）

中欧班列（郑州）

【概况】 2020年，郑州经开区围绕“一带一路”倡议，积极拓展班列运行线路，创新班列业务模式，强化科技信息支撑，完善各类口岸功能，中欧班列运行质量和通关便利化水平得到提升。7月，获批为中东部地区唯一的中欧班列集结中心示范工程。至2020年年底，中欧班列（郑州）总累计开行3886班（2299班去程、1587班回程），其中，中欧班列3342班、中亚班列513班、东盟班列31班，总累计货值160.31亿美元，货重210.43万吨。2020年，中欧班列（郑州）累计开行1126班，同比增长13%；货值43.11亿美元，同比增长27%；货重71.49万吨，同比增长31%。

【网络体系建设】 至2020年年底，中欧班列（郑州）形成“九站点、六口岸”的国际物流网络，“九站点”即：德国汉堡、德国慕尼黑、比利时列日、芬兰赫尔辛基、波兰卡托维兹、俄罗斯莫斯科、哈萨克斯坦阿拉木图、乌兹别克斯坦塔什干、越南河内；“六口岸”即：新疆阿拉山口、内蒙古二连浩特、内蒙古满洲里、黑龙江绥芬河、新疆霍尔果斯、广西凭祥。基本构建了郑州连通欧洲、中亚和东盟及亚太（日韩等）国际物流大通道，形成境内境外“1+N”多枢纽、沿途多点集疏网络体系。按照“干支结合、枢纽集散”的要求，开行商郑欧国际班列，形成全省班列“一核多极”联动发展局面；开通东盟过境班列（越南河内—河南郑州—德国汉堡），畅通中欧班列和国际陆海贸易新通道，有效提升了郑州中欧班列集结中心枢纽集散能级。

【业务开展】2020年，面对突如其来的新冠疫情，在空运、海运严重受阻的情况下，中欧班列（郑州）以较高的时效性和良好的运输保障能力，率先在全国实现常态化往返开行，共运输防疫物资112.7万件7032吨，为"一带一路"沿线国家共同抗疫作出积极贡献。

班列+口岸。中欧班列（郑州）邮进出口双向常态化运营，累计运输邮政包裹135.35万单；汽车口岸进口汽车整车265辆，入驻汽车口岸进口企业28家；首船进口乌拉圭大豆到达郑州，进口粮食1.9万吨；进口肉类货值234万元。

班列+电商。深挖货源渠道，加强与菜鸟深度合作。全年通过"9610"监管方式承运跨境电商包裹2804.77万单，同比增长134%；货重2910.93吨，同比增长373%；货值6170万美元，同比增长334%。

班列+贸易。依托遍布欧洲、中亚、日韩等地的业务网络，通过直采、直购，打造"郑欧进口商品"品牌，全面拓展线上线下销售网络渠道。全年实现进口商品贸易额7435.17万元，举办进口商品进县区、进社区活动214场。

班列+特色。发挥中欧班列（郑州）集拼、冷链业务优势，不断提高拼箱业务比重，欧洲去程拼箱占比达到25%，回程拼箱占比达到43%以上。依托自主研发的冷藏集装箱及监控平台资源优势，在丰富国际冷链物流产品种类的同时，加快推进国内冷链干线物流发展。

班列+服务。发挥线上订舱系统远程操作优势，采取远程沟通、线上下单、全程在线监控等模式，有效保障班列国际物流通道畅通。完善班列"门到门""一单制"服务，与银行、保险、担保机构、国际贸易商代表共同签订河南省国际陆路运贸互济发展战略框架协议，进一步探索形成可复制、可推广的国际陆路多式联运规则和金融创新经验。

（李林晓　张　赫）

国家功能性口岸建设

【概况】至2020年年底，郑州市有郑州航空口岸和郑州铁路口岸两个国家一类口岸，依托这两个口岸，申建了包括进境水果指定口岸、进境冰鲜水产品指定口岸、进境食用水生动物指定口岸、汽车整车进口口岸、进口肉类指定口岸、进境粮食指定口岸、澳洲活牛进口指定口岸、邮政国际邮件经转口岸、药品进口口岸9个功能性口岸。2020年，郑州市入选全国首批首位中欧班列集结中心示范工程城市，中欧班列（郑州）成为获批国家五个中欧班列集结中心之一。"海上丝绸之路"业务量超额完成，3月，出台《郑州市对接海上"丝绸之路"发展扶持办法实施细则》，引导扶持相关物流企业，通过海铁、海公等多式联运方式，让海港港口功能向"郑州港"平移，获得"郑州港"国际代码。全年铁海联运班列到发共237列、15112标箱，超额完成全年到发12000标箱的目标任务。

【汽车整车进口口岸】汽车整车进口口岸（一期）2014年11月正式运营。2018年1月，国家商务部、工业和信息化部、等八部委批准郑州铁路口岸开展汽车平行进口试点。汽车整车进口口岸（二期）基本施工完毕。2020年汽车口岸共进口汽车整车265台。

【进口肉类指定口岸】进口肉类指定口岸2015年10月正式投入运营。2015年12月5日我国首批整机88.3吨澳大利亚冰鲜牛肉经郑州内类口岸顺利入境，自此河南进口肉类指定口岸由小批量试运行进入常态化大批量进口。2016年1月19日来自美国的21个集装箱，525吨冷冻猪肉抵达漯河查验区，标志着河南进口肉类指定口岸整体启动运行。肉类口岸主要进口品种为猪肉，来自美国；主要进口企业为芜湖双汇有限公司、大德物流。2020年，进境肉类指定口岸（郑州查验场）进口肉类2.27万吨，货值4.7亿元。

【澳洲活牛进口屠宰口岸】2015年4月17日，国家质检总局批复同意郑州设立澳洲活牛进口屠宰口岸。2016年6月21日，第一批次158头屠宰用牛抵达郑州机场，标志着郑州航空港实验区澳大利亚进口屠宰活牛指定口岸正式启动。2018年4月，郑州航空港试验区申请建设国家级进境动物隔离场通过现场验收，并准予开展业务。2020年共进口新西兰奶山羊5840只、195.7吨，货值5474.46万元。

【邮政转运口岸】2015年5月4日，郑州至新西伯利亚航线首航成功，郑州至俄罗斯航空邮路正式开通。2017年11月10日，郑州至芝加哥国际邮件包机航线正式开通。2018年7月，郑州市获批班列运邮试点城市，11月20日中欧班列（郑州）运邮班列开行，郑州成为中部地区唯一一个实现空、陆运输国际邮件城市。2019年12月郑州铁路口岸成为国内唯一的中欧班列进口运邮试点，班列实现双向运邮常态化。2020年正式开通欧向邮件包机，加快推进郑州—欧美国际邮件包机常态化运行，国际邮件经转口岸3698.7万件，货重2.574吨。

【进境粮食指定口岸】2014年12月12日，国家质检总局批复同意郑州设立进境粮食指定口岸。2018年9月26日，首班粮食进口专列抵达河南进境粮食指定口岸经开查验区，首批进口粮食为来自加拿大的545吨亚麻籽。2018年10月29日，粮食口岸新郑查验点设立的郑粮雏鹰公用型保税仓库获郑州海关准予行政许可。2019年5月8日，粮食进境指定口岸两个查验点郑州铁路东站进境粮食指定场地、郑粮雏鹰进境粮食指定监管场地通过考核验收获批。2020年，粮食进口突破4万吨。

【食用水生动物口岸】2015年9月国家质检总局派出专家组对郑州机场进境食用水生动物指定口岸进行考核验收。2016年进口食用水生动物102批次，共2224.125吨；2017年，进口食用水生动物2249.44吨，货值1075.43万美元。2018年进口1222.77吨。2019年进口食用水生动物1068.4吨。2020年进口食用水生动物903吨，同比下降22.8%；货值6262.2万元，同比增长108.8%。

【进口水果指定口岸】2008年1月14日，质检总局批准同意郑州新郑机场成为进口水果指定口岸。2014年6月进口水果指定口岸正式启用。2016年进境水果676批次，共4104.982吨；2017年进口水果5079.83吨。2018年进口水果1835.58吨。2019年进口水果1900.6吨。2020年进口水果6729.2吨，同比增长199.2%；货值4.03（亿元），同比增长127.8%。

【进口冰鲜水产品指定口岸】2014年12月，国家质检总局批准郑州航空口岸为进口冰鲜水产品指定口岸。2015年共进口冰鲜水产品458.2吨。2016年共进口冰鲜水产品351.6吨。2017年累计进口682.95吨。2018年进口897.52吨，同比增长31.42%。2019年共进口377.2吨。2020年共进口255.5吨，货值1331.9万元，同比下降34.2%。

【药品进口口岸】2019年12月30日，国家药监局发布公告，根据《中华人民共和国药品管理法》，经国务院批准，同意增设郑州航空港口岸为药品进口口岸。除《药品进口管理办法》第十条规定的药品外，其他进口药品（包括麻醉药品、精神药品）可经由郑州航空港口岸进口。2020年4月17日，由西班牙发货的进口药品抵达新郑机场，完成首单药品进口业务服务测试，终结了河南省"只有进口药品，没有药品进口"的历史。郑州机场药品口岸实现常态化运行，药品口岸完成5批300吨进口业务。

（李林晓　张　赫）

党政机构

中国共产党郑州市委员会

综 述

【概况】 2020年，中共郑州市委坚持以习近平新时代中国特色社会主义思想为指导，全面贯彻党的十九大和十九届五中全会精神，深入贯彻习近平总书记关于河南和郑州的重要讲话精神，坚决落实中央和省委各项决策部署，坚持人民至上，牢记责任使命，强化统筹，精准发力，推动疫情防控取得重大成果，保持经济稳定增长，民生事业协调发展，社会大局和谐稳定，党的建设进一步加强，各项工作取得新的成效。2020年，郑州市完成生产总值12003.0亿元，比上年增长3.0%。地方财政一般公共预算收入1259.2亿元，增长3.0%；全年规模以上工业增加值增长6.1%；固定资产投资完成额增长3.6%；居民人均可支配收入36661元，增长2.0%。

【政治建设】 郑州市坚持以政治建设为统领，用贯彻落实习近平总书记重要讲话精神和党中央决策部署的实际行动体现“四个意识”“两个维护”。持续推进习近平新时代中国特色社会主义思想入脑入心。落实省委“五种学习方式”“五比五不比”要求，在学通弄通做实上下功夫、求实效。市委常委会落实“第一议题”制度，先后22次学习总书记的重要讲话和批示指示精神。围绕《习近平谈治国理政》第三卷、总书记给郑州圆方集团全体职工的回信、党的十九届四中和五中全会等专题组织开展理论学习中心组集中学习8次，交流研讨、相互促进。市委常委同志自觉主动进党校、进高校、进基层，上党课、讲理论、促共识。创办“问学前沿”高端讲堂，邀请国内知名专家学者解读政策、深化认识，举办讲座6次，以县处级以上领导干部为重点，每次覆盖市直机关各单位和各区县（市）基层单位党员干部3500人左右。紧盯抓好党中央重大决策部署和习近平总书记重要指示批示精神的贯彻落实。围绕总书记视察河南重要讲话精神，召开市委十一届十一次、十二次全会，研究出台市委《关于深入学习贯彻习近平总书记视察河南重要讲话精神的意见》，制定并实施高质量发展制造业、高水平扩大对外开放、高品质推进城市建设和管理等系列三年行动计划；围绕黄河流域生态保护和高质量发展战略实施，成立高规格领导小组，召开3次领导小组会议和20多次项目规划论证，制定形成建设黄河流域生态保护和高质量发展核心示范区总体规划、起步区规划和行动方案，启动实施黄河生态保护和修复等十大工程；围绕总书记关于环境突出问题的批示指示精神，坚决开展沿黄环境问题集中整治、违建别墅整治、“占地造湖”整治，坚决把“两个维护”落实到行动上、体现到工作实效上。坚持把加强党的领导贯穿始终。研究制定市委《关于加强党的政治建设推进全面从严治党向纵深发展的实施意见》，坚决扛稳加强党的领导的政治责任。市委常委会召开会议35次，研究议题148个，对事关中央和省委决策部署落实、事关全局、事关民生的大事要事及时研究、及时部署。市委深改委召开会议4次，研究重大改革事项32项。进一步完善了市委依法治市委员会、市委国家安全委员会、市委编制委员会、市委审计委员会等议事机构的工作机制，切实加强对相关工作的领导。坚持“一个党委、三个党组”工作制度，先后召开了市委人大工作会议和市委政协工作会议，定期听取市人大常委会、市政府、市政协、法检等部门党组工作报告，充分发挥领导核心作用、调动各方面积极性，统一意志、团结一心、步调一致推动中央决策、省委部署在郑州有效落实。

【疫情防控】 面对突如其来的新冠疫情，郑州市本着“宁可信其重、不可信

2月9日，郑州市中心医院援鄂医疗队临时党支部成立（白 韬/摄）

其轻”的原则，坚持底线思维，强化统筹措施，努力夺取疫情防控和经济发展“双战双胜”。市委常委会召开8次专题会议，疫情防控领导小组召开25次会议，把中央、省委部署与郑州实际相结合，因时因势、果断行动，第一时间组织发动，市、县、乡、村四级响应，迅速构建起农村“以村保乡、以乡保县”、城市“以小区保社区、以社区保城区”的全覆盖防控体系；第一时间建立健全救治体系，确定13家定点医院、65家发热门诊，仅用10天时间建成岐伯山医院，汇集优质资源提高救治水平；第一时间构建数字防控体系，在全国率先形成“交通卡口—居民小区—各个单位—公共场所”四位一体的健康码智能管理体系，对进口冷链食品实行集中监管，做到全覆盖赋码、全流程扫码；第一时间支援湖北、落实入境分流任务，先后派出4批187名医务工作者驰援武汉，累计承接国际航班210架次、31717人；第一时间启动复工复产，做好“六稳”工作、落实“六保”任务，明确“控、保、稳、进、抬、扛”工作原则，出台应对疫情促进经济平稳健康发展30条、促消费增活力稳增长10条、扩大有效投资11条等政策举措，常态化开展“三送一强”和“一联三帮”活动，累计帮扶企业37.6万家，减免税费478亿元，提供资金支持6559万元，发放4亿元消费券，鼓励消费、扶持商家、提振市场信心、促进经济恢复。

【经济发展方式转变】 郑州市坚持加强党对经济工作的领导，深入贯彻新发展理念，突出新动能培育，着力提高发展质量和效益。推动科技创新全面发力。高标准谋划建设中原科技城，加快构建“一廊、两翼、四区、多点”的科技创新驱动发展空间格局，出台实施“黄河人才计划”，首批60个高科技项目签约入驻中原科技城。加快创新平台建设，国家超算郑州中心顺利通过科技部验收，国家技术转移郑州中心即将建成投用，郑州科技大市场建设稳步推进。新建省级研发平台209家，市级研发平台152家，累计建设各级各类研发平台3547家。新培育科技型企业1861家、同比增长30.5%，新增高新技术企业870家，增长42%，总数达到2918家。新增省、市新型研发机构17家、总数达到43家，全社会研发投入强度逾2%。加快产业转型步伐。制定并实施高质量发展制造业三年行动计划，组织开展长三角、珠三角定向招商活动，新落地开工32个投资10亿元以上的高质量产业项目。工业结构不断优化，以数字经济和电子信息产业为引领的战略性新兴产业占工业的比重同比提升12.3个百分点、达到35.5%；全市“上云企业”达到3.1万家，占全省的38%。现代服务业加快发展，信息传输、软件和信息技术服务业增加值同比增长18.7%，金融业、物流业增加值分别同比增长4.1%、5.8%。农业生产提质发展，粮食生产再获丰收。着力提升对外开放水平。随着郑万、郑阜、郑太高铁河南段和机南城际通车，“米”字形高铁网基本成形。制定并实施高水平对外开放三年行动计划，“空中丝路”国际航线网络进一步加密，货邮吞吐量达到63万吨、跃居全国机场第6位，其中国际航空货邮吞吐量增幅为48.2%，居全国机场首位。“陆上丝路”班列开行突破1130班，同比增长11.3%，班列运行综合效益继续保持全国先进，获批开展中欧班列集结中心示范工程建设。“网上丝路”全年跨境电商交易额增长23.49%。“海上丝路”获批“郑州港”国际代码，实现与青岛、连云港等港口无缝衔接。自贸区制度创新持续深化，航空口岸全面实施“7×24小时”通关，铁路口岸推行“7×24小时”预约通关，药品进口口岸正式投入运营，口岸体系更加完善。国际经贸合作更加广泛，在疫情条件下，进出口逆势上扬，进出口额完成4946.4亿元，同比增长19.7%。

【城市建设和管理】 郑州市制定并实施高品质推进城市建设三年行动计划，围绕“东强、南动、西美、北静、中优、外联”城市功能布局，统筹老城复兴、新城开发和乡村振兴，走好多中心、组团式、集约化、“三生”融合的城市发展路子。加强对规划工作的领导。完善规委会制度，全年召开规委会6次，研究专项规划42个，以《郑州市国土空间总体规划（2020—2035年）》编制为引领，进一步明晰了城市空间结构、交通组织、产业布局、功能分区，实现了重点开发区域的规划、设计全覆盖。城市更新全面展开。部署推进“三项工程、一项管理”，道路综合改造一期7条道路全面完工、二期9条道路正在建设；老旧小区改造完成1374个，受益群众70万人；36个城乡接合部综合改造扎实推进，建成示范村（点）21个。城市“序化、洁化、绿化、亮化”水平不断提升，人民群众切实感受到城市环境的显著变化。32个核心板块开发建设全面启动。规划设计基本完成，开发机制得到完善，坚持主体功能先行、基础设施先行、公共服务先行、生态环境先行，全年实施项目261个，累计完成投资848亿元。基础设施建设力度加大。轨道交通三期全部开工，3号线一期、4号线建成通车，全市轨道交通运营里程达到206.3公里，在建里程达到203.5公里，网络化建设运营水平全面提升。四环快速化高架主线、北三环东延快速通道等道路工程建成通车，水电气暖等基础设施建设项目有序实施、供给能力进一步增强。扎实推进美丽乡村建设，编制美丽乡村建设导则，制定精品村、示范村建设布局规划，新启动建设美丽乡村项目17个，按照“四美乡村”标准，创建省级“千村示范、万村整治”示范村80个，农村生活垃圾治理实现全覆盖，生活污水处理率达到84.4%，无害化卫生厕所普及率达到90%以上。深化郑州大都市圈协同发展，加强与开封、许昌、新乡、焦作的全方位对接，各方面的战略合作不断深化。

【全面深化改革】 郑州市着力构建与特大城市发展相适应的治理体系、与中国特色社会主义市场体系相适应的营商环境。围绕加快政府职能转变、数字化转型，大力推进数字郑州“城市大脑”建设，深化以“一件‘事’”为牵引的“一网通办”改革和以“一‘事件’”为牵引的“一网统管”改革，公民个人、企业法人544项高频事项实现“网上办”，其中475项依托“郑好办”App实现“掌上办”，300个“一件‘事’”改革任务圆满完成，智慧交通、智慧城管、智慧医疗等14个领域

6月1日摄于郑东新区（郑东新区管委会/供图）

118个应用场景上线运行，基本构建了“一脑赋城、一网治城、一码通城、一端惠城”的格局，探索形成了政务服务网、城市治理网一体建设的“数字郑州模式”。围绕降低制度交易成本，以“一网通办、一次办成”改革为抓手，创新商事登记“1+X”模式，大力推进“四减两清理”，工程项目审批服务事项由122项精减到98项，审批时间由340个工作日压减至最长61个工作日、最短30个工作日，不动产登记、企业登记、水电气暖等重点领域审批环节、事项和时间大幅度减少。围绕城市有序发展，深化规划编制集中统一管理改革，建立了分类、分层、全流程的规划管理机制，实现规划闭环管理。围绕土地要素市场化配置，坚持一级市场政府垄断、二级市场放开，完善土地储备和做地机制，创新土地出让办法，完善地价形成机制，探索推出新型产业用地、“亩均论英雄”评估、“标准地”供应、带“施工图”出让等举措，建立起了以优地优供支撑和保证高质量发展的用地制度。围绕提高城市治理能力，按照“一件事一个部门负责”和“块抓条保、以块为主”的原则，持续深化党政机构改革，进一步完善党政机构权责职能体系，财政体制得到完善，市、区两级事权财权进一步清晰，基层在城市治理中的主体作用得到充分发挥。围绕激发市场主体活力，深化国有企事业单位改革，积极推进政企分开、政资分开，维护公开公平的市场秩序；深化投融资公司市场化改革，优化公司运作模式，增强自主经营能力；深化产业园区管理体制改革，积极布局小微产业园，打造更加有利于市场主体发展的承接平台。围绕提升公共服务能力，深化市属学校、医院去行政化改革，圆满完成义务阶段分级办学体制改革，大力推进医联（共）体和分级医疗制度改革，探索推行社保卡基础上的市民卡“一卡通、一码通”，人民群众切实感受到改革带来的便利和实惠。

【生态文明建设】 郑州市深入学习贯彻习近平总书记关于黄河流域生态保护和高质量发展的重要讲话精神，引导全市上下深化对“绿水青山就是金山银山”的认识，把生态治理作为实施黄河流域生态保护和高质量发展战略的先导工程、率先推进，聚焦“保安全、清乱象、强节水、优生态、美环境”，加快推进沿黄生态保护示范区建设。重拳治理大棚房和违建别墅整治等“四乱”问题，沿黄区域排查出的1801个环境问题整治到位。在全省率先开展“占地造湖”专项整治行动，对排查出的37个项目逐一研判，大幅“减面瘦体”4处、取消湖面湖体5处。雁鸣湖区域环境问题依法依规处置到位，并健全了长效机制。持续推进绿化工程，全市新建绿地面积2480万平方米，贾鲁河综合治理、生态廊道建设等重大生态工程效果不断显现。推进节水型城市建设，编制实施《郑州市黄河水资源节约集约利用规划》《节水型城市建设三年行动计划》，开工建设圃田泽水循环工程，完善以污水处理厂为中心的中水回用管网系统，积极推行中水回用、循环节约用水。持续打好污染防治攻坚战，实现了市域散煤清零、主城区煤电清零、燃煤锅炉清零，全年优良天数达到230天，比上年增加57天，PM10、PM2.5年平均同比下降14.3%和12.1%；空气综合指数在全国168个重点城市排名中从后20位前移至后23位，大气污染防控三年攻坚圆满收官。水污染防治、土壤污染防治深入推进，农业农村面源污染治理取得明显成效。

【宣传思想文化工作】 郑州市坚持“举旗帜、聚民心、育新人、兴文化、展形象”，守正创新，担当作为，把稳主基调，唱响主旋律，打好主动仗，不断强化改革发展的思想保证、舆论支持和精神动力。意识形态向上向好。3次召开市委常委会专题研究意识形态工作，4次召开市委意识形态联席会议，切实加强对意识形态工作的领导。建立意识形态联席会议“4+N”、舆情四级督办等制度，形成“监测—共享—研判—引导—化解”的意识形态管理闭环。重新整合“郑州发布”平台，关注量突破300万人，跃居全国城市发布平台前列。建成“学习强国”郑州学习平台，注册人数和发稿量均居全省第一。价值引领持续深化。持续推进社会主义核心价值观教育，建好用好16个县级新时代文明实践中心、2293个所（站）等阵地。深入推进群众性文明创建、文明行为养成，顺利通过全国文明城市到届重创测评，连续四届蝉联全国文明城市。持续推动志愿服务制度化、常态化，疫情防控期间，25万名志愿者“逆行”而上，“志愿红”成为战“疫”一道亮丽风景线。文化繁荣持续发展。以黄河战略实施为契机，围绕讲好黄河故事、郑州故事，深入谋划推进郑汴洛“三座城、三百里、三千年”世界级文化旅游带建设，研究完善了沿黄文化带、环嵩山文化带和中心城市文化集中展现区“两带一心”文旅融合发展布局，二砂文创园首期、芝麻街双创园正式开园，大河村国家考古遗址公园、二七商圈改造复兴等工程开工建设，黄河国家博物馆、黄河天下文化综合体、黄帝故里改造提升、商代王城遗址保护开发等重大文化项目前期工作取得显著进展。成功举办央视春晚郑州分会场、庚子年黄帝故里拜祖大典、2020年网络安全宣传周、中国金鸡百花电影节、国际乒联总决赛等一系列重大活动，进一步展示了郑州的良好形象，提升了全社会的精气神、正能量。

【社会主义民主政治建设】 郑州市人大及其常委会依法行使立法、监督、决定和任免等职权，制定地方性法规2件，作出决定决议13件，审议专项工作报告33个，市十五届人大三次会议上代表议案7件、建议352件以及闭会期间代表建议57件已全部办理完毕，促进了一批群众关注问题的有效解决。支持政协履行政治协商、民主监督、参政议政职能。市政协及其常委会围绕事关全局的重大问题、重点工作进行全面协商，围绕高水平扩大开放、高质量发展制造业等开展专题议政，围绕5G建设、黄河文化培育等进行双月协商座谈，围绕助推“六稳”“六保”等深入开展民主监督和视察调研活动，较好地发挥了职能作用。巩固发展最广泛的爱国统一战线。定期向各民主党派、工商联和无党派人士通报情况，加强非公经济统战工作，新阶层人士统战工作扎实推进，民族交流交往交融更加深入广泛，宗教治

9月14—20日，2020年国家网络安全周在郑州举行（白　韬/摄）

理三年行动计划扎实实施，港澳台侨和海外联络工作进一步加强，郑州欧美同学会（归国留学人员联谊会）成立，群团组织的桥梁纽带作用得到充分发挥，郑州市连续第8次获得全国“双拥”模范城称号。深入推进全面依法治市。围绕科学立法、严格执法、公正司法、全民守法，完善责任体系和工作机制，加大工作推进力度。深化法治政府建设，从严落实行政执法“三项制度”，切实规范执法行为。深入开展影响法治化营商环境执法司法突出问题专项整治，健全执法司法权力运行和监督制约机制，促进公正司法，维护社会公平正义。坚定不移打好风险防范攻坚战。深化平安郑州建设，深入开展扫黑除恶斗争，打掉涉黑组织7个、恶势力犯罪集团4个、恶势力团伙10个，有效净化了社会风气。健全城市运营安全、生产安全、交通安全、防洪安全等管控机制，最大限度减少安全事故发生，与2019年同期相比下降18.8%。集中化解问题楼盘37个。依法妥善处置了一批非法集资、民间借贷、融资纠纷案件，政府债务风险总体可控。

【民生事业】郑州市紧紧围绕人民群众反映强烈的民生问题，谋划实施十二大类重点民生实事项目，全年民生支出完成1282.9亿元，占一般公共预算支出的74.5%。扎实推进脱贫攻坚，巩固脱贫成果，盯紧“脱贫不稳定户”“边缘易致贫户”，完善责任体系，细化政策落实，确保每户每人高质量脱贫。全市完成新增城镇就业11.74万人，农村劳动力新增转移就业4.6万人。进一步完善社会保障体系，全市基本养老、失业、工伤保险参保率提前完成“十三五”规划目标。持续加大教育投入，市区中小学新开工31所、新投用30所，义务阶段教育大班额占比下降到8.8%；新增141所公立幼儿园，城镇小区配套幼儿园280所已完成移交273所。围绕群众反映的学生午餐等问题，在全国率先全面实施中小学午餐配餐和免费课后延时服务。政府主导的社区卫生服务中心建成62家，校园医务室基本实现全覆盖，公立医院全面开展按病种收付费改革，104个病种费用平均降低12%，群众看病难、看病贵问题得到进一步缓解。安置房建设进度加快，竣工面积1425万平方米，回迁安置群众10.2万人。

【全面从严治党】郑州市委坚决扛稳全面从严治党主体责任，深入贯彻新时代党的建设总体要求，着力以党的建设高质量推动经济发展高质量，为国家中心城市建设提供坚强保证。强化理论武装。以各级理论学习中心组为平台完善跟进学习习近平总书记重要讲话、文章、指示批示制度，拓展学习方式，强化计划管理，加强学习督查，推动学习常态化。持续开展“万名党员进党校”，开办研修班170余班次、培训干部6万人左右。开展“党的创新理论万场宣讲进基层”活动，扎实做好党的十九届四中、五中全会精神集中宣讲活动，广泛组织开展“听党话、感党恩、跟党走”主题宣讲活动，广大党员干部群众践行“四个意识”“四个自信”“两个维护”更加坚定自觉。夯实基层基础。强化大抓基层、大抓支部鲜明导向，召开4次乡镇（街道）党（工）委书记工作交流会，抓人促事、抓乡促县，推进基层党组织建设全面进步、全面加强。城市党建坚持以建设全国城市基层党建示范市为抓手，在改善环境、服务群众中强化党组织的领导地位、健全完善组织体系，全市4137个无主管楼院全部建立党组织，“两新”组织党建进一步有效覆盖。农村党建坚持以党建引领乡村振兴为牵引，深化市县乡“三级抓村”机制，深入开展村党组织书记“亮承诺、赛实绩、比干劲”活动，结合村（社区）换届整顿复杂村193个，实施“三年强村计划”，366个集体经济空壳村全部“清零”，经营性收入5万元村达到90%以上。机关党建坚持大力实施“作风效能提升”行动，推动党建工作与业务工作深度融合、相互促进。国有企业、学校等领域党建，通过载体创新、制度创新、组织创新得到进一步加强。建设忠诚干净担当骨干队伍。坚持以正确用人导向激发干部活力，先后调整区县（市）、市直机关单位、高校等关键岗位干部422人，进一步优化了干部队伍。强化干部动态考核、精准识别，推行重点岗位实绩纪实、部长谈心谈话、“无任用推荐”等制度，全面掌握干部情况。加强年轻干部培养历练，实施优秀年轻干部“五个一批”三年行动计划，选派45名年轻干部双向交流挂职，实施年轻干部“双百工程”，为郑州事业发展培养造就了生力军。驰而不息推进党风廉政建设和反腐败斗争。保持高压惩治态势，一体推进“不敢腐、不能腐、不想腐”机制，促进政治生态不断净化、持续优化。全市共立案审查违反政治纪律案件32件、处分52人。坚持常态化整治形式主义、官僚主义问题，从严落实中央八项规定及其实施细则精神，共查处违反中央八项规定精神问题282起、处理506人。坚持把从严监督推向纵深，进一步完善“四个全覆盖”权力监督格局，扎实开展十一届市委第十轮和第十一轮巡察，发现和解决了一批管党治党不力的突出问题。坚持高压惩腐不放松，共处置违纪违法问题线索5648件，立案1890件，给予党纪政务处分2371人，移送司法机关91人。坚持宣传引领、反腐倡廉，推动以案促改从案发单位向系统领域、市县全域延伸，先后有15人主动投案、50人主动交代问题。注重用好监督执纪“四种形态”，第一种形态占到“四种形态”的66.58%。制定出台《关于建立容错纠错机制激励干部担当作为的实施办法》等文件，坚持“三个区分开来”，支持干部干事创业。

（刘跃亭　张　凯　翟景伟　左雨龙）

重要会议

【中国共产党郑州市第十一届委员会第十二次全体（扩大）会议】7月22日，中国共产党郑州市第十一届委员会第十二次全体（扩大）会议召开。全会由市委常委会主持。省委常委、市委书记徐立毅讲话。全会高举习近平新时代中国特色社会主义思想伟大旗帜，全面贯彻党的十九大和十九届二中、三中、四中全会精神，深入学习贯彻习近平总书记关于河南和郑州的重要讲话指示精神及统筹疫情防控和经济社会发展的重要论述，落实省委十届十一次全会和省委、省政府郑州专题会议精神，动员全市上下增强“四个意识”、坚定“四个自信”、做到“两个维护”，紧扣“六稳”“六保”，强化责任担当，积极主动作为，凝心聚力加快郑州国家中心城市建设步伐，努力在中原出彩、中部崛起、黄河战略实施中发挥重要作用、作出应有贡献。全会审议并表决通过中国共产党郑州市第十一届委员会第十二次全体会议决议。全会认为，2020年以来，新冠肺炎疫情的冲击和国内外错综复杂的形势变化，给经济社会发展带来了前所未有的困难和挑战。全市上下要坚定信心、保持定力，按照既定工作部署，持续深化、持续推进、持续提升，不断夺取疫情防控和经济社会发展的新胜利。要认清责任，把握机遇，扬长避短，危中求机，在变局中顺势而为，在应对危机中打好发展主动仗。全会指出，当前和今后一个时期，郑州工作的总体要求是坚持以习近平新时代中国特色社会主义思想为指导，深入贯彻习近平总书记关于河南和郑州的重要讲话指示精神，树牢新发展理念和以人民为中心的发展思想，坚持稳中求进工作总基调，强化疫情防控和经济社会发展各项工作统筹，把牢“一个方向”，做到“三个坚持”，突出“五个更加注重”，紧紧围绕控、保、稳、进、抬、扛“六字要求”，处理好“三个关系”，统筹做好“八个方面工作”，确保全面建成小康社会和“十三五”规划圆满收官，加快郑州国家中心城市建设步伐，把郑州这个全省发展的龙头高高抬起来，让人民群众有更多获得感、幸福感、安全感。全会指出，贯彻党中央和省委、省政府决策部署，结合全市实际，要处理好“保”与“稳”的关系，把保的底线守住，把稳的局面打牢，夯实经济社会持续健康发展的基础；处理好“稳”与“进”的关系，力求在“稳”的基础上比别人“进”得更好更快；处理好“进”与“抬”的关系，时刻保持强烈的责任感、紧迫感，唱响“进”的主旋律，以“进”促“抬”，在全国全省发展大局中作出郑州应有的贡献。全会明确了下半年八个方面的重点任务：一要抓牢常态化疫情防控，二要持续推进“三送一强”稳增长，三要加快培育高质量发展新动能，四要抓好城市高品质建设和管理任务落实，五要以更大的力度抓好环境保护和生态建设，六要推进为民造福工作走深走实，七要持续深化体制机制改革，八要切实加强党的领导、加强党的建设。全会号召，全市上下要更加紧密地团结在以习近平同志为核心的党中央周围，坚定不移地贯彻落实中央和省委、省政府的决策部署，坚定信心、抢抓机遇、迎难而上、顺势而为，加快郑州国家中心城市建设步伐，为中原出彩、中部崛起、黄河战略实施作出应有贡献。

【市委常务会议】 1月6日，省委常委、市委书记徐立毅主持召开市委常委会会议，传达学习习近平总书记在中央财经委员会第五次、第六次会议上的重要讲话精神和在中央政治局“不忘初心、牢记使命”专题民主生活会上的重要讲话精神，研究郑州市贯彻落实意见。会议指出，要认清自身肩负的责任使命，抢抓机遇，凝聚力量，把党中央的关心、重视和厚望转化成为奋发进取、埋头苦干的实际行动。要切实增强国家中心城市的经济和人口承载力，立足于担当引领区域高质量发展的排头兵，做好空间规划，加大基础建设，深化各项改革，打造区域经济发展的动力系统，为中部崛起、中原出彩提供有力支撑；坚持走好高质量发展路子，以高质量发展制造业、高水平扩大对外开放、高品质推进城市建设等系列三年行动计划为工作抓手，不断转变发展方式、提升发展内涵，加快形成更高水平的高质量发展区域增长极；要积极在黄河流域生态保护和高质量发展中担当作为，着力打造黄河流域生态保护和高质量发展核心示范区，加快推进起步区规划建设，明确时间表、路线图，有力有序推进，争取二三年内形成明显成效；把中央、省委各项决策部署的贯彻工作与落实市委十一届十一次全会精神结合起来，坚持“一分部署、九分落实”，以扎实的作风，蹄疾步稳地做好各项工作。会议强调，中央政治局“不忘初心、牢记使命”专题民主生活会为全党树立了标杆、作出了示范，学习贯彻习近平总书记重要讲话和会议精神，关键是增强“看齐意识”，核心是做到“两个维护”。全市各级党组织和广大党员干部要联系实际，对标对表、深入检视，以此作为加强自身建设的有力武器，不断改造主观世界，不断提高政治素质和班子队伍建设水平。要检视理想信念上的差距，把牢理想信念这个“总开关”，始终坚守共产党人的精神追求和政治本色；检视为民情怀上的差距，以百姓心为心，坚守初心恒心，贯彻以人民为中心的发展思想，努力让人民群众有更多获得感、幸福感、安全感；检视素质能力上的差距，发扬斗争精神，善于发现问题、解决问题，更加有力地推动发展。会议要求，春节临近，各级各部门要着力做好安全生产工作，维护好春运秩序，保障市场供应，关心困难群众生产生活，确保人民群众过一个欢乐祥和的节日。

1月11日下午，省委常委、市委书记徐立毅主持召开市委常委会（扩大）会议，传达学习省委书记王国生参加省十三届人大三次会议郑州代表团审议时的讲话精神，研究郑州市贯彻落实意见。会议指出，全市上下要深刻领会省委书记王国生对郑州工作的期望期待，领会好省委、省政府对郑州工作的部署要求，把握好郑州的责任、努力的方向。会议强调，要迅速行动、抓好落实，做好结合和转化的文章。要抓好学习宣传，深刻认识郑州在全省发展中的重大责任、重要位置，提高眼界、提升格局，扛起责任、打开思路、拉高标杆，坚定不移把省委、省政府的要求部署落到实处；抓好思路提升，进一步深化细化各项工作部署，把理念转变为思路，把思路转变为方案，把方案转变为行动，把行动转变为成效；抓好态势扩大，珍惜当前郑州发展的良好机遇、良好基础、良好氛围，以“功成不必在我”的境界，乘势而上、谋势蓄势、厚积薄发，把各项工作抓牢抓实，不断巩固好、发展好当前的好态势、好趋势。春节临近，各级各部门要各负其责，切实抓好当前各项工作。重点要抓好经济运行“开门红”、生态环境治理和城市建设管理、重大文艺活动和黄帝故里拜祖大典筹备组织、安全稳定等工作，做好节日市场供应、农民工工资支付、走访慰问、值班等春节相关工作，营造欢乐祥和的节日氛围。

1月20日，市委常委会召开会议，传达学习十九届中央纪委四次全会、中央“不忘初心、牢记使命”主题教育总结大会、中央政治局1月16日会议和省委主题教育总结大会、省“两会”会议精神，研究郑州市贯彻落实意见。会议指出，要按照省十届纪委五次全会部署，学深悟透总书记重要讲话精神，进一步增强“四个意识”、坚定“四个自信”、做到“两个维护”，一以贯之、坚定不移推进全面从严治党，始终坚持“严”字当头，把“严”的主基调长期坚持下去，让“严”的氛围进一步浓厚起来。要一体推进不敢腐、不想腐、不能腐的体制机制，强化制度建设，强化权力监督制约，特别是要进一步完善工程建设、土地招拍挂、公共资源交易等重点领域的监督监管，严格一事一议的程序和范围，将权力运行纳入规范轨道，持续优化公平公正公开阳光透明的营商环境。要坚决扛稳管党治党政治责任，从市委常委一班人率先做起，认真落实“一岗双责”，以身作则、以上率下，抓好班子、带好队伍，抓人促事，不断巩固拓展严抓严管的成效，为推动各方面工作提供坚强政治保证。会议强调，要抓好中央“不忘初心、牢记使命”主题教育总结大会、中央政治局1月16日会议精神的学习贯彻，与省委主题教育总结大会、省“两会”会议精神的落实结合起来，坚持和加强党的全面领导，将“不忘初心、牢记使命”作为加强党的建设的永恒课题和全体党员干部的终身课题，以党的建设高质量和党员干部高素质，引领和带动各项工作高质量推进，为加快国家中心城市建设、打造更高水平的高质量发展区域增长极、推动黄河流域生态保护和高质量发展作出新的贡献。

1月20日，市委常委会召开会议，听取市人大常委会、市政府、市政协、市中级人民法院、市人民检察院党组2019年度工作汇报。省委常委、市委书记徐立毅主持会议。会议指出，2020年是全面建成小康社会和“十三五”规划收官之年，是郑州市贯彻落实习近平总书记视察河南重要讲话精神、实施系列“三年行动计划”的起步之年。各党组要紧紧围绕市委确定的把牢“一个方向”、做到“三个坚持”、突出“五个更加注重”、统筹八项重点工作的部署，观大势、想大局、抓大事，坚定推进、不断突破，使习近平总书记系列重要讲话精神在郑州形成生动实践、取得实际成效。会议强调，要坚持和加强党的全面领导，切实把握政治机关站位，始终把政治建设摆在首位，在思想上政治上行动上同以习近平同志为核心的党中央保持高度一致，在工作的全过程和各方面体现党的领导、加强党的领导、落实党的领导，把中央决策、省委部署和市委工作意图落到实处。要围绕中心履职尽责担当作为，市人大常委会党组要发挥好人大常委会权力机关作用，坚持以人民为中心做好立法工作，加强对“一府两院”的监督，提高代表履职能力，深入推进法治社会建设；市政府党组要着力抓好系列“三年行动计划”实施，在制度建设上狠下功夫，在优化营商环境上狠下功夫，在改善民生上狠下功夫，不断提高治理现代化水平；市政协党组要坚持团结、民主两大主题，持续加强党的建设、委员队伍建设，汇聚强大正能量，画好最大同心圆；市法院党组要以提升审判质量为核心、以提升法官队伍素质能力为保障，切实维护好市场经济秩序、维护好社会公平正义；市检察院党组要强化法律监督，加大公益诉讼力度，推进公正司法，更好维护人民群众利益。要切实加强自身建设，认真抓好机关及系统内党的建设，立规矩、严氛围，强化讲党性、守初心、担使命的思想和行动自觉，努力建设让党中央放心、省委放心、人民群众满意的模范机关，为郑州在高质量发展中迈出更大步伐作出积极贡献。

1月22日，省委常委、市委书记徐立毅主持召开市委常委会扩大会议，认真学习贯彻习近平总书记对新型冠状病毒感染的肺炎疫情作出的重要指示精神，落实国务院总理李克强批示要求和国家、省有关会议部署，听取全市近期疫情防控工作情况汇报，分析形势，进一步部署落实各项防控措施。会议指出，全市上下要坚决把思想和行动统一到习近平总书记重要指示精神和党中央、国务院的部署上来，按照省委、省政府工作要求，把人民群众生命安全和身体健康放在第一位，以严谨作风扎实做好疫情防控工作。会议强调，要以对人民群众生命健康高度负责的态度，高度重视疫情防控工作，坚持以防为主，防、控、治三管齐下，增强工作主动性。要落实好源头防控措施，加强对客流量较大的交通站点的检查、监测和医疗咨询工作；落实好对确诊病人、疑似病人、密切接触者的治疗、隔离、医学观察措施，有效阻断传染；落实好定点医院、发热门诊的人员技术保障，确保早发现、早报告、早隔离、早治疗；落实好农贸市场管理，禁止活禽交易；落实好防疫物资储备，加强市场监管，保证相关防护用品市场供应、物价稳定；落实好信息发布制度，加强有关政策措施、科学防护知识宣传解读，增强群众自我防护意识和能力，坚决遏制疫情蔓延。会议强调，要加强领导、强化责任，加强值班值守，统筹处理好春节期间安全稳定各项工作，确保各项防控措施落实到位，让群众过一个安宁安全祥和的春节。

2月4日，省委常委、市委书记徐立毅主持召开市委常委会（扩大）会议，传达学习2月3日习近平总书记重要讲话精神和中央政治局常委会会议精神，结合当前疫情形势研究贯彻落实意见，对下一步疫情防控工作再研判、再部署、再推进。会议以视频形式召开，各区县（市）通过网络同步参会。会议指出，全市上下要切实把思想行动统一到习近平总书记重要讲话和党中央决策精神上来，增强“四个意识”，坚定“四个自信”，做到“两个维护”，以更加强烈的政治责任感和敏感性深化对疫情防控工作极端重要性、现实挑战性、斗争复杂性的认识，深化对疫情防控这场总体战、攻坚战、持久战的认识，坚决守护人民群众生命安全和身体健康，坚决维护经济社会稳定发展大局。会议强调，要以百倍信心、强大定力，把疫情防控工作作为当前压倒一切的头等大事来抓，进一步增强斗争精神，以更高标准、更好方法、更精准举措推进疫情防控工作，坚持在党的领导下巩固发展联防联治、群防群治良好工作局面，把疫情防控工作作为当前首要任务，坚定信心、斗争到底、务求必胜。会议要求，要防、控、治联动，坚决把最严格的疫情防控措施落到实处。在“外防输入”“内防扩散”上再发力，分类管控，严格落实集中隔离和居家隔离观察措施；加强流行病学调查和定点医院、发热门诊管理，进一步做好医疗物资保障，统筹使用好全市医疗资源；以大数据技术在排查管控方面的应用为切入点，促进群防群治、联防联治，提高管控科学化水平、确保全覆盖；做好宣传教育和舆论引导工作，增强人民群众自我防护意识和能力；统筹做好复工、复学工作，在保证疫情防控的前提下，创新举措、统筹兼顾，为实现2020年经济社会发展目标任务打好基础；切实保障社会大局稳定，做好市场供应和监管，加强社会治安管理，保持生产生活平稳有序、社会大局和谐稳定。会议强调，要加强党对疫情防控工作的领导，进一步健全完善全市统一指挥的领导推进体系，根据形势任务调整充实工作力量。各级党政主要负责人靠前指挥，发挥好带头作用。基层党组织和广大党员充分发挥战斗堡垒作用和先锋模范作用，紧紧依靠群众，打好疫情防控的人民战争。要坚持在疫情防控中识别干部、考察干部，及时发现先进典型，同时加大监督执纪力度，对不担当、不作为的严格惩处，树立鲜明导向。

2月20日，省委常委、市委书记徐立毅主持召开市委常委会（扩大）会议，传达学习习近平总书记在中央政治局常务委员会会议、中央全面深化改革委员会第十二次会议上的重要讲话精神和在北京市调研指导新冠肺炎疫情防控工作时的重要讲话精神，以及中央、省委重要会议精神，分析全市近期新冠肺炎疫情防控形势，研究部署疫情防控和企业复工复产、经济发展工作。会议指出，全市上下要把思想和行动统一到习近平总书记的重要讲话指示精神上来，统一到中央、省委决策部署上来，深化对疫情防控“稳中有忧”、企业复工复产刻不容缓、疫情影响“危中有机”的认识，精准发力、驰而不息加大疫情防控力度，迅速行动、积极主动推进企业复工复产，统筹兼顾、双向发力，做到疫情防控和经济社会发展两手抓、两手硬。会议强调，要乘势而上，持续打好疫情防控阻击战。围绕“防控无遗漏、诊治有成效、疫情能掌控”，尽快实现确诊病例无新增、疑似病例大幅下降、连续14天无新增确诊病例的目标，在医疗救治上充实专家力量，加强联合会诊，积极探索有效治疗方法，提高诊断治疗水平；在重点人群管控上不留盲点，确保流行病学调查零遗漏、密切接触者集中隔离零遗漏、发热门诊可疑病人留观零遗漏、重点疫区来往人员健康管理零遗漏、院内交叉感染零发生；在重点区域管控上疏而不漏，聚焦居民小区、企事业单位、公共场所和公共交通等末端，形成数据闭环、管理闭环、责任闭环，坚持人防技防相结合，确保以人的健康管理为核心的管控措施落到实处。会议要求，要加强服务，加快推进企业复工复产。把企业复工复产关键放在员工健康管理上，以企业落实健康管理为保障，完善措施、提高效率、做好服务，推进企业应复工尽复工、快复工。对负面清单以外企业实行“两承诺、一抽查、一服务”，有序推进企业加快复工复产，努力把疫情对经济的影响降到最低。会议指出，要统筹兼顾，有力有效推进当前各项重点工作。加强经济运行监测和调控，挖掘增长潜力，补好短板弱项。加快推进政务服务“一网通办”，切实提高群众办事的便捷度、体验感。抓好系列三年行动计划实施，打好“三大攻坚战”，确保脱贫成果经得起检验，空气质量稳定改善，社会大局和谐稳定。会议强调，要加强组织领导，确保两手抓、两手硬落到实处。各级党委（党组）要加强对各项工作统筹安排，进一步加强各级防控工作专班力量。要坚决克服形式主义、官僚主义，各项措施要科学易行，防止过于烦琐复杂；加强宣传引导，在全社会形成一手抓疫情防控、一手抓经济发展、两手抓两手硬的浓厚氛围。

3月6日，市委常委会（扩大）会议召开，传达学习中央政治局常务委员会会议精神，研究部署郑州市进一步统筹推进疫情防控和经济社会运行重点工作。省委常委、市委书记徐立毅主持会议。会议指出，全市上下要把思想统一到中央和省委决策部署上来，保持清醒头脑、增强谨慎之心，充分认识统筹做好各项工作的复杂性、紧迫性，提高统筹能力，做到两手抓、两手硬，努力夺取“双胜利”。会议强调，要慎终如始继续抓实抓细疫情防控工作，思想不懈、力量不减，标准不降、管控不松，防止工作虚化、弱化。重中之重是严格防范境外疫情风险输入，同时坚持人防、技防结合，继续做好社会疫情防控工作，织密社会防控网络。会议强调，加快建立同疫情防控相适应的经济社会运行秩序，重中之重是全面有序加快企业复工复产。要以“三送一强”活动为载体，集中一个月时间，集中主要力量、精力，党政领导带头，市、县、乡三级联动，深入开展为企业“送政策、送服务、送要素、强信心”活动，力争尽早实现负面清单以外的规上企业复产率达到100%。要分层走访、条块联动、采取“视频办”“线上办”等方式，提高政策的落实率，力戒形式主义、官僚主义。同时，要抓好强投资、补消费、稳出口和改善营商环境、黄河流域生态保护与高质量发展、三大攻坚战等重点工作，促进全年各项目标圆满完成。会议要求，要加强领导，强化统筹，推动经济社会秩序尽快步入正常轨道。会议听取并研究了关于追授樊树锋同志“郑州市优秀共产党员”称号的建议，决定以郑州市委名义追授樊树锋同志“郑州市优秀共产党员”称号，号召全市广大党员干部向樊树锋同志学习，进一步凝聚起众志成城抗击疫情、加快郑州国家中心城市建设、打造更高水平高质量发展区域增长极的磅礴力量。

3月24日，市委常委会召开会议，传达省长尹弘郑州调研听取国土空间规划工作情况时的重要讲话精神，研究郑州市贯彻落实意见。省委常委、市委书记徐立毅主持会议。会议指出，全市上下要坚定推动郑州城市高质量发展的信心，抓住全省支持郑州发展的机遇，加快建设国家中心城市，加快形成更高水平的高质量发展区域增长极，努力在全省发展中发挥更大作用、作出更大贡献。要深入贯彻落实新发展理念，坚持以人民为中心的发展思想，在战略思路完善、重大规划修编、重大经济社会行动中充分体现和落实好省委、省政府的决策部署。要增强使命感、紧迫感，努力把郑州建设得更有品质内涵、更有辐射带动能力，发挥好省会城市应有的担当和作用。要努力提升规划建设水平，以更宽的视野、更高的标准、更大的担当来思考谋划，使城市规划建设各项工作更加科学精细，更好满足人民群众对美好宜居城市的向往。会议研究并原则同意《关于抓好“三农”领域重点工作 进一步夯实全面小康基础的实施意见》，指出要高质量打赢脱贫攻坚战，巩固好脱贫成果，确保脱贫攻坚工作经得起检验。要高水平推进农业农村产业发展，一方面要立足于全省农业发展的需求和资源条件，大力发展以粮食加工、储运、销售为核心的高水平食品工业；另一方面，走好特大城市农业发展的路子，积极发展智慧农业、休闲农业、生态农业。要高品质建设好美丽乡村，加快补齐基础设施和公共服务的短板，推进农村景区化，留住乡愁、营造环境，形成城乡高度融合、全域高质量发展的格局。

4月8日，省委常委、市委书记徐立毅主持召开市委常委会会议，深入学习贯彻习近平总书记重要讲话指示精神，研究部署疫情防控常态化条件下全力推进经济社会发展工作。会议传达学习习近平总书记在浙江考察时的重要讲话精神。会议指出，全市上下要认真学习领会总书记“防控疫情要强调再强调、坚持再坚持”的指示要求，充分看到防控工作的复杂性，严密防范、抓实抓细，把各项防控工作精准落实到复工复产和社会生活各方面。要牢牢坚持“外防输入、内防反弹”的目标，抓好机场、铁路、口岸、医院等关键领域，管好境外输入人员等关键人群，把牢社区防控这个重要关口，以疫情防控为抓手不断夯实基层社会治理体系建设。会议听取全市“三送一强”活动月工作开展情况汇报，要求各级各部门清醒认识加快复产达产、全面恢复经济社会秩序的重要性、复杂性、严峻性，强化统筹，危中寻机，加快科技型产业发展，加快产业优化升级和新旧动能转换。把“三送一强”活动从活动月延伸为活动年、贯穿全年，确保领导联系不变、服务更优、成效更好；把经济发展作为重中之重抓在手上、贯穿全年，全力以赴保增长、调结构；把服务企业、为企业解决实际问题作为紧迫任务抓紧抓实、贯穿全年，不断提升企业获得感；把改善营商环境、激发内生动力这件大事抓实抓好、贯穿全年，深入推进以“一网通办、一次办成”为重点的政务服务体制改革。要把推动复工复产工作与高水平扩大对外开放、高质量推进制造业发展、高品质推进城市建设管理三项工作有机结合起来，以项目为核心，加快重大产业、新经济、新基建项目建设，全力推动经济社会发展，努力完成全年目标任务。会议传达学习全国、全省统战会议精神，强调统战工作要旗帜鲜明讲政治，把思想引领作为首要任务，切实发挥统一战线服务发展的优势作用，坚持党对统一战线工作的集中统一领导，团结一切可以团结的力量、调动一切可以调动的积极因素，构建大统战格局，不断提高统战工作制度化科学化水平。会议听取2020年全市环境污染防治攻坚战工作方案。会议指出，要坚定打好大气污染防治攻坚战的决心和信心，保持战略定力，坚持走绿色发展之路。注重系统性，压实工作责任，形成攻坚合力；提高精准性，分区域分类型分行业进行精准管控，倒逼结构调整和产业升级；提升科学性，运用现代信息技术、物联网、大数据分析等，加强对重点行业、部位、领域的监管，努力打好与特大城市发展相匹配的环境污染防治攻坚战，为全市高质量发展和民生改善提供环境支撑。

4月23日，省委常委、市委书记徐立毅主持召开市委常委会扩大会议，传达学习习近平总书记在中央政治局会议上的重要讲话精神，按照省委常委会会议要求，研究部署疫情防控常态化条件下加快经济社会发展工作。会议指出，各级各部门要深入学习贯彻总书记重要讲话精神，切实把思想和行动统一到党中央的分析判断、决策部署上来，结合郑州实际，推动中央和省委、省政府各项决策部署落地落实。会议听取全市一季度经济运行情况、招商引资工作情况分析。会议要求，各级各部门要准确把握当前形势，保持清醒，看到面临的复杂形势和严峻挑战，进一步增强紧迫感。要深入贯彻落实习近平总书记系列重要讲话指示精神，把中央和省委、省政府决策部署与郑州实际相结合，全面落实中央“六稳”“六保”要求，坚持稳字当头、稳中求进，危中寻机、危中求进，深入分析形势，认真查找问题，既立足当前又着眼长远，确保全年经济平稳健康、高质量发展。会议强调，要推进“三送一强”常态化，进一步增强政策、措施和服务的针对性、精准性，推动各类企业尽快全面恢复正常生产经营，突出抓好汽车产业复产复销、房地产市场平稳健康发展和中小企业发展。进一步加大促消费力度，强化促消费的政策举措，处理好城市管理与鼓励户外消费以及夜间消费、夜间经济的关系，更好保就业、促消费、稳增长。进一步发挥有效投资在稳增长中的重要作用，抓好项目前期，用好用足中央财政、金融等政策，加快项目推进，以投资拉动增长，争取更多主动权。发挥“四条丝绸之路”作用，持续做好重点外贸出口企业和跨境电商等重点外贸平台的服务工作，保持外贸进出口发展的良好态势。加大招商引资力度，建好平台、抓好载体、建强队伍，加强对高质量制造业项目的跟踪服务，力求招商引资取得更大突破。持续深化改革、优化营商环境，围绕实现“一网通办、一次办成”，进一步提升服务效率、增进企业获得感。扎实推进系列三年行动计划，着眼长远调整结构，按照时序要求加快推进各项工作。坚决打好打赢脱贫攻坚、污染治理、风险防范“三大攻坚战”，统筹做好安全生产、社会稳定等工作。扎实做好民生保障各项工作，用好援企稳岗政策，重点抓好高校毕业生、农民工、贫困地区劳动力等重点人群就业，加快补上医疗、教育等公共服务短板，切实做好复学后校园疫情防控工作。会议强调，要持续转变作风，埋头苦干，力戒官僚主义、形式主义，把各项工作做实做细，争取更好成效。会议通报全市违建别墅和农村占用耕地建房问题清查整治工作情况，强调要深入学习贯彻习近平总书记在陕西考察时的重要指示精神和有关重要指示要求，提高政治站位、增强政治敏感性，坚持原则、严格标准，治标与治本相结合，不折不扣抓好整改，确保整改成效经得起检验，努力从根本上遏制违建问题发生。

4月27日，省委常委、市委书记徐立毅主持召开市委常委会扩大会议，传达贯彻习近平总书记在陕西考察时的重要讲话精神，研究郑州市贯彻落实工作。会议指出，全市上下要切实增强贯彻落实总书记重要讲话精神的思想自觉、政治自觉和行动自觉，认真学习体会、深刻领会、探索实践，把学习总书记在陕西考察的重要讲话精神与在河南考察、关于黄河流域生态保护和高质量发展的重要讲话精神贯通起来，与郑州改革发展实际结合起来，转化为加快郑州国家中心城市建设、推动高质量发展的具体实践。会议强调，要进一步增强“两个维护”的高度自觉，切实把增强“四个意识”、坚定“四个自信”、做到“两个维护”落实到行动上。要进一步增强“生态优先、绿色发展”的强大定力，把生态优先、绿色发展作为实施黄河流域生态保护和高质量发展战略的重中之重，作为郑州发展的基础和前提。要进一步增强高质量打好脱贫攻坚战的政治担当，把工作做扎实，确保经得起检验，务求必胜。要进一步增强加快发展先进制造业的紧迫感，从郑州的比较优势和实际出发，营造体系化的综合优势，补齐产业链条短板，大力发展新模式、新业态、新技术、新产品，推动制造业做实做优作强，不断提升发展质量。要进一步增强持续转变干部作风的自觉性，以刀刃向内的勇气深化自我革命，持续强化作风、提升能力，更加有力有序有效地推进各项工作。会议审议通过《关于进一步加强综合考评工作的意见》及相关文件。会议指出，要进一步把考评工作做实，确保考评工作的统一性、规范性、严肃性；切实用好考评结果，奖优罚劣，树立正确导向，层层传导压力，推动各项工作扎实开展、有效落实。会议审议通过《关于进一步深化土地储备制度改革加强储备土地综合开发的意见》《关于优化产业用地管理促进产业高质量发展的指导意见》《进一步完善棚户区安置居住用地供应的意见》。会议强调，要深入领会把握习近平总书记关于土地和规划工作的重要论述，进一步增强依法管理土地的自觉性，认真研究涉及土地的政策法规，加强对土地市场的统一管理，健全有利于产业发展的用地政策，激活土地要素市场，充分发挥市场在土地要素配置中的决定性作用，通过土地要素配置的优化和规划工作的提升助推全市高质量发展。

5月7日，省委常委、市委书记徐立毅主持召开市委常委会会议，传达学习4月29日和5月6日中央政治局常务委员会会议精神，研究郑州市贯彻落实工作。会议指出，要按照中央要求和省委、省政府部署，紧绷疫情防控这根弦，继续抓实抓细防控机制、防控措施、防控保障三个常态化，加快构建与经济社会秩序全面恢复更相适应、运转更加高效的防控体系。要更加精准、更加细致地管好重点部位和重点人群，持续巩固疫情防控成果。要进一步增强复工复产、复商复市的责任感、紧迫感，尽快实现经济社会秩序全面恢复，进一步方便群众生活、提振社会信心。要以更加精准的措施深入推进“三送一强”活动，把握重点、强化保障，确保经济发展尽快企稳回升，努力完成全年各项目标任务，确保高质量完成决战脱贫攻坚、决胜全面小康各项任务。会议研究2020年市“两会”筹备工作，强调要充分认识开好“两会”的重要性，切实加强党的组织领导，依法依规统筹安排，组织好、保障好，形成好的氛围。会议研究卫生健康有关工作，强调要强化以社区为重点的公共卫生服务体系建设，聚焦基础医疗卫生服务能力提升，创新体制机制，重点发力，突破难点，把完善公共卫生服务体系、创建国家卫生城市与“三项工程、一项管理”有机结合、相互促进，不断夯实基础、补齐短板，更好地满足人民群众对美好生活的向往。

6月1日，省委常委、市委书记徐立毅主持召开市委常委会会议，传达学习习近平总书记在山西考察和在全国两会期间系列重要讲话精神，研究郑州市《关于贯彻以人民为中心的发展思想进一步做好为民造福工作的意见》及其他事项。会议传达学习习近平总书记考察山西时的重要讲话精神。会议指出，要把这次重要讲话与总书记在全国两会上的系列重要讲话精神一体学习、融会贯通，结合实际抓好贯彻落实，统筹疫情防控、经济社会发展、脱贫攻坚等工作，持续加强党的建设、强化党建保障，确保各项工作取得更好成效。会议听取并原则通过《关于贯彻以人民为中心的发展思想 进一步做好为民造福工作的意见》。会议指出，全市各级党员干部要从理想信念、党的宗旨、初心使命方面深刻理解以人民为中心发展思想的内涵精髓，牢记党员干部的公仆角色和为民职责，坚持人民至上，用实际行动赢得民心，维护好党在群众中的权威和威信；要牢记人民是最有力的依靠，走好群众路线，依靠群众、发动群众、凝聚群众，把群众的积极性调动起来；要牢记为民造福是最重要的政绩，树立正确的政绩观和价值取向，坚持问政于民、问需于民、问计于民，真正把坚持以人民为中心体现到思想和行动上、落实到具体工作中。会议强调，全市上下要清醒认识形势，增强系统思维，把“六稳”“六保”作为当前最重要的工作大局，重点解决好群众就业问题、市场消费问题、困难群众生活保障问题、群众急需的服务问题、营商环境问题。会议听取并研究《关于实施“三年强村计划”发展壮大村级集体经济的意见》起草情况，要求把发展壮大村级集体经济作为强村富民、引领农民实现共同富裕的重要途径，作为发挥农村基层党组织领导作用、提升组织力的重要举措，不断增强集体经济“造血”功能，巩固党在农村的执政根基，确保脱贫攻坚和乡村振兴目标实现。

6月22日，省委常委、市委书记徐立毅主持召开市委常委会（扩大）会议，传达学习习近平总书记近期系列重要讲话、指示、文章精神，研究部署郑州市深入学习贯彻民法典、统筹推进常态化疫情防控和经济社会发展工作。会议传达学习习近平总书记在十九届中央政治局第二十次集体学习、视察宁夏、主持召开专家学者座谈会、中非团结抗疫特别峰会上的重要讲话精神和向“一带一路”国际合作高级别视频会议发表的书面致辞、在《求是》杂志发表的《关于全面建成小康社会补短板问题》署名文章。会议指出，要把总书记系列重要讲话精神一体学习、融会贯通，结合实际抓好贯彻落实。坚持不懈抓好常态化疫情防控，保持高度警惕，时刻绷紧“防输入、防散发、防反弹”这根弦，坚决克服麻痹思想、厌战情绪、松劲心态，抓紧抓实抓细各项举措。加强重点部位管控，盯紧盯牢关键节点，加强检验检疫，更加精准防止疫情输入。强化常态化工作制度，坚持组织领导机制不变、联防联控机制不变，严格落实责任，形成各级各部门各负其责、各尽其责、同向同心的整体合力。会议指出，要全力以赴稳住经济基本盘，主动作为、精准施策，扎实做好“六稳”工作，全面落实“六保”任务，努力实现主要经济指标增长由负转正，确保全年经济平稳健康、高质量发展。充分发挥有效投资在稳增长中的重要作用，聚焦32个核心板块、“三项工程、一项管理”、黄河战略实施和高质量发展系列三年行动计划等重点，加快推进项目建设，精准扩大有效投资，有效带动社会投资。加大招商引资力度，组织开展好定点定向招商，力求招商引资取得更大突破。进一步优化营商环境，抓好以“一网通办”“一网统管”为重点的“放管服”改革，推动“三送一强”活动提质增效，进一步激发各类市场主体活力。会议强调，要抓好为民造福十项措施落实，全力做好重点群体的就业创业服务。要巩固提升脱贫攻坚成果，强化困难群众兜底保障，加大就业困难群体援助力度。要提升风险防控能力，统筹做好安全生产、交通安全、防汛抗灾、社会稳定各方面工作，守护好人民群众健康安全防线。会议指出，要将思想和行动统一到总书记的重要讲话精神上来，深刻认识实施好民法典的重大意义，在深入学习、有效实施、宣传普法上下功夫，努力提升党委政府依法执政、依法行政的能力和水平，切实增强全体社会成员的遵法守法意识，用法治力量助推经济社会高质量发展、引导全社会向上向善。会议强调，要按照习近平总书记“治理黄河，重在保护，要在治理”的重要指示要求，坚持保护是前提，在保护中利用，高度重视黄河郑州段沿线生态保护、环境整治工作，打一场生态保护的硬仗。要抓住水土流失、滩地保护、城市防洪等要害，组织开展黄河郑州段专项整治行动，严格落实责任制，扎实推进各项工作，努力把郑州打造成沿黄生态保护示范区、国家高质量发展区域增长极和黄河历史文化主地标。

6月22日，省委常委、市委书记徐立毅主持召开市委常委会（扩大）会议，传达学习省委书记王国生在郑州调研时的讲话精神，研究郑州市贯彻落实意见。会议指出，全市上下要从省委对郑州的重视中强化责任，把省委的关心支持转化为做好郑州工作的强大动力，努力把郑州的事情办好，让郑州这个龙头更好地“抬”起来。要从省委对郑州工作的肯定中坚定信心，坚持既定工作部署不动摇，保持定力、持续深化、不断提升、抓紧推进，力争尽快取得更大成效。要从省委对郑州的更高要求中把握方向，深入实施好黄河流域生态保护和高质量发展战略，坚定不移走好以科技创新引领高质量发展的路子，持续推进高质量发展制造业、高水平扩大开放、高水平推进城市建设系列三年行动计划，不断深化政务服务改革、优化营商环境，把文化建设和生态建设、文明建设紧密结合起来，加大力度提升发展的品质内涵，全面提升国家中心城市的竞争力。会议研究并审议《关于加快推进县域经济高质量发展的实施意见》。会议强调，要认真贯彻习近平总书记关于县域治理“三起来”重要指示精神，落实省委、省政府部署要求，坚持高质量发展方向，科学制订发展目标，既要积极进取、又要切实可行。各县（市）要围绕“东强、南动、西美、北静、中优、外联”城市发展格局，明确发展定位，落实主体责任，突出主导产业、发展平台、产业项目等重点，加快推动县域经济高质量发展，支撑和带动全市高质量发展。会议研究并审议《关于推进学习贯彻习近平总书记给郑州圆方集团全体职工重要回信精神持续走深走实的工作方案》。会议要求，要扎实做好总书记重要回信精神的结合转化的大文章，把重要回信精神转化为推动各项工作的强大动力，持续学习、持续实践、持续提升，有力推动郑州经济社会高质量发展。会议还研究了其他事项。

7月4日，市委常委会（扩大）会议召开，传达省委、省政府郑州专题会议精神，安排部署贯彻落实工作。省委常委、市委书记徐立毅主持会议。徐立毅指出，全市上下要把学习宣传贯彻会议精神作为当前的重要任务，深入学习、领会实质，不断深化思想认识、提升境界格局。要进一步把握大局、提升站位，把中央和省委、省政府各项部署要求与郑州实际相结合，努力转化为实践成效，切实履行好国家和省赋予郑州的战略使命。要进一步认清责任、抬起龙头，以更高标准、更强责任担当、更大努力付出，把郑州发展好，把郑州在全省的龙头作用、在全国的战略支点作用发挥好。要进一步坚定信心、保持定力，把习近平总书记对河南、郑州的指示精神学深悟透、积极实践，按照省委、省政府最新部署，不断完善提升、不断扩大成效。要进一步认清差距、增强紧迫感，争先出彩、奋起追赶，抓好各项工作落实，推动郑州发展不断迈向新的层次、新的台阶。徐立毅强调，要融会贯通，提高谋划水平。结合规划编制的深化提升，深刻把握习近平总书记对河南、对郑州的重要讲话指示精神，深刻把握省委、省政府的战略意图和部署要求，提高规划的科学性、前瞻性，更好地支撑大局、引领发展。徐立毅指出，要以省委、省政府郑州专题会议召开为契机，进一步振奋精神、鼓足干劲，深化落实“六稳”“六保”措施，突出“控、保、稳、进、抬、扛”六字要求，坚持人民至上、走好群众路线，坚持稳中求进、以稳保进、以进促稳，坚持统筹基调、提高统筹能力、扩大统筹成效。要抓好当前重点工作，持续加大力度稳增长，持续抓好开放招商，有序推进城市高品质建设，加快黄河流域生态保护和高质量发展核心示范区起步区建设，坚决打好打赢“三大攻坚战”，统筹抓好维护群众利益等工作，让郑州的发展质量、发展品质更高，影响力、带动力更强，群众的获得感、幸福感更足。

7月14日，市委常委会召开扩大会议，传达学习习近平总书记近期重要讲话、指示精神及中央政治局会议精神，研究全市贯彻落实意见。省委常委、市委书记徐立毅主持会议，会议传达学习习近平总书记在中央政治局第二十一次集体学习时的重要讲话精神。会议指出，要认真学习、深刻理解习近平总书记重要讲话精神，紧紧围绕“五个抓好”贯彻落实好新时代党的组织路线，不断增强党的创造力、凝聚力、战斗力。要抓好坚持和完善党的领导、坚持和发展中国特色社会主义这一根本，坚持把政治建设摆在首位，引导全市上下始终保持坚强政治定力和正确前进方向。要抓好用党的科学理论武装全党这一引领，使各项工作更有创造性、更好适应新时代发展需要。要抓好党的组织体系建设这一基础，把各领域基层党组织锻造成坚强战斗堡垒。要抓好执政骨干队伍和人才队伍建设这一关键，及时把那些愿干事、真干事、干成事的干部发现出来、任用起来。要抓好党的组织制度这一保障，严格执行各项已出台的党内法规制度，以党的建设高质量为落实“六稳”“六保”任务、推动高质量发展提供坚强保障。会议传达学习习近平总书记关于防汛救灾工作的重要指示精神。会议强调，要坚决贯彻习近平总书记重要指示精神，牢固树立人民至上、生命至上理念，严格落实省委、省政府部署要求，树牢底线思维，增强忧患意识，克服麻痹和侥幸思想，对防汛工作再检查、再部署、再落实，确保安全度汛。要强化风险隐患排查整治，全面排查重点部位、重点区域，全面落实好安全度汛各项措施。要强化应急能力，加强监测预警和灾害性天气预报并做好信息宣传传播，完善军地、专群抢险救援协同机制。要强化防汛责任落实，完善防汛指挥组织体系，形成统一指挥、多方联动、条块结合、运行顺畅、执行高效的防汛工作格局，确保人民群众生命和财产安全。

7月14日，市委常委会（扩大）会议召开，传达学习省委全会暨省委工作会议精神，研究全市脱贫攻坚、文明城市创建和“三散”污染治理等工作。省委常委、市委书记徐立毅主持会议，会议指出，全市上下要把省委十届十一次全会暨省委工作会议精神和省委、省政府郑州专题会议精神贯通起来，组织好学习宣传贯彻工作。进一步坚定信心，以强大的定力和钉钉子精神，统筹疫情防控和经济社会发展取得更好成效。进一步提高站位，紧盯“在全省发挥更大辐射带动作用、在全国同类城市竞争中形成更多比较优势、在国际上赢得更大影响力”的目标定位，自加压力，强化担当，谋划推进好郑州发展。进一步强化统筹，围绕“控、保、稳、进、抬、扛”六字要求，切实做好全年各项工作。会议传达学习全省脱贫攻坚第八次推进会议精神。会议指出，要提高站位、高度重视，保持积极进取的姿态，克服松懈麻痹等错误思想认识，将脱贫攻坚的各项方针政策和帮扶措施落实落细、执行到位。要压实责任、转变作风，全面查漏补缺，责任到人，确保“不漏一户、不落一人”。要强化考核、传导压力，严肃考核督查和责任追究，确保脱贫攻坚圆满收官。会议研究审议郑州市创建全国文明城市工作实施方案。会议强调，要高度重视、接续努力，突出补短板、强弱项，进一步增强创建工作针对性，带动各方面工作均衡发展、全面提升。要着力营造好氛围，广泛发动、加强宣传，形成全域全民创建的良好工作局面。要抓好工作结合，把文明创建同“三项工程、一项管理”等工作统筹结合起来，更加有力有效地推进文明城市创建和城市品质提升。会议研究审议郑州市贯彻落实省委“三散”污染治理专项督查反馈意见整改方案，指出要深化认识、提高站位，强化责任、严格要求，盯牢“三散”污染治理的重点，采取有力措施抓好整改，确保打赢污染防治攻坚战，以高质量生态环境促进经济高质量发展。

7月16日，市委常委会召开扩大会议，传达学习中央有关会议、文件精神和全省民营经济百县提升行动现场会精神，听取并研究扫黑除恶专项斗争收官等工作。省委常委、市委书记徐立毅主持会议。会议指出，要认真贯彻落实全省民营经济百县提升行动现场会议精神，完善政策，优化服务，为民营企业发展创造条件，把开展全省“两个行动”和深入实施好“三送一强”紧密结合起来，着力帮助民营企业渡过难关、健康发展。要加大政策落实力度，围绕企业接续订单、融通资金、招人用人、要素保障等持续用力，帮促民营企业自身提质增效，帮助民营企业家提升能力素质，着力构建亲清政商关系，营造良好营商环境。会议强调，要发扬成绩，再接再厉，全力打赢扫黑除恶专项斗争这场硬仗。要强化责任，把抓好扫黑除恶专项斗争收官战役作为“四个意识”“四个自信”“两个维护”的具体检验，以高度的政治责任感、历史使命感，采取更有针对性、更具实效性的举措，确保达到预期目标和效果。要强力攻坚，用好线索检查反馈、重大案件会商、涉案财产处置等工作机制，全力推动破大案、攻难案。要完善制度，着眼于扫黑除恶常态化，总结经验做法，从打击、整治、管理、建设上完善长效机制，不断增强人民群众的安全感、满意度。

8月3日，市委常委会召开扩大会议，传达学习习近平总书记近期重要讲话指示精神和中央政治局会议精神等，分析全市经济运行和疫情防控形势，安排部署下一步工作。省委常委、市委书记徐立毅主持会议并讲话。会议传达学习7月30日中央政治局会议精神和习近平总书记在吉林考察，主持召开企业家座谈会、党外人士座谈会，7月17日中央政治局常务委员会会议和中央政治局第二十二次集体学习时的重要讲话精神，以及在《求是》杂志上发表的重要文章《中国共产党领导是中国特色社会主义最本质的特征》。会议指出，全市上下要认真学习、深刻理解、融会贯通、全面落实总书记重要讲话精神，切实把思想和行动统一到以习近平同志为核心的党中央关于当前和中长期发展形势的重大判断与部署要求上来。会议认为，要保持头脑清醒，既看到成绩和好的态势，坚定信心、保持定力、持续深化提升，又看到不足和差距，增强紧迫感、危机感，按照中央和省委、省政府决策部署，围绕落实市委十一届十二次全会各项要求，突出“控、保、稳、进、抬、扛”六字要求，立足当前、着眼长远，不断巩固和扩大良好发展态势。会议强调，要进一步做好稳增长工作，在促投资、促消费、稳出口上下功夫。要进一步抓好招商引资，建立市级领导分包联系机制。要进一步高品质推进城市建设和管理，坚持以32个核心板块开发建设为载体和抓手，按照时序进度统筹抓好“三项工程、一项管理”。要进一步抓实生态环保工作，严肃抓好“占地造湖”等各类违规占用耕地问题专项整治、沿黄生态环保问题专项整治等行动，持续加大大气污染治理力度。要进一步推动民生实事取得新成效，维护社会大局和谐稳定。要坚持长短结合，做好“十四五”规划编制工作。会议传达学习国务院、省政府联防联控机制电视电话会议精神。会议指出，要认真贯彻习近平总书记重要指示精神，按照党中央、国务院和省委、省政府的安排部署，完善常态化防控机制，坚决防止疫情反复。会议听取研究关于支持加快安置房建设的有关工作，强调要把安置房建设作为一项重要的民生工作抓紧抓实抓好。要坚持依法依规推进各项工作，加强统筹协调，切实解决好遗留问题，进一步加快进度，确保安置房尽早建成、群众尽快完成回迁。

9月3日，市委常委会召开扩大会议，传达学习习近平总书记近期重要讲话指示精神，研究郑州市贯彻落实意见。省委常委、市委书记徐立毅主持会议。会议传达学习习近平总书记主持中央政治局会议审议《黄河流域生态保护和高质量发展规划纲要》和《关于十九届中央第五轮巡视情况的综合报告》时的重要讲话精神，在安徽考察和在扎实推进长三角一体化发展座谈会、经济社会领域专家座谈会、中央第七次西藏工作座谈会上的重要讲话精神，对制止餐饮浪费行为作出的重要指示精神，致中国少年先锋队第八次全国代表大会和全国青联第十三届全委会、全国学联第二十七次代表大会的重要贺信精神，以及在《求是》杂志上发表的重要文章《不断开拓当代中国马克思主义政治经济学新境界》。会议指出，要学习好、落实好《规划纲要》，把郑州发展放到重大国家战略中去思考、去谋划，进一步增强郑州“十四五”规划和国土空间规划的前瞻性、科学性、操作性，推动郑州更好对接融入大局。要按照《规划纲要》要求，大力推进水资源集约节约利用，以节约用水为着力点扩展发展空间；进一步完善防灾减灾体系，着力解决水源涵养、水土保持、水沙治理等问题；深入推进“三滩分治”，切实抓好邙岭绿化、黄河“四乱”整治等工作。要把高质量发展作为出发点和落脚点，着力打造特色优势现代产业体系，打造好中原科技城等科创平台载体，优化城市发展格局，推动新旧动能转换。要做好保护和弘扬黄河文化的大文章，延续好历史文脉，挖掘时代价值，为经济社会发展提供强大精神动力。要扎实推进已明确的规划和项目，形成新的工作成果。会议指出，全市上下要对标对表，结合正在开展的省委巡视、市委巡察，进一步增强政治意识，把“严”的主基调长期坚持下去，把“严”的要求层层传导下去，推进全面从严治党向纵深发展，以党的建设高质量推动地方经济社会发展高质量。会议强调，要深入学习、举一反三、融会贯通，找准郑州贯彻落实总书记重要讲话精神的切入点、结合点。要深入研究以国内大循环为主体、国内国际双循环相互促进的新发展格局，找准郑州的定位，更好对接融入、发挥作用。要有担当开路先锋的决心和作为，紧跟时代步伐，争取有若干领域的科技创新在郑州取得突破。要进一步加大改革开放力度，以自贸区为牵引，努力推进更深层次的改革、更高水平的开放。要着力解决好发展不平衡问题，加快推进市域公共服务一体化，创新推进郑开同城化，为区域协调发展积极探索、打好基础。

9月18日，市委常委会召开扩大会议，重温习近平总书记关于河南和郑州工作及在黄河流域生态保护和高质量发展座谈会上的重要讲话精神，传达学习习近平总书记近期重要讲话指示精神，研究郑州市贯彻落实意见。省委常委、市委书记徐立毅主持会议。会议重温习近平总书记关于河南和郑州工作及在黄河流域生态保护和高质量发展座谈会上的重要讲话精神，传达学习习近平总书记在中央财经委第八次会议、中共中央国务院中央军委座谈会、科学家座谈会上的重要讲话精神和在2020年中国国际服务贸易交易会全球服务贸易峰会上的重要致辞，以及在《求是》杂志上发表的重要文章《思政课是落实立德树人根本任务的关键课程》《构建起强大的公共卫生体系 为维护人民健康提供有力保障》。会议指出，要以习近平总书记视察一周年为契机，进一步加强系统学习，坚持用习近平新时代中国特色社会主义思想武装头脑，以更加务实奋进的精神状态和实际行动，推动习近平总书记重要讲话指示精神落地落实、形成更大成效。会议强调，要坚持理论联系实际，进一步强化责任担当，认清郑州打造高质量发展区域增长极、强化国家中心城市带动作用的使命担当，认清郑州推进中原更加出彩、促进中部崛起的责任任务，认清郑州在实施黄河战略中的特殊地位、应当具有的支撑功能，加强重大问题研究，增强工作前瞻性、主动性，坚决把习近平总书记、党中央对郑州的殷切期望和指示要求落到实处。要把推进制造业高质量发展、扩大高水平对外开放、推动城市高质量建设管理、促进郑开同城化发展、加快郑州国家中心城市建设等要求与坚持“四个着力”、打好“四张牌”、县域治理“三起来”、乡镇工作“三结合”贯通起来学习领会，结合“十四五”规划编制做好顶层设计和工作谋划，不断推出新举措、展现新作为，努力发展新经济、构建新格局。要立足当前，统筹抓好经济运行调控和常态化疫情防控，抓好重点项目建设和招商引资，深入推进32个核心板块开发建设和“三项工程、一项管理”，加大力度优化营商环境，打好打赢三大攻坚战，持续加强党的建设，真正将学习习近平总书记重要讲话精神的成果转化为推进改革发展稳定、加强党的建设的强大动力和实际成效。会议指出，要把握好机遇，加强顶层设计，加快推进现代流通体系建设，把构建现代流通体系作为“十四五”规划的重大课题来研究，充分发挥郑州的现代综合交通枢纽优势、物流优势，围绕数字化、现代化、国际化，制订完善流通服务业发展政策，优化空间布局结构，促进流通体系、开放体系、现代产业体系协调发展，助推郑州流通业更高质量发展，努力在构建新发展格局中展现新作为、形成新支撑。

9月18日，市委常委会召开扩大会议

议，传达学习中央《2019—2023年全国党政领导班子建设规划纲要》及省委《贯彻落实若干措施》，研究郑州市大气污染防治、促进旅游消费等工作。省委常委、市委书记徐立毅主持会议。会议指出，要认真学习好、贯彻落实好中央、省委部署要求，始终把政治建设摆在首位，围绕新时代好干部标准，立足当前、着眼长远，坚持基层导向，注重实践锻炼、多岗位历练，把具有开拓性、斗争精神和全面领导素质的优秀干部选拔好、配置好，为郑州高质量发展提供有力保障。会议强调，各级各部门要切实增强责任感、紧迫感，确保大气污染防治交出满意答卷。源头治理要精准，统筹抓面上与抓重点的关系、当前与长远的关系，抓住突出问题、重点污染源集中力量攻坚。管理措施要精准，坚持依法治理，理顺管理体制，加大对渣土车、工地扬尘、非法营运车辆、城乡结合部等治理力度。结构调整要有力，加大淘汰落后产能、煤电关停、"双替代"工作力度，明确交通运输治理时间表，努力从源头上减少污染。工作责任要闭环，强化各级各部门领导责任，加强宣传引导，努力形成齐抓共管、强力推进的浓厚氛围。会议指出，要深化消费研究，把握消费场景、消费模式变化趋势，深入推进供给侧结构性改革，着力打造一批新场景、新产品，形成新的消费热点，更好激活内需、促进消费发展；要坚持条块结合，做好交通、城市管理、舆论宣传等方面的保障。各级各有关部门要高度重视，加强谋划、创新方式、营造氛围、激发热点，推动经济社会全面恢复，努力夺取疫情防控和经济社会发展"双胜利"。

10月23日，市委常委会召开扩大会议，传达学习习近平总书记近期重要讲话精神，研究郑州市贯彻落实意见。省委常委、市委书记徐立毅主持会议。会议传达学习习近平总书记在深圳经济特区建立40周年庆祝大会，广东考察，湖南考察，中央政治局会议审议《成渝地区双城经济圈建设规划纲要》，中央政治局第二十三次、二十四次集体学习，基层代表座谈会，教育文化卫生体育领域专家代表座谈会，第三次中央新疆工作座谈会，中央党校（国家行政学院）中青年干部培训班开班式和纪念中国人民志愿军抗美援朝出国作战70周年大会上的重要讲话精神。会议指出，各级各部门要紧密结合实际，认真学习领会，立足发展新阶段，准确把握大势，胸怀两个大局，加快郑州国家中心城市建设步伐，努力打造更高水平的高质量发展区域增长极，为黄河流域生态保护和高质量发展、中部地区崛起等国家战略实施做出郑州新的更大贡献。要深刻理解区域协调发展内涵，深化认识都市区、大都市圈、中原城市群、沿黄发展带之间的逻辑关系，落实省委省政府安排部署，坚持规划引领、交通先行，强化高端要素支撑，解决好市内六区与周边县市的关系，推动基础设施、公共服务向县市延伸，更好引领带动都市圈联动发展。要坚持以"三项工程、一项管理"和32个城市核心板块建设为抓手，更好保护城市历史文化遗存，保留历史肌理，延续城市文脉，彰显城市特色、提升城市品质，使城市既大又强。要进一步加强考古发掘和研究、遗址保护、考古成果转化、考古能力建设，整体提升郑州文化和自然遗产保护利用水平，加快构建沿黄文化遗产走廊、中华文明起源的展示格局，大力推进文旅融合，不断增强文化自信和民族自豪感。要高度重视教育、文化、卫生、体育事业发展，按照市委、市政府部署，抓好各项工作的贯彻落实，不断提升公共服务水平，更好满足人民群众的美好生活需要。会议强调，要高度重视年轻干部队伍建设，完善干部梯队培养机制，培养发展好年轻干部。各级领导干部要着力提高"七种能力"，高度关注新技术、新模式、新业态，积极学习，掌握动态，创造条件，有所作为。要进一步提高政治站位，准确把握中央精神，切实做好援疆工作，更好促进民族团结。会议指出，要深入学习宣传总书记在纪念中国人民志愿军抗美援朝出国作战70周年大会上的重要讲话精神，进一步增强"四个意识"、坚定"四个自信"、做到"两个维护"，不忘初心、牢记使命，以一往无前的斗争精神，为推进中国特色社会主义伟大事业不断前进发展做出应有贡献。

10月23日，市委常委会召开扩大会议，研究分析前三季度经济运行情况，安排部署第四季度经济工作。省委常委、市委书记徐立毅主持会议。会议指出，要坚定信心、保持清醒，坚持稳中求进工作总基调，按照加快构建以国内大循环为主体、国内国际双循环相互促进的新发展格局要求，进一步统筹做好疫情防控和经济社会发展，全面落实"六稳""六保"工作，把牢"控、保、稳、进、抬、扛"六字要求，确保双胜利。四季度要重点做好四方面工作：持续开展好"三送一强"活动，坚持问题导向，采取更加有针对性的措施，解决好中小企业发展中的融资难、拿地难等突出问题，大力培育科创型制造业市场主体，努力保持房地产业健康发展，着力发展楼宇经济、税源经济、总部经济等城区经济，厚植高质量发展基础；充分发挥投资在稳增长中的重要作用，加快推动重大交通、公共服务、生态环保、民生改善、美丽乡村、数字郑州等领域基础设施建设及32个核心板块开发；强力推进招商引资项目落地，强化招商引资领导联系推进机制，加大跟踪服务协调，助推项目早落地、早开工、早建成、早投产；以改革创新激发活力，持续推进以"一网通办"为重点的"放管服"改革，着力深化用地改革、盘活存量土地，大力推进科技创新，着力推进"四条丝路"建设，努力激发市场活力、强化经济发展支撑点。会议指出，做好四季度工作，要严格落实常态化疫情防控措施，坚决克服麻痹大意思想，加大入境人员、进口食品检测检验力度，守牢疫情防控底线，切实维护好人民群众生命安全和身体健康。要做好大气污染防控工作，持续改善空气质量，确保实现既定目标。要做好"十四五"规划编制工作，深入领会中央精神，加强政策研究，紧抓各项前期，做好项目谋划，既为当前发展增添活力，又为长远发展夯实基础。

10月31日，市委常委会召开扩大会议，传达学习贯彻党的十九届五中全会精神和省委省级党员领导干部会议精神，安排部署学习贯彻落实工作。省委常委、市委书记徐立毅主持会议。会议指出，要深刻理解领会、深入践行实践，切实把思想和行动统一到党的十九届五中全会精神和中央决策部署上来。要深化认识"十三五"取得的重大成就，坚定全面建设社会主义现代化国家的信心和决心，推动中央决策部署在郑州形成生动实践。要深化认识"十四五"面临的形势，深刻把握"变"与"不变"的关系，在发展大局中找准定位，抢抓机遇、迎接挑战，在危机中育先机、于变局中开新局。要深化认识"十四五"的目标和原则，把握全会提出的"六新"要求和坚持的重要原则，确保郑州发展的方向、路径、方法正确。要深化认识五中全会提出的重点任务，围绕全会提出的12个方面重大任务举措，立足实际、对表对标，明确任务、担当作为，不折不扣抓好贯彻落实，努力在新一轮发展中开好局、起好步。会议指出，要贯彻五中全会精神，结合实际做好重大问题研究谋划。重点研究巩固"枢纽+物流+开放"比较优势、加快补齐科技创新短板、推动经济体系优化升级、推进城市核心板块建设促进空间结构优化、抓好生态环保、建设文化强市、推进共建共治共享的社会治理机制、全面深化改革、健全公共服务体系、统筹发展和安全等重大问题，形成有指导意义、有操作性的工作举措，加快国家中心城市建设步伐，打造更高水平的高质量发展区域增长极。会议强调，要加强组织领导，抓好学习贯彻。把学习五中全会精神与学习二中、三中、四中全会精神贯通起来，与学习习近平新时代中国特色社会主义思想和习近平总书记视察河南重要讲话指示精神结合起来，与学习习近平总书记关于"十四五"规划编制的系列重要指示精神和省委、省政府工作要求统筹起来，精心组织、科学安排，抓好学习深化，加大宣传力度，用五中全会精神统一思想、指导实践。要做好转化结合，把学习成果转化为抓好工作的强大动力，统筹做好"十四五"规划编制、四季度经济运行、秋冬季疫情防控、大气污染防控、安全稳定等工作，为郑州"十四五"发展奠定更加牢固的基础。

11月9日，市委常委会召开扩大会议，学习贯彻习近平总书记近期重要讲话和指示精神，传达国务院总理李克强在河南考察时的指示要求，研究郑州市贯彻落实意见。省委常委、市委书记徐立毅主持会议。会议传达学习习近平总书记在党的十九届五中全会、中央政治局常务委员会听取"十三五"规划实施总结评估汇报、党外人士座谈会、第三届中国国际进口博览会开幕式上的重要讲话精神，以及《国家中长期经济社会发展战略若干重大问题》重要文章。会议指出，要深刻领会、融会贯通，准确把握中央重大判断、重要要求，边学习边思考，不断深化认识。各级领导干部、各个领域要认真对表对标、站位全局、结合实际、深入谋划，使郑州当前工作和"十四五"规划更加符合中央精神、省委要求，进一步提升把握新发展阶段、贯彻新发展理念、构建新发展格局的能力和水平，不断开创郑州国家中心城市建设的新局面。会议指出，要把学习贯彻五中全会精神与落实国务院总理李克强指示要求结合起来，提高站位、统一认识、坚定信心、认清责任、奋力争先，切实发挥好郑州引领中原城市群发展的龙头作用、促进中部地区崛起的支撑作用。会议强调，要把党中央、国务院对郑州的关心关怀和殷切期望领会好、落实好、转化好，按照省委、省政府部署，进一步振奋精神、凝聚力量，以实干担当体现学习贯彻的效果。要坚持目标导向、问题导向，切实抓好"三送一强"、经济运行、城市核心板块建设、"三项工程、一项管理"、三大攻坚战、安全生产、社会稳定等工作，统筹好疫情防控和经济社会发展，努力夺取双胜利。要加大在建项目投资力度，加大招商项目落地力度，切实增加有效投资。各级各部门要进一步坚定信心、凝心聚力，以奋发有为的精神、务实重干的作风抓好当前各项工作，努力为黄河流域生态保护和高质量发展、中部崛起等重大国家战略作出更大贡献。

11月24日，市委常委会召开扩大会议，传达学习中央全面依法治国工作会议精神、习近平总书记重要讲话和指示精神，研究郑州市贯彻落实意见。省委常委、市委书记徐立毅主持会议。会议指出，要把学习贯彻习近平法治思想作为一项重要政治任务、长期任务，深化学习、加强宣传、全面贯彻，不断提高党员干部特别是领导干部的思想认识水平，提高运用这一思想解决实际问题的能力。要坚持问题导向、需求导向，高度重视法治建设、制度建设，发挥好法治固根本、稳预期、利长远的作用，全面营造法治环境、不断优化发展环境，提高城市核心竞争力。坚持以人民为中心，以"一件事"改革为抓手，加快推进服务型政府建设；以权力清单、责任清单"两张清单"为抓手，坚持"法无授权不可为、法定职责必须为"，大力推进法治政府建设；持续深化司法体制改革，解决好法治领域的突出问题。法治建设既要全面推进，又要突出阶段重点，久久为功，持续深化，在法治轨道上推进治理体系和治理能力现代化，不断将体制优势转变为治理效能。要进一步加强党对法治建设的组织领导，全面推进科学立法、严格执法、公正司法、全民守法。各级领导干部要发挥好"关键少数"作用，提升法治素养、形成法治思维、提升法治能力，适应数字化时代新形势，善于运用法治手段处理各类矛盾问题，推动法治建设不断走向深入。会议强调，要深入学习贯彻习近平总书记对新时代民营经济统战工作的重要指示精神，按照全国全省民营经济统战工作会议部署，坚持服务民营经济健康发展和抓好民营经济人士队伍建设"两手抓、两手硬"，开展好民营经济"两个健康"提升行动暨"一联三帮"专项行动，持续深化"三送一强"活动，不断探索创新载体和方式方法，更好推动民营经济健康发展、民营经济人士健康成长。会议传达学习习近平总书记在江苏考察、浦东开发开放30周年庆祝大会、全面推动长江经济带发展座谈会、上海合作组织成员国元首理事会第二十次会议和金砖国家领导人第十二次会晤时的重要讲话精神，强调要把习近平总书记系列重要讲话和指示精神贯通起来理解把握，坚持生态优先、绿色发展，推进更深层次改革，扩大更高水平开放，实现更高质量发展。

11月24日，市委常委会召开扩大会议，传达学习省党政代表团赴上海、江苏、浙江考察精神，研究郑州市贯彻落实意见。省委常委、市委书记徐立毅主持会议。会议指出，要始终做到理论上的清醒与坚定，学习三地贯彻落实习近平新时代中国特色社会主义思想的经验做法，进一步提升学懂、弄通、做实的能力与水平；要切实贯彻落实好新发展理念，扩大郑州在交通枢纽、人力资源、开放体系、市场潜力等方面的比较优势，补上科技创新、市场机制、公共服务、生态环境等方面的短板，大力推进现代产业体系建设，走好符合自身实际的高质量发展之路；要正确处理好政府与市场的关系，深化体制改革，从政务、市场、法治环境等方面优化提升，充分发挥市场在资源配置中的决定性作用；要促进区域之间优势互补、协同发展，更加注重中心城市的功能性建设，更好发挥郑州龙头作用，加快推进"1+4"都市圈区域合理分工、协同发展。要把上海、江苏、浙江的先进经验充分吸收到郑州市"十四五"规划中，抓好学习考察签约项目的推进落地，进一步研究加强与长三角地区深化合作的办法措施，更好巩固扩大成果，推动郑州高质量发展。会议听取并原则通过《关于贯彻落实〈河南省中长期青年发展规划（2019—2025年）〉的实施意见》，强调要以习近平新时代中国特色社会主义思想为指引，加强对广大青年的思想政治教育，引导广大青年增强对党的基本理论、基本路线、基本方略的政治认同、思想认同、情感认同，自觉把人生追求融入党和国家事业。要实施好相关重点项目，广泛凝聚社会共识，促进青年事业加快发展。会议还听取研究了市人大常委会2021年度地方立法计划、全市2019年对外开放工作考核情况。

12月9日，市委常委会召开扩大会议，传达学习习近平总书记近期重要讲话精神，研究郑州市贯彻落实意见。省委常委、市委书记徐立毅主持会议。会议传达学习习近平总书记在全国劳动模范和先进工作者表彰大会、中央政治局第二十五次集体学习、11月30日中央政治局会议和12月3日中央政治局常务委员会上的重要讲话精神。会议指出，要深入贯彻落实习近平总书记关于脱贫攻坚工作的重要讲话精神，一鼓作气夺取脱贫攻坚全面胜利，持续巩固扩大脱贫成果，统筹推进脱贫攻坚与乡村振兴有效衔接，进一步加强领导、落实责任，以更严的标准、更高的要求把这场战役打好，高质量交好脱贫攻坚的政治答卷。会议强调，要把学习贯彻习近平总书记在全国劳动模范和先进工作者表彰大会上的重要讲话精神，与学习贯彻党的十九届五中全会精神、总书记视察河南重要讲话精神、总书记给郑州圆方集团重要回信精神结合起来，引导全市上下自觉学习、积极践行，切实把总书记重要讲话精神转化为弘扬劳模精神、激发劳动热情、开创事业新局的实际成效，打造一支与高质量建设郑州国家中心城市相适应的劳动大军和人才队伍。会议指出，要充分认识知识产权保护工作的时代内涵和战略意义，提升做好新形势下知识产权保护工作的能力和水平，加快建设创新型城市，构建郑州知识产权大保护和充分转化利用的工作格局，让创新成果更好惠及人民、推动发展。会议强调，要深化认识党的十八大以来在以习近平同志为核心的党中央坚强领导下，党内法规制度建设取得的重大成就，强化从严治党、依规治党的高度自觉。要遵照《军队政治工作条例》，支持配合军队开展政治工作，把政治工作贯穿到战斗力建设各个环节，以高水平政治建设推动国防建设提升。要认真学习贯彻习近平总书记关于统一战线工作的重要论述精神，履行好统战工作主体责任，以高度的思想自觉、政治自觉、行动自觉落实好《中国共产党统一战线工作条例》，为郑州发展凝聚共识、凝聚智慧、凝聚力量。要抓好《中国共产党党员权利保障条例》的学习贯彻落实，引导广大党员更加紧密地团结在党中央周围，依法依规担当作为，发挥好党员先锋模范作用。

12月9日，市委召开常委会会议，研究部署基层党建、市属高中阶段学校建设、现代环境治理体系建设、辛丑年黄帝故里拜祖大典筹备等工作。省委常委、市委书记徐立毅主持会议。会议传达学习全省城市基层党建暨非公经济组织和社会组织党建工作座谈会精神，指出要按照全省会议部署，进一步加强党的领导、完善组织体系、创新党建载体，坚持以党建引领各项工作，紧紧围绕"三项工程、一项管理"，"六稳""六保"，优化营商环境，特大城市治理现代化建设等中心工作，抓实抓好城市基层党建，推进党的组织和党的工作有形覆盖、有效覆盖，不断增强党建工作的活力和效果，更好地把党员组织起来、把群众动员起来，为经济社会高质量发展提供坚强保证。会议听取关于市属高中阶段学校建设工作的汇报，指出各级各部门要高度重视、协同推进，统筹做好项目各项前期工作，完善相关政策体系和工作机制，合理安排建设计划，高品质规划、高水平建设，努力打造教育事业发展和城市建设的亮点，以高质量的教育公共服务助推郑州大都市圈发展，不断提升城市竞争力和人民群众的满意度。会议听取并原则通过《关于加快构建现代环境治理体系的实施意见》，指出各级各部门要自觉把思想和行动统一到中央、省委和市委的决策部署上来，坚持问题导向、紧扣工作实际，按照"三定"职责，进一步明确分工、细化任务、压实责任，强化监督考评，不断推进生态环境治理工作细化、量化、法治化，形成齐抓共管的良好氛围，以高质量的生态环境促进经济高质量发展、提升人民群众生活品质。会议还研究了辛丑年黄帝故里拜祖大典总体方案及其他事项。

12月21日，市委常委会召开扩大会议，传达学习中央经济工作会议精神和习近平总书记在党外人士座谈会、中央政治局第二十六次集体学习、中央政治局会议上的重要讲话精神以及《共担时代责任，共促全球发展》重要文章，研究郑州市贯彻落实意见。省委常委、市委书记徐立毅主持会议。会议指出，要把中央经济工作会议和党的十九届五中全会精神贯通起来，一体深刻学习领会，进一步提升认识水平，认真抓好贯彻落实。要深刻认识一年来我国经济社会发展取得的成绩，更加坚定自觉地团结在以习近平同志为核心的党中央周围，增强"四个意识"、坚定"四个自信"、做到"两个维护"，增强信心、迎难而上、开创新局。要用心感悟在严峻挑战下做好经济工作的规律性认识，加深对"五个根本"的理解，更加坚定自觉地维护习近平总书记和党中央权威，贯彻以人民为中心的发展思想，推进治理体系和治理能力现代化制度建设，加强理论学习和实践探索，秉持科学精神、把握科学规律、大力推进科技创新，在面临疫情变化和外部环境存在诸多不确定性中增强工作前瞻性、针对性、科学性。要准确把握做好2021年经济工作的重点任务，谋深做实郑州经济高质量发展、融入新发展格局的各项举措，推进经济社会发展不断开创新局面。会议强调，要深入学习贯彻习近平总书记重要讲话精神，进一步引导党外人士当好参谋助手，广泛凝聚共识。要深入贯彻总体国家安全观，坚持系统思维，切实维护好政治稳定、社会稳定、经济稳定。要坚持"严"的总基调，以强化政治监督为统领，一体推进不敢腐、不能腐、不想腐，营造风清气正的政治生态。要加强对《中国共产党地方组织选举工作条例》的学习，以市县乡换届为契机，切实把地方党组织领导班子选好配强，不断增强整体功能。要进一步认清大势、把握规律，坚定开放合作信心，坚持新发展理念，推动更高水平对外开放。会议听取全市信访工作汇报，审议《郑州市信访稳定突出问题攻坚化解活动实施方案》，强调各级各部门要高度重视信访工作，统筹安全与发展，着眼于问题化解，坚持标本兼治、聚焦聚力，压实各级责任，明确时间节点，加大考核通报力度，切实推动突出信访问题有效化解，维护社会大局和谐稳定。会议审议《关于进一步推进市域社会治理现代化试点工作的意见》，强调要结合特大城市特点，加强社会综合治理和法治社会、平安社会建设，聚焦重点、探索创新，解决好痛点难点问题，形成有特点、可复制的试点经验，推动城市治理体系和治理能力现代化。

12月29日，市委常委会召开扩大会议，传达学习中央政治局民主生活会重要精神，研究郑州市贯彻落实意见。省委常委、市委书记徐立毅主持会议。会议指出，要认真学习、深刻领会习近平总书记的重要讲话精神，把握正确政治方向，不断提高从政治上观察问题、分析问题、处理问题的能力，以国家政治安全为大、以人民为重、以坚持和发展中国特色社会主义为本，善于从一般事务中发现政治问题，善于从倾向性、苗头性问题中发现政治端倪，善于从错综复杂的矛盾关系中把握政治逻辑，以更强的政治判断力、政治领悟力、政治执行力推进习近平总书记重要讲话指示批示要求和党中央各项决策部署落地落实。会议强调，贯彻落实总书记重要讲话精神，要更加坚定做到"两个维护"。深刻认识以习近平同志为核心的党中央在领导全党全国各族人民战胜史所罕见的风险挑战、奋力推进新时代中国特色社会主义事业中的决定性作用，进一步坚定在以习近平同志为核心的党中央领导下开创改革发展新局面的信心和决心，进一步增强"两个维护"的政治自觉、思想自觉和行动自觉。要时刻对表对标，始终与以习近平同志为核心的党中央保持高度一致，在不断学习、不断对表对标中深化认识、增强自觉、找到差距、努力提升，在贯彻落实习近平总书记重要指示批示精神和党中央决策部署上不掉队、不走偏，使各项工作更加符合中央部署和省委要求、更加符合郑州实际和群众期待。要不断增强政治定力，面对前进中的各种困难、风险和挑战，提升统筹水平，强化底线思维，增强机遇意识，提高驾驭能力，透过现象看本质，把握原则、直面问题，切实找准郑州在全局中的定位，以强大的斗争精神、不懈的奋斗姿态推动各项工作开创新局面，加快建设现代化国家中心城市，努力为黄河流域生态保护和高质量发展、中部地区崛起和中原更加出彩作出新的更大贡献。

12月29日，市委常委会召开扩大会议，传达学习省委十届十二次全会暨省委经济工作会议精神、省委书记王国生参加郑州组讨论时的讲话精神，研究郑州市贯彻落实意见。省委常委、市委书记徐立毅主持会议。会议指出，要深入贯彻省委会议精神和省委书记王国生讲话精神，结合实际找准贯彻落实切入点、着力点，以更加奋发有为的精神和劲头把郑州的工作做好、把郑州发展好。会议强调，要把握新阶段新使命，强化"领"的担当。更加清醒认识郑州在大局中的责任和使命，进一步增强"领"的思想自觉和行动自觉，以更加强烈的使命担当，把"领"的责任扛起来，努力向现代化国家中心城市迈进，在全省发挥好带头作用，推动各方面工作走在前列。要把握新理念新内涵，强化"创"的精神。深入贯彻新发展理念，敢破敢立、革旧立新，努力开创各项工作新局面，创造更多经验，以"创"的精神推动高质量发展。要把握新格局新形势，强化"闯"的劲头。着力破除体制机制障碍，着力突破发展瓶颈制约，着力"闯"出一条符合中央和省委部署、符合郑州实际的发展路子。各级各部门和全市党员干部要切实增强责任感、紧迫感，开拓进取，奋勇争先，努力为推动黄河战略实施、中部崛起和实现中原更加出彩作出应有贡献。会议传达全省党校（行政学院）校（院）长会议精神，听取市委党校工作汇报。会议指出，要提高政治站位，履行好各级党委的主体责任，切实加强对党校工作的领导指导。要坚持党校姓党，抓牢主业主责，加强理论武装，强化党性锻炼，更加突出思想政治建设。要突出质量立校，增强教学实效，统筹提高治校治教治学水平，确保党校高质量发展。

【市委理论学习中心组学习会】 3月24日，市委理论学习中心组举行集体学习，传达学习《求是》杂志刊发的习近平总书记重要文章《为打赢疫情防控阻击战提供强大科技支撑》。省委常委、市委书记徐立毅主持会议。徐立毅指出，全市上下要学深悟透，做好转化结合的文章，抓好实践落实。要依靠科技做好“外防输入”的精准防控，进一步完善与防境外输入相适应的防控体系，以数据流为引导做好重点人员的全过程管控。各级各部门要克服麻痹大意、掉以轻心思想，确保各项防控工作落实到位。徐立毅强调，要依靠科技抓好统筹，加快推动经济社会恢复正常秩序。坚持因时因势调整疫情防控措施，充分运用技术手段管住重点、放开面上，加快建立同疫情防控相适应的经济社会运行秩序。机关企事业单位要依靠科技完善防控体系，健全完善快速反应机制，各项工作适应疫情形势的变化，不断改进提升。要以“一网通办、一次办好”为牵引，打通数据、重塑流程、营造环境，提高政府服务的效率和水平。要依靠科技推进治理体系和治理能力现代化。以“数字郑州”城市大脑项目建设为带动，以智慧交通、智慧医疗、智慧城管等11个智慧管理系统建设为抓手，抓好“新基建”谋划布局，加快推动社会治理数字化、现代化，为经济社会的发展提供信息技术支撑。要做好新闻宣传和舆论工作，加强网上网下引导，使全社会既坚定信心又不掉以轻心，努力夺取疫情防控和经济社会发展的双胜利。

4月27日下午，市委理论学习中心组举行集体学习，集中学习习近平总书记关于打好打赢脱贫攻坚战的系列重要讲话指示精神。省委常委、市委书记徐立毅主持会议。徐立毅指出，要把思想和行动统一到总书记系列重要讲话和指示批示精神上来，切实扛稳脱贫攻坚责任，把打好脱贫攻坚战、收官战作为底线任务，用实实在在的脱贫成效体现“四个意识”“两个维护”。要按照习近平总书记的重要论述精神，把打赢脱贫攻坚战融入乡村振兴，统筹部署、倾斜力量，聚焦重点、精准施策，不断扩大成效。一方面，坚持目标标准、精准方略、从严从实，努力实现脱贫对象稳定脱贫、可持续增收；另一方面，高品质推进美丽乡村建设，高水平推进农村集体经济和特色产业发展，高效率推进以土地为牵引的农村各项改革，不断开创乡村振兴、“三农”工作新局面。要用好学习制度，强化压力传导。各级各部门党委（党组）要把学习总书记关于脱贫攻坚重要论述纳入中心组学习内容，不断强化责任意识，自觉主动抓好工作推进。认真做好脱贫攻坚自查工作，坚持高标准、严要求，对检查中发现的问题抓紧整改，绝不能出现数字脱贫、虚假脱贫现象，确保脱贫工作扎实、脱贫结果真实。

5月1日，市委理论学习中心组在圆方集团举行集体学习会，学习习近平总书记给圆方集团全体职工的重要回信精神，传达省委常委会会议学习贯彻精神。省委常委、市委书记徐立毅主持会议。会上，郑州圆方集团党委书记薛荣、总经理李圆方、职工代表海贝介绍了参与疫情防控和学习总书记重要回信精神的体会，中心组成员杨福平、吕挺琳、赵新中结合自身学习情况作交流发言。徐立毅指出，全市上下要认真组织学习回信精神，转化为贯彻落实的实际行动，更好发挥党的领导、党建引领作用，团结带领各领域党员干部职工，凝心聚力做好郑州各项工作。要把学习贯彻回信精神与学习贯彻总书记关于河南和郑州的系列重要讲话精神结合起来，转化为奋发进取的责任担当，坚决扛起重大责任，增强使命担当，扎实工作，奋发进取，加快建设国家中心城市，全力实施中部崛起战略、黄河流域生态保护和高质量发展战略；转化为埋头苦干的实际行动，弘扬劳动精神，在做好常态化疫情防控前提下，充分依靠广大职工群众，深入开展“送政策、送服务、送要素、强信心”活动，帮助企业克服困难，进一步做好复工复产复销工作，加快经济社会秩序全面恢复，扎实抓好脱贫攻坚，有力推进高质量发展制造业、高水平扩大对外开放、高品质推进城市建设等系列三年行动计划，加快郑州高质量发展步伐；转化为加强党的建设的强大动力，推广圆方集团以党建为引领、抓好党建促发展的非公企业党建经验，把党的要求、企业目标、社会责任有机统一起来，把广大职工紧紧团结在党的周围，真正让党建成为凝聚力、生产力、竞争力，促进各类市场主体更好更健康更可持续发展。会前，市委理论学习中心组成员参观了“圆方之路”专题展、“抗击新冠肺炎疫情”展教馆。

6月24日，市委理论学习中心组举行集体学习会，集中学习习近平总书记关于民法典和民族宗教工作的重要论述、民法典的主要内容，交流收看电视政论片《雄关》心得，传达省纪委典型案例通报精神。省委常委、市委书记徐立毅主持学习会。郑州大学教授田土城作民法典专题辅导报告。徐立毅指出，要深刻领会总书记重要讲话精神，紧密结合实际，切实把中央民族宗教工作方针政策在郑州落地落实。要加强党对民族工作的领导，深化民族团结进步教育，促进各民族交往交流交融，让各民族共享郑州改革发展成果。要落实好中央决策和省市关于宗教工作的安排，进一步夯实责任，坚持依法治理，做好群众工作，不断提升宗教治理能力，巩固治理成效。徐立毅要求，要把学习收看电视政论片《雄关》与学习贯彻习近平总书记关于疫情防控系列重要讲话精神结合起来，坚持人民至上，把以人民为中心的发展思想体现在工作各方面、全过程，把问政于民、问需于民、问计于民作为根本方法，把增强人民群众的获得感作为领导干部的工作取向、个人价值取向，站稳群众立场，尊重群众意愿，走好群众路线，做好群众工作；要提升统筹能力，把握“控、保、稳、进、抬、扛”六字要求，毫不放松守牢疫情防线，千方百计抓“六稳”“六保”，坚定不移落实新发展理念，与时俱进拓宽高质量发展路子，全力以赴推进郑州国家中心城市建设；要坚持党建引领，全面加强党的领导，进一步加强干部作风和基层党组织建设，倡导求真务实、实事求是作风，增强应对和解决实际问题的能力，坚持真抓实干、以上率下，反对形式主义、官僚主义，推动经济社会持续健康发展。徐立毅强调，要从省纪委通报的典型案件中汲取教训、引以为戒。要坚定信仰之心，坚持“不忘初心、牢记使命”学习教育常态化，为党为人民站好岗放好哨。要常怀敬畏之心，始终敬畏人民、敬畏组织、敬畏法纪、敬畏事业，稳得住心神、管得住行为、守得住清白。要常怀律己之心，把党章党规党纪、党的优良传统作为行为规范，贯穿到工作、生活、学习各个方面。要增强责任之心，从严管党治党，管好自身、带好队伍，不断巩固和发展风清气正、干事创业的良好氛围。徐立毅指出，要深入学习贯彻总书记关于民法典重要讲话精神，把民法典纳入法治建设总体部署，扎实推动民法典全面有效实施。要充分认识民法典编纂、颁布的重大意义，切实增强实施好民法典的责任感、使命感。要以民法典颁布实施为契机，加快营造公平公正的法治环境，为高质量发展增添动力、活力。要加强民法典的学习宣传，各单位特别是党政机关、执法司法部门要加强学习贯彻，全面提高依法执政、依法行政、依法治市、依法办事的能力和水平，切实增强全体社会成员的尊法守法的意识。

8月19日，市委理论学习中心组举行集体学习会，集中学习《习近平谈治国理政》第三卷。省委常委、市委书记徐立毅主持学习会，理论中心组成员及部分基层代表参加。学习会以研讨交流的方式进行。徐立毅指出，全市各级党组织和广大党员干部要把学习《习近平谈治国理政》第三卷作为重要政治任务，进一步增强学懂弄通做实的思想自觉、行动自觉，坚持读原著、学原文、悟原理，持续在学习中提高站位、解除疑惑、增强本领，不断把学习成效转化为对习近平新时代中国特色社会主义思想的精准把握，转化为对马克思主义的坚定信仰和对共产主义、中国特色社会主义的坚定信念，转化为对马克思主义立场观点方法的自觉运用，转化为增强“四个意识”、坚定“四个自信”、做到“两个维护”的实际行动，做到学思用贯通、知信行合一。要坚持理论联系实际，用《习近平谈治国理政》第三卷指导推动各项工作再上新台阶。要胸怀两个大局，把握发展大势，着力做好郑州的事情，在“加快形成以国内大循环为主体、国内国际双循环相互促进的新发展格局”中找准定位，协同推进改革发展稳定各项工作。要树牢新发展理念，从经济社会各方面对照反思、提高认识，处理好“取”与“舍”、当前与长远、局部与整体的关系，坚持走好高质量发展路子。要坚持以人民为中心，把对党负责与为民负责高度统一起来，充分依靠群众推动工作，不断增强人民群众的获得感、幸福感、安全感。要坚持用创新的思维、改革的办法，强化“六稳”“六保”任务落实，强化招商引资、项目支撑，解决好发展中的重点难点问题，加快建设更高水平的高质量发展区域增长极。要加强宣传引导，进一步形成全市学习贯彻的热潮，推动全市上下更加紧密地团结在以习近平同志为核心的党中央周围，坚定不移地贯彻落实中央和省市委决策部署，加快郑州国家中心城市建设，为中原出彩、中部崛起、黄河战略实施作出积极贡献。

【新冠肺炎疫情防控重要会议】 郑州市新型冠状病毒感染的肺炎疫情防控工作专题会 1月24日，省委常委、市委书记徐立毅主持召开新型冠状病毒感染的肺炎疫情防控工作专题会，听取全市新型冠状病毒感染肺炎疫情防控工作情况汇报，分析研判形势，安排部署当前防控工作，强调要深入贯彻习近平总书记重要指示精神，落实国务院总理李克强批示要求和国家、省会议部署，压实责任、细化举措，把做好疫情防控作为头等大事，全力保障好人民群众生命安全和身体健康。

郑州市疫情防控工作专题会议 1月25日，省委常委、市委书记徐立毅主持召开专题会议，传达省委书记王国生到郑州市检查指导新型冠状病毒感染的肺炎疫情防控工作时的指示要求，并专题调研全市疫情防控工作。徐立毅强调，要坚决贯彻落实习近平总书记重要指示精神，落实国家和省委省政府会议部署要求，全员上阵、全力以赴，坚决打赢疫情防控这场硬仗、大仗、持久仗。

郑州市新型冠状病毒感染的肺炎疫情防控工作电视电话会 1月26日，全市新型冠状病毒感染的肺炎疫情防控工作电视电话会议召开，学习贯彻习近平总书记重要讲话精神和中央政治局常委会会议精神，落实省委书记王国生在郑州市检查疫情防控工作时的讲话要求和全省电视电话会议精神，对疫情防控工作再研究、再部署、再动员。省委常委、市委书记徐立毅强调，要坚持块抓条保、压实责任、分包到人，尽快摸清底数，全力做好病员救治和人员隔离管控，坚决遏制疫情蔓延势头，坚决打赢疫情防控这场硬仗，切实保护好人民群众生命安全和身体健康。会上下发了《郑州市新型冠状病毒感染的肺炎疫情防控领导小组关于市级有关领导同志分包各开发区、县（市）区疫情防控工作的通知》。

市疫情防控领导小组视频调度会 1月27日，省委常委、市委书记徐立毅主持召开市疫情防控领导小组视频调度会，研判疫情形势，研究突出问题，安排部署下一步工作。徐立毅强调，全市上下要深入学习贯彻习近平总书记重要讲话精神，落实国务院总理李克强武汉考察指示要求和中央、省委省政府部署，提高思想站位，发扬斗争精神，以必胜信念、扎实作风，深入有效做好防控工作，打赢重大疫情防控这场阻击战。

郑州市疫情防控领导小组会议 1月29日，省委常委、市委书记徐立毅主持召开市新型冠状病毒感染的肺炎疫情防控领导小组会议，传达省委常委会会议精神，听取市疫情防控领导小组“一办七部”工作汇报，研究全市进一步加强疫情防控的举措。徐立毅指出，各级党委和政府要深入贯彻落实习近平总书记重要讲话和指示精神，坚决落实中央和省委部署，进一步加强领导、统筹指挥，紧紧依靠群众打赢疫情防控阻击战。要充分认清当前疫情防控的严峻形势，坚决克服麻痹和松懈思想，坚持底线思维，以最严格的管控措施，坚决打好打赢疫情防控这场硬仗。要加强居民生活必需品和防控物资的供应保障，按照有关通知要求做好延迟复工、返校工作，实现信息报告的系统化、制度化、规范化，不断提高疫情防控的科学化水平。

1月31日，省委常委、市委书记徐立毅主持召开市疫情防控领导小组会议，专题研究疫情防控大数据监测、人员返程管理、企业复工等问题，部署进一步加强疫情防控工作。徐立毅强调，全市上下要创新手段、精准排查，采取更有针对性的举措，切实守护好人民群众的生命安全和身体健康。要充分利用好先进技术手段，采取大数据分析等方式，不断提高疫情防控工作的精准度、科学性。特别要注意对确诊病例和疑似病例密切接触者的追踪，全面落实隔离医学观察措施，务必做到“不漏一人”，坚决防止极少数高风险点位导致疫情扩散。各级各部门要充分做好复工预案和前期准备，应对可能出现的风险。同时，加强机关单位疫情防控工作，研究“空中课堂”网络教学等方案，为机关单位返岗和学生返校复学做好充分准备。

2月10日，省委常委、市委书记徐立毅调研检查全市复学工作准备情况，并主持召开市疫情防控领导小组会议，传达贯彻省长尹弘检查指导郑州防控工作时的重要讲话精神。徐立毅强调，要不断优化完善疫情防控工作举措，坚持技防与人防相结合、管理与服务相结合，突出重点、创新手段，不断提高动态管控的科学化水平，坚决打赢疫情防控阻击战。

2月12日，省委常委、市委书记徐立毅主持召开市疫情防控领导小组会议，听取专家对郑州市疫情防控形势的分析预测、居民小区健康登记管理系统运行情况、市疫情防控领导小组“一办七部”工作汇报，研究部署进一步加强疫情防控、有序推动复工复学工作的各项措施。徐立毅强调，要深入贯彻落实习近平总书记在北京调研指导新冠肺炎疫情防控工作时的重要讲话精神，严格落实中央和省委、省政府安排部署，坚决克服麻痹松懈思想，以更坚定的信心、更顽强的意志、更果断精准有力的措施，坚决打赢疫情防控阻击战。会前，徐立毅检查疫情防控工作并慰问一线工作人员。

2月14日，省委常委、市委书记徐立毅主持召开市疫情防控工作领导小组会议，学习贯彻习近平总书记重要讲话和中央政治局常委会会议精神，进一步研究部署疫情防控期间企业复工复产工作。徐立毅指出，全市上下要认真贯彻习近平总书记重要讲话精神和中央政治局常委会会议部署，准确把握当前面临的形势和任务，紧紧围绕疫情病例稳定持续下降和经济运行指标平稳上升目标，科学研判，精准施策，周密部署，细化措施，确保疫情防控和经济社会发展两手抓、两手硬，取得双胜利。

2月28日，省委常委、市委书记徐立毅主持召开市疫情防控工作领导小组会议，分析当前疫情形势，研究部署下一步工作。徐立毅强调，要深入学习贯彻习近平总书记2月26日在中央政治局常务委员会会议上重要讲话精神，落实中央、省委部署，高度警惕麻痹思想、厌战情绪、侥幸心理、松劲心态，义无反顾抓防控，统筹兼顾促复产，坚决打好打赢统筹推进疫情防控和经济社会发展工作的硬仗，持续两手抓，夺取双胜利。同日，响应党中央号召，市四大班子领导带头为支持新冠疫情防控工作进行捐款。

3月19日，省委常委、市委书记徐立毅主持召开市疫情防控工作领导小组会议，学习贯彻习近平总书记在中央政治局常委会会议上的重要讲话精神，听取全市进一步调整完善疫情防控措施、加快复工复产工作的情况汇报，研究部署新形势下全市统筹抓好疫情防控与经济社会发展重点工作。徐立毅强调，全市上下要切实把思想统一到党中央决策精神上来，按照省委安排部署，认清形势、紧盯重点、统筹兼顾，以时不我待的紧迫感和勇于担当的责任感，因时因势调整工作着力点和应对举措，加快建立同疫情防控相适应的经济社会运行秩序，确保顺利实现全年各项目标任务。

4月30日，省委常委、市委书记徐立毅主持召开全市疫情防控工作领导小组会议，学习贯彻4月29日中央政治局常务委员会会议精神，综合分析当前疫情形势，就“五一”期间学校复学及下一步常态化疫情防控工作进行研究部署。徐立毅强调，要加快建立与疫情防控常态化相适应的经济社会运行秩序，因时因势调整工作措施，不断提高统筹能力，以更精准、细致、扎实的举措，确保疫情防控管得牢、经济发展快回升、社会运行更有序。

11月26日，省委常委、市委书记徐立毅主持召开市疫情防控领导小组会议，贯彻落实全国疫情防控电视电话会议精神，传达学习省委书记王国生、省长尹弘到郑州市检查疫情防控时的指示精神，分析研判全市疫情防控形势，安排部署下一步工作。徐立毅强调，要切实认清复杂形势、保持清醒头脑，抓紧抓细抓实各项防控措施，保障好人民群众生命安全和身体健康，统筹推进常态化疫情防控和经济社会发展，确保疫情防控工作有力有序、经济社会发展持续向好。

12月12日，省委常委、市委书记徐立毅主持召开市疫情防控领导小组会议，分析当前疫情防控形势，安排部署下一步防控工作。徐立毅强调，要深入贯彻落实习近平总书记关于疫情防控的重要讲话精神，按照省委书记王国生批示要求，做好进口冷链食品疫情防控，切实保障人民群众健康安全和经济社会平稳有序。要继续发挥发热门诊的前哨作用，加强管理，高度警惕苗头性问题，及时发现、及时处置，坚决防止疫情反弹，确保疫情防控和经济社会发展双统筹、双胜利。

郑州市疫情防控工作电视电话会议 2月2日，全市疫情防控工作电视电话会议召开，传达学习省委有关座谈会精神，分析郑州市形势，对疫情防控工作再研究、再部署。省委常委、市委书记徐立毅强调，要坚决贯彻落实习近平总书记重要批示和中央有关会议精神，按照省委安排，进一步认清复杂严峻的形势，严字当头、坚持坚守，发扬“钉钉子”的精神，采取更加科学管用的办法，实施最严格的防控措施，推进疫情防控工作更加扎实有效，筑牢人民群众的健康防线。

市委统筹推进新冠肺炎疫情防控和经济社会发展工作部署会议精神视频会议 2月24日下午，市委召开视频会议，学习贯彻习近平总书记重要讲话精神，贯彻落实中央、省委统筹推进新冠肺炎疫情防控和经济社会发展工作部署会议精神，安排郑州市下一步工作。省委常委、市委书记徐立毅出席会议并讲话。徐立毅指出，全市上下要把思想统一到总书记对形势的判断上来，坚决克服盲目乐观、松懈轻敌、麻痹侥幸思想，坚持底线思维，坚决杜绝聚集性风险、输入性风险，防止疫情出现反复。要把疫情防控工作和复工复产工作统筹起来，从实际出发，抓住重点关键，在不同地区、不同时期对不同单位采取更有针对性的措施，落实好精准管控要求。要立足全年目标圆满完成，把扩大有效投资作为回补增长、增强后劲重要举措，把扩大消费作为重点问题来抓，把优化营商环境、招商引资作为基础性工作抓实抓紧，把打好三大攻坚战作为重大的政治责任扛在肩上，统筹做好保增长、促发展各项工作，高质量实现全面小康目标。各级党员领导干部要增强必胜之心、责任之心、仁爱之心、谨慎之心，走好群众路线，齐心协力推动防控、发展各项工作取得更好成效。

郑州市疫情防控工作专题会议 3月11日上午，省委常委、市委书记徐立毅主持召开市疫情防控工作专题会议，分析当前疫情防控形势，研究部署下一步工作。徐立毅强调，要深入学习习近平总书记在湖北省考察新冠肺炎疫情防控工作时的重要讲话指示精神，落实中央、省委部署，坚决克服麻痹思想、厌战情绪、松劲心态，把严防外部输入特别是境外输入作为重中之重，坚持不懈地抓实抓细各项防控工作，坚决夺取疫情防控工作全面胜利。

郑州市疫情防控和信访安全稳定工作会议 5月18日，省委常委、市委书记徐立毅主持召开全市疫情防控和信访安全稳定工作会议，听取工作汇报，分析研判形势，安排部署近期工作，强调要深入贯彻以人民为中心的发展思想，站稳人民立场，维护群众利益，以更高标准、更严要求，扎实做好常态化疫情防控和信访安全稳定各项工作，确保社会大局平安和谐稳定。

郑州市抗击新冠肺炎疫情表彰大会 12月31日，郑州市抗击新冠肺炎疫情表彰大会隆重举行，深入学习贯彻习近平总书记在全国抗击新冠肺炎疫情表彰大会上的重要讲话精神和全省抗疫表彰大会精神，对全市抗击新冠肺炎疫情斗争中涌现出来的先进个人和先进集体进行表彰，弘扬抗疫伟大精神，凝聚克难攻坚、奋勇争先的伟大力量，奋力开启国家中心城市现代化建设的新征程。省委常委、市委书记徐立毅出席会议并讲话。市委副书记、代市长侯红主持会议。会议宣读了《中共郑州市委关于表彰郑州市优秀共产党员和郑州市先进基层党组织的决定》和《中共郑州市委、郑州市人民政府关于表彰郑州市抗击新冠肺炎疫情先进个人和先进集体的决定》，并为受表彰的先进个人、先进集体和优秀共产党员、先进基层党组织代表颁奖。

【黄河流域生态保护和高质量发展重要会议】 郑州市建设黄河流域生态保护和高质量发展核心示范区工作领导小组会议 2月21日，省委常委、市委书记徐立毅主持召开郑州市建设黄河流域生态保护和高质量发展核心示范区工作领导小组第一次会议，传达学习习近平总书记在中央财经委员会第六次会议上的重要讲话精神，研究部署黄河流域生态保护和高质量核心示范区建设工作。徐立毅强调，全市上下要深刻领会习近平总书记重要讲话精神，深入贯彻新发展理念和以人民为中心的发展思想，立足当前、谋划长远，压实责任、统筹推进，在抓好新冠肺炎疫情防控的同时，加快推进具有黄河流域生态保护和高质量发展鲜明特征的国家中心城市建设。要加快推进黄河流域生态保护和高质量发展核心示范区建设的各项工作。要围绕建设国家中心城市加强研究谋划，紧密结合新一轮国土空间规划编制，加强研究分析郑州在黄河流域生态保护和高质量发展中的特点、方向和任务，聚焦发挥中心城市带动作用，聚焦郑开同城化发展，引领中原城市群发展；要围绕核心示范区建设加强研究谋划，统筹生态、防洪、文化等各个方面，处理好黄河与城市、沿黄地区与中心城区的关系，使沿黄地区成为郑州的亮点，形成城市的鲜明特征；要围绕起步区建设加强研究谋划，把起步区作为核心示范区的带动区，作为黄河国家文化公园的重要组成部分，作为打造郑州开封洛阳世界级文化旅游带的关键节点，站位全局、突出重点，科学规划建设。要在“谋”的基础上抓紧“干”，以起步区建设为主抓手，加快推动项目建设实施，建立市区联动、专班运作、封闭管理的项目指挥推进机制，加快推动黄河博物馆、大河村国家考古遗址公园等重点项目规划建设，真正把工作方案变成具体行动、把具体行动变成实际成效。

郑州市黄河流域生态保护和高质量发展核心示范区起步区开发建设工作专题会议 3月27日，省委常委、市委书记徐立毅主持召开专题会议，研究黄河流域生态保护和高质量发展核心示范区起步区开发建设工作。徐立毅指出，要进一步增强责任感和紧迫感，统一思想、创新思路，转变理念、直面问题，坚持政府主导，完善配套政策，创新开发机制，高标准推进这一核心板块建设，为全市做好标杆示范。要谋定而后动，围绕起步区建设加强研究谋划，摸清资源底数，明确开发边界，完善投融资机制，建立长效资金平衡机制和高效工作推进机制。要切实完善规划，统筹大运河与黄河的关系、外围绿化与内部绿化的关系、产业发展与用地结构的关系、空间尺度与城市功能的关系等，处理好起步区结构问题，大力发展文化旅游创意产业，形成符合城市肌理、体现高品质发展要求的形态结构和产业业态。要创新开发机制，科学确定开发时序、开发模式，设计好投融资方案，依靠土地滚动开发保证资金平衡、可持续发展。徐立毅强调，要强化市区联动开发协调机制，建立市区联动、专班运作、封闭管理的项目指挥部，成立专门项目公司进行具体运作，更好发挥市一级的领导作用，充分调动属地积极性、主动性、创造性，加快推动黄河流域生态保护和高质量发展国家战略在郑州落地生根，努力把这片区域打造成为黄河流域生态保护示范区、黄河历史文化展示区、高质量发展引领区。

黄河流域生态保护和高质量发展重点项目座谈会　3月31日，郑州市与水利部黄河水利委员会举行座谈会，研究谋划黄河流域生态保护和高质量发展核心示范区重点项目规划建设工作。省委常委、市委书记徐立毅等参加会议并讲话。会前，参会人员实地察看有关项目选址情况。徐立毅指出，要把文化传承展示作为实施黄河流域生态保护和高质量发展战略的基础性工作，着力建设具有点睛之笔作用的重点项目，使黄河文化“立起来”。要处理好主体功能与配套功能的关系、项目与周边地区的关系、听与看的关系，高水平做好文物文化展示，突出黄河全流域的整体性，强调自然、文化、治理的融合性，用好黄河元素、彰显黄河特色，打造大气、厚重的文化精品，充分展示奔腾不止、生生不息、百折不挠的黄河文化和民族精神，更好激发和增强文化自信。要统筹考虑交通组织，合理运用周边配套，并与邻近历史文化遗址相互呼应，打造点线面结合的文化区域，推动建设郑州、洛阳、开封世界级文化旅游带，更好地讲述黄河文化、中华文明故事。要以更高站位、更广视野、更远眼光谋划推进，站在人类文明历史发展的高度，展示大河对人类文明进步的深远影响，以黄河文化为平台和纽带，促进文明交流互鉴。郑州市将与黄委会加强沟通协作，发挥各自优势，加快推动有关项目落地建设。

郑州市大河村国家考古遗址公园规划汇报会　4月18日，省委常委、市委书记徐立毅主持召开大河村国家考古遗址公园修建性详细规划专题汇报会。徐立毅指出，要围绕大河村国家考古遗址公园项目发掘好、讲述好河南区域内的仰韶文化，把郑州在中国历史文化特别是早期文化、黄河文化中的地位和影响立起来。要系统梳理、深入挖掘大河村遗址的文化价值，全面讲好仰韶文化、黄河文化故事，系统展示中华文明生生不息、延续不断的特点。要用开放的视野、对接国际的话语体系，充分运用现代技术手段，精心布展，打造场景。要强化文化遗产保护的系统性，处理好项目与周边区域的关系、主体功能与配套功能的关系，打造国内一流、有世界影响的历史文化展示载体，形成能够传世的文化精品。要综合考虑生态水系、交通组织和停车配套等，合理控制用地和建设规模，充分争取国家项目支持，加快推进步伐。要加强项目组织领导，组建相应工作专班，完善协调推进机制，做实做细各方面工作，形成工作合力。要依托该项目规划建设，将黄河沿线历史文化遗产项目串珠成链，打造点线面结合、高水平高层次的文化区域，凸显郑州特色，激发和增强文化自信。

郑州市建设黄河流域生态保护和高质量发展核心示范区工作领导小组第二次会议　5月8日，省委常委、市委书记徐立毅主持召开郑州市建设黄河流域生态保护和高质量发展核心示范区工作领导小组第二次会议，听取建设核心示范区2020年工作要点和考核方案、核心示范区起步区惠济大运河片区调查分析情况，以及起步区建设、文化博物旅游、防洪工程与水资源、生态综合治理、交通工程等5个专项组年度工作方案和三年行动计划汇报，研究部署核心示范区建设工作。徐立毅强调，要深化认识，不断加深对黄河流域生态保护和高质量发展战略内涵的理解，把握要义、抓住关键，突出生态保护、文旅融合、高质量发展，转化落实为具体项目，以扎实有效的举措，让郑州沿黄城市的发展特征充分彰显出来，让黄河文化、嵩山文化、古都文化在郑州充分展示出来，让郑州这个国家中心城市应具有的黄河流域生态保护和高质量发展的鲜明特征充分塑造出来。要聚焦重点，牢牢抓住看得准、干得了、立得住的关键性事项，扎实干出成效，以此凸显黄河流域生态保护和高质量发展的内涵和特征。按照以水定城、建设节水型城市的要求，加强技术研究分析，进一步梳理水利、防洪项目，统筹解决好全市水源结构调整优化、西部地区水资源短缺、黄河引水稳定性、千万人口特大城市防洪安全、黄河沿线生态保护等重大问题。着力推进黄河国家博物馆、大河村国家考古遗址公园等一批标志性文化工程项目建设，让黄河历史文化主地标立起来。加快推进沿黄慢行系统、郑汴洛轨道快线建设，让“三座城、三百里、三千年”的历史文化景观串珠成线，打造世界级的文化旅游带。实施高质量发展先进制造业、高水平扩大对外开放、高品质推进城市建设系列三年行动计划，加快形成“两翼驱动、四区支撑、多点联动”的科技创新引领高质量发展格局。要强化建设主体责任，落实好土地、资金、规划指标等保障，不失时机推进重大项目建设。起步区建设要创新思路与办法，坚持征迁、基础设施、环境建设、主体功能先行。要加强与国家重大规划和政策的有机衔接，不断提高项目谋划和推进能力。要不断总结提炼黄河文化的深刻内涵，把黄河故事讲述好、黄河文化传承好，形成实在的成效。

郑州市建设黄河流域生态保护和高质量发展核心示范区工作领导小组第三次会议　9月29日，郑州市建设黄河流域生态保护和高质量发展核心示范区工作领导小组第三次会议召开，重温习近平总书记关于黄河流域生态保护和高质量发展重要讲话精神，落实全省黄河流域生态保护推进会议精神，研究部署核心示范区规划建设工作，推动黄河战略更好更快更有效在郑州落地实施。省委常委、市委书记徐立毅主持会议并讲话。会议审议郑州市建设黄河流域生态保护和高质量发展核心示范区“1+1+1”规划体系，听取核心示范区总体发展规划、起步区建设方案，以及防洪与水资源、交通工程、生态综合治理专项年度工作方案和三年行动计划汇报，研究黄河郑州段生态环境综合管理长效机制。徐立毅指出，要进一步深化对黄河战略的认识，深刻把握习近平总书记重要讲话精神，加深对黄河生态复杂性、黄河防洪重要性、水资源约束性、黄河与城市不可分割性、郑州在黄河战略实施中重要地位重大责任等五方面的认识，以“走前头、做示范、强支撑”的目标追求和应有作为，切实扛起重大责任，把黄河战略给郑州带来的重大机遇转化为加快发展的实效。要坚持生态保护优先，统筹推进黄河战略实施。深刻把握黄河“重在保护、要在治理”的要求，坚持生态保护是前提、要先行，突出抓好去风险、清乱象、强节水、优生态、美环境五个方面工作。去风险，就是要立足于“防”、着眼于“治”、统筹于“管”，确保黄河郑州段城市防洪万无一失、黄河长久安澜；清乱象，就是要坚决遏制增量，持续减少存量，形成长效机制，使黄河生态环境真正好起来；强节水，就是要优化用水结构，强力推进各领域节水，严控大湖泊、大水面，以水资源科学配置、节约集约利用支撑经济高质量发展；优生态，就是坚持绿化为主、“三滩分治”，“点”上着力提升，“线”上强化贯通，“面”上注重统筹，推动沿黄生态系统整体提升；美环境，就是加快打造景观廊道，高标准建设城市“会客厅”，着力优化全域人居环境，加快形成以人为本的优美环境。要围绕城市结构要优、城市能级要高、城市辐射要强，努力打造国家高质量发展区域增长极。要进一步完善规划，抓好重大文化工程项目，推进文旅融合发展，更好打造黄河历史文化主地标。要加强和改善组织领导，增强工作的主动性、操作性、系统性，推动各项工作提质增效。要按照中央、省委要求，不等不靠、市区联动、条块结合，推动黄河战略更好更快更有效实施。

【脱贫攻坚重要会议】 郑州市落实中央、省委决战决胜脱贫攻坚会议精神电视电话会议 3月6日，全市落实中央、省委决战决胜脱贫攻坚会议精神电视电话会议召开。省委常委、市委书记徐立毅出席会议并讲话。徐立毅指出，全市上下要切实把思想和行动统一到中央决策和省委部署上来，坚决把脱贫攻坚这一重大的政治任务、首要的民生工程抓实抓好。要提高站位，坚定打赢必胜的信心决心。把解决好贫困问题作为一项紧迫政治任务，克服过关思想、松劲心态，一鼓作气、一以贯之，持续发力、不断深化，确保贫困群众高水平脱贫、小康社会目标如期高质量实现。要把握重点，不断巩固扩大成效。要抓自身巩固，聚焦“两不愁、三保障”，紧盯贫困群众增收这一关键，全面排查分析，坚持问题导向、精准施策，切实巩固脱贫成效，切实提升贫困群众获得感。要抓帮扶带动，持续做好对口帮扶工作，在人才帮扶、产业合作、项目建设上拿出更加务实举措，增强帮扶地区造血功能和内生发展动力。要抓乡村振兴，以美丽乡村建设为重点、农村产业发展为根本、农村改革为抓手，把脱贫攻坚与乡村振兴贯通起来、统筹推进。要加强领导，凝聚攻坚合力。要进一步加强党的领导，把党的政治优势和组织优势转化为脱贫攻坚的强大动力。工作上要紧、作风上要正、纪律上要严，抓紧查漏补缺，克服形式主义、官僚主义，严格执行各项扶贫政策，确保脱贫成效经得起历史检验、群众检验。切实发挥好帮扶干部作用，把脱贫攻坚作为培养锻炼干部的主战场。全市上下要抓紧行动，对标对表，高标准、严要求，切实把责任扛起来、把脱贫攻坚各项任务落地落实，确保如期全面打赢脱贫攻坚战。

郑州市脱贫攻坚暨“三农”工作座谈会 3月30日，省委常委、市委书记徐立毅在市农业农村工作委员会主持召开座谈会，与市农委班子成员、乡村干部代表，围绕脱贫攻坚、乡村振兴战略实施深入交流。徐立毅指出，全市上下要深入学习贯彻习近平总书记在中央决战决胜脱贫攻坚座谈会和中央政治局会议上的重要讲话精神，按照中央和省委部署，进一步深化农村各项改革，突出抓好农村土地制度、农村集体产权制度改革，围绕产业发展和农民增收促进土地流转，适度发展规模经营、加快培育现代农业主体，大力发展集体经济；积极抓好土地综合整治，用足用好城乡建设用地增减挂钩政策，充分合理运用土地资源；加强农村宅基地管理，落实“一户一宅”要求，完善农村宅基地带图审批制度，规范农村建设，维护农民权益；深入推进农业供给侧结构性改革，加快种植结构调整，提升高效经济农作物比重，满足好郑州特大城市的市场需求。要统筹推进美丽乡村建设，打好政策“组合拳”，大力开展土地整理、村庄整治、宅基地整治、生态建设、环境提升等工作，切实补好农村基础设施和公共服务的短板，建设“记得住乡愁”的美好家园。要抓好脱贫攻坚工作的巩固提升，主动开展自查，深入发现和解决问题，确保各项工作经得起检验。农委等部门要进一步加强调查研究，提升“三农”工作的针对性、实效性，推动乡村振兴战略实施不断取得新成效，实现城乡高质量协调发展。

2020年市委农村工作暨脱贫攻坚工作会议 4月1日，2020年市委农村工作暨脱贫攻坚工作会议召开，深入学习贯彻习近平总书记在决战决胜脱贫攻坚座谈会上的重要讲话精神，贯彻落实中央、省委农村工作会议部署，动员全市上下巩固脱贫攻坚成果，统筹抓好“三农”工作，在乡村振兴中迈开大步，在城乡协调发展中走在前列，走好具有特大城市特色的乡村振兴、农业发展之路，为全面建成小康社会、推动郑州高质量发展提供坚实的基础支撑。会议以视频形式召开，省委常委、市委书记徐立毅出席会议并讲话。徐立毅强调，要深刻把握新时期郑州“三农”工作的特点和方向。特大城市市场需求给城郊高效农业发展创造了巨大空间，人民对美好生活的向往需要农村加快转变发展方式，城市化进程加快、承载力需求对城乡资源要素整合利用提出了更高要求、市场需求的变化需要农业生产组织模式创新发展，我们要积极适应、转变理念，因地制宜、因势发展，树牢新发展理念，走好郑州统筹城乡协调发展的路子、具有特大城市特点的农业农村发展路子，在城乡“各美其美、美美与共”中推动高质量发展。徐立毅要求，要突出重点，加大力度，努力开创“三农”工作新局面。要高质量打赢脱贫攻坚战，切实提高脱贫质量，巩固脱贫成果。高品质推进美丽乡村建设，坚持以点带面、典型引路，统筹美丽村庄、美丽田园、美丽公路、美丽河道、美丽产业一体布局、一体打造，规范农村建设秩序，补齐农村基础设施和公共服务短板。高水平推进都市农业转型升级发展，深化农业供给侧结构性改革，不断提高农业综合效益和竞争力。抓好以土地为牵引的农村改革，在提高土地流转率、抓好土地综合整治、壮大农村集体经济上实现突破。抓好以基层党组织建设为重点的农村基础治理创新提升，打造共建共治共享的乡村治理格局。徐立毅强调，要加强党对“三农”工作的全面领导，各级党委（党组）要把抓好农村工作的责任扛稳抓牢，切实加强领导，抓好组织推进，加强责任落实，形成书记直接抓、联动抓“三农”工作的有效机制。要加强政策要素保障，落实好农业农村优先发展政策，创新财政扶持方式，不断强化农村补短板保障措施。要强化作风保障，坚决克服形式主义、官僚主义，深入调查研究，研究务实举措，破解瓶颈制约，促进乡村振兴工作持续健康发展，为加快建设具有黄河流域生态保护和高质量发展鲜明特征的国家中心城市奠定更加坚实的基础。

郑州市脱贫攻坚专项推进会议 7月23日，全市脱贫攻坚专项推进会议召开。省委常委、市委书记徐立毅出席会议并讲话。会议贯彻落实全省脱贫攻坚第八次推进会议精神，分析当前脱贫攻坚工作面临的形势，动员全市上下着力解决工作中存在的突出问题，趁势而上、紧抓不放，把脱贫攻坚工作抓牢抓细抓实抓好，以决战决胜姿态全面打好打赢这场硬仗，向党和人民交上一份满意答卷。会议通报全市2019年度脱贫攻坚成效考核情况，宣读《省脱贫攻坚成效考核反馈问题整改工作方案》。徐立毅指出，全市上下要做到“两个维护”，把落实脱贫攻坚任务作为对党性的现实检验，将这项工作牢牢抓在手中、一刻也不松，全力以赴打好这场硬仗。绝不能因为郑州经济条件相对较好，脱贫攻坚任务不是很重而看轻这项工作，产生思想松懈、工作不深不细的问题；绝不能有过关应付思想，图形式、走过场。要坚持人民至上，始终把解决好困难群众的生产生活问题摆在突出重要位置，既重结果、又重过程，做到过程扎实、结果真实，保持工作进取性，确保郑州的脱贫攻坚工作在全省走前头、做表率。徐立毅强调，脱贫攻坚工作进入决战收官阶段，关键在于把工作做细抓实。措施要再精准。精准识别重点人群，精准实施跟踪监测，精准推进重点帮扶。标准要再从严。坚持问题导向，做好省脱贫攻坚成效考核反馈问题整改，查漏补缺、举一反三，以严格的、高质量的整改来推动脱贫攻坚工作质量提升。注意统筹做好强产业、稳就业、托住底、优环境、增信心的工作，特别是要把稳定贫困人口、困难群众就业作为“六稳”“六保”的重点，深入开展“就业扶贫百日攻坚”行动，加大就业帮扶力度。作风要再硬实。严格脱贫攻坚工作责任制，全面压实各个层面的责任，形成“一把手”亲自抓、班子成员分工抓、各成员单位履职尽责的责任体系和严密责任链条；驻村工作队、第一书记要沉下去、静下心工作，发挥好作用。坚持强化考核、倒查责任，对形式主义、官僚主义问题绝不姑息，以过硬作风抓好脱贫攻坚。四是氛围要再营造。加强宣传舆论引导，凝聚脱贫攻坚合力，进一步形成全社会了解、支持、参与脱贫攻坚的良好氛围。

郑州市脱贫攻坚问题整改暨总攻动员会 8月26日，在收听收看全省脱贫攻坚问题整改暨总攻动员会议后，郑州市立即召开会议，贯彻落实全省会议精神，动员全市上下增强紧迫感、责任感，坚定打赢必胜的决心，保持战时状态，强化战时纪律，以决战决胜之势发起总攻，确保高质量打赢脱贫攻坚战。省委常委、市委书记徐立毅出席会议并讲话。会议以视频形式召开，有脱贫攻坚任务的开发区、区县（市）设分会场。徐立毅指出，要保持战时攻坚状态，坚定打赢必胜决心，坚决摒弃过关松懈思想，把各项工作做深做细做实。要把问题整改与全面总攻结合起来，以更加严格的标准和要求，全面对照、逐项整改，以整改促平衡、促提升，确保脱贫攻坚成果过硬。徐立毅强调，要重视“两不愁三保障”落实不到位问题的整改，逐个排查、逐项解决，举一反三、标本兼治，决不能含含糊糊、降格以求；要重视群众就业增收问题的整改，加大就业帮扶力度，拓宽贫困群众增收渠道，确保收入不下滑；要重视群众信访问题的整改，全面开展排查分析，有效解决群众反映的问题，切实提高群众满意度；要重视抓好持续发展问题，把脱贫攻坚与乡村振兴更好统一起来，抓住美丽乡村建设这一重点，夯实农村产业发展这一根本，抓住农村改革这一关键，实现可持续发展。各级各部门和党员干部要增强责任感、紧迫感，压实主体责任、帮扶责任、行业责任，发扬连续作战的作风，层层传导压力，抓好任务落实，确保脱贫成果经得起检验。要坚决克服形式主义、官僚主义，强化考核推动和战时纪律，增强工作进取性、有效性，做到过程扎实、结果真实，确保郑州的脱贫攻坚工作在全省走前头。

郑州市脱贫攻坚工作会议 12月8日，全市脱贫攻坚工作会议召开，贯彻落实中央政治局常务委员会会议、省脱贫攻坚问题整改巩固提升工作推进会议精神，安排部署全市脱贫攻坚工作。省委常委、市委书记徐立毅出席会议并讲话。徐立毅指出，2021年是脱贫攻坚决胜之年，要坚决扛稳打赢打好脱贫攻坚战的政治责任，坚决克服盲目乐观、掉以轻心、坐等收官的思想，以更严的标准、更高的要求、更有力的措施，确保高质量脱贫，交好脱贫攻坚的政治答卷。徐立毅强调，要保持帮扶政策总体稳定，按照摘帽不摘责任、摘帽不摘政策、摘帽不摘帮扶、摘帽不摘监管的“四个不摘”要求，保持现有帮扶政策、资金支持、帮扶力量总体稳定、力度不减，持续巩固和扩大脱贫攻坚成果，确保脱贫群众持续增收、生活更有保障。要健全防止返贫监测帮扶机制，对“两类户”全面排查、动态管理，把防止返贫致贫的关口前移，确保不出新的绝对贫困。要持续抓好脱贫地方产业发展、脱贫群众稳定就业，把发展农村集体经济作为重中之重，搞好服务、加强培训，带动群众积极参与到产业发展中来，不断提高农村集体、人民群众收入水平。要确保问题整改清零，对存在的问题认真梳理、建立台账，落实责任、明确时限，逐条逐项研究整改措施，做到收官前问题全部清零，确保脱贫成果经得起检验。要统筹做好脱贫攻坚与乡村振兴衔接工作，不等不靠、提前调研谋划，把贫困村的发展优先纳入乡村振兴规划，统筹美丽乡村精品村、示范村与贫困村的基础设施建设，统筹乡村振兴和扶贫政策、项目、资金安排，确保贫困村面貌和群众生活持续改善。

【党建工作重要会议】 郑州市“不忘初心、牢记使命”主题教育总结大会 1月18日，全市“不忘初心、牢记使命”主题教育总结大会召开。会议深入学习贯彻习近平总书记在“不忘初心、牢记使命”主题教育总结大会上的重要讲话精神，落实省委会议部署，回顾总结全市主题教育开展情况，动员全市各级党组织和广大党员、干部重整行装再出发，把“不忘初心、牢记使命”作为加强党的建设的永恒课题和全体党员、干部的终身课题常抓不懈、持续深化，为加快国家中心城市建设、打造更高水平的高质量发展区域增长极提供坚强保证。省委常委、市委书记徐立毅出席会议并讲话。徐立毅强调，郑州目前发展机遇前所未有，在全局中的重要地位和肩负的重大责任前所未有，面临的经济转型、社会转型、特大城市发展转型、更快更好走上高质量发展之路的挑战前所未有。各级党组织、广大党员干部要把初心使命刻在心中，担起新时代推进郑州发展、造福郑州市民、服务全国全省发展大局的历史重任，把党中央、省委省政府对郑州的重视、信任、期望变为努力进取、奋发有为的实际行动，把中央决策、省委部署和对郑州的定位要求落实好、实践好、实现好。徐立毅强调，要持之以恒强化理论武装，不断推动学习贯彻习近平新时代中国特色社会主义思想走深走实、入脑入心；持之以恒抓好党的政治建设，始终同以习近平同志为核心的党中央保持高度一致；持之以恒践行群众路线，切实把以人民为中心的发展思想落到实处；持之以恒激励干部担当作为，不断释放推动郑州高质量建设国家中心城市的内生动力；持之以恒抓好巩固深化，推动建立党员干部“不忘初心、牢记使命”的长效机制；持之以恒推进自我革命，坚决把全面从严治党不断引向深入，以更加奋发有为的精神面貌、更加扎实过硬的工作作风，埋头苦干、不负韶华，不断拓展主题教育成果，在加快建设国家中心城市、打造更高水平高质量发展区域增长极的生动实践中坚守初心、勇担使命，以“赶考”心态向党和人民交出更加满意的答卷。

郑州市2020年第一次乡（镇）街道党（工）委书记工作交流会 4月3日，2020年第一次全市乡（镇）街道党（工）委书记工作交流会召开，结合当前统筹疫情防控和经济社会发展这一阶段重点工作，围绕如何更好发挥基层作用，选取典型、交流经验、共同提高，动员全市基层党员干部牢记使命、增强信心，在夺取疫情防控和经济社会发展“双胜利”的大战大考中接受考验、展现素质、发挥作用，为经济社会发展大局作出新贡献。会议以电视电话会议形式召开。省委常委、市委书记徐立毅出席会议并讲话。会上，8个基层乡（镇）街道党（工）委书记作了典型发言。徐立毅对全市乡（镇）街道在疫情防控期间的工作给予肯定，并代表市委、市政府向乡（镇）街道工作人员表示诚挚慰问和衷心感谢。徐立毅指出，全市上下要认真学习贯彻习近平总书记系列重要讲话精神，以疫情防控为抓手，持续推进基层社会治理体系和治理能力提升。要充分发挥基层党组织的战斗堡垒作用，巩固群防群治的良好局面，运用好数字化治理手段，持续抓好“外防输入、内防反弹”各项措施落实，高度重视和切实做好安全生产、信访稳定等工作，确保城市安全、社会安定、市民安宁。徐立毅要求，要发挥好乡（镇）街道在优化营商环境中的基础性作用，摆正位置、认清责任、明确方向、长短结合，把事关经济发展环境的大事抓好。要持续开展好“三送一强”活动，切实解决企业面临的困难与问题；抓好环境综合整治和公共服务提升，以宜居促进宜业；引导社会树立正气新风，为发展创造良好环境，促进经济稳定运行、稳定增长。徐立毅强调，乡（镇）街道党（工）委书记要担负起领导、组织、带领党员干部群众贯彻落实党的决策部署的重大政治责任，勇于担当敢领导、提升能力会领导、依靠群众善领导，形成抓工作促发展的合力。各级各部门要一如既往对基层同志政治上多关心、思想上多交流、工作上多支持，多为基层干部鼓与呼，多给予帮助和包容，鼓励基层干部干事担责，持续为基层减负，让基层干部干事创业更有精力、有活力、有动力。

郑州市组织工作会议 4月10日，全市组织工作会议召开。省委常委、市委书记徐立毅出席会议并讲话。徐立毅指出，要进一步增强高质量做好新时期组织工作的责任感、使命感、紧迫感，落实好中央、省委决策部署，准确把握新形势、新任务、新要求，跟上郑州特大城市发展步伐，转变观念、创新方法、着力提升，推动全市党的建设和组织工作沿着正确方向不断创新发展。徐立毅要求，要坚持问题导向、效果导向，努力提高党的建设和组织工作科学化水平。把政治建设摆在首位。把学习贯彻习近平新时代中国特色社会主义思想作为首要任务抓实抓好，在推进“不忘初心、牢记使命”主题教育制度化中锤炼担当。把干部配优配强。树立正确的用人导向，解决好人岗相适问题；全方位了解考察干部，解决好精准识人问题；大力培育年轻干部，解决好干部结构问题；加强干部培养历练，解决好能力素质问题；综合施策，下决心解决好难点痛点问题。把基层基础建设抓实抓牢。树立大抓基层、大抓支部的鲜明导向，抓乡促县、抓人促事，推进基层党建工作提质增效；立足不同领域基层党组织特点，加强精准指导，统筹推进、全面提升基层党建水平。做好人才这篇大文章。把人才工作作为战略工程来抓，突出发展取向、补齐创新短板、打造适宜环境，努力把郑州打造成一流人才汇聚之地、培养之地和事业发展之地、价值实现之地。徐立毅强调，要加强对党的建设和组织工作的领导，确保各项任务高质量落到实处。要压实主体责任，各级党委（党组）及其主要负责同志要牢固树立“抓好党建是最大政绩”理念，班子成员要切实履行“一岗双责”，推动全面从严治党向纵深发展、向基层延伸。要注重工作质量实效，充分发挥党建办职能作用，不断强化管党治党合力，形成“大党建”格局；积极推进理念思路创新，有效探索数字化、信息化条件下推进组织工作的新载体新思路；着力建设模范部门，以实际行动让党委满意、干部满意、人民群众满意。

市委党建工作领导小组会议 4月23日，省委常委、市委书记徐立毅主持召开市委党建工作领导小组会议，强调要以贯彻新时代党的建设总要求为统揽，全面加强党的领导，完善工作体系，压实各级责任，把党建工作放在市委中心大局中谋划推进，持续落实好全面从严治党要求，不断提升党建工作质量，为夺取疫情防控和经济社会发展双胜利、决胜全面小康、形成更高水平的高质量发展区域增长极提供坚强保证。会议审议了《市委2019年度全面从严治党工作总结》、《市委党的建设工作领导小组2020年工作要点》、《2020年基层党建工作实事》、市委领导班子成员2020年度履行全面从严治党主体责任清单和《市委党的建设工作领导小组工作规则（修订）》，回顾总结2019年全面从严治党工作，对2020年的党建工作进行研究部署。会议还审议了《关于建立“一核多元 融合共治”工作机制 提升无主管楼 院治理水平的指导意见》。徐立毅强调，要坚持党建引领，将健全社会治理体系、提升基层治理能力与实施“三项工程、一项管理”工作紧密结合起来，充分发挥基层党组织战斗堡垒和党员先锋模范作用，形成基层党组织领导下共建共治共享的基层治理格局。

郑州市第二次全市乡镇（街道）党（工）委书记工作交流会 6月29日，郑州市召开2020年第二次全市乡镇（街道）党（工）委书记工作交流会，要求全市党员干部深入学习贯彻习近平总书记重要讲话精神，进一步树牢人民至上、以人民为中心的发展思想，筑牢初心使命，站稳群众立场，走好群众路线，更好地团结凝聚起人民群众的强大力量，共同克服当前困难，统筹推进好各项工作。省委常委、市委书记徐立毅出席会议并讲话。会上，10个乡镇（街道）党（工）委书记作典型发言，徐立毅对发言给予充分肯定。徐立毅强调，要站稳人民立场，始终与人民群众想在一起、干在一起。要树立正确的政绩观，把为民造福作为最大的政绩，把人民群众的获得感作为根本价值取向、个人奋斗的成就感，以务实为民的实际行动赢得民心、凝聚民力。要把对上负责与对下负责高度统一起来，切实把党为民造福的各项部署转化为群众受益的实践成果、转化为群众认可的政绩。要处理好管理与服务的关系，站在群众的立场和角度想问题、作决策、办事情，设身处地为群众着想，真心实意为群众服务。徐立毅要求，要坚持群众路线，统筹推进好当前各项重点工作。要紧紧围绕“六稳”“六保”这一大局，突出“控、保、稳、进、抬、扛”六字要求，把握好“统筹”这一主线、主基调，强化统筹意识、提高统筹能力、扩大统筹推进各项工作的成效。结合乡镇（街道）工作特点，重点抓好“六个统筹”：统筹抓好常态化疫情防控，坚决守护好人民的生命安全和身体健康；统筹抓好“三送一强”活动，确保经济既得到较快恢复，又实现高质量发展；统筹抓好“三项工程、一项管理”，确保按计划有序推进，确保人民群众满意；统筹打好“三大攻坚战”，不断巩固和扩大成果，确保全面建成小康社会圆满收官；统筹抓好营商环境优化，突出“一网通办、一次办成”政务服务改革，上下联动、常抓常新，让群众、企业办事更轻松、更便捷；统筹抓好维护群众利益、维护社会稳定工作，努力营造安全和谐稳定的社会环境。徐立毅强调，要提高群众工作本领，凝聚推进工作落实的强大合力。要扑下身子、带着感情、深入群众，学会运用群众语言与群众交流，注重在与群众交流中接受教育、增进感情、提高认知。要扩大协商民主、群众参与，把工作推进的过程变为基层共建共治共享社会治理体系构建的过程。要抓好用好基层典型，多用群众身边的典型教育引导群众，多用典型带动力量打开工作局面。要树立好党的形象，努力做到政治过硬、本领过硬、作风过硬，树立好担当作为、务实为民、清正廉洁的良好形象，更好地团结群众、凝聚人心、夯实基础，推进各项工作取得更好成效。

2020年全市乡镇（街道）党（工）委书记第三次工作交流会 10月15日，2020年全市乡镇（街道）党（工）委书记第三次工作交流会召开，动员全市党员干部深入学习贯彻习近平总书记关于加强和创新基层治理的重要论述，围绕做好第四季度工作，扎实推进秋冬季疫情防控、大气污染防治、“三项工程、一项管理”、基层公共服务体系建设、村（社区）换届准备等重点任务，不断提升基层治理能力和水平，努力营造和谐有序、安居乐业的发展环境。省委常委、市委书记徐立毅出席会议并讲话。徐立毅指出，全市上下要围绕完善党委领导、政府负责、民主协商、社会协同、公众参与、法治保障、科技支撑的社会治理体系，结合基层特点，狠抓基层治理。徐立毅强调，要处理好“四种关系”，即要处理好党的领导与民主协商的关系，做到领导有力、领导有方，不断凝聚治理合力；要处理好政府负责与社会协同的关系，发挥好区域化党建、政府和市场、社会组织的作用，打造共建共治共享的基层社会治理格局；要处理好法治与德治的关系，既重视发挥法律的规范作用，又重视发挥道德的教化作用，形成既讲规矩又有温度的法制化、人性化基层治理体系；要处理好制度创新与技术创新的关系，继续坚持、不断完善、持续提升好的制度做法，不断提升基层治理数字化、网络化、智慧化水平。徐立毅要求，要把完善基层治理与做好当前工作相结合，重点抓好“五件事”：着力抓好秋冬季疫情防控，抓住医院管理、出入境管控、冷冻食品检验等重点关键，完善常态化疫情防控闭环管理体系，坚决守住秋冬季疫情防控底线；着力抓好秋冬季大气污染防治，在源头治理、精准治理、数字治理上下功夫；着力抓好“三项工程、一项管理”，乘势而上、不断深化、扩大成果；着力抓好基层公共服务体系建设，让群众生活更方便、更舒心；着力抓好村（社区）换届准备工作，加强调查摸底，开展集中整顿，严格换届纪律，抓好试点工作，确保换届风清气正。徐立毅强调，各级各部门要把抓基层打基础作为长远之计、固本之策，树牢大抓基层、大抓基础的鲜明导向，推动社会治理和服务重心向基层下移，提高基层治理效能。要进一步厘清不同层级、部门、岗位之间的职责边界，建立健全责任清单，科学规范“属地管理”。要持续为基层松绑减负，让干部有更多时间和精力抓落实。会上，10个乡镇（街道）党（工）委书记作了典型发言。

郑州市村（社区）“两委”换届工作推进会　11月25日，全市村（社区）“两委”换届工作推进会召开，深入贯彻落实习近平总书记关于基层党建的重要指示精神，落实全国、全省村（社区）“两委”换届工作会议精神，对全市村（社区）“两委”换届工作再动员再安排再推进。省委常委、市委书记徐立毅出席并讲话。会议听取全市换届工作整体情况、换届试点工作情况和换届准备情况的汇报。徐立毅指出，要提高思想认识，切实增强抓好换届工作的责任感、紧迫感，立足当前、着眼长远，抱着对党负责、对发展负责、对群众负责的态度，高标准、严要求，抓实抓细各个环节，确保高质量完成换届工作。徐立毅强调，要把牢关键环节，高质量推进换届工作。要在选好人上下功夫，严格标准、拓宽视野，广泛印证、好中选优，切实把优秀年轻人才选出来，确保基层干部队伍素质实现质的提升。要在解决党员群众关心的问题上下功夫，通过换届着力解决班子结构不优、影响党群干群关系、少数地方村风民风、村级集体经济发展等问题，切实把基层的矛盾和问题亮出来、解决好。要在组织意图与群众意愿相统一上下功夫，既把党的领导贯穿始终，又多听群众意见、加强宣传引导、讲究方式方法，真正把换届的过程变成强化党组织基层领导核心作用的过程，变成进一步密切党群干群关系、凝心聚力谋发展的过程。要在依法依规组织选举上下功夫，精心抓好组织实施，确保法律法规不变通、政策执行不走样、程序环节不出错，做到程序合法、过程公开、结果有效，努力实现班子顺利交接、工作有效开展。徐立毅要求，要加强组织领导，确保换届顺利推进。要压实县（市）区党委主体责任、乡镇（街道）党（工）委直接责任，强化部门联动，把换届纪律挺在前面，切实形成工作合力、营造良好氛围。要建立机制、传导压力，切实增强各级抓好换届工作的主动性和自觉性，高标准高质量组织好换届工作，努力实现班子高素质、发展高质量、治理高水平的目标，真正换出新班子、新作为、新气象，为加快郑州国家中心城市建设作出新的更大贡献。

郑州市党的十九届五中全会及中央经济工作会议精神专题学习会　12月23日，郑州市举办党的十九届五中全会及中央经济工作会议精神专题学习会，贯彻落实省委“五种学习方式”，集中学习研讨，交流学习体会，对“十四五”发展和明年工作的重大问题进行深入研讨。省委常委、市委书记徐立毅主持会议。徐立毅指出，要对十九届五中全会和中央经济工作会议精神加深学习、加强理解、准确把握，以强烈的使命担当，加快推进郑州现代化国家中心城市建设，更好引领带动中原城市群发展，在构建新发展格局中抓住机遇、强化支撑、发挥作用。要深化对在以习近平同志为核心的党中央坚强领导下取得的历史性突破和规律性启示的认识，深刻把握在严峻挑战下做好经济工作“五个根本”的规律性，进一步增强“四个意识”、坚定“四个自信”、做到“两个维护”，坚定不移地与以习近平同志为核心的党中央保持高度一致，坚定不移地贯彻落实中央决策部署。要深化对新发展阶段历史方位的认识，认清新发展阶段的“变”与“不变”，准确把握郑州新的使命任务，加强分析谋划，以改革创新精神推动城市发展方式转变，着力培育新的动力系统。要深化对新发展理念思想力量的认识，提高自觉贯彻运用能力，深化创新发展，以人才为核心集聚创新资源，加大科技创新、数字化赋能的力度，形成良好创新生态，加快动能转化；深化协调发展，树立整体概念、系统观念，统筹推进区域、城乡、物质文明和精神文明协调发展，实现共同富裕、提升整体实力；深化绿色发展，树牢“绿水青山就是金山银山”的理念，把生态优先、绿色发展根植在头脑中、落实在行动上；深化开放发展，打开市场、思想观念、体制机制的大门，让各类市场主体充分发展起来、活跃起来、壮大起来；深化共享发展，牢记人民至上、以人民为中心的发展思想，把事关群众利益的事放在心上、抓在手中，抓实抓好。要深化对新发展格局内涵特征的认识，找准郑州定位和突破口，准确把握扩大内需是战略基点，科技创新是关键，自主可控、安全高效的产业链供应链是必备条件，夯实农业农村、促进城乡经济循环是关键因素，提高人民生活品质是出发点和落脚点，安全发展是重要前提和保障，把握历史机遇、勇担重大责任、应对风险挑战，发挥好国家中心城市作用，努力打造国内大循环战略节点、国内国际双循环的战略联结点，在构建新发展格局、全面推进现代化建设中作出郑州应有的贡献。徐立毅强调，岁末年初，时间紧、任务重，当前要抓好“十四五”规划编制和明年工作谋划，全力冲刺全年目标任务，统筹做好风险防控和化解工作，始终绷紧疫情防控的弦，持续做好安全生产、信访稳定和各项民生工作，维护好社会大局和谐稳定，确保“十三五”圆满收官、“十四五”良好开局。

【经济工作重要会议】　郑州市高质量发展制造业和高水平扩大对外开放工作推进会　1月17日，全市高质量发展制造业和高水平扩大对外开放工作推进会召开，深入贯彻习近平总书记视察河南重要讲话精神，贯彻落实省“两会”精神，细化落实市委十一届十一次全会工作任务，表彰先进企业和先进单位，对高质量发展制造业、高水平扩大对外开放两个三年行动计划进行动员部署。省委常委、市委书记徐立毅出席会议并讲话。会议指出，全市上下要认清形势，把高质量发展制造业、高水平扩大对外开放作为主攻方向、战略抓手，摆在更加突出位置，不断夯实国家中心城市建设基础，为全国全省发展大局提供支撑、作出贡献。会议强调，加快实现高质量发展，扩大高水平开放是根本路径，高质量发展制造业是落脚点。要强化关键举措，加快形成高质量发展制造业和高水平扩大开放协调并进、互促共进的生动局面。要突出抓好强链条、强体系、强基础三个方面的工作，推动形成经济发展的强劲动力系统。强链条，就是要突出扬长补短，找准突破点，推进现有企业做大做强，加大招商引资力度，扩大产业优势和开放效应；强体系，就是要着力优化生态，在制造业发展上坚持产业链、服务链、创新链“三链”融合、一体打造，在对外开放方面加快推进交通与口岸、保税、通关、多式联运、物流、金融互为联动的开放体系构建，加快促进开放、创新、制造融合联动，打造整体竞争优势；强基础，就是要练好内功，把承接产业的平台打造好，把政务服务做优，把商务成本降下来，优化市场主体成长壮大的良好环境和土壤。会议要求，要强化责任，完善工作落实和评估办法，聚焦聚力抓好落实；完善政策配套，立足实际，着力解决行动计划实施过程中可能遇到的痛点难点问题；提高经济工作能力，学习经济知识，强化问题意识，善于发现问题、解决问题。全市上下要按照两个三年行动计划的部署，共同努力、持续攻坚，力争通过三年努力使郑州发展的质量和效益有一个大的飞跃，为加快国家中心城市建设、打造更高水平的高质量发展区域增长极提供有力支撑。会议印发《郑州市制造业高质量发展三年行动计划（2020年—2022年）》《郑州市对外开放三年行动计划（2020—2022年）》。

郑州市企业复工复产政银企座谈会 3月24日，郑州市举行企业复工复产政银企座谈会，听取企业、金融机构代表的意见建议，加强银企之间信息交流、合作共赢，全力推动经济社会尽快恢复正常秩序，加快新旧动能转换、产业结构调整、经济高质量发展。省委常委、市委书记徐立毅主持会议并讲话。徐立毅指出，政银企三方都要清醒认识当前经济形势，坚定对复工复产和经济社会秩序恢复的信心，既要尊重市场规律，又要主动创新，紧密对接、扩大合作，同舟共济、共克时艰，合力推动郑州经济平稳健康增长。他强调，企业是经济发展的主体，市场主体活则区域经济活，市场主体强则区域经济强。各位企业家的发言充分展示了对复工复产、加快发展的信心和决心，体现了推动新旧动能转换、走好高质量发展路子的新变化、新态势。希望企业进一步坚定信心、迎难而上，直接融资和间接融资联动，加快复工复产、达产达效，不断增强市场占有率和核心竞争力，为郑州发展作出新的贡献。他指出，金融单位在企业和郑州发展中占据着重要的地位，发挥着支撑作用。希望各金融单位积极主动做好对企业特别是对中小企业的金融服务，沉下去走进企业，帮助解决制约发展的融资难题。要认真研究企业经营情况和需求，运用新技术，推出更多与产业链、订单、税收、现金流挂钩的新产品，为企业发展提供更多金融助力。他强调，政府要在银企合作中发挥好引导协调作用，帮助金融机构和企业解决好政策信息不对称、需求信息不对称、衔接渠道不通畅等问题。要分层次、分类型建立应急周转资金、担保、风险池等制度，健全以大数据为支撑的征信体系，建立与区域创新体系相适应的金融创新服务体系，与金融部门加强联动，帮助企业降低融资成本，更好满足企业多样化的金融服务需求。要着力建好用好创投引导基金，帮助创新型中小企业增强成长期内的抗风险能力。市区两级金融部门要围绕解决融资难问题，推动银企合作措施细化、具体化、机制化。要深入摸排，建立企业融资需求清单制度，重点关注有技术和市场优势的困难企业，强化协调帮扶力度，帮助企业尽快走出困境、持续发展，更好助推经济社会恢复正常秩序。

郑州市招商引资工作情况汇报会 4月9日，省委常委、市委书记徐立毅主持召开全市招商引资工作情况汇报会，听取工作进展情况汇报，安排部署疫情防控常态化条件下的招商引资工作。徐立毅指出，全市上下要充分认识疫情对经济发展的深刻影响，充分认识疫情防控常态化条件下做好招商引资工作的重要性，贯彻新发展理念，坚持平台牵引、高位推动，完善政策、强化考核，切实把招商引资工作抓在手上、抓出实效，努力为实现全年各项目标任务、推动高质量发展奠定坚实基础。要坚持将招商引资工作作为“一把手工程”，高度重视，高位推动。要完善协调推动机制，党委政府要定期听取研究招商引资工作，抓好组织推动。要增强招商引资工作的针对性、计划性，紧盯重点领域、重点区域、重点企业，发挥好承接平台的主体作用，深入开展招商引资专项活动，做好以商招商、以链招商、园区招商工作。要加强招商政策研究，进一步完善产业、基金、用地、人才等政策，特别注重发挥好产业基金作用，打好政策“组合拳”，有力促进招大引强。要加强招商项目落地平台建设，充分发挥各开发区、县（市）区和32个核心板块等功能平台作用，大力推广“园中园”模式，从“唯规模、唯GDP论英雄”向“亩产论英雄”转变，提高引入产业项目的层次和质量，以招商引资促进经济结构调整、带动新旧动能转换。要加强招商引资队伍建设，完善考核机制，形成自上而下的专业化招商体系，提升招商引资工作的实效性。徐立毅强调，要准确把握当前“项目随着人才走”的新趋势，加快推动招商引资工作重点从注重引资向注重引智转变，以高端人才和团队的招引带动项目和资金落地。要适应疫情防控常态化，通过电话拜访、以屏会面、云签约等方式，主动加大项目对接、跟踪服务力度，推动项目加快签约、加快开工、加快投产见效。要持续推动电子信息产业做大做强，尽快实现已有汽车产能达产，积极发展生命健康、文化旅游方面的新业态和新项目，不断优化完善产业体系，拓展发展空间。要认真做好招商引资后续工作，持续优化营商环境、改善人居环境、提升服务效能，形成吸引集聚人才和项目的体系优势，凝聚起推动郑州高质量发展的强大内生动能。

郑州市招商引资暨区域经济高质量发展工作推进会议 9月7日，全市招商引资暨区域经济高质量发展工作推进会议召开，学习贯彻习近平总书记关于统筹抓好疫情防控和经济社会发展的重要讲话精神，贯彻落实全省县域经济高质量发展工作会议、招商引资会议精神，动员全市上下抓住关键时间、关键节点，以更多精力、更有力举措抓招商、抓项目，确保全年目标任务圆满完成，推动区域经济社会高质量发展。省委常委、市委书记徐立毅出席会议并讲话。会议通报点评了全市招商引资及区域经济高质量发展情况，安排部署下一步工作。徐立毅对全市2020年以来的招商引资工作给予肯定。他指出，要进一步把牢关键环节，做到“五个更加重视”，全面提升招商引资能力和效率，不断开创招商引资工作新局面。要更加重视谋划、策划、计划，加强产业谋划、项目策划，做实招商计划，全面提升项目生成能力；要更加重视载体平台建设，做实四个开发区、32个核心板块、各县（市）区的新城区和产业集聚区等物理承接平台，夯实招商引资基础支撑；要更加重视营商环境优化，着力提升政府办事效率，着力加强法治建设、诚信建设，着力做好资本、人才与项目的有机结合，营造招商引资浓厚氛围；要更加重视招商队伍建设，选优配强专业化招商队伍和招商人才，加强招商引资工作力量；要更加重视考核作用发挥，进一步完善招商引资工作目标责任制和年度考核评价体系，加强对招商项目落地全生命周期服务与监管，强化动态督导考核和招商引资项目市领导联系推进机制，促进招商引资任务落实。他强调，要加深对习近平总书记县域治理“三起来”重要指示精神的理解，联系郑州实际准确把握、认真践行。在强县和富民统一上，把“富民”作为重要出发点和落脚点，处理好财政增长、企业增效、群众增收的关系，扭住调结构、强产业、扩就业的着力点，让人民群众有更多获得感；在城镇和乡村贯通上，要处理好工农、城乡、产城的关系，聚焦城乡一体化发展，坚持要素配置讲效率、公共服务讲公平，形成城乡互动、良性循环的发展局面；在改革和发展结合上，要用好改革这个关键一招，激发内生动力活力，加快构建与特大城市发展相适应的现代化基层治理体系。要进一步坚定信心，强化措施，抓紧抓实招商引资这个经济工作的有力抓手，着力推动区域经济实现更高质量发展，为郑州国家中心城市建设不断夯实基础、集聚优势。徐立毅还就当前经济运行工作进行了安排部署，要求进一步加强经济运行分析和调控，紧盯短板弱项，采取更有针对性的调控措施，在做好疫情防控前提下，把促消费作为补短板的重点，继续开展好“三送一强”活动，进一步加快项目建设、扩大有效投资，持续抓好“四条丝路”拓展运行，确保经济运行稳定增长。

郑州市开放及枢纽建设工作座谈会 12月11日，省委常委、市委书记徐立毅主持召开全市开放及枢纽建设工作座谈会，强调要深入学习贯彻党的十九届五中全会精神，提高认识、转变思路，认真研究“十四五”时期扩大开放需要解决的重点问题，加快推动制度创新、模式创新，构建“枢纽+物流+开放”的高水平对外开放新体系。会议听取全市“枢纽+物流+开放”专题研究情况报告，就加强枢纽建设、发展枢纽经济和外向型经济、创新开放政策体系等进行深入研讨交流。徐立毅指出，要深入学习贯彻党的十九届五中全会精神，立足新发展阶段、树牢新发展理念，进一步提高对高水平扩大开放重要性和规律性的认识，坚持统筹谋划、系统思维，围绕构建以交通为支撑、物流为先导、通关为基础、贸易消费为带动、产业加快转型的“枢纽+物流+开放”高水平对外开放体系，科学制订好“十四五”规划，引领带动郑州不断提升开放质量和水平。徐立毅强调，要深化对枢纽要素功能的认识，把通道建设与站场建设相结合，统筹布局航空枢纽、铁路枢纽、公路枢纽基础设施与主体功能，积极开辟航空货运、中欧班列新线路，不断提升郑州枢纽的集疏通达能力。要坚持航空引领、数字化引领，进一步打通整合各类运输方式数据资源，依托数字化构建“一单到底”的多式联运体系。要完善“枢纽+物流+开放”的服务体系，树立平台经济思维，积极搭建与高水平开放相适应的功能平台和贸易平台，大力引进国内外“头部”航空、物流、货代、贸易企业，把枢纽优势转化为物流优势、物流优势转化为贸易优势，不断完善枢纽经济的产业链、供应链、交易链、服务链。要进一步做大做强跨境电商，发挥口岸优势，完善政策体系，突出医药、美妆等特色产品，培育形成进口产品消费中心，拓展对外出口渠道，不断提升郑州跨境电商品牌竞争力。要大力培育进出口贸易公司、积极引进贸易人才，以贸易集聚带动流通扩量、强化国际物流节点。要在制度创新上狠下功夫，依托自贸区政策优势，大力发展服务贸易、转口贸易，积极发展科技研发，提高特殊监管区空间资源利用效益，着力打造开放新优势，引领国家中心城市建设和中原城市群发展。

郑州市产业发展座谈会 12月15日，省委常委、市委书记徐立毅主持召开产业发展座谈会，与部分制造业、服务业企业代表围绕电子信息、汽车及装备制造、生物医药、金融、商贸物流、文旅、会展等产业发展深入探讨交流，听取意见建议。徐立毅强调，要深入贯彻落实党的十九届五中全会精神和习近平总书记关于河南、郑州的重要讲话精神，树牢新发展理念，把制造业高质量发展作为主攻方向，把服务业发展摆在更加突出位置，加快构建现代产业体系，引领和支撑国家中心城市建设，打造更高水平的高质量发展区域增长极。制造业要深入优化产业结构，制定更具指导性、可操作性的举措，加快推动电子信息、汽车及装备制造、材料、食品等产业优化升级；突出发展新能源、生物医药、物联网、人工智能等新兴产业，重点突破、形成优势。要强化创新链在产业链构建中的关键作用，充分发挥企业主体作用，以人才为核心推动区域创新体系建设。要加快推动制造业数字化、网络化、智能化转型，着力培育高质量发展的企业集群，形成大中小企业协同发展的产业生态。要加快现代企业制度建设，加强企业与资本市场的对接，大力实施商业模式创新，不断提升企业竞争力。要以服务业高质量发展有力带动区域协调发展，大力推进生活性服务业提质升级，深化供给侧结构性改革力度，增加总量、丰富品种、提升质量、满足需求，创新消费产品、消费场景、消费方式，进一步激发市场消费潜力，努力打造时尚化、国际性消费中心。要推进生产性服务业与制造业充分联动，以资本市场培育为重点抓好现代金融业发展，进一步提高金融要素供给水平；依托“枢纽+开放”体系，大力发展进出口贸易，培育做强贸易企业，大力发展会展业，做大做强枢纽型服务经济；推动科技创新与科技服务业发展紧密结合，抓好信息传输、软件服务等营利性服务业培育，加大教育培训力度，打造一支高素质的劳动大军，不断提升科技服务业发展水平，更好助力高质量发展。

【深化改革重要会议】 郑州市2020年优化营商环境电视电话会议 3月13日，郑州市召开2020年全市优化营商环境电视电话会议，深入贯彻落实中央、省委“放管服”改革和优化营商环境的决策部署，对全市优化营商环境工作进行再动员、再安排、再部署。省委常委、市委书记徐立毅出席会议并讲话。徐立毅指出，各级各部门要清醒认识到郑州市的营商环境与国内先进城市的差距，奋起直追、迎头赶上，久久为功、持续深化，不断提升广大企业和市民群众的体验感、满意度。要切实转变思想理念，进一步更新观念，树牢群众至上、企业至上、尊重市场主体、尊重法律规则的强烈意识，形成优化营商环境的强大内生动力。要深化对职能权力属性的认识，真正做到严以用权、用权为民，把以人民为中心的思想落实到行动上；要深化对市场主体地位和作用的认识，真正树立起用户思维、“店小二”意识，寓管理于服务之中，让市场配置资源的决定性作用充分体现；要深化对法治重要性的认识，真正做到政府“法无授权不可为、法定职责必须为”，让市场主体“法无禁止皆可为”。徐立毅要求，要聚焦亟待解决的重点问题，以重点问题的攻坚突破带动全局优化，进一步提高优化营商环境的针对性、实效性。要以“一网通办、一次办成”为抓手，以企业和群众的办事体验和需求为依据梳理“一件事”，围绕“一件事”厘清权力清单和责任清单，推动流程再造、数据打通，着力解决好减环节、减材料、减费用的问题，进一步优化营商环境。要聚焦企业和群众反映的营商环境中一些突出问题抓整改、促转变，着力解决企业项目落地难、开工难，市场规范监管，企业成本高、负担重，污染防治精准管控等问题。要着眼于改进制度供给、治理能力治理体系现代化，夯实优化营商环境基础。要优化公共服务体系，将高品质推进城市建设作为优化营商环境、提升城市吸引力的重点工作，塑造现代化城市形态，提升城市吸引力。徐立毅强调，各级各部门要强化责任担当，积极务实作为，狠抓工作落实，确保优化营商环境取得实效。“一把手”要把优化营商环境放在“一类”位置，靠前主动服务，解决好本地区在营商环境中存在的突出问题。各级各有关部门要落实工作规范推进机制，建立任务台账，加强力量统筹，强化监督检查。宣传部门要发挥好舆论引导和媒体监督作用，营造浓厚氛围，形成人人积极参与、主动维护营商环境、优化营商环境的生动局面。就当前疫情防控工作，徐立毅强调，要认清严峻形势，措施上更加严格，工作上更加负责，善始善终、慎终如始，“严”字当头、一严到底，守好防线、务求全胜。要加快健全以防境外风险输入为主的防控体系，突出信息关口前移，把牢落地、转运、属地三个管控环节，持续抓好面上防控，确保面上不放松、各卡口管理无漏洞。要严格责任落实，坚持两手抓、两手硬，坚决打赢疫情防控阻击战、总体战，加快推进经济社会步入正常发展轨道，努力夺取双胜利。

市委全面深化改革委员会第五次会议 3月26日，省委常委、市委书记、市委全面深化改革委员会主任徐立毅主持召开市委全面深化改革委员会第五次会议，传达学习中央全面深化改革委员会第十二次会议和省委全面深化改革委员会第六次、第七次会议精神，研究郑州市2020年改革要点及相关改革事项。徐立毅指出，要深入学习习近平总书记关于全面深化改革的系列重要讲话精神，按照中央、省委深改委部署，切实提高站位，增强深化改革的紧迫感使命感和责任感。要清醒看到新时期郑州改革工作面临的艰巨任务，抱着对长远发展负责的态度，拿出刀刃向内、刮骨疗伤的决心和勇气，以强烈的责任感、紧迫感抓改革、抓制度集成，不断推进治理体系和治理能力现代化，为国家中心城市建设提供有力的体制机制保障。徐立毅强调，要在持续抓好中央和省委改革部署事项落实的基础上，结合实际，突出重点，在完善规划和土地政策、完善财政和投融资政策、深化国有企业改革、推进“一网通办、一次办成”政务服务改革、建立健全高效率推进黄河流域生态保护和高质量发展核心示范区建设的体制机制、推动行政区功能区优化调整、健全对外开放体系、完善科技创新体系、加快“数字郑州”建设、深化民生领域改革等方面下功夫、求突破，努力开创全面深化改革新局面。要加强组织领导，扛稳改革责任，各级党组织要把握方向，统筹协调，凝聚改革共识，切实履行推进全面深化改革的主体责任；各级党政主要负责人要增强责任感、事业心，加强调查研究，亲自谋划、主动推进，一级抓一级，形成推进改革的强大合力，确保我市各项改革顺利有效推进。会议审议通过《郑州市文联改革方案》《郑州市生态环境保护综合行政执法改革实施方案》《郑州市市场监管综合行政执法改革实施方案》《郑州市优化市场监管营商环境若干措施》，听取关于中原环保股份有限公司开展市场化选聘职业经理人试点工作的汇报，研究相关改革工作。

市委全面深化改革委员会第六次会议　7月2日，市委全面深化改革委员会第六次会议召开。省委常委、市委书记、市委全面深化改革委员会主任徐立毅主持会议。会议传达学习中央全面深化改革委员会第十三次、第十四次会议精神，研究审议《我市需要下放省级管理权限需求清单》《郑州市农村宅基地管理导则》《加强新时代高质量统计工作的意见》《郑州市党委政府领导联系非公有制企业制度》《社保卡作为郑州市民卡方案》《郑州市残疾人联合会改革方案》。会议指出，全市上下要把思想和行动统一到总书记重要讲话和党中央决策部署上来，进一步增强深化改革、健全制度、完善治理体系的责任感、紧迫感，发挥好改革的突破和先导作用，依靠改革应对变局、开拓新局。要紧紧围绕做好“六稳”、落实“六保”，紧扣“控、保、稳、进、抬、扛”六字要求，从经济社会发展实践中发现改革题目，增强改革的主动性、系统性、针对性，打好改革的“组合拳”，以改革补短板、强弱项、激活力、增动力。要深入推进重点领域和关键环节改革，以“小切口”解决大问题，聚焦完善要素市场化配置制度、保民生各项措施落实、持续优化营商环境、强化科技创新引领、加快构建高水平对外开放体系、完善党建引领共建共享的城市建设管理和社会治理机制、推进黄河流域生态保护和高质量发展战略实施等，不断深化改革创新，完善体制机制。要加强组织领导，各专项小组加强改革措施研究，各级各部门强化主动意识，市委改革办加强统筹，推进各方面的改革不断取得新的成效。会议强调，农村宅基地规范管理，关系农民切身利益、关系农村稳定发展。要坚持规划先行，做好协同落实，确保宅基地管理依法依规、责任明确、管理有效，为保障农民安居乐业和农村社会稳定打下良好基础。要着眼发展、立足长远、出于公心，实实在在帮助企业解决困难、支持企业更好发展。要统一思想，加强领导，强化数字思维，整合数字资源，加快“一人一卡一码”线上线下服务体系建设，不断扩展市民卡应用场景，提升数字化服务群众水平。要把握重点，强化基层组织工作力量，完善残疾人社会保障和公共服务，不断增强残疾群众的获得感、幸福感。要加强指导，注重统筹协调，上下联动，努力开创残疾人事业的新局面。

市委全面深化改革委员会第七次会议　9月23日，市委全面深化改革委员会第七次会议召开，传达学习中央全面深化改革委员会第十五次会议精神，研究郑州市贯彻落实意见及相关改革事项。省委常委、市委书记、市委全面深化改革委员会主任徐立毅主持会议。会议指出，全市上下要以强烈的机遇意识、等不起坐不住的紧迫感，主动作为、抢抓机遇，积极解决好对接、融入新发展格局的短板弱项问题。要进一步梳理改革事项，对已确定的改革事项扎实推进，对亟须解决的难题下决心破解，对融入新发展格局中遇到的新问题抓紧研究，增强主动改的意识，在改革推进中不断培育郑州发展的新优势、新动能。会议听取全市县域医共体、社区卫生服务中心及校园医务室建设情况，产业用地制度改革推进情况，“亩均论英雄”综合评价工作开展情况，建设与特大城市治理相适应的政务服务大数据平台工作进展情况，生活垃圾分类工作进展情况汇报，审议通过《郑州市市属公立医院管理体制改革方案》《巩义市产业集聚区体制机制改革试点实施方案》。会议强调，县域医共体建设要把制度创新与技术创新紧密结合，坚持“三医联动”改革，探索人、财、物统一管理的有效办法，引导群众有序就医，切实缓解群众看病难、看病贵问题。社区卫生服务中心建设要按照有用房、有人员、有设备、有资金的“四有”要求，加快落实三年行动计划。校园医务室建设中要把校医纳入社区卫生服务中心范畴，加强服务交流，不断提升校医专业技术水平。公立医院管理体制改革要系统把握，卫生部门要切实履行好管理职责，要通过改革提升人民群众的获得感、满意度。会议指出，要以“标准地”出让为重点推动产业用地改革，坚持制度化、标准化、规范化，围绕发展指标、负面清单指标、规划指标、地价指标加快形成“标准地”指标体系，打造效率高、透明度高、流程简洁的土地管理出让制度，进一步优化营商环境，提高项目落地率。会议强调，要综合运用好“亩均论英雄”分类评价结果，按照利用效率高、要素供给多的原则，探索制定差别化政策措施，着力解决低效土地再开发利用问题，推动有限资源向高产高效区域和产业集中，确保有限要素更多用于支持优秀企业创新发展，打好倒逼转型升级的“组合拳”，加快推进高质量发展。会议指出，要进一步加快推进城市大脑项目建设，立足解决群众热切期盼的难点和城市管理的堵点，着重梳理开发一批跨部门、跨层级、跨领域的民生热点“一件事”，推进适应郑州特大城市治理的公共服务、交通治理、环境治理、风险应对的能力体系建设。要深入研究城市“一网统管”体制，探索一个部门为主、相关部门联动的运营管理机制，持续提升城市治理体系和治理能力现代化水平。要进一步加大组织协调力度，各级各部门主要领导要担当重任，亲自谋划、亲自协调，用好新思维、新技术，盯牢不放、持续发力、全力推动，确保改革任务有力有序有效落实。会议强调，要高标准、严要求，把垃圾分类纳入城市治理范畴、纳入美丽乡村建设范畴，明确目标、自加压力，尽快实现城镇、农村垃圾分类全覆盖。要加强宣传，引导全体市民养成良好生活习惯。要加强考评，加大综合推进力度，发挥好基层组织作用，推动城乡生活环境持续改善。会议指出，产业集聚区体制改革要把握好原则方向，充分发挥改革效果，推动资源优化配置、项目合理布局，推进经济高质量发展。要抓好试点，为全市开发区体制机制改革当好先行、积累经验。

市委全面深化改革委员会第八次会议　12月14日，市委全面深化改革委员会召开第八次会议，传达学习中央全面深化改革委员会第十六次会议精神，研究郑州市贯彻落实意见及相关改革事项。省委常委、市委书记、市委深改委主任徐立毅主持会议。会议指出，要深刻认识全面深化改革的重大意义、取得的重大成就，坚定信心、保持定力、增强锐气、提高本领，用足用活用好改革这个“关键一招”。要深刻认识“十四五”面临的新形势，围绕处理好政府与市场的关系，进一步增强改革自觉性，依靠改革创新应变局、开新局，不断提升治理体系和治理能力现代化水平。要深刻认识全面深化改革阶段性特点，全面落实好中央、省委关于深化改革的各项决策部署，聚焦社会最关注、群众最期盼、制约郑州发展最突出的问题，精准选题、深入破题、有效解题，确保各项改革有力有序全面落实、不断突破。会议审议通过《关于加快区县（市）产业园区体制机制改革的指导意见》《郑州市加快小微企业园高质量发展的实施意见》《郑州市小微企业园认定评价办法（试行）》《加强土地出让管理工作的意见》《郑州市非机动车管理办法》《郑州市政务服务改革工作谋划》《郑州市规范提升政务服务管理办法（试行）》《郑州市政务服务电子监察管理办法（试行）》《郑州市红十字会改革方案》等。会议强调，要深化产业园区管理体制改革，把握改革原则、突出主责主业、充分放权赋能，推动各级产业园区在高质量发展中更好发挥引领带动作用。要高度重视小微企业园建设，明确发展重点、做好产业规划、突出产业特色，着力激发市场主体活力。要抓好土地供应制度改革，坚持全市“一盘棋”思想，深入研究、有序推进，加快建立全市统一、健康发展的土地市场，进一步提高土地要素市场化水平。要发挥好法律法规的刚性约束作用，坚持疏堵结合、高效便民，加强非机动车管理，优化公共交通组织，为群众便利出行、安全出行创造好条件。要着力优化政务服务，坚持需求导向、问题导向，聚焦企业和群众办事的难点堵点痛点，与时俱进深化拓展，推动更多跨部门、跨层级、跨领域的“一件事”集成，真正把“一件事”办到群众心坎上。要按照中央有关要求，加快红十字会改革，加强与相关部门协同联动，推进红十字事业高质量发展。

【**新型城镇化建设重要会议**】 郑州市“数字郑州”城市大脑项目建设工作会议 3月20日，省委常委、市委书记徐立毅主持召开“数字郑州”城市大脑项目建设工作会议，听取全市城市大脑项目建设推进情况汇报，安排部署下步工作。徐立毅指出，要深刻把握数字化在经济社会发展中的渗透性、基础性、全面性、引领性特点，把数字化建设作为“新基建”的重要内容，以“数字郑州”城市大脑项目建设为抓手，总结全市数字化疫情防控体系建设的经验，持续发力，加快政府治理数字化转型，进而推动经济社会发展全面数字化、加快现代化。徐立毅强调，“数字郑州”城市大脑建设要坚持以下几个原则：既要有阶段性目标，又要长期坚持、持续发力、持续提升；既要有总体集成，又要把分系统、子系统抓实、做优、做强，确保整个系统开放、包容、实用；既要依靠技术团队、技术手段，又要夯实各个部门的主体责任，使各个部门担当好设计者、推动者、创新者、主力军，与技术团队一起互促共进，努力打造出优秀的系统；既要全市统一构架，又要方便基层应用，各功能模式要可下沉、可扩展，符合社会治理重心向基层下移的要求，形成上下联动、两级治理服务的格局，避免从“数据烟囱”走向“管理烟囱”。徐立毅强调，要把“数字郑州”建设作为“一把手”工程，各单位主要负责人要带头推动、亲自研究、主动作为。市“数字郑州”建设领导小组要发挥好作用，加强统筹协调，定期听取工作进展汇报、定期组织评估分析，推动建立以群众、企业评价为基础的评价机制、倒逼机制。要把“管不管用、好不好用”作为检验标准，以政务服务全面数字化，推动理念转变、职能转变，持续提升现代治理能力和治理水平。各级各部门要强化责任，组织工作专班，加强与技术团队的互动，坚持数据无条件打通、有条件使用，促进数据共享、科学使用，更好服务社会。项目建设方要以人工智能为导向，广泛运用区块链、5G、物联网等先进技术，并对原有设施、系统进行充实、完善和提升，高标准打造好数字化系统。各个方面要按照既定时间表全力推进，把握好节点节奏，及时发布项目成果，不断增强人民群众体验感、获得感。

郑州市高品质城市建设工作推进电视电话会议 3月26日，全市高品质城市建设工作推进电视电话会议召开，贯彻落实习近平总书记关于河南、郑州重要讲话精神，总结2019年度全市新型城镇化、百城建设提质、城市“双改”等工作，表彰先进集体和个人，全面部署高品质推进城市建设三年行动计划，安排“三项工程、一项管理”阶段工作，坚持以高品质城市建设管理引领和带动全市高质量发展，为加快国家中心城市建设、打造更高水平的高质量发展区域增长极提供有力支撑。省委常委、市委书记徐立毅出席会议并讲话。徐立毅指出，全市上下要充分认识高品质推进城市建设管理的重要性，认清城市建设与经济发展的逻辑关系，把这项基础性工作盯牢抓紧、努力突破，加快构建多中心、组团式、集约化、“三生”融合的城市结构，走引领现代产业培育发展、适应群众美好生活需求、具有可持续发展能力的城市发展路子。徐立毅强调，高品质推进城市建设管理，要突出抓好32个核心板块开发建设、“三项工程、一项管理”、基础设施完善提升三大核心任务。核心板块是城市网络结构的关键点、开发建设的新亮点、经济增长的支撑点，是城市发展的“四梁八柱”。要分层分类推进，突出抓好北龙湖中原科技城板块、中央文化区（CCD）板块、以机场为核心的重大功能板块、黄河流域生态保护和高质量发展核心示范区起步区、二七商圈等重点，市区（县）联动、以区（县）为主，坚持规划引领，完善工作机制，着力提速增效，打造核心带动、功能互补、整体联动、宜居宜业的城市功能片区。“三项工程、一项管理”是推动城市有机更新，传承历史文脉，加快现代化，建设有高度、有质量、有温度城市的关键所在。要把好设计关、质量关、群众工作关，统筹解决好老城区停车难停车乱、义务教育阶段大班额、“一老一小”服务、社区公共卫生配套不足等问题，做建筑密度的“减法”、公共服务的“加法”，满足人民群众对美好生活的向往。基础设施体系建设是城市经济社会发展的基础。要统筹存量和增量、传统和“新基建”发展，加快轨道交通体系、多式联运体系、智慧网络、供水网络、供电体系和生态体系建设，打造集约高效、经济适用、智能绿色、安全可靠的现代化基础设施体系，不断增强对经济和人口的承载能力。徐立毅要求，要加强组织领导，保证计划实施落实到位。要进一步转变理念，坚持新发展理念和以人民为中心的发展思想，做好城市建设与经济发展、文化传承、社会治理相结合的大文章。要提高城市工作能力，各级领导干部要加强学习，倾注精力心血，当好城市工作的“操盘手”。要完善相关政策配套，打好“组合拳”，进一步营造公平竞争、公开透明的营商环境。要高度重视城市建设管理领域的党风廉政建设，做到政策规范、程序公正、按规矩办事，确保工作经得起检查检验。

郑州市二七广场及周边地区整体规划设计成果汇报会议 4月17日下午，省委常委、市委书记徐立毅主持召开二七广场及周边地区整体规划设计成果汇报会议，听取设计单位关于二七广场及周边地区整体规划设计的成果汇报，对下一步工作进行安排部署。徐立毅指出，各级各部门要进一步提升认识、统一思想、大力推进，切实梳理清楚城市肌理，传承好城市历史文脉，努力把二七广场打造为郑州人的精神家园、河南省的消费中心、全国城市复兴典范，更好地把城市的标志和灵魂立起来，不断增强全市人民的获得感和发展自信。徐立毅强调，要牢牢把握关键点，遵循现代城市发展规律来推进改造提升。要减少拆，以微改造推动城市有机更新，对符合规划的建筑保留为主、改造提升为主，特别对于承载城市记忆的历史建筑，要严格保护起来。要加快建，统筹考虑整个区域项目建设计划，加大力度、加快进度，积极推进。要全面改，建筑方面，重点改立面、改风貌；业态方面，合理确定商业规模，积极培育新的商业模式，适应互联网时代商业发展新趋势；环境方面，积极扩大公共空间，增强商务、文化等配套功能。要深入研究这一区域的交通体系，优化过境交通与目的地交通组织，统筹协调好地面交通、地下隧道、地铁、轨道快线、地下空间之间的关系，解决好停车体系布局问题，让区域动态交通、静态交通更加顺畅有序。要抓紧做好前期、加快组织实施，坚持市级统筹、以区为主、统一规划、分头推进，建立高效有力的实施推进班子，明确资金解决方案，制定操作性强的实施计划，争取各项改造工作在两年内基本完成。

郑州市“双改”工作推进会　6月5日，全市“双改”工作推进会召开，总结“三项工程、一项管理”工作推进情况，分析存在问题，安排部署下一阶段工作。省委常委、市委书记徐立毅出席会议并讲话。会前，与会人员到市内五区，实地调研城市道路和老旧小区综合改造情况，并与社区居民、工作人员深入交流，听取意见建议。会上，听取市内五区和城市道路综合改造、老旧小区综合改造、城乡接合部综合改造、改进城市管理四个专项工作指挥部情况汇报，进行总结点评。徐立毅指出，要肯定成绩、正视问题，坚定信心、保持定力，充分认识“三项工程、一项管理”工作对优化人居环境、提升城市品质、完善治理体系、促进发展转型的重大意义，结合当前“六稳”“六保”的形势和任务，找准结合点、抓好共赢点，努力达到一举多效、一举多赢的最好效果，真正把这项工作做成促进“六稳”“六保”的发展工程、各方满意的德政工程、人民受益的民心工程。徐立毅强调，要把握工作原则，注重方式方法，推动各项工作科学有序开展。要做到时间与质量相统一、工作节奏与思想统一相协调、工作措施与“六稳”“六保”相促进。道路综合改造要坚持系统改造、综合改造、因地制宜、和而不同，做到“四个带”，即带立面改造、带业态提升、带土地开发、带管理改进；要坚持“两优先两隔离一增加”，持续推进“上改下”、多杆合一、多箱合一，对难点重点节点要加强研究、因地制宜、科学设计，确保方案更加科学；要合理安排施工时序，分期分批有计划实施，减少对城市正常运行的影响；要在控制好改造成本的同时，提高工程建设管理水平，选好施工队伍，规范施工标准，做好施工管理，确保工程质量、提高施工效率。老旧小区改造要做到“建”“管”结合，老旧小区改造到哪里，物业管理机制就跟进到哪里。城市管理要处理好“疏”与“堵”的关系，疏堵结合、先疏后堵；处理好“面子”与“里子”的关系，解决好群众反映的突出问题和所需所盼；处理好“条”与“块”的关系，坚持块抓条保、以块为主，增强工作的系统性、有效性。徐立毅要求，要强化组织领导，抓好推进落实。要加强统筹协调，按照“市级统筹规划、区级执行落实、相关部门配合”的原则，市领导小组和各指挥部要加强技术指导和协调督导，四个指挥部之间、各牵头部门之间要强化工作联动、完善协调机制，充实专班力量，形成工作合力。要强化属地责任，各县（市）区要发挥主体作用，做好细化方案、宣传引导、施工组织、建设保障等工作。要强化人民至上、群众至上的理念，坚持党建引领，工作推进到哪里，党组织和党员的作用就发挥到哪里，把“三项工程、一项管理”的过程变成问政于民、问需于民、问计于民的过程。要强化宣传舆论引导，做好宣传策划，用好先进典型，把各方面的积极性调动起来，把党委政府的决策部署变成群众的自觉行动。

郑州市部分核心板块城市设计工作情况汇报会　7月15日，省委常委、市委书记徐立毅主持召开部分核心板块城市设计工作情况汇报会，听取中央文化区（CCD）北部片区板块、二砂文化创意园板块城市设计情况汇报。徐立毅指出，要把核心板块规划建设作为推动城市形态优化、促进发展方式转变的工作抓手，进一步抓紧抓实抓细，不断完善板块功能、优化产业结构，走好城市建设管理高品质、经济社会发展高质量的路子。要突出设计引领，着眼大局、着手细节，高标准、高水平、高品质规划建设。要把城市作为全生命周期的有机体来看待，坚持以人为本，充分考虑人在城市内生产生活学习活动的空间需求，在整洁、有序的基础上，不断提升舒适度、愉悦感。要探索引入总设计师管控引导规划的制度，实现规划设计和建设运营的前瞻性、协调性、整体性。徐立毅要求，要把握科创发展规律，结合中央文化区北部片区实际和未来需求，打造核心带动、功能互补的城市功能片区，建设以科创为特色、兼容性更强、弹性更足的现代化城区。要调整完善建设推进机制，以区为主、有关部门协调配合，成立专班，把规划设计和开发建设各项工作落实好、执行好，确保城市运营的高水平。要统筹考虑资金平衡，合理划定不同用地的比例，科学安排地下空间和公共空间，控制好建设投资规模，避免过度建设。要处理好中央文化区北部片区与高新区、老城区及其他区域的关系，处理好产业、空间布局与交通组织的关系，加快新旧动能转换和发展方式转型，进一步提升西部城区外在形象和内在品质，让城市的精气神立起来、发展活力激发出来，为全市经济社会高质量发展作出积极贡献。徐立毅强调，二砂片区拥有亚洲最大的包豪斯建筑群，是具有唯一性的历史文化资源，要带着情怀、带着责任把项目规划好、建设好、运营好。坚持最小干预原则，聚焦工业遗存保护，既用好原有建筑和文化元素，又合理引入新的业态，在打造设计、艺术和文化交流平台方面下功夫，处理好与周边区域的关系，切实擦亮、叫响包豪斯品牌，打造具有鲜明历史文化元素符号的现代化活力社区。

郑州市创建全国文明城市暨城乡接合部综合改造工作推进会　7月28日，省会创建全国文明城市暨城乡接合部综合改造工作推进会召开，观摩进度、交流经验，安排部署下一步工作。省委常委、市委书记徐立毅出席会议并讲话。徐立毅对2019年以来的文明城市创建工作给予充分肯定。他指出，各级各部门要高度重视，坚持问题导向、效果导向，拉高标杆、争先进位，学习先进、做出特色，让全国文明城市的牌子真正成为促进郑州高质量发展的有力抓手。要紧扣思想引领这个根本，把学习宣传贯彻习近平新时代中国特色社会主义思想作为文明城市创建的首要任务，促进全社会更加向上向善；抓住市民文明素质提升这个关键，以群教群、典型引路，持续开展不文明行为整治，让文明行为成为社会风尚；要补齐公共设施和公共服务这个短板，为市民提供安居乐业、便捷舒适的生活环境；改进城市管理这个弱项，下大力气解决交通、卫生、市容市貌、市民行为等方面的突出问题，深入开展假冒伪劣商品整治等专项行动，让人人有责、人人尽责、人人享有的社会治理共同体在郑州形成生动实践；打造文化这个亮点，做好以文化城、以文育人、以文惠民的文章；用好群众性精神文明创建活动这个抓手，使文明城市创建真正成为合民意、集民智、聚民心的民心工程、德政工程。徐立毅强调，要坚定信心，统筹推进城乡接合部综合改造，持续巩固和扩大成效，坚持因地制宜、分类施策，根据不同区块实际情况，分门别类制定有针对性的改造提升方案，坚持“打造一批、达标一批、带动一片”，实现分区分片全面提升的目的；规划引领、生态优先，把环境保护、生态建设摆在首要位置，把城乡接合部改造、生态保护、美丽乡村建设融为一体，将“盆景”变为“风景”；尊重民意、解决问题，充分调动群众积极性，广泛开展“文明庭院”创建等活动，既重“面子”，更重“里子”，切实解决好老百姓所需所盼的问题，推动社会移风易俗；建管并重、长效管理，在条件较好的沿黄市区段等地区组织实施全域土地流转，积极探索运用数字化技术提升管理效能，推动环境持续改善、发展质量不断提升。徐立毅强调，要加强党的领导、加强力量统筹，进一步完善“块抓条保、以块为主”的工作机制，加强考评督导，引导各级各部门抓好各项任务落实，调动方方面面的积极性，确保工作取得更好成效。

郑州市32个核心板块规划建设工作推进会议　9月9日，全市32个核心板块规划建设工作推进会议召开，展示32个核心板块规划建设成果，通报并部署全市核心板块规划建设工作。省委常委、市委书记徐立毅出席会议并讲话。徐立毅指出，要把握现代城市发展规律，充分认识规划建设核心板块的重大意义，立足郑州在大局中的地位作用提升境界格局，进一步增强责任感、使命感，努力将核心板块打造成为城市经济发展支撑点、城市开发建设新亮点、城市网络结构关键点，形成支撑郑州高质量发展的“四梁八柱”。要坚持高起点规划，站位建设国家中心城市的高度，以国际化、生态化、数字化眼光谋划核心板块，围绕时尚、精致、大气，不断完善深化规划设计，打造以建筑形态为骨架的城市天际线、以轨道交通为引领的TOD开发建设、以高品质绿化为重点生态环境等支撑的城市现代化核心板块，探索设立核心板块“总设计师”制度，确保规划在高起点基础上高水平贯彻执行。要坚持高质量产业支撑，依据产业特征和发展需要推动空间布局和形态优化，构建新场景、引进新业态、塑造新动能，加快现代商业、科技创新产业、生产性服务业和服务型制造业等发展。要坚持高标准建设，加大投入力度，确保基础设施、公共服务、生态环境、主体功能建设的高标准，突出“新基建”，大力推进节能降耗、数字化基础设施及公共服务体系建设，将核心板块打造成为带动城市功能单元的发展极核。要坚持高效率推进，创新开发机制，强化实体化和专班运作，落实资金筹措及平衡机制，强化招商引资，推动开发建设滚动推进，不断取得新成效。徐立毅强调，“三项工程、一项管理”及32个核心板块建设是郑州市城市规划建设管理的两个主要抓手，各级各部门要抓牢这两件大事不放，主要领导要直接抓、深入抓、持续抓，压实各方责任，合力聚力推进，并将其作为检验领导干部抓发展能力的一个标尺，以科学高效的运作推进机制加快开发建设，推动全市经济社会转型、城市高质量发展，书写国家中心城市建设的新篇章。

郑州市专题研究美丽乡村精品村建设工作会议　11月11日，省委常委、市委书记徐立毅主持召开会议，听取全市美丽乡村精品村建设初步意见汇报，专题研究美丽乡村精品村建设工作。徐立毅指出，要坚持山水林田湖路村综合整治理念，拓展思路、聚焦聚力，坚持以点带面、典型引路，高起点规划、高标准建设一批美丽乡村精品村，高品质推进美丽乡村建设。要注重联网成片、文旅融合，统筹推进美丽村庄、美丽田园、美丽公路、美丽河道、美丽产业一体布局、一体打造，点线面结合推动美丽乡村串珠成链。要坚持政府投入与社会投入同时发力，加快土地流转，做好社会动员，引进工商资本，培育更多现代农业经营主体，形成政府、社会资本、农户多渠道投入机制，推进美丽乡村建设可持续发展。徐立毅强调，推进美丽乡村精品村建设，要结合黄河流域生态保护和高质量发展国家战略及我市“西美”功能布局，结合“两带一心”文化旅游布局，突出沿黄旅游带、环嵩山旅游带和城乡结合部，优化精品村建设布局，明确开发建设年限，确保早见成效。要围绕农村景区化总体目标，明确建设、奖补标准，加强考核验收，确保精品村建设品质。要打好政策“组合拳”，做好农口政策“拼盘”，统筹好土地整理、农村人居环境整治、美丽公路建设等工作。要建立市县两级部门“联乡结村”帮扶机制，加强规划建设、招商引资方面的帮扶指导，形成全社会关注支持美丽乡村建设的浓厚氛围。要发挥郑州千万人口大都市优势，增强市场意识、服务意识，为城市人口休闲旅游提供良好场景，用城市消费拉动美丽乡村建设。要大力推进农村环境整治，进一步加强农村基础设施和公共服务建设，以环境整治全覆盖推进旱厕、黑臭水体、垃圾乱堆等消灭清零，建设时尚现代的美丽乡村，让农村更加宜居、宜业、宜游，推动乡村振兴战略不断取得新成效，推动城乡高质量协调发展。

郑州市改进城市管理与改善人居环境工作推进会　11月12日，全市改进城市管理与改善人居环境工作推进会召开。徐立毅对全市“三项工程、一项管理”工作推进情况给予肯定。他指出，全市上下要充分认识“三项工程、一项管理”工作的重要意义，坚定信心、再接再厉、务求必胜，扎实推进各项工作，为郑州高质量发展夯实基础。徐立毅指出，要更加注重贯彻以人民为中心发展思想，以群众满意为检验标准，着力增强人民群众的获得感、体验感。要更加注重设计引领，既要做好各类乱象、违建的“减法”，又要做好公共服务和生态环境的“加法”；既抓线上面上，又抓重点节点；既展现中原符号、郑州特色，又彰显现代气息、时代风貌，塑造舒朗、大气、精致的北方城市风貌。要更加注重精细化施工管理，强化对施工质量、施工工地现场管理，建管结合，努力做到“好用、好看、耐用、好管”。要更加注重形成良好氛围，把握主动权、打好主动仗，提高宣传、组织、引导群众的能力，营造人人支持、参与城市建设管理的良好氛围。徐立毅强调，道路综合改造要坚持“两优先、两分离、两贯通、一增加”，一路一设计、分段定方案；重视十字路口、地铁站、公园绿地等重要节点打造，同步推进楼体立面、高架沿线屋顶、标志标识整治和停车位划定等工作；按照“微改造”思路，强化成本意识，提高性价比；严格落实属地责任，合理安排工期，确保施工期间路平、路净、路畅，把对群众生产生活的影响降到最小。老旧小区改造要坚持“一拆五改三增加”，充分征求群众意见，做到“愿改尽改”，统筹好上改下、白改黑、雨污分流、楼道内管线整治等工作，切实补齐物业管理、社区公共服务的短板，全面建立社区自我管理的长效机制。城乡结合部综合改造要持续抓好拆违、治污、治乱工作，做到违建、散乱污企业和旱厕、黑臭水体、垃圾乱堆等乱象全面清零，积极推进美丽乡村建设。改进城市管理工作方面，要更加自觉运用数字化思维和手段解决城市管理的痛点难点，强化线上发现问题、线下联动解决、闭环管理、考核督导，突出抓好机动车规范停放、电动车有序出行、绿化养护、文明习惯养成等工作，加快形成符合城市发展需要的数字化支撑的规范化、科学化、现代化城市管理体系。要加强组织领导，强化工作保障，进一步强化责任落实，抓好资金筹措等工作，不断提高城市规划、建设和管理水平，实现城市内涵品质提升、发展质量提升，努力为中原出彩、中部崛起、黄河战略作出更大贡献。

郑州市美丽乡村建设现场观摩会　12月8日，全市美丽乡村建设现场观摩会召开，深入贯彻党的十九届五中全会精神和习近平总书记关于美丽乡村建设重要指示要求，全面落实黄河流域生态保护和高质量发展战略，动员全市上下以美丽乡村精品村、示范村建设为带动，加快推进乡村振兴。省委常委、市委书记徐立毅出席并讲话。会前，与会人员实地察看美丽乡村建设、特色民宿发展情况。徐立毅与基层干部群众深入交流，勉励大家不断提升农村人居、特色民宿设计水平，优化施工工艺，打造各具特色的美丽乡村，更好满足人民的美好生活需要。徐立毅指出，要增强加快美丽乡村建设的责任感、紧迫感，树牢新发展理念和以人民为中心的发展思想，全面贯彻“东强、南动、西美、北静、中优、外联”的城市发展功能布局，以全域景区化为目标，坚持山水林田湖路村综合整治，坚持城乡融合、文旅农旅融合，统筹推进美丽村庄、美丽田园、美丽公路、美丽河道、美丽产业一体布局、一体打造，以点带面、持续发力，把郑州打造成为人们心中的“诗和远方”，为加快建设国家中心城市增添更多乡村亮色。徐立毅强调，要把牢美丽乡村建设的关键重点。一要聚焦聚力精品村、示范村建设，加强规划设计，着力打造一批生态环境优美、文化底蕴彰显、服务配套完善的宜居宜业宜游精品村，带动形成美丽乡村精品线路、精品组团，让郑州美丽乡村“美”的形象尽快“立”起来。二要创新思路理念、创新政策方法，发挥好政府的主导作用，统筹好社会力量，加快农业结构调整，打好农村政策“组合拳”，让美丽乡村建设的机制“活”起来。三要大力推进城乡融合、文旅融合，发挥好城镇的辐射带动作用，不断提高城乡基本公共服务均等化水平，加大村庄特色文化资源整合力度，因地制宜打造文旅农旅结合的乡村新业态，让美丽乡村建设的支撑“强”起来。四要加大力度做优环境、做优功能，贯彻山水林田湖路村综合整治思路，不断增强精品村、示范村吸引力，加大面源污染防治力度，实施旱厕、黑臭水体、垃圾乱堆清零行动，打造乡村整体之美，让美丽乡村建设的底色“绿”起来。徐立毅指出，要加强对美丽乡村建设的组织领导。强化区县（市）党委主体责任，“一把手”要亲自抓，分管领导要全力抓，农业部门要主动参谋、加强指导、统筹协调。要发挥好基层党建引领作用，把美丽乡村建设的过程变成促进基层社会治理共建共治共享的过程。要凝聚多方工作合力，组织开展市县两级部门“联乡包村”帮扶，加大新型农民培育力度，大力宣传各地实践，营造建设美丽乡村、推进乡村振兴的浓厚氛围。

【生态文明建设重要会议】 郑州市2020年春季绿化工作观摩推进会　3月4日，2020年郑州市春季绿化工作观摩推进会召开。省委常委、市委书记徐立毅出席会议并讲话。徐立毅指出，全市上下要充分认识到绿化工作对郑州的特殊重要意义，着眼长远发展需要，把绿化工作摆在更加突出位置，坚定不移、一以贯之地抓好绿化工作。城市绿化要高水平出彩，全面提高城市道路绿化水平，做好主干道生态隔离、高架路花卉彩扮、支小路见缝插绿，以道路绿化品质提升带动城市品质提升；科学规划建设城市公园体系，要按照“300米见绿、500米见园”，加快布局微公园、口袋公园、绿化小品，大力推进拆墙透绿、拆违建绿；全面扩量提质小区绿化，新建小区要严格标准，确保绿化率、提升绿化品质，老旧小区改造中要做好生态绿化的“加法”、增绿添彩。廊道绿化要持续强化，重点做好高速公路、铁路、国省道、县乡村道等路边及河道边绿化，努力实现百分之百覆盖，并把沿线的洁化工作和绿化工作统筹起来，把美丽廊道与美丽乡村建设结合起来，打好生态环境建设的“组合拳”。黄河沿线生态绿化要整体规划、全面推进，重点围绕建设西部山水风光带、中部城河融合带、东部湿地修复带，将改造与新建相结合，在不同地段打造各具特色的大尺度、宽纵深的生态绿化长廊，与文化遗产展示带、沿黄观光旅游带建设融为一体，使郑州市的沿黄区域成为郑州城市的一个鲜明特征、黄河流域生态保护与高质量发展的亮点区域。徐立毅要求，要坚持规划设计引领，以专业化、高标准的设计，增强工作的整体性、系统性和协调性，推进绿化品质提升。要处理好大、中、小尺度之间的关系，以大尺度绿化解决生态问题、体现北方气派，以中小尺度绿化解决可亲可近的问题，做到既中看又中用。要坚持绿化与城市建设统筹结合，将绿化工作与运用建筑渣土堆坡造林、造山造景等统筹结合起来，实现一举多效、相互促进。要坚持一手抓建设、一手抓管护，实行标准化、专业化、规模化管护，推动整体绿化水平不断提升。要加强领导，市生态建设领导小组要充分发挥作用，各级党政主要负责同志要负总责、分管领导要具体抓，各部门要分工负责、通力协作、强化保障，全民动员，迅速行动，掀起春季绿化高潮，让绿色成为郑州的底色、城市的特色。

郑州市2020年污染防治攻坚战动员视频会　4月17日，郑州市2020年污染防治攻坚战动员视频会召开，通报2019年全市大气、水、土壤污染防治攻坚工作考核情况，总结2019年环境污染防治攻坚战工作，安排部署2020年工作。省委常委、市委书记徐立毅出席会议并讲话。徐立毅对2019年全市污染防治攻坚工作取得的成绩给予充分肯定。他指出，全市上下要充分认识污染防治对郑州发展的极端重要性、郑州治污任务的艰巨性和我们思路理念措施上的差距，把思想统一到中央决策和省委省政府部署上来，切实增强责任感使命感紧迫感，以“功成不必在我、建功必定有我”的境界，坚定有力有序有效推动郑州环境保护、生态建设、转型发展取得更大突破。徐立毅强调，要坚定目标，坚持标准不降、力度不减，并进一步创新方法、提升水平，争取污染防治工作实现质的飞跃。要着力提高系统化治理水平，强化系统思维，实施系统治理，持续深化“三调整一加强一整治”，加快产业结构、能源结构、运输结构调整，加强生态屏障建设，加大城乡接合部综合整治力度，注重打好总体战。要着力提高精准化治理水平，以“工地不停工、企业分类管、指标降下来、空气好起来”为目标，把“亩均论英雄”的理念落到实处，研究精准管控措施，做到精准到点、精准施策、精准服务。要着力提高数字化治理水平，把数字技术充分运用到环保治理上来，管到精准处，管到关键处，推动形成以智能防控为主要手段的可靠、稳定、常态化的环保管控体系，在推进“一网管控”上取得明显成效。要高度重视水和土壤污染治理工作，加强饮用水源地保护，提高中水循环利用率，全力推进污水处理设施、垃圾中转站等基础设施建设，尽快实现城乡垃圾分类全覆盖。徐立毅要求，要加强组织领导，确保污染防治各项工作落到实处。要强化责任落实，坚持把打好污染防治攻坚战摆在突出位置，主要领导亲自部署、研究、把关，市生态环保部门发挥牵头抓总作用，各部门齐抓共管、共同发力，层层夯实责任，层层抓好落实。各级领导干部要注重增强绿色发展的意识，不断提升依法治理、科学治理等能力。要以正确的考核导向引导干部转变思路、改进工作、注重实效，把责任落实好、把压力传导好、把工作抓具体抓到位，坚决打好打赢污染防治攻坚战，朝着蓝天白云、绿水青山的“美丽郑州”目标奋力迈进。会议印发了郑州市2020年大气、水、土壤污染防治攻坚战实施方案，大气污染防治攻坚战7个专项行动方案等文件。

郑州市河长述职视频会议　8月5日，全市河长述职视频会议召开，深入贯彻习近平生态文明思想和习近平总书记在黄河流域生态保护和高质量发展座谈会上重要讲话精神，贯彻落实全省河长述职视频会议精神，总结2019年以来河长制工作，安排部署下一步重点任务及防汛抗灾工作。省委常委、市委书记、市第一总河长徐立毅出席并讲话。徐立毅指出，要提高站位、深化认识，切实增强履行河长制的高度自觉。要突出重点，综合施治，着力打造造福人民的幸福河。坚持“以水定城”，建设节水型城市。把水资源作为最大的刚性约束，把提高郑州的水承载能力作为一件大事来抓，在增加水资源供给能力的同时，加快推进分质供水、循环用水，让节约用水成为城市的文明风尚，促进水资源优化配置、利用效率提高。坚持问题导向，强化治污治乱专项行动。持续开展以堵污口、清污泥、治污水、净水质为主要任务的“三污一净”专项行动，严格查处违法偷排、非法设置排污口、超标排污等环境违法行为。聚焦乱占、乱堆、乱采、乱建“四乱”清理，全力推进环境保护综合整治专项行动，加大农业生产面源污染整治力度，加快推进污水、垃圾处理全覆盖。尊重自然规律，走符合本地特点的水生态建设之路。坚持生态保护是前提、要先行，坚持“四水同治”，坚持“还水于河”，立足“先看后用”“循环利用”，切实提高中水和黄河水回用量，加快打造沿黄生态保护示范区。坚持把绿化作为郑州生态建设的主攻方向，实施全域绿化主体工程，把郑州建设成为名副其实的“绿城”。紧盯汛情变化，全力做好防汛抗灾工作，突出做好黄河防汛和地质灾害多发区域防汛防灾，努力做到确保重大水利工程不出事、造成人员伤亡的地质灾害不发生、房屋不坍塌、城区居民家中不进水、重要交通不中断、城市局部地区不出现长时间积水等“六个确保”。徐立毅强调，要加强领导，履职尽责，推动河湖长制责任落实到位。要压实主体责任，各级党政主要负责人作为河湖保护治理的第一责任人，要牢固树立“守水有责，守水尽责，守水担责”意识。要加强协调联动，进一步健全“河长吹哨、单位报到”协调联动机制，结合“三项工程、一项管理”、农村人居环境整治，做好截污纳管、雨污水分流、小微水体管护等工作。要强化监督考核，完善河湖长制工作督察制度，强化绩效考核“指挥棒”作用、完善问责追责机制，倒逼河湖管理水平持续提升。

【其他重要会议】 全市党管武装工作会议 1月13日，全市党管武装工作会议召开，省委常委、市委书记、郑州警备区党委第一书记徐立毅在讲话中强调，2020年是实现国防和军队现代化建设“三步走”发展战略节点之年，也是全面建成小康社会和“十三五”规划收官之年。要提高政治站位，充分认识党管武装工作的制度优势、现实意义，深化认识加强党管武装工作的政治责任，坚决扛起新时代党管武装使命。要聚力备战打仗，持续提升备战打仗能力、完善国防动员体系、抓好军民双拥共建，提升新时代党管武装工作水平。要持续做好军民融合发展这篇文章，充分发挥郑州军事资源优势，大力推进信息安全产业等高新技术产业发展，加快推动新旧动能转换和高质量发展。要加强组织领导，强化责任落实、制度执行、基层基础，推动党管武装工作落实落细，持续提升部队的组织力、战斗力，凝心聚力把强国兴军伟大事业推向前进，不断开创全市国防动员建设新局面。

市委外事工作委员会第一次会议 3月5日，市委外事工作委员会举行第一次会议，深入学习贯彻习近平外交思想及对外工作的重要论述，研究部署全市外事工作。省委常委、市委书记、市委外事工作委员会主任徐立毅主持会议并讲话。会议听取全市外事工作有关情况汇报，审议并原则通过市委外事工作委员会工作规则、办公室工作细则，研究世界城地组织亚太区2020年第八届会员大会申办及筹备情况。徐立毅指出，郑州位置特殊，在内陆地区开放中担当着重要使命任务，必须深入贯彻习近平外交思想，坚持和加强党对外事工作的集中统一领导，树立全国“一盘棋”意识，站在融入“一带一路”建设、推动更高水平开放的大局来谋划，拉高坐标、拓宽视野、提升境界，更加积极主动、坚定不移地推进高水平扩大对外开放，加快打造国际交通枢纽门户、对外开放体系高地和参与国际合作高地的“一门户、两高地”，在国家开放大局中发挥更大作用、作出更大贡献。徐立毅强调，要围绕“为国家总体外交大局服务”和“为地方经济社会发展服务”的要求，紧跟国家总体外交战略布局，不断提高对外工作科学化水平。积极与“一带一路”沿线国家谋求务实合作，拓宽“四条丝绸之路”，完善通道功能、贸易功能、集疏功能；坚持“引进来”“走出去”相结合，积极推动电子信息、铝精深加工、汽车以及装备制造等优势产业的国际合作与产业承接，形成双向发力、更高质量的对外开放；以黄河文化为纽带，讲好“黄河故事”“中国故事”，积极打造好国际文化交流平台，推动文明交流互鉴，拓展文化、旅游、教育、科技等多领域对外合作，努力形成更多成果；以“放管服”改革为抓手，深入推进“一网通办”“一次办成”改革，加快构建法治化、国际化和便利化营商环境；重点办好世界城地组织亚太区第八届会员大会，继续办好世界旅游城市市长论坛、跨境电商大会等活动，形成更多更好的对外开放窗口和桥梁，吸引各种高端国际资源集聚，促进城市品质、开放水平不断提升。徐立毅指出，当前要密切关注国际新冠肺炎疫情变化，积极为出现疫情的友好城市、合作来往密切城市提供力所能及的帮助，细心、用心做好来自疫情严重国家地区人员的防疫工作，全力服务好外贸龙头企业复工复产，确保全球供应链稳定，增强外资长期投资经营的信心与决心。徐立毅强调，要着力锻造过硬外事工作队伍。突出思想引领，提高政治站位，自觉把“两个维护”体现在履职尽责的全过程；注重素质培养，强化能力支撑；增强纪律意识，严抓工作作风，共同为服务国家总体外交大局和全市经济社会发展作出新的更大贡献。

郑州市宣传思想工作会议 4月15日，全市宣传思想工作会议召开，深入学习贯彻习近平总书记关于宣传思想工作的重要讲话精神，按照全国、全省宣传部长会议部署，坚持目标导向、效果导向，推进全市宣传思想工作守正创新、跟上时代，为建设具有黄河流域生态保护和高质量发展鲜明特征的国家中心城市营造浓厚氛围、凝聚强大合力、夯实文化支撑。会议以视频形式召开。省委常委、市委书记徐立毅出席会议并讲话。会议回顾2019年全市宣传思想工作情况，对下一阶段工作进行安排部署。徐立毅对2019年以来的全市宣传思想工作给予充分肯定。他指出，各级各部门要充分认识宣传思想工作的极端重要性，清醒认识面临的新形势、新挑战，着眼大局，因势而为，守正创新，牢牢把握统一思想、凝聚力量这一中心环节，不断为高质量发展提供强大精神动力、创造良好社会氛围。徐立毅强调，要围绕守正创新，把握方向、突出重点、着力提升。要持续推动习近平新时代中国特色社会主义思想深入人心，抓好领导干部这一“关键少数”，注重党员干部这一“绝大多数”，创新学习宣传形式，不断扩大社会覆盖面，强化全社会的理论认同、思想认同、情感认同。要围绕中心、服务大局，提高新闻宣传的策划能力，创新方式方法，善于运用现代传播手段，不断强化信息引导效果，营造积极向上的浓厚氛围。要牢牢掌握舆论引导的主动权、主导权，增强主动意识，健全工作机制，强化阵地管控，线上线下联动，下好先手棋、打好主动仗，营造清朗网络空间。要紧紧抓住黄河流域生态保护和高质量发展国家战略实施的重大历史机遇，围绕黄河文化带、环嵩山文化带和中心城区的城市文脉，理清脉络、转变观念，抓住关键、精心策划，文旅结合、搭好平台，加快打造黄河历史文化主地标城市。要筑牢理想信念之基，强化核心价值观引领，推动移风易俗，不断提升城市整体文明水平，塑造文明城市的鲜明形象。要将培育发展文化创意产业作为宣传部门的重要职责任务，抓好规划引领、平台打造、人才培育、生态构建，厚植成长发展土壤，使文化创意产业成为郑州城市经济的重要产业，不断提升郑州发展的现代化水平和内生动力。徐立毅强调，要切实加强党对宣传思想工作的全面领导，压实主体责任，坚持党管宣传、党管意识形态、党管媒体，不断提高主流媒体的传播力、引导力、影响力、公信力；驰而不息转变作风，面向基层、深入基层、服务基层，宣传群众、教育群众、引导群众，以作风促文风、树新风；着力加强宣传干部队伍建设，配齐配强宣传干部队伍，努力造就一批名家和拔尖人才，不断提高对党的科学理论、方针政策和主流价值的宣传水平。全市上下要形成合力，努力把宣传思想工作做深做实，围绕建设黄河流域生态保护和高质量发展鲜明特征的国家中心城市，让文化立起来、力量聚起来、氛围浓起来。

市委人才工作领导小组2020年度第一次会议　5月8日，省委常委、市委书记、市委人才工作领导小组组长徐立毅主持召开市委人才工作领导小组2020年度第一次会议。会议传达学习了习近平总书记关于人才工作的重要论述，听取2019年全市人才工作总结和2020年工作要点汇报，研究《高质量建设人才强市三年行动计划》《关于实施“郑州英才计划”加快推进人才强市战略的意见》《郑州市人才工作领导小组工作规则》。徐立毅指出，全市上下要以习近平总书记重要论述为指导，把人才工作放在更加突出的位置，努力把郑州打造成为一流人才的汇聚之地、培养之地和事业发展之地、价值实现之地。徐立毅要求，要加强创新体系建设，补齐人才发展短板，走好开放式、协同式创新发展路子。要搭建好承接平台，加快布局“两翼驱动、四区支撑、多点联动”的科研人才、项目承接平台，形成整个城市集聚人才大平台。要拓宽招才引智渠道，通过引进一流高科技企业、鼓励企业建立研发机构、鼓励大众创业万众创新、吸引省内优秀企业在郑设立研发中心等举措，吸引和集聚人才。要完善人才政策，坚持以人才需求为导向，坚持以人为本和人性化服务管理，提高人才政策的精准度、针对性和可操作性。要优化人才生态，以优化营商环境为抓手打造高效透明的政务环境、公平正义的法治环境、诚实守信的人文环境和绿水青山的生态环境，提高医疗、教育等公共服务供给水平，大力营造尊才、爱才、惜才的社会氛围，让各类人才在郑州感受温暖、安心工作、顺利发展。徐立毅强调，要坚持党管人才原则，切实加强党对人才工作的领导，建立组织部门牵头、各部门联动的人才工作机制。要加强人才工作队伍建设，打造专业化人才工作队伍。要压实工作责任，明确目标、量化责任、强化考核，努力开创郑州人才工作新局面。

郑州市卫生健康大会　5月16日，全市卫生健康大会召开，深入学习贯彻习近平总书记关于卫生健康工作和疫情防控重要讲话指示精神，贯彻落实全国、全省卫生健康大会精神，坚持以人民为中心的发展思想，动员全市上下统筹新冠肺炎疫情防控和经济社会发展，加快健康郑州建设，推动卫生健康事业高质量发展。省委常委、市委书记徐立毅，副省长、市长王新伟出席会议并讲话。徐立毅强调，要准确把握公共医疗卫生服务的公益属性，维护好公共医疗卫生服务的公平性、可及性；强化以人民为中心的发展思想，让群众更多地享受家门口看得见、摸得着、用得上的卫生健康服务；树立大卫生大健康的理念，从提供传统的看病就医服务向提供全人群、全生命周期的健康服务转变；坚持走内涵式发展路子，以“大而强、小而精”为目标，打造一批专、精、特的医疗服务品牌，确立郑州在全国全省行业中的地位；强化改革创新精神，着力解决好发展中的堵点难点问题，加快建设与国家中心城市相适应的卫生健康服务体系。徐立毅要求，要突出重点，补齐短板，加快推动卫生健康事业高质量发展。要着力补齐基本公共卫生服务短板，加强规划，优化布局，加大基层公共医疗卫生服务体系建设投入力度，解决好基层卫生服务能力问题。要以人才工程为抓手，以优势医疗专科为带动，明确主攻方向，加强人才队伍建设，抓好中医药事业发展，打造区域医疗中心。要积极推动健康产业发展，加快医疗卫生供给侧结构性改革，积极引进和培育一批具有资源集聚力、市场竞争力、行业影响力的医药研发生产企业，加快高端医疗服务发展，满足社会多样化需求。要深化医疗、医保、医药、医院“四医联动”改革，聚焦人民群众反映强烈的看病就医和卫生健康问题，推动各项改革举措落地落细，不断增强人民群众的获得感。要加快医疗系统信息化、数字化建设，强化数字化思维，加强数字技术应用，推动数据共享、互联互通，加快构建医院内部信息化管理系统；加快构建与特大城市相适应的系统完备、科学规范、运行有效的公共卫生应急管理体系，提高应对重大突发公共卫生事件的能力水平。徐立毅指出，当前疫情防控的任务还很重，全市上下要坚决克服松懈麻痹思想，高度重视，强化责任，抓紧抓实抓细疫情防控常态化措施。要推进防控机制、防控措施、防控保障和卫生管理常态化，加强市县两级疾控中心建设，构建更加高效运转的防控体系，为经济社会秩序全面恢复提供更加有力保障。要把卫生城市建设与“三项工程、一项管理”等工作相结合，着力打造整洁、有序、舒适、愉悦的城市环境，让人民群众有更多的获得感、幸福感。徐立毅强调，要加强党对卫生健康事业的领导。强化责任落实，坚持分级负责原则，密切配合，形成合力。强化项目推动，谋划一批强基础、补短板、管长远、利大局的高质量公共卫生项目。加强医疗卫生队伍建设，抓好卫健系统的领导班子、干部队伍和人才队伍建设，强化基层导向，推进重心下沉，加强医德医风建设，为人民群众提供更好医疗服务。会议下发了《健康郑州行动实施方案》《关于促进中医药传承创新发展实施方案（2020—2025年）》《郑州市社区卫生服务体系建设三年行动计划》等。

全市领导干部会议　5月31日，市委召开全市领导干部会议，传达学习全国两会精神，动员全市上下深入学习贯彻习近平总书记重要讲话精神，落实全国两会各项部署，坚定信心、保持定力、埋头苦干，把握好“控、保、稳、进、抬、扛”六字要求，扎实做好“六稳”工作，坚决落实“六保”任务，努力推动疫情防控、经济发展、民生保障取得更好成效。省委常委、市委书记徐立毅主持会议并讲话。会议传达习近平总书记在全国两会期间系列重要讲话精神，以及《政府工作报告》和《中华人民共和国民法典》《全国人民代表大会关于建立健全香港特别行政区维护国家安全的法律制度和执行机制的决定》主要内容、全国人大常委会工作报告主要内容、全国政协十三届三次会议主要精神等。会议强调，要提高站位，深刻理解把握习近平总书记重要讲话精神和全国两会精神。要进一步强化“两个维护”的政治自觉，进一步强化人民至上的政治立场，进一步强化维护国家主权、安全、发展利益的时代担当，进一步强化迎接任何挑战、战胜任何困难的坚定信心，进一步强化以法治思维、法治手段提高社会治理效能、优化营商环境的能力，把总书记重要讲话精神与对河南的重要指示要求贯通起来、深化理解，坚定不移地把总书记的指示要求、中央和省委省政府部署落到实处、见到实效。会议指出，要突出重点，统筹推进疫情防控和经济社会发展，结合实际抓好全国两会精神贯彻落实。要把思想和行动统一到做好“六稳”、落实“六保”、以保促稳、稳中求进这一大局上来，把握好“控、保、稳、进、抬、扛”六字要求，以更加强烈的责任感、紧迫感抓好当前各项工作。会议要求，要加强领导，迅速掀起学习宣传贯彻全国两会精神的热潮。要抓好传达学习，深入把握中央对于当前形势的科学判断，切实把总书记重要讲话和两会精神转化为推动郑州发展的强大动力。要做好宣传引导，在全市上下营造和衷共济、合力攻坚、奋发进取、苦干实干的浓厚氛围。要加强政策研究，弄懂吃透、积极行动、做好衔接，紧抓政策机遇，争取国家、省更多政策支持和项目倾斜。要全力以赴抓落实，提高统筹抓防控、抓发展、抓民生的意识和能力，迅速行动、重点突破、以点带面，打好组合拳，确保疫情有效防控、发展健康稳定、民生不断改善。

省委省政府研究郑州国家中心城市建设工作专题会议　7月3日，省委、省政府在郑州市召开专题会议，深入学习贯彻习近平总书记重要讲话精神，总结近年来工作，深入研究谋划事关郑州发展全局和长远的重大问题，进一步把握方向、认清形势、抓住关键，加快推进郑州国家中心城市建设。省委书记王国生主持会议，省长尹弘出席会议。省委常委、市委书记徐立毅，副省长、市长王新伟等出席会议。会议肯定了近年来郑州的工作，强调要把握方向，深刻领会习近平总书记重要讲话和指示批示的核心要义和精神实质，以更高站位、更宽视野、更大格局来审视谋划郑州发展。把握好“强化郑州国家中心城市的带动作用”的重大要求，把郑州和全省、全国乃至世界联系起来，把郑州的过去、现在和未来贯通起来，紧扣实现“两个一百年”奋斗目标和两个阶段战略安排，既科学规划到2035年的宏伟蓝图，又展望描绘到2050年的远景目标。把握好“以人为核心推进新型城镇化”的重大要求，把解决好人的衣食住行、安居乐业等问题作为关键，科学把握城市的人口规模、空间结构等变化趋势，科学谋划产业支撑、资源承载、生态容量等关键问题。把握好“把制造业高质量发展作为主攻方向”的重大要求，持续把制造业发展摆在突出位置，把主攻先进制造业与发展现代服务业有机融合起来，加快构建现代产业体系。把握好“加快打造内陆开放高地”的重大要求，以大视野、大气魄、大手笔谋划大开放、大改革、大发展，以高水平开放迎来整体气质之变、发展势能跃升。把握好“提高城市人文品位”的重大要求，把黄河文化深深地融入郑州规划建设和城市形象塑造之中，强化文化熏陶，涵养人文精神，让城市更有气质、更具品位、更富魅力。会议指出，要认清形势，增强建设郑州国家中心城市的紧迫感责任感。要抓住关键，深入研究城市发展中的重大问题。关于城市的定位，更加凸显国家中心城市战略定位，统筹推动国际综合交通枢纽和开放门户、国家先进制造业基地、国家历史文化名城、生态保护和高质量发展核心示范区等建设，以战略定位引领功能定位，推动城市召开功能质变、地位提升，全面提高城市综合竞争力。关于城市的特质，郑州被称为“火车拉来的城市”，要彰显特色优势，形成更高层次、更具竞争力的枢纽优势、物流优势、开放优势；要抓住黄河流域生态保护和高质量发展重大战略机遇，持续推动国土绿化提速行动，加快建设宜居宜业的生态城市，让绿色融入城市血脉，成为郑州的城市底色和发展主色；要大力弘扬黄河文化，以黄河为郑州增添大气磅礴之势，让郑州作为古都的厚重气质更具魅力，让幸福河成为郑州的新标识。关于城市的规模。要充分把握人口流动集聚的态势和规律，注重与发展定位、资源环境等相匹配，充分考虑水资源、产业支撑、环境承载的问题，让城市发展更有质量、更可持续。关于城市的产业。必须形成更多具备内在稳定性的高端产业集群，坚定把制造业高质量发展作为主攻方向，把创新作为第一动力，构建起更具竞争力的现代产业体系。关于城市的布局。要持续精耕细作“东强、南动、西美、北静、中优、外联”的发展布局，把握好生产空间、生活空间、生态空间的内在联系，转变城市发展方式，优化城市布局结构。会议要求，要加强领导，为郑州国家中心城市建设提供坚强保证。树牢先进理念，注重改革创新，提升治理能力，加强协同联动。会议对郑州国家中心城市建设、国土空间规划编制进行深入研究，听取郑州市工作情况及需支持解决的问题、国土空间整体规划的汇报。

市委审计委员会第二次会议　7月6日，市委审计委员会召开第二次会议，深入学习贯彻习近平总书记关于审计工作重要指示和中央审计委员会第二次会议、中央政治局常委会会议精神，传达省委审计委员会第二次会议精神和省委审计工作部署，研究推进郑州市审计工作。省委常委、市委书记、市委审计委员会主任徐立毅主持会议，副省长、市长王新伟出席会议。徐立毅指出，要牢牢把握审计工作的政治属性，把加强党的领导贯穿审计工作全过程，推动党的方针路线政策有效落实。要坚持高标准、高质量开展审计工作。坚持依法审计，推进审计监督全覆盖。坚持标本兼治，从根子上消除问题滋生的土壤，推动全市各项事业在制度的轨道上规范化、高质量发展。坚持监督导向，严肃整改纪律规矩，切实发挥审计的利剑作用。徐立毅强调，要坚持以过硬队伍、过硬作风强化审计工作。全市审计机关和审计干部要坚持以审计精神立身、以创新规范立业、以自身建设立信，强化斗争精神，提高专业能力、创新工作方法，严守廉洁底线、涵养队伍正气，为贯彻党的路线方针政策尽心尽职，以高质量审计工作助推各项事业制度化规范化，助推经济社会高质量发展。

市委全面依法治市委员会第二次会议　7月6日，市委全面依法治市委员会举行第二次会议。省委常委、市委书记、市委全面依法治市委员会主任徐立毅主持会议，副省长、市长王新伟出席会议。会议传达学习习近平总书记在中央全面依法治国委员会第三次会议上的重要讲话精神和省委书记王国生在省委全面依法治省委员会第二次会议上的讲话精神。审议《中共郑州市委全面依法治市委员会2020年工作要点》《郑州市2020年营造法治化营商环境工作要点》《中共郑州市委全面依法治市委员会办公室关于加强综合治理从源头切实解决执行难问题任务分解方案》等文件。徐立毅要求，要把握正确方向，深入学习贯彻习近平总书记全面依法治国重要论述，把贯彻落实习近平总书记关于全面依法治国的重要论述和当前开展的各项工作紧密结合起来，把思想和行动统一到中央决策部署和省委工作要求上来，增强依法治市的紧迫感、责任感、使命感，自觉对标国家中心城市建设的标准要求，以“功成不必在我”的境界、“功成必定有我”的担当，保持定力、久久为功，扎实抓好依法治市各项任务落实，不断开创法治郑州建设新局面。徐立毅强调，要聚焦重点任务，充分发挥法治建设在经济社会发展中的基础性、保障性作用。把法治环境作为营商环境的重要基础抓实抓好，树牢“法治是最好的营商环境”理念，坚持科学立法，加快法治政府建设，健全执法、司法、法律服务衔接配套的综合服务保障体系，建立健全尊法、学法、守法、用法制度，积极营造一流的法治化营商环境。要把依法治市作为市域治理现代化的关键持续深化推进，不断提高市域社会治理系统化、社会化、精细化、法治化、智能化水平。把司法体制改革作为提高司法公信力的有效手段向纵深推进，努力让人民群众在每个司法案件中都能感受到公平正义。要把坚持人民至上作为法治郑州建设的价值取向牢牢把住，把民法典纳入法治建设的总体部署，以法治郑州有力建设不断提升群众的法治获得感。徐立毅强调，要加强党的领导，凝聚全面依法治市强大合力。强化责任落实，形成上下联动、协同推进的工作格局。强化能力提升，全面提高依法执政、依法行政、依法治市、依法办事的能力和水平。强化督查考核，确保中央、省委各项决策部署不折不扣落实，推动全面依法治市工作不断取得新成效。

郑州市文化旅游大会　7月24日，郑州市举行重大文旅项目集中开工仪式并召开文化旅游大会，深入学习贯彻习近平总书记视察河南郑州重要讲话和关于文化旅游融合发展的重要指示精神，贯彻落实全省文化旅游大会精神，动员全市抓住黄河流域生态保护和高质量发展战略机遇，科学谋划、主动作为，推动文旅融合高质量发展，加快建设文化旅游强市，为全面建成小康社会、加快建设国家中心城市提供有力支撑。省委常委、市委书记徐立毅讲话并宣布集中开工。徐立毅指出，要深刻把握新形势下文化旅游阶段特征、重大意义和发展方向，进一步强化文化力就是发展力、文化旅游融合发展、文化旅游全域全要素统筹和以人为本的理念，处理好政府与市场的关系，既立足当前，抓好疫情防控常态化条件下的文旅市场恢复，又着眼长远，加强顶层设计、统筹规划，促进郑州文旅融合发展不断取得新的突破。徐立毅强调，要突出重点，抓住关键，加快建设文化旅游强市。要明确方向，坚持文化引领、产业融合、生态优先、开放合作、创新驱动，以保护传承弘扬黄河文化为主线，充分利用郑州丰富的世界级历史文化资源，推动文旅全域全要素融合发展，打造有世界影响力的产品，把郑州文化立起来、文旅融起来、产业兴起来、氛围浓起来，努力确立郑州“华夏之根、黄河之魂、天地之中、文明之源”的黄河历史文化主地标城市地位。要加强研究，围绕讲好郑州、开封、洛阳“三座城、三百里、三千年”文化故事做好规划布局，加快黄河文化带、环嵩山文化带、中心城区文化板块建设，更好彰显郑州北依黄河、南靠嵩山的城市特征。要抓好项目，加快大河村国家考古遗址公园、黄河博物馆、黄河天下文化综合体、二七商圈、商代王城遗址、二砂文化创意园、“天地之中”历史建筑群等重点文旅项目建设，抓好郑汴洛轨道快线、S312市区段改造及大河文化绿道等交通项目建设，加快完善配套设施，创造更加便利、舒适、愉悦的旅游环境。要做好文旅融合这篇大文章，不断丰富城市文化元素，推进业态融合发展，加强全域全要素统筹，尽快把文化资源优势转化为发展优势。要深化改革，坚持政府主导、企业主体、社会参与、市场推动，持续深化体制机制创新，不断激发文旅产业高质量发展的动力活力。徐立毅要求，要全面加强党的领导，为文旅工作发展提供坚强组织保障。各级党委政府要强化责任落实，切实加强组织领导、倾斜工作力量、抓好统筹推进。要完善工作机制，守住安全底线，推动文旅市场平稳规范健康运行。大会采用视频会议形式召开。会前，举行了建设黄河流域生态保护和高质量发展核心示范区重大文旅项目集中开工仪式，集中开工6个项目，计划总投资166亿元。

市委党外人士座谈会　8月19日，市委召开党外人士座谈会，向各民主党派、工商联和无党派人士通报上半年有关情况，就做好下半年工作听取意见和建议。省委常委、市委书记徐立毅主持会议并讲话。在认真听取大家发言后，徐立毅表示，当前，全市统筹疫情防控和经济社会发展的成果不断巩固，呈现出了较好的发展态势，但面临的形势依旧严峻，存在的短板不容忽视，应对的竞争更加激烈。各民主党派、工商联、无党派人士要深入学习贯彻习近平总书记在中共中央党外人士座谈会上的重要讲话精神，认清大局大势，坚定发展信心，增强紧迫感、危机感，主动作为、加压奋进；坚持围绕中心，发挥独特优势，在参政议政上提高质量，在营造氛围上发挥作用，在为民造福上多做贡献；加强自身建设，不断增进本领，全面坚持和加强党的领导，强化思想引领，抓好自身班子和队伍建设，共同把郑州的发展谋划好、推动好。市委将一如既往地坚持和完善中国共产党领导的多党合作和政治协商制度，支持各民主党派、工商联和无党派人士依章开展工作，为大家更好地履行职能、发挥作用创造好条件。

郑州市研究中原科技城规划建设工作专题会议　8月25日，省委常委、市委书记徐立毅主持召开专题会议，听取中原科技城有关人才政策以及建设推进情况汇报，研究中原科技城规划建设工作。徐立毅指出，要按照“全市新旧动能转换发动机、中原地区科技创新策源地、黄河流域高质量发展引领区”的功能定位，紧盯“创新人才高度集聚、创新要素高度整合、创新活动高度活跃”的发展目标，进一步增强责任感、紧迫感，以志在必得的决心坚决完成各项目标任务。要做到“四个先行、一个促进”。规划要先行，按照“一心两翼”布局，统筹规划北龙湖、智慧岛和鲲鹏小镇，明确功能定位，调整空间结构，进而打造一条串联高新区、金水区和郑东新区的沿黄科创带，形成科创引领带动全市高质量发展的产业走廊；基础设施要先行，近期重点做好“一横三环”路网、远期突出抓好K3轨道快线的规划建设，不断完善以交通为先导的基础设施体系，使不同区块既相互独立又良性互动；功能性项目要先行，以智慧岛现有资源为基础，拓展强化科创孵化功能，支撑和撬动东西两翼发展，同步推进科技大市场、国际文化交流中心等功能性项目建设；人才服务体系建设要先行，以集聚科技型人才为核心，尽快完善针对人才个人、创业团队、研究院所和企业研发机构的分类扶持政策，强化针对性和可操作性，同时加快提升教育、医疗等配套公共服务体系，筑巢引凤，建设全市人才最密集、产出最高、最有活力的人才特区；要促进项目落实，抓好落地项目和入驻项目招引工作，提高项目甄别能力，严格准入标准和扶持政策，结合各区块的不同发展定位，引进更多叫得响、认同度高的优质科创项目。要进一步完善政策体系、工作体系、操作体系，统筹好规划、基础设施、项目布局、建设时序等，优化内部分工，抓紧梳理准备首批项目，推动中原科技城建设开好头、起好步。

郑州市教师节庆祝暨表彰大会　9月9日，郑州市举行教师节庆祝暨表彰大会，对近年来涌现出的优秀教师和教育工作者进行表彰，进一步营造全社会尊师重教的浓厚氛围，高质量办好美好教育、人民满意教育。省委常委、市委书记徐立毅出席会议并讲话。徐立毅强调，要始终把教育放在优先发展的战略位置，坚持以人民为中心的发展思想，紧紧围绕“凝聚人心、完善人格、开发人力、培育人才、造福人民”的工作目标，抓住关键环节、补上短板弱项，大力推进教育事业高质量发展，为郑州建设国家中心城市提供有力支撑。要紧扣立德树人这一根本任务，强化政治引领，全面推动习近平新时代中国特色社会主义思想进校园、进课堂、进学生头脑，扎根时代、扎根实践，不断创新思想政治教育方式方法，不断充实思政课教师队伍，把思政教育抓实抓牢。要紧扣高质量发展这一努力方向，推进各层级教育水平全面提升。学前教育要坚持公益性、普惠性，切实解决“入园难”“入园贵”问题；义务教育要突出公办主体地位，优化城乡教育布局，推进基础教育从基本均衡向优质均衡提升；高中阶段教育要按照满足总量、优化布局、调整结构、城乡一体的要求，加快推进市域一体化；职业教育要加强人才培养与就业需求的衔接融合，打通学生从学校学习到社会就业“最后一公里”；高等教育要在优化结构、内涵提升上下更大功夫，努力补上短板。要紧扣人民满意这一基本标尺，解决好群众关心的教育领域突出问题，进一步做实做好午餐供应和课后延时服务工作，打好消除大班额这场硬仗，持续推进小升初“择校热”降温，维护好公平接受教育的良好秩序。要紧扣教师队伍建设这一基础工程，大力实施教师素质提升工程，着力提高教师队伍整体素质，在全社会持续营造尊师重教浓厚氛围。要紧扣强化党的领导这一根本保障，把思想政治工作贯穿到学校管理全过程，优先安排、全力支持和保障教育事业发展，把教育优先发展落到实处。要深入做好校园常态化疫情防控工作，坚决筑牢维护广大师生生命安全和身体健康的牢固防线。

市人才工作领导小组2020年第二次全体会议 9月10日，省委常委、市委书记、市人才工作领导小组组长徐立毅主持召开市人才工作领导小组2020年第二次全体会议。会议研究了《郑州市关于实施“黄河人才计划”加快建设人才强市的意见》《关于在中原科技城建设河南省人才创新创业试验区的实施意见》等。徐立毅指出，要坚持以人为本，围绕人才需求完善政策，深化人才发展体制机制改革，努力把郑州打造成为人才汇聚之地、培养之地和事业发展之地、价值实现之地。要坚持科创导向特别是创业导向，鼓励科技创新人才、团队在郑创业，鼓励科创企业和机构在郑设立研发中心，重点抓好科研成果产业化的“最后一公里”。要分级分类管理和服务人才，用好人才柔性引进机制，推动产业链、创新链、人才链、金融链相互融合，进一步做强产业链、完善创新链，以优秀人才引领支撑国家中心城市建设、加快打造更高水平的高质量发展区域增长极。徐立毅强调，中原科技城要把握建设河南省人才创新创业试验区的定位，围绕科技创新人才这个重点，抓住吸引人、留住人、成就人的关键环节，实行特殊政策、特殊机制，打造创新人才高度集聚、创新要素高度整合、创新活动高度活跃的人才高地。要积极鼓励各类企业引进科创人才，将创新内容项目化、公司化，理顺投入机制、利益分配机制，更好激发科创人才和团队积极性，形成更多产业化成果。要加快建立高效、公正、权威的项目和人才评审机制，将政府补助支持与创投基金投资有机结合起来，“补投联动、以投为主”，促进更多优秀人才和科创项目脱颖而出。要进一步优化公共服务体系，实施精准服务、全链条服务，确保实现“办事不出城”、基本服务当场办就地办，不断提升科创人才的获得感、满意度。

市委人大工作会议 9月18日，市委人大工作会议召开，深入学习贯彻习近平总书记关于坚持和完善人民代表大会制度的重要思想，落实省委人大工作会议部署，结合郑州实际研究推进新形势下人大工作。省委常委、市委书记徐立毅出席会议并讲话，副省长、市长王新伟主持。市人大常委会党组书记、主任胡荃对市十五届人大及其常委会的工作进行总结和部署。徐立毅指出，要深刻学习领会习近平总书记关于人大工作的重要讲话和指示精神，准确把握核心内涵，牢牢把握做好地方人大工作的正确方向。要坚持把加强党的领导作为做好地方人大工作的根本保证，真正使各级人大成为坚持党的领导、贯彻党的决定的坚强阵地，保证党委的各项工作安排得到全面贯彻和有效执行；要坚持把维护人民主体地位作为做好地方人大工作的基本要求，使各项决议决定符合最广大人民群众的根本利益，凝聚起最广大人民群众的智慧和力量；要坚持把依法治市、推进市域治理体系和治理能力现代化建设作为做好地方人大工作的努力方向，加快营造依靠法律、规则、信用规范社会行为、社会秩序的良好法治环境，让社会更加和谐有序稳定。徐立毅强调，要坚持围绕中心、服务大局，不断推动全市人大工作开创新局面。各级人大及其常委会要坚定不移服务全市发展大局，紧紧围绕党委中心工作，突出“四个着力提高”，发挥好人大职能优势和作用。要着力提高人大立法质量，根据经济社会发展客观需要，积极推进科学立法、民主立法，以良法保发展促善治，使制定的法规立得住、行得通、切实管用。要着力提高人大监督权威，既坚持原则敢于监督，又讲究方法善于监督，聚焦党中央重大决策部署的贯彻落实、重大战略工作实施、重大民生问题解决、法治环境建设、财政资金使用、重点项目推进等，探索方法，策划载体，加强实质性监督，做到更加精准到位。要着力提高人大决议决定水平，围绕中央、省委重大决策和同级党委工作部署，善于抓重点、议大事，加强调研、咨询、论证，推动形成党委出题、人大讨论决定并监督、政府主抓落实的工作格局。要着力提高人大代表履职实效，把握代表工作规律特点，推动“双联系”制度常态化，规范代表活动方式，拓宽代表履职渠道，加强代表议案建议督办，进一步密切人大代表同人民群众的联系，当好人民群众的知心人和代言人。徐立毅要求，要加强党的领导，推进各级人大工作不断提质增效。各级党委要切实发挥好总揽全局、协调各方的作用，持续加强和改善党对人大工作的领导，健全党委领导人大工作机制，加强人大及其常委会自身建设，为人大工作创造良好条件、提供坚强保证，不断开创全市人大工作新局面，为坚持和完善中国特色社会主义制度、推进国家治理体系和治理能力现代化建设作出新的更大贡献。会议印发了《中共郑州市委关于加强新时代人大工作和建设的意见》。

市委政协工作会议 9月24日，市委政协工作会议召开，深入学习贯彻习近平总书记在中央政协工作会议暨庆祝中国人民政治协商会议成立70周年大会上的重要讲话精神，落实中央、省委政协工作会议精神，对新时代加强和改进全市政协工作进行安排部署。省委常委、市委书记徐立毅出席会议并讲话，副省长、市长王新伟主持。徐立毅指出，要深刻领会习近平总书记重要讲话精神，始终把牢“坚持和加强党对人民政协工作的领导”这一根本保证，确保党的路线、方针、政策和中央、省委、市委各项决策部署贯彻落实到位；始终把牢“专门协商机构”这一性质定位，更好在协商中促进广泛团结、推进多党合作、实践人民民主；始终把牢“围绕中心、服务大局”这一工作主线，在党委、政府工作全局中谋划推进人民政协工作；始终把牢“广泛凝聚人心和力量”这一主要功能，凝聚起推动郑州高质量发展的强大合力。徐立毅强调，要聚焦中心、创新载体，不断提升政协履职水平。要着力发挥好专门协商机构的重要作用，紧紧围绕人民群众关切的重大问题，加强调查研究，突出基层特色，探索创新形式多样的协商载体，健全协商规则，完善协商内容，改进协商方式，让政协协商更接地气、更富成效；要着力凝聚共识、汇聚力量，把加强思想政治引领、广泛凝聚共识作为履职的重中之重，切实发挥政协党组成员和党员委员的示范带动作用，推动形成从党内到党外、从常委到委员、从委员到界别群众良性互动的工作格局，汇聚起大团结的强大力量；要着力强化政协委员责任担当，认真落实“懂政协、会协商、善议政，守纪律、讲规矩、重品行”的要求，树立一线意识，强化政治责任，增强履职本领，锤炼道德品行，展示新时代的新风采；要着力提升政协工作制度效能，全面推进人民政协党的各项建设，健全发挥新型政党制度优势的机制，完善政协履职工作制度，加强上下级政协工作联动，全面推动履职工作提质增效。徐立毅要求，全市各级党组织要全面加强和改进对政协工作的领导，支持政协党组履行职责，为政协工作创造良好条件，为政协事业发展提供坚强保证，推进形成党委高度重视、政府大力支持、政协积极履职、各方协同助力的良好局面，努力开创全市人民政协事业新局面，为加快郑州国家中心城市建设凝聚智慧力量，为中原出彩、中部崛起、黄河战略实施作出新的更大贡献。会议印发了《中共郑州市委关于加强和改进人民政协工作的实施意见》。

郑州市公安工作会议 10月22日，全市公安工作会议召开，深入学习贯彻习近平总书记关于加强新时代公安工作的重要论述和全国、全省公安工作会议精神，切实加强党对公安工作的领导，以警务体制改革为契机，研究部署新时代公安工作，动员全市上下坚决捍卫政治安全、维护社会稳定、保障人民安宁，为加快郑州国家中心城市建设创造安全稳定的政治社会环境。省委常委、市委书记徐立毅出席会议并讲话。徐立毅指出，要深刻把握习近平总书记重要论述，认清政治安全和社会稳定面临的新形势、人民群众对公安工作的新期待和公安工作面临的新挑战，切实增强责任感、紧迫感、危机感，牢记使命担当，深化改革创新，以高质量公安工作为郑州经济社会高质量发展保驾护航。徐立毅强调，要把握职责定位，更好发挥职能作用。各级公安机关要坚持总体国家安全观，牢固树立以人民为中心的发展思想，在维护政治安全、社会稳定、社会治安、群众利益上发挥好职能作用。要把维护政治安全作为首要任务，坚决防范打击敌对势力渗透破坏，坚决维护意识形态安全，深化反恐怖斗争；要把维护社会稳定作为底线，坚持底线思维、问题导向，强化标本兼治，完善防控体系，确保社会稳定、人心安定；要把维护社会治安作为基础，以创建全国市域社会治理现代化试点城市为载体，严厉打击违法犯罪，织密治安防控网络，创新基层社会治理，努力建设更高水平的平安郑州、法治郑州；要把维护群众利益作为根本，深化“放管服”改革，紧盯群众高频事项、反映突出问题，创新服务模式，提高服务效率，坚决依法维护群众和市场主体利益，切实提高服务群众的能力，让人民群众有更多更直接更实在的获得感。要加强党的领导，强化组织保障，坚持依法行政、规范执法，坚持科技强警、科技兴警，坚持从严治警、从优待警，抓好公安工作现代化和公安队伍革命化、正规化、专业化、职业化建设，锻造让党放心、人民满意的公安铁军。各级党委、政府要履行好主体责任，加强对公安工作的领导指导。各级政法委要加强对公安工作的统筹协调和指导督导，各有关部门要进一步密切与公安机关的协作配合，推动形成强大工作合力，奋力开创公安工作新局面，为郑州国家中心城市建设、中原更出彩、中部崛起和黄河战略实施作出新的更大贡献。

郑州市科技创新人才座谈会 11月30日，省委常委、市委书记徐立毅主持召开科技创新人才座谈会。徐立毅指出，要充分发挥企业的主体作用、人才的核心作用，以人才为核心集聚创新要素，不断提高全社会科技创新的能力和水平，为高质量发展提供更有力支撑。徐立毅强调，要坚持围绕产业链完善创新链，以企业为主体，强化与高校、科研院所、创新创业平台、科创投资机构等合作，打造创新联合体、新型研发机构，支持大型企业运用资本投入、科技分红等方式打造“双创”平台，激发创新创造，孵化更多科技型企业。要把科技创新作为国家中心城市的一个核心功能来打造，大力推动以人才集聚为核心的创新要素集聚，不断增强辐射带动能力，更好引领区域协调发展、高质量发展。要把培育战略性新兴产业与人才队伍建设紧密结合起来，把引进人才团队摆在与引进项目同等重要的位置，深化政务服务改革，集成办好人才引进“一件事”，加快形成标准化、规范化、公开透明可预期的科创环境和人才服务体系，使科技创新更好建立在人才充分聚集基础之上。要把数字化发展与科技创新紧密结合起来，加快推动全社会数字化转型，对传统产业加大数字化赋能力度，在产业数字化过程中培育数字化产业，促进数字化赋能与创新驱动的融合，不断提升企业和产业的竞争力。各级各部门要结合“十四五”规划编制，深入研究科技创新涉及的重大课题，提出有前瞻性、针对性、操作性的好思路、好举措，积极付诸实施，努力形成人才加快集聚、创新蓬勃发展的良好氛围。

郑州市第十一次民族团结进步表彰大会 12月17日，郑州市第十一次民族团结进步表彰大会召开。省委常委、市委书记徐立毅出席会议并讲话，副省长、市长王新伟主持会议。会议宣读《郑州市人民政府关于表彰郑州市民族团结进步模范集体和模范个人的决定》，并为模范集体和模范个人代表颁奖。徐立毅指出，全市上下要切实把思想认识统一到习近平总书记重要讲话精神上来，按照中央、省委对民族工作的部署要求，牢牢把握正确政治方向，围绕铸牢中华民族共同体意识，加强民族大团结和改进新时代民族工作，强基础、补短板、促提升，不断推进民族团结进步事业迈上新的台阶。徐立毅强调，要坚持党的领导，完善党委领导、政府负责、有关部门协同配合、全社会通力合作的民族工作格局，进一步夯实民族团结进步的政治基础。要坚持深化认同，不断增进各族群众对伟大祖国、中华民族、中华文化、中国共产党、中国特色社会主义的认同，深化爱国主义的民族团结进步宣传，加强民族团结进步的网上舆论阵地建设，进一步夯实民族团结进步的思想基础。要坚持共同富裕，把解决少数民族和民族聚居地区发展不充分不均衡问题摆在重要位置，纳入经济社会发展总体规划统筹安排、统筹推进，进一步夯实民族团结进步的物质基础。要坚持交往交流交融，全面深入持久开展民族团结进步创建活动，充分发挥民族团结进步模范的示范引领作用，高度重视和扎实做好城市民族工作，进一步夯实民族团结进步的社会基础。要坚持依法治理，引导各族群众尊法、学法、守法、用法，在全社会营造办事依法、遇事找法、解决问题用法、化解矛盾靠法的浓厚氛围，进一步夯实民族团结进步的法治基础。要发扬好筹办全国少数民族传统体育运动会形成的团队精神、奋斗精神、工匠精神、忘我精神，不断开创民族工作新局面。王新伟指出，要强化思想认识，把“九个坚持”要求贯穿到民族工作全过程，推动全市民族团结进步事业取得新进步，为国家中心城市建设凝聚民族团结力量。要采取务实举措，深入开展民族团结进步创建活动，同步推进少数民族和民族聚居地区发展和民生改善，营造各族群众共居共学共事共乐的浓厚氛围。要加强组织领导，把民族工作摆上重要议事日程，为民族团结进步事业发展提供有力保障。

郑州市副市厅级以上领导干部会议 12月22日，郑州市召开副市厅级以上领导干部会议，宣布省委决定：侯红同志任中共郑州市委委员、常委、副书记，王新伟同志不再担任中共郑州市委副书记、常委、委员职务。

市委党外人士座谈会 12月25日，市委召开党外人士座谈会，就中共郑州市委关于制定郑州市国民经济和社会发展第十四个五年规划和二〇三五年远景目标的建议以及明年全市经济社会发展工作，听取各民主党派、工商联和无党派人士的意见和建议。省委常委、市委书记徐立毅主持会议并讲话。市领导侯红等出席会议。徐立毅就中共郑州市委关于制定郑州市国民经济和社会发展第十四个五年规划和二〇三五年远景目标的建议文件起草情况作简要说明。各民主党派围绕发展现代农业、增强创新集聚能力、疫情防控体系建设、优化营商环境、发展高等教育、提高绿色发展水平、推动32个核心板块建设、产业发展培育等提出意见建议。徐立毅强调，各民主党派、工商联和无党派人士要切实把思想和行动统一到习近平新时代中国特色社会主义思想上来，进一步增强大局意识，加强自身建设，争取更大作为；要增强责任意识，加强历练，担负起经济社会发展建言者和参与者的责任；要增强尽责意识，在各自工作岗位上尽心尽力、尽职尽责做好本职工作。希望各民主党派、工商联和无党派人士坚定信心，以更好的精神状态，带着对郑州这座城市和人民的更深厚感情，满怀热情把郑州建设好、发展好、宣传好。市委将一如既往地坚持和完善中国共产党领导的多党合作和政治协商制度，为党外人

士干事创业和干部成长提供平台，更好地凝聚各方力量，形成推动郑州发展的强大合力。

（刘跃亭　张　凯　翟景伟　左雨龙）

重要活动

【郑州市重大项目集中开工仪式】 1月2日，郑州市举行2020年第一批重大项目集中开工仪式，省委常委、市委书记徐立毅宣布开工。本次集中开工仪式主会场设在航空港区，其他开发区、县（市）区设立15个分会场。此次开工的重大项目共57个，涵盖装备制造、电子信息、金融商贸、基础设施和民生社会事业等多个重点领域。市委副书记、市长王新伟要求，全市上下要深入贯彻落实中央、省委经济工作会议和市委十一届十一次全会精神，紧紧抓住项目建设这个"牛鼻子"，积极为重大项目建设提供强有力的用地、资金、环境和政策保障。要以招商引资催生大项目、大产业，为郑州高质量发展培强新的动能、提供强劲动力。各项目建设单位要弘扬"工匠精神"，坚守质量标准，把每个项目打造成精品工程、安全工程；要科学组织、精心实施，力争项目早竣工、早投产、早达效，为加快郑州国家中心城市建设，打造更高水平的高质量发展区域增长极夯实基础、积蓄动能、贡献力量。

6月5日，郑州市举行2020年第二批重大项目集中开工仪式，深入贯彻中央省市"六稳""六保"部署，全面落实"控、保、稳、进、抬、扛"要求，奋力夺取疫情防控和经济社会发展"双胜利"。省委常委、市委书记徐立毅宣布开工。副省长、市长王新伟出席仪式。本次集中开工活动，采取"1个主会场+16个分会场"形式同步进行，主会场设在郑州轨道交通6号线一期工程小营站，16个县（市）区、开发区设分会场。王新伟指出，2020年是决胜全面建成小康社会和"十三五"规划收官之年，全市上下要进一步强化"项目为王"理念，着力在项目建设主战场比谋划看储备、比招商看投资、比开工看进度、比服务看实效，不断为高质量发展注入新动能。要快建设、快投资，高质高效推动项目尽快出形象、见效益。要保安全、保质量，着力打造精品工程、精品项目。要优服务、优环境，合力保障项目早建成、早达产。要建制度、建机制，营造一切盯着项目看、一切围绕项目转、一切扭住项目干的浓厚氛围。要谋项目、谋招商，着力做强优势产业、做大新兴产业、做优传统产业，推动形成谋划一批、落地一批、开工一批、建成一批、达产一批的"五个一批"项目建设新格局，为加快郑州国家中心城市建设蓄势增能、贡献力量。第二批集中开工的重大项目共267个，总投资3179亿元、年度投资703亿元。项目涵盖了黄河流域生态保护和高质量发展、核心功能板块建设、产业转型升级、新基建和公共基础设施、生态环保、社会民生等重点领域。

9月29日，郑州市举行2020年第三批重大项目集中开工仪式，深入贯彻落实中央省委"六稳""六保"部署，积极融入双循环、构建新格局，增创郑州高质量发展新优势。省委常委、市委书记徐立毅宣布开工。副省长、市长王新伟出席仪式。王新伟指出，融入以国内大循环为主体、国内国际双循环相互促进的发展新格局，项目建设是主抓手、是推动力。全市上下要树牢"项目为王"理念，一以贯之盯紧项目不放松、抓住项目不放手、推进项目不停步，着力做到"四个一流"，以更多的优质项目集聚高质量发展新势能。要营造一流的环境，切实让建设单位心无旁骛快建设、快投资；要争创一流的进度，加快形成梯次推进、滚动实施、实干实效的项目建设态势，以高效率的项目建设创造竞争发展的新优势；要确保一流的成效，切实以增量投资带动新发展；要谋划一流的项目，着力做强优势产业、做大新兴产业、做优传统产业，不断夯实国家中心城市建设的基础支撑。本次集中开工，采取"1个主会场+15个分会场"方式进行，主会场设在经开区科创产业孵化器项目，其余15个开发区、区县（市）设分会场，并通过视频连线汇报本地区重大项目集中开工等情况。第三批集中开工的重大项目共209个，总投资1503亿元、年度投资334亿元，涵盖了黄河国家战略、核心板块建设、产业转型升级、公共基础设施、社会民生发展等领域。

【2020年郑州市招商引资集中网络签约活动】 3月5日上午，2020年郑州市招商引资集中网络签约活动举行。省委常委、市委书记徐立毅出席签约仪式并讲话。徐立毅强调，各级党委、政府和职能部门要把服务好企业发展作为义不容辞的责任，努力打造一流的营商环境。要强化"用户"思维，当好"店小二"；强化效率意识，当好"助推手"；强化法治观念，当好"护航者"；强化专业精神，当好"内行人"。要围绕"政府创环境、企业创财富"，加强政企联动，深化合作共赢，共同推动郑州高质量发展取得新成效。本次签约的35个项目签约总额464.15亿元，涵盖电子信息、生物医药、节能环保、装备制造、文化创意旅游、科技服务、现代物流、健康养老等领域。其中，世界500强企业投资项目3个、中国500强企业投资项目2个、签约额超10亿元的项目14个；制造业项目15个，签约额157.1亿元；服务业项目20个，签约额307.05亿元。

【庚子年黄帝故里拜祖大典】 3月26日上午，庚子年黄帝故里拜祖大典在新郑黄帝故里举行。本次拜祖大典以"同根同祖同源，和平和睦和谐"为主题，以"长江黄河共战'疫'，轩辕黄帝佑中华"为主旨，由十二届全国政协副主席齐续春担任主拜人，以现场简约而庄严的仪式、全球网上拜祖、电视连线等线上线下、大屏小屏互动交互的形式进行。由于疫情原因，大典以"现场无嘉宾、无观众、无演员表演"、大典"规格不降、影响力不降"为基本遵循简约庄严举办。为保证黄帝故里拜祖大典作为国家非物质文化遗产的传承性和庄严性，现场继续保留大典的九项仪程，分别为盛世礼炮、敬献花篮、净手上香、行施拜礼、恭读拜文、高唱颂歌、众志成城、祈福中华、天地人和，主要通过现场直播连线、主持人和专家解读、网上拜祖等方式完成，个别仪程由黄帝故里少量工作人员和群众完成。"恭读拜文"环节，由主拜人齐续春在北京录制恭读《拜祖文》视频，传至大典现场、央视和全球华人拜祖平台。"高唱颂歌""众志成城""祈福中华""天地人和"等仪式均取消演员表演和集体参与，改为主持人和专家讲述并配以直播连线画面及海外五大洲拜祖画面等方式完成。同时，来自美国、澳大利亚、法国、英国、赞比亚等五大洲的世界华人和中国香港、澳门、台湾同胞，通过庚子年黄帝故里网上拜祖祈福平台进行网上拜祖，以个人、家庭等为单位开展非聚会、分散性拜祖活动，表达了他们对文明始祖黄帝的敬拜，共同祈福祖国繁荣昌盛，祝愿世界和平安康。

【郑州市领导干部"问学前沿"高端讲堂】 首期全市领导干部"问学前沿"高端讲堂 5月12日，首期全市领导干部"问学前沿"高端讲堂举行，邀请中国工程院院士王坚为全市领导干部作数字城市专题辅导报告。省委常委、市委书记徐立毅主持报告会。报告会上，王坚院士以《大数据时代下城市大脑的创新实践》为题，坚持理论政策、技术路径和实践创新相结合，引用大量现实案例，系统介绍了城市大脑在推进政府管理和社会治理模式创新、提升城市治理水平，促进政府决策科学化和社会治理精准化等方面的生动实践，并结合郑州实际对郑州市智慧城市建设给予具体指导，提出具有前瞻性、可操作性的方法路径。徐立毅指出，各级各部门一定要高度重视数字化工作，切实转变观念，紧紧抓住国家"新基建"布局机遇，以"数字郑州"城市大脑项目建设为抓手，树立数字化思维和逻辑，坚持大视角、小切口，坚持城市创新与技术创新互促互动，持续精准发力，加快追赶步伐，努力把郑州建设成为高水平数字城市，带动经济社会数字化转型和高质量发展，实现城市治理能力和治理水平的不断提升。

第二期全市领导干部“问学前沿”高端讲堂 6月14日，第二期全市领导干部“问学前沿”高端讲堂举行。第十三届全国政协委员、国务院发展研究中心原副主任、研究员王一鸣以《常态化疫情防控下我国经济形势走向和现代产业体系构建》为题，从“疫情造成全球经济自二战以来最严重的衰退”“我国经济面临的风险挑战和一揽子宏观政策”“提升产业基础水平和加快建设现代产业体系”三个方面进行专题辅导，并为郑州构建现代产业体系、加快经济社会发展深度把脉问诊，提出了具有前瞻性、针对性、可操作性的意见和建议。会议要求，与会人员要通过授课，认真思考、领会要义，紧密联系市委要求和工作实际，进一步突出以保促稳、稳中求进，以高质量发展制造业和高水平扩大开放为重点，大力推动产业加速跃迁，在危机中育新机、于变局中开新局，推进经济发展不断取得新成效，为郑州在新一轮产业转型升级和城市发展中争取优势、赢得主动，打造更高水平的高质量发展区域增长极作出积极贡献。

第三期全市领导干部“问学前沿”高端讲堂 8月7日，第三期全市领导干部“问学前沿”高端讲堂举行。报告会以视频形式举行，邀请复旦大学特聘教授、中国国际经济交流中心副理事长黄奇帆，作题为《疫情下世界经济发展走势和国际国内双循环的战略》的经济形势分析辅导报告。省委常委、市委书记徐立毅主持报告会。徐立毅指出，未来五到十年是郑州国家中心城市建设的机遇期、关键期，全市上下要切实把思想和行动统一到中央决策上来，按照省委、省政府的部署，坚定信心、保持定力、发挥优势、积极融入，在变局中顺势而为，在应对危机中打好发展主动仗。要准确把握中央政策导向和决策精神，围绕融入双循环体系，既要埋头干，又要抬头看。一方面，要结合正在进行的新一轮国土空间规划、“十四五”经济社会发展规划编制工作，深入研究事关郑州长远发展的重大问题，把握好郑州高质量发展的正确方向；另一方面，要紧扣市委十一届十二次全会部署的落实，处理好保、稳、进、拾的关系，以“进”为引领，在统筹做好疫情防控和“六稳”“六保”工作的同时，更好发挥郑州“枢纽+区位+人力资源”的比较优势，抓紧补齐发展中的短板弱项，努力在“双循环”相互促进的新发展格局中积蓄势能、增创优势，不断开创郑州国家中心城市建设的新局面。

第四期全市领导干部“问学前沿”高端讲堂 9月19日，第四期全市领导干部“问学前沿”高端讲堂举行，邀请国家住房和城乡建设部总经济师、雄安新区总体规划技术总牵头负责人杨保军作城市规划设计专题辅导。省委常委、市委书记徐立毅主持。报告会上，杨保军围绕“更好的规划，更好的城市”这一主题，对如何把握城市发展规律、如何做好城市规划进行深入讲解，并结合实际对郑州规划发展提出具有前瞻性、可操作性的意见和建议。徐立毅指出，全市各级领导干部要深入学习领会习近平总书记关于城市规划建设管理的重要讲话和指示精神，坚持新发展理念和以人民为中心的发展思想，充分认识规划的重要性，深化思想认识、提升眼界格局、增强本领能力，坚持以规划为引领，把城市建设好、发展好。徐立毅强调，要进一步深刻认识现代城市发展规律，深入分析自身优势和弱项，拉长长板、补齐短板，加快培育发展新动能、新优势，以开放的思维推动城市发展方式转变，引领经济社会转型发展。各级领导干部要着力提升“谋”的能力，结合新一轮国土空间规划和“十四五”规划编制，高起点规划、高标准建设、高水平管理，让郑州这座城市既大又强、更加宜居宜业，真正成为人民幸福生活的美好家园。

第五期全市领导干部“问学前沿”高端讲堂 10月24日，第五期全市领导干部“问学前沿”高端讲堂举行，邀请中国科学院大学教授黄金川围绕营商环境做专题辅导。省委常委、市委书记徐立毅主持。报告会以视频形式举行，报告会上，黄金川对以国内大循环为主体、国内国际双循环相互促进的新发展格局作深刻解读，深入分析新时期营商环境优化建设和评价的新形势，并结合实际对郑州优化营商环境建设提出具有建设性的意见建议。徐立毅指出，要从战略和全局的高度，深化对当前经济社会发展大环境、大形势的认识，围绕国家赋予郑州的定位职责，胸怀两个大局，不断增强优化营商环境建设的紧迫感、责任感、使命感，把营造一流营商环境作为事关郑州发展的根本性举措牢牢抓在手中，抓住机遇、积极作为，建设法治化、国际化、便利化、市场化营商环境，以营商环境的比较优势赢得发展主动。要树立用户思维，坚持用户导向、问题导向、需求导向，强优势、补短板，抓住城市品质提升、多规合一、同城通办、异地通办、政策兑现等重点，研究新情况、推出新举措、持续深化以“一网通办、一网统管”为主的“放管服”改革，不断提升企业和市民群众的体验感、满意度。各级各部门要高度重视营商环境建设，进一步健全对各开发区、区县（市）营商环境的考核评价机制，加大跟踪推动力度，对损害营商环境的行为坚决查处。要把优化营商环境作为一项长期努力的工作，持续发力、久久为功，建设一流营商环境，为郑州经济社会高质量发展、建设国家中心城市夯实基础、创造条件。

第六期全市领导干部“问学前沿”高端讲堂 11月27日，第六期全市领导干部“问学前沿”高端讲堂举行，北京大学建筑与景观设计学院教授俞孔坚以“美丽城市的生态与艺术”为题，作高品质城市规划建设专题辅导。省委常委、市委书记徐立毅出席报告会。就如何做好城市规划建设工作，徐立毅指出要抓好城市整体规划设计，以国际化、生态化、数字化的眼光，坚持历史性与现代性、整体性与结构性、共性与个性相统一，塑造舒朗、大气、精致的城市特色风貌。要坚定不移推进绿色发展，持续抓好空气、水体、土壤等污染治理力度，以推动城乡深度融合和实施乡村振兴战略为抓手，统筹推进城乡生态环境一体治理和修复，不断提升群众获得感、幸福感。要全面提升城市人文魅力，充分挖掘城市的地域特征，把现

5月22日，市委组织部举行“弘扬劳动精神 争当出彩先锋”宣讲活动
（市委组织部/供图）

代城市美和历史文化美有机地结合起来，打造独具特色的历史文化名城和黄河历史文化主地标城市。要充分彰显城市美学理念，高度重视城市美学设计，在生态城市、智慧城市、宜居城市共建中贯穿美学设计理念，使整个城市成为充满时尚气息和活力、格局大气、建设精致的现代化城市。报告会以视频形式举行。

【郑州市“弘扬劳动精神 争当出彩先锋”宣讲活动】 5月18日上午，郑州市启动“弘扬劳动精神 争当出彩先锋”宣讲活动，省委常委、市委书记徐立毅出席启动仪式。会议以视频形式召开。会议重温了习近平总书记给郑州圆方集团全体职工重要回信全文，郑州圆方集团党委书记薛荣作了“给总书记写信背后的故事”宣讲。徐立毅指出，要深入学习总书记的重要回信精神，从中学出人民立场，始终心系人民群众、践行群众路线，把人民群众的获得感作为党员干部个人事业的成就感；从中学出劳动精神，不断放大劳动精神的感召力、凝聚力、引领力，让各条战线上的劳动氛围更浓、奋斗精神更足；从中学出先锋意识，以共抓大党建、人人当先锋的实际行动，把人民群众更加紧密地团结在党的周围，齐心协力推动中央决策、省委部署在郑州落地见效；从中学出使命担当，以抗疫情、促发展的好成效向总书记和党中央交出好答卷。要把学习贯彻总书记重要回信精神，转化为奋发进取的责任担当，切实履行好岗位职责，为国家战略实施、郑州长远发展做出应有贡献；转化为埋头苦干的实际行动，将行动进一步转变为看得见、摸得着的实践成效；转化为持续抓好党的建设的强大动力，推进各领域、各层级的党的建设全面过硬、全面进步。要组织开展好集中宣讲活动，推进习近平总书记重要回信精神深入基层、深入群众，家喻户晓、深入人心。宣讲团成员要把总书记的亲切问候、亲切关怀、殷殷嘱托讲清楚、讲透彻，激发党员干部群众的思想和行动；要增强宣讲的亲和力、感染力，用发生在身边的小事情、群众感兴趣的小道理把大道理讲好、讲活、讲明白；要把每次宣讲当作是自身学习提高的过程。各级党委（党组）要把宣讲工作摆在重要位置，精心组织、全力保障，尽可能让更多的群众听得到、学得到；要广泛开展形式多样、扎实有效的宣讲活动，推进学习贯彻总书记重要回信精神走深走实。组织部门要做好统筹协调，确保宣讲工作深入有序展开。宣传部门要策划好宣传报道，在全社会营造劳动最光荣、劳动最崇高、劳动最伟大、劳动最美丽的浓厚氛围，激励引导广大市民群众继续在平凡岗位上创造不平凡的业绩，为郑州国家中心城市建设作出积极贡献。

【济南市党政代表团到郑州市考察】 6月7—8日，山东省委常委、济南市委书记孙立成率领济南市党政代表团到郑州市，围绕黄河流域生态保护和高质量发展、城市规划建设、产业转型发展等进行考察，共商两市合作，协同推进黄河流域生态保护和高质量发展战略实施。河南省委常委、郑州市委书记徐立毅陪同考察并主持座谈会。在郑期间，代表团成员在黄河国家文化公园考察了郑州市推进黄河流域生态保护和高质量发展战略实施情况，参观了郑东新区CBD、龙湖金融岛、龙湖湿地公园、龙湖公共艺术中心，并深入郑州煤矿机械集团股份有限公司考察企业发展情况。随后两市举行座谈会，河南省副省长、郑州市市长王新伟，济南市委副书记、市长孙述涛，分别介绍了两市贯彻落实黄河流域生态保护和高质量发展战略相关情况。徐立毅对济南市党政代表团的到来表示欢迎。他指出，山东、河南两地地缘相近、人缘相亲，济南、郑州同为人口大省省会城市、黄河流域重要城市、中国传统文化重要发源地，生态保护的任务都比较重，都肩负着落实黄河流域生态保护和高质量发展国家战略的重要使命，两市发展有着很多的共同点，很强的依存性、互补性，很大的合作空间。在落实黄河战略方面，郑州围绕打造沿黄生态保护示范区、国家高质量发展区域增长极和黄河历史文化主地标，梳理完成了“1+1+1+N”规划方案体系，出台了高质量发展制造业、高水平扩大对外开放、高品质推进城市建设等系列三年行动计划，加快建设黄河流域生态保护和高质量发展的核心示范区。济南在贯彻落实黄河战略方面站位高、思路清，在城市建设管理、新旧动能转换等方面力度大、成效好，城市竞争力不断增强，有很多创新性经验做法值得郑州学习借鉴。徐立毅指出，深化两市战略合作，是贯彻落实习近平总书记重要讲话和指示精神、协同实施好黄河国家战略的必然要求，是两市共同的责任和愿望。要深化研究协同推进生态保护，在确保黄河安澜、加强生态保护上相互借鉴、提升标准，找准切入点，把工作做实；深化研究合作推进高质量发展，把握以国内大循环为主体、国内国际双循环相互促进的新发展格局，努力形成更多两地合作推进高质量发展的协同效应；深化研究共同讲好黄河故事，深入挖掘中原文化、齐鲁文化内涵，积极打造世界大河文明论坛等载体，做好黄河文化的大文章，讲好黄河故事，进一步增强文化自信。孙立成建议，一是推动生态保护联防联控，联合推动成立“黄河绿色城市联盟”；二是推动发展战略统筹谋划，实现协同发展、联动发展；三是推动产业发展协作联动，探索建立产业发展协作机制；四是推动科技资源互通共享，合作建设黄河流域区域创新共同体；五是推动对外开放合作共赢，在自贸试验区建设、黄河流域对外开放通道等方面加强合作和交流；六是推动体制机制协同创新，建立沿黄地区规划建设统筹机制，奏响新时代的“黄河大合唱”。会上，济南市人民政府、郑州市人民政府签署合作协议，双方将在沿黄生态保护、弘扬黄河文化等方面进一步深化合作，协同实施黄河流域生态保护和高质量发展战略，携手推动两地高质量发展。

【市委书记徐立毅到二七区接待来访群众】 6月11日下午，省委常委、市委书记徐立毅到二七区接待来访群众，面对面倾听群众诉求，现场协调解决民生难题。他强调，要坚持以人民为中心的发展思想和人民至上、群众至上的理念，站稳群众立场，坚持依法治理，立足化解矛盾，切实维护群众合法权益，带着责任、带着感情，用心、用情、用力依法解决好群众的烦心事、揪心事、操心事，促进社会和谐稳定。徐立毅指出，各级各部门要树立人民至上、群众至上的理念，把信访工作作为党委政府了解民情民意、检验工作成效、转变工作作风的有效渠道，加大下访、接访力度，主动听取群众意见，确保问题早发现、矛盾早化解。要进一步增强做好信访工作的敏感性和“保一方平安稳定”的责任感，善于换位思考，设身处地站在群众角度考虑问题，摒弃被动消极的思维，多用服务、引导的手段回应好群众关切。要用心、用情、用力为群众排忧解难，确保群众诉求有人听、疑惑有人解，做到件件有着落、事事有回音。要坚持依法办事，对于历史遗留问题，要充分考虑问题产生时的历史条件，尊重群众的合理诉求，在法律政策框架内研究出治本的办法，切实维护好群众的合法权益，履行好党委政府对群众的承诺。要注重举一反三，从群众反映的具体问题出发，梳理出同类问题的解决办法，以点带面改进工作，促进服务群众能力不断提升。要坚持问政于民、问需于民、问计于民，在实践中不断提升做好群众工作的能力和本领，创新工作思路，紧密依靠群众推动工作，形成共建共治共享的城市治理新格局。

【郑州—卢森堡“空中丝绸之路”座谈会暨BAA（中国）航空培训中心启动仪式】 郑州—卢森堡“空中丝绸之路”建设三周年之际，6月14日，郑州—卢森堡“空中丝绸之路”座谈会暨BAA（中国）航空培训中心启动仪式在郑州举行，深入贯彻落实习近平总书记关于支持建设郑州—卢森堡“空中丝绸之路”的重要指示精神，总结“空中丝绸之路”成果经验，深化对外开放，共谋合作发展，进一步推动“空中丝绸之路”走深走实。卢森堡首相格扎维埃·贝泰尔、副首相弗朗索瓦·鲍施，立陶宛交通部副部长维拉迪斯拉夫、外交部前部长维格达斯进行视频致辞。省委书记王国生出席，省长尹弘致辞。东航集团董事长刘绍勇、南航集团总经理马须伦等致辞。省领导黄强、穆为民、徐立毅、何金平、王新伟等出席座谈会。会前，王国生会见了卢森堡驻华大使俞博生、立陶宛驻华大使伊娜·玛丘利奥尼婕。王国生指出，河南将坚定不移实施开放带动战略，以开放促改革、促发展、促创新，推动“空中丝绸之路”走深走实，把开放的大门越开越大。希望同卢森堡、立陶宛进一步拓展合作领域、丰富合作内容，在更高水平上实现互利共赢。尹弘倡议，双方在巩固现有合作成果基础上，继续深化航空领域合作，开通郑州至卢森堡客运航线，拓展货运航线网络，加快发展航空培训等特色产业；加强金融领域合作，建立郑州—卢森堡金融合作发展平台和长效沟通机制，共同成立“空中丝绸之路”基金；推进河南与立陶宛货运班列和跨境贸易等领域合作；扩大文化、旅游、教育等经贸人文领域务实合作。

【郑州市与阿里巴巴集团举行座谈并签署战略合作协议】 6月16日，郑州市与阿里巴巴集团举行2020年数字郑州产业生态联盟座谈会并签署深化数字城市建设战略合作协议。省委常委、市委书记徐立毅主持座谈会，阿里巴巴集团董事局主席兼首席执行官张勇出席并讲话。副省长、市长王新伟，阿里巴巴达摩院院长、阿里云智能总裁张建锋介绍有关情况。徐立毅对张勇率团来郑表示欢迎，对阿里集团长期以来给予郑州的支持表示感谢。他指出，国家和省高度重视郑州的发展，赋予郑州多项国家战略使命，郑州地理位置、交通条件、人力资源、历史文化优势突出，拥有良好的制造业发展基础，电子信息、汽车及装备制造形成了一定规模，物流商贸业优势明显，文化旅游产业前景广阔，城市化空间较大，发展态势好、潜力足。阿里巴巴集团是全球互联网巨头，是新兴产业发展的缩影，是创新驱动发展的代表、是走向世界的引领性企业。郑州市与阿里集团已经有了较好的合作基础，在数字政务、疫情防控、智慧城市建设等方面取得了较好成果。希望双方进一步深化全方位战略合作，拓展合作的广度、深度，推动合作取得更快的进度、更好的成效。一是在推进数字政府建设上拓展合作，在政务服务“一网通办”、城市治理“一网通管”上持续探索创新，形成更多具有引领性、示范性、创新性成果。二是在营造数字产业生态上深化合作，带动一批本地企业在信息安全、物联网、跨境电商、电商物流及互联网新业态等领域形成优势和较强竞争力。三是在人才培养集聚上创新合作，与地方、高校、科研院所联手，共同培育、大力集聚数字化人才，增强数字郑州发展后劲。王新伟介绍了郑州市情特别是发展数字经济、数字城市建设情况。他表示，近年来郑州聚焦构建共建共享共赢的数字化产业链和生态圈，积极引导数字经济与实体经济深度融合，“数字郑州”建设迈上了快车道。下一步，将深耕细作数字环境、数字政务、数字生活、数字生态，项目化推进新型智慧城市建设、鲲鹏产业生态体系、制造业数字化转型、服务业数字化转型等工作，做强做优大数据、信息安全、人工智能、数字文创等产业，着力打造数字产业化发展引领地、产业数字化发展示范地、“城市大脑”新标杆。希望阿里集团继续发挥自身优势，全面助推郑州数字经济、数字政府、数字城市建设。郑州将进一步优化资源配置、完善相关政策，全方位支持阿里集团在郑快速发展。座谈会后，郑州市政府，在郑有关高校、科研院所、企业，分别与阿里巴巴集团签署了《深化数字城市建设战略合作协议》《2020年数字郑州产业生态联盟》《数字郑州人才培养合作协议》。

【“弘扬劳动精神 争当出彩先锋”庆“七一”主题宣讲会】 6月29日，深入学习贯彻习近平总书记重要回信精神“弘扬劳动精神 争当出彩先锋”庆“七一”主题宣讲会在省人民会堂举行。省委常委、组织部部长孔昌生，省委常委、市委书记徐立毅，副省长、市长王新伟出席。主题宣讲共分五个篇章：《人民立场》，通过记者的视角，为大家分享抗疫一线医务工作的感人瞬间，讲述最美逆行者的暖心故事；《生命至上》，追忆在抗击疫情过程中为了人民、为了国家奉献生命，铸就平安的“平凡英雄”事迹；《劳动精神》，展现各行各业劳动者坚守岗位、迎难而上，谱写出一曲曲抗击疫情勇敢者之歌的最美风采；《出彩先锋》，再现郑州圆方集团员工坚守疫情高风险岗位，不惧危险、敢于担当、无私奉献、昂扬向上的抗疫精神；《使命担当》，描绘了郑州市贯彻落实中央、省委安排部署，积极推动复工复产、复商复市，统筹疫情防控和经济社会发展的生动场景。

【郑州市“长三角区域合作”市情推介会暨项目签约仪式】 7月20日，郑州市“长三角区域合作”市情推介会暨项目签约仪式在上海举行。省委常委、市委书记徐立毅，副省长、市长王新伟出席活动。徐立毅指出，希望上海及长三角区域企业加大到郑战略布局力度，加强经贸合作，扩大合作领域和成果。郑州将努力打造高效便捷的政务服务环境、公开透明的市场环境、公平公正的法治环境，更好地服务企业，不断深化与企业的合作共赢，共同推动郑州高质量发展取得新的更大成效。王新伟作市情推介，他表示，郑州市将扎实做好“六稳”工作、全面落实“六保”任务，持续实施高质量发展系列三年行动计划，不断培育竞争新优势，集聚发展新动能，努力推动经济高质量发展迈出更大步伐。希望上海及长三角优秀企业家进一步认识郑州、了解郑州、投资郑州、扎根郑州，携手共享发展机遇、共创美好未来。推介会现场播放了郑州市情宣传片，郑州航空港经济综合实验区作区情推介，复星国际有限公司、上海汽车集团股份有限公司、深兰科技（上海）有限公司负责人作了发言。活动共签约项目37个，投资总额1067.7亿元，涵盖先进制造、商贸物流、数字经济、生物医药等多个领域，其中世界500强企业项目5个。推介暨签约仪式前，徐立毅、王新伟分别走访了中国东方航空集团有限公司、上海汽车集团股份有限公司、复星国际有限公司、上海世邦机械制造有限公司、深兰科技（上海）有

7月20日，郑州市“长三角区域合作”市情推介会暨项目签约仪式举行
（郑东新区管委会/供图）

限公司、上海移远通信技术股份有限公司等。

【郑州市党政考察团到上海市考察并座谈】7月21日，上海市委书记李强，上海市委副书记、市长龚正，与河南省委常委、郑州市委书记徐立毅，河南省副省长、郑州市市长王新伟率领的郑州市党政考察团一行举行座谈。李强代表上海市委、市政府，感谢河南省、郑州市长期以来对上海发展的支持帮助，并介绍了上海市市情。他指出，上海与郑州都承担着国家战略任务，合作前景广阔。希望两地加强战略协同，深化交流合作，在以国内大循环为主体、国内国际双循环相互促进的新发展格局中发挥各自优势，实现共同发展，携手服务好国家发展大局。徐立毅表示，郑州正在深入贯彻习近平总书记重要讲话和指示精神，着力打造国际综合交通枢纽和开放门户、国家先进制造业基地、国家历史文化名城、黄河流域生态保护和高质量发展核心示范区。这次率团来沪，旨在认真学习上海实施国家战略和推动高质量发展、创造高品质生活的先进理念和经验做法，进一步深化两地各领域合作，更好谋划推进郑州发展。会见前，郑州市党政考察团成员到长三角区域合作办公室、虹桥商务区、浦东新区城市运行综合管理中心、张江科学城等地进行学习考察，表示将认真学习借鉴长三角区域合作“6+2”制度创新，进一步解放思想、创新机制，加快“1+4”郑州大都市圈建设，结合实际努力推动郑州从交通枢纽到商业枢纽提升，把考察成果转化为今后城市管理的抓手，努力提升城市精细化、智能化管理水平，持续引进高精尖产业，培育发展新动能，打造发展新引擎，以科技创新引领经济高质量发展、城市高品质提升。

【2020年度全国浙江商会会长、秘书长工作会议暨知名浙商走进郑州活动】7月29—30日，2020年度全国浙江商会会长、秘书长工作会议暨知名浙商走进郑州活动在郑州举行。会议期间，省委书记王国生、省长尹弘会见了全国工商联副主席、长三角浙商联盟名誉理事长、正泰集团董事长南存辉等浙商企业家代表一行。省领导穆为民、徐立毅、何金平、王新伟等出席相关活动。王国生代表省委、省政府对南存辉一行表示欢迎，并介绍了河南省省情及当前经济社会发展情况，希望进一步提升合作层次，实现更高水平的互利共赢。参会的150余位浙商来自全国各地，在召开浙商年度工作会议的同时，还深入到郑州航空港区、经开区、高新区和郑东新区等地进行实地考察，并与郑州市党政领导班子座谈，就建立长效沟通机制等进行深入交流。活动期间，正泰集团与郑州市签署战略合作协议。

【郑州市“弘扬抗疫精神 护佑人民健康”庆祝表彰活动】8月18日，郑州市举行“弘扬抗疫精神 护佑人民健康”庆祝表彰活动，贯彻落实习近平总书记向全国广大医务工作者表示慰问的重要指示精神，表彰先进典型，弘扬抗疫精神。10名“郑州好医生”、21名“生命守护人”、15名“逆行英雄”、20名“防控哨点标兵”、20名“转运先锋”、21名“防疫尖兵”受到表彰。省委常委、市委书记徐立毅会见受表彰人员，副省长、市长王新伟主持会见活动。徐立毅代表市委、市人大、市政府、市政协和全市1000多万人民，向奋战在抗疫一线、为保护人民身体健康作出重大贡献的白衣战士表示感谢，向受表彰的先进个人表示祝贺，向全市广大医务工作者致以节日祝福。徐立毅指出，全市广大医务工作者是推动郑州卫生健康事业发展的重要力量，用实际行动诠释着“敬佑生命、救死扶伤、甘于奉献、大爱无疆”的崇高精神，特别是面对新冠肺炎疫情的严峻考验，坚守疫情防控第一线、战斗在抗击病毒最前沿，为夺取疫情防控和经济社会发展“双胜利”作出了重大贡献。徐立毅强调，当前，全市上下正在抢抓中部地区崛起、黄河流域生态保护和高质量发展两大国家战略叠加机遇，加快国家中心城市建设，向全面建成小康社会目标冲刺，统筹疫情防控和经济社会发展的任务十分艰巨。希望广大医务工作者认真学习贯彻习近平总书记重要指示精神，坚持人民至上、生命至上，崇尚医德、钻研医术，秉持医风、勇担重任，慎终如始打好抗疫阻击战、持久战，坚决保护好人民群众生命健康，努力提供更加优质、更加安全的医疗服务。全市各级各部门要高度重视和支持卫生健康事业发展，把党中央对医务工作者的关心关爱落到实处，推动在全社会广泛形成尊医重卫的良好氛围，为建设健康郑州凝聚合力。

【第五届清华校友三创大赛全球总决赛颁奖典礼暨中原数字经济高峰论坛】8月29日，第五届清华校友三创大赛全球总决赛颁奖典礼暨中原数字经济高峰论坛在郑州举行，清华大学多位专家教授、优秀校友和有关嘉宾相聚郑州，共论数字技术、数字产业前沿发展，共话校地合作。省委常委、市委书记徐立毅会见与会嘉宾。副省长、市长王新伟，清华大学党委副书记过勇等出席活动。徐立毅指出，当前，郑州正深入贯彻落实习近平总书记关于河南、郑州工作的重要讲话指示精神和关于科技创新的重要论述，紧紧围绕人才完善服务体系，全力推进中原科技城规划建设，为广大人才创条件、造平台。清华大学作为中国顶尖高校、享誉世界的研究型大学，创新能力强、资源多，郑州希望与清华大学进一步拓展合作的深度和广度，形成更多合作成果，实现校地共赢发展。也希望清华大学继续发挥人才优势，更多关注支持郑州，助推郑州国家中心城市建设。王新伟在致辞中表示，郑州深入贯彻落实习近平总书记视察河南重要讲话精神，坚持把创新驱动作为基本策略，加快打造“一廊、两翼、四区、多点”的科技创新驱动发展空间格局。郑州有决心、有信心运用好新技术、新模式、新平台，加快数字产业化、产业数字化步伐，努力打造数字经济发展高地。相信各位专家的真知灼见将为郑州发展带来启迪和指导，也希望大家积极建言献策，推动校地合作共赢。此次大赛由清华校友总会、郑州市人民政府共同主办，中国科协科学技术传播中心联合主办，全球设十大赛区，吸引了83个清华校友创新项目和60余位来自投资和产业界的创业导师积极参与。论坛上，郑东新区作了区情介绍，清华校友三创大赛导师接受聘任，部分嘉宾作了主题分享或点评，举行了“产业数据化与智能化”圆桌对话、清华大学与郑州市校地合作座谈会等。

【清华大学附属中学郑州学校揭牌】9月1日，清华大学附属中学郑州学校揭牌暨2020—2021学年开学典礼举行。省委常委、市委书记徐立毅，清华大学党委常务副书记姜胜耀等出席活动。徐立毅在致辞中向清华大学、清华附中对郑州的信任和支持表示感谢，向清华附中郑州学校正式招生开学表示祝贺。他指出，近年来，郑州市深入贯彻落实习近平总书记关于教育事业的重要讲话指示精神，坚持美好生活从美好教育抓起，以教育事业高质量发展带动城市功能提升、市民素质提升、创新要素集聚。相信清华附中郑州学校一定会发展成为传承清华精神、彰显郑州特色、教学质量过硬、创新氛围浓郁的国际名校，成为郑州人才成长的摇篮。也希望郑州与清华大学开展更多务实合作，共同让清华精神、清华力量在中原大地传承发展，为推动中部崛起、黄河流域生态保护和高质量发展作出积极贡献。清华附中郑州学校是清华大学在华中地区设立的唯一一所公办学校，也是清华大学正式批准的首个覆盖从幼儿园到高中全过程基础教育的异地办学学校。

【2020年国家网络安全宣传周在郑州举行】9月14—20日，2020年国家网络安全宣传周在郑州举行。本届网安周以“网络安全为人民，网络安全靠人民”为主题，线下主题论坛、“强网杯”网络安全挑战赛线下赛、网络安全博览会等主题活动贯穿始终，共吸引现场参与35万人次，移动App关注突破2.2亿次，短视频点击超17亿次。网安周累计签约项目153个、投资总额突破1200亿元，为郑州打造网络安全产业新高地注入新活力新动能。

9月14日，2020年国家网络安全宣传周高峰论坛举行。省委书记王国生，中宣部副部长、中央网信办主任、国家网信办主任庄荣文出席并讲话。省长尹弘主持。省领导穆为民、江凌、徐立毅、张维宁、王新伟、钱国玉等出席。王国生表示，河南省将深入贯彻习近平总书记关于网络安全工作的重要指示精神，以承办这次盛会为契机，统筹推进网络安全和信息化发展，加快建设网络强省、数字河南，在构建新发展格局中彰显新担当新作为。庄荣文指出，要深入贯彻落实习近平总书记重要指示精神，树立正确网络安全观，着力推进网络安全保障体系和能力建设，不断开创网络安全工作新局面。省委常委、市委书记徐立毅指出，郑州将以这次宣传周举办为契机，提高群众网络安全意识和安全能力，维护群众安全利益，促进网络安全产业发展的氛围进一步形成、步伐进一步加快、水平进一步提升，为我国网络安全事业发展作出郑州贡献。

9月14日上午，2020年国家网络安全宣传周网络安全产业发展座谈会暨产业招商项目签约仪式举行，来自全国网络安全界的专家和企业家围绕网络安全产业发展进行座谈。中央网络安全和信息化委员会办公室副主任赵泽良，省委常委、常务副省长黄强，省委常委、市委书记徐立毅，副省长、市长王新伟出席活动。郑州市及有关开发区、区县（市）与相关企业进行了集中签约。共签约17个项目，总投资53.7亿元，涵盖网络安全研发、安全芯片、安全软件和服务、信创产业等领域，将为郑州网络安全产业和数字经济发展注入新活力新动能。

9月20日，2020年国家网络安全宣传周结束，并在国内首个网络安全科技馆举行交接仪式。2021年国家网络安全宣传周重要活动承办城市为西安市。河南省副省长、郑州市长王新伟与西安市委副书记、市长李明远进行了国家网络安全周旗帜交接。

【中原科技城政策发布会】 9月15日，中原科技城政策发布会举行，河南省人才创新创业试验区、中原科技城管委会揭牌，中原科技城规划和人才政策同期发布。省委常委、市委书记徐立毅出席活动并讲话，副省长、市长王新伟主持。徐立毅与省委组织部副部长、省人才工作领导小组办公室主任高树森共同为“河南省（中原科技城）人才创新创业试验区”“郑州中原科技城管理委员会”揭牌。会上发布了中原科技城规划情况和《关于在中原科技城建设河南省人才创新创业试验区的实施意见》，并为中国科学院院士施一公等11位中原科技城专家委员会首批专家颁发聘书。郑东新区管委会与首批入驻中原科技城的60个项目签约，总金额突破1100亿元。徐立毅代表市委、市政府向中原科技城专家委员会的成立、首批项目成功签约入驻表示热烈祝贺，向长期以来关心支持郑州发展的各界人士表示衷心感谢。徐立毅强调，要围绕“一年起步、三年初具雏形、五年基本建成”的目标，坚持规划先行、基础设施先行、功能性项目先行、人才服务体系建设先行，加快更多优秀科创人才、优秀科创企业落地发展。各级各部门要各司其职、全力以赴，努力将中原科技城打造成为我国北方地区重要的创新基地、人才特区。诚挚欢迎各类优秀人才、优质科创项目入驻科技城，郑州将以最大诚意、最优服务、最好政策，为各类人才提供更加暖心、安心、放心、舒心的服务，让科创产业、科技人才能落地、留得住、发展好，与郑州一起进步、共赢发展。中原科技城位于郑东新区，包括龙湖北部区域和云湖大数据产业园两大区域，总用地面积约16.4平方公里。设计理念为“产业链接、空间共享、人才交互”三大理念，产业发展将聚焦数字文创、信息技术、前沿科技、生命科技、人才教育五大核心产业，建设数字文创产业公园、信息技术产业公园、前沿科技产业公园、生命科技产业公园、名校创新学院五大功能组团。

【芝麻街双创园开园】 9月17日，由郑煤机老厂区改造提升建设的芝麻街双创园正式开园。省委常委、市委书记徐立毅出席开园仪式，并就园区建设进行调研。徐立毅指出，要准确把握核心板块建设的思路与规律，找准发展目标、定位和路径，通过核心板块的高水平建设带动城市发展方式转变。要坚持规划引领，强化顶层设计，引入最先进理念，让设计走进城市、走进社区、走进家庭，为城市增添时尚元素，营造好时尚的氛围，不断提升城市建设和群众生活品质；要坚持以轨道交通为引领的TOD开发建设，加强轨道交通与城市核心板块的有机联动，让交通更好地服务城市发展、方便群众生活；要立足实际、发挥优势，下功夫打造创新创业生态，推动科技研发、总部经济等快速发展。各级各部门要协同做好基础设施、政策支持、公共服务配套等工作，强化板块社区功能，打造宜居宜业环境，不断增强核心板块的吸引力、聚集力和发展活力。

【第四届全球跨境电子商务大会】 9月22—24日，以“全球疫情下跨境电商发展的机遇与挑战”为主题的第四届全球跨境电子商务大会在郑州举行，外国政要、国际组织代表、专家学者、知名跨境电商企业代表等600余人参加。吉尔吉斯共和国总理博罗诺夫进行视频致辞。省长尹弘出席并致辞。省委常委、郑州市委书记徐立毅出席。尹弘向与会嘉宾表示热烈欢迎，并介绍了河南跨境电商发展情况。他指出，跨境电商发展还面临着发展标准规则不够衔接、物流通关不够通畅、结算支付不够便利等带来的挑战，迫切需要创造新的合作机制，促进跨境电商自由化、便利化、规范化发展。河南将积极顺应国际国内发展环境和贸易条件的深刻变化，探索建立适应跨境电商特点的监管服务制度，让商品进出顺畅、管控有序；加快发展智能高效畅通的现代流通体系，积极融入全球供应链体系；加强大数据、区块链、人工智能等新技术应用和跨境电商独立站、智能选品等模式创新，不断提升跨境电商全产业链新技术应用水平；立足河南产业体系完备的条件，构建跨境电商产业链和生态圈；对标国际营商规则，深入推进“放管服”改革，持续优化营商环境，引入更多跨境电商领军企业、平台企业、金融支付企业、供应链企业等市场主体，努力与各方实现共赢发展。开幕式上，全球CEO发展大会联合主席、中国与全球化智库主席、全球跨境电商大会主席龙永图，中国国际经济交流中心副理事长兼秘书长张大卫

9月22日，第四届全球跨境电子商务大会在郑州开幕（马　健/摄）

等先后致辞，联合国秘书长南南合作特使豪尔赫·切迪克、世界贸易组织副总干事易小准进行视频致辞。会议宣读了世界海关组织秘书长御厨邦雄的贺信。斯洛伐克驻华大使杜尚·贝拉、缅甸驻华大使苗丹佩、塞拉利昂驻华大使欧内斯特·恩多马希纳、哈萨克斯坦驻华大使哈比特·柯依舍巴耶夫出席开幕式。开幕式后举办了“跨境电商高峰会”，中国国际经济交流中心副理事长黄奇帆进行视频演讲。现场还进行了成果发布、项目签约仪式及河南跨境电商进口药品和医疗器械试点启动仪式。大会发布《中国跨境电商综试区城市发展指数报告（2020）》。《报告》显示，在发展总指数先导城市中郑州位列第五，发展创新指数郑州进入前三。

【2020年中国金鸡百花电影节（第35届大众电影百花奖）在郑州举行】9月24—26日，2020年中国金鸡百花电影节（第35届大众电影百花奖）在郑州举行。本届电影节由中国文联、中国电影家协会和郑州市人民政府共同主办，围绕大众电影主题，先后举办了星空放映启动仪式、专题电影展、中国电影论坛、提名者表彰仪式、大众电影百花奖颁奖典礼和电影节闭幕式等五项主题活动，并创新举办了“艺术家下基层”“星空放映”“观影惠民季”等特色活动。

9月24日晚，第35届大众电影百花奖星空放映启动仪式在郑州举行。中国文联党组成员胡孝汉，副省长何金平，副省长、郑州市市长王新伟，中国电影基金会理事长张丕民，中国电影家协会分党组书记、驻会副主席张宏出席启动仪式。王新伟向出席电影节和星空放映启动仪式的嘉宾和关心支持郑州发展的各界朋友表示热烈欢迎和衷心感谢。他表示，郑州将深入贯彻落实习近平总书记关于文艺工作和电影事业发展的重要指示精神，持续提升电影公共服务水平，用心用情为电影事业高质量发展作出郑州贡献，也热切期盼广大电影工作者，以更多电影精品奉献人民、用光影编织传递时代精神，让人民享有更加充实、更为丰富、更高质量的精神文化生活，凝聚起同心共筑中国梦的磅礴力量。此次电影节以时代性、文艺性和人民性为导向，创新开展星空放映活动，在全市101个星空影院公益放映历届百花奖获奖影片，并邀请深受观众喜爱的电影艺术家与群众现场互动。

9月26日晚，2020年中国金鸡百花电影节闭幕式暨第35届大众电影百花奖颁奖典礼举行。中国文联主席、中国作协主席铁凝，省委常委、市委书记徐立毅出席活动并为最佳影片获奖者颁奖。经过来自全国各地的101名观众评委组成的终评委员会现场投票评选，《我和我的祖国》获最佳影片奖，《我不是药神》获优秀影片奖，郭帆获最佳导演奖，饺子获最佳编剧奖，黄晓明获最佳男主角奖，周冬雨获最佳女主角奖，王传君获最佳男配角奖，袁泉获最佳女配角奖，易烊千玺获最佳新人奖。

【2020中国500强企业高峰论坛】9月28日，2020中国500强企业高峰论坛在郑州举行，知名专家学者、500强企业代表和各界人士1300余人参加论坛，就论坛主题“育新机、开新局，变化中的大企业发展”深入交流。十届全国政协副主席，中国企业联合会、中国企业家协会会长王忠禹在论坛上作主旨讲话，省长尹弘出席并致辞。国务院国资委主任郝鹏，省领导孙守刚、徐立毅、张维宁、王新伟参加活动。王忠禹希望各大企业继续深入学习贯彻习近平总书记在企业家座谈会上的重要讲话精神，强化使命担当、坚持创新变革，努力在危机中育新机、于变局中开新局，顺应新一代技术变革和产业革命的发展趋势，不断提高发展质量和水平，为“十三五”画上圆满句号，为“十四五”创造良好开端。尹弘向与会嘉宾表示热烈欢迎，他强调，随着双循环新发展格局加快形成，促进中部地区崛起、黄河流域生态保护和高质量发展两大战略叠加实施，河南区位交通、市场规模、产业配套等优势日益凸显，发展前景越来越广，蕴藏商机越来越多。中国500强企业与河南一直有着良好的合作关系，在河南经济社会发展发挥了重要作用，实现了互利共赢。河南将积极做好跟踪服务，大力营造市场化、法治化、国际化的营商环境，为项目尽快落地提供便捷周到的服务，为更多企业来豫投资兴业、共谋发展创造良好条件。省委常委、市委书记徐立毅作市情推介。论坛由中国企业联合会、中国企业家协会主办，河南省人民政府协办，河南省工业和信息化厅和郑州市人民政府承办。共有全体大会、平行论坛、专场活动等22项活动。论坛发布了“中国企业500强”榜单，河南10家企业上榜，其中郑州两家，分别是郑州宇通企业集团与建业控股有限公司。举办了重点项目签约仪式，郑州市与中国500强企业签约项目15个、投资总额338.9亿元，涉及新材料、云计算与大数据、电子信息、现代物流等多个领域。

【郑州市党政考察团到许昌开封焦作新乡四市考察学习】10月12日、20日，郑州市党政考察团到许昌市、开封市、焦作市、新乡市考察学习，深入贯彻黄河流域生态保护和高质量发展战略，落实省委、省政府决策部署，加快推动“1+4”郑州大都市圈建设，引领带动中原城市群高质量发展，为谱写中原更加出彩绚丽篇章提供有力支撑。省委常委、市委书记徐立毅，副省长、市长王新伟参加活动。许昌市委书记胡五岳、市长史根治，开封市委书记侯红、市长高建军，焦作市委书记王小平，新乡市委书记张国伟、市长王登喜分别陪同考察。考察团一行实地考察四市城市规划建设与管理、黄河滩区综合治理、生态环境整治、产业转型发展、科技创新、历史文化传承保护和民生改善等情况。徐立毅表示，郑州作为省会城市，要充分发挥国家中心城市的龙头带动作用，通过加强与周边城市的互动交流、全面合作，推进“1+4”都市圈密切联系、深度协同、多方联动、优势互补，推动区域发展更加协调、更有质量，为国家黄河战略、中部崛起战略实施提供有力支撑。要深入贯彻落实习近平总书记重要讲话精神，坚持新发展理念和以人民为中心的发展思想，坚持规划共绘、防洪共抓、生态共保、交通共联、产业共建、文化共兴、服务共享，努力推进高质量一体化发展。要深入研究黄河水沙特征，加快推进符合都市圈发展要求的高标准防洪体系建设，确保沿岸城市防洪安全万无一失。要深入推进生态文明建设，坚持“三滩分治”优化黄河沿岸生态体系，坚持以水定城、做好节约集约用水，充分运用适合北方特点的湿地净化等生态治理措施，统筹做好大气污染联防联治，加快修复生态、优化生态环境。要加快完善跨区域交通体系，既要“通”更要“达”，着力提升通道等级和通行效率，谋划推动城际轨道交通、快速路项目，形成高效便捷的通勤化都市圈交通体系。要深入研究产业布局，坚持错位发展、优势互补，推动先进制造业、现代服务业、都市农业等融合发展，促进跨区域产学研结合，构建都市圈产业集群。要立足于满足群众需求，高度重视文旅融合发展，发挥好政府主导作用，提供更多高品质的文旅产品。要深入研究郑州与周边城市公共服务共享机制，探索推进医疗、教育等公共服务同城化，让人民群众在都市圈建设中有切实的体验感、获得感、幸福感。

【中国区域经济50人论坛第十七次专题研讨会】11月1日，中国区域经济50人论坛第十七次专题研讨会在郑州开幕，国内知名专家学者围绕“黄河流域生态保护和高质量发展——沿黄中心城市的地位与使命”主题进行研讨交流。省委常委、市委书记徐立毅致辞，副省长、市长王新伟主持。中国金融四十人论坛学术顾问黄奇帆，中国国际经济交流中心副理事长郑新立、副理事长兼秘书长张大卫出席开幕式。徐立毅指出，郑州是一座具有深厚历史底蕴的文化名城，也是一座日新月异、蓬勃发展的新兴城市，以黄河战略的高度审视分析，具有三方面明显特点：一是中央、省委省政府高度重视，郑州在国家发展战略全局中地位特殊、责任重大，是国家黄河战略、中部崛起战略“两大战略”叠加的城市，在推动区域协调发展中大有可为；二是郑州处于国家经济地理版图的中心，处于连南贯北、承东启西的关键节点，围绕国内大循环强化枢纽地位、围绕国际循环发挥“门户”作用，走好“枢纽+物流+开放”的路子，既是郑州发展的战略路径，也是郑州在构建新发展格局中努力的方向；三是郑州处于重要的战略机遇期，具有良好的发展基础、发展条件和发展态势，社会各界对郑州发展的前景越来越看好。希望各位专家、各界嘉宾更多地关注郑州、建言郑州、指导郑州，希望与沿黄各兄弟城市加强合作交流，共同谱写黄河流域生态保护和高质量发展的新篇章。

11月1日，中国区域经济50人论坛第十七次研讨会举行主旨演讲，副省长、市长王新伟作演讲。他指出，2019年以来，郑州市深入贯彻落实习近平总书记重要讲话精神，谋划启动了黄河流域生态保护和高质量发展核心示范区建设，明晰“三个定位”，即沿黄生态保护示范区、国家高质量发展区域增长极、黄河历史文化主地标；构建“三大支撑”，即高规格、高效率的推进体系，高起点、高站位的规划体系，高标准、高质量的项目体系；做实“五篇文章”，即以“绿”促生态、以“治”保安澜、以“水”定发展、以“产”提质量、以“文”创名片；谋定七项工程，即生态保护修复工程、防洪安全治理提升工程、优化水资源配置工程、构建现代产业体系工程、对外开放提升工程、黄河文化主地标打造工程、区域协同发展工程，奋力谱写呵护“母亲河”打造“幸福河”的郑州篇章。他表示，郑州市将进一步找准核心示范区建设的关键点、支撑点和发力点，坚定不移推动党中央决策部署落地生根，为黄河流域生态保护和高质量发展贡献郑州担当、郑州力量。

【2020年数智治理领航者峰会】 11月6日，2020年数智治理领航者峰会在郑州高新区举行。行业专家、企业代表和地方政府负责人深入探讨数字化智慧化条件下的城市发展和治理变革，郑州（国家）高新区智慧城市实验场同步启动。省委常委、市委书记徐立毅出席活动并讲话。徐立毅指出，2019年以来，郑州不断推进新一代信息技术与城市治理、公共服务、产业转型发展深度融合，以新型智慧城市建设推动郑州国家中心城市建设高质量发展。紫光集团、新华三集团与郑州的合作不断深化拓展，为郑州数字产业发展、数字化治理能力的提升提供了有力支撑。举办数智治理领航者峰会并打造智慧城市实验场，是紫光集团、新华三集团在全面推进“新基建”建设背景下的一次探索与实践，必将为智慧城市建设和智慧产业发展开拓新视野、发掘新思路、带来新启示。希望各位专家、嘉宾为郑州城市大脑建设、数字化智慧化社会治理等工作多提意见建议。希望高新区坚持问题导向、需求导向和群众满意度导向，在智慧化场景应用方面作出示范引领，为带动郑州“西美”战略布局实施、支撑郑州国家中心城市建设做出新的贡献。此次峰会由省发改委、科技厅、工信厅、大数据局和郑州市政府指导，郑州高新区管委会和市大数据局、发改委、工信局、科技局主办，会议主旨是以数智治理助力市县政府治理体系与治理能力现代化建设。

【郑州大剧院启用】 11月8日，作为郑州中央文化区（CCD）重要组成部分的郑州大剧院正式启用，这是郑州市贯彻落实十九届五中全会精神和黄河国家战略，深入实施文化旅游强市战略、加快建设国家黄河历史文化主地标城市，强化城市公共文化服务能力、提升市民群众文化获得感的重要举措。省委常委、市委书记徐立毅，中国舞蹈家协会主席、中国文学艺术基金会副理事长冯双白与嘉宾代表共同为郑州大剧院启幕。开幕式前，徐立毅、冯双白等实地察看了郑州大剧院场馆设施及部分文艺节目排练，开幕式后一同观看了上海交响乐团带来的开幕音乐演出。郑州大剧院以“黄河帆影，艺术之舟”为设计理念，总建筑面积约12.77万平方米，总投资约20.67亿元，是河南省唯一一个、全国为数不多的集“歌舞剧场、音乐厅、戏曲厅、多功能厅”为一体的高效、专业、实用的甲等剧场。

【市委书记徐立毅到中原工学院宣讲党的十九届五中全会精神】 11月27日，省委常委、市委书记徐立毅到中原工学院宣讲党的十九届五中全会精神。徐立毅指出，党的十九届五中全会，是党在全面建成小康社会胜利在望、全面建设社会主义现代化国家新征程即将开启的重要时刻，召开的一次具有全局性、历史性、里程碑意义的会议。要从中理解把握中国共产党领导的中国特色社会主义制度的巨大优越性和强大生命力，坚定在以习近平同志为核心的党中央坚强领导下推进中华民族伟大复兴、开创美好生活的强大信心，进一步增强“四个意识”、坚定“四个自信”、做到“两个维护”，不断推动学习成果转化为实际成效。徐立毅强调，要深刻理解把握五中全会“进入新发展阶段、贯彻新发展理念、构建新发展格局”的三个核心要义，把握宏观大势变与不变的发展特征，把握中国特色社会主义现代化所具有的人口规模巨大、全体人民共同富裕、物质文明和精神文明相协调、人与自然和谐共生、走和平发展道路的基本特征，把创新、协调、绿色、开放、共享的新发展理念贯穿发展全过程和各领域，找准郑州在国内国际双循环新发展格局中的定位，在中部崛起中奋勇争先，在黄河战略实施中担当示范，在构建新发展格局中更加出彩，紧紧围绕建设现代化国家中心城市的总目标，推动综合实力、空间格局、中心城市功能、社会文明程度、现代治理能力实现跃升，加快建设国际综合交通枢纽和开放门户、国家先进制造业基地、国家历史文化名城、黄河流域生态保护和高质量发展核心示范区，不断把发展推向新的层次、形成更高质量、迈上更高台阶。徐立毅强调，当前，要抓好党的十九届五中全会精神的学习教育，做好进教材、进课堂、进头脑工作。希望中原工学院坚持走内涵式发展路子，发挥好自身优势，加强重点学科建设和学科带头人培养，在产学研一体化、校地协同创新、人才培育等方面不断取得新的成效。希望广大教师以德立身、以德立学、以德施教，努力成为“有理想信念、有道德情操、有扎实知识、有仁爱之心”的好老师。希望广大青年坚定信仰、担当使命，深入学习贯彻习近平新时代中国特色社会主义思想，做志向高远、品德高尚、行为端正、有真才实学的好青年。宣讲座谈中，有关教师和学生代表围绕学习贯彻落实党的十九届五中全会精神进行交流，结合自身学习和工作实际，对郑州“十四五”规划及明年工作提出了意见建议。

【焦作市党政考察团到郑州市考察学习】 12月10日，焦作市党政考察团到郑州市考察学习，就贯彻落实黄河流域生态保护和高质量发展战略、推动“1+4”郑州大都市圈建设，围绕科技创新、民生改善、产业发展、生态建设等领域参观交流。省委常委、市委书记徐立毅，副省长、市长王新伟参加活动。焦作市委书记王小平，市委副书记、市长徐衣显等参加考察。在龙湖公共艺术中心、中原动力智能机器人有限公司，焦作市党政考察团听取中原科技城规划建设情况汇报，实地参观企业研发成果展示，表示希望在郑州龙头作用带动下，发挥比较优势，加强协同互动，更好推动创新成果转化落地。在桐柏路191号院、航海路城东路段，考察团实地察看郑州老旧小区改造、道路综合改造提升情况，表示郑州坚持以人为本推动“三项工程、一项管理”，促进城市品质提升和群众生活改善，做法值得学习借鉴。在郑州安图生物工程有限公司、上汽乘用车郑州生产基地，考察团有关负责人表示，希望双方进一步深化合作、优势互补，加大强链、延链、补链力度，不断扩大区域产业集聚效应。在贾鲁河文化路至花园路段、黄河南裹头广场，考察团实地察看贾鲁河综合治理、郑州建设黄河流域生态保护和高质量发展核心示范区起步区、黄河滩地公园规划建设情况，表示要学习借鉴郑州好的经验，系统规划、节点推进，协同做好黄河上下游、左右岸生态保护，让黄河真正成为造福人民的幸福河。

【联合国工发组织ITPO Beijing项目北方区域协同中心在郑州揭牌】 12月16日，联合国工业发展组织投资和技术促进办公室（中国·北京）（简称ITPO Beijing）项目北方区域协同中心落户郑州航空港实验区。省委常委、市委书记徐立毅，联合国工发组织ITPO Beijing主任武雅斌共同为中心揭牌。联合国工发组织ITPO Beijing是联合国工发组织在华负责投资与技术促进的专门机构，北方区域协同中心是联合国组织在河南正式设立的首个驻地业务机构，将进一步促进海外投资和技术在郑州市落地、孵化，推动全市乃至北方地区新旧动能转换和产业整体提升。

【重要调研活动】 市委书记徐立毅围绕优化营商环境进行调研 1月6—7日，省委常委、市委书记徐立毅深入二七区政务服务中心、市政务服务中心，围绕优化营商环境进行调研，了解公民个人事项、商事登记和工程项目审批办理情况，并与有关企业、市直部门座谈，听取意见建议。徐立毅强调，要坚持以人民为中心的思想，坚持问题导向、用户需求导向，进一步解放思想、转变理念，深化改革、补好短板，着力打造公开透明、公平公正、高度开放的营商环境，让企业和群众有更多的体验感和满意度，为郑州高质量发展创造条件、激发活力、增强动能。

市委书记徐立毅调研“三项工程、一项管理”工作 1月17日下午，省委常委、市委书记徐立毅先后来到二七区马寨镇申河村，金水区未来路示范段、经一路示范段、人民路办事处工人新村片区等处，实地察看“三项工程、一项管理”工作推进情况，并与社区居民亲切交谈，听取群众对工作推进的意见和想法。徐立毅强调，要深入学习贯彻习近平总书记关于河南、郑州的系列重要讲话精神，坚持新发展理念和以人民为中心的思想，坚持设计引领、需求导向，以人为本扎实推进“三项工程、一项管理”，打造整洁、有序、舒适、愉悦的生活环境，让人民群众从身边感受到美好生活。

市委书记徐立毅调研检查疫情防控和复工复产复学工作 1月26日下午，省委常委、市委书记徐立毅到航空港实验区调研疫情防控工作，强调要深入贯彻习近平总书记重要讲话和中央政治局常委会会议精神，按照省委、省政府部署，块抓条保、压实责任，强化行动、强化落实，织密防控网、阻断传染源，坚决遏制疫情蔓延扩散。

1月28日，省委常委、市委书记徐立毅到管城区调研社区疫情防控工作，并主持召开疫情分析会，听取全市新型冠状病毒肺炎防控救治工作开展情况，安排部署下一步工作。他强调，要深入贯彻落实习近平总书记1月27日重要指示精神，按照近期省委书记王国生郑州调研要求，充分发挥各级党组织的战斗堡垒作用和党员干部的先锋模范作用，广泛动员群众、组织群众、凝聚群众，全面落实联防联控措施，构筑群防群治严密防线，紧紧依靠人民群众坚决打赢疫情防控阻击战。

1月30日，省委常委、市委书记徐立毅深入城市社区、农贸市场、超市等地，仔细了解、随机抽查疫情防控情况，并调研市场供应工作，强调要深入贯彻习近平总书记重要指示精神，严格落实省委部署，扛稳政治责任，把以人民为中心的思想贯穿到疫情防控全过程，坚持不懈严防严控，以人为本服务保障，坚决打赢疫情防控阻击战。

2月1日，省委常委、市委书记徐立毅赴巩义市检查新型冠状病毒感染的肺炎疫情防控工作。他强调，当前已进入疫情防控关键时期，要深入学习贯彻习近平总书记重要讲话和指示精神，落实省委、省政府部署，严字当头、持续发力，不断巩固疫情防控成效，务求全面打赢这场疫情防控阻击战。

2月3日，省委常委、市委书记徐立毅调研重点交通入口疫情防控工作，强调要坚决贯彻落实习近平总书记重要指示精神，深入落实中央、省委有关工作部署，聚焦卡口、聚焦小区、聚焦单位严防外来输入，按照“集中患者、集中专家、集中资源、集中救治”原则落实隔离措施，严防内部扩散感染。充分运用好大数据技术，群防群治、联防联治，努力筑牢防控墙，坚决阻断传染源，全力打好打赢疫情防控阻击战。

2月5日，省委常委、市委书记徐立毅走访调研部分企业，研究部署疫情防控期间企业复工复产工作。他强调，要深入贯彻落实习近平总书记重要讲话和中央政治局常委会会议精神，按照省委、省政府安排部署，在做好疫情防控工作的前提下，积极推动企业有序复工复产，努力保证经济健康发展、城市正常运行、群众生活有序。

2月6日，省委常委、市委书记徐立毅赴航空港区调研郑州市第一人民医院传染病医院建设情况，以及企业复工疫情防控准备工作。他强调，要深入贯彻落实习近平总书记重要讲话精神和中央政治局常委会会议精神，与时间赛跑，加快定点救治医院建设进度，分秒必争、争取主动，坚决打好阻击战，全力保障人民群众生命安全和身体健康。

2月9日下午，省委常委、市委书记徐立毅随机检查部分居民小区疫情管控情况，强调要严格执行中央、省市有关规定，用心用情精准精细抓好管控，既要确保管控到位、又要方便群众正常生活。

2月13日，省委常委、市委书记徐立毅在新密市调研检查疫情防控期间企业复工复产工作，强调要按照“突出重点、统筹兼顾，分类指导、分区施策”的要求，加强调查研究，创新服务管理，以县域为单元深化精准防控，积极帮助企业在做好疫情防控的前提下尽快复工复产，坚决打赢疫情防控总体战、阻击战，保持经济平稳运行和社会和谐稳定。

2月15日，省委常委、市委书记徐立毅在航空港区调研督导郑州岐伯山医院接诊准备及企业复工复产情况，强调要深入学习贯彻习近平总书记重要讲话和中央政治局常委会会议、中央深改委会议精神，严格落实中央和省委、省政府安排部署，进一步加强医疗救治力量，统筹做好疫情防控和企业复工复产工作，切实维护人民群众生命安全和身体健康，确保经济平稳运行、社会和谐发展。

2月16日，省委常委、市委书记徐立毅在调研检查重点交通卡口、社区疫情防控情况，强调要深入贯彻落实习近平总书记系列重要讲话指示精神，构建数据闭环、管理闭环、责任闭环的管控体系，驰而不息，以更严密的疫情防控措施守好郑州防线，最大限度降低大规模人员流入可能带来的疫情传播风险，有力保障企业安全复工复产。

2月22日，省委常委、市委书记徐立毅调研重点企业复工复产和务工人员返岗情况，强调要深入贯彻落实习近平总书记重要讲话及中央政治局会议精神，按照省委、省政府安排部署，坚持问题导向，主动靠前服务，在严格落实防控措施的同时，积极助推企业安全快速复工复产，努力夺取疫情防控和经济发展双胜利。

2月26日下午，省委常委、市委书记徐立毅调研金水科教园区企业复工复产及疫情防控，强调要深入贯彻落实习近平总书记关于统筹做好疫情防控和经济社会发展的重要讲话和重要指示精神，严格落实中央和省委省政府决策部署，坚持两手抓、两手硬，把精准防控与精准服务相结合，完善措施、加大力度，促进科技型企业快速复工、健康发展，加快推动城市转型升级，努力夺取疫情防控和经济社会发展双胜利。

3月13日，省委常委、市委书记徐立毅在调研疫情防控与城市核心板块规划建设情况，强调要深入贯彻习近平总书记重要讲话精神，落实中央、省委决策部署，坚持两手抓、两手硬，以更加科学有效的措施，从严从细抓好疫情防控，统筹推进经济社会发展，把城市核心板块作为城市经济增长点、发展支撑点、建设新亮点来打造，有力促进高质量发展，努力夺取疫情防控和经济社会发展双胜利。

3月15日，省委常委、市委书记徐立毅在调研疫情防控和复工复产工作，强调要深入贯彻落实中央、省委决策部署，结合郑州交通枢纽城市、特大城市的特点，推动信息关口前移，以现代信息技术、大数据技术等为支撑，构建以外防输入为导向的更严密、更精细防控体系，统筹兼顾、毫不松懈抓好疫情防控和复工复产工作，确保取得全面胜利。

3月21日，省委常委、市委书记徐立毅在调研旅游服务业复工复产情况，强调要深入贯彻落实中央、省委决策部署，立足于当前疫情形势变化，在严格做好外防输入工作的基础上，积极有序放开，鼓励群众走出家门，享受美好春光，扩大生活消费，促进经济社会尽快恢复正常秩序。

4月5日，省委常委、市委书记徐立毅调研市内部分学校复学准备情况，指出要深入贯彻落实习近平总书记关于“防控疫情要强调再强调、坚持再坚持”的重要指示精神，按照中央和省委部署，把维护师生生命安全和身体健康放到首要位置，以高度负责的精神，在做好复学工作的同时严密落实疫情防控措施，确保各级各类学校复学安全、教学有序。

9月3日，省委常委、市委书记徐立毅调研检查全市秋冬季疫情防控工作，强调要深入贯彻落实习近平总书记关于疫情防控的重要讲话精神，按照中央、省委安排部署，坚持人民至上、生命至上，始终绷紧疫情防控这根弦，进一步夯实防控基础，完善防控流程，突出抓好重点部位、重点领域和重大活动疫情防控，坚决打好疫情防控这场持久战。

10月1日，省委常委、市委书记徐立毅深入基层一线，调研节日期间疫情防控和安全生产工作，看望慰问坚守岗位的一线干部职工。徐立毅强调，要贯彻落实以人民为中心的发展思想，坚持人民至上、生命至上，进一步压紧压实安全责任，加强值班值守，深化细化举措，完善体制机制，切实守牢安全底线，确保广大人民群众度过一个安全祥和愉快的节日。

市委书记徐立毅调研轨道交通规划建设　2月25日，省委常委、市委书记徐立毅调研轨道交通规划建设时强调，要进一步提高认识，科学规划、统筹谋划，在严格落实防疫措施的基础上，加快建设进度、加大投资力度，围绕建设“轨道上的郑州”，充分发挥轨道交通对城市发展的支撑引领作用，有力拉动投资增长、更好服务群众出行、促进城市高质量发展。

市委书记徐立毅检查农业生产、国土绿化工作　2月27日，省委常委、市委书记徐立毅深入荥阳市检查农业生产、国土绿化工作。他强调，要认真贯彻习近平总书记在统筹推进新冠肺炎疫情防控和经济社会发展工作部署会议上的重要讲话精神以及对春季农业生产工作重要指示精神，全面落实中央一号文件，在做好疫情防控工作的同时，推动农业生产、国土绿化有序有力开展，为实现全年经济社会发展目标任务提供有力支撑。

市委书记徐立毅开展“三送一强”活动　3月10日，省委常委、郑州市委书记徐立毅深入航空港区，察看企业运行、项目建设情况，了解和帮助解决企业疫情防控和复工复产中遇到的问题，鼓励企业坚定信心、抢抓机遇、加快达产、赢得市场主动。他指出，各级各部门要确立以企业为中心的服务理念，想企业所想、急企业所急，解决企业自身难以解决的实际问题，帮助企业在复工的基础上尽快实现全面复产达产。

3月16—17日，省委常委、市委书记徐立毅深入重点企业、行业，调研督导全市复工复产及“三送一强”活动开展情况，并主持召开工作推进会，强调要充分认识加快复产达产、全面恢复经济社会秩序的重要性、艰巨性、复杂性，针对企业需求深入开展“三送一强”活动，努力使复工复产的过程成为转型升级、创新发展的过程，推动郑州经济社会高质量发展。

4月13日，省委常委、市委书记徐立毅调研航空港区“三送一强”活动开展情况时强调，要深入贯彻落实习近平总书记在中央政治局常务委员会会议上的重要讲话精神，以“三送一强”活动为抓手，在常态化疫情防控条件下千方百计助推企业复工复产、达产达效，不断增强经济社会发展的动力活力，确保完成全年各项目标任务。

市委书记徐立毅巡查调研贾鲁河　3月17日下午，省委常委、市委书记、郑州市第一总河长兼贾鲁河省级河长徐立毅在巡查调研贾鲁河，强调要深入贯彻落实习近平生态文明思想，牢固树立绿色理念，优化环境、补齐功能，进一步提升贾鲁河综合治理水平，高品质打造城市生态线、风景线，更好满足人民群众对美好生活的向往。

市委书记徐立毅调研核心板块规划建设情况　3月20日上午，省委常委、郑州市委书记徐立毅在调研荥阳市、上街区核心板块规划建设情况，强调要深入学习贯彻习近平总书记在中央政治局常务委员会会议上的讲话精神，贯彻落实省委安排部署，统筹抓好疫情防控和经济社会发展重点工作，以核心板块规划建设为牵引，推动经济社会高质量发展。

市委书记徐立毅调研新经济企业生产经营情况　3月31日，省委常委、市委书记徐立毅深入郑东新区、经开区，调研新经济企业生产经营情况。他强调，要深入学习贯彻习近平总书记重要讲话精神，坚持新发展理念，全力打造新技术、新模式、新业态、新产业，推动新经济持续快速发展，为郑州高质量发展提供强大动力。

市委书记徐立毅调研城市管理工作　4月8日，省委常委、市委书记徐立毅调研全市城市管理工作，强调要深入学习贯彻习近平总书记关于城市建设管理的重要讲话精神，充分认识城市是生命体、有机体，敬畏城市、善待城市，树立“全周期管理”意识，强化问题导向、需求导向，善于运用前沿技术推动城市管理的理念、手段和模式创新，让新发展理念和以人民为中心的发展思想在郑州城市发展中得到全面体现，以高水平城市管理服务好市民群众、有力助推高质量发展。

市委书记徐立毅调研宣传思想文化工作　4月14日，省委常委、市委书记徐立毅调研宣传思想文化工作，强调要深入贯彻落实习近平总书记关于宣传思想文化工作的重要讲话精神，坚持正确舆论导向，守好阵地、打好主动仗，推动文化事业、文化产业创新发展，更好担负起举旗帜、聚民心、育新人、兴文化、展形象的使命任务。

市委书记徐立毅调研商代王城遗址规划建设工作　4月16日下午，省委常委、市委书记徐立毅在调研商代王城遗址规划建设工作时强调，要深入贯彻落实习近平总书记重要讲话精神，坚持新发展理念，进一步深化优化设计方案，既要传承保护好、又要开发利用好历史文化遗存，打造好城市文化地标，讲好历史文化故事，为城市高质量发展提供文化支撑。

市委书记徐立毅调研卫生健康工作　4月21日，省委常委、市委书记徐立毅专题调研全市卫生健康工作，强调要深入贯彻习近平总书记关于健康中国建设的重要论述，按照全省卫生健康大会部署，坚持以人民为中心的发展思想，补齐公共医疗卫生服务短板，做强优势学科，保基本、提质量、调结构，以高质量的公共卫生服务体系满足群众需求，助推城市高质量发展。

市委书记徐立毅调研黄河滩地公园有关规划建设工作　4月24日，省委常委、市委书记徐立毅调研黄河滩地公园及沿黄慢行系统规划建设情况，强调要深入贯彻习近平总书记关于黄河流域生态保护和高质量发展的重要讲话精神，坚持新发展理念和以人民为中心的发展思想，生态优先、因地制宜、尊重原貌、文旅结合，高标准规划、高水平建设具有黄河生态特色、符合“北静”城市功能定位的黄河滩地公园及沿黄慢行系统，更生动地讲好黄河故事，为建设沿黄生态保护示范区、黄河历史文化主地标城市、国家高质量发展区域增长极奠定基础、做强支撑。

6月7日，省委常委、市委书记徐立毅调研黄河滩地公园规划情况，强调要深入贯彻落实习近平总书记在黄河流域生态保护和高质量发展座谈会上的重要讲话精神，坚持新发展理念和以人民为中心的发展思想，围绕三滩分治、做好黄河下游生态保护，坚持以人为本、建设沿黄休闲文旅系统，推动黄河郑州段生态系统高标准保护、黄河文化高水平传承展示、沿黄产业高质量转型发展。

市委书记徐立毅调研重点企业生产经营情况 4月27日上午，省委常委、市委书记徐立毅调研重点企业生产经营情况，强调要深入贯彻落实习近平总书记关于做好疫情防控常态化条件下经济社会发展的重要讲话精神，抓住关键，精准施策，以更有针对性的措施帮助企业尽快复产达产，推进先进制造业高质量发展，加快经济运行恢复正常秩序，努力实现“六稳”“六保”，争取全年发展取得好的成效。

市委书记徐立毅调研高品质城市建设管理和夜经济发展 5月17日，省委常委、市委书记徐立毅深入中原区、管城区和金水区，调研高品质推进城市建设管理工作和城市夜经济发展情况，强调要深入学习贯彻习近平总书记系列重要讲话精神，坚持以人民为中心的发展思想，强化设计引领，因地制宜推动城市有机更新，打造繁荣有序的消费场景，提升城市内涵品质，更好满足人民群众对美好生活的向往，助推城市高质量发展。

市领导调研全市防汛抗旱工作 6月10—11日，省委常委、市委书记徐立毅，副省长、市长王新伟调研全市防汛抗旱工作，强调要深入贯彻习近平总书记关于防灾减灾救灾的重要论述，围绕“六稳”“六保”，防汛要抓实，抗旱要抓紧，抓好当前农业生产，确保省会度汛安全。

市委书记徐立毅调研检查黄河流域生态保护和环境治理工作 7月1日，省委常委、郑州市委书记徐立毅先后到惠济区、巩义市、荥阳市，实地察看黄河沿线生态保护和环境整治情况，听取防汛工作汇报，并主持召开座谈会专题研究部署有关工作，强调要深入贯彻落实习近平总书记在黄河流域生态保护和高质量发展座谈会上的重要讲话精神，牢固树立“绿水青山就是金山银山”的理念，高举黄河流域生态保护大旗，高标准抓好黄河郑州段流域生态保护和环境整治这件大事，把郑州应有的黄河流域生态保护和高质量发展鲜明特征充分彰显出来。

市委书记徐立毅调研“一网通办、一网统管”政务改革 7月9日，省委常委、市委书记徐立毅调研“一网通办、一网统管”政务改革，强调要坚持以人民为中心的发展思想，发扬改革创新精神，强化用户导向、治理理念、数字思维，加快推进“一网通办、一网统管”政务改革，不断增强企业和群众获得感、满意度，为提升城市治理体系和治理能力现代化水平打牢基础。

市委书记徐立毅调研防汛救灾工作 7月17日，省委常委、郑州市委书记徐立毅深入荥阳市和市气象局，调研防汛救灾工作情况。徐立毅强调，要把握郑州的气候特点和发生灾害性天气的规律，坚持人民至上、生命至上，把防汛防灾摆在当前工作的突出位置，在确保黄河安澜的基础上，突出防控地质灾害和城区积水两个重点，以防为主，把预防性工作做在前面，完善应急预案，做好监测预警，加强指挥调度，最大限度地保护好人民群众生命和财产安全，确保安全度汛。

市委书记徐立毅调研脱贫攻坚工作 7月30日，省委常委、郑州市委书记徐立毅到登封市调研脱贫攻坚工作，强调要深入贯彻习近平总书记关于脱贫攻坚的重要论述，按照省委、省政府部署要求，坚定不移贯彻新发展理念和以人民为中心的发展思想，坚持生态优先、文化引领、绿色发展，把脱贫攻坚与乡村振兴和生态建设统筹起来，持续巩固脱贫成果，决胜全面建成小康社会，向党和人民交上一份满意出色答卷。

市委书记徐立毅调研全国文明城市创建工作 8月21日，省委常委、市委书记徐立毅调研全国文明城市创建工作，强调要深入贯彻落实习近平总书记关于精神文明建设的重要讲话指示精神，坚持新发展理念和以人民为中心的发展思想，创建为民、创建靠民、创建惠民，突出重点领域、关键环节，充分发动群众、依靠群众，更好补短板、强弱项、增内涵，不断推动文明城市创建向纵深发展，给群众带来看得见、摸得着的实惠和变化。

市委书记徐立毅调研开放型经济工作 8月21日，省委常委、市委书记徐立毅调研全市开放型经济工作，强调要深入贯彻习近平总书记重要讲话指示精神，积极对接融入以国内大循环为主体、国际国内双循环相互促进的新发展格局，认清形势、勇于探索、创新作为，不断巩固扩大开放优势，努力推进疫情防控常态化形势下更宽领域、更深层次、更高水平的对外开放，构建内陆开放型经济发展新高地。

市委书记徐立毅调研二七商圈城市复兴工作 8月22日，省委常委、市委书记徐立毅调研二七商圈城市复兴工作，强调要深入贯彻习近平总书记关于城市建设管理的重要讲话精神，坚持新发展理念和以人民为中心的发展思想，有力有序有效推进各项工程建设，通过二七商圈的改造提升，引领带动老城区有机更新，推动郑州主城区形象品质立起来。

市委书记徐立毅调研教育工作 8月26日，省委常委、市委书记徐立毅调研教育工作，强调要深入贯彻习近平总书记关于教育工作的重要论述，落实好全国、全省和全市教育大会精神，坚持以人民为中心的发展思想，把办好教育作为落实人民至上理念的具体行动，分级分类推进教育事业发展，办好人民满意教育，让美好生活从美好教育开始，不断增强人民群众的获得感、幸福感。

市委书记徐立毅调研结对帮扶工作 8月28日，省委常委、市委书记徐立毅到卢氏县调研结对帮扶工作，强调要深入学习贯彻习近平总书记关于决战决胜脱贫攻坚的系列重要讲话精神，认真贯彻落实全省脱贫攻坚问题整改暨总攻动员会部署，坚持以人民为中心的发展思想，着力做到“两个保持”“三个更加”，强化结对帮扶责任，推进卢氏脱贫攻坚从取得决定性成绩走向全面胜利。

市委书记徐立毅调研检查黄河防汛抢险工作 8月29日，省委常委、市委书记徐立毅到黄河中牟段九堡险工现场，深入察看险情，了解抢险进度，部署防汛抢险工作，强调要认真贯彻落实习近平总书记关于黄河和防汛工作的重要讲话精神，始终把防的工作摆在第一位，统筹好堤防建设与抢险应急的关系，毫不松懈抓好防汛各项工作，确保人民群众生命和财产安全，实现安全度汛。

市委书记徐立毅调研老旧小区改造 10月17日，省委常委、市委书记徐立毅调研老旧小区改造，强调要深入贯彻落实习近平总书记关于城市工作的系列重要讲话精神，树牢新发展理念和以人民为中心的发展思想，坚持问题导向、需求导向，统筹推进老旧小区改造，促进城市人居环境持续改善、社会治理水平不断提升，更好满足人民群众对美好生活的向往。

市委书记徐立毅调研公安警务体制改革工作 10月19日，省委常委、市委书记徐立毅到中原公安分局、金水公安分局和花园路派出所等处，详细了解警务改革推进情况，调研全市公安警务体制改革工作，并在市公安局召开会议听取有关情况汇报，强调要深入贯彻习近平总书记关于加强公安工作的重要指示要求，按照全国、全省公安工作会议部署，牢固树立以人民为中心的发展思想，坚持“改革强警、科技兴警、从严治警”，积极稳妥推进体制改革，锻造高素质过硬铁军，切实履行好维护治安、服务群众的职责使命，在推进市域社会治理现代化中发挥好作用。

市委书记徐立毅调研重大产业项目发展情况 11月13日，省委常委、市委书记徐立毅到郑州航空港实验区调研重大产业项目发展，强调要深入贯彻落实党的十九届五中全会精神，坚持新发展理念引领，把握构建新发展格局的大势，围绕产业发展这个重点，打造国际化营商环境，完善对外开放体系，优化公共服务体系，推动产业高质量发展，更好支撑郑州国家中心城市建设、中原城市群发展、中部地区崛起战略实施。

市委书记徐立毅调研科技创新工作 11月24日，省委常委、市委书记徐立毅调研科技创新工作，强调要深入学习贯彻习近平总书记关于科技创新的重要讲话精神，借鉴长三角地区先进经验，以人才为核心集聚创新要素，围绕产业链补齐创新链，依靠科技创新推动新旧动能转换和高质量发展，走好具有郑州特色的科技创新发展路子。

市委书记徐立毅调研轨道交通建设工作 12月12日，省委常委、市委书记徐立毅围绕“十四五”轨道交通建设工作进行专题调研，强调要深入贯彻落实党的十九届五中全会精神，坚持新发展理念，围绕建设国家中心城市目标，大力推进轨道交通建设，加快打造“轨道上的都市”，以现代化交通体系支撑城市现代化发展，实现城市结构优化、发展方式转变和质量提升。

市委书记徐立毅调研“数字郑州”城市大脑工作 12月15日，省委常委、市委书记徐立毅调研“数字郑州”城市大脑工作，强调要深入学习贯彻习近平总书记重要讲话精神，锚定“一年突破、两年看齐、三年领先”目标，持续发力、全面提升，加快“数字郑州”城市大脑建设，推动城市数字化转型、现代化治理。

（刘跃亭　张　凯　翟景伟　左雨龙）

组织工作

【概况】 2020年，全市组织系统坚持以习近平新时代中国特色社会主义思想为指导，认真贯彻新时代党的组织路线，在提高站位中强化政治统领，在服务大局中主动担当作为，在聚焦主业中积极守正创新，持续抓“大事”、解“难事”、干“实事”，推进各项工作取得了新成效。

【服务中心大局】 坚持把围绕中心、服务大局作为组织路线服务政治路线的具体体现，在完成重大任务、应对重大挑战中彰显组工作为。聚焦疫情防控斗争，动员市区干部下沉到街道社区和楼院卡口10万余人次，在隔离区医护团队、交通联防组、疫情防控卡点等关键部位组建临时党支部3800多个，25万名志愿者“逆行”而上，4000名同志一线递交申请书、吸收115名同志“火线入党”，涌现出樊树锋等一批先进典型，形成抗击疫情的硬核力量。第一时间启动复工复产复商，出台应对疫情促进经济平稳健康发展30条、促消费增活力稳增长10条、扩大有效投资11条、为民造福10条等政策举措，组织各级党员干部深入一线，常态化开展“三送一强”和“一联三帮”活动，有力提振企业发展信心。聚焦决战脱贫攻坚，出台抓党建促决战决胜脱贫攻坚28条举措，用好管好418名第一书记和836名驻村队员，提拔重用优秀扶贫干部83人。集中整顿软弱涣散村党组织79个、选情复杂村193个，366个集体经济空壳村全部“清零”，经营年收入5万元以上的村达到90%，10万元以上占比73%，党建资源成为脱贫攻坚的有力支撑。

【政治思想建设】 坚持把学习贯彻习近平新时代中国特色社会主义思想作为首要政治任务，认真抓好党的十九届四中、五中全会精神专题轮训，持续开展“万名党员进党校”，累计举办专题培训170余班次、培训干部6万人左右，全面升级党员干部头脑“操作系统”。围绕学懂弄通总书记治国理政新理念新思想新战略，创办“问学前沿”高端讲堂，邀请黄奇帆、王坚等国内知名专家学者解读政策、深化理念，举办6期系列讲座，覆盖党员干部2万余人，市委主要领导给予充分肯定。深入学习贯彻习近平总书记给郑州圆方集团重要回信精神，组建薛荣为代表的32人宣讲团，开展“弘扬劳动精神 争当出彩先锋”宣讲220余场次、直接听众12万余人，“七一”前夕在省人民会堂举办主题宣讲汇报会，受到省委领导肯定认可，河南电视台黄金时段多次播出，强化了“人人都是收信人”意识。推动学习贯彻重要回信精神常态化，在全市各领域、各行业挖掘出一大批“立得起、树得住、能带动”的身边典型，引领广大干部职工投身复工复产第一线，为现代化国家中心城市建设注入强劲动力。

【干部队伍建设】 坚持从郑州长远发展大局出发，突出重实干、重实绩、重基层用人导向，坚持“干部是干出来的、不是熬出来的”和“凭实绩论英雄”，持续在选优配强、精准识人、激发活力、梯队建设上下功夫，推动干部工作取得了新进展。树牢“一盘棋”理念，突出服务重大战略导向、体现重点产业发展专业需求，大力选拔既讲政治又懂业务、既有能力又有实力的优秀干部，配备到区县（市）、重要委局和核心板块班子上，先后调整区县（市）、市直单位、高校等关键岗位干部422人，推动班子结构进一步优化。积极创造条件稳步推进公务员职务职级并行，统筹职级晋升、缺职补充、交流调整，组织晋升1863人次，其中一次性晋升二级巡视员70名，盘活了岗位资源，激发了干部积极性。强化干部动态考核、精准识别，建立“狮子型、专家型、老黄牛式、好苗子”四类干部队伍信息库，推行重点岗位实绩纪实、部长谈心谈话、“无任用推荐”等制度，全面掌握干部活情况。强化年轻干部培养历练，实施“五个一批”三年行动计划、年轻干部“双百工程”，以“两推三评”综合比选模式，选拔202名优秀年轻干部到乡镇（街道）一线任职，有力促进干部队伍结构优化，省委书记王国生对“双百工程”给予充分肯定。高质量举办4次乡镇（街道）党（工）委书记工作交流会议，每次围绕一个主题，遴选10名左右书记发言，典型示范、经验交流，激发了广大基层干部干事创业活力，达到了抓乡促县、抓人促事的良好效果。

【基层党建】 坚持大抓基层、大抓支部，实施强基固本、头雁领飞、党建引领、先锋旗帜“四大工程”，推动基层党组织建设全面进步、全面过硬。硬核推进村（社区）“两委”换届，坚持书记挂帅、大员上阵，注重精准指导、全程把控，加强集中整顿、综合治理，下深水、用真情掌握人选，比省定时间提前一个月，圆满完成全市3184个村（社区）“两委”换届工作，实现村（社区）成功换届100%、党组织书记和村（居）委会主任“一肩挑”100%、有35岁以下年轻干部和女干部100%等高质量目标，中组部《组工信息》、省委《工作交流》等专期刊发我市做法。坚持党建引领“三项工程、一项管理”，把“一征三议两公开”工作法融入项目建设全过程，在城市道路、老旧小区、城乡结合部等改造项目指挥部、项目一

12月22日，“双百工程”竞争性选拔优秀年轻干部到基层一线任职动员部署会召开（市委组织部/供图）

9月15日，中原科技城政策发布会举行（市委组织部/供图）

线建立党组织3300多个，把街道社区、职能部门、施工企业、沿街商户、居民群众融合到一起，让党组织来打通“中梗阻”、畅通“微循环”，有效解决工程改造项目中的问题5900余件，《人民日报》头版显要位置刊发了郑州市经验做法。强力补齐基层党建薄弱短板，实施“挂图作战 集中攻坚”行动，统筹推进重点任务落实，建立无主管楼院“一核多元 融合共治”机制，全市4137个无主管楼院建立党组织，5491家非公企业新建党组织，新打造47个新兴领域党建示范点等，集中攻坚行动得到中组部点名表扬。

【人才工作】坚持把人才工作作为一项战略工程来抓，推动理念思路平台整体跃升，着力构筑高端人才集聚高地。健全人才工作机制，升格人才工作领导小组架构，加强统筹协调、资源整合，厘清成员单位职责，让区县（市）由“配角”变“主角”，构建起“市县联动、条块结合”的人才工作格局。系统升级人才政策，针对人才痛点，打通政策堵点，集成式、精准化升级政策体系，重磅推出“黄河人才计划”，涵盖5个人才专项、分解为120多个政策点，16个县（市、区）、开发区同步制定配套政策，形成了系统集成的比较优势。同时，为中原科技城量身定制特殊政策、特殊机制，出台了《关于在中原科技城建设河南省人才创新创业试验区的实施意见》，受到了各界一致点赞。优化人才创新平台，坚持以产聚才、以才促产，在北龙湖高标准谋划、高起点建设占地64平方公里的中原科技城（河南省人才创新创业试验区），实施一系列有声势、接地气的招才引智活动，完善“人才+资本+场景”引育模式，开展高端人才（项目）对接洽谈，签约落地项目160个，柔性引进项目团队31个，吸引全球高端人才和头部企业集聚，构筑“创新人才高度集聚、创新要素高度整合、创新活动高度活跃”的人才高地。提升人才服务质效，聘请施一公等12位行业领袖担任“郑州人才大使”，成立郑州欧美同学会（郑州留学人员联谊会），构筑起留学报国的人才库、建言献策的智能团，为郑州发展汇聚智慧力量；大力推进人才工作“一件事”改革，重塑再造审批流程，减材料、减环节、减时限、减跑趟，人才认定、补贴申领等11类30个人才工作“一件事”具备上线条件，提高了人才服务体验感。

（高卫有）

宣传工作

【概况】2020年，全市宣传思想文化系统坚持以习近平新时代中国特色社会主义思想为指导，紧紧围绕“举旗帜、聚民心、育新人、兴文化、展形象”使命任务，着力抓好宣传思想文化各项工作，全市上下主旋律更加响亮，正能量更加强劲，自信心更加坚定。全年始终把政治建设放在首要位置，把深入学习贯彻习近平新时代中国特色社会主义思想作为首要政治任务，坚持落实“政治首题”制度，部务会第一时间学习传达习近平总书记重要讲话精神及中央、省委、市委重要会议、文件精神30次，不折不扣落实中央、省委、市委重大决策部署。印发《市委宣传部直属机关党委理论学习中心组2020年度学习专题安排》，全年共组织中心组学习11次，机关党员集中学习16次，以理论上的清醒保证政治上的坚定、行动上的自觉。不断增强“四个意识”、坚定“四个自信”、确保做到“两个维护”，始终在政治立场、政治方向、政治原则、政治道路上同以习近平同志为核心的党中央保持高度一致，做到党中央提倡的坚决响应、党中央决定的坚决执行、党中央禁止的坚决不做。

【思想理论建设】始终把学习宣传贯彻习近平新时代中国特色社会主义思想和党的十九大精神摆在首要位置，深入学习领会，持续入脑入心。不断创新宣讲形式，通过“百姓宣讲直通车”“文艺+理论”等形式，扎实开展“党的创新理论万场宣讲进基层”和党的十九届五中全会精神集中宣讲活动，推进习近平新时代中国特色社会主义思想在郑州落地生根。特别是疫情防控期间，积极开展“网上宣讲”“专家防疫线上谈”活动，通过更走心的渠道、更鲜活的语言推动党的理论创新成果“飞入寻常百姓家”，将防疫知识传递到千家万户。组建“学习强国”郑州学习平台，充分运用学习平台宣传郑州。统筹线上线下资源，通过组织专题培训会、开展答题挑战赛、学习强国平台直播等方式，持续扩大学习强国平台的影响力。加强人才队伍建设，积极搭建“学习强国”平台供稿链，学习强国平台注册人数和发稿量均居全省第一。紧跟时代趋势、社会热点，与郑州国家中心城市建设和高质量发展结合起来深入开展调研，不少研究成果得到市主要领导批示和肯定，为科学决策提供了有价值的参考。推进全市领导干部上讲台讲思政治课常态化制度化，深化部校共建马克思主义学院工作，推动在市属高校成立社科联，成功举办第三届虢文化论坛暨2020年度社科学术年会。

【意识形态工作】大力推进意识形态工作责任制落实，持续巩固筑牢各类意识形态阵地，全市意识形态总体态势向上向好。把牢领导权毫不松懈。市委常委会组织召开3次专题会议、4次市委意识形态联席会议，对意识形态风险防范化解、阵地建设管理、壮大基层力量等进行研究部署，切实推动党委主体责任落实到位。组织召开全市基层意识形态工作经验交流会，初步建立全市意识形态工作责任制督查检查人才库，壮大意识形态队伍力量。落实责任制坚决有力。印发《关于落实意识形态工作责任制防范化解意识形态领域风险工作方案》。制定《关于进一步加强全市正面宣传工作的实施意见》《郑州市舆情引导处置工作机制》等制度，建立意识形态安全风险防范信息情报共享制度，不断完善意识形态领域制度体系。督促指导郑东新区、经开区、高新区做好意识形态专项巡察整改工作。各类意识形态阵地可管可控。深入开展农村基督教专项治理，加强高校阵地和各类讲座、论坛、报告会等管理，持续加大网上主流思想舆论宣传力度和有害信息综合治理，不断强化对印刷发行、电影放映、新闻出版等经营单位日常管理，统筹强化“扫黄打非”工作，建立“扫黄打非”联防协作机制，核查交办线索43

条，查办案件16起，有力地净化了全市文化市场环境，有效维护了郑州文化市场和意识形态领域的安全稳定。

【新闻宣传和舆论引导】紧紧围绕市委中心工作，组织协调各级媒体为全市经济社会发展营造良好舆论氛围。围绕决胜全面小康、疫情防控、贯彻落实习近平总书记重要回信精神、打造黄河历史文化主地标城市、高品质推进城市建设等主题，推出一系列策划宣传、实现全媒体呈现。全年仅中央媒体便累计宣传报道郑州550多次，凝聚了强大正能量。在新冠肺炎疫情防控特殊期间，统筹做好全市舆论引导工作，果断处置引导“天价大白菜”“小区投票拒绝医护人员入内”“闯岗打骂”“排队喝胡辣汤”等舆情事件，有效引导社会舆论，稳定市民恐慌情绪。“郑州发布”公众号持续发声，粉丝关注量突破300万，进入全国政务新媒体前列。加强外宣国际交流合作，持续巩固提升“三微六网一杂志”外宣主阵地。依托拜祖大典、2020春晚郑州分会场、2020年国家网络安全周和第35届金鸡百花电影节、河南招才引智大会等大型活动，积极协调、组织境内外媒体对郑州进行宣传报道，城市影响力美誉度持续提升。大力推进广电全媒体新闻中心的优质资源融合，推出《正观》新闻客户端，打造郑州全媒体新闻中心。加快推进县级融媒体中心建设，6个县（市）的机构编制已全部批复，与省级平台完成互联互通。持续规范完善“4·2·1”新闻发布机制，研究制定《郑州市舆情引导处置工作机制》，出台《2020年度新闻发布和舆情引导处置工作评估指标体系》，全年共组织召开新闻发布会85场次，特别是在疫情防控期间通过“郑州发布”第一时间发布26个重要通报，有效安定了人心，增强了信心。

【培育和践行社会主义核心价值观】以全国文明城市创建为统领，以市民公共文明素养提升行动为抓手，全面提升市民文明素质和社会文明程度。文明创建工作扎实推进。把全国文明城市创建工作与“三项工程一项管理”、高品质推进城市建设、“路长制”等工作融合推进，找准短板弱项，对标对表，全面整改提升，成功蝉联全国文明城市“四连冠”，巩义蝉联全国文明城市，登封、荥阳、新密、新郑被确定为全国文明城市提名城市。持续提升文明单位、文明校园、文明村镇、文明家庭等精神文明细胞工程建设。不断加强农村精神文明建设，强化移风易俗工作，引导农民群众自觉树立文明新风。公共文明素质有效提升。认真贯彻落实《郑州市文明行为促进条例》，进一步完善全市诚信建设“红黑榜”发布制度，持续提升市民文明素养，公共文明素养指数由71.9提高到78。组织开展“绿城使者—小红象·健康行”志愿服务行动，疫情防控期间，招募25万名志愿者“逆行”而上，坚守在疫情防控各个岗位，“志愿红”成为绿城战“疫”一道靓丽风景线。大力推行“常态防疫122”“文明用餐123”活动，大力倡导文明健康、绿色环保的生活理念。爱国主义教育深入开展。组织开展“清明祭英烈”“扣好人生第一粒扣子”主题教育实践、“传承红色基因”系列教育、“美育云端课堂”等系列活动，深入推进未成年人思想道德建设。制定《郑州市贯彻落实<新时代爱国主义教育实施纲要>实施方案》，展播“最美逆行者”公益广告，营造礼赞英雄、崇尚英雄、学习英雄的良好氛围。

【文化事业发展】围绕推进中原文化高地建设，持续推动文化事业繁荣发展，不断满足群众对美好精神文化生活的需求。大型活动出新出彩。圆满完成2020春晚郑州分会场演出保障工作，给全球华人和全国人民带来了母亲河畔的新春祝福。创新组织庚子年黄帝故里拜祖大典，首次实行网上直播、线上祭拜，持续增强拜祖大典对全球华人的吸引力、凝聚力和感召力。成功举办2020年国家网络安全周和2020年中国金鸡百花电影节，有力提升了郑州的美誉度时尚度。群众文化活动精彩不断。继续办好“出彩郑州”、情韵郑州、戏曲进校园、红色文艺轻骑兵等系列文化惠民活动。拿出1500万元组织“观影惠民季”活动，直接带动票房近3000万元。整合文艺精品创作生产资源，加强规划策划，积极推出具有鲜明郑州文化符号的“六个一”系列精品，加工提升舞剧《精忠报国》、豫剧《锦娘》，舞蹈《唐宫夜宴》入选第十二届中国舞蹈“荷花奖”终评奖，舞蹈《匠人之心》入选文旅部“百年百项”小型作品创作计划。精心组织街头艺术表演展演活动，增强郑州年轻时尚的城市文化氛围。创新开展“文艺战疫”主题活动，组织全市文艺工作者连续创作4500余件疫情防控文艺作品，网络点击阅读量3.3亿余人次。文化博物旅游工作深入开展。成立黄河流域生态保护和高质量发展文化博旅游工作指挥部，制定《黄河文化博物旅游工作三年行动计划》，谋划建设黄河国家博物馆、黄河天下文化综合体等十大重点项目。召开全市文旅大会，出台《关于加快文化旅游强市建设的意见》，举行黄河国家战略重大文旅项目开工仪式。推出16条精品文旅路线，年度旅游接待人数超过1.1亿人次，旅游收入近1400亿元。公共文化服务巩固提升。积极推进基层公共文化服务体系建设，建成基层综合性文化服务中心2783个、各类图书馆分馆280个、文化馆分馆189个、城市书房65个，基本实现全市全覆盖。“郑州文旅云”于6月份正式上线运营，组织开展精品剧目演出50场，舞台艺术进乡村、进社区”演出1200场。全市筹建遗址生态文化公园总数达到107处（建成开放41处）、各类博物馆总数达到108家（建成开放68家）。

11月8日，郑州大剧院开幕音乐会举行（市委宣传部/供图）

【文化产业发展】不断深化文化体制机制创新，文化改革发展工作扎实推进。体制改革稳步推进。大力推进国有文化资产监管机制创新，组建国有文化资产监管机构，扎实开展国有文化企业资产清查。协调推进公共文化机构法人治理结构改革，完成郑州文化馆、郑州图书馆等法人治理结构改革和文艺院团改革工作。积极推进文化市场综合行政执法改革，挂牌成立郑州市文化市场综合行政执法支队。发展环境持续优化。制订《郑州市加快文化创意产业发展实施意见》《郑州市文化创意产业专项资金使用管理办法》《郑州市促进短视频经济发展若干措施》，推动文化创业产业加快发展。探索文化产业与金融服务融合，筹备成立“文化银行”，出台《郑州市文化贷款风险补偿实施方案》，帮助企业解决融资难困境。

制订《郑州市文化创意产业园区、文创楼宇及空间认定管理办法》，优化园区发展环境。出台《关于加快文化旅游强市建设的意见》，举行黄河国家战略重大文旅项目开工仪式。重大项目进展顺利。中央文化区“四个中心”基本完工，奥体中心、郑州博物馆新馆、郑州文化馆新馆等逐步全面投入使用，成为城市新的网红打卡地。“四大历史文化片区”项目逐步进入实施阶段。银基动物王国、黄帝千古情景区、芝麻街1958双创园和二砂文化创意园先后建成开园。华强四期·中华复兴之路、只有河南·戏剧幻城、郑州海昌海洋公园、绿地嵩山特色小镇等一批重点项目建设正在加快推进。目前，全市在建重点文旅项目35个，投资总额2331.62亿元。

（陈　彬　陈夭培　张习瑞）

精神文明建设

【概况】 2020年，郑州市精神文明建设以习近平新时代中国特色社会主义思想为指导，以大力实施宣传思想文化“十大工程”为抓手，以深化全国文明城市创建为龙头，统筹推进疫情防控和精神文明建设，大力培育和践行社会主义核心价值观，深入实施新时代公民道德建设工程，持续深化精神文明创建活动，着力培育时代新人、弘扬时代新风，为实现全面建成小康社会奋斗目标、建设国家中心城市提供了强大精神力量和良好社会环境。

【文明城市创建】 市委、市政府坚持把创建全国文明城市作为一项极为重要的工作，摆在更加重要位置。把创建全国文明城市工作纳入城市经济社会发展全局来谋划、部署、推进，列入市委常委会、市委全会年度工作要点，进行重点落实。主要领导带头抓、亲自干。市委常委分工联系开发区、区、县（市）工作内容，其他市领导按照业务分工在日常工作中融合推进创建全国文明城市工作。不断健全完善目标责任制度、检查监督制度、考核评价制度和奖励处罚制度，认真落实《省会创建全国文明城市有关事项交办制度》《市长签批全国文明城市创建督查情况制度》，市纪委（监委）对创建任务落实情况适时跟踪问效。集中整治期间排查实地点位3856个/次，发现各类问题6656个，下发交办通知53期，推动了各项工作的有效解决。坚持问题导向和目标导向，融合“三项工程、一项管理”等重点工作、重要民生实事及各职能部门业务工作，下大力气解决市容市貌、交通秩序、公共服务等方面的“脏、乱、差”问题，社区、工地、集贸市场、城乡结合部、背街小巷等区域环境脏乱差问题得到一定改善，部分重点区域的交通拥堵、乱停乱放等问题得到一定治理，市容环境秩序明显好转。不断营造创建氛围。市属媒体长期在重要版面、重要时段、重要频率频道开设《文明郑州》等专题专栏，广泛宣传报道创建工作情况，常态化褒扬文明守礼、凡人善举，曝光“脏乱差”和不文明行为。全市各级文明单位、文明校园通过各自官方网站、“两微一端”等新媒体平台，广泛宣传文明城市创建知识和公共文明常识。统一制作以社会主义核心价值观、讲文明树新风等为主要内容的公益广告作品，在公园广场、主次干道、背街小巷、建筑围挡、社区村镇等广泛宣传，成为城市靓丽风景线。各基层单位和广大市民积极发挥主观能动性，运用宣传专栏、标语横幅等各种形式，广泛宣传文明创建知识，引导市民说文明话、办文明事、做文明人。2020年11月，郑州市成功蝉联全国文明城市“四连冠”荣誉称号。

【思想道德建设】 大力推进新时代公民道德建设工程。倡树先进道德典型。组织开展第六届郑州市道德模范推荐评选活动，全市各级各单位共推荐候选人（含集体）216名，12月底举行发布仪式。组织“道德的力量——2020年郑州市道德模范故事汇展演”活动，展演活动同步在郑视融媒直播，当天观看直播的群众9.2万余人。按照常态化疫情防控要求，展演以视频形式、更多通过网络载体，走进社区、企业等基层单位。组织实施“道德的力量2020年郑州市道德模范巡讲”活动。全年全市上榜中国好人4人、河南好人3人、河南疫情防控身边好人10人，评选郑州市文明市民60人。郑州好人馆和郑州好人慈善基金运转良好。

持续推进未成年人思想道德建设。广泛开展“扣好人生第一粒扣子”主题教育实践活动，通过“传承红色基因”“2020清明祭英烈”“向国旗敬礼”等活动，引导未成年人以实际行动传承红色基因。推选出郑州市“新时代好少年”50名、“新时代好少年”提名奖10名；开展2020年河南省“新时代好少年”推荐工作，3名候选人当选，入选数量位居全省各地市首位。组织实施2020年新建11所中央、省级乡村学校少年宫设备采购招标工作。“快乐成长”——乡村学校少年宫文艺志愿服务行动全面启动。

传承优秀传统文化。广泛开展“我们的节日”主题活动。春节、元宵节期间，针对疫情引导群众不走亲、不访友，居家开展各项文体活动，清明、端午、中秋等节日期间组织实施非遗展演、礼赞英雄、文明旅游志愿服务等富有价值内涵的活动2736场次，直接参与活动的群众68.8万余人，持续推进了传统节日认同，有效引导市民感悟中华文化、增进家国情怀。

【助力新冠肺炎疫情防控】 有针对性地开展精神文明宣传教育。印发《关于在打赢疫情防控阻击战中有针对性地开展精神文明教育的通知》，就做好疫情防控期间精神文明教育、群众性创建活动等工作作出安排。配合市疫情防控领导小组整体工作安排，向全体市民发出《你的行为越文明，疫情防控越有序》《疫情防控与您文明“十约”》《文明防疫一二三》《文明用餐一二三》等倡议，号召广大市民文明守法、科学防疫、健康生活。联合郑州电视台等媒体开设《绿城使者—小红象·健康行》《“豫”你在一起　前线日记》《全力以赴　“郑”在战“疫”》等专栏，深入报道抗疫前线的医护人员、党员干部、社区工作人员和志愿者等战“疫”故事和奋斗精神。市卫健委等部门设立心理健康咨询热线，编印分发防疫手册，多形式宣传卫生健康知识，普及科学文明常识。

大力实施“绿城使者——小红象·健康行”志愿服务行动。新冠肺炎疫情爆发后，第一时间启动“绿城使者—小红象·健康行”志愿服务行动，3700余个志愿服务团队的25.7万名志愿者成为重要防控力量。在疫情防控关键阶段，志愿者在“五一个”工作专班中发挥重要作用，日均11万余名志愿者在岗提供服务，志愿者零感染、零事故、零伤亡。

发挥精神文明先进典型示范作用。组织全市1518家各级文明单位积极参与疫情防控工作，各单位参与人数23万人次，投入各类资金和物资总价值2.05亿元。研究制定《新冠肺炎疫情防控期间加强对在届各级文明单位、文明校园、文明村镇、文明社区动态管理的实施办法（试行）》，把疫情防控工作与单位文明创建挂钩。全市各类先进典型，积极响应《致全市文明家庭、道德模范、身边好人、文明市民的一封信》的号召，充分发挥带头模范作用，引领劝导亲属、朋友和身边群众不串门、不集会、不聚餐，积极参与“绿城小红象·健康行”志愿服务行动。全市16个县（市）区新时代文明实践中心、115个新时代文明实践所和1040个新时代文明实践站积极行动，统筹整合各方资源，组织志愿者和基层群众等力量，打通“宣传群众、教育群众、关心群众和服务群众”的最后一公里。

【新时代文明实践工作】 市委将新时代文明实践中心建设纳入市委常委会工作要点，列入宣传思想文化工作“十大工程”强力推进。明确区县（市）成立新时代文明实践中心，由区县（市）党委书记担任主任；在乡镇（办）成立新时代文明实践所，由乡乡镇（办）党委（党工委）书记担任所长；在村（社区）成立新时代文明实践站，由村（社区）党支部书记担任站长，层层压实责任。推荐巩义市和荥阳市为全国试点，二七区为省级试点，坚持边试边推、以点带面，全面提升全市新时代文明实践中心（所、站）建设水平。至年底，全市4个开发区、6个区、6个县（市）的新时代文明实践中心全部挂牌运行，115个乡（镇）办新时代文明实践所挂牌运行。有效整合各类资源和平台，选择固定场所，打造新时代文明实践理论宣讲、教育服务、文化服务、卫生健康服务、科技与科普服务、健身体育服务“六平台”。发挥文明实践中心统筹、协调作用，构筑区县（市、开发区）、乡（镇）办、村（社区）三级贯通、协调有力的阵地体系。实行“群众点单、中心派单、志愿者接单、群众评单”的服务模式，为群众提供针对性服务。将新时代文明实践活动纳入意识形态责任制考核，作为文明单位、文明村镇、文明校园、文明社区考核评选重要依据。在省级志愿服务总队的指导下，成立郑州市新时代文明实践志愿服务支队，市直机关成立13个志愿服务大队，县级新时代文明实践中心组织和引导志愿者组建新时代文明实践志愿服务大队，乡（镇）办新时代文明实践所组建新时代文明实践志愿服务中队，村（社区）新时代文明实践站组建新时代文明实践志愿服务分队。至年底，各级志愿服务队招募志愿者26万余人，实施线下、线上培训1万余场次，累计提供志愿服务时长3527万小时。

新时代文明实践中心建设成效初显。科学理论广泛普及，开展“党的创新理论万场宣讲进基层”“绿城直通车”等活动1268场次。文化活动丰富多彩，文化艺术节、戏曲大舞台、广场文化活动“出彩郑州”系列文化活动深入开展。道德实践深入人心，投入经费8000余万元，开展“小红象健康行”“小板凳讲堂”“志愿服务乡村行”等文明实践活动2万余场次，受众500万人次，各级媒体宣传报道38132篇。主流价值广泛弘扬，将新时代文明实践工作融入文明村镇、文明家庭创建，采取开设讲堂、恳谈交流、心理疏导等形式，积极发挥社会主义核心价值观的引领作用，有效倡树文明新风。

【志愿服务】不断擦亮绿城使者志愿服务品牌。壮大志愿服务力量。截至2020年11月，全市依托“志愿郑州”管理服务平台注册的志愿者2202320人，其中有服务时长记录的志愿者128.9万人，占比58.53%；注册志愿服务组织10626个，发布志愿服务活动52943个，全市志愿者累计为社会提供志愿服务12580.3万小时。着力提升志愿服务社会化程度，指导郑州市志愿服务联合会统筹社会志愿服务力量，立足新时代文明实践中心，常态化开展各类志愿服务活动。继被认定为5A级社会组织后，郑志联在2019年度全国“四个100”评选中荣获“最佳志愿服务组织”称号。重点志愿服务活动扎实有效。“绿城使者—小红象·健康行”工作经验以《河南郑州掀起疫情防控志愿服务热潮》为题被中宣部《宣传工作》刊发，以《广泛凝聚群众力量 推动道德实践养成——郑州市以“绿城使者—小红象·健康行”疫情防控志愿服务行动为载体推动全民道德素养提升》为题被省委宣传部推荐至中宣部，作为新一届创新案例候选案例。连续9年组织实施“温暖回乡路，共铸留守情”春节期间关爱外来务工人员志愿服务活动，有效推动新市民融入城市进程。“绿城使者—小红象·社区行”走进44个无主管、无物业社区，服务群众近55万人，带动200多个无主管楼院成立自己的志愿服务队，实现居民自我服务和自我管理。组织开展“携手共建幸福河”系列志愿服务活动，重点打造“黄河小剧场”“黄河文化宣讲团”，40余个志愿服务组织的2000余名志愿者共同参与保护水源地环境、宣传节水环保理念、弘扬黄河文化、讲好“黄河故事”志愿服务，以实际行动落实总书记在黄河流域生态保护和高质量发展座谈会上重要讲话精神。组织开展“服务国家网络安全周、保障金鸡百花电影节、助力全国文明城市创建——志愿服务全城行动”，围绕中心工作，全面推进城市志愿服务。

强化“社区党建+志愿服务”工作模式。市委组织部、市委宣传部、市文明办、市财政局联合发文，对各开发区（管委会）、区县（市）评选出郑州市2019年度“社区党建+志愿服务”模式的390个优秀社区进行了确认，其中一类社区44个、二类社区86个、三类社区260个，有效推动该项工作的持续深入开展。《人民日报》《光明日报》等中央主流媒体多次对郑州市党员志愿者开展疫情防控志愿服务进行深度报道。志愿服务项目孵化工作成效显著。实施第四届郑州市“圆梦·在志愿路上”志愿服务项目资金援助工程，为10个本土志愿服务项目提供援助资金101.4005万元。坚持第三方专业督导，聘请中国志愿服务联合会专家团队对受援项目进行全方位实地指导，为项目执行团队提供智力支持和技能培训。受援项目“携手共建幸福河”被中宣部、中央文明办等部门表彰为“全国最佳志愿服务项目”。4个先进典型荣获中宣部、中央文明办等部门联合表彰的2019年度全国“四个100”、全国最美疫情防控志愿者荣誉称号，14个先进典型入选全省志愿服务“四个优秀”，入选人数位居全省各地市首位，中央、省、市媒体联动进行集中宣传报道。选树2019年度郑州市优秀志愿者100名，郑州市重大活动先进志愿服务典型1150个。依托郑州“全媒体”平台，人民日报新媒体“人民号”“文明郑州”“志愿郑州”及双微平台联合联动，展示志愿者风采，宣传优秀志愿者和团队的事迹，取得良好的宣传效果，营造了“人人践行雷锋精神，各个争当志愿先锋”的良好氛围。

1月16日，感动2019荥阳市“修身行善 明礼守法”全民行动楷模颁奖晚会举行（荥阳市宣传部/供图）

【诚信制度化建设】协强化法规制度建设。指导有关单位制定实施《郑州市加快推进社会信用体系建设构建以信用为基础的新型监管机制实施方案》《郑州市营商环境政务诚信建设工作推进方案》《郑州市社会信用体系建设工作领导小组关于新冠肺炎疫情防控期间社会信用相关政策的通知》等规范性文件，不断完善全市信用制度体系建设。完善信用信息数据库。指导完善公共信用信息网络平台“信用郑州”，市信用平台在全市政务云平台上完成部署，信用信息记录向全社会公开，畅通信息共享渠道。归集范围扩展至全市53个部门，涵盖136类一级指标和1280项二级指标。累计归集信息21.9亿余条，“双公示”信息137.1万余条。加大联合奖惩力度。落实《郑州市诚信建设“红黑榜”发布制度（试行）》《郑州市守信联合激励清单》《郑州市失信联合惩戒清单》，在“信用郑州”网站设立联合奖惩专栏，联合市发改委、郑州报业集团等定期发布红黑名单，分两批发布防疫红名单1412条。积极探索对诚信人物的激励机制，归集防疫个人良好信用信息8.2万余条。集中开展专项治理。持续落实《郑州市关于集中治理诚信缺失问题 提升全社会诚信水平的工作方案》，将中央规定的电信诈骗等19类重点治理内容拓展为24类，集中开展专项治理工作，梳理专项治理对象，实现中央文明委部署推进的重点领域治理的全覆盖。推进个人信用建设。制定出台《郑州市个人信用积分管理暂行办法》等制度文件，以个人公共信用信息为基准，基础分为100分，良好信息加分，不良信息扣分，分数越高表明信用越好。坚持“激励为主、惩戒为辅”，采取行政性、市场性、行业性和社会性的奖惩措施，让守信者体验到优先享受、绿色通道、重点支持、媒体宣传等激励政策。加强诚信宣传教育。以《河南省社会信用条例》主题宣传为契机和抓手，开展“诚信进校园、进单位、进行业”等主题宣传活动，评选一批诚信试点示范单位、诚信示范街区、诚信经营示范店、诚信之星及诚实守信道德模范，在全社会基本形成诚实守信、重信守诺的良好风尚。2020年，郑州市在全国36个省会、副省级以上城市信用状况监测中位列第9名。

【公共文明素养提升】 深化宣传教育。坚持把宣传教育作为提升市民文明素养的重要工作基础，组织印制《条例》文本、《〈条例〉市民读本》、《条例》图文版、公共文明行为宣传折页及带有公共文明行为常识的雨伞、抽纸、挂历等，在全市广泛发放；采取多种形式，组织开展公共文明行为常识进机关、进企业、进学校、进社区、进农村、进工地、进景区“七进”活动2万余场次；市属各媒体通过开设专题专栏，持续宣传公共文明常识、曝光不文明行为。严格执法管理。协调城管、公安、交通、卫健等执法主体，以“四项集中治理行动”为重点，持续推进向不文明行为宣战全民行动。通过治理，因非机动车及行人交通违法造成的交通事故发生率明显下降，突出交通违法行为得到有效治理，机动车斑马线前礼让率逐步提升。推动共建共治。广泛开展各种文明养成实践活动。坚持典型引路，在全市党政机关组织开展“三公一租作示范、斑马线前显文明”、行人非机动车交通违法行为专项治理等活动，自2019年12月份实施以来，全市共有398个单位1422次交通违法行为被通报处理，有效带动引导广大市民守法出行。坚持以点带面，抓好公交车、出租车、快递等窗口行业的文明素养提升；发挥团委、妇联、学校等纽带作用，广泛开展“治理脏乱差、共同管好家”“绿城文明风、青年当先锋”“小手拉大手、文明一起走”等文明素养提升实践活动。在清明节、中元节、寒衣节等传统节日期间，在城区倡导文明祭祀，并对路口烧纸等不文明行为进行劝阻，取得较好效果。完善工作制度。市文明办建立“重大活动文明素养提升工作提示制度”和“行政执法建议制度”。把《条例》实施工作和市人大常委会审议意见实行台账式管理。《条例》涉及的12家执法单位均已建立不文明行为投诉举报工作制度、不文明行为记录制度。配合行人、非机动车交通违法行为专项治理工作和“‘三公一租’做示范、斑马线前显文明”专项行动，行人、非机动车交通违法行为和机动车不礼让斑马线行为纳入文明单位、文明校园、文明村镇动态管理已在全市全面实行。根据第三方测评指数，郑州市最新的市民公共文明指数为78.0，比2019年的75.1提升2.9个分值。

【群众性精神文明创建】 深化文明县城创建。加强工作指导，定期组织第三方测评，巩义市蝉联全国文明城市（县城），荥阳市、新郑市、登封市、新密市创建全国文明城市（县城）提名城市，中牟县创建水平进一步提升。深化文明村镇创建。持续加大文明村镇创建工作力度，不断完善文明村镇激励机制，严格落实对获得市级以上文明村镇的各项奖补政策和资金，对文明村镇实行动态管理，确保创建工作常态长效。全市共有文明村1063个，占行政村总数的63.05%；文明镇73个，占乡镇总数的92.4%，全面完成中央、省和市提出的“到2020年底，全市80%以上的乡镇、50%以上的行政村达到县级以上文明村镇标准”工作目标。深化文明单位创建。持续提升文明单位服务水平，在全市各级文明单位广泛开展“文明服务我出彩、群众满意在窗口”活动，推动文明单位进一步增强服务意识和水平，提供文明优质服务。坚持“平时”和“评时”相结合，不断改进文明单位考评和动态管理，健全完善申报、测评、考核、复查等制度，开发运行郑州市文明单位动态管理系统，形成创建梯队，实现有下有上、动态竞争。先后撤销1家全国文明单位、12家河南省文明单位、14家郑州市文明单位荣誉称号。深化文明家庭创建。联合市妇联组建文明家庭巡讲团，持续开展“传家训、立家规、扬家风”活动36场。在郑州好人馆开辟专门区域，展示文明家庭先进事迹。联合市妇联在全市启动建设第一批家风家教体验基地，推荐并认定全国家庭亲子阅读体验基地1个、全国家庭教育创新实践基地1个、河南省家庭亲子阅读体验基地2个、河南省家风家教示范基地4个。疫情期间，组织全市文明家庭参与疫情防控志愿服务和爱国卫生运动，养成文明健康生活习惯。在文明家庭带动下，全市百万家庭自觉行动，参与疫情防控，遵守防疫规定，积极为抗疫作贡献，涌现出李翔、梅竹两户“全国抗疫最美家庭”。深化文明校园创建。组织实施“河南省文明校园（标兵）”推荐评选工作，10所学校荣获“河南省文明校园标兵”荣誉称号，89所学校荣获“河南省文明校园”荣誉称号。评选出“郑州市文明校园”81所。在第一届全国文明校园复查、第二届全国文明校园推荐评选工作中，郑州市第一届全国文明校园全部顺利通过，9所学校荣膺第二届“全国文明校园”荣誉称号。组织实施文明校园网络风采展示活动，全面展示各级文明校园创建情况。

【农村精神文明建设】 扎实推进移风易俗工作。将移风易俗要求全面融入村规民约和“四会”章程，规范健全红白理事会、村民议事会、禁毒禁赌会、道德评议会并切实发挥作用。认真贯彻落实省文明办关于星级文明户、乡村光荣榜等工作的要求，组织专题调研，掌握情况，摸清底数加强督导，推进工作落实。“星级文明户”认领制在各区县（市）顺利开展。在全市98%的行政村成立“一约四会”（红白理事会、村民议事会、道德评议会、禁赌禁毒会），通过发挥“一约四会”教育、组织、监督的作用，推进农村移风易俗，有效遏制了大操大办、厚葬薄养、人情攀比等陈规陋习。加强农村文化阵地建设。高标准打造一批有地域文化特色的村史文化墙。至年底，建成省级示范文化墙59面，建设市级示范文化墙80面，对建设进度快、质量高、发挥作用好的70个村镇累计奖补资金50万元，建设2000平方米。各区县（市）自筹资金1641余万元，建设454个，建设面积89097.44平方米。按照省文明办《关于推进村史馆示范点建设的实施意见》要求，组织各县（市）结合各自实际适度增加示范点数量，鼓励有条件的市级文明村镇适度开展村史馆建设工作，已建的村史馆抓好规范提升、总结经验，有序推进村史馆示范点建设。活跃农村文化生活。持续开展文化志愿下基层活动，将文化志愿者团队与乡村基层对接，依托文化志愿服务团队在全市447个村开展“结对子”活动，除为基层群众送去文艺表演外，还根据当地实际情况提供线上线下培训500多场，进一步推进文明共建、文化共享。支持指导有条件的区县（市）、农村开展有特色的乡村文化活动，培育出荥阳“一村一艺菜单式培训种文化工程”、孟庄镇“群众文化艺术节”等一批有影响力的群众文化活动，不断将文化的种子播撒在基层。开展文明单位结对帮扶工作。组织1046个文明单位与1016个行政村、30个拟建乡村学校少年宫和46个乡镇开展结对帮扶。通过结对帮扶，不仅使贫困村物质生活得到改善，还促进了贫困村的精神文明建设。

（张元魁）

统战工作

【概况】2020年，郑州市统一战线深入学习贯彻习近平总书记关于加强和改进统一战线工作的重要思想，紧紧围绕统筹疫情防控和经济社会发展，站位大局、服务中心，突出“一面三点一线”，全力抓好多党合作工作面、以非公经济推动高质量发展的增长点、民族宗教工作敏感点、新阶层人士统战工作着力点，拉长港澳台侨统战工作延长线，盯重点、解难点、破堵点，推动统战工作提质增效，为加快郑州国家中心城市建设凝心聚力、提供广泛支持保障。在中央统战部、省委统战部2020年各项评比考核中，多项工作获中央统战部、省委统战部表彰，荣获全国统战信息工作先进单位、全省统战工作成绩突出单位、全省统战信息工作成绩突出单位、全省统战宣传（网站）成绩突出单位。

【疫情防控和复工复产】新冠肺炎疫情发生以来，引导全市统一战线同心战“疫”，统战成员捐款捐物合计1亿7500万元。参与督导登封市“三送一强”，成立工作专班开展“送政策、送服务、送要素、强信心”活动，助推企业复工复产，帮扶企业6952家，为企业解决12类44387个问题，协调减免税收12亿元。全力支持登封市寺沟村脱贫攻坚，工作队驻村专职帮扶，45名机关干部分包贫困户联系帮扶，组织各界爱心人士捐赠300余万元，争取财政资金30余万元，改善道路基础设施，助力乡村脱贫振兴。参与抓好贾鲁河综合治理生态修复工程，督导“三项工程一项管理”，为改进郑州生态环境和城市建设做出贡献。及时制定下发部机关疫情防控工作方案，组织机关全体党员干部到居住社区、管城区十八里河站高速路口、金水区凤凰台街道6个小区等抗疫一线开展卡口执勤、岗点值守、入户排查等联防联控工作，为凤凰台街道协调解决25吨新鲜蔬菜和5万元速冻食品。组织150名在职和离退休党员为支持疫情防控工作捐款47430元。

【多党合作和政治协商】持续提升政党协商水平。协助市委印发《中共郑州市委同民主党派无党派人士2020年政党协商计划》，明确年度政党协商主要内容、协商形式、时间安排和保障措施。协助市委召开党外人士座谈会3次，党外人士协商会1次，参政议政协商调研座谈会1次，恳谈考察活动1次。向各民主党派、工商联和无党派人士通报全市经济社会运行情况、党风廉政建设情况和市人大、市政协人事安排情况。支持民主党派开展重点考察调研，牵头组织召开各民主党派参政议政座谈会，确定重点调研课题14个；协助各民主党派开展调研活动30余次，引导各民主党派在“十四五”规划制定实施中发挥积极作用，6篇调研报告、7篇重点调研课题得到省委常委、市委书记徐立毅批示。支持民主党派参与政府立法工作，与司法局建立政府立法征求民主党派、无党派人士意见建议工作机制，进一步拓宽了政府立法听取意见渠道。履行社会职能成效明显。全力参与疫情防控工作，全市各民主党派发出联合倡议，动员成员积极建言献策、反映社情民意，5名民主党派成员驰援湖北武汉、奋战在抗击疫情一线，294名民主党派医务工作者直接参与郑州市一线防控，225名民主党派成员参与后勤保障工作。各民主党派累计捐款捐物1248万元，报送社情民意和建议信息200余条，被政府部门采纳20余条。协助各民主党派中央、省委到郑州市开展调研，做好联络、服务、保障等工作。注重引导民主党派开展社会服务，持续打造社会服务品牌，开展“同心助学”“爱心支教”“手拉手”“送医下乡”等社会服务活动30余次，社会反响良好。党派自身建设进一步强化。认真学习贯彻中央、省委关于加强中国特色社会主义参政党建设意见文件精神，举行各民主党派、工商联和无党派代表人士联合中心组第44、45次集中学习。巩固“不忘合作初心，继续携手前进”主题教育活动成果，开展“战疫给我们的启示”学习讨论，组织学习贯彻落实十九届五中全会精神，加强民主党派思想政治建设、组织建设、队伍建设、履职能力建设，不断提高中国特色社会主义参政党建设水平。协助各民主党派制定组织发展会商制度，严把政策关、标准关、程序关。做好成立致公党郑州市委筹委会各项准备工作。对各民主党派现任领导班子分析研判，届中调整领导班子2名，民主党派自身建设水平进一步提升。

【民族宗教工作】确保宗教领域和谐稳定。筑牢疫情常态化防线。抓好宗教场所疫情防控工作，迅速启动“双暂停”（暂停场所对外开放，暂停集体宗教活动）。统战、民宗部门指导宗教团体和场所及时发出关停告示，积极做好群众工作，宣传防控措施。常态化疫情防控下，全市146处宗教活动场所恢复开放，各级统战、民宗部门干部和乡村两级书记因时而宜，集中传达党中央关于防疫抗疫重要指示精神，讲好抗疫故事、展示抗疫成果、弘扬抗疫精神，向信教群众宣传党的伟大、制度伟大、祖国伟大。积极开展“四联双评”活动，评选“中国化示范性和谐寺观教堂”和“新时代优秀爱国宗教教职人员”等，带动和影响全市宗教界为疫情防控踊跃捐款捐物350多万元。当好群众暖心人。帮助解决宗教团体、宗教场所和信教群众的困难和问题。及时了解掌握宗教场所防控物资消耗情况，顶风冒雪为偏僻宗教活动场所送上防疫和生活物资。通过解民忧、纾民困、暖民心的实事，依法保障宗教界合法权益，把信教群众紧密团结在党和政府周围，引领群众听党话、跟党走、感党恩。加强民族交流交往交融。深化民族团结创建。推荐第五批河南省民族团结进步示范区2个、示范单位3个；高规格召开郑州市第十一次民族团结进步表彰大会，对30个模范集体和60名模范个人进行表彰。推动少数民族发展。用好少数民族发展

4月21日，市委统战部到登封市调研督导“三送一强”活动开展情况

（市委统战部/供图）

9月23日，郑州市召开全市统战重点工作现场观摩会（市委统战部/供图）

资金，下拨市级少数民族补助费300万元，扶持项目9个，改善全市民族聚居村基础设施状况，为4万多回、汉族群众生产生活提供了便利。开展"同心圆·共发展"活动，指导全市30个民族聚居村（社区）与周边汉族村（社区）开展结对帮扶活动，增进民族团结，共同推进乡村振兴。提高监管服务效能。加强清真食品监管，规范清真食品品牌证审批业务，对3015家发证单位建立管理台账；检查各类清真商户3100家，取缔违规经营20余家，限期整改85家。加强少数民族流动人口服务与管理，召开全市少数民族流动人口代表人士座谈会，引导少数民族流动人口有序复工复产，进一步促进民族团结、社会稳定和经济发展。

【新的社会阶层人士统战工作】 制定实施《郑州市新的社会阶层人士统战工作"扫盲区、归队伍、创品牌"三年（2020—2022）行动计划》，不断提升新阶层人士统战工作成效。"扫盲区"力度大。督促指导16个区县（市）全部成立新的社会阶层人士联谊会，市级新联会隆重成立，实现全市新联会组织全覆盖。向基层延伸建立新联会，全市200个乡镇（办）中的118个乡镇（办）建立联谊组织、组建40个行业分会、139个村（社区）设立新阶层工作服务站、联络站。同时，各级新联会组织和新阶层人士发挥自身优势作用，积极助力疫情防控，累计捐资捐物达1107万元。"归队伍"办法新。各区（县）市充分发挥联席会议成员单位、新联会、行业协会等主体作用，拓宽统计登记渠道，不断壮大新的社会阶层人士队伍。巩义市依托优质医疗康养资源建设"瑞康同心健康苑"，团结凝聚新的社会阶层人士，全年累计开展医疗志愿服务67次，健康大讲堂26场，服务群众4万人次。金水区开启5G时代"互联网+统战"工作新阵地，设计推出"我要入库、我有需求、我能服务"三个模块的"金水新声"微信小程序，助推新的社会阶层人士"归队伍"。惠济区通过研发信息数据管理系统和二维码，完善"两级三库"建设。目前，全市统计在册的新阶层人士40.1万余人，已录入信息数据库19.3万人，已建立代表人士人物库686人，重点代表人士人物库280人。"创品牌"亮点多。积极推进新联会建设"全域化"品牌，指导推动新郑市打造全省唯一新的社会阶层人士统战工作先行示范区试点。依托各级新联会开展网络统战工作，支持和鼓励网络人士利用抖音、头条、微信和微博等新媒体，积极传播社会正能量。各区县（市）主动探索、开拓创新，选择不同行业、群体和相对集中的企业园区进行实践创新基地建设，"创品牌"取得新进展，形成巩义市"瑞康同心健康苑"、登封市"嵩山文创园"、荥阳市"中原智谷·新领汇"、新密市"密兰小镇"等33个创新品牌项目。

【非公经济领域统战工作】 工作体系完备。市委、市政府高度重视"两个行动"，召开专门会议研究部署，提供充足经费保障。市、县两级建立民营经济工作联席会议制度，成立工作专班68个，配备工作力量155人，形成上下贯通、指挥高效的工作体系。市县两级统战部、工商联以"两个行动"为契机，补短板、强弱项、提素质、增活力，增加编制23个、经费399万元，设立民营经济服务中心18个、"两个健康"学习实践中心27个。加强民营经济统战在全市上下形成共识，重点工作进展顺利，大抓氛围初步形成。"两个健康"稳步提升。结合疫情防控"大战大考"，加强非公有制经济人士理想信念教育，采取调研帮扶、网络授课、召开座谈会等进行形势政策宣讲，帮助民营企业发展理清思路、解决难题、提振信心。组织开展领导干部同民营经济代表人士谈心谈话活动，市委常委、统战部部长杨福平带头座谈调研、与17名企业家谈心谈话，市、县两级共谈心谈话353人次。加强非公有制经济代表人士培训，市、县两级建立民营企业学院（学堂）32家，组织各类培训259个班次，培训29571人。持续加强商会建设，12个县级工商联被评为全省"五好"县级工商联，10个县级工商联被评为全国"五好"县级工商联，2家异地商会被评为全国"四好"商会。"一联三帮"扎实有效。建立党政领导干部联系民营企业和商会制度，健全"领导干部+工作专班+服务对象"帮扶名录，市、县、乡三级1703名领导干部联系5209家非公企业。民营企业诉求响应智慧平台实现所有区（县）市全覆盖，入驻企业2374家，市、县两级在平台注册涉企部门602家。积极为企业纾困解难，全市累计帮扶企业9908家，协调解决事项20多万个，其中帮助企业解决用工50927人，减免税费28亿元，提供资金支持1255亿元。

【港澳台海外统战工作】 持续开展对台交流和涉台宣传。积极拓展线上交流渠道，开展"足球小子追梦云端"系列交流活动，增进郑台两地青少年友谊，厚植感情基础。扎实开展涉台宣传"进机关、进学校、进社区、进企业"活动，发放《涉台知识学习手册》2000余份、涉台政策法规宣传材料13000余份，举办涉台知识宣传活动15场次；配合省台办开展"豫见台湾 同根同源"2020年河南省网络涉台知识大赛，利用新媒体网络平台组织现场答题测验，参与竞答16万人次，被省台办评为优秀奖。邀请15位台商参加第十一届豫台经贸洽谈会暨豫台智能装备产业洽谈会，对接业务、加强合作。省委王国生书记调研台资企业，对郑州市积极支持台企工作给予充分肯定。不断扩大统战"朋友圈"。参与做好庚子年黄帝故里拜祖大典筹办工作，采取网上与现场相结合的方式广泛联系引导海内外华夏儿女参与网上拜祖，拜祖当天参与网上拜祖人数82000余人。成立郑州欧美同学会（郑州留学人员联谊会），调研摸排归国留学人员3.6万人，建立完善人物库，组织归国留学人员代表参加欧美同学总会首届"双创"大赛启动仪式、网上视频座谈会等活动，把归国留学人员"统"起来、"管"起来。积极开展华文教育外派教师工作，发放外派教师补助补贴260万元，妥善安排郑州市21名外派教师顺利回国。优化港澳台侨服务保障。配合政务服务改革，优化营商环境，联合发改、人社、公安等部门开通"绿色通道"，为台胞在郑就医、就业、创业、办证、缴费等提供优质服务。落实"惠台11条"措施，受理涉台信访投诉案件8件，结案率100%；慰问困难台胞台属58户，发放慰问金、慰问品54800元。落实涉侨“一法两办法”政策和涉侨政务服务事项“一网通办”，年内办理归侨证2个，侨眷证27个，办理归侨侨眷考生身份认证47人；落实老归侨退休生活补贴发放42人10多万元、困难老归侨补助金发放12户29万多元。

（尹建侠）

政策研究

【概况】2020年，市委政研室（改革办）全面贯彻落实省委、市委各项决策部署，紧紧围绕中心、服务大局，认真履行政研、改革职能，较好完成市委交办的工作任务。

坚持学以致用、学用结合，将理论学习与贯彻中央、省委、市委决策部署结合起来，自觉运用到制定每一个文件、开展每一次调研、谋划每一项改革、推动每一件工作中，切实提高运用党的创新理论指导实践、推动工作的能力，真正把学习成果转化为落实决策、服从大局的政治自觉，转化为做好本职工作、助力事业发展的强大动力，增强政研工作系统性、前瞻性和创造性，推动习近平总书记对河南、郑州重要讲话指示批示精神在郑州落地生根。

在疫情防控的关键期，坚持两手抓、两手硬，坚守岗位、履职尽责，通过在岗值守、远程办公、在家办公方式，统筹推进疫情防控和政研改革各项工作。疫情出现后，根据市委工作安排，大年初一组织工作力量到岗到位，围绕市委决定、会议召开、调研督导，积极做好文稿服务工作，先后服务市委常委会8次、市委疫情防控领导小组会议15次、调研活动23次。坚持统筹疫情防控与业务工作，深入开展调研，积极建言献策，面对重大突发公共卫生事件，注重及时了解一线工作情况和基层工作困难，为领导决策提供依据。先后研究起草了关于郑州发展速度经济和封测产业的调研报告，得到市委主要领导肯定，并印发全市学习；3月16日—18日，按照市委统一安排，组织政研室力量成立2个调研组深入各县（市）区，详细了解“三送一强”活动、优化营商环境等工作推进情况，以及疫情防控期间对企业复工复产的帮扶情况，每天以信息专报形式上报市委，为有序恢复生产生活秩序提供了决策参考。

【以文辅政】坚持围绕中心、服务中心，聚焦市委中心工作，把“市委想什么，政研工作就抓什么”作为标准要求，在服务市委领导文稿上主动作为，在提升文稿质量上狠下功夫，注重学习把握领导思路意图，强化日常梳理汇总研究，力求文稿更符合上级政策、体现领导要求、贴近发展实际，努力增强文稿起草的针对性、实用性，切实发挥好参谋助手作用。

高质量编制市委“十四五”规划建议。根据市委“十四五”规划编制工作专题会议的要求，市委政研室负责牵头起草《中共郑州市委关于制定国民经济和社会发展第十四个五年规划和二〇三五年远景目标的建议》。围绕“十四五”期间我市经济社会发展的重大问题，政研室组织力量深入到区县（市）、相关部门进行调研，形成了一批重要成果，为起草工作奠定了基础。依托“郑州发布”、“郑好办”App、郑州改革微信公众号等网络媒体，广泛征集社会各界对“十四五”规划的意见建议，收到社会公众留言建议近千条。先后服务召开全市科技创新人才座谈会、开放及枢纽建设工作座谈会、产业发展座谈会、党外人士座谈会等一系列座谈会，听取相关单位和学者对“十四五”期间郑州经济社会发展的意见和建议。在市委的领导下，起草工作有组织、有计划、有步骤、有重点地展开落实，高质量完成市委“十四五”规划建议、说明等文稿起草工作，得到市委领导的充分肯定。

8月14日，市委政研室驻村工作队组织召开南岗村低收入户星级评定工作

（市委政研室/供图）

高质量做好市委重要文稿服务。坚持把抓好文稿服务作为服务大局、服务决策的重中之重，按照市委的安排部署，积极做好市委重大会议、重要活动的文稿服务工作，严卡时间节点，优化办文流程，文稿服务质量和效率不断提升。一年来，高质量完成市委十一届十一次、十二次、十三次全会、全市优化营商环境大会、文化旅游大会、卫生健康大会等事关发展全局的重大会议文稿起草工作，完成市委《关于深入学习贯彻习近平总书记视察河南重要讲话精神的意见》《关于贯彻落实党的十九届四中全会精神推进市域治理体系和治理能力现代化的意见》等意见文件和向省委报送经济社会发展和党的建设情况、市委常委班子2019年度民主生活会情况、统筹疫情防控和经济发展情况等汇报材料起草任务。全年共起草市委主要领导会议讲话、活动致辞以及市委重要汇报材料230多篇。严格把关新闻报道，确保新闻报道精简、务实、高效，全年审核修改媒体报道稿件200多篇。

高质量开展调查研究和理论研究。紧紧围绕中央和省、市委重大决策部署，瞄准聚焦全市重点工作、难点问题、社会热点，深入调查研究，着力在精、准、深、实上下功夫，形成了一批高质量的调研报告，提高了决策建议的针对性和实效性。全年起草调研报告35篇，编发《调查研究》12期、《改革简报》36期。其中，《拥有速度的城市将赢得成功——关于郑州“速度经济”发展的思考与建议》《以封测产业引领郑州“强芯”之路——关于郑州加快发展封测产业的思考与建议》《关于目前我市开发区运行情况的调研报告》《郑州市乡镇（街道）党政正职队伍建设情况报告》《郑州短视频（直播）经济发展情况调查报告》《关于加快推进郑州市“美丽乡村精品村”建设的调查报告》等10余篇调研报告获市委主要领导批示，纳入有关部门决策。加强理论研究，牵头起草了市委主要领导同志在《求是》杂志、《学习与研究》杂志、《河南工作》、国家安全内部刊物等上的署名文章，充分宣传了各项工作，展示了郑州对外良好形象。

高质量办好《郑州工作》刊物。充分认识新时代做好党刊工作重大意义，把做好党刊工作作为重要政治任务牢牢抓在手上，守牢意识形态主阵地，弘扬主旋律、传递正能量，不断提高党刊的传播力引导力影响力。全年发行《郑州工作》12期、约125万字。围绕学习宣传党的十九届五中全会精神、黄河流域生态保护和高质量发展、“十三五”郑州经济社会发展重大成就、统筹经济社会发展和疫情防控、优化营商环境、深化改革开放等重大部署，围绕反法西斯战争胜利75周年、国家网络安全宣传周、金鸡百花电影节等重大活动，编辑稿件335篇，其中，市领导讲话、署名文章18篇，政策解读文章2篇，摄影报道专版7版，公益广告12期，刊发图片354幅，强有力传递了市委声音。《郑州工作》被市委宣传部授予2020年郑州市“十佳内资”称号。

【深化改革工作】 贯彻落实中央、省委、市委全面深化改革决策部署，切实发挥好市委改革办的综合协调作用，围绕全面深化改革目标任务，创新改革推进机制，凝聚改革共识合力，攻坚克难、狠抓落实，确保深化改革工作扎实推进、取得实效。

坚决推动中央、省委部署改革事项的落地落实，结合郑州实际，以制度建设为主线，以数字化为引领，突出重点领域，推动改革和发展深度融合、高效联动，全面深化改革取得重大突破，形成一批制度创新和实践创新成果，一批改革走在全国前列。深化以“一件‘事’”为牵引的“一网通办”改革和以“一‘事件’”为牵引的“一网统管”改革，公民个人、企业法人544项高频事项实现“网上办”，300个“一件事”改革任务圆满完成，探索形成了政务服务网、城市治理网一体建设的“郑州模式”。深化优化营商环境、城市管理体制、土地供应制度、财政体制等关键领域改革，进一步激发市场主体活力，政府性资源配置更加高效良性。深化市属学校、医院去行政化改革，圆满完成义务阶段分级办学改革，大力推进医联（共）体和分级医疗制度改革，探索推行社保卡基础上的市民卡“一卡通、一码通”，人民群众切实感受到改革带来的便利和实惠。

谋划部署、会议调度、督察督办、考核评价等工作推进机制更加完善。组织召开4次市委深改委会议，专题学习贯彻落实中央和省委深改委会议精神，研究审议了《郑州市深化生态环境保护综合行政执法改革实施方案》《郑州市省级管理权限需求清单》《郑州市市属公立医院管理体制改革方案》等27项改革事项。进一步完善了市委深改委、专项小组、有关市直单位三层推动工作机制；建立了跟进落实党中央国务院、省委省政府重大改革举措工作台账，督促专项小组和相关部门及时掌握上级部门改革动态，跟踪进度；完善了定期督察、动态通报、结果运用的督察督办机制，抓住“关键少数”，积极开展改革督察问效，定期跟踪并报告改革落实情况，通过“回头看”确保改革实效。组织开展了2020年度全面深化改革工作专项绩效考核中期调度、年终调度检查，有力推动改革落实。

坚持改革“一盘棋”，加强上下联动，发挥系统合力，确保改革任务有序有力推进。准确把握改革阶段性任务，进一步加强了市县两级和各专项小组上下联动、条块结合，做到政策取向上相互配合、实施过程中相互促进、改革成效上同向叠加。强化了与省级有关部门的沟通交流，围绕省定重点改革事项，市直相关责任单位积极与对口省直厅局汇报对接，着力争取上级部门对我市改革工作的支持。围绕向郑州下放省级管理权限，就需求清单多次征求有关单位意见，协调督促市直有关单位积极与省直厅局对接汇报，确保省级权限放得下、接得住、用得好。

围绕市委重大改革任务，大力抓好改革宣传和氛围营造。组织市属新闻媒体，通过开设“改革开新局、活力新郑州”专栏等方式，开展集中宣传报道，全年市属新闻媒体发表改革经验做法200余篇。《坚持以人民为中心推动营商环境持续优化》改革经验文章在中央政研室《学习与研究》刊发，向省委改革办报送我市重要改革信息85篇，全年编发《改革简报》36期。创新设立“郑州改革”微信公众号，及时发布改革动态、推广改革经验、传递改革声音。围绕谋划“十四五”改革事项，借助“郑好办”App、郑州发布、“郑州改革”微信公众号、郑州日报等载体平台，向全市各界征集改革建议1100余条，进一步提升了群众对改革的知晓率和参与度。

（王永涛）

网络安全与信息化

【概况】 2020年，市委网信办按照中央和省、市委有关工作要求，坚持“正能量是总要求，管得住是硬道理，用得好是真本事”，着力化解网络风险，全力提升网信工作水平，努力为郑州加快国家中心城市现代化建设提供强大网上舆论支持和坚实网络安全保障。被中央网信办评为全国网络舆情工作先进单位，被中宣部、中央网信办等十部委评为国家网络安全宣传周先进单位。

【新冠肺炎疫情防控】 汇聚网络抗疫正能量。策划征集“郑州战疫”视频展播，抖音话题“郑州战疫”参与视频6000余条，播放量达3.6亿次。微博话题“#防控疫情”，“#郑州在行动”阅读量8218万，正向舆论引导参与讨论达1.3万人次。策划推出《与鄂同在》《知名豫剧演员贾文龙、贾高峰助力战疫情》等原唱歌曲，《伊河路小学先锋队员视频》《互助路小学先锋队员视频》展播专题，《武汉，一定能过关》等书画作品，引发网民好评。与百度“百家号”合作推出的《战疫·背影》《战“疫”之复工复学指南》等图文，各大网站、新媒体客户端、微信等转发4万3千次。中原网络达人联谊会第一时间发起倡议，开展“郑州好网民”活动，创作抗疫优秀作品。发挥行业党委引领作用。号召全市互联网行业党组织充分利用互联网企业自身优势和特点积极参与支持疫情防控工作，成立疫情防控党员突击队，帮助指导互联网企业尽快复工复产。全市互联网企业共计捐赠款项353.81万元和防疫物资三批，人民网、《河南日报》等对此进行了报道。

【网络内容建设】 策划讲好郑州故事。针对春节、疫情、两会、黄帝故里拜祖大典、全市复产复工、黄河流域生态保护和高质量发展、非机动车交通违法整治、“双改”等重点工作，联合搜狐网、今日头条、抖音、百度搜索等

9月17日，第四届“强网杯”全国网络安全挑战赛青少年专项赛线下赛启动（市委网信办/供图）

开辟“轩辕黄帝佑中华”“繁花在三月复产复工进行时”“郑在蝶变”“ai上郑州”等专题专栏10个。开展“中国梦·黄河情—我们的幸福河”、“中部崛起势正劲郑州行”、“决战2020”暨“人民网大道康庄”等网络主题宣传活动，中央驻豫新闻网站、省属市属媒体、知名门户网站等40余名媒体人深入一线采风，推送活动稿件上百篇。由国家互联网信息办公室指导，中国互联网发展基金会主办，人民网、光明网、中国青年网、中国新闻网、环球网承办的全国第五届“五个一百”网络正能量精品评选活动结果正式发布，由市委网信办推荐选送、河南小樱桃动漫集团出品的《航天精神，画出中国精神的亮丽轨迹》入选“百幅网络正能量图片”。灵活用好创新载体。召开3次新闻媒体和网络自媒体座谈会，研讨如何发挥郑州本土优势，做好做强重大主题的网上宣传报道。与今日头条、抖音、百家号、搜狐号合作策划推出《古都新貌》《一条杜岭街，半部郑州史》《产业兴·中部兴》《老街记忆》《清真寺改造项目》《一个人·一座城》等原创短视频27条，网站、微博、微信公众号等平台浏览量70万次。与百度百家号、中华网等推出《郑中心·郑前行》系列公益广告，各网站、新媒体客户端、微信等转发量达10余万次。引导评论亮剑发声。对“老旧小区和城市道路升级”等话题开展正向引导、加强线上线下互动。策划开展“高品质推进城市发展”主题宣传，联系网络名人撰写“老旧小区蝶变记”等网评文章，入选头条热榜、百度热榜。策划“郑州智造快车道”等系列网评，强化解读和传播，增强送达率和接收面。着力开展十九届五中全会精神宣传。十九届五中全会之后，市委网信办即成立专班，创新传播表达方式，积极策划选题，充分发挥互联网党委作用，深度解读十九届五中全会精神，策划了新型网络传播条漫作品《感受时代之变：开往春天的列车》，通过“网信郑州”“郑州发布”“遇见郑州”“郑州青年画报”等微信公众号发出，引发网民跟帖热议。人民日报客户端、澎湃新闻、映象网、中华网河南频道等予以转发，今日头条、百度将该作品推上首页，在人民日报客户端云课堂栏目置顶轮播，排在第一位，持续24小时，200万展示量，20万阅读，引发持续关注。

【网络综合治理】摸清网络底数。积极主动开展全市地域内网站和自媒体账号的排查工作，夯实网络内容管理和执法建设的基础。对全市网站开展全面深入排查，推进全市融媒体中心新闻信息转载资质申报，开展互联网新闻单位社会效益评价，对中原网、郑州教育信息网、郑州教育在线等市属媒体进行评价。依法管网治网。开展网络谣言专项治理、属地互联网站信息内容全面排查整治工作。加强对党政机关互联网信息平台的监督管理，开展整改工作，对违规发布信息的自媒体账号等进行约谈整改，建立全市网络辟谣矩阵，开展“郑州市网络义务监督员”招募工作，营造良好网络生态。强化态势感知建设。将网络安全态势感知和监测预警平台深度融合，建立网络安全工作协调机制，形成多部门联动工作格局和强大工作合力。

【国家网络安全宣传周系列重要活动】9月14—20日，2020年国家网络安全宣传周（以下简称“网安周”）高峰论坛、“强网杯”全国网络安全挑战赛、网络安全特别节目、主题分论坛、交接仪式等系列重要活动在郑州市举办。贯彻落实“四个坚持”。本届网安周重要活动相比往届发生重要变化，以线上为主，线上线下相结合形式开展。落实中央网信办要求，结合郑州市实际，2020年网安周重要活动筹备工作紧紧围绕贯彻落实习近平总书记关于网络强国的重要思想，特别是对国家网络安全工作“四个坚持”重要指示精神，聚焦“网络安全为人民，网络安全靠人民”主题，坚持“技术领先、形式新颖、参与广泛、影响深远、实效突出”，力求“更加有创新性、更加有影响力、更加有带动力”，做到“统筹任务承接与特色彰显、线上与线下、节会活动与产业发展、精彩出彩与安全防控”。认真筹备精心组织。紧密汇报对接中央网信办等各联合主办部门、省直各有关单位，充分发挥网络传播优势，充分发动互联网企业和平台，充分激发全市上下工作合力，联合战略支援部队信息工程大学、工信部一所等协作单位，积极做好数字化展会、网络安全产业发展座谈会（含签约仪式）、高峰论坛、网络安全特别节目（主题晚会）、“强网杯”全国网络安全挑战赛、全民网络安全知识竞赛、线上对话、线上课堂、网络安全微课征集、“一中心三基地六载体”建设、11个分论坛（包括中央网信办牵头6个论坛、郑州市牵头5个分论坛）、6个主题日、交接仪式等重要活动的筹备和组织，实现了增强群众网络安全意识和技能、助推网络安全产业发展、擦亮郑州网络安全名片的多赢互促。创新谋划特色活动。建设国内首个网络安全主题科技馆，总建筑面积约18470平方米、展陈面积近15000平方米。“强网杯”全国网络安全挑战赛品牌彰显，包括线上赛、线下赛、精英赛、青少年专项赛和创新作品赛5个部分，吸引3121支赛队、20061名选手报名。网络安全特别节目引发热议，以“网络安全e同守护”为主题，连线杭州、武汉、深圳分会场，聚焦“个人信息泄露”“网络诈骗”“网络谣言”等群众身边的网络安全问题，以案例专题、互动实验、网友互动、情景剧等多种方式，创作首台网络安全主题晚会。网络安全进基层活动特色明显，在郑东新区智慧岛、金水科教园区搭建网络安全科普教育基地，组织开展进农村、进机关、进社区等进基层活动。掀起网络安全宣传热潮。据不完全统计，截至9月21日，本届网安周重要活动共吸引线下参与群众35万人次，移动App浏览量突破2.2亿次，短视频平台相关视频累计点击量17.98亿，点赞量接近8000万。各类媒体发布相关信息共计82.31万条，与上届相比，信息量增幅约140%。央视、人民日报、新华社等中央主流媒体均对重要活动举办情况进行了重点报道，其中，9月14日晚央视《新闻联播》栏目播出《国家网络安全宣传周今天开幕》报道，15日晚央视新闻频道《共同关注》栏目播出2条网络安全科技馆探馆报道。全国各地、网上网下掀起了以郑州为中心的网络安全宣传教育热潮，参与人数、报道数量创历届之最，获得中央网信办等联合主办部门和省委省政府的充分肯定。

（赵　娟）

外事工作

【概况】2020年，全市外事工作围绕《郑州市对外开放三年行动计划（2020—2022年）》确定的工作任务，结合郑州实际，通过强化政治引领、坚持创新为要，落实省委、市委决策部署，做好疫情防控、扩大对外开放和服务全市发展等各项工作，党管外事得到加强，涉外疫情防控取得胜利，服务发展水平得到提高，郑州国际影响得到进一步提升。市委外办先后被市委市政府评为“郑州市抗击新冠肺炎疫情先进集体”和“郑州市对外开放先进集体”。市委外办工作人员获得“郑州市抗击新冠肺炎疫情先进个人”“郑州市对外开放工作先进个人”“第二届中国·河南招才引智创新发展大会郑州市筹办工作先进个人”“郑州市妇女儿童工作先进个人”和2020年度“最美军嫂”等表彰奖励。

【党管外事】2020年，郑州市市县两级先后召开外事委第一次会议，审议通过《外事工作委员会工作规则》《外事工作委员会办公室工作细则》和《2020年对外工作要点》等，进一步理顺了组织架构、强化了统筹协调职能，加强了党对外事工作的集中统一领导。为适应新时期对外工作需要，加强因公出国管理，郑州市印发《加强和规范郑州市国家工作人员因公临时出国管理的若干规定》，把“出访任务审核”关口前置，从源头上杜绝了无实质性任务的因公出访。

6月，市委外办到各区县（市），就机构改革后外事工作情况开展专题调研。8月，召开全市外事干部专题座谈会，形成调研报告上报市委，并针对调研中发现的个别县区机构改革不到位等问题，及时进行协调、推动，使“党管外事”在全市得到贯彻落实。各开发区、各区县（市）外事部门按照中央、省委、市委的外事工作方针，服务本地对外开放和高质量发展。郑州航空港实验区、巩义市、金水区等开展“三送一强”活动，服务“六稳”“六保”；新密市、二七区、管城区等开展国际友城交流合作，新郑市、登封市等加强对外话语体系建设；经开区、高新区、郑东新区等高标准做好外事接待工作，较好地服务了国家总体外交大局。

【涉外疫情防控】 新冠肺炎疫情防控工作中，办领导班子在防范新冠肺炎疫情境外输入工作中主动担当作为，迅速成立了市委外办新型冠状病毒防控应急处置工作领导小组，下设涉外应急防控、防控保障、党员值守和舆情信息联络4个工作组，制定《中共郑州市委外办关于新型冠状病毒防控应急处置工作方案》，从处理外媒来郑采访、服务在郑外籍人士和在国外郑州籍人员、进行党员值守志愿服务、加大应急值班力度、加强舆情信息联络、做好重大活动及因公出访延续性工作和抓好办公区域防疫安全等8个方面进一步明确、部署工作任务，认真抓好落实。同时，切实发挥党组织的战斗堡垒作用和党员先锋模范作用，率先垂范，自2月5日至3月19日44天里，办领导班子带领全办党员干部职工圆满完成了S102省道新郑快速路卡口执勤和下沉航海西路街道4个社区、7个卡点防疫值班任务。

抓住关键环节，筑牢防范境外疫情输入防线。严格实施因公出国管理，暂停全市党政机关和国有企事业人员因公出国审批，全年因公出国团组批数较上年同比降低98.7%，人数同比降低99%；对全市因公因私出入国情况进行摸排，建立因公出入国动态联络机制和动态反馈机制，及时收集各单位报送的归国入郑人员信息，报送市疫情防控领导小组。严守国门，把好国外入境关口，在“外防输入”中积极主动，派遣素质好、作风强、业务精的同志进驻市新冠肺炎疫情防控领导小组社会防控部防境外输入专班开展工作；成立北京机场、新郑国际机场两个工作专班，认真做好河南籍人员回国转运和国际航班在郑分流工作：北京专班从3月15日至3月30日零时，共零差错零失误转运返郑人员447人，新郑国际机场工作专班自3月24日至年底，先后协助转运和集中医学观察1304名外籍人员，确保转运人员安全、有序、精准到达目的地，实现了“双零一满意（零传染、零输入和隔离人员满意）”目标。严密关注在郑外国人特殊群体，利用“郑州外事”“Where Zhengzhou”等微信公众号和官方网站连续发布多语种疫情防控信息、有关国家入境管制措施提醒、“致在郑外籍人士的一封信”等防范措施，编印英法德等7个语种的《郑州市疫情防控21号公告》《来郑外国人防疫须知》等防疫资料，在郑州海关、出入境管理处、各区县（市）及涉外企业等发放；组织办语言干部、外语志愿者成立疫情防控翻译小组，开通24小时外语服务咨询热线，帮助在郑外国人以及入境外籍人员及时了解郑州疫情防控政策。严谨高效进行信息收集共享，会同各方力量，通过外交部等多渠道大量汇总数据信息，逐人排查在郑外国人，精准摸排境外返郑人员入境返郑时间、关联人员和航班车辆等有效信息39批141人次；坚持日排查、日汇总、日报告，及时向上级报告情况，同时通报所在辖区进行属地排查、信息筛查和隔离部署；根据工作动态，及时编印、报送《郑州市外防输入工作专报》13期，为疫情防控科学决策提供支撑。

11月6日，郑州市人民政府与商务部中国国际经济技术交流中心签署协议
（市委外事办/供图）

【友好城市携手抗疫】 疫情初期，国际朋友关心、支持郑州市新冠肺炎疫情防控。2020年2月份以来，韩国晋州市、日本埼玉市、法国亚眠市、奥地利因斯布鲁克市、以色列提比利亚市、保加利亚舒门市、斯里兰卡科伦坡市、希腊雅典市等郑州市的国际友城、国际友好交流城市和其他国际朋友，以及世界城地组织大都市协会、亚太区秘书处等国际组织纷纷以邮件、信函等形式对郑州市疫情表示慰问关切，韩国晋州市向郑州市捐赠270套防护服，10000枚乳胶手套。对各国际朋友的慰问与关切，郑州市均以不同形式及时予以回复，表达感谢之意。郑州市所属有关市、区国际友城、友好交流城市也以信函、视频等方式发来慰问，如管城区友城韩国青松郡致函表达慰问并赠送防疫物资（因疫情初期，中韩货物运输受到较大影响，该批物资尚在韩国未出关时，韩国境内疫情爆发，管城区随即将该批物资回赠青松郡）；新郑市友好交流城市美国海斯市友城负责人发来慰问视频。

全球疫情蔓延之时，积极开展国际友城援助。自2020年3月随着疫情在全球蔓延，郑州市及时向各国际友城、友好交流城市发出慰问信函，启动对外援助工作，向包括韩国、日本、意大利、法国、罗马尼亚、比利时、布基纳法索等7个国家9座友好城市（意向友好城市）和世界城地组织亚太区秘书处等国际组织提供了防疫物资援助，共捐赠了医用口罩57万只、橡胶手套11000双、防护服2300套，发送慰问函电20余份，及时分享了抗疫经验，有力支援了国际友城，赢得了郑州海外“朋友圈”的广泛尊重和赞赏。新密市向其国际友城意大利巴兰扎泰市捐赠了2万只医用口罩，受到巴兰扎泰市广泛赞誉，加深了两市的友谊，《人民日报》海外版对此专门做了报道。

【外事接待】 共接待境内外来访团组22批296人次，其中省部级团组5批7人次，包括柬埔寨王国旅游部部长唐坤、乌兹别克斯坦投资和对外贸易部副部长拉西莫夫、卢森堡、立陶宛、佛得角、芬兰、格鲁吉亚驻华大使等，赢得了来宾的高度评价，有力服务了国家总体外交。协调安排市领导会见9批次，主要包括省委常委、市委书记徐立毅会见柬埔寨王国旅游部部长唐坤，洽谈加强柬埔寨与河南的旅游合作及设立柬埔寨王国旅游部（郑州）代表处等事宜；省委常委、市委书记徐立毅、副省长王新伟会见东风汽车有限公司总裁山崎庄平，洽谈东风日产在郑州布局研发机构、加大研发投入、吸引重要及关键零部件配套企业落户郑州等事宜；会见芬兰驻华大使，推动中欧班列（郑州—芬兰赫尔辛基）首班开行，探讨加大郑州至芬兰赫尔辛基定期客运合作；副市长万正峰会见美国全美东河南同乡会会长张富印，推动郑州市与美国全美东地区在经贸、文化、艺术、教育等多领域的交流与务实合作。

【服务经济社会发展】 积极服务中心工作。强化信息服务职能，充分利用外交信息通报和经济外交信息等资源，将信息通报按照类别呈送有关市领导及相关单位参阅，了解国外在相关行业经验做法，为郑州市经济社会发展提供思路。强化对全市外事资源的统筹，进一步摸清各区县（市）外事接待资源，挖掘、培育一批有历史文化底蕴、能展示发展成就、有外事接待能力的单位，成为郑州市对外友好交流基地，优化接待线路，提升了礼宾水平和国际形象。强化对在郑高校外事资源的统筹，主动到郑州大学、河南农业大学、郑州轻工业大学等在郑高校调研座谈，在“和平鸽”外语志愿服务、规范公共服务领域外语标识、国际合作与交流等方面开展校地合作；出台《绿城使者·和平鸽外语志愿服务队管理办法》规范外语志愿活动；增建和平鸽外语志愿服务黄河科技学院大队和郑州轻工业大学大队，“和平鸽”外语志愿者服务站郑州航院分站和郑州市公共服务领域外语标识研究中心也在郑州航空工业管理学院正式揭牌，全市外语志愿服务得到提升。强化对区域外事资源的统筹，进一步加强与长沙、武汉、杭州等城市外办间互动，为建立区域外事系统联动机制打基础；主动与黄河流域沿线重要城市加强沟通，探索共建黄河流域城市外事工作联盟相关事宜。

积极助力复工复产。积极落实市委市政府“三送一强”要求，成立活动领导小组，制定活动方案，设立办公室，助力郑州市涉外企业复工复产。市委外办领导带队先后到郑州一方电气股份有限公司、中英科技创新平台—中英生物医药创新共享加速器、郑州致欧网络科技有限公司、河南保税集团等企业开展了“三送三服务三联结”活动（即在“三送”基础上，为企业“走出去”开展“三服务”，即APEC商务旅行卡业务服务、领事保护政策服务、志愿者翻译服务，为企业牵线搭桥进行“三联结”，即建立与国际友城联结，与国外使领馆联结，与海外企业联结）。建立郑州外事服务涉外企业微信群为企业答疑解惑提供信息服务，上报郑州市中机六院、郑州一方电气、河南启亿粮油工程技术有限公司等三家企业在非项目受疫情影响情况，上报明泰铝业等10家涉韩企业人员往来情况，摸排疫情期间急需出境开展合作的广进国际集团、黎明重工两家企业需求，组织中铁工程装备集团有限公司等7家企业参加中国国际服务贸易交易会第四次工业革命与区域产业链合作”线上研讨会，组织郑州医美健康产业集团等企业报名参加河南—瑞士专题活动，征集河南明泰铝业股份有限公司等14家企业19个项目海外合作需求信息，为省外事服务经济社会发展工作研讨会做准备。市委外办还将筹措到的口罩等防疫物资和印制的宣传资料送到企业手中，引导企业进一步坚定发展信心，更好地服务全市经济社会发展大局。

积极搭建国际合作平台。推动引进联合国工业发展组织投资和技术促进办公室（中国北京）（ITPO）北方区域协同中心入驻郑州。在厦门投洽会上，利用ITPO联合国工发组织展位，助力郑州市招商工作。10月5日，副省长、市长王新伟作为主讲嘉宾参与了联合国工业发展组织“城市之桥2020”市长圆桌视频会，分享郑州市抗击疫情、统筹经济社会发展、激发城市活力等经验。11月6日，ITPO与中国国际进口博览局共同主办第三届中国国际进口博览会“第四次工业革命与智慧出行论坛”，副市长万正峰出席论坛活动，并在论坛期间代表郑州市人民政府签署联合国工发组织投资和技术促进办公室（中国·北京）项目北方区域协同中心落户郑州相关协议。12月，该中心在郑州航空港实验区挂牌，标志着河南省首个联合国机构正式落户郑州。参与第三届亚欧互联互通产业合作论坛视频会，会上与欧洲铁路交通联盟达成合作意向，共同推动泛亚欧铁路经济合作平台落地。

积极配合全省外事工作大局。年内，多次参与河南省“乌拉圭周”“河南—瑞士”专题活动、“河南—德国”产业合作对接会、“第四次工业革命与区域产业链合作”视频会、全省外事服务经济社会发展工作研讨会、中国（河南）—芬兰经贸研讨会等国际活动，借助平台深化合作层次、拓宽合作领域，促成实施中欧班列（郑州—芬兰赫尔辛基）首班开行等合作项目，提升了合作实效，实现了互利共赢。

积极参与全市重大涉外活动。认真做好了第四届全球跨境电商大会、2020年国际乒联巡回赛总决赛、2020年国家网络安全宣传周、2020数字经济峰会暨中原鲲鹏产业生态发展大会等重大涉外活动的筹备、重要外宾邀请、礼宾接待、翻译服务等外事保障工作，对外展示了郑州城市形象，服务经济社会发展。

积极服务涉外企业。征集全市各系统、各行业对外交流合作项目190项，经过认真梳理和分类分级，编印《郑州市2020年度涉外项目汇编》；以“一带一路”沿线国家为重点，收集整理全市192家涉外企业基础信息，完成涉外企业和项目入库，建立郑州外事服务企业微信群，为涉外企业开展国际合作提供服务和帮助。

3月8日，郑州市向韩国晋州市捐赠抗疫物资（市委外事办/供图）

【涉外管理与服务】 强化外事管理，营造良好涉外环境。积极与外国驻华使领馆互动，通报郑州新冠肺炎防控规定措施，展示“硬核郑州”形象，热情为驻华使领馆提供服务，争取认同和理解，服务国家整体外交大局，维护郑州良好形象。积极稳妥处理涉外事件。受疫情影响，全年涉外事件同比增加2.6倍，依法妥善处理涉外事件95起。积极开展海外领事保护工作。在全市范围内集中开展领事保护宣传月活动，通过现场咨询讲解、发放宣传资料、新媒体推介等形式，宣传海外领保知识、推介海外领保渠道，进一步增强市民和企业海外安全风险防范意识和能力。在做好领事保护宣传的基础上，协调解决河南东盈环资科技有限公司员工在尼日利亚病重治疗和回国等29起领事保护事件，切实维护在外郑州公民的合法权益。妥善做好境外媒体来郑采访的服务管理工作。为境外记者来郑采访活动提供了有效服务。强化境外安全机制建设，为妥善处理涉外事件提供抓手，为经济社会发展营造良好涉外环境。

践行外事为民，持续优化国际营商环境。按照市委市政府优化营商环境政策精神，大力推动“一件事”“一网通办”，减环节、减时间、减材料，推进外事业务全程电子化。积极参与城市大脑项目建设，主动与市大数据管理局沟通协调，将APEC商务旅行卡“网上办”、公共服务领域外语标识检索纠错系统等项目列入城市大脑第三期项目建设。高质量推进APEC商务旅行卡办理，进一步完善APEC商务旅行卡“网上办”工作平台，通过办官方网站、微信公众号、服务企业微信群等网络平台及时发布服务手册和“网上办”流程服务指南；实地走访河南纵横进出口贸易有限公司、郑州利维机械设备有限公司等企业，上门宣传推广APEC商务旅行卡“网上办”；全年共为企业通过“网上办”申报APEC商务旅行卡95张，大大提升企业办卡便捷性，降低人力成本和时间成本，为郑州市优化营商环境做出贡献。简化邀请外国人来郑程序，为助力复工复产，推进“疫情”背景下郑州市的对外开放，积极与省委外办、省科技厅、市科技局对接，采取先入境后办证的办法，让急需的境外人才尽快入境，参加复工复产；进一步简化邀请外国人来郑核实工作程序，将市委外办审核环节压缩至1个工作日，努力实现实时办结。

【对外宣传】 办好用好新媒体平台。常态化运维好市委外办官方网站和“郑州外事”官方微信公众号，及时做好信息发布。外事信息先后被省委外办以内部明电的形式刊载，被外交部“外事管理”官方微信公众号、省委外办网站和“河南外事”官方微信公众号多次推送，新华社、人民网、河南日报等新闻媒体多次刊发转载。9月，China Daily（中国日报）记者对郑州国际陆港公司进行专访，并在头版对郑欧班列进行专题报道，有效扩大了郑欧班列知名度。推动巩义市中英文黄河文化特别节目《黄河诗情》面向全球刊播，少林功夫和黄帝文化入选《中华源·河南故事》，加大国际话语权建设力度，提升郑州的国际知名度。

【参与国际治理】 2020年，郑州市先后参加了世界城地组织亚太区组织的地方政府抗击新冠肺炎疫情网络会议、“减缓新冠肺炎疫情对亚太区经济影响”网络视频会议和世界城地组织执行局视频会议、世界城地组织理事会视频会议、亚太区执行局会议以及亚太区《2021—2025年宣言》发展委员会视频会议、亚太区中国大陆会员城市疫情防控经验交流视频会议等十六次国际视频会议，交流、分享了郑州市疫情防控和复工复产经验和做法，参与世界城地组织亚太区

《2021—2025年宣言》的制定、审议，从郑州视角为后疫情时代亚太区发展建言献策。加强与世界智慧可持续城市组织联系。组织市发改委、市大数据管理局、郑东新区智慧岛建设办公室等部门负责人参加了中日韩智慧城市线上研讨会，与世界智慧可持续城市组织举行了双边视频交流会，了解了世界智慧城市建设情况，推介了郑州市智慧城市建设做法，受到世界智慧可持续城市组织的高度认可。

【国际友城与民间交流】 全市外事系统克服疫情的不利影响，积极推进与多米尼加圣地亚哥市、马来西亚槟岛市（乔治市）、乌拉圭米纳斯市、坦桑尼亚姆万扎市、匈牙利佩奇市、西班牙托莱多市、韩国光明市等国外城市友好交流，10月20日在河南省“乌拉圭周”期间，郑州市与乌拉圭米纳斯市通过视频签约方式，签署了建立友好城市关系意向书。截至目前，郑州市共有各类国际朋友43个，涵盖亚、欧、非、美五大洲及“一带一路”沿线国家。

（马高铖）

机构编制管理

【概况】 2020年，市委编办认真贯彻市委和市委编委决策部署，突出深化改革这一主线，以破解影响经济社会发展的体制机制障碍为方向，强措施，抓落实，“抽丝剥茧”推动各项改革向纵深发展；牢固树立规矩意识，坚持“严”字当头，“管”字着力，规范管理，科学管控，守住机构编制底线，最大限度地为开发区、区县（市）及市直各部门做好机构编制服务工作；以创建省级文明标兵单位为抓手，以党建工作为引领，不断加强机构编制部门自身建设，着力铸造勇担当、敢作为、重实干、懂规矩、讲纪律、守底线的机构编制干部队伍，机构编制各项工作都取得了新的成绩。

持续巩固深化“不忘初心、牢记使命”主题教育成果，推动理论学习常态化，党员干部综合素质明显提升；始终突出严的主基调，以高度的政治责任感积极配合市委巡察工作，接受了严格的“政治体检”。调查研究和信息宣传成果显著，荣获全省机构编制系统信息宣传先进单位。扎实开展驻村帮扶工作，通过传帮带抓好所驻荥阳皋寨村组织建设，支委党建工作得到明显提升；以项目为抓手，协调资金30万元改善村容村貌，完成村中心大街升级改造；筹措资金4万余元，在核心聚居区安装监控设施，打造平安村落。积极参与疫情防控工作，主动下沉社区、路口，排查人员，服务群众，树立了机构编制干部队伍良好形象。

【机构改革】 围绕健全完善机构职能体系改革目标，坚持问题导向，深入开展机构改革评估调研，及时研究解决部门在工作运行中遇到的新情况新问题，持续推进机构改革由“物理变化”向“化学融合”转变。完成公安管理体制改革。根据中央、省委关于加强新时代公安工作的意见及规范公安机关机构设置的要求，按照“一区一分局、一街道（乡镇）一派出所”的原则，撤销了原29个派出所（分局），对应市内五区、四个开发区行政区划和特殊区域，设置了市11个公安分局、103个户籍派出所、9个治安派出所。另外，根据中央、省里有关改革精神，调整理顺了森林公安机关管理体制，对相关机构进行了规范，省里下达的编制全部下放到区县（市）。完成规划管理体制改革。为构建权责清晰、科学高效的规划管理体制，在市内五区设立市自然资源和规划局分局，为区政府工作部门。同时，将市城乡规划五个服务中心对应划转至各区，由各区进行管理。及时解决区县（市）机构运行中遇到的新情况新问题。结合实际提对区县（市）的党政机构及其职能进行了调整规范，强化了商务部门的投资促进职能，为区县（市）商务局加挂投资促进局牌子；立足社会经济数据统计工作需求，将各区统计局单独设置；为促进全市体育事业发展，推动体育产业与文化产业相融合，将各区县（市）教育体育局承担的体育管理职责划入文化（广电）旅游局，并对机构名称作相应调整。扎实推进扩权强县改革，新郑市作为全省9个践行县域治理“三起来”示范县（市）之一，承接156项郑州市经济社会管理权限，形成了一些好的经验做法。

【事业单位改革】 稳步推进生产经营类事业单位改革。扎实开展调研，全面摸清24家生产经营类事业单位履行职能和人员编制配备情况；加强与省委编办沟通，准确把握改革政策，通过召开座谈会，宣传解读改革政策，营造了良好改革环境；研究拟订了《郑州市从事生产经营类事业单位改革实施方案》，并以市两办文件印发，积极筹办市分类推进事业单位改革工作领导小组会议，协调财政、人社、国资等部门出台相关配套政策；同步做好区县（市）改革的指导工作，及时帮助解决改革工作中遇到的问题。截至10月底，全市70家单位除黄河文化公园服务中心（黄河供水旅游公司）外，改革方案均已批复印发。基本完成全市生态环境领域垂直管理制度改革。在2019年年底完成区县（市）环保分局挂牌工作的基础上，会同组织、人社、财政、生态环境等部门积极推动人员编制调整工作，上收行政编制98名、机关工勤编制10名、事业编制438

名。持续优化事业单位登记管理服务。做好事业单位法人准入工作，推动公益服务主体多元化。推进“互联网+登记服务”，依法规范办理事业单位法人设立登记51家、变更登记218家、注销登记7家、补办证书7家，办理机关群团统一社会信用代码机关初领19家、变更12家、注销4家；按时完成2019年度事业单位法人年度报告公示，年度报告完成率、公示率均达到100%。积极配合推进全市信用体系建设工作，认真落实登记管理依法行政工作。

【重点领域体制改革】 全面完成生态环境保护、市场监管、农业、文化市场、交通运输等五大领域综合行政执法体制改革。根据中央和省委的指导意见和改革精神，将农业、文化市场、交通运输、生态环境执法层级设在市级，把原有的市区两级29支执法队伍整合为4支；将市场监管执法层级设在区级，把市市场监管局原有的8支执法队伍整合为1个执法稽查机构，收回、分流空余编制和人员114名，精简比例达到45%。在区县（市）探索推进“局队合一”综合执法体制，规范基层市场监管所设置，整合原工商质监所、食药监所，以乡（镇）街道为单元组建市场监管所，并规范为股级。通过改革，有效杜绝了多头执法、重复执法、执法扯皮等现象。推进公立医院改革。按照深化公立医院综合改革要求，经市委编委会研究批准，将市第八人民医院（市精神卫生中心）、市第一按摩医院、市嵩山医院（市老年病护理医院）、市侨光医院调整由市卫健委管理；将市第十人民医院整体并入郑州人民医院，核销市第十人民医院事业单位建制，我市医疗行业管理体制进一步理顺。另外，积极推动公立医院去行政化改革，取消市第六人民医院等6家医院规格。理顺义务教育阶段管理体制。深入贯彻省市教育大会精神，按照中央关于九年义务教育的要求，及时提出市属35所公办初级中学划转移交区级政府管理意见，将郑州市第三中学等18所独立设置的公办初级中学整体移交给区政府管理；将郑州市第二中学等17所公办完全中学分设为初级中学和高级中学，分设后的17所初级中学移交区级管理。同时，配合市政府办公厅组织召开协调会，3月上旬，所涉及的3620名事业编制、3306名在编教职工全部相应划转到各区，整个学校下放工作平稳有序。推进市市场监管局直属机构改革，对原市工商局6家直属行政机构进行了调整规范。整合规范我市土地储备机构。为加强土地储备工作的集中统一管理，将中原土地储备中心（河南惠济经济开发区土地储备中心）连人带编并入郑州市土地储备中心，撤销其事业单位建制；将市内五区土地储备机构统一规范为“郑州市土地储备中心XX分中心”，四个开发区土地储备机构名称规范为“郑州市XX土地储备中心”，统一核定机构规格相当于副科级，并印发了《郑州市土地储备中心机构编制方案》。

【开发区机构优化设置】 在充分调研、反复沟通、严密论证的基础上，提出航空港实验区、郑东新区、高新区、经开区党工委管委会机构设置意见，按程序审批后，对开发区机构设置进行了规范。经市委编委会研究并报请省委编办同意，及时调整郑东新区、经开区和高新区党工委、管委会领导职数，按程序在四个开发区设立纪检监察工委，统一机构名称、管理体制和机构设置，实现了对市管开发区所有行使公权力的公职人员监督全覆盖。助推核心板块建设，搭建中原科技城管理机构，为其调剂增加部分行政和事业编制。为进一步规范区县（市）各类经济功能区管理机构设置，对全市18家省批、11家市批、20家区县（市）自设的开发区（园区）进行了专题调研和全面梳理，会同市委改革办、市发改委联合起草了《关于加快推进县（市）产业园区体制机制改革指导意见》。

【机构编制刚性约束】 严格按权限审批机构编制。认真执行《中共郑州市委机构编制委员会工作规则》，对于市委领导批示、市直部门和区县（市）提出的机构编制事项，充分开展调研论证，全年提请召开编委会议4次，集中讨论机构编制事项31个，提请编委领导审签事项40个，按程序报请省委审批事项13个，按权限审批事项64个；严格执行归口管理政策要求，及时将按权限由市委编办审批事项的办理建议报请市委组织部主要领导审示，今年以来办理各单位机构编制请示事项60个。严格执行机构编制法律法规，认真组织学习《中国共产党机构编制工作条例》，继续推进机构编制法规政策进党校课堂，先后在荥阳、新密、登封等地组织开展3次教育培训，按照省委编办要求完成《副县级以上机关事业单位领导职数管理台账》统计、填报工作，对市信访局、市应急管理局、金水区政府等11家单位的主要领导开展了机构编制审计，及时对市委编委研究决定事项落实情况进行督促检查，认真查处省委编办、市纪委驻人大机关纪检监察组转办、反映的机构编制违规案件，维护了机构编制工作的严肃性。加强议事协调机构和市直单位中层领导职数的管理，办理了15个议事协调机构设立调整的初步审核，对55家市直机关配备中层干部进行了职数审核。

【机构编制实名制管理】 严格履行机关事业单位进人用编审核程序，先后办理教育、医疗卫生、综合执法等领域共计7187名人员编制调整手续；科学测算市公安局近三年减员数据，批复招录补充警力170名，缓解了我市警力不足的问题；强化服务意识，审核批复市县两级88家行政机关招录公务员用编477名、14家行政机关定向类选调生32名、市直131家事业单位公开招聘用编969名（其中人才引进招聘用编334名）、市教育局自主招聘用编380名。加强机构编制实名制数据库建设，做好全市机构编制年报统计工作，强化机构编制数据统计分析，适时做好动态更新维护，全年修改信息数据80多万条，做到了机构类型清、编制类型清、人员底数清、审批文件清，实现了系统数据与实有人员编制信息的一致，为机构编制各项工作提供了坚实的数据保障。持续加强机构编制信息化建设，抓好网络安全工作，做好有关部门网上名称管理工作，全年注册“.政务”和“.公益”中文域名5273个，申请党政机关和事业单位网站标识387个。

【机构编制资源优化配置】 坚持“瘦身”和“健身”相结合，加大重点领域的保障力度。积极服务黄河流域生态保护和高质量发展核心示范区起步区开发建设，构建了大博物馆体系，调整设置了郑州黄河文化公园、郑州黄河滩地公园等管理机构。立足市场监管领域综合执法改革实际需求，科学测算工作量，收回空余编制93名。坚持机构编制资源向基层倾斜，通过经营类事业单位改革、初级中学移交下放等事项，市本级向各区分流安置在编人员5960人，进一步加强了基层人员编制力量。

【服务保障中心工作】 加强我市重大疾病防控和突发公共卫生事件应急体系与队伍建设，明确市县两级疾控机构编制核定标准，将市健康教育所、市地方病放置服务中心、市市直机关医院整体并入市疾病预防中心，并为其调剂增加事业编制40名，市疾病预防中心编制由180名增长到300名，达到了规定比例。按照上级改革要求，按程序将市社会保险中心分设为市医疗保障中心和市社会保险中心。围绕“便民、高效、规范”的要求，积极推动不动产登记改革，优化不动产登记机构设置和职能配置，将市不动产抵押管理中心整体并入市不动产登记中心，重新拟定“三定”方案，进一步理顺了职责关系。

（朱亚浩　孙　雨）

老干部工作

【概况】 2020年，全市各级老干部工作部门深入学习贯彻习近平新时代中国特色社会主义思想和总书记关于老干部工作重要论述，认真贯彻落实全国离退休干部“双先”表彰大会、全国老干部局长会议精神和省委重点工作综合调研情况，紧紧围绕全市工作大局，在坚决做好疫情防控工作的同时，推进老干部工作理念思路、举措方法、制度机制创新，充分发挥老干部的积极作用，精准推进老干部服务管理，以老干部工作的高质量发展，为加快郑州国家中心城市建设、加快形成更高水平的高质量发展区域增长极作出新的贡献。截至2020年年底，全市共有离退休干部75764人，其中离休干部1666人，退休干部75547人；离退休干部党员40893名，离退休干部党工委1个，离退休干部党总支29个，离退休干部党支部656个，离退休干部和在职干部合建党支部597个。

市委老干部局坚决贯彻习近平总书记关于新冠疫情防控工作的重要讲话和指示精神以及市委总体部署，克服人员年龄结构偏大、女同志偏多、承担任务重等困难，全员上阵参与疫情防控，圆满完成44天14个社区卡口1266人次、1个高速路口执勤66人次的疫情防控任务，实现社区100%防控、工作人员零感染。《郑州市老干部局全力以赴抗疫情》情况被凤凰网和今日头条多家媒体刊发。

【离退休干部思想政治建设】 2020年，全市充分发挥党组织凝聚力、号召力，引导老干部紧跟国际国内新形势、坚决拥护重大决策部署，切实把思想和行动统一到全面建设社会主义现代化国家的新征程上来。政治信念更加坚定。市委老干部局始终坚持把学习宣传贯彻习近平新时代中国特色社会主义思想作为首要政治任务，引导广大离退休干部不断增强“四个意识”、坚定“四个自信”、做到“两个维护”。举办离退休干部党支部书记培训班，重点学习十九届五中全会精神和《中国共产党支部条例》等内容，实地参观圆方非公党建学院和管城区非物质文化遗产馆等，并将培训内容拍摄剪辑成党建视频，利用市县乡三级“绿城银锋”党支部云平台向全市离退休干部传播，引导广大离退休干部更加坚定听党话、跟党走。

【离退休干部组织建设】 2020年，老干部工作理念更加凸显。贯穿一个理念抓党建，促进专项行动。“四个带动”（即在职党组织带动离退休党组织、离退休党组织带动离退休干部党员、离退休干部党员带动离退休干部、离退休干部带动社会老人）发挥正能量，服务全社会行动，并不断得到深化和凸显。巩义市离退休干部党工委坚持“一方隶属、多方管理”，主动融入社区党建。新郑市新华街道离退休干部党支部立足基层，心系群众，13名党员坚持记好“民情日记”，树立“新华楷模”，在群众中起到了良好示范带动作用。组织形式得到创新。针对疫情防控常态化，变线下为线上，变集中为分散，运用信息化手段，开展“云党建”。创立“网上支部”，在市、县（区）和基层支部建立了“绿城银锋”三级党建微信群，为老同志及时学习、缴纳党费、开展活动提供便利；开展“网上党课”，把中央和省、市委重大决策部署搬到网上，实现“停课不停学”；过“网上政治生日”，在微信群每月集中为老干部过政治生日，表达祝福，不忘党员身份；开展“网上捐款”，缴纳特殊党费，全市3万多名老干部为抗击疫情捐款210余万元；组织“网上活动”，疫情期间，市委老干部局向全市离退休干部发出共抗疫情的《倡议书》，引导离退休干部居家学习、居家活动、居家发挥作用，并把疫情中全市老同志助力疫情防控的事迹汇录编印成《我的抗疫故事》一书，全国老干部先进集体市郑州老年诗词研究会，从大年初一开始，仅用20天时间就创作抗疫诗词500首，并出版发行诗集，激发人们战胜疫情的信心。中组部微信公众号以《河南郑州离退休干部积极投身抗疫斗争》为题登载郑州市做法。党组织建设更加规范。在全市离退休干部党组织和党员中开展“创五好、争两先”活动，向省委老干部局推荐示范离退休干部党支部29个。开展离退休干部党建创新案例评选活动，在上报的51个创新案例中择优向省委老干部局推荐46个。坚持标准，严格把关，做好全省、全市离退休干部“双先”推荐评选工作，向省局推荐郑州市公安局老干部党支部等6个全省离退休干部先进集体和张立兴等19个全省离退休干部先进个人；评选出中原区汝河路街道办事处机关离退休干部党支部等52个全市离退休干部先进集体，朱增昌等100名全市离退休干部先进个人。

11月23日，郑州市离退休干部党支部书记培训班在郑州圆方非公党建学院举办（市委老干部局/供图）

【离退休干部优势作用发挥】 2020年，省委组织部、省委老干部局在全省离退休干部中开展“我为河山赋能助力”专项行动的《通知》下发后，全市各级老干部工作部门迅速响应、精心谋划、创新载体、组织推进，凝聚起全市7万多名离退休干部的强大正能量，在“我为河山赋能助力”专项行动中走在前、当表率，努力书写专项行动高质量推进的郑州答卷。突出地方特色谋划。在全市老干部工作系统集中研讨，确立了“一年起步、两年提升、长期抓好、形成常态”的工作思路，一年一重点，分步骤分阶段推进专项行动，确保专项行动的持续性、针对性和有效性。2020年的工作重点确定为“一引领三助力”（“以党建为引领，助力疫情防控、助力脱贫攻坚、助力弘扬黄河文化”）。榜样引领示范先行。发挥老领导德高望重、率先垂范的作用，激励更多老干部投身专项行动。老市长陈义初奔波全国各地，为黄河生态保护区建设招商引资。老市长朱天宝带领老同志，多次到上街、荥阳开展古村落调研，帮助当地整理历史文献、保护历史文物。原常务副市长张立兴担任市反邪教协会理事长，带领老干部建设基层反邪教协会，与人民群众共建平安社区。原副市长房健担任市节能减排促进会会长，带头宣传践行“绿水青山就是金山银山”理念。全国离退休干部先进个人、管城区原政协副主席武玉江回到家乡组建“老兵之家”，带领1236名退伍老兵开展河道清淤、环境治理，助力该乡获得“全国最美村镇”治理有效奖；开设“争做优秀退役军人大讲堂”，带领老兵们走机关、进学校，宣讲战斗感人故事，传承红色基因。创建党建品牌牵动。大力培育、支持和发展离退休干部志愿服务品牌项目，坚持“一支部一特色、一单位一品牌”，采取“党支部+服务队”的形式，以党建工作引领专项行动开展，积极引导全市广大离退休干部参与到为黄河流域生态保护和高质量发展、民生保障和改善、文化建设等赋能助力

10月20日，“出彩郑州”离退休干部志愿服务队授旗仪式举行
（市委老干部局/供图）

的行动中来。2020年10月，全市首批成立了25支“出彩郑州”老干部志愿服务队，广大离退休干部志愿者发挥特长和兴趣，助力中原出彩。上街区的“五老十团”以“葆本色、添新彩”为载体，组织老同志在文明创建、社区治理等十多个领域赋能助力。阶段性成效初显。活动开展以来，全市广大老干部围绕市委、市政府和本单位中心工作，同向发力、精准发力，热情高、效果好。全市开展“读懂河山”1000余场（含网上）；“感受河山”230多次；“畅谈河山”620多次；“点亮河山”作品5000多件、演出、比赛86场；3100多名老同志参与保护环境，1300多名老同志投入脱贫攻坚，1200多名老同志参与基层创建、治理，以实际行动“添彩河山”。

【离退休干部服务管理】2020年，创新思路，强化措施，规范制度机制，破解难点堵点，以规范化管理、精细化服务不断完善离退休干部服务管理。“一二三四”工作法确保老同志生命健康安全。疫情发生以来，市委老干部局始终把老干部的生命安全和身体健康放在第一位，提出抓好“一清（清查离郑人员）、二停（暂停活动中心场馆开放、暂停老干部大学集中学习）、三到（所有人员教育到、所有老干部家庭走访联系到、局所有场所检查消杀到）、四宣传（郑州老干部局网站、离退休干部微信群、老干部活动中心公众号、老干部大学公众号）要求，随时沟通、主动服务，帮助解决困难和问题。2020年，全市7万多名离退休干部未发现一起确诊病例。健全服务体系、拓宽服务内容，认真落实政治、生活待遇。认真落实参会待遇。组织老干部参加了全市干部考核会议、省委巡视组会议等重要会议，将市第十五届人大会第三次会议的相关资料送到老同志家中。持续开展“看郑州”活动。10月，组织我市离退休干部50余人实地查看我市“双改”推进情况，现场感受“三项工程、一项管理”推进成效。个性化开展健康体检。经过多方沟通协调，离退休干部健康检查采取“双选”模式，自主选择适合自己的医院和项目；开辟“绿色通道”，可延长体检时间、个性化调整项目；结果实现“手机查询”，传统服务模式与智能化服务创新并行，大大提高了老同志的满意度。圆满完成3438名老干部体检工作。四是规范企业离休干部服务管理。全年共完成40余份破产企业人事档案接收工作，为10位老同志及时办理了增加护理费标准。用好困难帮扶机制确保老干部难时有人帮、病时有人管。审核完成了2020年36家市直单位的515份申报材料，为符合要求的405名特困离退休干部发放帮扶资金1198300元。

【老干部学习活动阵地建设】响应老同志的新期盼新需求，大力推进学习、活动场所建设，不断提升内涵品质，坚持党建引领、发挥政治效能，高质量推进与国家中心城市定位相匹配的老干部学习、活动阵地建设。基础设施大力推进。为更好满足老干部急剧增长的学习、活动场地需求，争取早日建成郑州市老干部活动中心二期工程，市委老干部局克服大气污染管控等困难，积极协调、大力推进项目建设。2020年，基坑支护工程、桩基工程、土方工程、地基基础垫层完成100%，地下室防水工程、基础底板工程、地下车库完成70%，裙楼地下工程完成50%，在保证工程质量、安全的前提下，确保2022年1月31日通过工程竣工验收。内涵品质加速提升。市委老干部局以更好满足老同志更高层次、更多样化的精神文化需求为出发点，注重学习阵地的内涵和品质提升。拓展授课平台，通过郑州市老干部大学微信公众号开设网络课堂，学员可在线享受120多门课程；开展名师课堂，与省广播电视台合作录制教学课程，录制古筝、书法、太极、茶艺、彩铅等课程共100多个课时，通过《我们正青春》栏目免费向全省老同志播放；提升课程质量，教师利用QQ群、钉钉群、微信群等云平台线上教学，专业课程图文并茂、形象生动，受到老同志的好评。政治效能切实发挥。市委老干部局坚持以党建为引领，注重发挥老干部学习、活动阵地的政治效能。市老干部活动中心坚持“以党建引领活动、以活动促进党建”，将党建贯彻到组织老干部活动的全过程，组织老同志在居家防疫的同时，精心编排文艺节目，以线上网络视频的形式隆重举行“牢记初心使命、争当出彩先锋”主题文艺演出庆祝建党99周年。市老干部大学坚持“政治建校”，“一引领三助力”活动开展后，在党支部的带领下，学员制作大型MV《选择黄河》，视频被学习强国平台登载。

（王　卡　刘斐斐）

机关党建

【深化理论武装】郑州市机关党建工作中持续推进“两学一做”学习教育常态化制度化。先后编发《习近平重要讲话汇编》等学习资料1万余册，购买发放《习近平谈治国理政》等书籍5000余册，满足党员干部理论学习需要。市委办公厅、市政协办公厅、市委宣传部、市委统战部等单位持续开展大学习、大教育，在推动习近平新时代中国特色社会主义思想往心里走、深里去、实里落上走在前、做示范。严格落实意识形态责任制。发挥市直机关工委微信公众号、党内刊物、培训班等阵地、渠道教育功能，发布微信公众号信息1300余篇，向市直机关发放《新时代意识形态工作读本》2700本，将意识形态内容纳入各类培训课程，教育引导党员干部明辨是非、坚定立场。注重主题活动引导。通过“守初心 担使命 当先锋”文艺作品征集活动、庆祝建党99周年文艺节目分享会等方法载体，“先锋论坛”“学习强国挑战赛”等成熟品牌，提升党员干部永葆初心的自觉、担当使命的本领、争当先锋的动力。

【服务重点工作】围绕党建引领营商环境优化行动、“三项工程、一项管理”等重点任务，依托“双报到”等工作机制，配套采取开设专栏、推送党建引领优化营商环境宣传片等具体措施，把党建引领融入到重点工作全过程、各方面。扎实开展精神文明建设和群团工作。着眼文明素养提升，深入开展市直机关党员志愿服务活动，持续抓好专项整治行动，全年共通报不文明交通行为

210人次，每月通报人数由最初的100余人次降为目前的个位数；着眼工作品牌打造，持续扩大“我们在一起”精神文明建设主题实践和“四季有你”系列文体活动品牌影响力，充分发挥精神文明建设示范引领效应和群团工作凝心聚力作用。深入推进“双报到”工作。组织召开“双报到”工作观摩推进会，推动机关党建进一步融入区域化党建大平台，机关资源进一步向基层倾斜，有效提升基层治理能力和水平。市体育局、市住房保障局、市房地产市场和产权交易管理中心等单位围绕群众“急难愁盼”问题开展服务，“双报到”工作社会效果好。

【机关党组织建设】 有力推进模范机关创建。印发《坚持“五个带头”创建模范机关的实施方案》，明确年度模范机关创建的五个目标任务 17项指标，围绕推进模范机关创建、落实机关党建重点工作情况对85家市直机关单位进行了普遍调研督导，进一步传导创建模范机关压力责任。不断健全机关党组织。指导19家单位完成换届选举，任免机关党组织负责人91人，激发党组织活力，完善党组织功能。持续抓实党支部建设。对照《中国共产党支部工作条例（试行）》，组织市直机关党支部全面“过筛子”，通过评星定级、整顿后进，推动各级党组织工作重心向党支部转移。市资源规划局、市税务局等单位扎实推进支部评星定级、党员积分化管理，支部组织力明显提升，机关党建服务保障中心作用明显增强。从严加强党员教育管理。持续推进“万名党员进党校”和基层党支部书记轮训工作，组织各类培训11期796人，带动市直各单位轮训支部书记4159人次，党员36652人次，其他党务干部4170人次，实现培训工作全覆盖；做好困难帮扶工作，全年共对市直单位2254名生活困难党员、19名因公去世党员家庭进行走访慰问。

【机关作风建设】 开展市直机关干部基本情况及2019年处分决定执行情况调研，摸清存在问题，督促各单位及时整改。科学运用监督执纪“四种形态”。开展明察暗访活动，对发现的18个问题，下发整改书8份，注重抓早抓小；对严重违规违纪的人员，严肃处理，给予45人次党纪政务处分建议，把规矩树起来、严起来。市财政局、市城建局等单位持续开展作风大检查、大整顿活动，党员干部精神状态显著提振，干事创业氛围更加浓厚。加强纪检干部队伍建设。组织57名市直机关纪检干部参加业务提升培训，提高机关纪检干部队伍履职能。

【新冠肺炎疫情防控】 强化政治担当。面对突如其来的疫情，坚决扛起扛牢政治责任，迅速建立联动工作机制，第一时间成立防控工作领导小组和工作专班。科学统筹安排。建立分包联系街道机制，组织市直机关党员干部下沉到街道、社区，79家市直单位，15735名党员干部，17万余人次先后到楼院、社区卡口、高速路口参与防疫工作，把一线当战线、把岗位当战位，带领广大群众一起筑就坚固防线。督促推进落实。成立专项督导组，加强检查指导，推动机关党员干部在战位上充分发挥作用；会同市委组织部成立宣传报道组，报道先进典型和感人事迹，坚定打赢疫情防控阻击战的信心和决心。有力保障一线。从本级党费中划拨270万元专项资金，慰问战斗在疫情防控斗争一线的医务工作者和基层党员、干部，为下沉人员配发口罩11万余只，为机关广大党员干部英勇抗疫鼓劲加力、保驾护航。

（宋学新）

党史研究

【概况】 2020年，郑州市党史研究工作坚持以习近平新时代中国特色社会主义思想为指导，以服务市委中心工作为根本出发点，以做好新时代党史工作为基本立足点，以党史研究、征集、编纂为中心，以党史知识普及、红色基因传承为重点，充分发挥党史资政育人职能。加强党史干部队伍建设，8—10月，市委党史研究室成立课题组，重点围绕“新时代加强党史干部队伍建设问题”开展调研活动，解析党史干部队伍建设的焦点、难点，探求创新干部队伍建设工作模式的新思路。12月1日，组织开展党的十九届五中全会精神学习培训暨2020年郑州党史工作推进会，统一干部思想，凝聚干事力量。

牢固树立全心全意为人民服务的宗旨，高度重视扶贫工作开展。坚持定期召开脱贫攻坚专题室务会和听取驻村工作队情况汇报，统一思想认识，掌握底数实情，凝聚力量共识，不断增强领导班子和党员干部的使命感和责任感。持续加强艾草种植经营和光伏发电项目管理，积极扶持名扬合作社项目，不断增加村民收益。根据扶贫政策规定，及时更新完善建档立卡户信息，积极协调办理和发放低保、教育补贴和残疾人困难补贴等惠民政策福利，巩固脱贫成果。此外，积极联系新郑市第二人民医院的专家及医务人员，将服务窗口前移，深入到岳口村为建档立卡户进行集中体检和医学鉴定；在全村范围内积极开展以“防疫有我，爱卫同行”为主题的“爱国卫生月”活动，营造疫情防控常态化氛围；结合贫困户家庭实际，通过安置卫生打扫、垃圾清运等公益性岗位，协助解决贫困家庭劳动力就业问题。

【党史资料征集和编纂】 完成《中国共产党郑州历史》（第二卷）的资料征集编纂审定和印刷出版等工作。同时，根据中央、省党史部门精神，全面启动《中国共产党郑州历史》（第三卷）资料征编工作。完成2019年度《郑州党史大事年编》、《市委书记马懿工作大事记》（1—6月）、《市委书记徐立毅工作大事记》（6—12月）和《市长王新伟工作大事记》等4本书的出版、发放、存档工作。完成《郑州党史大事年编》《市委书记徐立毅工作大事记》和《市长王新伟工作大事记》等3本书稿2020年1—10月份资料的收集、汇总、整理工作。

【党史宣传教育】 做好党史内部刊物《郑州党史纵览》的出版发行工作，不断提升党史文化品质层次。2020年度，共完成4期4800余册《郑州党史纵览》的组稿出版发放工作。根据市委党建办《关于庆祝建党99周年开展“党建活动月”的通知》要求，6月16日拟制并印发了《关于组织开展“讲好‘四个故事’、传承红色基因”专题教育活动的通知》。各县（市）区党史部门高度重视、周密部署、严密组织，积极对接宣传、教育、文化旅游等部门，在做好新冠肺炎疫情常态化防控工作的基础上，在全市范围内扎实组织开展了“讲好‘四个故事’、根植红色基因”专题教育活动。活动期间，金水区、中原区和新密市等12个县（市）区能够以中小学生为重点，结合自身区域特点，创新方式方法，采取理论灌输与参观见学相结合的形式，扎实组织开展了专题教育活动。全市共有100余所中小学，5万余人次积极参与此次专题教育活动，实际成效显著。

（杨　波）

党校工作

【概况】 2020年，市委党校认真贯彻落实习近平新时代中国特色社会主义思想和党的十九大及十九届二中、三中、四中、五中全会精神，围绕郑州建设现代化国家中心城市目标，充分发挥了干部培训、思想引领、理论建设、决策咨询作用。

做好新冠肺炎疫情防控工作。通过健全组织、分级负责、强化安检、大力宣传、制定制度等举措，全力做好本校疫情防控工作。在此基础上，按时保质完成市委市政府交办的疫情防控任务。全力做好援鄂返郑医疗人员、回国人员、中高风险地区人员休养观察工作。3月17日至4月6日，共接待医护人员、记者、厨师等190名，做到了市委市政府要求的“双零一满意”。6月11日至8月20日，接待了印

9月16日，市委党校举行2020年秋季学期开学典礼（市委党校/供图）

度、英国、塞内加尔、缅甸和匈牙利等国归国人员和北京中高风险地区人员1200多名。

加强学员管理。全面落实“三会一课”制度，做到学员时刻在组织、时刻受教育；实行“双百分”考核；强化制度刚性约束，实施封闭化管理，确保校风风清气正。

落实意识形态工作责任制。成立意识形态工作领导小组，明确职责任务，形成常务副校长负总责、相关部门密切配合齐抓共管的局面，进一步把意识形态工作细化、量化、具体化。坚持“四个纳入”，即把意识形态工作纳入全校重要议事日程，纳入党的建设重要内容，纳入党建工作责任制，纳入领导班子、领导干部目标管理。强化制度建设。作为市委意识形态联席会议成员单位，落实每季度联席会议、分析研判、负面清单专题报告等制度，履行成员单位职责。管好宣传、课堂、科研、宣讲和学员管理阵地。

做好统一战线工作。深入区县（市）、企业等，深入宣讲习近平新时代中国特色社会主义思想、习近平有关统一战线工作论述、《中国共产党统一战线工作条例》等。加强统战培训，全年共举办郑州市党外干部培训班、宗教界代表人士培训班、统战政策等培训班8个，培训学员280人。强化宣传教育。将统战宣传纳入宣传工作年度计划，利用党校官方微博、信息公开栏、微信群广泛宣传习近平关于统一战线的新思想、新论断，统战理论、方针、政策和法律法规等，做好统一战线工作研究，发表统一战线方面的文章10余篇。其中，完成河南省社会主义学院课题1项。

加快信息化建设，提高信息资源服务质量。积极推进校园文化建设和校园环境升级改造。扎实做好精神文明、平安建设、机要保密和驻村工作。

【干部教育培训】上半年，由于疫情防控原因，市委党校没有举办各类培训班次。通过组织2020年春季集体备课会、2020年春季“微党课”试讲等活动，将郑州市落实黄河流域生态保护和高质量发展战略、新时代爱国主义教育、十九届五中全会精神等内容纳入主体班课程体系。严格按照规定进行教学布局，突出党的理论教育和党性教育的主业主课地位、突出围绕市委市政府中心工作，不断改进教学方式、丰富教学方法、升级教学设施、强化业务培训和人才引进、开放党校讲坛，市委班子成员带头讲、劳动英模示范讲、外聘专家深入讲，教学水平持续提升。下半年完成全年的培训任务量，各类主体班次共培训学员1150人。其中，习近平新时代中国特色社会主义思想县处级干部研修班6个班次180人、科级干部研修班6个班次180人、第62期中青年干部培训班4个班次120人、第63期中青年干部培训班2个班次100人、公务员任职培训班9个班次260人、全市统一战线培训班6个班次180人、2018—2020年度录用省选调生递进培训班130人。社会培训班次培训各级各类党员干部2100人。

【科研工作】坚持科研咨政基础地位，发挥服务大局作用。围绕疫情防控进行理论宣传。疫情爆发后，组织教师撰写理论宣传文章5篇，传递党的好声音，凝聚社会正能量。以课题为枢纽，促科研整体推进。组织申报国家哲学社会科学基金项目6项，省部级课题16项（河南省哲学社会科学规划项目8项、省规划决策咨询项目4项、省规划专项课题1项、省科技厅软科学项目3项），市厅级课题80项（省社科联年度课题23项、郑州市调研课题26项、郑州市委党校调研课题31项）。中标省部级课题4项（省规划2项、省科技厅软科学项目2项），市厅级课题立项54项（省社科联课题10项、郑州市调研课题19项、市委党校调研课题25项）。主持完成国家社科基金项目1项，省部级课题6项（河南省社科规划项目1项、河南省政府决策研究招标课题5项），市厅级课题项83项（省委党校课题7项、团省委研究课题10项、省社科联课题13项、郑州市委党校教研一体化结项8项、郑州市委党校年度课题结项24项、郑州市调研课题21项）。公开发表学术论文120篇，其中各类核心期刊发表20篇。公开出版学术著作两部，公开出版调研报告集两部。获得各类科研奖26项，其中，一等奖6项、二等奖16项、三等奖4项。针对郑州市“十四五”规划，成立课题研究小组，对黄河流域生态保护和高质量发展核心示范区、城市有机更新、科技创新、文化旅游、社会治理等课题深入研究。

【分校管理指导】加强分校指导，提升分校办学能力。在积极推进班次设置、教学计划、教学内容、教学研讨、师资调配、教学评估、教学“六统筹”的基础上，组织分校教师参加河南大学业务培训，提升教学技能。深入12个分校进行充分调研，评选先进分校，打造系统、合力、顺畅的郑州市党校系统党员干部培训大平台。

（杨小明）

郑州市人民代表大会

综 述

【概况】2020年，郑州市人大坚持以习近平新时代中国特色社会主义思想为指导，深入学习贯彻习近平总书记关于河南、郑州的重要讲话指示精神，坚持党的领导、人民当家作主、依法治国有机统一，以高质量的履职实效助推改革发展，以有力有效的服务保障激发代表履职活力，以奋斗的姿态不断丰富人大工作的郑州实践，各项工作取得了新进展、新成效。坚持党的全面领导，把牢人大工作正确政治方向。自觉把坚持党的领导落实到人大工作全过程各方面，增强“四个意识”，坚定“四个自信”，做到“两个维护”。强化思想理论武装。始终以政治建设为统领，坚持把学习贯彻习近平新时代中国特色社会主义思想作为首要政治任务，建立全覆盖、常态化学习机制，坚持常委会集体学、人大代表履职学、机关干部日常学。落实“第一议题”学习制度，及时跟进学习习近平总书记最新讲话指示精神，把习近平法治思想、习近平总书记关于坚持和完善人民代表大会制度的重要思想、关于地方人大及其常委会工作重要指示精神等联系起来学习、贯通起来理解，在学懂弄通做实上下功夫，进一步筑牢维护党中央权威和集中统一领导的思想根基，增强坚持和完善人民代表大会制度的责任感和使命感。自觉坚持党的全面领导。始终坚持、紧紧依靠市委领导开展工作，严格执行重大事项请示报告制度，市人大常委会党组向市委请示报告28次；依法作出9项决议决定，确保党的主张通过法定程序成为国家意志；依法任免地方国家机关工作人员122人次，确保党组织推荐的人选通过法定程序成为国家政权机关的领导人员。深入学习贯彻市委十一届十二次全会精神，立足人大职能，研究出台36项改革创新举措。全面落实市委人大工作会议精神，确定35项重点工作、23项调研课题，确保各项部署不折不扣落实。

【疫情防控和复工复产】助推常态化疫情防控和复工复产。紧盯统筹推进疫情防控和经济社会发展，积极担当作为，落实关于依法全力做好新冠肺炎疫情防控工作的决定，检查野生动物保护“一法一决定”实施情况，督促严厉打击非法野生动物交易，革除滥食野生动物陋习，切实保障人民群众生命健康安全。听取审议便民就医工作报告，加强对基层传染病防控、智慧医疗、社区卫生服务中心建设等工作的监督。落实市委部署，主任会议成员扎实开展“三送一强”活动，深入企业督导调研，推动解决相关问题；督导机场入境人员疫情防控工作，守牢国门战“疫”防线。全市各级人大代表积极响应市人大关于参与疫情防控和厉行勤俭节约、反对餐饮浪费的倡议，投身抗疫一线，踊跃捐资捐物，助力复工复产，带头厉行节约反对浪费，以实际行动践行代表人民、为了人民、服务人民的光荣使命。

【人大法治建设】坚持立良法保善治，强化市域社会治理法治保障。深入学习贯彻习近平法治思想，全面推进科学立法、严格执法、公正司法和全民守法，以良法善治推进市域治理体系和治理能力现代化。坚定维护宪法尊严和权威。深入开展“国家宪法日”活动，全市各级人大和人大代表积极开展宪法宣传教育活动，大力弘扬宪法精神，推动宪法走入群众、深入人心。严格落实宪法宣誓制度，依法组织46名国家机关工作人员宪法宣誓，增强国家公职人员的宪法意识和法治观念。检查“七五”普法决议实施情况，营造全社会尊法学法守法用法的良好法治环境。依法做好规范性文件备案审查和法规清理工作，对31件规范性文件进行备案审查，对涉及生态环境保护、优化营商环境和食品药品安全监管等地方性法规进行自查和清理，打包修改地方性法规18件、废止4件，维护了国家法制统一。加强城市建设和管理立法，制定《郑州市房屋使用安全管理条例》《郑州市城市公共汽车客运条例》。创新立法工作机制。建立基层立法联系点制度和立法工作专班制度、重要法规新闻发布会制度。强化司法工作监督。连续三年听取审议扫黑除恶专项斗争工作报告，督促有关部门建立健全长效机制，推动扫黑除恶专项斗争工作常态化制度化。对民事执行工作进行评议，督促市法院不断完善执行工作机制，全力破解执行难题。支持检察机关全面履行法律监督职责，作出关于加强检察建议工作的决议，切实维护检察建议权威，促进司法公正和依法行政。

【人大代表工作】坚持代表主体地位，支持和保障人大代表依法履职。充分尊重代表主体地位，不断创新举措、完善机制、拓展平台，代表工作活力持续增强，代表作用得到有效发挥。突出抓好代表联络站建设。深入推进代表联络站规范化建设，开展星级代表联络站创建活动，把代表联络站打造成为社情民意“直通站”、社会治理“加油站”。全市已建成标准化联络站803个，实现乡镇、街道全覆盖，13个被评为全省优秀星级代表联络站。扎实推动厅级领导干部代表进站开展联系人民群众主题活动，31名厅级领导干部代表率先垂范，带动五级人大代表进站听取群众意见建议，帮助解决困难问题。增强议案建议办理实效。坚持把代表议案建议作为确定立法监督项目、推动改进工作的重要依据。市十五届人大三次会议主席团交办的7件议案全部办理完毕，其中关于城市公共交通、公共场所禁烟、数字化城市管理、家庭教育等4件法规案已经完成立法工作或纳入立法计划；对城市供水管理、基本医疗卫生与健康促进、仰韶文化遗址保护等3件监督案已经落实并持续跟踪监督。办理代表建议既重过程更重结果，通过网上交办全程公开、主任接待代表日现场督办、重点建议督办等方式，推进代表建议办理落实。代表在大会期间提出的352件建议和闭会期间提出的57件建议，已全部办理完毕并答复代表，有力促进相关工作开展。丰富闭会期间代表活动。扎实开展“助力乡村振兴，人大代表在行动”主题实践活动，引导各级人大代表积极投身脱贫攻坚和乡村振兴主战场，为全市打赢脱贫攻坚战注入人大力量。坚持代表列席常委会会议制度，组织4次48名代表参加座谈会。围绕黄河战略实施、“三项工程一项管理”、行风政风评议、营商环境评价等工作，组织各级人大代表开展履职活动，不断拓展代表参与的广度和深度。

【人大自身建设】坚持强化自身建设，提升依法履职能力。准确把握新时代人大工作特点和规律，按照“政治过硬、本领高强”的要求，不断夯实履职基础，提升履职水平。省人大常委会领导对郑州市立法专班、预算联网监督等多项工作充分肯定、批示推广。突出政治统领。坚持把政治建设摆在首位，不断强化政治担当，切实发挥把方向、管大局、保落实重要作用，认真履行全面从严治党主体责任。加强机关党的建设，严肃党内政治生活，深入抓好党风廉政建设，高度重视意识形态工作，支持市纪委监委派驻纪检监察工作。强化能力提升。坚持专题讲座常态化，围绕学习习近平谈治国理政、贯彻实施民法典、构建“双循环”发展新格局等主题，举办4次专题讲座，组织常委会组成人员、人大代表、机关干部履职培训458人次。加快全市人大信息化建设，建立代表履职、备案审查等智慧人大信息平台，人大工作信息化水平不断提升。深化机关精神文明建设，成功创建第六届全国文明单位。加强制度保障。

8月20日，人大代表中的领导干部进代表联络站开展联系人民群众主题活动暨星级代表联络站创建工作专题会议举行（市人大常委会/供图）

拓宽社会各方有序参与立法的途径和方式，制定立法调研工作制度和基层立法联系点工作规则，推进科学立法、民主立法。密切与代表的联系，制定预算审查联系代表、专门委员会和常委会工作机构联系代表、列席常委会会议代表座谈会等工作办法，用制度服务保障代表依法履职。出台加强闭会期间代表建议办理及督办工作实施意见，规范办理程序，增强办理实效。建立讨论决定重大事项清单制度，确定42个“一府一委两院”依法应向人大常委会报告的重大事项，保障重大事项决定权有效行使。注重探索创新。保证人民当家作主是人民代表大会制度的本质要求。把民生实事项目人大代表票决制作为做实决定工作、做深监督工作、做活代表工作的重要举措，指导巩义市、新密市、金水区圆满完成试点工作，推动12个区县（市）全面实施。街道居民议事制度是加强和创新社会治理，完善基层民主制度，扩大人民有序参与的有益探索，积极支持和指导金水区做好试点工作，为推动郑州市基层治理体系和治理能力现代化探索经验。

（常红敏）

重要会议

【人大全会】 5月14—15日，市十五届人大三次会议举行。14日上午，郑州市第十五届人民代表大会第三次会议在省人民会堂开幕。大会由省委常委、市委书记、主席团常务主席徐立毅主持。大会应出席代表553人，出席533人，出席人数符合法定人数。会议听取了副省长、市长王新伟所作的郑州市人民政府工作报告，市人大常委会主任胡荃所作市人大常委会工作报告，市中级人民法院院长李志增所作市中级人民法院工作报告，市人民检察院检察长刘海奎所作市人民检察院工作报告。政府工作报告共分三个部分：（一）2019年工作回顾。（二）2020年工作总体要求和主要预期目标。（三）2020年重点工作。王新伟在报告时表示，过去的一年，全市上下在省委、省政府和市委坚强领导下，始终沿着习近平总书记指引的方向砥砺前行，坚定扛起“三个在”和“龙头高高扬起来”的职责使命，交出了一份经济社会高质量发展的时代答卷。2020年政府工作的总体要求是：坚持以习近平新时代中国特色社会主义思想为指导，坚决贯彻党的基本理论、基本路线、基本方略，深入贯彻习近平总书记系列重要讲话特别是关于河南和郑州重要讲话、指示批示精神，增强“四个意识”、坚定“四个自信”、做到“两个维护”，按照党中央国务院、省委省政府统筹推进疫情防控和经济社会发展的各项决策部署和市委要求，树牢新发展理念和以人民为中心的发展思想，坚持稳中求进工作总基调，以供给侧结构性改革为主线，以改革开放为动力，把牢“一个方向”，做到“三个坚持”，突出“五个更加注重”，做好“六稳”工作，落实“六保”任务，抢抓机遇、做强优势、补齐短板，扎实推进稳增长、促改革、调结构、惠民生、防风险、保稳定，保持经济持续健康发展，确保全面建成小康社会和“十三五”规划圆满收官，让人民群众有更多获得感、幸福感、安全感，为推进中原更加出彩、中部地区崛起、黄河流域生态保护和高质量发展作出更大贡献。2020年重点抓好十个方面工作：（一）统筹推进疫情防控与经济平稳健康发展。（二）高质量构建现代产业体系。（三）高水平扩大对外开放。（四）高品质推进城市建设和管理。（五）深入实施黄河流域生态保护和高质量发展战略。（六）坚决打好打赢“三大攻坚战”。（七）纵深推进改革优化营商环境。（八）大力实施乡村振兴战略。（九）切实保障和改善民生。（十）全面提升政府治理效能。大会还审查了关于郑州市2019年国民经济和社会发展计划执行情况与2020年计划草案的报告，审查了郑州市2019年预算执行情况和2020年预算草案的报告；表决通过了有关人员辞去有关职务请求的决定和大会选举办法。

5月15日下午，郑州市第十五届人民代表大会第三次会议举行第二次全体会议。在完成大会预定的各项议程后，市十五届人大三次会议闭幕。会议选举宋书杰、蔦铁群当选市十五届人大常委会副主任，石玉、李金勇、周铭、徐军当选市十五届人大常委会委员。会议依次表决通过了关于郑州市人民政府工作报告的决议、关于郑州市2019年国民经济和社会发展计划执行情况与2020年国民经济和社会发展计划的决议、关于郑州市2019年预算执行情况和2020年预算的决议、关于郑州市人大常委会工作报告的决议、关于郑州市中级人民法院工作报告的决议、关于郑州市人民检察院工作报告的决议。省委常委、市委书记徐立毅，市人大常委会主任胡荃先后发表讲话。徐立毅表示，2020年将是郑州发展史上极不寻常的一年，必须坚持以习近平新时代中国特色社会主义思想为指导，深入贯彻习近平总书记重要指示精神，全面落实中央、省委省政府统筹疫情防控和经济社会发展的决策部署，扎实做好“六稳”工作，落实“六保”任务，常态长效战疫情，提质提速促发展。必须把牢正确政治方向，增强“四个意识”、坚定“四个自信”、做到“两个维护”，切实把习近平新时代中国特色社会主义思想的真理伟力转化为郑州高质量发展的生动实践，把党中央、省委省政府统筹疫情防控和经济社会发展的各项决策部署在郑州落细落实。必须保持战略定力，坚定走好高质量发展的路子，树牢新发展理念，全力以赴稳增长、调结构、促转型，深入开展“三送一强”活动，把推动复工复产工作与高质量发展制造业、高水平扩大对外开放、高品质推进城市建设管理等系列三年行动计划有机结合起来，努力打造更高水平高质量发展区域增长极。必须站稳群众立场，树牢以人民为中心的发展思想，坚持群众路线，多为群众办实事、做好事，不断增进民生福祉，切实扛稳脱贫攻坚责任，确保贫困群众高水平脱贫、小康社会目标如期高质量实现。让人民群众的获得感、幸福感、安全感更加充实。必须崇尚实干作风，充分发挥各级党组织在社会治理体系中总揽全局、协调各方的领导核心作用，广泛集聚各方面人才、团结各方面力量，持续营造风清气正、干事创业的浓厚氛围，凝聚起战疫情、促发展的强大合力。徐立毅强调，全市各级党委要深入贯彻习近平总书记关于坚持和完善人民代表大会制度的重要思想，不断加强和改进对人大工作的领导，支持人大及其常委会依法履职。各级人大及其常委会要始终坚持党的领导、人民当家作主、依法治国有机统一，更好助力经济社会发展和改革攻坚突破。“一府一委两院”要强化宪法和法律意识，自觉接受、积极配合人大及其常委会的监督，认真执行人大的各项决议决定。各位代表要倍加珍惜党和人民的信任，在为民服务中担当尽责，在本职岗位上建功立业，切实担负起宪法和法律赋予的神圣职责。胡荃表示，要在强化政治统领上坚定自觉，把党的领导贯穿人大工作始终，推动新时代人大工作与时俱进、创新发展。要在助力高质量发展上履职尽责，紧盯目标任务、积极担当作为，在推进复工复产达产、恢复经济社会秩序中发挥示范带头作用。要在站稳群众立场上发挥优势，听民情、聚民智、解民忧，不断增强人民群众的获得感、幸福感、认同感。要在崇尚实干作风上精准发力，持续改进工作作风，坚决破除形式主义、官僚主义，努力打造好风清气正、干事创业的工作机关和代表机关。全体人大代表要倍加珍视人大代表这一荣誉和使命，发挥好参与决策、监督协助、桥梁纽带、示范带头作用。

【人大常委会会议】 市十五届人大常委会第十三次会议　1月21日，市人大常委会主任胡荃主持召开市十五届人大常委会第十三次会议。会议传达学习了省十三届人大三次会议精神和市委十一届十一次全会精神；听取了关于人事任免案的说明、关于市十五届人民代表大会代表变动情况的代表资格审查报告、关于郑州市第十五届人民代表大会第三次会议筹备工作情况的报告、关于《郑州市人民代表大会常务委员会工作报告（草案）》的起草说明；审议关于郑州市2019年政府投资项目计划执行情况和2020年计划（草案）的报告及市人大常委会相关决议（草案）；表决通过了市人大常委会工作报告、市十五届人民代表大会第三次会议议程、主席团和秘书长名单、议案审查委员会名单、列席人员名单和召开时间的决定，市十五届人民代表大会代表变动情况的代表资格审查报告、关于郑州市第十五届人民代表大会第三次会议筹备工作情况的报告、郑州市人大常委会关于批准郑州市2020年政府投资项目计划的决议，以及有关人事任免案。

市十五届人大常委会第十四次会议 2月11日，市十五届人大常委会第十四次会议以视频会议的形式召开。市人大常委会主任胡荃主持视频会议。本次会议审议了《郑州市人民代表大会常务委员会关于依法全力做好当前新冠肺炎疫情防控工作的决定（草案）》，并通过线上表决的方式，表决通过了该《决定》。会议强调，全市各级人大及其常委会要深入学习贯彻习近平总书记的重要讲话和重要指示精神，切实增强“四个意识”、坚定“四个自信”、做到“两个维护”，扛稳政治责任，扎实做好各项工作，坚决打赢打好疫情防控这场硬仗。市人大常委会组成人员要带头落实《决定》相关要求，强化科学防控措施，立足本职岗位、各尽其职，做好防控工作。要运用多种方式开展宣传解读，提高《决定》的公众知晓率和社会影响力，加强对《决定》贯彻实施的跟踪监督，在法治轨道上统筹推进各项防控工作，为打赢疫情防控阻击战作出人大贡献。同日还召开了市十五届人大常委会第十九次主任会议。会议研究了《郑州市人民代表大会常务委员会关于依法全力做好当前新冠肺炎疫情防控工作的决定（草案）》，提请市十五届人大常委会第十四次会议审议表决。

市十五届人大常委会第十五次会议 4月29日，市十五届人大常委会举行第十五次会议。市人大常委会主任胡荃主持会议。会议传达学习了习近平总书记关于打赢脱贫攻坚战的系列讲话精神、在陕西考察及在中央全面深化改革委员会第十三次会议讲话精神。听取并审议了有关人事任免案的说明、关于《郑州市房屋使用安全管理条例（草案）》的说明、关于修改《郑州市城市公共交通条例》的决定（草案）的说明、郑州市人民政府关于提请修改和废止部分地方性法规的说明。会议还书面听取了郑州市人民政府关于郑州市2019年度法治政府建设情况的报告、郑州市十五届人大常委会第十五次会议关于表决议案的办法（草案）。拟任命的市政府组成部门工作人员与常委会组成人员见面并作任前发言。会议表决通过了《郑州市第十五届人大常委会第十五次会议关于表决议案的办法》《郑州市人民代表大会常务委员会关于修改部分地方性法规的决定》《郑州市人民代表大会常务委员会关于废止部分地方性法规的决定》和相关人事任免案，新任命的市政府组成部门工作人员进行了宪法宣誓。

市十五届人大常委会第十六次会议 5月8日，市十五届人大常委会举行第十六次会议。市人大常委会主任胡荃主持会议。会议听取了关于市十五届人民代表大会代表变动情况的代表资格审查报告、市十五届人民代表大会第三次会议筹备工作情况的报告；书面听取了关于市十五届人民代表大会第三次会议召开时间的决定（草案）、议程（草案）、日程（草案）、主席团和秘书长名单（草案）、列席人员名单（草案），郑州市人民代表大会常务委员会工作报告（草案）、郑州市十五届人大常委会第十六次会议关于表决议案的办法（草案）。表决通过了郑州市十五届人大常委会第十六次会议关于表决议案的办法，关于市十五届人民代表大会代表变动情况的代表资格审查报告，关于市十五届人民代表大会第三次会议召开时间的决定、议程（草案）、筹备工作情况的报告，市十五届人民代表大会第三次会议主席团和秘书长名单（草案）、列席人员名单（草案），郑州市人民代表大会常务委员会工作报告（草案）。根据决定，市十五届人民代表大会第三次会议将于5月14日召开。

市十五届人大常委会第十八次会议 8月26—28日，市十五届人大常委会举行第十八次会议。市人大常委会主任胡荃主持会议。会议传达学习了习近平总书记关于坚决制止餐饮浪费行为的最新重要指示精神；听取了市人大常委会关于内务司法工作委员会更名为监察和司法工作委员会的决定（草案）的说明、关于市十五届人民代表大会代表变动情况的代表资格审查报告；听取了关于人事任免案的说明，拟任命的市政府工作部门的人员与常委会组成人员见面并作任前发言；听取了关于郑州市2020年上半年国民经济和社会发展计划执行情况的报告、关于郑州市2019年财政决算和2020年1—6月份财政预算执行情况的报告、关于郑州市2020年政府债务限额等有关情况的报告、关于郑州市国土空间总体规划情况的报告、关于民事执行工作情况的报告、关于郑州市高水平对外开放工作情况的报告、关于郑州市就业创业工作情况的报告、关于郑州市上年度环境状况和环境保护目标完成及本年度大气污染防治情况的报告、关于郑州市2019年度市级预算执行及其他财政收支的审计工作报告。会议表决通过了有关人事任免案，新任命的政府工作人员接受任命书并进行宪法宣誓；表决通过了关于郑州市2020年上半年国民经济和社会发展计划执行情况的报告、关于郑州市上年度环境状况和环境保护目标完成及本年度大气污染防治情况的报告、关于郑州市国土空间总体规划情况的报告、关于郑州市2019年财政决算和2020年1—6月份财政预算执行情况的报告；表决通过了关于郑州市2019年度市级预算执行及其他财政收支的审计工作报告、关于郑州市就业创业工作情况的报告、关于市十五届人民代表大会代表变动情况的代表资格审查报告；表决通过了郑州市人大常委会关于批准2019年市级财政决算的决议、郑州市人大常委会关于批准郑州市2020年政府债务限额的决议。会议期间，胡荃还与列席会议的12名市人大代表进行座谈，听取代表对相关议题、履职情况及人大工作的意见建议。

市十五届人大常委会第十九次会议 9月28日，市十五届人大常委会第十九次会议召开。市人大常委会主任胡荃主持会议，会议听取了关于《郑州市国土空间规划管理条例（草案）》的说明，并进行分组审议。

市十五届人大常委会第二十次会议 11月3—5日，市十五届人大常委会第二十次会议举行。市人大常委会主任胡荃主持会议。会议传达学习了十九届五中全会精神。听取了关于市十五届人民代表大会代表变动情况的代表资格审查报告、有关人事任免的说明。拟任命的市人大常委会机关工作人员与常委会组成人员见面，拟任命的市政府工作部门人员与常委会组成人员见面并作任前发言。听取了关于市十五届人大三次会议以来建议、批评、意见办理情况的报告和关于我市“三项工程一项管理”工作的情况报告；关于郑州市贯彻落实《优化营商环境条例》情况的报告、关于《中华人民共和国慈善法》贯彻实施情况的报告、关于2020年市级预算调整方案（草案）的报告、关于郑州市便民就医工作情况的报告、关于郑州市国家生态园林城市建设情况的报告、关于扫黑除恶专项斗争工作情况的报告；郑州航空港经济综合实验区税务局增值税小规模纳税人普惠性优惠政策落实情况的报告。会议表决通过有关人事任免案。新任命人员接受任命书并进行宪法宣誓。副市长高永作任职发言。表决通过市政府、市中级人民法院、市人民检察院关于市十五届人大三次会议以来代表建议、批评和意见办理情况的报告；表决通过关于郑州市贯彻落实《优化营商环境条例》情况的报告、郑州市关于《中华人民共和国慈善法》贯彻实施情况的报告、郑州市人大常委会关于批准2020年市本级预算调整方案的决议、关于我市“三项工程、一项管理”工作情况的报告、关于郑州市便民就医工作情况的报告、关于郑州市国家生态园林城市建设情况的报告、关于扫黑除恶专项斗争工作情况的报告。会议还表决通过《郑州市人民代表大会常务委员会讨论、决定重大事项的清单》、关于市十五届人民代表大会代表变动情况的代表资格审查报告、郑州市人民代表大会常务委员会关于接受部分专门委员会组成人员辞去专门委员会职务请求的决定。会议期间，就普惠性税收减免政策落实情况、老旧小区综合改造情况分别进行专项评议和专题询问，举行“习近平谈治国理政（第三卷）的深刻内涵”专题讲座。

市十五届人大常委会第二十一次会议　12月29日，市十五届人大常委会第二十一次会议举行第一次全体会议，市人大常委会主任胡荃主持会议。会议听取了有关人事任免案的说明；关于2020年市重点民生实事工作办理落实情况的报告、关于调整2020年市政府工作报告目标任务和“十三五”规划部分指标的议案的说明；关于2019年度企业国有资产（不含金融企业）管理情况的专项工作报告、关于制造业高质量发展工作情况的报告、关于《河南省宗教事务条例》贯彻实施情况的报告、关于2020年市级预算调整方案（草案）的报告、关于郑州市水文化保护传承和弘扬工作情况的报告、关于2019年度市级预算执行及其他财政收支审计工作报告中查出问题整改落实情况的报告、关于郑州市博物馆建设情况的报告和国家税务总局郑州市税务局关于2020年税收工作情况的报告。听取审议并表决通过了关于郑州市第十五届人民代表大会代表变动情况的代表资格审查报告；书面审议了市十五届人大三次会议代表议案办理情况的报告、关于郑州市第十五届人民代表大会第四次会议召开时间的决定（草案）等议题。

12月30日，会议就全市制造业高质量发展情况开展专题询问。市人大常委会委员围绕全市制造业高质量发展工作中存在的主要问题和改进措施等情况，提出针对性强的询问。市政府及有关部门负责人一一作答，并提出了解决问题的办法。

12月31日，市十五届人大常委会第二十一次会议闭幕。市人大常委会主任胡荃主持会议。会议全票通过了关于任命侯红为郑州市人民政府副市长、代理市长职务的决定。新任命的郑州市副市长、代理市长侯红进行宪法宣誓，并作任职发言。侯红表示，当前，郑州正在全面收官“十三五”、科学谋划“十四五”，站在了向第二个百年奋斗目标进军的历史交汇点，能够投身国家中心城市建设宏大实践，感到由衷的自豪和光荣。将始终保持忠诚之心、旗帜鲜明讲政治，不断提高政治判断力、政治领悟力、政治执行力，自觉站位新发展阶段、坚决贯彻新发展理念、主动融入新发展格局，确保党中央重大方针政策和省委、省政府决策部署在郑州落地生根。始终保持敬畏之心、依法行政重法治，认认真真讲法治，老老实实抓法治，加快建设人民满意的法治政府，自觉接受人大依法监督和政协民主监督、接受社会各界和人民群众的监督，确保权力在阳光下运行。始终保持为民之心、牢记宗旨惠民生，树牢以人民为中心的发展思想，用心用情办好人民群众关心的急事难事实事，让人民群众拥有更多获得感、幸福感、安全感。始终保持进取之心、担当实干促发展，任何时候都保持干事创业的奋进状态，锚定国家中心城市建设之要之难之重，以干为本、以做成事，更好打造更高水平的高质量发展区域增长极。始终保持律己之心、廉洁从政守底线，把学的氛围、严的氛围、干的氛围贯穿到工作全过程各领域，以夙夜在公、勇毅笃行的拼劲奉献郑州、建设郑州、发展郑州，努力向党和人民交出一份满意答卷。会议表决通过了关于2020年市重点民生实事工作办理落实情况的报告、关于批准《郑州市人民政府关于调整2020年市政府工作报告目标任务和“十三五”规划部分指标的议案》的决议、关于2019年度企业国有资产（不含金融企业）管理情况的专项工作报告、关于制造业高质量发展工作情况的报告、关于《河南省宗教事务条例》贯彻实施情况的报告、关于批准2020年市级预算调整方案（草案）的决议、关于2019年度市级预算执行及其他财政收支审计工作报告中查出问题整改落实情况的报告、关于郑州市博物馆建设情况的报告、郑州市税务局关于2020年税收工作情况报告、郑州航空港经济综合实验区税务局关于2020年税收工作情况报告；表决通过了市十五届人大三次会议代表议案办理情况的报告、关于郑州市第十五届人民代表大会第四次会议召开时间的决定。

会议期间，就全市水文化保护传承和弘扬工作情况进行专项工作评议，举行国际形势专题讲座。胡荃与列席会议的12名市人大代表进行座谈交流。

【人大常委会主任会议】　市十五届人大常委会第十八次主任会议　1月21日下午，市十五届人大常委会举行第十八次主任会议。会议听取了关于人事任免案的说明、补充说明和关于市十五届人民代表大会第三次会议各项名单（草案）的说明；听取了关于市十五届人民代表大会代表变动情况的代表资格审查报告、郑州市第十五届人民代表大会第三次会议关于提出议案和审议处理的规定（草案）、郑州市第十五届人民代表大会第三次会议表决议案办法（草案）的说明；听取了关于郑州市2019年政府投资项目执行情况和2020年计划（草案）的审查报告；听取了关于市十五届人大三次会议召开时间的决定（草案）的说明和关于市十五届人大常委会第十三次会议议程（草案）、日程（草案）和出列席人员名单（草案）的说明。

市十五届人大常委会第二十次主任会议　3月23日，市十五届人大常委会举行第二十次主任会议。市人大常委会主任胡荃主持会议。会议听取了关于2020年郑州市人大常委会主任、副主任接待代表日工作安排意见（草案）的说明；听取并研究了《郑州市人大常委会2020年工作要点》（草案）、《郑州市人大常委会2020年监督工作计划》（草案）、郑州市人大常委会2020年工作要点责任分解（草案）和2020年郑州市人大常委会会议、主任会议议题安排意见（草案）。会议还听取了4月份郑州市人大常委会会议议题安排意见（草案）的说明。胡荃表示，市人大常委会要在全市发展大局中提高政治站位，坚持对标对表，开拓进取，力争2020年再迈新台阶、再创新佳绩。要充分发挥人大职能作用，提升立法水平、更好发挥良法善治作用，强化正确有效监督、全力助推经济社会发展，依法行使立法权、监督权、重大事项讨论决定权、人事任免权，深化代表工作、不断激发代表履职的积极性、主动性，持续加强自身建设，提高履职服务水平，以新担当新作为推动人大工作高质量发展。

11月5日，市十五届人大常委会第二十次会议就老旧小区综合改造情况开展专题询问（市人大常委会办公厅/供图）

市十五届人大常委会第二十一次主任会议　4月24日，市十五届人大常委会举行第二十一次主任会议。市人大常委会主任胡荃主持会议。会议听取了关于人事任免案的说明和补充说明市十五届人大常委会第十五次会议议题准备情况和会议议程、日程、出列席人员名单（草案）的说明，《关于加强闭会期间人大代表建议、批评和意见办理及督办工作的实施意见（草案）》的说明；听取并审议了市十五届人大常委会第十一次会议议题审议意见落实情况。胡荃要求，各承办单位要高度重视闭会期间代表建议办理工作，切实增强责任意识和代表意识，充分发挥各自的职能作用，提高闭会期间代表建议办理工作实效；要明确承办人员，加强与代表联系沟通，在规定期限内将办理结果及时答复代表，抓好跟踪落实。市人大常委会各委、厅（室），要切实加强多方联系沟通，以及对办理工作的协调指导、督促检查，确保办理工作真正落到实处。

市十五届人大常委会第二十二次主任会议　5月8日下午，市十五届人大常委会举行第二十二次主任会议。会议听取了关于市十五届人民代表大会第三次会议各项名单（草案）的说明、补充说明，关于市十五届人民代表大会代表变动情况的代表资格审查报告、市十五届人民代表大会第三次会议选举办法（草案）的说明，关于市十五届人民代表大会第三次会议筹备工作情况的说明，市十五届人大常委会第十六次会议议程、日程、出列席人员名单（草案）的说明；审议了关于市十五届人民代表大会第三次会议召开时间的决定（草案）、议程（草案）、日程（草案）和筹备工作情况的报告，郑州市人民代表大会常务委员会工作报告（草案）。

市十五届人大常委会第二十三次主任会议　6月17日，市十五届人大常委会举行第二十三次主任会议。市人大常委会主任胡荃主持会议。会议传达学习了十三届全国人大三次会议精神和习近平总书记在《求是》杂志上发表的《充分认识颁布实施民法典重大意义，依法更好保障人民合法权益》重要文章精神；听取了关于人事任免案的说明、补充说明和关于市十五届人民代表大会代表变动情况的代表资格审查报告的说明，郑州市美丽乡村建设工作的报告、关于郑州市美丽乡村建设工作情况的视察报告和对相关审议意见（草案）的说明，关于2020年防汛抗旱工作情况的报告、关于2020年我市防汛工作情况的视察报告和对相关审议意见（草案）的说明；关于市十五届人大以来备案审查工作情况的报告和关于建立基层地方立法联系点工作情况的报告；关于郑州市人民代表大会常务委员会评议市中级人民法院民事执行工作实施方案（草案）的说明、关于郑州市人民代表大会常务委员会评议市政府高水平对外开放工作实施方案（草案）的说明；郑州市人民代表大会专门委员会和常委会工作机构联系市人民代表大会代表办法（草案）、关于在市人大常委会会议期间召开列席代表座谈会的实施意见（草案）、关于2020年度重点督办代表建议的情况以及关于组织全市各级人大代表开展“助力乡村振兴，人大代表在行动”主题活动的实施方案（草案）说明。会议还听取了市十五届人大常委会第十七次会议准备情况。

市十五届人大常委会第二十四次主任会议　7月23日上午，市人大常委会主任胡荃主持召开市十五届人大常委会举行第二十四次主任会议。会议传达学习了市委十一届十二次全会精神。书面听取了关于全民健身工作评议意见整改落实情况的报告；听取了关于郑州市全民健康工作评议意见落实情况报告的意见、关于郑州市人民代表大会常务委员会评议郑州市水文化保护传承和弘扬工作实施方案（草案）的说明、关于郑州市人民代表大会常务委员会评议航空港综合实验区税务局增值税小规模纳税人普惠性优惠政策落实工作实施方案（草案）的说明，以及郑州市第十五届人大常委会第十八次会议议题安排意见（草案）的说明。胡荃表示，要严格按照评议方案开展评议工作，以对航空港综合实验区税务局增值税小规模纳税人普惠性优惠政策落实为契机，督促全市各级税务机关履行好肩负的责任，在做好“六稳”工作、落实“六保”任务中发挥应有的作用。要严格实施考评督查，推进各项减税降费政策措施落地生根，确保企业和人民群众有实实在在的获得感。

市十五届人大常委会第二十五次主任会议　8月20日，市十五届人大常委会举行第二十五次主任会议。市人大常委会主任胡荃主持会议。会议听取了有关人事任免案的说明和补充说明；关于提请任免杜文龙等28名工作人员法律职务的议案的说明、关于市十五届人民代表大会代表变动情况的代表资格审查报告的说明；市十五届人大常委会第十八次会议准备情况。根据安排，市十五届人大常委会第十八次会议将于8月26—28日召开。

市十五届人大常委会第二十六次主任会议　9月28日，市十五届人大常委会举行第二十六次主任会议。市人大常委会主任胡荃主持会议。会议听取了关于郑州市脱贫攻坚成果巩固提升工作情况的报告、关于郑州市脱贫攻坚成果巩固提升工作情况的视察报告及相关审议意见（草案）和关于《郑州市农产品质量安全工作情况报告的审议意见落实情况的报告》的意见；关于郑州市残疾人帮扶工作情况的报告、关于郑州市残疾人帮扶工作情况的视察报告和对相关审议意见（草案）的说明；关于《市教育局落实中小学校午餐供餐及课后延时服务工作的审议意见落实情况的报告》的意见。听取了关于贯彻落实《中共郑州市委办公厅关于人大预算审查监督重点向支出预算和政策拓展的实施意见》的意见（草案）和郑州市人大预算审查联系代表工作办法（草案）的说明；关于《郑州市国土空间规划管理条例（草案）》的初审报告和关于《郑州市人民代表大会常务委员会关于开展老旧小区综合改造工程专题询问的实施方案（草案）》的说明。书面审议了郑州市农产品质量安全工作情况报告的审议意见落实情况的报告、关于《我市中小学校午餐供餐及课后延时服务工作的审议意见》落实情况的报告。会议还听取了郑州市第十五届人大常委会第十九次会议议程、日程、出列席人员名单（草案）的说明。

市十五届人大常委会第二十七次主任会议　11月3日，市十五届人大常委会举行第二十七次主任会议。市人大常委会主任胡荃主持会议。会议传达学习了十九届五中全会精神。听取了关于人事任免案的说明和补充说明、关于市十五届人民代表大会代表变动情况的代表资格审查报告的说明、关于接受部分专门委员会组成人员辞去专门委员会职务请求的决定（草案）的说明；关于“积极融入‘一带一路’倡议，加强国际友城建设”情况的报告、关于“积极融入‘一带一路’倡议，加强国际友城建设”情况的视察报告及相关审议意见（草案）的说明；市十五届人大常委会第二十次会议准备情况、议程、日程、出列席人员名单（草案）的说明。

市十五届人大常委会第二十八次主任会议　12月25日，市十五届人大常委会举行第二十八次主任会议。市人大常委会主任胡荃主持会议。会议听取了关于人事任免案的说明、补充说明和关于市十五届人民代表大会代表变动情况的代表资格审查报告的说明；关于郑州市粮食和物资储备工作的报告；关于郑州市粮食和物资储备工作的视察报告，并对相关审议意见（草案）进行说明；关于贯彻实施《郑州市人民代表大会常务委员会关于开展第七个五年法治宣传教育的决议》情况报告、关于贯彻实施《郑州市人民代表大会常务委员会关于开展第七个五年法治宣传教育的决议》情况的执法检查报告，并对相关审议意见（草案）进行说明；关于《郑州市人大常委会2021年度地方立法计划（草案）》和《郑州市人大常委会立法调研工作制度（草案）》的说明；八月份常委会会议审议意见落实情况的报告。会议还听取了市十五届人大常委会第二十一次会议准备情况的报告；关于2020年市重点民生实事落实情况视察报告、市十五届人大四次会议召开时间的决定（草案）、市十五届人大常委会第二十一次会议议程、日程、出列席人员名单（草案）的说明。

（常红敏）

监督工作

【概况】坚持正确监督有效监督，推动中央和省委、市委决策部署贯彻落实。坚持围绕中心服务大局，紧扣中央和省委、市委重大决策部署、人民群众普遍关心的热点难点问题，依法开展法律监督和工作监督，听取审议工作报告22个，开展执法检查6次、专题询问2次、专项工作评议4次、专题调研2次。

【黄河流域生态保护和高质量发展国家战略实施监督】深入贯彻习近平总书记视察河南、郑州重要讲话指示精神，对黄河流域生态保护和高质量发展核心示范区规划建设专题调研，提出强化流域生态修复治理、建立流域互动合作共享机制等28条建议，为市委决策提供参考。助力打造国家黄河历史文化主地标城市，组织市人大常委会组成人员和人大代表到大河村国家遗址考古公园、贾鲁河历史文化展厅等实地考察，对水文化保护传承弘扬工作进行评议；凝聚人大代表的智慧和力量，对代表提出的推进黄河滩区生态保护与产业布局协调发展、加强黄河滩地公园建设等9件建议重点督办，推动黄河战略稳步实施。助推高质量发展“三年行动计划”实施。围绕高质量发展制造业，听取审议工作报告，并开展专题询问，专题调研科技创新工作，强调加强科技创新能力，推进先进制造业与数字化、现代服务业深度融合，做实做优做强制造业。围绕高水平扩大对外开放，开展专项工作评议，听取关于郑州市积极融入“一带一路”倡议、加强国际友好城市建设情况报告，检查优化营商环境条例、归侨侨眷权益保护“一法一办法”实施情况，持续营造以高水平开放促高质量发展良好环境。围绕高品质城市建设和管理，听取审议郑州市国土空间规划情况报告，助力“东强、南动、西美、北静、中优、外联”城市发展布局落细落实。组织五级人大代表对全市“双改”工作进行视察，听取审议“三项工程一项管理”、国家生态园林城市建设、博物馆建设情况报告，对老旧小区综合改造工作开展专题询问，推动改进城市管理、改善人居环境。

【经济运行监督】落实“六稳”“六保”部署，密切关注全市经济运行质效，听取审议计划、预算执行、税收等情况的报告，及时审查批准市级预算、政府债务限额、2020年市政府工作报告目标任务和“十三五”规划部分指标调整方案，强调以保促稳、稳中求进、进中蓄势，努力在危机中育新机、于变局中开新局。积极谋划市“十四五”发展蓝图，组织开展专题调研，提出提升水资源保障能力、加大国家级创新平台引进力度等6个方面15条意见建议，为市委决策和市政府编制规划草案提供重要参考。听取审议审计及审计查出问题整改落实情况报告，跟踪监督政府严肃财经法纪，督促审查出的131个问题整改到位。加强国有资产管理监督，听取审议2019年国有资产管理情况综合报告、企业国有资产（不含金融企业）管理情况专项报告，持续摸清国有资产“家底”，督促政府管住用好国有资本，发挥国有经济战略支撑作用。全力保就业保市场主体，听取审议劳动创业就业工作报告，督促落实创业就业扶持政策，让群众充分就业、灵活就业。专题调研夜间经济消费情况，推动消费潜力释放。对增值税小规模纳税人普惠性优惠政策落实工作进行评议，督促全面落实税收优惠政策，切实降低小规模纳税人税费负担，充分发挥其繁荣市场、促进就业、维护稳定的作用。

9月26—28日，全国人大常委会执法检查组到郑州市检查公共文化服务保障法实施情况（市人大常委会办公厅/供图）

【社会民生监督】聚焦民生实事落实，听取审议2020年市重点民生实事工作办理落实情况报告，对既有住宅加装电梯、普惠教育发展等重点民生实事项目落实情况进行视察，确保把好事办好、实事办实，向全市人民交上一份满意的民生答卷。聚焦决战决胜脱贫攻坚，听取脱贫攻坚成果巩固提升、残疾人帮扶、美丽乡村建设等工作报告，多措并举助力脱贫攻坚圆满收官。聚焦中小学午餐配餐和课后延时服务，听取审议工作报告并开展专题视察调研，就加强硬件配套建设、提升供餐能力、规范课后服务等方面提出建议。聚焦生态环境改善，听取审议上年度环境状况和环境保护目标完成及本年度大气污染防治情况报告，检查水土保持“一法一办法”、土壤污染防治法实施情况，用法治力量守护蓝天碧水净土。聚焦粮食和农产品质量安全，听取审议粮食和物资储备、农产品质量安全等工作报告，督促提升粮食和应急物资储备保障能力。重点检查慈善法、河南省宗教事务条例实施情况，确保有关法规政策落实到位。坚持把人大信访工作作为密切联系群众的重要途径，共受理群众来信来访637次，交办重要信访事项6件，促进人民群众合理合法诉求有效解决。

（常红敏）

郑州市人民政府

综述

【概况】2020年，是全面建成小康社会和“十三五”规划收官之年，更是应对新冠肺炎疫情考验极不平凡的一年。在省委、省政府和市委的坚强领导下，全市上下高举习近平新时代中国特色社会主义思想伟大旗帜，始终牢记习近平总书记殷殷嘱托，认真落实中部地区崛起和国家黄河战略，围绕国家中心城市高质量建设，坚定扛起“三个在”和“龙头高高扬起来”职责使命，紧扣“控、保、稳、进、抬、扛”总要求，积极应对各种风险挑战，全力做好“六稳”“六保”工作，疫情防控取得重大战略成果，经济企稳向好态势巩固拓展，社会大局保持总体稳定。初步核算，全市生产总值比上年增长3%，一般公共预算收入增长3%，固定资产投资增长3.6%，居民人均可支配收入增长3.7%，形成了经济迅速恢复、稳中向上的良好发展态势。

【疫情防控】坚持人民至上、生命至上，全面打好疫情防控阻击战、持久战。构建“市县乡村”四级立体防控网，织就疫情防控“数据天网”，10天时间建成岐伯山医院，救治182名确诊患者、233名无症状感染者，承接国际航班32235人在郑医学观察，全程监管4553家冷链企业。驰援武汉、湖北、新疆，援助法国、意大利等7国9座友好城市和2个国际组织，彰显了郑州人民齐心战“疫”的热血情怀。统筹推进复工复产，出台促进经济平稳发展30条、稳就业28条，累计帮扶企业37.6万家，拨付稳岗补贴等财政资金21亿元，减免缓税费514亿元，带动3月份以来经济指标企稳向好。打好扩投资促消费组合拳，制定扩大有效投资加快项目建设11条，实施促消费10条，省市重点项目完成投资4651.8亿元，主要经济指标在逆势中企稳走强。

【现代产业体系构建】创新驱动战略深入实施，中原科技城挂牌启动，国家超算郑州中心通过验收，国家技术转移郑州中心即将投用。新建省级及以上研发平台137家，新增高新技术企业870家，万人发明专利拥有量达18.2件。制造业高质量发展深入推进，规模以上工业增加值增长6.1%，紫光、浪潮、中软国际等重大项目落地，富泰华等230个项目开工，华锐光电等215个项目投产，国家产融合作试点城市成功创建。现代服务业提质增效，全国首个千亿级科技服务企业启迪科服总部落户郑州，金融业增加值完成1302.9亿元、增长4.1%，物流业增加值905亿元、增长5.8%。数字经济发展迅猛，软通动力、海康威视、中科院过程所等龙头企业、科研机构入驻智慧岛，新华三智慧计算终端全球总部基地、中国长城（郑州）自主创新基地等重大项目开工建设，鲲鹏生态软件小镇初具规模。城市大脑一、二期建成投用，郑州市成为全国场景应用最多的数字化运营城市。都市现代农业提质发展，粮食总产146.4万吨，新建高标准农田3.1万亩、市级以上现代农业示范园30个，三农基础更加稳固。

【城市发展提质增效】启动黄河流域生态保护和高质量发展核心示范区规划建设，95个项目完成投资640亿元。确立了“东强、南动、西美、北静、中优、外联”城市功能新布局，编制新一轮国土空间总体规划，实施32个核心板块开发，累计完成投资848亿元。郑太高铁、郑州机场至郑州南站城际铁路建成运营，郑州机场三期开工，四环及大河路快速化工程高架主线通车。轨道交通三期全面开工，3号线一期、4号线开通。新增公共停车泊位5.9万个、夜间限时泊位10.9万个。“一环十横十纵”城市道路改造试验段及一期工程完工，整治提升老旧小区1374个，36个城乡接合部乡镇环境综合整治加快推进，城市序化洁化绿化亮化水平不断提升。乡村振兴战略加快实施，新建美丽乡村17个，新郑、巩义、新密、荥阳上榜中国县域经济百强县，巩义入选中国最具幸福感城市。

【改革开放】放管服改革持续深化，2110项服务事项“最多跑一次”，1756项“一次不用跑”，上线政务服务、便民服务事项544项，不动产一件事“当场办、当天办”。重点领域改革成效明显，10.8万名企业退休人员实现社会化管理，储备土地综合开发、产业用地和“标准地”试点改革落地，市县两级财政预算绩效管理框架基本成型，公立医院去行政化、教育分级管理改革基本完成。四条丝路协同发力，机场旅客吞吐量居全国11位，货运规模入列全国六强，中欧班列（郑州）开行1126班，入围跨境电商综试区先导城市，城市发展指数居全国第五，“郑州港”国际代码获批，海铁联运完成1.51万标箱。“两高地”加快建设，跨境电商零售进口退货中心仓模式入选国务院自贸区改革试点经验，进出口增长19.7%，新签约项目430个，引进域外境内资金2359.6亿元，实际吸收外资46.3亿美元。

【三大攻坚战】全市9.6万已脱贫人口脱贫成效持续巩固，对口帮扶卢氏县实现脱贫摘帽。污染防治攻坚战深入推进，PM2.5、PM10年浓度分别下降12.1%、14.3%，优良天数230天，比上年增加53天，大气污染防治三年行动计划目标圆满完成，空气质量综合指数稳定退出全国168城市后20位。严密组织网贷机构专项整治，积极防控地方性银行风险；坚决遏制隐性债务增量，全市各级政府债务风险整体可控，守住了不发生系统性区域性风险的底线。有序化解问题楼盘40个、完成省交办任务的81.6%。

【民生社会事业】大力实施为民造福10条，民生支出1282.9亿元、占一般公共预算支出74.5%。省市民生实事全面完成。新增城镇就业14万人，农村劳动力转移就业4.6万人。新增公办幼儿园241所，市区新投用中小学校30所。国家儿童区域医疗中心揭牌。为6.89万名低保、特困及低收入对象和4.36万名优抚救助对象发放消费券5625万元。双槐树“河洛古国”考古项目入选国内十大考古新闻，美术馆新馆、大剧院开放运营。棚户区住房改造基本建成11.8万套，公租房实物分配7848套，安置房网签13.2万套，建成青年人才公寓5078套。

（李林晓　张　赫）

【政务信息编发和上报】2020年，面对突如其来的新冠肺炎疫情，全市政务信息工作聚焦做好新冠疫情防控、复工复产和疫情防控常态化，围绕市委市政府中心工作和郑州国家中心城市建设，找准信息定位点和着力点，不断提升信息质量和服务能力，充分发挥服务各级领导掌握情况、科学决策的参谋助手作用，完成了政务信息目标任务和各项信息服务保障工作。全年共组织编发政府信息912期，上网信息939条(期)。其中编发《政府工作快报》348期，《政务要闻》194期，《专报信息》289期，《市长参阅》81期。市领导批示信息96篇。上报省政府信息48期（144条），被采用96条（篇），完成省政府信息调研约稿82篇（次），39篇信息得到省政府采用并上报国办，其中4篇信

2020年，郑州市深入推进制造业高质量发展。图为上汽集团高科技智能焊装（周　涛/摄）

息得到国务院领导的批示，信息采用量居省辖市前列。组织报送《大事月报》12期，569条。参与河南省第十三届人民代表大会第三次会议郑州代表团简报工作，完成《简报》6期；组织完成市人大十五届三次会议大会简报4期。3月20日，市政府办公厅被省政府办公厅表彰为2019年度河南省政务信息工作先进单位。

配合战役情抓防控，发挥信息主渠道作用。积极发挥疫情防控中的信息采集传递主渠道作用。1月21日，全市新型冠状病毒感染的肺炎疫情防控工作会议召开后，立即停止春节休假，通过微信群组织各单位做好假期值守，确保各级各部门的信息渠道畅通；要求全市信息工作人员提升政治站位，把疫情防控作为头等大事，助力打好疫情防控阻击战。及时同市委信息处、市疫情防控领导小组办公室、市卫健委等单位建立信息直通渠道；按照省政府要求，向市卫生、交通、城管、城建、人社等部门下达防控工作中存在问题和困难的信息调研通知，组织各级盯问题、查难点、找漏洞，确保各级与省、市和各级领导的信息畅通。加强疫情形势下的信息指导、信息督导、信息调研和信息反馈工作，全面反映联防联控机制落实、各县区各部门履职尽责、全社会支持、开展疫情防控人民战争等方面采取的举措和成效。在做好疫情防控工作的同时，制定下达《郑州市人民政府办公厅关于下达2020政务信息工作目标任务的通知》，对全市年度政务信息工作成绩突出的20个单位和41名个人进行表彰。

助力推复工促复产，提升信息平台交流能力。围绕复工复产工作和市委市政府开展的“三送一强”活动，组织开展信息调研，畅通信息交流沟通渠道。组织县（市）区通过网上视频等方式，了解中小微企业复工复产情况、存在问题和对政府工作的期盼；及时将各级各部门的做法经验在《政府工作快报》上进行交流，将遇到的问题报送相关市政府领导，反映真实情况，提高应对能力。收集企业面临的问题，用真实数据说话，用基层、企业和群众真实呼声传递实情。积极将全市复工复产工作信息上报国办、省府。组织“基层政府在疫情背景下的财政情况”“工业企业复工复产面临的困难”“农民工在复工复产过程中面临的困难和期盼”等40余次信息调研，完成约稿信息36篇。及时将各级各部门疫情防控工作中采取的措施、取得的成效和经验向上级推送，疫情期间，为市领导提供信息专报42期。

强化主动服务意识，提升政务信息刊物的时效性。在疫情防控转入常态化后，及时调整工作应对，关注经济发展，注重信息、调研融合发展，研究信息调研选题，重点关注经济运行动态和社会热点等预警类信息，着力在抓问题、拿建议上下功夫。把省、市领导强调和关注的问题作为重点，做好部委信息采集报送，及时反映经济社会发展新动态、新情况、新问题，发挥政务信息以文辅政作用。上半年，结合全市重点项目集中开工，及时组织各地服务重点项目建设、“放管服”改革等工作经验做法交流。下半年，聚焦任务落实情况、聚焦目标完成情况、聚焦问题解决情况，及时向省政府传递来自郑州市的工作动态，及时反映各级各部门的最新进展。紧盯民生实事，报送与群众生产生活息息相关的综合信息，对涉及群众切身利益、民生保障等社会关注的热点问题，及早调查、认真剖析。全年，组织“疫情防控”“复工复产”“三送一强”“夜经济”“城市精细化管理”等专题信息10期196条。及时反映各区县（市）和市直部门工作动态，组织“落实政府工作报告部署做好全年工作专题信息”“贯彻落实全省安全生产和应急管理工作电视电话会议精神情况”“秋冬大气污染防治”等专题信息；积极开展调研分析，及时反应热点、难点问题，《各县市财政运行情况、存在问题及意见建议》《疫情对我市消费市场的影响及促进消费的意见建议》等31篇专报信息得到市领导批示。郑州市财政工作获国务院表彰激励等部门工作经验信息，在省政府信息刊物上获得专题采用。

（巩　煌）

重要会议

【市政府常务会议】 市政府第42次常务会议　1月2日，市委副书记、市长王新伟主持召开市政府第42次常务会议。会议研究审议了《郑州市加快数字经济发展实施方案（2020—2022年）》。会议要求，全市上下要深入贯彻落实习近平网络强国战略思想，抢抓新一轮科技革命机遇，围绕“一年突破、二年看齐、三年领先”目标，全面推动“数字产业化、产业数字化”，加速城市数字化进程，用数字化提升政府的治理体系、治理能力和现代化建设水平，加快构建数字经济发展新生态，全力打造中部地区的数字产业化发展引领地，产业数字化发展示范地。要厚植优势，以数字经济核心区建设为引领，结合产业特色，加快培育数字经济核心产业，积极发展新型智慧城市，着力打造一批智慧化示范应用，全面推进数字产业化、产业数字化和城市数字化“三化融合”，大力推动人工智能、信息安全、共享经济、数字化制造业等领域达到全国先进水平，不断壮大数字经济产业新能级，为全市经济高质量发展注入新动能。会议听取了2019年全市消防工作情况报告。会议要求，全市消防救援队伍要严格执行“两严两准”纪律部队建设标准，打造过硬队伍，全面提升全市消防救援队伍规范化、专业化、职业化水平。要深化群防群治，紧盯大型商业综合体、文物古建等重点场所，“两会”、春节等重要活动节点，深入开展消防安全集中整治和冬春火灾防控专项行动，全力确保消防形势稳定。要履行好应急救援职能，着眼“全灾种、大应急”实战需要，聚焦灭大火、抢大险、救大灾、打硬仗，深入开展大练兵、大比武、大培训，建精建强专业救援队伍，持续提升综合救援能力。要强化工作保障，对消防救援队伍工作上多支持，生活上多关心，保障上多优待，不断激发广大消防指战员献身使命、建功立业的积极性和主动性。会议还研究讨论了粮食安全应急网点建设管理暂行办法等事宜。

市政府第43次常务会议　1月13日，市长王新伟主持召开市政府第43次常务会议。会议研究部署了节前安全生产工作。会议强调，春节临近，群众出行和大型活动增多，人流、物流、车流剧增，事故易发多发，各级各部门要树牢安全发展理念，强化安全生产意识，守住安全生产底线，确保全市安全生产形势稳定。要认真落实安全生产党政同责、一岗双责、属地监管责任，全市域开展大排查、大整治、大执法、大宣传专项行动，对重点行业、重点场所、重点企业，着力查风险、除隐患、防事故，最大限度保障人民群众生命财产安全，确保全市人民度过一个平安祥和的春节。会议研究审议了《郑州市市场监管领域全面推行部门联合“双随机、一公开”监管实施意见》。会议要求，各级各部门要切实转变监管理念，创新监管方式，通过清单全面梳理、抽查全面整合、监管全面实施“三个全面”，加快构建科学规范、公平公正、公开透明的监管工作机制，推动实现综合监管、智慧监管、阳光监管。要聚焦平台建设、清单管理、健全“两库”、制定计划、科学实施、结果公示、工作衔接等七个方面的具体任务，采取有力措施，通过国家企业信用信息公示系统实现“双随机”全领域覆盖、全流程整合、全过程追溯。要加强“双随机”监管工作考核、加强工作推进的督导督查、强化行政监察和问责，切实做到对违法者“利剑高悬”，对守法者“无事不扰”，联动打造公平公正、竞争有序的市场环境。会议还研究了其他事项。

市政府第44次常务会议　1月21日，市委副书记、市长王新伟主持召开市政府第44次常务会议。会议传达学习贯彻习近平总书记对新型冠状病毒感染的肺炎疫情作出的重要指示精神，全面落实李克强总理批示和国务院常务会议、新型冠状病毒感染的肺炎疫情防控工作电视电话会议要求，听取研究了全市疫情防控有关工作，要求各相关单位要把人民群众生命安全和身体健康放在第一位，立即行动、周密部署，强化疫情防控、医疗救治，及时发布疫情信息，加强宣传引导，开展健康行动，确保人民群众度过一个安定祥和的新春佳节。会议研究了《郑州市关于推进“亩均论英雄”综合评价的实施意见》。会议指出，各级各部门要树牢新发展理念，通过“亩产论英雄”倒逼产业转型升级、推动质量效益趋好趋优。要完善“亩均论英雄”综合评价机制，严格落实差别化用地、用能、用水、环保管控等政策，通过评选一批标兵企业、实施一批“三大改造”项目，推动各类创新要素资源科学高效配置。要细化完善“亩均论英雄”实施方案和配套政策，严格综合评价程序、强化评价结果运用、树立一批先进典型，加快构建创新能力更强、资源配置更优、生产效率更高、亩产效益更好的现代产业体系。会议学习《河南省安全生产风险管控与隐患治理办法》。会议强调，各级各部门要树牢以人民为中心的发展思想，扛稳抓牢安全生产政治责任，坚持源头预防、系统治理、依法监管，按照“三管三必须”工作要求，构建安全生产风险管控与生产安全事故隐患治理双重预防工作机制。要围绕《办法》督促相关部门、生产经营单位负责人树牢安全生产红线意识，确保安全生产、安全经营、安全发展。要扎实开展“宣传周”系列活动，引导广大企业和职工积极参与风险辨识管控和隐患排查治理，加速推进风险隐患防治法制化，构建安全生产双重防线。

市政府第45次常务会议　2月1日，市委副书记、市长王新伟主持召开市政府第45次常务会议，决定追授郑凯同志和授予崔立志同志“郑州市先进工作者”称号。会议指出，新型冠状病毒感染的肺炎疫情发生以来，郑凯和崔立志舍身忘我奋战在疫情防控第一线，以实际行动诠释了党员干部担责担难担险的信念信心，是平凡岗位上不忘初心、牢记使命的基层代表和模范标兵。会议要求，全市政府系统要组织开展好向郑凯和崔立志学习活动，引导各级各部门切实增强“四个意识”、坚定“四个自信”、做到“两个维护”，把积极投身疫情防控作为践行初心使命、强化责任担当的试金石和主战场，在这场疫情防控的人民战争中要冲得上去、豁得出来，不畏艰险、勇挑重担，切实做到守土有责、守土担责、守土尽责，汇聚打赢疫情防控阻击战攻坚战持久战的强大合力，共同守护好全市人民群众的生命安全和身体健康。

市政府第46次常务会议　2月10日，市委副书记、市长王新伟主持召开市政府第46次常务会议，研究并原则通过《关于应对新型冠状病毒肺炎疫情促进经济平稳健康发展的若干举措》。会议指出，在众志成城战疫情的情况下出台这些政策措施，是坚定贯彻习近平总书记2月3日中央政治局常务委员会会议重要讲话精神的具体行动，是全面落实省委、省政府一手抓疫情防控、一手抓经济发展决策部署的务实之举。全市上下要统一思想、提高站位，正确处理好疫情防控和经济发展的关系，积极应对疫情带来的冲击和影响，以周密精准、管用有效的政策“组合拳”，为经济社会平稳健康发展注入更多暖色调。会议要求，要把支撑疫情防控放在首位，采取财政补贴、贷款贴息等举措，千方百计支持重点防疫物资企业挖潜力、扩产能、快生产，全力为打赢疫情防控阻击战提供物资保障。要有序做好复工复产，一企一案、一行一策建立帮扶机制，多措并举解决好工人返岗、要素保障、信贷支持等问题，着力以复工复产保防控、保民生、保增长。要真金白银扶持中小微企业，从减税降费、降低成本、援企稳岗等方面，精准解决企业最急最忧最盼的现实困难，有力提振共渡难关的信心决心。要在扩大有效需求上下功夫，推动重点项目形成谋划、落地、建设、投用“四个一批”格局，有针对性地促进消费提质扩容，夯实经济社会发展的基础支撑。要切实保障和改善民生，多措并举做好稳就业、促创业等工作，实之又实做好生活必需品保供稳价，努力让广大市民群众生产生活放心安心。会议强调，政策的生命力在于执行，各级各部门要切实把政策宣传好、解读好，真正让企业和群众了解政策、用活政策，更好地强信心、暖人心、聚民心。要进一步细化政策的适用范围、实施细则和操作流程，确保条条有着落、事事可操作。要强化督导督查和跟踪问效，打通政策落实的“中梗阻”，确保疫情防控与经济发展两不误、两促进。

市政府第47次常务会议　2月21日，市委副书记、市长王新伟主持召开市政府第47次常务会议。会议传达贯彻习近平总书记近期重要讲话精神和中央省市重要会议精神，安排部署全市疫情防控、复工复产和经济发展有关工作。会议要求，要毫不松懈地抓好疫情防控这个头等大事，严格落实“外防输入、内防扩散”，精准做到卡口管控、流调监测、病患救治、物资保障等“七个强化”，努力实现确诊病例无新增、疑似病例大幅下降、连续14天无新增确诊病例目标，为夺取抗击疫情全面胜利夯实基础。要奋力实现疫情防控和经济发展的“双胜利”，以企业复工复产提速和重点项目联审联批为带动，统筹做好经济运行监测、打赢“三大攻坚战”、推进高质量发展系列三年行动计划等工作，确保全年经济社会发展目标任务顺利完成，在大战中践行初心使命，在大考中交出合格答卷。会议研究了政务服务“一网通办”实施方案。会议要求，要把“一网通办”作为建设国际化法治化便利化营商环境的重要支撑，树牢以人民为中心的发展思想和整体政府理念，按照数据打通、事能办成、效率提升、群众满意的总要求，通过事项梳理、流程再造、系统集成等措施，加快构建一件事、一张网、一清单、一评价、六提升的“一网通办”新格局，确保年底前群众网上一次办成事项达到300项以上、政务服务事项网上可办率达到85%以上。会议研究了《郑州市城市精细化管理服务规范》。会议要求，要以绣花精神和匠心功夫抓好城市精细化管理，围绕序化、洁化、绿化、亮化目标，着力在市政设施、市容环卫、园林绿化、综合执法等方面定标准、定规范、长效化、规范化，通过持续深化路长制、城乡管理综合考评等制度，加快形成全行业覆盖、全时空监控、全流程控制、全手段运用的精细化管理模式，努力让城市环境更整洁、更有序、更舒适、更愉悦。会议还研究了电子商务促进与管理办法等事宜。

市政府第48次常务会议　2月24日，市委副书记、市长王新伟主持召开市政府第48次常务会议。会议传达学习习近平总书记重要讲话精神，贯彻落实省市统筹推进新冠肺炎疫情防控和经济社会发展工作相关部署。会议指出，习近平总书记重要讲话为打赢这场疫情防控阻击战指明了努力方向，全市各级各部门要把思想行动统一到总书记对疫情防控形势的科学判断上来，严管聚集性活动，严控输入性风险、严防疫情反复出现，一天不胜、一刻不松，严抓到底、务求全胜。会议要求，各级各部门要坚持疫情防控和复工稳产两手抓两手硬，严格落实分区分级精准防控策略，盯住重点人群、看住重点区域、抓牢关键事情、落实闭环管理，把全面排查、堵塞漏洞、精准救治贯穿始终，做细做实疫情防控各项措施。要用好用活中央省市稳企惠企政策措施，专人专班专案全力以赴帮助企业解决用工难、运输难、销售难等问题，让人流、物流、资金流有序转动起来，推动企业提速复工稳产达产，尽最大努力把耽误的时间抢回来、把遭受的损失补回来，为顺利完成全年目标任务提供支撑。要立足全年经济社会发展目标圆满完成，把项目建设作为当前经济工作重中之重来抓，对企业想所想、急所急、供所需；把优化政务服务作为疫情大考中检验提升治理能力来抓，对各项扶持政策特事特办、急事急办；把多措并举稳就业作为稳大局具体实践来抓，制定有序返岗复工方案，落实失业保险、就业补贴等各项扶持措施；把消费提质扩容、保障改善民生作为工作根本出发点，抓实抓细抓紧；把打好三大攻坚战作为重大政治责任始终扛在肩上，敢担当善担当，确保全面建成小康社会和完成“十三五”规划，在夺取大战大考“双胜利”中交出合格答卷。会议研究同意追授樊树锋同志“郑州市先进工作者”称号。会议指出，樊树锋同志在新冠肺炎疫情防控工作中坚守一线、连续奋战，把事业当生命、把百姓当亲人，充分体现出了对党的赤胆忠心、对事业的无限热爱、对岗位的尽职负责，彰显出可贵的奋斗精神和奉献精神。会议号召，全市政府系统要认真学习樊树锋同志勇挑重担、连续奋战，为民服务、无私奉献的精神，强化责任担当意识，发挥好先锋模范作用，勠力同心汇聚强大合力，全面打赢疫情防控人民战争、总体战、阻击战，共同守护好全市人民群众的生命安全和身体健康。

市政府第49次常务会议 3月7日，市委副书记、市长王新伟主持召开市政府常务会议，研究部署全市疫情防控、复工复产等重点工作。会议传达学习3月4日中央政治局常委会议主要精神，听取全市疫情防控和复工复产情况汇报。会议要求，时刻绷紧严防严控这根弦，慎终如始把党中央决策部署抓细抓实抓落地，高度重视境外输入、间接输入、聚集感染等“六大风险”，坚决避免疫情形势出现反弹，持续巩固拓展稳定向好态势。要聚焦防输入、防扩散、防聚集等“五防”，盯住重点人群、重点场所、重点环节和重点措施，做到管好红黄码人员、入境人员等“八管”和严控社区农村、医疗机构等“八控”，落实好一线医护人员、社区工作人员和特殊困难群体关爱措施，共同把疫情防控网织得更细更密更牢。要防疫、达产、服务、安全、环保一齐抓，全市域开展“三送一强”活动，推动企业复产向达产扩产拓展等“五个拓展”，专班专案解决好用工难、资金难等“六难”问题，压紧压实安全生产和环保治污责任制，全面精准提升复工复产质量和效益。会议研究通过《郑州市人民政府工作规则》。会议指出，及时修订完善《规则》，是加快推进政府治理体系和治理能力现代化，着力打造法治政府、创新政府、廉洁政府和服务型政府的必然要求。全市政府系统要切实增强贯彻落实《规则》的思想自觉和行动自觉，始终坚持科学决策、民主决策、依法决策，推动政府各项工作更加严谨、务实、高效运行。市政府各部门要不折不扣把《规则》要求体现到各领域各环节，进一步规范工作程序、优化办事流程、保持政令畅通，让履职尽责和担当实干成为鲜明底色。会议研究决定追授樊树锋“郑州市先进工作者”称号，号召全市政府系统认真学习樊树锋关键时刻挺身而出、危难关头迎难而上，把事业当生命、把群众当亲人的无私无畏奉献精神，进一步强化担当意识、恪守为民宗旨，充分发挥党员干部谋在一线、沉在一线、干在一线的先锋模范作用，众志成城夺取大战大考双胜利。会议还研究了养殖水域滩涂规划等事项。

市政府第50次常务会议 3月18日，市委副书记、市长王新伟主持召开市政府第50次常务会议。会议听取疫情防控、复工复产、经济运行情况汇报，通报第8次防疫考核排名。会议指出，境外防输入是当前疫情防控重中之重，要慎终如始把中央省市决策部署落细落实，坚持关口前移、精准施策，盯住重点人群、重点场所、重点环节，强化信息、转运、驻京等工作专班，严把摸排、入郑、转运、隔离、制度、舆情等关口，合力把疫情防控网织得更细更密更实，以夺取大战大考双胜利的定力毅力，向党和人民交上一份合格答卷。会议要求，要通过“三送一强”搭建政银企“直通车”，精准有效为企业解困纾难，切实提高复工复产质量效益。要全力提速，分行业分领域研究加速复工举措，促进服务业市场尽快回暖，带动经济社会回归正常轨道；要全面达产，协调上下游、产供销、大中小企业配套复工，支撑主要经济指标止降回升；要积极扩面，压减负面清单，以县域为单元，创新方式实现防疫复工两不误；要服务到家，驻厂专班要强化“店小二”服务理念，让减税降费、降低成本、信贷支持等政策红利全面惠及企业，引导激励企业心无旁骛快生产。会议强调，要“条抓块保”把经济运行保持在合理区间，以项目建设、消费升级、产业招商、优化环境等为重点，着力在新基建、公共服务、网络消费等领域靶向发力，有效稳住支撑点、培育增长点、挖掘潜力点，持续为高质量发展注入新动能新活力。要项目化推进黄河流域生态保护和高质量发展核心示范区建设，统筹做好国土绿化提速、黄河文化传承弘扬、水资源集约节约利用、城市综合承载力提升等工作，努力在打造幸福河上走前列做示范。要打好打赢三大攻坚战，聚焦“两不愁三保障”提升脱贫质量，坚持科学精准依法治污增强蓝天获得感，主动靠前化解各类重大风险，让全面小康成色更足、质量更高。要扎实做好民生兜底保障，多措并举解决好就业、就医等问题，压实米袋子、菜篮子保价稳供责任制，用心用情帮扶特殊困难群体，让群众有实实在在的获得感幸福感安全感。会议还研究了疫情防控重点保障企业名单管理和强化政策支持、脱贫攻坚2020年工作要点、法治政府建设2020年工作要点等事宜。

市政府第51次常务会议 3月30日，市委副书记、市长王新伟主持召开市政府第51次常务会议。会议传达学习3月27日中央政治局会议精神，研究部署疫情防控、复工复产等工作。会议强调，要严防输入不懈怠，筑牢全域闭环式防控体系，增强“管”的精准性、“知”的预警性、“治”的系统性，慎终如始守护全市人民生命安全和身体健康；要复工复产提效益，以“三送一强”活动为载体，着力在疏堵、补断、破难上下功夫，进一步畅通经济社会循环，实现防控和发展相适互动；要脱贫攻坚再加力，对标“两不愁三保障”补短板强弱项，对返贫边缘户动态监测、精准帮扶，着力以产业助脱贫、以政策保脱贫，确保全面小康不落一户一人。会议讨论研究了高质量发展制造业、高水平扩大对外开放、高品质推进城市建设2020年实施方案。会议强调，要高标准、高起点，以新发展理念培育新制造经济、打造“一门户两高地”、提升城市综合承载力，做强做优高质量发展的动力支撑。要盯重点、盯项目，制造业要突出新基建、新技改等重点领域，着力建设全国重要的先进制造业基地；对外开放要以大通关、多式联运等为带动，持续放大“四路协同”“五区联动”效应；城市建设要抓好32个核心板块，有序推进“三项工程一项管理”，实现生态生产生活空间深度融合。要抓保障、抓督导，统筹调配好土地、资金、人才等要素资源，建立健全专班推进、例会研判、督导考核等机制，为打造更高水平高质量发展区域增长极蓄势增能。会议研究通过了扩大有效投资加快项目建设若干政策措施、促消费增活力稳增长若干举措、设立企业转贷资金池及鼓励金融机构发展实施方案。会议强调，要落细落实各项举措，打好保“六稳”解“六难”组合拳，助推经济社会尽快回归高质量发展正常轨道。要强化投资拉动，一体推进招商引资、要素配置、审批服务，构建促签约、促开工、促达产的抓项目强投资格局，让投资成为稳定经济的助推器。要强化消费带动，从供给端和需求端共同发力，鼓励服务、假日、线上等消费模式，推动餐饮、文旅等消费加速回暖，以消费升级激发经济活力。要强化金融联动，发挥好财政资金的政策引导和杠杆放大作用，调动金融机构支持实体经济的积极性，政银企三方携手破解融资难、融资贵问题。

市政府第52次常务会议 4月3日，副省长、市长王新伟主持召开第52次市政府常务会议。会议传达习近平总书记对四川省凉山州西昌市森林火灾重要指示精神，学习国务院总理李克强的批示要求，按照省委、省政府和市委统一部署，研究部署全市当前安全生产重点工作。会议强调，要从已发生事故中深刻汲取教训，时刻绷紧安全风险防范这根弦，以对党和人民高度负责的态度，确保人民群众生命财产安全。要聚焦“三下降、一杜绝”目标，扎实开展大排查大整治大执法大宣传，突出抓好建筑施工、煤矿和非煤矿山、人员密集场所等重点领域专项整治，强化森林防火联防联控、筑牢火源管控严密防线，未雨绸缪做好防汛抗旱工作预案和应急演练。要压实属地管理、部门监管和企业主体“三个责任”，做到监管覆盖、制度执行、隐患整改、应急防范、物资保障“五到位”，持续提升安全生产治理体系和治理能力现代化。会议讨论研究了政府投资项目代建管理办法和资金管理办法。会议强调，政府投资项目具有很强的导向性、带动性，要进一步优化项目代建制，严把审批关、预算关、资金关、质量关，努力把项目建成示范工程、优质工程和满意工程；要用足用好专项债券等政策，高效推动政府投资项目建设；项目所在地要做好土地、用能等要素保障，专人专班服务项目早建成、早投用。会议讨论通过了加强食品药品安全监管工作意见。会议强调，食品药品安全事关民生福祉，要认真落实“四个最严”要求，持续提升全链条安全保障水平，坚决守住不发生重大食品药品安全事故底线。要强化源头严防、过程严管、风险严控，健全完善食品安全“6S”管理体系，聚焦米面油等大宗食品和婴幼儿等特定人群膳食安全，严把从农田到餐桌的每一道防线；要以“互联网+药店”建设为带动，加强药品生产、流通、销售等环节监管，守护好人民群众身体健康。会议研究了表彰“公交都市”创建等事宜。

市政府第53次常务会议　4月9日，副省长、市长王新伟主持召开市政府第53次常务会议。会议传达贯彻4月8日中央政治局常委会会议精神和习近平总书记浙江考察重要讲话精神，按照市委常委会会议工作要求，对疫情防控、复工复产复学等工作进行部署。会议强调，要准确把握疫情防控常态化的重大判断，慎终如始抓细抓实，“外防输入、内防反弹”，紧盯“三大枢纽”、境外入郑人员等重点区域重点人群，依托责任、管理、数据三个闭环，完善早发现、早隔离、早诊断、早治疗联动机制，合力把疫情防控网扎得更密更牢。要多措并举稳定经济运行基本盘，把工作着力点落到行业、企业、项目上，落到复工复产保“六稳”解“六难”上，充分释放“三送一强”政策和服务的集合效应，全面畅通产业循环、市场循环、经济社会循环，协同推进投资拉动、消费带动、开放牵动、创新驱动、改革撬动，以“新基建”助力新产业、新经济发展，全力打好打赢“三大攻坚战”，确保全年经济社会发展目标顺利完成。要守好守牢民生保障线，通过产业稳岗、公益创岗、线上找岗等方式稳就业，压紧压实“米袋子”“菜篮子”保供稳价责任制，落实好困难群体临时救助政策和各类补贴，切实让广大群众生产生活放心安心舒心。会议讨论研究了2020年度河湖长制工作要点、河湖长制工作考核办法等文件。会议强调，要树牢习近平生态文明思想，全面推进河湖长制有名有实有为，合力推动全市水生态环境质量持续提升。要做到常态化巡河和专项整治相结合，突出抓好河湖“清四乱”“三污一净”等行动，一体谋划推进保护水资源、防治水污染等工作，加速构建水美、岸美、产业美、环境美的人水和谐新格局。要压实四级河湖长责任制，落实“两函四巡三单两报告”工作法，健全完善河湖长考核办法和督察制度，切实做到守河有责、护河担责、治河尽责，不断满足人民群众对水资源、水生态、水环境的美好需求。会议还研究了其他事宜。

市政府第54次常务会议　4月23日，副省长、市长王新伟主持召开市政府第54次常务会议。会议传达贯彻4月17日中央政治局会议精神，研究部署常态化疫情防控和稳定经济运行等工作。会议指出，习近平总书记的重要讲话为抓好疫情防控和经济社会发展工作指明了方向、提供了遵循，要把思想和行动统一到党中央对国内外疫情态势和当前经济形势的科学判断和重大部署上来，进一步增强风险意识、坚持底线思维、鼓足发展信心，持续巩固疫情防控向好态势，牢牢稳住经济基本盘，兜底保障好基本民生，努力向党和人民交上一份大战大考双胜利“郑州答卷”。会议要求，要抓紧抓实抓细常态化疫情防控，因时因势完善外防输入、内防反弹各项措施，健全完善数据、责任、管理“三个闭环”，全面消除核酸迟检漏检、社区管控松懈、行业监管不严等风险隐患，切实做到境外入郑、高中风险地区返郑及无症状感染等重点人群管控全链条，复课校园、发热门诊等重点场所管控全方位，及时发现、快速处置等常态化机制全覆盖，合力把防护网织细织密织牢。会议强调，二季度是抢时间、赶进度、补损失的关键时期，要坚持稳中求进工作总基调，切实把精力集中到抓“六稳”促“六保”上来，以更大力度落准落细“三送一强”，尽早实现主要经济指标增长全面转正，确保全市经济平稳健康运行。要牢牢把握发展主动权，进一步畅通产业、市场、经济社会“三个循环”，紧盯项目建设、促进消费、开放招商等领域，以新基建、数字经济等为带动，以土地、资金等要素配置优化为保障，有效壮大支撑点、转化拖累点、培育增长点。要打好打赢“三大攻坚战”，聚焦“两不愁三保障”开展脱贫攻坚回头看，加强建筑工地、工业企业等抑尘排污综合治理，靠前化解好问题楼盘等重大风险，压实防火防灾等安全生产责任。要牢牢守住民生底线，积极稳妥解决好高校毕业生、困难群众等人员就业，抓好猪肉、果蔬等“菜篮子”产品保供稳价，落实好特殊困难群体关爱帮扶政策，切实让群众生产生活安全有序放心舒心。会议还研究了其他事项。

市政府第55次常务会议　4月30日下午，副省长、市长王新伟主持召开市政府常务会议，传达学习贯彻习近平总书记在陕西考察时重要讲话精神，以及全省县域经济高质量发展工作会议、省辖市市长座谈会议精神，安排部署疫情防控和经济运行重点工作。会议强调，要把思想和行动统一到党中央各项决策部署上来，按照省委省政府和市委工作要求，继续抓紧抓好常态化疫情防控工作，因时因势完善“外防输入、内防反弹”各项措施，织密筑牢重点商区、旅游景区、复课校园、居民楼院等防线，持续巩固疫情防控向好态势。要以决战决胜姿态稳住经济运行基本盘，落实落细“三送一强”解“六难”抓“六稳”促“六保”，项目化、清单化抓好投资拉动、开放招商、刺激消费等工作，以加快发展的确定性对冲外部环境的不确定性，确保全年经济社会发展目标顺利完成。要培育高质量发展新动能，抢抓新基建、新经济、新业态发展机遇，以数字化引领产业迭代升级，推动县域发展聚产业、提层次、升能级，奋力跑出高质量发展的加速度。要坚决打赢三大攻坚战，补齐“两不愁三保障”短板弱项，答好脱贫攻坚“收官之卷”；扎实推进蓝天、碧水、净土保卫战，构建三生融合新优势；主动靠前化解问题楼盘等重大风险，畅通群众诉求表达渠道，全力保障社会大局和谐稳定。要以更大力度惠民生保平安，积极稳妥解决好高校毕业生、农民工等群体就业，做好“米袋子”“菜篮子”保供稳价，兜住特殊困难群众基本民生底线，严之又严抓好建筑施工、交通运输、森林防火等领域安全生产，确保广大群众生产生活更安心、更放心。会议研究通过了《优化市场监管营商环境若干措施》。会议强调，好的营商环境是生产力和竞争力，要以企业和群众的获得感和满意度为出发点和落脚点，做好简政放权的“减法”、强化监管的“加法”、优化服务的“乘法”，打造“审批事项最少、办事效率最高、群众体验最优”的政务服务标杆城市。要以公平、透明、可预期为导向，抓好抓实企业上市登记注册“网上办”、首席营商服务官、食品安全6S标准化管理、政银直通车等创新举措，把该放的放开放活、该管的管住管好、该免的彻底免除，让企业和群众办事更便捷更满意。会议还研究了其他事项。

市政府第57次常务会议　5月17日，副省长、市长王新伟主持召开市政府第57次常务会议。会议传达学习贯彻5月14日中央政治局常委会会议精神及习近平总书记在山西考察时重要讲话精神，安排部署我全市当前重点工作。会议强调，各级各部门要把思想行动统一到党中央关于疫情防控和经济社会发展的新判断新要求上来，抓好抓实防控机制、措施、保障“三个常态化”，对三大枢纽、复课校园、医院门诊等重点区域防控举措再排查、再加固、再落实，守住守牢“外防输入、内防反弹”每道关口，筑牢大战大考双胜利的基础支撑。要分行业分企业做好经济运行监测调度，落细落实“三送一强”活动，聚焦企业生产经营实际困难，精准打通产业链供应链堵点断点，有效畅通产业循环、市场循环、经济社会循环；要紧盯项目不放松，在建项目要形成更多有效投资，招商项目要尽快开工建设，积极谋划储备一批新基建等“四新经济”项目，为高质量发展蓄势增能；要持续优化营商环境，通过降低制度性交易成本、提升政务服务便利度、高效调配资源要素等，让企业心无旁骛补损失、抢进度；要聚焦“六稳”“六保”，统筹抓好安全生产、信访稳定、三大攻坚战、民生保障等工作，确保顺利完成全年目标任务，让全面小康成色更足更亮。会议研究讨论了推进产业集聚区高质量发展工作方案。会议强调，各级各类产业集聚区是高质量发展的重要平台载体，要瞄准质量效益、科技创新、争先进位等目标，以亩均产出提高、集群培育提速、绿色发展提升和智能化改造、体制机制改革为重点，强化人才、土地、资金等要素保障，探索“管委会（工委）+公司”等管理模式，一体推进集群强链扩链、融合互动发展、精准开放招商、功能布局优化等“八大行动”，持续增强产业集聚区的承载力、竞争力和带动力，为构建现代化经济体系提供有力支撑。会议还研究了其他事项。

市政府第58次常务会议　6月2日，副省长、市长王新伟主持召开市政府第58次常务会议。会议传达学习贯彻全国两会精神，安排部署近期重点工作。会议强调，要深刻把握习近平总书记重要讲话精神和全国两会精神，始终坚持“人民至上”理念，全面落实“控、保、稳、进、抬、扛”六字要求，着力以“六保”促“六稳”，以“三送一强”纾困解难，确保全年各项目标任务顺利完成。会议要求，要聚焦二季度主要指标全面转正，加强经济运行监测调度，对工业经济、项目建设、重点投资等分析到行业到企业，精准施策疏堵点、补断点、破难点。要紧盯项目建设促投资，坚持一手抓在建一手抓储备，谋划实施一批“新基建”、基础设施、战略新兴产业等重大项目，积极做好专项债券申报储备工作，确保项目快落地快建设快投资。要多措并举拉动消费回暖，发挥好消费券、购物季、地摊经济效应，提振消费信心、促进消费升级。要精准开展长三角、珠三角等区域招商活动，签约落地一批国内外500强、行业20强龙头项目，为高质量发展增后劲添活力。要项目化抓好高质量发展系列三年行动计划，持续推进主导产业转型升级，发挥好“四路协同”效应，推进“三项工程、一项管理”提速见效，高标准规划建设32个核心板块，加快打造更高水平高质量发展区域增长极。会议强调，要牢牢守住底线，坚持防控机制、措施、保障“三个常态化”，高度关注复课校园、交通枢纽等重点区域安全，持续巩固防控向好态势；扎实做好就医、就业、就学等民生工作，兜底做到困难群众基本生活保障，切实让广大群众更安心舒心放心。要稳住社会大局，打好高质量脱贫攻坚战，聚焦“两不愁三保障”巩固脱贫成果，确保全面建成小康路上不漏一户、不落一人；主动靠前排查化解矛盾纠纷，从严从实抓好安全生产、防汛抗旱、污染防治等工作，让群众有更多获得感幸福感安全感。要以实干担当作风抓好工作落实，对中央省市决策部署项目化推进、台账化管理，主要负责同志研究部署，主动深入基层一线解难题抓督办，努力向党和人民交上一份高质量发展时代答卷。会议还研究了其他事项。

市政府第59次常务会议　6月17日，副省长、市长王新伟主持召开市政府第59次常务会议。会议传达学习贯彻习近平总书记近期系列重要讲话精神，安排部署当前重点工作。会议强调，要清醒认识疫情防控的复杂性、长期性和艰巨性，坚决克服麻痹思想、厌战情绪、侥幸心理、松劲心态，慎终如始做好防控机制、措施、保障“三个常态化”，落细落实筛查检测能力、健康环境水平“两提”，入境人员、中高风险地区来郑人员、血清检测异常人员“三控”，医疗机构、复课校园、隔离点“三管”，核酸检测、健康扫码、密接流调、市场商超“四查”，切实守护好城市安全、人民安康。要找准“六稳”“六保”关键点发力点，精准抓好工业经济、项目建设、消费升级等工作，牢牢稳住经济运行基本盘，实现量的合理增长和质的稳步提升；要坚决打赢三大攻坚战，对标“两不愁三保障”巩固脱贫成果，严格落实蓝天、碧水、净土保卫战各项举措，专班专案化解问题楼盘等重大风险，跑好全面建成小康社会“最后一公里”；要解决好就业就学就医和“米袋子”“菜篮子”等民生热点问题，不断增强群众获得感幸福感安全感。要抓好民法典的学习宣传实施等工作，让民法典走到群众身边、走进群众心里；要强化法治思维、打造法治政府，把民法典作为行政决策、行政管理、行政监督的重要标尺，不断提高运用民法典维护人民权益、化解矛盾纠纷、促进社会和谐稳定的能力和水平。会议讨论研究了安全生产专项整治三年行动方案。会议强调，安全生产责任重于泰山，要坚持人民至上、生命至上理念，围绕“一杜绝三下降”目标，深化源头治理、系统治理和综合治理，织密织牢安全生产防护网。要建立问题隐患和制度措施“两个清单”，加快建设安全生产双重预防体系，抓好抓实危化品、煤矿、非煤矿山、消防、道路交通、校园安全等系列专项整治方案，持续提升安全生产治理能力和治理体系现代化水平。要构建“从根本上消除事故隐患”的责任链条，拉网式开展安全隐患大排查大整治大执法大宣传，条抓块保把各类风险隐患排查在早、化解在小、处置在快，切实维护好人民群众生命财产安全。会议还研究了其他事项。

市政府第60次常务会议　7月1日，副省长、市长王新伟主持召开市政府第60次常务会议。会议传达学习贯彻习近平总书记对防汛救灾工作重要指示精神，安排部署有关工作。会议强调，全市已进入防汛关键期，要时刻绷紧防汛安全之弦，以实战状态做好防大汛、抗大洪、抢大险、救大灾各项工作，全力守护人民群众生命财产安全。要加强监测预警，运用“智能化+网格化”排查整治黄河、水库、山丘区、城区等重点部位风险隐患，未雨绸缪做好防汛救灾人力、物力、财力等准备，确保险情早发现、早处置。要压实防汛救灾责任链，条抓块保落实好值班值守、信息报送、应急演练等工作，群策群力夺取2020年防汛救灾工作全面胜利。会议传达全省脱贫攻坚第八次推进会议精神，研究郑州市贯彻落实意见。会议强调，脱贫攻坚是一项重要政治任务，要在存量贫困人口全部脱贫基础上，落实好“四个不摘”要求，完善防止返贫监测和帮扶机制，持续巩固脱贫攻坚成果。要打好产业扶贫、就业创业扶贫等“四场硬仗”，深入开展扶贫助残、异地搬迁、危房改造等“六大行动”，持续提升交通水利电力等基础设施和公共服务水平，扎实推进脱贫攻坚向高质量阶段迈进。要聚焦“两不愁三保障”补短板强弱项，14个重大专项指挥部要会同相关职能部门联动做好“回头看”，落细落实教育、医疗、低保、就业等政策，加强建档立卡动态调整，确保全面建成小康社会的成色更足更亮。会议讨论研究加强传统村落保护发展的意见。会议强调，传统村落保护发展是乡村振兴战略重要一环，要坚持物质文化遗产与非物质文化遗产保护并重、生产生活环境与生产生活方式保护并重，统筹处理好保护、利用和发展的关系，高标准打造一批宜居宜业宜游美丽乡村。要深入挖掘传统村落资源禀赋优势，因地制宜抓好传统建筑保护、基础设施提升、特色产业培育等工作，推动传统村落保护发展的完整性、真实性和延续性。要坚持规划先行、试点先行，按照“不求数量、只讲质量”原则，构建政府主导、社会参与、群众支持的工作格局，探索出一条具有郑州特色的传统村落保护发展路子。会议还研究了统计督察反馈意见整改等事项。

市政府第61次常务会　7月14日，副省长、市长王新伟主持召开市政府第61次常务会议。会议传达学习贯彻习近平总书记在中央全面深化改革委员会第十四次会议等重要讲话精神。会议强调，要把思想和行动统一到党中央各项决策部署上来，聚焦完成“十三五”规划目标任务、决胜脱贫攻坚、全面建成小康社会，发挥好改革的突破和先导作用，依靠改革应对变局、开拓新局。要瞄准打造更高水平高质量发展区域增长极，对标对表推进国有企业、政务服务、规划管理、土地制度、财政体制、教育体制、公立医院等重点领域和关键环节改革，进一步完善市场化要素配置机制，营造法治化国际化便利化营商环境，不断增强群众获得感幸福感安全感，努力为国家中心城市建设蓄势增能。会议研究讨论做好稳就业工作的实施意见和做好2020年高校毕业生工作的通知。会议强调，要把稳就业摆在更加突出位置，条抓块保汇聚稳就业保就业合力，落细落实稳岗补贴、“双创”服务、社保费“减免缓”等就业优先政策，以底线思维确保全市就业大局稳定。要统筹做好重点群体稳就业，通过网络招聘、基层就业、自主创业等方式，让高校毕业生就业更充分有质量；强化援企稳岗、以工代赈、劳务输出等举措，让农民工尽快实现就近返岗就业；健全完善公益性岗位开发机制，托底保障好特殊困难人员就业；采取创业扶持、技能培训等方式，多措并举为退役军人就业创业营造良好环境。会议研究讨论中国·河南招才引智创新发展大会“2020招才引智专项行动”郑州市总体方案。会议强调，要坚持安全、节俭、创新、务实原则，合力把活动办出特色、办成精品。要坚持高精尖缺导向，把引机构、引平台、引项目技术团队作为主攻方向，高标准开展好线上+线下系列对接活动，推动人才、项目、资金、技术等创新要素资源集聚落地。要健全完善招才引智评价机制，创新实施有温度的人才落地政策，积极构建引得来留得住用得好的人才发展生态，为高质量发展提供强有力的人才和创新支撑。

市政府第63次常务会　7月26日，副省长、市长王新伟主持召开市政府第63次常务会议。会议传达学习贯彻习近平总书记在中央政治局常委会会议和企业家座谈会上的重要讲话精神。会议强调，要落细落实防大汛、抗大洪、抢大险、救大灾各项举措，做到物资保障、应急演练等八个到位，拉网式排查整治黄河、水库、城市易涝点等风险隐患，全力保障群众生命财产安全。要千方百计保护市场主体，通过“三送一强”“一联三帮”等活动，打通企业生产经营中的堵点痛点难点，推动减费降税、普惠金融等政策直接惠及企业，全方位激发市场主体活力；要大力弘扬企业家精神，涉企政策制定多听企业家意见建议，倾心倾力支持企业家以恒心办恒业，切实发挥好广大企业在“六稳”“六保”中的生力军作用。会议听取农村乱占耕地建房问题整治工作情况汇报。会议强调，要扛稳抓牢耕地保护的政治责任，抓紧制定农村乱占耕地建房问题整治工作方案，建立健全宅基地分配、使用、流转和违法用地查处等制度，全面摸清存量底数，依法依规有序推进，以“零容忍”态度管住新增问题，坚决遏制占用耕地乱象，从严做到耕地数量、质量、生态“三位一体”保护，全力确保农地农用、耕地安全。会议研究讨论了落实生活垃圾分类全覆盖打造收运处理体系全链条三年行动方案。会议强调，要聚焦减量化、资源化、无害化目标，全面建立前端分类投放、中端分类收运、末端分类处理闭环体系，加快建设垃圾分拣中心，提升生活垃圾资源处置能力，形成以法治为基础、政府推动、全民参与、城乡统筹、因地制宜的垃圾分类制度，推动垃圾分类由新时尚成为好习惯。会议研究讨论了支持制造业高质量发展若干政策。会议强调，要把制造业高质量发展作为主攻方向，制定好落实好若干政策实施细则，抓好新兴产业培育、“三大改造”实施、“亩均论英雄”评价等关键环节，强化土地、资金、人才等要素保障，积极推进产业基础高级化、产业链现代化、产业体系数字化，持续深化先进制造业与现代服务业深度融合，不断提升制造业含金量含绿量含新量，加快建设全国重要先进制造业基地。会议还研究了煤炭消费总量控制等事项。

市政府第64次常务会议　8月7日，副省长、市长王新伟主持召开市政府第64次常务会议。会议传达学习贯彻习近平总书记近期系列重要讲话精神，安排部署当前重点工作。会议强调，要强化政治建设，学深悟透习近平新时代中国特色社会主义思想，各项工作都要从中找方法、找指引、找遵循，切实把增强“四个意识”、坚定“四个自信”、做到“两个维护”融入血脉、化为行动，推动党中央各项决策部署在郑州落地生根。要聚焦重点攻坚，坚持疫情防控和经济社会发展双统筹，落实“六稳”“六保”各项部署，抓好项目建设、消费升级、新兴产业培育、三大攻坚战等工作，找准稳企业保就业、推进高质量发展系列三年行动计划的着力点，更加注重产业链补短板锻长板，筑牢经济社会持续健康发展的基本面。要提升工作能力，在推动政策落实、深化改革创新、解决复杂问题、做好群众工作等方面下功夫，增强机遇意识和风险意识，把握发展规律、发扬斗争精神，打好化危为机、危中寻机主动仗。要转变工作作风，严守“六大纪律”、筑牢思想防线，争做依法依规办事的表率，擦亮担责担难担险鲜明底色，确保全年经济社会发展目标任务顺利完成。会议研究讨论了2019年度全省依法行政考核反馈问题整改情况。会议强调，要深入学习贯彻习近平总书记全面依法治国新理念新思想新战略，坚持政府常务会议定期学法制度，确保政府各项工作在法治轨道上运行。政府系统要建立反馈问题整改台账和任务、责任“两个清单”，突出依法行政抓整改，自觉尊法学法守法用法，坚持用法治思维和法治方式想问题办事情；突出优化环境抓整改，以刀刃向内精神深化“放管服”改革，加快推进政府职能转变，打造市场化法治化国际化营商环境；突出科学决策抓整改，完善重大行政决策相关制度，不断提高决策科学化、民主化、法治化水平；突出严格程序抓整改，从严落实行政执法“三项制度”，着力推进行政执法透明、规范、合法、公正；突出化解纠纷抓整改，用心用情用力为群众提供法律援助，切实维护好群众合法权益，推动法治政府建设不断取得新进展新成效。会议还研究了加快枢纽经济发展实施等事项。

市政府第65次常务会议　8月18日，副省长、市长王新伟主持召开市政府第65次常务会议。会议听取中央和省环保督察反馈问题整改工作情况汇报。会议强调，要深刻认识环保督察反馈问题整改的严肃性和紧迫性，切实增强问题整改的政治担当，依法依规、从严从实把督察反馈问题整改到位。要压紧压实整改责任，主要负责人要靠前指挥、一线推动，牵头组建专班、制定专案、细化措施，建立整改问题任务清单和责任清单，坚持台账管理、定期通报、销号验收，以实际整改成效助力全市生态文明建设。要举一反三、查改结合，进一步建立健全生态环境保护长效机制，持之以恒打好蓝天碧水净土保卫战，不断增强人民群众的生态环境获得感和满意度。会议研究讨论了提升粮食和应急物资储备保障能力实施意见。会议强调，要深入学习贯彻习近平总书记关于粮食和应急物资保障重要论述，加快构建更高质量、更有效率、更可持续的粮食和应急物资安全保障体系。要坚持规划引领，加快建设粮食和应急物质储备项目，加大各类储备设施整合力度，打造多层次、立体化的储备基础设施网络。要扛稳粮油保供稳价责任，构建新型粮食市场监测预警体系，落实好应急物资储备政府采购、定期轮换、调剂调用等制度，促进粮食供求区域平衡和季节平衡。要完善粮食“产购储加销”协同机制，推动优粮优产、优粮优购、优粮优储、优粮优加、优粮优销“五优联动”，延伸粮食产业链、提升价值链、打造供应链，确保粮食和应急物资储备保障网更加高效安全可控。会议研究讨论了工程建设项目审批提升有关政策文件。会议强调，工程建设项目审批是深化“放管服”改革重要内容，要坚持把群众满意作为改革出发点和落脚点，持续在减事项、减环节、优流程、优服务上下功夫，努力打造政务服务的郑州特色、郑州速度。要立足于真联真通真办，夯实数据互联互通的系统支撑，加快电子证照、电子审图等模块运用，以线上线下“全融合”为企业和群众提供便捷服务。要强化事中事后监管，落实好“红黑名单”、联合激励惩戒等制度，构建以信用为基础的新型监管机制，确保工程建设项目审批规范有序高效。会议还研究了加快5G网络建设和产业发展等事项。

市政府第66次常务会议 8月27日，副省长、市长王新伟主持召开市政府第66次常务会议。会议传达贯彻习近平总书记在经济社会领域专家座谈会上的讲话精神。会议强调，各级各部门要在学深悟透笃行上下功夫，对标对表进一步明晰方向路径措施，全面贯彻新发展理念，以“六稳”“六保”成效践行“两个维护”。要构建新发展格局，持续深化供给侧结构性改革，把准扩大内需的新特点和发力点，以高水平对外开放打开发展新空间，创造融入双循环的竞争新优势。要催生发展新动能，聚焦“两新一重”补短板锻长板，推动人才+项目+产业协同发展，抓实优化产业结构、强智造、强创新、强链条、强企业“一优四强”，走好创新驱动的内涵式增长路子。要激发新发展活力，依靠改革应变局开新局，抓好“放管服”等重点领域关键环节改革，打造市场化法治化国际化营商环境，让广大市场主体活力迸发、让各类资源要素高效流动，不断开创国家中心城市高质量建设新局面。会议听取了无证幼儿园专项治理工作情况汇报。会议强调，办好人民满意的教育是一项重大民生工程，要树牢人民至上理念，聚焦提升学前教育的公益、普惠、安全、优质发展水平，高质高效抓好排查、分类、扶持和治理工作。要建立健全整改台账，明确工作任务、程序原则和时间节点，加快制定幼儿园布局规划、健全幼儿园监管措施，全力确保专项整治规范有序平稳。要坚持政府主导、部门联动、分类治理，健全周例会、月通报等机制，加强专项跟踪督查，及时研究解决存在的问题，切实让群众享受到家门口的美好教育。会议研究讨论了国家儿童区域医疗中心、国家儿童医学中心河南分中心合作共建事宜。会议强调，让广大儿童就近共享优质医疗资源，事关千万家庭福祉、承载群众对美好生活期盼，要围绕打造区域高水平儿科临床诊疗中心、高层次儿科人才培养基地、高水准科研创新转化平台的“一中心一基地一平台”，建立健全目标、任务、责任“三个清单”，确保合作共建内容加速落地见效。要强化服务保障，各相关部门要联动支持好共建工作，推动资源、平台、信息、人才、技术“五个共享”，持续提升儿童医疗服务水平，让广大群众和全市儿童更放心更安心。会议还研究了观影惠民季活动等事项。

市政府第67次常务会议 9月13日，副省长、市长王新伟主持召开市政府第67次常务会议。会议学习贯彻8月31日中央政治局会议等精神。会议强调，各级各部门要增强学懂弄通做实的政治自觉、思想自觉和行动自觉，全面落实《黄河流域生态保护和高质量发展规划纲要》，坚决扛稳黄河流域生态保护和高质量发展的政治责任，瞄准沿黄生态保护示范区、高质量发展区域增长极、黄河历史文化主地标三个定位，以规划建设核心示范区、起步区为抓手，以落细落实高质量发展系列三年行动为支撑，突出抓好水污染治理、生态廊道建设、产业布局优化、保护传承弘扬黄河文化等工作，全面提速黄河国家博物馆等重点项目建设，确保黄河国家战略各项决策部署在郑州落地生根，为“让黄河成为造福人民的幸福河”贡献郑州力量、郑州担当。会议讨论研究了政务数据安全管理暂行办法。会议强调，数据安全事关国家安全和经济社会发展，要深入贯彻习近平总书记网络强国和数字中国的重要论述，把政务数据和信息化工作同规划同建设同发展，分类分级建立全周期全环节安全可控体系，提升采集、处理、传输、存储、使用等安全管理能力。要科学有效整合现有政务数据资源，打通公共数据资源安全共享通道，有效助力数字政务、数字政府建设。要以数字产业化、产业数字化为导向，推动数字经济与实体经济深度融合，打造共建、共享、共赢的数据安全生态圈和数字经济产业链，加快数字赋能郑州高质量发展步伐。会议研究讨论了城市道路窨井盖治理提升方案。会议强调，窨井盖治理提升是城市精细化管理的小切口、大形象，要以智慧城市建设为引领，以窨井盖病害防治为目标，以理顺管理体制为保障，抓实抓细窨井盖确权建档、管护治理、资金保障等工作，努力打造整洁有序舒适愉悦的城市环境。要坚持条抓块保机制，汇聚窨井盖建设、整修、监管、执法的合力，健全月通报、季督查、联席会议、绩效考评等制度，不断提升城市精细化管理水平，让广大群众生产生活更安心更放心更舒心。会议还研究了停止军队有偿服务下篇文章相关问题等事项。

市政府第68次常务会议 9月26日，副省长、市长王新伟主持召开市政府第68次常务会议。会议传达学习习近平总书记近期系列重要讲话精神。会议强调，要把思想和行动统一到习近平总书记新部署、新要求上来，增强育新机开新局的战略思维，坚定不移贯彻新发展理念，更加重视激活高质量发展的动力活力，在融入新发展格局中增创发展优势。要总结好“十三五”成效、编制好“十四五”规划，聚焦产业体系重构升级、深化改革开放、提升治理体系和治理能力现代化等领域，谋划实施一批打基础增后劲利长远的重大项目、重大工程，发挥互联网在倾听人民呼声、汇聚人民智慧方面的作用，推动“十四五”规划符合广大群众所思所盼。要把人民健康放在优先发展战略地位，以提升基层公共卫生服务能力为重点，健全预警响应机制，完善重大疫情救治体系，提高卫生健康供给质量，全方位保障好群众生命安全和身体健康。会议研究讨论落实《河南省做好“六稳”工作落实“六保”任务若干政策》工作方案。会议强调，落细落实中央省市“六稳”“六保”部署是对冲疫情冲击、突破当前困局的关键举措，要坚持稳中求进工作总基调，准确把握国家和省系列政策关键环节，提高政策知晓率和实效性，坚决稳住经济发展基本盘。要健全完善台账管理、专班推进、协调联动“三大机制”，逐项建立目标、任务、责任“三个清单”，主要负责同志要带头践行“一线工作法”，打通政策落实的“最后一公里”，汇聚以“六稳”“六保”助推高质量发展强大合力。会议研究讨论了大气污染防治重点工作方案。会议强调，要深入贯彻习近平生态文明思想，坚持科学治污、精准治污、依法治污，坚决打赢大气污染防治攻坚战，让人民群众有更多蓝天获得感。要强化源头治理、精准治理、系统治理，紧盯二氧化氮、PM2.5和PM10等关键指标，聚焦移动源、燃煤源、工业源、扬尘源等治理重点，严格落实重型柴油车辆管控、工业企业深度治理、燃煤散烧治理、工地扬尘8个100%管理等举措，坚决完成市定年度空气质量目标。要压实协同治污责任链条，分领域分行业研究制定工作专案，建立周调度、月通报、年考核机制，构建联防联控、共治共享的强大合力。会议还研究了国土空间规划管理条例等事项。

市政府第69次常务会议 10月10日，副省长、市长王新伟主持召开市政府第69次常务会议。会议传达贯彻习近平总书记近期系列重要讲话精神。会议强调，要强化“十四五”规划编制的前瞻性、科学性和系统性，坚定不移贯彻新发展理念，突出高质量发展主攻方向，把以人民为中心发展思想贯穿始终，在主动融入中部崛起、黄河流域生态保护和高质量发展战略中找准郑州方位，在构建双循环格局中补短板锻长板、育新机开新局，加快打造更高水平高质量发展区域增长极。要增强贯彻《中国共产党中央委员会工作条例》精神的政治自觉，把《条例》要求落实到各项工作中，把增强“四个意识”、坚定“四个自信”、做到“两个维护”落实在具体行动上，做守纪律讲规矩的践行者执行者维护者。要把建设现代流通体系作为重要战略任务来抓，着力补齐现代综合交通体系、商贸流通体系、应急物流体系短板，推动全市流通体系更加顺畅高效，在服务全国大局中抢占先机。会议讨论研究储备土地综合开发实施细则等文件。会议强调，要深入贯彻习近平总书记科学用好土地资源的重要指示精神，本着节约集约高效用地原则，持续优化土地收储、开发、供应管控水平，全面提升土地的生态效益、社会效益和经济效益。要统筹建与管、条与块两个关系，科学安排征地、拆迁、配套设施建设等时序，实现开发—成熟—滚动再开发良性循环。要规范储备、做地、供应三个计划，坚持规划引领、供需平衡、有效衔接，切实保障土地可持续利用和“三生”空间融合发展。要做到程序、标准、管理、考核四个明确，确保综合开发程序固化、内容细化、进程量化，着力为国家中心城市建设提供坚实的土地要素保障。会议讨论研究了贾鲁河保护条例实施相关配套制度。会议强调，保护贾鲁河对促进全市水生态文明建设意义重大，要落细落实各项配套制度，联动解决好规划、建设、保护和管理等问题，统筹推动沿岸周边区域协调发展。要健全综合协调、联合督办、考核评价等机制，加强对贾鲁河保护条例和配套制度的宣传解读，营造共同关心、支持、参与贾鲁河保护的浓厚氛围，合力打造兴水惠民的安全河、生态河、景观河、文化河、幸福河。会议还研究了迎接国务院第七次大督查等事项。

市政府第70次常务会议　10月22日，副省长、市长王新伟主持召开市政府第70次常务会议。会议传达学习习近平总书记近期系列重要讲话精神。会议强调，全市上下要深刻理解“七种能力”的丰富内涵和重大意义，切实加强思想淬炼、政治历练、实践锻炼、专业训练，更好肩负起新时代的职责使命。要坚持把讲政治摆在首位，在把握正确政治方向中强基固本，始终做政治上的老实人、明白人，坚定不移推动党中央决策部署在郑州落地落实。要在解决实际问题中锤炼过硬本领，把“七种能力”融入工作实践，在调查研究、深入群众中科学决策，在改革攻坚、防范风险中展现担当，在起而行之、真抓实干中开拓新局。要强化战略、历史、辩证、创新、法治、底线六种思维，准确识变、科学应变、主动求变，以担责担难担险的鲜明底色打好主动仗，更好做到想干事、能干事、干成事。会议听取了“十四五”规划编制情况汇报。会议强调，要把习近平总书记视察河南郑州重要讲话和指示精神作为根本遵循，坚定不移贯彻新发展理念，找准中部地区崛起、黄河流域生态保护和高质量发展国家战略中的“郑州方位”，努力在危机中育新机、于变局中开新局，加快打造更高水平的高质量发展区域增长极。要突出关键领域，聚焦提升创新能级、生态文明建设、高质量发展、重大工程等，主动加强与国家和省“十四五”规划衔接，争取更多资金、更多项目进入国家和省大盘子，为国家中心城市建设蓄势增能。要加强统筹协作，牢固树立“一盘棋”思想，广泛听取各领域专家、上级部门、人民群众和社会各界的意见建议，确保我市“十四五”规划更具科学性、前瞻性和操作性。会议研判分析了全市经济运行情况。会议强调，前三季度全市主要经济指标持续回升，稳、进、优的基本面不断扩大，各级各部门要准确研判形势，坚定信心定力，全力冲刺四季度，确保全面建成小康社会和“十三五”规划圆满收官。要紧盯重点攻坚，聚焦“六稳”“六保”部署落地落实，以精准之策和务实之举统筹好常态化疫情防控、企业纾困、招商引资、三大攻坚战等工作，牢牢抓住强投资、扩消费、稳外资外贸的发力点，持续巩固提升经济向稳向好向优态势。要坚持总结和谋划并举，全面盘点年度工作赶进度，精心谋划重点项目打基础，科学制定明年经济社会发展各项目标任务，努力实现“十四五”良好开局。会议还研究了2020国际乒联赛等事项。

市政府第71次常务会　10月31日，副省长、市长王新伟主持召开市政府第71次常务会。会议传达学习党的十九届五中全会精神，安排部署政府系统贯彻落实工作。会议强调，全市政府系统要深刻认识五中全会的重大现实意义和深远历史意义，准确把握公报提出的新形势、新阶段、新格局、新目标、新部署、新要求，确保全会精神在郑州具体化实践化。要把学习宣传贯彻全会精神作为一项重要政治任务，主动深入基层、深入一线、深入群众宣传解读全会系列部署，在政府系统营造学在深处、谋在新处、干在实处的浓厚氛围。要把学习贯彻全会精神同推动当前工作紧密结合，抓细抓实常态化疫情防控、脱贫攻坚收官战、经济运行监测调度、“十四五”规划编制等工作，确保“十三五”收好官、“十四五”开好局。会议听取了全市重点项目和新签约招商项目推进情况汇报。会议强调，要树牢招商为要、项目为王、落地为大理念，不断为国家中心城市建设注入新动能。要加快项目建设不停歇，全面落实重点项目领导分包制度，调动各类要素资源向项目倾斜，推动形成谋划一批、落地一批、开工一批、投用一批的项目建设新热潮。要精准招商引资不松劲，把握好产业链补短板锻长板、持续优化营商环境、加速融入双循环等关键环节，着力在招大、招新、招链上精准发力，落实招商引资“五个一”推进机制，以高质量招商引资助推经济高质量发展。会议研究讨论了加强政府性融资担保体系建设支持中小微企业和“三农”发展实施意见。会议强调，要坚守政府性融资担保机构的准公共定位，按照聚焦主业、降费让利、银担分险、规范运作原则，健全完善市县联动、功能互补、特色鲜明的政府性融资担保体系，切实降低小微企业和“三农”综合融资成本。要加快构建可持续的银担合作新机制，严格控制闲置资金运作规模和风险，发挥好财政资金的撬动作用，推动形成财政和金融协同支农惠企新格局。要强化激励和保障，建立资本金持续补充、代偿补偿等制度，完善尽职免责、绩效考核、跟踪评估等配套措施，落实属地监管责任，合力推动金融更好服务实体经济发展。会议还研究了大运河片区综合开发项目推进方案等事项。

市政府第72次常务会议　11月6日，副省长、市长王新伟主持召开市政府第72次常务会议。会议学习传达习近平总书记近期重要讲话精神。会议强调，各级各部门要增强改革创新的政治自觉和行动自觉，统筹打好加强国有资产监管、提高资源配置效率、建立高标准市场体系等改革“组合拳”，在群众所急所需所盼的民生领域推出一批重点改革举措，让改革成果更多转化为高质量发展的动力源、人民群众的获得感。要以更加开放、创新、包容的姿态落实党中央对外开放部署，坚定不移走好“枢纽+开放”路子，努力把郑州建设成为国际交通枢纽门户、对外开放体系高地、参与国际合作高地。会议听取了2019年度全市依法行政考核情况汇报。会议强调，各级各部门要深入贯彻习近平总书记关于全面依法治国的重要论述，聚焦争创“全国法治政府建设示范市”目标，着力推动法治化营商环境新突破，以深化“放管服”改革为带动，加快市场环境、政务环境、司法环境的法治化，更好地保护和激发市场主体活力；着力推动依法行政实现新突破，持续提升依法科学民主决策水平，严格落实行政执法“三项制度”，把民法典作为依法行政的重要标尺，确保权力在法治轨道上规范运行；着力推动社会治理现代化新突破，深入推进服务型行政执法建设，发挥好行政复议的制度优势和主渠道作用，扎实推进社会信用体系建设，为国家中心城市建设提供强有力的法治保障。会议听取了调整公共租赁住房申请条件和审核程序等问题的情况汇报。会议强调，规范有序管理好公租房是重要的民生工程，要把解决好城镇中低收入人员、新就业大学生等群体基本住房需要作为出发点和落脚点，在准入、使用、退出等方面建立科学高效的管理机制，推动公共资源的公平善用。要按照公开公平公正的原则，严把申报条件、优化申请流程、科学配置房源、做好信息公开，加强对保障资格的动态监管和信用监管，充分发挥公租房的基础性保障作用。要宣传好、解读好公租房有关政策的调整内容，确保新、旧政策平稳过渡，切实把实事办实、好事办好，不断提升住房困难群体的幸福感和满意度。会议还研究部署了近期重点工作。

市政府第73次常务会议　11月14日，副省长、市长王新伟主持召开市政府第73次常务会议。会议传达学习习近平总书记在党的十九届五中全会上的重要讲话精神。会议强调，习近平总书记重要讲话和《中共中央关于制定国民经济和社会发展第十四个五年规划和二〇三五年远景目标的建议》，明晰了向第二个百年奋斗目标进军的时间表、路线图和任务书，为做好当前及今后一个时期的工作提供了基本遵循、指明了前进方向，全市政府系统要准确把握“十四五”的新形势、新阶段、新格局、新目标、新部署、新要求，不断增强开启新征程、奋进新时代的责任感使命感。要推动学习宣传往深里走、往心里走、往实里走，持续提升贯彻新发展理念、构建新发展格局的能力水平，科学编制郑州市“十四五”规划，统筹好疫情防控和经济社会发展，全力完成决胜全面建成小康社会、决战脱贫攻坚目标任务，确保全会精神在郑州落地生根、开花结果，不断开创国家中心城市建设新局面。会议听取了2019年全市产业集聚区企业分类综合评价情况汇报。会议强调，产业集聚区是经济高质量发展的重要载体，以亩均产出、创新引领、绿色发展为导向评价集聚区内企业，是促进全市产业高端化、绿色化、智能化、融合化发展的必然要求。要按照质量第一、效益优先原则，健全完善正向激励与反向倒逼相结合的差异化政策，持续提升产业集聚区供给体系质量和全要素生产率，加快构建实绩排序、分类施策、动态管理的企业转型发展引导机制，着力以龙头企业带动产业基础高级化和产业链现代化，培育壮大一批集聚度高、竞争力强的特色产业集群，为打造更高水平高质量发展区域增长极提供有力支撑。会议研究讨论了绿色出行创建行动方案。会议强调，绿色出行是贯彻习近平生态文明思想的具体行动，要在营造绿色出行环境、增强绿色出行意识上下功夫，抓好抓实综合运输服务网络完善、公共交通服务品质改善、慢行交通系统服务优化等工作，着力建设布局合理、生态友好、清洁低碳、集约高效、安全便捷的绿色出行服务体系，不断提升群众对绿色出行的认同感。要把绿色出行和“畅通郑州”建设相结合，发挥好国家公交都市建设示范城市比较优势，加快构建轨道+公交+慢行“三网融合”绿色交通网络，努力让广大群众出行更绿色更便捷，让城市生活更美好更幸福。会议还研究了加快安置房网签等事项。

市政府第74次常务会议　11月20日，副省长、市长王新伟主持召开市政府第74次常务会议，会议传达学习习近平总书记近期重要讲话和重要指示精神。会议强调，习近平法治思想是全面依法治国的根本遵循和行动指南，全市政府系统要增强学习贯彻的思想自觉、政治自觉和行动自觉，做到吃透基本精神、把握核心要义、明确工作要求，不折不扣把党中央关于全面依法治国的决策部署落到实处，切实在法治轨道上推进治理体系和治理能力现代化。要把习近平法治思想贯穿到法治政府建设各领域和全过程，不断提高运用法治思维和法治方式深化改革、推动发展、化解矛盾、维护稳定的能力，着力在优化营商环境、坚持依法行政、创新社会治理等领域实现新突破，努力争创“全国法治政府建设示范市”。要引导群众尊崇法治、敬畏法律、了解法律、掌握法律，营造形成全社会尊法学法守法用法的浓厚氛围。会议讨论研究了加快5G新型基础设施建设的实施意见。会议强调，5G是推动经济高质量发展的重要引擎，是加速数字化、网络化、智能化转型的基础支撑，各级各部门要深入贯彻习近平总书记关于网络强国、数字中国的重要论述，加快构建5G基础网络、研发创新基地、生产制造基地、应用示范基地、信息安全基地的“一网四基地”发展格局，努力打造5G产业发展先行区和创新应用示范区。要建立5G网络建设和产业发展任务清单、责任清单，规范有序推进基站建设，强化用地用电资金等保障，加快5G规模组网进程。要通过政府、企业、科研机构和运营商多方联动，共同成立5G应用创新中心和5G创新实验室，全方位支持5G技术、应用、产业、平台发展，重点培育一批5G应用标杆企业，构建形成以5G为支撑的创新产业生态圈。要持续丰富拓展应用场景，积极推进5G与信息消费、工业互联网、智慧城市、智慧交通、智慧生活、数字乡村等深度融合，为打造更高水平高质量发展区域增长极注入新动能新活力。会议还研究了电梯物联网和冷链食品智慧化监管等事项。

市政府第75次常务会议　11月28日，副省长、市长王新伟主持召开市政府第75次常务会议，会议传达学习了习近平总书记近期重要讲话精神。会议强调，全市政府系统要弘扬劳模精神、劳动精神和工匠精神，落地落实“勤于创造、勇于奋斗”行动号召，汇聚加快国家中心城市建设的强大合力。要筑牢理想信念，引导全市工人阶级和广大劳动群众发扬优良传统，坚定不移听党话、矢志不渝跟党走。要树牢以人民为中心发展思想，营造尊重劳动、尊重知识、尊重人才、尊重创造的浓厚氛围，切实把劳动群众身上的创造活力焕发出来。要广泛宣传劳动模范先进事迹，让劳动最光荣、劳动最崇高、劳动最伟大、劳动最美丽蔚然成风，激励广大劳动群众争做新时代的奋斗者。要加强劳动技能培训，实现好维护好发展好工人阶级和广大劳动群众合法权益，让大家拥有更多获得感幸福感安全感。会议讨论研究了加快推进新型智慧城市建设的指导意见。会议强调，加快建设让人民满意的新型智慧城市，是推动治理体系和治理能力现代化的必由之路，要聚焦“一个平台、三大体系、四大应用”，以城市大脑建设、5G网络建设、智慧政务等为抓手，科学有序实施好基础设施集约化、城市治理精细化、民生服务便利化、生态宜居可持续化、产业发展数字化等领域重点工作，探索走出一条具有郑州特色的新型智慧城市发展路径。会议听取了“智汇郑州·1125聚才计划”中期评估情况汇报。会议强调，各级各部门要深入贯彻习近平总书记关于人才工作的重要论述，加快构建全视角引才、全链条育才、全方位用才新格局。要把握好高质量引进培育人才重点，着力在产业引才、项目育才、环境聚才上下功夫，推动产业链、创新链、人才链、金融链、政策链“五链同构”，努力让各类人才在郑州创业有机会、创新有平台、发展有空间、生活有温度。会议还研究了新能源巡游出租车更新替代政策等事项。

市政府第76次常务会议　12月5日，副省长、市长王新伟主持召开市政府第76次常务会议。会议传达学习习近平总书记在中央政治局常委会会议上听取脱贫攻坚总结评估汇报时的重要讲话精神。会议强调，要扛稳抓牢脱贫攻坚政治责任、民生责任，尽锐出战、全力而为，确保高质量打赢脱贫攻坚战。要保持现有帮扶政策总体稳定，严格落实“四个不摘”要求，强化异地搬迁后续扶持，不断巩固拓展脱贫攻坚成果。要健全防止返贫监测和帮扶机制，做好民生兜底保障等工作，聚焦“两不愁三保障”补短板，让脱贫成效真正获得群众认可、经得起实践和历史检验。要推进脱贫攻坚与乡村振兴有效衔接，以产业扶贫、就业扶贫等为重点，确保贫困群众持续增收、稳定脱贫。会议传达学习了习近平总书记在中央政治局第二十五次集体学习时的重要讲话精神。会议强调，要把知识产权保护摆在更加突出位置，运用法律、行政等手段构建大保护格局，让创新创造活力不断迸发。要强化全链条保护，构建与国家中心城市建设相适应的知识产权生态，推动知识产权向更高质量创造、更高水平保护、更高效益运用方向发展，为打造更高水平高质量发展区域增长极提供保障。要强化保护协调机制，加大宣传教育力度，提高保护工作的法治化水平，营造全社会尊重和保护知识产权的浓厚氛围。会议讨论研究了新形势下加强招商引资工作的意见。会议强调，要把招商引资作为“一号工程”，坚持招商为要、项目为王、落地为大，以高质量招商引资助推经济高质量发展。要聚焦产业谋招商，科学编制产业招商图谱，“一链一专班”引进延链补链强链项目。要做实平台促招商，强化“亩产论英雄”导向，依托四个开发区、城市核心板块和产业集聚区，定向落地具有集聚集群效应的龙头项目。要优化环境保招商，营造市场化法治化国际化营商环境，统筹土地、资金等要素保障，以“店小二”服务确保项目快落地快达产。要健全机制抓招商，坚持周例会、月调度、季观摩制度，严格兑现招商引资绩效考核，不断开创招商引资新局面。会议还研究了平安郑州建设等事项。

市政府第77次常务会议　12月12日，副省长、市长王新伟主持召开市政府第77次常务会议。会议传达学习习近平总书记近期重要讲话精神。会议强调，全市政府系统要学深悟透党中央对明年经济工作的重大判断、重要部署，增强育先机、开新局的自觉性和主动性，坚持把新发展阶段、新发展理念、新发展格局的实践要求与国家中心城市建设实际相结合，谋深、谋准、谋实“十四五”和明年工作的思路目标、重点举措、具体抓手，着力打造更高水平高质量发展区域增长极；要扎实做好“六稳”工作、落实“六保”任务，统筹抓好疫情防控、经济运行、民生保障、安全生产等重点工作，确保“十三五”收好官、“十四五”开好局。要大力弘扬劳模精神、劳动精神、工匠精神，健全技能人才培养、使用、评价、激励等制度，凝聚市场、企业、学校等多方合力，加快建设一支知识型、技能型、创新型劳动者大军，让技能人才为经济高质量发展注入新动能新活力。会议讨论研究行政规范性文件管理规定。会议强调，各级各部门要深入贯彻党中央、国务院关于全面推进依法治国、加快建设法治政府的决策部署，围绕政府治理体系和治理能力现代化，健全完善程序完备、权责一致、相互衔接、运行高效的合法性审核等机制，持续提升行政规范性文件制定、监督和管理的全过程法治化水平，切实保护好公民、法人和其他组织的合法权益，努力建设人民满意的法治政府。会议讨论研究市级政府公物仓管理办法（试行）。会议强调，加强公物仓管理是政府带头过“紧日子”的具体行动、是建设节约型机关的必然要求，要着眼于国有资产的共享、共用和集约化管理，加快构建公物仓资产智慧化管理系统，健全完善统一管理、统一调配、统一使用、统一处置的运行监管机制，推动实现国有资产物尽其用、循环使用、高效利用，腾出更多的财政资金用于支持“六稳”“六保”。会议还研究了制造业高质量发展等事项。

市政府第78次常务会议　12月19日，副省长、市长王新伟主持召开市政府第78次常务会议。会议传达学习习近平总书记在中央政治局第二十六次集体学习时的重要讲话精神。会议强调，全市政府系统要树牢安全发展理念，坚持以人民安全为宗旨，切实维护人民群众安全利益。要统筹推进安全生产、疫情防控、信访稳定等重点领域安全，扎实开展突出问题集中整治攻坚行动，提高风险的预见、预判能力，努力把安全隐患排查在早、化解在小。要健全完善安全治理体系，强化法治思维、守牢安全底线，依托新一代信息技术提升安全治理现代化水平，以高水平安全保障高质量发展。会议听取全市宗教工作情况汇报。会议强调，要深入贯彻习近平总书记关于民族宗教工作的重要论述，自觉从政治和大局上把握民族关系、看待民族问题，有力有效防范处置各类宗教问题，全面推进宗教工作规范化、法治化。要以“四进”活动为抓手，强化宗教工作三级网络和两级责任制，建立健全依法管理常态长效机制，牢牢把握宗教工作主动权。要构建齐抓共管工作格局，大力开展民族团结进步教育，把宗教工作纳入社会治理体系，依法依规加强宗教事务管理，全面提高新形势下宗教工作水平。会议研究讨论加强土地出让管理工作的意见等文件。会议强调，要着眼于土地资源的集约节约高效利用，依法依规做好土地收储、出让、供应等工作，确保有计划、有区域、有结构、有节奏供地，用好用活宝贵的土地资源。要推进土地资源配置最优化和效益最大化，科学把握收储、供应、开发时序进度，为高质量发展留足空间、优化布局，夯实国家中心城市建设的土地资源保障。会议听取了产业集聚区、组团新区、专业园区考核评先情况汇报。会议强调，要制定实施产业集聚区提质增效方案，科学设置考核指标，强化“亩均论英雄”导向，推进市场化体制机制改革，深入实施“百园增效”行动，以产业集聚区高质量发展支撑现代产业体系构建。要加快培育特色鲜明、有较强竞争力的主导产业，推动四个开发区编制实施主导产业发展规划，着力打造一批关联度大、带动力强的龙头企业，引进落地一批上下游关联配套企业，实现主导产业的集聚集群集约发展。

【新冠肺炎疫情防控重要会议】 全市新型冠状病毒感染的肺炎疫情防控工作会议　1月21日上午，全市新型冠状病毒感染的肺炎疫情防控工作会议召开。市委副书记、市长王新伟出席会议并讲话。会议传达国家、省相关会议精神，通报了相关疫情情况，并对下一步疫情防控工作进行安排部署。王新伟指出，要认真学习贯彻习近平总书记重要指示和国务院总理总理李克强重要批示精神，迅速行动落实，以对人民群众高度负责的态度，严格、细致、周密部署防控工作，织牢人民健康防护网，确保全市人民度过一个文明祥和安定的春节。王新伟要求，要切实提升政治站位，把疫情防控作为当前工作的头等大事，保持清醒头脑和高度警惕，务求全胜打好战役；坚持科学应对，快速实施医疗救治，做好关键部位防控，严格落实信息报告，做好宣传引导和防控物资保障；加强组织领导，坚决按照属地管理原则，明确责任主体，严格责任追究。各部门要加强联防联控、通力协作，根据疫情变化，及时充实力量，采取有效措施，严防疫情输入和传播。

郑州市疫情防控视频调度会　2月7日，市委副书记、市长王新伟主持召开疫情防控视频调度会，传达贯彻习近平总书记重要指示和中央重要会议精神，落实省委书记王国生和省委省政府有关部署，按照省委常委、市委书记徐立毅在疫情防控领导小组会议的安排，实地检查集中隔离点管理、医疗废物废水处置、地铁站点运营等情况。他强调，要把人民群众生命安全和身体健康放在第一位，强化底线思维和风险意识，依法科学有序打赢疫情防控阻击战。

2月9日，市委副书记、市长王新伟检查企业复工、社区管控等情况，主持召开会议传达贯彻省委书记王国生检查郑州市疫情防控时的讲话精神和省委常委、市委书记徐立毅在市疫情防控领导小组专题会议上的讲话要求。他强调，各级各部门要充分认识疫情的隐蔽性、反复性、持续性、复杂性，在法治轨道上从严从细从实做好防控工作，沉在最基层、干在第一线赢得主动权，坚决守护好人民群众生命安全和身体健康。

2月11日，市委副书记、市长王新伟主持召开疫情防控视频调度会，学习贯彻习近平总书记在北京市调研新冠肺炎疫情防控工作时的重要讲话精神，部署落实省委常委、市委书记徐立毅在市疫情防控领导小组会议上的工作要求。他指出，习近平总书记坚强有力的指导、温暖人心的话语，为我全面战胜疫情指明了前进方向、提供了根本遵循，全市上下要以更坚定的信心、更顽强的意志、更果断的措施，织密坚不可摧的疫情防控人民防线，众志成城打赢疫情防控人民战争总体战阻击战。

2月14日，市委副书记、市长王新伟检查企业复工复产、社区疫情防控等情况，主持召开视频调度会传达贯彻2月12日习近平总书记在中央政治局常委会会议上的重要讲话精神，部署落实省委常委、市委书记徐立毅在疫情防控领导小组会议上的工作要求。他指出，习近平总书记的重要讲话为战胜疫情提供了根本遵循、指明了努力方向，各级各部门要坚定必胜信心、明确工作重点、把握科学方法，在统筹疫情防控和经济发展中践行初心使命、交上合格答卷。

2月18日，市委副书记、市长王新伟检查二七区、惠济区、高新区集中隔离、复工复产等情况，并主持召开视频调度会传达贯彻省委常委会议精神，部署落实省委常委、市委书记徐立毅在疫情防控领导小组专题会议上的工作要求。会议通报考核排名情况，部署调整隔离观察范围、树立正确防控理念、科学精准稳慎监督等工作。王新伟指出，疫情防控正处于最吃劲的关键阶段，各级各部门要切实把思想和行动统一到习近平总书记重要讲话和批示指示精神上来，在法治轨道上把中央、省、市工作部署落实落细落到位，奋力夺取疫情防控和经济发展“双胜利”。

2月22日，市委副书记、市长王新伟到经开区、二七区、金水区、惠济区，察看疫情防控、企业复工、物资供应、项目建设等情况，主持召开视频调度会传达贯彻中央政治局会议精神，部署落实市委常委扩大会议工作要求。王新伟强调，要学深悟透习近平总书记关于疫情防控的重要讲话和批示指示精神，以坚不可摧的信心、毫不放松的耐心、众志成城的同心，奋力夺取疫情防控大战和发展稳定大考的双胜利。

2月25日，市委副书记、市长王新伟实地检查复学准备情况，主持召开视频调度会传达贯彻习近平总书记2月23日重要讲话精神，部署落实中央省市推进疫情防控和经济社会发展工作要求。他强调，要坚决贯彻党中央关于疫情防控的战略和策略，统筹做到防疫和发展两手抓两手硬，切实把形势分析得更准、把工作抓得更实、把措施落得更细，众志成城夺取疫情防控和经济社会发展双胜利。

2月29日，市委副书记、市长王新伟主持召开视频调度会议，传达贯彻省长尹弘调研郑州疫情防控工作时的指示精神，分析研判全市战疫情促发展态势，安排部署下步重点工作。他强调，要时刻绷紧疫情防控这根弦，抓紧抓实经济社会发展各项工作，以更坚定的信心、更严密的举措、更扎实的成效，推动防疫和发展两手抓两手硬两必胜。

3月6日，市委副书记、市长王新伟主持召开视频调度会议，研判分析全市疫情防控态势，部署下一步重点工作。他强调，要时刻绷紧严防严控这根弦，慎终如始把中央省市决策部署抓细抓实抓落地，坚决打赢疫情防控和经济社会发展“两场硬仗”，全力实现决胜全面建成小康社会、决战脱贫攻坚目标任务。

3月9日，市委副书记、市长王新伟督导高新区疫情防控和复工复产情况，并主持召开视频调度会议。会议传达省委常委、市委书记徐立毅在疫情防控领导小组专题会议上的工作要求，研判分析全市疫情防控形势，安排部署近期重点工作。王新伟强调，各级各部门要慎终如始把中央省市各项决策部署抓细抓实抓落地，以万全准备零失误的底线思维，织密筑牢防范境外疫情输入坚固防线，持续巩固拓展疫情防控向好态势，加快恢复正常经济社会秩序，向党和人民交上大战大考双胜利的“郑州答卷”。

3月13日，市委副书记、市长王新伟主持召开疫情防控视频调度会议，传达省委常委、市委书记徐立毅在疫情防控领导小组专题会上的工作要求，安排部署防境外输入重点工作。王新伟强调，各级各部门要以底线思维绷紧“外防输入”这根弦，坚持严字当头、一严到底，慎终如始抓细抓实中央省市决策部署，合力守护好人民群众生命安全和身体健康。

3月29日，市委副书记、市长王新伟主持召开视频调度会议，研判当前疫情防控形势，安排下一步重点工作。他强调，各级各部门要坚持“外防输入、内防反弹”策略，因时因势调整工作着力点和应对举措，坚决守住来之不易的防控向好态势，精准推动经济社会回归高质量发展正常轨道。

4月10日，副省长、市长王新伟主持召开视频调度会议，传达贯彻4月8日中央政治局常委会会议精神，按照市委常委会会议要求，对当前战疫情保发展重点工作进行安排。他要求，要认真学习、深刻领会习近平总书记对疫情防控和经济社会发展形势的科学判断和重要部署，坚持在常态化疫情防控中加快推进生产生活秩序全面恢复，勇担政治之责、发展之责、为民之责，奋力向党和人民交上一份合格答卷。

4月18日，副省长、市长王新伟主持召开视频调度会议，研究部署疫情防控和经济运行工作。王新伟要求，坚决贯彻落实习近平总书记重要讲话和指示精神，按照省委、省政府和市委统一部署，抓紧抓实抓细常态化疫情防控，努力为人民群众生命安全和身体健康、经济社会秩序全面恢复提供有力保障。市委副书记、市纪委书记、市监委主任周富强通报考核排名。

5月7日，副省长、市长王新伟主持召开视频调度会议，传达学习贯彻中央关于疫情防控和经济社会发展工作重要部署。他强调，要按照中央省市工作要求，抓紧抓实抓细常态化疫情防控，努力为人民群众生命安全和身体健康、经济社会秩序全面恢复提供有力保障。

6月11日，副省长、市长王新伟主持召开疫情防控视频调度会，强调要把思想和行动统一到以习近平同志为核心的党中央各项决策部署上来，坚决克服麻痹思想、厌战情绪、侥幸心理、松劲心态，以人民至上理念抓好疫情防控和经济发展双统筹，确保实现决战脱贫攻坚、决胜全面建成小康社会目标任务。

8月5日，副省长、市长王新伟主持召开疫情防控视频调度会，强调要认真贯彻习近平总书记系列重要讲话精神，全面落实中央省市秋冬季疫情防控部署，筑牢“防输入、防散发、防反弹”底线，切实守护群众生命安全和身体健康。

9月13日，副省长、市长王新伟主持召开疫情防控视频调度会，强调要深入学习贯彻习近平总书记在全国抗击新冠肺炎疫情表彰大会上的重要讲话，大力弘扬生命至上、举国同心、舍生忘死、尊重科学、命运与共的抗疫精神，慎终如始做好外防输入、内防反弹各项工作，以实际行动守护群众生命安全和身体健康。

10月19日，郑州市召开疫情防控视频调度会议，通报专项督查和月考核情况，安排部署下一步重点工作。副省长、市长王新伟出席会议并讲话，强调要充分认识秋冬季疫情的复杂性和严峻性，全面做好外防输入、内防反弹工作，坚持问题导向查隐患防风险堵漏洞，织细织密秋冬季疫情防控防护网，持续巩固来之不易的疫情防控成果和经济社会发展向好态势。

11月13日，郑州市召开疫情防控视频调度会议，副省长、市长王新伟出席会议并讲话。他强调，要认真贯彻习近平总书记关于疫情防控系列重要讲话精神，按照中央省市统一部署，从严从细从实做好外防输入、内防反弹各项工作，群策群力打好今冬明春疫情防控这场硬仗。会前，与会人员实地察看中原四季水产物流港冷链食品储运监管情况。

郑州市教育系统新冠肺炎疫情防控电视电话会议 2月28日，郑州市召开电视电话会议，专题部署教育系统疫情防控、线上教学等工作。市委副书记、市长王新伟强调，各级各部门要始终把师生生命安全和身体健康放在第一位，以万全准备零遗漏、万无一失保安全的底线思维，周密周全做好疫情防控和复学复课准备工作，用心用情用力守护好师生安全、校园安全、教育安全。

【郑州市问题楼盘信访突出问题化解攻坚总结大会】 1月7日，市委副书记、市长王新伟组织召开全市问题楼盘信访突出问题化解攻坚总结大会，总结2019年工作情况，分析面临的问题和形势，部署2020年工作，并对省“两会”和春节期间全市信访稳定工作进行安排。王新伟要求，要狠抓责任担当。认真落实党委、政府的主体责任，研究制订考评机制，协调政法、信访、城建、住房保障、资源规划、城管等部门积极参与、合力攻坚。要持续攻坚化解。坚持问题导向，注重统筹综合，强化督促指导，用足用活用好省、市出台的政策措施，依法依规、实事求是，持续推进问题楼盘化解。要注重长效推动。坚持重视程度不减、工作力度不减、人员队伍配强的工作方针，职能部门建立常态化协作配合机制，保质保量完成剩余未化解的问题楼盘攻坚任务。

【市安委会2020年第一次全体（扩大）会议】 4月13日，市安委会召开2020年第一次全体（扩大）会议，副省长、市长王新伟出席会议并讲话。王新伟指出，各级各部门要树牢安全发展理念，牢牢把握安全生产主动权，聚焦从根本上消除事故隐患，深入开展安全生产专项整治三年行动，全面推进双重预防体系建设，着力补短板、除隐患、堵漏洞，推动全市安全生产形势持续稳定向好。要围绕“一杜绝三下降”目标，建立问题清单、任务清单、措施清单，不断织密织牢安全生产防护网、责任网，要严管重点领域，专人专班专案抓好建筑施工、交通运输、煤矿和非煤矿山、危险化学品、公共场所消防等安全监管，拉网式开展安全隐患大排查大整治大执法大宣传，切实把风险隐患消除在萌芽状态。要预防自然灾害，抓紧抓实抓细森林防火、防汛抗旱等工作，强化人防物防技防体系保障，全面提高风险监测预警处置能力。要做好指导服务，把安全监管融入“三送一强”活动，督导企业投入到位、培训到位、管理到位、应急到位，坚决防范和遏制各类安全事故发生。要压紧压实属地管理、部门监管、企业主体“三个责任”，建立健全安全生产责任和管理制度体系、隐患排查治理和风险防控体系，有效防范各类事故发生，确保人民群众生命财产安全。要强化安全生产源头严防、过程严管、末端严控，构建事中事后安全监管执法体系，提升基础保障水平，加强应急处置演练，持续推进安全生产治理体系和治理能力现代化。

【郑州市“菜篮子”工程工作领导小组会议】 4月21日，郑州市召开“菜篮子”工程工作领导小组会议，通报农业农村部办公厅对郑州市2018年“菜篮子”市长负责制考核情况反馈，并研究讨论整改方案。副省长、市长王新伟出席会议并讲话。王新伟指出，要树牢以人民为中心发展思想，以群众的满意度和获得感为出发点，以迅速整改考核反馈短板问题为抓手，对标对表“菜篮子”市长负责制考核体系补短板强弱项，全方位做好生产发展、产销衔接、流通运输、市场调控、质量安全等工作，以为民之心把“菜篮子”这项民生工程抓好抓实，向全市群众交上一份满意的答卷。要聚焦全链条供给保障水平提升，打通从生产基地到市场超市、从田间地头到市民餐桌的“绿色通道”。要加快“菜篮子”示范基地建设，稳步提升蔬菜生产面积，加快恢复生猪等畜禽产能，严格做好畜禽疫情防控，有序推进规模化、标准化、绿色化种养，持续提升产品稳定保障能力。要加强“菜篮子”市场体系建设，持续推进新型农贸市场提档升级，科学有序加密农贸市场和零售网点，依托“互联网+”发展农超对接、农社对接、直采直供等模式，探索推进农产品全程冷链物流服务，最大限度满足群众多元化特色化需求。要强化“菜篮子”安全监管能力，建立健全质量安全追溯体系，严厉打击违法违规生产经营行为，以“四个最严”守护好群众舌尖上的安全。王新伟要求，在常态化疫情防控形势下，更要落细落实“菜篮子”市长负责制，台账式、项目化推进“菜篮子”工程，确保生产基地稳供、市场秩序稳定。要建立多元化投入机制，发挥好财政资金引导带动效应，不断强化资金、科技、人才等保障，合力推动“菜篮子”安全可持续。市县农业农村部门要强化统筹协调，加快形成稳定的生产供给、完善的市场销售、健全的应急储备体系，努力让“菜篮子”质量更高、品种更丰富。

【郑州市政务服务改革和城市大脑项目建设工作专题会议】 4月26日，副省长、市长王新伟主持召开专题会议，听取政务服务“一网通办”“一网通管”和城市大脑项目推进情况。王新伟指出，各级各部门要树立动态性、系统性、辩证性的全周期管理意识，依托“城市大脑”智能化手段，加快构建一件事、一张网、一清单、一评价、六提升的“一网通办”“一网统管”工作格局，让城市数据资源充分服务城市运行，着力提升城市治理体系和治理能力现代化水平，让城市“会思考”、治理更高效、生活更美好。王新伟要求，要加快推进“一网通办”“一网统管”建设，围绕“急用先行、先易后难”工作思路，优先抓好重大项目、公共服务、基础设施、社会治理等群众急难愁盼事项，以高效办成“一件事”为目标，不断提升在线办理率和全程网办率，让政务服务从“能办”向“好办”转变。要坚持精准、实效、快捷原则，紧盯统一事项规范标准、打破信息孤岛、提高网上办事率、推动线上线下融合四项任务，推动流程再造、系统集成、数据共享、业务协同，实现公共服务内容全流程管理、跨区域协同性管理、跨层次差异化管理。要完善全流程管理标准，设立横向协同平台，统筹谋划、市县联动、一体推进，以数据共享交换为核心，构建“纵向到底、横向到边”的整体型业务体系，全面提升网上政务服务能力。王新伟强调，“城市大脑”是智慧城市的重要组成部分，是加快实现“一网通办”“一网统管”的根本保证。要充分发挥政府的引导管理作用与市场引领作用，专人专班专案推进，努力构建“政府主导、政企合作、社会参与、法治保障”共建共享“数字政府”新格局。要加快项目建设，尽早运用互联网、大数据、人工智能等信息技术手段，不断优化政务服务和创新政府监管的新方式、新渠道、新载体，带动政务服务改进、推动营商环境优化，促进城市管理精细化、保障城市安全有序运行，让“一网通办”“一网统管”成为“数字郑州”的新形象、新服务、新名片。

【郑州市招商引资工作会】 6月4日，副省长、市长王新伟主持召开全市招商引资工作会，通报点评4—5月份全市招商引资情况，听取各开发区、区县（市）招商成效汇报。王新伟指出，各级各部门要认清新形势、把握新要求、树立新导向，找准招商引资的关键点、支撑点、切入点，积极抢抓国际国内产业链重塑、国家重大战略实施等机遇，通过稳定供应链、优化产业链、提升价值链，趁势而上推动全市招商引资再上新台阶。王新伟强调，要围绕做强优势产业、做大新兴产业、做优传统产业抓招商，探索实施链长制、建立产业链图谱，着力在建链延链强链补链上下功夫，加快构建高质量现代化产业体系。要瞄准长三角、珠三角、京津冀等重点区域大招商，锁定新兴产业、头部企业和高质量项目，精准捕捉各类产业信息，专人专班专案促洽谈促签约促落地。要创新方式方法促招商，通过以商招商、网络招商、人才招商、协会招商等，全方位推介全市产业、基础、成本、环境等优势，持续引进落地一批国内外500强、行业前20强高质量项目。要优化要素配置保招商，畅通招商引资项目签约落地“绿色通道”，抓细抓实“三送一强”活动，调动土地、资金、人才等要素向招商引资项目汇聚，合力确保早签约早落地早开工早见效。王新伟要求，各级各部门要树牢招商为要、项目为王、落地为大理念，把招商引资和项目建设作为“一把手工程”，重点企业要亲自拜访、重要线索要盯住不放、重点项目要全程服务。要健全招商引资工作机制，坚持周调度、月讲评、季观摩、年考核，落实一个项目、一名领导、一个团队、一套方案、一抓到底“五个一”机制，推动招商引资人人有责、个个争先。要强化督导考核，严格落实招商引资绩效考核方案，着力以高质量招商引资助推经济社会高质量发展。

【郑州市食品安全委员会全体（扩大）会议】 6月11日，郑州市召开食品安全委员会全体（扩大）会议暨食品安全示范创建工作推进电视电话会议，通报2019年食品安全示范创建工作开展情况，安排部署2020年食品安全重点工作。副省长、市长王新伟出席会议并讲话。王新伟指出，各级各部门要坚持人民至上、生命至上理念，扛稳抓牢政治责任、民生责任、经济责任、法律责任，提高从农田到餐桌全过程监管能力，提升食品和食用农产品的全链条质量安全保障水平。要坚持源头严控，严格落实农药残留治理、土壤污染治理、禽畜集中屠宰等措施，推动食品安全监管关口前移。要坚持过程严管，盯紧重点区域，全面加强“互联网＋食品安全”智慧监管，扎实开展“明厨亮灶”提升改造工程，加快冷链物流体系建设，从严管住管好食品生产、流通、消费每个环节。要坚持风险严防，全面推行食品安全6S管理模式，健全完善风险评估预警机制，制定实施标准、品牌、创新、口岸等战略行动计划和实施方案，打造形成食品安全郑州特色、郑州品牌。要坚持违法严惩，对食品安全问题零容忍，从严从快从重查处制假售假违法问题，全力营造诚信、公平、安全的食品消费环境。要压紧压实食品安全监管责任链，围绕创建国家食品安全示范城市和国家农产品质量安全县，清单化、项目化、属地化推进达标创建。要持续健全完善食品安全标准体系，加强基层食品安全队伍建设，发挥好考核、创建、抽检作用，条抓块保守护食品安全、群众安康。开展好食品安全宣传周、绿色食品安全宣传月等活动，健全完善社会化监督参与机制，群策群力打造“食安郑州”。

【郑州市经济运行分析会】6月21日，副省长、市长王新伟主持召开全市经济运行分析会。王新伟指出，总体上全市经济回暖态势良好，稳、进、优的基本面不断扩大，高质量发展动能加速集聚。但要清醒看到面临的困难和挑战，主动危中寻机、化危为机，分行业分企业分区域加强监测分析，全力冲刺半年目标任务、牢牢稳住经济基本盘。要力保市场主体稳健运行，推动“三送一强”活动提质增效，研究制定“一联三帮”行动方案，做实银企、产销、用工、产学研“四项对接”，确保惠企政策全面落地、企业困难有效纾解。要紧盯项目建设强投资，以“四比四看”推动省市重点项目快建设快投资，加快推进和储备一批“两新一重”大项目，用好用活中央预算内投资、地方政府专项债券和抗疫特别国债政策，不断为高质量发展注入新活力。要多措并举激活消费潜能，通过线上+线下等消费模式创新，文旅、养老等消费服务创新，购物季、夜经济等消费场景创新，着力以消费升级激活经济发展内生动力。王新伟要求，要强化开放招商增活力，抓好“四条丝路”重点项目建设和支持政策落实，以稳外贸支撑郑州在全球产业链中的位置；聚焦延链补链强链和产业集聚区“二次创业”，专人专班对接落地一批高质量项目，不断提升产业基础高级化、产业链现代化水平。要持续优化营商环境，以“一网通办、一次办成”改革为带动，抓实“标准地”模式推广、工程项目建设审批提速等改革，努力让广大群众和市场主体更满意、更有获得感。要织密织牢民生保障网，统筹解决好高校毕业生等重点群体就业，落实好特殊困难群众帮扶措施，切实让人民群众安心舒心。要强化安全生产政治责任，扎实开展建筑施工、交通运输等重点领域大排查大整治大执法，切实把风险隐患排查在早、化解在小，全力维护人民群众生命财产安全。

【郑州市国家中心城市建设工作专题会议】6月29日，副省长、市长王新伟主持召开专题会议，研究落实省发改委支持郑州国家中心城市建设有关工作。王新伟指出，各级各部门要贯彻落实黄河流域生态保护和高质量发展、中部地区崛起、对外开放三大国家战略，聚焦高质量发展制造业、高品质城市建设、高水平对外开放等系列三年行动计划实施，积极谋划落地一批重大战略、重大平台、重大工程、重大项目，不断为国家中心城市高质量建设蓄势增能。王新伟强调，规划编制上要主动谋，各部门要积极参与全省重大发展规划编制，争取更多事项进入国家和省大盘子，争取全省规划思路中突出郑州核心作用。产业升级上要抓重点，把制造业发展作为主攻方向，聚焦做强优势产业、做优传统产业、做大新兴产业，梳理产业链图谱、探索建立链长制，精准引进一批延链补链强链项目，落地一批重大科创资源。扩大开放上要拓平台，以谋划建设空中丝绸之路综合试验区为带动，突出抓好多式联动、口岸生态、制度创新等工作，加快构建“一门户两高地”。枢纽建设上要提能级，统筹推进铁路枢纽场站、市域快线、高速环线等交通网络，加速大都市区交通一体化进程。生态文明要再发力，加快能源结构调整步伐，对接实施外电入郑项目，加快建设沿黄生态保护示范区，让绿色成为郑州鲜明底色。王新伟要求，要高度重视，实行专人对接、专班研究、专项推进，牵头单位要细化方案、抓实项目，确保各项工作落地见效。要完善机制，建立联席会议、工作协调、任务交办等制度，相关部门建立与省直厅局对接沟通机制，确保上下联动、信息通畅、推进有力。要强化督导，所有工作实行台账管理，市政府督查室要定期督查，确保各项工作高标准高质量完成。

【市政府第一次全体（扩大）会议】7月25日，市政府召开第一次全体（扩大）会议，贯彻落实市委十一届十二次全会精神，总结上半年工作，分析当前形势，部署下步重点任务。副省长、市长王新伟主持会议并讲话。会议要求，全市政府系统要迅速行动，认真贯彻全会精神，落实好“控保稳进抬扛”六字要求，处理好“三个关系”，按照中央省市“六稳”“六保”各项部署，细化任务压实责任，坚持问题导向改革攻坚，聚焦重点精准发力，强化督导跟踪问效，全面打好化危为机、危中寻机主动仗，把“保”的底线筑牢、“稳”的局面打开、“进”的步子迈大、“抬”的势能蓄足，加快打造更高水平高质量发展区域增长极。会议强调，要抓实常态化疫情防控，强化“防输入、防散发、防反弹”责任链，以补齐基层公共卫生领域短板为重点，守护好城市安全、群众安康。要牢牢稳住经济基本盘，抓实项目建设、促进消费、稳定外资外贸等工作，努力实现量的合理增长和质的稳步提升。要全力稳企业保就业，通过“三送一强”“一联三帮”“首席服务官”等为企业纾难解困，采取技能培训、支持双创等举措，统筹解决好高校毕业生等重点群体就业。要集聚高质量发展新势能，项目化推进高质量发展制造业、高水平对外开放、高品质城市建设等系列三年行动计划，全面推进“链长制”、打造现代产业体系、加快推进32个核心板块规划和项目建设等工作，提升高质量发展的产业支撑、开放优势和城市环境。要坚决打赢三大攻坚战，聚焦“两不愁三保障”抓整改补短板，落细落实蓝天碧水净土保卫战各项举措，主动靠前化解问题楼盘、安全生产、防汛减灾等风险隐患，确保社会大局和谐稳定。要深化重点领域改革，提升“一网通办一次办成”成效，完善人才、资本、土地等要素配置机制，深化国有企业、教育卫生等改革，营造市场化法治化国际化营商环境。要谋划推进战略规划，加快建设黄河流域生态保护和高质量发展核心示范区，落实好郑州都市圈发展规划，编制好“十四五”规划，为国家中心城市建设创造新机遇、注入新动能。会议要求，全市政府系统要担当实干抓落实，树牢以人民为中心发展思想，擦亮担责担难担险的鲜明底色，切实做到政府干的、都是人民盼的。要转变作风抓落实，在带思路、带方法、带作风上下功夫，找准落实全会精神的着力点和主抓手，以“店小二”服务让企业和群众更满意更舒心。要廉洁从政抓落实，把党的领导贯穿到政府工作全过程，认真履行好“一岗双责”责任，积极营造风清气正的干事创业环境。

【郑州市科技领导小组工作会议】8月10日，副省长、市长王新伟主持召开市科技领导小组工作会议，专题研究郑州科技大市场建设运营方案和新型研发机构建设相关问题。王新伟强调，建设郑州科技大市场是补齐郑州科技创新短板、构建郑州现代化科技创新体系、打造国家高质量发展区域增长极的战略性举措。要按照开放性、市场性、引导性、公益性的原则进一步明确郑州科技大市场建设的功能定位。要按照定目标、定任务、定考评，优服务的原则，制定和完善运营团队招聘方案。要制定支持政策，吸引科技服务机构入驻、促进科技成果进场交易、加强技术转移人才队伍建设，加快形成创新资源集聚高地和科技要素交易枢纽。王新伟要求，新型研发机构建设要按照目标导向、问题导向、产业导向的原则，围绕全市主导产业和重点发展的新兴产业，进一步研究和完善管理办法，建立健全创新考核机制，持续强化人才引进，加快科技成果转化，推动实现产业高质量发展。

【郑州市5G网络建设和产业发展工作推进会议】8月18日，郑州市召开5G网络建设和产业发展工作推进会议，总结全市5G网络建设和产业发展情况，分析面临的形势和问题，部署下一步重点工作。副省长、市长王新伟出席会议并讲话。王新伟指出，各级各部门要把

5G作为国家中心城市建设的战略性、支撑性工程，坚持一年打基础、两年成规模、三年树品牌，加快构建5G基础网络、研发创新基地、生产制造基地、应用示范基地、信息安全基地的“一网四基地”发展格局，为打造更高水平高质量发展区域增长极注入新动能。要落细落实省市5G产业发展三年行动计划，着力在网络建设上实现新突破，编制好5G基站专项规划，规范有序推进基站建设，强化用地用电资金等保障，加快5G规模组网进程，筑牢5G产业高质量发展的网络基础。着力在构建产业生态上实现新突破，加快5G智能终端、信息安全芯片等产业发展，依托国家网络安全宣传周等活动招引一批龙头企业，实施人才链、创新链、产业链、资本链、政策链“五链同构”，推动创新发展引领区、深度融合示范区、辐射带动应用区联动发展。着力在拓展应用场景上实现新突破，在5G+智能制造、智慧城市、智慧医疗、智慧交通、智慧教育、智慧服务业等领域，打造一批高品质、有特色、可推广的典型应用场景，让5G成为经济转型升级的“加速器”。要强化责任意识，主要负责人牵头组建工作专班，健全周例会、月点评、季观摩等机制，高质高效推进5G重大规划、重大政策、重大项目落地见效。要鼓励多元化市场主体平等进入5G产业生态链，营造共建共投共享的环境和氛围。要加强督查考评，建立5G网络建设和产业发展任务清单、责任清单，对各项工作实行专项督查、动态督导，及时解决存在的困难和问题，合力推动5G网络建设和产业发展走前列作示范。

【郑州市文物安全暨保护利用“双百工程”推进会】 8月23日，郑州市召开文物安全暨保护利用“双百工程”推进会，传达全国文物局长工作会议和全省文物工作会议精神，通报全市文物安全暨保护利用“双百工程”巡查情况，研判分析存在的问题，部署下步重点工作。副省长、市长王新伟出席会议并讲话。王新伟强调，要深入贯彻习近平总书记关于文物工作的重要论述和指示批示精神，树牢“保护文物也是政绩”理念，以强烈的历史责任感保护好传承好历史文物和文化遗产，为坚定文化自信、讲好“黄河故事”贡献郑州力量。各级各部门要坚守文物保护的红线和底线，带着责任、带着感情抓好抓实“双百工程”，让文物保护利用成果更多更好惠及人民群众，全面提升郑州的城市文化影响力、感召力。他强调，保护文物功在当代、利在千秋，要进一步强化文物保护和开发利用、经济发展、民生改善“三个统筹”，做到文物保护与产业发展、城乡建设、人民福祉紧密结合，推动丰厚的文物资源转化为产业优势、静止的历史遗存发挥综合效益。要突出文物资源合理利用、对外交流互鉴、文博创意产业发展“三个重点”，以创建国家文物保护利用示范区为带动，借助第九届“博博会”“世界大河论坛”等平台，广泛传播文物蕴含的文化精髓和时代价值，以高质量有特色的“双百工程”，支撑华夏历史文明传承创新中心建设，把黄河历史文化主地标城市的地位立起来。他要求，要切实增强对历史文物的敬畏之心，依法履行对文物资源的守护责任，属地政府要及时协调解决文物保护工作中存在的难点问题，切实做到文物保护与经济社会发展双统筹、双促进；文物管理部门要做好专业人才引进培养，健全完善文物保护工程管理体系、文物安全长效机制；各级各部门要联动构建文物安全保护体系，持续提升全社会文物保护法治意识，群策群力把文物资源管好、看好、用好，不断提升文物治理体系和治理能力现代化水平。会前，王新伟一行察看了高新区双湖博物馆聚落、杜寨遗址生态文化公园建设情况。

【郑州市中国·河南招才引智创新发展大会“2020招才引智专项行动”动员会】 8月27日，郑州市召开中国·河南招才引智创新发展大会“2020招才引智专项行动”动员会，通报2020招才引智专项行动工作方案，安排部署重点工作。副省长、市长王新伟出席会议并讲话。王新伟指出，各级各部门要树立强烈的人才意识，大兴识才、爱才、敬才、用才之风，借助招才引智专项行动宣传郑州、推介郑州、展示郑州，着力在厚植创新沃土、广聚天下英才上下功夫，让更多的人才源源不断来到郑州、扎根郑州、融入郑州，构建形成引得来、留得住、用得好的人才创新发展生态。王新伟强调，要在定位和方向上求提升，做到引进“高精尖”人才与引进急需紧缺人才、引进人才与引进项目、集中引才与长效聚才、刚性引才与柔性引智“四个结合”，推动人才、项目、资金、技术等要素资源加速集聚落地。要在总量和质量上求突破，聚焦打造高质量发展区域增长极精准引才，健全完善“人才+资本+项目”引育模式，打造人尽其才、才尽其用、用有所成的平台载体，推动实现人才引育的量质齐升和“雁阵效应”。要在理念和实践上求创新，各单位要采取灵活多样方式招才引智，突出抓好中原科技城专项、“郑创汇”国际创新创业大赛等特色活动。要在政策和服务上求实效，坚持事业引人、环境留人、平台育人导向，健全完善吸引力强、覆盖面广、含金量高的人才落地政策，打通人才评价、使用、流动、发挥作用的体制机制障碍，努力让各类人才创业有机会、发展有空间、生活有温度。王新伟要求，各级各部门要迅速行动，扎实做好人才项目需求征集、嘉宾邀约、活动对接、人员调配等工作，确保各项活动安全、节俭、创新、务实。要密切配合，把各项任务责任化、清单化、属地化、属人化，每周研判、每月点评，持续落地一批优秀人才和高质量项目。要加强宣传，充分利用融媒体优势，宣传郑州市招才引智的优势、政策、诚意、决心，大力营造人人皆可成才、人人尽展其才的良好环境。

【郑州市经济运行分析会议】 10月26日，副省长、市长王新伟主持召开全市经济运行分析会议，通报前三季度经济运行情况，分析存在的问题，明确下一步重点工作。王新伟指出，总体上看，全市经济回稳向好态势不断巩固，各级各部门既要坚定信心、鼓足干劲，更要正视问题、主动作为，切实把问题找准、把措施落细、把效率提高、把责任夯实，在构建双循环新发展格局中学习研究政策，把握经济、产业和市场规律，增强稳运行保发展各项工作的主动权，以最大努力争取最好结果，确保“十三五”规划圆满收官。王新伟强调，各级各部门要牢记发展第一要务，着力抓调度，分区域、分行业研究制定精准措施，把解决问题作为工作发力点，不断在危机中育新机、于变局中开新局。着力抓投资，聚焦基础设施、产业转型、稳定房地产、民生实事等领域重点项目，以“四比四看”促开工、促进度、促投资，全面掀起项目建设新热潮。着力抓消费，落实好促消费各项政策，打造好消费场景，通过稳定大宗商品消费、提振文旅餐饮消费、培育新型消费等措施，充分释放以消费促发展内生动力。着力抓招商，依托32个核心板块、产业集聚区等载体，专人专班专案对接重点区域招商，主动上门、主动沟通、主动服务，确保洽谈就签约、签约能落地、落地快开工。着力优环境，做实“三送一强”“一联三帮”等活动，让纾难解困政策直接惠及企业，以政务服务提速为经济运行提效。着力抓协同，条块联动做好业务指导、政策落地、重点攻坚等工作，形成齐抓共管促发展强大合力。着力抓谋划，以“十四五”规划编制为契机，紧盯重大交通、生态环保、数字经济等领域，谋划储备一批强基础增后劲项目，为国家中心城市建设蓄势增能。要强化责任感、紧迫感和使命感，以决战决胜的姿态和干劲冲刺四季度，主要负责同志既要把方向、管大局，又要作决策、解难题，带头深入一线抓落实、走进企业送服务，重点工作重大项目要亲自研究、亲自部署、亲自推动，落实好每周研判、例会推进、专项督查等机制，合力确保年度目标任务顺利完成。

【郑州市2020—2021年秋冬季大气污染防治攻坚动员视频会议】 11月15日，郑州市召开2020—2021年秋冬季大气污染防治攻坚动员视频会议，副省长、市长王新伟出席会议并讲话。王新伟指出，2020年是打赢蓝天保卫战的决胜之年，各级各部门要扛稳抓牢大气污染防治的政治责任、民生责任，坚持方向不变、力度不减、标准不降，更加突出精准治污、科学治污、依法治污，切实做到时间、区域、对象、问题、措施五个精准，努力让人民群众拥有更多蓝天获得感。要突出工作重点，聚焦PM10、PM2.5和二氧化氮等主要指标，强化移动源、工业源、扬尘源、燃煤散烧等污染治理，落细落实重型车辆源头管控、重点行业深度治理、工地扬尘8个100%等举措，扎实推动全市环境空气质量持续改善。要科学精准管控，按照工地不停建、企业分类管、指标降下来、空气好起来要求，健全完善环境信用等级评价机制，推动企业“一厂一策”制定减排降污方案，切实保障好重点民生工程建设，确保经济发展与环境保护双统筹双促进。要加强会商研判，坚持长效治理和应急管控并重，及时调整工业企业重污染天气应急减排措施，分层级做好联合会商、预警审批、预警发布等工作，坚决完成国家和省下达的空气质量改善目标。要知责履责尽责，按照“党政同责”“一岗双责”“三管三必须”要求，压紧压实污染防治的企业主体、行业监管、属地管理责任，主要领导要亲自抓、带头开展晨查夜查，分管领导要一线抓、做到底数清情况明，确保重点区域、重点时段、重点行业有人管、在岗管、管到位。要强化督导考核，坚持“日调度、周督办、周通报、月排名”制度，对发现问题和交办事项要第一时间响应、第一时间处置、第一时间反馈，条抓块保筑牢大气污染防治坚强防线。要加强宣传引导，全方位解读秋冬季污染防治政策措施，让广大群众充分了解、理解和支持大气污染治理，汇聚起政府引导、企业行动、公众参与、社会共治的强大合力。

【郑州市道路交通安全集中整治“百日攻坚”行动动员部署会议】 12月2日，郑州市召开道路交通安全集中整治“百日攻坚”行动动员部署会议，通报全市道路交通安全形势和存在的问题，安排部署“百日攻坚”行动重点任务。副省长、市长王新伟出席会议并讲话。王新伟强调，各级各部门要牢固树立人民至上、生命至上理念，坚持系统治理、依法治理、综合治理、源头治理，持续提升道路交通安全治理体系和治理能力现代化，切实让广大群众出行更安全更顺畅更放心。要增强开展“百日攻坚”行动的紧迫感和责任感，全面构建道路交通安全双重预防体系，聚焦补短板堵漏洞，联动做好源头管、协同治、路面查，确保全市道路交通安全形势持续稳定向好。要抓实源头隐患清除，做到以“零隐患”确保“零风险”。抓实路面秩序监管，公安、交通等部门要联合施治，执法力量要向一线充实、向路面倾斜，严查酒驾醉驾、非法营运、超载超限等违法行为。抓实农村安全管控，补齐农村交通安全和道路基础设施短板，建立“双路长”和网格化管理机制，坚决遏制黑校车、农用车违法载人等问题。抓实安全宣传教育，依托媒体警示曝光交通违法行为。抓实应急处置体系，健全完善联动救援机制，条抓块保筑牢道路交通安全防护网。要强化责任落实，压实企业主体、行业监管、属地管理“三个责任”，严格落实“四个必查、五个追究”制度，主要负责人要靠前指挥、分管负责人要一线推进，构建统一指挥、各负其责、运转有序、高效处置工作格局。要强化督查督导，按照定领导、定人员、定标准、定时间、定奖惩和包问题管控、包隐患整治、包宣传教育、包执法惩处、包应急处置的“五定五包”要求，动态督导重点地区、重点单位、重点企业和重大风险点，确保“百日攻坚”行动各项任务落地落实，为全市经济社会发展营造良好的道路交通安全环境。

【市政府召开专题会议听取经济工作汇报】 12月24日，市委副书记、市政府党组书记侯红主持召开专题会议，听取全市当前经济运行情况和2021年经济工作谋划。侯红指出，2020年是极不平凡的一年，全市上下共同努力应对大战大考，向党和人民交上了一份优异答卷。各级各部门要坚持以人民为中心的发展思想，以满足人民日益增长的美好生活需要为根本目的，认真分析总结2020年经济工作，准确把握经济发展规律，用心用情用力做好2021年各项工作，确保中央、省、市各项决策部署不折不扣落实到位，推动全市经济高质量发展。侯红要求，要紧盯项目落地不放松，按照时间节点加大“两新一重”、黄河流域生态保护和高质量发展核心示范区等省市重点项目建设力度，提前谋划2021年一季度需要开工的项目，加快推进已签约项目落地落实，切实提高项目的签约开工率。要紧盯产业优化不放松，围绕每条产业链逐一配套绘制产品、项目、招商等产业链图谱，以链长制为抓手，通过稳链、补链、延链、强链，推动产业链提档升级，助力重点产业进一步集聚发展。要紧盯安全生产不放松，聚焦道路交通、建设施工、危险化学品运输等重点行业领域，建立健全安全生产风险分级管控和隐患排查治理双重预防机制，坚持党政同责、一岗双责，切实履行安全职责，压实安全生产责任，确保将安全风险降到最低。

【市政府召开专题会议听取房地产情况汇报】 12月26日，市政府召开专题会议，听取全市房地产市场情况汇报。市委副书记、市政府党组书记侯红主持会议。侯红强调，要直面问题，统筹运用行政、法治手段，突出重点、精准发力，研究制定有针对性举措，严肃查处私自改变土地用途、未取得施工许可证擅自开工建设等违规违法行为，重拳打击以不正当手段开展业务、虚假宣传等突出问题，切实遏制市场乱象、净化市场环境，让房地产业沿着法治、市场轨道健康前行。要建章立制，建立政策协同、调控联动、监测预警、舆情引导、市场监管等房地产长效机制，对土地供应、开发、交易各环节全链条信息实行实时共享、联动监管，规范房地产企业经营行为，确保房地产市场预期持续稳定。要持续提升，把“三单一库”建立起来，针对重点工作列出问题清单、梳理任务清单、细化责任清单，用足用好政策库，切实解决好房地产领域突出问题，以务实、高效、便捷的政务服务让政府公信力充分体现，让企业和群众拥有更多获得感。侯红要求，要压实责任、狠抓落实，准确把握房地产领域专项整治行动的阶段性特征，卡好时间节点，把重点任务分解到岗、细化到人，形成各负其责、上下协同、运行高效的工作合力，确保各项措施落到实处。要依法依规开展工作，坚决守住底线、红线，严格政策程序，提高风险预判，加强监督管理，不断营造良好产业环境，全面推动房地产市场规范、有序、健康发展。

（李林晓　张　赫）

重要活动

【央视春晚在郑州设立分会场】 1月24日晚，郑州炎黄广场惊艳亮相央视春晚。8时许，中央广播电视总台主持人张泽群、马跃，搭档河南广播电视台卫星频道主持人庞晓戈、郑州电视台主持人米娜，“接棒”央视主会场主持人，在黄河之滨郑州，向全国、全球的观众朋友问好、拜年。节目以河南的年俗文化为基础，用河南非遗项目作为素材，拉开一幅“欢乐吉祥、喜气洋洋”的盛世除夕喜庆图。22时57分左右，主体节目正式上演。节目以“用黄河自强不息的民族精神决胜小康之年”为主题，用高饱和度的大色块视觉呈现，浓墨重彩、淋漓尽致、流光溢彩地表达中原色彩，以庞大演出阵容，构建前所未有的人体流动舞台，展示了文化大省、粮食大省、人口大省的精神风貌和文化自信，以特殊的方式在除夕之夜向全国及全球华人送去新春祝福。春晚刚结束，郑州分会场的精彩片段便在位于美国纽约时代广场的“中国屏”上播出，向全球华人送上了精彩绝伦的演出。这是央视春晚第一次在纽约时代广场上播出。

【市政府与紫光集团等6家企业集中签约】 4月22日，市政府与紫光集团等企业举行集中签约仪式，总投资额213.8亿元的6个先进制造业项目落地郑州。省委常委、市委书记徐立毅出席仪式并致辞，副省长、市长王新伟主持仪式。徐立毅指出，此次签约，必将进一步完善郑州和河南的电子信息产业链，进一步优化产业生态、提升产业层次、增强发展动能，助推郑州高质量发展。下一步，郑州将着力优化营商环境、强化跟踪服务、拓展应用空间，全力以赴抓好项目落地后续工作，全方位、全过程支持项目建设，力争如期开工、早日建成达产。签约仪式上，市政府与紫光集团紫光股份智慧计算终端全球总部基地项目举行现场签约，浪潮集团生产基地及生态基地、富泰华精密电子（郑州）有限公司5G手机精密机构件、东风日产郑州工厂发动机扩能、中软国际“中原数字总部”基地、新郑市众钛300万平方米柔性线路板等项目举行网络签约。

【第三届国家中心城市建设高层论坛】 7月10日，第三届国家中心城市建设高层论坛在郑州举行，中国国际经济交流中心副理事长黄奇帆、国务院参事仇保兴、中国国际经济交流中心副理事长兼秘书长张大卫、中国区域经济学会副会长肖金成等11位经济学领域专家学者，围绕“抗疫背景下我国特大型城市建设”主题开展深入探讨。论坛以网络视频方式举行，着重研讨深刻领会习近平总书记关于新冠肺炎疫情防控工作的重要讲话和指示批示精神，新冠肺炎疫情对特大型城市管理提出的新挑战，抗疫与我国国家中心城市建设思路的调整，以及抗疫背景下我国特大型城市的功能完善与提升问题，国家中心城市公共卫生应急体系建设问题，关于推动大城市组团式、郊区化发展问题，关于提高特大型城市的韧性和智能化水平问题，关于加快城市群多中心、多层次、多节点网络化发展问题，关于统筹中心城市、都市圈和县域经济发展问题等9个方面的学术议题。

【启迪科服落地河南签约暨揭牌仪式在郑州举行】 8月3日，启迪科服落地河南签约暨揭牌仪式在郑州举行，省长尹弘与清华大学党委常务副书记姜胜耀共同出席仪式，并举行会谈，就加强省校合作进行深入交流。副省长、市长王新伟参加活动。依托清华大学设立的启迪控股股份有限公司与河南省4家出资主体，在郑州设立启迪科技服务（河南）有限公司，致力于构建科技创新体系、建立创新创业服务平台，推动新型研发机构和人才引进，孵化服务创业企业。尹弘指出，河南牢记习近平总书记殷切嘱托，抓住促进中部地区崛起、黄河流域生态保护和高质量发展国家战略机遇，按照高质量发展要求，实施创新驱动发展战略，以科技创新引领产业转型升级，加快布局和发展以高新技术产业为代表的新经济，省会郑州正在加快建设国家中心城市，产业基础良好，要素集聚能力日益提升，启迪此时来豫拓展合作，适得其势，既体现了清华服务地方发展的一贯宗旨，也是新一轮省校合作的重要标志。希望启迪科服利用清华科技、人才优势，发挥科技创新服务平台作用，提升河南科技开放合作水平，引领助推河南转型发展，服务全国大局。河南将加大政策支持力度，提供良好发展环境，共同推动省校联姻结出硕果。

【2020中国（郑州）产业转移系列对接活动举行】 10月14—16日，由工信部、中国工程院与河南、河北、山西、内蒙古、安徽、江西、湖北、湖南、陕西等9省（区）政府共同主办的2020中国（郑州）产业转移系列对接活动在郑州举行。

10月14日，省委书记王国生、省长尹弘在郑州会见参加2020中国（郑州）产业转移系列对接活动的工业和信息化部副部长辛国斌、中国工程院副院长何华武、中国工程院院士杜祥琬等嘉宾。王国生、尹弘代表省委、省政府对嘉宾表示欢迎，并介绍了河南省经济社会发展情况。表示全省上下将深入贯彻落实习近平总书记视察河南重要讲话精神，紧紧抓住促进中部地区崛起、黄河流域生态保护和高质量发展重大战略机遇，坚定实施改革推动、创新驱动、开放带动，努力创造一流的营商环境，构建产业发展的良好生态，吸引更多企业深耕河南、植根中原。

10月15日，2020中国（郑州）产业转移系列对接活动开幕式举行。省长尹弘出席并致辞，与工信部副部长辛国斌、中国工程院副院长何华武共同为活动启幕，见证项目签约。副省长、市长王新伟出席。本届活动由工信部、中国工程院与中西部9省（区）政府共同主办，7个国家行业协会参与协办，近2000位客商参会，聚焦数字经济、5G产业、人工智能等新兴重点领域开展对接洽谈。开幕式后举行了产业转移合作签约仪式，签约项目778个。

本届活动，郑州市共邀请参会省外客商120余名，征集报送签约项目64个，总签约额614亿元，位居全省第一。开幕式暨产业转移合作签约仪式上，郑州市共有6个项目现场签约，包括投资51亿元的柔性显示模组研发制造基地项目上台签约，投资50亿元的余热回收集中供热和农村污水处理装备研发生产基地、投资35亿元的新一代云计算和大数据产业园、投资22亿元的华兴通讯、投资15亿元的华夏碧水环保装备、投资15亿元的高多层及软硬结合生产基地等5个项目台下集中签约。活动期间，副市长史占勇会见了东华软件股份有限公司联席总裁、首席运营官王村理，中国金茂集团有限公司副总经理路玉彬，北京金山云网络科技有限公司高级副总裁王松，中科院新松机器人投资公司高级副总裁汪洋，清华大学国家战略研究院合作发展部主任慕文品等重要客商，围绕产业合作进行了深入务实的交流，初步达成了多项合作意向。

【第二十六届郑交会】 10月16—19日，第二十六届郑州全国商品交易会举行。本届郑交会以“新经济、新业态、新消费，共享中国经济发展新未来”为主题，通过线上线下平台，举办高峰论坛、行业大会、商贸合作、展览展示、成果发布、配套活动等6类活动，构建“互联网+”消费生态体系。其中现场展览面积6万平方米，共设置5个展区，分别为黄河流域省市商品展区、茶产业展区、商超自有品牌商品展区、人居文

10月16—19日，第二十六届郑州全国商品交易会举行（马　健/摄）

化与房地产展区、教育服务与用品展区，参展企业近1000家。开幕式后，举行了中国（郑州）国际商贸合作论坛暨黄河流域商贸合作峰会。

【郑州获评“2020中国最具幸福感城市”】 11月18日，由新华社《瞭望东方周刊》与瞭望智库共同主办的“2020中国幸福城市论坛”暨第十四届中国最具幸福感城市调查推选活动在杭州举行，郑州获评“2020中国最具幸福感城市”。副省长、市长王新伟出席活动并作主旨演讲。王新伟从有梦想、有力量，有机遇、有舞台，有颜值、有品位，有温暖、有大爱四个方面，分享交流了郑州的幸福实践。本届“中国最具幸福感城市”评选活动以“人民城市，幸福小康”为主题，郑州在“2020年中国最具幸福感城市”（省会及计划单列市）总体幸福度中排名第7位，教育幸福度、医疗健康幸福度、安全幸福度、交通幸福度等指标排名领先。巩义市同时入选县级市“2020中国最具幸福感城市”。

【中国·郑州2020国际乒联总决赛】 11月19日，中国·郑州2020国际乒联总决赛在郑州开赛。副省长、市长王新伟出席开幕式并宣布开幕。世界乒乓球职业大联盟理事会主席、中国乒乓球协会主席刘国梁，世界乒乓球职业大联盟理事、国际乒乓球联合会首席执行官史蒂夫·丹顿等出席活动。2020国际乒联总决赛是国际乒联2020年重启的三大赛事的年度收官之战，也是国家体育总局今年批准的唯一国际系列赛事，由国际乒乓球联合会授权，中国乒乓球协会、郑州市人民政府、河南省体育局联合主办。共设男、女单打2个项目，赛事总奖金50万美元。来自14个国家和地区的32名运动员（男、女运动员各16名）参赛。11月22日，2020国际乒联总决赛在郑州落幕，省长尹弘出席颁奖仪式并为男单冠军运动员颁发奖杯。省委常委、市委书记徐立毅，副省长、市长王新伟参加。经过激烈角逐，中国乒乓球队包揽本届总决赛男、女单打冠亚军，其中，陈梦获女单冠军、马龙获男单冠军。

【市长王新伟到高校宣讲党的十九届五中全会精神】 12月4日，副省长、市长王新伟到郑州工程技术学院宣讲党的十九届五中全会精神，与分享交流学习感悟、共话郑州发展，勉励大家与伟大时代同行、用奋斗创造幸福，努力在建设国家中心城市新征程中书写最美青春。宣讲中，王新伟和师生们一同回顾了“十三五”我国经济社会发展的辉煌成就，畅谈了坚持党对一切工作的领导、以人民为中心的发展思想、贯彻新发展理念等重要启示，解读了“十四五”和2035年的新形势、新阶段、新格局、新目标、新部署、新要求。他指出，全会明晰了向第二个百年奋斗目标进军的时间表、路线图和任务书，要从中理解把握“中国之治”的制度优势和强大生命力，切实增强“四个意识”、坚定“四个自信”、做到“两个维护”，以开启新征程、奋进新时代的紧迫感、责任感和使命感，确保全会精神在郑州落地生根、开花结果，率先在构建新发展格局中探索出郑州模式。王新伟从区域带动力、综合承载力、城市影响力等方面，总结了郑州国家中心城市建设的新突破、新成效。站位全国全省发展大局，讲述了未来郑州的国际综合交通枢纽和开放门户、国家先进制造业基地、国家历史文化名城、黄河流域生态保护和高质量发展核心示范区“四个内涵”，明晰了巩固交通枢纽优势、构建现代产业体系、坚持生态绿色发展等战略任务。他强调，要始终牢记习近平总书记殷殷嘱托，按照省委、省政府赋予的“三个在”使命，锚定国家中心城市建设这一总目标，持续提升贯彻新发展理念、构建新发展格局的能力水平，增强在危机中育先机、于变局中开新局的主动性，推动综合实力、空间格局、中心城市功能、社会文明程度、现代治理能力实现跃升，着力打造更高水平高质量发展区域增长极。王新伟寄语青年大学生志存高远、不负韶华，坚守信念关、奋斗关、德行关，努力成为德智体美劳全面发展的社会主义建设者和接班人。宣讲前，王新伟察看了郑州工程技术学院的文化遗产学院、工程训练中心等建设发展情况，听取师生对郑州“十四五”规划及2021年工作的意见建议。

【第十二届启迪创新论坛】 12月15日，第十二届启迪创新论坛在郑州开幕。副省长、市长王新伟，清华大学党委常务副书记姜胜耀，中国科协科技传播中心副主任陈锐，启迪控股董事长王济武，以及相关领域院士专家出席论坛。王新伟在致辞中向出席论坛的嘉宾表示欢迎，并简要介绍了河南、郑州经济社会发展和科技创新情况。他指出，全省上下将坚持创新在现代化建设全局中的核心地位，推进人才链、创新链、产业链、资本链、政策链“五链同构”，着力打造中西部科技创新高地；希望与会院士和专家积极建言献策，希望清华大学、启迪控股全面助力河南、郑州的招才引智、产学研合作、培育发展新动能等工作，加强政、校、企合作，为河南在新发展格局中率先实现高质量发展提供强劲科技支撑。本届论坛主题为“新河南·新使命·新动能——大变局下的中部崛起和高质量发展”，设有黄河流域生态保护与高质量发展、现代技术要素市场创新发展、一带一路社会工作与慈善公益发展等分论坛，论坛期间举行了2020年度《中国城市创新创业环境评价研究报告》发布、中原科技城专家委员会专家聘任仪式、中原创新基金揭牌等活动。《报告》显示，郑州创新创业环境在黄河流域各城市中位列第一，人才和金融要素排名靠前。

【重要调研活动】 市长王新伟调研老旧小区改造等工作 1月15日，市委副书记、市长王新伟调研老旧小区改造及春节期间氛围营造工作时指出，要坚持以人民为中心的发展思想，加快推进老旧小区综合改造，切实做好春节氛围营造工作，努力提升城市品位形象。王新伟一行实地察看互助路、伊河路、经六路等道路街区序化、洁化、绿化、亮化情况，详细听取春节期间氛围营造工作汇报，并深入工人新村城市书屋、社区卫生服务站等地，现场了解老旧小区综合改造工作推进情况。王新伟指出，老旧小区综合改造是一项惠民利民工程，是满足群众对美好生活需要的具体行动，各级各部门要把“一征三议两公开”贯穿到全过程，着力推动城市功能、品质、形象全面提升，使小区改造接地气、惠民生、顺民意。要聚焦“一拆五改三增加”，统筹推进老城区有机更新，完善老旧小区基础设施建设，切实做好道路“白改黑”、线路“上改下”、绿化墙体改造、雨污管网改造等工作。要加快补齐公共服务短板，不断完善社区服务体系，以绣花功夫、匠心精神提升城市功能、环境、文化、服务“四个品质”，合力塑造“整洁、有序、舒适、愉悦”的城市环境。王新伟强调，各相关部门和责任单位要以满足人民群众对城市管理的新期待、新要求为出发点，将节日氛围营造当作一项重要民生工作抓好抓实。要严格主体责任，落实扁平化、实体化、属地化要求，着力抓好主要街道、城市广场等重点地段、重点区域的管理服务工作。要积极策划举办一系列文化惠民活动，让全市人民品尝丰盛的文化盛宴，乐享精彩的文化生活，过上一个文明、欢乐、祥和的新春佳节。

市长王新伟到荥阳市、上街区调研疫情防控工作 1月26日，市委副书记、市长王新伟到荥阳市人民医院、荥阳市防疫站、郑州市第十五人民医院、上街汽车站、观沟村安置区等地，调研新型冠状病毒感染的肺炎疫情防控情况，并看望慰问疫情防控一线工作人员。王新伟强调，要把疫情防控工作作为当前头等大事来抓，以高度的政治责任感和使命感，全员发动、全力以赴打赢疫情防控阻击战，坚决保护好人民群众生命安全和身体健康。要把思想和行动统一到习近平总书记重要讲话和中央政治局常委会会议精神上来，深刻认识疫情防控的严峻形势，把增强“四个意识”、坚定“四个自信”、做到“两个维护”体现到抓好抓细抓实疫情防控各项工作中，以对人民极端负责的态度，全力做好疫情防控和应急处置。王新伟要求，要强化风险意识和底线思维，全面落实疫情防控隐患“十个坚决到位”，按照一人不漏筛查要求，运用好“大数据+网格”等方式，盯紧抓牢内防扩散、外防输入、属地管理、联防联控，坚决查清严控疫情输入源，切实做到早发现、早报告、早隔离、早治疗。要坚决做到一处不放设卡，对重点区域、重点场所、重点人员开展网络化、全方位、地毯式排查，城市要到社区、到楼栋、到房号，农村要到乡镇、到村组、到家庭，坚决做到管控全覆盖、无盲区、无遗漏。全天候动态监测疫情发生、发展、变化情况，坚决杜绝缓报、瞒报、漏报、错报和谎报现象。要落实领导分包责任制，主要领导干部靠前指挥、一线督导，确保疫情防控人员到位、设备到位、保障到位。要加强宣传引导，高频次宣传普及科学防护疫情知识，增强群众健康管理意识，多措并举遏制疫情扩散蔓延态势。

市长王新伟检查督导区县（市）疫情防控工作 1月28日，市委副书记、市长王新伟到巩义市、登封市、新密市、二七区，检查督导疫情防控工作。他强调，要深入学习贯彻习近平总书记在中央政治局常务委员会会议上的重要讲话精神，坚决贯彻落实党中央、国务院关于疫情防控工作的各项部署，时刻牢记人民利益高于一切，以严之又严、细之又细、担责担难担险的态度和作风，紧紧依靠人民群众打赢疫情防控阻击战。在高速路下道卡口，他要求公安、交通、卫生等部门加强疫情处置应急演练，切实把牢把住疫情入口关；在城市社区，他勉励基层工作人员要当好群众健康的守门人，筑牢联防联控的基层基础；在医疗诊治点，他叮嘱医护人员要一人一案做好精准防控、精准治疗，并切实做好自身防护；在商场等人员密集场所，他强调要做好通风、消毒、测温等工作，坚决避免疫情交叉感染。调研中，王新伟指出，疫情防治责任重于泰山，不能有丝毫犹疑、丝毫侥幸、丝毫麻痹。要卡住入口控增量，健全完善最严密、最清晰、最流畅的疫情防控、隔离、治疗等规程，全面设置发热疑似病例观察点，每名工作人员做到知责任、知标准、知流程、知防控“四知”。要严防扩散消存量，科学调配医疗资源、明确留观解除等标准，统筹做好确诊病例治疗、疑似病例留观、亲密接触者居家观察、疫情高发区返回人员动态监测，市县乡村四级联动确保早发现、早报告、早隔离、早治疗。要通过多种渠道做好防疫物资储备，加大市场供应力度，努力满足人民群众需要，尤其要优先保障一线医务人员需求。要加强宣传引导，确保疫情防治入户到人，及时回应社会关切，及时解疑释惑，为科学防控、有序防控创造良好环境。要切实发挥好党员干部模范带头作用，主要领导要靠前指挥、一线督导，在疫情防控一线践行初心使命，让党旗在防控疫情斗争第一线高高飘扬，全力保障人民群众生命安全和身体健康。

市长王新伟检查督导疫情防控工作 1月30日，市委副书记、市长王新伟到新郑市、航空港实验区、中牟县和经开区，检查督导疫情防控工作，看望慰问奋战在防控一线的工作人员。每到一处，他都详细询问人员配置、物资配备、防控流程、应急预案等情况，要求各级各部门始终坚持人民利益至上的理念，用标准化、规范化、程序化的制度和流程管人管事管疫情，举全市之力打赢疫情防控阻击战、攻坚战、持久战。在南三环等高速卡口，他要求着眼于“外防输入”，科学依法有序做好道路交通管控，市县联动把住守牢疫情防控“入口关”，对来自疫区、疫情高发区等地的人员和车辆，严格做到逢车必检、逢人必测，坚决切断新的疫情传染源，特别要加强全流程、全要素应急演练，打通从卡口到医院的检测、送诊、治疗快速通道。在经开区九龙村临时安置区等乡村社区，他强调要坚决做到“内防扩散”，切实发挥好基层党组织的战斗堡垒作用和党员先锋模范作用，通过党旗竖起来、党徽戴起来、党员干部冲在一线干起来，广泛动员群众、组织群众、凝聚群众，构建形成党政牵头、社区（村）动员、群防群治、稳防稳控的工作格局，推动实现以村保乡、以乡保县和以小区保社区、以社区保城区。在新郑市公立人民医院等诊治点，他指出医院是疫情防控的前沿阵地，要按照集中患者、集中专家、集中资源、集中救治要求，严格落实防止院内感染各项措施，高度重视医护人员安全防护，扎实做好医疗资源配置、人员轮班值守等工作，切实筑起人民群众健康的坚固防线；要在保障安全、保障质量、保障速度前提下，争取集中诊治医院早建成、早投用，为全市疫情防控作出积极贡献。在富士康、丹尼斯等人员密集场所，他要求生产型、服务型企业做好做实复工复产的疫情防控预案，细化完善人员分餐、单元管理、防控送诊等措施，坚决避免疫情交叉感染，确保疫情防控和生产经营“双统筹”。大型商超要统筹做好通风消毒、人员测温等工作，加强群众生活必需品等物资的储备和调度，多措并举保价格、保质量、保供应，确保人民群众生活平稳有序。

1月31日，市委副书记、市长王新伟实地检查督导管城区、金水区疫情防控工作，要求把人民群众生命安全和身体健康放在第一位，以严、细、快、实的作风和举措，众志成城扛起疫情防控的郑州担当。市政府秘书长薛永卿参加督导。在陇海东路第三社区等地，王新伟指出，要把居民区特别是无主管楼院作为疫情防控的第一防线，组织发动社区人员、小区居民、住户党员、志愿者等力量，逐院逐楼逐门栋摸底排查、标识上图，坚决防止疫情输入、蔓延、输出。在华润万家超市等人员密集场所，他强调要在出入口张贴醒目的疫情防控告知书，严之又严做好防控宣传、空间消杀、人员检测等工作。在机场高速南站等卡口，他要求不漏一车一人把好“入口关”，对来自重点疫区的车辆人员逐一登记，视情况劝返或采取留观措施，发现疑似病例第一时间送诊治疗。在郑州市第一人民医院等诊疗点，他叮嘱医护人员既要尽职守责，也要劳逸结合，切实守护好人民群众的健康防线。王新伟强调，疫情一天没有彻底战胜，就一刻也不能松懈。要立足于防控“严”，全面建立标准化、规范化、网格化的制度和规程，实行最严格的筛查监测、隔离观察、送诊治疗等措施，坚决切断传播渠道、加强源头管控。要着眼于措施“细”，把疫情防控责任细化到人、到事、到岗位，每个节点都以临战状态开展全流程、全要素的应急演练，切实做到任务全覆盖、点位无盲区、人员全链条、联动无间隙。要执行好行动“快”，把支部建起来、党旗竖起来、党徽戴起来，以担责担难担险的精神状态，全力与疫情赛跑、与时间赛跑，各类疫情隐患第一时间排查上报、第一时间到场处置、第一时间送诊治疗，用速度和效率有效控制并最终战胜疫情。要落脚在工作“实”，强化底线思维和风险意识，健全完善理性、科学、规范疫情防控长效机制，未雨绸缪做好复工复产复课等预案，主要领导干部深入防控疫情一线，及时发声指导、及时掌握疫情、及时采取行动，群策群力打赢疫情防控攻坚战持久战。

市长王新伟检查督导物流企业疫情防控情况 2月3日，市委副书记、市长王新伟慰问疫情防控领导小组全体人员，召开会议专题研究企业复工复产工作，并实地检查督导物流企业疫情防控情况。他强调，我市目前仍处于疫情防控的关键期、爬坡期、攻坚期，必须以底线思维织密筑牢疫情防控网络，依法从严对企业复工复产列清单、定标准、强监管，确保企业平稳过渡、逐步恢复正常运营，实现疫情防控和经济运行的“双统筹”。市领导周富强、万正峰、吴福民、史占勇、王万鹏参加会议或调研。在企业复工复产专题会议上，市工信局、市商务局、市发改委等单位分别汇报了相关领域的企业复工复产方案。王新伟指出，企业平稳复工复产是当前疫情防控的重点和难点所在，各级各部门要站在打赢疫情防控阻击战持久战的高度，统筹处理好谁审批、谁监管、谁负责等问题，相关职能部门要研究发布工业、服务业、建筑业等类别企业复工复产标准，建立健全企业申报审核报备制度。要按照“块抓条保”和“谁用工、谁管理、谁负责”的原则，强化部门指导、属地监管、企业主体“三个责任”，联动督促企业执行好实名登记、分散用餐、杀菌消毒、应急处置等防控措施，严之又严做好返岗员工入口关、排查关、隔离关、防控关，坚决避免交叉感染、确保复工复产科学有序。在调研督导万邦国际农产品物流城、丹尼斯物流配送中心、国药控股配送中心等疫情防控中，王新伟指出，物流企业要坚决杜绝麻痹思想和侥幸心理，时刻绷紧疫情防控这根弦，采取单元化、网格化等方式管好人、管住车，在严格落实各项疫情防控措施的前提下，全力保障好生活、医疗等物资安全运输、保供稳价。市县相关职能部门要切实帮助企业解决运营过程中遇到的困难问题，打通防控疫情及生活急需物资运输的“绿色通道”，全力保障人民群众日常生活需求，确保城市平稳有序运行。

市长王新伟调研督导“三保”工作　2月11—12日，市委副书记、市长王新伟进车间、入社区、下田地，实地调研督导生活物资保供应、医疗物资保生产、基层社区保安全等情况。他强调，守护好人民群众生命安全和身体健康是当前最大的民生、最大的政治，各级各部门要坚持人民利益至上的理念，认真落实中央省市战疫情各项工作部署，坚定信心、同舟共济、科学防治、精准施策，合力打赢疫情防控的人民战争总体战阻击战。副市长李喜安、史占勇参加调研。在调研官渡镇前庄村蔬菜生产基地等地时，王新伟指出，“米袋子、菜篮子”保供稳价是基本民生问题，要着眼于生活必需物资产得出、运得走、不断货、不提价，多措并举解决好企业和农户急需的资金、运输等问题，积极探索“实体+线上+物流”等配送模式，打通从生产基地到市场超市、从田间地头到市民餐桌的“绿色通道”，努力让群众吃得安心放心。在察看雷曼药业等企业时，王新伟说，企业要切实履行好社会责任，在保证员工健康和质量安全的前提下，千方百计为全市乃至全省疫情防控作贡献；相关职能部门要建立生产、储备、投放机制，专人专班驻厂帮扶解决用工、资金等问题，对企业生产的医疗物资实行政府兜底收储，确保企业放心生产、加快生产。在检查汉威电子等企业复工复产时，王新伟要求，要坚持一手抓疫情防控、一手抓安全生产，按照“块抓条保”和“谁用工、谁管理、谁负责”的原则，督导企业从严落实分散用餐等防控措施，联动落实安全生产和疫情防控监管责任、主体责任，推动应对新冠肺炎疫情促进经济平稳健康发展30条举措落地见效。在随机督导鑫苑世纪东城等居民区管控时，王新伟强调，居民小区是防扩散的坚强堡垒，基层党组织及广大党员干部要紧紧依靠群众织密疫情防控的人民防线；要通过人防、技防、物防并举，补齐人员配置、流程规范、政策落地等短板，依法科学精准堵住防控漏洞，用心用情落实好居家隔离措施，用我们的细心热心耐心，换取群众的安心放心。

市长王新伟调研督导城管环卫系统生活垃圾处置工作　2月13日，市委副书记、市长王新伟调研督导疫情防控期间城管环卫系统生活垃圾处置工作。他强调，疫情防控是当前第一要务，各级各部门要按照标准化、规范化、程序化的制度规程，持续有力实施最严格管控措施，全面做好城市生活垃圾收集清运处置工作，全力以赴确保城市安全有序运行，坚决打好打赢疫情防控总体战阻击战。副市长陈宏伟参加调研。王新伟一行先后到东部垃圾焚烧厂、兴华南街金水河桥垃圾中转站、世纪家园小区、中原区环卫停车场等地，实地察看垃圾清运、环卫保洁、废弃口罩集中收集处理情况，现场督导垃圾中转站环境卫生消杀等工作。王新伟指出，做好垃圾清运处理是重要的民生工作，也是疫情防控的重要环节，各相关部门要将及时清运生活垃圾、全面提升环境卫生质量作为联防联控的重要抓手，以更严更实更细措施全面切断疫情传播链条，确保疫情防控工作全方位、全覆盖，无死角、无盲区，筑牢疫情防控“环卫防线”，全力保障人民群众生命安全和身体健康。王新伟强调，当前，随着企业有序复工、人员陆续返程、城市逐步常态运行，疫情防控工作也到了最吃劲的关键阶段。各相关部门要按照“五步消毒法”，将消杀工作贯穿于生活垃圾收集、贮存、转运、处置全过程，确保垃圾安全收集转运无害化处理。环卫部门要提标升级垃圾转运站、垃圾运输车辆、垃圾设施等消杀作业水平，对垃圾运输车辆实行进场、出站、交接“三步消杀法”，加大消毒频次，做好环卫工作人员自身防护，管住疫情传染源，有力有效阻断传播途径。要抓好居民小区、城市道路环境卫生，规范垃圾分类投放，及时清运生活垃圾，全时段全覆盖做好保洁工作，在重点区域重点时段开展预防性消毒消杀，以城市精细化管理把牢疫情防控各道防线，为群众打造舒心放心安心的生活环境。

市长王新伟到巩义市调研检查疫情防控期间工业企业复工复产工作　2月15日，市长王新伟实地调研检查巩义市疫情防控期间工业企业复工复产工作时强调，要深入学习贯彻习近平总书记重要讲话精神，全面落实中央省市战疫情各项工作部署，突出重点、统筹兼顾，分区分级科学精准防控，有力有序推动企业应复早复、全面开工，切实做到疫情防控和经济发展两手抓，两手都要硬。副市长史占勇参加调研。在豫联集团、河南神举科技、河南恒星科技等企业，王新伟详细询问了企业疫情防控措施、职工返程、原料供应、产品销售等情况，他要求企业复工联合服务专班人员要明确责任，积极帮助企业摸准员工情况、落实防控措施，主动协调解决企业复工复产中遇到的困难问题。企业要严格执行复工复产审核规定，明确管理操作规范，制定复工专案，发放职工防疫手册，提前储备生产和防疫物资，不折不扣将各项防控要求落实到位。王新伟强调，疫情防控到了最吃劲的关键阶段，要坚持安全生产双和疫情防控双统筹双促进，进一步细化防控标准、复工流程，提高疫情防控与复工复产统筹能力，切实把各项工作抓实抓细抓落地。要强化企业复工复产监管，严格落实属地专班负责、防疫专人指导、企业专职队伍“三专”要求，督导企业做好分散用餐、杀菌消毒、应急处置等防控措施，织密织牢防控网，实现有序返岗、安全上岗，尽快恢复产能，实现正常运转。要做好企业服务保障，压紧压实责任链条，积极落实驻厂服务工作机制，一企一策分类指导、靠前服务，积极帮助企业协调解决用工短缺、防疫储备、原料供应、物流配送、销售渠道等共性问题，落细落实应对疫情促进企业复工复产30条举措，推动各项企业帮扶政策早落地早见效，全力以赴把疫情影响降到最低，确保经济社会平稳健康发展，坚决打赢疫情防控的人民战争总体战阻击战。

市长王新伟检查督导疫情防控和企业复工复产工作　2月16日至17日，市委副书记、市长王新伟检查督导航空港实验区、郑东新区、上街区、新郑市、金水区的疫情防控和企业复工复产工作。他强调，全市上下要深入学习贯彻习近平总书记关于抗击疫情的系列重要讲话和指示精神，以对人民群众生命健康高度负责的态度，毫不松懈把中央、省、市决策部署抓细抓实抓到位，奋力夺取疫情防控和经济发展“双胜利”。市领导杨福平、张俊峰、万正峰、史占勇、陈宏伟参加相关活动。在察看郑州人民医院等定点诊疗医院时，他与一线医护人员视频连线，向他们的医者仁心表示敬意，叮嘱大家既要全力救治患者、更要做好自身防护，筑牢人民群众的健康防线。他指出，医院是抗击疫情的前沿阵地，要坚持“四个集中”原则，发挥病例诊断、医疗救治、发热患者会诊等专家组作用，对疑似和确诊患者要应收尽收、应治必治，对不明原因发热者、密切接触者坚决排查到位、隔离到位、治疗到位，要采取中西医结合、一人一案等方式，全力提高治愈率、降低病亡率，让患者强信心、让群众更安心。在郑东新区雅乐居酒店，他与中建三局支援火神山、雷神山医院的建设者视频通话，向他们与时间竞速、与疫情赛跑的奉献精神表示感谢，叮嘱相关部门全力保障好、服务好，让大家随时感受家的温暖。在督导新郑市居易酒店等集中隔离点管理时，他要求严格落实告知书、承诺书和解除隔离单“两书一单”，健全规范化、标准化、程序化的管理流程，确保职责明晰、任务到岗、责任到人；要统筹做好隔离人员的生活保障、心理疏导等工作，坚持每天体温测量、问候电话、物资保障、垃圾回收“四个一”服务，用心用情把隔离人员服务好保障好。在检查富士康集团等企业复工复产时，他强调，企业要切实担负起主体责任，把问题想得再充分一些、把措施定得再严谨一些，“严而有序、严而有章落实好返岗员工筛查、分散就餐、空间消杀等举措，确保平稳有序复工复产。要执行好属地专班负责、防疫专人指导、企业专职队伍和员工防疫手册+健康档案的“三专一册一档”管理，运用大数据等信息技术掌握员工活动轨迹，全力以赴帮助企业解决员工返岗、交通运输、物资保障等问题，制定分区分级管理、精准到人的返岗员工管理方案，坚决做到防控安全、员工安全、生产安全。

市长王新伟检查督导集中隔离点管理和企业复工复产工作 2月20日，市委副书记、市长王新伟检查督导登封市、新密市集中隔离点管理、企业复工复产等情况。他强调，各级各部门要一手抓疫情防控，一手抓经济发展，在坚决守护人民群众生命安全和身体健康的前提下，多措并举推动企业加速复产达产，尽最大可能把疫情影响降到最低，众志成城夺取疫情防控和经济发展的“双胜利”。副市长史占勇参加检查督导。在检查锦鹏生态酒店、西苑酒店等集中隔离点封闭管理、服务保障等情况时，王新伟说，毫不松懈地抓好疫情防控仍是当前的头等大事，一定要充分认识到疫情的隐蔽性、反复性、不确定性，时刻保持战时状态和底线思维，严之又严、细之又细执行好集中隔离各项部署，对不明原因发热者、密切接触者排查到位、隔离到位，通过织密筑牢疫情防护网，坚决切断疫情的扩散途径。要从严管理医疗废物废水，落实好运行、用药、自测、第三方检测“四个台账”管理，做到垃圾废水全收集、全处理，坚决避免形成新的污染源。要用心用情做好隔离人员服务保障和心理疏导工作，做到隔离病毒而不疏离人心、隔绝疫情而不疏远关怀，真正将严而有序、严而有章、严而有情落地落实。在察看新登中瓷科技、远东耐材等企业复工复产时，他说，推动企业和项目有序复工复产，是党中央、国务院统筹疫情防控和经济社会发展的作出的重要部署，各级各部门要注重发挥政府的“有形之手”作用，从影响企业复工复产的用工、用料、运输、资金等问题抓起，着力把疫情管控好、把政策落实好、把服务保障好，确保企业和项目快速复产达产增产。企业要强化疫情防控一失万无意识，切实担负自身防控主体责任，在“两承诺、一抽查、一服务”管理模式下，紧盯车间、宿舍、餐厅三大区域，健全完善规范化、标准化、清单化的复工复产流程，运用大数据等技术掌握职工日常活动轨迹，坚决把疫情阻挡在厂区外。属地政府和企业要联动做好安全生产各项工作，严格落实排查风险隐患、系统性安全教育培训等“六个必须”，科学制定实施达产增产计划，努力把疫情造成的损失补回来，为顺利完成全年经济社会发展目标提供强力支撑。

市长王新伟检查督导中牟县疫情防控和企业项目复工复产工作 2月23日，市委副书记、市长王新伟检查督导中牟县疫情防控和企业项目复工复产工作时强调，当前疫情防控形势依然严峻，各级各部门要毫不松懈抓好疫情防控这个头等大事，树立忧患意识，强化底线思维，一手抓疫情防控，一手抓复工复产，奋力夺取疫情防控和经济社会发展“双胜利”。副市长孙晓红、市政府秘书长薛永卿参加检查督导。在检查马顶堡安置区项目建设时，他要求，要执行好属地专班负责、防疫专人指导、企业专职队伍和员工防疫手册+健康档案的“三专一册一档”管理，强化企业兜底、个人承诺、线上管控“三个作用”，落实“两承诺一抽查一服务”模式，以标准化、清单化、程序化制度规程，有力有效管住疫情传染源，切断传播途径。要强化复工疫情防控管控，落实错峰上岗、分散就餐、宿舍消毒等防控措施，鼓励企业运用大数据等信息技术掌握员工行动轨迹，严防外部输入、严控内部扩散，用疫情“防控线”守卫企业“生命线”。在督导亚菲亚酒店等集中隔离点管理时，他指出，要充分认识疫情的隐蔽性、反复性、不确定性，时刻保持战时状态，按照规范化、标准化、程序化的管理流程，对不明原因发热者、密切接触者排查到位、隔离到位，坚决切断疫情的扩散途径；要统筹做好隔离人员的生活保障、心理疏导等工作，用心用情服务好保障好；要严格执行环境保护及医疗废物管理制度，健全运行、用药、自测、第三方检测“四个台账”管理，做到垃圾废水全收集、全处理，筑牢人民群众生命健康保障防线。在察看泰新汽车内饰件公司、红宇专用汽车公司等企业时，他强调，企业要切实担负起抗击疫情主体责任，做到必须制定科学规范的复工复产方案、必须全面排查风险隐患等“六个必须”，确保生产运行安全有序可控。各级各部门要用足用活援企稳岗等政策措施，专人专班专案帮助企业解决用工难、运输难、资金难等问题，让人流、物流、资金流有序转动起来，畅通经济社会循环，多措并举帮助企业加速稳产达产扩产，尽最大努力把疫情耽误的时间抢回来、把疫情造成的损失补回来，确保完成全年经济社会发展主要目标任务。

市长王新伟督导检查疫情防控复工复产项目建设情况 2月26—27日，市委副书记、市长王新伟督导检查航空港实验区、上街区、新郑市等地疫情防控、复工复产、项目建设情况。他强调，各级各部门要坚持必胜信念、保持强大定力，不麻痹、不厌战、不侥幸、不松劲，在法治轨道上把中央省市工作部署落实落细落到位，全面夺取疫情防控和经济发展双胜利。市领导张俊峰、万正峰、史占勇参加检查督导。在检查碧波农贸市场、莲菜网物配中心等地物资供应、防疫管理情况时，他指出，要坚决避免聚集风险，落实疫情告知、扫码核验、进出分流、空间消杀等举措，切实让群众安全快速采购。在察看白象食品集团、华锐光电等企业复工复产和项目建设时，他叮嘱企业负责人要严字当头战疫情、科学有序抓生产，千方百计把疫情耽误的时间抢回来。在调研郑州市第十五人民医院中，他强调，要从严从实抓好发热门诊管理、医疗废弃物处置、关爱医护人员等工作，切实发挥好医院疫情防控主阵地作用。在航空港实验区召开的工作座谈会上，王新伟强调，疫情防控是当前重中之重的任务，要坚持节奏不变、力度不减、尺度不松，压实落实企业主体、属地管理、部门监管“三个责任”，充分发挥大数据健康管理系统精准管控作用，严格执行“两承诺一抽查一服务”模式，做到专班专案到位、物资保障到位、规范管理到位、应急处置到位。要推动产业链上下游协同复工，属地和企业要联动做好员工返岗、物资准备、交通运输、安全生产等工作，充分释放中央省市稳定经济运行政策措施的“叠加效应”，一企一案制定实施达产增产扩产计划，以企业快复工快生产的良好态势，为经济平稳健康发展注入更多暖色调。要牢牢扭住项目建设和产业发展不放松，紧盯重点产业项目抓进度，每个项目都要建台账、定节点、明责任，着力以项目建设促投资、保增长、强支撑；要紧盯谋划项目抓落地，对意向项目要专班专案盯住不放，确保快签约、快落地、快开工、快建设；要紧盯主导产业抓招商，围绕电子信息、航空物流、生物医药等领域，积极引进落地一批战略性、引领性的“龙头”项目；要紧盯要素保障抓服务，通过规划引领、政务服务、土地供应、金融保障、基金支持“五个强化”，努力打造投资热土、开放高地、产业新城。

市长王新伟调研督导脱贫攻坚、河长制等工作 2月29日至3月1日，市委副书记、市长王新伟到荥阳市、高新区等地巡河，到登封市等地调研督贫攻坚、农田管理、国土绿化等工作。他强调，要坚持一手抓疫情防控、一手抓经济社会发展，以清单化项目化落实河长制，以更大力度打赢脱贫攻坚战，不失时机抓好春季农田管理和国土绿化提速提质，确保全年经济社会发展目标顺利完成、确保全面建成小康社会圆满收官。在巡查枯河、索河段治理过程中，他要求，各级各部门树牢习近平生态文明思想，压实市县乡村四级河长责任制，落实“两函三单四巡两报告”制度，统筹做好以水润城、以水富民、人水和谐大文章，一体谋划推进岸线功能分区规划、全链条综合治污、水资源节约集约利用等工作，加快构建齐抓共管的治水兴水新格局，推动实现水美、岸美、产业美、环境美，努力在黄河流域生态保护和高质量发展国家战略中做示范、走前列。在调研登封市巧媳妇产业扶贫项目等处时，他指出，要牢牢把握脱贫攻坚主动权，紧盯“两不愁三保障”突出问题开展大排查、回头看，建立健全防返贫预警机制，不折不扣落实“四个不摘”要求，继续保持政策支持不减、攻坚力度不降，通过产业扶贫提效、公共服务完善、社会保障兜底、扶贫项目建设等举措，坚决如期完成脱贫攻坚目标任务。在察看农田管理、春耕备播、植树造绿等工作时，他强调，要抓紧抓实抓细春季农业生产，推动农资企业加快复工复产，打通农资供应、农机作业等堵点，夯实夏粮稳产增产基本盘；要抓好蔬菜、畜禽等农产品生产，加强重大动物疫病和病虫害防治，畅通鲜活农产品运输绿色通道，创新线上+线下、直销+网销等方式，打通从生产基地到市场超市、从田间地头到市民餐桌“最后一公里”；要抢抓黄金季节掀起植树高潮，以沿黄生态廊道绿化、交通路网绿化、乡村绿化等为带动，确保年度植树造绿任务高质高效完成。

市长王新伟调研督导县区“双改”工作 3月16日，市长王新伟调研督导二七区、管城区、郑东新区、金水区“双改”工作时强调，要在众志成城战疫情前提下，抢抓项目施工黄金季节，深入推进“改善人居环境、改进城市管理”工作，在大战大考中建设幸福家园。副市长陈宏伟参加调研。王新伟指出，“双改”是提升城市治理水平的重要抓手、是城市高品位建设的具体行动，集中体现在“三项工程、一项管理”工作中，要树牢“人民城市人民建，人民城市为人民”理念，聚焦城市综合承载能力提升，一体推进道路、楼院、街区综合整治，老区、新区、城乡接合部融合发展，着力打造整洁、有序、舒适、愉悦的城乡环境。王新伟强调，要突出规划设计、标准引领、任务量化、群众参与、过程管理，以“匠心精神”“绣花功夫”塑造城市新颜值。“三项工程、一项管理”已制定具体的实施方案和行动计划，关键是落细落实。城市道路综合改造，要以“一环十横十纵”为先导，做好管线入地、路面优化、立面改造等工作，高标准打造兼具文化底蕴和现代风貌的示范路段。老旧小区综合改造，要把“一征三议两公开”贯穿全过程，充分发动群众参与支持“一拆五改三增”，着力打造功能完善、环境整洁、管理有序、群众向往的幸福家园。城乡接合部综合改造，要着眼于补齐基础设施、公共服务、人居环境、产业结构等短板，加快建设美丽城镇、美丽公路、美丽乡村、美丽田园。城市精细化管理，要把解民忧纾民困作为着力点，持续深化“路长制”工作机制，抓好垃圾消杀清运、交通秩序治理、绿地游园建设等工作，让序化洁化绿化亮化成为郑州特色，更好满足群众对美好生活的新期待。王新伟要求，“双改”要坚持问计于民、问需于民、问效于民，规划设计要充分征求群众意见，工程施工要尽量不扰民，真正把群众满意作为衡量标准。当前，要统筹疫情防控和工程建设两手抓、两手硬，细化任务清单、责任清单，明确节点、挂图作战，确保按序时进度完成任务。要坚持“条抓块保”，落实属地责任，建立严密严格的过程管理机制，高质量推进“双改”工作，不断提升城市能级，不断增强群众的幸福感安全感获得感。

市长王新伟检查督导开学复课准备工作 4月4日，副省长、市长王新伟检查督导开学复课准备工作。他强调，要按照省委、省政府和市委统一部署，切实把风险想在前、准备做在前、工作干在前，从严从细构建信息精准、责任明晰、运转高效的校园闭环管理体系，坚决把疫情阻挡在校园之外，确保师生返校井然有序、安全放心。市领导黄卿、孙晓红参加检查督导。王新伟一行先后来到郑州市第101中学、106中学、96中学，走进教室、餐厅、宿舍、校医室、隔离室等地，全面了解预防知识宣传、防疫物资准备、疫情应急处置等情况，并反复叮嘱学校负责人，要以父母之心、担当之责守护好校园安全，决不放过任何一个薄弱环节和工作短板，一丝不苟落细落实家门到校门、课间到课外、学生到教职员工、校医室到医院等全过程防疫措施，加强全要素、全岗位、全链条应急演练，以一失万无的底线思维筑牢安全防线。检查督导中，王新伟指出，开学复课关系到每个孩子的前途、牵动着万千家长的心，要始终把师生安全放在第一位，精准施策、条抓块保、联防联控，合力向学生家长社会交出一份满意答卷。要做到管控全覆盖，充分依托大数据健康管理平台，以学校、年级、班级、宿舍为单元实行“日报告”“零报告”，全天候掌控每一个师生的活动轨迹和健康状况，做到底数清、情况明、信息准。要做到消杀全覆盖，加大教室、宿舍、食堂、厕所等重点区域卫生保洁和消毒消杀频次，让广大师生安心放心。要做到教育全覆盖，上好“开学第一课”，扎实开展防控知识讲解、心理辅导等，引导广大学生明白在校“一日流程”，确保安全有序度过每一天、每一周。王新伟强调，开学复课是一项系统性工作，要压实属地管理、部门监管、学校主体“三个责任”，学校、家庭、社会携手做好学生返校学习的物资保障、校园管控、往返交通等工作，确保防控措施环环相扣、责任压紧压实。要关心关爱疫情防控一线医务人员子女、贫困家庭等特殊群体子女，及时帮助解决实际困难，努力营造安全舒适校园学习环境。

市长王新伟检查督导森林防火和安全生产 4月5日，副省长、郑州市市长王新伟到巩义市检查督导森林防火和安全生产时强调，要树牢安全生产红线意识和底线思维，按照省委、省政府和市委安排部署，把预防工作抓在日常、把隐患消除在萌芽状态，从严从细织密筑牢安全生产防护网，确保人民群众生命财产安全。郑州市领导袁三军、陈宏伟参加调研。在巩义市森林防火监控指挥中心，王新伟听取了森林防火灭火工作汇报，详细了解重点林区值守备勤、应急处置等情况。他指出，森林防火责任重于泰山，各级各部门要强化群防群控、联防联控，建立健全有序、高效、科学的指挥体系，细化完善应急处置预案，确保政令畅通、机制有力、处置迅速。要加强防火力量配置，保障应急物资储备充足，提高“专业+民间”救援队伍综合防控能力和实战能力。要突出抓好巡查监管，从严管控重大节假日、重点时段、重点区域，确保火情第一时间发现、第一时间处置。在华德地毯集团有限公司，王新伟察看了企业安全生产设施配备及安全生产工作情况。他强调，要时刻绷紧安全生产这根弦，始终把安全理念贯穿到企业生产经营全过程，落实到每个车间、每个岗位、每个员工，实现链条管控、经费投入、宣传教育、应急预案“四到位”。要加强安全隐患排查整改，对排查发现的问题建立台账、清单管理，确保及时整改到位。要积极开展安全生产教育培训，一丝不苟做到自身安全、生产安全、企业安全。在巩义林场嵩山营林区，王新伟实地察看了林区防火灭火工作开展情况，并看望慰问坚守一线的森林防火工作人员。他要求，要增派人员守好进山通道，坚决把火源阻挡在山下林外，加大重点区域、重点部位巡逻检查频次。要严格执行24小时值班制度，确保上下信息畅通，一旦发现火灾隐患快速出击、报扑同步。要巡查与宣传相结合，落实人防物防技防措施，强化警示教育宣传，让森林防火家喻户晓、人人参与，共同守护好来之不易的每片森林、每寸绿色。

市长王新伟调研督导重点项目建设 4月20日，副省长、市长王新伟在调研督导重点项目建设时强调，要认真贯彻落实中央关于“六稳”“六保”的重大决策部署，按照省委、省政府和市委工作要求，进一步强化“项目为王”理念，突出抓好省市重点项目建设，着力培育经济增长点、集聚发展新动能，夯实国家中心城市建设的基础支撑。市领导史占勇参加调研。在察看经开区郑煤机产业园等重点项目时，王新伟与企业负责人深入交流，详细询问建设进度、生产经营、物资保障等情况，勉励企业增强发展信心、捕捉市场机遇，强化工业互联网思维，积极建设现代智能化厂区，全面提升企业核心竞争力和产品本地配套率，做长产业链、稳定供应链；市直相关部门和属地政府要落细落实“三送一强”活动，以“店小二”理念服务项目建设，精准高效为企业发展排忧解难。在郑东新区鲲鹏软件小镇、中原大数据中心等新基建项目施工现场，王新伟察看并询问总体规划、招商引资、工期进度、环保安全等情况，叮嘱项目建设单位要抢抓施工黄金季节，在确保工程质量前提下推动项目早建成早投用；市直相关部门要全方位全周期服务项目建设，主动靠前解决好资金、土地、用工等问题，合力打造大数据产业高地和软件产业集聚基地，助推全省数字经济集聚集群发展。调研中，王新伟指出，重点项目特别是新基建项目一端连着巨大的投资需求，一端连着不断升级的消费市场，是当期稳增长、长远调结构、发展惠民生的重要抓手。要推动在建项目快建设快投资，落实领导分包和专人专班驻场服务机制，统筹做好重大项目储备和专项债券申报，调动各方力量和要素向重点项目汇聚。要扎实做好签约项目落地开工，进一步畅通审批服务“绿色通道”，建立任务、责任、措施清单，全面掀起新一轮项目建设热潮。要紧跟国家政策导向，围绕大数据、人工智能等“四新经济”关联领域，积极谋划招商落地一批具有奠基性、引领性的龙头项目，持续为高质量发展注入新活力。要统筹做好疫情防控、环境保护、安全生产等工作，健全数据、责任、管理闭环，严格落实“8个100%”等抑尘措施，加强施工安全教育培训，着力打造精品工程、安全工程、标杆工程。

市长王新伟调研四环快速化工程和“四个中心”建设 4月26日，副省长、市长王新伟调研四环快速化工程和“四个中心”建设时强调，要按照中央省市“六稳”“六保”工作部署，把项目建设作为稳定经济运行、提高城市综合承载力的主抓手，抢工期、重质量、快建设，支撑带动高品质城市建设提速增效，不断增强群众的幸福感获得感安全感。市领导陈宏伟陪同调研。在市民活动中心、大剧院、现代传媒中心、博物馆等处，王新伟察看项目施工进度，听取有关工作汇报。他指出，“四个中心”是完善城市功能、提升城市品质的重点工程，项目单位要在保证工程质量的前提下，倒排工期、挂图作战、科学施工，确保项目早建成早投用；项目主管单位要坚持公益性、群众性、专业性、市场性导向，科学谋划场馆的管理、运营、维护等方案，充分发挥“四个中心”的经济、文化、惠民等功能，打造全市乃至全省的文化新地标。在四环快速化施工现场，王新伟详细询问工程进展情况，研究解决难点问题。他指出，四环快速化是“畅通郑州”的基础性工程，对于完善城市立体交通网络、提高城市道路网络互通互联水平至关重要，项目单位要按照既定节点，时间倒排、任务倒逼、责任倒查，高标准、高质量、高效率推进项目建设；项目沿线政府要专人专班专案，快速稳妥解决好土地征迁、雨污管道铺设等瓶颈问题，确保四环快速化尽快全线贯通，让广大群众出行更快捷更通畅。调研中，王新伟强调，要加快项目建设进度，扎实开展“四比四看”活动，在确保防疫安全前提下，加大机械和人员投入，全面掀起项目建设新高潮。要统筹安全环保，严格落实建筑施工“8个100%”等抑尘措施，加强施工人员安全教育培训，切实做到安全施工、科学施工、环保施工。要把好工程质量关，严格施工标准，强化工程监理，着力打造市政精品工程、样板工程。要坚持周例会、月通报机制，相关部门要主动靠前服务，加大一线督查督导力度，推动形成投资拉动、民生改善、功能提升的高品质城市建设多赢新格局。

市长王新伟看望慰问基层一线劳动者 5月2日，副省长、市长王新伟看望慰问基层一线劳动者和坚守安全生产岗位的干部职工，勉励大家按照中央、省、市各项工作部署，弘扬劳动精神，坚守安全底线，在各自岗位上恪尽职守、担当作为、再立新功，合力交出一份疫情防控和经济社会发展双统筹双胜利的“郑州答卷”。副市长吴福民参加调研。在察看郑东新区5G无人驾驶公交车试运行项目时，王新伟叮嘱项目负责人要抢抓新基建重大机遇，加快打造5G、人工智能等应用场景，为全市高质量发展蓄势增能。在察看市消防救援支队指挥中心视频调度、救援装备时，王新伟表示，消防救援队伍是城市安全的守护者，要着眼于综合救援能力提升，加强队伍建设、强化科技支撑、加强应急演练，确保关键时刻拉得出、冲得上、打得赢。在河南延长石油销售有限公司，他叮嘱企业负责人要以“一失万无”的底线思维保安全，从严从细落实好安全生产各项规章制度；属地政府要强化监管督导，坚决防范遏制各类安全事故发生。在新郑市西泰山千稼集景区，他要求控流量、防聚集、重防护，把好游客的进门关、流量关和安全关，聚焦“游购娱吃住行”等消费需求，提升公共服务保障能力和水平，让群众玩得安心、吃得放心、游得舒心。调研中，王新伟与基层群众亲切交流，勉励大家认真学习贯彻习近平总书记给圆方集团的重要回信精神，尊重劳动、热爱劳动、投身劳动，争当学习践行的先行者、续写者，用辛勤劳动为国家中心城市建设助力添彩。当前，要在常态化疫情防控中把握发展主动权、稳住经济基本盘，把“三送一强”活动落细落实，与市场主体共克时艰、与广大群众并肩战斗，确保全年经济社会发展目标任务顺利完成。尤其要从严从实抓好安全生产，压紧压实属地管理、部门监管、企业主体责任，推动建筑施工、危险化学品、防汛抗旱、森林防火等领域的风险隐患早排查、早发现、早整治，织细织密每一道安全生产防线，确保群众生命财产安全和社会大局安定有序。

市长王新伟调研“三夏”生产和秸秆禁烧工作 5月31日，副省长、市长王新伟到新郑市调研“三夏”生产和秸秆禁烧工作。他强调，要深入贯彻落实习近平总书记关于“三农”工作的重要论述，按照省委、省政府和市委工作部署，进一步巩固农业基础性地位，坚决扛稳粮食安全重大政治责任，扎实做好“三夏”各项工作，全力以赴确保农业增效、农民增收，为夺取大战大考双胜利、决战决胜全面建成小康社会提供强力支撑。副市长李喜安陪同调研。在新郑市城关乡毛庄小麦机收现场，王新伟走进麦田察看小麦长势，详细询问亩穗数、穗粒数、千粒重，与群众一起算投入、算产出、算收成，要求市县农业、气象等部门把保障粮食丰收放在突出位置，密切关注天气变化，合理调配农业机械，指导农民趁天抢收，确保夏粮颗粒归仓。在城关乡东郭寺村秸秆禁烧值班岗，他详细询问值班值守、物资配备、应急预案等情况，要求发挥“蓝天卫士”电子监控系统作用，通过人防技防物防相结合，建立纵向到底、横向到边的秸秆禁烧防护网，确保第一时间发现火情、第一时间传递信息、第一时间到场处置，坚守“三夏”生产“零火点”的底线，有效助力全市大气污染防治和农村生态环境持续改善。调研中，王新伟强调，“三夏”抢收抢种时间紧、节奏快，各级各部门要做到政策宣讲、服务保障、粮食储备、收购资金、防火安全、人员培训“六到位”，全力确保夏粮丰收丰产。要按照适时早收、突击抢收原则，统筹做好机收组织、信息服务、油品供应等工作，全力加快麦收进度，做到收获一块、抢种一块、管理一块。要在稳定夏粮生产基础上，指导群众提早备足肥料、良种等夏播农业生产资料，为秋粮丰收打下坚实基础。要周密做好夏粮收购工作，为群众就近卖粮、就地卖粮提供便利服务，确保农民手中余粮卖得好、卖得畅，切实维护种粮农民利益、调动种粮积极性。要坚持“藏粮于地、藏粮于技”，因地制宜做好粮头食尾、农头工尾，加快构建现代化粮食产业体系，做强做优从田间到餐桌的一体化粮食产业链，切实把饭碗牢牢端在自己手上。

市长王新伟调研省市重点项目建设 6月28日，副省长、市长王新伟调研省市重点项目建设时强调，要深入学习贯彻习近平总书记近期系列重要讲话精神，落地落实中央省市“六稳”“六保”工作部署，进一步强化“项目为王”理念，畅通重点项目全周期服务“绿色通道”，千方百计赶进度、抓质量、保安全，着力以高水平项目建设支撑经济高质量发展。副市长市史占勇参加调研。在调研富士康新建5G生产线、海尔热水器等项目时，王新伟勉励企业要抢抓新一轮科技革命和产业变革机遇，推动先进制造业和现代服务业“两业融合”，加快高端化、智能化、绿色化、服务化“四化转型”，努力成为全省“5G+工业互联网”标杆。在听取滨河国际城规划建设情况汇报时，他要求经开区高起点规划、高标准建设、高水平管理，着力把核心板块打造成城市经济发展支撑点、城市建设新亮点和城市结构关键点。在察看中原网球中心二期建设时，他现场协调解决项目建设中遇到的困难问题，叮嘱施工单位要在保障工程质量前提下，倒排工期、调配力量、科学施工，确保项目早建成早投用。在鲲鹏软件小镇施工现场，他要求相关部门要坚持边建设、边谋划、边招商，合力推动软件小镇尽快出形象见效益，带动郑州成为数字产业化发展引领地、产业数字化发展示范地。调研中，王新伟强调，重点项目建设是高质量发展的“牛鼻子”，当前形势下抓项目就是抓发展、就是增后劲、就是惠民生。要分秒必争快建设，按照“四比四看”工作要求，紧盯开工率、竣工率、达产率，始终保持重点项目提速提质提效态势，确保按时序进度完成投资建设任务，不断为高质量发展注入新活力。要用心用情优服务，全域推行“首席服务官”制度，加快建立“一联三帮”机制，通过“三送一强”解决好资金、土地、用工等问题，以“保姆式”“店小二”服务让企业心无旁骛快发展。要紧盯安全不放松，扎实推进安全生产双重预防体系建设，全人员、全岗位、全场景抓实安全施工教育培训，拉网式开展风险隐患大排查大整治，尤其要注意防暑降温和一线工人健康，从严从细做到施工安全、生产安全、人员安全。

市长王新伟调研督导城乡接合部综合整治工作　7月12日，副省长、市长王新伟在调研督导城乡接合部综合整治时强调，各级各部门要树牢以人民为中心的发展思想，标本兼治推进公共基础设施建设、人居环境综合整治、优化产业结构等工作，努力打造“整洁、有序、舒适、愉悦”的城乡环境，不断增强人民群众的获得感幸福感安全感。市领导陈宏伟参加调研。在金水区马渡村、郑东新区花庄社区等地，王新伟详细听取了环境整治、污水处理、社区管理、产业发展等情况汇报，要求既重“面子”也重“里子”，把生态建设、文化元素、产业植入与基础设施改造提升有机结合，一体推进拆违治乱、污水净化、就业致富等工作，努力让城乡环境更有颜值、更有生机、更有活力。王新伟与现场群众深入交流生活环境、家庭收入、文娱活动等情况，勉励大家要依托好环境、走好创富路，进一步拓宽就业创业渠道、激活致富增收内生动力，共同创造生产、生活、生态“三生融合”的幸福生活。调研中，王新伟强调，城乡接合部综合整治是一项民心工程、系统工程，要坚持人民至上，发挥好党建引领聚民心的作用，每项工作都要问计于民、问需于民、问效于民，从群众最关心的地方改起，从群众最迫切的需求做起，着力营造共建共治共管共享的格局。要突出规划先行，依据纳入整治范围的36个乡（镇）办的资源禀赋、基础现状等，因地制宜、分类规划，精准补短板、强功能、提品质、优环境，切实发挥综合整治的生态价值、社会价值、经济价值。要注重示范带动，以农村整体改造和社区综合整治提升为重点，抓实抓细垃圾分类、污水处理、智能管理等工作，进一步凸显地域特色、文化特色、产业特色，精心打造一批具有示范带动效应的示范村、示范社区。要强化产业富民，把就业增收作为群众生活迈向高质量的保障支撑，通过培育特色产业、搭建就业平台、开展技能培训、发展集体经济等方式，把富余劳动力组织好、培训好、推介好，最大限度实现就地就近创富致富。要丰富文化生活，村组（社区）联动开展丰富多彩、健康向上的文化娱乐活动，不断满足群众对美好生活的新期盼，努力让大家的生活更精彩、精神更富足。

市长王新伟到郑州航空港实验区调研　8月11日，副省长、市长王新伟到郑州航空港实验区调研时强调，要认真贯彻落实习近平总书记关于河南和郑州的重要讲话指示精神，以新发展理念为指引，加快构建产业生态圈、创新生态链，探索走出一条具有郑州特色的制造业高质量发展新路子，当好全省全市改革开放创新的先行区和引领区。市领导张俊峰、史占勇参加调研。王新伟一行实地察看了郑州机场三期扩建工程、视博数字经济产业园、临空生物医药产业园等项目建设和运营情况，听取豫沪合作科技城及海归小镇项目规划进展汇报，研究确定产业链招商等事宜。王新伟充分肯定了航空港实验区2020年以来统筹疫情防控和经济社会发展取得的显著成效，要求航空港实验区围绕“控、保、稳、进、抬、扛”六字要求，落细落实中央省市“六稳”“六保”各项部署，夯实经济稳定健康发展的基本面。王新伟强调，要全面梳理产业链条，建立电子信息、智能制造、生物医药等重点产业链图谱，聚焦关键基础材料、核心基础零部件、先进基础工艺、产业技术基础，找准延链补链强链的关键环节，定目标定任务定责任精准招商，有效打通产业链堵点、连接产业链断点。要积极承接“两个转移”，发挥好区位、交通、人力资源等优势，主动融入国内大循环、加快促进国内国际“双循环”，把豫沪科技城和海归小镇打造成全市乃至全省的产业转移、人才引育、成果孵化重要基地。要着力构建产业生态，理顺完善有利于创新创业创造的体制机制，加快形成战略新兴产业培育体系，推进人才、平台、园区等核心要素协同配套，打造更加宜居宜业的国际化城市环境，最大限度地激发各类人才的创造力、事业心和成就感。要勇于改革创新，先试先行探索市场化运作管理模式，着力打造市场化法治化国际化营商环境，平等保护各类市场主体合法权益，让尊重知识、尊重人才、尊重创造成为社会风尚，全方位服务支持各类市场主体心无旁骛快发展。要注重集群培育，立足于稳定供应链、优化产业链、提升价值链，全面促进“龙头企业+配套企业+零部件企业”的全链贯通、有序配置发展态势，加快形成一批具有竞争力带动力辐射力的特色产业集群。

市长王新伟调研督导网安周和金鸡百花电影节筹备情况　8月16日，副省长、市长王新伟调研督导2020年国家网络安全宣传周暨第29届金鸡百花电影节筹备情况，并主持召开执委会第三次工作会议。他强调，要深入学习贯彻习近平总书记关于网络安全和电影事业发展的重要论述，按照中央有关部门、省委省政府和市委市政府安排部署，进一步统一思想、凝心聚力、鼓足干劲，以决战决胜姿态和精益求精作风打好打赢筹备工作攻坚战，确保两个活动安全、节俭、创新、出彩。市领导黄卿、史占勇、王万鹏参加调研和会议，并就有关工作提出要求。王新伟一行察看网络安全科技馆建设情况，听取执委会“一办六部”工作汇报，协调解决存在的困难问题。他指出，办好网安周和电影节是一项政治任务，是展示河南、郑州形象的重要平台和机遇，各级各部门要按照“三个更加”“五项标准”“四个统筹”要求，发扬团队、奋斗、工匠、忘我“四种精神”，联动打造一流环境、一流服务、一流设施、一流安保，以网安周和电影节的精彩纷呈为国家中心城市建设增添靓丽名片。他强调，要强化大局意识，充分认识办好网安周和电影节的政治性、人民性和引领性，以更高站位、更细工作、更实成效，全力把两个活动办成高质量高水平的盛会，实现构建网络安全生态、带动关联产业发展、丰富群众文化生活、提升城市形象品位的多赢。要强化重点攻坚，网安周要高标准办好“强网杯”竞赛、线上线下展览、企业座谈会等活动，充分依托“一中心三基地六载体”，营造网络安全为人民、网络安全靠人民的浓厚氛围；电影节开闭幕式、红毯仪式等活动，要突出现代感和科技感，融入河南特色和郑州元素，打造惠民利民的文化盛宴。他要求，要强化责任担当，执委会“一办六部”要精准调度、一线推动，坚持日例会、周调度等机制，确保事事有人管、人人有专责；市直相关部门要主动配合，专人专案抓好疫情防控、舆论宣传、服务接待等工作；属地政府要强化保障，高标准做好场馆建设、环境整治等工作，做精做细从驻地宾馆到活动场馆沿线的微循环和微景观，让每位嘉宾感受郑州发展成效和宾至如归优质服务。要强化协调联动，专人专班做好与主办部委、导演团队、重要嘉宾等的沟通对接，完善扁平化、实体化、属地化工作架构，落实好清单管理、任务交办等制度，以案无积卷、事不过夜的精气神把活动办出特色、办出水平、办成精品。

市长王新伟调研全国文明城市创建和“三项工程、一项管理” 9月7日，副省长、市长王新伟调研全国文明城市创建和“三项工程、一项管理”时强调，要深入学习贯彻习近平总书记系列重要讲话精神，始终坚持以人民为中心的发展思想，切实做到文明创建和城市建设两手抓两统筹，合力打造整洁有序舒适愉悦的城市人居环境，共同让家园变得更美、绿城变得更绿、群众笑得更甜。副市长陈宏伟陪同调研。在纬四路、淮河西路农贸市场，王新伟察看了市场卫生环境、农产品检验留样等情况，他强调农贸市场是文明创建的重点和难点，既要抓好市场垃圾分类、污水处置等大环境大卫生，也要加强食品安全管理的规范化标准化，让群众享受更好的“菜篮子”服务。在察看通信花园、计划路等社区综合改造和文明创建时，他要求相关部门和社区工作人员以文明新风助推社区治理创新，通过数字化、网络化、智能化等方式，推动社区管理服务更智慧更贴心，让广大群众共建共享高品质生活。在察看桐柏路综合改造时，他要求做好路面整治、管线入地、景观绿化等“微改造”，统筹处理好道路施工、群众出行、环境保护等问题，努力让交通更加顺畅、群众更加满意。调研中，王新伟强调，文明创建和“三项工程、一项管理”是提升郑州城市综合承载力、满足人民对美好生活向往的重点工作，各级各部门要树牢“人民城市人民建、人民城市为人民”理念，坚持心中有花、针脚严密、追求完美、功在不舍，积极打造生活、生产、生态“三生融合”城市新格局。要标准引领，文明创建指标体系要精准对标、精准施策，聚焦突出问题和群众需求补短板锻长板，切实让文明创建和“三项工程、一项管理”成为民生工程、品质工程。要强化保障，创新文明创建和城市管理的各项制度和体制机制，统筹推进两项工作精细化常态化特色化，切实把郑州的“面子”扮靓、“里子”做实。要为民务实，把问计于民、问需于民、问效于民贯穿到文明创建和城市管理全领域各环节，真正把工作做到群众心坎上，扎实解决好群众的烦心事操心事揪心事，努力让群众获得感幸福感安全感更加厚实。要凝聚合力，各级各部门要主动到基层调查研究、倾听民意、宣讲政策、解决问题，发动和组织群众当好城市的建设者、管理者和守护者，携手推动郑州更宜居、更文明、更美好。

市长王新伟调研秋冬疫情防控和假期旅游安全保障工作 10月4日，副省长、市长王新伟到郑州航空港实验区，调研督导秋冬季疫情防控和假期旅游安全保障，看望慰问坚守一线的工作人员。他强调，要深入贯彻习近平总书记系列重要讲话精神，坚持人民至上、生命至上理念，落实好中央省市疫情防控、安全生产等部署，切实守护好群众安康、城市安全，确保群众度过平安欢乐祥和的国庆中秋假期。市领导张俊峰、张春阳、王万鹏参加调研。在察看诺富特健康关爱中心、机场联合指挥中心时，王新伟听取机场专班防控情况汇报，肯定近段时间工作成效，分析面临的形势，部署下步重点任务。他强调，郑州机场是外防输入的主阵地、全省对外开放的重要窗口，机场专班要时刻保持对疫情的警惕性不降、监管措施不减、防控要求不松，始终树牢防疫“一盘棋”思想，慎终如始抓防控、联防联控聚合力，切实守住守好全省全市人民健康安全的第一道门。要强化组织指挥，加强机场专班力量调配，细化深化各项防控预案，持续优化防控工作流程，健全国际航班承接响应机制，严格高效做好入境货物检验检疫，确保任务全覆盖、点位无盲区、责任全链条、联动无间隙。要强化能力保障，抓好核酸检测、物资保障、社区管控等环节，突出防控救治体系完善、发热门诊管理、数字化平台建设等重点，教育培训疫情人员把服务融入管控之中，全面提升疫情防控的基础能力、管控能力和服务能力。要强化机制建设，坚持“早、控、治”筑牢秋冬季疫情防护网，严格落实“四早”“四集中”要求，健全完善常态化责任机制、防控机制和数字化管理机制，切实管好重点场所、重点人员、重点环节，控持续稳固疫情防控向好态势。

市长王新伟调研新兴产业发展和“三送一强”等情况 10月13日，副省长、市长王新伟到高新区，调研新兴产业发展和“三送一强”等情况。他强调，要准确把握构建新发展格局的新趋势新机遇，聚焦网络安全、智能传感、北斗应用、超硬材料等新兴产业，推动产业链、创新链、服务链、人才链相互贯通，助推全市质量、动力、效率“三大变革”，加速向国家高新技术产业开发区第一方阵迈进。副市长史占勇参加调研。王新伟一行察看了国家超级计算郑州中心试运行情况，勉励超算中心要发挥省市校共建优势，推动超级计算与大数据、人工智能等深度融合，努力建成全国领先的战略基础设施、高端信息人才培养溢出策源地和青少年科普教育基地。在察看智能传感器谷、光力瑞弘、新天科技等企业研发运营时，他鼓励企业要把创新作为第一动力，加大高端人才引进培育力度，带动关联产业协同发展，努力做成国内一流、行业龙头。在察看智慧城市实验场建设情况时，他叮嘱高新区按照城市管理安全、整洁、有序、智能要求，加快建设群众爱用、基层能用、决策管用、社会受用的智慧城市管理平台。调研中，王新伟强调，高新区是国家自主创新示范区的核心区，是“一廊两翼、四区多点”创新格局的重要支撑，要始终把创新摆在发展全局突出位置，大力发展新技术、新产品、新业态、新模式，争当全市创新驱动示范区、高质量发展先行区。要持续优化产业生态，紧盯环境、人才、平台、服务等核心要素，进一步完善支持新兴产业发展的创新生态圈，营造更加宜创宜业宜居的营商环境，让尊重知识、尊重人才、尊重创造蔚然成风。要持续做优特色产业，发挥好网络安全、智能传感、北斗应用等产业引领作用，支持以领军企业为龙头，以产业链关键产品、创新链关键技术为核心，实现龙头企业+配套企业+零部件企业的全链贯通，培育一批具有竞争力带动力辐射力的特色产业集群。要持续深化管理改革，以市场化为导向优化体制机制，通过建立新型研发机构等方式，健全完善支持创新创造的分配激励和考核机制，最大限度激发各类人才的创造力、事业心和成就感。要持续做实“三送一强”活动，各级职能部门要当好服务企业的“店小二”，围绕企业所急所盼所需，用心用情把政策送到位、把服务做到家、把问题解决好，切实让企业心无旁骛快发展。

市长王新伟调研督导秋冬季污染防治工作 10月13日，副省长、市长王新伟带领相关部门负责人，调研督导全市秋冬季污染防治工作。他强调，要深入践行习近平生态文明思想，抓住秋冬季这一关键时段，聚焦重点区域、重点行业、重点企业，强化精准治污、科学治污、依法治污，全力确保“打赢蓝天保卫战三年行动计划”目标任务圆满完成。副市长吴福民参加调研。在豫能热电公司，王新伟听取了污染物排放指标、运煤通道建设、清洁运输开展等情况汇报，他要求企业严格落实环保主体责任，通过燃煤减量提质、加强运输存放管理、提升厂区绿化保洁等举措，最大限度减少污染物排放量，着力建设绿色生态企业。在察看裕中电厂引热入郑管线和商都路热源厂建设时，他详细询问了热源替代和项目进度安排，要求供热企业积极承担社会责任，在确保安全、环保和质量的前提下，加强施工组织、加快工程进度，确保市民群众安全清洁温暖过冬。调研中，王新伟强调，2020年是“打赢蓝天保卫战三年行动计划”的决胜之年，全市上下要保持奋力攻坚态势不动摇，坚持方向不变、力度不减，从严治标、持续治本，以高度政治责任感推进秋冬季大气污染治理，努力推动全市空气质量持续稳定向好。要突出重点攻坚，紧盯移动源、燃煤源、工业源、扬尘源等，落细落实重型柴油车辆管控、工业企业深度治理、燃煤散烧治理、工地扬尘8个100%管理等举措，精准实施差异化环保管控，确保工地不停建、企业分类管、指标降下来、空气好起来。要汇聚防治合力，探索建立污染源清单和污染控制清单，持续推进能源、产业、交通、用地结构调整，加快推进“双替代”供暖、扩大清洁能源等工作，健全重污染天气应急防范和区域联动等机制，努力实现环境效益、社会效益和经济效益多赢。要强化责任担当，坚决落实“党政同责、一岗双责”“三管三必须”要求，压紧压实企业主体、部门监管和属地管理“三个责任”，完善日调度、周通报、月考核等机制，齐心协力打赢秋冬季污染防治攻坚战，不断增强人民群众的蓝天获得感。

市长王新伟专题调研督导安全生产工作　10月25日，副省长、市长王新伟专题调研督导安全生产工作，他要求，各级各部门深入贯彻习近平总书记关于安全生产的重要论述，始终把人民群众生命财产安全放在第一位，树牢抓安全就是抓发展、抓安全就是抓民生、抓安全就是抓稳定理念，在责任落实、隐患排查、专项整治、应急管理上再深化再提升，努力为国家中心城市建设营造安全稳定有序的良好环境。市领导吴福民、高永参加调研。在市道路运输服务中心，王新伟听取了交通运输安全情况汇报，察看了“两客一危”车辆监管平台，他要求重拳出击和重点治理相结合，建立问题、责任、措施“三个清单”，坚持人防技防制度防相结合，构建统一规范高效的闭环管理体系，确保道路运输安全形势稳中向好。在人员密集的大上海城，王新伟察看了百货、影院等区域的消防设施，详细询问商场的消防管理、应急救援等情况，叮嘱商场负责人要把安全作为生命线，做到消防设施齐备、安全通道畅通、疫情防控有力，为群众提供放心舒适消费环境。在中铁电气化家园、地铁三号线施工现场，王新伟要求把风险分级防控和隐患排查治理落到每个岗位、每个环节，施工风险点要标识上图、责任到人，安全教育、施工管理要常抓不懈，着力打造标准化工地、标杆化工程。调研中，王新伟强调，安全生产责任重于泰山，各级各部门要时刻绷紧安全生产这根弦，坚持专项治理与系统治理、综合治理、依法治理、源头治理相结合，加快安全生产双重预防体系建设，不断提高安全生产治理体系和治理能力现代化水平。要按照问题清单化、整改台账化、机制长效化要求，对道路交通、建筑施工、老旧仓库、危险化学品、煤矿和非煤矿山、消防等重点领域，开展拉网式大排查大整治大宣传，以“零容忍”态度把风险隐患消除在萌芽状态。要压实属地管理、部门监管和企业主体“三个责任”，依法依规打击安全生产非法违法行为，通过源头严防、过程严管、后果严惩，真正让安全生产理念入脑入心，让安全管理各项制度措施落地落实，切实织细织密安全生产防护网，坚决遏制重特大事故发生。要强化安全生产应急管理体系建设，持续提升预警监测、监管执法、统筹协调、救援实战等能力，严格落实重大活动重点时段24小时值班制度，确保发生危险第一时间反应、第一时间处置、第一时间救援，合力维护好全市安全稳定大局。

市长王新伟调研督导省市重点项目建设　10月27日，副省长、市长王新伟到经开区、郑东新区，调研督导省市重点项目建设，要求全市上下牢固树立“项目为王”理念，坚定不移把项目建设作为落实“六稳”“六保”部署、融入双循环新发展格局的主抓手，大力营造一切围绕项目转、一切盯着项目干的浓厚氛围，不断为高质量发展注入新动能、新活力。副市长吴福民参加调研。在察看综合保税区B区建设时，王新伟详细了解项目规划和企业进驻等情况，要求园区积极发展保税研发、保税检测、设备维修等产业，推动加工贸易和生产性服务业融合发展，打造对外开放的新窗口和试验田。在郑大二附院经开院区施工现场，他要求项目单位健全风险分级防控和隐患排查治理机制，在严把安全关、环保关、质量关前提下，全面加快项目建设进度，争取形成更多有效投资。在察看安图生物诊断仪器产业园三期建设时，王新伟勉励企业负责人发挥好龙头带动作用，构建生产制造、科技研发、服务保障、应用示范等体系，加快推动生物医药产业集群化链条化发展。在东风日产郑州发动机工厂，他叮嘱企业要加大研发投入力度，加速数字化、网联化、智能化转型，引领全市制造业高质量发展。在国家技术转移中心建设现场，他要求建设精品工程、标杆工程，着力打造全省技术转移服务中心区、产权交易区和研发服务区。调研中，王新伟强调，各级各部门要把项目建设抓在手上、落到实处、干出成效，聚焦基础设施、工业经济、民生改善等领域项目建设，着力优环境、优服务、优保障，主动靠前解决好资金、用工、水电、环保等问题，多措并举推动项目快建设、快投资、快投用，以项目建设成效助力经济平稳健康发展。要把制造业高质量发展作为主攻方向，打好产业基础高级化、产业链现代化攻坚战，聚焦基础零部件、基础材料、基础工艺、基础技术，持续深化技术创新、基础能力、集群强链、企业培育等六大提升工程，推进人才、平台、政策等要素协同配套，着力做强优势产业、做优传统产业、做大新兴产业，加快建设国家先进制造业基地。要落细落实“三送一强”“一联三帮”活动，健全党政干部包联重点项目、重点企业等制度，专人专班帮助惠企政策落地、帮助企业纾困解难、帮助企业项目建设，为“冲刺四季度、确保双胜利”和加快国家中心城市建设提供强力支撑。

市长王新伟调研5G网络和重点场景应用情况　10月29日，副省长、市长王新伟在郑州调研5G网络建设和重点场景应用情况，研究安排下步工作。王新伟在河南移动公司网管中心现场查看5G基站建设情况，视频连线了省辖市5G基站和机房建设现场；在郑东新区实地体验了无人驾驶公交运行情况；到郑州市中级人民法院观摩了联通5G智慧庭审系统建设应用情况。王新伟强调，下一步要深入贯彻省委省政府工作部署，加快5G网络建设，强化应用推广。围绕智能制造、数字政府等重点领域，打造一批在全国叫得响的5G场景标杆。加快5G+智慧城市建设，实现“一脑管城、一网治城、一码通城、一端集城”，研发推广智慧城管、智慧停车等便民应用，增强人民群众获得感和幸福感。加快5G创新中心、大数据中心、互联网骨干节点等建设，做优做强新基建之基，更好注智赋能河南经济社会高质量发展。

市长王新伟到郑煤机集团调研　11月23日下午，副省长、市长王新伟到郑煤机集团调研，详细了解该集团生产经营情况，并主持召开座谈会。王新伟指出，近年来，郑煤机集团以改革创新引领高质量发展，以诚实守信锻造企业精神，成为全省国企改革的一面旗帜。信用是企业的生命，国有企业更要做守信用、践承诺的表率。省政府始终严格落实属地责任，切实维护市场公平和秩序；坚决秉持“零容忍”态度，依法严肃查处各类违法违规行为，严厉处罚各种“逃废债”行为，保护投资人合法权益，构建良好的金融生态和信用环境。王新伟强调，要把贯彻党的十九届五中全会精神与实施国企改革三年行动结合起来，统筹抓改革、促发展与防风险的关系，建立政银企协同的风险防控机制，持续做强做优做大国有资本和国有企业，不断增强国有经济竞争力、创新力、控制力、影响力和抗风险能力，为构建新发展格局提供有力支撑。

市长王新伟调研进口冷链食品监管工作　12月17日，副省长、市长王新伟带领市直有关部门负责人调研进口冷链食品监管工作，强调要认清复杂形势、强化底线思维，全面落实中央省市疫情防控各项部署，加快建立更严密、更高效、更智慧的进口冷链食品监管体系，通过人物同防、人物同查织密疫情防护网，全力守护好人民群众生命健康安全。市领导高永、王万鹏参加调研。王新伟一行实地检查了中牟县万邦农产品批发市场、经开区双汇食品有限公司，全面了解进口冷链食品运输、仓储、销售等环节防疫措施，详细询问赋码管理、检测查验、环境消杀等情况，叮嘱企业和辖区负责人要强化专班力量、健全工作机制，扎实做好消杀设施配置、防控物资储备、从业人员核酸检测等工作，坚持每批、每类、每车、每箱必查无遗漏，坚决阻断进口冷链食品疫情传播渠道。调研中，王新伟强调，要强化源头监管，构建从海关入关到生产加工、批发零售、餐饮服务、居民餐桌的全链条追溯体系，拉网式排查管控冷冻冷藏贮存企业和自建自备冷库，依法严厉打击非正常渠道冷链食品进入流通领域。要强化智慧监管，健全完善“郑冷链”平台功能，推动“提前报备、首站赋码、进出扫码、一码到底、扫码查询”闭环管理，确保进口冷链食品来源可溯、流转可查、去向可追。要强化中端监管，市场监管等部门要加大对市场、超市、饭店检查力度，从严查处进口冷链食品无码销售行为，引导群众正确选择健康安全冷链食品，切实让大家买得安心吃得放心。王新伟要求，各级各部门要压实责任，按照预防消毒全方位、核酸检测全覆盖、个人防护全过程、智慧管理全闭环、追踪排查全链条要求，从严从细查风险、堵漏洞、补短板、强弱项，确保闭环管理零缺陷、病毒消杀零死角、核酸检测零遗漏、高危食品零失控、从业人员零感染。要健全应急预案，进一步完善源头排查、溯源流调、消杀防控、人员隔离等工作流程，切实做到疫情风险早发现、早研判、早报告、早处置、早发声，群策群力守好城门、管好院门、看好家门，持续巩固来之不易的疫情防控成果。

市委副书记、市政府党组书记侯红调研科技创新工作 12月24日，市委副书记、市政府党组书记侯红调研科技创新工作，强调要深入贯彻党的十九届五中全会和中央经济工作会议精神，坚持创新在现代化建设全局中的核心地位，高标准高质量高效率推进中原科技城建设，加速人才链、创新链、产业链深度融合，着力构建科创产业和科技人才能落地、留得住、发展好的创新创业生态。副市长史占勇参加调研。在龙湖公共艺术中心，侯红详细听取郑东新区和中原科技城规划建设情况汇报，全面了解人才政策、业态引进、配套服务等工作，指出郑东新区和市直有关部门要按照“一年起步、三年初具雏形、五年基本建成”要求，高水平、高质量把中原科技城建设好、开发好，努力打造全市新旧动能转换发动机、中原地区科技创新策源地和黄河流域高质量发展引领区。在龙子湖智慧岛展厅，侯红听取智慧岛规划建设和中原科技城招商引资情况介绍，要求发挥好智慧岛区域已建高校和人才教育培训基地作用，打造生产、生活、生态“三生”融合的科创环境和场景，增强对中原科技城的引领带动作用。在鲲鹏软件小镇建设现场，侯红听取项目规划和施工进度情况汇报，叮嘱项目方和相关部门要凝心聚力抓落实，对已签约项目要逐一对接、专班服务，对在建项目要按照时间节点加快推进，坚持安全、环保双统筹，做到建设、招商相协同，努力为国家中心城市高质量建设注入新动能。

市委副书记、市政府党组书记侯红调研疫情防控工作 12月29日，市委副书记、市政府党组书记侯红调研疫情防控工作，强调要深入贯彻习近平总书记关于疫情防控的重要讲话指示精神，落细落实中央省市冬春季防控各项部署，紧盯重点部位、关键环节和重要节点查风险、堵漏洞，健全完善疫情防控全链条闭环管理体系，切实保障好人民群众身体健康和生命安全。市领导周富强、王万鹏参加调研。在中原四季物流港，侯红实地察看进口冷链食品待检区、卸货消杀区等情况，要求市场监管部门既要依托“郑冷链”强化智慧监管，又要为企业和商户提供便利服务，坚决阻断进口冷链食品疫情传播渠道。在市疾控中心和市疫情防控领导小组驻地，侯红详细了解应急指挥中心、信息研判指挥中心运行情况，强调要树牢人民至上、生命至上理念，时刻绷紧常态化疫情防控这根弦，坚持责任到门、责任到人、责任到点，发挥好“人防+技防+物防”联动作用，群策群力打赢常态化疫情防控持久战。在座谈中，侯红听取冬春季疫情防控情况汇报，研究分析疫情形势和下一步工作。她强调，今冬明春疫情防控形势依然严峻复杂，要强化底线思维和风险意识，全面落实“四早”“四集中”要求，对防控漏洞再排查、对防控细节再加固、对防控举措再落实，通过人物同防、多病共防，全面做好外防输入、内防反弹。要着眼更精准的“防”和更有效的“控”，强化冷链食品、医疗机构、各级学校、敬老院等重点区域防控举措，提前预判制定“双节”期间人流物流、重大活动等管控方案，积极引导减少人员流动和聚集。要压实属地、部门、单位、个人“四方责任”，统筹做好监测预警、应急处置、物资储备等工作，积极倡导文明健康生活方式，提高公众预防意识和预防能力，切实做到早研判、早发现、早报告、早处置、早发声，持续巩固来之不易的疫情防控成果。

（李林晓　张　赫）

脱贫攻坚

【概况】 2020年，郑州市脱贫攻坚进入全面巩固提升阶段。坚持以提高脱贫质量、巩固脱贫成效为主线，严格落实“四个不摘”要求，持之以恒、抓紧抓实各项工作，确保打赢打好高质量脱贫攻坚战，实现圆满收官。

压紧压实脱贫攻坚责任。全市有脱贫任务的区县（市）和行业部门，均与市委、市政府签订了脱贫攻坚目标责任书。各行业部门制定出台32条扶贫专项政策，坚持每月召开一次行业扶贫推进会，加强协调联动，落实行业责任。组织新一批驻村干部进驻过渡，新老结合，做到驻村帮扶力量全覆盖。加强驻村干部日常管理，确保“五天四夜”在村在岗。

提高“两不愁三保障”水平。扎实开展“两不愁三保障”回头看，推动各项政策精准落实到户到人，全市发放教育资助资金2.17亿元，惠及贫困学生27.59万人次；享受健康扶贫“七免一减”惠民政策4.25万人次，累计减免金额1284万元；医保“四重保障制度”待遇惠及建档立卡贫困人口12.15万人次，支付5891万元；代缴养老保险费546万元，惠及5.63万人；扶贫助残“两项补贴”、困难残疾人特殊生活补贴、“三无”残疾人生活救助补贴全部发放到位，为677名建档立卡贫困残疾人提供辅助器具，实施残疾人无障碍改造507户；3139名搬迁劳动力实现就业3125人，5个集中安置点实现基层组织、服务机构“全覆盖”，社区服务、稳定就业、工程建设、拆旧复垦等问题有效解决；危房改造87户，实现动态清零。

【新冠肺炎疫情防控】 制定下发《关于统筹做好疫情防控和医疗保障领域脱贫攻坚工作的通知》和《关于在新冠肺炎疫情期间进一步做好临时救助有关工作的通知》等。动员全市394名驻村第一书记和1000多名驻村工作队员冲锋在一线，在疫情监测、排查预警、救治防控等岗位上当先锋、作表率，坚决打赢打好疫情防控和脱贫攻坚两场硬仗。深入开展以“送政策、送服务、送要素，强信心”为主要内容的“三送一强”活动，开通企业员工返岗直通车、点对点解决企业用工问题，全市166个带贫专业合作社于4月8日全部复工，安排护林员、保洁员、防疫消杀、社区巡查、卡点值守等临时性公益性岗位1366个。组织专班对4494户生活困难、1.79万户收入波动大的重点户和致贫风险高的边缘人口进行排查，简化救助审批流程，取消户籍地申请限制，取消家庭经济状况核对、民主评议、公示等环节，实行先行救助，确保基本生活有保障。

【农民增收】 深入推进产业扶贫。集中50%以上的财政资金，围绕特色种植、特色养殖、乡村旅游、特色加工、光伏扶贫、电商扶贫、农村一二三产融合发展等七大类产业，实施产业扶贫项目197个。其中，光伏扶贫投资1618万元，关联受益贫困户707户；电商扶贫建成县级电商公共服务中心3个、乡级服务站33个、村级公共服务点497个，实现了全市建档立卡贫困村服务全覆盖；18个贫困村被列入集体经济发展试点村。深入推进就业创业扶贫。开展就业扶贫百日攻坚行动，组织就业扶贫专场招聘会42场次，提供就业信息6.2万条，就业人数22960人，实现了“一个超过、两个不低于”的目标；培训建档立卡贫困劳动力1.85万人次，开展致富带头人培训678人次。深入推进生态扶贫。林业企业安排贫困劳动力就业146人，年人均增收5000元。全市安排170名贫困人员参与造林、抚育及改培建设，年人均增收1000元。深入推进金融扶贫。全年累计贷款8428.38万元，新增户贷率16.24%，未发生“户贷企用”现象。深入推进消费扶贫。建设消费扶贫专柜、专区、专馆312个，利用中国社会扶贫网、河南省驻村第一书记扶贫成果展销中心、河南农购网等平台，拓展扶贫产品销售渠道，引导企业、组织、市民积极参与消费扶贫行动。全年帮助销售扶贫产品30.5万吨，销售额16.2亿元。

【问题整改】 扎实做好脱贫攻坚“回头看”问题整改，排查“三落实”、“三精准”、“三保障”以及定点扶贫、社会帮扶等4个方面问题177条，6月底全部整改到位。扎实做好2019年国家脱贫攻坚成效考核反馈问题整改，分类汇总问题7大类26项323个，6月底全部整改到位。扎实做好2019年省脱贫攻坚成效考核反馈问题整改工作，排查问题257条，9月20日前全部整改到位。扎实做好国务院督查河南反馈问题整改，排查问题4大类55个，10月25日前全部整改到位。扎实做好“五查五确保”问题整改工作，制定工作专案，开展专项督查，实行月报告、周通报制度，11月底各类问题全面清零、短板弱项全面补齐。

【资金投入】 全年投入财政专项扶贫资金6.32亿元，同比增长11.07%，对接项目573个。其中，市本级投入3.2亿元，同比增长6.59%；县级投入2.23亿元，同比增长12.62%。加强资金审计和项目管理，确保资金安全、项目高质、带贫有效。

【扶贫工程】 实施交通扶贫工程，以创建全省“四好农村路”和全省“城乡客运一体化”示范县为契机，积极推动行政村与自然村组之间的连通。181个贫困村全部开通班线客车或公交车，初步构建了“长途客运、城市公交、城乡客运”为一体的城乡客运模式。实施水利扶贫工程，农村饮水安全巩固提升三年行动计划顺利完成。实施电网升级和网络扶贫工程，电力网络“进百村、入千户、惠万民”活动扎实开展，实现了电力网络城乡同网、同质、同服务；贫困村全部实现高速光纤宽带全覆盖。实施人居环境扶贫工程，贫困村生活垃圾治理率达到95%以上、“三清一改”基本完成，户用厕所无害化普及率达到90%以上。

【志智双扶】 深入推进志智双扶，讲好扶贫脱贫故事，组织开展“决胜全面小康、决战脱贫攻坚”主题宣讲，在市属各大媒体推出“我们的小康生活”等精品专题专栏，多角度、全方位展示全市脱贫攻坚成效和基层优秀党员干部模范带头、普通群众立志脱贫的典型事迹。积极实施新型农民文明乡风培树行动，新时代文明实践中心建设基本完成，农村精神文明建设常态化推进，贫困村全部制定了《村规民约》。实施文化育民文化富民行动，贫困村农家书屋建设全部完成。由社会力量筹资拍摄的脱贫攻坚电影《幸福路上》获得公映许可证。

【防返贫机制建设】 建立“两类人群”动态监测机制，全市共认定“脱贫不稳定户”39户133人、“边缘易致贫户”103户354人，通过小额信贷、公益岗位、技能培训和参与扶贫项目等措施加强帮扶。探索建立防返贫监测机制，中牟县与阿里合作专门建立了防返贫预警监测系统，并设立500万元防返贫专项基金，实行线上预警、线下帮扶，目前正在全市推广。

【兜底保障】 逐年提高低保标准，目前达到每人每月730元。实施残疾人普惠加特惠的兜底保障政策，将建档立卡残疾人按规定列入保障范围。按照每人每年2000元标准，设立易地扶贫搬迁后续产业发展资金，连续扶持5年，确保搬迁贫困户有稳定收入来源。

【脱贫攻坚与乡村振兴衔接】 加大美丽乡村建设资金向贫困村倾斜力度，扎实开展贫困村美丽乡村建设行动，有10个贫困村成功创建“千万工程”示范村，6个贫困村启动了美丽乡村试点工作。紧紧围绕建设都市现代农业，立足贫困地区资源优势，大力发展山区特色农业、平原高效农业，启动建设现代农业示范园3个。充实村级后备力量储备，明确每个贫困村每两年至少发展1名青年农民党员。指导各地组织开展乡村人才联络和回归工作，全市纳入乡土人才库1.73万人，其中有返乡创业或回村任职意愿的近4000人，为乡村振兴提供了强有力的人才支撑。

（王志勇　王向平）

【结对帮扶贫困县】 按照省委、省政府统一部署，郑州市扎实扛起结对帮扶贫困县政治责任，用情用心用力帮助卢氏县、淮滨县、南召县，在各区县（市）和市直有关部门的共同努力下，2020年2月三县如期退出了国家级贫困县。帮扶卢氏县工作连续两年在年度考核中名列全省第一，帮扶南召县工作2018年度综合评价为“好”，帮扶淮滨县工作2019年度综合评价为“好”，并受到被帮扶县干部群众一致好评。

【消费扶贫】 成立郑州市消费扶贫行动重大专项指挥部，切实推动消费扶贫各项工作落实；2020年相继召开了郑州市消费扶贫月活动启动仪式暨扶贫产品展销会、郑州市消费扶贫智能专柜落地对接座谈会，明确各区（县、市）消费扶贫专柜任务；配合市商务局按时完成了六县（市）消费扶贫专馆的布展任务，保证了全省“促销费 助脱贫 优质农产品进万邦产销对接活动”顺利举行

8月31日，郑州市农委到登封市李窑村调研脱贫攻坚工作（市农委/供图）

并取得实效。利用中国社会扶贫网、河南省驻村第一书记扶贫成果展销中心、河南农购网推广销售扶贫产品；发起了助脱贫、促振兴、奔小康“云耕计划”系列宣传活动，以“时尚绿城、乐享郑州”为主题，举办“春暖郑州”网上购物节；动员各级领导、驻村第一书记、农业大咖和艺术家纷纷为扶贫产品直播带货。经过社会各界的广泛动员，已帮助销售扶贫产品120.8万吨，实现销售额57.1亿元。

【社会扶贫】 引导社会力量扶贫扶志。由全市社会力量筹资拍摄、由我市真实故事改编的脱贫攻坚励志电影《幸福路上》在河南放映，对奋战在脱贫攻坚一线的干部群众以极大的启发和鼓舞，填补了无贫困县有面上贫困人口地市脱贫攻坚宣传上的空白。

志愿者走进贫困山区。动员中国人像摄影协会扶贫志愿团队走进深度贫困县，为卢氏县1010对贫困夫妻免费拍摄婚纱照，大大提高了群众的幸福指数。金鸡百花艺术节期间，引导电影艺术家走进卢氏县，为扶贫产品直播带货，引起广泛关注。

公益扶贫有新突破。组织爱心企业参与郑州慈善总会举行的以“助力脱贫攻坚，创建慈善郑州”为主题的第十三个“郑州慈善日”活动暨第五届“郑州慈善大奖”颁奖典礼。爱心企事业单位、个人、社会公益组织现场累计募捐款物4.75亿元，打破历史最高纪录。全国扶贫日，小水滴以“护童行动”助力脱贫攻坚为主题，为登封两所学校捐赠爱心书亭2套，爱心图书1000册，爱心衣服一批。

引导民营企业参与扶贫。通过市工商联引导208家民营企业参与“千企帮千村”扶贫活动，帮扶市内外366个村（其中建档立卡贫困村215个）5万贫困人口。累计投入社会扶贫资金1.31亿元，其中产业帮扶项目资金6600余万元；发放工资（就业帮扶资金）总额3200余万元；公益捐赠3300余万元。动员极地鹰社交新零售电子商务平台在新郑千稼集举办2020第一届社交新零售电商峰会，参加首届中国（郑州）食品博览会，开设消费扶贫线下店和社区扶贫网点发展到60余家，线上开办“扶贫专区”，组织开展“招商扶贫”、“旅游扶贫”、“爱心认购”、“订单扶贫”等形式的活动150余场次。

开启服务区“带货助农”新模式。国庆节期间，开启服务区“带货助农”新模式。我市配合做好高速公路服务区消费扶贫黄金周专项活动，郑少高速新密停车区、郑州北服务区在郑州路桥集团公司的大力支持下，积极响应号召，精心准备、周密筹划，开设扶贫销售专区，集中展销扶贫产品。

【定点扶贫】 配合市委选派办完成驻村第一书记和队员的轮换调整工作。全市共向382个村派驻第一书记和工作队员1338名，做到了181个省级贫困村和脱贫攻坚任务重的村驻村帮扶力量全覆盖。为每名第一书记所驻村下拨党费（省市派2万元、县派不少于1万元），协调市财政为每名第一书记安排专项工作经费（市派3万元、县派不少于1.5万元），为每名驻贫困村的第一书记安排专项扶贫资金（市派30万元、县派不少于10万元）。

（宋长利）

【扶贫小额信贷】 认真贯彻《关于进一步加强金融支持脱贫攻坚的通知》精神，将边缘户纳入金融服务体系一体推进，加大信贷投放力度，做好金融服务保障，做到“应贷尽贷”“应贷快贷”，确保扶贫小额信贷存量稳定、总量增加。截至2020年12月底，全市扶贫小额信贷当月贷款金额860.9万元，当月贷款户数204户，当年累计贷款12450.90万元，当年新增贷款户数3469户，当年新增户贷率24.40%。历年累计贷款金额3.67亿元，历年累计贷款户数7118户，历年累计户贷率50.06%。全市边缘户累计贷款21户，累计户贷率28.77%。全市当年新增精准扶贫企业贷款30笔15520万元，带动贫困户2272户。历年累计发放精准扶贫企业贷款32笔16140万元，累计带动贫困户2335户，带贫率16.42%。

【农业担保】 农业担保公司2020年新增担保业务2782户数、担保金额20亿元。银担合作稳步推进，与18家银行签订合作协议，授信总额48亿元。为荥阳市重点扶贫企业提供200万元融资担保，帮助解决37户贫困户脱贫就业问题；与荥阳农商行合作，为326户建档立卡贫困户担保放款731.14万元；与登封市政府、农业银行合力为26户贫困户放款100.23万元。全市所有乡、镇及下辖行政村的1688名农担联络员已全部到位，“政担”服务体系有效运转，2020年新增累计放款1734笔，放款金额4.97亿元。

（张　鸣）

【精准脱贫攻坚专项培训】 2020年，全市有脱贫攻坚任务的区县（市）共开展各类培训46期、10416人次（含市直2期395人次），完成全年计划9780人的107%。其中：地方党政领导干部235人次（县级3人次、乡级232人次），扶贫系统干部723人次（市级12人次、县级299人次、乡级412人次），行业部门干部419人次（县级419人次），帮扶干部3576人次（省级16人次、市级90人次、县级3070人次、乡级400人次），第一书记和驻村队长508人次，驻村干部853人次，村两委人员1507人次，致富带头人实用人才780人次，集体经济组织负责人、实用人才77人，非贫困村干部1738人。

【雨露计划培训】 2020年，郑州市雨露计划完成培训3768人次，投入财政扶贫专项资金540.3万元。其中，职业教育助学补贴通过审核2192名贫困学生，发放补贴329.55万元；短期技能培训654人，发放补贴127.8万元；农村实用技术培训244人，发放补贴23.64万元；创业致富带头人培育678人，发放补贴59.31万元。

（黄彦平）

大数据管理

【城市大脑项目建设】 郑州市城市大脑项目分三期列入政府投资计划，城市大脑一期、二期项目进入应用推广阶段，三期正在项目审核阶段。加强领导，高位谋划长远发展。遵循“对标先进、补足短板、郑州特色、全国标杆”的发展战略，围绕“一年突破、两年看齐、三年领先”的总体目标，2020年5月29日，成立郑州市“数字郑州”建设工作领导小组，由市委书记任组长、市长任常务副组长、各分管副市长任副组长，统筹指导全市“数字郑州”城市大脑项目建设工作。组建专班，统筹协调快速推进。在领导小组统一领导下，牵头组建“数字郑州”城市大脑项目建设“一办四组”工作专班；充分发挥领导小组办公室职能，牵头召开周例会32次、数据协调会62次、下发督办通知34份，全力推进“数字郑州”建设。明晰责任，建立双甲方机制。城市大脑各板块建设采取双甲方机制，业务主管委局和大数据局分别作为甲方一和甲方二，保证业务需求和建设成效有机统一，建立日报告、周例会、双联络员等制度，从根本上解决“建用分离、先建设后改造”的信息化建设常见弊端。亮点突出，数字郑州建设初具规模。二期涵盖政务服务、城市管理、生态环境、交通出行等14个部门，累计开发系统159个、接入部门数据59家，归集数据336.46亿条，重点打造了“全市一个停车场”、重点车辆监管、脱卡就医、精准治霾、应急要素“一键搜”等118个具有郑州特色亮点的应用场景，成为全国首个全场景数字化运营城市。

【“一网通办”政务服务改革】 立足解决群众热切期盼的难点和城市管理的堵点，大力推动“一网通办”政务服务改革，最大限度拓宽服务渠道、让市民和企业充分享受政务服务改革的红利。流程再造，改革上线“一件事”服务民生。梳理开发一批跨部门、跨层级、跨领域的民生热点“一件事”成果清单，上线“一件事”事项334项，申请材料由1615份压减至667份，压减率58.7%。先后联合公积金中心、房管局等举办6场专题新闻发布会，统一对外发布“一件事”事项。业务集成，重点突破“三领域”优化环境。商事登记：按照“1+X”模式，将“1”事项（工商设立登记、公安印章刻制、税务登记、社保缴纳、银行开户）和“X”前后置许可事项，进行材料精简、流程再造、表单整合，涉及市级、省级部门业务专网系统全部打通，实现在线业务协同和实时数据共享。不动产登记：在原有“全市一般登记压缩至5个工作日、抵押登记压缩至3个工作日，八项业务1小时内办结”的基础上，全面实现“当天办”。工程建设审批：在2019年工程建设项目审批改革的基础上，开发建设多规合一业务协同平台、中介超市等，审批时间压缩至61个工作日以内。融合互动，协同打造“四端口”优化服务。在全市一张网的基础上，开发上线“郑好办”App、政务服务网、办事大厅综窗、政务服务一体机，推动实现掌上办、网上办、一窗办、就近办。“郑好办”自2020年3月20日上线以后，注册用户470.2万人，日活超7万人，累计受理84.68万件，办结率达98.8%。协同联动，构筑形成“三层级”移动办公。从公务领域数字化抓起，开发建设全市统一的“郑政钉”政务办公系统，覆盖72个市直单位、16个区县（市）、227个乡镇（街道），累计8万人使用。

【数字经济发展】 大力推动河南国家大数据综合试验区郑州片区建设，以中原科技城规划建设为突破，积极探索数字经济建设和大数据产业发展的郑州模式。加强研究谋划，编制数字经济发展规划。委托中国信息通信研究院编制《郑州市数字经济发展规划（2020—2025）》，开展全方位规划研究，明确规划城市大脑等14项明星亮点工程，提出“打造数字经济发展中原品牌”的战略目标。做好资金保障，充分发挥产业聚集引导作用。会同市财政局、中融创公司等，推动设立20亿元的郑州国家中心城市产业发展基金大数据专项子基金，支持云计算、大数据、物联网等新兴战略产业，引导推动大数据产业和数字经济发展。额度为10亿元的首期基金已进入申报流程。聚焦招大引强，引进一批领军企业。以郑东新区龙子湖智慧岛建设为牵引，带动高新区天健湖大数据产业园、金水区杨金产业园等园区建设，建立产业集聚区联动机制，推进全市大数据产业协调发展。推进与华为、大华、滴滴出行等大数据企业合作洽谈，召开12次“数字郑州”生态体系建设专题座谈会，组织近300家本地大数据企业、知名高校和科研院所与数字郑州科技有限公司进行深入对接。五是组建生态联盟，携手做强数字经济。成立数字郑州产业生态联盟，吸引入盟企业165家、高校和科研院所7家，搭建“政产学研用”合作交流的桥梁和纽带，营造郑州“十百千万”数字经济生态。

【新冠肺炎疫情防控】 新冠肺炎疫情发生以后，迅速开发建设城市立体化疫情防控大数据平台，服务疫情防控和复工复产复学。及早行动，积极投身疫情防控一线。1月21日，抽调5人组建全市大数据防疫工作专班，研讨全市数字化疫情防疫方案并着手系统开发，短时间快速归集有效数据600余万条，随着各类子系统不断上线，累计归集各类有效数据9.01亿条，为立体化疫情防控平台打下了坚实数据基础。覆盖广效果好，织就郑州全场景疫情“防护网”。搭建全国首个入市交通卡口系统、全国首创的小区三色分层管理系统，以及副总理刘鹤批示复制推广的复工复产系统，形成具有郑州特色的疫情防控系统，并陆续构建14个防控系统，织就疫情防控数据天网，在疫情爆发、复工复产复学、武汉解封、境外输入、疫苗注射等各阶段防控工作中发挥了重要作用。措施全服务好，全力保障复工复产复学。利用企业员工健康登记系统做到应复工、快复工、尽复工，推行企业复工在线承诺制，将原用时3天的复工审核缩短为在线提交承诺即可复工，在全省率先实现企业用工恢复率100%。利用学生健康返校登记系统，实现对全市3070所学校、368.3万师生健康状况实时监管，有效保证各类教育教学秩序恢复。动态化精准化，争当人民健康“守护者”。利用城市大脑基础平台建设成果，结合国内其它地区出现与冷链食品相关联病例新情况，仅用5天时间上线郑州市疫情防控进口冷链食品溯源系统公众端、企业端及监管端，11月3日在全省率先实现进口冷链食品“来源可溯、流转可查、去向可追”，织密防护冷链食品传播病毒风险网。五是全员参与显担当，志愿服务助力防疫。组织30名党员志愿者积极下沉惠济区迎宾路办事处桂园社区，协助香山公寓、假日御园、联通小区3个无主管楼院开展基层抗疫工作，持续战斗44天，服务时长超600小时，全力筑牢社区防疫阻击线。承担四港联动高速和312国道防疫监测点值守任务，守牢入城第一道关口。

【信息基础设施建设】 规范“云”资源管理。在全省率先制定《郑州市政务云管理暂行办法》和《郑州市政务云实施细则》，引领带动全省云资源规范管理。打通“网”瓶颈壁垒。统筹政务信息网络系统建设和管理，对全市电子政务外网进行升级改造，234家单位共接入电子政务外网线路261条、视频会议线路38条、电子政务内网线路99条。启动电子政务内网第二路由建设，安装到位91家。推进“数”共享交换。新增归集数据122.2亿条，累计346.1亿条；共享交换平台新增42.1亿条，累计100.2亿条。强化“安”保障体系。推动建设安全体系健全、基础设施支撑有力、风险防范技术领先、联合检查高效常态的网络信息安全保障体系。发布政务网络安全通报40期，开展集中安全巡检和测试3次，预防各类高危安全事件近百余次。国家网络安全宣传周、第35届金鸡百花电影节期间，成立“护网行动”统一指挥调度中心，有效保障了政务网络、政务应用、数据库和政务数据的安全。

中原区智慧城管中心（中原区史志办/供图）

人力资源和社会保障

【就业创业工作】 实施“稳就业、防失业、促创业”专项行动，着力在稳存量、扩增量、提质量上下功夫，全年新增城镇就业11.52万人（完成年度目标任务的104.7%），新增农村劳动力转移就业5.23万人（完成年度目标任务的130.7%），城镇登记失业率1.81%，分别比全省、全国低1.36、1.81个百分点。就业工作受到省人社厅通报表扬。政策体系更加健全。提请市政府出台《关于做好当前和今后一个时期促进就业工作的实施意见》，完善青年就业见习补贴、返乡下乡创业等一系列政策措施，就业创业政策体系更加精准有效。创业活力持续激发。创业培训4.94万人（完成年度目标任务的164.7%）；农民工返乡创业辅导9044人（完成年度目标任务的167.5%），农民工等返乡下乡创业1.12万人（完成年度目标任务的124.7%），带动就业2.6万人。发放创业担保贷款11.62亿元（完成年度目标任务的143.5%），扶持2072人自主创业，带动就业1.09万人。

援企稳岗加力增效。开展失业保险援企稳岗"护航行动"，返还失业保险金15.67亿元（完成省下达任务的128.7%），惠及企业5072户、职工44.6万人，在人社部召开的就业工作电视电话会议上作了经验介绍并被人社部通报表彰。全面实施职业技能提升行动，完成补贴性培训45万人次（完成省下达任务的112.5%），占到全省总数的21.6%。其中，完成企业新型学徒制培训1.05万人，占到全省总数的52.5%。重点帮扶精准高效。通过开展专项帮扶，积极帮助就业困难人员实现就业。实现失业人员再就业2.42万人（完成年度目标任务的140.1%），就业困难人员就业7661人（完成年度目标任务的112.7%）；组织高校毕业生见习6000余人，发放见习补贴近4000万元；为2.5万名困难高校毕业生发放求职创业补贴近5000万元。不断巩固就业扶贫工作成效，全市建档立卡贫困劳动力基本实现"应培训尽培训""应就业尽就业"两个百分之百；吸纳卢氏县建档立卡贫困户劳动力1475人次，组织培训1167人次，荣获"河南省就业创业扶贫先进单位"。

【社会保障工作】着眼"全""改""降""增""安""优"六个重点，使制度更完善、企业降成本、基金更安全、个人得实惠。养老保险工作受到省人社厅通报表扬。荣获全省失业保险工作优秀单位。

持续推进全民参保计划和贫困人口应保尽保工作。养老保险、失业保险、工伤保险参保总量达1147万人次，比2018年增加74万人次。建档立卡贫困人口参加城乡居民基本养老保险实现全覆盖，为68335名贫困人员代缴养老保险费991万元。

深化社会保险制度改革。深入推进机关事业单位养老保险制度改革，机关事业单位"中人"退休待遇核算工作基本完成。起草完成《郑州市新经济新业态从业人员职业伤害保险实施办法（试行）》。

降低社会保险费率。从2019年5月1日起，养老保险费率单位负担部分降至16%，工伤保险费率下调50%；缴费基数由原来按照郑州市在岗职工平均工资核定，调整为以全省公布的全口径城镇单位就业人员平均工资。全年减轻企业负担约54.58亿元，市场活力得到有效激发。

提高社会保险待遇水平。企业和机关事业单位退休人员养老金月人均增加150.51元；城乡居民养老保险最低标准年人均增加60元；全市114万退休人员和老年人受益，群众的获得感、幸福感、安全感持续提升。

确保基金安全。组织开展基金管理风险防控专项行动，实现现场监督"全覆盖"，基金管理运行有序平稳。

优化社会保险服务。优化退休办理流程，退休证办理实现即审即办。推广工伤认定鉴定管理系统，做好工伤认定、劳动能力鉴定"一网通办"和网上申报工作，工伤认定决定时间从15日压缩到10日。优化社保卡服务能力。全市累计制发社会保障卡977万余张；签发全国首张H5方案电子社保卡，累计签发电子社保卡420万张。推行社保卡"就医一卡通"，实现患者"移动就医"，被人民日报评为全国"十大智慧便民服务案例"，省委改革办向全省推广。

【人才人事工作】着力强基础、建机制、搭平台、优环境，积极做好人才人事工作，深入实施"智汇郑州"人才工程，持续打好人才培育"永久牌"、人才招引"凤凰牌"、人才服务"贴心牌"。

人才队伍发展壮大。持续深入推进全民技能振兴工程，建设56个世赛训练基地，建设国家级、省级技能大师工作室9个、市级28个。开展各级各类职业技能培训60万余人次，新增技能人才5万余人，新增高技能人才2.2万人（完成年度目标任务的122%），提前超额完成"智汇郑州"新增高技能人才4万人的目标任务。推进"互联网+"继续教育，15万专业技术人员参加学习，参训人数居全省第一。组织高级研修项目，培训110名各类高层次人才。实施社会事业后备人才培养工程，面向国内知名高校及科研院所定向培养239名中青年专业技术骨干。国家、省级专家选拔推荐取得突破，入选2019年度国家百千万人才工程、省政府特殊津贴等重点人才项目78人，人数创历年新高。博士后工作站和创新实践基地累计达到117家，超额完成"十三五"末达到100家的目标任务。

人才改革持续深化。职业教育改革深入实施，"名校战略"持续推进，引进德国2项职业资格证书，国际职业资格认证体系实现重大突破。职称评审"放管服"全面深化，向用人主体放权，加强事中事后监管，落实一系列面向农村和基层的职称倾斜政策，积极推进职称分类评价工作。全年申报19491人，比上年增长12.8%。落实事业单位公开招聘用人自主权，全市共招聘7211人（其中高层次人才190人）。优化乡镇基层事业单位岗位管理，改革工勤技能岗位聘用制度。开展事业单位专业技术人员三级岗位评审工作。出台专业技术人员双向流动实施办法，着力破除人才流动的体制机制障碍。

人才活动品牌升级。成功承办第二届中国·河南招才引智创新发展大会郑州专场活动，共签约人才8990人，比上届增加2966人，增长49.2%；216名国内外博士参会，110多人达成签约意向；190多人通过事业单位人才引进"绿色通道"办理手续，郑州招才引智品牌更加靓丽。成功承办2019年中国技能大赛——第三届智能制造应用技术技能大赛，我市获得4个大赛一等奖，占全省的80%，展示了郑州人社风采，展示了郑州良好形象。

人才服务不断优化。优化"智汇郑州"青年人才补贴发放流程，实现了即收即核即发。全市全年申报补贴人数2.68万人，发放补贴2.25亿元，分别比上年增长48.9%、251.6%；其中，近70%的申请人通过支付宝、微信客户端申请办理。优化高层次人才分类认定政策，发布《郑州市高层次人才分类认定标准（2019）》。着力压缩办理时限，实现全年常态化申报、每季度集中审核，认定第二批高层次人才119名，发放奖励资金2196万元。

【构建和谐劳动关系工作】强化系统治理、依法治理、综合治理、源头治理，提升治理效能，有效维护企业和职工权益，劳动关系总体和谐稳定。

和谐创建深入推进。加强对企业劳动用工的指导和服务，劳动合同制度全面实施，集体协商、集体合同制度稳步推进，规模以上企业劳动合同签订率达到97.6%。仲裁信息化建设和"互联网+调解"试点工作有序推进，立案受理7311件，当期结案率99.1%。其中调解结案3703件，综合调解率65.5%，重大集体案件全部按时结案。

权益保障成效显著。开展根治欠薪夏季、冬季攻坚行动，狠抓农民工治欠保支工作，为2.88万名劳动者追发工资约3.34亿元，荣获"2019年全国清理整顿人力资源市场秩序专项执法行动先进单位"。

工资分配日益规范。国有企业工资决定机制改革和国有企业负责人薪酬制度改革积极推进，规范机关事业单位带薪年休假、值班补助和企业工资指导线，持续开展企业薪酬调查，有效规范了收入分配秩序。

【行风建设工作】围绕营商环境优化，全面深化"放管服"改革，在全省营商环境评价工作报告中，市人社局局牵头的两项指标，一项排名全省第一，一项排名第二。

"放管服"改革深入推进。持续开展"清、减、压""减证便民"行动，不断提高人社公共服务质量和效率，所有行政审批许可事项全部压缩至6个工作日以内，提前办结率100%，群众满意率100%。在全省率先建立市直事业单位人员流动档案联审制度，实现人事档案一次性审核。

信息化支撑全面增强。积极做好“四级四同”政务服务事项要素录入工作，大力推进政务服务事项与四级联动系统对接，基本完成办事指南整改工作。全面开展提高办理事项深度、统一接入“好差评”系统、统一身份认证接入和服务事项数据同源等工作，积极开展“互联网+监管”系统监管事项目录清单梳理编制，“互联网+监管”主项覆盖率达到100%。

专业化能力持续提升。开展全市人社系统岗位技能练兵比武活动，全系统在线答题注册人数和答题次数均为全省第一；全年12333电话咨询服务量突破160万个，答复处理各渠道交办件4000多件，群众满意度明显提高。市政务服务办事大厅人力资源社会保障综合受理专区被表彰为“全国人力资源社会保障系统2017—2019年度优质服务窗口”。

（闵　勇）

政务服务

【概况】 2020年，郑州市政务服务工作坚持需求导向，开展“一网通办、一次办成”改革攻坚，推进各级实体大厅运行规范化、标准化，再造流程、梳理集成、上线运行企业和群众眼中的“一件事”，加快推动“一件事”网上办、一次办，取得阶段性成果。郑州网上政务服务能力指数排名在32个重点城市中从第22位升至第16位；在河南省营商环境评价中，郑州市连续两年位居全省第一，荣获“中国国际化营商环境建设标杆城市”。

【“放管服”改革】 按照“12345”的工作思路，持续深化“放管服”改革，加大简政放权力度，打造市场化、法治化、国际化营商环境。“1”即“一件事”，持续拓展提升、办好办实企业和群众视角的“一件事”；“2”即“两转变”，实现从“找单一部门”向“找整体政府”转变、从“以政府为中心的管理”向“以企业群众为中心的服务”转变；“3”即“三办”，即推动一网通办、一窗联办、一证简办；“4”即“四减”，减环节、减材料、减时限、减跑动；“5”是“五度”，以政务事项标准规范度、流程与指南清晰透明度、各类政务服务终端覆盖融合度，乘以一网通办的高效快捷度，构筑成政务服务的满意度。

【政务服务事项颗粒化】 根据省级要求，推进政务服务事项最小颗粒化，市本级保留政务服务业务办理项2229项，按照省定标准，协同市大数据局完成事项及要素网上录入工作。持续扩大公共服务事项覆盖度，新增市本级公共服务事项766项，市级公共服务事项达1118项，已全部录入，两项累计录入要素23.7万个。

【权责清单调整完善】 按照“四级四同”要求，理清要素和清单，打造责任政府、透明政府。梳理涉及政务服务事项最小颗粒化清单、公共服务事项清单、最多跑一次事项清单、零跑动事项清单、行政许可即办事项清单、凭身份证办理事项清单、零材料办理事项清单、通办事项清单、容缺受理事项清单、中介服务事项清单、减证便民事项清单等11个清单，全年审核完成54个单位9621项权责事项，对每个权责事项实施主体、依据、层级等逐条逐项审核，推进各单位权责边界清晰、分工合理、权责一致、运转高效，确保“法定职责必须为、法无授权不可为”。

【“一件事”梳理集成】 按照“三个一”（一张事项要素标准化清单、一张联办申请表、一个并联审批流程图）标准，对事项名称、办理条件、申报材料、办理流程等36个要素进行统一规范，整合关联事项、优化再造流程、推动系统联通、强化数据共享，梳理编制“一件事”实施清单。上线运行“一件事”347项，其中跨部门、跨层级事项32项，申报材料压缩58.7%，办理时限压缩87.8%，跑动次数压缩82.8%。公积金提取全国首创“刷脸办”、秒到账等“一件事”，提高群众办事体验。

【重点领域专项提升】 不动产方面，通过调整线下窗口布局、优化办理流程、推进数据共享，抵押登记等22个不动产单办业务实现当场办（1个小时办结），所有权分割合并登记等10个不动产联合业务实现当天办（8小时内办结）。郑东新区在全省率先实现“交房即发证”，经验在全省推广。商事登记方面，按照“1+X”（“1”统指营业执照设立登记、首次税务登记申领发票、社保登记、银行开户、刻制印章等事项，“X”统指取得营业执照的前置和后置行政许可事项）模式，加快推进商事登记“一件事”事项标准化、流程再造、数据共享等工作，“1”事项涉及的5个部门9个业务系统全部打通，先后两批31个商事登记“一件事”上线运行。工程建设项目审批方面，对照省级标准，再次归类合并、精减审批事项，工程建设项目行政审批事项由主项73个（122个子项）精减到主项59个（96个子项），审批时间由年初最长74天压缩至最长61天。

【线上线下融合】 按照“网上办为主体、自助办为辅助、实体大厅来兜底”的原则，加快政务服务网、实体大厅、移动终端、自助终端“四端”融合。细化颗粒度后市本级保留事项2176项网上可办、占比97.6%；1811项事项实现“一次不用跑”，占比81.25%；33个部门255项事项实现自助端就近办，556项事项实现“掌上办”，180项实现“零材料”“刷脸办”。

【政务服务体系建设】 推动政务服务体系集成化、标准化，按照“小事村里办、大事乡里办、要事区里办”的原则，着力提高基层站点覆盖率，截至年底，全市16个区县（市）、开发区均设立了综合性政务服务大厅，完成率达到100%，全市204个乡镇（街道办事处）基层服务站点覆盖率达到100%；全市3022个村（社区），基层服务站点覆盖率达到88.58%。加快推进专厅向市县综合大厅整合，优化提升政务服务大厅“一站式”功能，实现群众办事从“找部门”向“找政府”转变。全年全市总办件2300万件，其中线下办理1002万件；市级大厅平均每天办理业务近

市政务大厅工作人员为群企服务（市政务办/供图）

4000件，年办件量135.4万件，其中线下117.2万件。实行分类“一窗受理”。按照整体政府理念，全市各级办事大厅均整合设置综合受理窗口，全部实行“前台综合受理、后台分类审批、综合窗口出件”的分类“一口受理”工作模式。随着“一网通办、一次办成”改革推进、效率提升，各级办事大厅优化功能布局、调整窗口设置，其中市办事大厅窗口数量由163个整合压减至110个。

（潘　波）

应急管理

【概况】 2020年，郑州市应急管理部门围绕应急管理工作创新发展，牢固树立“首位”意识，加快应急管理业务融合发展，增强防灾减灾救灾能力，提升防控治理执法水平，着力防范化解重大安全生产和自然灾害风险，为郑州国家中心城市建设创造了良好的安全环境。

【应急管理体系建设】 完成应急机构组建，严格按照国家、省、市关于机构改革指示精神，进一步摸清底子，制定科学合理改革方案，全市应急管理组织体系初步形成。建立应急指挥体系，提请市政府常务会议研究下发《郑州市人民政府关于改革完善应急管理体系的通知》，成立市应急救援总指挥部，下设12个专项应急指挥部，并督促各区县（市）参照市级规格完善本级组织架构。组织制定应急预案，督促各级各部门进一步增强现有应急预案的完备性、可操作性和操作流程的合理性，并建立预案定期评估修订机制，组织编制安全生产类、自然灾害类专项应急预案。结合重点时段和重点行业领域，指导开展系列应急救援演练活动等，收到较好效果。完善应急救援体系，会同郑州警备区、武警郑州支队联合出台《解放军和武警部队参加应急救援行动对接办法》《关于民兵应急力量纳入政府应急管理体系的通知》，构建军地信息共享、协调联动、快速反应机制。对全市规模以上应急救援队伍进行统计汇总，并协调金汇通航河南分公司直升机医疗救援基地纳入应急救援体系。

【完善安全生产责任制】 加大《河南省党政领导干部安全生产责任制实施细则》《郑州市党委政府及有关部门安全生产工作职责》的宣传贯彻力度，进一步完善目标考核工作机制，推动各行业主管部门的安全生产职责全部纳入“三定方案”，形成层层抓好安全生产的良好工作格局。按照《安全生产行政执法与刑事司法衔接工作办法》的要求，拟出台郑州市相应实施办法，明确应急管理（含消防机构）、公安机关、人民法院、人民检察院四个单位牵头处室和联系人，建立联席会议制度，构建全市四部门常态化协作机制。将谈心谈话活动列为年度考核和日常督查的重要内容，进一步强化各级“红线”意识、“底线”思维，切实解决各级党政主要领导干部安全生产摆位不准和红线不牢的问题，解决对法定职责不清不明问题。

【遏制重特大安全事故】 围绕第十一届全国少数民族传统体育运动会、建国70周年大庆安全保障，聚焦危险化学品、煤矿和非煤矿山、尾矿库、道路交通运输、建筑施工等领域，先后开展“大暗访、大排查、大整治、大执法”“防风险、除隐患、保平安、迎大庆”大培训、大排查、大整治、大执法”等系列攻坚行动，切实强化企业安全生产主体责任，提高从业人员安全生产意识，提升企业安全生产经营全过程的安全保障能力，努力减少一般事故，控制较大事故，遏制重特大事故的发生。依法严格事故调查和责任追究，依照《中华人民共和国安全生产法》《生产安全事故报告和调查处理条例》等法律法规要求，对全市发生的生产安全事故认真进行调查处理，严格责任追究。

【防范化解重大安全风险】 推进安全发展示范城市创建，提请市政府常务会议研究下发《郑州市安全发展示范城市创建实施方案》，对全市安全发展示范城市创建工作进行了安排部署。与国家信息研究院等多家单位广泛沟通，拟定城市安全风险评估项目建议书。把风险管控挺在隐患之前，把隐患排查治理挺在事故之前，推动双重预防体系建设向纵深发展，有效提升企业本质安全水平。全市共有2961家企业（单位）开展双重预防体系建设，其中已建成并有效运行的1836家、正在建设的1125家。提升防灾减灾救灾能力，调整完善减灾委员会人员组成和成员单位职责，建立健全自然灾害相关工作制度，深入开展国家综合减灾示范社区创建。委托第三方公司对登封市和新密市进行为期三个月的森林防火无人机巡查试点工作，为防范森林火灾事故的发生作出积极探索。

【应急知识宣传教育】 持续推进与郑州日报、郑州电视台合作，打造好“警钟长鸣”专栏、《安全第一线》栏目，新增郑州人民广播电台合作《应急之声》栏目、郑州新闻广播988和郑州交通广播912应急常识宣传栏目、中原网“守红线 筑防线 郑州市应急管理视窗”专栏，提升全民安全意识和防灾避险能力。开辟“郑州应急”新浪微博，开展“防风险、除隐患、保平安、迎大庆”抖音作品征集活动，积极参加河南电视台《百姓问政》、郑州新闻广播《政府热线直通车》在线访谈栏目，更好地打造安全生产舆论宣传矩阵。深入组织开展好“5.12”防灾减灾日、“七进”、安全生产月等宣传活动，组织开展“安全河南杯”知识竞赛、《河南省安全生产条例》宣讲等系列活动，加大安全文化建设培育力度，提升应急管理软实力。抓好安全生产资格考试，全年考核各类人员33412人次，其中特种作业27803人次，危险化学安全管理人员5609人次。

【应急基层基础建设】 组织开展应急资源普查，完成1923个防汛重点单位（单元）、128支防汛救援队伍和56405名救援队员、价值约1200万元的救援装备、可能需要迁安的群众25185人、储备的救灾物资分类登记造册；完成22支矿山救援专职队伍、727名救援人员登记造册，全面做好应急救援准备工作。

8月4日，“郑州城市大脑·全域数字防汛平台”建设成果新闻发布会召开

（市应急管理局/供图）

开展市属以上企业普查登记。梳理出本级监管职责内企业508家，补填监管漏洞和短板，健全安全管理体系，为进一步完善执法计划编制奠定了基础。深化“放管服”改革，全面落实“最多跑一次”改革，深入推进审批服务标准化建设，推进“四级四同”政务服务事项及实施清单编制，切实提高政务服务规范化、便利化水平。积极推动“互联网+监管”工作，对行政检查事项逐项编制检查实施清单，推动工程建设项目在线并联办理，积极助推优化全市营商环境。

【应急管理信息化建设】 以郑州市与阿里巴巴集团战略合作构建“城市大脑”为契机，组织编写《郑州市应急管理信息化建设整体规划（2019—2022年）》《郑州市应急管理信息化近期重点建设内容指导意见》《郑州市应急指挥中心建设信息化设计方案》等，完成《“数字郑州”城市大脑·应急项目》建设可行性研究报告、初步建设方案。积极开展危险化学品企业重大危险源辨识核准，摸清危险化学品重大危险源企业基本情况，建设完成危化品安全风险监测预警系统，实现危化品重大危险源远程实时监管，使重大风险隐患看得见、管得住、可追溯。积极与地震、气象、消防、水利、交通等部门开展数据对接，重点推进危化品运输车辆运行图、地震局系统数据建模对接、气象数据筛选、消防图像接入等，并及时通过短信、广播、电视等手段向广大市民作出灾害预警。

（唐志宾）

信访工作

【概况】 2020年，郑州市全面贯彻落实中央、省、市关于信访工作的重要决策部署，围绕“信访总量继续下降、信访秩序持续好转、群众满意度继续提升”的目标，以信访业务指标量化考评为抓手，深入推进问题楼盘化解攻坚、“四个领域”信访矛盾化解攻坚、赴京访治理、重复信访治理和信访积案专项化解等重点工作，做到既防疫情、处警情、稳社情，又减存量、控增量、防变量，推动全市信访工作提质增效、信访形势稳定好转，解决一批事关群众切身利益的信访突出问题，维护了社会大局和谐稳定。我市获得“全省信访工作人民满意窗口”称号，巩义市、新郑市、上街区、中牟县获得“全省信访工作成绩突出县（市、区）”。

【信访工作责任制落实】 郑州市委、市政府高度重视信访工作，将其摆上重要议事日程，市委常委会、市政府常务会5次听取信访工作汇报，研究化解问题楼盘、非法集资等突出问题。全市各级领导落实领导包案、接访下访制度，推动一大批信访案件妥善化解，信访工作责任制得到有效落实。2020年，16名市领导接访48次，接待群众120批341人。244名县级领导接访2462次，接待群众1391批6182人。

6月18日，郑州市召开重信重访治理和信访矛盾“四大攻坚”推进会

（市信访局/供图）

【基层源头防范化解】 利用市、区县（市）、乡镇（街道）、村（社区）四级矛盾排查工作网络，在全市范围开展信访矛盾纠纷大排查化解活动，共排查出各类不稳定矛盾纠纷1200余起。以“三无”区县（市）、“四无”乡镇（街道）和“零访村”创建活动为抓手，发挥基层解决信访问题的责任主体作用，立足实际推动“枫桥经验”郑州化。印发《关于组建信访代办员队伍的通知》，组建起23370名代办员队伍，并配套下发规范性代办制度。打造信访代办示范点，通过以点带面深入推进信访代办工作。

【群众信访渠道创新】 健全完善和疫情防控相适应的新机制，整合各种“非接触”类信访渠道，及时快捷高效办理群众诉求，持续提高信访服务效能。全年市本级办理电子类渠道信访案件同比上升65.0%，占所有信访渠道系统办理总量的76.1%。

【信访突出问题化解】 攻坚化解问题楼盘难题。市政府先后4次召开专题会议研究有关工作，并列入市政府重点督查事项。截至12月31日，省交办郑州市问题楼盘49个，认定化解37个，化解率75.51%；市交办问题楼盘136个，化解103个，化解率75.7%。

开展重信重访治理和信访积案化解专项工作。按照国家信访局和省信访局工作部署，成立郑州市治理重信重访、化解信访积案专项工作领导小组，下设综合协调、个访、集访、来信、网上投诉、综合信息等6个工作专班。省信访联席办交办的3603案件，全部按照“一个事项、一名领导、一班人马、一事一策、一包到底”工作模式，并建立专项工作台账，对相关责任单位进行了交办。截至12月31日，已化解1478起，化解率41.1%。

持续开展信访矛盾化解“四大战役”。全力做好重点领域、重点群体、重点问题、重点人员信访矛盾化解攻坚工作，规范台账管理，细化责任到人，严格审核结案标准，提升案件办理质量，确保按照“三到位一处理”原则，推动纳入攻坚范围的信访案件应解尽解、应结尽结，信访群众停访息诉。国家、省交办和市县自排查信访矛盾化解攻坚重点案件94件，已认定化解94件，化解率100%。

启动郑州市信访稳定突出问题攻坚化解活动。12月21日，市委常委会召开扩大会议，审议《郑州市信访稳定突出问题攻坚化解活动实施方案》，成立郑州市信访稳定突出问题攻坚化解工作领导小组，由市委市政府主要领导任组长，其他市级领导任副组长，根据分工和联系部门，牵头成立6个专项攻坚工作组，开展为期半年的矛盾集中化解攻坚工作。市信访联席办梳理第一批疑难案件875起，建立专项攻坚台账，向各专项工作组、相关开发区、区县（市）、市直部门进行了交办。各开发区、区县（市）也成立本地专项工作领导小组，同步启动攻坚化解工作。

创新开展民主评议工作。将深入推进民主评议工作作为化解赴京访信访问题的重要举措，通过设置评查备案程序，吸收社会力量化解信访矛盾，确保群众合法权益能够通过公平、公正、民主的方式得到保护，解决赴京访问责不精准问题，同时稳控和化解了一批信访矛盾。8月份以来，全市共举行赴京访民主评议会议17起，彻底化解6起，另有7起评议后群众未到各级信访部门再次走访。12月初，郑州市出台《郑州市信访事项民主评议暂行办法（试行）》，将民主评议范围从赴京访事项扩展到所有信访事项，并进一步严格细化评议程序。

【信访工作机制创新】按照“急则治标、缓则治本、长则建制”的要求，探索完善一系列“标本兼治”的工作机制。重大访情专报机制。以《信访信息专报》形式，向市委市政府报告重大访情。共上报“专报”17期，方便领导及时掌握重大访情，准确研判存在的突出问题，为科学作出决策部署提供重要参考。信息点对点推送机制。每天借助微信、短信、钉钉等平台，将重要访情和信访预警信息，点对点推送给区县（市）党政主要领导，防止工作棚架，督促问题化解。分析研判机制。召开全市维稳工作现场观摩会，系统研判形势、交流经验。市信访局从访量走势、重点案件、存在问题、机制建设等方面，对各区县（市）情况逐一剖析，精准研判，提出改进建议。形成月度综合分析报告、定向分析报告17份。信息预警机制。加强与政法、公安、网信、维稳等部门的信息沟通联络，及时掌握并预警发布重大苗头性信访信息。累计发布重大苗头性预警信息152条，均进行了跟踪督办和提前化解。常态化培训学习机制。先后到河大集中学习，到汝州、信阳考察学习；定期邀请省局业务骨干开展培训指导。启动信访秩序整治工作。从11月下旬开始，在全市范围内开展依法集中整治信访秩序专项行动。召开全市信访稳定工作会，市公安局成立专项行动指挥部，组建了“刑侦牵头、信访协调、法制支撑、其他警种配合”的工作专班。12月18日，启动第一阶段依法打击行动，截至12月31日，公安部门已训诫85人，抓捕10人。

（路渐侠）

机关事务管理

【概况】2020年，市市直机关事务管理局围绕中心、服务大局，发挥服务政务、管理事务的职能作用，推动年度各项工作任务完成。做好党政机关疫情防控工作。站位全市党政机关疫情防控工作大局，起草《关于进一步加强疫情防控期间党政机关后勤服务保障工作的通知》《郑州市党政机关新冠肺炎疫情常态化防控后勤工作指南》等文件，并组成8个督导组，对全市党政机关疫情防控工作落实情况进行督导指导。做好脱贫攻坚工作。落实省市关于开展消费扶贫工作部署，深入开展“消费扶贫 助力脱贫攻坚”活动，印发《关于做好全市各级机关食堂食材采购做细做实消费扶贫工作的通知》等文件，广泛动员机关、医院、学校等单位及个人采购贫困地区滞销农产品，累计完成采购额2010.3万元，获得省扶贫办、省总工会、省事管局、省商务厅通报表彰。

【省市青年人才公寓建设】站位省市民生实事高度，克服疫情影响，抓协调监督和跟进，完成市青年人才公寓建设17.29亿元的年度投资计划和市（区）两级建成5000套的目标任务。其中，市本级项目文化苑单身公寓改造402套达到拎包入住标准，漓江苑464套、沁河苑232套正在进行收尾阶段；区级航空港区项目2007套先期投用，管城区、高新区、金水区、二七区、郑东新区等1969套进行装修、装饰收尾等工作。同时，按照“一般问题限时解决，重要问题即时上报”的工作思路，为省直10个建设项目提供保障。

【重点工程项目建设】以改造危旧办公楼为重点，有序推进办公区环境美化，先后完成市行政中心北院综合楼、市体育局办公楼、市土地储备中心办公楼整修改造，以及市行政中心南院一号楼（危楼）及附属平房拆除绿化、市行政中心北院综合楼广场绿化改造提升等。有序推进棉纺路20号院办公区整修改造工程。

【办公用房管理】以规范办公用房管理、保障行政需求为重点，开展全市党政机关办公用房普查工作，核算比对市直机关352家行政、参公及公益一类事业单位办公用房标准面积。开展房产出租、租赁专项清理整治工作，对租用酒店宾馆办公单位情况进行核实统计，腾退租用酒店宾馆办公单位19家，年节约财政资金2000多万元。从严从紧管理，按照“双不超”原则，对17家办公用房超标单位逐一发出整改通知单。全年共收回办公房源1887平方米，调配房源1245平方米，核减腾退租用面积26680平方米，年节约财政资金1600多万元。落实县（处）级以上领导干部办公用房使用情况报备制度，根据领导干部调整变动情况，为70名厅级以上、3013名县处级领导干部办公用房调整变动情况进行上报或备案。根据党政机关办公用房信息统计报告工作要求，及时调整办公用房，统计全市2020年度党政机关办公用房管理信息，上报国家机关事务管理局。

【公务用车管理】以建立公务出行保障有力、车辆管理规范透明、监管问责科学有效的管理体系为目标，严格落实公务用车管理各项要求。规范公务用车档案管理，对全市310家单位2427辆公务用车信息进行统计核实，为推进公务用车管理标准化、信息化建设奠定基础。严格编制管理及使用监管，全年共审批车辆60辆，无超编超标配备情况。积极推进新能源汽车充电设施建设，印发《关于进一步加快推进单位内部停车场充电设施建设工作的通知》，对各市直单位、区县（市）进行安排部署47家市直单位建设充电桩298台，有意向建设886台。落实节假日、重大活动期间及重污染天气条件下公务用车封存工作，全年共组织实施公车封存6次，累计封存车辆6000台次。

【公共机构节能管理】发挥公共机构示范引领作用，以节约型示范单位、节约型机关建设和节水型单位建设为抓手，引导全市各级公共机构通过创建活动，营造“节约是美德”的氛围。截至年底，市直78家党政机关中26家成功创建节约型机关，全市1420家公共机构中，成功创建国家级节约型公共机构6家，省级11家，正在创建国家级7家、省级2家，8家机关单位被命名为省级节水型单位。推进公共机构节约能源资源工作，2020年全市公共机构能源消耗与2015年相比，人均综合能耗下降19%，单位建筑面积能耗下降12.9%，人均用水下降17.2%，完成市公共机构节约能源资源“十三五”规划目标任务。全面推行垃圾分类工作，组织宣传培训，督促分类设施配置，完善规章制度，并选取市行政中心南院建立厨余垃圾就地处理中心。

【市直机关爱国卫生工作】以郑州创建国家级卫生城市、健康城市为重点，发挥市直爱卫办职能作用，到市直单位检查、指导爱国卫生工作100余次，引导市直爱卫会成员单位开展宣传教育、环境综合整治等工作，并以第32个爱国卫生月、第71个世界卫生日和第33个世界无烟日等活动开展为契机，浓厚创建氛围。同时，组织市直爱卫会成员单位，开展各类先进单位创建，截至年底，完成31家市级卫生单位创建工作，以及7家省级卫生单位、75家无烟单位、22家健康单位的创建资料审核。

【机关事务管理服务规范化建设】开展标准化建设。围绕机关事务工作实际，以标准化、信息化建设为重点，在宣传教育培训、标准体系编制、长效贯彻落实上深入探索，梳理拟制定工作标准和标准类规范性文件62项。推进市行政中心南北院后勤改革。按照精简、统一、效能的原则和政企分开、管办分离要求，结合工作实际及服务本质，实现物业、安保和食堂服务社会化，形成“机关+中心+企业”的工作模式，后勤服务规范化、专业化、精细化水平提高，统管办公区入驻单位满意率提升。全年共计保障约64万人次就餐、5.8万人次会议，维修出工5000人次，维修固话业务3726台次，通信线路施工抢修39次等，保障了党政机关高效有序运转。制度建设不断完善。先后制定印发《餐饮服务监管考核制度（试行）》《市委南北院统管会议室管理制度（暂行）》《郑州市市直机关直管办公区通信设施管理规定》《郑州市市级财政全供单位办公区物业服务社会化管理办法》等。

（王　慧）

政协郑州市委员会

综　述

【概况】2020年，郑州市政协坚持以习近平新时代中国特色社会主义思想为指导，全面贯彻落实中央、省委、市委政协工作会议精神和各项决策部署，充分发挥专门协商机构作用，坚持党对政协工作的全面领导，坚持围绕中心服务大局，坚持建言资政和凝聚共识双向发力，高质量调查研究、高水平建言献策、高效能履职尽责，谱写了郑州市政协事业发展新篇章，为郑州国家中心城市高质量建设作出积极贡献。

【疫情防控和复工复产】第一时间传达贯彻习近平总书记重要讲话精神和中央、省委、市委关于疫情防控工作的部署要求，号召全市政协系统积极投身疫情防控。市政协领导带头深入一线，各级政协组织和机关干部积极投身社区、农村、高速路口等抗击疫情前沿阵地，广大政协委员主动奔赴武汉方舱医院开展医疗援助，第一时间组织采购捐赠物资，全力运输防疫物资，针对中小企业的困难和问题深入调研、建言献策，政协委员中的企业家在确保疫情防控基础上做到岗位不减、足额按时发放员工工资，部分委员还加大工作岗位投放，三个月组织捐赠款物计2500余万元，加大信贷扶持、延期缴纳税费等11条建议被政府采纳，被《人民政协报》誉为“郑州‘三十条’背后的政协力量”，为郑州市疫情防控工作走在全国前列做出政协贡献。积极推进复工复产，市政协领导带队，抽调6名人员成立专班，与市政府有关领导及商务、公安、市场监管、卫健委和港区管委会等部门负责人，一个月内先后深入富士康车间、餐厅、公寓、社区，召开现场会、专题会15次，优化“先区内后区外、先市内后市外、先省内后省外”的“三步走”员工返岗和招募方案，在确保疫情防控安全的基础上，完成招工近20万人，富士康复工复产得到国务院督导组和省市领导的赞扬。认真贯彻落实市委“控、保、稳、进、抬、扛”要求，组织市各民主党派、工商联、市政协各专委会、各区县（市）政协、各开发区分管政协工作的负责人、市政府有关部门负责人和134名政协委员，召开助推“六稳”“六保”协商座谈会，发出倡议书，制定工作方案，广大委员积极参与稳产稳岗、保障供应、纾解情绪、“三送一强”等工作，提出提案42件，报送社情民意信息近300条，所报社情民意信息《结合疫情防控加速完善智慧城市建设》被全国政协办公厅采用，《建议叫停当前“一刀切”的中小学生网上同步授课》得到尹弘省长批示，协力助推郑州市疫情防控和经济发展“双战双胜”。

【助推国家战略实施】黄河流域生态保护和高质量发展是中央确定的重大国家战略。政协系统共同扛牢“保护母亲河、打造幸福河”的重大政治责任，统筹调研座谈、提案办理、协商议政等履职工作，助力郑州打造黄河流域生态保护和高质量发展核心示范区。《进一步牢固树立绿色理念、加强郑州市黄河流域生态保护》提案，受到市委高度关注，市委书记徐立毅亲自领衔督办，动员全市力量推动国家黄河战略实施。截至年底，覆盖郑州全域7446平方公里的核心示范区稳步推进，大河文化绿道、黄河滩地公园、大河村国家考古遗址公园、黄河天下文化综合体、黄河国家博物馆等重点项目顺利推进。围绕“根植黄河文化、发挥文创经济拉动效应”主题，组织政协委员、专家学者、企业代表，从打造黄河文化精品展示平台、开发城市IP形象、打造“郑州礼物”等不同角度提出建议80余条。由郑州市承办的河南省沿黄市（区）政协助推黄河流域生态保护和高质量发展重大国家战略实施协商研讨第一次会议，全省政协系统在郑州共同协商，提出《助推黄河流域生态保护和高质量发展重大战略实施的建议》，由郑州市政协代表全省14市政协在省政协十二届四次会议上作大会发言。郑州市政协在研讨会上提出的“支持郑州桃花峪水库工程建设”，被纳入省“十四五”规划征求意见稿。

【助力重大项目建设】2020年郑州市获批中东部地区唯一中欧班列集结中心示范工程。按照市委部署要求，深入贯彻落实习近平总书记关于“把郑州国际陆港建成连通境内外、辐射东中西的物流通道枢纽，为丝绸之路经济带多做贡献”等系列重要指示精神，致力把郑州中欧班列集结中心示范工程建设成现代化、国际化的物流枢纽，引领我国中东部地区积极融入“一带一路”建设，推动形成区域开放发展新格局。市政协抽调专人团队会同市政府主管领导、经开区负责人统筹推进，协调海关、铁路等24个单位和部门，组成示范工程建设指挥部，以多种形式召开现场推进会12次，协调解决大监管区建设、中部金属物流园拆迁、铁路集装箱中心站第二线束建设等突出问题。通过赴重庆等地学习考察，摸清情况，形成调研报告，市委书记徐立毅作出“三个着眼”批示，进一步明确发展思路和方向，邀请国内知名专家座谈研讨，编制完成《郑州中欧班列集结中心发展规划（框架思路）》和《境外枢纽建设工作方案》《公共信息平台建设工作方案》。会同市政府分管领导，对全市“枢纽+物流+开放”特别是现代物流业的规划发展、行业布局、顶层设计等进行研究。组成由市物流口岸、发改、国土等有关部门和部分市政协委员参与的课题研究组，多次深入到郑州北站编组站、物流口岸、物流仓储企业等实地调研，与专家、行业部门负责人、企业负责人等座谈研讨，全面了解郑州市物流业发展现状、短板和弱项，提出郑州市现代物流业高质量发展的总体思路、战略定位、发展目标和方法措施，形成《郑州市现代物流体系建设发展研究》专项报告，

11月26—27日，河南省沿黄市（区）政协助推黄河流域生态保护和高质量发展重大国家战略实施协商研讨第一次会议在郑州召开（市政协办公厅/供图）

提出建设双循环国际门户枢纽城市、大循环国际供应链组织中心和国家现代物流创新发展示范高地。报告中的一些建议被郑州市“十四五”规划采纳。落实市级领导分包重点招商引资项目、联系百项重点项目制度，市政协领导班子成员深入一线，推动了复星国际中央商务区、威斯获克FPC及摄像头、7-ELEVEN区域总部基地、国泰新点软件中原总部、中部航空研发智造基地、深国际·北方区域总部综合物流港、绿地贸易港及电梯产业园等重点项目建设。

【庚子年黄帝故里拜祖大典】 深入贯彻习近平总书记关于推动中华优秀传统文化创造性转化、创新性发展等重要论述，以“长江黄河共战‘疫’，轩辕黄帝佑中华”为主旨，突出拜祖大典与抗击疫情结合、黄帝文化与黄河文化结合、主场拜祖与包括港澳台在内五大洲拜祖结合，线下拜祖与线上拜祖结合，对内激发民族凝聚力，对外助建人类命运共同体，通过全过程创新，全媒体展示，引发海内外中华儿女广泛参与，全网点击量突破29亿人次，网上拜祖累计参与用户1685万人，敬献花篮1778万次，上香祈福1766万次，祈福海报生成2285万次，自写祈福语137万条。全国人大常委会原副委员长、中华炎黄文化研究会会长许嘉璐对大典给予高度评价。全国政协原副主席齐续春多次表扬。《人民政协报》发4个专版给予报道，中台办、国台办主办的《两岸关系》期刊对活动作专题报道，国台办《对台工作简报》专期介绍活动举办成功经验。省委书记王国生先后两次批示。省政协主席刘伟多次批示表扬。市委书记徐立毅在大典举办后给予称赞。落实市委关于“辛丑年大典结束后封场施工、2022年拜祖广场投入使用、2023年大典前全部完成并投入使用”的要求，市政协组成工作团队，到黄帝故里现场调研指导20次、组织召开专题会议12次，先后赴黄陵、余杭良渚遗址公园等考察，提出以“全球眼光、国际标准、世界精品”定位推进黄帝故里园区规划建设。截至年底，园区规划方案已完成，黄帝文化纪念馆、姓氏文化展示馆展陈方案在深化。

【政协提案工作】 市政协十四届三次会议以来，广大政协委员、政协各参加单位和政协各专门委员会，坚持以习近平新时代中国特色社会主义思想为指导，按照中央、省委、市委政协工作会议的部署要求，以饱满的政治热情和高度的责任感、使命感运用提案积极履职，共提出提案982件，经审查立案865件，其中，委员提案835件，集体提案30件。提案办理共涉及84个部门和单位，截至2020年11月30日，提案已全部办复，办复率100%，提案人满意率97.5%，基本满意率2.5%。

围绕经济发展献良策。提案者围绕推进加快5G网络建设、发展数字经济、高质量发展制造业、加强供应链创新应用和管理、发展“夜间经济”、构建现代产业体系、壮大实体经济、实施乡村振兴战略等提出针对性、科学性建议，承办单位认真研究提案内容，采纳提案合理化建议，推动郑州市经济平稳高质量发展。关于加快5G网络建设、发展数字经济等建议，制定《郑州市加快5G网络建设和产业发展三年行动计划（2020—2022年）》《郑州市加快数字经济发展实施方案（2020—2022年）》等政策措施和规划，实现5G基站中心城区全覆盖，形成总规模近4000亿元人民币的电子信息产业集群，数字经济呈现出快速发展的态势。关于助推制造业高质量发展的建议，出台《郑州市支持制造业高质量发展若干政策》，2020年全市实施项目112个，总投资305亿元。关于促进“夜间经济”发展的建议，市委市政府出台了《关于促消费增活力稳增长的若干举措》等意见，为郑州市夜间经济发展制定了切实可行的行动方案。关于推进实施乡村振兴战略的建议，制定全市乡村振兴“1+1+N”的规划体系，编制《郑州美丽乡村建设导则》，把都市生态农业确定为全市五大战略产业之一，谋划现代农业、基础设施、生态宜居和公共服务等四大类500余个重大项目，总投资近4000亿元。

围绕政治建设建诤言。提案者围绕加强人才引进与培养、加强治理能力建设、提高决策法治化水平、夯实基层党组织建设等建言献策，承办单位高度重视，积极行动，努力提高工作成效。关于加强人才引进与培养的建议，市委组织部将提案办理工作与郑州人才新政研究起草工作紧密结合，会同多部门分类召开专题座谈会，积极采纳提案相关建议，联动出台配套人才政策。关于尽快出台郑州公共数据开放方面立法的提案，市大数据局、市司法局认真采纳提案建议，已向市政府递交政府令立法申请报告。关于打造党建网红地、建设本土党员教育基地、加强非公党建工作扶持和指导等提案，持续深入实施非公党建“321工程”，打造圆方物业、宇通客车、大桥石化等113家非公党建孵化基地、示范基地、教学基地，成立全国首家非公党建学院——郑州市圆方非公有制企业党建学院，涌现党的十九大代表、全国优秀党务工作者薛荣等一批优秀非公企业党组织书记，《人民日报》《光明日报》《中国组织人事报》《河南日报》等媒体多次进行宣传报道。

围绕文化繁荣聚众智。提案者围绕加强学前教育发展、推进文旅产业融合、提升职业教育办学水平、加快科技文化卫生体育事业发展、加强基层社区文化建设等提出可行性建议，承办单位加大工作力度，完善政策措施，持续推动文化高地建设。关于加强郑州市学前教育发展的提案，全市2020年计划再新增公办幼儿园100所，已明确项目132所，其中已建成并投入使用25所，建成未投用55所，正在建设52所。关于助力旅游行业复工复产的意见建议，市文化广电和旅游局积极采纳提案建议，将稳岗返还补贴政策延长执行至2020年底。关于推进文旅产业融合的建议，相关承办部门加强文化产业课题研究，编制专项规划，制定《郑州市委郑州市人民政府关于文化旅游强市的意见》，进一步促进文旅产业高质量发展。关于提升职业教育办学水平的建议，国家产教融合试点城市建设方案已上报国家发改委，积极搭建校企合作平台，推动职业教育集团建设，建立行业协会参与产教融合的机制。关于加强基层社区文化建设的提案，市文化广电和旅游局印发了《2020年郑州市基层综合性文化服务中心提升工程实施方案》，已建成2783个基层综合性文化服务中心，提前实现全覆盖。

围绕民生改善倾真情。提案者围绕健全公共卫生应急管理体系、加强智慧交通建设、推进社区养老、加强老旧小区改造、加强食品安全监管等献计出力，承办单位积极作为，坚持抓重点、补短板、强弱项，着力提升公共服务水平。关于进一步健全公共卫生应急管理体系的提案，经市委编委会第4次会议研究决定，进一步加强郑州市市县两级疾病预防控制机构队伍建设，同时对郑州市市县两级疾控机构编制核定标准进行了明确，目前市县两级疾控机构的人员编制已配备到位。关于构建城市高品质道路交通环境的建议，积极编制《郑州街道设计导则（试行）》，融合先进技术，加快智慧道路、智慧交通建设。关于大力推进社区养老的建议，2020年启动城镇社区养老服务中心建设项目近300个，力争城镇社区养老服务设施覆盖70%的城镇社区。关于加强老旧小区改造的建议，全市1634个中央补助老旧小区改造项目已全部开工，改造完工1374个，受益群众70万人。关于加强网络订餐食品安全监管的建议，市市场监管局开展为期4个月的专项治理行动，申报了《郑州市业务全覆盖一体化智慧市场监管信息化项目》，预计2021年正式投入使用，实现线上线下餐饮服务领域智慧监管。

围绕生态保护出实招。提案者围绕加强郑州市黄河流域生态保护、提升滨水空间品质、加快农村人居环境整治、加强白色污染治理等贡献智慧，承办单位牢固树立“绿水青山就是金山银山”的发展理念，加强工作力度，持续改善生态环境。关于加强郑州市黄河流域生态保护的建议，相关承办单位认真吸收提案建议，抓好重大战略研究、总体发展规划、起步区建设方案“三个一”规划方案体系的编制，坚持项目带动加快推进核心示范区建设，明确30多项重点任务，谋划启动90余项具有引领性、标志性重大项目，总投资4600多亿元，年度投资近800亿元。关于加强滨水空间品质提升的建议，郑州市将“五河共建”作为河道治理的基本遵循，开展了贾鲁河、古荥大运河、金水河等项目的城市设计工作，谋划推进贾鲁河、索须河、魏河、十七里河、十八里河等河道生态提升工程。关于加快农村人居环境整治等方面的提案，郑州市将农村人居环境整治工作纳入县（市）政府目标责任考核范围，加快补齐农村人居环境突出短板，提升基层群众的幸福感和获得感。关于尽快启动“禁塑令”的建议，郑州市将白色污染治理工作列入2020年度全市全面深化改革重点工作，11个部门联合印发《加快白色污染治理，促进美丽郑州建设行动方案》，健全工作协调机制，确保任务圆满完成。

【政协委员培训】 2020年8月20日，市政协举办委员大讲堂，活动传达了中共郑州市委十一届十二次全体（扩大）会议精神，听取了市政府关于郑州市上半年经济社会发展情况的通报，宣读了《政协郑州市委员会关于加强委员联络促进委员参加政协活动全覆盖工作的意见》和《郑州市政协委员助推“六稳”“六保”工作方案》。会议对2020年以来的政协工作进行回顾总结，并就强化委员责任担当提出具体要求。会议指出，广大委员要旗帜鲜明讲政治，把准政治方向，站稳政治立场，弘扬斗争精神，做政治立场坚定的“明白人”；要坚决贯彻落实好市委全会精神，持续助推“六稳”“六保”，高质量完成年度协商任务，做助推郑州发展的“带头人”；要始终把百姓放心上，深入到百姓当中去，切实为百姓谋幸福，做联系界别群众的“贴心人”；要及时跟进学习创新理论，全面系统掌握政协知识，专博结合增强知识储备，做懂政协善议政的“内行人”；要恒于立德修身，力行求真务实，严格纪律规矩，要做品行作风优良的“高尚人”。要提高站位、坚定信心，更好地知情明政、履职尽责，以更高的标准、更严的要求、更实的作风，争取全年政协工作最好成绩，为郑州市做好“六稳”“六保”、加快国家中心城市建设，为中原出彩、中部崛起、黄河战略实施作出省会城市政协应有的贡献。

2020年9月16日举办第二期委员大讲堂，邀请郑州大学法学院教授、博士研究生导师、著名法学专家田土城教授为我们解读《民法典》。田教授解读了“我国民法典的创新和特色”。从民生福祉的人文关怀、权利体系的科学构建、私法精神的充分体现、营商环境的法治优化、现代生活的理性回应、中国特色的重大创新等六个方面做了解读。委员纷纷表示，在今后的参政议政工作中要深刻把握精神实际，不断增强学习贯彻《民法典》的政治自觉、思想自觉和行动自觉；要在凝聚共识上发挥政协优势，做好《民法典》的宣传阐释解读工作，引导界别群众自觉尊法学法守法用法，助推党委政府科学决策，营造经济社会发展良好环境，为统筹谋划好“十四五”规划作出积极贡献。

2020年11月22至24日，郑州市政协常委在焦裕禄干部学院进行了为期三天的集中学习培训，此次常委异地培训，得到了市委、市政府的高度重视和大力支持。市政协张延明主席也召开党组会议和主席会议专门研究，作了精心部署安排。不仅邀请了全体市政协常委，同时也邀请了各开发区从事政协工作的主要负责同志和各专委会副主任，这在历年的常委培训中是第一次，体现了市委和市政协党组对各区政协工作和机关同志们的殷切希望。绝大部分委员能妥善安排自己手中的工作，按时参加培训，充分显示了郑州市政协常委的整体素质和精神风貌。此次培训内容安排充实，分组讨论了党的十九大五中全会精神，聆听了上海政法学院的章友德教授作的题为“政治体制改革与推进协商民主”的辅导报告，通过系统教学、实地参观以及倾听焦裕禄一起工作过的老同志讲述，近距离观察了解了焦裕禄同志感人的事迹和崇高的精神，深刻体会感受焦裕禄一心为民的高尚品质。这次培训时间虽短，委员们普遍反映对焦裕禄精神有了更加深入的了解，对焦裕禄精神实质有了更深的感悟，个人思想觉悟也得到了提升，可谓学有所获，不虚此行。大家纷纷表示，将以本次学习培训为契机，进一步提高政治站位，夯实思想根基，认真履职尽责，写好“委员作业”，当好人民政协制度的参与者、实践者、推动者，为郑州高质量建设国家中心城市履好职尽好责，贡献政协人的智慧和力量。

6月15日，市政协委员助推“六稳”“六保”工作座谈会召开（市政协办公厅/供图）

【政协自身建设】 全面学习贯彻中央、省委和市委政协工作会议精神。通过多种形式深入学习贯彻习近平总书记重要讲话和中央、省委政协工作会议精神，准确把握人民政协的职能定位和新时代赋予政协的使命担当，推动形成党委更加重视、政府更加支持、政协更加主动、各界广泛参与、共同务实推进的工作格局。以创新思维扎实筹备市委政协工作会议，成立工作专班，深入到各区县（市）、开发区调研，征集梳理建设性意见建议30余条，收集政协工作先进地市各类经验材料90余份，提出的关于成立专委会功能型党支部、建设“数字政协”、加强开发区政协工作、推进基层协商等17个创新举措写入《中共郑州市委关于新时代加强和改进人民政协工作的实施意见》，市委政协工作会议成功召开。市政协牢牢把握市委政协工作会议部署要求，全面推动工作任务落地见效。以推动解决基层政协“两个薄弱”问题为突破口，加强指导协调，推动12个区县（市）全部召开党委政协工作会议，全部建立政协委员联络机构和信息服务平台，全部设立乡镇（街道）政协工作召集人制度，四个开发区健全政协工作机制，全市基层政协工作全面加强。在新密召开全市基层政协工作经验交流会，推动全市政协整体工作水平的提升。省委《督查通报》对郑州市做法给予充分肯定。

【调研视察活动】 2020年2月5日下午，市政协副主席岳希荣、王东亮、刘睿分别赴登封市郑少洛高速登封东站、中岳街道办事处社区、登封市建设投资集团有限公司社区；管城区人民政府、北下街办事处疫防控服务站、北下街新华社区防控服务站、管城西街、新华二厂小区疫情防控点；经开区理想城社区、亚太水利社区、京港澳高速南三环站调研督导疫情防控工作。

2月6日下午，市政协副主席岳希荣赴登封东高速出站口疫情防控点、中岳街道办事处疫情防控点、登封市建设投资集团疫情防控点开展疫情防控督导。

2月7日下午，市政协副主席岳希荣、刘睿分别赴登封市嵩阳办事处中岳大街、守敬路、少室路、登封市康乐大药店，登封市检察院家属院，登封市心血管医院，经开区航海路前程大道卡口，二郎庙社区，康桥一号院疫情防控点督导暗访疫情防控工作。

2月8日，市政协副主席岳希荣、王东亮、刘睿分别赴登封市卧龙小区、农行家属院、城东家属院、张杰生活超市、慧民大药房、世康大药店、天中药店；管城区陇海路270号院、陇三社区北三街服务站、金锣湾鸿福园小区、丹尼斯超市城东路店；经开区郑州照相机厂社区、恒大绿洲一期社区、恒大绿洲四期社区、郑州中烟社区、经开区第三大街88号社区各疫情防控点督导暗访疫情防控有关工作。

2月11日，市政协副主席岳希荣、王东亮、刘睿，秘书长吴耀田分别赴登封市守敬路社区，迎仙居社区，中凯龙城社区，烟酒公司家属院，迎仙大药房，惠民大药房、林业局望洋北街疫情监测点、资源规划局望洋南街东口疫情防控检测点；管城区硝滩社区、凌云路口社区、海上香颂小区、东明路64号电镀厂家属院疫情防控点；经开区亚太明珠小区、亚太花园小区、毛庄社区、和谐小区疫情防控点；航空港区郑港办事处锦绣枣园社区、滨河办事处永威南樾福苑社区、富士康山顶公寓员工宿舍区就落实市13号通告精神进行督导暗访检查。

2月12日上午，市政协副主席岳希荣赴登封市城区集中隔离点大拇指酒店督导确诊和疑似病例密切接触人员集中隔离工作。

2月12日下午，市政协副主席刘睿赴经开区丽枫酒店、郑州市儿童医院郑东院区隔离病房督导集中隔离落实工作。

2月13日上午，市政协副主席王东亮赴管城区密切接触人员集中隔离点（凯宾世家酒店）督导隔离防控有关工作。

2月14日上午，市政协副主席刘睿赴经开区双汇企业隔离点、上汽隔离点，宇通和谐5号社区、6号社区集中隔离点督导外来务工人员隔离措施和复工企业疫情防控有关工作。

2月18日上午，市政协副主席王东亮赴管城区陇海路大润发商场、文兴路张仲景大药房、金岱园区福耀集团督导复产复工企业疫情防控工作。

2月18日下午，市政协副主席刘睿赴经开区经北一路商英社区万锦城小区、中铁社区、郑烟东畔花苑社区督导外来人员隔离和社区疫情管控工作。

2月19日上午，市政协副主席吴晓君调研督导连霍高速文化路站疫情防控工作及市政协下沉社区疫情防控工作。秘书长吴耀田参加调研。

2月19日上午，市政协副主席岳希荣赴登封市张仲景大药房少室路店、美佳康大药房、张仲景大药房颍河路店、阳光小区、鑫地华府小区、豫鑫苑小区和沿街便利店等地点暗访定点药店平价口罩投放情况和返郑（登封）人员健康登记社区报到制度落实情况。

2月20日上午，市政协副主席刘睿赴经开区中粮（郑州）粮油工业有限公司、益海嘉里（郑州）食品工业公司车间督导企业开工复产疫情防控工作情况。

2月21日上午，市政协副主席岳希荣赴登封市锦鹏快捷酒店集中隔离点、唐庄镇居家隔离点、中恒美铝材有限公司督导密接人员集中隔离、居家隔离和企业复工复产情况。

2月21日上午，市政协副主席王东亮赴管城区航海东路办事处的金色港湾、正商蓝钻小区和金岱办事处的阳光城9号院、橡树玫瑰城小区，督导返郑复工人员居家隔离防控情况。

2月24日下午，市政协副主席岳希荣赴登封市嵩皇小镇酒店密接人员集中隔离点、大金店镇三王庄村居家隔离点，华润电力登封有限公司调研督导集中隔离、居家隔离实施情况和企业复工复产情况。

2月25日上午，市政协副主席岳希荣调研市政协机关下沉社区疫情防控工作并慰问执勤人员。

2月25日上午，市政协副主席王东亮赴管城区陇海马路街道办事处陇海市场，调研指导疫情防控以及农副产品供应工作。

2月26日下午，市政协副主席刘睿赴经开区丹尼斯航海东路店、经开区民乐集农贸市场、第一大街张仲景大药房、第一大街经北五路交叉口丹尼斯便利店督导企业门店复工疫情防控工作。

2月27日上午，市政协副主席岳希荣赴登封市恒美铝业有限公司，告成镇居家隔离点督导返郑（登封）人员居家隔离情况和企业复产复工情况。

2月27日上午，市政协副主席王东亮赴管城区绕城高速十八里河站、绕城高速东三环南站、机场高速郑州南站疫情防控服务点督导疫情防控工作。

2月28日下午，市政协副主席刘睿赴经开区郑州市实验中学经开区校区、郑州市85中学的教室、食堂、宿舍等教学生活场所，督导教育系统疫情防控工作。

2月29日上午，市政协副主席岳希荣调研市政协机关下沉社区疫情防控工作并慰问执勤人员。

3月3日，市政协副主席岳希荣，秘书长吴耀田赴登封市思源医疗器械有限公司督导企业复产复工情况，随后赴唐庄镇王河村调研乡村疫情防控工作并慰问了市政协驻村干部。

3月3日上午，市政协副主席王东亮赴管城区南关街郑州市第五中学督导学校疫情防控工作。

3月4日下午，市政协副主席刘睿赴经开区正商经开广场公寓、远大理想城社区督导境外回国返郑人员和外籍入境来郑人员疫情管控工作。

3月6日上午，市政协副主席岳希荣赴登封市栖凤苑小区、会馨园小区调研疫情防控工作。

3月6日上午，市政协副主席王东亮赴管城区绿都广场写字楼、正商国际广场写字楼、郑州美林通科技股份有限公司、波司登郑州公司、河南兴业物联网管理科技股份有限公司和正商国际广场物业服务中心，督导写字楼企业复工情况和疫情防控工作。

3月6日下午，市政协副主席刘睿赴经开区河南超亚医药科技有限公司、郑州安图生物工程有限公司督导疫情防控防护用品生产及新冠肺炎疫苗试剂研制有关工作。

3月9日上午，市政协副主席吴晓君召开庚子年黄帝故里拜祖大典筹备工作会，研究庚子年大典仪式策划执行项目招标工作有关事宜。

3月10日，市委常委、统战部部长、市政协党组副书记杨福平和市政协副主席岳希荣赴登封市河南思源医疗器

8月20日，市政协举办委员大讲堂（市政协办公厅/供图）

械、河南九州通国华医药物流、河南均美铝业有限公司督导企业复工复产及"三送一强"活动开展情况。

3月10日上午，市政协副主席王东亮赴管城区郑州宇通客车股份有限公司、振兴集团九鼎公司项目现场督导企业复产复工和"三送一强"活动开展情况。

3月10日下午，市政府副市长史占勇、市政协副主席刘睿赴中原区中讯邮电设计院、中赟国际工程有限公司、云顶服饰有限公司、保利心语建筑工地督导"三送一强"工作开展情况。

3月11日上午，市政协副主席李新有赴郑东新区长通物流公司、富士康富鼎公司、龙子湖星联大厦、金融岛建设工地督导"送政策、送服务、送要素、强信心"活动开展情况。

3月12日下午，市政协副主席刘睿赴经开区集中隔离点郑州滨河国际假日酒店督导境外人员排查、隔离措施落实情况。

3月13日上午，市政协副主席岳希荣赴登封市大拇指酒店（境外返登人员集中隔离点）、新登中瓷有限公司督导境外人员入郑防控和"三送一强"活动开展情况。

3月13日下午，市政协副主席王东亮赴管城区塔湾路商都文化区综合管廊道路提升工程、东大街轨道交通三号线项目工地督导疫情防控，企业复工复产和"三送一强"活动开展情况。

3月15日上午，市政府副市长吴福民，市政协副主席李新有赴郑东新区中南邮政公司、利丰大厦楼宇、奇点网络科技公司开展"三送一强"活动并调研重点项目复工复产工作。

3月17日上午，市政协副主席岳希荣赴登封市乡得旺食品有限公司、疾控中心、少林文化旅游集团督导疫情防控，企业复工复产和"三送一强"活动开展情况。

3月17日上午，市政协副主席王东亮赴管城区莲菜网（郑州南区物配中心）、河南航天金穗电子有限公司督导疫情防控，企业复工复产和"三送一强"活动开展情况。

3月18日上午，市政协副主席岳希荣赴登封市德力自动化物流设备制造有限公司、润华木业有限公司、恩硕弹性材料有限公司、升腾机械制造有限公司、思源食品有限公司、恒弛电热材料有限公司、瑞昇新材料科技有限公司、翱翔医药科技股份有限公司督导疫情防控、企业复工复产及"三送一强"活动开展情况。

3月18日下午，市政协副主席吴晓君赴新郑市胖哥食品有限公司督导"三送一强"活动开展情况。

3月20日上午，市政协副主席岳希荣赴登封市豫科光学科技股份有限公司、登电玄武石纤有限公司督导疫情防控、复工复产及"三送一强"活动开展情况。

3月20日上午，市政府副市长史占勇、市政协副主席刘睿赴中原区郑州华润燃气有限公司、郑州水工机械有限公司、河南惠众实业股份有限公司督导"三送一强"工作开展情况。

3月20日上午，市政协副主席王东亮赴管城区复工复产暨"三送一强"银企对接洽谈会会场、郑州通快电梯有限公司督导复工复产及"三送一强"活动开展情况。

3月22日上午，市政协副主席吴晓君赴新郑市河南酱业有限公司、人人利食品有限公司督导"三送一强"活动开展情况。

3月23日下午，市政府副市长吴福民，市政协副主席李新有赴郑东新区中原银行科技中心、第四巡回法庭、鲲鹏小镇项目、大河村国家遗址博物馆督导"三送一强"活动并调研重点项目复工复产工作。

3月24日上午，市政协副主席岳希荣赴登封市登封国际商贸城、会峰家政服务公司、唐庄镇养老院督导疫情防控、复工复产及"三送一强"活动开展情况。

3月24日上午，市政协副主席王东亮赴管城区河南恒信汽车股份有限公司上汽大众、德龙4S店、河南御电新能源体验中心督导复工复产及"三送一强"活动开展情况。

3月24日上午，市政协副主席刘睿赴中原区中石化华北石油工程有限公司、中国机械工业记些工程有限公司、河南送变电建设有限公司督导"三送一强"活动开展情况。

3月30日上午，市政协副主席王东亮赴管城区银基商贸城、百荣世贸商城督导企业复产复工及"三送一强"活动开展情况。

3月31日上午，市政协副主席岳希荣赴登封市登封市锦鹏酒店（境外返登人员集中隔离点）、雪嵩制粉公司、小苍娃食品公司、巧媳妇服装加工厂、君召乡敬老院督导疫情防控、复工复产及"三送一强"活动开展情况。

4月1日上午，市委常委、统战部长、市政协党组副书记杨福平，市政协副主席岳希荣一行赴登封市郑州恒生科技有限公司、中岳非晶新型材料有限公司、河南恒美铝业有限公司、郑州伟博汽车电器有限公司督导调研疫情防控和"三送一强"活动开展情况。

4月1日下午，市政协副主席岳希荣赴登封市嵩山少林武术职业学院调研疫情防控复学准备工作情况，并走访看望了住登封市郑州政协委员刘少鹏。

4月3日上午，市政协副主席岳希荣赴郑州市第二十二中学、二七区汝河路小学、二七区实验幼儿园沁河路园、郑州市第十一中学督导"全市清洁行动"，视察学校复学准备工作，并走访市政协委员，郑州市十一中学校长郭勤学。

4月8日上午，市政协副主席王东亮赴管城回族区"促销费增活力稳增长"暨"管城味道"纪录片发布启动仪式现场、钱塘人家饭店督导企业复产复工和"三送一强"活动开展情况。

4月10日，市政协副主席岳希荣赴登封市润楷、瑞洋园林基地、嵩润康家生态农业园、刘氏豆制品厂督导调研疫情防控和"三送一强"活动开展情况。

4月13日，市政协副主席岳希荣赴登封市登封市阳城养生苑、中州华鼎酒店督导调研疫情防控和"三送一强"活动开展情况。

4月15日上午，市政协副主席岳希荣赴航空港区企业河南集成供应链管理有限公司、河南育林控股集团有限公司，走访调研委员企业。

4月16日，市政协副主席李新有、岳希荣赴中原区疾控中心、弘大医院、绿东村社区卫生服务中心、郑州市疾控中心视察市、区（县）两级疾控工作并走访了王进兴等市政协委员。

4月17日上午，市政协副主席岳希荣赴郑州阳光家政服务有限公司走访妇联界别委员王瑜。

4月21日上午，市政协副主席王东亮赴管城回族区郑州市第四十三初级中学、管城回族区回民中学督导学校复学和疫情防控工作。

4月22日上午，郑州市政协副主席岳希荣赴登封市少林延鲁武术学校、郑州登封熔料有限公司督导疫情防控、复工复产复学工作和"三送一强"活动开展情况并走访了王建通、白银河、弋楷民、王文浩等住登封的市政协委员。

5月20日，市政协副主席刘睿带队赴郑州慧谷大创园孵化器调研中小企业创新创业基本情况。

5月21日，市政协副主席岳希荣赴巩义市康店镇政协委员之家、紫荆路街道办委员之家和巩义政协委员之家调研委员联系社区工作情况并走访抗疫优秀市政协委员。

5月21日上午，市政协副主席刘睿带领经济界别政协委员开展"企业参与国际经济合作"调研活动。实地考察了郑州国际陆港公司、卢森堡中心、河南民航发展投资公司，并召开调研座谈会。

5月22日下午，市政协副主席刘睿赴中牟调研分包重点项目郑州机动车质量检测认证技术研究中心建设工作。

5月26日上午，市政协副主席吴晓君带队赴经开区对郑州市对外开放工作开展专题调研。先后实地察看了郑州国际陆港开发建设有限公司、河南省进口物资公共保税中心集团有限公司、中铁工程装备集团有限公司，并召开座谈会。

5月26日上午，市政协副主席刘睿带领经济界别政协委员进行"大数据、物联网"专题调研活动。实地考察了高新区大数据产业园、航空港区智慧城市建设情况，并召开座谈会。

5月26日下午，市政协副主席刘睿带领经济界别政协委员进行“产业链、服务链、创新链三链协同推进制造业高质量发展”专题调研活动。实地考察了中原智谷、郑州新世纪材料基因组工程研究院、郑州市政务服务中心等地，并召开座谈会。

5月27日上午，市政协副主席吴晓君带队赴二里头遗址博物馆、大禹故里和王城岗遗址博物馆调研夏文化和中华文明探源工程主要成果。

5月27日上午，市政协副主席岳希荣带队赴金水区凤凰台党群服务中心调研委员联系社区工作并走访委员。

5月27日上午，市政协副主席刘睿带队赴登封调研嵩山传统文化工作。先后实地察看了嵩山文化产品企业展、登封历史文化拓片展，了解了登封传统文化研究会的基本情况。

5月28日上午，市政协副主席刘睿赴新郑根文创大厦调研文化文创工作并走访委员。

6月14日至18日，市政协副主席王万鹏带队赴成都5G环球中心、5G研究院、联通和三医院5G远程医疗中心，南昌虚拟现实5G+VR产业基地、深圳铁塔公司调研5G网络建设工作。

6月16日至20日，市政协副主席吴晓君带队赴上海自贸区临港新区，宁波城市展览馆，宁波市“16+1”贸易博览会展馆，重庆自贸区果港片区、两江新区数字经济产业园调研对外开放工作。

6月16日，市政协副主席李新有、岳希荣赴荥阳市荥阳宜居健康城管委会、郑州市妇幼保健院宜居健康城医院项目一期工程、郑州市骨科医院宜居健康城医院项目一期工程，调研督导市重点建设项目——荥阳宜居健康城进展情况。

6月23日上午，市政协副主席刘睿赴荥阳建业商贸公司、高村乡韩常村、油坊村调研零售业发展经营情况和乡村生活垃圾分类工作。

6月24日上午，市政协副主席岳希荣赴二七区福华街街道铁道家园社区调研委员联系社区工作并走访委员。

6月24日上午，市政协副主席刘睿赴河南省科技馆调研郑州市虚拟现实产业发展工作。

6月30上午，市政协副主席岳希荣赴中原网球中心二期工程项目调研分包市重点项目建设工作。

6月30日上午，市政协副主席刘睿赴城东路社区商城路1号院商城花园、花庄社区龙翔嘉苑10号院、经开区生活垃圾分拣中心调研郑州市深化垃圾分类精细化管理。

7月2日至3日，市政协副主席王东亮部分政协委员，赴登封市少林街道雷家沟村、中岳街道北高庄村、卢店镇崔岗村视察农村人居环境整治工作。

7月3日下午，市政协副主席吴晓君赴郑东新区会展中心调研郑州市会展业发展工作。

7月8日，市政协副主席吴晓君赴瑞光创意工厂调研郑州市中小企业发展工作。

7月9日，市政协副主席吴晓君带队赴登封市王河村调研脱贫攻坚工作，实地考察了范家门美丽乡村建设项目、屈磐村扶贫蜜蜂养殖项目、家庭宾馆和王河农家乐发展情况，并在村委仔细询问美丽乡村项目申报情况，同时看望了市政协驻村工作队的全体成员。

7月9日，市政协副主席刘睿赴河南律泰律师事务所视察律师事务所基础建设、律师管理工作。

7月14日上午，市政协副主席李新有赴经开区第七人民医院滨河院区项目和二期工程心血管病房楼项目调研分包市重点项目建设情况。

7月15日上午，市政协副主席岳希荣带领部分政协委员，到郑州市第九人民医院视察姑息（缓和）治疗与安宁疗护工作开展情况。

7月15日下午，市政协副主席刘睿赴航空服务投资中心调研郑州市新能源和新基建工作。

7月16日上午，市政协副主席王东亮赴郑州市蔬菜研究所调研农业科研工作。

7月16日上午，市政协副主席刘睿带领部分市政协委员、社法委相关人员赴新郑双湖大道、河南天意交通驾驶学校培训基地视察交通安全治理工作。

7月24日，市政协副主席王东亮赴巩义市双槐树遗址、杜甫故里、石窟寺调研文化遗产保护工作。

7月24日，市政协副主席刘睿赴黄河文化公园、黄河地质博物馆、黄河中下游分界线调研黄河生态保护和高质量发展工作。

7月27日至30日，市政协副主席李新有赴银川市贺兰县晶诚水产养殖有限公司，银川科海生物技术有限公司，常信乡“稻鱼空间”基地，银川博康医院、西夏区源石酒庄葡萄种植基地、银川非遗博物馆、兰州市生态文化公园，永靖县黄河两岸滩区调研黄河流域生态保护和高质量发展工作。

7月28日至31日，市政协副主席王东亮赴赤峰市喀喇沁亲王府、赤峰市博物馆、呼和浩特市蒙牛乳业（集团）股份有限公司六期高科工厂和液态生产线、内蒙古食全食美股份有限公司、美通食品批发市场、内蒙古自治区博物馆、乌兰察布市内蒙古阴山优麦食品有限公司、内蒙古薯都凯达食品有限公司、北方陆港国际物流园、察右前旗国家现代农业产业园、乌兰察布市博物馆调研农产品流通发展及文物保护工作。

7月30日上午，市政协副主席岳希荣赴新密市政协调研委员联系社区工作。

8月10日下午，市政协副主席王万鹏带领部分政协委员视察郑州市重点项目建设情况。视察组一行先后来到四环线给水施工现场、桥南水厂工程，实地了解郑州市供水基本情况。

8月11日，市政协副主席吴晓君赴大河村遗址博物馆、东赵遗址调研郑州市文化遗址保护工作，听取了相关部门对大河村遗址博物馆文物保护工作、大河村国家考古遗址公园建设、东赵遗址公园建设等开展情况的汇报。

8月12日至16日，市政协副主席王东亮赴银川市西夏王陵、银川当代美术馆、艺盟文创公司、宁夏丝路风情网络科技股份有限公司、智慧宫文创公司、宁夏博物馆、陕西历史博物馆、西安碑林博物馆、大唐西市博物馆、“西安礼物”文创公司调研黄河文化资源保护开发及文创产业发展工作。

8月21日上午，市政协副主席王东亮赴惠济区思念集团、金水区未来路街道党群服务中心视察郑州市少数民族流动人口服务管理工作。

8月25日至29日，市政协副主席王东亮赴杭州凤山拾遗文创园、凤凰御园艺术基地、良渚国家考古遗址公园、苏州博物馆、平江路文创街区调研文创产业发展和文物保护开发利用工作。

8月28日下午，河南省人大代表、郑州市政协副主席刘睿走进杜岭街道西里路社区人大代表联络站，接待选民、面对面了解群众需求。

9月2日上午，市政协副主席刘睿赴市工信局、省社科联调研郑州市制造业发展工作。

9月3日至4日，市政协副主席刘睿赴高新区、经开区、郑东新区、航空港区调研郑州市制造业发展工作。

9月15日至18日，市政协副主席刘睿赴上海市徐汇区市民环保体验中心、航天新苑社区和宁波市海曙区石碶街道大悦雅苑小区、宁波洞桥厨余垃圾处理厂调研垃圾分类工作。

9月23日上午，市政协副主席李新有赴管城区督导7-Eleven区域总部基地项目建设情况。

9月25日上午，市政协副主席吴晓君赴新郑市威斯获克FPC及摄像头项目点调研分包全市重点招商项目推进情况。

9月27日，市政协副主席刘睿赴郑州市商务局，对市政协十四届三次会议重点提案《发展首店经济 助推我市现代服务业发展》、《关于创建国际消费中心城市、为推动高质量发展区域增长极打造新载体和新引擎的建议》进行调研督办。

9月29日下午，市政协副主席王万鹏赴马寨产业集聚区科创中心、深国际北方区域总部综合物流港调研市级重点招商引资项目建设情况。

10月10日上午，市政协副主席王东亮赴巩义市包拯墓、永昌陵、永裕陵就市政协十四届三次会议重点提案《加强对北宋皇陵文物保护和开发，弘扬黄河文化》提案进行调研督办。

10月12日下午，市政协副主席薛景霞赴新郑市黄帝千古情文旅项目就市政协十四届三次会议重点提案《推进文旅产业融合 实现保护与发展共赢的建议》、《关于助力旅游行业复工复产的意见和建议》进行调研督办。

10月13日，市政协副主席吴晓君召开重点提案协商座谈会，领衔督办《关于打造党建网红地、建设本土党员教育基地的提案》。

10月13日上午，市政协副主席王东亮赴太康路基督教堂、惠济区天主教堂视察宗教教职人员社会保障工作。

10月14日上午，市政协副主席王万鹏赴桐柏路191号院、工人新村片区实地调研老旧小区改造情况，对市政协十四届三次会议重点提案《关于郑州市老旧小区改造的建议》进行调研督办。

10月15日上午，市政协副主席王东亮带领部分市政协委员对市政协十四届三次会议民盟郑州市委提出的《关于加强网络订餐食品安全监管的几点建议》的重点提案进行督办。

10月19日至21日，市政协副主席王万鹏赴南宁市国民体质监测中心、南宁市体育局、南宁市会展中心体育汇调研国民体质监测工作。

10月20日至24日，市政协副主席王东亮赴天水市张家川县宣化冈拱北、秦安县女娲祠、西藩寺，甘南藏族自治州安多合作米拉日巴佛阁、拉卜楞寺，兰州市博物馆、西关清真大寺、白塔寺调研民族聚居地区乡村振兴及宗教场所保护管理工作。

10月22日上午，市政协组织四十余名驻郑全国、省、市三级政协委员对郑州市“三项工程、一项管理”工作进行了视察。视察组一行赴金水区经三路城市道路综合改造工程、管城区北三街片区老旧小区综合改造工程、二七区嵩山路城市道路综合改造工程、惠济区黄河滩地公园视察郑州市老旧小区改造、城市道路综合改造以及黄河滩地公园建设工程进展情况。

10月23日，市政协副主席王万鹏带领部分市政协委员对市政协十四届三次会议上郝宏伟委员提出的《关于尽快启动“限塑令”的建议》提案进行重点督办，实地察看了郑州市嵩山路丹尼斯超市、工人路农贸市场塑料袋的使用、销售情况，并与提案承办单位市发展改革委、市生态环境局有关人员进行交流座谈。

10月26日，市政协副主席王万鹏赴二七区深国际重点项目现场调研分包全市重点招商引资项目推进工作。

10月27日上午，市政协副主席吴晓君赴新郑市信息产业园调研督导威斯荻克FPC及摄像头项目建设工作。

10月27日至30日，市政协副主席刘睿赴上海浦东新区滨江大道、浦东新区交管严判指挥中心、杭州西湖大队北山中队指挥中心、杭州市劳动路、华光路学习考察“提高市民守法意识推进城市交通治理”有关工作。

10月30日上午，市政协副主席吴晓君赴方特欢乐世界、建业·华谊兄弟电影小镇、郑州国际文化创意产业园管委会游客服务中心、郑州美术馆视察郑州市旅游工作。

10月30日上午，市政协副主席王东亮赴航空港区调研分包全市重点招商引资项目绿地贸易港建设推进情况。

11月19日下午，市政协副主席吴晓君带队赴新郑市调研督导薛店铁路物流基地项目并召开座谈会。

11月24日至27日，市政协副主席王东亮赴敦煌莫高窟、敦煌文化研究院、张掖大佛寺、张掖市博物馆、甘肃省博物馆调研文化遗产保护工作。

12月2日下午，郑州市政协副主席吴晓君赴新郑市薛店镇调研薛店铁路物流基地项目建设工作推进情况，并召开现场会。

12月4日下午，郑州市政协副主席王万鹏赴郑州市垃圾处理厂，调研垃圾处理厂建设工作。

12月10日上午，市政协副主席王东亮赴中牟县刁家乡小王庄村草莓大棚种植产业区、刁家乡赵集村农产品仓储项目、马家村菌菇种植基地调研脱贫攻坚工作。

12月18日上午，市政协组织部分住郑全国、省、市政协委员视察郑州轨道交通4号线工程建设工作情况并召开座谈会议。

【政协双月协商座谈会】 市政协2020年第一次双月协商座谈会 7月7日，市政协召开双月协商座谈会，邀请部分市政协委员、市直有关部门负责人及专家学者、公民代表围绕“全面提速5G建设 构建互联新城市”开展专题协商。座谈会上，市5G网络建设领导小组通报了郑州市5G网络建设和产业发展情况。政协委员、专家学者和公民代表从推进5G应用服务、发展智能制造产业、加强基础设施建设及安全管理等多个角度，为郑州市加快5G建设建言献策。市自然资源和规划局、市工业和信息化局、郑州供电公司等相关职能部门和单位负责同志分别介绍了郑州市5G建设专项规划进展、产业发展规划制定及供电情况，并围绕委员们的提问和建议，进行协商答复。会议指出，新形势下，要站在全球竞争的高度，认识5G在技术和产业竞争的战略性地位，抢抓5G建设发展先机，整合资源、提升效率、加大投资、突破技术、聚力应用，加快推进5G建设步伐。全市各级政协组织和广大政协委员要紧紧围绕落实党中央、国务院加快“两新一重”建设决策部署，持续关注、助力推动郑州市5G网络建设和产业发展，当好推动者、宣传员、监督员，充分发挥优势作用，形成共建共投共享的体制机制，营造5G竞相发展的浓厚氛围，努力把郑州建成智慧化、数字化标杆城市，带动经济社会数字化转型、高质量发展。

市政协2020年第二次双月协商座谈会 9月25日，市政协召开双月协商座谈会，邀请部分市政协委员、市政府职能部门负责人及专家学者、企业代表深入基层开展现场协商，围绕“高起点规划论证，打造国际农副产品流通中心”建言献策。座谈会上，政协委员、专家学者、企业代表从推进大型农产品批发市场流通基础设施建设、加快推进郑州市可溯源农产品体系建设、促进农产品产销对接、探索农产品返城郑州模式、打造国际农副产品流通平台、建设国际冷链物流中心、构建农副产品流通大数据等不同角度，以“高起点规划论证，打造国际农副产品流通中心”为切入点建言献策，助力郑州市乡村振兴，推动全市农业农村现代化发展。市发改委、市农委、市商务局、市市场发展中心、市交通运输局、市财政局、市物流口岸局、市粮食和物资储备局等相关职能部门和单位负责人分别介绍了郑州市乡村振兴战略规划编制和国际农副产品流通中心谋划、提升农产品质量安全水平、加强农产品流通体系建设、打造“菜篮子”保障体系、促进农村物流发展等工作进展情况。

市政协2020年第三次双月协商座谈会 9月29日，市政协召开双月协商座谈会，邀请部分市政协委员、市政府职能部门负责人及专家学者、企业代表围绕“根植黄河文化，发挥文创经济拉动效应”进行协商座谈。座谈会上，政协委员、专家学者、企业代表从打造黄河文化精品展示平台、开发城市IP形象、发展郑州文化产业等不同角度，围绕发掘黄河文化底蕴、做大做强文创产业建言献策。市委宣传部介绍了郑州市文创经济的发展情况，市发改委、市文广旅局、市文物局等有关局委负责人根据委员的提问和建议，进行协商答复。要把握发展定位，抢抓历史机遇，充分挖掘黄河文化的历史底蕴，把黄河文化根植于郑州市文化建设，发挥文创产业“文化+”的优势，强化政策扶持，培育文创市场，发挥企业主体作用，引进国际、国内一流人才和团队，推动文创产业全链条的连通与融合发展。全市各级政协组织和广大政协委员要紧紧围绕落实习近平总书记有关黄河文化的重要讲话精神，持续关注、助力推动郑州市文创产业发展，加强调研，多献良策，搭建平台，强化服务，履职尽责，加强监督，最大限度地发挥其对经济社会发展的拉动效应，为加快建设具有黄河流域生态保护和高质量发展鲜明特征的国家中心城市赋能添彩。

市政协2020年第四次双月协商座谈

9月29日，市政协召开2020年度第三次双月协商座谈会（市政协办公厅/供图）

会 10月30日，市政协召开双月协商座谈会，邀请部分市政协委员、市政府职能部门负责人及专家学者、社会体育指导员、健身达人代表围绕“建设健康郑州 着力推进国民体质监测工作”进行协商座谈。座谈会上，政协委员、专家学者、社会体育指导员、健身达人代表从加强体医融合和非医疗健康干预、完善体质健康监测体系、关注智慧体育应用、做好在校学生等重点人群体质监测、形成全民健康全民运动风尚等不同领域、不同角度畅谈切身感受和意见建议。市体育局、市卫健委、市教育局等有关局委负责人介绍了推进郑州市国民体质监测工作开展情况，并根据委员们的提问和建议，进行互动交流、协商答复。会议指出，要站位国家中心城市高质量建设全局来看待卫生健康事业，看待国民体质监测工作，切实增强护佑群众生命安全和身体健康的责任感使命感，强化国民体质监测的顶层设计和政策引导，坚持以人民为中心的发展思想，营造重视国民体质监测的社会氛围，树立大卫生大健康的理念，扎实推进健康郑州建设。在市委的坚强领导下，全市各级政协组织和政协委员要强化责任担当，积极主动作为，充分发挥优势，贡献政协智慧，形成各方参与、协同推动、共建共享的健康服务新格局，夯实全面建成小康社会和高质量推进国家中心城市建设的健康之基，努力让高质量发展成果惠及广大群众。

市政协2020年第五次双月协商座谈会 11月6日上午，市政协围绕“深化垃圾分类精细化管理”召开2020年第五次双月协商座谈会。座谈会上，政协委员和专家学者从做好老旧及无物业小区垃圾分类、建立厨余垃圾收集处置体系及有害垃圾收运处置体系、探索垃圾分类可持续发展市场化机制等不同角度建言献策，助力郑州市垃圾分类工作精细化管理，推动全市生活垃圾分类工作向纵深开展。市城管局、市发改委、市教育局、市财政局、市生态环境局等相关职能部门和单位负责人分别介绍了郑州市生活垃圾分类工作的推进和落实情况，并根据委员们的提问和建议，进行互动交流、协商答复。会议指出，推进生活垃圾分类是践行习近平总书记生态文明思想，实现人与自然和谐共生新发展理念的具体实践，要坚持以人为本、科学施策、立足长远，高质量完成目标任务。各级政协组织和广大政协委员要发挥优势，主动作为，积极争当践行者，在市委、市政府的正确领导下，强化责任担当，狠抓工作落实，积极推进生活垃圾分类工作，不断提升城乡人居环境，为加快推进美丽国家中心城市建设作出新的更大贡献。

市政协2020年第六次双月协商座谈会 12月8日，市政协召开双月协商座谈会，邀请部分市政协委员、市政府职能部门负责人及公民代表围绕“提高市民守法意识，推进城市交通治理”进行协商座谈。座谈会上，市公安局交警支队、市文明办分别介绍了郑州市交通治理、文明出行等工作开展情况。来自不同界别的委员及公民代表从构建城市高品质道路交通环境、加快城市交通数据平台建设、加强中小学生交通安全教育等角度，畅谈意见建议。市教育局、市城乡建设局、市城市管理局等有关局委负责人根据委员们的提问和建议，进行协商答复。会议指出，要站位国家中心城市高质量建设全局，特别要对照“用高品质城市建设管理让国家中心城市的品质‘立’起来、‘龙头’抬起来”的高标准高要求，增强做好城市交通治理的责任感、使命感，立足市情、科学谋划、突出重点，优化城市交通规划布局，完善基础设施建设，增强交通管理的智能化水平，强化依法治理，做好宣传引导，扎实推进郑州市城市交通治理体系和治理能力现代化。全市各级政协组织和广大政协委员要进一步强化责任担当，当好宣传员、监督员、推动者，把郑州建设成更加文明、更有温度、更具魅力的国家中心城市，不断增强人民群众的获得感、幸福感、安全感。

（李　杰　刘惠娟）

重要会议

【政协全体会议】 2020年5月13—15日，中国人民政治协商会议郑州市第十四届委员会第三次会议举行。13日上午，大会开幕。市政协十四届三次会议应出席委员550人，实到517人，符合规定人数。会议首先通过了市政协十四届三次会议议程。受政协郑州市第十四届委员会常务委员会委托，吴晓君向大会作工作报告。

5月14日下午，省委常委、市委书记徐立毅参加市政协十四届三次会议联组讨论，与委员们一起讨论政府工作报告及其他有关报告。寇爽、蒋东明、王洪波、郭晓建、张巧云、沈立、程韬光、郭永涛、张勤生、苏东霞等委员先后发言，就加强基础教育、发展轨道交通、促进城市消费、优化招商环境、综合开发利用地下空间、建设航空枢纽、传承黄河文化彰显城市特色、发展电影产业、建立中医药救治体系、完善公共卫生应急管理体系、加强青年职工思想教育工作等发表了意见和建议。徐立毅强调，希望政协各界别发挥人才荟萃优势，更好建言献策；希望政协更好发挥协商平台作用，把协商成效充分体现在推动经济社会发展中；希望各位委员在各自工作岗位上更好展现素养风采，勤于思考、勇于实践，团结凝聚各方面力量，画好最大同心圆，为郑州高质量发展营造良好氛围。

5月15日上午，郑州市政协十四届三次会议第二次全体会议在省人民会堂举行。本次会议应出席委员550人，实到委员514人，符合有关规定。会议首先审议通过了政协郑州市第十四届委员会第三次会议选举办法，政协郑州市第十四届委员会第三次会议总监票人、副总监票人、监票人名单。大会选举张延明为政协郑州市第十四届委员会主席，许建华为政协郑州市第十四届委员会常务委员。

5月15日上午，完成各项议程后，中国人民政治协商会议郑州市第十四届委员会第三次会议在省人民会堂胜利闭幕。市政协十四届三次会议应出席委员550人，实到514人，符合规定人数。会议表决通过了政协郑州市第十四届委员会第三次会议关于常务委员会工作报告的决议、政协郑州市第十四届委员会提案委员会关于政协十四届三次会议提案审查情况的报告、政协郑州市第十四届委员会第三次会议政治决议。

（李　杰　刘惠娟）

【政协常委会议】 市政协十四届八次常委会议 1月17日，市政协召开十四届八次常委会议，审议通过了召开市政协十四届三次会议的有关事宜和有关人事事项。会议传达学习中央和省委经济工作会议、省两会、中共郑州市委十一届十一次全会精神，听取市政府2019年经济社会发展情况的通报、关于政协郑州市第十四届委员会第三次会议筹备情况的说明，审议通过关于召开政协郑州市第十四届委员会第三次会议的决定、政协郑州市第十四届委员会第三次会议议程（草案）及日程、政协郑州市第十四届委员会常务委员会工作报告及报告人的决定、政协郑州市第十四届委员会常务委员会关于政协十四届二次会议以来提案工作情况报告及报告人的决定、政协郑州市第十四届委员会第三次会议委员分组办法等有关事项、有关人事事项和关于授权主席会议审议市政协十四届八次常委会议未尽事宜的决定，讨论市政府工作报告（征求意见稿）。

市政协十四届九次常委会议 5月12日，市政协十四届九次常委会议举行。本次常委会议应出席105人，实到102人，符合规定人数。会议通过了政协郑州市第十四届委员会常务委员会第九次会议议程，听取了中共郑州市委有关辞去、增补市政协委员情况的说明，通过了有关人事事项，听取了市政协十四届三次会议筹备情况的说明。

市政协十四届十次常委会议 5月14日下午，市政协十四届十次常委会议举行。本次常委会议应出席105人，实到101人，符合规定人数。会议首先通过了政协郑州市第十四届委员会常务委员会第十次会议议程。会议听取了中共郑州市委有关人事事项的说明，审议通过了政协郑州市第十四届委员会第三次会议选举办法（草案），审议通过了补选市政协常务委员会组成人员候选人建议人选名单，审议通过了政协郑州市第十四届委员会第三次会议选举大会总监票人、副总监票人、监票人建议人选名单，通过了政协郑州市第十四届委员会第三次会议选举大会总计票人、副总计票人、计票人名单，审议通过了政协郑州市第十四届委员会第三次会议关于常务委员会工作报告的决议（草案），审议通过了政协郑州市第十四届委员会提案委员会关于十四届三次会议提案审查情况的报告（草案），审议通过了政协郑州市第十四届委员会第三次会议政治决议（草案）。

市政协十四届十一次常委会议 6月11日，市政协十四届十一次常委会议召开。会议传达学习了习近平总书记在全国两会期间系列重要讲话精神、十三届全国人大三次会议和全国政协十三届三次会议精神、全市领导干部会议精神。国务院参事、清华大学社科学院国际关系学系教授何茂春应邀在会上作了“积极融入一带一路、促进高水平对外开放”专题讲座。与会同志还围绕会议主题进行分组讨论，深入交流。

市政协十四届十二次常委会议 7月23日，市政协召开十四届十二次常委会议，传达学习中共郑州市委十一届十二次全体（扩大）会议精神，围绕“积极融入‘一带一路’，促进高水平对外开放”进行专题议政。会议听取了市政府关于“积极融入‘一带一路’，促进高水平对外开放”工作情况的通报，市各民主党派、工商联和市政协各专门委员会代表作大会发言，围绕“积极融入‘一带一路’，促进高水平对外开放”主题，从建设国际消费中心城市、改善创新创业环境、建设国际进口商品贸易基地、打造对外开放体系高地、提升郑州文化国际影响力等方面提出意见建议。

市政协十四届十三次常委会议 9月28日，市政协召开十四届十三次常委会议，传达学习全国政协十三届十三次常委会议、全国地方政协工作经验交流会和市委政协工作会议精神，围绕“推进产业链、创新链、服务链高效衔接的制造业发展”进行专题议政。会上，市政府通报了郑州市做强产业链、优化服务链、完善创新链，加快制造业高质量发展步伐的总体情况。围绕“推进产业链、创新链、服务链高效衔接的制造业发展”主题，市各民主党派和工商联、市政协各专门委员会、各县（市）区政协代表作大会发言，从聚力主导产业深化“三链”融合高效衔接、打造高质量产业创新服务综合体、搭建智慧平台提供全链条服务等方面提出意见和建议。

市政协十四届十四次常委会议 11月11日，市政协十四届十四次常委会议召开，传达学习党的十九届五中全会精神，审议通过有关人事事项。会议应到常委会组成人员107人，实到86人，符合规定人数。会议传达学习中国共产党第十九届中央委员会第五次全体会议精神，审议通过政协郑州市第十四届委员会副秘书长任免名单，通过政协郑州市第十四届委员会有关专门委员会主任、副主任任免名单，通过政协郑州市第十四届委员会不再担任政协委员名单，通过政协郑州市第十四届委员会增补政协委员名单，通过政协郑州市第十四届委员会常务委员会关于接受吴耀田同志辞去政协郑州市第十四届委员会秘书长职务的决定。

（李　杰　刘惠娟）

9月28日，市政协召开十四届十三次常委会议（市政协办公厅/供图）

纪检监察工作

综　述

【概况】 2020年，全市纪检监察机关统筹抓好疫情防控监督和纪检监察工作，充分发挥监督保障执行、促进完善发展作用，一体推进不敢腐不能腐不想腐，为决胜全面建成小康社会、决战脱贫攻坚、加快建设国家中心城市提供了坚强保障。

市纪委监委以政治建设为统领，全面增强党组织政治功能和组织功能，让正风肃纪反腐更好适应现代化建设需要，做到党和人民的事业发展到什么阶段，全面从严治党就要跟进到什么阶段。协助市委制定《关于加强党的政治建设推进全面从严治党向纵深发展的实施意见》《履行全面从严治党主体责任清单》，为市委主体责任落实提供履职载体。出台监督责任清单，召开全市领导干部廉政谈话会、党委（党组）书记述职评议会，加强党风廉政建设考核评定，确保管党治党各项工作有部署、有检查、有落实。

【深化改革】 持续深化纪检监察体制改革，在更大范围内整合运用监督力量，促进各类监督统筹衔接、贯通融合。继续深化监察体制改革，推动监察职能向功能区延伸，4个开发区纪检监察工委全部挂牌成立；制定《规范乡镇（街道）监察工作的指导意见》，指导村（社区）廉情监督员队伍建设，推动监督下沉见底、落地见效。优化派驻机构设置和监督范围，制定出台派驻机构工作规定和考核办法；落实市委深化派驻机构改革工作意见，配齐配优驻郑州银行纪检监察组工作人员。

【业务能力建设】 2020年，市纪委监委常态化推动“6—45”问题整改落实，创新“三个一”工作推进机制，实施量化考评、强化实战练兵，市纪委监委机关整改工作被评为全省示范样板，全市5名纪检监察干部被评为全省监督检查、审查调查思想政治工作能手，6个案件被评为全省“高质量典型案例”。开展提升安全管控能力、提升案件质量、提升监督水平“三个专项行动”，建立“走读式”谈话日报告制度，开发运用谈话场所安全管控系统，经验做法被中央纪委内部刊物刊发；组织开展审查调查措施使用情况、涉案款物情况的专项检查，扎实开展案件质量及处分决定执行情况专项调研，全年实现执纪办案“双安全”。

【队伍管理】 2020年，市纪委监委制定《郑州市纪委监委量化评选表彰奖励办法》，明确结果运用的具体形式，引导干部崇尚先进、学习模范。主动接受、积极配合省纪委监委内部监督调研，并根据反馈意见制定整改工作方案，逐项推动整改落实；对派驻市财政局纪检监察组和荥阳市纪委监委等5个单位启动内部监督调研试点工作。集中走访19名特约监察员，收集意见建议56条，逐条明确责任部门，限期整改到位。坚持刀刃向内，防止权力“出笼”，全年受理纪检监察干部问题线索220件，谈话函询102件，初核43件，立案审查15件，党纪处分11人（含移送司法机关2人）。

【中国共产党郑州市第十一届纪律检查委员会第五次全体会议】 1月21日，中国共产党郑州市第十一届纪律检查委员会第五次全体会议召开，全面贯彻落实习近平总书记重要讲话精神和十九届中央纪委四次全会精神，落实十届省纪委五次全会部署，回顾2019年纪检监察工作，安排部署2020年工作。省委常委、市委书记徐立毅出席会议并讲话。徐立毅强调，2020年是全面建成小康社会和“十三五”规划收官之年，是全市实施高质量发展“三年行动计划”起步之年。全市上下要坚持以习近平新时代中国特色社会主义思想为指导，深入贯彻党的十九大和十九届二中、三中、四中全会精神，全面落实十九届中央纪委四次全会和省纪委五次全会工作部署，一以贯之、坚定不移全面从严治党，坚持和完善党和国家监督体系，强化对权力运行的制约和监督，一体推进不敢腐、不能腐、不想腐，持续营造学的氛围、严的氛围、干的氛围，确保党的路线方针政策在郑州贯彻落实，确保习近平总书记重要讲话精神在郑州落地生根，为加快国家中心城市建设、打造更高水平的高质量发展区域增长极提供坚强保障。市委常委、市纪委书记、市监委主任周富强主持会议并代表市纪委常委会作题为《健全完善监督体系 始终坚持严的氛围 为打造高质量发展区域增长极提供坚强保障》的工作报告，对全市纪检监察工作进行了系统总结和全面部署。

（杨　阳）

监督工作

【概况】 2020年，市纪委监委准确把握进入新发展阶段、贯彻新发展理念、构建新发展格局对纪检监察工作的新要求，围绕国家中心城市建设找准找实履行职能的切入点、服务保障的着力点，不断完善监督体系、发挥治理效能，推动制度执行到位、政策落地落细、责任抓实抓牢、权力规范行使，增强监督的针对性有效性。建立联合监督检查制度，组建“监督检查室+派驻机构+区县（市）纪委监委”“巡察组+监督检查室”“派驻机构+驻在单位机关纪委+直属单位纪委”等“1+N”的监督单元，构建上下联动、一体推进的监督模式。探索建立信息化智慧监督平台，管好用好信息查询平台，强化大数据分析，以信息畅通促进监督贯通。建立党内监督与其他监督常态化沟通协调机制，定期互通监督信息，统筹安排监督检查和专项治理，及时移送相关问题线索，一体推进监督工作高质量发展。

2020年，全市纪检监察机关深化运用“四种形态”，批评教育帮助和处理7439人次，其中第一种形态4952人次，占比66.6%；第二种形态1440人次，占比19.4%；第三种形态324人次，占比4.4%；第四种形态723人次，占比9.6%。

【政治监督】 2020年，市纪委监委大力推动建设黄河流域生态保护和高质量发展核心示范区，加强对沿黄生态保护示范区、国家高质量发展区域增长极、黄河历史文化主地标等工作落实情况的监督检查，督促职能部门完善政策措施、积极履职尽责。聚焦疫情防控工作加强监督，组织督导检查、驻守高速卡点、分包社区楼院，对违反防控纪律、弄虚作假、失职渎职等行为快查快办，追责问责52起141人。聚焦“六稳”“六保”开展专项检查，深入企业（商圈）、走访辖区群众，发现6个方面69项问题，督促相关责任主体逐项认领、整改落实，推动“三送一强”活动取得实效。实地查看32处山区地质灾害隐患点、33处城市防汛积水点、17处水利工程及河道防汛要害点，督促党委政府和职能部门及时排查风险隐患，切实把确保人民生命安全放在第一位。全市立案审查违反政治纪律和政治规矩案件35件、处分52人，维护纪律权威，保障政令畅通、令行禁止。

【作风建设】 2020年，全市纪检监察机关坚持把贯彻落实中央八项规定精神纳入全面从严治党大局，把作风建设要求融入统筹疫情防控和经济社会发展工作实践，共查处违反中央八项规定精神问题282起，批评教育帮助和处理506人，通报曝光58起、114人次。坚持从讲政治高度整治形式主义、官僚主义，共查处问题93起、处理185人。坚持纠“四风”与树新风并举，出台《关于强化监督执纪问责坚决制止餐饮浪费行为的工作意见》，推动党政机关、党员干部在引领社会风气、弘扬文明风尚方面发挥示范作用。

【服务高质量发展】 2020年，市纪委监委紧紧围绕“一网通办、一网统管”为核心的“放管服”改革，督促职能部门理清“一件事”权力清单和责任清单；围绕优化营商环境出台“1+3”制

1月6日，市监察委员会召开第一届特约监察员聘请会议，标志着郑州市监察机关特约监察员制度正式建立（市纪委监委办公厅/供图）

度体系，召开营商环境以案促改警示教育大会，组织开展专项监督检查；积极稳妥开展失实检举控告澄清工作，为182名党员干部进行了澄清正名，切实保护党员干部干事创业积极性。

【民生领域突出问题专项治理】2020年，市纪委监委牢固树立以人民为中心的理念，以正风肃纪反腐的实际成效赢得人民群众的信任信赖。围绕蓝天、碧水、净土三大保卫战开展精准监督，督促开展废弃矿山修复、私挖乱采治理、占地造湖清理、违建别墅整改等系列生态综合整治行动，以铁纪守护绿水青山。围绕市委为民造福十条意见落实情况，对养老服务保障措施、民办初中电脑派位招生、中小学午餐配餐和免费课后延时服务开展专项监督，以解民忧、纾民怨、暖民心的实际行动，增强群众获得感幸福感安全感。全市共查处侵害群众利益的不正之风和腐败问题534起，党纪政务处分693人。扎实开展脱贫攻坚专项治理决胜年行动，选取有脱贫攻坚任务的8个区县（市）作为监督重点，开展纪检监察干部大走访活动，着力加强对脱贫工作绩效、脱贫政策连续性等情况的监督检查，扎实推进扶贫领域问题整改，全市查处扶贫领域腐败和作风问题线索12件，党纪政务处分9人。做好扶贫领域案件查办"后半篇文章"，对41件已办结问题线索抽查复核，对实名举报、重信重访案件跟踪回访，确保脱贫攻坚真实可靠、够格达标。

【涉黑涉恶腐败和"保护伞"查处】2020年，市纪委监委构建"三会一督两通报"工作机制，查深查透黑恶势力背后的"保护伞""关系网""利益链"，高质高效完成伞网清除、线索清仓任务。全市共查处涉黑涉恶腐败和"保护伞"案件436起，已处理402人，其中党纪政务处分302人，移送司法13人。李聚斌、段风连、王三庆案件被评为全省扫黑除恶精品案件，连续三年在全省专项斗争考评中排名第一。

【案件查处】2020年，全市纪检监察机关共处置线索5648件，初步核实3961件，立案1890件，党纪政务处分2371人，其中县处级干部37人；采取留置措施87人，移送司法机关92人，通过执纪执法挽回经济损失1.38亿元。市纪委监委自办和依据省纪委监委指定管辖，先后查处了中原区委原常委邢磊、中牟县原常务副县长任程伟、洛宁县原政法委书记李保国等一批有影响的大案要案。在高压震慑、政策感召作用下，65名涉嫌违纪违法党员干部主动投案或主动交代问题。一体推进追逃防逃追赃，组织"一人多证"专项清理自查，开展"减存攻坚"专项行动，豫港集团公司原董事长程三昌涉嫌贪污案件，作为全国职务犯罪外逃人员首例刑事缺席审判案件移送审查起诉。

8月13日，全市巡察工作推进会暨市委第十一轮巡察工作动员部署会召开
（市纪委监委办公厅/供图）

【以案促改】2020年，市纪委监委组织国资系统和郑东新区、中原区、荥阳市等开展专项以案促改，做深做实"廉洁教育村村行"，对以案促改情况进行"回头看"，确保真改实改。全市开展警示教育8757次，63万余人次接受警示教育，查纠问题28819个，开展专项整治462个，建立健全制度3219项，查办案件的治本功能得到有效发挥。

【宣传教育】2020年，市纪委监委依托纪委监委网站、"清风郑州"微信微博、《廉政时空》、《清风茶社》、"今日头条"客户端等平台宣传工作成效，讲好郑州廉洁故事，守好意识形态主阵地，"清风郑州"微博被人民网数据舆情中心评为全国十大纪检监察政务微博。创作《据典话廉（第三部）》在中央纪委国家监委网站头条播发，策划制作7集系列电视片《黄河有我》，在新华社客户端头条、《学习强国》播发，营造了良好的廉洁氛围。

（杨　阳）

巡察工作

【概况】2020年，市委巡察机构坚决扛稳政治责任，全面贯彻"发现问题、形成震慑，推动改革、促进发展"的工作方针，高质量开展巡察工作。紧扣"两个维护"根本任务，围绕"三个聚焦"监督重点，充分发挥政治监督作用。结合被巡察单位职能职责更新政治巡察内容清单101项，明确查找问题的主要方式和政策依据，推动政治监督更加具体更加精准。组织开展常规巡察、专项巡察和巡察"回头看"，共巡察党组织47个，市本级巡察覆盖率达88.5%。加强对开发区、区县（市）巡察工作的指导督导，加快推进巡察村（社区）党组织工作，全年巡察1329个村（社区）党组织，覆盖率达98.7%。

【巡察整改】严格落实巡察"双反馈"制度，向被巡察党组织及主要负责人反馈的同时，向市委市政府分管领导通报。健全完善巡察整改监督、整改报告集中审核工作机制，组织巡察成果集中移交，整改事项逐项审核，发现整改不力及时督促交办，推动整改落实见底见效。市县两级依据巡察反馈问题共建立健全制度1202项，党纪政务处分和组织处理155人，移送司法机关7人，巡察村（社区）挽回集体经济损失2639万元，收缴违纪所得591万元。

【巡察规范化建设】市委巡察机构出台市委巡察组组长负责制实施办法，副组长、联络员岗位职责规定等，完善巡察组工作机制，进一步加强市委巡察组规范化建设。制定意见和办法，规范巡察期间交办立行立改工作，选派优秀干部到巡察机构实践锻炼，加强巡察机构与纪检监察机关、组织部门、审计机关协作配合，推动巡察工作更加严密、更加科学、更加有效。

（杨　阳）

民主党派

综　述

【概况】2020年，郑州市把贯彻落实好中央印发的关于加强参政党建设的三个文件、省委印发的关于加强参政党建设的实施意见等文件精神作为工作重点，不断提高中国特色社会主义参政党建设水平。着力提升多党合作制度效能，加强政治理论学习，努力增强综合素质，不断提高能力和水平。

加强理论研究。在充分调研的基础上，撰写理论政策研究课题《关于进一步加强民主党派组织建设问题研究》。积极撰写信息。结合工作实际，撰写信息20余篇，上报经验类信息10余篇。做好广东清远市统一战线考察团在我市参观考察工作。召开6次各民主党派专职副主委、秘书长联席会，协商沟通有关工作。完成年度走访慰问和纪念中国人民抗日战争暨世界反法西斯战争胜利75周年走访慰问。上报省委统战部《2019年度民主党派组织发展情况表》等各类统计数据报表。

参加文明创建工作。开展“统战创建、我来建言”活动。7月15日举办党外人士参与“统战创建，我来建言”活动专题座谈会，参会的党外人士，发挥智力密集敢讲真话优势，围绕强化组织领导、细化方案、开展特色活动、营造浓厚创建氛围、争取上级支持等5个方面，谈经验体会17条，提意见建议32条。8月17日举办全市统一战线《民法典》专题辅导报告会，进一步提高运用法律维护人民权益、化解矛盾纠纷、促进社会和谐稳定能力和水平。融合业务工作，发挥优势促创建。充分发挥各民主党派组织和资源优势，在文明单位创建工作中体现民主党派的特色，展现民主党派的力量。2次组织民主党派成员中的骨科、关节科、皮肤科等方面的多位医疗专家，赴登封市唐庄镇寺沟村开展助力脱贫攻坚——“送医下乡”活动；8月18日，组织各民主党派成员助力全省新时代文明实践中心建设活动，有6个民主党派5名法律专家、7名科技专家、4名医疗专家参加，现场为荥阳市民提供免费咨询服务、理论宣讲、志愿帮扶、文明实践等群众喜闻乐见的文明实践活动；9月27日，组织民建市委会做好2020年度“同心助学金”发放工作，对考上大学的唐庄镇20名贫困大学生每人资助2000元“同心助学金”；11月12日、13日，民革市委、民建市委、民进市委、九三学社市委成员先后到寺沟村开展爱心捐赠活动，共向寺沟村“爱心超市”捐赠价值1.6万余元的大米、面粉、食用油、卫生纸、洗衣粉、洗衣液等20多种生活物品。

【政党协商】规范开展政党协商。按照中央、省委关于加强政党协商的实施意见，年初召开各民主党派专职副主委、秘书长联席会议，市委印发《中共郑州市委同民主党派无党派人士2020年政党协商计划》，明确年度协商的主要内容、协商形式、时间安排和保障措施。1月16日和8月19日，分别召开党外人士座谈会，通报全年全市经济社会运行情况和党风廉政建设情况、上半年经济社会运行情况和党风廉政建设情况。各民主党派、工商联、无党派代表人士分别就黄河流域生态保护和高质量发展、打造更高水平的高质量发展区域增长极、营商环境优化、新兴经济发展、人才队伍建设等工作提出意见建议。市委主要领导与大家互动讨论，对一些意见建议现场给予解答。5月14日，市委召开党外人士协商会，向各民主党派、工商联、无党派人士通报市人大、市政协人事安排情况，坚持就重大问题同各民主党派和各有关方面进行民主协商。

【民主党派履行职能】民主党派市委开展调研。4月21日，召开2020年度参政议政协商调研座谈会。市委政研室、市政府研究室有关负责人，各民主党派专职副主委、分管参政议政工作副主委及参政议政骨干等参加会议，就拟选定的课题进行沟通交流，初步确定14个重点调研课题。市委印发《2020年各民主党派重点调研课题的通知》，为党派调研创造良好的条件。各民主党派市委组成专题调研组，主委亲自带队调研，副主委带头抓调研、做课题，各民主党派先后开展30余次调研活动，通过召开座谈会、实地考察、访谈交流、查阅资料等多种方式，开展重点考察调研，经主委会议研究，形成调研报告。市委主要领导对7篇调研课题进行批示。各民主党派上级调研。5月至10月，先后有民进中央常务副主席刘新成、农工党中央专职副主席龚建明、九三学社中央常务副主席邵鸿、民建河南省委专职副主委杨士海、民进省委主委张震宇等带领调研组到郑调研，分别围绕“提升基层治理效能，促进社会和谐稳定”“推动民办高等教育健康发展”“养老产业”“加强自然保护地建设，为黄河流域生态保护提供有效支撑”等方面实地考察调研座谈。市委统战部党派处做好联络、服务、保障等工作，起草报告、下发函和通知30余份，协调30余家单位参与，有力推动全市经济社会高质量发展。各民主党派履职尽责。深入贯彻落实全市优化营商环境电视电话会议精神，3月16日，郑州市委统战部向各民主党派传达贯彻2020年全市优化营商环境电视电话会议精神，进一步统一思想，提高认识。印发《中共郑州市委统战部 郑州市司法局建立政府立法征求民主党派、无党派人士意见建议工作机制》，进一步拓宽政府立法听取意见渠道，创新民主立法、科学立法、依法立法机制，充分发挥统一战线人才荟萃、智力密集、联系广泛的独特优势，鼓励支持民主党派、无党派人士积极参与政府立法，聚焦新时代我市经济社会发展大局，推动郑州市立法质量和效率再上新台阶。

各民主党派参加抗击疫情。1月26日，召开各民主党派专职副主委、秘书长联席会，第一时间向各民主党派专题传达省委、市委关于疫情防控电视电话会议精神，组织7个民主党派向全市民主党派成员发出联合倡议，积极引导发挥优势，主动作为，动员各民主党派积极建言献策反映社情民意，全力参与疫情防控工作。民主党派成员担当作为。5名民主党派成员驰援湖北武汉，投身抗击疫情一线，294名民主党派医务工作者直接参与我市一线疫情防控，225名民主党派成员参与疫情防控后勤保障工作。积极捐献爱心。各民主党派及时动员各级组织和成员奉献爱心，捐赠大量的防护物资、消毒产品和款项，全力以赴支援全市防控疫情工作。累计捐款捐物1248.8178万元。积极建言献策。各民主党派市委及时设立防控疫情宣传专栏，收集发布中央和省、市防控疫情决策部署和疫情动态，积极建言献策，共报送社情民意和建议信息200余条，其中20余条被有关部门采纳，发挥了统一战线人才荟萃、智力密集的优势，为党委政府做好特殊时期疫情防控工作提供有益参考。助力复工复产。各民主党派调研成员企业复工复产情况、举办“三送一强”系列活动等，为复工复产做好服务，助力疫情防控和经济发展双胜利。

各民主党派开展社会服务。各民主党派精准开展社会服务活动，助力乡村振兴发展，持续打造社会服务品牌。全年开展社会服务活动30余次。民革市委组织开展扶贫慰问、急救知识科普等活动。民盟市委在唐庄镇寺沟村举办“送温暖 送春联”活动，为村民义写春联600余副。民建市委在唐庄镇开展“同心助学”活动，资助唐庄镇21名贫困大学生每人2000元。民进市委在唐庄镇寺沟村开展爱心支教、“手拉手活动”、送课下乡等活动。农工党市委2次开展“送医下乡义诊”活动，接诊村民近300余人、发放宣传资料、赠送膏药300余份。九三学社市委开展开展“同心”农业科技培训活动。通过社会服务活动，提升定点帮扶村精神文明建设水平，促进脱贫攻坚提质增效，树立了党派良好社会形象。

【民主党派自身建设】把贯彻落实好中央印发的关于加强参政党建设的三个文件、省委印发的关于加强参政党建设的实施意见等文件精神作为工作重点，不断提高中国特色社会主义参政党建设水平。

加强思想政治引领。深入开展“四新三好”对标提升、“战疫给我们的启示”学习讨论活动，先后举办郑州市统一战线“战疫给我们的启示”学习讨论活动专题辅导报告会，书画笔会，先进事迹报告会，学习“圆方”精神，观摩岐伯山医院，网上疫情防控知识竞答等活动，引导民主党派成员在重温历史中铭记合作初心，在弘扬传统中深化政治共识，不断夯实共同思想政治基础。各民主党派、工商联和无党派代表人士举办联合中心组学习活动。6月3日举办第44次集中学习，学习传达“全国两会”精神，总结“不忘合作初心，继续携手前进”主题教育活动成果，进行“战疫给我们的启示”学习讨论活动动员，发挥统一战线优势 凝聚共克时艰智慧力量。11月16日，举办第45次集中学习，深入贯彻中共十九届五中全会精神，把思想和行动统一到习近平总书记重要讲话和全会精神上来，进一步增强“四个意识”、坚定“四个自信”、做到“两个维护”。加强培训力度。11月23日至12月22日，在市委党校举办郑州市民主党派干部培训班，各民主党派骨干成员40人参加。11月16日至21日，在大别山干部学院商城教学基地联合举办理想信念教育培训班，各民主党派骨干成员140余人参加。参加上级培训。1名致公党骨干成员参加致公党中央举办的2020年致公党骨干党员培训班，1名副主委参加中央社会主义学院第四十三期民主党派干部培训班，3名副主委参加省委统战部举办的第25期民主党派干部培训班。通过培训，提高民主党派骨干成员的政治素质、业务能力和思想道德水平，增强新时代中国特色社会主义参政党的责任感和使命感。

加强组织建设。民主党派组织发展工作。各民主党派联合制定组织发展会商制度，召开2次会商会，组织发展工作得到有效提升，成员质量不断提高。民主党派加强代表人士队伍建设。开展全市市级层面代表人士调研，与组织部共建代表人士名单。加强领导班子建设。对各个民主党派领导班子建设情况进行深入分析，一条线一条线梳理、一个党派一个党派研判，一个人头一个人头规划，摸清底数，掌握实情，统筹考虑安排使用，保持班子的活力。加强基层组织建设。严把程序关，坚持深入调研，平稳推进基层组织换届。协助民革市委新成立2个支部，对3个支部进行届中调整。协助民建市委成立航空港支部。

加强机关建设。为民主党派申请增加机关编制1名，增加副科级职数2名，采取政府购买服务方式为各民主党派增加工作人员共27名；在原有基础上，为民主党派增加4间办公用房。二是协助各民主党派加强制度建设。积极协助各民主党派市委健全各项工作机制，落实各项规章制度。建立健全岗位目标责任制、机关学习制度、机关办公会议制度等；严格机关考勤，建立节假日值班制度，提高机关干部的政治素质、纪律观念、廉政意识。三是加强作风建设。协助各民主党派严格落实中央八项规定，进一步规范外出调研、开会、学习、培训等活动，持续改进思想作风、工作作风。

（石　林　沈开伟）

民革郑州市委员会

【疫情防控】2020年，面对突发的新冠肺炎疫情，民革郑州市委会以做好思想宣传工作为重点统筹开展工作，将参与疫情防控作为最紧迫、最重要的政治任务和政治责任。第一时间成立疫情防控工作领导小组，周密制定并严格执行疫情防控工作方案，组织机关疫情防控工作，号召各基层组织全力配合打好疫情防控阻击战。做好舆论宣传引导，利用微信公众号、微信工作群等载体，营造崇尚科学、同心协力、友爱奉献的浓厚氛围。市委会累计在各类新闻媒体、网站、公众号发布疫情防控工作宣传报道稿件85篇，其中团结网刊用2篇。全市民革党员中有19名医护工作者放弃节假日休息时间，坚守在一线岗位；有24人响应市委市政府号召，参与社区防疫、市场监管、物资保障、道路检查、志愿服务等社会防控工作。市委会收到21名党员围绕疫情防控工作反映的社情民意信息累计41条，分别报送至民革河南省委会、郑州市政协和中共郑州市委统战部，被采用19条。刘孟瑜、田文英2名党员被郑州市委、市政府表彰为“郑州市抗击新冠肺炎疫情先进个人”；市委会、金水一支部、二七一支部被民革省委会表彰为“民革河南省抗击新冠肺炎疫情先进集体”，丁凯、王人素、王娜、王森、任志彬、张亮、张路、姜芳、袁东魁9名党员被表彰为“民革河南省抗击新冠肺炎疫情先进个人”。

全市民革党员积极以个人、支部或企业名义组织和参与募捐，累计捐款67.8681万元，捐赠防疫物资和药品价值约33.6036万元（其中医疗物资N95口罩370个、防护服100套、护目镜260副、84消毒液26480斤、医用酒精4460斤、一次性使用医用口罩17600个、医用防护口罩4.8万余个、医用外科口罩1100个、医用防护面屏50个），捐款捐物共计101.4717万元。民革党员中的市政协委员、企业家丁凯和任志彬，响应组织号召，分别向郑东新区、中山博爱基金会捐款30万元、20万元。侯占成等多名党员和机关干部踊跃参加无偿献血活动，申丽君、椿一伦、石洋等积极帮助政府部门和社区生产或采购消毒防疫物资；姜芳领办企业在关键时刻临危受命，招募员工集结团队，担负起河南版“小汤山”郑州岐伯山医院的院区环境保洁和运营设备的维护重任，为打赢疫情防控阻击战做好后勤保障。尚蔚丽、田冠军、何虹卫、刘俊钦、张瑞刚、董阳、余波参与或主创快书、诗词、歌曲等抗疫文艺作品7件，被多个媒体平台报道传播，民革郑州中山书画院的33名书画家创作书画作品47幅，举办网络“抗疫”书画展，做好战“疫”宣传员。

【思想建设】深入开展“战疫给我们的启示”学习讨论活动。组织专题学习。召开市委会全体委员会议组织学习讨论，两次举办学习报告会，先后邀请援鄂抗疫先进模范郑州人民医院郑东院区急诊科护士长、驰援湖北医疗队青年突击队副队长邵青青和专家学者中共郑州市委党校统战理论教研部主任、教授李伟征作报告；组织骨干成员参加各民主党派市委会承办的“战疫给我们的启示”书画笔会、先进事迹报告会、学习“圆方”精神、参观岐伯山医院、网上竞答等活动，深入学习抗疫战斗中涌现出的先模人物和感人事迹。开展走访谈心。落实联系基层和谈心谈话制度，掌握思想动态，市委会领导班子成员和秘书长积极参加基层组织开展的专题学习和讨论交流活动，进行督导谈心。举办网上活动。市委会发动党员积极参加民革省委会、市委统战部组织的征文活动，并在微信公众号上集中展示优秀征文作品，营造浓厚学习氛围，荣获民革省委会“战疫给我们的启示”网上征文活动组织奖一等奖，8名党员征文荣获三等奖；承办民革省委会“战疫给我们的启示”学习讨论活动摄影作品展，评选展出100幅作品。进行座谈交流。各基层组织开展专题座谈，在学习交流中深刻领悟中国共产党领导和中国特色社会主义制度、我国国家治理体系的显著优势和巨大优越性，进一步巩固“不忘合作初心，继续携手前进”主题教育活动成果。

延续主题教育活动中的有效做法，不断加强思想政治工作阵地建设，开展形势政策和党史教育。配合市政协文史馆完成民革展板更新提升的史料收集整理工作；积极向各级新闻媒体报送信息稿件，被刊用18篇，其中团结网5篇、市委统战部微信公众号“最大同心圆”2篇；荣获2020年度《团结报》发行征订工作先进集体（地市级）三等奖。组织党员认真学习贯彻全国“两会”精神、中共十九届五中全会精神，学习民革党史和多党合作历史，参观黄河博物馆和大河村遗址博物馆，参加民革省委会组织的学习习近平总书记关于扶贫工作的重要论述征文活动，赴大别山干部学院商城教学基地与各民主党派市委会联合举办理想信念教育培训班，引导广大党员传承多党合作优良传统，不断增强对中国共产党和中国特色社会主义的政治认同、思想认同、理论认同、情感认同，自觉做中国特色社会主义的实践者、维护者、捍卫者。

【组织建设】持续加强市委会领导班子建设，提高“五种能力”。6月和11月，班子成员参加全市各民主党派、工商联和无党派代表人士联合中心组第44次和第45次集中学习活动，回顾总结“不忘合作初心，继续携手前进”主题教育活动，学习贯彻全国两会精神、中共十九届五中全会精神，以学促行、以学促干，推动“四新三好”对标提升活动深入开展。12月，组织召开领导班子民主生活会，听取基层组织和广大党员对市委会工作和班子成员的意见建议，查摆检视问题，制定整改措施，推动工作落实，进一步统一思想、增进团结、振奋精神。

研究制定《2020年郑州民革组织建设年工作方案》，谋划部署组织建设工作。5月，召开民革郑州市十三届七次委员会议，补选民革郑州市第十三届委员会委员；8月至9月，对郑东一支部、二七一支部、二七四支部、管城三支部进行届中调整，成立高新三支部和航空港一支部，至年底共有34个支部和1个筹备组；全年新发展党员24人，民革党员总数694人；班子成员亲自联系、亲自动员、亲自发展高层次人才，推荐6名党员参加市委统战部举办的民主党派干部培训班；按照民革省委会要求有序推进内部监督委员会筹建工作，建立健全监督机制。

重视基层组织效能建设，坚持以创建促进建设。部署第二批示范支部创建工作，在统筹考虑基础上确定5个重点培育支部，作为参加民革中央、民革省委会示范支部评比的重点对象，通过加强培训、现场指导、经费支持等方式，提高参评竞争力。各基层组织认真对照各项指标开展工作，增强凝聚力和影响力，金水二支部接待民盟金水区基层组织到金水民革党员之家参观交流；中原一支部向中原区政协申请场地支持，积极筹建"中原民革党员之家"，邀请区政协联合举办"战疫情抒豪情翰墨迎新春"活动；金融支部、机关支部、二七三支部、金水三支部先后到建业中原文化小镇、樱桃沟艺术园区等地开展参观学习；中原一支部、荥阳支部、中原三支部分别到豫西抗日根据地曹沟旧址、合肥渡江战役纪念馆、开封张钫故宅接受爱国主义教育；师院支部参观黄河博物馆学习黄河精神，开展统战知识专题学习；二七二支部组织开展爱国教育观影和普法宣讲活动；高新二支部联合多个支部组织党员到郑州美术馆新馆打卡郑州文化新地标；高新一、二、三支部和中原三支部联合举办《民法典》学习解读讲座；市直二支部联合郑东一支部、二七一支部、管城一支部到洛阳张钫故居和郑州市城市中央文化区，开展"观故居、看郑州"主题学习教育活动。

【参政议政】 市委会领导多次参加市委、市政府召开的党外人士协商会、座谈会和情况通报会，提出加快推进郑州市行政区划调整、尽快设立黄河生态保护新区抓好黄河流域生态保护和高质量发展建设、加强规划引领重视夜间经济发展、打造特色鲜明的城市文化形象、重视人才发展"软环境"建设等建议，得到市委、市政府主要领导的肯定。

完成市政协全会提案工作，在市政协十四届三次会议上，提交集体提案4件、大会书面发言4篇，民革党员中的市政协委员共提交个人提案90件，其中立案71件、转社情民意5条；市委会提出的《关于规划郑州市氢燃料电池产业基地的建议》被评为2019年度优秀集体提案，任志彬、李志学、徐红梅被表彰为2019年度优秀政协委员；在后续提案办理工作中，市委会集体提案《关于提升制造业"互联网+"工作，助推制造业高质量发展的建议》、徐红梅个人提案《关于大力推进社区镶入式养老的建议》、李志学个人提案《加强对北宋皇陵文物保护和开发 弘扬黄河文化》被选为市政协十四届三次会议重点提案，分别由市政府、市政协领导领衔督办；民革党员中的市人大代表积极履职，在市十五届人大三次会议上提出建议11件。

按照市政协年度工作安排，组织民革界别市政协委员多次开展专题调研。围绕"建设国际消费中心城市"实地考察二七商圈改造提升和二七区文旅融合发展等工作，完成市政协二季度常委会专题议政调研报告，被选为大会发言；围绕"聚焦铝及铝精深加工产业 深化三链融合高效衔接 全力打造国家铝产业产业集群"到巩义、上街调研铝及铝精深加工产业发展情况，完成市政协三季度常委会专题议政调研报告；按照《郑州市政协委员助推"六稳""六保"工作方案》，制定详细计划，召开助推"六稳""六保"工作交流座谈会，赴河南瑞诺商务服务有限公司、河南外经集团、索克物业等企业参观调研，了解掌握一线情况，反映意见建议12条，相关活动信息获凤凰网河南频道、中华网河南等媒体报道。市委会被表彰为郑州市政协助推"六稳""六保"工作先进单位，任志彬被表彰为先进委员。

按照年度参政议政工作安排，市委会副主委刘五一、王巧荣、郝军峰带领各专委会和基层组织开展课题调研。社会法制和服务委员会、金水三支部、二七四支部、金水二支部先后到绿云小区、海逸名门小区调研老旧小区改造和业委会建设工作；市直一支部到中牟县官渡镇党庄社区调研新型城镇化建设；上街支部到郑州思润农业生态园调研绿色生态农业；经济和农业委员会、金融支部分别到新密乱石坡村、新郑西泰山村调研乡村振兴；金水二支部到花园路商圈调研夜间经济；管城一支部、中原二支部、中原三支部、高新三支部先后到二沙文创园调研历史文化街区建设；惠济一支部调研惠济区重点项目建设情况；市直一支部到中牟县老城区文化活动中心参观调研；祖统和联谊委员会赴川渝调研TOD模式城市建设；文化和教育委员会赴浙江调研大运河文化带建设；市委会还成立调研课题组围绕康养产业发展、科创飞地建设分别赴攀枝花、北京海淀区等地开展调研。

按照郑州市"党委出题、党派调研、政府采纳、部门落实"的工作机制，市委会在实地调研、外出考察和座谈研讨的基础上完成《关于充分运用大数据助推行政服务效能提升的调查研究》和《关于保留保护和恢复郑州历史文化街区的调查研究》两篇调研报告，其中关于大数据的调研报告被省委常委、市委书记徐立毅批示。市委会积极配合完成民革省委会课题调研工作，提交《新密市乱石坡村乡村振兴战略实施调研报告》《以工业互联网助推制造业高质量发展的建议》等成果。民革党员积极参加民革省委会组织的2020年河南"两会"政协大会发言、集体提案征集活动和重点调研课题招投标活动。武明立参与执笔的"关于推动院前急救知识普及提升我省公共急救能力的提案"被采用作为集体提案提交，并被省政协列为重点督办提案；马岩执笔的"关于巩固河南省民营企业创新能力，推进协同创新共享发展的建议"被采用作为大会书面发言提交；副主委牛培玲执笔的"关于健全生态补偿机制加强黄河湿地保护的建议"被省政协列为重点督办提案；李志学、刘威撰写的"积极发挥金融杠杆作用 推动河南经济高质量发展"和张春旺撰写的"推动小学低段绘本阅读教学与亲子共读衔接，完善我省现代化特色教育体制建设"被评为重点调研课题成果卓越奖。市委会被表彰为2020年度为民革河南省委会调研、提案和发言工作作出突出贡献的先进集体，牛培玲、李志学、马岩、武明立被表彰为提案和发言工作先进个人。

市委会向市政协、民革省委会报送社情民意95篇，被市政协采纳29篇，被民革省委会采用上报27篇，其中省政协采用2篇；向市委统战部投稿零讯信息33篇，社情民意信息1篇。民革界别市政协委员个人名义向市政协反映社情民意信息35篇，被采纳16篇。4月，全市统战工作会议召开，牛培玲荣获党外人士特殊贡献奖，马岩被评为党外人士优秀特约信息员；9月，市委会为新党员和联系人士培训社情民意信息写作；12月，市委会被评为"民革河南省委会2020年度反映社情民意信息工作先进集体"，张自福、李志学、申梓刚、刘其星被评为反映社情民意信息工作先进工作者，李凤远、袁东魁、马岩被评为反映社情民意信息工作积极分子。

【社会服务】 市委会响应民革中央和省委会号召，组织党员积极参加"我为扶贫下一单"消费扶贫活动，线上购买扶贫农产品近3万元；专职副主委张自福和秘书长张路多次深入寺沟村扶贫慰问，关心结对帮扶户疫情背景下生产生活状况，及时给予鼓励帮助；郑东一支部向寺沟村爱心超市捐赠价值1000余元的日常消费品；师院支部到荥阳市新沟村慰问调研，捐赠扶贫物资；郑东三支部王关纳到对口支教学校横涧二中捐赠价值1500元的学习用品。市委会召开法律服务工作交流会，积极探索民革法律人才参与法律服务工作的新途径和交流协作机制，引导民革法律服务工作者用实际行动打响社会服务特色品牌。法律服务工作站的党员律师全年开展法律援助210例，受益345人次。高新二支部联合中山书画院先后到郑州市残疾人康复中心、金水区凤凰台街道办和未来路街道办、郑州正赢石化有限公司开展“迎新春 送万福”义写春联活动；中原二支部、二七三支部到郑州市社会福利院联合开展“迎新春 送温暖”慰问活动，捐赠洗衣液、洗衣粉等；金水一支部联系书法艺术家、中医专家走进广电社区开展“过小年送温暖文化进社区”活动，免费给社区居民和环卫工赠送春联150副、义诊60余人次、发放健康宣教资料100余份；医务支部、学校支部、金融支部、商业支部、二七四支部、粮邮支部、管城四支部、中原三支部、高新二支部、上街支部、荥阳支部、市直二支部、机关支部、管城三支部等春节前看望慰问老党员；市直一支部先后到郑州市儿童福利院和中牟县万滩镇董岗小学献爱心，捐赠生活和学习用品；郑东二、三支部联合举办防疫知识讲座；金水二支部、二七四支部参加创建全国文明城市志愿服务活动；荥阳支部在国家宪法日开展法律宣传活动，面向市民群众提供义务法律咨询服务；学校支部开展送艺术进校园活动；医务支部多次到社区、学校、机关开展健康知识讲座；姜芳领办企业联合郑州交通广播FM91.2与多家爱心企业发起公益助农活动，以直播带货的形式助力哈密市农产品在郑销售；楚德升、张永旺、李晋豫3名党员参加市委统战部组织志愿服务活动，赴荥阳为群众提供健康和法律咨询服务。

【促进祖国和平统一】 市委会深入贯彻习近平总书记关于对台工作的重要论述和中共中央对台决策部署，坚决捍卫一个中国原则和“九二共识”，坚决反对“台独”分裂和外来干涉，举办迎中秋话祖统座谈会，鼓励党员与台湾亲朋好友密切联谊交流。坚持“迎进来”和“走出去”相结合，增进同兄弟省市民革组织的交流和友谊，学习借鉴先进经验和做法。接待佛山民革在郑调研，先后到郑州政协文史馆、郑州航空港区城市会客厅、大河村遗址博物馆、黄河博物馆等地参观学习；组织班子成员、机关干部和部分骨干成员赴江苏，以观故居形式开展集体学习活动，参观王昆仑故居、钱昌照故居、柳亚子故居，同无锡、张家港、苏州民革组织座谈交流组织建设和祖统工作经验。

（张　路　刘其星）

民盟郑州市委员会

【概况】 2020年，民盟郑州市委围绕夺取疫情防控和经济社会发展“双胜利”，砥砺奋进开新局。民盟郑州市委被民盟中央评为“民盟社会服务工作先进集体”“思想政治建设和宣传工作先进集体”，被民盟河南省委评为“抗击疫情先进集体”，被民盟河南省委评为“2020年度盟务工作优秀市委会”。

【思想建设】 深入学习贯彻习近平新时代中国特色社会主义思想。召开民盟郑州市委十三届十九次主委会，学习习近平总书记给郑州圆方职工重要回信精神、习近平总书记重要文章《在湖北省考察新冠肺炎疫情防控工作时的讲话》和习近平总书记主持中共中央政治局会议精神；组织召开十三届七次全会暨学习贯彻全国“两会”精神、“战疫给我们的启示”学习讨论活动动员会，深入学习全国“两会”精神及中共河南省委常委、郑州市委书记徐立毅在全市领导干部会议上的讲话精神；召开骨干成员大会学习贯彻中共十九届五中全会精神。

扎实开展“战疫给我们的启示”学习讨论活动和“四新三好”对标提升活动。研究制定并下发《民盟郑州市委关于开展“战疫给我们的启示”学习讨论活动实施方案的通知》和《民盟郑州市委关于成立“四新三好”对标提升活动和“战疫给我们的启示”学习讨论活动领导机构和工作机构的通知》；积极参加郑州市统一战线“战疫给我们的启示”学习讨论活动专题辅导报告会、走进圆方集团参观活动、先进事迹报告会、岐伯山医院观摩学习、战疫网络知识竞答活动，承办了书画笔会活动；在民盟市委网站、微信公众号等媒体上及时发布广大盟员参加“战疫给我们的启示”优秀征文作品。

抓好宣传平台建设。发挥微信公众号、网站作用，加强对重要盟务工作的宣传力度，特别是针对重点调研、重大活动、重要建言、代表人士等，全年编辑、撰写、转发宣传信息160余条，疫情期间在网站、微信公众号上发布30多篇广大盟员参与疫情防控的先进典型和感人事迹。4月7日，在中国搜索上发表文章《众志成城抗击疫情 民盟郑州市委为疫情防控贡献力量》。加大对基层组织报送信息的宣传报道力度，引导基层组织和广大盟员增强“四个意识”，坚定“四个自信”，为建设郑州国家中心城市做出新贡献。

【疫情防控】 成立领导小组。第一时间成立疫情防控工作领导小组，领导班子带头，和全体机关人员一起，参加高速路口执勤、社区防疫检查、志愿献血等志愿服务。积极建言献策。疫情防控期间收到有关防疫的社情民意信息82条，被民盟中央采用2条、省委统战部采用2条、省政协采用8条、盟省委采用29条、市政协采用8条，获省主要领导批示1条。积极捐款捐物。全市盟员捐款捐物103.26万元。开展艺术创作。民盟郑州文艺支部和群艺馆支部分别组织“众志成城，抗击疫情”的书画作品和雕塑作品征稿活动，广大盟员通过诗歌、朗诵、剪纸等多种艺术形式助力抗疫。创新形式战疫。教师盟员化身网络主播，线上为学生授业解惑；科技届盟员发挥智力优势，致力于口罩材质研发、隔离病区医院基础建设等。

【组织建设】 坚持“三个为主”方针，科学制定年度发展规划。按照3.0%的净增率，加强对高层次人才的吸收，强化民盟以文教界为主、着重高等院校的界别优势，同时也吸收一定数量的新阶层人士，使民盟组织在保证文教界界别优势的基础上，人才组成更加丰富化、多样化。实行组织会商制度，严把入口关。严格执行政策，做好过程控制，落实好发展成员年净增率、重点分工领域人士占比、民营经济人士占比要求。重点把好政治关、廉洁关、形象关，加强同发展对象所在单位中共党组织的沟通，做好拟发展成员的综合分析研判，保证成员发展渐次优化。把政治标准放在首位，注重业务能力和代表性，避免各党派组织发展趋同化问题。加大培训力度，组织参加理想信念教育培训班。面对新冠肺炎疫情的特殊情况，民盟郑州市委及时调整计划，组织20位骨干盟员参加市委统战部组织的各民主党派理想信念教育联合培训班。通过专题教学、体验式教学、现场教学、影视教学、小组讨论等多种形式，进一步深化优良传统教育，坚定理想信念，全面提高骨干成员的思想政治素质和参政议政能力。

【参政议政】 民盟郑州市委围绕郑州市委、市政府的中心工作，整合智力资源，扎实调研，积极建言献策。参加好两会。两会期间，盟市委及盟员人大代表、政协委员向大会提交书面发言2件，集体提案4件、代表建议4件、委员提案59件，内容涉及文化教育、生态旅游、城区改造、养老服务、高质量发展等各个方面。民盟郑州市委提交的《关于进一步推进河南省国家大数据综合试验区郑州片区发展的建议》被评为2019年度优秀集体提案。抓好课题研究。向全市基层组织和盟员下发《关于申报2019年度参政议政调研课题的通知》，收到基层组织和盟员提交课题申报表47份。经主委会研究通过，确定盟市委2020年度重点调研课题5项、盟参政议政小组重点调研课题15项。通过组织召开参政议政工作小组组长（扩大）会议，对47项课题申报书进行联系分工。10月组织召开2020年度课题成果论证交流会，针对本年度收到的17份调研成果进行集中的面对面论证和交流，并就成果的应用方向征集意见和建议。

围绕中心开展调研。坚持由盟市委主导的重点课题调研工作，8月“改造和提升贾鲁河文化保护带”调研小组召开课题座谈会，并赴洛阳、开封两市开展调研，9月与民盟开封市委就郑州市黄河文化旅游精品工程开展联合调研，12月组织3个课题组分赴深圳、宁波、苏州等地就重点课题开展调研。组织骨干力量承担民盟省委本年度的重点调研课题，8月在民盟河南省委秘书长姚中有带领下赴登封、巩义和焦作等地，就黄河流域郑州大都市区生态环境问题进行调研。推进盟参政议政小组+基层支部调研模式的开展，盟参政议政小组与市直总支、科技支部、幼师支部、经贸学校支部等对郑州在国际上的影响力、农村电商、青少年焦虑、5G信息技术的应用、中小学校园霸凌等问题开展调研。各基层支部和盟员积极主动承担课题并开展调研，二七总支、金水支部等针对社区医养等问题开展调研。

【社会服务】 民盟郑州市委发挥自身优势，服务社会发展，助力脱贫攻坚，社会服务工作取得新成效。围绕巩固脱贫攻成果，助力乡村振兴。春节前夕组织书画家赴登封市唐庄镇寺沟村、荥阳高村乡牛口峪村、巩义双槐树遗址考古发掘项目基地，开展“送温暖送春联”活动，义写春联1200多副；6月组织部分盟内人大代表、政协委员12人，赴新郑开展脱贫攻坚民主监督调研活动，与乡镇干部开展座谈并走访慰问贫困户；7月就盟市委重点课题“发展农村电商助力乡村振兴”，到荥阳市调研活动；10月赴盟动中原爱心工作站新郑市辛店镇湛张小学，举行“盟动中原——爱眼护眼健康行活动”，组织医疗专家为孩子检查视力并捐赠护眼贴；10月组织文艺支部11位书画家走进信阳市商城县，开展公益书画笔会活动；11月组织8位书画名家走进美丽乡村巩义市竹林镇，开展“盟动中原——民盟郑州市委助力乡村振兴书画笔会”，现场创作30余幅书画赠予当地民众；11月赴新郑市辛店镇北靳楼村，开展“盟动中原——医疗下乡送健康”活动，组织10名盟员医生现场义诊并捐赠3000元药品；11月邀请省内知名农果业专家到高村乡牛口峪村，开展盟动中原——助力乡村振兴科技下乡活动；开展消费扶贫助力脱贫攻坚活动，最大限度地降低新冠肺炎疫情对贫困地区特别是民盟中央对口帮扶地区农产品销售带来的不利影响。

推进民盟烛光行动，打造社会服务品牌项目。1月联系民盟中央社会服务部、情系远山基金会，赴郑州民盟烛光小学开展英语“双师课堂”调研活动；5月联合北京四中网校开展送教进乡村活动，捐赠价值32万的“北京四中网校在线学校平台”，助力乡村教育；5月赴民盟爱心工作站新郑市辛店镇湛张小学，开展复学复课调研暨防疫物资捐赠活动，助力疫情防控复学复课；6月在郑州东区蒲公英小学承办由民盟河南省委主办“盟动中原——爱眼护眼健康行”公益活动2020年启动仪式，为中小学生捐赠视力矫治眼镜并提供康复资助；10月赴新郑市薛店镇民盟烛光小学举办“烛光行动——艺术教育进校园”活动，盟员专家现场为孩子们授课讲座；10月在烛光小学开展盟动中原——法律讲座进校园活动，组织盟员法律专家为师生现场讲解法律知识。

推进社会服务工作转型升级，探索盟动中原进社区新模式。8月，组织盟员走进荥阳市京城办腾飞社区新时代文明实践站，开展剪纸艺术培训活动；10月，组织6位书画家走进二七区绿云社区开展“盟动中原——送书画进社区”活动，现场创作40余幅作品；11月联合民盟河南省委妇委会在金水区丰庆路办事处杲村社区举行盟动中原——健康讲座进社区活动，盟员医师现场讲座，为社区居民带来健康知识精神食粮；11月赴上街区矫正中心开展盟动中原——心理讲座进社区暨送温暖黄丝带活动，现场讲座并看望慰问了社区矫正人员中的6户困难家庭。

（史　茜）

民建郑州市委员会

【概况】 2020年，民建郑州市委坚持以习近平新时代中国特色社会主义思想为统领，按照习总书记提出的“四新”“三好”要求，紧紧围绕中共郑州市委、市政府重大决策部署，全力支持疫情防控，积极配合复工复产，贯彻落实中央“三个文件”精神，扎实开展“四新三好”对标提升活动、“战疫给我们的启示”学习讨论活动和“作风建设年”活动，在自身建设、参政履职方面，展现了新面貌，彰显了新作为。在全市各级组织和广大会员的共同努力下，市委会荣获民建“全国先进集体”称号，连续12年荣获民建河南省委先进市级组织一等奖。

【疫情防控】 主动担当作为，凝聚战疫合力。2020年年初，面对突如其来的新冠肺炎疫情，市委会坚决贯彻落实习近平总书记关于疫情防控工作重要讲话和指示精神，把夺取疫情防控和经济社会发展双胜利作为提升自身建设水平、检验主题教育成效、践行多党合作初心的“试金石”。会内医务工作者以生命赴使命，日夜奋战；专家学者发挥专业优势，建言献策；文艺工作者创作公益歌曲，唱出战“疫”强音；基层工作者深入社区，严防严控；广大会员慷慨解囊，累计捐款捐物408万余元，汇聚了强大合力，展示了担当作为，为抗击疫情做出了积极贡献。会员周正作为河南省首批援鄂医疗队医疗组组长带队逆行武汉，荣获“全国卫生健康系统新冠肺炎疫情防控工作先进个人”、民建中央“抗击新冠肺炎疫情先进个人”称号；会员韩东娜坚守奋战3个社区、守护近8000名居民，荣获民建中央“抗击新冠肺炎疫情先进个人”称号；会员企业长通物流完成18个地市108个县137家医疗救治定点医院的应急远程会商系统设备配送任务，向湖北运送生活物资1200余吨，获时任副省长舒庆点赞。市委会在助力疫情防控的同时，积极服务企业复工复产，集中调研会员企业，举办“三送一强”线上送政策等活动，鼓励会员企业以创新形式投放公益广告、提供复工公益大巴，为助力疫情防控和经济社会发展发挥了积极作用。

坚定正确导向，宣传战疫成果。利用微信群、公众号、网站等多种载体开展疫情防控科普宣传，积极做好舆论引导，营造科学防范氛围，在疫情防控期间，编印《抗疫专刊》1期，编发《众志成城抗疫情，郑州民建在行动》系列专题宣传稿件40余篇，被民建中央、《团结报》等中央级媒体采用20余篇，省市各类媒体采用30余篇，全面展示了广大会员的抗疫突出事迹，营造了坚决打赢疫情防控阻击战的浓厚宣传氛围。

积极建言献策，汇聚战疫力量。市委会第一时间发布征集疫情防控意见建议的通知，指导参政议政方向，对重点问题进行专题研究，组织会内近200名企业家会员进行了“疫情对民营经济影响”网络问卷调查，围绕疫情防控、复工复产、支持企业发展、经济社会稳定等方面报送社情民意100余篇，其中被民建中央采用1篇，民建河南省委采用22篇，郑州市政协采用11篇，为科学防控、精准施策提供了决策参考。

【思想建设】 民建郑州市委会坚持政治引领，思想建设持续深化。深入学习贯彻习近平新时代中国特色社会主义思想。完善学习制度，市委会领导班子参加联合中心组集中学习，注重日常学习，坚持学在平常、抓在经常；突出关键少数，各级领导班子成员先学一步、学深一点，发挥示范带头作用；丰富学习形式，采用集中学习会、座谈交流会等方式，利用公众号、微信群及时推送重要会议精神、学习资料，促进学习常态化、规范化。认真学习《习近平谈治国理政》第三卷，切实做到抓住根本、把握精髓、学深悟透、深信笃行；深入学习习近平总书记系列重要讲话精神、弘扬伟大抗战精神、伟大抗疫精神、伟大抗美援朝精神，坚定必胜信心、发扬战斗精神、增强斗争本领；突出抓好中共十九届五中全会精神的学习宣传贯彻，对全会精神进行全方位领会、多角度学习，与打赢三大攻坚战、构建新发展格局、推动高质量发展等中心工作紧密结合，在学习跟进、认识跟进、行动跟进上下功夫，做到联系实际、学以致用，进一步增强了“四个意识”、坚定了“四个自信”、做到了“两个维护”。

对标“四新三好”，巩固战疫成效。提高政治站位，制定实施方案，召开动员大会，搭建活动载体，结合“战疫给我们的启示”学习讨论活动，推动“四新三好”对标提升活动扎实开展：线上线下相结合，组织开展专题调研、集中学习和座谈交流20余次；举办援鄂抗疫会员先进事迹报告会，承办全市统一战线学习讨论活动先进事迹报告会，承办市政协援鄂抗疫先进事迹报告会，参加会员350余人次；组织会员分享战疫感悟，组织支部开展爱国主义集体观影活动20余次；向各支部印发学习文选、推荐学习书目，每周与新会员、骨干成员、代表人士互动交流，累计谈心谈话30余次；择优报送抗疫征文7篇，其中4篇被省委统战部采用；报送抗疫主题书画摄影作品10余幅。通过系列活动，引导广大会员深刻领悟中国共产党的领导、中国特色社会主义制度和国家治理体系在疫情防控中的显著优势和巨大优越性，达到了凝聚思想政治共识、增强思想行动自觉、促进履职提质增效的明显成效。

做好庆祝民建成立75周年系列活动。举办中国民主建国会成立75周年暨河南民建、郑州民建组织成立70周年纪念演出，省市领导龚立群、杨福平、杨士海、吴福民、吴晓君等出席，并为荣获民建中央、民建省委、民建市委的“优秀会员”、“先进集体”、“抗疫先进个人”和“抗疫先进集体”会员代表和基层组织代表颁奖。近300名会员欢聚一堂，会内文艺界会员以一场集独唱、歌伴舞、诗歌朗诵、弦乐合奏、二胡独奏、女声重唱于一体的视听盛宴，展示了新时代民建人奋发昂扬的精神风貌，表达了跟党走的坚定政治信念，展现了努力建设“讲政治、识大局、严要求、善履职”的中国特色社会主义参政党地方组织的信心和决心。副主委李政军荣获“全国优秀会员”称号，作为河南省的先进集体和优秀会员代表参加民建成立75周年全国优秀会员和先进集体暨抗击新冠肺炎疫情先进个人和先进集体表彰大会。在民建成立75周年、河南民建组织成立70周年暨民建河南省委会成立40周年纪念大会上，3个基层组织荣获“民建河南省先进集体”称号，6个基层组织荣获“民建河南省委抗击新冠肺炎疫情先进集体”称号，7名会员荣获“民建河南省优秀会员”称号，18名会员荣获“民建河南省委抗击新冠肺炎疫情先进个人”称号。市委会全力支持民建省委组织的系列庆祝活动，承担了文艺演出和会务保障等工作，积极参与民建省委纪念片、画册的制作，报送纪念文章10余篇。

高度重视信息宣传工作。积极探索新思路、新途径，加强正面宣传，不断发出民建好声音，扩大民建影响力。全年编印《郑州民建》1期、《议政动态》1期，编发信息120余篇，民建中央采用48篇、团结报采用4篇、团结网采用3篇、省民建采用110篇、省委统战部采用55篇、市委统战部采用15篇、市政协采用56篇，河南日报、郑州日报等省市媒体采用10篇。

持续深化理论研究工作。围绕“民建在新时代如何更好地发挥作用”的理论研究课题，报送《新时代民建进一步加强民主监督路径研究》等理论研究成果10篇，为探索会务工作的新实践提供了理论支撑。

【组织建设】 民建郑州市委会提升组织工作水平，扎实推进组织建设。贯彻落实“三个文件”精神。按照统筹安排、突出重点、有序推进、务求实效的原则，准确把握形式任务，正确认识机遇挑战，推动各项政策措施落实到位。加强领导班子建设。领导班子充分发挥示范带头作用，严格贯彻民主集中制，全年召开主委会7次，做到集体领导与分工负责相结合，严格执行“三重一大”决策制度，完善述职和民主评议制度。召开领导班子民主生活会，主委代表领导班子作对照检查，班子成员逐一进行对照检查，作自我批评，对其他成员提出的批评意见，进一步增强自我净化、自我完善、自我革新、自我提高能力。加强组织发展工作。完善工作制度，坚持标准条件，严格把握程序，落实好会商制度。全年发展新会员39人，其中高层次人才占51.28%，截至2020年底，全市共有会员745人，其中男会员492人，女会员253人，平均年龄54.5岁，本科以上文化程度者478人，占全体会员的64.16%，具有中高级职称的379人，占全体会员的50.87%，经济界会员628人，占全体会员的84.29%。加强代表人士队伍建设。按照“吸纳一批、培养一批、储备一批”的工作思路，强化动态管理。认真落实《民主党派代表人士队伍建设规划》要求，进行摸底、查找问题、总结经验，代表人士队伍整体素质进一步提高、数量规模进一步合理、队伍结构进一步优化、体制机制进一步完善，为实现新老交替夯实了人才基础。着力增强基层组织活力。市委会领导班子参与指导所联系的基层组织开展活动，规范执行基层组织工作规章制度，落实支部活动备案制度，开展创建“五好支部”活动，形成比学赶帮的良好局面，全年支部活动次数超过70次，支部向心力和凝聚力显著提高；成立二七基层委员会筹备组，初步调整金水基层委员会，成立航空港支部，在全市中心城区基层组织实现全覆盖。加强学习培训。组织20名支部负责人、参政议政骨干、新会员在大别山干部学院商城教学基地举办骨干会员培训班，选派4名领导班子成员、骨干会员参加省委统战部举办的第25、26期民主党派干部培训班，选派3名骨干会员参加郑州市党外干部培训班，选派6名骨干会员参加2020年郑州市民主党派干部培训班。通过培训学习，提高了会员素质，坚定了理想信念和在中原出彩、中部崛起、黄河战略实施中贡献民建力量的决心。

深入开展“作风建设年”活动。坚持以党为师，坚持问题导向，制定方案，周密部署，从严要求，从实抓起，征求意见，将作风建设融入到“战疫给我们的启示”学习讨论活动、“四新三好”对标提升活动、“五好支部”创建活动和机关工作，实现作风建设全覆盖，扎实推动活动取得实效。民建省委副主委张晓林莅郑调研时，对市委会全面加强作风建设工作取得的成绩给予充分肯定。

扎实提高机关建设水平。加强机关精神文明建设，践行社会主义核心价值观，开展“文明交通”、“志愿服务”、“义务献血”等精神文明创建活动，顺利完成全国文明单位复创工作；坚持召开节庆前廉政提醒会和以案促改警示会，学习廉政建设有关文件精神、通报典型案例，全体机关干部遵规守纪的思想意识和行动自觉进一步提高；在省市多项重要活动中，发挥了组织、协调和服务的作用。

【参政履职】 民建郑州市委会坚持汇聚合力，参政履职能力持续提升。多渠道发声，多角度建言。积极参加高层协商。市委会领导积极参加中共郑州市委、市政府、市政协等召开的党外人士座谈会、恳谈会和情况通报会，围绕疫情防控、经济社会发展、党风廉政建设、“十四五”规划编制等中心工作，就统筹疫情防控、生态环境保护与经济发展工作，解决群众最急最忧最盼的民生实事等方面建诤言、献良策，受到中共郑州市委、市政府主要领导的高度重视。立足两会积极建言献策。“两会”期间，市委会提交集体提案5件、委员个人提案72件。其中3件提案被列为重点督办提案，集体提案《关于构建城市高品质道路交通环境的建议》被列为大会重点发言，由副市长马义中督办；集体提案《加强滨水空间品质提升 打造城市靓丽新名片》由副市长李喜安督办；个人提案《关于加强国民经济动员工作 做好应急应战生产储备的建议》由市委常委、郑州警备区政委白江民督办。参与、承担民建中央、民建省委专题调研和提案发言征选工作。参与民建中央课题调研2项，提交《黄河流域中心城市和城市群高质量发展的调研报告》《关于提升我国基础零部件产业链现代化水平的建议》2篇调研成果；承担民建省委专题调研1项，提交《以跨境电商为抓手 建设河南经济全面对外开放新高地》1篇调研成果。为民建省委开展"加强自然保护地建设，为黄河流域生态保护提供有效支撑"等多项调研工作提供支持。做好民建省委提案发言征选工作，报送调研报告38篇。

聚焦中心任务，开展专题调研。全年开展专题调研12次，形成调研成果7篇。其中《打造黄河文化新名片助推郑州文旅产业高质量发展的调查研究》得到徐立毅书记批示。围绕市政协专题议政开展调研，提交《打造中部国际金融中心 提升对外开放支撑能力》、《聚焦新兴产业创新服务引领我市制造业高质量发展》2篇调研报告，被列为市政协二、三季度常委会大会发言。

积极建言郑州"十四五"规划。召开助力"十四五"规划议政建言座谈会，组织会内专家们围绕我市交通运输、服务贸易高质量发展、深化农村改革、打造郑州国际金融中心、构建更高水平对外开放格局、国家中心城市建设、黄河流域生态保护和高质量发展等进行专题发言，提交书面报告，为我市编制更加科学合理的"十四五"规划，发出了民建声音，贡献了民建力量。向中共郑州市委呈报意见建议6篇，得到徐立毅书记批示并转到相关部门研究落实，大大激发了广大民建会员议政建言"十四五"的热情和信心。

持续加强参政议政队伍建设。不断优化队伍结构，将参政议政队伍划分为财政金融、文化信息、社会保障（民生旅游）、生态农业环保、城建、企业经济建设、交通综合7个小组，有针对性地进行约稿、开展调研；注重吸收人才，在组织发展中，注意物色、吸收有较强参政议政能力的同志入会，着力挖掘、培养和储备"懂业务、善议政、有热情、肯奉献"的复合型人才，选拔培养出一批专业水平高、参政议政能力强、具有创新思维的新生力量；充分发挥队伍作用，会内专家学者引领带动，上下组织之间有机联动，会内会外人才密切互动，参政议政氛围更加浓厚。

积极探索反映社情民意工作新途径。市委会适应新要求新变化，转变工作思路，应用"互联网+"优化履职方式，探索上线了郑州民建社情民意大数据平台，以数据跑路实现社情民意管理信息化，让社情民意填报由过去的简单上报型向智库型转变，进一步提高了社情民意工作的实效性和精准度。全年报送社情民意信息150余篇，全国政协采用1篇，民建中央采用4篇，河南省政协采用3篇，民建河南省委采用25篇，郑州市政协采用44篇。

【社会服务】 民建郑州市委会坚持担当作为，社会服务亮点纷呈。持续开展"同心"助学活动。以"同心"助学活动为抓手，建立长效助学机制，打造同心工程品牌。全年资助登封市唐庄镇21名优秀贫困大学生4.2万元，已累计资助193名贫困大学生38.6万元。组织会内企业家向寺沟村统战爱心超市捐赠价值7000余元的生活物资。市委会结对帮扶2户贫困家庭，采取有针对性帮扶措施，帮助其提高收入水平和生活质量，解决实际困难。

开展消费扶贫，助力脱贫攻坚。参与民建中央消费扶贫行动，通过购买或帮助销售丰宁农产品1.25万元。采取"以买代帮"的方式，购买湖北省1万余元农产品，助力解决湖北因新冠疫情造成的特色农产品滞销问题。参与丰宁"聚光福 稳脱贫"光伏扶贫专项行动，动员会内力量出资近11万元，帮助建设户用扶贫电站，助力打赢脱贫攻坚战。

积极引导会员企业健康成长。市委会领导深入会员企业，调研指导"三送一强"活动开展情况，现场协调解决困难；精心筹备举办"三送一强"系列活动之送政策线上讲座，邀请专家对疫情防控下的税收优惠和地方支持政策进行解读，助力企业复工复产；召开政协委员助推"六稳""六保"工作座谈会；调研会员企业"六稳""六保"工作落实情况，增强市场主体信心。为企业家会员提供非公经济前沿圆桌会议、第四届中原品牌节等学习交流、发展提升的平台和机会。

热心参与公益事业。市委会在新密市蒋坡村开展助学捐赠活动；前往省肿瘤医院看望血液病儿童；在郑州康达自闭症康复中心慰问自闭症儿童；到惠济区厚德康复教育中心举办肢残人慰问活动；走进经开区实验小学为随班就读儿童送温暖等。一年来，各基层组织和广大会员投入扶贫资金近80万元，捐资助学20余万元，开展三下乡活动10余次，在扶贫点吸纳劳动力就业200余人，开展文化、法律、医疗服务等活动50余次，开展各种培训讲座20余次。

（章　旭）

民进郑州市委员会

【概况】 2020年，民进郑州市委会全面贯彻中共十九大和十九届二中、三中、四中、五中全会和中共郑州市委十一届十二次全会精神，落实民进十二大和十四届四中全会部署，把服务郑州经济社会大局和加强自身建设紧密结合，在事关郑州长远发展的重大问题中，坚持议政谏建言和凝心聚力双向发力，高质量履职尽责，圆满完成年度工作计划。截止2020年底，郑州民进共有会员605名，30个基层支部，9个专委会，1个经济界会员联谊会。

【思想建设】 组织开展"战疫给我们的启示"学习讨论活动，"四新三好"对标提升活动和学习贯彻中共十九届五中全会精神学习活动等。截至2020年12月31日，郑州民进共开展主题活动57次，其中市委会共开展活动25次，各基层组织开展活动32次；以市委会成立25周年为契机，面向30个基层组织、市委会委员及历届老领导征求意见，共收集意见建议88条，逐条梳理后整理合并成18条，内容涵盖理论学习、工作作风、联系基层、工作实效4个方面，并建立明细台账，明确整改期限，确保逐项销号。通过活动开展，进一步夯实了思想基础，增强了"四个意识"、坚定了"四个自信"、做到了"两个维护"，确保了广大会员在政治立场、政治方向、政治原则、政治道路上同以习近平同志为核心的中共中央保持高度一致。

【参政议政】 围绕"履职能力建设主题年"活动，充分调动各级组织积极性，找准工作着力点，开创了参政议政工作新局面。

积极推进年度重点课题调研工作。疫情背景下完成3个年度重点课题《关于加快构建我市托幼公共服务体系研究》《疫情背景下稳定我市（省）社会就业问题研究》和《重大疫情之后提升我省医疗废物综合管理和协同处置能力研究》，2个市政协常委会调研报告《关于加强郑州市公共服务领域外语标识规范化建设的建议》和《夯实产业链 创新链 服务链三链高效衔接 推进我市新一代信息技术产业大发展》。其中《夯实产业链 创新链 服务链三链高效衔接 推进我市新一代信息技术产业大发展》被选为市政协十四届十三次常委会议发言，《疫情背景下稳定我市（省）社会就业问题研究》得到省委常委、市委书记徐立毅批示，并被省政协全会选为大会发言。

坚持社情民意信息报送轮值制度。各级人大代表、政协委员及各支部进行轮值，确保每周2篇社情民意信息的报送量，并严把质量关。2020年，市委会向各级民进组织及政协部门报送社情民意信息208篇，全国政协采用1篇，民进中央采用5篇，省政协采用6篇，省民进采用58篇，报送量和采用量一直名列前茅。

提案工作取得历史性突破：《推进智慧教育工程 助力智慧城市建设》被评为郑州市政协十四届二次会议优秀集体提案；集体提案《进一步树牢绿色理念 加强郑州市黄河流域生态保护》由省委常委、市委书记徐立毅领衔督办；会员郝宏伟提出的《关于尽快启动"禁塑令"的建议》由政协副主席王万鹏领衔督办。市"两会"期间，民进界别代表、委员提交建议4条、提案61件，其中立案44件，转社情民意信息2条；汪德峰、朱娜、冯静、燕伟等被评为2019年度优秀委员。

2020年，民进郑州市委会获得“民进全国履职能力建设工作先进集体”、“民进全省社会服务工作先进集体”、“民进全省参政议政工作先进集体”等荣誉称号。在民进全省参政议政工作会议上，市委会共获得参政议政优秀成果一等奖2个，二等奖2个，三等奖2个。

【社会服务】 积极参与抗疫捐助活动。郑州民进在疫情期间共捐赠物资16.418万元，组织机关人员赴基层参与疫情防控工作。金水六支主委崔玲，被评为民进全国抗击新冠肺炎疫情先进个人。

助力全市脱贫攻坚工作。适时开展定点帮扶活动：赴登封市唐庄镇寺沟村开展“六一”慰问活动，为该村27名小学生现场捐赠了文体用品一批，价值7000余元；组织经济界会员联谊会赴寺沟村开展扶贫活动，为该村爱心超市捐赠生活用品，价值近8000元。

不断拓展社会服务品牌内容。继续开展“同心助学”教育帮扶活动，10月16日，特邀郑州市实验小学教师赴登封市唐庄镇开展送课下乡活动；举办庚子（2020）年民进全国“春联万家”河南郑州站公益活动，传承和发扬中华民族优秀传统文化，弘扬社会主义核心价值观；7月16日，连同共创单位在郑州市第三十一中学考点开展爱心助考活动；12月30日，联合河南日报农村版、新乡县盐业公司为郑东新区环卫和绿化工人捐赠食盐9.6吨，价值2万元。用实际行动诠释社会责任，传递社会正能量，践行服务社会的公益理念。

【组织建设】 以基层为依托，不断提高组织运转效率。加强与省级组织联系，落实班子成员分包基层组织制度，并及时召开基层组织座谈会。严格按照民主党派组织发展会商座谈会议要求，准确把握工作原则和政策，做好考察、审核以及教育管理等工作，进一步优化组织发展程序，加强代表人士的储备和动态管理。全年共发展会员30名，其中主界别22人，中级以上职称16人。基层支部共开展活动40余次，经济界联谊会召开会议及开展社会公益活动7次，专委会也在市委会的引导下召开专题会议6次，组织活力明显增强。

（戴　兰）

农工党郑州市委员会

【概况】 2020年，农工党郑州市委团结带领全市各级组织和广大党员，在抗击疫情的关键时期坚定不移同中国共产党想在一起、站在一起、干在一起，树牢“四个意识”，坚定“四个自信”，做到“两个维护”，助力疫情防控和经济社会发展，服务“六稳”“六保”工作大局，坚持议政建言和凝心聚力双向发力，各项工作取得了新进展。

【疫情防控】 疫情发生后，农工党郑州市委快速反应、积极配合，将疫情防控作为最重要的工作来抓，按照中共中央各项决策部署和中共郑州市委、市政府工作要求进行安排部署，第一时间组织学习习近平总书记关于统筹推进疫情防控和经济社会发展发表的一系列重要讲话和中共中央、中共河南省委、郑州市委重要会议精神等，号召全市各级组织和全体党员发挥医药卫生主体界别优势，深刻认识做好疫情防控的重要性和紧迫性，主动按照突发公共卫生事件一级应急响应的要求，严格落实上级指示精神。全市260余名党员参加一线防控，志愿者累计服务时长5000余小时。朱凯军、涂小峰、刘秉3人驰援湖北武汉，肖苗苗主动申请进入隔离病区并在隔离病区火线入党，完成了由入党积极分子向农工党员的身份转变。朱凯军、涂小峰所在的团队荣获“全国卫生健康系统新冠肺炎疫情防控工作先进集体”称号；涂小峰、牛卫东荣获“河南省抗击新冠肺炎疫情先进个人”称号；朱凯军、刘秉、王振翔3名党员荣获“农工党抗击新冠肺炎疫情先进个人”称号，农工党郑州市委荣获“农工党抗击新冠肺炎疫情先进集体”称号；母心灵、王炜、肖苗苗等33名党员荣获“农工党河南省抗击新冠肺炎疫情先进个人”称号，市一院支部、二院支部、六院支部、七院支部、疾控中心支部、中心医院支部和人民医院支部共7个基层组织荣获“农工党河南省抗击新冠肺炎疫情先进集体”称号。市委召开抗击疫情一线党员座谈会，对陈秋生、朱婉凌等19名党员进行表彰。

广大农工党员紧紧围绕一线救治、复工复产和疫情防控常态化等重大课题，持续建言发声，提出有价值、有特色的社情民意信息和建议提案、意见建议，努力为党委政府当参谋、做助手，为打赢疫情防控战贡献农工智慧。疫情期间，市委累计收到社情民意信息40余条，采用34条，省政协采纳转办1条，中共郑州市委市政府直接采纳实施1条，市政协采纳转办7条。市委提出的《关于对重点人群进行新型冠状病毒核酸检测的建议》即时实施。母心灵参加省政协召开视频协商会，提出的《关于加强对抗疫一线医务人员身心保护的建议》得到省民政厅、省卫健委的答复。黄明提出的《关于组织联合执法，严查严控假冒伪劣防疫用品流向市场的建议》被市政协采纳，得到市市场监督管理局书面回复。

市委领导班子带头交纳特殊党费，广大农工党员捐资捐物合计总价值529.86万元，其中直接捐款18.05万元、捐物折合金额511.81万元。党员王振翔以个人和其负责企业名义，捐赠价值430万元的药品和医疗耗材。

利用微信公众号和网站，传达落实中共中央、省、市重要决策部署，发布市委各项倡议、表达对党员关切、报道并积极向上级媒体推送广大党员参与疫情防控的先进典型事迹和感人事迹。市各级组织及时报送疫情防控工作信息，做到上情下达、下情上报。期间，公众号发布疫情相关信息70余篇，其中被人民日报客户端、人民政协网、农工党中央网站及微信公众号等省级以上主流媒体报道15篇次，省级主流媒体报道16篇次。市委主要领导先后数次前往企业督导“送政策、送服务、送要素、强信心”政策落实情况，助力企业复工复产。

【思想建设】 不断加强思想政治理论武装。通过市委全会、民主生活会、中心组学习等多种形式，深入学习领会中共十九大和十九届二中、三中、四中、五中全会精神，推进学习贯彻习近平新时代中国特色社会主义思想往心里走、往深里走、往实里走。带领各级组织和广大党员，深入学习并大力弘扬伟大抗疫精神，夯实共同思想政治基础，进一步增强“四个意识”、坚定“四个自信”、做到“两个维护”，始终在思想上、政治上、行动上同以习近平同志为核心的中共中央保持高度一致。

扎实开展“战疫给我们的启示”学习讨论活动和“四新三好”对标提升活动。把开展两项活动作为对“不忘合作初心，继续携手前进”主题教育活动的深化和巩固，通过组织专题学习、开展走访谈心、举办网上活动、进行座谈交流等方式，着力增进对中国共产党和中国特色社会主义的政治认同、思想认同、理论认同、情感认同。召开动员部署会，传达学习习总书记在全国两会上的重要讲话精神，市委委员，各支部、专委会负责人等50余人参会。发挥领导干部和骨干党员带头作用，在“战疫给我们的启示”专题研讨会上，市委领导班子全体成员和全体机关同志认真学习习近平总书记在党外人士座谈会上的重要讲话精神。在市委官方网站、微信公众号上开设专栏，报道各级组织开展的活动、党员在疫情防控这场大考中的心得体会等，推送党员抗疫感悟征文13篇，讲好农工党参与抗疫的故事。

开展中国农工民主党成立90周年系列活动。召开庆祝中国农工民主党成立九十周年纪念暨表彰大会，回顾农工党成立90年以来的发展历程，对10个优秀基层组织，4个优秀专委会，5个参政议政、社会服务、组织建设、宣传思想先进基层组织，6个先进市委专委会，75名优秀党员，30名党务工作者和125名先进个人等进行表彰。将“战疫给我们的启示”学习讨论活动与庆祝中国农工民主党成立90周年系列活动相结合，开展宣讲活动，讲述战疫故事，传递奋进力量。在农工党中央纪念中国农工民主党成立九十周年表彰大会上，涂小峰、朱凯军被授予“优秀党员”称号，李新有、李顺兴、王振翔被授予“先进个人”称号。选送书画作品参加“第二届‘美丽中国’——庆祝农工党成立90周年美术作品巡展暨农工党河南省委书画展巡展”，王新华、韩增环、牛东霞等3名党员的个人国画作品被展出。

【组织建设】 加强领导班子建设。坚持以党章为根本遵循，明确职责任务，增强工作合力，坚持带头学习、带头调研，落实联系基层制度，在各级组织中开展学习讨论活动，进行谈心谈话，不断提高政治把握、政党协商、参政议政、民主监督、组织领导、合作共事、解决自身问题的能力。市委两次受到农工党中央表彰，分别被授予“优秀地市级组织”和“农工党抗击新冠肺炎疫情先进集体”称号；在中共郑州市委政协工作会议上，李凤芝代表全市各民主党派作典型发言；领导班子成员参加中央统战部举办的第43期民主党派干部培训班、省委统战部举办的第25期和26期民主党派干部培训班。

加强骨干队伍建设。继续在教育培训上发力，强化履职实践，建设政治坚定、能力过硬、作风优良、结构合理的参政骨干队伍，分别组织优秀党员参加农工党省委举办的农工党河南省基层组织负责人培训班、市委统战部主办的2020年郑州市民主党派干部培训班、郑州市各民主党派联合举办的理想信念教育培训班。

稳步推进组织发展。坚持多渠道发现发展高层次优秀人才，加大在医药卫生、人口资源、生态环境等领域发展力度，有针对性地把综合素质高、参政能力强、发展潜力大的各类人才吸收到党内。2020年发展党员33名，其中博士研究生1人，硕士研究生11人，80%为主体界别，高层次人才占比达60%，不断提高组织的凝聚力、吸引力、战斗力。截至年底，全市共有党员744人，其中，省市人大代表5人、省市政协委员27人。

持之以恒正风肃纪。坚持依规从严治党，认真学习宣传贯彻中共中央八项规定及其实施细则、《监察法》、《政务处分法》和农工党纪律处分相关规定，加强廉洁从政从业教育。全面落实领导班子民主生活会制度和领导班子成员向全会述职制度，自觉开展批评和自我批评，问题查摆实事求是，根源剖析直击要害，整改措施务实得力，相互批评严肃诚恳。严肃党的纪律，依据党章有关规定，按程序给予1名违纪违法党员开除党籍处分。

持续宣传展示形象。充分利用微信公众号、微信群、网站等平台，传达落实中共中央、省、市重要决策部署，及时发布党派市委和各支部的活动信息。选取党员具有代表性和强烈感染力的抗疫照片制作成微视频，在公众号上宣传报道，弘扬农工党员舍身忘我、敢于奉献的抗疫精神。

积极发挥专委会作用。完善专委会工作机制，创新工作模式和方法，全面整合参政议政骨干的智慧和力量，依托领导班子成员挂帅调研制度，优化调整各专委会专家专业优势，充分发挥专委会平台作用，将党员的个人专业优势转化为整体优势，在不同领域更好开展参政议政和社会服务工作，搭建横向结合、上下联动、纵横交错的组织形式。经济、农业、卫生、文化等专委会积极参与市委组织的专题调研，向市委报送社情民意信息40余条。妇女、社会服务等专委会立足专业优势，开展社会服务，进一步扩大了社会影响。

【参政议政】 建言献策促进郑州花卉产业发展。持续关注市花卉产业发展，组织相关专家赴荷兰、以色列、广州、昆明等地深入调研，结合中共郑州市委分配给各党派的重点调研课题安排，形成调研报告《依托航空港优势 大力发展花卉产业》，得到中共郑州市委、市政府的高度重视，市委主要领导作出批示，市政府召开专题会议研究，成立专班负责推进落实，明确由郑州航空港经济综合实验区具体实施。农工党郑州市委积极参与推进会座谈交流，参加航空港花卉物流项目探讨会，协助港区组织花卉专家对项目实施进行论证。

参加政治协商。市委主委参加中共郑州市委召开的党外人士座谈会，郑州市统一战线恳谈会等。在市委统战部“十四五”规划征求意见建议座谈会上提出将都市农业元素融入到国家中心城市生态艺术规划建设过程中，建设现代化种业孵育基地、将郑州打造成“种业之都”等建议，得到中共郑州市委、市政府主要领导的肯定与好评。在农工党省委黄河流域生态保护和高质量发展座谈会上，提出将黄河流域河南段建成黄河流域生态保护和高质量发展示范区的建议。

调研成果丰硕。围绕中共郑州市委市政府中心工作，按照年初中共郑州市委确定的各民主党派重点调研课题，组织精干力量赴省内外开展调研十余次，形成《关于进一步提升郑州市应对突发公共卫生事件能力的调研报告》、《建立农业生态补偿机制》等7篇高质量报告。根据市政协三季度常委会专题议政工作安排，召开“提升我市农机制造业水平”专题座谈会，组织专家交流论证，形成调研报告《坚持“三链”协调发展 着力提升我市农机制造业发展水平》。各专委会踊跃参加市委组织的各类考察调研和专题讲座，积极建言献策，发挥作用明显。经济专委会围绕扩大开放，调研形成《关于建设国际进口商品贸易基地的建议》，在市政协二季度常委会发言；卫生与健康工作委员会参与赴上海、杭州等地调研我市突发公共卫生应急能力并起草了调研报告。生态与农业工作委员会参与赴省外多市就黄河流域生态保护和高质量发展、建立农业生态补偿机制、城市生态艺术融入都市农业元素开展专题调研，报送3篇调研报告。

履职市两会。市两会期间，市委提交5件提案，其中2件作为大会书面发言，23名政协委员提出41件提案，4名人大代表提出1件议案、6件建议案。市委提交的《促进“夜间经济”发展 更好满足老百姓品质化消费需求》作为市政协重点提案，由分管副市长亲自督办；李凤芝与其他代表联名提出“关于对贯彻落实《中华人民和国基本医疗卫生与健康促进法》进行专项监督的议案”被列为大会议案；王世洪提出的提案得到社会各界的关注，郑州日报、郑州电台、郑州电视台等多家媒体给予报道。围绕全市夜间经济发展、公共卫生防护和应急体系建设、农村人居环境整治等社会热点和民生问题议政建言，展现出农工党员较高的履职水平。

提升信息质量。把反映社情民意信息纳入支部、专委会评优评先的重要内容，把信息得分作为对基层组织年度量化考核的一项重要指标。全年市委收到社情民意信息129条，向农工党中央、省政协、市委统战部、市政协报送100条，其中，《关于完善医疗纠纷调处机制构建和谐医患关系的建议》被农工党中央采纳转办，涂小峰、朱凯军提出的《加快完善武汉方舱医院诊疗措施的建议》等14条信息被省政协采纳转办，《关于对重点人群进行新型冠状病毒核酸检测的建议》被中共郑州市委市政府直接采纳实施，市政协采纳转办54条。

【社会服务】 打造社会服务农工品牌。举办郑州市第六届职业技能竞赛——中药炮制工大赛，弘扬大国工匠精神，促进郑州中药技能人才的传承创新，推动郑州市中医药健康产业高质量发展，扩大了农工党郑州市委的影响力。开展移风易俗进乡村活动，前往登封市石道乡西窑村发放移风易俗倡议书，张贴宣传横幅，组织文化旅游专委会为老百姓义务书写百余幅对联，现场创作剪纸、糖画、吹糖人等民间艺术，为当地老百姓送上迎春文化大餐。多次组织到对口定点帮扶的登封市唐庄镇寺沟村开展脱贫攻坚系列活动。在世界环境日主题活动中，向村民提供健康知识宣传册、发放宣传抽纸等生活用品，为村民们普及宣讲新冠肺炎防控、吸烟危害等健康知识。党员企业家代表向“一对一”帮扶的中小学生赠送了价值2000元至4000元不等的学年费用。入党积极分子为村民带去灭蚊蝇的消杀药品，为农村环境整治奉献力量。联合郑州中西医结合学会眼科分会开展健康扶贫光明行动，组织专家携带视力表、裂隙灯、眼底镜等眼科设备对全村60岁以上的50余名老人进行眼疾普查，现场处理小疾病。带领专家开展送医下乡义诊活动，共接诊村民上百人次。

基层组织社会服务活动。各支部分别开展了形式多样的社会服务和社会公益活动。市二院支部开展义诊活动走进“乔家大院”。市七院支部到经开区人劳局开展应急互救宣传，普及心肺复苏技能。郑东支部针对“抵制非法集资，警惕诈骗陷阱”开展公益宣传，强化社会公众风险意识和防范能力。市直五支部开展“环境与健康宣传周”送健康等助力乡村振兴志愿服务活动20次、义诊47次，涉及全市15个乡镇5个街道办，惠及群众4万余人。妇女老龄工作委员会联合市二七支部积极参与“99公益日”爱心捐款捐物活动，为贫困家庭儿童、留守儿童送去“暖心包”。

（张亚平）

九三学社郑州市委员会

【概况】2020年，九三学社郑州市委深入贯彻关于加强中国特色社会主义参政党建设等三个文件精神，认真落实社十一大和十四届三中全会部署，按照社省委“一体两翼”工作布局，围绕全市中心工作建言献策，积极参与疫情防控斗争，统筹推进常态化疫情防控和经济社会发展工作“双胜利”。获九三学社中央全国宣传思想工作先进单位、抗击新冠肺炎疫情先进集体称号。在九三学社中央机关规范化建设检查中，获河南省迎检地市级组织第一名，获2020年度九三学社机关规范化建设市级组织先进单位和市级组织工作成效奖，在九三学社中央机关规范化建设总结会上作经验交流发言。在社省委社务工作量化评价中连续四年排名第一，获社省委年度工作先进集体、思想宣传工作先进单位、参政议政工作先进单位、社情民意工作先进单位。获社省委2012—2020年助力脱贫攻坚组织贡献奖。获市政协助推“六稳”“六保”工作先进单位。

【疫情防控】新冠肺炎疫情爆发后，社市委按照中共中央各项决策部署和中共郑州市委、市政府工作要求，第一时间发出倡议，号召广大社员积极行动，把疫情防控与履行职能有机结合，通过投入抗击疫情前沿阵地、奔赴武汉或医院发热门诊开展医疗援助、捐款捐物等不同方式，为防疫情、促发展作出积极贡献。社市委向郑州岐伯山医院和郑州市第十五人民医院捐赠口罩、酒精、84消毒液等防疫物资，领导班子多次看望慰问在疫情防控第一线的工作人员。社员通过不同途径，为抗击疫情积极捐款捐物60余万元。上报100多篇有关社情民意信息，在人民政协报、团结报等报刊网站刊发60多篇社员参与疫情防控的先进典型和感人事迹。社市委荣获社中央“九三学社抗击新冠肺炎疫情先进集体”荣誉称号，黄万新荣获“九三学社抗击新冠肺炎疫情先进个人”、张勤生荣获“九三学社抗击新冠肺炎疫情湖北抗疫一线优秀社员”；张勤生被河南省委、省政府授予“河南省抗击新冠肺炎疫情先进个人”荣誉称号；市直一支社和16名社员获社省委表彰，45名社员获社市委表彰。社市委主委郑高飞撰写的《共产党领导是取得疫情防控胜利的关键》刊发在《根在中原网》，《坚持党的统一领导是赢得疫情防控斗争胜利的关键》在《团结网》刊发，《坚持党的领导是战胜疫情的根本保障》在河南省政协《协商论坛》刊发。

【思想建设】坚持用习近平新时代中国特色社会主义思想教育引导广大社员，巩固深化“不忘合作初心，继续携手前进”主题教育活动成果，在思想政治建设、新闻宣传方面努力创新，为推进社务工作提供有力思想保证、精神动力和舆论支持。加强学习，提升整体素质。利用主委会议、市委扩大会议、专题会议、社中央网络课堂等形式深入学习中共十九大和十九届二中、三中、四中、五中全会精神，习近平总书记系列重要讲话精神，社十一大精神，全国“两会”精神。深入开展“弘扬焦裕禄精神 坚定初心跟党走”“弘扬红船精神 坚定理想信念”等主题教育活动。通过主题教育活动，不断巩固广大社员的共同思想政治基础，更加坚定了坚持中国共产党领导的理想信念，深切感受到社会主义制度的优越性，为助推郑州国家中心城市高质量发展贡献智慧和力量。开展庆祝九三学社创建75周年和九三学社郑州市委成立35周年系列活动。通过开展征文活动、出版纪念专刊、召开座谈会，重温光辉历程，激励广大社员传承九三学社爱国、民主、科学的优良传统。开展“战疫给我们的启示”学习讨论活动和“四新”“三好”对标提升活动。通过组织广大社员开展专题学习、专题研讨、专题谈心、举办战疫读书会、举行战疫报告会、开展战疫征文、出版抗疫专刊、承办中共郑州市委统战部关于“战疫给我们的启示”网上知识竞答活动等，持续增进对中国共产党和中国特色社会主义的政治认同、思想认同、理论认同、情感认同，推动政治、理论、组织、能力、作风素养优化提升。

加强宣传平台建设，营造良好舆论氛围。充分发挥微信公众号、网站和社刊的宣传主阵地作用，围绕社员本职工作、社务工作“双促进”开展重点报道，围绕社组织自身建设、履行职能开展高质量的深度报道。同时，加强与主流媒体的交流合作，不断传播正能量，扩大社会影响力。社市委网站上传宣传稿件近300篇，微信公众号推送150多期、文章200余篇，被《人民政协报》、《河南日报》、《团结报》、团结网、九三学社中央网、新浪网等媒体采用200余篇稿件。在社省委微信公众号有20篇信息阅读量超500次，其中“九三学社郑州市委社员之家揭牌仪式”点击阅读量超6000次，创“奋进中的河南九三”公众号地市新闻点击量新高。社市委微信公众号，单篇信息最高点击量达13000多次。由于在宣传方面成绩突出，社市委被社中央授予“全国宣传思想工作先进单位”称号。

【参政议政】围绕市委、市政府的中心工作以及人民群众关心的热点难点问题，选择具有战略性、前瞻性和原创性的主题，深入开展高质量调查研究，高水平建言献策。高质量完成调研报告。完成中共郑州市委与各民主党派协商确定的重点调研课题《关于打造黄河流域生态文明区高质量发展创新主引擎的对策研究》《全面加快郑州大数据产业发展的对策研究》，其中《全面加快郑州大数据产业发展的对策研究》获中共郑州市委主要领导批示。由河南省经济研究发展中心主持、社市委参与调研完成的《河南省会展产业集群发展研究》，获省领导批示。郑高飞在省政协十二届三次会议上作《打造世界电子贸易组织郑州总部，构建河南高质量发展新动力源》口头发言。社市委的调研报告《聚焦产业链、创新链、服务链“三链”融合 推进制造业高质量发展》在市政协十四届十三次常委会上作发言。调研报告《聚焦“大健康产业”全面构建高质量生物医药产业体系》在《郑州工作》刊发。提案议案出精品。申爱民《关于精准施策培育新型职业农民和农村实用人才的提案》被采用作为九三学社界别全国政协提案；汤威《关于推进我省博物馆事业快速协调发展的建议》被社省委采用，作为集体提案提交省政协全会，并被评为省政协2020年好提案；《中国（河南）自由贸易试验区条例修改建议》被社省委采用，作中共河南省委政党协商建言；《关于营造一流营商环境的建议》被社省委采用，作省政协专题协商会发言。市“两会”期间，上报市政协集体提案4件，其中《加快推进郑州市与瓜达尔市建立国际友好城市，助推郑州航空港、瓜达尔港“双港联动”建设》作为重点提案由市委常委督办，徐滟《关于打造党建网红基地、建设本土党员教育基地的提案》、王玉珏《发展首店经济助推我市现代服务业发展》由市政协副主席刘睿督办，3件提案均被评为市政协优秀提案。李秋红、黄万新、张勤生、陈颖燕、徐滟、王玉珏、王泽民、王峥、王瑜、田丽静、刘彦山、邱梅、张晓曼、周克俊、姜朝霞、耿天宝等16人被评为优秀政协委员。社员刘本彩、张黎明提出的3件议案通过人大立案。社情民意信息提质增量。全年上报的社情民意信息被有关部门采用138篇，其中全国政协4篇、领导批示1篇、社中央14篇、省政协11篇、社省委126篇、市政协33篇，创历史新高。

【组织建设】 以人才强社战略为主导，以领导班子建设为引领，以抓好组织发展和代表人士队伍建设为基础，着力在提高社员的整体素质、推进基层组织建设、增强组织凝聚力等方面下功夫，不断推动组织建设迈上新台阶。加强教育培训力度。组织社市委委员、社市委监督委员会委员、基层组织负责人共20名骨干社员，在大别山干部学院商城教学基地开展理想信念教育培训班。2名社员参加中共郑州市委统战部举办的县处级干部培训班，6名社员参加中共郑州市委统战部举办的郑州市民主党派干部培训班。认真做好组织发展工作。坚持注重质量、注意数量、保持特色、优化结构的组织发展原则，严格把好社员入社关，规范组织发展程序，注重高层次人才队伍建设，不断优化社员队伍结构。全年发展新成员28人，其中主体界别20人，占比71.43%。硕士以上学历6人、副高以上职称8人，占比50%；发展无党派代表人士1人，实职正科1人，实职副科1人、副主任科员1人。举行新社员入社仪式，进一步提升新社员的荣誉感、归属感和使命感。切实提升基层组织活力。社市委通过走访基层组织和成员，与基层组织所在中共区委统战部座谈等，鼓励动员基层组织利用成员本职工作优势，广泛开展教育、宣讲、培训、义诊、法律咨询等，各基层组织全年共开展100余次活动。注重代表人士队伍建设。社市委共有各级人大代表、政协委员，县处级以上干部，各级组织领导班子成员，在社会团体担任职务的四类代表人士共159人。社市委深入贯彻落实《民主党派代表人士队伍建设规划》等文件精神，将一批有能力、年纪轻、政治素质好的社员充实到基层支社的领导班子和工委、专委会中，选拔、培养、建立了一支政治素质好、业务能力强、有一定参政议政水平的中青年后备干部队伍，并着力加强对后备干部的培养、管理和使用。加强高层次人才培养。坚持把已经入选和有潜力入选国家级领军人才、省级高层次人才、市级突出贡献人才等各类专业技术人才作为重点对象，纳入高层次人才队伍进行培养，并与社省委高层次人才队伍相衔接，为高层次人才的成长打造更好的平台。强化社内人大代表、政协委员履职意识，提高建言质量。社市委召开社内各级人大代表、政协委员交流培训座谈会，就提升履职能力与水平分享经验、交流看法，主动在履职中做表率、当模范，切实做到履职勤、站位高、能力强、调研实、建言精。建设社员之家。在社市委机关和中原基层委员会建成2个社员之家，为社员提供沟通交流的平台，切实推动社务工作再上新台阶。进一步完善工委、专委会工作机制。新成立青年工作委员会、新阶层人士工作委员会和书画院。充分发挥工委作为虚拟机关的职能和专委会参政议政工作主力军的作用，通过建平台、立制度、聚人才、压担子，为社市委更好的履行参政建言职能打牢基础。社市委领导班子根据分工，抓好工委和专委会工作的指导与落实，打造出一支专业履职队伍。

为加强基层组织建设，解决部分基层组织“软弱涣散”和社员参与社务活动缺乏活力的问题，社市委在全体社员中倡导开展“情系九三，激发活力，做好‘十个一’”活动，为基层组织更好的履行职责提供方法遵循，激发广大社员立足本职工作、积极参与社务活动的热情。省政协副主席、社省委主委张亚忠专门作出批示。社省委下发文件，推广社郑州市委的经验做法。10月10—11日，全国政协副主席、九三学社中央常务副主席邵鸿带领九三学社中央调研组一行在郑州调研期间，会见社市委领导班子全体成员，社市委汇报了社务工作及倡导“十个一”活动的相关情况。

全市各条战线的九三社员在各自岗位上取得了突出成就：陈宝元获国务院政府特殊津贴，周建军获河南省科技进步一等奖，张勤生获河南省“五一”劳动奖章，潘华被河南省高级人民法院授予个人三等功，田丽静荣获最高人民检察院“法治进校园”全国巡讲活动表现突出个人奖，苏艳丽、王龙、王丽获河南省优秀科技特派员，阎振立、张金勇获河南省农牧渔业丰收奖、合作奖，汤威获河南省博物馆工作先进个人，魏军生获郑州市优秀科技工作者、郑州市杰出企业家。另有17人次获得国家发明专利。

【社会服务】 社市委整合社会资源，动员社内力量，积极利用和搭建各种平台，开展社会服务。与社员所在单位或行业协会联合开展社会服务活动。联合郑州市中心医院为100多名社员及家属开展乳癌甲状腺癌免费筛查，联合郑州市骨科医院、郑州市中医院为400多名社员及家属开展冬病夏治免费“三伏贴”等系列健康活动，联合郑州市律协开展民法典学习宣讲系列活动，联合中国农科院郑州果树所开展“园艺走进生活”主题科普活动，联合新浪开展电子商务师培训等。在荥阳开展“同心康福”重度失能居家帮扶行动，为30余名残疾人进行筛查评估，为2名符合条件的残疾人免费测量、安装支具，助其实现生活自理。配合省委统战部和社省委在荥阳开展送科技帮扶活动，为种植户讲授石榴的种植管理、整枝修剪、施肥、病虫害防治等方面的栽培技术。在登封唐庄开展送健康帮扶活动，为村民进行义诊、讲授医疗知识。社员张勤生作为河南第十二批援鄂医疗队暨第五批国家（河南）援鄂中医医疗队领队，弛援武汉江夏方舱医院，为疫情防控作出突出贡献，获得社中央王选关怀基金颁发的抗疫奖金4000元。张勤生将奖金全部捐给登封市唐庄镇寺沟村贫困户，助力脱贫攻坚。魏军生响应社市委号召为寺沟村“统战同心 爱心超市”捐赠6000元物品。社市委为患病生活困难社员申报王选关怀基金，省政协副主席、社省委主委张亚忠专程赴社员家中看望慰问，并送上慰问信和3万元慰问金。

【社内监督】 社市委按照社河南省委要求并结合郑州实际，严格贯彻落实民主集中制，创新性地推进社内监督工作。重大事项由主委会研究决定。坚持贯彻落实民主集中制，坚持先民主后集中的决策程序，重要事项经过集体研究，作出科学决策。召开领导班子民主生活会，领导班子成员按照“谈个人、找问题，谈集体、提建议，谈大事、明方向”的原则，依次进行对照检查，加强沟通、统一认识、凝聚共识，增强了政治生活的政治性、严肃性、规范性。坚持重要事项报告制度。将年度工作报告、工作要点、量化评价实施方案、主要工作或重大活动、取得的成绩等，以社市委文件形式向社省委和市委统战部报告。充分发挥社务工作通报作用。采用专项通报和双月通报相结合的方式，督促基层组织规范化开展各项工作。持续实行社务工作量化评价制度。对市委委员、市委监督委员会委员履职情况及基层组织社务工作开展情况进行量化考核，对2名社市委委员和2名支社主委约谈。进一步加强对社内实职干部和公职人员的廉政教育，组织社内公职人员学习《中华人民共和国政务处分法》，在荥阳参观廉苑。在社省委贯彻落实民主集中制暨民主生活会观摩交流工作会上，社市委作经验交流发言《贯彻落实民主集中制 提升社务工作水平》，相关文章分别在《团结报》和河南省政协《协商论坛》上刊登。实现监督进基层全覆盖，27个支社全部召开领导班子述职评议会，26个支社召开领导班子民主生活会。

（尚秋霞）

群众团体

工会

【概况】2020年，全市各级工会坚持以习近平新时代中国特色社会主义思想为指导，紧紧围绕新冠肺炎疫情防控和推进经济社会发展，牢固树立“服务大局、服务中心、服务职工”理念，坚决贯彻中央、省、市和省总的决策部署，稳步推进各项工作高质量落实，圆满完成了年度工作任务，获得了一系列荣誉称号。全市已建成工会组织19800家，工会会员1905000人，新建工会组织619家，新发展工会会员66192人。全年获评全国模范职工之家4家，全国模范职工小家4家，全国优秀工会工作者4人，基层工会规范化建设示范点29家。选树推荐全国职工书屋示范点3个，选树推荐全省职工书屋示范点8个。全市共获评全国劳动模范和先进工作者13名，“河南省五一劳动奖章”11名，“河南省五一劳动奖状”6个，“河南省工人先锋号”11个。

【职工队伍思想政治和先进文化建设】强化党员干部职工学习习近平新时代中国特色社会主义思想的自觉性主动性，引导党员干部坚定理想信念，树牢“四个意识”，坚定“四个自信”，自觉做到“两个维护”。2020年组织开展党组中心组集中学习10次，组织开展主题党日12次。120名党员干部参加“学习强国”学习，市总积分成绩排名稳居市直机关前列。深入开展党性教育、红色教育，组织全体党员干部到新乡先进群体教育基地开展党性教育，到郑州圆方集团开展学习贯彻习近平总书记重要回信精神主题党日活动，到黄河博物馆开展“弘扬黄河文化、传承红色基因”新时代爱国主义教育实践活动，到郑州红十字水上义务救援队开展“学习先模事迹、践行志愿精神”新时代公民道德建设教育实践活动，到新密中原豫西抗日纪念馆开展新时代爱国主义教育实践活动，到荥阳廉苑廉政教育基地开展廉政教育学习，扎实开展“文明餐饮，杜绝浪费”行动，持续开展“全城清洁”志愿服务行动和“文明交通我先行”活动。对中央、省委和市委重要会议、批示、指示精神，迅速传达学习，抓好贯彻落实。围绕习近平总书记给圆方集团回信精神和习近平总书记在全国劳模表彰大会上的重要讲话精神，第一时间组织学习传达，制定工作方案，充分利用媒体平台大力弘扬劳动精神、劳模精神、工匠精神，团结动员广大职工为郑州加快国家中心城市建设汇集智慧、汇聚力量，注入新动力。持续深化职工大宣讲大教育。全市各级工会举办职工演讲比赛200多场次，参与职工12万人次；开展职工读书知识竞赛活动320多场，参加职工25万人；举办主题征文活动230多个，征集作品1.1万余篇。组织170余名劳模先进人物开展宣讲活动460多场次，现场参加宣讲职工达10.7万人次，网站、微信平台客户端职工点击量达52万人次。全市各级工会在中央、省、市级新闻媒体（新闻客户端）发稿1080篇（条）。全市工会系统开设16个微信众公号，全年发布相关图文信息4430条。围绕产业工人队伍改革，认真贯彻《郑州市产业工人队伍建设改革实施方案》，以建设“有理想守信念、懂技术会创新、敢担当讲奉献”新时代产业工人队伍为目标，以不断提升全市产业工人队伍素质、团结引领职工建功新时代、促进全市社会经济高质量发展为主要任务，加强统筹协调、凝聚推动合力，认真研究谋划、逐项抓好落实。

【疫情防控和复工复产】疫情初期，成立市总疫情防控领导小组，健全工作机制，落实工作责任，印发通知，发出倡议，动员职工投身疫情防控阻击战。组织市总机关党员干部志愿者，下沉二七区京广路办事处4个社区20个居民楼院，开展“8小时”疫情防控值守。

2020年，郑州市共有13人获得2020年全国劳动模范、全国先进工作者荣誉称号。图为全国劳动模范载誉归来（市总工会/供图）

市总被评为全市疫情防控工作先进集体、2名党员被评为全市疫情防控工作先进个人。全市各级工会拨出2233万元慰问疫情防控一线人员。做好郑州市援鄂医务人员的慰问工作，向援鄂医务人员每人发放1000元慰问金、300元通信费，为援鄂医务人员本人及配偶购买或补齐职工互助保险全额险种，并做好其家庭的关爱慰问工作。动员发动全市各级劳动模范和五一劳动奖获得者踊跃捐款捐物达3921万元。通过工会新媒体平台，开设疫情防控知识专栏、法治微课堂等，引导广大职工增强防控意识和自我防控能力。通过发放慰问信、开展免费心理咨询、法律援助等方式，加强对疫情防控一线人员的心理关爱和人文关怀。在市委正确领导下，围绕疫情防控和复工复产，切实发挥工会组织优势，组织关键企业、重要岗位职工发挥关键作用，开展职工志愿服务活动，做好复工复产、劳动用工、工资支付等指导和服务，加大援企稳岗力度，返还小微企业全额工会经费，并在劳模等先进典型评选中向疫情防控一线、推动经济社会发展突出贡献者倾斜。开展全市企业复工复产情况大调查，出台市总服务企业复工复产工作方案，成立6个专责工作小组，做实做细服务企业复工复产工作。会同市协调劳动关系三方四家，深入分析疫情防控期间劳动关系形势，联合各方力量共同行动，加大对企业劳动关系处理的指导服务。组织开展“战疫情、稳就业、送岗位”百日网络招聘活动，提供用工岗位8017个。开展4场疫情防控复工复产知识专项网上答题抽奖活动，近30万人次参与活动，发放奖励红包20万元、口罩6万只。助力企业职工返岗复工，为非郑州籍会员发放春运“平安返郑”补贴25.66万元。开展小微企业缴纳工会经费的返还工作，据估计全市全年返还工会经费8800余万元，惠及企业21500多家。各级工会利用各类媒介平台推送发布疫情防控相关工作报道3100余期，市总本级编发推送疫情防控工作信息300余篇次。积极鼓励广大职工文化志愿者做好疫情防控文艺创作，通过文艺作品歌颂战疫中的逆行者，鼓舞抗疫必胜坚定信念。市总发布的歌曲《仁心》，在人民日报网络平台点击收听量达36.2万次；战疫MV《你在前方我在后方》，展现了广大职工群众的昂扬斗志和推进复工复产的豪迈信心。

【职工技能提升】 认真贯彻落实《郑州市产业工人队伍建设改革实施方案》，开展职工“六比一创”立功竞赛、“三比两降”节能减排竞赛、“四全一树”技能竞赛和“安康杯”安全生产竞赛等，探索在新产业新业态新组织开展竞赛的形式和载体，凝聚职工智慧，激发创造活力。继续组织好职工技术运动会，主动适应产业升级转型，科学设置竞赛项目，大力提升职工技能水平。2020年全市工会系统开展职工劳动和技能竞赛活动覆盖职工30万人次。启动第三届郑州大工匠评选活动。做好全国劳动模范和省五一奖的推荐评选工作，推荐候选人均受到表彰。大力实施“在职职工技能提升助推计划”，对符合补贴条件的1694名会员，补贴金额114.75万元。

【职工权益维护】 充分发挥“三方四家”工作联系机制作用，以保企业、保运转、保稳定为重点，积极构建和谐劳动关系。扎实开展集体协商工作，依托“集中要约行动月”，全市共签订工资专项集体合同6450份，覆盖企业26262家，覆盖职工827893人。发挥职工信访及“12351”职工维权热线平台作用，维护职工合法权益，共接待调处职工来信来访来电846起，涉及职工873人次。聚焦当前特殊时期劳动关系运行中出现的突出问题，加强劳动关系风险监测和研判，引导企业与职工共担责任共渡难关。建立工会联系引导劳动关系领域社会组织数据库，持续加强对劳动领域社会组织的政治引领、示范带动和联系服务，做好劳动领域政治安全和职工队伍稳定风险排查化解工作，维护职工队伍团结统一和社会大局和谐稳定。

【职工帮扶服务】 坚持把发展电商新媒体产业作为推进精准扶贫的重要抓手，强化扶持力度，培训出更多的淘宝村、电商村、网红直播带货农民。郑州市分别在登封、新密以及联合卢氏县举办电商培训班，得到一致好评。加强户外劳动爱心驿站建设，在建好的551家基础上新建150家以上职工爱心驿站。做实做优“四季送”和农民工关爱行动品牌工作，元旦春节期间，全市各级工会共筹集并发放送温暖资金2303万元，走访慰问企业423家，慰问对象总计130433人。充分整合工会服务职工的各项职能和资源，构建职工普惠服务体系，打造服务职工综合体，2020年全年郑州市总工会本级预计投入实名制普惠补贴职工2900万元。继续开展工会会员普惠重大疾病互助保障活动，为1670名因遭受意外伤害、患重大疾病的会员办理赔付，赔付金额604.9万元。

【工会基层组织建设】 以非公有制企业为重点，开展全市50人以上企事业单位建会专项行动，着力消除企事业单位建会空白点。深化农民工及灵活就业群体建会入会行动，加大培养选树农民工先进典型工作力度。聚焦农民工相对集中的开发区（工业园区）、建筑项目等五大领域，继续推进“八大群体”建会入会工作。全年新建基层工会组织619家，发展会员6.6万人。全市共有工会基层组织19800家，覆盖职工1905000人。推进基层工会组织和工会会员实名制管理，加强工会法人登记，健全完善工会数据库。探索工会购买社会组织服务和社会化工会工作者管理办法，加强社会化工会工作者队伍建设。积极履行协管职责，完善工会领导班子专挂兼相结合的工作制度。

【脱贫攻坚】 开展困难职工解困脱困行动。郑州市各级工会累计走访慰问困难职工家庭3.5万户（次）。筹集助学资金482.3万元，资助困难职工子女1600名。建立34家郑州市工会就业再就业基地和就业培训基地，开设月嫂、家政服务、计算机等技能培训班，全市各级工会累计培训下岗失业人员、农民工1.1万人，帮助下岗失业人员和农民工实现就业再就业0.98万人。其中，郑州市职工大学针对创业农户商户、电商微商经营者、有培训需求的企业、困难

6月24日，郑州市总工会联合市职工大学、登封市石道乡政府开展电商培训
（市总工会/供图）

职工、失业待岗职工、农民工免费开展“超级带货官”电商新媒体培训，共培训学员3000多人。开展劳模助力脱贫攻坚行动。郑州市各县（市）新培育选树产业扶贫基地14家，参与助力脱贫攻坚的劳模245人，奖状单位72家，劳模及奖状单位投入资金8525万元，帮扶贫困户1682户，贫困人员3617余人。做好市总工会驻村帮扶工作。市总工会驻登封市石道乡陈村工作队，聘请农业专家为扶贫项目果蔬大棚进行技术指导20余次，为贫困户提供就业岗位30余个。持续办好农民夜校。在疫情期间，停课不停学，利用网络渠道，定期推送各类课程、健康防疫知识、招聘信息等200余条，陈村村民点击率达38%，共举办20余期，受惠农民1000余人。帮助陈村扶贫项目种植的果蔬打开销路，销售芹菜5000余斤、白菜5000余斤、萝卜7000余斤、哈密瓜30000余斤。

（慕秋石）

共青团

【概况】 2020年，郑州市各级共青团组织认真落实习近平总书记关于青少年和共青团工作的重要论述和重要指示批示精神，按照“三力一度”工作格局，深入落实“四工程一规划”，坚持党的领导，培养时代新人，服务中心大局，植根青年群众，各项工作实现了新发展。6月8日，团中央书记处第一书记贺军科在郑调研期间，对郑州共青团基层组织改革综合试点工作和少先队工作给予充分肯定。11月6日，团中央书记处书记、全国少工委主任吴刚专题来郑调研红领巾寻访工作，给予高度评价。2月4日，《人民日报》对郑州共青团12355青少年服务热线暖心疏解焦虑进行了报道。“六一”期间，郑州市少先队主题队日活动被央视《新闻联播》《朝闻天下》予以报道。2支青年志愿服务队被团中央表彰为“抗击新冠肺炎疫情青年志愿者服务先进集体”，青年民警樊树锋被追授“中国青年五四奖章”。

【青年思想政治引领】 将党的创新理论青年化阐释、传播，推出“青年大学习”网上主题团课37期，累计动员青少年学习380余万人（次）。面向基层青少年开展党的创新理论宣传宣讲12场，努力打造青年理论武装工作的“轻骑兵”。抢占“双微”、B站、抖音等平台，形成覆盖近75万青年群体的新媒体工作矩阵。围绕宣传思想文化重大主题、重大事件、重大节点，开展集中示范活动20余场，引导青少年坚定“四个自信”。实施“青春（红领巾）寻访”行动，深入发掘郑州各类资源，打造5条“青春＋寻访”品牌路线。组织30所高校的60名郑州籍优秀大学生，开展“菁英学子 青春寻访打卡郑州”活动，吸引高端人才建功国家中心城市。广泛开展主题团队课和入团队仪式、“14岁集体生日”“18岁成人礼”等示范活动，选树宣传各类青年典型，推动社会主义核心价值观在青年中入脑入心。坚持党建带团建、队建，在市、县两级全面推行少工委双主任制度。实施河南省少先队“红领巾先锋工程”，持续开展“争做新时代好队员”等主题活动。加强辅导员队伍专业化职业化建设，先后建立市级名师工作室97个；以“红领巾奖章”评定为载体，构建阶梯式成长激励体系。召开中国少年先锋队郑州市第七次代表大会，教育引导广大少先队员听党的话、跟党走。

【青年服务经济社会发展大局】 助力创新发展。深入实施“创出彩”青年创新创业创优行动，举办青年创业就业服务交流活动5次、青年创业就业培训20余场次，协调郑州农商行与23家青年企业家企业达成贷款协议，累计授信额度8.8亿余元。开展“青年突击队”“青年文明号”“青年岗位能手”“青年安全生产示范岗”争创活动，激励青年立足岗位建新功。实施青年职业技能提升行动，举办郑州市首届盾构机操作工青年技能竞赛，加强技能人才队伍建设。助力协调发展。助力夺取疫情防控和经济社会发展双胜利，组织9237名青年志愿者、113支青年突击队、85家青年文明号集体，奋战在疫情防控和复工复产一线。围绕常态化疫情防控、“三项工程、一项管理”、环境保护和生态建设等市委市政府中心工作，组织6万余名团员学生、1万余名入团积极分子，扎实开展“万名团员进社区”“绿城文明风 青年当先锋”等活动，促进城市发展水平提升。助力绿色发展。助力黄河战略实施，扎实推进“河小青、河小识、河小二、河小企、河小文、河小社、河小团”等7个项目，引导青少年共护黄河生态，同享黄河安澜。深入实施“绿风尚”生态环保攻坚行动，广泛开展拒绝餐饮浪费、垃圾分类、减塑等青少年环保宣传实践活动。助力开放发展。组织开展2020年国家网络安全宣传周“网络安全微课征集活动”和“青少年主题日活动”，奏响主旋律，弘扬正能量。组织804名青年志愿者，完成2020网络安全宣传周、第29届金鸡百花电影节、2020中国500强企业高峰论坛和2020国际乒联总决赛等大型赛事的志愿服务工作。积极参加全国和全省志愿服务项目大赛，2个项目获全国铜奖，2个项目获全省金奖。助力共享发展。深化希望工程系列活动，募集善款、物资价值398.68万元，资助贫困学生3300余人，直接受益学校177所，受益青少年10万余人。疫情期间，开展希望工程义务消杀志愿服务月活动，助力学校复学，为122所希望小学、农村小学、农民工子女学校和边远山区学校，进行校园义务消杀服务，累计消杀面积377.54万平方米。

【共青团基层组织建设】 坚持党建带团建队建。积极推动把团建纳入各级党委党建工作总体规划和年度考核内容。扩大基层组织覆盖。学校领域扎实推进中学中职共青团“强基固本”工程，实现了公办中学中职团组织全覆盖，市属民办中学中职新建团组织28个。社会领域持续推动国企、机关事业单位、“两新”组织和互联网等领域团建和整顿工作，不断扩大团组织覆盖面。增强基层组织活力。制定《2020年郑州共青团基层组织建设工

9月2日，“开学第一课 走进你的心里”主题心理健康教育讲座在郑州八中举行（团市委/供图）

作要点》，对基层团建目标任务实行“一周一通报，两周一约谈，一月一观摩”，促进全市基层团组织建设水平整体提升。市属中学中职100%建立团校、区县（市）属中学中职70%建立团校。推进“智慧团建”系统建设，市属中学团员“学社衔接率”达到93.6%，“升学衔接率”达到99.1%。

【服务青少年发展】 推动中长期青年发展规划落地落实。上报制定《中共郑州市委 郑州市人民政府关于贯彻落实〈河南省中长期青年发展规划（2019—2025年）〉的实施意见》，市县两级全部召开青年工作联席会议，部署推动规划落地落实。扎实推进预防青少年违法犯罪工作和保护未成年人权益工作，广泛开展预防毒品、预防电信诈骗、预防溺亡和艾滋病等宣传教育活动，编发青少年心理健康提示短信，覆盖人群达600万人次，发放知识手册6万册，张贴宣传海报1万张。“青年之家”云平台累计入驻站点177个，开展线上活动1000余场（次）。深化精神文明建设，持续开展“我们的节日”、关爱行动、助残“阳光行动”、服务春运“暖冬行动”等，引领青年志愿者在文明城市创建中发挥独特作用。拓宽青少年利益诉求渠道。深化“共青团与人大代表、政协委员面对面”活动，征集模拟提案32件，1件被团中央权益部、人民政协报社、中国青年报社评为“优秀模拟政协提案”。加强12355青少年服务中心建设，扎实开展“六员进校园”活动，举办心理健康讲座、家长课堂、团体心理辅导等活动121场，接听热线2359个，接待来访560人次，《人民日报》、河南新闻联播予以报道。

【改革创新】 创新团的运行机制和工作方式。围绕全团重点工作，打破部门、层级壁垒，成立重点工作协调推进领导小组，下设5个专项组，进一步提高执行力、落实力。编制《郑州青年工作三年行动计划（2020—2022年）》，推动郑州共青团工作高质量发展。实行项目化运作，将全盘工作细化为57个项目，推动工作扁平化、项目化、品牌化。改革团干部选拔、使用和管理。市县两级通过换届打造了专职、挂职、兼职相结合的团干部队伍。加强对青年社会组织的联系服务，建设1763人的青少年事务人才队伍。深入推进高校、青联改革。扎实推进市属高校学生会、学生社团改革工作，市属8所高校顺利完成改革任务。召开郑州市青年联合会第十四届二次常务委员（扩大）会议，进一步调整完善委员结构比例。全力打造中牟县共青团基层组织改革综合试点，切实做到“为改革探路子、为发展育苗子、为基层打底子”，6月8日，团中央书记处第一书记贺军科赴中牟县调研共青团基层组织改革综合试点工作，对中牟县试点工作开展情况给予充分肯定。

【助力脱贫攻坚】 积极服务青年就业，牵头做好建档立卡贫困家庭大中专毕业生就业精准帮扶工作，扎实推进“百校千岗”行动，累计提供岗位1.6万余个。深入实施“八方援”共青团助力脱贫攻坚行动，举办青春助农大讲堂、农村青年网红主播培训班等6期，捐赠6万余元爱心助学金。积极参与和推进郑卢结对帮扶活动，举办郑州—卢氏两地共青团电商大讲堂活动，与卢氏县产业集聚区开展项目对接等活动。

（王淑楠）

妇女联合会

【概况】 2020年，郑州市妇联把服务“双决双胜”作为保持和增强政治性、先进性、群众性的实战检验，坚持围绕中心服务大局，持续深化巾帼心向党、巾帼建新功、巾帼暖人心“三大系列行动”，不断叫响“八个万家”工作品牌，纵深推进全面从严治党、改革创新、精神文明创建“三大工程”，全市妇女儿童事业发展迈出了新步伐，开创了新局面。市妇联先后荣获全国家庭工作先进集体、全国巾帼建功先进集体、省文明单位标兵、省妇女儿童健康保障水平民生实事工作表现突出的集体、市就业创业及社会保险工作先进集体、郑州市机关党的工作先进集体等全国、省、市荣誉40余项。

【疫情防控与复工复产】 郑州市妇联党员干部1月26日全员返岗，奔赴街道社区、高速路口、火车站等7个卡点。5名县处级领导带领三分之二以上骨干力量，下沉管城区南关街街道在4个卡点展开一线防疫工作，所分包区域未出现一例确诊及疑似病例。市妇联获市新冠肺炎疫情防控工作表现突出的基层党组织、市疫情防控工作“特别贡献奖”，在市疫情防控专项考核中被评为突出贡献单位。及时发出《百万妇女百万家庭共行动 坚决打赢疫情防控阻击战》倡议，助力群防群治到位。发动各界捐款捐物2840.06万元。其中，牵头发起“爱快递”，筹集56.85万元为730户一线医务人员家庭快递“爱心菜、爱心果、爱心帮”。招募志愿者19004人，凝聚起巾帼战“疫”的强大力量。市妇联兼职副主席薛荣带领圆方集团1.6万名员工在湖北等126家新冠肺炎定点救治医院消杀，成为绿城战疫一抹闪亮的巾帼红。市妇联入选市常态性上报疫情防控志愿服务快报的唯一市直单位。妇联系统新建心理热线21条，各级12338热线实现24小时接听，招募志愿者380人，开展线上培训200余场。开设“特殊时期特别家教”等线上家教专栏65期，帮助家庭成员在家受教育。指导开设抗疫专栏10余个，创作《春暖花开》《致敬我最爱的人》两首抗疫歌曲在网上广为传唱；各级媒体报道市妇联抗疫工作454篇，国家级报道61篇。围绕全市“三送一强”要求，深入开展“五联系五助力”，线上线下举办政策宣讲、微课培训134场；走访慰问企业26个，为“妇”字号企业赠送防疫物资116.5万余元，帮助联系调拨一次性医用口罩5.76万只；组织网络招聘会服务10万人次；组织开展直播带货、网络展销、组团采购、农家乐购和企业互购等“巾帼促消费”系列活动20场，发起为湖北潜江小龙虾拼单、援疆助农——新疆哈密瓜团购等活动，帮助女企协会员企业、“巧媳妇”基地及帮扶村复工复产率达到100%。

【“巾帼心向党”行动】 2020年，郑州市不断强化思想政治引领，夯实党执政的妇女群众基础。积极开展党的创新理论万场进基层工作，全市举办郑州巾帼讲堂等各类宣讲302场，线上线下相结合为广大妇女提振精神、加油鼓劲；市妇联一举斩获全市理论宣讲大赛二等奖1个，三等奖2个。谋划开展“立足岗位 争做最美巾帼奋斗者”三八节系列线上活动，在主流网络平台同步展播最美医护工作人员等五类群体战疫事迹，致敬了不起的她；成功举办“战疫有我 致敬英雄”郑州市“六一”儿童节云直播，累计63.2万人次在线观看，省委常委、市委书记徐立毅及四大班子领导参加活动。创新建立即时性表彰机制，与市人社局联合表彰在疫情防控和复工复产中作出突出贡献的三八红旗手（集体）130个。五一节前夕，习近平总书记给郑州市女企协会员单位——郑州圆方集团回信，让劳动精神在绿城遍地开花。全国妇联党组书记、副主席黄晓薇到郑调研时，对贯彻落实总书记回信精神予以肯定。“1网+2微+5端+N群”新媒体矩阵吸引粉丝11.4万人；全年市妇联工作被新华网、大河网等省级以上主流媒体报道近百次，其中“学习强国”各级平台报道36次，在市直机关排名第5 。开设最美抗疫“家”故事、制止餐饮浪费行为等微信专栏30余个，编发原创信息500余条，及时唱响党的好政策、好声音。主动作为“国家网络安全宣传周”，圆满承办个人信息保护主题日活动。制作视频宣传片、MG动漫歌曲并于活动主会场播放，被全国妇联微信公众号转发推广。与市总工会、市网信办联合有奖征集“网聚正能量 郑州更出彩”个人信息保护短视频，二七区妇联等4个基层妇联组织获一、二、三等奖，郑州市妇联选送作品分获郑州市筹备工作领导小组微课征集活动银奖、“最佳内容奖”、优秀奖。开展进社区、家庭、基地“三走进”活动、参观郑州市网络安全科普教育基地、网络安全线上有奖竞答及专题知识讲座等活动近百场，2万余名妇女群众参与活动；发放宣传手册及宣传品2.2万份，在城乡社区掀起重视网络安全、关注个人信息的热潮。

【“巾帼建新功”行动】 扎实推进“巾帼脱贫行动”“巾帼双创行动”“乡村振兴巾帼行动”，精心服务金鸡百花电影节，团结带领全市广大妇女在参与郑州国家中心城市建设中书写精彩人生。持续深化产业帮扶、基地帮扶、技能帮扶、健康帮扶、对口帮扶，大力宣传带贫脱贫典型，全面开展亲情结对帮扶，深入推进消费扶贫行动，新命名市级巧媳妇创业就业工程示范基地30个，推荐获评省级命名4个，推荐宣树省、市“乡村出彩巧媳妇”67人（次），组织开展直播带货、网络展销、组团采购、农家乐购和企业互购等“巾帼促消费”系列活动20场，接力发起为湖北潜江小龙虾拼单等多个活动，以消费带动扶贫、促进发展；全力保障和支持驻村工作队和第一书记工作，驻村第一书记连续3年荣获县乡级优秀第一书记。承办举办全国巾帼文明岗负责人专题培训班、郑州市巾帼电商创业创新示范培训班等，代表河南参加全国竞赛荣获全国二、三等奖及优秀奖；依托各类基地对2.5万名妇女进行技能培训；配合发放“巾帼创业贷”213笔8359万元；选树郑州市“巾帼建功”先进集体、个人55个（人），获评省级命名38个（人）。市妇联荣获全国巾帼建功先进集体。举办郑州市乡村振兴高素质女农民示范培训班，帮助100名女致富带头人提升发展能力；全市超额10%新创各级“美丽庭院”49907户，推动广大妇女和家庭扮靓村子、过好日子；各级妇联全年常态化寻找揭晓“最美家庭”及家庭角色，以家风文明支撑乡风文明。四是全市大型活动有担当。与市总工会等单位联合圆满承办全国网络安全宣传周个人信息保护主题日活动；全程参与2020年中国金鸡百花电影节，展现绿城巾帼志愿服务的新作为。

【“巾帼暖人心”行动】 不断深化“巾帼维权”“巾帼关爱”“巾帼成才”三大行动，切实满足妇女群众对美好生活的向往。实施“巾帼维权行动”，增强妇女安全感。不断深化“八位一体”维权服务，市县两级妇联共接待群众来信来访来电1458起，结案率98%以上；有效处置舆情和典型侵权案例22起，先后11批次排查化解167起存在隐患的婚姻家庭纠纷案件；办理结案“中彩金”法律援助案件52起。实施“巾帼关爱行动”，提升妇女幸福感。谋划实施“爱快递”——娘家人慈善暖心服务、“两癌”“两筛”等十大项目，发挥“联”字优势全方位筹集资金，争取省妇女儿童基金会捐赠奶粉、净水器等物品累计776万余元，“99公益日”筹款110.16万元；资助210名“春蕾女童”，让党的关怀惠及更多妇女儿童；积极推进“两规划”工作深入实施，如期完成第四期中国妇女社会地位调查工作，郑州市妇联荣获全省二等奖。实施“巾帼成才行动”，厚积妇女获得感。全市培训各类女性人才2.5万名，“女性享学吧”累计注册学习17987人，促进女性全面发展、终身学习；举办“学习贯彻党的十九届五中全会精神暨郑州市妇联执委培训班”，市妇联执委等近80人参加，推动全会精神家喻户晓、入脑入心；在三八红旗手、巾帼建功标兵等典型宣树中，对各行各业女性人才优先评选。

11月24日，郑州市举办乡村振兴高素质女农民示范培训班（市妇联/供图）

【“德润万家”活动】 全年分四个季度集中开展寻找抗击疫情、无私奉献、绿色环保、书香传家、廉洁治家、脱贫攻坚、勤劳致富、爱岗敬业、家国情怀、孝老爱亲、教子有方等方面最美家庭，全市寻找宣树各级各类“最美家庭”（角色）5万余户（名）。其中14户获评全国文明、五好、最美家庭，26户获评河南省文明、最美家庭。创新开展“礼遇好家庭”欢乐乡村游、黄河文化游等活动4次，让有德者更有得。持续推进家风建设，积极开展“郑州好家风”巡讲、“树清廉家风 创最美家庭”等活动，征集展示“廉洁齐家”作品300多个，切实筑牢廉洁自律家庭防线。切实加强家庭教育阵地建设，推荐获评全国、省亲子阅读、家庭教育、家教家风等示范基地5个。拟与市文明办联合启动首批郑州市家教家风示范基地选树工作，命名市家风家教示范等基地10个。

【“育兴万家”活动】 完成郑州市家庭教育“十三五”规划自查工作，并代表河南省顺利通过全国评估检查。启动首届郑州家庭教育高峰论坛，将持续举办300场家教巡讲；大力推动家庭教育立法，家庭教育议案列入全市2020年十大重点议案；积极寒假综合实践课程进村（社区）活动，举办“心中有祖国 心中有他人”主题教育活动6场征集作品1099组；成立市家庭教育指导中心，以科学系统的家庭教育指导服务开启全市家庭教育工作新局面。

【“书香万家”活动】 推动“书香万家”活动纳入全市第十七届“绿城读书节”，寻找揭晓郑州市书香传家“最美家庭”50户，其中10户推荐为郑州市十佳“书香家庭”。把握世界读书日等节日节点策划举办“看见幸福‘阅’出梦想”亲子阅读、“书香满屏”女性云阅读书香直播及“阅读黄河历史 弘扬黄河文化”亲子阅读等多项活动，线上线下同步引导妇女儿童多读书读好书；依托“儿童之家”常态化推广亲子阅读，命名市级家庭亲子阅读实践基地50个，夯实全民阅读“家”基石。

【“业安万家”活动】 搭建线上招聘平台，开通网络招聘直播，举办“春风送岗 职等女来”郑州市助力复工复产女性网络专场招聘会等在线求职活动，提供就业岗位1.2万个，求职人数累计超过10万人次。制作发布求职短视频，开展网络直播答疑，以实际行动将稳岗就业落到实处。

【“法进万家”活动】 创新宣传方式，全市线上线下开展“法进万家”宣传100场，综合采取网上普法、有奖竞答、法律讲座等形式，大力宣讲《民法典》等，让法律阳光普照全市广大妇女儿童。“三八”节网上普法宣传月期间，联合有关单位开展“防控疫情 法治同行”——郑州市“三八”网上普法宣传月系列活动，举办“疫”案说法、趣味答题、短视频宣传等多项活动，累计393万人次参与。

【“康乐万家”活动】 实施城乡妇女“两癌”免费筛查、出生缺陷产前筛查和新生儿疾病免费筛查项目，不断提升妇女儿童健康水平。积极发挥妇联宣传优势，印发妇女“两癌”和“两筛”宣传资料等14万份，在城乡组织政策宣传及健康知识讲座7000余场（次），助力民生实事顺利推进。积极争取全国、省、市累计84.1万元救助贫困“两癌”妇女155名。市妇联被省妇儿工委办授予“河南省妇女儿童健康保障水平民生实事工作表现突出的集体”。深入开展“防疫有我，爱卫同行”爱国卫生月系列活动，创新开展黄河边绿色捡跑活动，持续评选“健康家庭”，引领家家共建共享健康郑州。

【“心暖万家”活动】 “三八”节期间，全市举办各类主题活动70余场，其中，市妇联开展慰问活动近20场，为女医务工作者等送上节日祝福。关爱儿童健康成长，开展“把爱带回家”“守护童年 牵手共成长”主题寒暑假关爱服务近3000场（次），为2000名困境儿童发放生活学习用品合计30余万元。发挥“联”字优势全方位筹集资金，争取省妇女儿童基金会捐赠奶粉、净水器等物品累计776万余元，“99公益日”筹款110.16万元；筹集资金29.58万元资助210名“春蕾女童”，让党的关怀惠及更多妇女儿童。持续开展“亲爱的爸爸来了”“美丽郑州 遇见爱情”“特别的爱”等公益活动，不断擦亮妇联公益品牌。

【改革创新】 实施“基层妇联改革破难行动”，拓展组织覆盖，在新经济组织、新社会组织、新媒体行业等领域建立妇联组织507个。修订完善《郑州市妇联关于进一步加强团体会员工作的意见》，召开团体会员负责人座谈会，充分发挥好团体会员联系面广、专业性强的优势。开展“四组一队”“百千万”示范创建，选树8个河南省示范“四组一队”，认定100个郑州市示范“四组一队”，推动“妇女之家”提档升级，进一步实现妇联在身边、服务零距离。

（王燕燕）

科学技术协会

【疫情防控】 市科协按照市疫情防控领导小组的统一部署，印发《郑州市科协新型冠状病毒感染肺炎疫情防控工作方案》，通过网站、微信平台等各种渠道开展应急科普宣传，组织市医学会、市心理学会等学会开展疫情科普宣传，引导公众科学防疫。累计发放疫情防控宣传海报18400余张，新冠肺炎防控知识汇编手册700余本，科学防疫折页1200余份。印发《关于开展“科学应对、‘疫’期加油”主题科普作品征集活动的通知》，向全市征集抗疫科普作品，累计征集抗疫科普作品125个。成立临时党支部，深入驻在社区和防疫服务站点、分包街道。市科协全体党员干部为疫情防控捐款累计13340元。

指导所属学会和企事业科协加强疫情防控，开展复产复工，同时组织专家到相关企业开展技术指导，助力企事业单位复产复工，助力全市争取疫情防控和经济社会发展“双胜利”。

【助力实施黄河领域生态保护和高质量发展战略】 2020年，按照中国科协、省科协要求，郑州市科协举办“黄河流域生态保护和高质量发展高层科技论坛”分论坛——“黄河流域生态保护和高质量发展核心示范区建设科技论坛”。会议邀请到清华大学黄河研究中心主任、博士生导师、国务院参事张红武，南京大学生命科学学院教授、博士生导师、南京大学湿地滩涂研究中心首席科学家安树青，郑州大学教授、博士生导师、全国水利高等学校水利类专业带头人吴泽宁作报告。专家从不同角度和维度对黄河流域生态保护和高质量发展进行全方位解读、研究及战略思考，提出很多具有针对性和富有启发性的决策建议。

【惠农兴村和人才培训】 深入实施科普惠农兴村计划和乡村振兴实用人才培训，服务脱贫攻坚和乡村振兴战略。联合市财政局完成2019年郑州市“科普惠农兴村计划”奖补资金下达工作。奖补1个先进科普示范区县（市）、10个先进农村专业技术协会、10个先进农村科普示范基地、5名农村科普带头人、20个农村科普大学工作先进单位，共计奖补130万元。按照《关于开展乡村振兴实用人才培训 助力科技扶贫攻坚 提升农民科学素质行动的实施意见》，在中牟、上街等4个区县（市）举办4期郑州市乡村振兴实用人才培训班，培训植保、无人机、电商等农村实用人才共计400余人。

【产学研对接】 市科协充分发挥科协组织的专家人才和科技创新资源优势，在高校、科研院所与企业之间牵线搭桥，搭建资源共享的创新平台。2020年，组织开展校企合作2次，在市科协积极推动下，河南兵峰电子科技有限公司与河南经贸职业学院、登封电厂集团供电公司与华北水利水电大学电力学院分别进行产学研对接，建立全面的产学研与就业创业、实习实践等合作关系，建立产学研合作的长效机制。

市科协组织推动郑州奥特科技有限公司与河南中烟黄金叶生产制造中心，郑州新登企业集团有限公司与郑州科慧科技股份有限公司、黎明重工科技股份有限公司、郑州奥特科技有限公司开展企业技术难题与市场需求对接，围绕产业发展引才聚才，联合创新，促进科技经济深度融合。

【全民科学素质提升】 对郑州市全民科学素质工作领导小组办公室成员进行调整，制订《2020年郑州市百项全民科学素质行动计划》，共127项，强化各成员单位责任意识，有效落实工作目标任务。

郑州市素质办指导各区县（市）、各成员单位做好《科学素质纲要》终期评估工作，整理汇总各成员单位、各区县（市）工作资料，制成“十三五”全民科学素质工作档案，形成“十三五”全民科学素质工作汇报提纲，完成省委综合调研组的调研要求。市素质办印发《关于征集郑州市<全民科学素质行动计划纲要>实施工作优秀案例的通知》，征集案例25篇，经过专家评审，从中选出21篇优秀案例，并编印成册。

【社区科普大学工作】 印发《2020年郑州市社区科普大学工作计划》，制订2020年郑州市社区科普大学教学管理综合复验标准，指导各区有序开展社区科普大学工作。因受新冠肺炎疫情影响，上半年社区科普大学未开课。9月初，共有66所社区科普大学开课，10月15日，社区科普大学暂停上课，截至10月15日，社区科普大学共计授课300余课时，培训社区居民5000余人。

【青少年科普工作】 2020年，郑州科技馆坚持做好疫情防控常态化，扎实开展各项线上线下展教科普工作。线下全年接待观众约24万人，开展科普教育活动729次，展品完好率保持在98.5%以上，未发生一起安全事件。线上开设科普教育活动1033次，直接受众约30万人。

深度挖掘科普资源，打造科普精品工程。持续开展“魅力科学课堂”“数学实验室”“创新教育”“深度看展品”等活动。“魅力科学课堂”开展线下活动512次，开发VC魔术师、滴水时钟等精品科学实验资源包20个；开展“数学实验室”线下活动217场，开发莫比乌斯带、汽车拍卖会等30个数学实验课，8个“创新教育”课程，举办“猫鼠大战”机器人等主题活动。

为扩大科普覆盖面，郑州科技馆积极参与“中国流动科技馆”河南巡展进校园活动，巡展受教育群众和学生近20万人次，参观满意度98%。郑州市科协获得2019年“中国流动科技馆”河南巡展绩效评估优秀组织单位，登封市科协和中牟县晨阳路学校获优秀站点，郑州地区还涌现先进个人2人，优秀辅导员2人，优秀征文9人。

2020年第26届郑州市青少年科技创新大赛得到各区县（市）科协、教育局、市直各中学、幼儿园高度重视与支持，活动的质量、规模、内容、参加人数、普及率逐年提高。大赛共计收到科幻画作品647幅，实践活动项113项，科学DV42项，科技辅导员方案71项，科技辅导员创新项目23项，青少年竞赛成果项目387项，创意项目99项。经过市级评委的认真评比，严格筛定，从中推选202项优秀项目参加第三十四届河南省青少年科技创新大赛的评选，最终获省奖245项，市科协获得省优秀组织单位称号。大赛促进了郑州市青少年科技活动的健康开展，培养了具有创新精神与实践能力的青少年，促进了我市青少年科技后备人才队伍不断发展壮大，推进了科技教育事业的普及与发展。组织20多万学生参加河南省第13届青少年科学素质知识大赛活动，其中135人获奖，推动了广大青少年科学素质的提高，郑州市科协因此获得优秀组织单位称号。

【反邪教工作】组织开展郑州市首届“思政课+反邪教”讲课比赛，全市地方高校300余名思政课教师参加初赛，29名教师进入复赛，10名教师进入决赛。组织开展“防范邪教宣传月”品牌活动，以“崇尚科学 远离病毒 反对邪教”为主题，在全市开展包括展览展示、反邪教斗争形势教育讲座等400余项活动。围绕全国第五个全民国家安全教育日，组织开展“郑道同心 反邪 维护国家安全”宣传教育活动，开通国家安全教育日网络宣传“云课堂”，普及国家安全知识。

【科普信息化工作】建设科普信息化传播平台，实施“互联网+科普”工程。全年利用手机、电台、电视台持续推送科普专栏。“科普之声”微信公众号全年推送209期，发布1030余条科普信息，“老花镜科普”微信公众号发布科普知识图文消息713篇。疫情期间开展正能量和科学防护知识宣传，为广大群众正确认识新冠疫情提供科学依据。

科技馆在疫情期间，将线下课程搬至线上，充分利用抖音及钉钉平台进行科普，开通直播间和线上课程，创作抖音实验视频109个，直播266期，开展数学实验室线上活动622次。与河南广播电视台唯一官方客户端大象新闻合作，推出《魅力科学课堂》《T博士讲科学》两个精品系列课程视频，并在App首页得到推荐，累计播放量超过10万次。

【科普基础设施建设】加快推进科技馆新馆建设，邀请业内专家对设计公司反馈方案进行网络评审，多次组织新馆建设工作推进小组对儿童展区方案进行研讨，提出修改意见，及时反馈给承建单位。11月4日至7日，赴厦门、武汉、合肥学习科技馆建设及现馆展教活动工作经验，并结合郑州新馆建设情况和展陈内容，提出初步设计阶段展陈内容划分方案。

完成2020年度河南省科普教育基地推荐认定工作。根据省科协通知要求，市科协联合市文明办组织各区县（市）优中选优推荐，经审核，推荐11个单位参加2020年河南省科普教育基地认定，其中9个基地被认定为2020年河南省科普教育基地。

【学会管理服务】继续开展学会服务能力提升专项活动，组织各学会申报，征集到100多项申报项目，最终评选出20项重点活动资助项目，涵盖学术交流、科技服务与评价、科普宣传、科技工作者建言献策四个方面，共资助资金20万元。加强对学会的调研和督导，先后走访市机械工程学会、市医学会、市心理学会等10余家学会，调研学会党建、业务以及学会建设等，了解学会情况，并指导学会相关工作。2020年，完成42家市属学会的年检工作，对郑州市针灸研究会进行成立批复，对郑州市材料研究学会、郑州市建设科技协会、郑州市人工智能学会、郑州市泌尿生殖学会进行成立指导，注销郑州市银屑病研究会。创建《学会动态》征集整理市级学会工作信息，对各学会工作进行全面报道，进一步提高郑州市学会的知名度和影响力。

【企事业科协建设】印发《2020年郑州市企事业科协工作要点》，稳步推进全市企事业科协组织建设和管理。深入走访企事业单位、园区、高校、科研院所，推进企事业科协组织建设。新成立中科院计算技术研究所大数据研究院科协、中铁工程装备集团技术服务有限公司科协、中电科信产业有限公司科协等17家企事业科协，截至年底，共成立企事业科协组织184家，其中园区科协7家。

全年共走访27家不同领域的企业，倾听企业技术需求，分析企业难题、并针对性提出对策建议，重点推动科技型企业、高校、科技园区科协组织建设。联合郑东新区经济发展局在郑东新区召开企业科协组织建设工作推进会，进一步推动企业科协工作，助力企业创新发展。

【事业单位改革】根据《郑州市从事生产经营活动事业单位改革实施方案》的通知要求，市科协对所属事业单位郑州市科技咨询服务公司进行撤销。成立市科协生产经营类事业单位改革领导小组，制订《郑州市科技咨询服务公司改革实施方案》并报至市委编办，稳步有序落实此项工作。

【创新驱动助力工程】组织实施两项2020年度河南省百千万创新驱动助力工程项目，并对巩义市泛锐熠辉复合材料有限公司“CVD-SiC涂层沉积热力学和动力学模拟仿真技术协同创新”和河南力安测控科技有限公司“多源异构信息融合技术协同创新”两项重点产业发展协同创新项目进行资金资助。

【科技经济融合行动项目申报】充分借助中国科协“科创中国”平台和全国学会人才、成果、资金和项目资源，深入开展会地合作，引领郑州市广大科技工作者在产业转型升级和创新发展中建功立业。根据河南省科协、河南省财政厅《关于申报2021年度“科创中原”科技经济融合行动项目的通知》，郑州市科协围绕重点产业，申报“中国郑州第三届全国中医药特色诊疗技术推广发展大会”和“电气安全故障隐患监测技术协同创新”两个项目，其中“电气安全故障隐患监测技术协同创新”入选。

【全国科普日活动】9月19日，2020年河南省暨郑州市全国科普日活动启动仪式在省人民会堂举行。活动由省科协、省委宣传部、省教育厅、郑州市委市政府等联合主办，主题为“决胜全面小康，践行科技为民”。

围绕全国科普日，郑州市科协组织各相关单位开展科普活动，整合全市322项科普活动，编辑制作并发放《2020年郑州市全国科普日活动指南》。督促指导各区县（市）科协及相关单位通过网络申报、上传活动资料。市科协推荐19个优秀组织单位、21个优秀特色活动、20个先进个人参加河南省和国家全国科普日先进评选。

【承办网络安全宣传周科普活动】2020年9月，国家网络安全宣传周在郑州市举办，市科协参与承办工作。8月4日，郑州市网络安全科普教育基地（智慧岛）揭牌，该基地（智慧岛）为宣传周主场馆，由2020年国家网络安全宣传周郑州市筹备工作领导小组指导，市科协、郑东新区管委会主办，中科院计算技术研究所大数据研究院承建。9月12日，由市科协主办、郑州科技馆承办的宣传周主题科普活动启动仪式在郑州科技馆广场举办，通过科普讲座、网络安全科普知识展板等形式对公众进行网络安全科普知识宣传。

（沈　潜）

归国华侨联合会

【概况】 2020年，郑州市侨联紧紧围绕六项职能开展工作，统筹推进疫情防控和经济社会发展，为推动黄河流域生态保护和高质量发展迈出新的更大步伐。深化侨界思想意识形态引领，加强意识形态阵地管理。发挥组织优势助力疫情防控，荣获中侨联表彰全国侨联系统抗击新冠肺炎疫情先进集体、郑州市红十字博爱勋章。召开九届二次全委会，部署十四五时期侨联工作。加强基层组织阵地建设，中侨联、省侨联及郑州市领导多次调研基层阵地，并给予高度评价。

【疫情防控和复工复产】 通过“海外快捐”“郑州市侨联微信公众号”等，向全球发布倡议书，号召海内外华人华侨守望相助、共渡难关。为跨境抢运物资，机关干部采取“零时差”工作模式，多次紧急联系大使馆，向海外使馆出具请求协助支持医疗防控物资采购捐赠报告，向海外侨商侨领出具紧急物资申请援助授权采购委托函，争取物资支援。沟通对接民航局、海关、红十字会、防疫指挥中心、物流公司等多家单位，出具物资接收证明、捐赠承诺函等资料办理运输通关相关手续。组建“全英河南同乡会暨河南商会捐赠群”“阿联酋河南商会助力家乡群”等几十个捐助微信群，及时在线沟通捐赠过程中的突发问题，精准高效对接。使境外医疗物资符合相关医院所需标准并可快速便捷抵达。全世界豫籍华人华侨以驻在国海外侨团社团为平台，成立疫情防控小组，动员身边亲友，四处奔走寻找物资，多方联系采购资源，克服一切困难，驰援国内防控疫情。70多家海外侨团、华人华侨及归侨侨眷疫情期间积极捐款捐物，其中最紧缺的医用口罩536450个、防护服（衣）6010套、护目镜2000个、医用手套54000双、酒精12.542吨，此外还有消毒液、隔离衣、药品、保健品，以及生活所用的牛奶、面包、方便面、矿泉水等，总价值1900多万元，有效缓解全市疫情期间物资紧缺。争取中国侨联华侨基金会支持，为郑州市疫情防控工作捐赠30万元；机关党员干部以身作则，靠前服务，下沉到高速口、社区等疫情监测卡点，对过往车辆、人员进行登记、排查；党组书记、主席吕剑带头参加“应急献血 奉献爱心”支援献血活动；管城陇一社区侨胞之家工作人员及侨界群众主动参与到抗击疫情的第一线，侨眷查满金通过电话、微信挨家挨户排查返郑人员情况；侨胞云增天自愿担当社区志愿者，登记社区居民情况；侨界群众自发捐款，涌现出87岁韩国老归侨姜善伟捐款1万元，94岁日本侨眷李驹捐赠2万元等感人事迹。深入企业调研，开展“三送一强”，助力复工复产。发放调查问卷，汇总疫情对侨企带来的影响，梳理侨企复工复产面临困难。联合金博大律师事务所成立“党员先锋公益律师服务团”，提供线上公益法律咨询服务，解答因疫情产生的相关法律问题，引导侨商侨企遵守法律诚信经营。联系巩义瑞康医院，成立防疫期间心理评估管理专家组，开展线上线下咨询服务。中美国际（郑州）创业港侨联参与由京东云与AI联合、中国技术创业协会等数十家机构联合发起“五色石计划”：软件+孵化器帮助中小企业复工复产，帮助中小企业复工复产共渡难关。

10月28日，市侨联参加线上路桥沿线城市侨联服务“一带一路”合作联盟会议（市侨联/供图）

【基层侨联组织建设】 11月27日，召开郑州市侨联九届三次常委会、九届二次委员（扩大）会，传达学习十九届五中全会精神，市侨联主席吕剑代表郑州市侨联九届委员会作九届二次全委（扩大）会工作报告，审议通过有关人事事项，对2019年度郑州市侨联系统工作先进单位和个人、在疫情期间作出突出贡献的海内外侨团侨企、归侨侨眷进行表彰并颁奖。会议号召侨联组织要坚持“两个并重”，深化“两个拓展”，团结归侨侨眷和海外侨胞在全面推进全市经济建设、政治建设、文化建设、社会建设、生态文明建设中开启新征程，为黄河流域生态保护和高质量发展作出更大的侨界贡献。12月3日，在上街区召开基层组织建设经验交流现场会，全市基层侨联主席参加，“侨胞之家”负责人做经验交流。会上对基层组织建设工作情况进行剖析，部署2021年工作，号召全市上下进一步推进“为侨服务”工作，持续夯实基层组织建设。12月3日，在上街区召开基层组织建设经验交流现场会，全市基层侨联主席参加，“侨胞之家”负责人做经验交流。会上对基层组织建设工作情况进行剖析，部署2021年工作，号召全市上下进一步推进“为侨服务”工作，持续夯实基层组织建设。

深度挖掘特色侨资源，夯实基层组织建设。悉心指导，精心培育“侨胞之家”，在金水区“精益口腔侨胞之家”开通“华人华侨就诊绿色通道”，推出归侨侨眷专属服务“侨益卡”，受到侨界群众广泛赞誉。接待漯河、三门峡、项城、南宁、平顶山等侨联观摩学习郑州市阵地建设。

【归侨关怀活动】 开展“送温暖、献爱心”春节走访慰问活动，共慰问344户，送出慰问品和慰问金165180元。开展贫困（困难）归侨侨眷人员统计工作，摸底排查出贫困（困难）归侨侨眷42户，发放专项扶贫济困专项经费9.4万元。联合郑州爱尔眼科医院在登封市唐庄镇同心实践基地开展“侨爱心 光明行”健康义诊活动。为100余人免费进行视力检查，筛查出30余名白内障及糖尿病视网膜病变患者，并提供合理治疗方案。向基层侨联组织及社区“侨胞之家”赠送《涉侨政策法律问答》、《华侨史概要》等涉侨知识书籍。以“一法一办法”颁布30周年为契机，开展普法活动，通过集中宣传，发放资料，设置展板横幅、邀请专家解读等方式，掀起依法护侨的浓厚氛围。

【服务经济社会发展】 11月27日，成功举办“不忘初心 不负韶华”2020侨界青年创新创业论坛。侨界青年及各行业侨界代表近120人参加论坛，七位会长分别做了精彩的主题演讲。此次论坛旨在充分发挥侨界青年的经营网络优势和人脉关系，引导更多的海内外侨界高端人才投身郑州创新发展主战场，为推动郑州实现高质量发展提供人才智力支撑，为郑州建设国家中心城市贡献力量。线上参加陆桥沿线城市侨联服务“一带一路”合作联盟第三次联席会议暨线上融媒体创客创业企业推介会，市侨联主席吕剑发言，并推介郑州。用好网络平台，创新工作模式。中美国际（郑州）创业港侨联举办创业港园区企业在线沙龙，多家侨创企业及留学生参加，讨论如何在新冠状病毒疫情影响下，解决中小企业的生存发展问题及防疫问题。

【助力中原文化传播】 受新冠疫情的影响，“拜祖大典”、“亲情中华”活动转为线上进行。通过活动，向海外传播中华文化，引导海外华人华侨增强文化自信，使中华优秀传统文化成为涵养社会主义核心价值观的重要源泉。与多家单位联合主办“黄河之舞 遇见郑州”2020年中国·郑州第六届国际标准舞全国公开赛暨世界巨星表演晚会，用舞蹈加强国际间文化交流，用行动助力国家中心城市建设。接待中国侨联举办的海外侨领研修班，组织来自全球26个国家和地区的50位知名侨领、杰出侨商代表参加现场教学，参观考察黄帝故里、中欧班列、郑州国际陆港开发建设有限公司进口商品展示厅、郑州航空港区城市会客厅、登封少林寺等单位和地区，领略底蕴深厚的中原文化和精湛璀璨的武术文化。

（杨苗苗）

工商业联合会

【概况】 2020年，郑州市工商联在疫情防控第一线和帮助企业复工复产第一线践行责任使命，积极主动作为，推进各项工作取得积极成效。以郑州市民营经济“两个健康”提升行动暨“一联三帮”专项行动（以下简称“两个行动”）为工作重心，帮助惠企政策落地、帮助企业纾困解难，助力做好“六稳”工作、落实“六保”任务。配合市委、市政府召开“两个行动”推进会，出台了郑州市民营经济“两个健康”提升行动实施方案，建立全市民营经济工作联席会议及四个工作专班，编发工作简报156期。开通了民营企业诉求响应智慧平台。全市2456家企业、602个涉企部门在平台登录注册。构建亲清政商关系，推动建立郑州市党委政府领导联系非公有制企业和商会制度，健全“领导干部+工作专班+服务对象”的帮扶名录，截至2020年底，全市市、县、乡三级共有1703名领导干部联系5209家民营企业。加强政企沟通，畅通企业反映问题渠道，帮助企业解决困难、支持企业更好发展，市党政领导先后到所联系企业和商会调研，积极为企业排忧解难。按照上级要求，开展同民营经济代表人士谈心谈话活动，市、县两级统战系统有关领导采取约谈和调研座谈等多种形式，谈心谈话353人次。

【疫情防控和复工复产】 积极组织全体党员下沉一线参加疫情防控，到单位驻地社区、居住地社区、高速口等地驻守执勤，同时协调防疫物资送到相应街道（乡镇）等基层组织和一线工作人员手中。市工商联派驻登封宋窑村工作队参与本村防控卡点24小时值守，为本村及邻村协调5万余只口罩。在疫情防控卡点，机关干部自觉服从街道社区的统一管理，严格遵守值守纪律，机关先后参与值守205人次，共计时长850小时。在市防控领导小组和市工商联党组的配合下，市工商联主席企业康利达集团和副会长企业旭日进出口公司，联合在欧洲协调货源，联络跨国转运，克服种种困难，先后分四批将价值400余万元的N95口罩、医用防护服等急需的防疫物资及时运抵郑州，捐赠给岐伯山医院和防控一线，在一定程度上缓解郑州市重点防控物资紧缺的燃眉之急。疫情期间全市参与捐赠的会员企业、商会组织、企业家个人共1100余家，捐赠款物1.36亿元。为了解掌握疫情期间民营企业特别是中小微企业生产经营、复工复产情况，开展两次线上问卷调查，共组织1500余家企业参与调研，认真撰写《关于疫情期间民营企业生产经营情况的调研分析及对策建议》和《郑州市民营企业复工复产情况调研》两篇调研报告，得到省工商联和市委、市政府的充分肯定，为上级单位科学决策提供了参考依据。围绕“六稳”“六保”深入商会、企业开展调研，联合市总工会、人社局等单位下发《关于开展2020年集体协商“集中要约”活动的通知》，充分发挥集体协商制度在协调劳动关系工作中的基础性作用，积极应对疫情对劳动关系的影响，更好助力企业复工复产和绿色发展。

【民营企业服务保障工作】 开展专项调研。先后开展了民营企业运行状况调查、拖欠民营企业账款情况调研、疫情对民营企业污染防治影响调查问卷、民营企业发展法治环境调研、第十次民营企业军民两用高新技术及产品研发生产情况专项调查、民营企业融资情况等多项调研活动。组织892家企业参与全国工商联2020年“万家民营企业评营商环境”调查工作。组织工商联界别政协委员向市政协十四届三次全会提交提案48件，立案46件。

7月28日，郑州市民营经济“两个健康”提升行动暨“一联三帮”专项行动推进会召开（市工商联/供图）

《充分发挥自贸试验区创新引领作用着力打造对外开放体系高地》调研报告被列为市政协二季度常委会大会发言。组织企业参加制造业民营企业转型升级和健康发展座谈会，及时反映诉求和问题，争取政策支持。拓展服务领域。与市生态环境局协同建立服务民营企业绿色发展工作联席会议制度，制定了《关于支持服务民营企业绿色发展的意见》。搭建法律服务平台，与市检察院联合举办“服务‘六稳’‘六保’护航民企发展”检察开放日活动、民营企业发展座谈会等，印发《关于建立健全检察机关与工商联沟通联系机制服务保障民营企业高质量发展的工作意见》。搭建综合服务平台，同市法律援助基金会、中原银行及河南省卓越质量品牌研究院等相关单位和组织签署民营经济发展服务中心共建意向。加大对本地企业服务力度，举办产销、产融、用工、产学研“四项对接”活动106场。开展教育培训。2020年，市工商联在南水北调干部学院举办商会会长培训班；组织80余名青年企业家赴杭州开展“不忘初心、逐梦前行”研学考察活动。市、县两级共组织各类培训259个班次（不含以会代训），培训29571人，紧抓思想政治教育主线，不断增强民营经济人士“四个自信”。推进扶贫帮困。制定《郑州市工商业联合会关于推进脱贫攻坚工作的实施方案》，将持续推进产业扶贫作为脱贫攻坚工作重点。在驻村帮扶地登封市颍阳镇宋窑村筹建挂面厂、五村联建养殖场、加工厂房建设项目等，进行特色产业培育，促进贫困群众脱贫增收。截至2020年底，郑州市进入“千企帮千村”精准扶贫行动全省台账管理的民营企业有592家，精准帮扶全国722个村（其中建档立卡贫困村400余个），受帮扶贫困人口9.34万。累计投入产业帮扶项目资金约17.9亿元；投入就业帮扶资金总额约1.31亿元；投入技能帮扶资金总额约762万元；公益捐赠约1.48亿元。康利达、建业、伏羲山等3家企业荣获全国“万企帮万村”行动先进民营企业荣誉称号。

【民营企业意识形态工作】召开民营企业家学习习近平总书记给圆方集团员工回信座谈会。5月1日，市工商联及时召开郑州市民营企业家座谈会，传达学习习近平总书记给圆方集团员工回信，学习他们“平时看出来，困难时站出来，危急时豁出来”的强烈担当和奉献精神，争做爱国敬业、守法经营、创业创新、回报社会的典范。召开学习传达全国两会精神专题会议。在康利达党群服务中心召开专题会议，重点对两会盛况、习近平总书记在全国两会期间系列重要讲话精神、《政府工作报告》和《中华人民共和国民法典》《全国人民代表大会关于建立健全香港特别行政区维护国家安全的法律制度和执行机制的决定》主要内容进行传达，尤其对习近平总书记看望参加政协会议的经济界委员时的重要讲话精神及全国两会关于民营经济发展的新论述、新要求、新政策进行了详细解读，增强广大民营企业的信心和决心。召开学习习近平总书记重要讲话精神企业家座谈会。7月30日，市工商联组织企业家代表认真学习习近平总书记的重要讲话精神，进一步坚定发展信心，深化改革创新，强化责任担当，拓宽视野扩大开放，充分利用国内国际两个市场、两种资源，积极融入以国内大循环为主体、国内国际双循环相互促进的新发展格局，努力在危中寻机、攻坚克难，推动民营经济高质量发展。召开学习十九届五中全会精神专题会议。进一步提高政治站位，深刻认识党的十九届五中全会的全局性、历史性意义，把深入学习、全面贯彻好五中全会精神作为全市工商联系统当前和今后一个时期的首要政治任务，切实以五中全会精神武装头脑、指导实践、推动工作，同时，加强宣传解读，利用民营企业学院、网站等载体，通过执委会、走访调研等形式，面向全市工商联、商会和广大民营经济人士广泛深入宣传五中全会精神，在全市民营经济领域掀起学习全会精神、宣传全会精神、贯彻全会精神热潮。

【商会建设】认真贯彻落实中办、国办《关于促进工商联所属商会改革和发展的实施意见》精神，推进全市工商联商会改革发展，加强对商会的指导、引导和服务，组织对新任商会会长人选进行综合评价。指导新成立商会3家，指导2家商会进行换届。指导成立了3家商会党支部。抓好活动载体，高标准打造活动阵地，推荐康利达党群服务中心为第二批河南省民营经济人士理想信念教育基地，构建民营经济人士精神家园。

（刘　根）

红十字会

【概况】2020年，郑州市红十字会围绕全市中心任务，大力弘扬“人道、博爱、奉献”的红十字精神，在应急救援救护、人道救助等领域取得新成就、新突破、新亮点，推动全市红十字事业持续健康发展。

积极开展疫情防控工作。积极参加全市疫情防控工作，主动开展社会动员。共计接收捐赠款物合计3214.27万元，其中捐款1980.54万元、捐赠物资价值1233.73万元。积极开展“三送一强”活动。走访爱心企业30余家，送政策资料100余套、防疫物资价值20余万元；印制防疫资料、筹集消杀物资，通过开展志愿服务活动指导企业疫情防控，协助做好卫生环境消毒。扎实推进“红会送医”。全年共为6个县（市）的12个乡镇卫生院开展“红会送医”志愿服务活动47批次，选派医疗专家志愿者564人次，受益群众5000余人次。稳步开展“结伴同行脱贫路”。举办跨年春晚和募捐义卖活动，为贫困户筹募米面油和棉衣棉被棉鞋等生活物资。邀请中医药专家实地踏勘，制定中药材种方案，对3万多棵石榴树进行嫁接，为536名家庭贫困患有近视的孩子捐赠价值25万的近视眼镜。全力做好驻村工作。为所驻村申请2万余元的防疫物资；走访慰问老党员和参战老兵等40余人次。帮助群众销售大蒜、玉米、水果、红薯等价值15000余元的农产品；协调体育部门安装18套健身设施，投入1万余元为村里购置投影仪、电脑等定期放映电影。组织红十字志愿服务活动4批次，服务群众400余人次。

【“三救”工作】人道救助精准送达。通过红十字“小天使基金”和“天使阳光基金”，为72名患者发放救助金合计130万元。通过“博爱送万家”活动，筹措慰问物资1181份，价值20余万元。应急救护培训广泛深入。全年共培训应急救护师资160名，红十字救护员1511名，开展应急救护普及讲座42场，参加人数2527人。开展现场急救、防灾避险演练活动，受益群众2000余人次。应急救援及时高效。安徽王家坝蒙洼蓄洪区开洪泄闸，风马旗救援队冒雨行进500公里，为群众转运物资、运送水电维修人员、医疗保障人员、转运伤病群众，累计输送救援物资43船次，保障转运人员258人。

【“三献”工作】造血干细胞捐献深入开展。开展造血干细胞捐献志愿者招募活动47场。本年度招募志愿者1675人，再动员235人次，采集高分辨血样89份，捐献前体检43人次，成功捐献23例，累计成功捐献316例。无偿献血主动突破。动员15名新冠肺炎康复患者志愿捐献血浆。先后组织5批次200余名志愿者为新冠疫情防控定点医院献血，献血2万毫升、血小板230余治疗量。全年累计捐献血液150万毫升，郑州市连续11次荣获“全国无偿献血工作先进市”。器官捐献稳步推进。协调134例器官捐献，捐献大器官400余个、眼角膜42对，挽救400余名器官衰竭患者的生命，使80名失明患者重见光明。

【志愿服务】服务体系继续完善。全市建立各类红十字志愿服务队伍27

1月14日，“结伴同行脱贫路上”红十字会志愿者为贫困户送生活物品（谭纪刚/摄）

支，发展志愿者3.6万余名，建设志愿服务基地10个。志愿者牛振西荣获第七届全国道德模范提名，志愿者张菊被评为“河南好人”。品牌效应作用明显。全年开展志愿服务活动100余次，出动志愿者2000余人次，受益群众1万余人。蓝天应急救援队在疫情防控期间，累计消杀230万平方米，运输抗疫物资200余吨。水上义务救援队建立联防联控机制，参与户外救援90多天，出动队员500多人次，帮助30人脱离生命危险，打捞溺水者37人。法律工作志愿服务队开展知识宣讲200余场次。摄影之光志愿服务队共发表公益新闻上百篇，网络筹款近1千万元。服务领域持续拓宽。文化艺术志愿服务队开展“暖新年”活动，为群众义写春联3700余幅；曲艺志愿者到多个社区慰问演出12次。人道精神传播志愿服务队向环卫工、市民免费发放腊八粥600多份、包子200个、鸡蛋100个、手套200双。慰问对越作战一、二、三功臣老兵39位。开展红十字博爱助学活动，捐书助学红十字急救手册和课外书籍1123册。

【人道传播】宣传大格局初步建立。全年通过新闻媒体刊发各类稿件385篇，其中在中央级媒体刊发57篇、省级媒体刊发87篇；在河南省红十字会官网及微信公众号平台发布疫情防控信息37篇。红十字青少年工作蓬勃开展。组织20000名学生参加全国抗击新冠肺炎疫情暨红十字应急救护知识答题竞赛。培训师资64人，在学校开展防溺水普及讲座130余场（次），培训师生约3万人次。持续发展会员单位。按照冠名红十字医疗机构管理工作办法，从严做好冠名红十字会医院的筛选、考核、管理等工作。新增1家冠名医院。

【创新发展】召开第六次全市会员代表大会。审议通过第五届理事会的工作报告和《郑州市红十字事业2020—2024年发展规划》，选举产生郑州市红十字会第六届理事会、监事会。扎实推进红十字会改革。制定《郑州市红十字会改革方案（草案）》和《关于〈郑州市红十字会改革方案（草案）〉的起草情况说明》，并征求相关部门的意见建议。积极开展各类试点工作。以互联网技术为依托，打造“红十字智慧服务终端”。在新郑市开展“红馨家园”项目试点工作。推动建设郑州市生命健康安全体验馆纳入市财政项目预算。推动网络直播宣传。

（殷文龙）

残疾人联合会

【概况】2020年，郑州市残联紧紧围绕残疾人脱贫攻坚同步小康目标，切实做好残疾人社会保障、创业就业、康复救助、公共服务、权益维护等工作。积极推进残联改革。根据省残联改革工作安排，市残联听取各区县（市）、开发区残联的意见、建议，学习借鉴其他群团组织改革的做法，积极、稳妥地研究和制定改革方案。7月2日，市委全面深化改革委员会第六次会议审议通过《郑州市残疾人联合会改革方案》，并要求以市政府办公厅文件印发。加强残疾人基层组织建设。全市211个乡镇（街道）、3139个行政村（社区）配备了3162名残疾人专职委员。将乡镇（街道）、村（社区）残疾人专职委员工作补贴纳入区县（市）财政预算，每人每月工作补贴100元。通过岗前培训、以会代训、边干边学等方式对基层残疾人专职委员进行了业务或相关知识的轮训，培训覆盖率达90%以上。

【疫情防控】按照郑州市疫情防控领导小组统一指挥，结合中国残联、省残联通知要求，郑州市残联多举措开展了疫情防控工作。制定《郑州市残疾人联合会新型冠状病毒感染的肺炎疫情防控工作方案》，成立疫情防控工作领导小组。按照郑州市疫情防控工作领导小组的统一部署，自2月5日起，在保证日常工作开展的前提下，三分之二人员参与社区执勤和入市口站点志愿服务，充分发挥各级残联系统动员组织作用和各级党员干部先锋模范作用。全力配合有关部门做好所属残疾人康复机构、托养中心等各类残疾人服务机构疫情防控工作。全市各级残联没有发现残疾人工作者和残疾人感染新冠肺炎或疑似新冠肺炎。

【残疾人救助帮扶】完善贫困重度残疾人特殊生活救助。在用足用好国家、省关于残疾人各项救助政策的同时，市残联认真落实《关于进一步完善为郑州市残疾人发放特殊生活补贴的通知》，对未享受城乡低保的建档立卡农村贫困残疾人全部纳入特殊生活补贴救助范围，巩固了贫困残疾人脱贫工作成效。城镇标准每人每月730元，农村标准每人每月511元。全年市县两级财政共为49343名符合条件的残疾人发放特殊生活补贴2.796亿元，其中建档立卡残疾人3987人。落实“两项补贴”政策。根据《郑州市困难残疾人生活补贴和重度残疾人护理补贴实施细则》，制定与郑州经济社会发展水平相适应的补贴标准，困难残疾人生活补贴每人每月120元（省定标准不少于60元），重度残疾人护理补贴每人每月100元（省定标准不少于60元）。17837人享受困难残疾人生活补贴，52264人享受重度残疾人护理补贴，“两项补贴”共发放金额7103.75万元。实施“三无”残疾人生活救助。对“无劳动能力、无经济来源、无法定抚养人或赡养人的残疾人每人每月提供300元生活救助，按城乡统一标准发放，全部由市财政解决。2020年救助“三无”残疾人1515名，补助资金512.28万元。开展残疾人托养服务。按照《河南省托养服务工作“十三五”实施方案》和《郑州市阳光家园计划实施方案》，对机构托养的残疾人每人每年补助3000元，日间照料残疾人每人每年补助2000元，居家托养补助1000元。2020年为机构托养、日间照料、居家托养拨付资金241.45万元，对1441人/次残疾人进行补贴。

【残疾人精准康复】实施0—14岁残疾儿童康复救助。依据市政府出台的《郑州市残疾儿童康复救助实施方

扶残助残志愿者服务队慰问贫困残疾人（市残联/供图）

案》，在省重点民生实事0—6岁残疾儿童康复救助工作基础上，继续实施0—14岁残疾儿童康复救助，为符合条件的视力、听力、言语、肢体、智力等残疾儿童和孤独症儿童提供手术、辅助器具适配、康复训练等服务。2020年全市为3343名0—14岁残疾儿童提供康复救助服务，其中0—6岁建档立卡残疾儿童15名，7—14岁建档立卡残疾儿童8名。为47448名残疾人提供康复服务，其中，为9797名残疾人提供辅助器具服务。实施全市低保家庭的精神病患者医疗救助，2020年市财政下拨区县（市）专项救助资金352万元，救助人数2921人。

【残疾人就业培训】 积极对有就业能力和愿望的残疾人开展培训，做到“三个结合”：结合残疾人特点开展专项培训；结合市场需求开展特色培训；结合用人主体开展定向培训。通过多种途径培训和就业增加残疾人收入，帮助贫困残疾人脱贫。建成了富士康残疾人阳光工场，形成了“大企业扶持+第三方管理+残疾人就业”的模式，安置各类残疾人500多人，其中建档立卡农村贫困残疾人56人，重度肢体残疾人和精神智力残疾人319人。采取残疾人集中吃住集中就业、集中康乐、集中培训相融合的管理运营形式，企业、残疾人双受益。形成了按比例就业、集中就业、辅助性就业和支持性就业相融合的就业模式。全年全市培训残疾人共计3560。

【残疾人教育帮扶】 做好2020年度普通高招残疾考生统计工作，对全市应届残疾高考学生进行基本情况调查，指导残疾考生做好考试、填报志愿等工作，资助58名贫困残疾人大学生，全市共发放资助资金21.45万元。做好未入学适龄残疾儿童少年调查登记、统计录入、建档造册工作，通过普通学校随班就读、特殊教育学校就读、送教上门等多种形式，逐一做好适龄残疾儿童少年的入学和学前残疾儿童入幼安置工作，义务教育阶段入学率达到96.22%。

【残疾人权益保障】 继续做好三类（听力、视力、言语）残疾人通讯信息消费补贴发放工作，为34006名符合条件的残疾人发放通讯信息补贴1224.216万元。为667户贫困残疾人家庭进行无障碍改造。为1.9万名持绿城通关爱卡的残疾人购买了团体交通意外险。大力开展助残志愿服务，全年共处理残疾人来信来访来电400余人次（件），100多名残疾人接受咨询服务，20多名残疾人得到了法律援助。

【扶残助残氛围营造】 3月2日，承办省会第21次全国“爱耳日”线上宣传教育活动，1000多名观众线上观看了直播。全市各康复机构在爱耳日期间开展线上课堂100多期。以全国助残日为契机，在郑州市盲聋哑学校举办爱心捐赠活动，协调企业为市盲聋哑学校、管城区辅读学校等5所特教学校捐赠校服1000套。5月19日，郑州电视台、郑州市残联共同打造的助残栏目《你我同行》正式开播。6月12日，由市残联和931郑州经济广播联合制作的专题节目——“残疾人之声”正式上线。实施“盲人数字阅读推广工程”，全市共建成盲人阅览室12个。开展残疾人文化进家庭“五个一”活动，不断丰富残疾人文化生活。组织参加第六次全省自强模范暨助残先进评选表彰。“无臂羊倌”曹建新在表彰大会上发言。

【残疾人证核发管理】 针对新冠肺炎疫情影响的到期残疾人证换发工作，自4月22日至5月30日，全市集中开展到期残疾人证换发工作，并要求各县级残联结合动态更新工作，排查残疾等级明显变化、康复或死亡、疑似残疾人和残疾人证到期未换发等情况，针对排查问题制定整改措施并抓好落实，积极开展集中办证和入户办证工作，各区县（市）残联开展下乡巡回办证149次，全市本年度年新办证 11934 人，到期换发残疾人证22682本，废证注销3059本。认真开展残疾人动态更新工作，共计调查残疾人167430人，入户调查144654人，电话调查12146人，入户率86.4%。

（李传忠）

文学艺术界联合会

【概况】 2020年，郑州市文联紧紧围绕“举旗帜、聚民心、育新人、兴文化、展形象”的职能使命，以推动文艺工作高质量发展为主线，按照市委宣传工作“更加凸显国际水准、更加体现郑州实际、更加贴近群众需求”的目标要求，坚持聚焦大事谋发展，聚力重点抓落实，守正创新求作为，推动郑州文艺活起来、实起来、强起来，团结引领全市广大文艺工作者，为郑州国家中心城市文艺繁荣发展，为中原文化更加出彩，做出积极探索和更大贡献。在市委市政府的领导和市委宣传部的指导下，市文联及所属11个文艺家协会统一思想，认清形势，做好各协会的总结和谋划工作，修订完善协会章程，严格标准，规范程序，及时做好新老班子交接，高质量、高标准按照年底前完成换届工作的计划，有序推进各项工作。

按照市委统一部署，先后下沉到河南省郑州市中原区伊河路社区、郑州航空港经济综合实验区校场王村、中州大道黄河桥收费站出口、郑州绕城高速樱桃沟收费站出口等防疫执勤点，积极在疫情防控一线发挥作用。在参加防疫执勤的同时，充分发挥文艺特长，力所能及挖掘采集疫情防控一线各类工作人员的感人事迹、动人场景，及时留存工作场景的图片影像资料，积极传递战“疫”画面，集中定格、展示郑州市文联和文艺界众志成城、全程战“疫”的责任担当，聚焦抒写、讲述郑州市人民坚决打赢疫情防控阻击战的动人故事，先后创作了音乐、文学、曲艺、美术、书法、戏剧、摄影、舞蹈、民间文艺等战“疫”作品1000余件（篇），并在“学习强国”学习平台等各类媒体宣传展示，采取网上展览等新媒体新手段广泛传播，为坚决打赢战“疫”做出了“艺”线贡献。

学院”筹建及“西花园酒店”的改造工作。

8月28日，郑州市第六届群众文化艺术节系列活动中“寻找河南戏曲电影里的经典”“优秀电影音乐走基层”两项活动启动（市文联/供图）

【文艺展演】郑州市文联11个文艺家协会，带领全市文艺工作者组织开展向人民汇报暨“郑州市文联成立70周年”书画、摄影、民间文艺精品展、“红色文艺轻骑兵”“深入生活 扎根人民”主题实践活动等，特别是在郑州市第六届群众文化艺术节系列活动中，围绕“第29届中国金鸡百花电影节”活动，承办了“百花起舞郑州市电影歌曲广场舞展演”“优秀电影音乐走基层”“寻找河南戏曲电影里的经典”3项活动，活动通过多个新媒体平台面向全国直播，吸100余万人次收看，中央、省市媒体，河南学习强国平台共计60余家进行了报道，在市民群众中引起强烈反响。真正将欢乐和文明送到了千家万户，将党的声音和关怀送到了百姓心间。

【服务中心工作】在市委正确领导下，在市委宣传部有力指导下，市文联参与筹备了“第29届中国金鸡百花电影节”。在电影节筹备工作中，完美呈现了电影节VI、主视觉设计；编纂完成了图书《郑州与中国电影》；制作完成的代言片《在郑州遇见百花》网络点播量突破1亿人次，掀起电影节“打卡”热潮；组织的“全城星空放映”活动，打造了一场老百姓的“电影家宴”；“到人民中去”——电影艺术家下基层活动圆满成功；“庚子年黄帝故里拜祖大典”系列活动“根亲中国”微电影网络大赛；历时70天，共征集1108部作品，大赛以“弘扬根亲文化，共筑伟大复兴”为主题，以传播“黄河文化”“黄帝文化”、“根亲文化”为使命，连续举办6年，已成为国内独具特色、较有影响的微电影活动。为深入学习贯彻习近平总书记关于黄河流域生态保护和高质量发展座谈会精神，加快构筑全国重要的文化高地，在市委宣传部的领导下，市文联成立专班，建立专家咨询团队，积极推进“黄河美术学院”筹建及“西花园酒店”的改造工作。

【中原文化推介】郑州市文艺工作者“深入生活 扎根人民”挖掘黄河文化丰富内涵，讲好黄河故事，弘扬黄河文化，创作了很多具有郑州特色、郑州风格、郑州气派的黄河文化系列优秀作品。歌曲《中国河》和《我与祖国同在》入选“河南当代歌曲创作精品工程”2019年度优秀歌曲；歌曲《春天的黄河谣》入选2020年度河南省“五个一工程”重点创作项目；歌曲《归来》《我的好兄弟》《一起来》《家在黄河边》登陆“龙腾黄河中国年”央视春晚分会场。歌曲《我们能》在中国国际教育电视台举办的“天佑中华，加油武汉”抗击疫情主题歌曲征集中获得“优秀国际展播奖”。组织创作了情景舞蹈《姐妹弟兄》、环境舞蹈《我就在你身边》在“学习强国”河南学习平台等新闻媒体及网络播发。两个作品一经推出全网点击率达100万人次。市戏剧家协会名誉主席耿玉卿、孟华、王希玲荣获第五届黄河戏剧奖·特别贡献奖。剧协主席王明山喜获田汉戏剧奖。第九届黄河戏剧奖·小戏小品奖大赛举行，经过省剧协组织专家评选，郑州市剧协推荐的由登封市豫剧团《心路》获金奖，郑州市曲剧团《小良探亲》获铜奖，另获单项奖9项。为提升全市文艺人才的整体素质和影响力，打造郑州宣传思想文化战线人才高地，展示郑州精品文学艺术，实施了文艺名家推介工程，按照举办一场展览（演）、出一本书（专辑）举办一场专家座谈会的方式，推出了著名曲艺名家赵维丽等一批艺术家。

（李　坤）

法治

政法委及综治

【概况】2020年，全市政法系统坚决贯彻落实中央、省委和市委决策部署，始终把坚持党对政法工作的绝对领导作为最高原则和根本使命，把履职重心放在政法领域重要事项的牵头抓总、统筹协调、督办落实上，较好地完成了上级党委政法委和市委交办的各项任务，有力推动全市政法工作取得新进展、新成效。

助力扶贫攻坚。2020年，市委政法委认真做好新郑市郭店镇小司村扶贫工作。坚持党建引领，建强基层党组织。精准落实教育扶贫、健康扶贫、保险扶贫、就业扶贫等各项政策到户到人。用好专项资金完善村内基础设施建设，修建道路、安装路灯、开通公交车、打深水井解决村民出行、饮用水等难题。大力发展集体经济，增加村集体经济收入近20万元。实现小司村建档立卡48户132人贫困群众稳定脱贫、逐步致富和38户135人脱贫成果监测跟踪，如期完成脱贫攻坚目标任务。

【党领导政法工作体系建设】2020年，全市政法系统认真贯彻《中国共产党政法工作条例》，建立健全相关配套制度22个，党委政法委员会全体会议、党委政法委派员列席政法单位民主生活会、政法委员述职等制度得到有效落实，推动市委出台《关于加强新时代公安工作的意见》，全市201个乡镇（街道）政法委员全部配备到位，党领导政法工作体系进一步健全。探索建立政治督察和纪律作风督查巡察制度，成立领导机构，出台“四个文件”“三个规定”，设立“一办一库一组”。对四家基层政法单位开展了首轮督察巡查，发现问题368个，向纪委监委移送问题线索92条，进一步提高了政法队伍监督管理的实效，相关经验做法得到省委政法委领导批示肯定。

【疫情防控】制定印发《重大疫情等突发公共卫生事件应急响应与联动工作方案》《公共卫生重大风险评估制度》和《新冠肺炎疫情防控应急预案》，健全疫情应急响应的制度体系。建立市级疫情信息研判指挥中心，增设三大枢纽转专班和中高风险专班，推行居民健康“三色码”智能管控，实行入境人员“双报告”制度，细化对“八类人员”“八类场所”的联防联控措施，组织开展16场疫情应急演练。全市2万余名政法干警下沉一线参与联防联控。坚持依法抗疫，打击处理涉疫违法犯罪嫌疑人368人，以法治稳人心、护大局。涌现出樊树锋等先进模范，全市政法系统64名同志、18个单位被表彰为郑州市抗击新冠肺炎疫情先进个人和集体。

【服务保障大局】2020年，全市政法系统深入开展“三送一强”活动，出台政法机关助力企业复工复产的一系列政策举措，落实检察长联系民营企业制度，对涉医疗物资企业审慎采取强制措施，组织律师服务团开展“法治体检”，为企业创造宽容的司法环境。大力推进“线上办案”，疫情期间网上立案2.06万件，网上开庭6969次，有力确保司法服务不中断。依法判决亚圣集团非法集资案，建立扶贫领域涉案财物快速返还机制，共建“河湖长+检察长”协作机制，助力打赢三大攻坚战。出台政法机关服务保障优化营商环境的意见，深入开展影响法治化营商环境执法司法突出问题专项整治，走访企业17984家，排查化解问题459个，排查问题案件372起，有效解决了一批企业和群众反映强烈的执法司法问题。

【扫黑除恶斗争】2020年，全市政法系统深入开展“六清”行动，创新成立涉案财产处置专班，设立督导专员制度，对查否后群众多次举报的线索逐件“回头看”，出台“三书一函”办理实

3月10日，市委政法委“三送一强”活动月工作部署会召开（市委政法委/供图）

6月2日，郑州市扫黑除恶专项斗争领导小组会议召开（市委政法委/供图）

施意见，对上级挂牌督办案件全部实行领导包案，成功将“梁氏兄弟”案主犯劝返回国，依法办理王三庆、林东风、李聚斌等大案要案，为全省专项斗争大局作出突出贡献，综合绩效全省第一。

【平安郑州建设】 2020年，全市政法系统开展全国市域社会治理现代化试点工作，牵头组织实施全市综合考评平安建设专项绩效考核，平安建设再添新动力。持续推进“一村（格）一警”和“村（居）法律顾问”工作，903名社区民警和4018名社区辅警下沉作业，948名的法律顾问联系服务2791个村（居），基层政法工作体系进一步完善。加快推进立体化、智能化治安防控体系建设，建成一类高清视频监控5万余路，联网社会监控资源7万余路，与城管、环保、应急、消防等20余个部门实现视频监控资源共享应用，公安机关利用视频监控查破案件1831起，“雪亮工程”视频监控体系进一步完善。积极推广二七区智慧小区建设经验，结合老旧小区改造工程为1723个小区安装智能安防系统。部署开展命案防范百日行动，排查化解易引发“民转刑”案件的矛盾纠纷5415起。深入开展“雷霆行动”，始终保持高压严打态势。同类犯罪集中打、有组织犯罪深化打、新型犯罪攻坚打的经验做法得到省委领导的充分肯定。建立疫情防控维稳专班，完善涉疫维稳情报信息工作机制，依法妥善处置银基商贸城、升龙活力街、滴滴出行等群体聚集事件387起，用法治保障信访秩序。圆满完成一系列重大安保维稳任务，有力保证了春晚郑州分会场、金鸡百花电影节等重大节赛活动顺利举行。

【政法系统改革】 2020年，全市政法系统顺利完成省以下法院检察院人财物统一管理改革和城区公安“一区一分局”改革，撤并精简原有的30个市内分局，新组建11个市内分局和航空港经济综合试验区公安分局，12个分局共下辖112个基层派出所全部挂牌开始运转，公检法系统内部管理体制进一步理顺。积极推进民事案件诉讼程序繁简分流试点，出台关于加强诉源案源治理的意见，制定出台《加强诉源案源治理的若干意见》，对物业管理、消费者权益、延迟交房延迟办证等涉众性纠纷实行诉前化解，在基层法院设立专门速裁团队，打造立、审、执协同化小额诉讼模式，民事简易程序适用率92.54%，速裁程序适用率51%。制定出台审判权责清单，加强院庭长监督管理，检察官业绩考评经验做法全省推广。“城市大脑”社会治理平台在中原区部署试用，政法协同工作平台实现政法各部门数据汇集功能，通过政法跨部门大数据办案平台办理25类案件2.3万起，智能化建设取得突破性进展。全力推进“一网通办、一次办成”政务服务改革，18个公安政务服务事项实现“一次不跑”，在全省率先实现新生儿“一件事”全程网办。

【政法队伍建设】 2020年，全市政法系统坚持把学习贯彻习近平新时代中国特色社会主义思想作为首要政治任务，落实党组（党委）“第一议题”制度，认真学习贯彻习近平法治思想、习近平总书记在中国人民警察警旗授旗仪式上的训词精神，不断强化政法系统理论武装。广泛开展轮值轮训、岗位练兵、技能比武、实战演练等活动196期，培训干警3.2万人次，举办首期乡镇（街道）政法委员培训班，政法干警专业化履职能力明显增强。持续做好因公牺牲伤残特困干警救助工作，为15名干警发放救助资金104万元。深入开展政法系统“以案促改”活动，严肃查处政法干警违纪违法案件，有力促进了干警清廉、队伍清正、司法清明。

（任　浩）

立　法

【概况】 2020年，深入学习贯彻习近平法治思想，全面推进科学立法、严格执法、公正司法和全民守法，以良法善治推进市域治理体系和治理能力现代化。依法做好规范性文件备案审查和法规清理工作，对31件规范性文件进行备案审查，对涉及生态环境保护、优化营商环境和食品药品安全监管等地方性法规进行自查和清理，打包修改地方性法规18件、废止4件，维护了国家法制统一。

【城市建设和管理立法】 2020年，紧扣城市品质提升、民生关切加强立法，制定郑州市房屋使用安全管理条例，理顺管理体制、明确安全责任主体，保障所有权人合法权益和房屋使用安全；制定郑州市城市公共汽车客运条例，对公共汽车运营管理、服务、安全及相应法律责任作出系统规定，为促进我市城市公共汽车客运事业健康有序发展提供法治保障。落实中央和省委、市委关于国土空间规划体系改革重大部署，制定郑州市国土空间规划管理条例，完成条例草案第一次审议。

【立法工作机制创新】 2020年，建立基层立法联系点制度，首次设立21个基层立法联系点，使立法工作更接地气、更体现民意。建立立法工作专班制度，实行“一个项目、一个专班、一抓到底”工作机制，立法质量和效率明显提升。建立实施重要法规新闻发布会制度，召开郑州市贾鲁河保护条例、城市公共汽车客运条例专题新闻发布会，针对法规实施中群众关心关注的热点难点问题，组织相关部门详细解答，有效推动法规宣传实施。

（常红敏）

法治政府建设

【概况】 2020年，郑州市坚持以加快法治政府建设为目标，以深入推进依法行政为主线，多措并举，狠抓落实，法治政府建设各项工作有序开展，依法行政体制机制进一步完善，政府各项工作法治化、规范化水平进一步提升，郑州市被命名为“全省法治政府建设示范市”。

【依法治市】 筹备召开市委全面依法治市委员会第二次会议和办公室第二次全体（扩大）会议。对各区县（市）

和开发区党政主要负责人履行“推进法治建设第一责任人”职责进行专项调研和督查。在全省率先建立法治建设（法治郑州）考核机制，制定了《法治郑州考核方案和细则》，对全市102个被考核单位进行了集中评查和第三方评议。认真做好“七五”普法总结验收，深入开展法治区县（市）、法治乡镇（街道办）、民主法治村（社区）等创建活动，开展各类法治宣传活动1200余场次，举办各类法治讲座300场次。上街区建成4个法治公园、2条法治长廊和1个民法典主题法治公园，营造了浓厚的法治文化氛围。

【法治政府建设】 认真落实《法治政府建设实施纲要（2015—2020年）》，制定《郑州市2020年法治政府建设工作要点》，举办全市领导干部暨法治机构人员法治专题研修班，扎实开展依法行政考核，持续开展服务型行政执法标兵培育工作。修订《郑州市行政规范性文件管理规定》，组织规范性文件专项清理，上报备案市政府规范性文件27件，审查和集中评查各区县（市）人民政府和市直各部门文件775件。审查过程中，发现程序缺失的规范性文件199件，分别依法作出限期报备、限期整改的处理。惠济区依托制度创新，规范性文件备案审查工作效率不断提高，被省委依法治省办命名为“全省法治政府建设示范项目”。加强和改进行政应诉工作，积极推动行政机关负责人出庭应诉制度落实。共办理市政府行政应诉案件121件，全年依法受理行政复议案件907件，办理行政复议引发的行政诉讼应诉案件222件。

【政府立法】 加快重点领域立法进程，开展涉及生态环境保护、优化营商环境、食品药品安全领域的地方性法规清理工作，对《郑州市大气污染防治条例》等18件地方性法规提请打包修改；对《郑州市城市饮用水源保护和污染防治条例》等4件地方性法规提请废止。提请审议通过《郑州市城市公共汽车客运条例》《郑州市房屋使用安全管理条例》等地方性法规3件。根据郑州市机构改革需要，以市长令形式发布《郑州市人民政府关于修改部分政府规章的决定》和《郑州市人民政府关于废止部分政府规章的决定》，对67部政府规章部分条款进行修改，对7部政府规章予以废止；颁布实施《郑州市电子商务促进与管理办法》。起草《郑州市警务辅助人员管理办法》等规章草案。在全市年度立法计划执行中，市公安局、市住房保障局、市交通局、市城管局、市生态环境局等部门高度重视，在组织协调、专班组建、相关保障等方面工作有力，确保立法项目的顺利推进。

【行政执法监督】 根据机构改革实际，对12个区县（市）政府、4个开发区管委会、22个市直执法部门推行行政执法“三项制度”（行政执法公示、执法全过程记录和重大执法决定法制审核）、行政权责清单调整公布、“互联网+监管”信息录入、行政执法体制改革等工作进行调研督导。为全市1.8万行政执法人员颁发新版行政执法证。全年审查备案具体行政行为545万余件、重大行政处罚备案1200件，发现纠正问题2000余项。市人力资源和社会保障局、市消防救援支队、国家税务总局郑州市税务局、新郑市城市管理局等15家单位被命名为“第二批郑州市行政执法责任制示范点”。

（赵维维）

公安

【概况】 2020年，全市公安机关高举习近平新时代中国特色社会主义思想伟大旗帜，认真贯彻党的十九大和十九届二中、三中、四中、五中全会精神，深入贯彻习近平总书记视察河南重要讲话精神和授旗仪式重要训词精神，牢牢把握“对党忠诚、服务人民、执法公正、纪律严明”总要求，统筹做好新冠肺炎疫情防控和维护社会大局稳定各项工作，为郑州加快建设国家中心城市营造了安全的政治环境、稳定的社会环境、公正的法治环境、优质的服务环境。市公安局连续五年取得全市综合目标考评优秀档次，连续六年荣获“郑州市平安建设先进单位”。

【社会治理】 2020年，全市公安系统坚持“党委领导、政府负责、民主协商、社会协同、公众参与、法治保障、科技支撑”指导思想，持续深化“一村（格）一警”机制建设，健全完善社会治安防控体系和公共安全管理机制。社会治安防控体系建设有序推进。加快落实《全国公安机关社会治安防控体系建设行动计划》，积极推进治安管理综合信息应用中心建设。修订等级勤务工作规范，全面落实勤务卡扣标准化建设。积极开展物联网智慧安防试点小区建设，已建在建智慧安防小区700余个。深入推进“一标三实”基础信息采集，采集标准地址、实有人口、实有房屋采集大幅提升。矛盾纠纷排查化解高效。坚持发展新时代“枫桥经验”，持续深化“一村（格）一警”，以“百万警进千万家”、“五零村居”创建活动为抓手。积极拓展民意收集和反映渠道，全年共召开各层级“警民恳谈会”1256场次，受邀参与群众3万余人次，收集意见建议3685条次，现场解决问题2923条次，移交相关政府部门762条次。重点领域治理有力。紧盯重点人员、重点物品、重点场所、重点渠道“治安四要素”，持续加大重点治安要素安全监管。出台网约房管理办法，与美团、携程、途家、小猪等经营平台对接协调，规范管理模式，建立监管平台。全市物流寄递企业全部安装信息系统，注册揽收人员。坚决打赢蓝天保卫战，查处黑加油站点，黑加油车，查扣劣质油品。道路交通秩序持续改善。围绕市委市政府“三项工程、一项管理”重点工作，持续开展交通违法集中整治提升专项行动28项，查处各类交通违法行为792.3万起，全市立案事故数、死亡人数、受伤人数、经济财产损失四项指标，同比全部下降。坚持“两优先、两分离、两贯通、一增加”工作理念，全力配合城市道路综合改造工程，新开通信号灯路口17处、调整优化680处、增设标志牌260余块、优化车道渠化48处，完成市内10万个夜间免费限时泊位施划任务，全面推进智慧交通体系建设。完成《郑州市非机动车管理办法（草

10月1日，市公安局举行警衔晋升仪式（市公安局/供图）

案）》调研起草。监所安全管理规范有序。全面落实依法“应收尽收”，筑牢监所疫情防控防线，创新封闭管理“四个三”“九严禁”工作规范，确保了全市监所疫情防控“零疫情、零感染”。

【综合打击效能提升】2020年，全市公安系统以“雷霆行动”为主线，以“扫黑除恶深挖攻坚百日冲刺行动”为抓手，始终保持对违法犯罪主动进攻的高压态势。扫黑除恶专项斗争圆满收官。组织精干力量开展破案攻坚，依托市公安局办案基地多警种合成作战，对重大黑恶案件异地用警、指定管辖，侦破了多起重大黑恶案件。实现了我市扫黑除恶专项斗争圆满收官。严厉打击暴力犯罪。认真落实“重大疑难案件‘一号班子’上案工作制”、“1+7+N”合成研判机制，充分发挥新技术在命案侦破中的作用，实现了现行严重暴力犯罪实现快侦快破，命案积案攻坚稳步推进。全面开展了深化打击整治枪爆物品违法犯罪专项行动。持续开展“猎鹰”系列行动。以打击入户犯罪、扒窃犯罪、盗窃电动车犯罪、吸毒贩毒违法犯罪等“猎鹰”系列专项行动为抓手，重点打击作案猖獗、群众反映突出的违法犯罪活动。以打击治理电信网络诈骗黑灰产专项行动为重点，全力侦破各类电信网络诈骗案件。全力打击常态犯罪。经侦、治安、禁毒、行政执法等部门工作有序开展。

【疫情防控】2020年，全市公安系统积极响应“疫情就是命令、防控就是责任”的冲锋令，聚焦“内防扩散、外防输入”目标，日夜奋战，坚守岗位，成立临时党支部（党小组）145个，建立党员突击队、党员先锋岗230个，在疫情防控战役中发挥了关键作用，全市公安机关180人次立功受奖。因公牺牲的原东风路分局民警樊树锋荣获全国抗击新冠肺炎疫情先进个人、全国优秀共产党员、公安系统二级英模荣誉称号；警令部党总支荣获“河南省抗击新冠肺炎疫情先进集体”“河南省先进基层党组织”荣誉称号，4名民警获得“河南省抗击新冠肺炎疫情先进个人”、“河南省优秀共产党员”荣誉称号。强化情报信息研判。建立“搜集、核查、研判、指令、处置、反馈”六位一体工作流程，在疫情初期全面梳理湖北、武汉以及省内5个重点地区来郑人员、滞留人员信息，以14日潜伏周期为时间段实行滚动研判。配合涉疫人员排查。制定《疫情防控期间城乡居民社区党政机关企事业单位人员出入管理规范》《城乡社区疫情防控滚动排查工作方案》，结合“一标三实”基础信息采集工作，集中开展城乡社区疫情防控滚动排查。落实境外入郑管控。紧盯境外疫情输入风险，成立专班，规范流程，建立四班三运转和24小时常态值守机制，制定发布全市第21号、23号通告，严把入境关口，科学精准施策，无一例境外病例传播、交叉感染、失管失控，实现“双零一满意”目标。加强入郑通道查控。制定《环郑高速防疫检查服务站联防联控工作规范》，遵循“一车道、一检查、一登记”工作标准，采取“科学设置、区域分离、远端分流、有序通行、捆绑作业、严格防控”措施，随检、随登、随放行。加强全市重点部位和定点医疗机构、集中隔离场所的安全防范，打击处理涉疫违法犯罪嫌疑人。出台《服务保障企业复工复产二十三条措施》，推出五项举措服务保障“地摊经济”，助力省会经济复苏和就业稳定，助推“六稳”“六保”落地落实。

【公安基层基础建设】2020年，全市公安系统深入推进公安发展“十三五”规划和公安装备建设五年规划实施落地，全面提升公安基层基础工作的规范化、标准化、信息化水平。执法规范化建设深入推进。制定《关于深入推进执法规范化建设的实施意见》，建成完备有效的执法制度体系、规范高效的执法办案体系、科学系统的执法监督管理体系、实战实用的执法培训体系、全面有力的执法保障体系，着力解决执法不作为、慢作为、乱作为和报案不接、接案不受、立案不侦、侦而无果等突出问题，深入开展影响法治化营商环境执法司法突出问题专项整治。围绕黄河流域生态保护和高质量发展、后疫情时期经济社会发展可能出现的执法问题，及时研究出台执勤执法和案件办理指导意见10个。制定《全市公安机关执法培训大纲》，完善法律规定与执法实战结合的执法培训模式，全面开展日常执法学习和线上执法培训。完成公检法司联合办案平台试点建设任务，实现27类案件线上办理流转。基层基础警务保障有力。完成全年招标采购项目，大力推进公安“十三五”规划建设，完成公安装备重点项目建设，落地基础设施项目。大力加强警务装备建设，更新执勤车辆，面推行经费包干机制，局直公用费用支出同比大幅下降。智慧公安建设创新发展。加快推进警务云大数据中心项目和公共安全视频监控建设联网应用项目建设，全国首创以“政务云警务专用域”的方式建成计算基础底座。完善重点人员大数据管控平台，建立数据分析资源库。围绕疫情防控，开发数据分析模型，快速收集、解析、研判、追踪核查入郑人员车辆轨迹信息。深入推进“一网通考”平台建设，实现五大警种考核。

【公安系统改革】2020年，市委组织召开全市公安工作会议，省委常委、市委书记徐立毅出席会议并作重要讲话，研究出台《中共郑州市委员会关于加强新时代公安工作的意见》，有效解决了新时代公安工作发展的瓶颈和短板。深化城区分局机构改革。按照“一区一分局、一街道（乡镇）一派出所”原则，撤销原有29个分局，新组建12个城区分局和112个派出所。研究编印《城区分局机构改革制度机制汇编》，涉及各类制度、规范、机制、意见、细则，为改革后城区分局各项业务正常运转、干部民警迅速进入角色提供了保障。按照“做精机关、做优警种、做强基层、做实基础”指导思想，实行重心下移、警力下沉、保障下倾，有效破解“机关臃肿、人浮于事”问题。城区分局机构改革后，局直业务警种深入基层一线实地调查研究，指导市内分局迅速适应新的警务运行模式，理顺条块关系，为稳妥高效推进后续改革工作奠定坚实基础。深化合成作战体系改革。固化“1+6+N”平战结合工作模式，树立

7月1日，市公安局举行“七一”情景式党课（市公安局/供图）

“情指勤行”一体化作战理念，完善情报指挥体系建设，强化快速反应实战效能，实现了“扁平指挥、态势感知、预警预测、动态管控、精准打击、社会服务”六大能力的显著提升。积极推行派出所“两队一室”改革，完善了市、县、所三级情指中心机构设置，进一步健全运行机制，确保“职能科学、事权清晰、指挥顺畅、运行高效”。研究制定《郑州市公安局全警情录入工作规范》，出台《郑州市公安局全警情录入“五个严禁”》，进一步规范了接处警信息录入，确保警情数据及时、全面、准确和完整，提高警情分析研判的准确性。深化民意监测机制改革。完善民意跟踪监测机制，将外部监督资源集中纳入民意监测平台，实现对全市公安机关执法服务工作全方位、全覆盖、全过程监测。一线接处警民警的执法记录仪完整使用率达99%以上，窗口服务逐步实现“一升三降”。联合职能部门研究出台《关于下发郑州市公安局违停机动车拖移工作规范的通知》等一系列标准规范和工作指引，有力地提升了警务工作效能。深化“放管服”模式改革。坚持以人民为中心的发展思想，全力推进“一网通办，一次办成”政务服务改革，共梳理“一件事”主办事项75项，“郑好办”App上线运行73项，其中新生儿“一件事”在全省首家实现全程网办。市政府交办的140项公安政务服务事项全部录入郑州市政务服务网，网办率达到100%，38个“网上办”事项均达到四星标准。公章刻制办理时限由2个工作日压缩到2个小时，价格成本降低至不高于200元/套。车驾管20余项业务实现“一门办、一窗办、一证办”。出入境业务推行预约办、专窗办、优先办、加急办、上门办，积极争取郑州航空口岸实施144小时过境免签政策。持续优化提升“郑州警民通”便民服务平台，重塑75个事项业务流程，18项公安事项实现“一次不跑”。

【公安队伍建设】 2020年，全市公安系统推出各类先进典型170余人，先进集体69个、为592名个人记功嘉奖。坚持政治建警，厚植党建根基。牢记“公安姓党”根本属性，广泛开展“强化政治机关意识”专题党课，深入学习贯彻习近平总书记在警察授旗仪式上的重要训词精神、党的十九届五中全会精神。开展“长征 我们再出发”情景式党课，坚定了全警的理想信念，工作经验被公安部编发。强化教育培训，提升履职能力。推进“不忘初心，牢记使命”主题教育常态化，全面做好党员教育培训。认真落实公安部、省公安厅全警实战大练兵部署，制定下发了全警实战大练兵三年规划和年度计划，以日常练兵、集中培训、考核比武为载体，全年开展岗位练兵1000余场次、参训民警2万余人次，举办集中轮训班3期、培训民警600余人。以“带长”民警为重点考核对象，组织全局各单位“一把手”、班子成员、中层干部和民警代表共700余人进行2次集中考核，切实检验和提升大练兵活动成效。建立了全警实战大练兵信息平台，研发警务通移动端练兵信息平台App，制作公安业务工作微课程50余个，新聘续聘公安业务兼职教官67人、公安“蓝军”教官40人，为推进全警教育培训提供了有力保障。疫情期间，编印下发防范知识手册、宣传页2万余份，在企业微信推送防疫知识60余篇，并组织教官、警医、心理服务人员到环郑防疫服务站开展“送技能、送安全、送健康”活动，提升了队伍的防疫技能。强化监督管理，持续正风肃纪。组织开展“纪律作风深化年”活动，定期通报违法违纪典型案例，巡回播放警示教育片。召开全市公安机关以案促改动员部署暨警示教育大会，开展“四查六找三剖析”活动，坚持把纪律挺在前面。组织开展“坚持政治建警 全面从严治警”教育整顿活动试点工作，编印了教育整顿学习资料及反面典型案件汇编，设立了教育整顿网站，确定1个省级试点单位、2个市级试点单位，派驻工作组进驻。抓好典型宣传，树立良好形象。评选出“绿城警星”80人，建立了典型选树常态化机制。围绕疫情防控阻击战，刊发稿件2200余篇（条），其中在中央级主流媒体推出有温度、有影响的深度报道约240篇（条），与河南日报、河南电视台法制频道、郑州大民生栏目等推出系列专题报道74篇（条）。围绕“服务返校复学”“守护夜市经济”“护航中招高考”“民意110”等保稳定保民生活动，以及“猎鹰”专项行动、“扫黑除恶”专项斗争、打击电信网络诈骗“黑灰产”专项行动等，通过组织召开新闻发布会、案件通报会、集中返赃活动、记者随警作战等多种形式，广泛宣传公安机关服务经济社会发展、保障人民生命财产安全的决心信心和成效。

（王　静）

检　察

【概况】 2020年，全市检察系统坚持以习近平新时代中国特色社会主义思想为指导，深入学习贯彻习近平法治思想，坚决落实市委和省检察院的决策部署，自觉接受市人大及其常委会监督，主动把市政府、市政协和社会各界的大力支持转化为做好工作的强大动力，始终坚持以人民为中心，全力服务经济社会发展大局，统筹推进疫情防控和检察履职，各项检察工作取得新成效。

【服务经济社会发展】 2020年，全市检察系统时刻铭记习近平总书记“把人民群众生命安全和身体健康放在第一位”的指示要求，1438名检察干警闻令而动，深入社区站点、村头路口参与联防联控。建立办案“绿色通道”，充分运用“三远一网”，快速办理涉疫案件，批捕42人，起诉79人。突出重点回应关切，依法从严从快办理妨害传染病防治案，被最高检、公安部作为典型案例向社会发布。网上受理群众信访、控告申诉、律师预约等业务，做到检察工作不断档，服务群众不松懈。

防范风险，维护安全稳定。批捕危害国家安全、邪教组织、编造传播政治谣言等犯罪20人，起诉40人；批捕故意杀人、绑架等严重暴力犯罪947人，起诉1272人；批捕“两抢一盗”等多发性侵财犯罪1350人，起诉2526人。深入落实最高检“三号检察建议”，防范化解金融风险，重点惩治非法吸收公众存款、集资诈骗、传销等涉众型经济犯罪，批捕324人，起诉423人。开展防范非法集资、电信诈骗、“套路贷”系列宣传活动，以案释法，强化预警防控，提高群众法治意识。

理念引领，服务“六稳”“六保”。出台优化营商环境意见18条，开展服务保障企业复工复产专项活动，帮助企业渡过难关。坚持“企业为王、精准服务、效果至上”，对民营企业负责人涉罪案件，能不捕的不捕，能不诉的不诉，能不判实刑的就提出宽缓量刑建议，依法不批捕99人、不起诉94人，解除或变更强制措施8人。起诉侵害民营企业和民营企业家合法权益犯罪186人。开展影响营商环境执法司法突出问题集中专项整治，排查出的8起案件、50个问题得到整改。起诉侵犯知识产权犯罪146人。用好检察长联系企业机制，提供司法服务。

做好涉农检察，助力乡村振兴。巩固脱贫攻坚成果，严厉打击坑农害农、与民争利犯罪活动，起诉91人。建立快速返还机制，对扶贫领域涉案财物快速返还。创新涉农检察新模式，在4个基层院试点推行“杨来法”式涉农检察联络员制度，选聘以人大代表、政协委员为主体的联络员84人，搭建检察机关与人民群众的“连心桥”，打造检察工作服务乡村社会治理的“前沿岗哨”。

【刑事检察】 2020年，全市检察系统充分贯彻宽严相济刑事政策，让犯罪者受到追诉，使无辜者得到保护，依法批捕各类刑事犯罪7058人，起诉15339人，对不构成犯罪或涉嫌犯罪但无社会危险性的不批捕3549人，对犯罪情节轻微、依法可不判处刑罚的不起诉1175人，把“少捕慎诉慎押”司法理念贯穿到司法办案全过程。全面落实认罪认罚从宽制度，办理案件14293人，适用率86.49%，量刑建议采纳率95.55%，其中适用速裁和简易程序比例达到43.5%。

持续加强刑事诉讼活动监督，监督立案70件、撤案79件，纠正漏捕193人、漏诉166人。全面推开“派驻+巡回”监狱检察机制，监督纠正减刑、假释、暂予监外执行不当461人，办理的康富鸣假释监督案入选最高检指导性案例。依法查办损害司法公正的职务犯罪，立案侦查司法工作人员相关职务犯罪9件9人。不断完善监检衔接机制，受理监察机关移送的职务犯罪122人，起诉101人，办理了开封市祥符区原区委书记李军受贿1184万余元、郑州新区建设投资有限公司原出纳邵海峰贪污7124万余元等一批重大案件。

【民事检察】 2020年，全市检察系统受理各类民事诉讼监督案件1204件，办结1088件。注重精准监督，提出抗诉和提请省检察院抗诉75件，提出抗诉案件法院再审改变率85.7%；发送再审检察建议102件，法院已裁定再审63件；发送纠正审判程序违法检察建议32件，法院已采纳30件；发送纠正执行违法检察建议41件，法院已采纳36件。坚持引导服判息诉，维护裁判权威，对审查认为正确的民事裁判依法不予支持监督申请682件，同步耐心细致释法说理，当好“法治引领者”。强力推动诉讼诚信建设，加强与公安、法院“合拍同频”，围绕民间借贷、劳动争议、离婚财产纠纷等领域，深入开展虚假诉讼专项监督，纠正“假官司”37件，涉案金额3792万余元，移送虚假诉讼犯罪线索4件6人，有效维护了民事诉讼秩序。

【公益诉讼检察】 2020年，全市检察系统牢把握“当好党委政府的法治助手”工作定位，聚焦生态环境和资源保护、食品药品安全等重点领域，共受理线索809件，立案364 件，其中诉前程序办理184件，依法起诉24件。通过办案督促收回被欠缴的国有土地使用权出让金6500余万元，督促收回和复垦被非法改变用途及占用的耕地200余亩，督促治理黑臭水体13万余立方米，督促整治生态环境遭到破坏的湿地4000余亩。深化“河湖长+检察长”协作机制，先后与市河长办、市场监督管理局、自然资源局和中级法院会签协作意见，凝聚共识，加强合作，共同守护“绿水青山”。办理的中牟县狼城岗黄河大堤垃圾山案，根据河长办移交线索，督促相关部门在10日内完成了7万余立方米建筑垃圾清运、撒播草籽等整改工作，有效保护了黄河行洪安全和生态环境。

【行政检察】 充分发挥行政检察促进公正司法、助推依法行政的作用，受理各类行政检察监督案件276件。受理生效行政裁判监督案件110件，审结179件。深入开展行政非诉执行监督专项活动，办理行政执行监督案件156件，发送检察建议153件，法院和有关单位采纳146件。深入推进行政争议实质性化解专项活动，探索建立行政争议实质性化解多元化办案机制，就53件行政诉讼监督案件组织公开听证，化解51件，实现案结事了、人和政和。

【司法为民】 纵深推进扫黑除恶专项斗争。坚持“一个不放过，一个不凑数”的办案原则，始终保持扫黑除恶高压态势。专项斗争中，累计依法批捕2314人，起诉2450人，办理了中央、省扫黑办督办的一批重大案件，市检察院被表彰为全省扫黑除恶专项斗争先进单位。坚持“破网打伞”，累计移送黑恶势力“保护伞”线索163条。引导侦查机关查封、扣押、冻结涉黑恶财产和违法所得43亿余元。注重将司法办案与源头治理相结合，向相关行业监管部门发送检察建议72件，防范黑恶势力“死灰复燃”。

依法保障民生安全。聚焦民生所痛，深入开展食品药品安全“四个最严”要求专项行动，依法批捕危害食品药品安全犯罪62人，起诉149人，努力让百姓远离“餐桌上的污染”“药品中的风险”。持续发力打赢污染防治攻坚战，批捕污染环境、破坏生态资源犯罪43人、起诉127人，为打赢蓝天、碧水、净土保卫战贡献检察力量。凝聚社会力量，办理民生领域公益诉讼案件28件，其中办理的登封市露天矿山生态修复行政公益诉讼系列案，督促相关行政机关严格履职，使5家矿山企业依法依规开展矿山环境生态修复治理，治理旱地、林地、草地约758亩，切实维护当地生态环境。

做好未成年人司法保护。依法起诉侵害未成年人犯罪471人。对涉罪未成年人宽容不纵容，起诉286人。着力落实最高检“一号检察建议”，携手各方共同构筑校园安全防线，共同推动落实侵害未成年人案件强制报告、教职工入职查询等六项机制，开展入职查询22041人次，拒前科劣迹人员于校园之外。着力坚持教育、感化、挽救方针，对40余名未成年犯罪嫌疑人依法作出附条件不起诉决定，创造条件让迷途孩子浪子回头。着力创新普法模式，增强普法效果，线上线下相结合，开展法治宣讲活动207场，覆盖师生28万余人。着力做好孩子心灵抚慰，引入司法社工参与帮教，帮教经验被写入《全国未成年人检察工作白皮书》。

积极参与社会综合治理。用好检察建议，认真贯彻落实市人大常委会审议通过的《关于加强检察建议工作的决议》，紧盯办案发现的社会治理方面的苗头性、倾向性问题，发送检察建议282件，打通司法办案与社会治理“最后一公里”。办好群众来信，坚持办好每一封群众来信，通过办好“小信封”保障“大民生”、推进“大治理”，3670件群众来信全部实现7日内程序回复、3个月内办理过程或结果答复。坚持领导带头办信，两级院领导共办理群众来信231件，矛盾化解率和办理结果满意度明显上升。开展信访突出问题攻坚化解专项活动，运用专班化解、公开听证、律师介入、案例引导等多元协同化解机制，化解积案36件。开展司法救助，向80名因案致贫返贫的被害人或其近亲属发放国家司法救助金141.9万元。

【检务公开】 2020年，全市检察系统自觉接受人大、政协监督，两级院共向人大及其常委会报告工作45次，认真办理代表建议、委员提案5件，转交案件和事项17件，对办理的代表建议、委员提案等做到件件有反馈，件件都满意。坚持代表委员联络常态化，“一对一”走访人大代表644人，主动邀请代表委员参加公开听证、案件公开审查、检察开放日、新闻发布会等各类活动

9月9日，市检察召开影响营商环境专项整治推进会（市检察院/供图）

139人次。自觉深化检务公开。加大案件信息公开力度，向社会公开案件程序性信息25212件、重要案件信息1655件、法律文书9002件。开辟检务公开新途径，充分运用"两微一端"动态发布检察信息，让检察走进群众，让群众了解检察。推动公开听证常态化，两级院共组织公开听证142件。自觉强化履职制约。建立检察官业绩考评机制，建立以"案—件比"为核心指标的案件质量评价体系，建立案件质量终身责任制。严格贯彻执行"三个规定"，定期填报过问或干预、插手检察办案等事项613条。加强律师执业权利保障，接待辩护人、诉讼代理人阅卷1038次，接受案件信息查询1137次。自觉接受人民监督员办案监督，将"四大检察""十大业务"全部纳入监督范畴，邀请人民监督员监督办案41件。

【队伍建设】夯实思想基础。打牢业务基础。开展分类培训，重点围绕新法律法规、新知识和检察实务、疑难问题等，培训316期，参训23026人次，做好民法典实施前的准备工作，组织全员线上线下培训24次。开展岗位练兵，举办全市业务竞赛，12名干警荣获全国、全省业务能手称号。开展借力引智，邀请专家学者参加专家咨询会30人次，集体"会诊"案件47件。严格落实全面从严治党主体责任和监督责任，强化意识形态工作责任制，营造风清气正的政治生态。严格落实中央八项规定，严肃"四风"整治。加强廉政风险防范机制建设，开展以案促改活动，警示教育干警有定力、守底线。开展"廉政家访"活动，构建"个人+家庭+单位"相结合的多重监督防线。坚持对违纪违法"零容忍"，严肃查处违纪检察人员9人。

（罗存才）

法院

【概况】2020年，全市法院系统忠实履行宪法法律赋予的职责，坚定不移贯彻新发展理念，积极应对新冠肺炎疫情影响，为构建新发展格局、加快国家中心城市现代化建设，提供坚强有力的司法保障和优质高效的法律服务。共受理各类案件417419件，审执结388502件，法定审限内结案率94.79%。其中，市中级法院受理各类案件42032件，审执结39411件，法定审限内结案率94.81%。先后涌现出23个先进集体、126名先进个人，市法院民三庭庭长闫明被评为全国模范法官，巩义法院被评为全国优秀法院，市中级法院被省委、省政府命名为省级文明单位标兵，被省法院荣记集体二等功。

【法治营商环境】2020年，全市法院系统开展影响营商环境突出问题集中整治，着力提升司法效能，执行合同、办理破产两项评价指标在河南省营商环境评价中位列第一。增强平等保护意识，公平保护国有、民营企业等市场主体合法权益，审结买卖、金融、借贷等合同纠纷3171件。贯彻优质高效审判执行理念，强力压缩纠纷解决时间，民商事案件平均审理用时44.81天，执行平均用时81.55天；通过落实诉讼费减免制度、适用网上拍卖等措施，降低当事人诉讼成本；落实善意文明审判执行理念，对企业慎用查封、扣押、冻结措施，尽可能为企业创造宽容的司法环境。着力化解企业破产难题，推动"执转破"常态化，审结破产案件137件，市中级法院被省委、省政府评为国企改革攻坚工作先进基层单位，市法院破产与清算审判庭被评为全国法院先进集体并荣立集体一等功。开展"三送一强"活动，走访企业、律所6395家，召开座谈会94次，收集意见建议1003条，建立"法院联企微信群"69个，帮助企业依法规范经营，推动信用经济、法治经济发展。

【扫黑除恶工作】2020年，全市法院系统围绕专项斗争三年为期目标，深入推进"六清"行动，2018年以来，全市法院共受理涉黑恶案件443件，审结442件。其中，受理涉黑案件136件，审结136件，受理涉恶案件307件，审结306件。2020年以来，共受理涉黑恶案件152件，审结151件。三年来，共判处五年有期徒刑以上刑罚577人，重刑率达25%，对"以黑护赌""以赌养黑"的被告人王三庆判处有期徒刑二十三年，被全国扫黑办作为典型案例发布。推进"黑财清底"，执结涉黑财产刑案件185件，执行到位金额81.18亿元。创新涉案财产处置方式，将林东风案74亿余元的涉案企业资产移交当地政府，实现铲除黑财与保护群众利益兼顾。

【执行结案工作】2020年，全市法院系统执行结案118978件，占全省法院21.61%；执行到位金额532亿元，占全省法院47.68%；有财产可供执行案件法定期限内执结率99.27%，终本案件合格率100%，执行信访案件办结率100%，执行实施案件执结率88.47%。认真贯彻落实市委全面依法治市委员会《关于加强综合治理从源头切实解决执行难问题的实施意见》，健全执行联动常态运行机制。指导金水区法院成立首家涉法车辆查控联动办公室，打通查人找物难"最后一公里"。精准实施联合惩戒，追究拒执犯罪100案103人，限制高消费118391人次，纳入失信名单31520人次，同时建立信用修复机制，对履行义务的19006人次及时解除失信措施，让失信者受罚，让守信者受益。

【民事诉讼改革】2020年，全市法院系统出台《小额诉讼程序操作指引》《普通程序独任制实施细则》等规范，审结司法确认案件9882件；适用速裁程序结案78525件，适用率50.52%；适用简易程序结案144386件，适用率92.89%；基层法院普通程序独任制结案4225件，适用率2.84%，中院二审普通程序独任制结案12033件，适用率64.18%，做到简案快办，促进当事人合法权益快速实现。

【智慧法院建设】2020年，全市法院系统推动科技法庭建设提档升级，建成全省首个5Gn全流程多场景智慧庭审系统。推进互联网司法新模式，网上立案146218件，网上交费75462次，电子送达615096次，网上开庭20038次，网上调解32456件，让数据多跑路、群众

7月17日，全市法院民事诉讼程序繁简分流改革试点工作推进会召开
（市中级人民法院/供图）

少跑腿。围绕办案提质增速，推动类案推送、裁判文书智能编写、文书纠错、电子卷宗随案生成等智能系统深度应用，让信息化平台成为法官办案的得力助手。市法院信息处被最高人民法院评为“全国法院信息化工作先进集体”。审结各类知产案件3185件，保护社会创新活力。助推全面依法治市，审结各类行政案件5976件。在中原区政府成立行政争议实质性化解委员会，被省法院确定为全省首家行政争议实质性化解试点单位。

【法院队伍建设】 2020年，全市法院系统多措并举提升司法能力。开设“红色之声”教育课堂，每周接受红色洗礼。加强审判团队、人民法庭支部建设，筑牢基层党组织战斗堡垒。落实班子成员党建工作联系点制度，市法院班子成员深入基层联系点调研25次，上党课12次，持续推进基层党组织组织力提升。举办专题业务培训19期，线上考试16次，开展发改案件讲评12次，组织民法典全员学习培训，邀请法学专家、审判专家授课15次。开展大学习、大调研活动，99篇调研文章获得省级以上奖励。严格执行“三个规定”，从源头上减少违规过问案件问题发生。开展司法巡查、专项检查、“以案促改”警示教育，先后就统管改革、“两庭”建设、重大案件等向市委、市委政法委请示报告15次，确保法院工作正确政治方向。主动接受人大监督，积极接受专项视察评议，邀请视察座谈、旁听庭审、见证执行1673人次，认真办结建议、提案28件。

（王高峰　李　尧）

司法行政

【概况】 2020年，全市司法行政系统坚持以习近平新时代中国特色社会主义思想为指导，全面贯彻党的十九大和十九届二中、三中、四中和五中全会精神，深入贯彻习近平总书记在中央全面依法治国工作会议上的讲话精神，树牢“四个意识”，坚定“四个自信”，做到“两个维护”，紧紧围绕“控、保、稳、进、抬、扛”六字要求，扎实做好“六稳”工作，全面落实“六保”任务，郑州市司法局先后被省司法厅评为全省新闻宣传工作先进集体，被市委、市政府评为平安建设先进集体、抗击新冠肺炎疫情先进集体、诚信体系建设先进单位、依法行政工作先进集体、营商环境建设先进集体。

【公共法律服务】 印发《关于进一步推进公共法律服务体系建设的实施方案》，就我市加快建设人民满意的现代公共法律服务体系作出安排部署。二七区进一步提升实体平台建设，做到了公共法律服务三级平台和法律顾问全覆盖。坚持管理、教育、服务并重，促进律师执业进一步规范。完善投诉受理、调查和听证处理等各项工作程序。组织律师开展民营企业“法治体检”活动，深化“村（居）法律顾问”工作，全市村（居）法律顾问共接受各类咨询8297次。持续推进律师调解试点工作，在市中级人民法院及各基层人民法院设立律师调解工作室。组织开展律师专业水平评价体系和评定机制试点，全市300名律师参加专业水平考核。金水区、惠济区、新密市认真履行律师管理职能，坚持抓党建带所建促发展，工作成效明显。新密市、中牟县健全工作机制，明确工作职责，落实工作经费，推动村（居）法律顾问工作规范开展。大豫、华夏两家合作制公证处试点成效明显，绿城公证处不断提升服务意识，主动进驻政务大厅，推动公证阵地前移，为群众提供便捷的公证服务。全市共办理各类公证事项12万件，未出现假证、错证。全市司法鉴定机构累计办理鉴定事项11868件，采信率达到100%。深入推进刑事案件审判阶段律师辩护全覆盖试点工作，共办理法律援助案件25596件。组织好国家统一法律职业资格考试，实现“十个百分之百”和“零失误、零差错”工作目标，市局被司法部表彰为“2020年法律职业资格考试工作表现突出单位”。持续深化“放管服”改革，深入推进政务服务集中办理，我局法律援助申请、法律职业资格初审等42项行政审批事项全部进驻大厅，进驻率、网办率达100%。

【刑事执行】 狠抓监狱戒毒场所安全管理，不断强化安全隐患整治，监所教育改造和教育戒治实效性不断提升，各监所顺利实现安全“四无”、“六无”目标。监所医联体和双重预防体系建设完成，市监狱标准化机房项目建设和指挥中心改造顺利完成，齐礼阎所、白庙所全国统一戒毒模式通过了省厅达标验收，郑州市禁毒教育基地被授牌“首批河南省毒品预防教育示范基地”。6月22日，时任副省长舒庆同志到齐礼阎所调研指导工作，对我市戒毒社会化工作给予肯定。市监狱、石佛所整体迁建项目获批，场所迁建工作稳步推进。深入贯彻落实社区矫正法，设立郑州市社区矫正委员会，统筹协调和指导全市社区矫正工作。石佛所积极配合社区矫正延伸用警，有效防止了脱管漏管。中牟县投资700余万元建成了2000平方米规范化社区矫正中心。全市社区矫正对象重新犯罪率控制在0.13%。稳步开展安置帮教工作，深化平安建设工作，深入推进扫黑除恶专项斗争，扎实做好信访稳定工作。中原区、郑东新区、管城区在做好刑满释放人员临时安置工作的同时，对疫情严重地区刑满释放人员认真开展摸排，及时消除安全隐患。

【脱贫攻坚】 2020年，郑州市司法局驻村工作队坚持以脱贫攻坚为基础，以疫情防控为重点，以壮大集体经济为手段，努力推动扶贫工作提质增效、推动乡村振兴创新发展。持续办好惠民实事，驻村工作队利用30万第一书记专项资金为荥阳石井村修建生产道路800米，方便群众生产生活。局党委还动员郑州律师行业协会和会员十余次来村开展扶贫、扶智主题活动，为困难群众和留守儿童发放了2万余元的慰问金和书包、文具、运动鞋等物品。持续推动精准扶贫，教育、医疗、金融、低保等行业扶贫政策全面落实、实现应享尽享；无公害果蔬扶贫项目取得实效，大棚全年产销果蔬28000斤，累计为就业贫困户发放务工费14万元；促成和郑州市邮政公司的合作，石井村“福金谷”小米成为郑州市“以购代捐、消费扶贫”新

4月21日，郑州市司法局在登封市进行扫黑除恶宣传（市司法局/供图）

春礼包唯一小米商品，年均销售额连续2年突破20万元。持续提升基层治理水平，利用传统节日重阳节，石井村举行了第三届“好婆婆”“好媳妇”“和谐文明家庭”评选以及第二届“美丽庭院”评比活动，省红十字会和热心人士捐赠了10余万元的慰问物资，并为全村群众带来了一场隆重的文艺演出盛宴。

【司法行政基础】 全面加强司法所建设。召开全市司法所建设工作推进会，积极推动司法所公务员招录工作。评定四星规范化司法所21个，向省厅推荐五星规范化司法所13个。新密市6个司法所成功创建为五星规范化司法所，数量居全市第一。登封市、二七区通过公务员招录、遴选等方式，充实了基层司法所力量。加强矛盾纠纷排查化解。全市共调解民间纠纷51250起，调成率97.4%。11个区县（市）以政府购买服务的形式，为每个县级调解中心、行专调解组织、乡镇调委会分别配备5、3、2名专职人民调解员。司法部12348中国法网案例库采用郑州市人民调解典型案例8篇。中牟县创新工作方式方法，以政府购买社会服务形式聘任专职人民调解员69名，充实了基层调解力量。全市受理调解医疗纠纷139件，调解成功125件。市医调委被授予“全国模范调解委员会”荣誉称号。中原区成为省高院行政争议实质性化解改革首家试点单位。

仲裁

【概况】 2020年，郑州仲裁工作按照党和国家全面推进依法治国的总体目标要求，紧紧围绕郑州经济建设和社会发展目标，深入开展市场环境、保障机制和社会矛盾热点问题调研，准确把握并及时回应市场主体解决民商事争议的需求，积极、稳妥地拓展仲裁服务领域，强化仲裁服务，高效化解社会矛盾，取得了显著的成果。2020年共受理仲裁案件2286件，标的额42.03亿元，所有办结案件，做到了依法、公正、快捷审理，调解和解率近70%，无重大涉诉涉访案件发生，确保了案件审理的质量和仲裁的公信力。

【仲裁规范管理】 2020年，郑州仲裁系统加强案件受理工作。坚持“案件受理多样化，结案方式多元化”，不断扩大受案范围，完善受案服务和绿色通道，加快立案审查，保证当日立案，当日移送。规范案件管理，实行“三级管理”的案件督办机制及重大案件讨论制度。仲裁秘书对承办案件分别制定程序管理计划书，按月准确上报案件办理进度情况，严格管控案件流程，扼制超审限案件，加强对疑难案件和集团案件的跟踪管理，确保仲裁案件公平与统一。针对疑难、复杂案件，敏感性、群体性等影响面广的案件，及时汇报，适时启动专家咨询程序，发挥专家咨询委员会的作用，确保案件定性准确，裁决恰当。坚持案件总结自查工作，每季度汇总上报案件报表，组织秘书对办案情况进行梳理，对疑难复杂案件及办案中发现的问题及时沟通、解决。加强仲裁队伍培训。在疫情防控的特殊时期，积极创新仲裁员培训模式，借助互联网技术平台，探索出疫情防控和仲裁员培训两不误的“线上培训”模式，疫情期间共计开展2次仲裁员线上培训。9月21日至23日，与省法院在河南法官进修学院联合举办“涉外及仲裁司法审查业务培训班”，就“仲裁司法审查的几个原则”及针对公正与效率并重的仲裁程序对仲裁员及仲裁秘书进行了培训。结合仲裁工作特点，畅通信访渠道，强化信访程序，责任落实到人，全年共受理信访案件8件，做到了积极主动调处，息诉罢访，妥善处理各类案件，增强了信访人的满意度，切实维护正常的信访秩序和社会稳定。

【互联网+仲裁工作】 2020年，“网络仲裁”缩短了经营主体与公司以及仲裁庭之间的距离，相较诉讼，成本降低三分之二左右，为经营主体节省费用，缓解资金压力，并极大地降低了成本，通过全流程在线操作，让经营主体无须奔波，疲于应诉，仅需一个月左右便可完成裁决，使广大经营主体避免长期陷入诉累，从而影响正常的生产经营。河南农信担保公司是全省唯一一家政策性融资担保机构，为不断提高公司的风险防控能力，确保国有资产安全，考虑到人民法院案多人少以及公司服务对象面广、点散、户多现实情况，积极采取“网络仲裁”模式来创新追偿方式。“网络仲裁”利用网络技术，整合互联网资源，以其智能化、便捷性、高效率、低成本的创新优势，很好地解决了河南农业信贷担保公司涉农业务“小、散”的问题，为该公司以及服务的农业经营主体提供优化的纠纷解决途径，避免双方陷入长期诉累，激化社会矛盾，共同维护粮食安全，助力乡村振兴。

【仲裁法律制度宣传】 2020年，积极参与《仲裁在中国》第二季摄制工作，全力支持、配合央视摄制组的素材采集工作，并借助这一平台向社会宣传推介郑州仲裁。进一步加强与律师行业协作交流，与郑州市律师协会联合举办的“优化营商环境，助力经济发展”论坛及合作签约仪式在郑州市律协圆满举办，签署了《合作框架协议》，为下一步双方合作共赢、加强交流、共同促进行业发展提供了支持，此次活动对在仲裁理论和实务探讨、仲裁培训、仲裁宣传等方面进行了有益探索，对创新仲裁服务领域，提升服务能力，助力营商环境优化等方面起到了积极作用。继续做好网站维护，更新上传等工作，学习省内外仲裁机构优秀网站，优化网站版面，丰富网站内容，在网站具有新颖性的同时更具有学习性和时效性，方便服务主体及时了解分享仲裁动态，互通出现的社会热点和法学热点，更好的为市场经济主体服务。

（马腾达）

军事

郑州警备区

【概况】 2020年，警备区各级以习近平强军思想为指导，围绕建设与国家中心城市相匹配的过硬警备区目标，坚定不移举旗铸魂，凝神聚力练兵备战，以党的建设高质量促进年度各项任务圆满完成，全面建设稳步走在省军区的第一方阵，被省军区表彰为先进师级党委、练兵战备先进单位、征兵工作先进单位、信息服务工作先进单位。

【思想政治建设】 凝心聚力激斗志，争创流氛围逐步浓厚。坚持用习近平强军思想凝心铸魂，始终把凝聚官兵争创一流决心意志，作为建设过硬警备区的基础性工程来抓，全面动员发动，教育引导激励，熏陶感染培塑，全区上下站排头、当主力、争第一的意识明显增强。因时趁势立导向。把“争创一流”作为最鲜明工作方向，贯穿到部队建设各个方面。理论学习突出对标新时代实践要求，及时跟进学习习主席重要讲话，立起奋进导向；主题教育突出阐释强军重任召唤，培塑斗争品格；建设指导突出中心城市地位，砥砺争先意志，引导全区人人争一流、事事创一流。立标定位聚意志各级对标对表“建设与国家中心城市相匹配过硬警备区”目标，围绕打造“六大品牌”、建强“七支队伍”，制定规划计划，选准突破口，大力开展“强军有我、使命在肩”实践活动，组织党员“话初心、强担当”，组织学唱“强军中原”之歌，紧跟形势抓好弘扬伟大抗疫精神教育，争创“一流”逐步成为全区共同意志。文化铸魂强基因。立足郑州和警备区实际，深入开展“厚植文化基因、担当强军重任”专题教育，抓好“五种文化”精神专题教育，效果明显。着眼增强时代性政治性规范营区文化建设，以基因传承明孵化文化传承，以文化熏陶培塑强军担当，创一流、担使命的思想根基更加牢固。

（温殿锋）

【疫情防控】 警备区建立疫情专项值班、每日例会、联防联控等机制，对营区实行封闭式管理，按照“外放输入、内防扩散、严格管控”要求，确保营区无“三类”人员。号召广大民兵发挥好“六员”作用，密切配合地方党委和政府完成辖区设卡执勤、街道巡逻、防控宣传、人员排查等任务；组织官兵职工和广大民兵推进地方企业工厂复工复产、恢复秩序。积极为驻军协调筹措防疫物资，发动广大党员捐款捐物支援一线，慰问战“疫”一线人员家属；走访慰问21户赴湖北一线参加疫情防控军人家庭，为他们送去5万遇元慰问金和生活物资，消除一线人员后顾之忧；与郑州市双拥办积极联系退役军人企业，3天时间筹措2万个口罩、5000件马甲、500箱方便面、400箱花生露等4大车物资，随省军区车队集中送至武汉抗“疫”一线。针对疫情期间涌现的先进典型、最美逆行者及民兵参与防控行动等内容大力宣传报道，广大宣传报道员积极投稿今日头条、大河网、搜狐网等媒体，全区各级在市级以上媒体刊发稿件464篇（含学习国防235篇），积极传播战“疫”正能量。

（井　涛　孙晓金）

【征兵工作】 1月16日上午，市政府、警备区召开2020年征兵工作电视电话会议，学习贯彻全国“两征两退”改革暨全国征兵工作电视电话会议和河南省征兵工作会议精神，安排部署全市一年两次征兵工作任务。春节前后，扎实开展兵役登记和征兵宣传工作。尽早筹划安排部署，结合春节“大走访、大慰问”活动，走社区、进村镇

6月5日，郑州警备区举办“厚植文化基因、强化一流担当”教育专题党课

（郑州警备区/供图）

开展春节期间征兵宣传工作；对全市适龄男青年精准发放了征兵宣传短信息；协调市交战办在全市公交、出租车等车载移动媒体上进行征兵宣传发动；在河南征兵微信服务平台、学习国防App和征兵宣传手册上刊发2019年立功受奖人员信息，发挥模范引领作用；制作并发放一批高质量征兵宣传用品。创新疫情条件下征兵宣传、体检政考、役前教育、新兵运输等方式方法，综合施策、突出重点、精准发力，圆满完成新兵征集任务，金水、中原、二七、巩义、新郑人武部各项指标靠前。推进精准征兵试点任务，登封人武部探索登封武校武术特长生向特战部队精准输送的“少林兵”模式，卓有成效。紧跟征兵工作进程，扎实开展4个波次廉洁征兵明察暗访，建好用好涉军网络舆情监控系统，征兵工作连续5年实现“零违纪”。

（段利豪　陈　杰）

【国防教育】大力开展“河南省国防教育模范高校”创建及考评活动，金水、新郑、惠济人武部推进有力，深入开展大学生国防教育巡回演讲、军队英模挂像进校园、中小学国防教育教材修订等系列活动，基本实现大中小学国防教育全覆盖，管城人武部组织国防教育较为活跃。郑州市推荐2名大学生选手参加全国比赛，均取得优异成绩。

（孙　彬）

【军民融合】扎实组织党管武装工作模范区县（市）创建、武装工作绩效考评工作，12个区县（市）、4个开发区全部达标，二七、金水、中原、巩义、高新区走在全市前列，管城区人武部主动作为，积极协调经开区将武装工作纳入党工委工作内容，形成机制。师团两级大力推进参与脱贫攻坚各项工作，组织2个波次巡回检查，开展脱贫攻坚成效巡回观摩活动，圆满完成参与脱贫攻坚任务。春节期间，组织市县乡各级到现役官兵家庭走访慰问；疫情期间，筹措8万余元物资驰援武汉一线，组织党员为疫情防控捐款62.456万元，捐款数额占全省1/3；紧跟形势，大力开展“情系边海防”慰问官兵家庭活动，走访慰问588户一线官兵家庭，全区协调军人子女入学优待1825人，协调解决涉军维权46起，营造了拥军优属的浓厚氛围。实行公交、地铁对军人免费，探索开展“千业万店爱国拥军”活动。郑州市荣膺全国双拥模范城“八连冠”。2020年《解放军报》用两个整版介绍郑州双拥做法。

（温殿锋　蔡政洋）

【休干体系建设】研究制定《加强和改进服务老干部工作作风的措施》，规范12项服务保障机制。建立工作人员参加老干部党支部（党小组）过双重组织生活制度，对事关老干部、遗属切身利益事项坚持快办特办，确保老干部待遇落地落实。干休三所实施轮流办公、工休座谈、文化长廊建设，干休六所加强食堂社会化服务保障，受到好评。大力推进历史遗留问题解决，干休五所信访专项处理和公寓住房清理、干休二所建筑垃圾清运、干休四所超面积住房清理等问题得到解决。

（孙　彬）

【基层组织建设】认真落实“南阳会议”“安阳会议”精神，深入各团级单位实地调研，健全完善帮抓基层工作机制，组织机关基层双向讲评和基层建设经验交流，全年协调投入1000余万元，为基层办实事14件，采取机关代训等形式，全年培训文职人员103人，金水、中牟、中原、新密人武部、干休二所、五所率先组织基层规范化建设试点活动，为全区立起了标杆；主动协调市政府多个部门，扎实推进民兵训练基地整修、市政管网建设、征兵服务中心3项代建工作；落实省军区设置“一部四员”要求，较好地充实了党管武装工作的基层力量。各级及时调整补充专项经费，支持“四员”队伍建设。将民兵预建党组织纳入全市党建大体系，扎实开展“以党建带民兵、以民兵促党建”活动，形成军地共管共建共育机制。

（温殿锋）

【作风安全管理】坚持预防为主、关口前移，扎实开展“党纪条规大学习”、条例法规集训、士官队伍集中教育整顿、百日安全、保密工作专项整顿、基层风气专项整治、防范网赌网贷、网上勾联和酒驾醉驾、违规“翻墙”问题警示性法纪教育、廉洁征兵和节日作风警示教育，先后组织4次拉网式安全检查、每周进行随机检查和问题“回头看”，利用联动交班搞好经常性提醒，部队作风和安全不断巩固。特别是师以上干部待遇清理，师团两级共同发力，反复抓好问题整改，按时完成整改任务，干休二、三、四、五所力度大、措施实、成效明显。疫情防控工作积极主动，第一时间成立领导小组，研究制订专项处置应对预案和12项硬核措施；第一时间动员发动广大民兵发挥好“六员”作用，累计出动民兵7万余人次，积极参加地方疫情防控阻击战，受到军地赞誉；建立疫情专项值班、联防联控等机制，对营区实行“封闭式”管理，对全区各类人员逐个排查，精准掌握详细情况；坚持体温测量、洗消杀灭、单独就餐等制度落实，确保营区安全。

（孙晓金）

【服务保障】积极协调推动民兵训练基地接入市政管网工程，完成应急营营部、器材库等升级改造。指导市交战办开展专业保障队伍训练，与市经动办完成5个国民经济动员中心建设工作。完成退役报废武器销毁处理任务，调运销毁老旧废武器。按要求完成结余经费清理上缴工作，解决历史遗留经费问题48项。扎实推进停偿“下篇文章”工作，协调军地各部门合力攻坚，87个停偿遗留问题全部按时解决。深入抓好后勤行业领域整肃治理攻坚战，迎接全军和军委国防动员部检查受到肯定。完成军级以上公寓住房清理整治、经济适用住房超面积处理，推进3个房地产擅自处置问题专项整治项目整改。发放征兵被装物资，圆满完成新兵运输任务。加大干休所营区综合整治推进力度，老干部生活居住环境得到改善。

（王红兵）

【郑州警备区军民共建“双拥示范路”通车】5月11日，郑州警备区联合企业，军民共建整修2.5公里、新铺2公里的新密市白寨镇西腰村双拥示范路竣工通车。

（蔡政洋）

【巩义市民兵完成黄河受损堤坝抢修任务】8月份在大河流量的持续冲刷下，河洛镇神北村神堤控导19—22坝预加固的铅丝笼石走失，同时受南河渡大桥壅水影响，已相继出现根石走失、坦石下蛰等险情，对附近群众的生命财产安全构成严峻威胁。8月30日上午10时接市政府通知后，巩义市人武部立即启动防汛抗洪应急预案，按照边行动边报告的程序，迅速调动市防汛抗洪连基干民兵60余人赶赴现场，有序对受损堤坝进行紧急加固。在市人武部的统一指挥下，民兵分队发扬顽强拼搏、奋勇争先的战斗精神，有序地进行铁丝捆石、定点打桩等作业，在抗洪抢险攻坚战充分展现了民兵分队关键时刻“拉得出、用得上、起作用”的拳头力量。

（胡家昌）

【2020“国防教育日”系列活动】9月19日是第20个全面国防教育日，郑州警备区筹划开展英模挂像进校园、千家万家拥军、观评爱国影片《八佰》等系列活动。警备区各级积极行动，结合实际深入开展国防教育宣传，营造浓厚爱国拥军氛围。9月17日上午，在郑州财税金融职业学院大礼堂，组织开展“英模挂像进高校”国防教育宣传活动。9月18日下午，警备区组织5各人武部、6个干休所和本级机关约300人，在市人民大会堂礼堂观看爱国影片《八佰》。郑州市双拥办、市国防教育办公市联合组织“千家万店拥

郑州警备区组织开展2020“国防教育日”系列活动。图为9月19日组织观看爱国影片《八佰》（郑州警备区/供图）

军”活动，广发开展行业拥军，营造拥军优属良好氛围，截至年底，300余家商户参与到行业拥军活动中。

（孙　彬）

武警郑州支队

【概况】2020年，武警郑州支队党委团结带领全体官兵，深入学习贯彻习近平新时代中国特色社会主义思想和习近平强军思想，全面落实总队党委决策部署，紧紧围绕“建设一流支队”目标，在接续发展中固本开新，在真打实备中厚实底蕴，在攻坚克难中砥砺前行，各项工作推进有力，多样化任务完成圆满，部队建设呈现稳步提升、向上向好的发展态势。探索“A+1+N”执勤模式，严格落实党员先锋哨、查勤“四个全覆盖”、临时勤务动中抓建制度措施。高标准建成作战指挥中心，加强执勤阵地建设，深化军民融合伴随保障，确保部队随时拉得出、打得赢。以周考月评为抓手强化军事训练，各项成绩稳步提高，1人获评武警部队“优秀指挥员”，1人获评武警部队比武优胜个人，参加总队指挥员、参谋人员、教练员网上考核获支队级单位第一名，特战干部骨干考核总评第二名。教导队被武警部队评为“一级教导队”，支队被总队评为“军事训练一级单位”。

【思想政治建设】坚持用习近平强军思想武装官兵头脑，严密组织“深入学训词、奋斗决胜年”专题教育，持续推进“传承红色基因、担当强军重任”主题教育，扎实抓好政治能力训练、党委中心组理论学习和部队“1.52+”教育，确保部队绝对忠诚绝对纯洁绝对可靠。着眼应对强敌严峻形势和支队建设实际，将“丢掉幻想、准备战斗”确立为队训，不断激发官兵打仗意识、战斗精神。创新开展基层“政工五项”群众性竞赛活动和“四项运动”，大力营造团结紧张、严肃活泼、爱岗敬业、干事创业的内部环境。投入400余万元加强政工阵地建设，升级营区文化环境，筑牢身心健康防护墙。投入近100万元，结对帮扶登封胥店村，助力打赢脱贫攻坚战。

【基层建设】认真贯彻落实新《军队基层建设纲要》，下大力优化工作机制，推动党委机关“一线化”“双争”评比经常化、建设目标具体化、“前沿指挥所”站前沿、“一线带兵人”上一线，集中精力抓基层打基础。全面施行《常委和部门领导基层联系点七项制度》以及机关干部帮扶式、记账式、责任式包队帮建办法，全年组织10批次蹲点帮建，2个大队、8个中队获评“四铁”先进单位，4个连续4年以上未达先单位脱贫摘帽。充分发挥安全员“吹哨人”作用，140余名安全员“挂牌”上岗，安全基础更加厚实，支队被武警部队表彰为“暑期百日安全竞赛优胜单位”，被总队表彰为“安全工作先进单位”。

【综合保障能力建设】切实归正后装战位，大力补齐后装训练和教练员队伍短板，参加总队后装教练员集训获得综合第三名，参加总队后装专业兵比武，4人次获得专业前五名。接续打赢抗疫斗争，先后投入62.6万元，调整补充各类防疫物资6万余件，隔离观察、安全防护全程组织严密，经验做法被武警部队转发。真抓实干为兵服务，投入2367万余元用于大项工程建设，改善部队基础设施和训练条件，切实把暖兵心、拴人心的工作做足做实做到位。精心打造后装品牌，建设武警部队一流卫生队，树立为兵服务亮点窗口；大力推进装备领域“智慧磐石”建设，支队被武警部队表彰为“装备管理三化达标先进单位”。

【党的建设】强化政治能力训练，深研细悟“2纲要1选编1读本”，深纠力治政治领域官僚主义，肃清郭徐房张流毒影响。坚持正确选人用人导向，全年在任用干部、选送技术学兵、发展党员、选晋士官等工作上，做到公平公正、上下满意、官兵信服。支队党委成立工作专班，年内巡检6个中队，发现整改6类105个问题。健全建强基层风气监督员队伍，发挥信息发布平台载体作用，形成直达基层末端

7月，武警郑州支队扎实做好学习贯彻《人民武装警察法》工作
（武警郑州支队/供图）

的监督网络，打通执纪监督最后一公里。强化日常监督，精准执纪问责，推动部队作风风气更加纯正。畅通网上信箱、电子意见箱、微信扫码民主渠道，党委机关采纳基层意见建议120余条，解决官兵关切问题70余件。

（唐欢欢）

人民防空

【概况】 2020年，郑州市人防工作紧盯核心任务，全面加强党的建设，围绕建设国家中心城市目标，在市委市政府、郑州警备区的正确领导下，党组一班人带领全办党员干部职工团结进取、真抓实干，圆满完成了年度工作任务。被省人防办表表彰为“铸盾”形象标兵集体。被河南省省直单位青年人才公寓建设工作领导小组通报表彰为2020年度青年人才建设工作先进单位，参加省委组织部开展的“四史”知识竞赛，受到省委组织部通报表扬。被市法治政府建设领导小组通报表扬为2020年度行政规范性文件管理工作先进单位，行政执法先进单位，郑州人防办2020年绩效考核被评为优秀单位，成功创建市平安建设先进单位和市能源节能型机关，被郑州市档案学会评为先进集体，市政务信息工作取得新突破。利用结对帮扶、驻村帮扶、活动帮扶等形式大力开展扶贫工作，扶贫工作成效明显。参加“守初心 担使命 当先锋”文艺作品征集创作活动，荣获市直机关工委表彰的一等奖1个、三等奖1个以及优秀组织奖。投稿文艺作品《郑州人防心向党》被“学习强国”郑州学习平台采用。市人防办一党支部被市直机关工委表彰为新冠肺炎疫情防控先进基层党组织。注重领导班子自身建设。全年共开展11次中心组学习。办8名县处级领导及12名各级党组织书记主动领学宣讲、作导读阐释，全年共常态化开展“党的创新理论万场宣讲进基层”活动23场，涵盖730余人次。模范机关创建成效初显，党支部规范化标准化建设水平进一步提高。结合处室调整重新调整了机关组织体系，机关4个党支部和直属单位6个党支部全部按程序高标准完成换届工作，推动机关党组织全面进步全面过硬。加强阵地建设，对全办党建信息宣传栏进行全面更新升级，营造浓厚党建文化氛围。党员理论学习和教育管理水平再上新台阶。

市人防办深入基层开展普法宣传（市人防办/供图）

【人防工程审批】 截至2020年11月30日，共审批人防工程82个，审批人防工程面积64.5446万平方米，做到审批人防工程建设规范有序，人防工程建设种类齐全。落实全市工程建设项目行政审批改革成果，在本轮改革后，市人防办高频审批事项从3个减少到1个，审批时间从15个工作日减少为5个工作日，申请材料数量从15项减少为5项；同时，通过优化审批流程，将人防设计条件核定前置到土地出让阶段，防空地下室建设审查批准后置到施工许可阶段，使人防审批流程更加科学、高效。审批大厅通过指派专人指导、科学分工，实现质量监督、竣工验收等手续均可在大厅办理，获得群众一致好评。

【人防工程建设管理】 2020年，全市共竣工验收人防工程210.31万平方米，占全年目标任务的152%，征缴易地建设费3.82亿元。其中市本级竣工验收人防工程面积62.65万平方米，地铁兼顾项目59.68万平方米，征缴易地建设费7247.06万元；县区竣工验收87.98万平方米，征缴易地建设费3.10亿元。

【人防宣传】 结合业务工作进行宣传报道。在《河南日报》、《中国国防报》、《中国人民防空》、《河南人防》杂志、《郑州日报》和国家、省、市网络媒体发稿50余篇，郑州广播电台、电视台、河南广播电台、电视台等媒体都播放了郑州市人防建设的成果。做好重点时段的宣传工作。结合“3.1”国际民防日、“4·15”国家安全教育日、“5.12”防灾减灾日、“9.18”警报鸣放日等开展人防集中宣传教育活动。大力开展人防教育“五进”活动，并对“五进”示范单位建设情况进行了重点检查，推动人防宣传工作深入开展。同时，在纳凉场所通过播放宣传视频、发放宣传物品和资料等方式开展人防宣传，收到良好效果。

（申宁宁）

农业农村

综　述

【概况】2020年，郑州市各级农业部门认真贯彻落实中央和省委、市委农村工作会议精神，紧紧围绕“在乡村振兴中迈开大步，在城乡协调发展中走在前列”的总要求，以实施乡村振兴战略为总抓手，坚持农业农村优先发展，着力抓重点、补短板、强弱项，努力克服新冠疫情影响，走有特大城市特点的农业农村发展路子，推动全市农业农村工作保持较好发展态势。

强化农产品供给。扛稳粮食安全政治责任，落实粮食安全县（市、区）长责任制考核，对粮食和蔬菜实行目标管理，全年粮食、蔬菜总产分别是146.41万吨、219.8万吨。肉、蛋、奶、水产品产量分别为8.68万吨、11.84万吨、10.69万吨、9.5万吨。

都市现代农业发展。加快构建国家、省、市、县四级现代农业产业园体系，新建30个市级现代农业示范园，开工建设美丽牧场项目7个。清理农民合作社“空壳社”，培育壮大新型农业经营主体。加快推进三产融合，市级以上龙头企业达到215家，新创建全国休闲农业与乡村旅游星级企业11家。大力发展数字农业，1604个益农信息社运行良好，不断提升农业科技装备水平。建设高标准农田2.07千公顷，主要农作物耕种收综合机械化水平达到85%以上。推进农业绿色发展，畜禽养殖粪污综合利用率达到97.1%，化肥农药减量化，开展农膜和农药包装废弃物回收利用。

美丽乡村建设。制定《郑州市美丽乡村建设导则》。投入市级财政资金2亿元，新启动建设美丽乡村项目17个。创建省级“千村示范、万村整治”示范村80个。规划保留村生活垃圾得到有效治理，生活污水治理率达到70%以上，无害化卫生厕所普及率达到90%以上。扶持建设村级集体经济发展试点村70个，村级集体经济“空壳村”全部清零，收入5万元以上的村达到80%以上。启动农村公共服务试点村67个。

农产品质量安全保障。试行食用农产品合格证制度，713家生产主体开具食用农产品合格证42.88万张。全市387家农业企业纳入国家农产品质量安全追溯平台统一管理，农产品例行检测抽检合格率高于国家规定标准。加强非洲猪瘟常态化防控，扎实开展重大动物疫病强制免疫，免疫率达到100%。兽药、饲料抽检合格率分别达到99%、97%。

农村综合改革。农村集体产权制度改革全面完成，顺利通过省级交叉评估验收，清理核实资产772.37亿元，核实集体土地总面积828.8万亩。稳慎推进农村宅基地改革，出台《郑州市农村宅基地管理导则》，完善宅基地规划和宅基地带图审批，盘活利用农村闲置宅基地和闲置住宅。深化农村土地制度改革，全年新增土地流转面积18万多亩，流转率提高5个百分点以上。

【疫情防控】成立农委疫情防控领导小组和6个督查组，对全市农业农村、委系统疫情防控工作进行全面督导。协调办理疫情防控运输车辆通行证497张，保障企业所需物资到场、畜禽产品进城。开展“三送一强”活动，按照“一企一策”原则，协调解决问题780个，推动企业复产达产。积极对接商超、社区、电商平台，构建市县乡三级线上线下互动的供销网络，有效解决了菜农卖菜难和市民买菜难问题。

（王志勇）

农业产业化经营

【概况】2020年，新增市级龙头企业9家，省级龙头企业7家，54家企业通过省级龙头企业监测。截至2020年年底，

12月25日，郑州市召开美丽乡村工作推进会（市农委/供图）

市级以上龙头企业总计215家，其中国家级13家，省级61家，市级141家。创建全国休闲农业与乡村旅游星级企业11家，其中五星级1家、四星级4家、三星级6家。新认定市级农业科普研学基地7家。全市休闲农业接待人次达到1591万人次，完成营业收入8.5亿元。中牟县官渡镇成功创建全国2020年农业产业强镇，二七区樱桃沟社区、巩义市小相村入选第九批全国“一村一品”示范村（镇）。重点对三全、万邦、好想你、粮食批发市场、陈寨花卉市场等骨干型龙头企业在大河财立方、河南省新农村频道等媒体上进行宣传推介，充分发挥龙头企业在农业产业发展中的示范引领效应。

（安建新）

【农产品品牌建设】2020年，郑州市立足加强农产品产业基础和发挥特色优势，围绕“创品牌、优供给、促增收”目标，以农业生产经营组织为依托，以发展农业区域公用品牌建设为载体，以标准化生产为核心，以品牌为支撑，引导农业生产经营组织注重培育品牌、发展品牌、提升品牌，提高农业供给质量和效益。组织“乡村振兴 品牌先行”培训会，参训人员150余人，涉及农产品企业50余家。完成了中国农业品牌目录申报工作，郑州新农源绿色食品有限公司的“豆状元”老豆花、河南绿兴现代农业科技股份有限公司的“家庭农场”蔬菜批准为河南省特色农产品品牌。

【农业展会】组织10家农产品加工企业、农村合作社及农业产业化龙头企业，参加第二十三届中国（驻马店）农产品加工投资贸易洽谈会。组织7家农业企业、农民合作社，参加河南省优质特色农产品（上海）展览会。展会期间，河南爱蜜乐实业有限公司签约品牌培育与市场推广项目1000万元，产品线下渠道推广和委托加工等意向项目1500万元；河南中农华盛农业科技有限公司签约供货协议1000万元；郑州思念食品有限公司签约速冻食品销售项目25000万元，同上海冠申食品有限公司、上海亿阳食品有限公司达成冷冻食品销售项目4400万元；好想你健康食品股份有限公司签约上海经销客户项目170万元。组织郑州市惠济区丫丫农业合作社、好想你健康食品股份有限公司参加第二十一届中国绿色食品博览会暨第十四届中国国际有机食品博览会。组织三全食品股份有限公司、郑州思念食品股份有限公司、好想你健康食品有限公司、河南蜜乐源养蜂专业合作社、河南秋乐种业科技股份有限公司参加第十八届中国国际农产品交易会。

（梁泽峰）

【农业产业园建设】以实施乡村振兴战略为抓手，按照郑州国家中心城市建设总体布局，大力推进产业可持续发展，建设一批产业优势突出、要素高度集聚、设施装备先进、生产方式绿色、产业融合发展、辐射带动有力的现代农业示范园。2020年，新郑红枣获批省级现代农业产业园，新建30个市级现代农业示范园。壮大新郑大枣、河阴石榴、二七樱桃、中牟蔬菜、新密登封巩义山区丘陵林果等优势特色产业基地，支持发展农产品加工和休闲农业，推进一二三产业融合发展。

【第三批都市生态农业示范园建设】第三批都市生态农业示范园建设项目总投资2.9亿元，项目实施面积1.67千公顷，涉及中牟县、新密市、新郑市、登封市、荥阳市、郑东新区，截至2020年年底，完成新密市、新郑市、登封市项目验收及评估工作。

（张　胜）

【农村集体经济发展试点建设】开展扶持村级集体经济发展试点工作，全年建设农村集体经济发展试点村70个。完成村级集体经济“空壳村”清零工作，截至2020年年底，“空壳村”全部清零。

【新型农业经营主体培育】以荥阳市合作社质量提升整县推进试点工作为抓手，以点带面推动全市合作社规范化发展。全年组织申报国家级示范社6家、省级合作社示范21家、农业生产社会化服务示范组织4家。截至2020年年底，全市正常运营合作社总计4253家，其中国家级示范社21家，省级35家，市级示范社76家。

（朱明坤）

【农业龙头企业复工复产指导服务工作】对全市249家农业产业化龙头企业复产复工情况、存在困难及贷款需求进行动态统计，及时向龙头企业转发《疫情防控指南》，为龙头企业复工复产提供指导，为20家龙头企业协调解决通行证40个，解决部分企业运输难的问题；推荐15家龙头企业争取农业政策性金融补短板稳投资农发行贷款；开展“三送一强”活动，指导农业龙头企业申报河南省“861”金融暖春贷款。

【休闲农业及乡村旅游业】截至2020年年底，全市有全国休闲农业与乡村旅游示范县2个，全国十大精品线路1条，中国美丽休闲乡村2个，全国十佳农庄1个，累计创建全国休闲农业与乡村旅游星级企业58家，认定市级农业科普研学基地16家。

（安建新）

新密市袁庄乡乱石坡村花田花海（市农委/供图）

农村改革

【农村集体产权制度改革】2020年，郑州市全面完成农村集体产权制度改革工作，包括清产核资、产权界定、成员身份确认、股权设置和管理、股权合作制改革、农村集体经济组织登记赋码等，经过县级自验、市级抽验后，顺利通过省级交叉评估验收。

（朱明坤）

【农村承包地管理与改革】郑州市积极推进农业适度规模经营工作，出台《关于引导农村土地经营权有序流转发展农业适度规模经营的通知》，指导各区县（市）开展多种形式的土地流转，对土地流转工作进行安排部署。为促进黄河流域的生态保护和高质量发展，推进郑州沿黄区域农业适度规模经营，加快农业高质量发展，在统计分析沿黄快速路两侧涉及区县（市）的土地流转及规模经营情况基础上，起草《关于加快沿黄区域农业适度规模经营指导意见》。

开展农村承包地确权登记颁证后继工作。按照省农业农村厅、省资源规划厅工作要求，在全市范围内开展农村土地承包经营权证基本农田信息核实变更工作，市农委联合市资源规划局下发《关于开展农村土地承包经营权证基本农田信息核实的紧急通知》《关于进一步做好农村土地承包经营权证基本农田信息核实变更工作的通知》，明确要求各区县（市）严格按照工作程序，有序推进农村土地承包经营权证基本农田信息核实变更工作。开展农村经济管理信息化平台建设。平台被纳入“城市大脑”二期项目，至年底初步搭建完毕，并组织市、县人员对平台进行了评测。

【农村宅基地管理与改革】市农委印发《郑州市农村宅基地管理导则》，明确农村宅基地的范围、权属，宅基地规划，申请条件和标准，申请流程，带图审批及验收，建房管理，使用权流转及退出六方面内容，重点强调宅基地规划和宅基地带图审批。巩义市被省政府确定为全省农村宅基地和农民自建住房建设规范管理综合改革试点市。开展农村闲置宅基地和闲置住宅盘活利用工作，登封市大金店镇袁桥村、新密市米村镇朱家庵村，被省农业农村厅作为农村闲置宅基地和闲置住宅盘活利用典型案例在全省推广。

【家庭农场高质量发展】按照“农户主体、规模适度、市场导向、因地制宜、示范引领”的原则，建立健全郑州市家庭农场培育计划，培育一批规模适度、生产集约、管理先进、效益明显的家庭农场，注重发挥家庭农场在繁荣农村经济中的示范作用、增加农民收入中的带动作用和脱贫攻坚中的帮扶作用。指导各区县（市）完善家庭农场名录管理制度，推进全国家庭农场系统平台信息录入工作，上报经工商登记注册家庭农场403家，规模经营户3440户。按照“自愿申报、择优推荐、逐级审核、动态管理”原则，开展级示范家庭农场评定工作，认定县级示范家庭农场35家、市级示范家庭农场30家。引导家庭农场联合发展，成立一批家庭农场协会或联盟。截至2020年年底，郑州市有家庭农场+家庭农场（联盟或协会）4家，家庭农场+合作社12家，加入产业化联合体（龙头企业+家庭农场、龙头企业+合作社+家庭农场等）10家。

（李　杰）

种植业

【粮食生产】2020年，全市粮食种植面积288.83千公顷，较上年减少18.37千公顷，减少6%；粮食总产146.41万吨，较上年减少3.19万吨，减少2.1%。其中，夏粮种植面积140.49千公顷，较上年减少10.3%，夏粮产量71.2万吨，较上年减少6.3%；秋粮种植面积148.35千公顷，较上年减少1.4%，秋粮产量75.2万吨，较上年增加2.2%。

【蔬菜生产】全年蔬菜播种面积56.8千公顷，较上年增加3.7%，全年总产量219.8万吨，较上年增加3.7%。

【“菜篮子”生产示范基地建设】2020年，市本级财政划拨专项资金5000万元，在中牟县姚家乡实施“菜篮子”生产示范基地建设项目，年度建设任务333.33公顷。截至2020年年底，实际完成建设面积428.20公顷。

【水果生产】全年果树种植面积18.28千公顷，较上年下降8.7%，产量27.3万吨，较上年增加6.8%。

【耕地地力保护补贴】2020年，郑州市财政局、郑州市农业农村工作委员会联合印发《关于下达2020年中央财政农业生产发展资金（耕地地力保护补贴）的通知》、《关于下达2020年第二批耕地地力保护补贴资金的通知》和《关于切实做好2020年耕地地力保护补贴工作的通知》，部署安排耕地地力保护补贴工作。全年发放耕地地力保护补贴总计24189万元，补贴耕地163.33千公顷。

（班青宇）

【种业监管】开展春、秋两季种子市场专项抽检和企业抽检，共抽取玉米种子样品303份，小麦种子样品199份，完成抽检样品的水分、发芽率、纯度等室内三项指标检测。开展种质资源普查，推进种质资源保护与利用，制定实施方案、成立普查与收集行动领导小组和专家组，完成1956年、1983年、2019年全部普查资料收集整理，征集优秀本地野生近源种质资源81个。组织举办第三届黄淮麦区小麦新品种地展博览会，种植小麦品种314个；第六届黄淮海玉米新品种地展博览会，种植玉米新品种500多个。组织举办第二届郑州种业博览会暨第五届中原国际种业科技展览会，参展企业达489家，展示蔬菜新优品种近6000个。

【畜禽种业发展】完善种畜禽生产经营许可证办理流程，成立郑州市种畜禽生产经营许可事项评审专家库，2020年为8家企业办理了二级种畜禽生产经营许可证，完成1000头引进种猪的补贴，共下达引种补贴资金200万元。

（陈　超）

【高标准农田建设】2020年，完成郑州市高标准农田建设任务2.07千公顷，5月动工，11月底完成主体，12月底完成县级自验，工程建设总投资4710万元。对2011—2018年建设82.12千公顷高标准农田及84个项目进行了普查，同时完成126眼机井、22座泵站、15座小型集雨设施、11580米硬化灌排渠、26座桥涵闸、25485米农田硬化道路和131座变压器的整改维护工作。

（韩凤彬）

【耕地土壤环境质量类别划定】2020年，组织耕地土壤质量类别划分工作培训会1次。完成各区县（市）自然环境概况、土地利用分布、土壤类型、地力等级、农业生产资料、行政区划图等基础资料收集、上报工作，经专家论证形成郑州市耕地土壤环境质量类别划定初步成果，郑州市耕地土壤环境质量类别划定市级工作全部完成。

【化肥农药零增长行动】郑州市广泛推广化肥和农药使用技术，贯彻绿色发展理念，坚持综合治理、标本兼治，调整农业投入结构，通过政府引导、企业负责、农户配合、市场驱动等措施，落实农业投入品减量使用制度。加强政策指导。市农委印发《郑州市2018—2020年农药使用量零增长行动方案》《郑州市2018—2020年化肥使用量零增长行动方案》《2020年化肥减量增效工作方案》。

实施科学施肥。大力推广测土配方施肥、有机肥替代、水肥一体化等技术。不断完善、更新粮食等大田作物施肥指标体系参数，建立健全经济作物施肥指标体系，扩大配方肥在设施农业及蔬菜、果树等经济园艺作物上的应用，着重推进经济园艺作物水肥一体化技术模式集成创新与推广应用，建立物联网水肥一体化示范区，充分利用入户施肥情况调查、基层农技推广、放心农资下乡、科技三下乡等机会，宣传测土配方施肥技术，指导农业企业和农户科学施肥、施配方肥、增施合格有机肥等。推进绿色防控。建设病虫监测预警体系，重点建设一批自动化、智能化田间监测网点，健全病虫监测体系。推进科学用药，加快转变病虫害防控方式，大力推进绿色防控、统防统治，构建资源节约型、环境友好型病虫害可持续治理技术体系，实现农药减量控害，保障生态环境安全。

2020年，全市测土配方施肥技术推广覆盖率达到91%，主要农作物统防统治面积235.02千公顷，统防统治覆盖率43.42%，有机肥养分还田率65%；主要农作物病虫害绿色防控面积122.3千公顷，绿色防控覆盖率35.85%。2018年，全市化肥使用量209846吨（折纯），农药使用量614.72吨；2019年，全市化肥使用量200525吨，农药使用量614.51吨；2020年全市化肥使用量184136吨，主要农作物化肥利用率达到40.05%以上，农药使用量614.49吨，农药利用率达到40%，实现化肥农药连续三年持续性零增长。

【废弃农膜回收利用】 制定《打好郑州市2020年农业农村污染治理攻坚战行动方案》，对全市废弃农膜回收利用工作进行了全面部署。市农委印发《关于加快推进农药包装废弃物和废旧农膜回收处理意见》，明确废旧农膜回收处理范围、回收主体、处理方式和处理标准；联合发改等11个部门联合印发《加快白色污染治理促进美丽郑州建设行动方案》，切实保障废旧农膜回收处理工作的稳步推进。持续强化技术革新和残留检测。在农业生产环节，结合农艺措施，鼓励宣传引导农民和新型农业经营主体使用全生物可降解地膜，实施地膜减量行动，持续开展农膜减量替代技术示范和农田地膜残留检测。

2020年，全市已落实废弃农膜回收利用专项资金109.06万元，农膜覆膜生产量4779.6吨，覆膜回收量4731.8吨，废弃农膜回收利用率99%。各区县（市）累计已开展农田地膜残留检测工作点位45个，开展降解农膜试点4个。

【农药包装废弃物回收处理】 印发《关于加快推进农药包装废弃物和废旧农膜回收意见》，明确回收处理范围、回收主体、处理方式和处理标准，切实保障农药包装废弃物工作的稳步推进。2020年农药包装废弃物回收体系覆盖82个乡镇，设立宣传普及农药销售站点701个，宣传农户21.4万户，回收农药包装废弃物91.42吨。

【畜禽粪污资源化利用】 2020年，适养区有547家规模畜禽养殖场达标建设了粪污储存处理设施，全市规模化畜禽养殖场粪污处理设施配套率达到100%，大型规模养殖场粪污处理设施配套率达到100%。畜禽养殖粪污综合利用率达到97.1%。

（刘宏亮）

美丽乡村建设

【概况】 美丽乡村建设项目实施。2020年，郑州市实施《郑州市美丽乡村项目管理办法（试行）》《郑州市加快美丽乡村建设实施方案》《郑州市美丽乡村建设导则》，对加快美丽乡村建设进行规范。组织美丽乡村招商推介会，设置招商项目109个，涉及40个乡镇办（管委会）、80个行政村。完成意向签约项目53个，签约总额159亿元，项目签约落地20个，签约总额93亿元。召开全市美丽乡村建设工作推进会，确定全市2022年和2025年美丽乡村建设总体目标，市本级财政投入资金2亿元，启动建设美丽乡村项目17个。

农村人居环境整治。六县（市），统筹实施村庄规划，坚持因地制宜、因村施策，紧盯“垃圾治理、污水治理、厕所革命、村容村貌提升”等四项重点任务，积极开展村庄清洁行动推动全市农村人居环境整治工作取得显著成效。2020年8月，全省第五次农村人居环境整治工作推进会议印发《中共河南省委农村工作领导小组关于表彰2019年度农村人居环境整治工作先进单位的通报》，郑州市获评2019年度农村人居环境整治先进市。

城乡结合部农村人居环境改善。城乡结合部区域内有48个规划保留村达到“四美乡村”建设标准，95个规划保留村共4.78万户农户完成水冲式户厕改造。收运处置体系覆盖全部规划保留村，村庄有效治理率达100%，有压缩式垃圾中转站29座，镇村保洁人员1894人，小型垃圾收集车1076辆，大型垃圾转运车70台，各类垃圾桶31016个。71个非规划保留村达到“三清一改”建设标准。

【村庄清洁行动】 开展以“三清一改”为重点内容的村庄清洁行动，突出全域整治、全面整治、持续整治，共清理农村生活垃圾170余万吨，清理畜禽养殖粪污等农业生产废弃物90余万吨，农村坑塘沟渠基本得到治理。各县（市）按照“五有”“四个环节”和“三无一规范一眼净”的要求，逐步完善城乡环卫一体化运营机制，落实长期保洁制度。全市开展村庄清洁行动和常态化保洁行政村总数达到1697个。

【农村生活垃圾治理】 六县（市）规划保留村生活垃圾治理率达100%。均完成农村生活垃圾收运处体系搭建、农村生活垃圾治理专项规划编制（或纳入县域城乡规划）。推进城乡环卫一体化、市场化、社会化、专业化，积极开展农村生活垃圾分类和资源化利用工作。全市农村有压缩式垃圾中转站153座，保洁人员约1.58万人，基本满足农村生活垃圾收集转运需求，做到日产日清，初步达到了“扫干净、转运走、处理好、保持住”的农村生活垃圾治理成效。

【农村生活污水治理】 农村生活污水治理梯次推进，农村生活污水乱排乱放得到有效管控。全市有1240个行政村启动生活污水治理，治理率达70%以上，其中81个乡镇政府所在地村庄完成污水治理，占乡镇政府所在地村庄的98%。

【户厕改造】 全市基本完成农村户用厕所无害化改造，厕所粪污得到处理或资

美丽乡村——巩义市河洛镇源村（市农委/供图）

源化利用。截至2020年年底，农村户厕改造完成16.99万户，超省定任务8.5万户8.49万户。农村卫生厕所普及率94.46%，无害化卫生厕所普及率91.64%。全市86.33%的行政村建有公共厕所。

【村容村貌提升】完成162公里农村公路新改建建设，所有行政村完成通硬化路。完善村庄公共照明设施，实现村庄主要街道和公共活动场所夜晚有照明，亮灯率达90%以上。引导农户在房前屋后和庭院种树种菜养花，乡村绿化覆盖率提高至37%左右。688个行政村荒芜宅基地得到整治，1628个行政村建成文化活动广场等公共服务设施。建设秸秆收储运体系，推进秸秆综合利用规模化、产业化，秸秆利用率达93%以上。实施畜禽粪污资源化利用推进项目，鼓励采取粪肥还田、制取沼气、生产有机肥等方式进行资源化利用，畜禽粪污综合利用率达93%以上。

【贫困村农村人居环境改善】全市贫困村生活垃圾和生活污水治理全部实施市场化保洁，生活垃圾得到有效治理。73个贫困村开展生活垃圾分类，配备1431名保洁员，占贫困村人口比例5‰，高出河南省标准3个千分点。115个贫困村完成生活污水治理，占比77%，黑臭水体全部得到治理。贫困村秸秆综合利用率达90%以上，畜禽粪污综合利用率达到75%。所有贫困村完成通组道路、排前路建设，乡村绿化覆盖率达到47%。

（谢鸿利）

【农村公共服务建设维护试点项目】2020年，郑州市投入资金2000万元，实施农村公共服务建设维护试点项目67个，涉及6县（市）44个乡镇67个行政村，安装路灯4319盏、硬化道路16177.3米、铺设给排水管道67050米、广场绿化8210平方米等。

（王晓静）

农业机械化

【概况】2020年，全市农机总动力435万千瓦，主要农作物耕种收综合机械化率达到85%以上，小麦耕种收综合机械化率达到99%以上，玉米耕种收综合机械化率达到93%以上，保护性耕作实施面积53.13千公顷。新增自走式农业机械登记入户率、检验率保持100%，农机合作社等服务组织在册机械"三率"达到100%。农业机械化水平得到大力提升，农机服务组织化程度和社会化服务能力大幅提高，全年农机安全生产无重大责任事故，农机安全生产形势平稳。"三夏"期间秸秆禁烧实现"零火点"目标。

【农机购置补贴】2020年，郑州市执行中央财政购机补贴资金2880万元，省级财政购机补贴资金81万元，市本级财政安排购机补贴资金2000万元，县级财政安排购机补贴资金200万元，共补贴各类机具5997台（套），是省定目标2062台（套）的2.9倍，受益合作社87个，受益农户4288户。

【重要农时机械化生产】"三夏"期间，全市组织25万台（套）以上农业机械投入农机化生产，其中联合收割机在7000台以上（包括引进机车），拖拉机11.5万台，播种机2.4万台。培训各类农机人员9000余人次，检修各类农机具18万台(套)，签订农机作业合同1.8万余份，发放联合收割机跨区作业证900张，组建跨区作业服务队40个，组织外出跨区作业联合收割机700台，设置"三夏"服务接待站点50个，成立农机服务小分队60个，充分发挥农业机械在"三夏"生产中的主力军作用。

"三秋"期间，投入各类农业机械30万台（套），其中拖拉机11.49万台。机收玉米117.57千公顷，玉米机收率89.51%，完成玉米秸秆还田面积122.14千公顷，还田率92.99%，完成小麦机播面积131.24千公顷，机播率99.63%。成立农机服务小分队60个，检修各类农业机械25万台（套）。

【农机社会化服务】2020年，郑州市继续深化农机供给侧改革，落实农机合作社财政扶持政策，指导各类农机专业服务组织探索土地承包、土地托管、带地入社等经营模式，培育示范农机专业合作社，农机社会化服务组织成为新时期农机社会化服务的主体。截至2020年年底，全市合作社规模经营土地面积39.27千公顷。

【农机新技术新机具推广】结合农业生产实际，充分利用购机补贴政策，加大对农业生产薄弱环节农业机械的补贴力度，重点做好玉米联合收获机、大型拖拉机、免耕播种、深松机和生物质燃料压块机的推广应用。狠抓农机新技术新机具试验，为示范推广夯实基础。夏季采用传统种植模式、免耕施肥播种模式、深松模式+免耕施肥播种模式播种玉米，组织专家组及技术指导员现场指导，对玉米生长性状进行监测及测产。秋季采用传统种植模式、免耕施肥播种模式、深松模式+免耕施肥播种模式播种小麦模式，组织专家组及技术指导员现场指导，并对小麦生长性状进行监测。全年召开新技术新机具现场演示会、技术培训会50余场，培训1.6万人次。实施深松整地作业项目，抓住春播前和秋收后两个重点时段，强化政策引导、技术指导、任务督导，积极组织农机深松整地作业。开展基层农机推广服务体系建设、运行机制创新、科技培训及重大实用技术的配套集成为主要内容的农机推广工作，带动大批农户积极应用农机化新技术。

【农机安全生产】积极贯彻落实国家、省、市有关农机安全的具体政策和法律法规，坚持"安全第一、预防为主、综合治理"的方针，加强安全隐患排查，堵塞安全生产漏洞，规范农机监理业务，全年无重特大农机事故发生。开展农机安全检查450余次，出动监理人员1600人次，排查治理隐患110处。开展安全教育宣传活动260次，参与人数85500人，出动巡回宣传车460车次，发放各类安全生产宣传资料40000余份。举办各类农机技术培训班48期，共培训农机手10561人。与机手签订《农业机械安全生产责任书》16000余份，提高了广大机手的安全意识。

（徐群堂　戚艳华）

畜牧业

【概况】2020年，全市完成农业农村部养殖场直连直报系统备案养殖场总数1668家，其中符合河南省畜禽养殖场规模化标准养殖场554家。按地域分布，二七区1家、中牟县22家、巩义市49家、荥阳市117家、新密市182家、新郑市117家、登封市63家、航空港区3家；按养殖种类划分，生猪329家、奶牛18家、肉牛7家、羊27家、蛋鸡158家、肉鸡11家、其他4家。

2020年，全市主要畜禽肉产量为8.68万吨，较上年10.16万吨下降14.5%；禽蛋产量11.84万吨，较上年11.74万吨增长0.9%；牛奶产量10.69万吨，较上年8.48万吨增长26.2%。生猪存栏为71.86万头，较去年47.35万头增长51.8%，其中能繁母猪7.54万头，较上年4.74万头增长59.1%；全年出栏75.61万头，较去年90.89万头下降16.8%；猪肉产量5.68万吨，较上年7.01万吨下降18.9%。

【生猪稳产保供给】2020年，郑州市认真贯彻落实国家和省关于生猪稳产保供给工作的各项决策部署，落实地方责任、加大政策扶持、纾解企业困难，全市生猪生产恢复发展形势总体平稳。印发《郑州市农委、郑州市发改委关于贯彻落实河南省进一步稳定生猪生产保障市场供应的通知》，将2020年生猪生产恢复任务目标分解到各区县（市），并作为民生实事、"菜篮子"和乡村振兴等工作考核的重要内容。

印发《郑州市人民政府办公厅关于加快稳定生猪生产保障市场供应的通知》，对生猪生产方面的财政扶持、疫病防控、养殖用地、生态环保、信贷保险等政策进行细化，对种猪场、大型养猪场、屠宰加工场建设的洗消中心和非洲猪瘟检测实验室给予每个不超过15万元补贴，对引进的种猪每头补贴2000元。截至2020年年底，建成洗消中心和非洲猪瘟检测实验室16个，对3个养殖场引进的1000头种猪进行补贴，组织符合条件的生猪养殖企业申报贷款贴息，合计贷款金额8993万元。

为保障养殖用地，市农委联合市生态环境局对畜禽养殖禁养区进行规范调整，指导中牟、新郑、新密、登封和上街区对畜禽养殖禁养区进行调整和自查，共取消无法律法规依据划定的禁养区5个，取消无法律法规依据划定的禁养区面积395.33平方公里。加强政策宣传，在鼓励养殖场（户）积极增养补栏的同时，实施项目带动。对内发挥新郑银发、荥阳三泰、登封三力智慧等市级养殖龙头企业作用，引导他们扩大规模，在全市布局；对外，积极与天邦、正邦、牧原等大型上市公司洽谈招商引资事宜，支持他们在郑州建设养殖基地。截至2020年年底，郑州源兴农牧有限公司4000头母猪场、荥阳市刘河镇王河村马芬6万只蛋鸡场建成投产，郑州金地农业开发有限公司3万头育肥猪场、河南省和之康农牧有限公司1200头种猪场等在建项目进展顺利。

开展“三送一强”活动，为养殖企业协调办理应急物资运输车辆通行证A证19张、B证229张。成立郑州市恢复生猪生产协调办公室，解决恢复生猪生产中遇到的土地、环保、资金、贷款等难题。建立生猪生产监测预警制度，按月调度全市生猪生产情况，发布监测数据，引导养猪场科学生产。

【畜牧业高质量发展】郑州市坚持质量兴牧、绿色兴牧、品牌强牧、融合发展，以高质量发展为核心，以推进畜牧产业供给侧结构性改革为主线，以构建完善的生产体系、经营体系和产业体系为重点，做优做精高效养殖业和畜产品加工业，推动畜牧业由“面状开花型”向“区域集中型”转变，“数量规模型”向“质量效能型”转变，“单产封闭型”向“生态循环型”转变，不断提高畜牧业综合生产能力和市场竞争力，促进畜牧业可持续发展。郑州市人民政府办公厅印发《关于加快推动畜牧业高质量发展的意见》，确定了畜牧业高质量发展的指导思想、基本原则、发展目标、实施的十大行动和保障措施。在区域布局上，根据现有养殖发展基础、城镇功能和禁养区划定空间范围，促进畜牧业从城郊平原向山区丘陵转移，从沿村沿河向农业生产区转移。在产业布局上，按照高质量发展和全产业链思路，从农牧结合、生态养殖、现代种业、屠宰加工等环节构建现代畜牧业产业体系、生产体系和经营体系，促进各类生产要素向优势区集聚，形成具有较强市场竞争力的特色优势畜产品产业区、特色畜牧业强镇。在产业规模上，着眼现代畜牧业发展趋势和转型升级要求，引导发展以规模化的种养结合为主，主推家庭牧场、适度规模养殖场和大型集约化养殖场三种养殖模式。在养殖种类上，巩固提升生猪生产能力，优先发展草食畜牧业，做精做强优质家禽业，加快发展特色养殖业。

【美丽牧场创建】中共郑州市委农村工作领导小组印发《郑州市美丽牧场建设实施方案（试行）》，支持各类规模养殖场申报创建美丽牧场项目，建设一批示范带动作用强、在全省叫得响的现代化养殖场，带动生猪养殖业稳产扩能。单个美丽牧场项目最高扶持额不超过500万元，市财政累计扶持资金1500万元。中牟县、新郑市、新密市、荥阳市、登封市申报立项美丽牧场项目7个，均已开工建设。

【营商环境优化】郑州市农委出台多项措施，加大对养殖户的融资支持力度，适当降低担保准入条件，适度提高风险容忍度，做到“能保尽保”“应保尽保”；设立绿色通道，优化简化业务流程，推动担保项目快审、快批，贷款快速到位；降低融资担保成本，对“三农”小微企业实行免抵押、免第三方保证、免保证金，疫情防控期间担保费率按1%收取。搭建银企对接桥梁，由郑州农业担保公司担保，累发放贷款3712万元，惠及养殖户231个。

【奶业提质增效行动】2020年，通过补短板、强弱项，实施奶业提质增效行动，合力加快推进奶业振兴，奶牛单产达到8吨，奶牛规模化养殖率达95%，乳品质量安全连续保持优良。促进奶牛家庭牧场发展。市农委出台《郑州市2020年新型经营主体肉牛奶牛生产能力提升工程项目实施方案》《郑州市2020年粮改饲试点项目工作实施方案》《2020年郑州市支持肉牛奶牛产业发展资金项目实施方案》《郑州市生鲜乳第三方检测试点实施方案》，加强政策支持和技术指导。支持12个家庭牧场推进改造提升计划，帮助奶农补齐养殖技术和管理短板。强化生鲜乳质量安全监管。按照2020年度“双随机、一公开”工作计划，检查生鲜乳收购站2个，生鲜乳抽检合格率为100%；配合农业农村部、省农业农村厅监督检查3次，抽检样品189批次，发现问题督促企业全部整改到位；2019年9月至2020年9月，委托第三方检测机构进驻乳企检测1152批次，三聚氰胺合格率均为100%。

推动奶牛养殖节本增效。继续推进粮改饲工作，2020年完成全株青贮种植3.13千公顷。依靠郑州市畜产品质量监管系统，推进数字奶业信息服务云平台建设。

（郎社强）

【农资管理】2020年全市兽药、饲料、农药生产能力保持稳定发展，生产企业数量分别为61家、122家和12家，分别占全省总数的27%、14%和8%，饲料产量达到81万吨，同比增加24%，规模以上兽药、农药产值均比去年有明显增长；兽药、饲料、农药产品质量保持较高水平，产品抽检合格率保持在97%以上，生产安全水平持续保持稳定，未发生有影响的较大安全事件。

积极开展“三送一强”“一联三帮”“六稳六保”活动，为全市137家兽药、饲料、农药企业申办应急运输通行证216张，印制发放了1000份《应对疫情影响支持企业健康发展政策摘要

6月24日，郑州市举行2020年放心农资下乡进村宣传周活动（市农委/供图）

汇编》，推荐15家兽药、饲料、农药生产企业进入疫情防控市级重点保障企业名单，帮助解决农资流通运输等各方面遇到的问题35项，协调环保部门解决了饲料生产企业重污染天气下限产停产问题。

认真开展全市兽药、饲料、农药安全生产大检查和质量安全专项整治活动，切实做好自查、排查和抽查抽检等工作，整顿行业经营行为，共责令整改48项，查处违法案件27起，捣毁制假窝点5个，其中1起案件移交公安机关处理。

借助省级行政审批验收平台，全年全市共对23家兽药、饲料、农药生产许可过程中发现的缺陷问题全部按要求进行了监督整改。同时受省农业农村厅委托完成9家兽药生产企业产品批准文号报批和17家生物制品经营企业经营许可现场核查工作。

全年全市共开展国家、省、市三级兽药、饲料、农药专项检查和“双随机，一公开”监督检查5次，共检查生产经营企业88家，对发现的产品质量控制、安全生产等方面存在的111项缺陷项进行了监督整改到位。同时按照程序注销了3家兽用生物制品经营企业许可证照。

全年全市共完成国家、省、市三级兽药、饲料、农药抽检任务分别为293批、326批和95批，产品合格率分别为99%、97%和98%。不合格产品均按规定依法进行了处理，其中我市4家农资生产经营企业被立案处罚。

（李　健　曾　萍）

【重大动物疫病防控】2020年，全市订购发放高致病性禽流感疫苗1482.2万毫升、口蹄疫疫苗322.95万毫升、小反刍兽疫疫苗66.9万头份，布鲁氏杆菌疫苗80.716万头份。全市共免疫猪225.88万头（次）、免疫家禽6188.94万羽（次）、免疫牛14.1万头（次）、免疫羊245.64万只（次），免疫率100%，免疫抗体水平均达到国家规定标准以上。夏季高温消毒灭源工作。根据《河南省人民政府重大动物疫情应急指挥部办公室关于开展高温季节查源和消毒灭源工作的通知》和《河南省非洲猪瘟疫情防控工作应急指挥部关于开展大清洗、大消毒专项行动的通知》要求，向有关区县（市）发放消毒药总计22吨，对208个养殖场、4200户养殖户、5个畜禽屠宰厂、19个病死猪收集暂存点、1个无害化处理厂进行了全面的清洗、消毒工作，消毒总面积1160万平方米，对170辆畜禽运输车辆进行了全面消杀。非洲猪瘟防控工作。实施郑州市标准化非洲猪瘟实验室建设项目，有5个标准化非洲猪瘟实验室通过验收，进一步提升了养殖企业和屠宰企业的非洲猪瘟自检能力；对10家生猪屠宰企业非洲猪瘟自检和官方兽医派驻制度的落实情况进行“回头查”，各企业均能认真落实两项制度，做到入宰生猪“批批检、全覆盖”，全面落实生物安全措施和安全生产责任。

（马淑玲）

【非洲猪瘟疫情常态化防控】贯彻落实省非洲猪瘟防控视频会议精神，郑州市非洲猪瘟防控应急指挥部先后下发、转发多份文件，从各方面部署非洲猪瘟防控工作，全面落实省政府关于非洲猪瘟防控“把五关”“六保障”的具体要求。严把生猪调运关。按照省农业农村厅、交通运输厅、公安厅联合下发《关于开展违法违规调运生猪百日专项打击行动的通知》要求，6月初至9月上旬在全市开展“百日行动”。通过开展“百日行动”，建立农业农村、交通运输、公安等多部门协作的生猪调运监管工作机制，织密以市界、重要枢纽及县域内高速公路出入口为重点的监管网络，健全固定站点检查与流动巡查相结合的监管模式，在高速公路设检查站点5个，上岗人员20人次，加强生猪调运监管，形成了有效防范非洲猪瘟等重大动物疫情通过运输环节传播的长效机制。县（市）非洲猪瘟防控实行网格化管理，做到联系到村，责任到人，实现织牢全覆盖、无死角的非洲猪瘟防控网络。加强养殖环节病死猪无害化处理。按照省农业农村厅《关于加强养殖环节病死猪无害化处理风险管控工作的通知》和《关于加强病死猪无害化处理环节非洲猪瘟风险管控的通知》要求，切实加强病死畜禽无害化处理风险管控工作，做好病死猪处理台账管理，建立无害化处理情况周报、月报制度，每月对无害化处理厂进行病死猪非洲猪瘟采样检测工作。加强宣传培训。下发、张贴防控明白纸、告知书及各种宣传材料，郑州市农委和各区县（市）签订非洲猪瘟防控目标责任书，各区县（市）和养殖场户签订非洲猪瘟防控承诺书。加强日常监测，把控生猪生产的各个环节。通过监督检查、群众举报等方式，对全市范围内是否存在非法调出调入生猪的违法行为进行拉网式排查。

（李春枝）

【违法违规调运生猪专项整治】市农委印发《郑州市农业农村工作委员会关于集中开展违法违规调运生猪行为专项整治的通知》，要求各区县（市），严把“六关”抓整治，严防违法违规调运生猪行为。发放养猪场户非洲猪瘟防控告知书5314份，签订非洲猪瘟防控承诺书5347份，张贴政策宣传海报3462份，张贴农业农村部第285号公告2696份，张贴标语1035份，制作悬挂非洲猪瘟防控宣传横幅260条，发放畜禽养殖场户防疫责任公示牌300个。加强产地检疫申报监督管理，严禁“隔山出证”、倒卖检疫证章标志等违法违规行为。专项整治期间，共监测养殖场户412个，共监测生猪数量31229头，无异常处置情况。加强调运环节监管，严把流通运输关。调运承运人必须使用经过备案的运输车辆，在装载前、卸载后严格对车辆进行彻底清洗消毒，必须凭动物检疫合格证明、牲畜耳标、运输车辆备案表进行承运，跨省调出种猪、仔猪实验室检测7934头，出具检测报告34份，检测结果均正常；全市共引进种猪、仔猪落地报告数量6300头，均无异常。严格落实生猪跨省调运到达目的地后的有关防疫和监管要求和跨省调运非种用生猪落地24小时报告制度，按照规程开展屠宰检疫。全市在产屠宰企业共10家，派驻官方兽医77人次，检测生猪662786头，累计检测19844批次，检测结果均为阴性。开展专项检查12次，出动执法车辆22台次，出动执法人员86人次，检查生猪调出车辆78台次，发现违法违规调运生猪行为2起，全部立案查处。查处逃避检疫案件4起，罚款人民币2600元。

【全国执业兽医资格考试组织工作】2020年11月15日，2020年全国执业兽医资格考试在郑州河南牧业经济学院英才街校区和郑州商业中等专业学校举行，共有2176名考生参加。为确保本次考试和疫情防控工作双安全，郑州市农委积极协调卫生健康、公安、通信管理、保密等部门，制定《2020年河南省执业兽医资格考试计算机考试实施阶段工作方案》《郑州市2020年全国执业兽医资格考试新冠肺炎疫情防控工作方案》，考点增设了防疫副主考，组织卫生健康部门相关专家现场指导防疫和应急工作，并购买了充足的口罩、消毒液等防疫物资，确保考试圆满完成。

【洗消中心项目建设】按照《郑州市农业农村工作委员会关于申报郑州市畜禽运输车辆洗消中心和标准化非洲猪瘟实验室建设项目实施办法》要求，经企业自愿申报、市县资格审核、市级专家评审等环节，确定在20个生猪养殖企业或屠宰加工企业实施2020年畜禽运输车辆洗消中心和标准化非洲猪瘟实验室建设项目。为加强资金支持，2020年畜禽运输车辆洗消中心和标准化非洲猪瘟实验室建设补贴资金及绩效目标已下达所在县（市）。截至2020年年底，9家畜禽运输车辆洗消中心、5家标准化非洲猪瘟实验室按期完成建设任务，并通过县（市）农业主管部门评估验收，另有3家畜禽运输车辆洗消中心、3家标准化非洲猪瘟实验室因不同原因放弃建设。2021年1月6—8日，市农委组织专家对登封市鸿运养殖有限责任公司、中牟县新普源养殖场、郑州市孚亨养殖有限公司、郑州天赐牧业有限公司的畜禽运输车辆洗消中心和河南银发牧业有限公司、荥阳市豫华生猪屠宰有限公司的标准化非洲猪瘟实验室进行复审，各项目均按照实施方案完成建设并具备运行条件。

（耿　飞）

水产业

【概况】2020年，郑州市政府发布《郑州市养殖水域滩涂规划》，科学划定禁止养殖区、限制养殖区和养殖区，合理布局水产养殖生产，稳定基本养殖水域。截至2020年年底，水产养殖总面积6.27千公顷，产量9.5万吨，主要养殖黄河鲤鱼、草鱼、鲢鱼、南美白对虾、观赏鱼等。其中观赏鱼养殖4000亩，锦鲤产量约占全国总产量的50%。

落实农业农村部2020年水产绿色健康养殖"五大行动"计划，制订《郑州市实施2020年水产健康养殖"五大行动"实施方案》，推广漏斗形池塘循环水高效养殖技术，建立示范点3个。"郑州168"养殖模式被农业农村部列为在全国重点推广的水产健康养殖新技术之一。

【春季禁渔工作】落实黄河禁渔期制度，依法做好，重点做好宣传、动员、教育和检查执法。开展以打击电、毒、炸鱼为重点的严重破坏渔业资源的非法捕捞行为。按照省农业农村厅部署，以黄河鲤鱼保护区为重点开展禁渔行动。组织黄河鲤保护工作站以惠济区段为重点开展集中禁渔行动，张挂条幅30多幅、张贴禁渔通告500余份，让市民了解禁渔期政策。利用微信朋友圈，鼓励举报违法捕鱼行为。开展专项执法行动12次，其中夜间执法行动2次，查处违法捕鱼事件6起，没收地笼10个，撒网6个。开展打击电鱼专项执法行动、禁渔期专项执法行动、水生野生动物保护专项执法检查、贾鲁河专项执法行动，渔业管理工作规范有序；渔业安全生产形势保持稳定，实现全年渔业生产零事故。

【水产养殖业转型升级】确定8个水产新技术、新品种推广示范单位，主推观赏鱼、小龙虾、南美白对虾、加州鲈、杂交黄颡鱼等5个新品种，推广养殖尾水净化、稻鱼共作、"168"底排污池塘等3项新技术。开展技术培训2次，培训渔民200人次。发展以锦鲤为重点的观赏休闲渔业，建成2个成规模的观赏鱼养殖基地，培育成功自有特色品种4个，锦鲤产量约占全国总产量的50%。

持续打造郑州黄河鲤鱼品牌。郑州优越的地域环境造就了郑州黄河鲤鱼的独特品质：鱼体形梭长、金鳞赤尾，与其它几种鲤鱼相比，郑州黄河鲤鱼体长/体高>3，尾柄长/尾柄高≈1，脊背与腰身曲线平缓，口吻端位偏下，四根胡须偏长，鼻孔及瓣膜清晰可辨；腹腔内腹膜成白色；肌肉中具有较高的蛋白质含量（17.6%）和较低的脂肪含量（4.0%），肉质具有"甘、鲜、肥、嫩"的特点。经市政府批准，以郑州市渔业协会为主体申报"郑州黄河鲤鱼"国家农产品地理标志证明商标，由协会牵头实施郑州黄河鲤鱼"651"品牌工程（六统一：统一苗种，统一饲料，统一用药，统一抽检，统一宣传，统一销售，提高"郑州黄河鲤鱼"的品质，提高市场竞争力；五联合：联合鱼中，联合加工，联合物流，联合商超，联合餐饮，形成闭环，扩大品牌知名度和影响力，实现利益增殖；一创新：建设水产品质量安全溯源体系，通过网上平台大数据为产品品质背书，开展基于大数据的线上推广，创新式地利用新媒体推广水产品牌，推动商超、餐饮的市场消费，强化区域公共品牌的培育打造），在中牟县实施郑州黄河鲤鱼农产品地理标志保护工程，提升黄河鲤内在品质、加强产销对接、扩大品牌知名度，组织会员参加了国际农产品博览会等多个展会，取得了良好的宣传效果。

【水产品质量安全监管】2020年，农业农村部、省农业农村厅、市农委组织产地抽检60多批次，合格率达到100%，有效地保障了全市水产品安全有效供给。贯彻实施《农产品质量安全法》，加强对水产品生产过程的执法监管，全年开展4次水产品质量安全整治专项执法检查，对荥阳市、中牟县的重点水产养殖健康养殖基地进行抽检，重点查看了生产记录、用药记录和销售台账。配合省水产推广站，对无公害水产基地、健康养殖示范场进行水产品产地执法监督抽检。

（王新平）

水利

水利建设

【概况】2020年，全市水利系统落实中央、省、市各项决策部署，聚焦为建设具有黄河流域生态保护和高质量发展鲜明特征的国家中心城市提供水安全保障的总目标，持续深化抓基础、抓规范、抓管理、抓服务的工作要求，以清单化管理为抓手，大力推进资源水利、生态水利和民生水利发展，全市水利事业发展取得新的进展和成效。

【水利脱贫攻坚】全力打好水利脱贫攻坚战。采取挂牌督战、周排名、周通报等方式，强力推动各类渠道反馈的184个农村饮水安全问题整改清零，全市建档立卡贫困人口和低收入人口饮水安全全部实现动态达标。建成农村集中供水工程1255处，覆盖人口330.91万，农村集中供水率达到99.4%，自来水普及率达到96.2%，均高于全国和全省“十三五”规划目标。通过录制脱贫攻坚巡礼节目、举行水利扶贫专场新闻发布会等方式，大力宣传水利扶贫政策和脱贫攻坚成效。

【水利高质量发展规划体系】坚持以高质量规划体系引领水利高质量发展。编制完成《郑州市“十四五”水利发展规划》《郑州市非常规水综合利用规划》《郑州建设国家中心城市水资源承载能力研究及对策》，启动《郑州市河湖岸线保护与利用规划》《郑州市黄河水节约集约利用规划》《桃花峪水库对郑州影响分析和配套工程前期研究》编制工作。

【水资源保障】坚持以水而定、量水而行的原则，对照郑州国家中心城市建设相关规划指标，深入开展水资源承载能力研究，不断优化水资源配置。着力郑州水资源承载力，统筹谋划9大类建设项目，匡算总投资约398亿元的《郑州建设国家中心城市水资源配置及重大建设项目规划》，经省政府常务会审议通过。《郑州黄河流域生态保护和高质量发展核心示范区建设防洪工程与水资源专项三年行动计划》及年度实施方案，通过市领导小组第三次会议审议并印发实施。立足黄河水“先看后用、循环利用”，沿黄9座口门引水指标优化调整。努力争取引水指标，与南阳达成1亿立方米水权交易意向，与邓州签订0.5亿立方米水权交易协议。水资源优化配置、高效利用重点项目，前期工作加快推进，南水北调观音寺调蓄工程于12月21日开工建设，圃田泽水循环工程前期工作深入开展。

【水资源管理】深入实施节水行动。落实《郑州市节水行动实施方案》，召开全市动员部署大会，安排部署全市节水行动，通过“全域、全业、全程、全面、全民”五维，在全社会系统推进节水行动。建立领导小组成员单位局际联席会议工作机制，召开两次局际联席会议，研究制订节水行动年度评估工作方案，推动节水行动落实落地。

落实最严格水资源管理制度。全面加强水资源综合管理，实施水资源消耗总量和强度双控行动，在全省考核中获得优秀评价。持续压采地下水，处置井数167眼，完成压采量488余万立方米，超额完成省定压采任务。开展用水统计，建立用水统计调查基本单位名录库，夯实水资源管理的基层基础。在水利部2020年对全国37个深层地下水超采城市监测排名中，郑州第二季度地下水回升4.25米，全国排名第一；第三季度回升4.61米，全国排名第一；第四季度回升3.64米，全国排名第二。

【节水型社会建设】组织全市水利系统开展节水型机关建设，市水利局高标准通过省水利厅节水型机关建设验收。加强节水型企业、学校、社区等各类节水载体建设，全年完成市级节水型单位

农业节水灌溉（市水利局/供图）

创建54家。持续推进县域节水型社会达标建设，全面完成县域节水型社会达标建设验收。切实抓好水情宣教。开展“世界水日”“中国水周”宣传活动，向中小学生发放《节水知识读本》等水育教材，提升全社会节水意识。与水利部、水利厅沟通对接，以国家级、省级共创模式完成贾鲁河国家水情教育基地创建工作。

【水旱灾害防御】 健全工作机制。围绕超标洪水、水库安全、山洪灾害三大高风险领域，系统编制工作、任务、责任三项清单，落实全市防洪工程及山洪灾害防御责任人名单并公示，压实工作责任，确保做实做细各项工作。

持续整治度汛隐患。针对小型水库、淤地坝、山洪灾害防御薄弱环节等重点部位和贾鲁河、南水北调防洪影响处理工程等在建项目，建立隐患台账，坚持边查边改、以查促改，实时跟踪问效、动态管理，确保安全度汛。

修订完善水旱灾害防御预案。编制修订主要河道、水库、在建水利工程和山洪灾害防御方案预案，编制贾鲁河超标准洪水预案和水旱灾害防御应急预案，为更好开展水旱灾害防御工作提供遵循和依据。

不断提升应急能力。完善技术指导专家库，健全防汛抢险队伍，加快郑州市水旱灾害防御物资储备中心项目前期工作，集中储备约3000万元水旱灾害防御物资，加强储运管理。有针对性开展水库、河道、南水北调、山洪灾害防御等演练，有效提高险情应对能力。

【农村水利】 持续推进农村饮水安全工作。涉及登封、新密、荥阳、新郑和中牟5县（市）的2020年农村饮水安全巩固提升工程全部完工，总投资9576万元。农村饮水工程维修养护项目全面完成，总投资1164万元。《郑州市“十四五”农村供水保障规划》启动编制。

农田水利建设扎实推进。中牟县三刘寨引黄灌区节水配套改造工程建设任务全部完成，总投资2000万元。登封市石道乡农田水利现代化示范乡镇建设项目加快实施，总投资7679万元。灌区灌溉水质监测全面落实，完成41个大、中、小灌区31个地表水和7个地下水灌溉水质监测成果上报。

【南水北调工作】 南水北调配套工程建设加快推进，完成配套工程14条线路通水验收及7座泵站机组启动验收；7座泵站的双电源工程实施方案经发改委审查通过。生活供水和生态退水效益明显，全年实现生活供水5.72亿立方米，比2019年度增加0.57亿立方米，受益人口710万人，全市5座退水闸生态退水1.5亿立方米。

【移民后期扶持】 出台《郑州市大中型水库移民后期扶持项目管理实施细则》，明确移民后期扶持项目管理职权。完成2020年度全市大中型水库移民人口核定，发放直补资金4729.98万元，下达大、中、小型水库移民后扶资金5366万元。持续推进省级“美好移民村”建设，推进移民避险解困试点项目建设，保障移民收入稳步增加，开展移民矛盾问题排查化解，维护移民和谐稳定发展。

【水利工程建设管理】 严格落实水利工程招标投标监管责任，确保招标工作全过程合规有序。严把质量监督关，对贾鲁河综合治理等在建工程开展3次集中巡检。强化扬尘监管，持续提升扬尘污染防治标准，在全市扬尘防控工作考核中始终名列前茅。开展双重预防体系建设，督促在建项目严格落实安全生产责任制，确保在建工程安全生产。督促荥阳市丁店水库除险加固工程加快建设进度，加快剩余水库除险加固工程、中小河流治理项目验收进度。

【水利工程运行管理】 生态水系运行调度和管理持续规范，出台《郑州市生态水系运行调度规程（试行）》，科学、有序、高效向城区生态水系调度水源。持续加强水利工程安全运行管理，完成7个区县（市）82座小型水库安全运行专项检查，稳步推进104座小型水库维修养护。深入推进小水库管理体制改革，新郑市成立水库管理4大协作区，登封市完成全国深化小型水库管理体制改革示范县创建工作。

【水利行业营商环境】 不断完善水利行业优化营商环境工作机制，出台《郑州市水利局优化营商环境实施方案》《“双随机、一公开”抽查事项清单》《2020年社会信用体系建设工作要点》等文件，对相关监理、检测等单位和从业人员进行检查。创新实行审批办理时间节点提示函制度，全年办理行政许可事项32件，满意率98%以上，提前办结率100%。开展“一网通办、一次办成”工作，23项服务事项全部达到4星标准。进一步压缩承诺办结时限到5个工作日，审批效率提高50%以上。

【水文化建设】 出台《郑州市水文化建设实施意见（2020—2022）》《郑州市文物局 郑州市水利局关于加强水利基本建设项目文物调查文物勘探工作的通知》。组织编制《郑州市河湖水系历史变迁研究项目》。市人大常委会通过郑州市水文化保护传承弘扬专项评议。陆浑灌区水文化展示中心项目加快建设，完成主体建筑施工。

（赵　研）

圃田泽（市水利局/供图）

黄河治理

【概况】 黄河郑州段位于黄河中游末端和下游上首右岸，自巩义市杨沟进入郑州辖区，流经巩义市、荥阳市和惠济区、金水区、郑东新区及中牟县6个区县（市），在中牟县东狼村入开封境。荥阳桃花峪以上属黄河中游，桃花峪以下属黄河下游。河道全长160千米、宽5—10千米，下游河道高出郑州地面4—6米。郑州黄河堤防总长71.422千米，险工段长50千米。辖区内共有险工11处、控导工程12处，涵闸（取水）工程9处。滩区面积24280公顷，其中耕地面积20413.33公顷，涉及4个乡镇、23个自然村，滩区居住人口2.52万人。

2020年，郑州河务局坚持疫情防控与治黄工作两手抓、两促进，深入学习贯彻习近平总书记有关黄河流域生态保护和高质量发展系列重要讲话精神，全面落实上级决策部署，完成各项年度目标任务。严格落实以行政首长防汛责任制为核心的各项防汛责任制，修订完善各类防汛防洪预案，启动4次防洪运行机制和2次全员岗位责任制，战胜6次编号洪水，全力抢护险情239坝次，确保郑州黄河安全度汛。

【防汛】 严格落实以行政首长防汛责任制为核心的各项防汛责任制，修订完善各类防汛防洪预案，落实国家储备石料310000立方米、社会储备大中型抢险设备60台（套）、群众储备柳秸料1500万公斤。预筹除险加固石料2万余立方米，举办为期30天的防汛抢险技能强化培训班，以战代训参加黄委2020年防御大洪水实战演练和河南河务局2020年防御超标洪水演练，落实群防队伍3.38万人。对1110名骨干进行实战培训，启动4次防洪运行机制和2次全员岗位责任制，全局近1000人连续奋战76天参与洪水防御工作。战胜6次编号洪水，全力抢护险情239坝次，其中较大险情3次，一般险情236次，出险体积59239立方米，抢险用石43024立方米，耗资1134万元，成功抢护黄河郑州段20年内罕见的大规模险情，确保郑州黄河安全度汛。

【工程建设】 紧抓项目储备和项目建设。编制郑州黄河治理保护中长期规划、郑州黄河生态保护和高质量发展项目储备库，梳理谋划储备项目100多项，申报临河广场、花园口记事广场周边生态修复提升等8个重点政府投资项目。实施花园口景区黄河大桥东段生态修复提升工程、中牟堤顶道路改建工程、省道312郑州境改建工程、孤柏嘴取水补偿工程等。

重视项目前期，完成“十四五”防洪工程征地实物及移民安置要件办

省道312代建工程施工现场（郑州黄河河务局/供图）

理，可研审查意见报送国家发改委。完成马渡、赵口涵闸改建全部前置条件办理，可研通过水规总院复审。郑州河务局机关和荥阳局机关供配电项目可研报告通过水规总院审查。桃花峪管理班山体坍塌防护报黄委审查。

【工程管理】 持续提升工程规范化、精细化管理水平。惠金河务局顺利通过河道及工程划界验收，至此郑州河务局所辖160公里河道及工程划界工作全面完成，为依法实施河道及工程管护提供基础支撑。清理难点问题141项，成功创建花园口闸、中牟57+000—62+000段堤防两处黄委示范工程，赵口闸和花园口闸分别在黄委和省局工管检查评比中名列第一。对惠济区、金水区、中牟县堤顶行道林进行补植，高标准种植美国红枫、银杏、栾树等，工程面貌显著改善。

【依法治河管河】 全面推进依法治河管河，组织开展河道巡查479余次，专项稽查2次，制止查处水事违法行为225起，下达责令整改通知书、责令停止违法行为通知书233份，罚款33.15万元。按要求组织开展河道采砂专项整治、陈年积案“清零”行动、黄河下游浮桥整治规范提升专项行动、违建别墅清除情况专项检查、岸线利用项目专项整治、黄河郑州段突出生态环境问题专项整治等，妥善解决绿源山水、新万国等一批历史遗留和矛盾突出的难点问题。着力打好“七五”普法收官之战，组织开展2020年“世界水日”“中国水周”、全民国家安全教育日、民法典学习宣传教育活动，开展法治文化示范基地创建工作，花园口普法苑获评黄委法治文化示范基地、全国法治宣传教育基地和河南黄河法治文化带示范基地荣誉称号。惠金河务局水政监察大队被评为黄委星级示范水政监察队伍。

【水资源管理与调度】 坚持节水优先，落实最严格的水资源管理制度，强化水资源刚性约束，严格执行水量调度指令，及时上报用水计划和下达指标，做好应急用水及实时调度，全年累计引水5.56亿立方米。加强水资源监管力度，开展取水许可专项监督检查，指导各用水户完成取用水专项整治核查登记，完成辖区17个取水口取水许可证换发，依法办结巩义石板沟水厂超计划取水案，罚款10万元。全面创建节水机关，郑州河务局本级及局属四县局全部通过验收，其中惠金局、巩义局获河南局节水机关创建先进单位。贯彻“先看后用、一水多用、循环利用”用水新理念，持续开展以生态用水、农业用水为重点的节水工作实地调研，科学调整涵闸口门引水量，逐步增加区域上游荥阳“牛口峪”的引黄供水量，实现引水量合理增引与压减，优化水资源的生态循环路径和利用效果。

【科技创新】 郑州河务局系统获得国家发明专利2项，实用新型专利5项，取得软件著作权6项；通过黄委科技进步奖1项，“三新认定”13项；获得河南河务局科技火花奖7项、科技进步奖5项。

【助力黄河流域生态保护和高质量发展】 郑州河务局牢牢把握黄河流域生态保护和高质量发展的历史性机遇，助力郑州市建设国家中心城市、黄河流域生态保护和高质量发展核心示范区。

保障优质水资源。按照“坚持生态优先、绿色发展、以水而定、量水而行”工作思路，强化水资源刚性约束，加大水资源监管力度，推进全面取水许可监督检查，加大违规、非法、无证取

巩义神堤控导工程（张　森/摄）

水行为的查处力度，对严重非法取水案件立案诉讼，依法处理巩义烈姜沟水厂超计划违法取水案件。贯彻“先看后用、一水多用、循环利用”用水新理念，优化水资源的生态循环路径和利用效果。全力保障郑州用水需求，2020年郑州市引黄用水总量为4.79亿立方米，密切关注沿黄应急生态用水需求，向上级申请调配生态用水指标2.51亿立方米。按需落实郑州市生态及农业供水任务，全年农业引水655万立方米，旱情有效缓解。

优化健康水生态。联防联控有进展，郑州河务局发挥市河长办副主任单位职能，常态化开展“清四乱”“绿盾行动”等系列整治行动，与郑州市水利局联合印发《黄河“四乱”问题专项整治工作方案》，成立黄河郑州段“四乱”问题专项整治工作领导小组，整治黄河“清河行动”、水利部暗访等整治后遗留下的6个问题及河务局自查交办的50个问题。综合治理有成果，对1801个点位逐一核查清理，全面清理整治“四乱”问题265项，完成法莉兰童话王国、丰乐农庄赛车场等重大违法项目拆除，妥善解决绿源山水、孤柏渡景区等重大违法案件，陈年积案全部清零。

构建宜居水环境。坚持绿水青山就是金山银山的理念，郑州河务局作为郑州市建设黄河流域生态保护和高质量发展核心示范区领导小组的成员单位，参与《黄河流域生态保护和高质量发展规划思路报告》编制，配合防洪工程与水资源专项组、生态综合治理专项组编制完成三年行动计划及年度实施方案，多个防洪安全、生态建设项目列入规划，为郑州黄河高质量发展开创新局面。深度融合郑州黄河流域生态保护和高质量发展核心示范区建设，配合起步区发展规划，完成中牟堤顶道路十四标建设，郑州辖区58公里堤顶道路改建宽度由6米增加到8米；黄河大堤郑州段加固措施研究稳步推进，已完成进度87%；加固郑州黄河文化公园临河护岸工程，计划2021年3月完工；参与S312（已完成主体工程）、黄河滩地公园护滩工程、沿黄生态廊道、绿色廊道、大河文化绿道等项目建设。

保护传承弘扬黄河文化。围绕“保护、记录、挖掘、创新”四项原则，制订《保护传承弘扬郑州黄河文化发展规划》；探索与属地政府合作推动郑州黄河文化建设，参与市政府研究室“着力打造黄河历史文化主地标城市”课题研究，并提出强化治黄文化建设等合理化建议；建立完善工作体系，加快推动郑州治黄工程文化内涵挖掘，初步完成资料搜集整理，组织人员撰写《神堤神韵　厚重洛汭》等文章；结合属地政府有关规划，谋划“4+2”治黄文化展示平台，黄河号子传承创新队伍建设稳步推进；打造“治黄成就展示基地”，向水利部申报水文化与工程融合建设项目；建成花园口党建文化公园（黄委首批党员教育基地）。

（晏　洋）

工业

综述

【概况】2020年，全市工信系统深入学习贯彻习近平总书记关于河南、郑州重要讲话和指示精神，紧扣"六稳""六保"，统筹疫情防控和工业经济稳增长，各项工作取得了新成效。

工业增速持续回升。全市规模以上工业增加值增长6.1%，在35个大中城市排名第7位，在全省排名第1位，为近20年来最好位次。工业结构大幅优化。战略性新兴产业比重达到38.8%，较2019年上升8.1个百分点；六大高耗能产业占比为26.2%，较2019年下降0.4个百分点，郑州工业增长逐步摆脱了长期以来对传统资源型产业的严重依赖。工业投资较快增长。全市工业投资增长20.9%，其中，高技术产业投资增长52.6%、技改投资增长26.7%，占全市工业投资比重56%。创新能力显著增强。全市高技术产业增加值增长12.7%，在规模以上工业中占比达到33.3%，比2019年提高6.4个百分点。战略支撑更加突出。入选第二批国家产融合作试点城市，工业和信息化领域国家级试点示范企业（项目、平台）达到213个、省级1100余个，郑州制造在全国影响力显著提升。防疫物资保供有力。重点防疫物资生产企业由原先的不足10家增至90余家。其中，防护口罩日产能从20万只提升至3000万只，充分保障了全市生产生活需要。

【产业政策制订】召开全市高质量发展制造业和高水平扩大对外开放工作推进会，出台《郑州市制造业高质量发展三年行动计划》，研究制定了主导产业升级、制造业数字化转型等30余个配套行动计划。组织制定《加快小微企业园高质量发展实施意见》，高标准编制《郑州市先进制造业"十四五"发展规划》《郑州市工业用地布局规划》和新兴产业发展规划，为全市"十四五"制造业高质量发展谋篇布局。

【产业结构调整】加快主导产业发展。着力打造电子信息"一号"产业，推进锐杰微、威斯荻克、华锐光电、芯证、合晶等一批集成电路、新型显示重点项目建设，2020年全市手机产量达到1.35亿部，其中智能手机1.09亿部。大力发展新能源和智能网联汽车，出台实施氢燃料电池汽车发展规划（2020—2025年），制定《郑州城市群燃料电池汽车示范应用实施方案》，建立"1+11+5"协作配套体系，推动郑州燃料电池汽车示范应用城市群申建，加快纯电动中重卡项目建设，推广新能源汽车15936辆。加快现代食品、新型材料、铝加工制品、生物医药等产业发展。全年六大主导产业增加值占规模以上工业的比重为81.9%，比2019年提高12.3个百分点。研究制定智能传感器、5G、智能装备、超硬材料等战略性新兴产业链现代化提升方案，建立"链长制""清单制"和"四个一"推进机制，加快打造新兴产业发展集群。

开展"亩均论英雄"综合评价。出台《郑州市推进"亩均论英雄"综合评价实施意见》，完成全市9617家参评企业分类评价，推动企业转型升级。加快出清低效落后产能。持续优化城乡结合部产业结构，对25个特色产业集群开展集中整治，推动30万吨/年以下煤矿分类处置工作。压减刚玉产能35万吨、炭素195.3万吨，拆除淘汰类工业炉窑350座，完成6家城镇人口密集区危险化学品生产企业和10家重污染企业搬迁改造。推动1084家工业企业完成污染防治深度治理，新增国家绿色工厂3家、绿色供应链管理企业4家、绿色设计产品5项。全市规模以上工业增加值能耗同比下降6.6%。

【创新平台培育】累计建成省级制造业创新中心4家、市级7家，黎明重工成为国家质量标杆企业，尚合企业孵化器获评国家小型微型企业"双创"示范基

9月27日，2020中国500强企业高峰论坛在郑州开幕（市工信局/供图）

地。新增省级质量标杆11家、工业设计中心10家、技术创新示范企业5家和市级企业技术中心62家、“专精特新”中小企业143家。

【军民深度融合发展】 加快荥阳、巩义省级军民融合产业基地建设，鼓励“军转民”“民参军”，指导成立全市国防科技工业协会，持续开展国防科技关键核心技术“卡脖子”问题攻关，郑州市军民融合企业总数占全省的近1/3。

【防疫物资保障供应】 成立5个片区防疫物资保供专班和24个重点企业驻厂服务专班，坚守生产一线开展“一对一”服务保障，积极协调解决突出问题。出台《郑州市关于应对新型冠状病毒肺炎疫情促进经济平稳健康发展的若干举措》，组织动员和引导企业新建、转产、扩产重点防疫物资。健全防疫物资应急收储机制，对全市防疫物资实施应急征用和重点管控。拨付1240万元帮助8家防疫物资生产企业扩大产能，办理通行证962张。实施“数字战疫”专项行动，助力企业“云端办公”“云端生产”经验在《人民日报》头版报道。

1月24日，国家疫情联防联控工作机制物资保障组下达郑州市2月5日前完成55辆负压救护车生产任务。市工信局主动与郑州宇通集团对接沟通，及时了解企业情况和存在的困难；积极协调郑州群星、郑州鹰创、郑州紫东等一批配套企业及时复工，并为复工复产开辟绿色通道，协调解决生产、原料、运输等问题，有效保障企业正常生产。2月5日，郑州宇通集团55辆负压救护车已具备交付条件。据了解，其中10辆正奔赴武汉，驰援火神山、雷神山医院抗疫救援一线。

3月3日，工信部发布第一批新冠肺炎疫情防控重点保障企业名单，郑州市的宇通集团、三全食品、安图生物等26家企业入选，数量占全省入选总量的1/4。

【工业运行调度】 强化工业经济运行监测。积极应对疫情影响，开展“大走访、大调研”专项活动。出台实施《全市工业经济稳增长攻坚专案》，建立预警监测分析制度。有序推进企业复工复产。出台《郑州市工业企业复工复产实施方案》，成立市级工作专班，指导开发区和区县（市）及时审核企业复工复产申请，推动复工复产工作进度。3月中旬，全市工业企业实现应复尽复。

【企业生产要素保障】 建立健全企业生产要素保障和应急调度工作机制，协调解决企业在电力、天然气、用煤、运输等方面存在突出问题500余个。积极帮助格力电器、上汽乘用车等企业协调市内外200余家上下游配套企业复工复产。协助富士康招聘员工20万人。办理应急运输通行证1300余张，完成运输保障任务5000余车次。

【优化营商环境】 常态化推进“三送一强”活动。制订《工业企业驻新密活动推进专案》，持续开展“企业家接待日”活动，举办产销、产融、用工、产学研“四项对接”活动106场，其中举办产销对接活动66场，建成“郑好有”线上产销对接平台，助推制造业上下游企业线上供需对接和协作配套。落实657笔共计257.8亿元银行贷款，发布160家工业企业用工需求2万余个。评选出421名领军型和成长型优秀企业家。建立企业问题直报平台，共办结企业反映问题1661个，办结率达98.8%。

减轻企业负担。更新并公告《郑州市直部门涉企保证金目录清单》，积极落实减税降费各项政策，累计减税降费103亿元，减收社会保险费75亿元。清理民营企业中小企业拖欠账款1.88亿元，提前完成目标任务。

加快各项惠企政策落地。出台《郑州市支持制造业高质量发展若干政策》，预计落实奖补资金6亿元。组织推荐430余家企业纳入各级疫情防控重点保障企业、重点保障物资生产企业名单，推动惠企政策及时落实。

优化民营经济发展环境。加快“微升小、小升中、中升大”，推动民营企业“一联三帮”“两个健康”专项行动，积极培育小型微型企业“双创”基地和中小企业公共服务平台。全市中小企业增加值增长3.3%。

【安全生产】 抓实抓细抓牢安全生产。印发《2020年全市工信系统安全生产工作要点》《安全生产职责和任务分工》，深入开展“政策送基层、进企业”活动，累计分发政策汇编2000多本，开展工作督导近千次。强化煤炭行业管理。出台《郑州市30万吨/年以下煤矿分类处置工作方案》《郑州市煤矿智能化建设实施方案》，关闭退出煤矿5家，压减产能81万吨。推动煤矿双重预防体系建设，实现综采煤矿33家、综掘35家、超前支护工艺61家，重要岗位无人值守28家和生产辅助系统自动化、智能化升级改造项目12个，矿井安全保障能力大幅提升。加强电力行政执法。健全体制机制，增强队伍力量，严格执法程序，组织对电力设施安全检查督导62次，深入开展电力安全整治工作，有效减少电力安全事故的发生。

【产业扶贫】 深入贯彻落实中央、省、市脱贫攻坚决策部署，坚持“提高脱贫质量、防止返贫致贫、巩固拓展脱贫”的目标导向，聚焦特色加工产业扶持，健全推进机制，发挥部门优势，取得了较好成效。成立产业扶贫工作专班，明确1名党组成员牵头，谋划实施产业脱贫专案，出台《郑州市支持制造业高质量发展若干政策》，支持贫困地区发展特色加工业，鼓励因地制宜发展劳动密集型产业。2020年落实包括贫困地区在内的工业企业市级奖补资金近5亿元，有效提升贫困地区加快实体经济发展的积极性。发挥市企业服务活动办公室、市促进非公有制经济和中小企业发展工作领导小组办公室优势，引导广大农产品加工、食品制造企业在贫困地区建设原料生产基地、仓储物流、烘干设施等，郑州市小仓娃农副产品公司采用“公司+合作社/基地+农户”模式，与贫困户开展合作种植和订单养殖，通过土地流转、合作种植带动36户贫困户脱贫。三全食品等行业龙头企业优先选择贫困地区作为生产原料长期合作供应商，累计采购农副产品近2亿元。泰丰制药在新密市尖山建设了密二花种植基

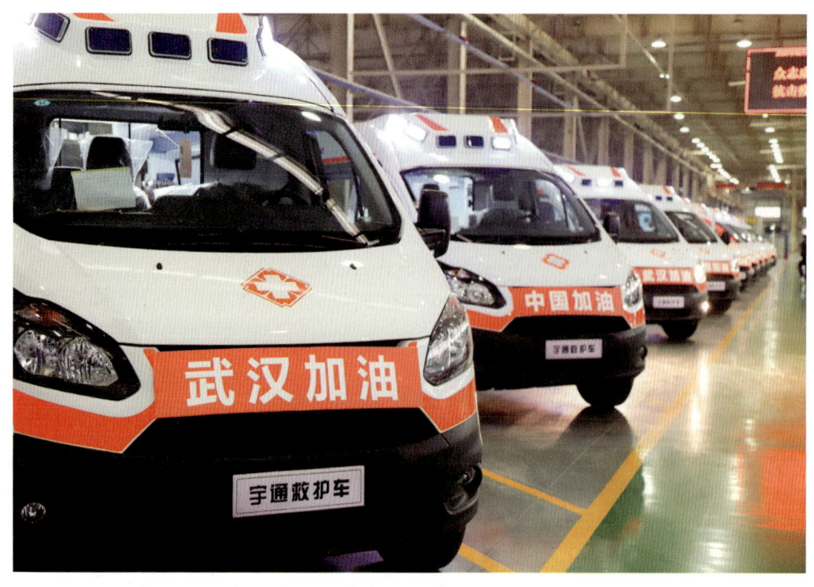

2月5日前，郑州宇通集团生产的55辆负压救护车具备交付条件，其中10辆驰援武汉（市工信局/供图）

地，对收获的成品药材实行保护价收购。引导我市重点企业积极吸纳贫困群众就业，搭建“重点工业企业春风行动招聘周”“强信心稳增长”网上招聘月等平台，联合郑州职业技术学院举办精准用工对接会，共解决包括贫困群众在内的9000余人的就业问题。鼓励企业参与公益事业，全市广大工业企业累计向教育、医疗、贫困地区捐款捐物超过1亿元，引导数十家企业开展扶贫带贫，覆盖贫困家庭787户、贫困人口1260人，产业扶贫取得了较好成效。

【郑州市入选国家综合型信息消费示范城市】 1月19日，工业和信息化部发布《关于公布信息消费示范城市名单的通告》，郑州与北京、天津、上海、杭州、广州、福州、苏州等8个城市共同入选国家综合型信息消费示范城市，成都、济南、合肥等7个城市入选特色型信息消费示范城市。

（王　辉）

制造业

【招商引资】 创新疫情防控常态化招商。出台实施《郑州市制造业招商引资三年行动计划（2020—2022年）》，举办全市招商引资和先进制造业集中网络签约活动，紫光、浪潮等一批重大项目顺利签约，加大对驻郑商会对接力度，积极承接产业转移类项目。全市签约亿元以上工业项目202个，签约总额1928亿元，超额完成年度目标。成功举办中国500强企业高峰论坛、第七届中国（郑州）产业转移系列对接活动、国家网络安全宣传周活动，引进重大项目96个，签约总额1007亿元。

【项目建设】 加强重大项目台账管理、跟踪服务，每周召开重点项目周例会，研究解决项目推进突出问题。全市统筹推进450个重大工业和信息化项目，全年完成工业投资773亿元，海尔热水器等265个项目开建，华锐光电等276个项目竣工，为制造业高质量发展蓄足后劲。

4月22日上午，市政府与紫光集团等企业举行集中签约仪式，总投资额213.8亿元的6个先进制造业项目落地郑州。

【制造业与互联网融合发展】 在2020年省制造强省领导小组组织的智能制造工作考核中，郑州市位列优秀等次第一名，新增“两化融合”管理体系贯标对标企业438家、国家级制造业与和互联网融合发展试点示范项目3个，国家级工业互联网平台试点示范企业2个，省级智能制造标杆2家，省级智能工厂（车间）28家、省级制造业与互联网融合试点示范26家。实施“万企上云接链”行动，累计培育省级企业上云服务商35家、省级中小企业数字化转型服务商60家。全市“上云企业”达到3.3万家，占全省的33%，“接链”企业2837家，超额完成全年目标任务。加快郑煤机、天瑞水泥2个“工业大脑”建设，建成网络安全科技馆和科普教育基地。成立郑州市加快5G网络建设和产业发展工作领导小组及办公室，组建工作专班，解决疑难站址332个，建成5G基站1.8万个，转供电基站占比降至52%，超额完成年度目标，实现了市区、县城、重点乡镇连续覆盖和重点行业应用场景按需覆盖。大力发展工业互联网，郑煤机、嘉晨电器入选省级工业互联网平台培育单位，中机六院中标国家级工业互联网创新应用推广中心项目。向心力等10家单位获评省级工业控制系统信息安全技术支撑单位。

【制造业与服务业融合发展】 加快服务型制造示范城市建设，培育省级服务型制造试点示范24个，全市规模以上软件和信息技术服务业实现营业收入增长17.2%。争创国家信息消费试点示范，郑州与北京、天津、上海、杭州等8个城市共同入选国家综合型信息消费示范城市。

【上汽乘用车郑州基地整车产量突破60万辆】 7月28日，随着一辆出口到英国的右驾纯电动名爵ZS下线，标志着上汽乘用车郑州基地第60万辆整车下线。该基地是上汽乘用车继上海临港与南京浦口之后的第三个整车生产基地，至2020年底，荣威、名爵在郑州布局的产能，占据上汽自主品牌的半壁江山，郑州基地成为上汽乘用车出口的重要基地。

【中铁装备获2020年中国优秀工业设计奖金奖】 11月25日上午，2020年世界工业设计大会在山东烟台举办，同期举行2020年中国优秀工业设计奖颁奖仪式。中铁工程装备集团有限公司“超大直径常压刀盘泥水平衡盾构机”获2020年中国优秀工业设计奖金奖。

（王　辉）

烟草工业

【概况】 2020年，郑州市烟草专卖局（公司）坚决贯彻落实省局（公司）党组和市委市政府各项决策部署，坚持稳中求进总基调，积极克服新冠疫情带来的不利影响，调控经济运行，发扬斗争精神、深化改革创新，郑州烟草市场状态日趋优化，经济运行稳中向好，主要指标逆势上扬，各项重点工作创下历史新高。

【疫情防控与复工复产】 市烟草局（公司）全力克服防疫物资不足、物流配送不畅、零售业态受限、人员返岗滞后等困难，成为全省第一批复工复产单位。配送访销、市场监管方面，成立战时指挥部，制定卷烟销售应急预案，组建党员突击队，抽调人员投身市场一线，确保市场有序供应。充分利用网络通讯手段，开展无接触式配送、拜访和监管，将疫情影响降至最低。积极开展社区志愿服务，共计355名党员下沉社区参与疫情防控，全市系统共计771名党员为抗击疫情捐款20.01万元。

【卷烟经营】 2020年，共销售卷烟42.23万箱，增长1.7%；实现单箱销售收入（含税）38051元，增长4.8%；实现税利42.05亿元，增长8.66%，主要经

新冠肺炎疫情发生后，市烟草专卖局（公司）开展24小时访销，以满足市场需求。图为配送一线人员正在分类卷烟（市烟草局/供图）

济指标创历史最高水平。深入推进精准数据营销试点工作，强化品牌引进退出管理。召开现代卷烟零售终端和文明吸烟环境建设工作推进会，现代零售终端、诚信互助小组、文明吸烟环境和“客户之家”建设取得新进步。强化“一张纸”工作法运用，深化“两支队伍”建设，扎实推进“我与客户共成长”主题营销活动，零售商户销售毛利率逐年提升。

【专卖管理】2020年，共查处涉烟违法案件3498起，查获违法卷烟4790万支，案值5627万元。移送司法机关依法刑拘59人，逮捕39人，判刑54人。侦破网络案件21起，其中，部督案件4起，厅督案件5起，国标案件10起，省标案件2起，打私打假力度、成效和影响刷新历史记录。贯通运用诚信体系建设、货源管控、行政处罚、刑事打击等手段，发挥社会联网联控作用，违法违规大户治理持续推进。开展“围歼二号”、“断链条、破网络、拔暗桩”等专项行动，加强对电子烟等新型烟草制品的监管，严厉打击物流寄递环节涉烟违法行为，市场监管成效持续扩大。以信用监管为基础、监管过程中随机抽取检查对象，随机选派执法检查人员，抽查情况及查处结果及时向社会公开的“双随机、一公开”为基本手段、重点监管为补充的新型监管模式成效显现，客户诚信等级体系建设深入推进，日常监管水平持续提升。建立健全市场监管、烟草、公安、交通、海关、铁路、邮政、机场等部门联合执法工作机制，组建行业首个交通运输监管大队，成立郑州市公安局驻市烟草局警务联络办公室，在联合协作执法、打击交通运输环节涉烟违法行为方面实现首创。开发并应用专卖管理可视化分析系统、涉烟大数据智能研判分析平台，线索分析和情报研判结果运用成效凸显。开办郑州烟草法治在线栏目，共播出52期、312次，烟草法制宣传取得显著成效。深化“放管服”改革，推动网上办、掌上办、邮寄办、郑好办App等方式办理，实现了零售许可证办理“零跑腿”。市局（公司）被评为郑州市“双随机、一公开”监管工作先进集体，袁源同志被评为先进个人。

【科技创新和管理提升】贯彻新发展理念，大力推动科技创新和管理提升。建立促进高质量发展“1+5”科技创新政策体系，推进管理创新项目和QC课题攻关，创新驱动发展成果显著。成立鼎新工作室、袁嵩扬工作室和周宏明工作室，组织开展技术攻关和管理创新活动，创新平台搭建更加全面。召开管理诊断全覆盖暨OKR西城试点现场会，强化“管理诊断五步改善法”运用，管理创新的质与量大幅同步提升。高标准落实国家局关于对标帮扶工作的部署要求，与日喀则市局（公司）搭建“线上沟通+实地互访+跟班作业”三位一体的对标共建机制，初步形成了共商、共建、共享的合作局面。

（朱凌玮）

交通运输业

铁 路

综 述

【概况】2020年，中国铁路郑州局集团有限公司（以下简称郑州局集团公司）位于全国路网中心，初步形成全国铁路“双十字”铁路客运枢纽，是“米”字形高速铁路网交会点。2020年末，管辖线路横跨河南、山西、山东、陕西、湖北、安徽6省，通过18个普速铁路分界口、8个高速铁路分界口与周边北京、西安、武汉、太原、上海、济南局集团公司相邻，所辖营业线路及枢纽纵横交织成网，构成东达沿海、南通两湖、西连秦晋、北接京津的铁路网络，在国民经济发展中有着举足轻重的地位，“枢纽局”“心脏局”地位持续巩固提升。

线路管辖范围：京广线北于柏庄、安阳间485.800公里处与北京局集团公司分界，南于小商桥、孟庙间807.000公里处与武汉局集团公司分界；陇海线东于虞城县、张阁庄间354.000公里处与上海局集团公司分界，西于太要、潼关间935.500公里处与西安局集团公司分界；焦柳线南于耿坡、部营间474.099公里处与武汉局集团公司分界；新兖线东于算王庄、菏泽南间148.000公里处与济南局集团公司分界；京九线北于曹县、梁堤头间650.273公里处与济南局集团公司分界，南于木兰、王楼间718.300公里处与上海局集团公司分界；太焦线北于夏店、大平间190.682公里处与太原局集团公司分界；邯长线东于长治北、北舍间215.491公里处与北京局集团公司分界；王北联络线东于王里堡、北舍间9.000公里处与北京局集团公司分界；侯月线北于嘉峰、端氏间147.273公里处与太原局集团公司分界；宁西线西于商南、西坪间248.285公里处与西安局集团公司分界，东于月河店、小林间562.000公里处与武汉局集团公司分界；孟宝线东于宝丰、余官营间94.900公里处于武汉局集团公司分界；瓦日线西于长子南站501.417公里处与太原局集团公司分界，东于台前北站835.768公里处与济南局集团公司分界；徐兰高速线西于灵宝西、华山北间950.627公里处与西安局集团公司分界，东于砀山南站299.020公里处与上海局集团公司分界；京广高速线北于安阳东站510.330公里处与北京局集团公司分界，南于许昌东站780.712公里处与武汉局集团公司分界；京港高速线南于芦庙站716.107公里处与上海局集团公司分界；郑阜高速线南于界首南站261.764公里处与上海局集团公司分界；郑渝高速线南于郑州东站321.182公里处与武汉局集团公司分界;郑太客专北于襄垣东站260.008公里处与太原局集团公司分界。其他线路均在集团公司管辖范围内。

截至2020年年末，郑州局集团公司运营线路正线及联络线共72条，主要包括京广、陇海、焦柳、京九、宁西、太焦、侯月、新兖、新焦等铁路干线，运营线路营业长度2389.6公里，总延展长7349.478公里，其中正线延展长4814.934公里，较2019年减少0.762公里，为西峡联络线、西峡东联络线属性修改为合资，洛宜线复测修正数据；站段岔特线延展长2534.544公里，较2019年增加1.876公里；正线60型钢轨4706.411公里，占正线总延展97.7%；正线无缝线路延展长4566.091公里，占正线总延展94.8%；道岔8710组，其中正线道岔3338组；正线曲线3258条计1466.557公里。运营线路桥隧总换算长269.194公里，桥梁3353座计253.600公里，其中特大桥73座、大桥318座；隧道171座计107.932公里，其中3公里以上长隧道5座；涵渠7251座计205.035公里。

合资线路正线及联络线共43条，包括线郑渝、郑阜、京港、徐兰、京广高速线，郑开、郑机城际，郑太客专，瓦日、新密、安李、石林线及相关联络线。线路营业里程2336.5公里，线路总延展长5144.465公里，其中正线延展长4533.937公里，较2019年增加395.367公里，为新开通郑太客专太焦段377.638公里，新增高铁联络线17.048公里，西峡联络线、西峡东联络线属性修改为合资增加0.681公里；站段岔特线延展长610.528公里，较2019年增加41.863公里；正线60型钢轨4491.978公里，占正线总延展99.1%，正线无缝线路延展长4473.009公里，占正线总延展98.7%；道岔1889组，其中正线道岔883组；正线曲线1163条计1909.173公里。合资及地方线路桥隧总换算长1116.852公里，有桥梁780座计1485.511公里，其中特大桥203座、大桥148座；隧道94座计258.122公里，其中3公里以上长隧道30座；涵渠1606座计47.128公里。

地方线路正线及联络线1条，为新开通郑机城际新郑机场至郑州南段线路。线路营业里程9.2公里，线路总延展长37.774公里，其中正线延展长21.876公里，站段岔特线延展长15.898公里；正线全为60型、无缝线路；道岔44组，其中正线道岔18组；正线曲线10条计7.638公里。

2020年，郑州局集团公司消灭C类及以上责任事故，再夺安全年，实现连续安全生产1478天。持续加强站车联防联控，着力强化内部防控，出台“双十条”“50条”措施，从工作、家庭、个人三个方面阻断传播途径，有效防止疫情通过铁路传播扩散，4个抗疫先进集体、13名先进个人受到国铁集团党组、河南省委和交通运输部表彰。被授予铁路扶贫工作“火车头奖杯”，在河南省脱贫攻坚成效考核中被评价为“好”的最高格次。

【企业经营管理】2020年，完善集团

公司治理结构，完成集团公司董事会、监事会换届，建立起外部董事占多数的董事会；修订集团公司章程、董事会议事规则、总经理办公会议事规则，完善“三会一层”运行组织办法，促进法人治理结构规范高效运转。实施绩效管理，推进生产布局调整和非运输企业转型升级。4月6日，撤销郑州东直属站，并入郑州站（直属站）；5月9日，成立郑州铁路建设管理有限公司，与郑州工程指挥部一个机构两块牌子；11月2日，设立郑州东高铁基础设施段；11月25日，将河南中原铁道机务实业有限公司更名为中原铁道轨道交通运营维护有限公司。年内，郑州铁路建设管理有限公司和中原铁道轨道交通运营维护有限公司组建成立，形成涉铁工程投资、建设、运营、维护全产业链经营；中原利达与奥钢联VAE集团公司合资成立的奥利达轨道交通投资有限公司成功注册；中欧班列进口商品自营超市坚持同城同质同价和连锁化经营，增开至8家。开展物资专项清查，深入推进修程修制改革，拓宽审计监督覆盖面，清理风险债权，深化劳动组织改革，全年节约岗位用人完成年度目标116%。大力实施提质降本增效，全年运输总支出控制在目标之内。

【安全生产管理】2020年，消灭C类及以上责任事故，再夺安全年，实现连续安全生产1478天。牢记“安全是铁路最大的政治、最重要的声誉”，扎实推进安全生产专项整治三年行动计划，不断完善人防、物防、技防“三位一体”安全保障体系。始终把高铁和旅客列车安全摆在突出位置，坚守政治红线和职业底线，持续强化“高铁高标准”“高铁无小事”意识，对相关的安全信息件件分析、事事追踪。强化设备基础，重点补强高铁和客车径路设备设施，建成投用动车组检修线20条、动车组存车线100条、机务检修基地2个，极大提高了检修通过能力等，设备基础得到明显提升。技术装备升级换代，投入12.11亿元用于技术改造和装备升级，一批智能化信息化技术装备投入使用，特别是复兴号动车组从无到有，中原铁路昂首进入复兴号时代。紧盯施工安全、列车径路设备质量、自轮运转设备管理、调车作业安全“四大安全关键”，分类制定管控措施，实施常态化盯控，从源头管控施工风险。狠抓安全生产过程控制，深入开展“敬畏规章、执行标准、夯实基础”专项教育活动等，干部依标履职、职工按标作业意识明显增强。持续深化标准化规范化建设，促进“立学落对”循环往复、标准体系动态完善。不断完善双重预防机制，健全集团公司、部门、站段、车间安全风险研判常态化机制，严格四级风险库和隐患库管理等，实现对各类安全风险的精准管控。着力提升队伍素质，开发543项微课培训学习资源，建成投用455个实训基地（演练场），将培训结果与“星级职工”评定挂钩，职工学技练功积极性进一步增强。

【运输经营】2020年，完成货物发送量1.72亿吨，旅客发送量9690.4万人，超额完成年度经营目标。运输组织畅通高效，履行好“中原畅通”责任使命，完善运输组织“一站一案”，优化机车运用方式；合理调整装车站点，最大限度释放运输能力。完善《运输经营提质增效考核办法》，日均装车、卸车、货车周时、货车旅速均创历史最好水平。调度系统重点工作评价排名全路第二，运输组织考核奖励总额排全路首位。打破日交接车纪录27次、打破日装卸车纪录18次，单日装车创8836车历史新高，以实际行动践行了畅通枢纽、服务全路的责任使命。货运增量行动扎实推进。聚焦“四线四区域”，大力推进电煤“公转铁”；紧盯20家“白货”企业运能运量互保协议兑现，加大“两高一远”货物发运比重；大力开行中欧班列、铁海联运班列，推广应用35吨敞顶箱。客运提质计划深入落实，以市场为导向，灵活实施“一日一图”，动态优化列车开行方案和售票策略。抓住疫情好转有利时机，积极恢复停运列车开行，丰富“古都夜八点”动车组、“天鹅季”旅游专列等客运产品，恢复度连续6个月排名全路小组第一。以复兴号品牌战略为带动，完成7个高铁站安检外移和48个普速车站的引导标识改造，全面推广普速车站电子客票，旅客出行满意度进一步提升。2020年2月28日，从德国汉堡发出、搭载进口邮件的中欧班列（郑州）抵达郑州铁路口岸，标志中欧班列中唯一进口邮件试点线路全线贯通，中欧班列（郑州）成为第一条国际邮件陆路双向运输通道。

【路网规模扩充】2020年，把完成投资任务作为落实“六稳六保”要求的实际行动，科学有序、优质高效推进铁路建设。按照“保开通、保在建、保开工”的要求，克服疫情影响，倒排工期进度，优化施工组织，12月12日，郑太高铁全线贯通，“米”字形高铁再落一笔。对于郑济铁路（郑州至濮阳段）、圃田（占杨）物流基地、洛阳动车组存车场等在建项目，合理运用调配资源，抓好关键项目和控制性工程推进，尽可能多地完成投资和实物工作量。落实省部会谈纪要精神，加快推进郑济铁路郑濮段建设，推动郑州枢纽小李庄站及相关工程、郑济铁路濮济段、兰考—菏泽铁路实质性开工；推动焦作—洛阳—平顶山，平顶山—漯河—周口，南阳—信阳—六安铁路纳入铁路“十四五”发展规划，在中长期铁路网规划修编中深化南阳—驻马店—阜阳铁路规划研究。结合实际高质量编制集团公司“十四五”发展规划，细化完善郑州铁路枢纽总图规划方案，合理确定技术改造发展规划重点内容等，为今后五年乃至更长时间发展奠定坚实基础。

【中欧班列常态化开行】2020年，面对突如其来的疫情和各种风险矛盾，集团公司2月16日恢复郑州始发终到中欧班列常态化开行，并开辟绿色通道，优先承运、快装快卸，确保班列开行安全高效。发挥战略通道作用，及时为欧洲国家输送医疗物资和生活必需品，推动货物跨境流动和企业复工复产，缓解疫情对中欧产业链、供应链合作带来的冲击和影响。2020年2月28日，从德国汉堡发出、搭载进口邮件的中欧班列（郑州）抵达郑州铁路口岸，标志中欧班列中唯一进口邮件试点线路全线贯通，中欧班列（郑州）成为第一条国际邮件陆路双向运输通道。6月，多家中欧班列进口超市在郑州开业。7月，郑州获国

2月28日，中欧班列（郑州）首趟进口运邮班列抵达郑州（史锋华/摄）

家专项资金支持，建设中东部唯一的中欧班列集结中心示范工程。11月20日，首班郑州发往芬兰赫尔辛基的中欧班列从圃田中心站驶出，郑州始发终到中欧班列新增第四条欧洲线路。12月22日，开启地市合作，开通中欧（商郑欧）国际班列，提升郑州国际多式联运物流枢纽能力，标志着商丘至欧洲国际物流大通道成功打通。全年郑州始发终到中欧班列累计开行1126 列，货重71.49万吨，均达到2013年开行以来历史最高水平。

【客运直属站布局调整】 为提高运输组织效率，推进集团公司高质量发展，根据《集团公司 集团公司党委关于郑州地区客运直属站布局调整的通知》精神，2020年4月6日撤销郑州东直属站，并入郑州站（直属站），同步撤销郑州东站党委、纪委、工会、团委等党群组织及部门，将原郑州东站管辖的生产车间（车站）及党群组织整建制划交郑州站管理。郑州站管理模式实行直属站、车间（车站）、班组三级管理。为确保运输生产有序衔接、现场生产组织和安全控制不弱化，原郑州站、郑州东站生产机构编制不变，郑州车站设站长1名，同时兼任郑州车站客运车间主任。管辖车站23个，其中特等站2个（郑州、郑州东）、一等站3个（开封北、许昌东、周口东）、二等站3个（兰考南、民权北、许昌北）、三等站8个（长葛北、禹州、郏县、鄢陵、扶沟南、西华、淮阳南、沈丘北）、四等站7个（贾鲁河、绿博园、运粮河、宋城路、南曹、孟庄、新郑机场）。郑州站办公地点搬至原郑州东站站部。

【“复兴号”动车组列车上线运营】 2020年4月18日14时，G806次列车从河南省“米”字形高铁枢纽郑州东站驶出，标志着集团公司配属的“复兴号”动车组列车正式上线运营，近百名新闻媒体记者齐聚郑州东站参加“豫见复兴·中国速度”新闻发布会。集团公司首批配属的复兴号动车组均为CR400BF—A型，共有3列6个标准组，首日按图运行的车次分别为郑州东至北京西的G806次、郑州东至洛阳龙门的G6613次、洛阳龙门至北京西的G808次。为确保“复兴号”动车组列车安全优质开行，集团公司抽调技术人员和随车机械师对车体进行多次试运行检测，科学制定调车、检修作业计划和应急预案，全面提供安全保障。58名客运乘务员经过系统培训后换上新制服，着力打造具有中原特色的“复兴号”服务品牌，较“和谐号”相比，“复兴号”动车组列车外部尺寸长宽高都有扩充，乘坐空间更加宽敞，速度从最高的时速300公里提升到350公里，密封性能更好，噪音、能耗更低，风阻更小，牵引动力更加强劲；每趟列车定员增加132人，旅客出行更加便利。

【郑州南站站房工程建设】 郑州新郑机场至郑州南站城际铁路位于郑州航空港区，线路从机场引出，向东穿越南水北调工程后，向南引入郑州南站。7月13日17时30分，郑州南站站房工程首片1800吨屋盖钢桁架吊装提升到位，完成站房“封顶”第一步，标志该站站房工程正式转入金属屋面和外幕墙施工阶段。郑州南站位于郑州航空港实验区，主要工程包括建筑面积48.3万平方米的站房工程、30个站台计32条到发线的站场工程、6线检查库计24条存车线的郑州南动车所工程，以及与郑州南站配套的地铁土建工程、市政配套应急工程等，集高速铁路、城际铁路、地铁和市政公路交通于一体。该站与郑州车站、郑州东站形成“金三角”枢纽格局，串联起河南“米”字形高速铁路网和中原城市群城际铁路网。

【“发现最美铁路·豫见魅力郑万”一线行活动】 2020年是开展“发现最美铁路”系列活动的第三年，6月15日由集团公司党委宣传部策划组织的“发现最美铁路·豫见魅力郑万”一线行活动启动，各大媒体记者齐聚郑万高铁河南段各车站进行采访。为期4天的活动中，18家中央驻豫及省、市媒体30余名资深记者和铁路新闻工作者，从郑州到南阳，感受郑万高铁之美，多视角传播“最美铁路”故事，引起社会强烈反响并纷纷点赞。

【内陆无水港“郑州港”揭牌】 2020年6月28日，在郑州铁路集装箱中心站内打造的黄河流域第一个内陆港——郑州“无水港”正式揭牌。为深入贯彻河南省委、省政府提出的“四路协同”战略，全面对接“海上丝绸之路”，郑州局集团公司充分发挥铁路班列运输优势，积极实施铁路与港口、公路相结合的多式联运模式。“无水港”启用后，将把内陆的铁路场站集疏优势和沿海港口功能有效对接，郑州铁路集装箱中心站负责办理货物受理、堆存、装车和班列的开行，港口方派驻人员负责办理货物预约、报关、报检、查验、订舱等业务，出口企业在郑州“无水港”一次性即可办理货物运输、出口的各项手续，方便快捷，有效提高了省内企业对外出口货物的整体运输质量和效率。据测算，一个国际标准集装箱的运输费用可节省800元左右。

【“河南人游河南”专列开行】 2020年8月22日8时23分，Y759次“中原快车·康辉号”旅游专列从郑州车站出发，途经关林、宝丰等地，载着700余名游客，驶向西峡县，开始为期2天的周末省内游。这是郑州局集团公司在疫情防控形势步入常态化、成功开行4趟省内和1趟跨局跨省特色旅游专列的

4月18日，郑州局集团公司配属的“复兴号”动车组列车上线运营（张德洪/摄）

12月12日，郑太高铁全线正式运营。图为参加试乘体验人员在车厢中合影留念（刘　丹/摄）

基础上，开行的首趟郑州至西峡旅游专列，让省内游客在家门口品读山水文化，享受处暑清凉。

【郑太高铁全线开通运营】2020年11月20日，郑太高铁全线正式开始按图试运行；12月12日，历时4年建设的郑太高铁全线正式开通运营，标志河南省"米"字形高铁网西北方向的一"点"完美落笔，郑州至太原间最快旅行时间由3小时38分压缩至2小时24分。该线路全长428.9公里，其中郑州局集团公司管内260公里，线路设计时速250公里，新建焦作至太原段属于山区铁路，山区线路长度239公里，桥隧比例74.8%，线路途经焦作、长治、晋中、太原等地市，管内设焦作、焦作西、晋城东、高平东、长治南、长治东、襄垣东计7个车站。

【扶贫开发】郑州局集团公司坚持精准扶贫、精准脱贫基本方略，始终把扶贫工作作为重大政治任务，摆在突出位置；提高政治站位，科学规划设计；明确总体思路，细化保障措施；增强扶贫力量，加强调研指导；加大投入力度，强化管理考核；发挥行业优势，做好精准帮扶；发展特色产业，巩固脱贫成果；加强党的建设，强化组织保障；增强联学联建，打赢脱贫攻坚。制定下发《2020年扶贫工作要点》《2020年铁路扶贫项目资金计划方案》等，持续做好建设扶贫、运输扶贫、定点扶贫、就业扶贫、消费扶贫，以实际行动践行铁路企业脱贫攻坚的责任与担当。全年投入栾川县、虞城县刘店乡丁河楼村帮扶资金，实施栾川县第三实验小学电教室计算机配备、重渡沟管委会新南村水岸餐厅、冷水镇西增河村十组安全饮水等铁路扶贫项目23个（其中村集体经济产业项目14个），受益贫困户5176户计16991人，培训技术人员4383人，发送春耕物资15299车计97.84万吨，开行务工专列29列共计运送20574人等。在符合铁路录用条件前提下，优先录用国家级贫困县户籍院校毕业生118人；利用郑济铁路、太焦铁路等在建项目，优先选用国家级贫困县劳务人员1061人等。在河南省脱贫攻坚成效考核中连续两年被评价为"好"的最高格次，在国铁集团年度扶贫工作考核中位列全路第一。郑州局集团公司驻虞城县刘店乡丁河楼村工作队荣获全国脱贫攻坚先进集体，1个部门获脱贫攻坚"火车头奖杯"、1名个人获"火车头奖章"。先后在《人民日报》、中央广播电视总台、"学习强国"、新华社客户端、《河南省脱贫攻坚动态》《人民铁道》等省级及以上单位或媒体刊登经验126篇，摄制推送《啥是复兴号》《这里是栾川》《国铁扶贫入校园》《我在铁路小镇等你》4个扶贫系列微视频产品，特别是反映铁路驻村干部王延辉先进事迹的通讯报道《干部有劲头 老乡有盼头》在2020年1月13日《人民日报》13版刊发；反映新南村"铁路小镇"建设的深度报道《河南栾川：火车驶入贫困县 致富道路宽又广》在2020年9月5日CCTV-12频道"善行中国"栏目刊播。

（翟丽敏　何艳蕊）

郑州站

【概况】2020年4月6日，根据《集团公司 集团公司党委关于郑州地区客运直属站布局调整的通知》文件要求，撤销郑州东直属站，并入郑州站（直属站），同步撤销郑州东站党委、纪委、工会、团委等党群组织及部门，将原郑州东站管辖的生产车间（车站）及党群组织整建制划交郑州站管理。

2020年末，郑州站设科室9个：行政办公室（党委办公室）、党群工作科（融媒体工作室）、劳动人事科（党委组织科）、财务收入科、职工培训科、客运业务科、技术科、安全科（武装保卫科）、设备科；生产车间10个：郑州东站3个（客运车间、上水车间、运转车间），郑州车站7个（运转车间、客运车间、售票车间、供水车间、行包车间、旅服车间、设备车间）。设辅助生产机构1个：生产指挥中心，原郑州车站主办的集体企业一并交新的郑州站，集体经济管理办公室职能及编制不变。有直管党总支11个、党支部16个，班组党支部49个，党小组36个；工支会26个，工会小组143个；团总支1个，团支部22个。管辖车站23个，其中特等站2个（郑州、郑州东）、一等站3个（开封北、许昌东、周口东）、二等站3个（兰考南、民权北、许昌北）、三等站8个（长葛北、禹州、郏县、鄢陵、扶沟南、西华、淮阳南、沈丘北）、四等站7个（贾鲁河、绿博园、运粮河、宋城路、南曹、孟庄、新郑机场）。

2020年末职工总数2478人，其中女职工1083人、干部347人、中共党员1106人（含离退）、共青团员296人。文化程度：研究生34人、本科497人、大专982人、中专179人、高中及以下786人。干部技术职务：高级12人、中级96人、初级179人。工人技术等级：高级技师1人、技师61人、高级工210人、中级工1028人、初级工759人。车站健全完善帮扶救助工作机制、困难职工子女助学激励制度、困难职工慰问制度、生病住院职工慰问制度，实现"覆盖广泛，运作规范，救助及时，保障有力"的目标，2020年4月6日合站以来，共助困130人次计124900元；助学10人次计2.1万元；助医78人计8.7万元。针对关键时期、重点岗位、生产现场，坚持"冬送温暖，夏送清凉，一年四季送关爱"共投入390余万元。

【主要技术设备】郑州车站。有客车到发线13条，道岔223组，零星车存车线5条，机车走行线2条。郑州客整所场区（I场）有到发线9条，道岔29组。上水栓1—10道设46个、11—12道设50个、13道设25个。有候车室13个，其中普通候车室8个和军人母婴软席候车室、商务候车室、备用候车室、东贵宾室、西贵宾室各1个。第一候车室2295平方米，候车能力1913人；第二候车室2241平方米，候车能力1868人；第三候车室2295平方米，候车能力1913人；第四候车室2241平方米，候车能力1868人；第五候车室2295平方米，候车能力1913人；第六候车室2241平方米，候车能力1868人；第七高铁动车候车室1700平方米，候车能力1417人；第八高铁动车候车室1660平方米，候车能力1384人；商务候车室480平方米，候车能力

400人；军人母婴软席候车室1120平方米，候车能力934人；备用候车室1165平方米，候车能力971人；东贵宾室1195平方米，候车能力996人；西贵宾室841.5平方米，候车能力702人。有站台13座，其中1、4、5、6、7、10、11站台每台面积6780平方米，2、3、8、9站台每台面积6667平方米，12、13站台每台面积5932.5平方米。售票大厅2个，其中东售票大厅1920平方米、西售票大厅1540平方米。

郑州东站。站场有16台32线，其中京广场股道16条（正线2条、正线兼到发线2条、到发线12条）、道岔61组（均为融雪道岔）；城际场股道4条（正线兼到发线2条、到发线2条）、道岔16组（均为融雪道岔）；徐兰场股道12条（正线兼到发线4条、到发线8条）、道岔63组（均为融雪道岔）。上水设备分布在京广场1至8道和13至16道、城际场17至20道、徐兰场21至24道和27至32道，共计226个遥控上水装置。在用售票厅6个，人工售票窗口23个，自动售票机58台，自动取票机64台，旅客检票操作终端40台，购票信息单打印机20台；进站口6个，实名制验证通道42个（人工验证通道10个、自动验证通道32个），安检仪34台；旅客“云服务”查询机14台，自助制证机（身份证明）6台，候车座椅5400个，电梯132部（扶梯94部、直梯38部），饮水间4处（均配备直饮水设备），卫生间14处，检票口30个，出站口10个，自动检票闸机207台。有VIP候车厅21个，商务座候车专区2个、重点旅客服务站1个（内设重点旅客候车区、儿童候车娱乐区和哺乳室），军人候车区1个，医疗志愿服务站1个。安全监控系统、客运导向系统、信息查询系统、客运广播系统、列车到发管理系统、消防控制系统、中央空调系统各1套，监控摄像头1040个，通过车站综合控制中心50个50英寸拼接屏对各区域实时监控、录像。

【列车调图】“4·10”调图。日图定列车174.5对、349列；始发52列，终到52列，通过245列；白班164列；夜班185列，增加1列；客运列车337列（含技术直达停点10列）。开行动车组51.5对、103列（其中：办理客运业务动车组46.5对、93列；动车组确认列车及空送车底5对、10列）。直通旅客列车改经由0.5对。青岛至成都K205次即墨至大明湖改经由胶济线。

“7·10”调图。日图定列车174对、348列；始发52列，终到52列，到开244列；白班165列，增加1列；夜班183列，减少2列；客运列车335列（含技术直达停点10列）。开行动车组列车51对、102列（其中：办理客运业务45.5对、91列；确认列车及空送车底5.5对、11列）。高速区段新增管内旅客列车2对，新增直通旅客列车8对，变更运行区段8.5对，改经由6对。

“10·11”调图。日图定列车173对、346列；始发51列，终到51列，到开244列；白班167列，增加2列；夜班179列，减少2列；客运列车333列（含技术直达停点10列）。开行动车组列车50对、100列（其中：办理客运业务动车组44.5对、89列；确认列车及空送车底5.5对、11列）。高速区段直通旅客列车变更运行区段4对，管内旅客列车调整1.5对。

【运输安全】2020年，以问题为导向，坚持源头治理，以双重预防机制为抓手严守现实安全，截至2020年12月31日郑州站实现连续安全生产9944天。整章建制。健全安全生产责任制。按照管业务必须管安全、管生产经营必须管安全和“谁主管、谁负责”的原则，进一步理顺、规范和明确覆盖各层级各岗位的安全生产责任制，力求做到责任具体、范围明确、标准规范、界面清晰。完善各类管理制度。结合作业生产实际，整合原郑州车站、郑州东站管理制度，发布《郑州站关于落实铁路安全风险管控和安全隐患排查治理双重预防机制工作的通知》《郑州站安全红线、管理失职、作业违标考核管理办法》等管理文件21个，对劳动安全、消防安全、防洪安全、路外安全等方面的现场管理提出明确要求，夯实安全基础管理。统一标准。根据两站原有的管理办法和管理体系，统一检查标准，制定公布红线、失职、违标目录。重新整理安全生产责任制考核办法，针对各级部门检查发现的典型问题，利用安全生产履职考核会进行重点分析，加大考核力度，扩大追责范围。

落实双重预防机制。车站领导从现实安全出发，提出将双重预防机制管理理念融入车站日常管理。在双重预防机制进车间（中间站）和班组上不断尝试，树立标杆和先进典型。以机制保障为核心，构建立体联防体系，压实车站、车间（科室）、班组三级责任，形成管理闭环，确保安全生产有序可控。压实业务科室的指导和督查作用，针对共性问题和惯性问题，做好现场指导，使现场明白“看哪些、盯什么、如何控”。业务科室和专业监察对隐患问题整治情况持续追踪，实现有整改、有回复、有记录、有评价。结合车站原有履职系统，建立“双重预防机制”信息化系统平台，指导管理人员进行风险研判，固化规范风险管控行为，强化风险管控效果分析，实现安全风险精准把控。

盯控安全关键。盯安检，控过程。细分履职步骤，把一次作业检查分为检查旅客分乘情况、安检查危盯控、手检情况、危险品处置情况，全过程指导履职。重点时期组织人员对管内各客运站进行假设检查，分别采取票证人假设、刀具假设、违禁液体假设的方式对一次安检全过程检查。按照“件件过机，一件不漏”的原则，对车站旅客携带品、行包承运物品及小件寄存物品进行安全检查，把握违禁物品排查。全年安检查危工作被集团公司通报表扬1次，涉及3个站点。盯消防，控排查。整合两站消防管理，重新制定《郑州站消防安全管理办法》《郑州站消防安全网格化管理区域分工》《郑州站突发火灾爆炸事故应急处置预案》，确保管理制度不缺不漏。组织消防安全培训和消防应急演练各2次，确保应急处置基本常识全员应知应会。对车站消防安全隐患开展排查，组织消防安全检查5次，例行的月度全覆盖消防安全检查5次，发现车站问题253件，结合部问题88件。特别对结合部问题，如新郑机场

1月10日，郑州车站“老年义务服务队”在郑州车站西广场服务春运

（赵　庆/摄）

站隧道内消防责任归属，会同城际公司和装备公司厘清责任归属，消除消防隐患。盯调车，控标准。下发《关于进一步完善调车作业相关规定的通知》，针对结合部难点完善防溜作业管控、脱轨器汇报联系制度，对领车人员信号（进路）确认进行明确要求，加强现场防溜监督检查和落实。强化过程控制，针对调车作业“冷门死角”，如段管线取送作业、零星加挂车辆等，明确生产指挥中心全程盯、车间值班干部行车室控、车间值班主任现场查、作业分析室事后检的风险管控体系，强化调车作业标准落实。

【运输生产任务】2020年，郑州站结合“节支降耗作贡献、改革创新立新功”主题宣讲活动，动员全站干部职工认清形势，紧盯任务目标，大力拓展市场。结合分管的郑徐、郑渝、郑阜、城际等各条线路，依托各中间站分别组建客运营销小分队，进企业、到园区，进学校、下乡镇，与企事业单位、学校、乡镇村民等深入交流，摸清身边客运市场行情，有针对性地开展客运服务。强化客运计划员作用，每日做好客票发售盯控和运能分析，用好车站始发车票额预分、席位共用复用功能，将计划室打造成客运营销最前沿。进一步加强旅客出站通道的管理，分劈堵漏保收，在各出站口设置补票点，加大对无票旅客和超高儿童查堵，确保客票收入应收尽收。结合调图、暑运等时机，利用站区公告栏、广播、电子显示屏等载体和车站微博、微信等新媒体平台，宣传加开列车开行时间、票价、优势等，方便旅客了解车、票资讯。发挥“心馨党员服务台”“丹丹服务岗”“香荷服务台”等优质服务品牌辐射作用，丰富服务项目和内涵，以优质的服务广揽客源。全年郑州站累计完成客发5265万人，日均14.4万人，占集团公司54.3%，提前38天完成全年发送人任务；完成客运收入650404万元，占集团公司58.2%，提前28天完成全年客运收入任务；完成运输收入676542.99万元，日均1848.5万元。客发较2019年下降2212.4万人（2019全年为7477.4万人），降幅29.6%；运输收入下降27.89亿元（2019全年为95.54亿），降幅29.2%。元旦（1月1日），郑州车站发送8.6万人，运输收入558.6万元。郑州东站发送9.7万人，运输收入1269.6万元。春运（1月10日至2月18日）40天，郑州车站发送173.6万人，运输收入1.5亿元，同比减少55%。郑州东站发送216.8万人，运输收入3.6亿元，同比减少21.1%。清明小长假（4月4日至4月6日）3天，郑州车站发送8.6万人，运输收入946.5万元。郑州东站发送9.2万人，运输收入1538.9万元。五一小长假（5月1日至5月5日）5天，发送59.7万人，运输收入7430万元。暑运（7月1日至8月31日）62天，发送1028.1万人，运输收入13.5亿元。十一“黄金周”（10月1日至8日）8天，发送205.9万人，运输收入2.6亿元。

【客运服务】2020年，贯彻落实客运提质和标准化、规范化建设工作要求，遵循管理规范化、作业标准化、队伍专业化工作思路，突出专业管理和基础管理，确保车站客运组织和客运安全持续稳定。筑牢客运安全防线。建立健全安全管理制度。制定《郑州站郑州车站股道保洁作业管理办法》《郑州站中铁快运、邮政铁路运输安全监督检查实施细则》，修订《郑州站站台一体化管理办法》《郑州站旅客电梯管理办法》。提升现场应急处置能力。修订和完善列车晚点、停运等客运非正常情况应急预案，明确处置流程和组织措施。针对不同时期风险源，制定应急演练计划，组织开展有针对性的应急演练。强化关键时段安全管控。制定《关于明确“两会”期间安保有关工作的通知》，确保关键时期各项安全管控工作落实到位。旅客运输高峰时段，重点加强旅客乘降安全盯控工作。严格落实集团公司《关于加强铁路运输安保工作的通知》要求，从8月28日8时至9月9日20时，全面加强所有进京列车旅客、行包和高铁快件安检查危制度，以安检设备配置、值机人员盯屏等关键环节为重点，确保客运安全管控工作落实到位。疫情防控期间，车站从加强旅客安全防护宣传、明确职工防护用品佩戴、确保通风消毒保洁频次和做好异常情况处置工作等方面入手，确保旅客和职工人身安全。

开展客运营销攻关。多元营销提高市场拓展力。运用客运营销分析小组，按照周、旬、月、季、年报形式，分析运能与客流需求实际情况，及时向集团公司上报调整建议。制定《客运营销及售票组织管理办法》，对团体票发售要求及营销相关措施进行规范，确保岗位作业标准。借助郑太客专、西银客专及年底调图建议契机，组织客流调查，掌握旅客出行动态。精准分析提高运能利用率。面对疫情对客运市场的影响，分析旅客主要到达城市客流，预测旅客出行动态，及时向集团公司申请恢复图定列车、加开热门方向高峰期列车、增加无座票额、调整发车时间或营业站点，实现精准开车。随着管内开行列车对数、重联及跨线动车组增加，有效带动客流持续增长。加强宣传提高客车上座率。利用微信等媒体平台，加大对车票预售时间、临客开行、剩余票额显示等内容的宣传力度，同时加强对网络购票、自动售（取）票机、手机客户端、车站窗口等购票渠道的宣传，扩大铁路客运市场份额。

加强售票组织工作。做好电子客票实施工作。按照集团公司部署做好开通实施前设备新增、改造、安装等调研，提出改造建议。制定《郑州车站电子客票实施细则》，完善《电子票实施各相关岗位的作业指导书内容》，规范《郑州车站电子客票应急处置流程》。优化营销机制。关注客流走势变化做好分析，按照时间节点适时向集团公司提报节假日、暑运等临客具体开行方案盯控落实并组织发售。加大与局客票管理所联系。根据售票策略变化主动跟进，专人负责及时上报始发列车预分、共用时间调整建议，尽量满足旅客需求。盯控不同时期客流变化，重点盯控集团公司始发及通过列车票额利用情况，掌握实际售票情况及票额需求，及时上报客票管理所票额需求，争取增加运能。扎实售票管理工作。修订售票相关基础规章和岗位作业指导书，每季度组织开展售票、自动售故障应急演练工作，模拟故障真实场景规范处置流程，切实提高现场应急处置水平。狠抓人工窗口服务质量，通过不定期抽查等方式，督促窗口提升服务水平。规范窗口LED屏、窗

7月1日，郑州站组织职工在郑州东车站进行服务礼仪培训（赵　庆　赵依婷/摄）

口揭示的显示内容，实现统一管理。对管内未开通支付宝、微信支付功能的窗口，上报申请开通。做好新、老兵运输工作。从用途设置、票额预留、命令传达、站车组织等方面落实新老兵运输相关要求，发生问题迅速处理。

落实客运提质计划。畅通工程取得成效。优化实名制验证和安检通道，有效缓解高峰客流旅客进站、安检排队问题。设置重点旅客和急客专用通道，安排专人在通道口进行身份识别和引导，确保旅客乘车。候乘环境更加舒适。积极抓好基础卫生整治，在春运、小长假等重要节点前全面清查，组织深度保洁和高空保洁，开展客运站车“厕所革命”。协调厕所设备、设施维保单位在客流高峰期备足维修使用配件，限时修复厕所内各类故障。加强通风、保洁，确保候车环境干净整洁。引导标识更加完善。全面梳理车站引导标识，对破损、缺失或不适用的重新制作，做到规范整齐、明亮醒目。提升基础服务。推进“丹丹服务岗”服务品牌建设，整合郑州车站、郑州东站“四区一室”建设，优化管内各站客服台布局，统一规范服务标识、主要功能、设备配置，开展重点旅客预约、应急改签、咨询求助和投诉受理等服务。针对互联网购票比例增高、电子客票普遍推广实际，合理调整售票厅窗口功能，增加乘车凭条打印、退票改签窗口数量，以及客流密集时段管内短途、热门列车专售窗口，并安排专人做好自助售取票机使用引导。规范服务监督。畅通投诉渠道，在客运服务台、站长值班室、售票值班主任等重要服务岗位公布24小时值守投诉电话，加强春运、小长假等特殊时段值守电话的监督力度。按照车站旅客投诉管理办法，严格落实首诉负责制，确保旅客各类投诉，在规定受理期限内妥善处置。针对上级批转的投诉做到及时受理、及时调查、及时回复。

【队伍建设】迅速融合，确保工作有序衔接。建立三级教育网络（各车间、中间站主管职教副主任，兼职教师及班组长，学习辅导员人员），及时修订学习计划，分公共部分和专业部分两个层次统一下达月度学习计划，确保职教工作不断档、日常学习有序衔接。举办2期管理人员补强培训班，保证过渡时期的安全卡控。针对合并涉及机关人员岗位调整的情况，举办2期业务补强培训班，对岗位盯控重点、行车台账登记等内容进行补强，并制作课件上传局域网方便学习。找准切入点，确保培训时效性。利用车站局域网、手机微视频推送等形式加强各类适应性、指令性培训，确保机构改革和疫情期间各类培训的时效性。培训前业务相关部门针对岗位和工种特点，制定既有公共部分、又有个性化、差异化的培训内容。丰富培训方式，采取骨干培训和自培相结合、日常培训与跟班实训相结合等。制定《郑州站高铁集控站行车人员及中间站、城际站管理人员轮流抽考实训办法》，轮流实训以1年为一个周期，每次轮流实训时间30天。在轮训结束前，由专门考评小组对轮训人员学习情况进行考评，考评结果合格后返回原岗位，不合格则延长轮训时间一个月。连续两次考评不合格，由车站值班员降职为助理值班员。真学真考真练，全面推行“5020”培训模式。印制发放《郑州站“5020”培训模式实施指导手册》，使每名职工明确此项工作如何做、如何与职工星级评定挂钩。建立职工培训个人信息库，将职工分职名录入；制作理论考试和实作鉴定模板，明确操作步骤及鉴定分值；设置培训考核鉴定组织，成立由主管教育干部、兼职教师、业务骨干组成的考评小组；下发“职工评定业务技能成绩换算表”“星级评定业务技能成绩换算表”模板，同时要求做到理论考试“三有”（月初有计划、月末有考试、次月有复检）、实作科目“三有”（鉴定有方式、操作有步骤、评分有标准）。按照集团公司职培部要求，结合车站岗位实际，收集和录制行车主要工种岗位作业标准课件23个，并制作成二维码方便职工随时扫码观看。练硬功，在实效上求突破。过关式平推，摸清现状。全年进行平推式检查2次，查出问题98个，摸清存在问题为下步工作奠定基础。“打靶式”定位，精准帮教。全面推行月度理论考试机考制度。举办职工教育基础管理工作培训班2期，通过规范职教基础工作培训班，统一基础台账和各类培训班台账填记。抓好一站一事问题整改，对存在问题较多的车间、中间站进行专门指导帮助。结合平推检查发现的共性问题，逐项剖析，制定切实可行的补强措施。透明式曝光，奖优罚劣。利用车站日常交班会通报各车间、中间站问题整改进度，编发检查通报，全年下发管理失职通知书7份。实战化实作，效果明显。结合不同时期安全生产的关键点及时进行实作演练，如汛期对车站值班员和管理人员进行汛期应急处置的演练等。2020年车站举办涉及站内12个工种的职业技能大赛。在集团公司第九届客运系统职业技能竞赛中，车站参赛选手27人，其中获得名次26人，囊括5个工种6项竞赛的个人和团体第一。

（杨　瑛　孔　辉）

郑州北车站

【概况】郑州北车站位于京广、陇海铁路线交会处，在河南省郑州市西北部，是贯通中国北方、华东、华南、西北和西南的主要铁路交通枢纽之一，也是全国第一个综合自动化编组站和集团公司管内唯一路网性编组站，有“路网心脏”之称。郑州北编组站站区南北长6.63公里，东西宽0.8公里，下行驼峰位于京广线K669+526以西710米，陇海线(陇客高线)K574+625以北2.4公里。车站按技术性质分类为编组站，按业务性质为货运站，按业务量为特等站。站型为双向纵列式三级八场，各种线路229条，其中到发线61条、调车线91条、联络线及段管线77条，线路总延展长454公里。主要担负着南北京广、东西陇海四个方向货物列车和军用列车的到达、解体、编组、出发作业及货运检查作业，具有点多、线长、面大、调度指挥集中、车场分工明确、进路排列灵活、解编流量大、有调比重大、折角车流多、作业复杂及综合自动化程度高等特点。

2020年，车站聘任郑铁工匠1人，有局首席技师4人、局技术能手54人、全路技术能手6人。车站建立“青年骨

9月18日，集团公司在郑州北车站组织开展“铸盾郑铁—2020”防空袭应急疏散演习活动（赵　庆　崔继斌/摄）

干人才库”，创建“共青团练功场”，助推青工成长成才。完善职工培训硬件设施，录制133个专项课件，建好用好8个实训演练室（场），完善“云学习系统”在线学习、网络培训、在线考试等功能，丰富小班授课和网络学习等培训模式，引入铁路调车3D仿真实训考评系统。根据车站调度员、车站值班员等19个岗位特点，围绕作业标准、专业规章等重点项，科学制作题目并开展覆盖全体职工的常态化培训，完成三年脱产轮训任务，组织118名在岗技能人员轮训送培，兑现率100%。大力推进“三线”建设，车站投入130余万元对上编尾空道、下到行车室、上发货检等25个现场作业岗点进行整修，站工会投资80余万元改善现场饮用水、职工就餐条件等，现场生产生活设施得到进一步提高。

【主要技术设备】2020年，车站有电子计算机服务器12台、办公生产微机523台，自动化驼峰3座，内燃调车机14台，道岔1029组、信号机875架，TDJ-302减速顶12776台，无能源液基础压停车器201台，站场工业电视监视系统4套，各种线路229条、总延展长约454公里。

【安全管理】“三室”作用持续凸显。车站综合分析室依托日安全分析、记录仪检索分析、干部考核等现有信息系统，形成“日分析问题到人、周汇总动态纠偏、月考核督办整改”的考核链；指挥中心依据CIPS系统推送的作业计划，开发现场安全管控系统，对重点作业进行全程盯控；安全警示室助推班前警示到全员、班中警示进班组、班后反思补不足线性教育模式的落实，实现职工由被动落标向主动贯标的思想行为转变。双重预防机制纵深推进。以“百日攻坚”和“安全大检查”为抓手，强化安全督导落实机制，抓好风险库盯紧隐患库，落实“一岗一月一表”制度，及时修订履职指导书模块，细化完善“五点一线”流程，对现场作业加强检查、严密盯控，对安全信息件件分析、事事追踪。安保智能化再取一城。加快双重预防机制系统2.0版本研发进度，调研提勾摘管器、防溜智能铁鞋的可行性，积极研发调车装备带，补强监控设备33处，使车站作业实现安全流程可视化和风险研判信息化。截至2020年12月31日，郑州北车站实现连续安全生产1064天。

【运输组织】按照集团公司“畅通中原运输、消减保留积压”的要求，面对车流不均衡、新分区“天窗”实施、JSQ6溜放试验等挑战，科学精准调度，密切联劳协作。发掘运输潜力。从列车进场、计划安排、调车作业等方面统筹考虑运输组织方案，加强与上级调度联系，按照新“天窗”给点及分区情况调整运输策略。充分利用上、下两场作业能力，紧抓驼峰解体预推、编尾转线调机回程的空闲时间，提升运输效率，释放解编效能，抵抗住了因疫情影响导致5月份车流猛增给车站运输组织带来的巨大冲击。优化车流布局。研究运输规律，精准投放运力，按照流大抓畅通、流小抓指标的要求，对中欧、中亚等远程直达列车单独集结，同时减少动车组与货物列车在区间交汇频次，降低高普共线列车安全风险，确保全局利益最大化。2020年，车站日均办理22095辆，日均解体139.1列，日均编组127.8列；其中10月7日办理27299辆，为2013年以来最高。积极编开列车。做好空车选扣集结及管内空车配送的同时，高频次开行各类远程直达列车10600列。其中，中欧车底394列，圃田站集装箱、钢材整列卸车867列，安阳、侯马北、洛阳等车流1545列，海棠寺、小李庄、五里堡等车流607列，为畅通中原运输、消减保留积压做出突出贡献。

（范　倩）

郑州客运段

【概况】2020年，郑州客运段是郑州局集团公司唯一承担客运乘务的综合段，担当郑州、新乡、洛阳三地197.5对列车客运乘务工作，其中高铁109对（包含复兴号6列）、城际49对、普速直通28对、普速管内11.5对，另外担当高铁高峰线列车24.5对，列车通达辐射全国26个省、市、自治区。段机关位于郑州市二马路80号，下属各客运车队分别在郑州五里堡客整场、郑州东站、洛阳市西工区史家屯客技站和新乡市卫滨区铁西路14号。2020年，郑州客运段共输送旅客6813.6万人，加开临客4721趟，完成堵漏保收9849万元，超年计划14.3%。

2020年，客运段设乘务中心2个：新乡乘务中心、洛阳乘务中心。下属客运车队28个（郑州地区16个、新乡地区6个、洛阳地区6个）。

2020年，郑州客运段提炼安全、服务、管理等9类文化理念，率先在全路建立车队级队史教育馆2个，定期开设道德讲堂。年内，职工赵林被评为“河南好人”；列车长包继静在疫情防控关键时刻主动克服困难夜间徒步50公里按时乘务的事迹，被拍成微电影《归》，并在全路高铁媒体平台播放；车长胡婉妍获河南省抗击新冠肺炎疫情先进个人、河南省优秀共产党员称号；车长罗丹获河南省文明优质服务标兵称号，曾被赞为“最美河南高姐”，展现了“郑客”良好形象。在郑州、洛阳、新乡三地建成活动中心5个和宣传长廊3处，投入职场环境建设200余万元，提升职工幸福指数。全年助困907人次、助医805人次、助学240人次。客运段获集团公司安全生产标杆单位、标杆领导班子、运输生产先进单位、职工培训先进单位、创建劳动关系和谐企业活动暨厂务公开民主管理先进单位，被国铁集团命名为铁路抗击新冠肺炎疫情先进集体、铁路标准化融媒体工作室示范点，在全国文明单位表彰会上获全国文明单位称号。

【主要技术设备】2020年，郑州客运段有机械设备131台，其中锅炉6台、装载机1台、洗涤设备65台、客货电梯11部、汽车48辆（生产用车41辆、乘用车7辆），年末固定资产总额3450.5万元。

【客运安全】2020年，郑州客运段始终坚守高铁和旅客安全政治红线和职业

1月31日，郑州客运G806次列车长为列车工作人员讲解防疫用品使用要领

（任　良/摄）

底线，把实施双重预防机制作为确保安全生产的“总抓手”，狠抓风险研判，强化隐患治理。每季度结合季节运输特点寻找周期规律，对当前潜在的安全风险进行全面研判，辨明风险等级，分层级制定卡控措施，确保安全风险有人管、有人盯、有人控。盯控消防关键，抓实防火管控。针对客车防火关键点，明确管好炉子、清净油垢、控制吸烟、管住电器、清除杂物五项防火重点，抓实控制措施落实，确保消防安全持续稳定。严格措施落实，保障人身安全。定期排查职工健康状况，对重点职工推行班前观察、班中提醒，出乘途中相邻岗位及列车长做好观察提醒。把控车门管理，确保行车安全。盯住开车瞬时、换挂机车、临时停车等关键，通过列车员岗位自检、列车长巡检、添乘干部抽检的预防体系，采用车门“防护带”等自设物防，以及利用对讲机进站提前预报、岗位对讲互控，全面卡控车门漏锁和乘降安全。建设用好“三室”，提升作业标准。形成生产组织、作业回放、应急处置、大数据分析一体化办公模式，推动安全管理向信息化、智能化迈进。坚持过程控制和结果考核并重，采取现场检查与视频分析相结合，将视频检索分析功能链接到班子成员和科室，扩大检索范围，注重整改成效，促进作业标准得到落实。逐级联责考核，推行快奖重奖。对于作业现场问题，自下而上逐级联责考核列车长、包保干部、车队负责人；更新干部失职管理目录，拓宽检查范围，突出问题质量，每月进行分析通报，实施联责考核。推行快奖重奖，对发现风险、解决隐患的个人给予奖励，调动干部职工落实双重预防机制的积极性。全年修订14个岗位履职指导内容，细化工作标准和履职考核量化指标。建立常态化隐患排查治理机制，坚持逢变必研原则，实施风险研判24项，制定管控措施102条，排查整治隐患56个。围绕安全四大关键，常态化排查隐患，并大力推行隐患排查快奖重奖，全年防止隐患20人次、奖励14500元。截至2020年12月31日，郑州客运段实现连续安全生产5000天。

2020年，郑州局集团公司客运乘务实训基地建成并投入使用（中原铁道报/供图）

【客运乘务】 2020年，坚持科学谋划、严阵以待，乘务运输井然有序。面对疫情防控常态化的考验，针对4次新图调整、3条新线开通，运用安全生产调度指挥中心客运管理平台系统，从严把控调度命令接收、传达、反馈各环节，灵活调整乘务方案，确保运输组织有力有序。抢抓疫情好转复工复产时机，有序恢复停运列车开行，并开好“古都夜八点”动车组、三门峡“天鹅季”旅游专列。全年输送旅客6813.6万人，加开临客4721趟。强化管理基础。落实“一岗一月一表”履职考评，结合季度安全风险库，制定岗位风险管控履职指导书，按月按岗位填报“一岗一月一表”，促进每名管理人员依规履职。规范标准落实。突出现场标准化作业指导作用的实效性和全面性，将动车组列车作业指导书细分为和谐号和复兴号动车组作业指导书，并将应急处置办法纳入作业指导书中，不断完善动车组应急预案，确保处置动车组突发事件有据可依。全年动态修订18个客运乘务工种《列车作业指导书》。严格环境治理。常态化整治列车环境，持续推行厕所卫生整治，认真落实“双所长”负责制，建立库内静态整治、途中动态保持、定期激励考核机制，通过周点评、季排序的方式做好厕所卫生评定和奖惩，并将考核结果纳入标准化车队考核中。主动防控疫情。依托“微信网格群”和“智慧郑客”两个平台划小防控单元，设置四级632个网格覆盖全员，达到信息传递快、稳、准；聚焦四类人员，对明确确诊、疑似、密切接触、发热旅客坚持做好测温，发现异常及时按规处置；根据“一车一案”按需配备防控物品，消毒灭菌实行记名签认，优化环境管理减少人员接触频次，持续打好疫情防控阻击战。

【客运收入】 2020年，围绕节支降耗做贡献、改革创新立新功，以夯实基础全面提高收入管理水平为工作目标，针对新冠疫情对车补收入工作带来的冲击，组织各车队多措并举主动攻坚，努力增运增收。全年堵漏保收完成9849万元，完成年计划114.3%。确保收入设备良好。对各车队班组的保险柜、票机、票包、票箱及票剪等进行排查，及时更换影响使用的设备，确保收入设备使用、管理和维护安全。确保票据安全。针对受疫情影响停运列车较多的实际，在开行时间不确定情况下，段收入科组织所有停运班组票据退库，专人清查核对退库票据的字头、字号，有效做好票据动态管理。坚持流失卡控工作。段收入科组织客运车队查找流失卡控方案短板及存在问题，修改完善卡控措施，实现车补流失同比减少目标。针对每月查堵系统中车补流失较高的车队采取重点约谈，对车队主要领导明确提出重点区段和重点停站卡控要求并取得成效。2020年6月8日，国铁集团财务部收入稽查处添乘段担当列车后，对段收入工作“车补和流失两手抓两手硬”的管理思路和取得成效给予高度评价。推进普速列车电子客票使用。针对6月20日全国普速铁路正式实施电子客票，组织举办普速列车电子客票培训班，并制定下发《郑州客运段站车客运信息无线交互系统管理办法》。

【服务质量】 2020年，推进客运提质计划和复兴号品牌战略。提升服务工作标准。依据《铁路旅客运输服务质量规范》，制定列车各岗位乘务作业标准，常态化开展“学练对达”活动，确保列车卫生、供水、卧具、温度、餐饮等基本服务落到实处。坚持保本微利、提质不加价的原则，丰富列车餐饮品种，实施首诉首问制度，公布列车投诉电话，及时解答旅客问询，旅客满意度由92%上升至98.6%。提升旅客乘车体验。在列车广播中增添介绍“常旅客服务”内容，面对面给旅客宣传“常旅客服务”内容。紧扣旅客需求，推行普速客车电子客票使用，规范手持终端使用流程；抓好互联网订餐及特产预定服务，及时更新订餐类目设置，促进列车服务更加智能化、便捷化。每个乘务班组配备1名红十字会员，全年为5865名旅客提供健康咨询和免费药品，挽救36名旅客生命。提升品牌服务效应。按照一车一特色、一队一品牌的思路，从品牌设计、品牌建设、品牌标准、品牌理念、品牌服务等方面，打造有特色、有亲和力、有示范效应的服务品牌。2020年春运，28个客运车队以“情暖旅途”“列车春晚”“新春送福”等主题，推出一系列暖心暖情活动，全面打造客运段服务新品牌、新亮点。

【卧具洗涤】段洗涤车间有洗涤设备35台，主要负责段管旅客列车卧具、布质备品的洗涤工作。2020年，车间职工以对旅客负责，让旅客放心、舒适、满意的工作姿态，做到安全严把控、设备精维护、卧具洗涤强工艺，高质量保证卧具洗涤效果和洁净，全年洗涤卧具3584.1万件。强化卡控分拣制度。细化整理卧具分拣工作，分类、分车次、分成色进行分拣；值班干部和班组长每天重点盯控分拣区，对措施落实进行全程卡控，确保卧具洗涤高质量。细化洗涤作业流程和标准。根据不同洗衣机型号核定卧具投放量，按标投放；按洗涤量制定卧具洗涤投料标准及顺序和漂洗遍数，督促职工按标洗涤。严格去污流程和管理。各环节发现污染卧具必须挑出，进行去污处理；规范去污作业，对去污材质、卧具、温度等制定规范措施并严格规定有色卧具去污要求，对去污后卧具指定专人返洗。严格防疫标准落实。按照疫情防控列车卧具备品洗涤工作要求，把好防疫安全、洗涤工艺、重点防控、质量检验关口。加大列车卧具清洗消杀力度，在原有添加洗涤液基础上增加用量，确保洗涤杀菌效果。原冷水洗涤改为90℃高温洗涤，并调整熨烫温度至175℃，确保卧具备品洗涤安全。

【旅服管理】段旅服车间负责以高铁、普速餐车经营、地面加工配送为一体的综合性服务的日常管理，经营分为自营和委外两部分，自营餐车担负6对计15个车底的餐车乘务工作，委外经营包括65对高铁、20对普速、郑新洛地面餐料加工配送及普速车商品水果经营。2020年，为确保规范餐车经营管理，不断深化餐营改革，加强管理创新，强化安全基础，提高创新能力、管理能力和餐营竞争能力，把好食品安全关，确保旅客、职工饮食健康安全。围绕列车食品安全工作，查漏洞找差距。卡控食品源头安全，对于食品仓库、加工厂的索证及食品、餐料的进货、验收、储存、发放进行严格检查，确保食品、餐料上车前安全。要求餐车餐料、食品生熟分开存放，避免交叉污染，严禁销售变质、隔夜饭菜，对餐具备品卫生进行严查，剩余餐料及时销毁，改善旅客就餐环境。加强管理，做好疫情防护。制定《疫情期间餐车、食堂用餐细化措施》《疫情期间餐服委外人员防控管理办法》等管理制度，严格实行防疫网格化管理，自上而下到每个基本单元每名职工。强化经营，加强堵漏保收。对当月图定客车和临客、旅游列车的经营情况进行分析，帮助经营情况较差的线路、班组找原因，提炼总结好的线路、班组经验、方法供其他线路、班组学习参考。规范餐车经营，要求各餐车班组按标投料、合理定价。改革创新，实现餐营效益最大化。科学合理制定自营餐车餐营指标，根据经营情况调整餐营指标，把经营指标与机制创新相结合，不断完善餐营指标。深化餐营改革，协调解决好委外公司在生产经营中遇到的问题与困难。

【队伍建设】深化主题教育成果。坚持党的初心和使命，充分发挥中央有号召、铁路有行动的光荣传统，努力营造领导有威信、干部有激情、职工有信心的良好政治生态。筑牢疫情防控堡垒。印发《关于全段各级党组织和共产党员在抗击疫情中充分发挥战斗堡垒和先锋模范作用的通知》，广大党员主动请战奔赴疫情防控第一线。推进劳动关系和谐企业创建活动。把民主管理段务公开工作纳入创建劳动关系和谐企业活动，实现创建活动“共建共享、共谋发展，全员参与、共同推进，突出重点、注重实效，实事求是、循序渐进”的目标要求。提升党员干部队伍活力。把镜头对准一线，宣传春运、暑运等工作中涌现出的典型事迹，发挥段官方微信平台作用，编发1205期计2100余人，开设“纪律处分条例”“党费收缴”“两学一做”等微党课20余个，影响力和辐射面持续增大。抓重点领域监督管理。贯彻《中国共产党党内监督条例》，加强选人用人、物资采购招投标、零小工程建设等，做到防微杜渐、抓小抓早，杜绝违规违纪行为。加强职工培训工作。2020年在段五里堡乘务中心建成公司级乘务实训基地，1:1还原股道、站台、车体车型环境，实现车厢场景化、智能化、仿真化，并在新乡、洛阳乘务中心分别建成综合实训演练室、形体训练室和安全警示室，满足实战、实作和演练需求。12月9日，集团公司客运系统标准化规范化建设现场会在客运段召开，集团公司客运乘务实训基地及配套的实训自动评分系统受到集团公司领导肯定。注重提升培训信息化水平，购置相关设备、扩容网络服务器存储容量，建设开发业务培训可视化“云平台”，结合实训基地信息化系统，实现职工培训、演练考核智能化考评和综合分析，提高培训效率和效果。将培训工种由原来2个（普速列车员、动车组乘务员）增至9个，即普速硬席列车员、卧铺列车员、商务（一等车）列车员、二等车列车员和动车组列车长、普速列车长、列车值班员、行李员、高铁餐服员，并确定各岗位实作项目，方便车队演练操作和评价考核。坚持人才培育激励。将职工教育与星级职工评定挂钩，激励职工学业务提技能，全年参与星级职工评定5385人。举办兼职教师选拔聘用暨职教技能竞赛，每个客运车队选拔1名兼职教师，按照年度测评、定期选拔、优胜劣汰原则，动态优化师资力量。打通职工成长成才通道，以劳模精神引领，通过实施车长业绩评价考核办法，对公开选拔的优秀列车长进行表彰，并优先选拔到管理岗位。全年公开选拔后备列车长35人，选拔列车长28人、副车长21人，择优录用劳务派遣工为劳动合同制职工15人。

（史媛媛）

轨道交通

【概况】2020年，郑州市地铁建设与运营管理立足建设“轨道上的都市”总体要求，坚定“国际领先、国内一流的轨道交通建设者和运营商”战略目标，永葆“建好地铁为人民”初心，勇担“地铁让城市生活更美好”使命，聚

6月30日，市国资委在地铁运营分公司举办“奋进新时代 礼赞劳动者”郑州国资系统庆祝建党99周年表彰暨宣讲比赛颁奖典礼（市国资委/供图）

焦高质量发展主线，统筹推进品质地铁、智慧地铁、文化地铁“三铁”发展战略，一手抓疫情防控，一手抓生产经营，实现了由“四位一体”向“五高一体”高质量发展新格局的历史性转变，各项工作取得新成效。

面对突如其来的新冠肺炎疫情，郑州地铁以“线路不停运、复工稳推进、疫情防得住”为目标，突出“建设、运营、员工”三条主线，实现了乘客“零”扩散、员工“零”感染、产业工人“零”输入的重大成果。疫情初步控制后，在常态化抓好疫情防控的同时，多管齐下抓复工复产。根据工人居住地风险等级不同，采取“黑白名单”制，精准防控；积极组建“工友复工专车”，帮助低风险区工人集中返郑；复工前对到岗工人实施定点隔离，复工后对工地实行封闭管理，127个标段在全市率先实现全面复产复工，在一季度工程建设进度严重滞后的情况下，全年超额完成目标任务。

【地铁建设】强化对参建单位高标准、高品质建设理念的灌输和习惯培养，让高品质建设成为协作各方的价值认同和自觉行动。通过深入研究和解构设计管理工作的“十种关系”，不断强化系统性观念、统筹性思维、人性化理念、高品质追求，为优秀设计成果提供导引和遵循，确保设计品质持续趋优向好。深入研究和解构设计管理工作的“十种关系”，为优秀设计成果提供导引和遵循，实现设计品质持续趋优向好。积极发扬斗争精神，全面攻克征迁难题，坚持抓重点、抓关键、抓控制节点和抓源头、控过程、重验收工作思路，全面加强施工管理，以高标管理“管”出高品质地铁工程，质量安全健康平稳有序，顺利实现3号线一期、4号线高品质初期运营，第二期建设规划线路圆满收官，“米字+环”线网格局初具雏形；第三期建设规划线路全面开工建设，全年完成投资326亿元，占市委市政府下达目标任务的108.6%。

【地铁运营】坚持优服务、展形象，实现高水平运营。始终将乘客需求作为提升和改进运营管理服务的主要供给端，持续开展站容站貌大提升行动，建成“星级清洁服务示范站”。开展“六方联动共治理，文明素养再提升”活动，建立联动治理长效机制，综合提升车站周边环境。进一步优化换乘环境，实现郑州东站出站旅客免安检换乘地铁。高标准打造创新研发中心，高质量转化创新成果，高站位优化创新生态，形成多主体协同、全方位推进的创新创造局面。商易行App注册量突破1200万。扫码过闸使用比例占六成以上，居全国首位，非现金支付比例达98.57%。各项设备运行指标均优于国家标准。全年共运送旅客3.41亿人次，日均客流量达93.17万人次，运营管理水平和服务品质稳居全国第一方阵前列。

【地铁开发】积极践行“建地铁就是建城市”、“开发是原则、不开发是例外”理念，大力推动“轨道+物业”发展模式，规划10个（6个段场、4个站点）上盖物业综合开发项目，开发总面积约328.37万平方米。以改善城市形态、提升城市形象、改变城市风貌为目标，通过引入香港利安、上海柏涛等多家国内外知名设计单位，对段场上盖物业综合开发项目品质进行全面升级。主线附属资源全年收入约1.55亿元。

【公司管理】将成本管控理念贯穿规划、设计、建设、运营和公司治理全过程，建立以资产为对象的定额管理体系、以定额为基础的预算管理体系。制定《深化风险防控实施方案》，出台《工程施工项目资金监管办法》，进一步健全风险防控体系。优化目标管理、督查督办、绩效考核三大管理体系，建立了工资总额与公司业绩、员工绩效的联动机制，进一步激发员工干事创业热情。开展合同执行、流程审批、资金支付效率等方面的专项整治行动，加快审核效率，及时足额支付参建单位资金，让参建单位踏踏实实、清清爽爽、干干净净搞建设。开展推动“五同步”实施专项治理行动，破解制约点，打通中梗阻，资产管理路径、管理模式、管理机制日渐清晰。深入践行“以员工为中心”发展理念，通过开展员工综合素养和专业技能提升活动、综合用工制改革等一系列举措，实现员工综合素养和经济收入的“双提升、共生长”。

【品牌建设】依托“郑轨党建App”和“郑轨学院”分批分级组织开展“万名党员进党校”，开展“四史”教育等线上教育，推动“不忘初心、牢记使命”主题教育常态化制度化。运营分公司党委等3个基层党组织被授予国资系统“基层党建示范点”。塑造以“晶彩党建”“毫秒班组”“孺子牛”等12个基层党建品牌为子品牌的“绿城星火”党建品牌体系。北京理工大学国企党建调研组和国资委给予高度评价。结合员工年龄较轻、价值多元、思维活跃等特点，运用参观红色基地、员工自编自演情景党课《奔流时代》、郑轨党建App在线学习测试等形式，增强学习教育的针对性、实效性和感染力。打造“学习强国”专列和“党建微展厅”等意识形态主阵地，积极引导舆论正导向、传递正能量。以3号线一期和4号线双线运营为契机，通过抖音、微信平台、广播电台、新闻报刊、电视媒体等多种途径宣传公司发展成就，郑州地铁形象和社会影响力大幅提升。不断完善选人用人机制，构建起良性循环的管理人员梯队，更好激励干部担当作为。持续发挥“青莲车站”“清风专列”品牌效应，强化廉洁文化社会浸润效果。

（郭艳娜）

公路运输

综述

【概况】2020年，全市交通运输系统紧紧围绕服务国家中心城市建设，统筹推进建设、管理、服务等各项工作，圆满完成年度目标任务。

疫情防控工作高标准落实。认真践行以人民为中心的发展思想，坚决履

11月24日，全国劳动模范和先进工作者表彰大会在北京举行，郑州公交集团60路党员车长曹瑞娟荣获“全国劳动模范”称号（市交通局/供图）

行部门责任，高标准完成各项防疫工作任务。聚焦外防输入，在高速公路、国省干道卡口优化设置139个防疫服务站，创新引入健康信息二维码登记系统，严密构筑郑州防疫第一道防线。聚焦内防扩散，根据疫情形势对班线客运、城市公共交通运力进行实时调整，公共交通工具和场站严格执行防疫指南要求，根据客流变化及时加大发车密度、缩短行车间隔，严防人员聚集，坚决遏制疫情扩散。做好应急保通，强力落实“一断三不断，三不一优先”防控措施，开辟应急绿色通道，对应急运输车辆按要求免费优先通行。储备308台应急客货运车辆，最快实现30分钟车辆到位。强化运输服务，组织开展了定制、通勤、农民工返岗运输服务，共运送复工复产人员5万余人、货物28万余吨，转运入境来郑国际航班人员2.9万余人。积极开展“三送一强”活动，免除2、3月份出租车承包费、减免挂靠经营管理费；帮助运输企业解决防疫物资，落实稳岗补贴、信贷支持、税费减免等政策。局疫情防控工作获交通运输部表彰。

交通基础设施网络不断完善。充分发挥项目在服务支撑“六稳”“六保”中的关键作用，克服人员返岗难、材料供应难、防控压力大等重重困难，强力推进交通基础设施建设，圆满完成年度交通项目建设任务。全年共完成固定资产投资77.4亿元，共有G107东移至四港联动大道连接线、郑东新区龙源十三街与连霍高速立交等11个公路桥梁项目主体完工，新改建国省干线公路60.7公里。作为打造黄河流域生态保护和高质量发展核心示范区的重要通道，S312市区段于2020年4月3日正式开工，截至年底除黄委会代建段外已主体完工，具备通车条件，沿黄最美公路雏形初显。大河文化绿道完成施工和施工监理招标，焦平高速荥阳至新密段完成施工图批复，安罗高速原阳至郑州段完成投资协议、特许经营协议签订和勘测定界，郑洛高速投资协议、特许经营协议、征迁包干协议已签订。黄河流域核心示范区交通基础网络三年行动计划和2020年专项方案印发实施。

运输服务能力水平持续提升。圆满完成重点时段、重要物资、重大活动的运输保障任务，运输服务水平明显提高。全年累计完成公路客运量2424万人次、客运周转量23.06亿人公里；完成公路货运量2.05亿吨、货运周转量434.28亿吨公里，同比分别增长14.8%、6.4%。城市公交、地铁、出租车分别完成客运量5.5亿人次、3.4亿人次和1.18亿人次。地铁3号线一期和4号线开通运营，市区线路运营时间延长至23：00，城郊线延长至22：00，公共交通出行分担率超过60%。市内公交、地铁对现役军人实行免费乘车政策被央视等多家媒体报道。完成1个国家级、3个省级多式联运示范工程建设并通过验收，多式联运格局加快构建。城市绿色货运配送示范工程加快推进，实施方案正抓紧提交市政府审定实施。7个项目成功创建“司机之家”，超额完成省定任务。推动实施豫V牌照小型客车与豫A牌照小型客车享受同等高速公路免费通行优惠政策。

积极回应网上社会关切，舆情处置回复率100%。开展“我看交通新变化”“最美交通人”等正面宣传，成功复创国家文明单位，行业凝聚力、向心力、战斗力不断增强。

【行业“三大攻坚战”】 打赢新能源出租汽车更新攻坚战。2020年11月仅更新纯电动巡游出租汽车约800台，通过深入市场调查、听取经营者意见、学习外地先进经验，找准影响经营者更新纯电动车辆积极性的问题症结，及时调整相关政策，通过打好一系列政策组合拳，充分调动经营者积极性。截至2020年年底已更新纯电动巡游出租汽车8000余台。期间，局机关领导靠前指挥，全天候开展信访接待，多方面听取各方意见，及时答疑解惑；市出租汽车客运服务中心放弃节假日休息，坚持群众至上，增设办理网点，优化办事流程，全力为办理车辆更新提供细心贴心暖心服务。市区巡游出租汽车更新的突破性进展，为打赢蓝天保卫战、提升国家中心城市窗口形象贡献交通力量。

打赢国三柴油货车淘汰攻坚战。国三及以下排放标准营运柴油货车淘汰工作时间紧、任务重、难度大，交通部门作为牵头部门，克服重重苦难，主动担当作为，紧盯全市24458辆国三货车淘汰总目标，积极协调环保、公安、商务等部门和属地政府，采取白加黑、五加二全天候工作方式夜以继日全力推进，经过两个多月努力，全市三项指标完成率逐步提升，短时内取得阶段性成效，圆满完成2020年度淘汰目标任务。

打响整治客运市场顽疾攻坚战。针对异地经营、不在线运营、未持包车牌运营、不按包车核定线路运营等违法违规行为，自2020年8月起，按照“四个严禁、四个一律”要求，以“三重一联”（重严管重罚、重标本兼治、重整改落实、强外地联动）为原则，成立7个检查组，大力开展“两客一危”专项整治“铁拳”行动，通过出重拳、下猛药、亮狠招，对全市68家“两客一危”企业及其5470台车开展拉网式全面排查整顿，全力营造高压态势，清除安全隐患，维护市场秩序。“铁拳”行动开展以来，共发现问题车辆1643台次，停业整顿旅游客运企业14家，处罚金额近300万元。

【交通运输脱贫攻坚】 在实现“两通”兜底任务基础上，将脱贫目标向品质提升和更广泛的自然村延伸，大力实施农村公路“百县通村入组工程”和乡村客运“万村通客车提质工程”。全年新改建农村公路554公里，超额完成农村公路建设2018—2020年三年行动计划；完成684个自然村通硬化路，实现全市20户以上自然村全部通硬化路，提前一年完成省定目标。村村通客车预约班线占比降至零，实现全部行政村通班线客运。中牟县成功创建省级“四好农村路”建设示范县，荥阳市、新郑市成功创建市级“四好农村路”建设示范县，新郑市、中牟县成功创建省级“万村通客车提质工程”示范县，巩义、荥阳、新密、登封市正在申报第三批省级“万村通客车提质工程”示范县。全市“外通内联、通村畅乡”的农村公路网络和“辐射周边、循环互补”的城乡客运网络已经形成，广大农村群众“出门硬化路、雨天不踩泥、抬脚上客车、物流到家门”的

4月3日，省道312市区段正式开工（市交通局/供图）

美好愿景已经实现。驻村帮扶成效显著，对口帮扶的省级贫困村荥阳市架子沟村通过驻村工作队、荥阳市交通局和交通系统多个部门的共同努力，从一个不起眼的穷山沟到现在的现代化新型社区，呈现出一派欣欣向荣的景象，彰显交通人的智慧和担当。

【行业管理服务】“放管服”和行政审批制度改革不断深化。将审批服务事项颗粒化为200个并全部进入郑州市政务服务网，一般审批服务事项办理时限从20个工作日普遍压缩至3个工作日内，37个事项为即办件。郑州市交通运输一网通办便民服务系统正式上线运行，并与“郑好办”App实现连通。完成2020年度优化营商环境国评、省评工作。依法行政工作扎实有效。《郑州市城市公共汽车客运条例》正式发布实施。行政规范性文件审查、行政复议和应诉、普法宣传等工作持续加强，局被评为全省交通运输法治政府部门建设优秀单位。交通执法工作不断完善。运输市场秩序整治扎实推进，共查处各类违法违规客货运车辆2.9万台次，罚款8851万元。联合公安等部门开展清缴“百吨王”专项行动，对1546台“百吨王”落实“一超四罚”，追踪处罚货运源头企业959家。城乡结合部交通秩序综合整治加快推进，交通秩序和环境有效改善。严肃整治公路违规设置限高限宽设施，共拆除191处、规范91处，建立规范、动态、长效的运行管理机制。扫黑除恶专项斗争圆满收官。开展“黑出租汽车”专项整治行动，推进行业乱象清源见底。行业信访稳定工作成效明显。工程质量和养护管理水平加快提升。开展“坚守公路水运工程质量安全红线”专项行动，狠抓桥隧规范化管理，创建文明示范路4条，完成养护大中修工程171.6公里，全市公路整体路况有效改善，S234、S314、S315在“十三五”干线公路国评中获充分肯定。

【安全生产监管】安全生产责任体系不断完善。严格落实“三管三必须”和“党政同责、一岗双责、失职追责”原则，安全生产责任体系不断完善。完成重点企业双重预防体系建设。安全生产专项行动成效明显。制定实施《交通运输安全生产专项整治三年行动方案》，组织开展“春雷”“红线”“护航”“铁拳”“百日攻坚”等专项行动，对行业安全隐患进行拉网式全面排查整改。全年共排查企业2400余家次，排查整改一般事故隐患4300余处。安全监管能力持续加强。强力推进无证大客车治理，健全与公安交警部门车辆入户联动机制、与市场监管部门市场管理联动机制、与文旅等多部门旅游客运市场联合整治机制，1011台无证大客车已处理到位818台，着力补齐安全漏洞，夯实安全基础。局被省厅表扬为安全生产工作成绩突出单位，在全省交通运输工作会议上作典型发言。

【智慧交通】依托郑州城市大脑，以打造全场景智慧交通为目标，全面整合交通运输系统各类数据资源，建设城市大脑交通项目“一个数据中心、五个应用平台”，全面感知城市交通运行状况，做到异常情况快速发现、处置，着力提高政务服务能力和管理精细化水平。出租汽车行业信息化管理服务系统改造升级工程扎实推进。强力推进运输结构调整，完成铁路运量3079万吨，超额完成省定目标。

（张朝霞　王广俊）

交通基础设施建设

【交通规划】推进黄河国家战略落地。按照市委、政府安排部署，牵头负责黄河流域核心示范区领导小组交通工程专项组工作，印发《郑州市建设黄河流域生态保护和高质量发展核心示范区交通基础网络三年行动计划（2020—2022）》和《郑州市建设黄河流域生态保护和高质量发展核心示范区交通基础网络工程2020年专项实施方案》，重点谋划规划引领、交通服务保障、国际性综合交通枢纽、客运转型升级高质量发展等六大工程，推动实施大河文化绿道和省道312市区段2个重点项目，为黄河国家战略落实落地提供交通要素保障。坚持规划引领交通发展。积极谋划交通行业“十四五”规划。编制完成“十四五”交通项目库，到“十四五”末，新增高速公路通车里程100公里以上，新改建干线公路200公里以上，稳步推动客运场站建设。谋划研究郑州大都市圈交通共联。梳理大都市区“1+4”交通共联通道，实现郑州到周边地市至少1条快速通道联通，形成《郑州都市圈交通共联规划推进及重大交通与桥梁工程对接情况汇报》并向市委汇报。

【交通重点项目建设】精准施策，统筹做好疫情防控和项目建设。按照省、市有关要求，统筹做好疫情防控和经济社会发展工作，积极谋划，科学组织，建立一个项目“一名分包领导负责、一支专职疫情防控队伍、一套防疫流程管控”的防控体系，坚持做到“四个到位”，强力推进疫情防控和项目复工复产同步推进。多措并举，以制度措施推进项目建设。坚持项目管理制度。坚持落实工程例会制度、周报月报制度、督导检查制度、领导分包制度等制度，以制度确保项目快速推进。完善项目协调制度。成立以局党组书记、局长为组长的交通重点项目协调领导小组，定期组织各项目单位召开碰头会，深入项目一线，积极帮助项目协调解决项目推进中存在的节点、难点，保障项目顺利推进。强力破解项目难题。结合交通项目点多面广、投资任务重、涉及单位多的特点，围绕制约项目的难题，召开专题会议，分析形势，研判问题。对于重大疑难问题，汇总议题，上报市政府和三方会谈，力求难题尽快解决。严抓落实，聚焦项目建设重点难点。严格按照招投标规定，坚持标准，严守程序，认真做好项目招标投标事宜。全年完成省道315与省道238乔楼至汜水段新建工程施工招标、省道312郑州境改建工程（G107东移至江山路段）施工及施工监理、京港澳高速、省道102与四港联动大道组合式互通立交机电工程施工及施工监理等16个项目招标工作。严格落实国家和省市质量安全工作要求，认真开展“坚守公路水运工程质量安全红线”专项行动，组织开展好项目质量安全工作。定期对在建项目进行全面督导

登封大道（登封市史志办/供图）

检查，发现问题，及时整改，确保质量安全无事故。坚持常规督导和机动督查相结合，扎实落实“监管部门行政监督、业主单位主体监督、施工单位自查自纠、监理单位技术监督”的四级监督体系，切实以监督抓质量、保安全、促进度。做好项目设计变更审批等工作，全年完成设计变更审批6个，建筑类企业资质审核10个。筑牢根基狠抓工程廉政建设，要求各参建单位着力抓好工程领域廉政建设，坚持推行内部巡察和内部审计制度，认真履行“一岗双责”，加强作风建设，不以权谋私、不违规插手工程项目。

【道路养护工作】 认真落实小修保养“六项制度”和桥梁安全管理“十项制度”，定期对道路和桥梁进行检查和处治。全市干线公路养护总里程达1151公里(不含巩义市)，桥梁205座，一级公路572公里，“三位一体”养护服务中心12个，“三基”道班达标率95%。美丽干线公路88公里。优良路率达到87.2%。

【“四好农村路”建设】 扎实推进“四好农村路”建设及示范县创建。中牟县成功创建省级示范县，新郑市、荥阳市成功创建市级示范县。大力实施“农村公路建设2018—2020年三年行动计划”。2020年完成新改建农村公路554.93公里，其中：航空港区20.29公里，新密市288.15公里，登封市120.04公里，荥阳市25.27公里，巩义市48.77公里，中牟县27.33公里，新郑市25.08公里。强力推进农村公路“百县通村入组”工程。全市684个自然村实现新通硬化路，全市所有20户以上自然村已全部实现通硬化路。其中，新密市487个、登封市130个、巩义市64个、荥阳市3个。

（张朝霞　王广俊）

道路运输生产

【大客车综合治理】 摸清底数，根据交警支队提供的数据，结合运政网车辆信息，共排查出登记注册性质为“公路客运”、“旅游客运”的无证大客车1011台。开展异地非法营运大客车召回封存工作，对郑州籍异地无证大客车进行强制召回封存。推动无证大客车存量清理，按照“转出一批、报废一批、规范一批”原则，出台《郑州市大（中）型客车提前报废补贴方案》。切实加强客车车辆注册登记管理，与市公安交警支队建立营运客车登记上牌会商机制，对使用性质为“公路客运”、“旅游客运”的大（中）型客车，企业在办理注册登记、转入手续、辖区内转移登记时，必须取得由市交通局提供的《郑州市营运客车购置计划表》，实现客车车辆注册登记信息、营运许可信息的相互共享。对有照无证客运企业进行依法查封。

【“两客一危”企业专项整治】 持续开展“铁拳”专项整治行动。以“三重一联”（重严管重罚、重标本兼治、重整改落实、强外地联动）为原则，对全市68家“两客一危”企业进行拉网式全覆盖逐车逐天排查，累计停业整顿9家，召回停运车辆741台，查处各类违规违法车辆3178台/次，罚款1257万余元。加快推动整治客车挂靠或变相挂靠经营行为，按照“五统一”标准，加快客车挂靠整治工作，从源头抓起，严格规范企业经营行为，统一运营管理模式，积极推进企业整合，对严重违法违规营运的企业依法依规吊销许可证，从源头上消除道路客运安全隐患。完善运输车辆动态监控管理。强力推进城市大脑交通运输项目，加快建设运输车辆动态监控平台，进一步完善健全重点车辆联网联控系统。组织专人专班对“两客一危”车辆的运行轨迹、车辆行驶状态等实施24小时动态监控，适时掌握车辆运营动态。大力开展安全生产综合整治系列活动。通过持续开展专项整治工作，切实提高企业违法成本，形成行业震慑效应，营造不敢违法违规、不能违法违规的良好行业环境。

【运输结构调整】 制定《郑州市2020年交通运输结构调整专项行动方案》，协调各(区)县市政府、各成员单位多措并举、相互配合，2020年共完成铁路运量3079万吨，完成省定任务指标的101.52%；完成多式联运量648.9万吨，实现任务指标的107%；3家国家级、5家省级多式联运示范工程稳步推进，示范工程数量居全省首位。

（张朝霞　王广俊）

交通行业管理

【依法行政】 制发《郑州市交通运输局2020年推进法治政府部门建设工作要点》，梳理编制《郑州市交通运输局重大行政执法决定目录清单（试行）》，研究制订《郑州市交通运输行政执法公示制度》《郑州市交通运输行政执法全过程记录制度》《郑州市交通运输重大行政执法决定法制审核制度》并发布实施；开展了“执法宣传月”“《郑州市城市公共汽车客运条例》集中宣传活动”；认真做好交通运输部2020年交通运输综合执法检查相关准备工作，顺利通过交通运输部检查组检查；组织举办交通运输行政执法人员换证培训、岗位轮训及考试，组织申领更换执法证400多件；对全市交通运输行政执法车辆管理系统清理。

【“互联网+监管”和“双随机一公开”】 依据“互联网+监管”工作要求，从国家监管事项目录清单中认领94项，从省级监管事项目录清单中认领9项，新增市本级监管事项事项185项，最终确定监管事项288项，其中行政检查54项，行政强制1项，行政处罚233项。结合“互联网+监管”工作，整合确定“双随机一公开”抽查事项9项（涵盖54项检查事项），制发《郑州市交通运输局2020年度“双随机、一公开”监管工作实施方案》，建立健全“一单两库”（检查对象库、执法人员库、检查事项清单），编制完成抽查事项清单和2020年度抽查计划。制发《郑州市道路客运领域“双随机、一公开”部门联合监管实施方案》，按照道路客运已办证企业50%的比例抽取检查对象。

【“打非治违”】 先后围绕春运、疫

9月26日，郑州市公共交通集团有限公司举行揭牌仪式（市交通局/供图）

情防控及复产复工部署、道路运输安全综合整治“春雷”行动、“雷霆”行动及“两会”期间、“双节”前跨区域联合执法、异地执法等重大交通执法任务，开展客运市场整治工作，持续保持高压态势。2020年，市交通运输综合行政执法支队共依法查处违法违规营运车辆10479台，处罚5122.59万元。其中，违规出租车1690台，非法营运小型客车3000台，处罚2903.8万元；违规营运大型客车2038台，非法营运客车24台，处罚343.79万元；查处违规营运货车2662台，非法营运货车227台，处罚901.78万元；其他车辆（案件）838台，处罚973.22万元。

【超限超载运输治理】 2020年，全市共检测货运车辆4115102台次，查处超限超载车辆9618台，卸载382777吨。交警共对违法驾驶员实施54030扣分和罚款1310.11万元处罚。共处罚非现场超限违法6348辆次，罚款2779.9万元；共处罚高速公路违法超限超载车辆2875台次，罚款430万元。

【机动车维修行业服务管理】 全年累计检查、巡查维修业户580余家次，下达《责令改正违法行为通知书》39份。通过检查整改，市区内重点区域、主要交通干道、景观道路附近的维修市场秩序得到明显规范。全年处理维修行业各类投诉276起，结案率100%。制订了《2019年度质量信誉考核实施方案》，突出考核重点内容、强化互相监督、强化部门间的横向联合，提高了考核效率和质量。2020年全市共办结考核手续企业344家，其中：AAA级47家，AA级373，A级61家。

【海事管理】 认真开展行政辅助工作，按照国家船舶检验法规、规程和技术规范以及河南省船检工作管理规定，对到期的船舶进行营运检验，较好完成了辖区船检任务。2020年完成本辖区船舶营运检验86艘，审图5套。按照行政许可程序规定，开展前期辅助性工作，船员注册235件，船舶登记22件。扎实开展水上应急搜救工作，按照《郑州市水上突发事件应急预案》要求，帮助扶持辖区社会救援力量。作为成员单位，积极参与河南省环保厅组织的郑州市黄河流域突发水环境事件应急演练，获得表彰。

【工程建设管理】 制定年度质量安全检测工作计划，明确检查方式、频率和重点，确保检查工作全覆盖、零死角。以日常检查为重点，增强检查的针对性和随机性，全年共完成对16个工程项目43个施工标段日常检查63次，下发《公路、水运质量抽查意见通知书》45份，发现质量问题125个，一般安全问题和隐患39个，监理、施工资料问题130个。开展专项检查，做到重点项目、重点技术指标覆盖。全年对13个在建工程项目组织实施原材料质量抽查，共抽查43个生产企业149组产品，总体抽样合格率为98.7%；对16个在建项目32个施工标段实施实体质量抽查，共检测4407点，总体抽样合格率为88.8%。对存在的不规范管理行为和质量安全隐患提出整改建议，并督促相关单位整改到位。

【“放管服”改革和优化营商环境】 严格落实《优化营商环境条例》规定，排查清理交通运输行业工程建设、道路运输、公共交通、出租汽车、机动车修配等领域，确保没有举办强制或者变相强制市场主体参加的评比、达标、表彰、培训、考核、考试以及类似活动，减轻企业负担。积极协调中原区交通运输局行政审批办、局属机动车维修服务中心等部门与市场监督管理局，就做好“1+X”商事登记改革中涉及机动车驾驶员培训许可、道路普通货物运输经营许可、机动车维修备案3个联办事项（即“一件事”）进行充分的流程沟通和业务核对工作，配合完成3个“一件事”上线调试。

（张朝霞　王广俊）

交通企业

【郑州交通运输集团有限责任公司】 全年实现收入10.43亿元，受新冠肺炎影响客运全面停产52天，落实“六稳”“六保”政策，为中小微企业“两免三减”1295万元，年度净利润亏损6222.73万元。上缴税金3518.50万元。完成客运量842.72万人次、客运周转量11.19亿人公里，货运量295.98万吨、货运周转量5.43亿吨公里。企业发展呈现复稳向好态势。按防疫工作要求，迅速启动疫情防控工作，及时暂停全部客运场站、客运班线，圆满完成机场分流人员转运、支援武汉河南医疗队返回等运输服务保障。根据政府“双统筹”工作要求，3月上旬始，按照“分区分级、有序恢复”的原则，出台专项复工复产方案，对接各地运输企业，有序恢复线路班次。积极协助大型用工企业做好复工复产运输保障和防疫物资应急运输，圆满完成40余家企业和政府部门运输服务任务。

拓宽渠道创新经营，推进客运转型提质，促进客运稳定发展。统筹推进全域公交、城际公交和定制客运发展，成功开通郑州至新乡平原示范区城际公交，定制客运首批次班线和车辆获批。稳固传统客运市场，推进车型调整和新线路、新业务开发。推进智慧车站建设、客运总站功能转换。高质量完成央视春晚郑州分会场、大众电影百花奖活动、中国500强企业论坛和全球跨境电商大会等全国盛会运输保障任务。推进物流转型升级，促进物流健康发展。推进网络货运发展，注册成立“河南交运供应链管理有限公司”，积极向现代物流转型。完善市内网点布局，优化干线运输线路，提升物流服务品质。根据市场变化，积极调结构、换方式、降成本、求扩展、寻转变，提升公铁联运经营质量。稳定传统物流发展，做优危货、冷链等特色物流。统筹推进场站建设和土地资源盘活。推进港区客运北枢纽站、高铁南站长途客运中心、客运东站项目建设和中心站搬迁及功能转换、陇海站升级改造。推进医养产业新型医疗模式发展，组织开展房产出租、租赁清理整治，扎实推进“三供一业”改造和分离移交工作。强抓安全，深化教育，坚决防止各类安全事故发生。推进安全生产双重预防体系建设，深入开展安全隐患排查集中整治行动，组织开展“安全生产月”、安全整治“春雷”行动、安全生产专项整治三年行动、安全生产“百日攻坚”行动等安全活动。推进科技强安，实行人脸识别安全告诫及报班系统。积极节能减排，新购纯电动车20台，新建充电桩20个，推进绿色交通发展。严格落实防暴恐、防洪防汛、扫黑除恶等各项安全工作要求，安全形势持续保持稳定局面。强化内部管理，提升管理效能。深化组织机构改革，设立二级专业运营公司，建立与市场策略配称组织。优化人力资源结构，积极鼓励职工有组织参与公益岗位，全力稳岗位、保就业。加强增收节支管理，全力降成本、保收入、保稳定。突出党建引领，落实政治责任，夯实组织保障。充分发挥党组织政治优势和战斗堡垒作用，凝聚战疫克艰强大合力。广泛开展王静班组观摩学习、“转型新突破、发展高质量”解放思想大讨论、干部培训和党员进党校四大党建主题活动。加强党组织建设、干部队伍建设和党风廉政建设，强化宣传教育，为企业发展提供坚实的思想和政治保障。

【郑州市交通规划勘察设计研究院】 2020年，市交通规划勘察设计研究院战疫情、防风险、保稳定、促发展，确保疫情防控和重点工作推进两手抓、两不误。

主要经济指标总体平稳。实现经营开发合同额2.71亿元、营业收入1.74亿元，保持总体平稳。与郑州交通建设投资有限公司、铁建中原工程有限公司、上海公路桥梁（集团）有限公司、中铁武汉电气化局集团有限公司签订战略合作框架协议，实现强强联合。

市场经营和资质管理工作取得突破。在四川攀枝花、河北张家口、宁夏自治区等市场均取得新的突破。中标黄河国家博物馆勘察项目，为更好服务黄河流域高质量发展国家战略实施、打响设计院品牌奠定良好基础。取得市政行业（排水工程）设计、风景园林设计专项两项甲级资质，已拥有13项专业甲级资质。取得建筑工程专业、工程造价咨询两项乙级资质。测绘公司和勘察公司分别取得工程勘察（工程测量）丙级资质、工程勘察（岩土工程勘察）丙级资质。

科技研发能力有效提升。成功获批建设“河南省公路全预制装配式桥梁工程技术研究中心”。取得2项河南省科学技术进步二等奖、5项发明专利、2项实用新型专利。开展的BIM应用，荣获中国勘察设计协会第十一届“创新杯”BIM应用新秀奖和中国市政工程协会第二届“市政杯”BIM应用技能大赛综合组优秀奖。

综合管理工作业绩突出。设计的郑州至登封快速通道改建工程，被中国公路勘察设计协会评选为“2020年度公路交通优秀设计一等奖”。设计院被评为“河南十佳杰出领军工程设计企业”。完成企业负责人2018年度经营业绩考核，前往浙江大学开展“领导干部综合能力素质提升培训”。新版OA办公系统增设项目管理、绩效管理等板块，2021年春节后正式投入运行。设计院工会被郑州市建设交通邮电工会评为优秀工会。

开源节流工作成效显著。通过办理社保减免相关手续，为企业减免社保费用576.7万元；通过企业所得税汇算及研发项目加计扣除申报，节约税款126.84万元；取得郑州市二七区科学技术局2019年河南省企业研发补助专项资金29万元；申请2019年度贷款利息财政补贴31万元。为企业减少支出共计800多万元。

子公司发展势头良好。信息公司配合市交通局做好交通云平台运维、郑州市出租汽车行业信息化管理服务系统改造升级，与知名企业阿里巴巴合作开展城市大脑建设。测绘公司在河南省住房和城乡建设系统职业技能竞赛决赛中取得优异成绩。勘察公司完成攀枝花三线建设文化旅游融合发展示范等项目的勘察任务。

与市交通局机关联合举办第十届快乐员工挑战赛，承办“郑州市交通运输系统2020年‘迎国庆’篮球友谊赛”。完成企业文化布展区域装饰装修，创新开辟“企业文化小课堂”。在保留“全国交通运输文化建设卓越单位”的同时，新取得“全国交通运输党建文化建设优秀单位”。

（张朝霞　王广俊）

航空运输业

综　述

【概况】2020年，面对新冠肺炎疫情的严重冲击，河南省机场集团全力以赴打好疫情防控阻击战，统筹抓好枢纽建设发展，坚决守牢机场安全和疫情防控两条底线。疫情防控有力有效。累计保障涉疫国际入境客运航班216班，入境货运航班4317架次，运输防疫物资1.8万架次。未发生一例境外输入人员和货物导致的本地传播，机场员工无一人感染。在此基础上，全力保障国际客货运航线正常通航，确保“空中丝绸之路”不断航、不停飞，为全球防疫物资运输和外贸供应链稳定作出积极贡献。客货运发展实现双晋位。完成货邮吞吐量63.94万吨，全国排名提升至第6位；同比增长22.5%，高于行业平均水平，增速位居全国大型机场首位。完成旅客吞吐量2140.7万人次，为2019年的73.5%，恢复速度高于行业平均水平10.2个百分点，全国排名提升至第11位，客货运规模连续4年稳居中部“双第一”。安全运行态势持续平稳。全年保障飞机安全起降17.88万架次，未发生机场原因事故征候以上不安全事件，各项安全指标均达到行业管控标准。

【工程建设】开工建设北货运区工程，标志着三期工程正式启动。抢抓疫情期间航班量较少的有利时机，对郑州机场南飞行区进行改造提升，建成南飞行区二平滑、跑滑间联络道、一跑道罩面等工程，补齐了南飞行区基础设施短板。北货运区项目全面开工建设，建成后年货邮保障能力将提升至110万吨，航空枢纽硬件支撑更加坚实。

4月16日，郑州新郑国际机场北货运区工程、中国邮政郑州航空邮件处理中心两大重点项目在郑州航空港实验区同时举行开工仪式。北货运区工程是郑州机场三期扩建工程的重要组成部分，主要服务于大型航空物流企业在郑州发展，满足其强化枢纽功能或设立区域性分拨中心、集散中心的需求，是郑州机场补齐货运基础设施短板、提升货运保障能力，推动航空物流及上下游产业集聚融合发展、服务地方经济社会发展的公益性基础设施。郑州航空邮件处理中心项目作为郑州机场三期工程北货运区的重要配套设施，将成为继北京、上海、广州之后第四大国际邮件集散口岸的核心工程。此项目规划位于郑州机场北货运区东侧，其功能定位为国内标准快递邮件处理、国际邮件处理、保税仓储中心、商业快件监管中心和跨境电商仓储。

【运行管理】围绕贯彻落实习近平总书记关于民航安全和建设“平安、绿色、智慧、人文”四型机场的重要指示精神，持续提升机场运行管理水平。在不断加强安全管控的基础上，实施航班保障、中转服务、货物操作、商业支付等智慧化改造，全方位提升机场运行的数字化、智能化水平，为广大旅客提供方便快捷的乘机体验。2020年航班放行正常率首次突破90%，达到90.31%，同比提高2.67个百分点；在全国民用机场服务质量评审中，郑州机场再次荣获服务质量优秀奖。

【口岸保障】深化与海关合作，持续压缩通关时间，通关效率位居全国前列。加强药品口岸建设，成功申报航空电子货运试点，初步形成航空货运标准化体系并在全行业推广。

【郑州药品进口口岸启用】2020年4月17日，卢森堡货运航空公司载运的首批进口药品降落郑州机场，标志着郑州药品进口口岸正式启用。2019年12月12日，国家药监局和海关总署联合发布公告，同意增设郑州航空口岸为药品进口口岸；2020年3月23日，联合下发郑州药品进口口岸海关关区进口编码，郑州机场海关等6个海关关区可正式开展

至12月，郑州机场货邮吞吐量突破60万吨（河南机场集团/供图）

5月10日，河南省首家以郑州新郑国际机场为主运营基地的货运航空公司——中州航空正式开航（河南机场集团/供图）

药品进口业务。郑州药品进口口岸的启用，将降低本地药企运输成本，提高药品研发时效性，解决异地清关导致药企占压资金周期长、质量风险控制难、原料购进受限等问题。

（郭　臣）

航空货运

【概况】 面对疫情严重冲击，坚持危中寻机，主动应变求变，推动货运逆势增长。2020年完成货邮吞吐量63.94万吨，首次突破60万吨大关，国内排名上升至第6位，实现历史性跨越；同比增长22.5%，增速位居全国大型机场首位，高出全行业28.5个百分点。

【货运航线网络拓展】 新引进8家全货运航空公司，新开18条航线，新增21个通航城市。支持中原龙浩、中州航空开辟航线航班，构建货运“双基地”发展格局。2020年底，在郑运营全货运航空公司31家（国际地区24家），开通全货机航线51条（国际地区41条），通航城市63个（国际地区46个）。

【中州航空开航】 2020年5月10日，中州航空正式开航。中州航空总部定位于郑州，是一家以郑州新郑国际机场为主运营基地的本土航空公司，也是河南首家本土注册、本土主基地的货运航空公司，2020年1月3日获得经营许可，2020年4月26日获得运行合格证。中州航空致力构建“以郑州为枢纽，覆盖国内、辐射全球”的现代化航空物流网络。

（郭　臣）

航空客运

【概况】 加快恢复客运，全年完成2140.7万人次，为2019年的73.5%，恢复速度高出全行业10.1个百分点；国内排名上升至第11位。

【客运航线网络拓展】 编制《国际客运航线网络规划》，开通赫尔辛基洲际定期航线，成为疫情发生后全国新开通的首条洲际定期客运航线。在郑运营客运航空公司54家（国际地区18家），开通客运航线194条（国际地区27条），通航城市130个（国际地区24个）。

【旅客服务】 全年航班放行正常率和起飞正常率加权平均值为87.73%，其中航班放行正常率90.31%，同比提高2.67个百分点；荣获9家航空公司优秀地面服务（维修放行）代理称号，旅客表扬事件近2000起，同比增长80%以上。在全国民用机场服务评审中，郑州机场蝉联全国机场服务质量优秀奖。

（郭　臣）

商贸流通

综 述

【概况】2020年，郑州市全社会消费品零售总额完成5076.3亿元，总量约占全省的四分之一，龙头地位凸显。全年实际吸收外资46.6亿美元，同比增长5.7%。全年全市引进市外境内资金2359.6亿元，同比增长5.6%。

【招商引资】按照“东强、南动、西美、北静、中优、外联”发展布局开展错位招商，提升引入产业项目的层次和质量，促进城市发展内生动力和核心竞争力持续提升。2020年全市新签约项目434个，签约总额5773亿元，同比增长10.3%。浪潮安全可靠生产基地及生态基地、华思5G新基建中部生产基地、7-ELEVEn区域总部基地等一批高质量项目签约落地。新开工项目317个、投资总额3671.6亿元，同比增长18.7%。富泰华5G智能手机精密机构件、中比动力电池研发生产、启智轨道高速列车制动闸片等项目开工建设，部分投产见效。

【市级重点项目建设】落实市委主要领导批示精神，制订《郑州市市级领导联系重点招商项目制度》，建立49个市级领导联系项目台账，项目拟投资总额1566.9亿元。通过“联系领导督促指导、牵头部门服务协调、项目所在地政府主体推动”，形成推进合力，推动市级重点招商项目顺利落地达产。

【高质量项目引进】按照市委引进高质量项目的指示要求，市招商引资工作领导小组办公室制订《郑州市高质量项目认定管理办法》，明确高质量项目认定标准、评审程序、结果运用等。初步筛选21个高质量项目，郑煤机工业产业园、哈工大机器人（郑州）智能装备科技园等9个项目实现当年签约当年开工。

【企业品牌化连锁化发展】发展集商贸、餐饮、文化、休闲和娱乐等为一体的商业综合设施建设，全市累计创建省级品牌消费集聚区15个，数量居全省首位。全面促进便利店品牌化连锁化发展，全年品牌连锁便利店共新开门店122家，门店总数达到1074家。

【生活必需品应急储备与投放】贯彻落实市委、市政府关于疫情防控和生活必需品保供稳价工作要求，建立“政企联动、督导检查、监测协调、市场应急、服务保障”五项机制。在全国率先启动政府应急储备物资投放，疫情期间先后4次投放肉蛋菜10578吨，其中，猪肉2510吨，鸡蛋677吨，蔬菜7390吨，保证市场供应和价格稳定，有效缓解市民恐慌情绪。

【线上线下促销活动】联动各类线上平台和下沉式微信社群，举办“春暖郑州”网上购物节，吸引7850余家企业参与，上线品牌3600多个，活动期间销售额2.1亿元。全市联动开展“十一黄金周”系列促消费活动，举办十二大板块促消费活动100余项，参与商家1200多家，带动社会消费超过200亿元，全面激活了消费市场。

【惠民消费券发放】2020年，郑州市采取财政支持、企业配套等多种形式，向所有在郑人员发放消费券4亿元，实际核销1.76亿元，直接带动消费11.6亿元，有效促进了市场回暖，刺激消费潜力释放。

【三大区域招商活动】2020年，郑州市举办浙商总会座谈会、知名浙商走进郑州、北航企业家座谈会等系列招商对接活动，市委、市政府主要领导对接洽谈，外出招商，形成“高位推动、上下联动、齐抓共管”的大招商格局。长三角方向，7月20日，市委、市政府主要领导分别带队走访上海知名企业，

8月28日，郑东新区盛华里夜经济（马　健/摄）

举办郑州市“长三角区域合作”市情推介会暨项目签约仪式，签约项目37个、投资总额1067.7亿元。珠三角方向，10月26—28日，郑州市委书记徐立毅在深圳带队走访华润、中兴、腾讯等11家企业，对接洽谈惠科12寸晶圆制造及封装基地项目和半导体芯片项目、BCS汽车电子研发制造基地、5G微基站和智慧杆塔集成研发生产基地等一批重大项目。京津冀方向，先期已对接中国电子、中电科、中国中铁等知名央企，初步收集30多个拟签约项目。

【德化街入围国家级步行街改造提升试点】6月22日，德化步行街入围商务部第二批步行街改造试点。编制德化街改造提升详细规划和景观提升、交通组织、业态发展、夜景照明和智慧街区5个专项规划，制订工作实施方案，加快街区改造提升步伐。

【“醉美·夜郑州”消费季系列活动】重点举办“醉美·夜郑州”嘉年华、约惠上汽购车节及郑州十佳美食和好去处系列评选等活动，各区县（市）联动开展专题活动43项，打响了“夜郑州”品牌。

（郭家栋）

供销合作

【概况】郑州市供销社有5个县（市）供销社，72个乡（镇）基层社，10个直属企业，2个直属事业单位。市供销社坚持以为农服务为中心，积极拓展业务。创新为农服务方式，助力全市农业生产。全市供销社系统克服新冠肺炎疫情带来的不利影响，发挥农资供应主渠道作用，做好以化肥为主的农业生产资料供应工作，全系统全年化肥供应量21.9万吨，服务农业生产。围绕“农民外出打工，我为农民种地”这一思路，探索开展土地托管（流转），破解新时期农业生产矛盾。创新农业生产服务方式和手段，探索建设2个为农服务中心，为农民提供农资供应、测土配方施肥、田间管理、庄稼医院等便民服务。供销社发挥长期服务“三农”的优势，通过领办、创办各类农民专业合作社提高农民进入市场化程度，助农增收取得一定成效。2020年，全市供销社系统共新发展各类专业合作社11个，总数280个，入社成员3.1万个，带动农户3.8万户。通过专业合作社的发展，促进分散的农户和大市场的联结，助农增收，促进农村经济发展。

坚持把干部职工生命安全和身体健康放在第一位，按照市委、市政府和市直机关工委安排，抽调机关干部94人次到南三环京港澳高速下站口防疫服务站志愿值守，抽调840人次到管城区东大街办事处东关南里社区协助对4个无主管楼院卡点进行疫情防控，圆满完成17个卡点（系统内卡点12个，社区卡点4个，高速入市口卡点1个）的值班值守、巡回督导任务。坚持常态化疫情防控，坚决贯彻落实市委、市政府各项决策部署，坚持应对疫情好的经验做法，确保干部职工生命安全和身体健康。

市供销社召开改革发展推进会（市供销社/供图）

【再生资源体系建设】推进再生资源体系建设，助力污染防治。按照生态文明建设和发展循环经济的要求，与市司法局沟通协调，做好《再生资源管理办法》前期立法准备工作，争取列入市政府2021年度立法计划；制订《郑州市再生资源体系建设三年行动工作方案（2021—2023）》，修订完善再生资源体系建设工作规范，指导全市再生资源体系建设有序推进。截至年底，全市新建或改扩建再生资源分拣中心7个，协助城管局筹建生活垃圾和再生资源综合处置分拣中心9个。配合做好全市大气污染防治工作，除常态化管理外，每年开展一次集中整治活动，及时处理群众投诉，2020年，累计处理市委、市政府转办件15件，市供销社在全市环境污染防治攻坚战考核中被评为土壤污染防治良好单位。

【企业改革】因企施策，稳妥推进企业改革。以全市国有企业资产清查为契机，全面摸清社有资产底数，进行登记造册，建立台帐，加强资产管理。市物资调剂公司、市供销社三得利商场改制进展顺利，近200名职工分流安置平稳推进，改制基本结束。在市工作领导小组指导下，市土产杂品公司、市果品公司的重新破产工作有序推进。按照《市委全面深化改革委员会2020年工作要点》和副省长、市长王新伟指示精神，市供销社与市国资委协调，争取把其他直属企业纳入全市国有企业改革大盘子一体推进，彻底解决供销社的历史遗留问题。

【助力脱贫攻坚】切实做好第一书记驻村帮扶、卢氏帮扶、消费扶贫工作，助力脱贫攻坚。切实做好第一书记驻村帮扶，探索“党建带社建、村社共建”新模式。工作队发挥供销社优势，把建设新网工程的思路与发展电商、快递相结合，筹建新密市岳村镇电子商务中心尹村站，服务辐射周边5—6个村。帮助村民新组建土鸡专业合作社、山羊养殖专业合作社和面粉加工专业合作社，入社农民150户，年助农增收近30万元。供销社帮扶村成功申报市级文明村庄，在全镇排名由第18升至第6，驻村工作队和第一书记在岳村镇工作考核中名列前茅。借鉴尹村村驻村工作经验，切实加强对火石岗村的新的驻村帮扶指导。切实做好卢氏帮扶。发挥供销社“好邻居”销售网络优势，把卢氏县优质土特产销售到郑州。郑州财经技师学院5年来招收卢氏县学生370多名，按照政策规定给予落实学费和生活费补助，为卢氏县脱贫致富提供智力支持。同时与卢氏县人社和教育部门开展精准对接，形成按需帮扶的工作机制。响应市委、市政府号召开展消费扶贫。发挥供销社农村流通优势，设立贫困地区农产品销售专柜7个，全系统共实现“消费扶贫”30多万元。总结驻村帮扶工作经验，出台《郑州市供销合作社驻村帮扶工作办法》和《郑州市供销合作社扶贫工作意见》，形成扶贫和驻村帮扶的长效机制。

【郑州财经技师学院新校区建设】2016年2月，市供销社与新密市政府签订50.8公顷用地协议用于建设郑州财经技师学院新校区，预计总投资16亿元。2020年4月，市供销社帮助郑州财经技师学院申请3亿元政府专项债券和政府投资项目代建，经市政府大项目办批复同意。

针对不稳定因素，采取措施，努力化解，实现信访问题下降、信访秩序好转的目标，基本保持系统大局稳定。同时狠抓安全生产工作责任制，确保生产经营安全无事故。

（李　培）

粮油购销和物资储备

【概况】2020年，全市主要粮食工作目标完成情况是：全社会市场化粮食收购量责任目标64.8万吨，完成176万吨，占全年任务的271%；“一符四无”粮油率100%；粮油加工转化率135%。以粮食安全责任制考核为抓手，聚焦粮食储备和物资储备安全核心职能，落实“六稳”“六保”任务，统筹做好疫情防控、粮油市场保供稳价、粮食流通统计、优质粮食工程、粮食安全“十四五”规划、军粮供应、优化营商环境、平安建设、信访稳定等各项工作，确保全市粮油市场供应充足、价格稳定，全市粮油储备数量真实、质量完好、储存安全，未发生粮食和物资储备领域安全事故、负面舆情事件。市粮食和储备局被评为全国粮食和物资储备系统抗击新冠肺炎疫情先进集体、全市依法行政优秀单位、全省卫生先进单位、省级文明单位。

【疫情期间粮油市场保供稳价】2020年，郑州市及时启动粮油市场价格监测、企业产能及库存监测日报告制度，通过省抗击疫情第48场新闻发布会引导稳定粮油消费预期，及时轮换出库小麦9.4万吨供应市场，确保全市粮油市场货足价稳、供应有序；落实“六稳”“六保”任务，深入开展“三送一强”活动，帮助36家企业分别申报入选国家、省、市疫情防控重点保障企业，帮助粮油企业减免税费290余万元，争取疫情防控专项贷款17.2亿元，落实重点企业疫情防控贷款贴息87万元，为粮油企业发放通行证B证275张。确保疫情期间全市粮油市场稳定。

【粮食和物资储备】抓好粮食收购。落实收购政策，维护种粮农民利益，夏粮收购受疫情影响，全国全省收购量下降，郑州市累计收购小麦较上年上升14.7%。管好粮食储备。坚持绿色储粮、科学储粮，市、县两级70万吨粮食储备“一符三专四落实”100%，“一符四无”粮油率100%；重点推进计算机粮情检测、机械通风、环流薰蒸等新技术的普及运用，市本级储备粮承储企业实现保粮新技术运用的仓容100%。抓好物资储备。储备救灾物资棉被14326件，毛毯4618条，棉服2774件，帐篷550顶。粮食和应急物资储备保障能力提升。市政府成立以市长为组长的领导小组，出台《关于提升我市粮食和应急物资储备保障能力的实施意见》，按照1800万人口规模，明确到2035年粮食储备能力、成品粮储备能力、应急救灾物资储备库面积建设标准，在全市构建布局合理、设施完备、运转高效、保障有力的粮食和应急物资储备保障体系。

【粮食应急】增加成品粮储备。完成新增成品粮储备1.8万吨，郑州市成品粮油储备数量不足、品种不全的短板补齐，可以满足全市人民应急消费需求。提升粮食应急保障能力。落实《郑州市粮食安全应急网点管理暂行办法》，完成10家应急加工企业、8家应急配送企业、327个粮食安全应急网点建设，并全部录入国家信息系统，把网点建成粮食应急供应平台、粮食安全教育平台、粮食政策宣传平台和粮油信息收集平台。

【粮油市场监管】完成全市社会粮油供需平衡调查工作。调查结果显示，全市2019年粮食总需求量450.7万吨，比2018年略有减少；消费总量414.67万吨，粮食自给率36.1%，自2015年以来呈逐年下降趋势，粮食口粮消费144.3万吨。构建新型市场监测预警体系。成立粮食监测预警委员会，健全工作制度，完善工作机制，强化粮食监测预警责任落实，进一步拓宽粮食市场监测内容、范围，加强预期管理和信息引导，增强粮情监测预警体系的系统性前瞻性时效性。加强粮食流通执法检查。共开展疫情期间粮食保供稳市监督检查、涉粮问题“回头看”专项行动等各类检查8次，出动检查116人次，检查库点（企业）136个，检查天数57天，检查粮食100余万吨，发现问题50余个，督促整改，保障粮食流通秩序。严把粮食质量关。开展年度收获小麦质量状况调查、品质测报、小麦会检，共收集小麦质量调查样品71份，27个品种，质测报样品15份，涉及5个县（市），品种14个，质量调查结果与上年相比，硬度指数、不完善粒基本持平，容重稍高，水分含量稍低，2020年小麦质量情况总体与上年持平，铅、镉及总砷含量都很低，均未超出国家限量。做好军粮供应。进一步提升军粮保障水平，狠抓军粮供应质量，优化服务方式，做好品种串换，保证全天24小时供应，部队满意率达到100%。

【粮食产业】深入推进优质粮食工程。实施粮食产后服务中心建设项目11个、总投资2580万元；实施质检体系建设项目1个、总投资666.67万元；为8家企业争取“中国好粮油”省级示范企业和河南省好粮油加工企业补助资金3149万元，新增9家企业21个产品获“河南好粮油”称号，全市共有22家企业45个产品获得“河南好粮油”称号。推进项目建设和产销衔接。争取军民融合军粮供应区域配送中心项目1个，总投资4578万元；组织思念、三全、博大面业、郑州中谷机械等9家涉粮企业参加第三届全国粮食交易大会，参展面积全省第一，共签订销售合同4亿多元，9个参展企业展位面积共计297平方米，参展面积全省第一。营商环境持续优化。落实“三减”要求，粮食收购许可证审批承诺时限由5个工作日压缩为3个工作日，粮食收购资格变更的申请材料由原来的10项减少至4项，网上办理三星事项提升为四星事项，入驻“郑好办”App，实现全流程在线办、“掌上办”、零跑动。在优化营商环境评价中排市直机关第11名。

【爱粮节粮宣传】利用重要节点开展

郑州市成立市壹粒粮志愿服务队（市粮食和物资储备局/供图）

爱粮节粮宣传教育。在全国食品安全宣传周、全国粮食科技宣传周、世界粮食日（10月16日）和全国粮食安全周（世界粮食日所在的周），开展多种形式的粮食安全宣传教育活动。打造粮食安全宣传教育平台。10月，市粮食和物资储备局联合市农委、市教育局、市科技局、市妇联等单位命名第一批10家郑州市粮食安全宣传教育基地，依托基地常态化开展粮食安全宣传教育活动。建设粮食安全宣传教育队伍。成立郑州市壹粒粮志愿服务队，开展粮食安全宣传教育、弘扬爱粮节粮传统、传播粮食文化等具有粮食行业特色的志愿服务活动，结合贯彻落实习近平总书记制止餐饮浪费的重要批示精神，深入机关、社区、学校、企业、农村、军营、餐厅开展“七进”爱粮节粮宣传教育活动。通过各方面多形式的粮食安全宣传教育，在全社会营造浓厚的宣传氛围，使爱粮节粮、制止餐饮浪费、维护粮食安全等观念日益深入人心。

（吴　晓）

会展业

【概况】2020年，郑州市会展工作严格落实省、市各项工作部署，统筹推进疫情防控和会展经济发展，全市会展业稳中有序，会展经济持续恢复向好，保持稳定发展态势。

受新冠疫情影响，郑州市6月10日恢复举办展会。各专业展馆共举办88个展览活动（较上年同期下降20%），展览面积140.09万平方米（较上年同期下降6.6%），参展商约2.5万家，采购商及观众约230万人次，现场成交额约400亿元，拉动社会消费约150亿元。

【统筹疫情防控和会展业发展】1月25日，根据省、市工作部署，郑州市发布《关于暂停举办大型会展活动的通知》，要求全市范围内的会展场馆暂停承接举办各类展览、展销、人才招聘会等，全力做好新型冠状病毒感染肺炎疫情防控工作。对原计划举办的各类会展活动，督促展馆及时通知各举办单位，妥善安排并做好解释说明工作。

根据全国疫情防控形势和本地实际情况，5月，会展部门向市政府及疫情防控指挥部提出复展建议，6月中旬，郑州市恢复举办展会活动。会展部门联合公安、疾控等部门对展馆、主办方等单位的疫情防控工作进行业务指导，指导展馆规范参会流程、制订防疫预案，提前开展防疫演练。督导展馆严格落实实名认证、线上预约、信息核验、消毒测温等措施，保障各类型展会安全有序举办。郑州市会展业促进中心被中共郑州市委、郑州市人民政府授予郑州市抗击新冠肺炎疫情先进集体先进

6月12—15日，第九届中原国际车展在郑州国际会展中心举办，标志着郑州会展业全面重启（马　健/摄）

称号。

【政策支持】2020年，《郑州市关于促消费增活力稳增长的若干举措》出台，支持会展经济持续发展，鼓励开展各类线上线下产品专项展销会，畅通产品产销渠道。对新创办、新引进的展会项目，创新建设信息平台、创办网络虚拟展会的企业加大奖励力度；对上半年因疫情延期或合并的展会给予场地费补助。同时，落实“促消费增活力稳增长”若干举措，制订支持会展经济发展的实施细则，指导会展企业做好相关项目的申报工作。

【融合线上线下展会】郑州五金展等重点展会在办好线下展会的同时，开展线上专题分享、交流直播系列活动，推出线上小程序，开启线上展览，开拓线上渠道，为参展商、参观观众提供展示、交流服务。郑州全国商品交易会采用线上、线下结合的模式，推出官方线上商城“郑在热卖”，打造永不落幕的互联网+展会平台，举办云购物网上年货节，创新展会服务模式，提高展会数字化水平。

【优化营商环境】不断深化放管服改革，参加惠企惠民服务“亲清在线”系统的调研工作，对涉及会展的政策措施进行梳理，理顺申报流程及重点，充分做好会展政策上线准备。开展限塑工作，要求各展馆明确主体责任，制订有效可行的方案措施，与各展会参与方签订限塑倡议书，督促展会主办单位推广使用无毒无害、可循环使用的搭建材料，禁止使用不可降解塑料制品，推动绿色布展、参展常态化。并在展馆内部张贴宣传标语，营造浓厚氛围。

【行业交流合作】协助杭州市举办杭州会展郑州推介会，与杭州市发展会展业服务中心签署战略合作协议，明确两地会展业进一步完善常态化联络机制，协助引进国际性品牌会展项目以及提供相关政策、场地、宣传支持等，推动两地会展业持续快速、健康高效发展。组织参加中国国际进口博览会、中国国际会展文化节、中国会展活动新技术新设备新服务展览会等。与中经网会展、中国会展、中外会展等行业媒体建立深度合作，策划宣传主题及宣传重点，提升郑州会展影响力。根据会展企业关注点和薄弱点，有针对性的开展培训活动，提高从业人员能力水平。与中国贸促会培训中心等部门合作，开展国际注册会展经理培训活动，打造一批具有国际视野、精通会展业务的复合型专业人才队伍。

【2020中国中博（春季）建筑建材装饰博览会在郑州举办】6月19日，2020中国中博（春季）建筑建材装饰博览会在中原国际博览中心闭幕。展会分为上下半场，分别于6月10—12日、6月17—19日举行。本届展会被业界戏称为“后疫情时期”郑州会展业的开山炮，展览面积达到74000平方米，参展企业数量873家，品牌1609个，现场观众8万人次。

【第四届全球跨境电子商务大会在郑州举办】9月22—24日，第四届全球跨境电子商务大会在郑州举办。这是新冠肺炎疫情发生以来，河南省线下举办的一场重大经贸活动，也是深化河南跨境电商高质量发展、推进新一轮高水平开放的重要举措。本届大会以“全球疫情下跨境电商发展的机遇与挑战”为主题，采用线上线下结合方式，举办开幕式暨高峰会，“丝路电商”国际合作(郑州)高峰论坛、中国跨境电商50人论坛2场平行论坛和知名跨境电子商务平台线上

直播等活动，探讨全球跨境电商行业发展趋势，打造国际化、高端化、精准化的跨境电子商务交流合作平台，推动跨境电子商务持续创新，实现高质量发展。

【2020中国500强企业高峰论坛在郑州举办】 9月27日—28日，2020中国500强企业高峰论坛在郑州举办。以“育新机、开新局：变革中的大企业发展”为主题，围绕企业如何适应新的形势变化要求，坚持改革发展、创新发展、升级发展，培育参与国际竞争与合作的新优势，创建一流企业等方面进行研讨。发布了2020中国500强企业各项榜单，并举办了重点项目签约仪式。郑州市与中国500强企业签约项目15个、投资总额338.9亿元，涵盖新材料、云计算与大数据、电子信息、现代物流等多个领域。

【第88届全国汽车配件交易会在郑州举办】 10月9—11日，88届全国汽车配件交易会在郑州国际会展中心举办。本届展会展览面积达到60000平方米，参展企业1500多家，展位近2200个，集中展示了近两年中国汽车配件产业的新产品、新技术、新材料、新工艺产品及行业的整体水平、发展趋势，吸引了3万多名国内外汽配专业采购商。针对当前的疫情形势，同期开展了“2020年汽配企业百年未遇的新商机与困局破解”、“后疫情时期汽配企业云端管理解决方案研讨会”等十多场大型会议洽谈活动。

【第二十六届郑州全国商品交易会举办】 10月16—19日，第二十六届郑州全国商品交易会在郑州国际会展中心举行，本届展会由河南省人民政府主办，郑州市人民政府、河南省商务厅承办，展会以“新经济、新业态、新消费，共享中国经济发展新未来”为主题，在疫情防控常态下，采用“线上+线下”新模式，现场展览面积6万平方米，设置五个展区。在此基础上，本届展会通过网站、微商城、小程序构建线上会展新模式，参展企业商品在线展示销售，打造365天全渠道网上会展。

【2020第三届郑州国际城市设计大会在郑州举办】 10月19日，2020第三届郑州国际城市设计大会在郑州举办。大会以“科技与城市”为主题，采取线上线下相结合形式。来自国内外的专家学者、院士大师、建筑师、规划师、工程师等400余人参加会议，共同探讨智慧、科技、城市融合发展问题，交流最新研究成果、探讨技术创新、展望未来城市发展趋势，推动新型城镇化高质量建设与发展。

【中国·河南招才引智创新发展大会在郑州举办】 10月24—25日，中国·河南招才引智创新发展大会“2020招才引智专项行动”高端人才（项目）对接洽谈会在郑州国际会展中心举行。近年来我省坚持把人才强省建设作为一项战略性、基础性工程，持续完善人才发展体制机制，大兴识才爱才敬才用才之风，着力在开放合作中汇聚人才、在深化改革中用好人才、在协同创新中成就人才、在优化环境中服务人才，全省人才队伍规模不断壮大，人才结构不断优化。2018年、2019年连续举办两届中国·河南招才引智创新发展大会，累计达成签约意向近10万人，签约人才需求项目超过1000个，形成了近悦远来、人尽其才的生动局面。

【中国测绘学会2020学术年会暨第十届中国测绘地理信息技术装备博览会在郑州举办】 10月28—29日，中国测绘学会2020学术年会暨第十届中国测绘地理信息技术装备博览会在郑州国际会展中心举办。本次学术年会围绕“万物互联 智绘驱动——新测绘 新发展”主题，集中呈现测绘地理信息领域发展趋势。年会包括主论坛和16场分论坛，会上颁发2020年测绘科学技术奖、全国优秀测绘工程奖、优秀地图裴秀奖、科技创新型优秀单位、青年科技创新人才奖等奖项。同期举办的第十届中国测绘地理信息技术装备博览会，集中展出了测绘地理信息领域的高精尖装备和最新成果。

【2020第16届中国郑州工业装备博览会在郑州举办】 11月18—20日，中国机械工程协会、海名国际会展集团主办，郑州海名汇博会展策划有限公司承办的2020第16届中国郑州工业装备博览会在郑州国际会展中心举办。该项目是中部装备制造领域首个国际展览业协会（UFI）认证展会，展览规模54000平方米，共设立机床、工业自动化、机器人、五金机电四大展区，汇聚了国内外1500家知名展商。

【2020高等教育国际论坛年会在郑州举办】 11月21日至22日，由中国高等教育学会和郑州大学联合主办，主题为“加快推进大学治理体系和治理能力现代化”的2020高等教育国际论坛年会在郑州召开。教育部党组成员、副部长钟登华，河南省委常委、宣传部部长、省委高校工委书记江凌出席开幕式并致辞，河南省副省长霍金花出席。全国人大常委会委员、教科文卫委副主任委员、中国高等教育学会会长杜玉波作主题报告。本届论坛采用线上和线下相结合的方式进行，下设“大学校长论坛”“学者论坛”“博士生论坛”分论坛。美国、俄罗斯、英国等27个国家和地区114位嘉宾，清华大学、北京大学、天津大学等数百所高校领导和专家学者共计1200余人参会。

【2020中国（郑州）会展主办方大会暨黄河流域会展联盟成立大会在郑州举办】 12月22日至24日，2020中国（郑州）会展主办方大会暨黄河流域会展联盟成立大会在郑州国际会展中心举行。本次会议由中国会展经济研究会、郑州市商务局、郑州市会展业促进中心联合主办，以“探索新模式、构建新生态”为主题，探讨新形势下会展生态环境打造与服务创新、会展跨界融合与模式创新等，主要包括主题大会、对话会、会展业“十四五”展望与战略研讨会、黄河流域会展联盟议事会、展示交流等内容。会议期间，国内会展业顶级嘉宾、知名会展主办方、全国各地会展代表汇聚郑州，展示交流会展新成就，探讨未来发展新机遇。来自全国各地425家企业近500人出席了大会，会议采用线上线下相结合的方式进行，线上平台点击量共计115万人次。

对外经贸

综 述

【概况】 2020年，郑州市进出口4946.4亿元，增长19.7%，占全省进出口值的74.3%，增速高于全国17.8个百分点，高于全省3.3个百分点。进出口总额继续位居中部城市第一位。

【国际交通枢纽门户建设】 增强空中丝绸之路辐射力，首家本土货运航空公司—中州航空开航运营，中原龙浩将总部迁至郑州。新引进8家全货运航空公司，新开17条航线，新增20个通航城市，在郑州机场运营的客货运航空公司共有85家，开通客货运航线245条，客运通航城市130个，开通全货机航线51条，货运通航城市63个，成为引领中部、服务全国、辐射全球的空中经济走廊。全年郑州机场完成货邮吞吐量63.9万吨，同比增长22.5%，其中，国际货量45.1万吨，同比增长47.9%；完成旅客吞吐量2140.7万人次，同比下降26.5%。客货运规模保持中部“双第一”。

提升陆上丝绸之路核心竞争力，获批开展中欧班列集结中心示范工程建设，成为全国五大中欧班列枢纽节点城市。开通郑州—芬兰赫尔辛基线路，为稳外贸和保国际供应链、产业链稳定畅通提供有力支撑。中欧班列（郑州）网络遍布欧盟、俄罗斯及中亚地区30多个国家130多个城市，回程比率、计划兑现率、市场运价等指标在全国名列前茅。1—12月，郑州机场完成货邮吞吐量63.9万吨，同比增长22.5%，其中，国际货量45.1万吨，同比增长47.9%；完成旅客吞吐量2140.7万人次，同比下降26.5%。

网上丝绸之路创新突破，举办第四届全球跨境电商大会，跨境电商进口药品和医疗器械试点正式启动，入选全国10个跨境电商B2B出口监管试点城市。开辟郑州至首尔、列日、东京、纽约等跨境电商包机航线，实现网上丝绸之路和空中丝绸之路高效联动。入围跨境电商综试区先导城市，综试区城市发展指数位列全国第5，发展创新指数位列全国第3。全年跨境电商交易额133亿美元、增长23.5%。

深化与海上丝绸之路无缝衔接，加快内陆启运港申建，获批“郑州港”国际代码，合作港口由3个增加到5个，实现与青岛、连云港、天津、宁波、上海等港口无缝衔接，打造沿海港口向西开放的桥头堡、中西部地区向东开放的无水港。全年铁海联运班列到发15112标箱，同比增长37.4%。

【内陆对外开放高地建设】 自贸区开放引领作用明显。河南自贸试验区总体方案规定的160项改革创新任务及郑州市自行确定的96项改革事项完成97%，累计形成创新成果200多项，新注册企业6.6万多家，注册资本8420.1亿元，是自贸试验区成立前的近3倍，以占全市1%的土地面积，贡献20%的新设立企业、30%的外资企业和利用外资、8%的外贸进出口额。

开放口岸优势突出。药品进口口岸正式投入运营，“2+9”口岸体系服务能力不断提升，搭建起我国内陆功能最全、效率最高的口岸高地。多式联运体系集约高效。建成铁海联运信息化综合服务平台，“空中丝绸之路”空陆联运和“米”字形高铁物流网络铁公空多式联运示范工程具备验收条件。

【参与国际合作高地打造】 加大对企业支持力度。全面落实省、市支持外经贸发展奖补政策，对已申报的国家、省扶持政策资金项目，协调有关部门，加快复核进度。全年争取省级、市级支持企业发展资金3亿元，涉及企业1000多家。组织企业参加各类展会。组织900余家企业、2620人参加第三届中国国际进口博览会，郑州市企业签约金额5.65亿美元，占全省的36%。组织264家外贸企业参加广交会网上交易会，占全省参加企业总数的46.3%。组织企业参加网络推广、国际物流、出口信保、外汇结算等线上培训课堂38次。加快推进“外贸贷”、出口退税资金池工作。市

6月30日，中大门包裹分拣中心（马　健/摄）

财政局、市商务局将5000万元出口退税资金池资金、1亿元“外贸贷”资金拨付郑州中小企业担保有限公司，郑州中小企业担保有限公司办理“外贸贷”资金注册资本金手续，同时，与各承办银行拟定业务协议、业务操作细则等，各项筹备工作有序推进。大力发展新业态。发展跨境直播等新兴业态，开展百企跨境直播活动，推动“跨境电商+工厂”“跨境电商+传统外贸”等加速融合，加速郑州优势产业出海，提升“郑州制造”国际市场竞争力。

（郭家栋）

口岸建设

【概况】 2020年，郑州市围绕打造“一门户、两高地”，走好“枢纽+开放”路子，统筹做好疫情防控与经济社会发展，全市物流业稳中提质发展。开放通道持续拓展完善，郑州机场完成旅客吞吐量2140.67万人次，居全国11位；货邮吞吐量63.94万吨，同比增长22.49%，增速居全球大型机场首位，居全国六强，客货运全国排名均晋升1位，客货运规模持续保持中部“双第一”；中欧班列（郑州）开行1126班，同比增长13%。货值、货重同比增长27%、31%。郑州国际陆港“国家多式联运示范工程”正式验收；海铁联运快速增长，新增上海、宁波2个到发港口。开放平台功能不断完善，班列运邮取得常态化突破，中欧班列（郑州）成为获批国家5个中欧班列集结中心之一。粮食口岸业务爆发式增长，其他功能性口岸业务量取得突破。“一站式”快捷大通关服务持续提升，航空口岸全面实施“7×24小时”通关，铁路口岸推行“7×24小时”预约通关。进出口整体通关时间分别压缩56.2%、78.9%，完成全年目标任务。物流枢纽能级持续扩大，郑州市入选国家骨干冷链物流基地，空港型国家物流枢纽建设加快推进，持续抓好亿元以上物流业重点项目建设，加快推进城乡高效配送、供应链培育等物流业重点工作。物流业市场主体加速壮大。截至年底，全市物流企业法人单位6068个，从业人员24.4万人，规上物流企业329家，从业人员19.4万人。全市A级以上物流企业达到103家，超过全省总量的55 %。其中5A级企业达到9家，占全省总量的81.8%。物流业高质量发展态势持续增强。物流业增加值完成905亿元，同比增长5.8%，物流业成为全市仅有2个保持较快正增长的行业之一。

扎实抓好党建工作，以党建工作高质量促进业务提升。不断加强全面从严治党，及时研判排查招投标、干部选任等廉政风险点，接受派驻纪检组参加党组会指导、节前检查10余次。成立6名党员组成的临时党支部，协调2/3人员，全力做好分包绿东村街道桐柏社区等的疫情防控工作，得到群众广泛认可。积极参与“三项工程、一项管理”，明确专人负责，深入开展城乡结合部物流业改造提升工作，加快推进城乡结合部物流业布局优化提升。

【丝绸之路建设】 加快空中、陆上、海上丝绸之路建设，着力打造国际交通枢纽门户。“空中丝绸之路”辐射力快速增强。深化郑州—卢森堡“双枢纽”战略合作，构建横跨欧美亚三大洲的国际航线网络。机场货邮吞吐量逆势增长。郑州机场货邮吞吐量逆势而上，完成货邮吞吐量63.94万吨，同比增长22.49%，增速位居全国大型机场首位。其中国际地区货邮量45.1万吨，同比增长47%；客货运规模继续保持中部地区“双第一”。客运加快恢复，完成旅客吞吐量2140.7万人次。航线开通任务超额完成。2020年郑州机场新引进8家全货运航空公司，21架客改货航空公司，新开通17条国际货运航线，新增20个通航城市。新开通郑州至赫尔辛基客运航线，郑州至法兰克福、首尔、东京3条国际航空全货机邮件专线。至年底，在郑货运航空公司49家（全货机28家、客改货21家），全货机航线51条（国际地区38条），通航点63个（国际地区46个）。基地航空公司再添新丁。加大引进基地航空公司力度，配合省航投等相关单位收购龙浩航空公司项目，6月9日，中原龙浩正式落户郑州。11月17日，中原龙浩航空主运营基地机场从广州白云国际机场变更到郑州新郑国际机场。5月10日，河南省首家本土注册、本土主基地运营的货运航空公司——中州航空正式开航。

“陆上丝绸之路”核心竞争力持续提升。实施“中欧班列（郑州）+”工程，持续推动“运贸一体化”发展，推动保税仓储、多式联运等融合发展。克服疫情影响，提升中欧班列（郑州）货运通道能力。加密路线班次，支持协调铁路海关实行“7×24小时”通关服务，提升通关便利化水平。中欧班列（郑州）开行1126班，其中去程654班、回程472班，货值达43.1亿美元，货重72.4万吨，分别增长27%、31%。班列总开行量位居全国45个中欧班列国内开行城市前列。

“海上丝绸之路”业务量超额完成。3月份，出台《郑州市对接海上“丝绸之路”发展扶持办法实施细则》，引导扶持相关物流企业，通过海铁、海公等多式联运方式，让海港港口功能向“郑州港”平移。已获得“郑州港”国际代码。铁海联运班列到发共237列、15112标箱，超额完成全年任务20%以上。

【口岸体系建设】 加快口岸体系建设，着力构建对外开放体系高地。建设优势突出的开放口岸。邮政口岸业务量增速居全国第一。正式开通欧向邮件包机，加快推进郑州—欧美国际邮件包机常态化运行。邮政口岸完成进出境邮件3698.7万件，其中进境邮件300.2万件，同比增长47%。班列运邮取得常态化突破。2月28日，从德国汉堡发出的中欧班列列车顺利抵达郑州铁路口岸，标志着中欧班列唯一进口邮件试点线路全线贯通，4月份实现班列出口运邮常态化运行。中欧班列（郑州）集结中心试点获得国家发改委批复。中欧班列（郑州）成为获批国家五个中欧班列集结中心之一。制定《郑州市中欧班列集结中心示范工程建设工作方案》，按时序推进。郑州药品进口口岸正式投入运营。4月17日，由西班牙发货的进口药品抵达新郑机场，完成首单药品进口业务服务测试，终结了河南省“只有进口药品，没有药品进口”的历史。郑州机场药品口岸实现常态化运行，药品口岸已经完成5批药品进口，药品量累计达200吨。汽车口岸业务持续提升。支持汽车整车进口口岸（二期）项目建设，推

4月17日，郑州机场完成药品进口口岸首单测试（河南机场集团/供图）

动郑州铁路口岸平行进口整车试点尽快落地。汽车整车进口口岸查验楼完工，汽车口岸进口265辆，吸引入住企业28家。粮食口岸业务爆发式增长。郑州粮食口岸共进口来自5大洲，9个国家的绿豆、芝麻、亚麻籽、小麦等多个品类约3.1万吨，比上年增长2.1倍。其他功能性口岸业务实现突破。进境水果口岸、食用水生动物口岸、肉类口岸扭转业务低迷局面，完成肉类进口2.27万吨、货值4.7亿元，同比增长200倍。水果进口6729.2吨，货值4.03亿元，同比增长199%；进口食用水生动物和冰鲜水产品进口903吨、255吨，货值0.62亿元、0.13亿元。

建设“一站式”快捷大通关服务体系。积极协调郑州海关推动“海关改革2020”落地见效，提高“两步申报”应用率，深入推进“两段准入”监管作业改革。依托国际贸易“单一窗口”，促进跨境贸易便利化。推动与“一带一路”沿线国家互联互通、海关监管互认，航空口岸全面实施“7×24小时”通关，铁路口岸推行“7×24小时”预约通关。建立常态化整体通关时间通报制度，实现郑州航空口岸、铁路口岸等几十项经营收费项目网上公示。进出口整体通关时间分别压缩56.2%、78.9%。

多式联运体系加快构建。抓好多式联运“一单制”工程，加快构建互联互通的国际国内多式联运集疏网络。支持郑州国际陆港公司结合铁路运输特点，积极探索国际陆路多式联运服务规则，完善郑欧班列“一单制”运输模式，提升多式联运服务水平。国际陆港公司“一干三支”海公铁多式联运示范工程通过正式验收，河南省机场集团、中国铁路郑州局集团有限公司和中原铁道物流有限公司牵头的2个第二批国家多式联运示范工程正在积极推进。3个第一批省级多式联运示范工程已完成省验收程序。

【物流业转型发展】 加快物流业转型发展，着力建设物流服务体系高地。郑州市申报的国家骨干冷链物流基地获得国家发改委批复，郑州成为17个国家骨干冷链物流基地之一，为全市提高冷链物流发展水平、培育新的增长点，融入“一带一路”建设提供有力支撑。按照郑州空港型国家物流枢纽建设方案建设要求，加快建设内捷外畅、高效衔接、智慧创新的空港型国家物流枢纽。至年底空港型枢纽内安排建设项目19个，总投资46.9亿元，完成投资总额的50%以上。

常态化抓好“三送一强”活动。抓好政策兑现落实，协助企业享受国家、省市系列政策文件中的减税费、金融支持等惠企政策。做好市级疫情防控重点保障企业名单申报审核，对纳入国家、省、市级名单企业，协调落实专项贷款、贴息补贴等政策。推荐万邦、宇鑫等27家企业纳入国家、省、市重点保障企业名单，协助获得贷款7亿元。为企业原价发放一次性防护口罩40万只。

强化物流业重点项目建设。加强对纳入全市物流业转型发展项目库的亿元以上冷链、快递、电商重点项目和纳入省项目库的在建在谈的5个10亿元以上项目、10个亿元以上物流业重点项目的跟踪，加强协调，力争早日投产达效。

加快推进城乡高效配送、供应链培育等物流业重点工作。2019年6月，郑州市获批国家城乡高效配送试点城市。商务部对郑州市的试点任务为促进农产品上行、创新配送模式、强化标准化应用。对照试点任务，至2020年底已初步培育顺丰、苏宁、万邦、大河速递、华鼎供应链等13家骨干配送企业。

（丁晓锋）

投资促进

【概况】 2020年，郑州市进一步加强陆桥沿线城市、国内友好城市交流与合作，驻郑单位联络服务，关注、收集和交流新亚欧大陆桥区域经济发展信息，做好与国家新亚欧大陆桥协调机制办公室、商务部经济技术交流中心、陇海兰新经济促进会、陆桥沿线城市的交流联络工作。

做好投资促进信息收集与研究，关注发达城市经济动态和经济活动，注重学习吸收先进经验和做法，为郑州市投资促进机构改革及招商引资工作服务。

【区域经济交流与合作】 加强和“一带一路”城市之间的沟通与合作，巩固驻地招商成果，加大对长三角、珠三角、环渤海地区等重点区域的引资力度，积极承接产业转移。着力提升招商质量和层次，重点引进高新技术、新材料、新能源、生物医药、节能环保、新能源汽车和物联网等新兴产业。做好服务外包工作，进一步扩大对外经济技术合作，培育外经龙头企业，提升国际竞争力。搭建郑州市企业对外投资交流平台，参加“丝绸之路经济带”城市合作发展论坛，搭建丝绸之路经济带沿线国内外各城市加强交流合作、共促繁荣发展的平台。关注城市建设管理、金融商贸物流、旅游、科技创新、文化教育等，通过论坛交流、实地考察，创造有利于郑州市企业在丝绸之路经济带拓展投资的宽松环境。

【国内友好城市、友好合作城市交流与合作】 “走出去”，开展友好城市交流活动，通过交流座谈、实地考察等形式，学习和借鉴各地在对外开放、招商引资等方面的成功经验。通过走访，加深城市间了解，增进友谊，并就双方下一步开展广泛合作进行深入交流。“请进来”，邀请友好城市参加在郑州市举办的重大经贸、文化活动，为双方进一步深入合作创造条件。

【驻郑单位联络服务】 2020年，共办理外地驻郑办事机构备案登记证176家，其中，新备案登记外地驻郑办事机构31家，换证145家。接受驻郑机构电话咨询400多人次，接待办证人员300多人次。郑州备案登记的驻郑办事机构2658家，其中外地市、县级政府设立办事机构25家；世界500强企业设立办事机构有三一重工股份有限公司驻郑州办事处、联想（深圳）电子有限公司驻郑州办事处和北京华为数字技术有限公司驻郑州办事处3家，国内500强企业设立办事机构13家，上市公司设立办事机构97家，注册资金在亿元以上的企业设立办事机构266家，涉及传统行业和战略新兴行业30多个。

协调涉及驻郑机构联络服务工作的相关单位为驻郑机构做好服务。进一步规范驻郑机构档案管理工作。

（李星妡）

11月20日，郑州中欧班列集结中心示范工程（中国郑州—芬兰赫尔辛基）首班开行（王秀清/摄）

金融业

综述

【概况】2020年，面对疫情冲击，全市金融系统围绕贯彻省、市两级决策部署，把做好“六稳”工作、落实“六保”任务、构建新发展格局摆在突出位置，全力稳企业、保就业，促进经济社会平稳健康发展。全年金融业增加值完成1302.9亿元，同比增长4.1%，占GDP比重10.9%，较去年同期提高0.3个百分点，占服务业比重达18.4%，同比提高0.4个百分点。金融业税收完成107.6亿元，占全市税收的12.4%，同比增长11.6%，增收11.2亿元。

金融产业规模效益稳步提升。人民币存贷款余额分别达2.5万亿元和2.8万亿元，同比增长7%和12.1%，存贷比达114%，创历史新高。保费收入达800.3亿元，同比增长5.6%。综合实力稳居全国区域金融中心十强，金融产业在产生增加值、创造税收、服务实体经济发展等方面均发挥了重要作用。

【金融机构体系】截至2020年年末，全市共有各类金融机构395家，其中银行业59家，证券业162家，期货业87家，保险业87家。初步形成了多层次、广覆盖、有差异的机构体系。

【资本市场建设】全年新增兴业物联、建业新生活、大山教育、捷安高科等4家上市公司。截至年底，全市境内外上市及挂牌公司共4213家，其中境内外上市公司49家、52只股票，新三板挂牌公司181家，中原股权交易中心挂牌公司3983家。资本市场“郑州板块”进一步壮大。郑商所上市交易期货期权品种累计达28种，居国内三家商品交易所首位。

【金融精准扶贫】扎实推进金融精准扶贫，全市当年累计扶贫小额信贷12415.9万元，当年新增贷款户数3469户，当年新增户贷率24.4%，历年累计户贷率50.1%；当年新增精准扶贫企业贷款15520万元，带动贫困户2272户；全市累计发放精准扶贫企业贷款16140万元，带动贫困户2335户，带贫率16.42%。

【地方金融组织发展】出台《关于进一步加强政府性融资担保体系建设支持小微企业和“三农”发展的实施意见》，以政策引领带动地方金融组织更好地支持实体经济发展。郑州中小企业担保公司、中通小贷分别增资至10.7亿元、12亿元，跻身全省两类机构头部企业。全年新增金水区锦鼎业小额贷款有限公司、郑东新区高晟盈鑫小额贷款有限公司、郑州住房置业融资担保公司，河南恒丰典当有限公司4家机构，地方金融组织活力进一步激发。

（欧长银）

9月18日，2020国家网络安全宣传周金融日活动举行（市金融局/供图）

银行

人民银行

【概况】2020年，人民银行郑州中心支行紧紧围绕郑州市高质量建设国家中心城市发展大局，履行中央银行职责，贯彻执行稳健的货币政策，大力推进金融改革创新，切实维护全市金融稳定，不断优化金融服务，有力支持郑州市经济社会高质量发展，多项工作获得省委、省政府和市委、市政府领导肯定。

【金融供给结构】金融供给结构持续改善，直接融资发展势头好。从债券发行看，2019—2020年，全市共发行债券7405.2亿元，居中部六省省会城市第3位。12月末，全市企业在债券市场发行的信用债余额4946.1亿元，居中部六省省会城市第3位；债券数量807只。重点领域信贷支持力度大。2020年末，全市制造业中长期贷款余额631.6亿元，增速高于全省100.2个百分点。小微企业贷款余额3655.1亿元，增速高于全省平均水平4.0个百分点。民营企业贷款余额6361.0亿元，增速高于全省平均水平5.5个百分点。普惠小微贷款余额1851.5亿元，占全省29.4%。

【货币信贷管理】2020年，人民银行郑州中心支行贯彻落实稳健的货币政策，坚持稳中求进工作总基调，围绕服务实体经济、促进供给侧结构性改革等工作，发挥好结构性货币政策工具和信贷政策精准滴灌作用，完善金融有效支持小微企业等实体经济的体制机制，支持郑州市经济稳中向好和经济社会全面发展。

持续优化结构性货币政策工具。通过全面和定向降低存款准备金率，落实好“1.8万亿元”再贷款再贴现政策，推动普惠小微企业贷款延期支付工具和普惠小微企业信用贷款支持计划两项工具落地郑州，全力支持疫情防控、复工复产和中小微企业等实体经济发展。至2020年12月末，累计向全市金融机构释放流动性近200亿元，全市金融机构再贷款再贴现余额128.2亿元，占全省22%。

加强金融支持制造业。引导金融机构增加对全市先进制造业、高新技术制造业的支持力度，调动金融机构创新支持制造业发展的积极性。至2020年11月末，全市制造业中长期贷款余额616.98亿元，占全省54.1%。

深化民营和小微企业金融服务。深化民营小微企业“百千万”三年行动计划，创新实施河南省金融支持市场主体特别帮扶行动，市场主体融资支持和覆盖面明显增加。建立公开的特别帮扶市场主体名录库，分类建立主办银行制度，探索适合市场主体不同发展阶段的金融产品和服务方式，提升市场主体的融资获得感。截至2020年年末，郑州市有7005个市场主体（含一、二、三类市场主体）进入名录库，其中2649个市场主体获得贷款支持，累计贷款额76.5亿元，带动民营和小微企业贷款明显增长。

加强企业债券融资支持。举办债务融资工具暨投行综合化金融服务推介会，宣讲银行间债券市场发债政策。建立复工复产企业债券融资对接机制，支持战略性新兴产业、先进制造业、现代服务业等重点领域的企业和项目到银行间债券市场发债融资。指导金融机构发行专项金融债。梳理创业创新相关融资工具和服务模式，调研了解专项金融债发行诉求以及存在困难。加强专项金融债存续期管理，定期对资金流向展开调查。指导九鼎金融租赁公司发行14亿元金融债券，郑州银行50亿“双创债”申请上报总行待批复。2020年，郑州市企业和法人金融机构通过银行间债券市场累计融资766.7亿元，同比多增76.4亿元。

【普惠金融改革】人民银行郑州中心支行在持续深化兰考普惠金融“一平台四体系”模式（一平台指“数字普惠金融综合服务平台，即‘普惠通’App”，四体系指“金融服务体系、普惠授信体系、信用信息体系和风险防控体系”）的基础上，在郑州市县域复制推广。至2020年12月末，全市“普惠通”App下载超32万人次，普惠金融服务站覆盖市域71.70%的行政村，收集农户信息70.98万户，评定信用户27.14万户、信用村1038个，累计发放普惠授信贷款36.11亿元。在“普惠通”平台上加载多种金融产品和服务。建设并规范普惠金融服务站，推进整村授信。加强农村信用体系建设，不断健全风险管理和分担补偿机制。截至2020年末，郑州市县域建成1254个普惠金融服务站，覆盖率71.7%。完成基础授信38.8万户，发放普惠授信贷款9.9万笔，余额36.1亿元。

6月19日，河南省金融支持稳企业保就业工作会议召开（郑州人民银行/供图）

【自贸区业务创新】精准服务自贸区重点涉外企业。对鸿富锦等公司开展现场调研，组织多家银行召开跨境人民币业务专场座谈会，解决企业使用人民币结算的问题和困难。2020年，郑州市跨境人民币业务累计收支总额517.2亿元。促进自贸区跨境人民币业务创新。向人民银行总行提出降低自贸区内跨境人民币双向资金池的业务办理门槛和将人民币贸易融资资产跨境转让业务政策复制推广至自贸区试行等意见建议。推动自贸区更高水平跨境人民币贸易投资便利化试点业务平稳发展。指导涉外企业自主开展全口径跨境融资业务，从境外融入资金。

【金融稳定】推动郑州市区、市郊联社加快改革步伐，2019年组建郑州农商行。至2020年底，郑州农商行资产总额1008.34亿元，各项存款754.88亿元，各项贷款446.02亿元，整体运行平稳。持续做好房地产金融宏观审慎管理，推动个人住房贷款利率定价方式平稳转换，引导全市个人住房贷款保持合理适度增长、房贷利率保持基本稳定。

【金融服务管理】2020年，人民银行郑州中心支行牢固树立以人民为中心的发展理念，从提升人民群众金融服务的幸福感、获得感出发，在确保合理规范安全的基础上，优化服务、简化程序，大力推动金融服务管理方式方法创新，扎实履行基层央行职责，切实提升金融服务水平。

【支付结算】大力推动移动支付便民示范工程建设，“云闪付”服务惠及郑州市全部公交线路、7条正式运营的地铁线路，以及部分院校、医院缴费场景。举办第七届国家网络安全宣传周“金融日”宣传活动，普及金融网络安全知识，线上累计观看人数近700万。

【货币发行】准确把握郑州市宏观经济运行状况，加强现金使用与经济运行的关联性分析，科学预测分析郑州地区现金需求，保障现金供应充足，充分满足各层次、各类别经济活动现金需要。建设郑州CBD现金示范区，示范区内各银行网点均开通小面额及残损人民币兑换绿色通道，建立小面额人民币兑换预约机制和投诉机制，确保公众得到优质、高效的现金服务，保障公众合法权益。组织做好疫情期间现金服务工作，全市银行业金融机构为基层现金业务网点配备必要的紫外光、臭氧或高温消毒等设备，对所有渠道回笼的现金进行全面消毒，全力以赴守护全市人民群众使用现金安全，让群众用上“干净钱”“放心钱”。建立健全反假货币群防群治工作体系，郑州中心支行与郑州市公安局、财政局联合印发《郑州市假币犯罪群众举报奖励办法（试行）》，鼓励群众举报假币犯罪线索，营造良好货币流通环境，维护人民群众切身利益。

【国库信息化建设】 高效履行经理国库职责。贯彻落实有关财税政策，确保各项收支业务及时准确入库。至2020年底，办理一般公共预算收入1056.60万笔、金额925.98亿元；办理一般预算支出235.17万笔、金额1206.49亿元。建立财税银协商机制。依托全省“百千万”（每县100家、平均每市1000家、全省10000家）中小微企业退税优化服务机制开展工作，提高全流程退税业务处理效率，郑州市、4个开发区及市内5区办理小微企业累计退税15.38万笔、金额2.1亿元。疫情期间搭建防控资金拨付“绿色通道”，累计向郑州市、4个开发区及市内5区拨付疫情防控资金763笔、金额4.3亿元。提升国库信息电子化处理能力。顺利上线第二代国库信息处理系统，实现财政、海关、国库、银行横向联网全覆盖，全市税收收入电子化率99%，大幅提升财政资金流转速度。参与社会保险费划转改革。配合市财政、税务、社保等部门，开展社会保险费分户参数设置工作，社会保险费征缴效率明显提高。至2020年12月末，收纳郑州市、4个开发区及市内5区社会保险费256.31亿元，划拨社会保险费254.52亿元。

【征信管理与服务】 加大征信业务“放管服”力度，持续提升征信服务便民利企水平。通过采取加大个人自助查询机布放、推动商业银行开通网银和手机银行查询渠道、试点延长个人自助查询时间、利用电子地图标注查询网点、开通扫码支付、智能语音客服电话等措施，逐步实现信用报告的“自助查”“线上查”“就近查”“便捷查”。全市累计布放自助查询机53台、查询452万笔；引导备案企业征信机构参与地方征信平台建设，深化税银企线上征信服务；培育指导1家法人企业征信机构进行备案公示，增加小微企业征信服务供给。

【外汇管理】 2020年，外汇局河南省分局结合辖区实际，严防严打外汇领域违法违规行为，推动贸易投融资便利化，强化事中事后监管，服务郑州自贸区建设。健全政策制度支持体系。牵头印发《中国（河南）自由贸易试验区金融服务体系建设专项方案》，推动各金融监管部门制订相关实施细则等10余份文件，提出具体举措近200条，构建多元融资、服务高效、一体联控的金融服务体系。持续开展金融创新。进一步拓展NRA账户功能，支持郑州商品交易所PTA期货引入境外交易者，加大金融开放力度。全市通过跨境金融区块链服务平台累计放款金额超6000万美元，服务中小外贸企业占比超过90%。开展外汇普惠供给特色服务。构建全市976家的重点涉外企业名录库，覆盖全市涉外收支规模70%以上，助力企业深度参与“双循环”和“一带一路”建设。

（朱海峰）

工商银行

【概况】 2020年，中国工商银行郑州分行统筹推进疫情防控和转型发展，主要经营指标保持同业第一、系统前十。2020年末，郑州分行各项存款新增278亿元，其中储蓄存款新增110亿元；对公存款新增168亿元。各项贷款新增242亿元，其中公司贷款新增186亿元；个人贷款新增56亿元。被省市主流媒体评为年度最佳服务银行、中原金融抗疫先锋机构、普惠金融卓越贡献机构。

【客户拓展】 2020年，工行郑州分行个人全量客户新增全国（工行系统，下同）第三，增幅全国第五；手机银行客户新增、月均动户均为同业第一；私人银行同业口径客户、金融资产存量和增量均为同业第一；新增商户全国第四；新开对公结算账户1.99万户，同业第一。客户服务能力持续提升，落地全国首单北金所债权融资业务、社保资金投资的撮合顾问业务；落地全省（工行系统）首笔疫情防控债、中介型和包买他行国内信用证福费廷业务、跨境金融区块链平台放款；落地郑州分行首笔电子交易平台结售汇业务、人民币外债业务、跨境资金池业务，有力促进市场竞争能力提升。

【服务实体】 2020年，工行郑州分行落实人民银行民营和小微企业“百千万”行动计划，民营企业贷款同比增长5.8%，普惠金融人行降准和银监口径贷款超额完成年度目标任务。全力服务“六稳”“六保”，抗击新冠肺炎疫情期间，主动为789户普惠个人经营贷款客户、40户中型以上企业办理延期；办理小微企业复工复产贷款4716笔、50.1亿元；对“五医领域”、生活物资保障、交通物流等复工复产重点领域企业提供融资支持215亿元。全力开展精准扶贫，年末扶贫贷款余额26亿元，增量工行全省系统占比37.9%、排名第一，获评河南银行业扶贫先锋集体称号；切实发挥系统优势、金融优势和客户优势，多渠道全面发力，全年消费扶贫476万元。

【管理品质】 2020年，工行郑州分行按照中央加强风险防范战略部署和上级行从严治行工作安排，坚持高压整治与强基固本一体推进，连续五年在全行进行正风肃纪，深入开展“制度治理年”“抓正反典型”等系列治理活动，创新完善机制29个，获得工总行安全保卫工银成就集体奖。深化合规文化建设，聚焦重点领域、关键岗位和关键环节，开展常态化警示教育；组织开展“锤炼内功，同心战疫”活动，参加人数3564人，评选出10个专业领域“学习明星”；组织新入职员工签署合规承诺书，签署率达到100%；组织新入职员工参加入职合规教育培训和测试，测试合格率达到100%；开展“合规有实招”与“寻找我身边的合规标兵”活动，持续开展“合规标兵”宣讲12场，大力营造“践行合规”的良好氛围，以榜样的示范效应带动全行合规意识和管

中国工商银行郑州分行组织开展建党99周年主题日教育活动（中国工商银行郑州分行/供图）

理水平进一步提升。

【服务品质】2020年，工行郑州分行全年实现财富广场、郑花、二里岗3家支行的迁址开业和13家网点迁址优化；城市新兴区域及县域潜力区域实现选址覆盖；在全辖网点内部打造共享服务区域、设置军人及退役军人专属休息区，实现“工行驿站”100%覆盖。开展常态化推优树典活动，坚持开展各类先进上榜仪式，举办“五一”劳模礼赞集中展示活动，先进引领作用有效发挥，多人获评总、省行级合规标兵、大行菁英、巾帼岗位标兵和工银成就奖等荣誉称号，郑花支行获评全国文明单位。

（骆栋 庞海洲 王双亮）

农业银行

【概况】2020年，中国农业银行郑州分行坚持疫情防控和业务经营两手抓、两不误，强党建抓队伍，活机制促转型，拓客户夯基础，严管理控风险，经营管理各项工作稳中有进。2020年度综合绩效考核保持全省系统第1位，经营效益、发展转型、零售转型评价及三线一网格考核居均系统内首位，被评为省行内控评价、信贷“双基”管理一类行、“平安农行”创建先进单位，获评总行风险管理先进集体荣誉称号。

【经营业绩】2020年，农行郑州分行人民币各项存款日均余额984.44亿元，较年初净增58.1亿元，同比多增42.28亿元，四行增量份额位居第三，较年初提升1个位次；人民币各项贷款余额1072.34亿元，较年初净增95.87亿元，增量居四行第二，较年初提升1个位次；实现中间业务收入4.6亿元，四行份额成功突破个位数，较年初提升1.98个百分点，增幅7.64%，四行第一；营业收入、拨备前利润同比增收，增幅分别为14.27%，20.19%；成本收入比连续三年同比下降。

【普惠金融贷款】2020年，农行郑州分行普惠金融贷款规模翻番，增速创历史新高。普惠贷款净增10.8亿元，提前半年实现监管“双达标”，完成省行年度计划的114%，增速104%，余额、增量均居系统内首位；小微企业有贷客户净增2666户，增速103%，投放金额及有贷客户数均居系统内首位，获评省行普惠金融先进单位。

【精准扶贫】2020年，农行郑州分行精准扶贫实现既定目标，惠农e贷跨越式发展。净增小额精准扶贫贷款119.8万元，实现同业保第二目标，脱贫攻坚工作受到郑州市农委、扶贫办和金融办的好评。惠农e贷找准服务模式、服务对象，在“市场贷”上取得重大突破，余额由年初的0.16亿元大幅增长到3.89亿元，完成省行年度计划的113.28%，系统内排名由靠后位次提升到第一梯队。

【服务民生】2020年，农行郑州分行服务民生消费精准高效，非房贷业务创历史最大增量。净增消费贷9.11亿元，余额翻一番，投放“天使e贷”9.46亿元，全力支持抗疫一线；净增经营贷6.26亿元，余额较年初增长2倍。

【客户拓展】2020年，农行郑州分行客户拓展维护质效不断提升，个人客户776万户，净增32万户。相继出台《郑州分行对公客户、个人贵宾客户管理考核办法》《郑州分行对公客户流失追责意见》，持续开展对公客户拜访维护和“提质增值”工作，强推网点管户到人，银客关系更加紧密，存量贵宾客户流失率同比下降2.22个百分点，保留率系统内第三。坚持开源节流并重，客户基础持续打牢，获评省行“四项专项营销”先进单位，全年开展42次周末扫市场活动，合计营销各类产品6.8万户，乡村振兴卡、市场通卡发卡量系统内占比13.34%、41.43%，均居首位。

【创新转型】2020年，农行郑州分行大力推进数字化转型和网点转型，发展转型考评持续居系统内首位，获评省行数字化转型、零售业务转型先进单位。成功落地全国首笔跨一级分行分秒智慧停车项目，独家合作郑州市“城市大脑”郑好办智慧停车综合管理平台，上线亚新、正商等全国百强物业智慧物业，在多个学校上线“智慧食堂”。线上贷款发展提速，线上贷款较年初净增25亿元，规模翻了一番多，占整体贷款增量的26.1%。网点转型扎实推进，实现小微改造全覆盖，“两转合一”全导入，强推大堂营销、外拓营销、线上营销“三管齐下”，网点营销质效、服务能力显著提升。

【机制建设】健全考评体系。相继完善各类考核办法，逐步建立健全“以综合绩效考核为核心、以班子和部室考核为补充、以竞赛活动和网点穿透式考核为抓手”的“多位一体”考评体系，实现了对市行本部、支行、网点三级机构考核全覆盖。优化考评机制。突出综合绩效考核的战略引领地位，按季实施高管履职考核，提高资源配置的针对性和精准度，加大经营业绩、履职成效与高管人员“面子”“票子”“帽子”的挂钩考核力度。强化联动发展。强力倡导公私联动营销理念，业务经营“十件大事”逐项组建联动营销团队，打破“部门银行”壁垒，推动机关本部由管理型向服务营销型转变。

【基础管理】扎实推进案防“利箭”计划，坚持逐季案件风险排查，从实开展“13大领域”案件风险专项治理，操作风险同比压降63%，整改期内整改率100%，实现内控评价、信贷“双基”管理一类行，三线一网格系统内考核居首，获评省行“平安农行”创建先进单位。良好信贷质量持续巩固。狠抓个贷、信用卡等重点领域风险治理和不良贷款清收处置，信贷质量保持同业和系统内领先，不良贷款率连续五年下降。

（张松涛）

建设银行

【概况】截至2020年年底，建设银行郑州金水支行一般性存款站稳1000亿元，达到1042亿元，个人存款时点新增58亿元、日均新增43亿元，创历史新高。各项贷款突破800亿元，对公贷款突破300亿元，个人贷款突破500亿元，对公贷款新增62亿元，创历史新高。

【战略发展】住房租赁服务生态初步构建。建行郑州金水支行承接中央财政支持住房租赁试点城市奖补资金取得重要突破，承接第一批奖补资金3.15亿元，占比86.27%，是政府、建行和企业三方携手推进郑州市住房租赁市场长效发展机制的重要实践。实现住房租赁类贷款额度61.47亿元，投放5.41亿元；为郑州市11家老旧小区改造建筑施工中标企业审批授信额度34.99亿元，发放贷款16.73亿元；建行“e政通”产品为中标老旧小区项目企业累计投放3.2亿元，“e政通”产品跟踪意向客户近30家。普惠金融领先优势不断扩大。普惠贷款余额突破百亿大关，实现河南省电子税务局等15个平台“惠懂你”出海，全行网点发挥普惠业务势头强劲，普惠小微授信突破“亿元”的网点39个。金融科技持续赋能智慧体系。“一网通办”预约开户，将建行支付金融服务嵌入郑州市政府服务网，成为政府唯一合作国有银行；智慧外经贸实现一站式服务全省外贸注册企业17000余户。完成“建融慧学成长版中小学智慧配餐新生态场景应用”、“郑州华润燃气手机银行圈存”、“重点客户境内保函”3项自主创新项目，其中“建融慧学智慧配餐”全国首单，助力郑州市中小学配餐重点民生工程，上线41家学校，获客2.2万余人。

【创新发展】打造生态圈创新项目。抢抓线上场景生态建设，搭建平台获客、场景获客新渠道，“郑好办”公交码项目、车主平台项目通过省行创新审批，入选总行2021年创新移植库。新媒体矩阵聚力升级。金水建行微信公众号、觅建商城、抖音平台等沉淀粉丝近70万；通过改版升级、线上互动增粉、“龙宝”线下活动等形式，累计增加关注量近50万。品牌场景融合推进。打造“约惠龙宝”“遇建金喜”等系列场景消费品牌活动；全省首创手机银行“豫见河南—金水专区—话费月月充”“点亮星星”抽话费等线上活动新形式，持续开展8个月，累计触客近10万人次。探索平台互联新实践。探索与“郑好办”“电子证件”“交广领航”等具有百万级用户群体App的全面合作，以数字账户出海+通用钱包的模式对接平台中的多场景服务，实现一个平台的多场景互联，多平台客户资源互通、活动权益互通。

【风险管理】 风险管理职责进党委。落实“三管齐下”和“五个到位”，实践“党委管”“全面管”“主动管”，深化“风控强化行动计划”和“五个专项考核”，持续开展“合规风险文化大讲堂”“信贷文化大讲堂”，不断提升防范金融风险能力。资产质量控制计划超额完成。截至2020年年末，建行郑州金水支行不良贷款、逾期贷款、垫款全部完成省分行下达年末控制计划。信贷结构调整不断优化。年末，普惠金融贷款占比大幅提升，零售类贷款规模不断扩展，绿色信贷政策有效执行。

【深化服务】 金融服务转型升级。继续打造博物馆主题银行、汽车主题银行、健康主题银行、365天天银行等，2020年新完成普惠金融乐高主题银行、财私主题银行、银发主题银行3家主题银行的打造。创新“客享联盟”新模式。以官微“金水建行”为核心建立C端用户触客场景；侧重围绕商圈、车圈、高校圈等重点生态圈，闭环设计B端商户交叉引流圈；创新“商户+服务商+支付商”营销推动模式。打造开放化、多元化、精准化的郑州地区商户交叉引流平台，拓展目标商户296户，完成入驻103户，华强商圈试点运行。持续推进智能运营。“掌上网点”实现“YOYOPARK”“交广专属服务平台”出海；“建行到家”实现线上农民工批量办卡、医院职工线上批量发卡等多个实际应用案例落地。河南博物院票务系统嵌入掌上网点项目正式落地，为建行打造出全新的获客渠道。

【品牌打造】 抗击新冠肺炎疫情期间，成立蓝马甲志愿先锋队，组织志愿者114位，历时230小时，行程7300公里，为318名医护人员家庭赠送有机蔬菜；集结148名志愿者赶赴一线支援，平均每天参与人数70余人次，服务社区60余个，累计服务时长超2000小时；夜间骑行市内160余个卡点送餐；向8家合作医院、医护人员赠送每人百万健康意外保险。推动“雪中送炭”行动计划，紧急为近30个大中型企业提供信贷支持近60亿元，为1574户小微企业提供信贷支持12亿元；为疫情防治定点医院提供信贷支持8000万元。大力支持经济回暖，发行千万元优惠券，开展“遇建星期六，龙宝欢乐GO”“一元吃名菜”优惠活动，拉动郑州市民消费，惠及全城25万个人客户。费用能免尽免、利率能降尽降、信贷期限能展尽展，最大化降低企业融资成本，支持实体经济，累计减费让利6000余万元。联合反欺诈中心、河南交通广播面向大众开展“谨防电信诈骗，金水建行在行动”网络直播活动，累计观看突破37.28万人次。同时联动多个App、公众号推送“小金的幸福生活”漫画，有效提升社会公众防骗、识骗能力。通过警银高校多方联手，开展“反诈进校园活动”，促进平安校园打造。

（赵　赟）

中国银行

【概况】 2020年，中国银行河南省分行紧密围绕郑州市加快国家中心城市建设，打造更高水平的高质量发展区域增长极的战略定位，坚持稳中求进工作总基调，坚决扛起国有大行责任担当，持续加大信贷投放，全力支持普惠金融、民营企业、绿色金融、脱贫攻坚等重点领域，经营大局健康稳定，服务郑州地区经济社会发展作用得到有效发挥。

【存款业务】 紧盯郑州市重点建设项目、重点企事业单位客户、个人中高端客户，加大场景建设力度，加快推进智慧运营与网点转型，客户基础不断夯实，存款实现稳定增长。截至2020年年末，中国银行郑州地区人民币存款较年初新增47.37亿元，增长3.27%。

【贷款业务】 紧密结合郑州市“东强，南动，西美，北静，中优、外联”十二字发展方针和32个核心发展板块规划，持续加大对郑州地区信贷支持力度，全力推动郑州国家中心城市现代化建设。加强银政合作，与郑州市政府签订《支持复工复产合作协议》，并出台一系列专项优惠政策，为企业有序复工复产和重点项目建设提供金融支持。截至2020年年末，中国银行郑州地区人民币贷款较上年增加114.76亿元，增长6.23%。公司贷款方面，聚焦“两新一重”建设，重点支持郑州城市基础设施建设、高端制造、节能环保、数字经济等领域，年底郑州地区人民币公司贷款新增72.22亿元，增长7.64%。个人贷款方面，抓好重点领域民生服务，大力支持民生消费改善，全方位满足居民消费信贷需求，至年底，郑州地区个人贷款新增42.54亿元，增长4.74%。

【网络金融】 手机银行运用大数据智能分析，提供个性化产品组合、界面展示，为客户精准推送适合的产品服务，实现手机银行“千人千面”的个性化服务。同时将衣、食、住、行等高频生活场景与功能服务相结合，打造全用户、全场景，开放、共赢的生态，让客户畅享移动金融服务。截至2020年年末，郑州地区手机银行月均活跃客户42.76万户。

【投行业务】 拓展融资渠道，全力支持郑州市实体经济发展。全年累计向郑州地区投放非标理财资金32.71亿元。发挥债券承销优势，为郑州企业在境内外筹措低成本资金。全年共为郑州地区客户发行境内债券9支、金额68.70亿元；境外债券1支、金额5亿美元。

【普惠金融业务】 坚定政治站位，落实监管政策，围绕“增量、扩面、提质、降本”要求，通过抓好发展战略、资源投入、服务质效、减费让利四方面

3月11日，郑州市政府与中国银行河南省分行签署支持企业复工复产合作协议（中国银行河南省分行/供图）

机制建设，构建服务小微企业长效机制，主动作为支持小微企业，助力郑州市实体经济高质量发展。与郑州新兴产业技术研究促进中心签订“郑科贷”业务合作协议，支持郑州地区科技型小微企业发展。与郑州餐饮协会签订合作协议，助推餐饮业尽快复工。开展跨境撮合业务，招募郑州企业参加上海进博会，帮助企业拓展海外市场。截至2020年年末，郑州地区普惠型小微企业贷款余额90.74亿元。

【金融扶贫】 深入贯彻党中央、国务院关于打赢脱贫攻坚战的决定，认真落实总行关于做好金融精准扶贫工作的要求，提高政治站位、强化责任担当、持续加大扶贫贷款投放力度。围绕贫困地区基础设施、公共服务、特色产业等，提供信贷支持，满足扶贫企业、扶贫项目的融资需求；以农保贷、税贷通、专利贷等普惠创新产品为抓手，大力支持扶贫小微企业客户；以扶贫小额信贷和国家助学贷款等产品，满足贫困人口生产经营和贫困大学生求学的金融需求。截至2020年年末，郑州地区金融扶贫贷款余额23.05亿元，有力支持了贫困地区的经济社会发展。

【渠道建设】 持续开展郑州地区机构规划和布局调优，截至2020年年末，郑州地区机构总量达到97家，实现对六区五县机构全覆盖。在全市范围内推广新一代V5.0智慧网点建设，遵循“硬件搭台、软件唱戏”理念，以丰富和完善智慧设备功能为内核，探寻网点转型新模式，培育业务发展新引擎，在整合化、元素化、简约化、业务化、场景化、模块化、人文化、无纸化等8个方面进行服务深化和延伸，实现客户进门有问候、等待有陪伴、呼叫有响应、办理有指引、离店有道别的全新体验。构建“网点+”智能服务生态，截至2020年年末，郑州地区内控案防完成V5.0升级改造网点8家，累计投产现金版智能柜台60台、厅堂版智能柜台235台、移动版智能柜台93台、便携式智能柜台17台、ATM334台，建设离行式自助银行36家，进一步提升网点智能化服务水平，持续改善客户体验。

【风险管理】 资产质量保持基本稳定。2020年，郑州地区累计压退潜在风险授信0.86亿元，清收化解各类不良资产16.46亿元，年底贷款不良率控制在1.42%。授信结构逐步优化，郑州地区增长类行业授信占比84.32%。

【内控案防】 围绕内控合规群防群治，建体系、强队伍、补短板、深排查，全面提升内控案防及合规管理水平。制订出台“一个理念，两个办法”，分层级建立内控委或内控会制度，坚持条块联动，压实合规管理主体责任。连续举办13期内控合规专题党校培训班，覆盖全部中层干部、基层正职和省行主管，树牢合规底线思维。聚焦重点业务、重点环节、重点岗位、重点人员，以及26项反假内容，试点测试形成主要条线重点合规管控“规定动作”和“自选动作”，在全辖复制推广，系统性提升合规管控短板。加强反洗钱制裁合规风险管控，实现涉制裁风险事件零发生。

（叶　翔）

郑州银行

【概况】 2020年，郑州银行股份有限公司（以下简称“郑州银行”）坚定“三服务”定位，克难攻坚、砥砺奋进，经营发展迈上新台阶。截至2020年末，郑州银行资产规模5478.13亿元，较2020年初增长473.35亿元，增幅9.46%；存款余额3142.30亿元（不含同业存款及应计利息），较2020年初增长250.14亿元，增幅8.65%；贷款余额2379.59亿元，较2020年初增长420.48亿元，增幅21.46%；2020年实现净利润33.21亿元。在麦肯锡发布的“2020年中国TOP40银行价值创造排行榜”中，郑州银行RAROC（风险调整资本回报率）和经济利润排全国银行第16位和21位，分别较2019年提升19位和10位；在2020“中国服务企业500强”榜单中排第219位，位列河南省企业第2名。

截至2020年末，郑州银行共有5348名在职员工，共有173家机构网点，其中南阳、新乡、洛阳、安阳、信阳、商丘、漯河、许昌、濮阳、平顶山、驻马店、开封、周口、鹤壁14家地市分行，控股河南九鼎金融租赁公司，发起设立了中牟、新密、鄢陵、扶沟、浚县、确山和新郑7家村镇银行，综合化发展稳步推进。

（邵家毅）

【新冠肺炎疫情防控】 新冠肺炎疫情发生后，郑州银行严格落实党中央及省、市防控部署，第一时间制定防控方案，开展员工摸排，保障防疫物资，保障了全行员工无确诊病例、无疑似病例；开展关爱援鄂医护人员、关爱“疫线”记者、党员先锋队社区值守等活动，单位和员工累积捐款捐物910多万元；积极落实“六稳”“六保”要求，执行抗疫专项再贷款、定向降准支小再贷款等政策；主动减费让利1.38亿元，开展延期还本付息政策，惠及企业11000余户次，涉及金额431亿元。

（梁　慧）

【助力脱贫攻坚】 2020年，郑州银行围绕中央和省、市脱贫攻坚工作要求，紧紧围绕“两不愁、三保障”，充分发挥金融扶贫的精准带动作用，在项目、资金、产品设计上向贫困地区重点倾斜，研发设计涉农贷款产品，简化贷款审批流程；建立“三农”企业“金融超市”，为“三农”企业提供高效便捷金融服务。截至2020年末，本行涉农贷款人民币562.79亿元，产业精准扶贫贷款发生额人民币6.28亿元，帮助建档立卡贫困人口脱贫3520人。

（邵家毅）

【服务实体经济】 2020年，郑州银行抢抓黄河流域生态保护和高质量发展、郑州国家中心城市建设等重大战略机遇，大力支持基础设施、产业投资、资源开发、经贸合作、人文交流、生态保护等项目，促进区域经济可持续发展。2020年，郑州银行投放各类贷款（含类贷款投资）1570亿元，投向郑州市本级政府平台业务余额118亿元，投向郑州市下属区县级政府平台业务余额457亿元。

【公司治理】 2020年，郑州银行完成非公开发行A股股票10亿股，募集资金

8月7日，“郑州银行银基乐卡”联名信用卡首发（郑州银行/供图）

46亿元，成为中西部地区首家通过非公开发行补充资本的城商行；依规召开年度股东大会以及董、监事会例会，并结合实际情况召开临时会议，董监事勤勉履职，监事通过通过出席股东大会、“三会一层”高效运作，治理制度持续完善；依规披露定期报告及临时公告，举办2019年网上业绩说明会，回答“互动易”投资者问答30条，信息披露及时合规。

（王永丰）

【金融改革】2020年，按照中央及省、市关于推进机构改革的重要要求，郑州银行持续推进组织架构调整，完成郑州市纪委监委派驻制改革；投资银行部划至对公条线，资产保全部划至风险条线，消费信贷业务调整到零售业务部，成立大额资产管理中心和对公风险条线支持部；积极拓展业务资质，取得河南省国库集中支付、河南省省级财政统发工资和河南省社保卡合作银行代理资格，代理郑州市法院破产管理业务，成为郑州市农村集体经济组织三家代理合作银行之一。

（梁　慧）

【存款业务】截至2020年年末，郑州银行存款余额3142.30亿元，较2020年初增长250.13亿元，增幅8.65 %。其中，对公存款余额2064.56亿元，较2020年初增加128.26亿元，增幅6.62%；储蓄存款余额1077.75亿元，较2020年初增加121.87亿元，增幅12.75%。

（霍丽君）

【贷款业务】截至2020年年末，郑州银行各项贷款余额2362.88亿元，较2020年初增长416.41亿元，增幅21.39%。批发和零售业506.92亿元，占各项贷款21.45%；房地产业357.43亿元，占各项贷款15.13%；水利、环境和公共设施管理业257.37亿元，占各项贷款10.89%；租赁和商务服务业187.04亿元，占各项贷款7.92%；建筑业156.39亿元，占各项贷款6.62%。

（李秋宜）

【理财业务】2020年，郑州银行金梧桐理财品牌下共发行10个系列资管产品。截至2020年底，存续非保本理财产品113支，期末余额490.54亿元，较年初增长66.57亿元，增长15.70%。全部资管产品中，净值型产品存续66支，余额384.18亿元，占比78.32%，较年初增长177.84亿元，增长86.19%；预期收益型产品存续47支，余额106.36亿元，较年初下降111.27亿元，下降51.13%。

（李　钊）

【金融创新】2020年，郑州银行持续提升创新能力，成立对公、零售、风险三个科技支持中心，上线久久版手机银行等，推进科技与业务深度融合；加大创新项目立项、研发和投产力度，完成立项55项，已投产33项，正在研发、测试10项；柜面无纸化二期等6个创新实验室项目顺利出库。由各部门承担的28项战略课题研究全部结项，其中落地转化21项，转化率达75%。

（李晓丹）

【信息科技】2020年，郑州银行制定了村镇银行的系统集中统一托管方案，实现了7家村镇银行核心系统的统一托管；成立了零售产品、零售信贷、公司业务、风险业务四支开发专职开发团队。荣获“2020年全国网络与信息安全管理职业技能大赛河南省选拔赛网络安全管理员项目”二等奖；“2020年全国行业职业技能竞赛全国网络信息安全管理职业技能大赛网络安全管理员”优胜奖；“基于复杂网络的图数据挖掘分析创新案例”荣获银行家杂志等5家金融研究机构联合颁发的“十佳金融科技创新”奖。

（刘燕楠）

【特色金融】2020年，郑州银行举办第四届商贸物流银行联盟峰会，成员扩展至55家；云物流上线2.0版，打造了网络货运平台服务新模式。小微“简单派”打造了房e融、e采贷等准爆款产品；上线郑银理财家平台，上线郑银理财家平台，6个月销售额突破130亿元，吸引客户6.7万人；推出信用卡“虚拟卡”，新增“乐卡”“奥影卡”；推出了手机银行久久版，优化老年用户体验；上线“房e融在线抵押”“房e融手机银行申请”等6个功能，优化了房e融流程。

（邵家毅）

保　险

中国人寿

【概况】2020年，中国人寿保险股份有限公司郑州市分公司坚持“四个保持”、“三个有为有位”，牢牢把握重振国寿总战略，推进转型升级落地深耕，统筹推进疫情防控和各项工作落地，为实现高质量发展奠定了坚实基础。

全市系统共实现总保费收入52.16亿元，长险首年期交保费11.89亿元，长险首年标准保费5.41亿元，10年期及以上期交保费5.68亿元，短险保费3.01亿元。截至2020年年底，大个险首年期交、标保、十年期、保障型预算达成率分别为108.53%、97.78%、106.65%、90.6%，大个险核心指标首年期交、十年期、标保、保障型达成率均居全省第一位，贡献度占比均在20%以上。与上年同期相比，贡献度提升两个百分点。大个险核心指标在系统内全国排位上均进入前15名，位次均有一定提升。2020年给付金额80150.7万元，赔款金额18147.37万元。

【疫情防控】2020年，面对突如其来的新冠疫情，中国人寿严格落实中央重大决策部署，市公司党委在应对防疫阻击战上，切实负起了把方向、管大局、保落实的政治责任。疫情爆发以来，坚持把保护内、外勤生命安全的责任扛在肩上，抓实抓严疫情防控工作、织细织密防疫保障网，实现了全员“零感染”；市公司投入近百万元，为广大员工和销售人员配备防疫物资，充分体现党组织的关怀；为教育系统捐赠价值五万元防疫物资，根据疫情防控需要，在全市开展了“举党旗亮党徽 打头阵当先锋 全面复工复产促发展”主题党日活动，助力公司复工复产；市公司、丰产路柜面、新密收展职场等50家单位分别荣获总省公司2020年上半年“守护安康优秀分公司”“优秀柜面”“优秀团队”称号。

【脱贫攻坚】公司上下积极参与扶贫攻坚，深入学习领会习近平总书记关于脱贫攻坚、全面小康等重要论述，全面落实扶贫攻坚的各项政策，积极参与到扶贫攻坚的工作中去，2020年为600名驻村干部提供了5.4亿元的保险保障，赔款300余万元，为农村25万人次提供保额84亿元的小额保险，赔款支出600余万元；多次购买扶贫产品，完成消费扶贫任务，发挥了保险优势守护脱贫攻坚成果。

【科技赋能】2020年，科技推广应用水平持续提升，个险无纸化投保率99.99%，团险100%；移动、自助理赔占比高达99.1%。全年新投保客户互联网覆盖率92.76%，线上线下融合发展，在线增员、培训、展业、管理全面发力，科技化应用水平进一步提高。临柜服务体验感上，客户等候时长、业务处理时长大幅降低，全省柜面创星评比中，8个五星3个四星，实现100%创星。

【风险防范】加强依法合规教育，树立合规文化，牢筑思想防线，三道防线协同，抓源头治理。在审计监督方面，全年审计6次，召开市公司各部门风控督导联席会2次，推动问题整改。规范反洗钱队伍管理方面，加大工作质量考核，组织开展风险大排查、“治乱象促合规”、防范重大金融风险等活动，促进合规文化建设，防范化解经营风险。

（吴珂檬）

邮电通信业

邮政

【概况】2020年，中国邮政集团有限公司郑州市分公司落实集团公司、省分公司各项决策部署，以“三个视角”找差距，以“三大规律”促改革，推动郑州邮政改革发展。面对突如其来的新冠疫情，市分公司践行“四不中断、四免费办”的服务承诺，科学调整普遍服务营业网点和营业时间，确保邮政普遍服务渠道畅通。投递、金融人员坚守岗位，全力确保党报党刊、机要邮件的及时妥投，在抗击疫情的关键时期保证传递党的声音不中断，机要邮件传递及时安全。党员干部到投递一线帮扶作业，792名党员自愿捐款9.27万元，做到“人民有呼唤，服务不间断；国家有要求，邮政挑重担”，彰显中国邮政关键时刻听指挥、拉得出，危急关头冲得上、打得赢的“国家队”的责任和担当。市分公司党委被集团公司党组评为邮政系统党建工作示范单位，新密市分公司党总支、中原区分公司党支部和市场营销部党支部分获党支部建设示范点称号。

【普遍服务】持续抓好“两提升、四强化、七确保”，坚持普服为“根”、客户为“本”，不断强化“人民邮政为人民”的宗旨意识、服务意识、质量意识、合规意识。全市邮政建制村持续通邮率、乡镇邮政局所覆盖率、四项普遍服务业务开办率均达到100%。强化普通邮件质量管控，扎实开展质量投诉、平信压降专项治理活动，平信丢损率大幅下降。县级以上城市、乡镇地区党政机关全部实现《人民日报》当日见报；巡视专用信箱寄递服务工作也受到各级党委表扬。机要通信连年保持质量全红。深入开展专项对标体验，以客户视角查找服务短板，精准改进服务质量；持续靶向治理信实不符、邮件丢损等问题，有效降低邮件信息断点率、邮件多次转局率等质量问题。

【寄递服务品质改革提升】建设四大时限数据库，深化网业联动，增开优势线路，实现时限竞争力向市场竞争力的转化。加强高校机构进口邮件处理，增设8个高校直投机构，有效分流揽投部内部处理及投递压力。优化网路组织，提升传递时限。开通航站直达邮路，优化市县趟班邮路，增开乡镇直达邮路，进一步提升邮件处理时限。持续优化揽投网建设，全市共设置综合段道1224条、专揽专投段道564条，确保普遍服务邮件时限质量不降低，提升包裹快递竞争性业务的服务品质。

【寄递发展改革配套】按照省分公司统一部署，市分公司实施市、县分公司与同级寄递事业部本部一体化管理，提升管理效能。完善战略考核体系，细化寄递业务降本增效考核指标，促进经营发展量质并重。完善寄递项目团队考核办法，推行“众创众享”，实行“超收入奖励、超利润分成”，发挥考核机制的正向激励作用。

【信息化能力提升】按照提前布局、科学规划的原则，增加能力投入，提升核心竞争力。新增寄递圆盘分拣机、前置集包设备、胶带机设备等，有效提升内部处理效率，寄递网能力大幅提升。加大金融智能设备和网点购建等投入，增配ITM15台、CRS29台，对141台不同种类的金融机具进行更新，完成4个综合网点的购置，完成6个网点大修改造工作，提升金融服务形象。持续强化大数据分析运用，完成快捷支付目标客群分析、扫码入会活动分析等65项数据分析工作，数据赋能作用初显。

【金融风险防范】进一步完善内控管理机制，扎实开展警示教育、“雷霆行动”、金融从业人员信用卡专项排查等活动，持续开展常态化接管检查，在2020年度全省邮政金融业务管理资料会审工作中，郑州市分公司得分98.8，获得第一名，被评为2018—2020年度河

北环邮件处理中心现代化作业现场（市邮政分公司/供图）

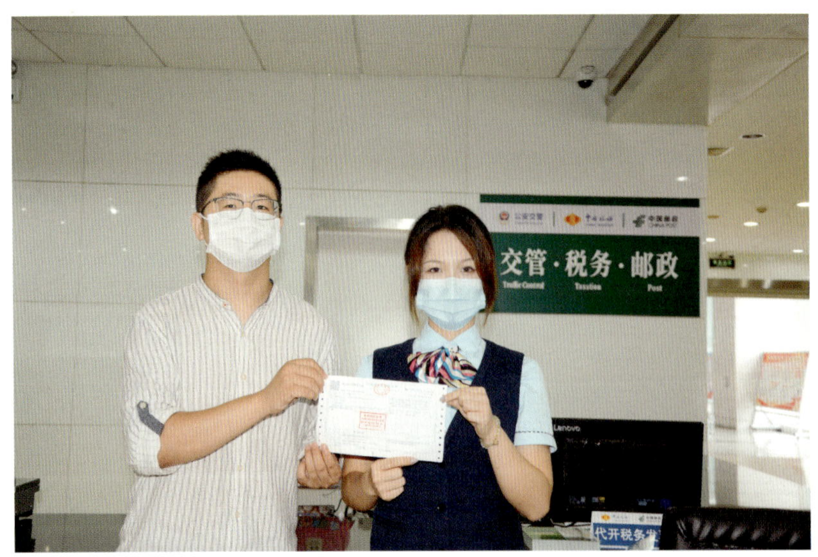

8月5日，市民在邮政营业厅办理税务业务（市邮政分公司/供图）

南省邮政金融案防管理优秀组织单位、全省邮政代理金融资金安全管理优胜单位，年度风险等级评级上升两级，全员合规意识进一步提升；有效落实安全主体责任，牢牢守住重大风险底线，全年未发生重大金融风险、重大负面舆情和重大安全事故。

【集邮主题文化活动】 12月11日，由省文化和旅游厅、河南日报报业集团、省美协、中国邮政集团有限公司河南省分公司共同主办的"集邮让中原更出彩"系列主题文化活动启动仪式暨纪念中国生肖邮票发行40周年珍邮巡展在省人民会堂举行。活动围绕"纪念中国共产党成立一百周年""老家河南""我和我的家乡""黄河"等主题，开展邮票首发、集邮巡展、文创大赛等系列活动。2020年适逢中国生肖邮票发行40周年，活动期间，举办珍邮巡展，展出世界第一枚邮票《黑便士》、中国第一套《大龙》邮票版票、《"文"字邮票》、《祖国山河一片红》、首轮生肖猴版票等世界珍邮，以及生肖专题邮集20余框。

【邮政5G全场景智慧营业厅开业】 6月18日，郑州市邮政分公司联合华为河南分公司在正兴街邮政网点打造的全国首家邮政5G全场景智慧营业厅开业，以"互联互通，未来生活新感知"为理念的智慧厅堂呈现邮政和华为产品，整体内部空间流畅，人流引导智能清晰。智慧营业厅的开业，是一次品牌与客户之间的对话，是邮政推进转型服务的再次探索。

【助力精准扶贫】 郑州市邮政分公司履行企业政治责任和社会责任，投身扶贫事业，通过电商扶贫、消费扶贫、金融扶贫等形式，不断创新服务，取得实实在在的效果。在河南省人力资源和社会保障厅、省扶贫开发办公室组织开展的2020年河南省社会扶贫先进集体和先进个人评选中，郑州市分公司获2020年河南省社会扶贫先进集体称号。荣获由河南工商业联合会、河南省商务厅、河南省扶贫开发办公室在河南省2020年度消费扶贫"百企联盟"工作中颁发的"河南省消费扶贫示范企业"称号。10月17日，由郑州市民政局、郑州市扶贫办、中国邮政集团公司郑州市分公司联合主办的"扶贫日"活动——郑州市脱贫攻坚战成果展及脱贫攻坚志愿服务宣传活动，在金水区凤凰台街道党群服务中心举办。

【郑州税务·邮政战略合作发布会】 8月5日，国家税务总局郑州市税务局、国家税务总局郑州航空港经济综合实验区税务局与中国邮政集团有限公司郑州市分公司联合举办"郑州税务·邮政战略合作发布会"，郑州市邮政分公司代开发票及代征税款业务全面启动，广大纳税人、缴费人可以通过邮政渠道就近享受更加便利的开票缴税服务。

【夏日邮爱 大河传情社区公益行】 夏日邮爱 大河传情社区公益行活动由中国邮政郑州市分公司、《大河报》、郑州儿童福利院共同发起，郑州各街道办事处和社区参与，主题是"送服务、送健康、送关爱"，郑州邮政为困境家庭儿童捐助大河鲜奶400箱。此次活动走进绿东村街道办事处白鸽社区、建设路街道办事处中心医院社区、省五建社区等，关注困境家庭，关爱困境儿童，让更多的困境儿童感受温暖。

【"双11"生产经营】 郑州市邮政分公司按照"争市场、强重点、重体验、保稳定"的总体要求，围绕组织保障、旺季营销、邮运生产等方面，利用"双11"黄金时期抢抓客户，实现业务增收上量，着力增强寄递业务自我发展能力，保障"双11"生产经营平稳畅通，多措并举为"双11"保驾护航。

（贺　琳）

通　信

移动通信

【概况】 2020年，面对突如其来的新冠肺炎疫情和复杂严峻的竞争形势，中国移动通信集团河南有限公司郑州分公司（以下简称郑州移动）认真落实集团公司"力量大厦"战略部署，高效统筹疫情防控与高质量发展，扎实推进稳增长、提能力、惠民生、强党建等各方面工作，不断提升信息通信服务水平，全面融入郑州市经济社会发展大局，为郑州国家中心城市现代化建设作出贡献。

【新冠肺炎疫情防控】 2020年，郑州移动提高政治站位，采取最有力举措，全力保障网络通信畅通，仅用20个小时率先实现岐伯山医院2/4/5G网络覆盖。全力保障信息通信服务，为郑州援鄂医务人员、本地疫情防控指挥与医务人员、被隔离人员提供免停机服务保障，响应"停课不停学"要求，为517所学校、7.6万名师生提供线上课堂服务，对2.2万名教师家庭宽带免费提速至500M，向1.5万名教师、贫困生每人赠送10G上网流量。全力保障精准防控到位，为疫情防控指挥机关提供精准防疫数据95万条，发送公益短信3.63亿条；率先推出"漫游地查询"，服务297.9万人次，助力郑州精准防疫，获郑州市抗击新冠肺炎疫情先进集体表彰。

【业务发展】 2020年，郑州移动持续贯彻以客户为中心和高质量发展理念，坚持稳中求进，加快移动市场、政企市场和家庭市场能力提升，按照"先客户、后业务、再收入"的市场规律，努力加快发展步伐，巩固市场主导地位，打造行业领先优势。健全营销服务体系，深化渠道转型步伐，做深做实做细网格化管理，持续推进机构改革，进一步激发员工内生动力。郑州移动在市场竞争中深化渠道转型、创新渠道运营、探索新型渠道融合模式，不断锤炼直销渠道、实体渠道、异业合作三支队伍的营销能力，构建全触点协同运营体系，实现客户在哪、触点在哪、服务在哪，千方百计提升有销量渠道数量，精益求精落实规定动作，锲而不舍完善营销体系，推动企业高质量发展迈入新阶段。

【客户服务】 2020年，郑州移动依托分层分级保拓体系，以融合为核心，抓产品拿大单，聚焦重点行业，强化重点项目拓展。全年实现千万级以上大单10个，承建郑州市政务云、城市大脑云平台建设，支撑郑州智能化、绿色化、企业技术“三大改造”，完成5000家企业上云，为中心城市建设插上云服务翅膀。IDC紧盯互联网商机，聚焦政企、区域市场拓规模，持续提升价值贡献，ICT以智慧城市为抓手，行业市场依托NB网络优势拓规模，个人市场强化渠道承载提价值，短彩信挖掘重点行业业务需求，切实提升价值贡献，同时强化业务管理，优化产品、支撑、服务流程，提升市场运营能力。

【网络建设】2020年，郑州移动秉承“网络质量是通信企业生命线”的理念，围绕打造网络综合竞争优势这一核心，重点做好“提升承载能力、改善客户网络感知、促进网络市场协同和网络能力转换、强化基础管理”四类重点工作，全力以赴支撑公司转型发展。同时，郑州移动落实全省工业互联网发展要求，牵头成立“郑州市工业互联网产业联盟”，全力加快5G建设发展，建设5G基站6470个，率先实现郑州城区、县城、重点乡镇以及行业场景的连续覆盖，5G基站规模居全国省会城市第4位，5G SA全面商用，网络质量领先，取得集团“NSA十大优秀城市”第二名，获“5G领跑”先锋奖。丰富5G特色应用，加大5G终端普及，5G用户超过250万户。加强5G技术融合创新，与320余家重点客户达成5G战略合作，先后打造5G+智慧医疗、5G+无人驾驶、5G+智慧工厂、5G+智慧校园等多项行业标杆。

【企业管理】2020年，郑州移动围绕业务发展持续深化改革，加快管理体系化、规范化建设，进一步增强体制机制活力和市场竞争力。全面推行和深化网格化建设，做深做细做实网格化管理，在131个城区、县城、乡镇营销中心全面组建完成的基础上，公开选聘优秀人才，下沉客户、营销资源、网络信息、行销工具等能力，切实提升基层网格营销服务能力。郑州移动按照市场、网络、综合、固定四类线条分类管控原则，实施成本分类管理，提升资源精准投放，持续推进精细化管理水平提升。同时深入推进“法治移动”建设，落实法治建设第一责任人职责，优化内部法治和外部监管环境；从严落实安全生产责任，强化安全防范措施，加大安全隐患治理，提高应急保障能力。

（陈春晓）

6月5日，中国联通郑州市分公司与大信家居签署5G+工业+文博旅游合作协议
（中国联通郑州市分公司/供图）

联通通信

【概况】2020年，郑州联通紧紧围绕“快转型、提价值、强创新、健能力、增效益、能奋斗”的要求，全面贯彻新发展理念，努力构建新发展格局。全年主营业务收入完成48.32亿元，全年实现利润10.16亿元（不含5G）。北十同档城市，主营业务收入规模、创新业务收入增幅位列第一。移动网用户513万户，宽带用户216.2万户，IPTV渗透率50.5%。2020年，顺利通过国家级精神文明单位复审，连续六年保持“全国文明单位”荣誉称号，开展“六文明”“文明服务窗口”等活动，培育文明服务礼仪、打造文明服务窗口。公司党委获评集团公司先进基层党组织、党建工作示范点、河南联通党建工作示范区，2个QC小组被评为全国通信行业优秀QC小组；1个班组被推荐为通信行业质量信得过班组。

【业务经营】2020年，郑州联通聚焦经营转型，克服新冠肺炎疫情带来不利因素影响，大力发展创新业务。持续探索创新产品规模发展模式，抢滩布局5G项目，打造数字化产品能力，赋能数字经济。牵头成立郑州市5G产业联盟，率先发布5G工业互联网平台，成功举办5G成果展，得到郑州市政府及社会各界的高度评价和充分肯定。构建“1+X”5G项目推进体系，围绕工业、医疗、教育、文旅等重点行业储备5G商机。完成5G场景验证40个，打造海尔5G智能工厂、郑州市中级人民法院5G智慧庭审等一批标杆示范性项目。组建数字郑州研究院，依托公司创新人才体系，做好“三者”定位，打造“四种”能力，高质高效实现自研项目及产品支撑，加速自主产品对外输出。固化创新业务“三高”拓展，开展高质量培训、推行高质量走访、储备高质量商机。

【基础管理】坚持5G引领，打造“豫见5G，郑选联通”品牌，将5G先发优势转化为市场优势，加速推进产品、宣传、营销全面5G化。聚焦四类拓展目标，标准化执行建设动作，线上线下一体化运营，实现智慧双创店、智慧小站有效建设运营，5G⁺智慧双创店建设37家，5G⁺智慧小站建设10333家。以企业微信为抓手，建立粉丝收集、标签管理及直播营销的一体化运营模式，全面推动线上渠道数字化转型。郑州联通企业微信粉丝达86.5万人，以集约+分散式线上直播累计97场，累计观看人数3万人。构建守土有责体系，实施渠道、小型厅、智家工程师、沿街店面“四个入格”，协同推动全触点能力提升，实现1+1+1+1大于4的协同效应。

【网络建设】2020年，郑州联通深入实施网络强国战略，坚持规建维优一体化，网络能力建设迈出新步伐，网络支撑和保障能力得到持续强化。加速推进5G网络建设，坚持问题导向，持续开展网络质量提升攻坚。推动与郑州电信签订《4G网络深度共享合作实施协议》，为实现4G深度共享创造条件。持续提升交付能力，实现“517”郑州速度。强化服务责任担当，凝聚专业协同力量，以“投申诉压降”“满意度提升”为牵引，开展攻坚提升、服务专项整治系列工作，各专业聚类投诉问题整治效果明显。

【企业管理】2020年，郑州联通以增效提能为主线，统筹推进全场景划小改革在运营中不断迭代优化，持续激发微观主体活力。综合网格实施“四个入格”“四个优化”，实现1+1+1+1大于4的协同效应。政企网格坚持贯彻将云业务作为基础业务的发展理念，强化能力转型，打造新兴收入增长点。实施网络网格划小改革2.0迭代优化。实施“金圈计划”“一强两弱”帮扶，重点区域市场份额持续提升。通过组建跨部门、跨专业、跨层级的BU团队，设定专门运营模式和激励机制，打破组织壁垒，在增量、提能、增效、数转等工作中发挥新型矩阵团队的作用。2020年启动5个BU项目，取得良好效果。

【客户服务】 2020年，郑州联通坚定不移践行“以人民为中心”发展思想，契合内外部环境机遇，驱动大服务转型提升，通过加速问题治本解决，推动窗口服务达标，提升服务支撑管理，丰富客户关系运营，推动高质量服务客户，促进企业高质量发展。高度重视，部署客服热线听台、督办问题攻坚、推动服务数字化转型。强化担当，凝聚专业协同力量，以“投申诉压降”“满意度提升”为牵引，开展“两个闭环、五位一体”客户申诉压降专项活动。提升效率，执行7*24小时响应处理，提高部门间协同支撑，提高客户首次反映问题解决率。

【新冠肺炎疫情防控】 2020年，郑州联通参与河南版小汤山医院（郑州岐伯山医院）建设，第一时间完成疫情防控在建区域网络全覆盖，用3天时间完成原本需要2周才能完成的任务，为郑州岐伯山医院疫情防控期间通信保障打下坚实的基础。推出并在全市推广部署热成像红外测温系统，在车站、写字楼、车间等人流密集场所自动检测，有效提高疫情防控效率和质量。为全市3081所中小学开通空中课堂。搭建企业复工平台，服务数万家企业复工复产。采购中牟蒜农滞销大蒜0.6万公斤，减轻中牟蒜农疫情所受影响、助力生产生活秩序快速恢复。3月，市委组织部对新冠肺炎疫情防控工作中表现突出的基层组织和共产党员进行通报表扬，郑州联通党委被确定为第一批受表扬的基层党组织。

【5G产业联盟】 2020年7月15日，由郑州联通发起，郑州市信息化促进会、郑州金水科教园区管委会联合主办的郑州市5G产业联盟成立。5G产业联盟是在郑州市委、市政府5G产业发展战略方向引领下，充分发挥产业界优势，形成技术、资金、人才等要素合力，全面加快郑州市5G网络建设、行业应用创新与产业融合发展，进一步推动郑州市5G行业发展换挡提速，助力郑州加速经济社会转型升级与数字经济腾飞。

【全国首个$5G^n$全流程多场景智慧庭审系统建成】 2020年9月2日，郑州联通携手郑州市中级人民法院召开新闻发布会，宣布全国首个$5G^n$全流程多场景智慧庭审系统在郑州中院正式上线。该系统构建线上线下深度融合的诉讼服务新模式，实现全流程多场景的线上诉讼服务，满足诉讼活动从线下到线上、到云端的延伸，推动审判方式的变革与提升，有效缓解郑州中院案多人少的矛盾，解决诉讼当事人远距离诉讼时缺席率高、诉讼周期长等问题，不仅节约诉讼成本，缩短案件审判周期，提高审判效率，也有效应对疫情对司法工作的影响，确保疫情防控和审执工作两不误。

【郑州市5G工业互联网平台发布】 2020年9月16日，郑州市5G工业互联网平台正式发布。郑州联通作为新基建领头羊，响应郑州市工业互联网发展需求，全力投入郑州市工业互联网平台建设，与郑州市携手共建工业互联网创新发展新生态。在集团和省公司支持下，聚焦工业互联网区域级、园区级、企业级三级平台体系建设，率先搭建郑州市5G工业互联网平台，形成郑州市工业互联网发展竞争优势，为郑州市工业转型升级提供新的“数字引擎”。

【郑州电联4G网络深度共建共享启动】 2020年11月9日，郑州联通与郑州电信举行郑州电联4G网络深度共建共享启动仪式，标志着电联4G网络深度共建共享正式启动，开启通信行业开拓创新、共促发展、相互合作的新局面。双方统一思想，提高认识，从贯彻落实新发展理念的实践出发，强化沟通合作，建立共赢模式，全面整合双方资源，推动4G共享规模的突破，并加速探索传送网、通信机房、通信保障等全量基础资源的合作。同时，将进一步扩大共建共享范围，丰富共建共享内容，进一步提质增效，盘活资源，助力郑州经济社会数字化转型和双循环发展新格局的形成。

11月9日，中国联通郑州市分公司举行5G宣传月启动仪式
（中国联通郑州市分公司/供图）

【5G商用】 2020年11月9日，郑州联通在郑州国际会展中心举行5G宣传月启动仪式，并宣布5G用户规模突破百万。5G正式商用一年来，郑州联通扛起央企责任担当，统筹各方资源，坚定不移加快5G建设、深耕5G应用，推动全市、乃至整个中原地区5G产业蓬勃发展。截至年底，开通5G基站4300余个，实现全市市区、县城区全覆盖和垂直行业应用场景按需覆盖，提前半年完成年度网络建设目标。依托与合作伙伴建设的$5G^n$联合创新实验室，打造5G示范应用，在工业互联网、智慧交通、智慧医疗、智慧教育、智慧旅游等重点领域和垂直行业打造40个5G典型应用场景。

（王建州　万后勇　孙　佳）

电信通信

【概况】 2020年，中国电信股份有限公司郑州分公司以习近平新时代中国特色社会主义思想为指引，积极推进集团公司“云改数转”战略，推动企业实现快速、健康、可持续的高质量发展。郑州分公司应对新冠肺炎疫情影响，以市场为导向做实属地深耕，收入稳步增长，态势持续向好，发展能力不断增强，降本增效成效初显。公司全年实现业务收入24.63亿元，同比增幅6.3%，整体市场份额稳中有升，用户规模持续增长，其中移动网用户达到284.6万户，同比增长8.6%，宽带用户达到80.3万户，同比增长7.5%。

【疫情防控】 面对突如其来的新冠肺炎疫情，中国电信郑州分公司践行守土有责、守土尽责号召，保障通信畅通和信息安全，第一时间提供高质量的通信服务。48小时打通视频直播通道，做好郑州岐伯山医院通信网络保障；加强巡检预警，迅速完成网络扩容，出动重保人员400人次、重保车辆80辆次、应急设备200余台次、油机30台次，重保疫情专线58条，确保网络畅通；通过天翼云会议系统提供视频会议解决方案、通过热成像人体测温系统打造复工复产的坚实防线，以信息化技术助力“云”开工；多措并举，以线上受理业务、免费开放视频资源、免费开通云课堂在线教学、开展疫情防控公益短信群发、对赴鄂医疗志愿队用户提供疫情期间通信费全部减免和免停机服务等举措，确保优质服务。

【脱贫攻坚】2020年是决战决胜脱贫攻坚之年，中国电信郑州分公司深入贯彻落实总书记关于实施网络扶贫行动的重要指示精神，充分发挥互联网在助推脱贫攻坚中的重要作用，聚焦"为老百姓提供用得上、用得起、用得好的信息服务"扎实推进各项工作。加强网络基础设施建设，让老百姓"用得上"。2020年加大网络扶贫力度，完成了电信普遍服务试点工程30个1.8G基站建设，共覆盖6个县市区、29个行政村，提升农村的通信网络覆盖，使偏远区域的人民可以享受到和城市区域同等质量的电信服务。开展资费扶贫丰富通信业务，让老百姓"用得起"。积极推进提速降费工作、制定扶贫优惠政策，通过资费减免和专属资费，落实精准扶贫，2020年主流销售品移动流量资费降幅达33%以上，扶贫专属资费惠及4.25万户，让利金额500余万元。同时，中国电信郑州分公司积极借助集团公司构建的面向贫困地区服务的专业互联网电商平台——"天虎云商"，采购集团4+2贫困县的农特产品，助力产业扶贫，增强贫困地区内生动力。

【深化改革】2020年，中国电信郑州分公司坚持党建统领，围绕"铸造一支优秀队伍、建设两张精品网、聚焦三个基础承载能力提升"的"一二三"工作思路，聚焦、协同、坚持，以市场为导向，聚焦属地主战，优化生产组织，提升服务能力。树立"以市场为导向网格化运营"的经营理念，设置86个营服中心，实现属地化全业务经营。通过灵活有效调度资源，牢固树立"守土有责、守土负责、守土尽责"的责任担当意识。推进"云改数转"战略落实，根据省公司政企改革的工作指导，围绕"高目标、高增长、高价值"领域，建立柔性动态专业化团队，管操分离，综合支撑，进一步加强专业化运营。深化"提质增效、降本增效"举措，聚焦重点费用项目，将"4+2+X"重点资源使用效益提升指标转化为各部门的聚焦动作，健全考核体系，强化责任落实，全年在固网终端回收、共建共享、费用压降及光端口利用率提升等方面取得显著成效。

【转型升级】践行以人民为中心发展理念，提升服务承载能力，践行"用户至上、用心服务"。中国电信郑州分公司组织开展为期10个月的"全员服务大讨论"活动，进一步加强全体员工服务意识，加速各环节服务问题整改，夯实基础服务根基，快速提升公司服务水平。持续开展满意度测评，以"客户满意+触点服务提升"为抓手，推动服务转型升级，从收集客户需求到传递客户问题，最终实现问题解决。通过开展云网运营能力和客户感知"双提升"专项行动，推进网络质量及客户感知提升，提高网络服务质量。通过对互联网出口扩容、千兆OLT改造、光衰整治、隐患整治等，优化网络承载能力及性能，提升用户感知。通过跟盯"当当慢"、客服回访满意度、宽带装移机全屋wifi检测率、带宽型业务完好率、平均故障处理及时率等指标，推动智家服务、政企服务能力提升。2020年，郑州分公司综合满意度行业排名第一。

【网络建设】高效协同，建设精品网络，夯实网络基础。加快推进5G共建共享。充分利用双方资源，以"天面优、配套省、传输优、租金省、电费低"为原则，以市场需求为导向，加快推进共建共享。2020年，累计建设5G基站1451个，室分208站（套），5G共建共享站点规模达5060个，基本实现市区四环内、县城核心城区的连续覆盖。优化网络承载能力。全年新增OBD端口5.4万线，新增末级分纤端口15.26万个，完成1118个小区千兆改造，城区千兆覆盖率显著提升。完成400G平台省级ER、城域ER建设；完成200G平台B设备的新增、扩容、升级；完成本地网及省干波分系统扩容，为5G及云网融合发展打下坚实基础。

【重大活动网络保障】2020年，中国电信郑州分公司承接春晚河南分会场、郑州岐伯山医院、网络安全周、中国（河南）—中亚五国农业国际合作论坛暨中国—中亚五国养殖与动物疫病防控国际合作高端论坛等32项国家级、省级重点保障项目。投入保障人员182人/次，出车35辆/次，累计测试公里数达4730千米，保障期间全程零拥塞，网络运行稳定。推进打击防范通信诈骗、骚扰电话综合整治专项工作，切实维护人民群众网络信息安全。

（朱　青）

财政 税务

财 政

【预算执行】 2020年，全市地方一般公共预算收入完成1259.2亿元，增长3%。其中，税收收入完成870.1亿元，下降2.6%，占地方一般公共预算收入的69.1%；非税收入完成389.1亿元，增长18.1%。全市地方一般公共预算支出完成1721.3亿元，下降9.9%。其中，教育、社会保障、医疗等民生支出完成1282.9亿元，占一般公共预算支出的74.5%。

【新冠肺炎疫情防控】 支持落实疫情防控任务。研究出台人员救治、医疗保障、工伤保险等各项政策，建立政府采购、国库集中支付绿色通道，拨付疫情防控资金27.7亿元。争取新开发银行抗疫贷款8500万元，支持医疗机构疫情防控能力提升和应急救治体系建设。落实减税降费政策。1—11月，全市新增减税124.2亿元。1—12月，减免社保费130.2亿元。扎实开展“三送一强”活动。制定财政应对疫情促进经济平稳健康发展11条措施。实行房租“两免三减”政策，累计为全市1288家中小微企业减免房租5016.8万元。实施城市基础设施配套费免缓政策，减免金额10.7亿元，缓缴金额6亿元。设立总规模15亿元的中小企业应急转贷周转资金，累计投放资金23.2亿元，服务中小企业166家，节约融资成本5229万元。稳步推进“郑科贷”业务，帮助434家企业获得授信及发放贷款48.1亿元。实施2020年度科技金融资助，发放补助金额1.2亿元。持续开展100亿元社保基金竞争性存放，引导金融机构加大对企业支持力度。发放工业企业结构调整专项奖补资金5.2亿元、失业保险应急稳岗等各类补贴37.1亿元，大力援企稳岗。搭建政府采购合同融资平台，为113家中小企业融资3.4亿元。支持促进扩大消费。实施契税补贴等惠民实事，发放消费券4亿元，其中为全市11.25万名低保、特困、低收入及优抚救助对象每人发放消费券500元，带动社会直接消费11.6亿元。

【财政政策落实】 用足用好政府债券。争取新增地方政府债券218.1亿元，占全省债券额度的11.8%，发挥债券缓解资金压力、促进有效投资的作用。落实财政直达资金。建立财政直达资金惠企利民工作机制，启动“亲清在线”数字平台建设，搭建财政直达资金平台，确保资金“直达基层、直达民生”，全年争取财政直达资金58.6亿元。发挥基金引导带动作用。设立智能制造、科技创新、大数据等3个领域90亿元额度专项产业子基金，设立航空港区、巩义市总规模350亿元区域子基金，支持主导产业和战略新兴产业发展。坚持政府过紧日子。牢固树立“政府过紧日子，群众过好日子”的理念，压减一般性支出13.2亿元，压减比例15.2%；压减非急需、非刚性支出25.3亿元，压减比例57.2%。开展各类存量资金专项清理整治工作，统筹资金用于“六稳”“六保”及各类民生事项。

【财政支持打好三大攻坚战】 支持脱贫攻坚圆满收官。安排各级财政专项扶贫资金6.3亿元，助力贫困人口全部实现脱贫。大力开展消费扶贫，完成“扶贫832平台”采购额1800万元，为计划额的126%，全面支持打赢精准脱贫攻坚战。

支持打好污染防治攻坚战。拨付各类生态环保资金142.3亿元，支持大气、水、土壤污染防治，实现主城区燃煤机组、全市非电燃煤锅炉双“清零”，贾鲁河综合治理、生态廊道建设成效初显，空气质量持续改善。

持续防范化解债务风险。严格规范政府举债行为，坚决遏制隐性债务增量，持续强化政府债务风险管控和化解，全市政府债务风险整体可控。加强对市县两级投融资公司的监管及风险排

拍摄于6月29日的黄河观光路（马　健/摄）

查，加快市场化改革，提升自主经营活力和抗风险能力。

【财政支持经济社会高质量发展】支持黄河流域生态保护和高质量发展战略实施。拨付资金16.8亿元，支持S312（江山路—G107东移）沿黄慢行系统建设、S312郑州境改建工程（郑汴交界至G107东移段）建设。

支持创新驱动发展。安排资金9.7亿元，支持重大科技专项、科技型企业科技研发补贴、科技平台建设、高新技术企业奖补。拨付资金11.4亿元，支持实施“智汇郑州·1125聚才计划”，加强高层次创业人才引进。拨付资金8.5亿元，支持大院名所建设及郑州大学“双一流”建设等。

支持制造业高质量发展。落实制造业发展相关支持政策，统筹整合产业扶持类专项资金，设立汽车产业专项资金、工业产业发展专项资金，支持汽车产业、重大工业项目建设，累计拨付资金29亿元。

支持对外开放战略实施。拨付资金10.9亿元，支持民航洲际航线和货运航线开拓及中欧班列（郑州）开行1126班，中欧班列（郑州）成为东部唯一中欧班列集结中心，郑州航空港药品进口口岸正式运营。安排资金18亿元，支持机场三期扩建工程北货运区及飞行区配套工程建设，推进郑州国际航空枢纽建设。统筹省市奖补资金2.8亿元，支持E贸易核心功能区建设、跨境电商+新零售等电商服务模式创新。投入资金1亿元建立“外贸贷”融资平台，设立出口退税资金池5000万元，缓解中小外贸企业融资难问题。

支持高品质城市建设。拨付资金50亿元，支持轨道交通4号线、7号线一期等10条地铁线路建设，3号线一期、4号线开通运营，地铁运营里程突破200公里。拨付资金13.9亿元，支持郑济高铁、机场至郑州南站城际铁路建设，郑太高铁、机场至郑州南站城际铁路建成通车，米字形高铁网基本成形。拨付资金60.8亿元，支持渠南路、西四环及大河路快速化、G310西南段等项目建设，东西南货运通道快速推进，城市快速路里程达252公里。拨付资金58.3亿元，支持“一环十横十纵”城市道路综合改造、新建及改造管网、生活垃圾分类、污水处理等城市精细化管理项目实施。

支持乡村振兴战略实施。安排资金7.7亿元，支持新型美丽乡村试点村、“菜篮子”工程、现代农业示范园建设，大力扶持村级集体经济发展，补齐农村基础设施短板，新改建农村公路554公里，645个自然村通硬化路，城乡融合加快发展。

【财政支持社会保障和民生改善】加强社会保障促进稳定就业。全市社会保障和就业支出141.6亿元。用好用活就业专项资金和职业技能提升专项资金，支持高校毕业生、下岗失业人员、农民工、退役军人等重点群体创业就业。落实社会保障财政补助，城乡居民医保财政补助标准由每人每年720元提高到750元，城乡居民基础养老金由每人每月195元提高到200元。投入资金3亿元，新建城镇社区养老服务中心120个，新增养老机构10家，新增养老托老床位2695张。郑州市智慧养老服务平台项目被确定为2020年省智慧养老服务平台试点。

支持“美好教育”。全市教育支出240.6亿元。支持落实教育优先发展战略，建设人民满意的“美好教育”。拨付城乡义务教育经费保障机制改革资金12.6亿元，推进郑州市城乡义务教育均衡发展。拨付资金5.6亿元，落实学前教育、义务教育、职业教育和高等教育补助政策，实现全市家庭经济困难学生资助全覆盖。拨付资金9934万元，支持各区县（市）改善公办幼儿园办学条件，扩大公办幼儿园和普惠性民办幼儿园教育资源，有效缓解入园难问题。支持全市教育管理体制改革，移交各区划转学校资产资金33.9亿元。

支持医疗卫生事业发展。全市卫生健康支出124.9亿元。公共卫生投入力度持续加大，基本公共卫生服务经费人均财政补助标准从69元提高到74元。支持公立医院综合改革，完善公立医院投入长效机制，健全完善疾病控制体系，支持基层医疗卫生人才培养。

支持文体事业发展。支持2020央视春晚郑州分会场、国家网络安全宣传周、中国500强企业高峰论坛、国际乒联总决赛及第29届中国金鸡百花电影节等国内外重大节赛成功举办，不断提升郑州城市知名度和影响力。

支持住房保障。拨付资金15.6亿元，稳步推进棚户区改造及安置房建设。筹措资金8亿元，支持全市老旧小区改造提升。推动既有住宅加装电梯，市内五区开工加装电梯157部，完成82部，在建施工75部。拨付安置房转化租赁住房和项目资金12.2亿元，推动住房租赁市场做大做强和房地产市场有效调控。

【财政体制改革】财政体制改革成效明显。市与区县（市）财政管理体制调整落地实施，建立区级收入增长激励机制，2020年，12个区县（市）财政收入超50亿元，其中3个区财政收入超百亿元，区域财力更加均衡。全面实施预算绩效管理。市县两级预算绩效管理组织机构框架基本成型，“1+6+n”的预算绩效管理制度体系初步形成，“财政+第三方”的绩效评价模式有效应用，预算绩效管理覆盖市本级所有预算单位，基本实现全过程管理。财政支出定额标准化体系加快建立。制定医院、学校、线性工程等项目建设财政出资比例，实施新建学校开办费，建立新建医院开办费一次性投入机制，探索研究市级公用经费、重大活动经费标准。财政事权与支出责任划分改革等有序推进。加快推进教育、科技、社会保障、医疗卫生、城建等领域财权事权和支出责任划分改革，实现与各领域管理体制改革协同推进。做好经营类事业单位改革、24家转制事业单位的资产管理工作、市县两级财物统一管理改革、省以下法院检察院财物统一管理改革工作。持续深化“放管服”改革。为14个单位开通扫码支付，全年通过第三方支付平台完成缴费8.5亿元。提升投资评审效能，全年完

2020年，郑州市生态环境质量持续改善。图为城市中央文化区秋天景色（马　健/摄）

成委托评审项目236个，审定资金12.9亿元，审减率13.8%。清理违规收取投标保证金，规范履约保证金收取比例，累计为5821家投标（中标）供应商企业减收投标保证金、履约保证金8.3亿元。提高政府采购、公开招标限额，缩短采购时间，降低采购成本，财政领域营商环境持续优化。

（牛亚博）

税 务

【概况】2020年，全市税务部门围绕建设国家中心城市目标，采取有力措施，完成各项工作任务。面对新冠疫情和减税降费等多重不利因素影响，统筹处理好组织收入和减税降费关系，先后出台加强基础税源建设14条措施，加大组织收入力度；关注地方契税补贴等惠民政策，开发上线不动产交易网上办税系统，应对缴纳契税纳税人陡增10倍“高峰”，单月增收26亿元；四季度发出大干100天号召，采取督办、约谈、日报等手段，扭转收入下降局面，市县级收入增长8.5%。2020年累计组织税收收入1635.8亿元，占全省比重32.3%，税收规模居中部六省省会城市第3位（以上为大郑州数据）。编印税收经济运行分析40余期，反映复工复产、经济恢复等情况，有力服务“六稳”“六保”大局。

【优化税收营商环境】推进“三送一强”活动，全力支持复工复产。推送税费政策41万条，辅导企业15.1万户次。举办“郑在说税·云课堂”4期，观看人数突破10万人次。依法办理延期申报2259户次，办结延期缴纳税款713户次，涉及税款1.3亿元。落实首席税务服务官制度，开展支持复工复产大走访，服务和走访企业3.5万户，帮助351户纳税人获得信用贷款3.2亿元。大力拓展服务渠道。拓展“郑好办”平台涉税业务功能，打造商事登记“一站式”联办和“套餐式”选办模式，商事登记由改革前至少跑5次减少至最多跑1次，被评为全市商事制度改革先进集体。拓展网上办税缴费事项范围，网上申报率达99%。提速出口退税，平均办理天数2.9天，远低于国家税务总局规定的8天办理时限。推进税邮战略合作，部署上线70个合作网点，累计开票2144.7万元。全面提升社会满意度，在国家税务总局开展的全国纳税人满意度调查中位居27个省会城市第5位，在全省营商环境评价中纳税指标取得第1名。

4月23日，郑州市税务局疫情期间举办“郑在税说·云课堂”第四讲
（市税务局/供图）

【税务监管】持续优化税收执法方式，税收治理能力全面提升。数字管税架构初步搭建。主动融入数字郑州，制订《2021—2023年数字税务建设规划》。建成网上业务处理中心，拓宽第三方数据获取渠道，组建税务大数据团队，探索智能执法辅助系统，数据分析、集成应用初见成效。依法治税不断加强。推行“三项制度”，从源头规范执法行为。开展行政许可逾期办理专项治理，行政许可事项按期办结率达99%。充分发挥稽查职能，查补税款8.8亿元，严厉打击虚开骗税违法犯罪行为，保障国家税收安全，营造公平良好税收环境。管理基础全面夯实。实行企业所得税全流程管理，汇算入库58.59亿元。完成首次个人所得税综合所得汇算清缴，入库税款1.25亿元。试点推行增值税普通（电子）发票代开系统，做好环保税、水资源税等政策核查，统筹推进社保费征收级次和征缴系统调整，税费管理精细度大幅提升。

（刘志红）

城乡建设与管理

建设行业管理

【概况】 2020年，全市城建行业认真落实“六稳”“六保”要求，坚持以高品质推进城市建设、城市基础设施建设、建筑业行业管理为重点，统筹抓好疫情防控和社会经济发展，各项工作取得新的成效。全市快速路通车里程达到252公里，新开工城市路网工程61条；16个供水项目、3个供热项目、2个污水净化项目开工建设；新增公共停车泊位5.9万个，新开工安置房526万平方米，建成1533万平方米，回迁安置群众12.68万人；完成建筑业产值4954亿元，增速4.7%，完成建筑业增加值1627亿元，占全市GDP为13.6%；推广绿色建筑、装配式建筑、超低能耗建筑、散装水泥分别为3647万平方米、607万平方米、24万平方米、1249万吨；中心镇完工项目194个，总投资40.8亿元；创国家级优质工程3项、省市优质工程50项；完成4类重点对象存量危房改造485户。

疫情防控和复工复产统筹推进。坚持勇挑重担，仅用10天时间建成岐伯山医院。严格落实疫情防控常态化要求，牵头制订《郑州市建设工程开（复）工工作实施方案》，全市建设工程率先实现开（复）工。助力三大攻坚战取得成效明显。脱贫攻坚精准高效，完成4类重点对象危房改造485户，实现存量危房清零。防范化解重大风险扎实推进，积极配合开展“问题企业”“问题楼盘”排查化解。污染防治成效明显，在监工程严格执行扬尘治理“8个100%”标准。扫黑除恶专项斗争扎实开展。广泛宣传发动，层层进行线索排查，郑州市城乡建设局被评为全省扫黑除恶专项斗争先进单位。同时圆满完成央视春晚郑州分会场舞台搭建及拆除任务、2020年郑州市城市体检等工作。

【高品质推进城市建设】 “一环十横十纵”城市道路综合改造试验段及一期工程全面完成，二期工程基本完工，三期工程正在进行规划设计等前期工作。32个核心板块建设开局良好，城市设计编制工作大部分完成，开工建设项目263个，完成投资1043亿元，首批重点项目全面开工。安置房建设步伐加快，出台加快安置房建设政策文件，解决了一批长期悬而未决的问题。

【城市基础设施建设】 四环线及大河路快速化工程主线、北三环东延快速通道、农业路与京广快速路互通立交等工程建成通车，渠南路快速通道工程加快推进，下穿二七广场隧道、滨河路等61条城市路网工程开工建设，彩虹桥拆除新建等一大批市政道路桥梁工程前期工作有序开展。市政公用项目统筹推进。郑州市中心城区次高压燃气管道工程完成，桥南水厂、龙湖水厂等16个供水项目、高新区隔压能源站等3个供热项目、南曹污水处理厂一期等2个污水净化项目开工建设。停车场建设等项目稳步推进。市区新增公共停车泊位5.9万个，海绵城市、综合管廊试点城市建设顺利推进，金水河整治工程有序推进方案设计。

【建筑业行业管理】 工程建设项目审批提升工作深入推进。“一网通办”系统开始试运行，“多规合一”业务协同平台搭建完成，区域评估全面启动，工程建设项目最长审批时间由74天压缩至61天，“工改”工作综合排名位列全省前三名。支持建筑企业做强做大，新增特级资质企业1家。全年完成建筑业产值4954亿元，占全省比重37.8%，增速4.7%，高于全省（3.3%）1.4个百分点；完成建筑业增加值1627.7亿元，增速1.6%，占全市GDP的13.6%。质量安全监管不断加强。深入开展安全生产专项整治三年行动，持续加强双重预防体系建设，企业主体责任进一步落实，全年创国家级优质工程3项、省级安全文明标准化工地35

6月29日，四环线大河路高架主线通车（市城建局/供图）

项、质量标准化工地28项、省市优质工程50项。勘察设计水平持续提升。实行施工图审查政府购买服务，全面推行数字化审图，进一步减轻企业负担。积极开展定额服务，根据市场需求，新增材料种类131种。消防设计审查及验收逐步规范。将消防验收纳入联合验收机制，组建消防技术专家库，各项运转机制更加顺畅高效。招投标监管服务更加便民。探索研究EPC招标模式，不断简化办事流程，实现招投标全流程电子化，特别是疫情期间采用不见面开标方式，保障了项目正常推进。行业执法检查更加严格。加强“双随机一公开”抽查，开展违法发承包专项治理，印发《郑州市建筑领域劳动用工实名制管理办法（试行）》，持续加强市场行为监管力度。

【城乡统筹发展】百城建设提质工程稳步推进。围绕“城市四治”“四篇文章”，抢抓国家加大基础设施建设的政策机遇，实施百城建设提质项目795个，完成投资1055亿元。村镇建设科学实施。加强中心镇基础设施建设，全年完工项目194个，总投资40.8亿元。出台《关于加强传统村落保护发展的意见》，确定试点村落5个。制订出台《郑州市农村房屋安全隐患排查整治方案》，全市1908个非城区行政村累计排查房屋33万座。房屋征收依法开展。围绕市政重点工程和轨道交通项目建设，积极开展摸底排查，抓好征收方案审核、风险评估和补偿资金拨付，维护被征迁群众合法权益。

（杨跃飞）

2020年，郑州市加强中心镇基础设施建设。图为登封市告成镇区天中大道（市城建局/供图）

自然资源和规划

【概况】2020年，全市自然资源系统深入践行习近平生态文明思想，紧紧围绕国家中心城市建设，发挥支撑保障职能作用，各项自然资源管理工作稳步有序开展，黄河流域生态保护和高质量发展、国土绿化、生态修复、国土三调、耕地保护、国土空间规划建设等自然资源管理工作取得明显成效。

【自然资源调查监测】组织开展全市国土调查数据安全保密排查专项整治工作，全年向市林业、农业、水利、环保、气象等5个市直单位和局内部8个部门提供23次数据，为国土空间规划编制、土地报批、生态修复、执法监察等重点工作提供基础数据支撑。加强动态遥感监测监管工作，完成省级下发的全市前三个季度17789个图斑的核实比对工作。完成济南督察局例行督察整改工作，对列入督察台账的128块耕地不实图斑，通过实地核实举证，上传省在线督察系统，通过省级审核。

【自然资源确权登记】以营商环境评价为抓手，对原有时限、材料和流程大幅优化，再造不动产登记流程，受理、审核、缮证岗位无缝衔接，形成全流程流水线作业。房管部门将网签备案和资金监管系统前置到房产中介和金融机构，开展网上网签、备案和资金监管业务。税务部门搭建网上办税系统，纳税人通过互联网缴纳契税并自助打印完税凭证。房屋交易、税费缴纳、不动产登记“一件事”涉及群众的22项不动产单办业务1小时内办结，10项联办业务8小时内办结，涉及企业的业务1个工作日办结，全面实现“当场办、当天办”。积极开展“全市通办”和“交房即发证”工作，使群众享受“放管服”红利。出台郑州市全市通办工作实施细则，实行申请材料统一、受理标准统一、审核标准统一“三统一”无差别受理原则，建立业务协调和受理告知机制，克服让群众多跑趟和超期现象的发生。发挥登银合作的优势，拓宽受理渠道和网点，实行线上线下相结合模式。全市域税费缴纳联网、房屋网签备案交易信息实时共享，实现全市不动产登记就近受理、异地受理、跨县区属地办理。2020年4月起大力推行“交房即发证”政策，实现住权与产权同步；缩短房产竣工交付后的发证时间，为市场释放了更多资金，解决了中小企业融资难问题。

【农房登记权籍调查】采取内业督导和现场核查相结合的工作模式，精准掌握各县（市）区每个标段的实际进度和质量，工作进度位居全省前列。积极解决农村房屋不动产登记过程中大量外出务工人员不能现场查看权籍调查结果、不能及时查看相关资料、不能及时申请不动产登记等难题，按照省厅、市委市政府关于在不动产登记工作中推行“一网通办、一次办成”的改革要求，以新郑市作为试点，在全省率先推出农村房屋不动产登记电子签名，实现不动产农房登记全程“无纸化”“云签名”，主要是通过手机扫描二维码，解决四邻签字难，实现“三零”“三省”“四保”。根据自然资源部、省自然资源厅关于宅基地确权登记的政策规定，结合郑州市实际情况，研究并出台《郑州市农村房屋不动产确权登记发证工作指导意见》（征求意见稿）。在现有商品房不动产登记信息管理平台的基础上开发农村房屋确权登记平台并投入使用，完成53万余宗的农村房屋不动产登记权籍调查和数据信息叠加整合工作，全部成果顺利率先通过省级验收并全面进入登记发证阶段。

【国土三调工作】国土三调工作处于收官阶段，初始调查和统一时点更新调查两个阶段共调查图斑47.87万个，其中外业举证图斑42万个，均已按要求完成内业核实、外业举证、数据库上报整改和汇总统计任务。三调初始数据和统一时点更新数据通过国家核验整改。配合国家外业核查组完成中牟、荥阳150个图斑的现场核查，以及国家对郑州市10个县区的276个图斑的“互联网+”在线核查任务。农村土地利用综合潜力调查和耕地资源质量分类专项调查成果上报省厅。

【土地收储】落实全市全民所有自然资源资产划拨、协议出让、租赁、作价出资（入股）政策并组织实施，指导全市开展全民所有土地资产处置、划拨管理工作、国有土地收回、承办改制企业的国有土地资产处置工作。2020年办理主城区范围内学校、交通服务场站等各类划拨用地14宗47.53公顷，协议出让11宗17.87公顷，企业改制等各类土地处置7宗8.53公顷。完成2019年度国有自然资源资产管理情况报告，已报送审议。全力推进军队停止有偿服务土地相关工作，对接协调完成41宗军队土地资产处置。落实全省自然资源系统内部审计工作要求，全面按时完成局属国有企业资产清查工作任务，协调配合开展郑州市产业聚集区发展情况专项审计、黄河流域生态保护和经济社会高质量发展政策措施落实情况跟踪审计、审计署2020年第一季度政策跟踪审计、郑州市2020年减税降费政策措施落实情况跟踪审计。开展局内部审计业务培训，邀请专家、领导对局属单位内审人员培训，全面提高业务能力。推进郑州市土地供应制度改革，全面参与做地模式、土地制度改革等相关政策文件制定，以优化安置居住用地供应方式、缩短安置居住用地供应周期为目标，主导起草《郑州市人民政府办公厅关于进一步完善棚户区安置居住用地供应的意见》，对安置居住用地供应的方式、流程、保障等内容规范统一。惠济区、二七区完成7宗共计300余亩安置居住用地划拨供应手续。

【自然资源资产管理统计报告】 2020年全市供应土地4484.67公顷，签订价款1112.12亿元。其中：市本级供应土地1372.93公顷，签订价款695.36亿元；各县（市）供应土地3111.73公顷，签订价款416.76亿元。省自然资源厅下达郑州市的2020年批而未供处置任务2370.87公顷，全市已完成1786.07公顷，任务完成率75.3%。

【自然资源开发利用】 研究起草《关于优化产业用地管理促进产业高质量发展的指导意见》《关于试行“标准地”出让制度的实施意见》和《关于加强土地出让管理工作的意见》以及配套实施细则。分区域实施“限地价、竞房价”和“限地价、竞地价”调控政策，全年住宅用地地价涨幅2.78%，完成自然资源部年度涨幅5%以内控制目标。同时，在疫情防控期间，将竞买保证金比例降低到20%，采取分期缴纳出让金制度，确保特殊时期下房地产市场保持稳定。市场指导价制订成果初步完成，市本级集体农用地、国有农用地和集体建设用地基准地价编制工作进展顺利。

【历史文化街区划定】 郑州市上报河南省第二批备选历史文化街区两处，分别是国棉三厂历史文化街区和二砂历史文化街区。国棉三厂历史文化街区是“一五”时期国家投资建设郑州纺织基地的代表，国棉三厂历史文化街区范围由棉纺路、桐柏路、建设西路和工人路所围合的范围以及棉纺路北三厂大门、办公楼区域，面积36.5公顷，其中核心保护范围包括三厂办公楼、大门以及棉纺路以南部分家属楼及院落，共计14.0公顷，建设控制地带

10月17日，二砂文创园开园（马　健/摄）

由棉纺路、桐柏路、建设西路和工人路所围合的范围以及棉纺路北三厂大门、办公楼范围，除去保护范围以外的区域，共计22.5公顷。二砂历史文化街区位于郑州市中原区，是郑州市珍贵的工业遗产之一，也是郑州市历史文化名城的重要组成部分。二砂历史文化街区范围由洛河西路、华山路、颍河路、二砂路和铁路线所围合，面积42.6公顷，包括核心保护范围及建设控制地带。核心保护范围北至洛河西路，南至颍河路，西至能源路，东至华山路，共计18.8公顷。建设控制地带范围为保护范围以外的区域，面积为23.8公顷。两处规划经修改完善，历史文化街区申报材料通过省厅审查。

【土地利用总体规划局部调整】 完成中牟县、新郑市、荥阳市和二七区部分乡镇土地利用总体规划局部修改，着力解决郑州市残疾儿童康复中心、财贸学院、传化物流小镇、安置区和学校等民生和基础设施重要项目用地需求。配合市民政局、市市场发展局推进《郑州市养老设施布局专项规划（2019—2035）》、《郑州市农贸市场布局规划（2018—2035年）》专项规划编制工作形成初步成果。

【村庄规划编制】 启动县域村庄分类布局规划编制工作，6县（市）均已编制完成。积极开展试点村实用性村庄规划编制工作，57个试点村均已完成编制并通过专家评审。按照省自然资源厅关于开展百镇千村规划编制试点工作的指示要求，遴选大隗镇等五个试点镇和窑沟村等55个试点村规划编制稳步推进。

【重要片区规划】 协作研究综保区扩区选址，牵头对综合保税区跨京港澳高速向西扩区的可行性研究，协调市物流口岸局、铁路局、港区、新郑等部门研究提出选址方案并协同市发改委多次论证，现已基本确定选址。加强黄河流域生态保护和高质量发展核心示范区概念性总体规划的协调衔接，协调做好核心板块、重点项目的规划保障。

【建设用地预审及报批】 把好建设项目用地关，确保耕地保护和土地节约集约政策得到落实。加强与有关部门建立沟通协调机制，简化审查环节，压缩办理时限，从法定20个工作日缩短为7个工作日，重大项目开辟“绿色通道”，特事特办，急事急办，全力保障国家重点、省市重点项目顺利实施。全年办结预审卷宗30宗，办结建设项目选址意见书卷宗23宗，推进轨道交通7、8、10、12号线二期工程，京港澳高速与北三环东延互通立交、连霍高速与迎宾路互通立交、G234线荥阳崔庙至新密平陌段等重大基础设施项目建设。简政放权，将市级立项的建设项目用地预审和选址审批权限下放到县（市）区，压缩行政审批环节，审批效率进一步提高。全年全市批回建设用地68批（含6个单选址项目），1485.34公顷。全市共上报建设用地91批（含5个单选址项目）3437.92公顷。

【用地计划改革】 引导使用流量建设用地指标，购买复垦券，优化用地保障结构。全年上报增减挂钩项目73批，建新区总面积1331.27公顷；批回增减挂钩项目75批，建新区总面积1357.66公顷。采取使用“国家新增计划”“市县新增”“省级统筹计划”“市、县配置计划”四种计划来源和配置方式。全年郑州市（含航空港区）共使用计划指标新增建设用地2027.63公顷。单选址项目使用国家新增计划144.79公顷，使用省统筹计划1245.10公顷，分别为郑州新郑国际机场三期扩建工程北货运区及飞行区配套工程、贾鲁河综合治理工程

项目等重大基础设施建设提供土地计划指标保障。

【市政基础设施专项规划】《郑州市5G基站建设专项规划》获得市政府批复实施，统一建设标准、统一建设要求，规划布局全市3万余个基站建设。《郑州都市区环境卫生设施专项规划》《郑州都市区环卫专项规划环评报告》获得批复，是郑州市第一版在全市域范围内开展的系统全面的环卫设施专项规划，有效指导东部、西部、南部垃圾焚烧发电厂等重大环卫设施的落地建设。完成《郑州市西干渠等八条明沟综合治理规划》《建设路—桐柏路积水点改造规划》《西三环金水路积水点改造规划》等6项专项规划的编制工作，形成较为系统的规划体系。会同专业部门启动开展《郑州市瓶装燃气专项规划》《郑州市夜景照明专项规划》《郑州市国家中心城市供水保障规划》等3项规划编制工作，其中《郑州市国家中心城市供水保障规划》落实市委市政府供水"一张网"建设要求完成初步方案。

【生态建设规划】完成《贾峪河生态治理工程绿线蓝线划定规划》《贾鲁河尖岗水库至南四环段绿线蓝线划定规划》《金水河综合治理工程蓝线优化、绿线划定、污水管线迁改规划》等规划编制及批复工作。完成巩义市、中牟县等21个部门和单位的"人工造湖"（10万立方米以下）专项自查工作，排查问题28项，形成专题报告报市政府，并督导中牟县、航空港区、上街区报送整改改造方案。

【道路管线综合规划】根据市2020年城建计划，在总体规划和各专项规划指导下，完成市政道路管线综合规划的编制审查批复工作，共涉及道路257条（段），约452公里。组织开展老旧管网改造工程、架空线路落地工程等市政府重点项目管线综合规划，完成《2020年郑州市架空通讯线入地改造选线规划》编制工作，涉及道路72条（段）；完成《2020年郑州市热力老旧管网改造选线规划》编制工作，涉及道路18条（段）。

【交通规划】针对停车难问题地梳理全市945个社会停车场中的342处，并向省厅、市建设局反馈停车场建设相关规划实施意见。启动16处停车场控规编制。积极主动推进郑州市主城区停车场建设策略研究、控规方案编制指标体系研究，确定用好用足政策、优先编制三环内地块控规，缓解停车难问题的基本策略。完成12个拟建停车场项目建设方案审查。明确四座加油加气站规划意见，全面实地调研四环现状29座加油站基本情况，初步谋划四环公共配套规划（如加油、加气、充电站布点规划），完成大河路沿线加油站的现场踏勘。完成青少年公园控规修改、新规编制、报批、选址、报批工作。

【郑州市32个核心板块城市设计工作】开展郑州市城市片区32个核心板块城市设计工作，完成各区核心板块选址及规划建设情况汇总上报，确定32个核心板块选址范围，核心板块城市设计编制工作基本完成，32个核心板块城市设计均已完成市委市政府专题会研究，其中27个核心板块城市设计已通过市规委会审议。按照市规委会从城市国土空间总体规划角度重新研究定位编制城市设计要求，其余5个核心板块中新郑薛店物流基地配套服务核心区、荥阳市宜居健康示范区、登封文化产业核心板块、新密主城区产业新城4个核心板块正在重新研究定位编制城市设计方案，巩义市河洛文化城城市设计方案正在按照第60次规委会要求进行深化。

【耕地保护】落实耕地和永久基本农田保护面积430万亩、305万亩，超额完成省政府下达的425万亩、304万亩目标。实现补充耕地整改完成率100%，已批建设用地耕地占补平衡完善率100%。改进耕地占补平衡管理，多种方式落实补充耕地约2万亩，连续21年实现耕地占补平衡。强力保障省、市轨道交通7号线一期、8号线一期、连霍高速公路郑州市迎宾路出入口新建工程、G310郑州西南段改建工程、郑州新郑国际机场三期扩建工程北货运区及飞行区配套工程、贾鲁河、S312等国家、省、市重点建设项目，永久基本农田补划149.87公顷、补充耕地466.93公顷。大力支持设施农业用地需求，联合市农委下发关于改进设施农业用地管理的政策文件，开创设施农业用地精细化管理模式，完成45个项目、共计74.53公顷设施农业用地上图入库，走在全省前列。提请市政府审定印发《郑州市人民政府关于调整国家建设征收集体土地青苗费和地上附着物补偿标准的通知》（郑政文〔2020〕25号），优先调整集体土地青苗费和地上附着物补偿标准，为全省征地补偿标准调整做出表率，全市依法完成征收3.9万亩。

【矿业权管理】除部省级发证矿山以外，下放市县采矿权登记权限。郑州市涉及登记水泥用石灰岩、溶剂用石灰岩、花岗岩、石英岩等矿种，目前涉及的矿种郑州市辖区有11家，其中登封市7家，新密市1家，荥阳市3家。按相关要求，郑州市自然资源和规划局制定的《郑州市自然资源和规划局探矿权采矿权审批登记规程》正在协调省厅及审批大厅办理网络连接等事宜。分类处置，积极引导郑州市30万吨/年煤矿数量比2018年底减少50%以上。郑州市符合条件煤矿40家，同比2018年减少57.5%。其中新密25家，同比2018年减少56%；登封13家，同比2018年减少53.8%；荥阳2家，同比2018年减少100%；全年郑州市共关闭煤矿5家，其中新密市2家，登封市3家，已完成上级下达的2020年度煤矿关闭任务。根据省厅"强化露天矿山扬尘防控""关小上大"工作要求，因地制宜，科学制定方案。在"关小上大"工作方面取得明显成效，全市140家露天矿山中，已关闭取缔100家，剩余40家（其中省级发证35家，县级发证5家），100%完成"关小上大"关闭取缔的工作任务。过期矿权的清理工作（主要县级发证）除涉法涉诉的矿山之外，全市共清理71家矿山，其中新密清理27家，荥阳清理32家，登封清理12家。荥阳市发证的38家矿山中16家分别整合为三家建筑石料，目前荥阳市正在推进此项工作。

【地质矿产保护监督】建立信息公示综合监管长效机制和联席会议制度，形成分组负责、分类跟踪、各司其责的工作机制，加强矿产资源勘查开采监督管理工作，实地核查69个矿权，对存在违法违规问题的15家矿山列入异常名录并移交执法部门查处。认真开展规范资源利用专项行动，对省厅2019年实地核查发现的11方面81个问题和2020年前三季度卫星遥感监测下发郑州市84家矿山的问题图斑，督促各县（市）局逐个调查核实，完成排查认定和查处工作。加强重点矿山的监管力度，采取委托第三方的形式对19家煤矿抽查，发现存在超层越界开采、违反开发利用方案等违法违规问题及时督导相关县（市）局调查处理。大力推进全市绿色矿山建设，全市已建成（含通过第三方评估）绿色矿山23家。其中，登封市15家，新密市4家，荥阳市2家，新郑市2家。全市在产大中型露天矿山全部建成绿色矿山，走在全省的前列，超额完成年度绿色矿山建设的目标任务。按时完成了2019年度矿山储量动态检测报告的审查复验和固体矿产资源统计工作，动态检测和统计率均达100%。加强矿山储量动态监管，采取委托第三方的形式对20家矿山的储量动态检测报告进行抽查，提高储量年报的真实性。完成建设项目压覆矿产资源审查和初审工作，全部在规定时限内办结，办结率100%。提请市政府发布实施《2020年郑州市突发地质灾害应急预案》，召开全市年度地质灾害防治工作会议，加强对350余处隐患点的动态管理，强化与技术支撑单位合作，做好防治物资的筹备。组织形式多样的避险防灾培训及应急演练，参训人员达到2000余人次，提高基层应急处置能力，有效预防地质灾害的发生，确保群众生命和财产的安全。积极推进地质灾害防治项目，郑州市惠济区古荥镇黄河桥村黄土崩塌、滑坡群地质灾害搬迁避让项目、荥阳市汜水外公虎牢关村崩塌群地质灾害搬迁避让项目已经结题并通过验收。完成地质大数据云平台建设项目和郑州市多要素城市地质调查2020年项目（共三批14个项目）的公开招标，中标总价为15086.33万元，预算控制总价15433.28万元，节约资金346.9475万元，中标单位正在按合同要求推进工作。积极推进露天矿山视频监控建设，已建成全市露天矿山视频监控平台，实现市局与涉及露天矿山县（市）局平台联网，全市39家露天矿山中已接入29家109路视频监控。

【测绘地理信息管理】 制定《关于加强基础测绘支撑自然资源和规划管理能力建设的通知》《关于申领使用卫星遥感影像数据应用的通知》，明确市国土资源调查测绘院和省遥感测绘院为系统各单位基础测绘服务支撑保障单位。落实市政府《郑州市工程建设项目联合测绘实施方案》要求会同房管局、人防办以及建设局、房管局、人防办相继联合下发《郑州市工程建设项目联合测绘实施细则》《郑州市工程建设项目竣工验收阶段实行联合测绘的通告》。着力在测绘资质巡查、测绘成果质量监督抽查、地图管理使用、涉密测绘成果管理等方面下功夫，加强所辖257家（乙级161家、丙级74家、丁级22家）测绘资质单位的日常监督管理工作，按照“双随机一公开”要求，圆满完成2020年度各项监督检查工作。积极开展以“规范使用地图一点都不能错”为主题的宣传活动，先后组织系统业务培训6次，举办联合测绘有关政策解读培训会2期3个班次。联合市文化广电和旅游局对全市地图市场开展监督抽查工作。完成对测绘资质单位提交申请办理事项的初审、测绘资质巡查和质量监督抽查、涉密测绘成果监督抽查等6个方面可能发生的廉政风险进行排查并制定相应防控措施。全年受理办结新申请测绘资质14家、资质升级2家、资质注销16家、基本信息变更79家、业务范围变更22家、补充修改数据65家，完成测绘项目备案338项，办理测绘作业证333本。严格落实测量标志保护工作，完成全市13个测量标志点的年度巡查和维护。

【建设工程日照分析管理】 借鉴杭州、南京标准开展建设工程日照分析管理工作，建立“形式审查+批后抽查”的监管模式，实现“放管服”改革闭环管理，编制完成《建设工程日照分析管理办法》和《日照分析技术规定》，完成社会征求意见后，计划2021年3月1日正式印发。

【建成区划定标准】 2019年度调查统计成果经市政府第5次规划联审联批会审查通过，由市政府向社会发布通告。根据市政府要求，修订《郑州市城市建成区划定标准》并经市政府第9次规划联审联批会审查通过。2020年度建成区规模调查统计工作正按程序开展，目前已完成半数以上现场核查，确保2021年3月报送市政府审查。

【“一张图”建设】 深度集成国土“一张图”和规划“一张图”，初步实现空间数据、业务数据、档案数据的全面管理与共享，为业务审批、监管决策、自然资源调查评价以及政府部门间数据共享提供统一的图形、数据服务支撑。全年完成各类规划编制数据入库1572平方公里，其中总规43平方公里、控规41平方公里、专项规划1435平方公里、六线规划53平方公里，完成各类规划审批数据入库762件，其中建设用地规划许可证162件、建设工程规划294件、用地预审与选址意见书83件、规划设计条件223件，完成各类批后管理数据入库243件，其中规划核实109件、工程验线134件，完成污染地块管控数据入库110件，收集以档案资料保存项目16项，完成规划“一张图”数据库历史存量数据的坐标系转换工作，完成污染地块数据库标准等3个数据库入库标准的制订工作。

【电子证照数据归集工作】 完成业务审批系统与电子证照库的技术对接，实现电子证照的实时更新与推送。全年报送电子批文类历史数据1030条，向电子证照库系统推送不动产权证书信息98115条，不动产登记证明信息319455条，建设用地规划许可证信息4407条，建设工程规划许可证信息14061条，用地预审与选址意见书信息1945条，建设工程档案认可文件111条，完成2018年以来核发的665个建设工程规划许可证（建筑类）项目的档案扫描、整理入库和共享调用工作。

【重点项目保障】 郑州市2020年计划新开工省重点项目80个，其中7个项目初步设计尚未批复、未提出用地申请，实际需保障项目73个，截至年底用地报批工作已全部完成，保障率为100%。重点关注市第一、二、三批集中开工重大项目共533个总投资4990.7亿元（年度计划投资1156.9亿元），已实质性开工项目521个，开工比例97.7%；未实质性开工项目12个，其中10个项目尚未完成土地报批或供应。重点跟踪招商引资企业38个，涉及项目53个，其中17个项目土地、规划手续已办结，5个项目正在供地阶段，1个项目用地已报省厅审查，11个项目正在选址，19个项目处于洽谈中。《2020年郑州市重大工业和信息化项目》共计450个，其中竣工项目77个，新开工项目168个，续建项目205个，土地、规划要素得到保障项目436个，保障率96.89%。

【行政审批】 从4月7日启用新版“一书两证”证书及许可证号编码规则。减少审批环节，工程建设项目审批事项从30项减少为19项，压缩率37%。减少审批时限，划拨类、出让类供地审批时间从42、34个工作日压缩至22、16个工作日，平均压缩率50%。减少审批材料，工程建设项目审批材料从162项减少为84项，压缩率48%。选取高新区、经开区和航空港区作为郑州市32个核心板块区域评估工作试点重点推进，全市各县（市）区共选定区域评估板块37个，开展评估面积约402平方公里，占全省66.5%（2020年全省累计实施区域评估的地块面积604.8平方公里），推进效率走在全省前列。

【土地供后监管】 在全市范围内开展闲置土地清查活动，按照省厅下达消除闲置任务0.91万亩，截至12月31日已完成1.5万亩，完成率为169%，超额完成任务。其中15个县市区均已按要求，完成各自的指标任务。完成济南督查局、省厅下达的2018年之前全域督查闲置土地问题清单处理工作，其中涉及郑州市共181宗，年底前已整改到位59宗228公顷，达到省厅“工作有明显进展”的要求；关于2018年闲置土地虚假处置问题，涉及郑州市共19宗，年底前已整改完成14宗，剩余5宗。

【执法整改工作】 2019年度卫片郑州市共涉及图斑5763个，监测面积11546.02公顷，耕地面积4683.8公顷。通过核查判定，其中，合法图斑2983个，监测面积5582.31公顷，耕地面积1837.60公顷；其他图斑1173个，监测面积2325.69公顷，耕地面积1126.65公顷；违法图斑1607个，监测面积3635.76公顷，耕地面积1718.71公顷。根据部政策扣减后，违法比例达30.21%，全市有10个区县（市）超15%的问责比例。通过持续整改，截至12月中旬，全市共整改图斑383个756.24公顷，耕地455.11公顷。其中，通过补办用地手续整改图斑207个464.04公顷，耕地268.13公顷；通过拆除整改图斑85个75.80公顷，耕地50.34公顷；通过重新举证整改图斑91个216.41公顷，耕地136.64公顷。目前全市违法比例降至10.08%，所有区县（市）的违法比例均在15%以下。认真抓好违法线索的办理处置，累计办理省厅交办、领导批转、市长电话室、ZZIC、市网管办、12336和群众举报及媒体曝光的国土资源违法线索694件，对个别重要违法线索进行督查和督办，按时办结率100%。

【违建别墅问题清查整治专项行动】 根据“区县（市）不漏乡（镇、办）、乡（镇、办）不漏村（社区）、村（社区）不漏组（户）”和“政府牵头、部门协同、拉网排查、逢墅必进、统一认定、同步整治”的标准要求，经全面排查认定84个违建别墅项目，涉及违建别墅共484栋。其中重点区域违建别墅322栋，重点区域外认定违建别墅共162栋。依据违建别墅清查整治有关政策，按照“一房一策”的工作要求，制定处置方案，采取有力举措，共整改处置违建别墅484栋（拆除361栋，保留建筑物123栋），罚款2332.06万元。

【农村乱占耕地建房摸排工作】截至11月10日，已全部完成疑似违法建房80802点位定点、登记、拍照、融入成果、填表录入和市级审核等摸排程序，完成比100%。国家下发郑州市疑似违法建房新增点位78381个，完成比100%，国家、省共计下发点位159183个，11月20日前全部完成，形成图斑105063个，并全部完成审核上报工作。根据农村乱占耕地建房“回头看”工作安排，完成前期全市摸排图斑105063个复核，同时对7月3日后新增的图斑严查，严格控制违法增量，减少存量，将按照“回头看”活动要求，确保全市2021年1月15日前完成“回头看”任务。

（李前进）

市政建设与管理

综 述

【概况】2020年，市城市管理局在做好疫情防控的同时，按照市委“一年一个样、三年大变样”的工作要求，谋划构建一体化、全覆盖的大城管格局，着力完善“常态化管理+专项整治”的精细化管理模式，持续巩固“整洁、有序”的城市治理成果，全力营造“舒适、愉悦”的城市环境，城市管理水平和城市品位逐步提升。市城市管理局荣获全国住建系统抗击新冠肺炎疫情先进集体、全国“强转树”专项行动工作先进单位、全省住建系统依法行政示范单位、全市依法行政工作先进集体、政务服务工作先进集体、平安建设先进单位等荣誉称号；在2019年全市营商环境评价中位列市直单位第三名；官方微博再次上榜全国十大城管微博，位居第二名。

【市政设施管理】加快道路中小修，完成道路中修79条、263万平方米，小修70万平方米。开展窨井整治，完成410条道路病害窨井确认排查，整治病害窨井9962座。集中开展施工围挡整治，整改拆除施工围挡4879处、310万平方米。推进美丽街区和示范道路建设，打造美丽街区28个，创建优秀以上道路1231条。加快城市亮化和照明整治提升，积极组织开展路灯设施综合整治活动，对全市地下通道、涵洞、隧道和受施工影响的灭灯路段进行全面排查，建立台账，加大整改力度，共维修路灯1.82万盏，整修路灯设施3.48万处，处理高低压故障2421起处，综合亮灯率98.47%。实施2020年春节亮化工程，在嵩山路、建设路等146条（段）道路和郑东海汇广场、金水凯旋广场等44处节点，安装灯笼、中国结、彩球灯等各类灯具20余万盏。围绕重大节日和重大活动，在重点道路、立交、广场、沿街楼体开启夜景亮化模式，播放活动宣传画面，节日祝福灯光秀直播，提升郑州夜间城市形象。实施道路绿化提升改造，对金水路、嵩山路、迎宾路等道路桥区进行绿化景观改造提升，累计栽植乔木10.43万株、花灌木8.25万株，修剪遮灯行道树1.24万株，整治树穴篦子缺失、破损问题1.53万个，安装“智慧树牌”6840个。

【公用事业发展】供水保障得到加强，统筹推进“供水一张网”改革，完成了中法原水公司权益回购，白庙水厂、花园口水源厂纳入市自来水公司统一管理；郑开同城东部供水工程、九龙水厂工程经市发改委批准立项，桥南水厂具备通水条件，新建改建供水管网133.53公里。燃气供应能力持续提升，中心城区次高压西段燃气管道及配套调压站建成置换通气，四环快速化高压燃气管线改迁工程全线贯通，新建改建中压管线100公里，发展民用户12万户；强化瓶装燃气整治，对瓶装燃气企业开展拉网式排查，查处黑销售点20余个。集中供热能力再攀新高，裕中百万机组“引热入郑”配套集中供热管网全线贯通投运，郑东热电厂关停替代热源商都路热源厂、白沙园区热源厂建成投运，新建改建供热管网104.9公里，新增供热面积1681万平方米。污水污泥处理能力不断增强，郑州新区污水处理厂二期、南曹污水处理厂一期、马头岗污水处理厂厂外再生水管线等重点工程加快推进，7座污水处理厂安全稳定运行，42万吨临时堆放污泥实现资源化、无害化处置，提前完成中央环保督察反馈问题整改。

【环境卫生管理】持续开展“全城清洁”行动，加强洗扫一体化作业，全面提高保洁标准和频次，坚持每半月对绿化带集中清洗一次，每周对道路侧石、防眩板、防撞墙、交通护栏等城市家具清洗不少于两次，每日对果皮箱擦拭三次。加大重点区域卫生治理，完善落叶清扫应急预案，强化卫生死角治理，实现卫生保洁全覆盖、常态化、无死角。深入推进公厕革命，新增一类公厕281座、二类公厕126座。启动城市雕塑专项规划编制，加强城市雕塑管理。强化餐饮服务业油烟净化专项治理，1554家餐饮服务单位安装在线监测系统，各区县（市）、开发区全部建成餐饮油烟监控平台，累计检查餐饮服务业13.1万家（次），整改问题1.92万个。持续巩固城市黑臭水体整治成果，加强“两河一渠”水域环境和滨河公园治理，城区黑臭水体实现清零。严格工地扬尘管控，全面开展扬尘污染防控排查、互查行动，实行开复工验收，民生工程分级分季节管理。采取限期整改、信用扣分、通报、约谈、媒体曝光等形式压实三方责任，PM10平均浓度控制在84微克/立方米，比2019年下降14.3%，比省定指标超额完成13.4个百分点。强化建筑垃圾处置管理，积极推进建筑垃圾资源化利用，资源化处置利用建筑垃圾4342万方，资源化利用率达到70.8%。加强渣土车管理，严把渣土清运车辆准入关口，柴油渣土车全部退出市区渣土清运市场，持续开展黑渣土车查处联合执法行动，处置违规清运案件2470起。全面推进生活垃圾分类管理，南部二期、西部生活垃圾焚烧发电厂正加快推进，垃圾填埋场生

郑州新区污水处理厂项目荣获2018—2019年度国家优质工程奖

（市城管局/供图）

态修复工程全面启动，垃圾综合处理场积存渗沥液应急处理工程3台机组建成投用，60万吨积存渗沥液实现全处理。建成运营生活垃圾分拣中心10个、垃圾箱房（亭）1222座、果蔬垃圾处理站13个，中心城区完成生活垃圾分类250.7万户，居民小区垃圾分类覆盖率99.36%，基本建成分类投放、分类收集、分类运输、分类处置全链条闭环体系。稳步推进城乡结合部综合改造，村容村貌、社区治理、交通整治等2118项管理性项目全部展开；819项工程类项目，完工499项，正在施工237项，完成户厕改造3.65万户，建成生活污水处理设施66座，建成示范点（村）25处，建成新G107生态廊道、经开区御风公园、郑东新区高铁公园等一批高质量生态廊道和游园项目。

【市容环境整治】网线入地实现大头落地，完成网线入地改造238条路（段）308.5公里。有序推进线杆箱体塔基整治，清除线杆6872处、箱体221处，拆除通信塔基33座、高压电力铁塔306基。加大违法建设整治力度，拆除违法建设1.5万余处、242万平方米。开展"住改商"整治，恢复住改商原有功能5147处、21.33万平方米。加强广告整治，拆除快速路两侧大型户外广告53处、整治墙体、落地、LED显示屏等大型广告761处，整治门头牌匾7254个。结合重大活动，在主次干道、重点区域、窗口地区设置公益广告6515处。加强早夜间经济服务管理，清理占道经营17万处、突店经营4.9万处。持续规范停车秩序，积极推动停车差异化收费政策出台，施划完成夜间限时停车泊位10.9万个。开展停车管理示范街创建、经营性停车场等级评定活动，创建停车管理示范街14个，评选优秀停车场56个、合格停车场1089个。加强共享单车和非机动车停放管理，设置共享单车禁停区124处、限停区153处，单车总量从38万辆压减至16.2万辆。进一步规范城市养犬管理，查处违规养犬、遛犬案件1184件，抓捕流浪犬1995只。

【县级城市管理】各县（市）和上街区围绕"东强、南动、西美、北静、中优、外联"的城市功能布局，以"三项工程、一项管理"为切入点，结合实施百城建设提质工程，高品质推进城市建设管理，着力打造有颜值、有内涵、有温度的城市新形象。各县（市）和上街区共施划夜间道路限时停车泊位3.46万个，完成农村户厕改造18.33万户，农村生活垃圾实现收集转运处置体系全覆盖；城区道路清扫保洁机械化率达到85%以上，建成区公厕40%以上达到一类公厕标准，城市路灯主次干道亮灯率达到95%以上，数字城管案件处置率达到90%以上，公共用水普及率、用气普及率达到85%以上，供热普及率达到48%以上，污水处理率达到86%以上。

【城管运行机制改革】制订《2020年郑州市大城管工作实施方案》及六个配套专案和考评办法，对城市管理实施统一标准、统一监管、统一考核。建立全要素问题台账、责任台账，构建数字化监督中心与各区（开发区）、市直各部门、各平台公司、运营公司之间信息采集、立案、下派、整改、检查、销号的工作闭环，做到发现问题在线上、处理问题在线下，形成责任明晰、标准规范、高效快捷的运行机制。推动管理职能下放，将84条市政道路、69座桥梁设施管养和139条道路绿化下放各区管理。推进管理重点向居民楼院、施工工地、城乡结合部、铁路沿线、高速公路站点、桥区、环岛、匝道延伸，实现管理无死角、全覆盖。开展大城管运行中突出问题集中整改，完善问题分析、研判、会商机制，组织专班，集中力量，逐级分解任务，层层压实责任，加快数字城管积压案件处置，集中整治城市管理边界争议等问题，切实解决大城管工作推进中权属不清、责权不明、推诿扯皮和管理中不作为、懒作为、乱作为等痛点、难点、堵点问题，确保大城管改革落地生根。

【城市管理体制机制】智慧城管建设步伐加快，智慧城管一期7个领域11个子项目77个子系统基本建成，智慧停车、智慧市政、综合执法、共享基站等部分应用场景上线试运行。33.25万个停车泊位实现"一键导航、无感支付"，4716辆渣土车和2604个施工工地实现在线监控，2523座公厕全部录入"郑州公厕地图"微信小程序。营商环境持续优化，深化"一网通办"前提下"最多跑一次"改革，不断简化办理环节，优化办理流程，大力推行信用承诺制审批、告知承诺制审批、容缺受理审批等便民利企制度，将行政审批事项从只能在网上预审，提升为全流程网上办理，实现零跑腿办理，水气报装环节达到了全省领先水平。科技创新迈上新台阶，全年新立住建部研究开发项目1项、市重大科技创新专项2项、市建设科技项目5项，新增省级工程技术研究中心3个、市社会科普基地2个、科研项目69项，取得专利授权93项、软件著作权15项、省级科技成果6项，荣获省建设科技进步奖一等奖1项、"十三五"郑州市《科学素质纲要》实施工作优秀案例1项。城管执法服务不断增强，以开展"执法服务水平提升年"主题活动为契机，推动"强基础、转作风、树形象，打造人民满意城管"行动向纵深开展，市执法支队等5个单位受到住建厅表彰。全面推进依法行政，加快《郑州市违法建设查处办法》《郑州市城市快速路管理办法》等立法进程，严格落实重大执法案件法制审核制度，推行案件评查制度，推进"双随机一公开"监管执法模式。金水区城市综合执法局荣获全省服务型行政执法标兵单位称号。

【城市管理应急处置】针对排查出的33处积水隐患，制订了"一点一方案"责任清单，采取工程措施治理完成17处，2处汛期前完成整治，14处暂时无法采取工程措施解决的积水隐患通过强有力的管控措施，解决了多年的汛期积水隐患。应急中心共受理群众反映各类问题2740件，办结率100%。

【新冠肺炎疫情防控】全面启动环卫消杀，在垃圾中转站推行"五步消毒法"、环卫设施"3+N立体消杀法"、环卫车辆"三步消杀法"，公厕"跟踪消杀、一客一洁"。在全国率先推出废弃口罩专用收集箱，并将废弃口罩运至

1月20日，2020年郑州市城市管理工作会议召开（市城管局/供图）

垃圾焚烧场集中处置。开展全市道路集中消杀，建立积存垃圾应急清运机制，对小区（楼院）积存垃圾实行无偿、即时清运，一系列做法受到央媒好评。推出多项公共服务惠民措施，水气暖企业坚持防疫生产两不误、用户欠费暂不停供，供水落实三级水质检测，污水处理加大消毒和出水检测频次，供热免费延长7天等，受到市民好评。加强家禽饲养普查整治，累计出动执法人员2.72万人（次），发现问题757户，普查整治家禽6003只，阻断了疫情传播扩散途径。开展“三送一强”助力复工复产，成立10个分包小组，对口下沉到金水区17个办事处，协同金水区，为企业累计解决问题15.15万个。开辟行政审批绿色通道，为复工复产企业出具许可证4748份。局直属机关党委、新密市城管局被市委市政府评为抗击新冠肺炎疫情先进集体，6名个人荣获市级以上抗击新冠肺炎疫情先进称号。

（王永刚）

市政设施养护

【概况】2020年，全市共完成人行道大修铺装4.95万平方米；沥青路面养护维修7.72万平方米，人行道养护维修3.91万平方米；疏挖排水管道227.42公里，疏挖检查井和进水井17.2万座（次）；清洗桥梁护栏956.7公里、防撞墙43.73万平方米；泵站污雨水抽升1489.2万吨。

【市政设施综合整治提升】完成了长江路金水河桥、嵩山路碧沙岗人行天桥、航海路十七里河桥的安全防护设施升级改造，整修西三环郑上路立交，拆除城市道路限高架12个。累计维修窨井病害11216处，疏挖排水管道227.4公里，改造积水点25处。

【市政设施防汛除雪】按照“早部署、早动手、早准备、早落实”的工作原则，不断加强制度建设，强化管理、压实责任，提前做好防汛和除雪演练等前期准备工作，在2020年的6次较大降雨过程中，共组织人员2500余人次、抢险设备600余台次、移动泵车72台次，设置警示框1200余套，圆满完成防汛工作任务，确保了市民安全出行。

【城市道路绿化】绿化工程建设。配合“一环十横十纵”项目完成了桐柏路剩余工程、嵩山南路中分带的道路提升工作，栽植乔灌木1225株，藤本月季400株、绿篱及地被2.5万余平方米。全年累计栽植乔木10.43万株、花灌木8.25万株，修剪遮灯行道树1.24万株，整治树穴篦子缺失、破损问题1.53万个，安装“智慧树牌”6840个。开展高架路桥月季彩扮项目（一期）建设，对中州大道农业路立交、中州大道北三环立交、南三环京广路立交、西三环农业路立交未安装隔音板的3.8万米防撞墙进行月季彩扮。

节庆氛围营造。春节、国庆节等节日氛围营造工作中，在央视春晚分会场（炎黄广场）沿线道路打造了4组立体雕塑；在中原路（西三环——嵩山路）播撒野花组合面积约2.8万平方米；在紫荆山游园、河医园坛、中州大道金水立交、中州大道黄河路立交、迎宾路摆放、栽植花卉约245.45万株、更换草坪约3.15万平方米；在中州大道、中原路、嵩山路等主要道路栽植孔雀草、夏瑾、鸡冠花、矮牵牛、超级巨尾海棠等草花约38.45万株。

日常养护管理。按照《郑州市城市道路、高架桥区园林绿化管养标准》等规定，对辖区绿地管养实行管理、考评。日常检查督查共计151次，累计查处黄土裸露、缺株死株、垃圾、设施损坏等问题7921个，阻止毁绿事件58起，下发书面整改通知、电话整改通知350余次，制发督查简报63期，召开管养工作例会12次，全年接收各类数字化案件共计5952起，案件转办率100%。

【城市照明设施管理】城市照明环境综合整治提升。共巡视道路32890条次，维修路灯1.82万盏，设施整修3.48万处，补装更换灯具1497套，处理高低压故障2421处，更换电缆24365米，更换井盖1277处，补装灯座门4792处，巡视检修箱台变2996处，应急处置53次。综合亮灯率98.47%，设施完好率96.04%。受理各类来电3436件，处理率、回复率100%。

夜景亮化提升。围绕春节、国庆等重大节日和网安周、电影节、创建国家文明城市等重大活动，在重点道路、立交、广场、沿街楼体开启夜景亮化模式，播放活动宣传画面，节日祝福灯光秀直播，提升郑州夜间城市形象。实施2020年春节亮化工程，在嵩山路、建设路等146条（段）道路和郑东海汇广场、金水凯旋广场等44处节点，安装灯笼、中国结、彩球灯等各类灯具20余万盏。

【城区河道管理】园林景观整治。投资近50万元对熊耳河未来路至中州大道之间的绿化景观进行了完善，对河区缺失的苗木、草坪进行了补植补栽，“两河一渠”共补栽乔木2690株、灌木（含绿篱）73320株、草坪96830平方米。为突出市花月季，春季共栽植树状月季1100棵。为迎接国家卫生城市复审及国家文明城市创建等，在河区重点景区及重要桥头栽植摆放草花29545株。不断强化河区绿化管养，对河区的美国白蛾及其他病虫害进行了普查，共开展病虫害防治40遍，对河区2198株杨柳雌株进行了药剂注射，防治飞絮，绿地共施肥3.65吨，清除河区死树123株，共修剪花木81350株、绿篱864898平方米、草坪1271600平方米，悬挂树牌917个。继续对绿地内黄土裸露和绿化带内黄土高于侧石进行治理，通过种植麦冬、鸢尾等地被植物，消除黄土裸露，提升观赏效果，共改造草坪124984平方。

环境卫生整治。加强对河区基础设施养护，确保果皮箱、座椅等各类设施干净整洁、设置规范。共清扫各种垃圾19525立方米，清理小广告16355处次，果皮箱维修1000处次。河区公厕均按照《城市公共厕所卫生标准》二类及以上标准进行管理，共维修公厕1315处次，公厕内外环境整洁有序。积极查处城区河渠的各种偶发性排污问题，落实三级联动机制，实施日巡查、周报告制度，及时发现问题，及时解决，共查报雨水口排污现象1796处次。累计打捞河道漂浮物、垃圾8583余立方米。

夜景亮化提升（市城管局/供图）

城区河道防汛。制订防汛工作方案，组建近200人的防汛抢险队伍，处理塌方等险情；全面检修沿河橡胶坝等防汛设施，落实橡胶坝操作、检修责任人，确保橡胶坝随时启闭自如，泄洪畅通；实行24小时值班制度，时刻监视汛情。全年共处理大的汛情7次，处理维修塌方4处，保证"两河一渠"安全度汛。

行政执法。积极加强执法队伍建设，建立健全各项规章制度，积极开展市容环境秩序提升整治行动，保证了河区整体秩序稳定。2020年，出动执法力量9085人次；出动执法车辆825台次；清理占道经营6022处；查处乱搭乱建15处；清理乱贴乱画60处；查处违章施工6处；劝阻违规遛犬7108人次；制作81份执法案卷。

河区设施养护。积极开展"两河一渠"供电、供水设施、橡胶坝等河区设施维修养护工作，加强日常巡视、排查，及时检修河区设施，保障了河区各项工作顺利进行。共完成供水设施故障检修94处次，供电设施故障检修1107处次，橡胶坝等相关设施检修保养1050处次，亮灯排查60次，园路维修9639平方米。

【环城快速公路管理】 道桥养护。快速路养护维修全年不停，对出现路面坑槽、道路沉陷、人行道损坏、侧坪石损坏、桥梁栏杆缺损、地下通道设施、桥梁伸缩缝、落水管脱落、声屏障被撞等病害及时进行维修，全年共维修道路22025.35平方米，人行道维修9393平方米，灌缝3650米，侧平石维修979米，更换伸缩缝止水带91米。对西三环郑上路立交桥进行应急加固维修，加固立柱6根，更换支座4个，现浇混凝土34立方米，更换伸缩缝两道25米，桥面及引线沥青层复浇3090.3平方米。搭设北三环跨铁路编组站大桥铁路防护棚，完成φ609钢管柱1163米，分配梁603米，纵梁1736片，防护棚面积3597平方米。

环卫保洁。继续实行市场化作业模式，机械清扫面积108.51亿平方米，人工清扫面积22.86亿平方米，冲洗道路面积33.15亿平方米，清理绿化带8.68亿平方米，清理道路遗撒33024处，清理突发垃圾31680立方米，清理小广告22176处，清运生活垃圾果皮箱垃圾34656立方米，消毒杀菌地下通道和立交桥7300座次，清洗防撞墙、隔离带6264万平方米，清洗声屏障2，575万平方米，清洗防眩板288742片。

市政设施执法监管。及时清除快速路范围内设置桥体广告、粘贴广告、悬挂条幅广告共53处次；规范道路施工工地51处次；及时发现井盖缺失并联系产权单位维修195处次；协助办理占道、破路审批手续3起；协调交警处置涉及道路设施事故17起；劝离立交桥下滞留闲散人员72人次。

【郑开大道市政管理】 市政设施管理。维修、更换侧平石340米；升降、加固窨井22座；处置桥梁护坡空洞15立方米，砌筑护坡32平方米；更换警示柱383根；粉刷桥涵护栏、隧道挡土墙2526平方米；疏浚明渠1600米，清运明渠垃圾192立方米；对10座桥梁进行常规定期检测，检测长度695米；全年道路设施完好率达到98.5%，排水设施疏挖合格率95.4%、排水设施完好率达到96.5%，排水系统和泵站安全运行，市政设施完好率均达到年度目标。

路灯维护管养。坚持定期巡查和不定期检查相结合，做到白天正常巡视检查箱变工作运转情况不少于一次，每周周三夜间巡视检查路灯照明情况，每月巡视检查变压器运转情况两次。共更换电缆500米，维修路灯803座次，更换灯泡415盏、镇流器81个、电容器321个、灯口369个、保险盒411个，更换小线412米，更换接地线400米。排查低压线路57公里、高压线路62公里，处理低压故障点63处，清理接线井651座、高压故障8处，维护保养变压器14台，检查维修路灯监控14台，检查灯杆1045基次。设施完好率达到97%以上，明灯率达到98%以上。

环卫保洁。建立管理登记薄和督查登记制度，对清扫保洁进行不定期明察暗访检查评比。对雨水井疏挖、溢撒物污染路面等现象进行治理。全年按标准完成清扫保洁面积135.6万平方米，清运垃圾1750吨，对郑开大道沿线的1476座雨水井每月疏挖一次。督促环卫公司及时清理积水，对道路进行检查，查看积水、塌方情况、电线灯杆倾斜等安全隐患。

【城市隧道综合管理养护】 隧道设施养护。维护沥青路面122807平方米，维护线缆36800米，维护手持式灭火器9453个，维护通信光纤6080米，保洁侧墙669389平方米。各类设施完好率均达到95%以上，照明、消防设施完好率达到98%以上，圆满完成年度目标任务。

隧道应急处置。充分利用综合养护管理平台开展应急处置工作，实现多模式预案、一键化启动，提前将各类应急预案转化为程序模块，值班人员一键即可完成一系列设备的状态调整。设立隧道应急管理站，将应急队伍和设备放到隧道一线，应急处置力量可一分钟内到达现场。设立"立刻办"，工作人员实行24小时值班，随时接听热线电话，解决群众急难。2020年，市隧道中心共处理应急事件66件、热线电话91件、督办案件11件，处置率100%，开展各类应急演练4次。

智慧隧道建设。"郑州市城区内重要隧道综合管理监控设施建设项目"建成投用，建成数字化信息调度室，拥有交通、通风、照明、排水、视频监控等九大控制系统，开发综合养护管理平台，建立隧道管养大数据库，联动隧道养护管理App，开发综合办公OA系统。《郑州市城市大脑二期项目智能应用项目智慧隧道详细设计说明书》正式通过专家评审，京广路隧道试点开工建设。推进技术成果转化，新版隧道养护管理App投入使用、"防浸水水泵控制柜"在防汛工作中应用、广角变焦摄像机在龙门架防护工作中应用，在未来路隧道试点开展"精品隧道"打造工程，设计安装隧道顶面月季灯、星空顶等。

（李　栋　景一轩　樊璐瑶　贺艳宁
杨　月　周宏昶）

市容环境卫生

【市容管理】 2020年，市城市管理执法支队组织召开案件研判会22次，研判各类案件280余件；召开执法案件业务会16次，审理案件218件；立案245起，结案220起（含2018、2019年部分案件）。全年出动人员9.19万人次，执法车辆2万余台次，查处整改各类问题43万余起。

市容督察。组织开展城市精细化管理、餐饮油烟和露天烧烤、夜间工地管理和渣土清运、沿街散发小广告及拦车乞讨、城镇燃气安全、户外广告综合整治、道路施工及保通路整治、机动车和非机动车停放管理、道路交通秩序综合整治、房地产市场专项整治、围挡综合整治、餐厨垃圾专项整治及垃圾分类等10余项市容督查整治活动。

违法建设治理。出动执法人员3000人次，出动执法车辆600台次，主动发现违法建设线索23起，下达、及时送达各种法律文书148起，配合各区拆除违法建设1.5万余处、242万余平方米。

建设工程管理。坚持依法行政、严格执法、规范化执法和执法全过程记录，建立健全执法监察工作台账和结案销号制度，认真做好在建工地监察工作，不断加大案件推进力度，依法严肃惩处违法违规主体。2020年共出动巡查车辆487台次、执法人员1395人次，检查工程452个，总面积约1649万平方米、总造价约254.6亿元；下达《检查通知书》115份、《责令停止违法行为通知书》83份；立案14个项目、40个案件，执行到位罚款金额5390万元；结案15个项目42个案件，处理上级来文79件，回复办结率100%。

房产市场检查。全年开展2次专项检查，出动执法人员560人次、执法车辆144台次，检查房地产开发项目211个，下达各类执法文书73份，发现涉嫌违规销售、涉嫌超资质开发经营等问题线索48个，对20起违反房地产法律法规的行为实施了行政处罚。

市政设施监管。整改拆除施工围挡4752处次、256.9万平方米。其中，整改3517处次、175.83万平方米；拆除1235处、81.3万平方米。督导安装公示牌5572块，较好地解决了施工围挡阻碍交通、影响市容问题。

质量安全督查。开展建筑领域安全质量再提升行动，对全市385个重点项目进行层次化管理，分片到组、分项到人，形成横到边、纵到底、无缝隙、全覆盖的管理格局。出动执法人员483人次、车辆157台次，开展督查检查327次，检查工地635项、施工围挡719处，发现问题692个，下达各类执法文书484份。接到群众投诉举报31起，回复举报投诉31起。

养犬管理。在全市养犬办证年审服务网点开展犬只体检、就诊、美容、购物优惠活动，组织开展入社区办证、年检和依法养犬、文明养犬宣传活动。采取日常巡查与联合执法行动相结合的模式，开展规范养犬管理执法工作，查处违规养犬、遛犬案件1184件，抓捕流浪犬1995只。

【环境卫生管理】 组织环境卫生实地检查督导1460次，下发整改通知书1359份，发现“四化”问题2803处，督促整改2575处，整改率91.87%。发现并解决各类环境卫生管理问题1784处。

（季松茂）

数字化城市管理

【概况】 2020年，市级数字化城市管理覆盖区域为市内5区、4开发区及上街区部分区域，共计1394平方公里，市级数字城管平台划分责任网格857个，按管理等级将市区道路划分为17023个不同级别的路段。郑州数字城管平台涉及郑州市各区、开发区管委会、63个市直委局及有关专业职能部门，接入数字城管平台的区级和有关局委二级平台共20家；链接的街道、乡镇等终端部门共计245个。对11大类234小类城市管理部件和事件问题，通过“发现问题、受理立案、任务派遣、问题处置、现场核查、案件结案、考核评价”闭环的7个工作流程，进行有效处置，建立数字化城市管理新机制。

【数字化城市管理监督】 市数字化城市管理监督中心升级优化数字化城市管理系统平台，推进智慧城管升级，数字城管信息采集和立案全面、完整、及时、准确，并通过12319城市管理服务热线畅通市民反映城市管理问题渠道。数字城管平台高效运行，建立健全数字城管长效化考核机制。市数字化管理平台受理案件2510937件，立案2490395件，立案率99.18%；应结案2417819件，结案2369493件，结案率98.00%。12319热线共受理电话683784件次（日均1868件次），协调处理市长热线、媒体、局微博以及110转交的疑难案件39741件次。连续24小时内呼叫接通率99.03%。

【数字城管案件派遣】 2020年，指挥中心信息平台共接受数字化城市管理案件2426456件，派遣案件2426456件，派遣率100%，有效派遣案件2425330件，有效派遣率99.99%，完成督查案件1531434件，督查率100%。协调案件5593件，完成5593件，督办协调率100%。开展现场勘查260余次，勘查案件600余件；组织多部门现场综合协调30场，下发督办通知书33份，高标准、超额完成了各项责任目标。

【智慧城管建设】 智慧城管建设步伐加快，智慧城管一期7个领域11个子项目77子系统基本建成，智慧停车、智慧市政、综合执法、共享基站等部分应用场景上线试运行。33.25万个停车泊位实现“一键导航、无感支付”，4716辆渣土车和2604个施工工地实现在线监控，2523座公厕全部录入“郑州公厕地图”微信小程序。各开发区、各区城管部门积极推进智慧城管应用建设，航空港区、郑东新区、高新区、中原区智慧城管中心基本建成启用。

（张亚欣 程少军）

中原区智慧城管中心（中原区史志办/供图）

园林绿化

【概况】 2020年，市园林系统按照“东强”“南动”“西美”“北静”“中优”“外联”功能布局，围绕“三项工程、一项管理”部署，深入开展园林绿化增量提质升级，统筹推进疫情防控和复工复产，全市建成公园、微公园和游园400个，新建绿地面积2813万平方米，基本完成铁路沿线五项综合整治，扎实推进S312省道市区段绿化建设，城市容貌和生态品质迈上新台阶，郑州市成为长江以北地区唯一获得国家生态园林城市称号的省会及以上城市。市园林局先后获得创建国家生态园林城市工作先进集体、新型城镇化工作先进集体、“5·12”全国防灾减灾宣传周工作先进集体、年度生态建设工作先进单位、市重点民生实事办理工作先进单位等荣誉。

【新冠肺炎疫情防控】 新冠肺炎疫情发生以来，市园林系统充分发挥党组织战斗堡垒作用，筑牢主体责任、内部管控、复工复产和社区家园“四道防线”，确保“大门守得住、人员稳得住、家属管得住、风险防得住”。一是建章立制，筑牢主体责任防线。成立组织机构，制定疫情防控工作专案，建立办公区域和公园广场管控消杀、值班值守、零报告等制度，形成党政一把手负总责、防控工作专人负责、具体任务专人落实的“一岗双责”工作机制。二是狠抓落实，筑牢内部管控防线。对具备闭园条件的世纪游乐园、植物园、动物园、雕塑公园实行闭园，对不具备闭园条件的人民公园、碧沙岗公园、紫荆山公园等开放式公园，关停游乐设施，并加强聚集人员的劝离。组织人员对全市公园游园公共卫生间等人员密集场所，进行不间断的消杀，切断病毒传播途径。在公园广场出入口显著位置，通过电子屏、宣传展板等形式，宣传防控健康教育信息，营造强信心、暖人心、聚民心的良好氛围。三是统筹兼顾，筑牢复工复产防线。按照疫情防控和园林绿化项目“两手抓、两不误”要求，制定园林绿化工程疫情防控和复工复产方案，全面推进园林绿化工程复工复产，谋划实施的599个园林绿化项目，全面进入实施阶段，实行闭园管理的公园按照疫情防控要求全部对外开放。四是下沉基层，筑牢社区家园防线。由园林局党组主要领导总负责，其他党组成员和副县级干部带队，组织336党员干部下沉“疫线”，成立17个临时党支部，分片包干、定点服务，全面配合11个办事处、60个社区和1个国省干线出口做好卡点防控工作，在防控一线践行初心使命。

【民生实事工作】按照《郑州市300米见绿500米见园三年规划》，着重加强绿化设计方案把关评审，着力提升城区绿量，全市共计新建绿地面积2813万平方米，其中市区1514万平方米；全市建成公园、微公园、小游园400个，其中市区320个，已超额完成民生实事任务。

公园、微公园、游园400个：中原区32个（须水河生态文化公园、马庄郊野公园、经纬园、轮迹园、遥畅园、嵩秀园、棉秀园、宏江园、毓秀园、幻彩园、国棉往印、国棉今象、迎曦园、金泉园、得趣园、西郊记忆、清怡园、涵秋公园、金科南园、文宣园、民安星辰、山河公园、芝麻街公园里、金科体育公园、艺术长廊、憩园、文化吧、绿洲绘、怡景游园、枫趣园、文景园、大匠之门文化景观）；二七区32个（上李河村游园、申河村游园等）；金水区31个（金西运动园、金林园、金春园、金棠园、康体园、红楠园、木槿园、翠园、金水福苑、油化厂游园、金沙月季园、海棠园、红梨园、紫藤苑、索凌北路园、金礼园、金秀园、金石园、马渡村游园、寻林园、金文园、金叶园、创意园、金水·文秀西园、金水·文秀东园、金水顺苑、金缘园、金微园、金秋园、经纬天地、城市之光）；管城回族区33个（下泉园、采薇园、月出园、湛露园、裳华园、泮水园、愉趣园、风和园、悦动园、陇翠园、丽景园、北三街游园、玉带园、曙光园、达悟园、中储公园、储运公园、商颂园、绿衣园、凯风园、渐石园、望屯园、梓槐园、兴豫园、郑发园、晓乐园、怡清园、彩虹苑、月季园、京广秀园、张华楼公园、大王庄体育公园2期、南水北调生态文化公园）；惠济区34个（粮仓路游园、南阳路游园、迎宾3号游园、桂园北街游园、田园路怡园、船厂公园、京沙快速路北段东侧游园、京沙快速路北段西侧游园、京沙快速路街角游园、江山路游园、孙庄节点游园、张庄节点游园、祥和山游园、祥云湖游园、景秀岭游园、景明岭游园、景致岭游园、线性体育公园、将军坝公园、南裹头游园、黄河风景游览区公园、郑焦铁路游园、郑焦铁路公园、果岭游园、大河路游园1期、天河路游园2期、天河路游园3期、漫花里游园、江连绿地游园、西干线公园、五龙口公园、海事局观景点工程、南裹头广场、浮桥观景点工程）；郑东新区37个（梦翔园、翠屏园、圃丘园、缤纷园、花影园、心怡园、蝶羽园、康宁园、华清园、启迪园、龙润园、云舒园、瀚海园、永平园、风清园、风翠园、集芳园、四宜园、携秋园、丹枫园、前程园、似锦园、樱花园、体育公园、诚园、谷园、绣园、禾园、金风园、华润园、公共艺术中心、盛和园、弘筑园、水木园、廉政园、流光园、溢彩园）；高新区37个（西棠园、杜寨遗址生态公园、沁芳园、赏心苑、迎曦园、西盛园、东盛园、悦心苑、清扬园、宝丽园、春天里、春晖园、地坤园、欣荣园、挹翠园、舜华园、欣美园、木香园、西美苑、拾翠园、悦秀园、倚春园、晨曦园、天朗园、景秀园、倚松园、翠杨园、花岗园、绿岗园、凝翠园、醉春园、环翠园、福鹿园、婉华园、知秋园、涵青园、天乾园）；郑州经济开发区37个（御风生态公园、法云寺游园、锦绣游园、锦龙游园、曹古寺游园、九龙游园、祥达游园、四海游园、嬉雨游园、锦瑞游园、峯景园、财富广场游园、振兴游园、广场南路游园、荷湖游园、幸福游园、滨水游园、望湖游园、铭筑游园、高铁滨水游园、青龙山游园、怡韵游园、蝶湖森林公园、沙滩游园、粉黛游园、金柳游园、宝海游园、清香游园、联盟游园、秋水游园、凤栖游园、美辰游园、凤鸣公园、经南九路游园、竹林游园、分拣中心游园、丹尼斯游园）；郑州航空港区39个（月季公园、木栖园、紫云园、育花园、倚梅园、明杞园、金鸣园、寻梅园、云秀园、东明园、岐伯山游园、桐语园、存妙园、阅沁园、迎宾园、沁芳园、长舞园、乐动园、菩提园、四季园、梅舞园、保康园、苇慈园、安霜园、流凤园、龙中园、雍滨园、昌美园、双美园、畅春园、怡园、西陵园、引鹤园、秋逸园、颐景园、云梅园、东舞园、康乐园、畅游园）；郑州上街区12个（通航公园、朱寨公园等）；中牟县12个（郑开大道与万三路公园等）；登封市16个（初心公园、桃花源公园、福佑路游园、观山悦游园、弘苑游园、迎宾游园、畅通游园、明察苑、廉苑、公正苑、客苑、尚苑、新华游园、网通游园、文化广场游园、养生苑）；新密市15个（报恩寺文化公园、雪花山运动公园、溱水路与荥密路交叉口西北角游园、溱水路与荥密路交叉口西南角游园、东郡一品游园、溱水路桥头西南角游园、白寨镇东岗村文化广场游园、翟沟村楚家组游园、牌坊沟村党建文化游园、白寨镇镇区二十三园主题游园、白寨镇镇区街心游园、翟沟村陈家组游园、堂沟村子母槐游园、韦沟村党建文化游园、城关镇高沟香愁游园）；荥阳市14个（兴华路游园等）；新郑市12个（华梦湖公园、新烟俱乐部游园、博士嘉园游园、迎宾园、常青路公园二期、黄帝故里轩辕丘、诗园、莲河公园、白居易文化园、子都园、陶文路游园、中华路公园）；巩义市15个（拾光园、中原西路与青龙山路交叉口西北角游园、1616园、和园、唐三彩路与健康路西南角游园、焕彩园、石河路北站桥至市徽园东侧游园、竹园、梅园、中原西路与青龙山路交叉口东南角游园、健宜园、艺术公园、樱花园、海棠园、石榴园）。

【园林绿化管理】按照“三项工程、一项管理”的总要求，深入开展园林绿化管理大提质竞赛活动，全面提升公园绿地品质内涵。深入推进公园拆围透绿。继2019年三大公园拆围透绿试点工程完工后，继续全面开展公园拆围透绿建设。其中，经纬广场、人民广场拆围透绿建成开放，南环公园拆围透绿完成施工招标，月季公园、世纪公园、航海广场和文博广场拆围透绿及基础设施提升工程，进行方案设计等前期工作。全面推广“市花”月季。推广月季栽植范围，打造月季示范点，建成和提升“市花”公园游园14个、“市花”道路70条、“市花”街区3条、“市花”庭院67个，种植月季2185万株。陇海高架3个立交桥区38公里护栏示范段，初步实现北方城市月季栽上高架桥，成为郑州市首个“市花”高架。全面提升城市街

10月1日建成的松石园从嘈杂纷乱的旧货市场，到景色宜人的典雅小园
（郑州报业集团/供图）

景。完成道路绿化改造57条（段）、城乡接合部绿化提升改造38处，打造微景观277处，新增立体绿化7万余平方米，街景颜值全面提升。

全面深化平安建设。坚持逢会必讲安全、检查工作必先检查安全、出现问题必须处理责任人、做出贡献必予奖励的“四必”原则，强化安全管理底线思维。深入推进监督检查，针对游乐设施、建筑工地、消防设施、动物管理等重点部位，全年开展4轮专项督查，有效堵塞安全漏洞。充分发挥科技支撑作用，完善视频监控，18个市属公园广场的出入口和重点部位，做到视频监控全覆盖。加强巡逻巡防，深入开展防暴恐、防溺亡和扫黑除恶排查工作。

【“解民忧、纾民困、转作风、提效能”专项行动】 制订“解民忧、纾民困、转作风、提效能”工作专案，成立工作机构，围绕精细化管理、便民服务等方面，全面整改提升。杨柳飞絮治理成效明显。总结2018年、2019年杨柳飞絮治理经验，制订2020年飞絮治理总体方案，对全市城区（含县市）范围内13万株杨柳树雌株进行综合防治，飞絮数量明显下降，市民群众的投诉建议明显减少。营商环境持续优化。深化“放管服”改革，开辟园林绿化审批绿色通道，推行申报材料表单化、电子证照网络化、审批监管服务化，园林绿化行政审批达到“一网通办”四星标准。同时，优化移植方案，压减乔木移植1150株、绿地占用2.3万平方米。垃圾分类深入推进。建立垃圾分类红黑旗制度考评榜，垃圾分类工作全面推进，特别是在植物园建成的全市首个园林废弃物处理中心，生产出第一批有机肥料，中央广播电视总台、郑州日报、郑州电视台等主流媒体做了宣传报道。

【园林绿化依法行政工作】 深入推进依法行政，全面落实法律顾问制度，定期组织领导干部学法，深入开展法治宣传教育。完善园林绿化地方法规，有序开展《郑州市古树名木保护管理条例》立法调研。加强文件及合同法制审核，做到应审尽审，全年共审核文件413件、合同23件。

【园林科研成果】 2020年，郑州园林系统开展科研项目7项：《园林植物新品种引种选育研究》《适宜中原地区露地栽培宿根花卉引种及应用》《抗逆月季新品种的选育与应用》《郑州市园林绿化企业信用评价与管理模式探析》《潮土区月季配方施肥技术研究及应用》《郑州市高架路桥绿化适生月季品种筛选与应用》《郑州市耐热月季品种及其栽培技术示范推广》等。《郑州市高架桥立体绿化适生植物筛选及应用》《营养元素对月季生长发育的影响》等项目，通过第三方评价。《不同种植年限月季对城市绿地土壤的响应特征》项目，已进行成果登记。《不同生长年限对月季土壤不同层次活性有机质及碳库管理指数的影响》，发表于2020年第3期《中国土壤与肥料》。

组织申请软件著作权。《园林绿地养护管理企业信用评价系统V1.0》《基于桥面绿化滴灌水力计算自动控制系统V1.0》，经过国家知识产权局初步审查，授予专利权，并颁发计算机软件著作权登记证书。实用新型专利《一种月季包装机》《一种盆栽用透气施肥装置》《一种树干喷涂管》，经过国家知识产权局初步审查，授予专利权，并颁发实用新型专利证书。《郑州地区夏季高温环境下月季栽培技术及其应用》，获得2020年度河南省建设科技进步一等奖。

【动物繁育与管养】 2020年，动物园共展出动物267种3213头（只），其中I级保护动物39种236头（只），II级保护动物86种796头（只）。繁殖动物47种305头（只），其中I级保护动物6种24头（只），II级保护动物20种72头（只）。全年未发生动物脱笼、逃逸、伤人等重大安全事故。

（满　超）

公用事业

城市供电

【概况】 2020年，国网郑州供电公司积极发挥国有企业“六个力量”作用，主动履行央企“三大责任”，全力以赴保供电，攻坚克难抓发展，为郑州经济社会发展和国家中心城市建设提供有力支撑。全年完成投资83.68亿元，其中公司发展投入完成37.39亿元，迁改、差价等外部工程投资46.29亿元。受新冠肺炎疫情影响，全年完成售电量440亿千瓦时，同比下降1.39%。供电营业总户数401.8万户。截至2020年12月31日，郑州电网实现连续安全生产7137天。

【全社会用电量情况】 2020年，郑州市全社会用电量554.11亿千瓦时，同比下降1.86%。其中，第一、二、三产业及城乡居民生活用电量分别为4.79、279.69、160.98、108.65亿千瓦时，同比分别增长–12.78%、–2.34%、1.58%、–4.92%。

【电力供需情况】 截至2020年年底，郑州地区共有±800千伏直流换流站1座；500千伏变电站6座，35—220千伏变电站316座，变电总容量4235.65万千伏安；35千伏及以上线路664条，总长度6034.69千米；10千伏配线2966条，配变3.51万台，初步形成特高压交直流混联运行、500千伏环网支撑、220千伏分区平衡、110千伏深入负荷中心、10千伏全面覆盖的特大型区域中心电网，成为河南电网电力交换中心、负荷中心、清洁能源消纳中心。2020年，郑州电网地区最大负荷1113.4万千瓦，市区最大负荷588.1万千瓦，分别同比降低6.7%和7.1%。

【安全生产】 全力确保重大活动供电安全。2020年先后完成央视春晚郑州分会场、金鸡百花电影节、中国500强企业高峰论坛、国务院总理李克强到郑调研等一系列重大政治经济文化活动保电任务，有力促进郑州城市形象提升。全面强化电网运维管理。500千伏及以上电压等级属地化线路、220千伏电缆线路跳闸实现“双零”，220千伏架空线路、110千伏输电线路和变电设备故障跳闸次数同比分别下降25%、28%、17%。扎实开展安全生产专项整治三年行动。深入开展安全隐患排查治理，持续优化完善安全管理体制机制，推动成立电力设施保护执法办公室和公安局驻供电公司警务联络办公室，依法维护正常的供用电秩序。深入贯彻落实国家《突发事件应对法》，高标准开展城市应急供电综合演练，有效检验供电应急体系建设成果，全面提升对重要客户的供电保障能力。

【抗疫保电】 深刻认识郑州作为全国交通枢纽、全省政治经济中心的特殊位置，全力保障90家疫情防控重点单位、65家防疫物资生产企业安全可靠供电，开通绿色通道，岐伯山医院实现4天时间通电，满足了疫情防控用电需求。全力助“六稳”促“六保”，制订助推企业复工复产12项措施，109项主网工程、719项配网工程在3月15日前全面开复工，有效带动产业链上下游协同发展。落实国家阶段性降电价政策，为20万客户减免电费6.32亿元，推出欠费不停电、不计滞纳金等贴心服务。创新运用电力大数据开展企业日用电量监测分析，为政府准确判断、科学施策提供数据支撑。国网郑州供电公司被省委省政府授予“河南省抗击新冠肺炎疫情先进集体”荣誉称号。

【服务“三大攻坚战”】 积极服务大气污染防治。大力推进“外电入郑”，持续加快环绕郑州市区和大都市区的500千伏内外双环网建设，提升外来清洁电能消纳能力。完成滨河断面增容等配套工程建设，为泰祥、康盛等电厂74万千瓦煤电机组关停、郑州主城区煤电清零提供有力支撑。完成

郑州市2020年全社会用电量统计表

表3

单位：亿千瓦时

类别	2019年1至12月份累计		
	电 量	同比增长（%）	占 比（%）
全社会用电量	554.11	–1.86	100
第一产业	4.79	–12.78	0.86
第二产业	279.69	–2.34	50.48
第三产业	160.98	1.58	29.05
城乡居民生活	108.65	–4.92	19.61

外电入郑电量201.6亿千瓦时，占郑州全社会用电量的36%，有效减少本地燃煤消耗和污染排放。实施热泵、电动车、电窑炉等电能替代项目1382个，完成替代电量23亿千瓦时，为郑州空气综合指数在全国168个重点城市排名中退出后20名作出贡献。服务脱贫攻坚和乡村振兴。持续推进县域电网改造，按期完成中牟黄河滩区居民搬迁电力配套工程建设和46个行政村电网改造升级，实现郑州地区181个贫困村和109个低收入村全部通动力电。在省政府年度脱贫攻坚成效考核中国网郑州供电公司“专项责任”“定点扶贫”两项指标获得“好”的评价。

【电网建设】 全力加快电网建设，全年主网工程新开工37项、投产60项，投产输电线路长度550千米、变电容量678万千伏安，投产数量连续3年创历史新高，投产规模居全省首位。500千伏怀德、220千伏桐柏、圃田等一大批重点工程投运。进一步提升电网供电能力、优化电网结构，保障地铁3、4号线等市政重点工程顺利投运，荣获河南省人民政府重点项目建设先进集体称号。累计完成配网投资12.27亿元，投产工程2129项，完成37个老旧小区供电设施改造，确保了郑州大学国家超算中心等重点项目用电。积极服务“三项工程、一项管理”，高效完成“一环十横十纵”道路升级改造、郑东新区鲲鹏小镇、上街生态新城等一系列重点电力迁改任务，助力城市建设管理提升。城乡户均配变容量分别达到4.00、3.76千伏安。

【供电服务】 围绕国家中心城市建设，优化电力营商环境。强化政企协同，13项电力业务上线“郑好办”App“一件事”专区。提升办电服务效率，涉电工程规划许可豁免、小微企业“11000”（一个环节、一天办结、零审批、零资料、零成本投入）极简办电模式等创新举措处于国内领先水平，有关经验被收入《中国营商环境报告2020》，公司连续两年在省、市营商环境评价中获第一名。狠抓供电可靠性提升，年累计停电时户数同比下降70%，市域用户年平均停电时长降至4小时以内；以CBD等五个区域为试点，推进取消10千伏计划停电示范区建设，在全省走在前列。积极服务郑州5G产业发展，制订公司支持5G网络建设18项措施，完成3227个基站转供电改造，5G基站转供电比例降至52%，超额完成年度目标。

（冯　阳）

农村电网改造升级（国网郑州供电公司/供图）

城市供水

【概况】 2020年，郑州市已建成水厂9座：柿园水厂、白庙水厂（现白庙供水有限公司）、石佛水厂、东周水厂、刘湾水厂、桥南水厂、航空港区一水厂、罗垌水厂、侯寨水厂。城市供水水源以南水北调水为主、以黄河地表水和黄河侧渗地下水为补充，以水库水为备用。供水覆盖范围包括郑州市区、郑东新区、航空港区以及荥阳市区等区域。郑州自来水投资控股有限公司拥有华山路营业厅、中原路营业厅、经七路营业厅、商城路营业厅、商鼎路营业厅等5个营业厅，并通过公司门户网站网上营业厅、企业微信平台、河南政务服务网、郑好办等服务平台，实现供水服务“一网通办”。全年总供水量达到4.62亿立方米，全年售水量突破4亿立方米大关，最高日供水量达到153.06万立方米，漏损率7.61%，总产销差率为12.87%；出厂水水质综合合格率100%，出厂水压力合格率99.66%，最高日供水量153.06万立方米；人均供水量27.34万立方米，给水全员劳动生产率46.86万元/人。新增供水管网2324公里，供水管网总长度达到5443公里，新增注册用户23.92万户，达到139.85万户。

【供水工程建设】 2020年，完成桥南水厂香山路、三全路等干管施工，桥南水厂建成通水。输配水管网工程完成130.42公里，其中新建管网103.18公里、改造管网27.24公里。铺设完成四环线及大河路快速化配套输水干管56.79公里，配水支管18.66公里，实现侯寨、桥南水厂出厂干管与四环管网联通。开工建设罗垌水厂配套调蓄池。西线调水工程敷设管道12.65公里，已通水运行。深入推进“三项工程、一项管理”，随“一环十横十纵”道路综合改造工程（一期），同步完成7条道路自来水管网改造，基本消除城区供水低压区，初步形成中心城区主干管网互联互通、相互支撑的一体化供水格局。面对突发新冠肺炎疫情，完成岐伯山医院用水保障，承建郑州市岐伯山医院自来水管网建设，提前两天完成390米管网铺设任务，有效保障医院用水需求。

【供水安全】 全力统筹疫情防控和供水生产，保障供水稳定运行。编制《制水厂疫情期间保障安全供水运行指南》，启动《水质保障应急预案》，运用信息化手段推进工作。加强安全生产风险隐患双重预防体系建设，组织开展“安全生产月”、防灾减灾周和“安康杯”竞赛等活动。落实安全生产专项整治，加强有限空间安全作业管理，“五落实五到位”覆盖率达到100%。做好原水、出厂水、管网水、二次供水检测，全年开展各工艺点水质检测14万样次。参与黄河流域郑州段水环境事件应急演练。采用无人机技术开展长距离输水管线巡查，加强管网维护、巡检，排查管网安全隐患。制订《落实2020年郑州市大城管工作实施方案》，做好窨井盖治理、施工围挡及工地现场管理，落实扬尘管控标准，强化施工工地扬尘污染督导考核，确保公司所属工地合格达标。国家供水应急救援中心西北基地在郑州正式揭牌运行，国家供水应急中心西北基地位于郑州自来水投资控股有限公司柿园水厂附近，占地约1500平方米，基地共配备供水应急救援车辆7台，包括移动式应急净水车4台、水质监测车2台、应急保障车1台。全套装备应急供水能力可达480立方米/天，应急供水时按照每人每天4升的基本饮水量计算，可为12万人提供基本生存饮水保障。

【供水营销管理】 重点挖掘四环周边潜在用户，新田城等区域用户接通自来水。全年签订报装工程合同652项，新用户报装91160户。加强漏损控制，推动分区计量管理，加快流量计安装，持续推进DMA管理。细化供水营销措施，服务评价体系，实现手机抄表全覆盖，推动供水营销精细化、智能化。水费电子发票在支付宝成功上线，业务办理更加便捷。实施年度水表周检更换和疑难欠费小区水表改造，做好二次供水设施维修维护。优化管网并网管理，全年受理市政管网工程并网141项、庭院报装工程并网642项，实施全网测压，完善GIS管网数据信息，全年共维修更换“三阀一栓”434台次，管网抢修3681处。23个智慧水务业务系统单系统上线，在营商环境优化、服务质量提升、内部管控精细化等方面优势显现。发布实施《远传水表通讯协议》标准，财务NCC系统正式上线运行，基本完成财务信息化管理转型升级。推广使用远程办公软件，利用VPN虚拟专用网络、企业OA系统、财务信息化、云视讯等，作为公司工作部署、业务联办、职工培训平台，工作方式转变，工作效率提高。制订《郑州市智能取水栓技术及安装标准》，启用300台智能刷卡取水栓，实现洒扫降尘用水精准计量，做好洒扫降尘用水工作，签订水费1855万元，2020年实现总产销差率12.87%，比上年同期降低0.51个百分点，控制成效显著。

【供水服务】 贯彻国家《优化营商环境条例》，开展第二十七届“供水服务、春暖万家”活动，组织“白师傅”便民服务队、“短袖哥”学雷锋服务队进社区等活动，发挥“互联网+供水服务”作用，建立“一站式”供水服务大厅，实行用户报装“123”服务模式（1份材料、2个环节、3个工作日），实现“网上办”“就近办”“零跑腿”。疫情期间扎实做好“六稳”工作，落实“六保”任务，有效促进复工复产，设立用水报装审批绿色通道，对疫情防控相关的用水项目，实行紧急审批，专人负责，优先办理。降低企业用能成本，优惠减免工商业用户水费554.27万元；落实房租“两免三减”政策，减免中小微企业房租325.02万元。出台《用户报装项目供水引入管建设实施意见》，对供水范围内的用户报装项目，免费接入供水管道。受理“三来”信息47万余件，办结率100%，处理及时率99.77%，办理市长电话案件1011件、数字城管案件5460件。

（姚冰冰）

城市燃气

【概况】 截至2020年年底，郑州华润燃气股份有限公司（以下简称“郑州华润燃气”）拥有天然气门站7座；储配站3座，总储气能力230万立方米；CNG加气站15座，LNG加气站5座；高压和次高压管线338公里，中低压管道9489公里；管理居民用户270万户，工商业用户11860户。

【气源保障】 2020年，郑州华润燃气积极与上游气源方联络，落实合同气量14亿立方米；通过参与交易中心竞拍、采购LNG等方式补充，全年购气总量达15.34亿立方米，保障了全年的气源供给和采暖季调峰用气。郑州城市用气量日益增加，冬季供气压力不断上升，郑州华润燃气对第三储配站LNG气化能力进行提升改造，气化能力由40000立方米/时提升至80000立方米/时，增强了郑州市调峰供气保障能力和应对极限情况保障能力。

【输配系统建设】 中心城区次高压西段燃气管道及配套调压站。中心城区次高压西段燃气管道工程自大石桥至南四环永和路，沿金水河、工人路、渠北路、永和路、大顺路敷设，跨越郑州市西南片区，全长10.7公里，管道输气能力36万立方米/时，西段设置3座高中压调压站，完成验收置换通气工作。四环高压燃气管道改造工程。共铺设DN800高压管道约80公里，新建高中压调压站4座（规模5万立方米/时）、改造调压站4座、新建阀室8座，全部完成改造。城东路燃气管网改造工程。改造燃气管道6.3公里，其中中压管网4.6公里、低压管网（低压区）1.7公里。

【供气安全】 根据国务院安委办安全生产月和安全生产万里行活动通知，郑州华润燃气制订24项工作计划，组织开展“安全生产月”、安全生产知识“云竞赛”、线上“安全生产公开课”、“安全在我心”等专项主题活动，累计780余人参与，实现了“人人重视、人人参与”的良好局面。

【技术创新】 专利受理、授权数量双提升。2020年，郑州华润燃气获授权专利14项，其中发明专利1项；获受理14项，其中发明专利2项；立项科研创新项目24项，其中国家重点研发项目1项。科研项目涵盖场站、管网、计量、客户服务以及新业务、新材料等各个板块，2020年结题16项。深入开展“科技周”活动。在老旧小区和新建小区开展了燃气新技术、新材料、新产品以及安全知识宣传活动，让用户及时了解燃气科研创新产品的便捷性和安全性。累计服务用户约900人次，发放各类宣传材料1000余份，派送小礼物300多份，圆满完成本次“科技周”活动。强化核心建设，加强高校合作。加强科技创新孵化基地建设，积极引进高端技术人才，制订《博士后工作站管理标准》《博士后进站流程管理标准》，与郑州大学签订《联合培养企业博士后研究人员协议》。

【优质服务】 郑州华润燃气结合优化营商环境要求，积极落实国家“六保”“六稳”政策，推动“三减一降”，对燃气接入进行多项优化。扩展报装渠道。通过现场报装、窗口报装、热线报装、掌上报装等渠道，为客户提供便捷服务。压减申请材料。推行容缺受理制度、优化报装单内容，实行“一表报装”。降低用气成本。通过推行包干价、预留庭院管道、燃气公司承担主管道及设施投资等方式，降低工程成本。优化服务渠道。借助企业微信公众号的推广，实现主要业务线上办理，开通线上充值缴费、预约维修、预约安检等功能。持续增加圈存社会化网点布点。2020年，共有570个社会圈存网点，IC卡用户圈存缴费占比达到54.80%。强化客户诉求处理管控。2020年，燃气热线累计受理各类燃气用户诉求860403件，受理范围涵盖郑州市区、航空港区、登封、中牟、巩义、新郑，均及时受理、派发跟踪、落实解决回复，回复办结率100%。

（李慧敏）

集中供热

【概况】 截至2020年年底，郑州热力集团有限公司服务集中供热用户140多万户，集中供热入网面积18286万平方米，实际供热面积10051万平方米，市区热网总长1451×2公里，建成区集中供热普及率90%以上。

【工程建设】裕中百万机组“引热入郑”配套集中供热管网项目。该项目热源为新密裕中电厂2台1030兆瓦供热机组，计划新建供热主干热网约33.92公里，新建隔压站1座，总投资约17.51亿元。项目2020年9月底全线贯通，可新增供热能力1200兆瓦，供热面积2667万平方米。全市最大的热电联产热源顺利引入，有效缓解了集中供热供需矛盾。

高新区隔压能源站项目。根据主城区煤电清零的整体部署，为妥善解决泰祥电厂关停后高新区供热问题，郑州热力投资2.24亿元建设高新区隔压能源站，引入国电荥阳电厂深度供热改造新增的供热能力，为高新区提供热源，同步建设5台58兆瓦天然气调峰锅炉房，总供热能力为490兆瓦，2020年11月隔压站正式投运供热，保障了高新区正常供热。

商都路热源厂工程项目。结合关停郑东热电厂相关要求，郑州热力投资近4亿元建设商都路热源厂及配套供热设施，建设规模为10台58兆瓦燃气锅炉，可实现供热能力580兆瓦，2020年11月建成投运，有效保障了东区1287万平方米热用户的正常用热。

新建供热管网及老旧管网改造。年内实施了二七新区、管城新区、常西湖新区等多个区域性供热管网项目。建成北三环东延、贾鲁河滨河路主干管网，贯通了陇海路过七里河关键节点。开工建设渠南路、南四环供热主干线。结合市政府“一环十横十纵道路提升改造”计划和公司老旧管网改造三年计划，完成桐柏路、航海路、经三路、黄河路等道路的老旧管网改造项目。全年累计新建改造供热管网80.49公里，进一步完善大联网的整体布局。

【供热生产】提前升温。投资近5000万元，实施热网、热力站和锅炉房等200余项大修技改项目，热力站自动化覆盖率达97.5%。对4000余处检查井、8000台阀门进行检查保养和维修，设备完好率99.78%。提高全市热网湿保养的频次与质量，连续7个月每月定期启动循环泵冷态循环，结合非采暖季深入细致的维护与消缺工作，有效消除热网运行隐患。2020年11月1日全网开始冷运，11月8日热源开始同投加热，11月15日用户室温达标，供热实现平稳起步。

科学调度。2020年全市热源重大调整，8月份编制完成供热调度方案，以全市均衡供热为目标，充分发挥一网多源的优势，统筹调配全市热源，提出多项保障措施。供热运行期间，根据热源、热网变化，适时进行动态调整与完善。与浙江大学合作开发的“智慧供热”系统全面运用，升级完善生产管理系统和智能仿真系统，供热调度对全市供热全局的掌控能力进一步增强。结合天气状况，精准下达供热生产计划，严格执行二次网供水温度不低于40℃的要求，确保室温达到20℃的目标。继续做好一次网、二次网的分时段调节工作，根据昼夜体感温度进行精细化调节，实现各个时段的均衡供热。结合疫情防控总体要求，出台“双节”期间供热保障措施，持续提高供热质量。

供热准备及生产运营。各供热分公司总结疫情期间供热保障经验，结合长输热网储热试验，通过提升供热系统的各项有效举措，热力站自动化覆盖率达97.5%，关注各热力站的运行工况，引导燃气锅炉房形成更加集约高效的生产运行机制，实现供热质量与能耗水平的双提升。

安全生产。持续完善安全生产双重预防体系，全面开启评估修订和信息化系统建设工作，相关信息化平台搭建完成，手机App同步上线，系统操作培训完成。以加强规范有限空间作业为重点，做好事故状态下的科学施救，相关检测仪器和防护救援用品全面配备到位。燃气锅炉房实行封闭式管理，加强调压橇等燃气设施的安全巡检和隐患排查。高度重视安全培训教育，提高安全意识和安全素质。做好生产一线隐患排查，并纳入双重预防体系建设奖励考核。

【技术进步】实施创新驱动发展战略。申报河南省城镇清洁供热工程技术研究中心获得省科技厅批准；《市政管网热水—空气源复合热泵集中供暖系统研究》《燃气锅炉房燃气检漏机器人》《长输管线无人机巡检》3个科技项目列入市城建局2020年度建设科技项目计划，并组织实施；《郑州市“引热入郑”长输管网蓄热技术在“热电解耦”中的应用研究》《防腐减阻涂层在供热长输管线的应用》等5个科技项目均立项并列入市城建局2021年度建设科技项目计划；《清洁能源与市政热网互补的供热系统应用研究》在住建部立项。开展各类科技实践和创新活动，完成国内首例热力长输管线无人机巡检，以及智能化热力站门禁系统、入户过滤器专用扳手等多个岗位技术创新及自主研发项目。及时充实完善城市管理“智库”，通过科技创新推动全市供热信息化与智慧化。

【供热服务】便民措施。健全“大客服”服务体系，创新服务模式。结合疫情防控形势，在确保防控措施得力的情况下，全年累计在134个小区开展“进社区、进万家”和“访民问暖”志愿服务，听取群众意见、坚持立行立改，室温合格率99.13%。继续升级热线、微信、微博等用户沟通渠道，全年累计收到用户来电27万件，市长电话等上级转办件7000余件，微信等多种客服平台接入10417人，微博转办件1022件，均按照首问负责制、限时办结制、回访反馈制等要求及时办理，办结率100%。按照6S环境管理的要求，各服务大厅统一定制标识贴，安装排队叫号系统，进一步规范现场管理。完善《12319智慧城管案卷结案标准及处理时限》《报装系统规范操作及完结标准》等管理制度，进一步规范服务标准。

“放管服”改革。结合优化营商环境、深化“放管服”改革工作要求，进一步提升服务效能和便民化办事效率，持续优化报装流程，实现用户报装1张表单、3个环节、总办理时长不超过5个工作日；激发市场活力、助力中小微企业，打造“2+2模式”，只需2个环节、最多2个工作日即可完成报装。2020年新增用户报装119个，共计建筑面积1237.31万平方米。加快推进“一网通办、一次办成”政务服务改革落地，积极认领省政务服务事项业务办理项和完善郑州市预新增公共服务事项，市内五区、郑东新区、经济技术开发区、航空港自由贸易实验区同时对接、同源发布。郑州热力全新便民公众号“郑州热力”，荣获郑州市政务服务改革“十大优秀案例”。

供热宣传。围绕改革创新、经营发展、重点工程、智慧供热、用户报装、管网建设改造等重点工作，组织实施“战疫情保供热”系列报道等，坚持正面宣传，讲好热力故事。全年共在各级各类媒体刊发报道671篇，其中国家级24篇、省级454篇、市级193篇。参加郑州2020—2021年供暖季运行准备情况新闻发布会、《政府热线直通车》栏目直播间等。建立集舆情监测、研判、保障为一体的网络舆情长效分析研判应对机制，有效引导舆论正能量。

（荆　理）

城市公共交通

【服务夜间经济】随着地铁3、4号线的开通运营，郑州地铁运营时间延长至23：00。城市公交夜班线路共29条，运营时间为21：00至24：00、4：00至6：00，日发车班次约800班次，日均客运量约1.5万人次，每条夜班线路至少能与3条其他夜班线路换乘，形成医学院、火车站等多个夜班线路换乘中心，覆盖市区文化路、中原路等30多条主要道路，服务医学院等20所大型医院以及二七商圈等10余个商业中心，同时和院校、地铁站等客流集中区域接驳，为郑

2020年国家网络安全周期间，43路公交车推出网络安全主题公交车（马 健/摄）

州夜经济提供有力的运输保障。

【赛事保障】 组织公交集团、地铁集团全力配合，通过增加备用班次、延长线路运营时间等方式，圆满完成了上汽集团郑州购车嘉年华、金鸡百花电影节、世乒赛等一系列大型赛事活动的运力保障工作。

【公交场站建设】 截至2020年12月底，2017年确定移交的26处公交场站，移交给公交集团11处；2019年确定移交的28处公交场站，均办理手续。根据“一环十横十纵”道路改造要求，完成第一批立交桥下公交场站搬迁工作，第二批、第三批搬迁方案制订完毕。

【全域公交】 起草《郑州市城乡公共交通年度运营服务计划编制办法》《郑州市城乡公共交通运营服务质量考核办法》。《郑州市全域公交统筹发展实施方案》意见稿，多次征询县（市）人民政府及郑州市直有关部门意见，根据反馈意见修改完善，按照节点有序推进。

【公共交通线网优化配置】 针对客流增长趋势，适时调整公交、地铁线网运能。地铁运营公司根据行车安排及客流变化，安排备用车辆，满足加车需求。郑州公交根据客流特点，制订行车计划调整方案，确保重点区域运力保障，行车计划完成率100%，准点率99.52%。同时充分发挥GPS智能调度的作用，时刻关注客流动态，实时调整运力，全力保障市民出行需求。

【巡游出租汽车新能源替代工作】 以奖励经营权指标的方式，对市区46家巡游出租汽车企业分别按照AAA、AA更新车辆数5：1、7：1的比例奖励新增运力，提高企业积极性。截至年底，全市更新新能源车辆8560余台。

（张朝霞 王广俊）

城市环境雕塑建设

【城市雕塑管理】 完成城市雕塑巡视维护37000余件次，集中维修城市雕塑9件，整治雕塑局部问题228件次，迁移雕塑2座。推进城市雕塑安全管理常态化，定期开展大型城市雕塑安全巡检36件次，委托专业检测机构对《梅花桩》《金色的梦》《翔》3座大型城市雕塑进行现状调查。将《和谐之林》《穿越时空》《解放路立交浮雕》3座存在较严重安全隐患问题的城市雕塑纳入年度城市建设项目，实施，专项维修，保障大型城市雕塑安全。全年雕塑维护率100%。

【雕塑规划】 印发《关于开展城市雕塑专项普查的通知》，协助专业普查公司现场调查。发布城市雕塑专项规划公众意见调查问卷，广泛征询市民意见和建议。完成《郑州市城市雕塑现状普查及公共问卷调查报告》《郑州市城市雕塑专项规划公众意见调查报告》项目案例分析、文化体系、空间体系、规划体系四个专题研究，形成城市雕塑专项规划初步方案。

【主题雕塑创作】 以“抗疫情——我们在行动”为主题，组织主题雕塑作品创作30件，先后举办主题展览5场，以雕塑为载体，大力宣扬抗疫精神，向抗疫“逆行者”致敬。以“讲好黄河故事 凝聚精神力量”为主题，组织开展钧瓷陶艺创作活动，举办创作研讨会，组织创作钧瓷陶艺作品23件，推进陶瓷传统艺术创新，弘扬黄河优秀传统文化。联合河南省雕塑学会举办“黄河儿女——崔国琦黄河文化主题雕塑展”，以雕塑艺术传承黄河文化、发扬黄河精神、讲述黄河故事。

（李 栋 景一轩 贺艳宁
冯中伟 周宏昶）

综 述

【概况】保障性安居工程建设分配情况。2020年全市棚户区改造新开工安置房目标任务56166套，开工69369套，目标任务完成率124%；棚户区改造基本建成安置房目标任务63437套，实际建成118213套，目标任务完成率186%；公租房实物分配目标任务7334套，实际分配12804套，目标任务完成率175%。

房地产市场运行情况。2020年，全市完成房地产开发投资3428亿元；商品房投放3315.19万平方米；商品房销售2631.95万平方米；二手房交易面积684.96万平方米；安置房累计签约132576套（间）1051.45万平方米；公租房累计签约16047套90.71万平方米。

房屋产权交易管理情况。全年受理各类房屋交易确认业务229537件，完成商品房买卖合同备案191155件，完成商品房预售款监管1183.56亿元；办理楼盘表确认5296起5995.18万平方米；完成各类测绘及测绘核实项目2737个5222.21万平方米，完成各类测绘成果备案5434件6105.77万平方米；受理担保贷款25414户，担保资金168.03亿元；受理存量房资金监管8170件，监管资金128亿元。

全市新增物业管理面积1746.89万平方米，老旧小区改造项目基本完工1374个，既有住宅加装电梯193部。全市共归集维修资金24.39亿元，划拨使用8891万元；市本级归集维修资金14.35亿元，交存16.04万户2237.11万平方米；划拨使用8152万元，用于478个小区2283幢房屋维修和设施设备更新维护，惠及22.84万户。全市共计8057名青年人才申请首次购房补贴，补贴金额42793万元，办理非郑州户籍人才购房7436件。

【新冠肺炎疫情防控】加强组织领导。成立疫情防控领导小组，研究部署疫情防控工作，建立全面联控机制，确保职责明晰、分工明确、各司其职、密切配合，实行全天候保障防控，所有人员在岗在位、听从指挥、服从调度，齐心协力推动疫情防控工作落实落细。

狠抓行业防控。在疫情防控初期，及时封闭房地产企业售楼部（案场）、门店、施工现场和办公场所，停止集中宣传、现场交易活动，制定《物业管理区域肺炎疫情防控工作规范》，指导物业企业疫情防控标准化操作。疫情缓和后，及时指导企业复工复产，帮助企业协调解决问题，累计解决事项1178项，协调用工10614人，减免税费3158万元，减免房租1065万元，协助贷款54.45亿元，保障土地905亩。

认真排查执勤。全面掌握人员出行情况，认真排查疫情严重期有过湖北、南阳等高风险地区旅居史或与上述地区人员接触史的人员，督促相关人员到社区登记备案，配合采取居家隔离措施。严格按照市疫情办指示要求，配合相关单位完成执勤排查任务，选派工作人员参加高速省道的卡点和社区楼院的防控执勤。

严格内部管理。坚持人员健康日报制度，及时掌握人员健康情况。严格办公场所、办事大厅出入管理，对进入人员扫码审核、体温检测。落实办公区域消杀工作，每天两次消杀办公地面，对电梯间、卫生间、办公区定时消毒。安装“云视讯”视频会议系统，减少会议及参会人员数量。疫情防控进入常态化后，严格落实外防输入、内防反弹要求，提醒干部职工慎终如始做好防控工作，全年没有发现确诊病例、疑似病例。

【住房保障体系建设】狠抓目标任务落实。及时建立目标台账，定期开展量化考核，持续强化责任落实，适时组织分级督导，稳步实施全程管理，完成年度重点民生实事工作任务。

优化住房保障机制。制订《关于调整公共租赁住房申请条件和审核程序

6月10日，市住房保障局与中国银行签订住房租赁合作框架协议
（市住房保障局/供图）

等有关问题的通知》和相关配套实施细则，经市政府常务会议研究通过并印发实施，提高了保障效率。全市新增租赁住房3.2万套（间）。

加强政策性租赁住房试点建设。遵循稳妥推进、项目可控原则，注重项目带动，突出重点内容，抓好试点先行，不断深化政策性租赁住房试点改革。郑东新区"鲲鹏生态软件小镇"试点建设初具规模，与中国建设银行成功签署关于支持发展政策性租赁住房的合作协议。

推进"十四五"住房发展规划编制。科学编制立项，依法招标投标，全面启动"十四五"住房发展规划编制工作。开展全市住房现状调查和企业在续建项目普查，对"十三五"住房发展情况进行总结，对未来五年住房需求情况、主要目标、重点任务、保障措施等进行谋划，初步形成住房发展规划。

参与土地出让（划拨）前置条件的出具工作。严格程序流程，出具国有土地使用权出让（划拨）前置条件意见书，全年共办理土地前置条件96宗、面积355.9万平方米。

做好审计发现问题整改工作。完善整改机制，建立整改台账，强化督促整改，2019年保障性安居工程审计发现问题4大类73个，整改到位43个。

解决经适房遗留问题。针对政策调整导致经适房核价机制受阻问题，与市发改委对接沟通，疏通了经适房项目核价机制。

【物业管理】 全面推进城镇老旧小区改造工作。围绕"一拆五改三增加"，聚焦群众需求，突出规划设计，坚持分类实施，强化党建引领，完善长效机制，全力推进老旧小区改造工作，完成省定老旧小区改造民生实事目标任务，共建共治共享局面逐步打开，群众居住空间整洁有序，居住品质较大提升。

坚持党建引领提升社区物业服务。加大物业服务企业党组织组建力度，开展党建重点任务挂图作战 集中攻坚核查督导，组织党建示范企业学习观摩，提升党建引领质量和覆盖率，全市物业服务企业359家成立党组织。

加强物业管理规范化建设。探索建立郑州市物业服务地方标准，初步形成《郑州市物业服务标准通则》《郑州市物业服务标准（住宅物业服务）》。强化事中事后监管，对全市135个物业服务项目进行现场检查，发现并督促整改问题807处。

优化维修资金管理。在"郑好办"、微信平台开通便捷功能，通过网络申请维修资金，拓宽便民交存渠道。深入社区、企业开展维修资金交存业务培训和政策法规宣讲40余场次，促进维修资金管理质量提升。

开展社区楼院专项治理。助力郑州市卫生城市、文明城市复审，针对社区楼院存在的路面破损、车辆乱停乱放、绿化缺失等6类问题实施专项治理，涉及楼院237个，发现整改问题1641处。

8月5日，市住房保障局开展房地产市场专项整治活动（市住房保障局/供图）

推进既有住宅加装电梯工作。建立区级联合审查验收机制，开通"绿色通道"，缩短办事时限；将住房公积金、物业维修基金纳入加装电梯资金使用渠道，简化提取流程，方便业主使用；出台《财政补贴申领办法》，规范申领程序，加强补贴资金保障，加梯工作进展顺利、成效明显。

【房屋安全管理】 出台《郑州市房屋使用安全管理条例》。全力推进立法调研、意见征询、报备审核等各项工作，《郑州市房屋使用安全管理条例》经省人大审议通过，自2021年1月1日起施行。

加强城市房屋防汛安全管理。印发《郑州市房管系统2020年度防汛工作方案》，认真部署年度防汛工作，开展汛前隐患排查，主汛期间出动2000余人次，对全市340余处危旧房屋进行巡查和督导整治，确保了安全度汛。

组织房屋安全隐患排查治理。全年组织实施房屋安全隐患集中排查5次，联合市安委会及时启动房屋建筑安全隐患排查整治专项行动，对全市房屋建筑实施全面、拉网式隐患排查。

【脱贫攻坚】 2020年是脱贫攻坚收官之年，局党组选准配强驻村第一书记和工作队员，充分发挥党支部在脱贫攻坚中的战斗堡垒作用，通过实施健康扶贫、教育扶贫、结对扶贫、企业带贫等多种形式帮扶，决胜脱贫攻坚。为贫困户上门送医送药，建立健康档案，投资22.4万元对张堂村建档立卡贫困户进行"六改一增"，投入15.67万元为该村修建公共设施，组织捐赠各类物品、书籍价值14万余元，为困难大学生资助学费1.6万元。张堂村35户建档立卡户全部脱贫，我局抓党建促脱贫攻坚工作先后被省、市多家新闻媒体报道。

（文保成）

房地产行业管理

【房地产市场监管】 坚持"房住不炒"。围绕"稳地价、稳房价、稳预期"目标，紧抓房地产市场调控不放松，稳妥实施房地产市场长效机制，因城施策，精准调控，确保房地产市场平稳健康发展。

加大监测分析。加大市场运行监测力度，定期分析研判，指导企业合理确定销售价格，保持商品房销售价格平稳；密切关注市场形势变化，及时储备政策措施，提请市政府调整完善房地产市场调控措施。

及时调控督导。采取形势分析、现场督查、集中检查等方式，对全市落实房地产市场调控情况督导检查，确保房地产市场平稳运行，新建商品住宅价格指数处于考核区间。

服务市场主体。扎实开展"三送一强"活动，报请市政府出台调整预售形象进度要求、以银行保函替代预售监管资金等多项措施，缓解企业资金压力，增强企业发展信心。加大矛盾化解力度，累计帮扶房地产企业827家，企业反映的6大类116个重难点问题全部清零。

加强项目管理。把《房地产开发企业项目手册》作为开发项目监管的重要手段，按时间节点逐单位、逐项目筛查，对项目出现停工、进度过慢等问题，及时约谈企业督导整改，防止出现"烂尾楼"现象。全年《项目手册》填报率达到98.2%，房地产项目管理进一步规范。

【房地产行业信用体系建设】推进房地产行业信用体系建设。将房地产企业违规行为及时记入企业信用档案，实行部门共享、联合惩戒，全年共记录房地产开发企业信用信息118条。

【住房租赁市场】扩大租赁市场供应。按照“以盘活存量为主，优化增量为辅”原则，采取国有出让土地建设、利用集体用地建设、自有土地建设、“城中村”住房改造、商办厂房改建及其他渠道新增等方式，多渠道筹集租赁住房3.2万套（间）。

注重租赁企业培育。积极支持专业化、规模化住房租赁企业发展，大力扶持本地住房租赁企业做大做强，引进万科泊寓、龙湖冠寓等国内知名租赁企业入驻郑州，鼓励豫发、康桥、建业等本地企业开展住房租赁经营，全市专业化、规模化住房租赁企业达到13家，完成备案的住房租赁企业161家。

完善住房租赁平台功能。在房屋租赁信息服务与监管平台上增加中央财政奖补资金申报审核模块，完成第一批奖补资金的网上审核，启动郑州市青年人才公寓分配模块的研发。

推进中央财政试点工作。印发《郑州市支持住房租赁市场发展专项资金管理办法（试行）》《郑州市支持住房租赁市场发展专项资金申报实施细则（试行）》；向第一批新建租赁住房奖补项目拨付中央财政资金2.19亿元，向各开发区、区县（市）预拨付财政资金8亿元，用于其盘活安置住房用作租赁住房工作。

【产权交易】优化房屋交易流程。整合房屋交易、税收、不动产登记流程，做到一个窗口、一次性收取资料和各部门内部流转审核，达到联办业务“当场办、当天办”，实现存量房网签备案、房屋交易和缴税、不动产登记四项联办业务全部“一窗受理”“一套资料”“并联审核”“一次办结”。

创新存量房交易合同网签备案方式。完成存量房交易合同网签系统改造，将网签权限向企业下沉，交易服务向市场延伸，办理业务向综合转变，向符合条件的115家房地产经纪机构开通存量房网签权限，实现存量房买卖合同网签备案、贷款和缴税业务在房地产经纪机构、金融机构现场办。

推进交易业务网上办理。利用“互联网+”、大数据、人脸识别、手机应用软件（App）、电子签名等手段，及时解决电子证照数据推送、证照生成、电子签章等问题，深入推进“互联网+政务服务”，青年人才首次购房补贴、商品房买卖合同备案、商品房预售资金监管、存量房网签备案等业务实现“网上办”或“掌上办”。

启动联合测绘改革。与相关单位联合印发《郑州市工程建设项目联合测绘实施方案》及《实施细则》，规范房产测绘成果报告、测绘数据信息审核及从业人员测绘成果质量评定，促进房产测绘成果提升，确保联合测绘顺利起步。

加快安置房网签进度。设立测绘成果确认、楼盘表确认、网签服务监管和网签合同备案4个专班，实施测绘前置、容缺办理机制，加快推进安置房网签进度，超额完成市定目标任务。

推动房屋时空数据库建设。不断充实数据库，实时记录更新，定期抽查检验，促进数据共享，对房屋时空数据库项目立项、申报、实施、监督全过程规范化管理，确保数据真实、准确、具体，促进房屋全生命周期业务管理。

加强“智慧房产”建设。开展“智慧房产”需求调研，探索“智慧房产”建设新方法新思路，完成“智慧房产”建设方案。

规范房产档案管理。强化档案编研，加强库房管理，优化数字化办公系统，实现房产权属信息线上查询，满足社会各界档案利用需求，年度累计完成档案整理20141卷，受理档案查询103093卷，开具房屋权属信息证明687209份。

（文保成）

住房公积金管理

【概况】2020年，郑州市以扩大住房公积金制度受益范围、支持缴存职工基本购房租房消费需求为中心，以深化“放管服”改革和持续优化营商环境为抓手，紧扣各项目标任务，笃定实干，克难进取，呈现出从严治党全面推进，业务工作平稳运行，专项整治成效明显，“放管服”改革不断深化的良好局面，全系统管理和服务工作水平不断提升，公积金主要业务指标继续保持了较快的发展势头。住房公积金归集：2020年，全市住房公积金累计归集191.09亿元，同比增长21%，历年累计归集1174.34亿元，归集余额达到499.26亿元。住房公积金提取：2020年，全市住房公积金累计提取128.55亿元，同比增长27%，历年累计提取675亿元。住房公积金贷款：2020年，全市住房公积金贷款发放132.65亿元，同比增长226%，个人住房贷款使用率升至90.7%。历年累计发放贷款686.25亿元，贷款余额达到452.66亿元，累计为224450名职工家庭住有所居提供了资金支持，信贷资产质量总体处于优良状态。住房公积金增值收益：2020年，当年实现增值收益6.19亿元，同比增长20.47%。已累计从住房公积金增值收益中提取廉租住房建设补充资金34.22亿元。

2020年，管理中心驻村工作队严格按照习总书记提出的“五个一批”、“六个精准”的要求精准扶贫，主动作为，激发村民内在发家致富的动力，把产业发展作为扶贫工作的重中之重，引导和扶持有特色、有市场、成规模的产业，推进闫坡村整体脱贫计划。结合闫坡村发展现状，积极争取县级扶贫专项资金，用好第一书记扶贫资金，大力发展蔬菜大棚种植、日光温室、联建村集体经济设施农业（葡萄）基地建设项目、闫坡西岭扶贫车间等一系列产业项目，截至2020年底，管理中心定点包村登封市石道乡闫坡村全村建档立卡贫困户262户1104人已全部实现脱贫。

【新冠肺炎疫情防控】压实疫情防控工作责任，成立以管理中心党政“一把手”为组长的疫情防控工作领导小组，严格落实防控工作责任制。全系统党员干部认真落实执勤值守任务，全部参与下沉卡点值守，把疫情防控相关措施落实到位。坚持抗“疫”为先、守“业”为本。疫情期间在办事大厅暂停开放的情况下，积极推进互联网+政务服务模式，推行预约办理、网上预审、网上办理等不见面服务新机制，最大限度服务办事群众。落实好疫情期间公积金相关扶持政策。结合郑州市疫情防控实际，印发《关于抗击疫情期间住房公积金缴存有关问题的通知》《关于妥善应对新冠肺炎疫情影响实施住房公积金阶段性支持政策有关事项的通知》，对疫情期间申请住房公积金缓缴、延期补缴、贷款及网上办理等相关问题进行明确。持续开展好“三送一强”活动，多措并举支持企业复工复产。主动深入到郑州思念食品、上汽集团、宇通客车、富士康集团等大型企业和劳动密集型企业，助力企业复工复产。在常态化开展“三送一强”活动期间，共为387家单位企业降低住房公积金缴存比例，涉及职工人数2.18万人，为企业减负1477.91万元。为174家企业办理了住房公积金缓缴手续，涉及职工3.8万人，缓缴金额1.36亿元。

【公积金归集】做好年度公积金缴存基数和缴存比例核定调整和年度结息工作。根据统计部门公布的上一年度社会平均工资标准，确定2020年度住房公积金月缴存额上限为5282元，月缴存额下限为190元。同时，年度结息工作顺利完成，共为缴存职工结息6.32亿元。加大对老旧小区改造的支持力度。按照郑州市人民政府《关于印发2020年郑州市重点民生实事的通知》要求，管理中心在充分调研和征求广大市民意见建议的基础上，印发了《关于提取住房公积金支付既有住宅加装电梯个人分摊费用有关事项的通知》，为既有住宅加装电梯提取公积金开通绿色通道，有效推进既有住宅加装电梯工作。政策实施以来，全市共为53户家庭提取公积金251万用于既有住宅加装电梯工作。积极参与支持郑州申报租赁示范城市工作。根据住建部关于公积金支持租赁住房项目工作的总体要求，管理中心积极与租赁住房试点项目郑州鲲鹏软件小镇对接，组织完成了前期调研报告并上报住建部，为下一步工作的开展打下了基础。继续加大住房公积金网上归集业务的开展。2020年，共有1137家单位签订网上缴存协议，年度缴存业务网上办结率为78.6%。做好审计整改工作。按照审计要求，对240多家挂账单位逐一清理。对1168个重复账户进行了封存、转移或销户，对146名退休后仍然缴存的职工进行了停缴和销户处理，对医疗卫生系统63个缴存单位下达整改通知，纠正了职工社保与公积金缴存人数、时间不一致的问题。

【公积金运作使用】 支持房地产市场健康发展。2020年，管理中心调整了住房公积金贷款政策。通过贷款政策的调整，活跃了房地产市场，有效增加了贷款需求，为促进全市房地产市场健康发展起到促进作用。市级年度贷款发放额首次突破百亿，刷新了2016年发放93.9亿元的历史记录，当年个人住房贷款办理笔数超过2.5万笔，人均贷款额较上年增加12.7万元，政策效应显现。进一步优化贷款业务流程。推行二手房贷款免评估，简化贷款结清流程，提升贷款发放效率。积极落实审计整改工作要求。明确了新担保方式的房屋抵押和贷款逾期管理原则和办法；针对12笔历史遗留个人逾期贷款采取了多种方式催还；针对3笔逾期项目贷款进行司法诉讼；协调合作银行加大组合贷款业务力度。做好业务数据维护工作，保障贷款业务正常运行。全年市本级共登记录入了320多个楼盘项目，1052栋楼的基本信息，通过及时更新楼盘备案信息，较好地保障了大厅窗口贷款受理的需要。

【公积金服务】 以“放管服”改革、优化营商环境为契机，深耕细作服务平台建设，促进了公积金便民服务效能的全面提升。不断简化优化服务流程。持续开展不必要证明清理工作，减少关系证明等14项材料。推行政务服务“一口受理”，设立开放式咨询辅导区，逐步实现“前台综合受理、后台分类审批、统一窗口出件”服务模式。优化业务流程后，群众等待时间由2个小时以上缩减到7—8分钟，提取业务3—5分钟完成办结，贷款业务由60分钟降低至15分钟左右，有效解决了群众办事排多次队、跑多趟的难题。不断提高网上办事能力。全面落实省住建厅和郑州市有关“一网通办”工作要求，实现了政务服务标准化和政务流程更优化，网上政务服务能力显著提升。2020年管理中心作为全市首家单位率先在“郑好办”App“一件事”专区推出9个公积金高频提取事项，75%的提取事项实现了“零材料、不见面、掌上办、秒到账”，线上提取业务量占总提取业务量的83%以上。累计减少申请材料42项；13个事项实现“一证通办”“网上办”和“零跑趟”；全部43个事项实现“最多跑一次”。不断加强服务网点建设。积极进驻各级政务服务大厅，截止目前，郑州市内已进驻市级政务大厅1个、区级政务服务大厅5个，县（市）、上街区已全部进驻。下一步，将实现郑州市政务大厅全覆盖，进驻事项实现“100%分类一窗受理”目标。同时，积极推进办事网点全辐射，充分发挥银行代办点多面广的优势，设立的22家银行代办网点，实现了群众在家门口所有业务“就近办”“同城通办”。不断探索推行特色服务。办事大厅秉承“以人民为中心”服务理念，严格落实一次性告知制、首问负责制、服务承诺制等相关制度；持续开展延时服务、公休日服务等多元化的服务方式；推行二次办理无需排队、老弱孕开通绿色通道、全年中午无休、周末不打烊等服务；实施窗口预约、网站预约、支付宝预约“三位一体”预约服务，实现“一次认证、多点互联”；全面推广帮办、代办、集中办、上门办，增加服务引导区，配置查询设施，形成群众办事进门有引导、咨询有辅导、全程有帮办的“一条龙”服务。

【风险防控】 压实各级责任制，加强风险防控体系建设，全面落实岗位风险防控措施。及时排查业务办理过程中存在的漏洞和问题，提出解决措施和方法，切实防范业务风险。二简银行账户设置，提高资金使用效率和资金风险防控能力。当年清理销户各县（市）区开设的银行专户13个，制定了《存量资金竞争性存放暂行办法》。加强信贷内控管理，实施房地产市场运行和风险监测，开展楼盘定期跟踪管理，防范楼盘交付风险。加强逾期贷款的催收和处置，严控逾期率水平。持续常态化开展电子稽查和专项审计工作，加强风险隐患排查处置力度，确保业务合规。认真贯彻落实住建部、省住建厅有关要求，按时完成电子稽查工作；根据“放管服”审计整改要求，做好审计署审计整改工作；配合省审计厅完成“放管服”和“保障房”审计整改工作。按照市政府要求做好国务院第七次大督查工作。通过积极配合各类专项审计工作和常态化开展电子稽查，有效防范和降低了资金运营和管理风险，提高了资金管理水平，进一步提升了风险防控能力。

【分支机构建设】 2020年，各区县（市）行业系统管理机构紧紧围绕管理中心的整体工作部署，坚持疫情防控与业务工作“两不误”。各分支管理机构能够结合本职工作，在抓实抓细防控工作的基础上，统筹做好各项工作。把疫情对住房公积金业务的影响降到最低，疫情防控期间业务工作有条不紊，各项服务取得明显成效。进一步优化提升政务服务水平。按照全市“放管服”改革和优化营商环境工作部署，认真落实“三集中三到位”要求，结合分支管理机构实际情况，六县一区管理机构全部入驻辖区政务服务中心。同时，各分支管理机构积极推广住房公积金网上缴存，充分利用大数据信息共享，积极组织完善个人账户信息，推动综合服务平台建设。行业管理机构调整工作稳步推进。在省住建厅的监督指导下，印发了《郑州住房公积金管理中心省电力分中心机构调整实施方案》，明确了机构调整的方法步骤和时间节点，组建了机构调整工作专班，相关工作正在有序推进。坚持问题导向，做好风险防控。2020年，管理中心班子多次深入到分支管理机构，针对分支机构党务、政务、业务和服务开展全面调查研究，搜集梳理了工作中的难点、共性问题和意见建议。特别是结合风险防控召开了专题工作会，针对工作中的廉政风险点进行梳理，围绕以案促改典型案例，明确岗位职责，加强业务监督核查，着眼防范化解业务面临的重大风险，推动风险防控工作有效落实。

（王清泉）

生态与环境保护

综述

【概况】2020年，郑州市深入贯彻习近平生态文明思想，牢固树立“绿水青山就是金山银山”和以人民为中心的新发展理念，始终把改善生态环境质量作为保障民生、促进高质量发展、优化营商环境的重要任务，在统筹做好经济发展、污染防治的同时，坚持方向不变、力度不减，深入推进污染防治攻坚工作，全市空气质量持续改善，水环境质量稳步提升，土壤环境进一步巩固，生态系统格局整体向好，人民群众的蓝天、碧水、净土获得感日益增强。空气质量持续改善。2020年，全市空气质量持续改善，为新的空气质量标准评价考核以来最好的一年，PM10、PM2.5平均浓度分别为84、51微克/立方米，同比下降14.3%、12.1%，超额完成省定目标；全年优良天数达到230天，同比增加53天；重污染天数同比减少15天，空气质量排名在168城市中稳定退出后20位，实现了历史性突破。圆满完成蓝天保卫战三年行动计划任务，超额完成“十三五”规划目标。与2015年相比，PM2.5年均浓度从96微克/立方米下降到51微克/立方米，下降46.9%；PM10年均浓度从167微克/立方米下降到84微克/立方米，下降49.7%，PM2.5、PM10改善率均为全省第1，特别是PM2.5年均浓度从2015年的全省倒排第1上升至全省正排第5，改善幅度显著；优良天数连续5年增加，2020年达到230天，与2015年相比增加92天，改善率位列全国168个城市前10位；重污染天数从48天下降至11天，下降77.1%。空气质量实现质的飞跃。河流水质不断提升。全市8个国控、省控断面实现持续稳定达标，其中6个断面水质达到Ⅲ类，占比75%，7个市级集中式饮用水源地均达到Ⅲ类水质，达标率100%；建成区黑臭水体全面消除。土壤环境保持稳定：全市受污染耕地安全利用率达到100%、建设用地安全利用率100%、重点行业重点重金属污染物排放量零增长，年度目标顺利完成。2020年1月，郑州市被正式命名为国家生态园林城市。

【服务经济社会发展】强化“六稳”“六保”，助力企业复工复产、绿色升级。推行“企业服务官”“企业服务日”活动，与企业共同签署《郑州市生态环境局优化营商环境服务承诺书》，宣读《企业环保宣言》，被多家省、市媒体报道。市生态环保局53项行政服务事项全部实行“一网通办”，在2020郑州政务服务环境发展白皮书中，生态环保相关案例入选政务服务十佳创新案例。生态环境法治建设多措并举，对12种轻微违法行为免于处罚，协同推进经济高质量发展和生态环境高水平保护，受到生态环境部的通报表扬。积极开展依法行政责任制建设，市生态环境局被评为“河南省行政执法责任制示范点”。率先开展生态环境损害赔偿工作，完成河南省历史上首个生态环境损害赔偿案件，入选最高院典型案例。

（郭　宇）

绿色伏羲山（市生态环境局/供图）

环境治理

【大气污染防治】按照标本兼治、远近结合原则，着眼治理实效，因地、因事制宜，积极采取对症治理。能源结构大幅优化，实现主城区燃煤机组“清零”、全市非电燃煤锅炉“清零”、平原地区散煤动态“清零”，全市煤炭消费总量从3000万吨减少到2000万吨以下，碳排放强度超额完成“十三五”目标，新增清洁能源供暖面积1922万平方米。工业污染全过程控制。率先开展重点行业超低排放改造，全市累计完成19家水泥、615家耐材企业深度治理，水泥超低排放治理技术处于国内第一、全球领先的水平，受到国家大气联合攻关小组专家的高度肯定；全市1蒸吨以上天然气锅炉全部完成低氮改造，全面开展涉VOCs企业“一企一策”深度治理，在工业涂装、包装印刷等多个行业树立标杆，形成导向。扬尘污染全覆盖治理。严格落实施工工地“8个100%”要求，严格执行一票停工制和开复工验收制。对扬尘污染管控按照“分区域、分类型、分时段”实施精准化和系统化管理;推进智慧化工地建设;道路保洁严格执行“以克论净”，达到“双10”标准。机动车污染全市域控制。创新开展重型货车电子通行证、重点用车单位门禁系统、非道路移动机械挂牌联网等工作，对移动源实行排放和总量双控。加快老旧车辆淘汰，注销国三及以下排放标准营运柴油货车车籍19956台，全市11万辆黄标车全部淘汰完毕。积极推进重型车监管，全市39535台重型柴油车已完成OBD安装并与监控平台联网。加强重点用车企业监管，通过安装门禁系统实时监督重点用车企业运输情况，完成682家重点用车企业门禁和视频监控建设。

【水污染防治】 坚持“治、护、建、管”多措并举，全面开展碧水保卫战。开展水环境生态补偿。利用综合污染指数实施水生态环境生态补偿，促进各区县（市）主体责任落实。实施入河排污口整治。设计完善全市入河排污口和雨水口、农业退水口等不同类别的标识牌，按照一口一标的要求，封堵一批、整治一批、完善手续一批。启动生活污水处理厂提标治理。在全省率先启动污水处理厂提标治理工作，全市新增污水处理能力100万吨/天，贾鲁河流域污水处理厂处理规模达到248.5万吨/天；市区建成区内生活污水基本实现全收集、全处理，各县区建成区污水处理收集率均达到95%以上。

【土壤污染防治】 坚持预防为主、分类管理、强化管控，持续改善土壤环境质量。扎实开展基础调查。全面完成全市537个重点行业企业用地污染状况调查，摸清全市建设用地风险状况，工作进度处于全省领先。突出示范引领。在全省率先实现所有区县（市）土壤环境质量监测点位全覆盖，动态掌握全市土壤环境质量状况。率先开展地下水污染状况调查，建立郑州市地下水污染防治分区，探索水土联治监管模式。加强面源防治。突出综合整治，美化乡村生态环境。系统推进行政村农村生活污水、生活垃圾、非规模化畜禽养殖污染防治、农村饮用水安全4项整治任务，完成全市59家省定村庄整治，完成比例100%，农村生活污水处理率达到70%，位居全省首位。

（郭　宇）

【矿山生态环境治理恢复】 全市持证矿山143家。其中，煤矿99家；露天矿山44家。2020年开展治理持证矿山42个，完成治理面积554公顷；投入治理资金2亿多元。累计缴存矿山地质环境恢复治理基金5.52亿元，累计使用基金1.85亿元，其中2020年度缴存基金0.4亿元，使用基金0.95亿元，基金余额3.67亿元。政策性关闭矿山121个，总应治理面积423.44公顷，累计治理面积336.22公顷，治理矿山101个，年度投入治理资金4243.12万元，治理面积289.02公顷。根据省厅1：5万矿调数据逐一核实废弃矿山现状，建立废弃矿山修复治理台账，废弃矿山（矿坑）508个，总应治理面积1293.17公顷，累计治理面积1148.849公顷，治理率88.84%，已完成省政府制定的历史遗留矿山治理率达到75%的目标。其中，二七区应治理面积22.35公顷，已治理23.98公顷，任务完成率107.28%；新郑市应治理面积149.57公顷，已治理149.20公顷，任务完成率99.75%；荥阳市应治理面积41.62公顷，已治理37.303公顷，任务完成率89.6%；新密市应治理面积388.987公顷，已治理345.428公顷，任务完成率88.8%；登封市应治理面积690.643公顷，已治理592.938公顷，任务完成率85.9%。完成“三区两线”范围内责任主体灭失露天矿山28个，治理面积281.83公顷已全部完治理，地质环境治理恢复率达到75%以上。京津冀周边废弃露天矿山图斑涉及到郑州市79个图斑，修复面积317.26公顷，中央财政总共下达郑州市治理补助资金3091万元，年度内治理完成图斑79个，完成治理面积317.26公顷，总体修复进度100%。省级下达的新密市城市周边（雪花山）矿山地质环境恢复治理项目,治理面积70.7538公顷，已完成治理总工作量的52%。根据省厅《关于推荐全域土地综合整治试点的通知》要求，完成新密市超化镇樊寨村等10村试点的审查、上报工作。制定并印发《关于加快推进全域土地综合整治的实施意见（试行）》，全市已上报市级试点3个（登封市2个，中牟县1个）。

2月20日，环境监察人员在新郑市污水处理厂检查（市生态环境局/供图）

【露天矿山整治】 登封市基本完成露天矿山综合整治；新密市采石场修复治理率不低于损毁面积的75%；荥阳市南部山区采石场修复治理率不低于损毁面积的75%。截止2020年底，登封市的312个非煤矿坑（场），已完成治理284个，共恢复土地555.19公顷，栽植

8月4日，环保设施向公众开放活动举行（市生态环境局/供图）

11月4日，市环境攻坚办全面拉开柴油车路检路查联合执法“零点行动”和非道路移动机械污染管控“零点行动”（市生态环境局/供图）

树木87万余株，生态修复治理率达到91%。新密市应治理生态修复任务面积104.94公顷，已完成94.45公顷，生态修复率达到90%。郑少洛高速沿线郑少洛高速沿线登封段2处采石坑已恢复治理，治理面积4公顷。新密段袁庄乡3处露天采石坑已恢复治理，治理面积45.33公顷。

（李前进）

【农作物秸秆禁烧和综合利用】以习近平生态文明思想为指导，按照“以疏为主，疏堵结合，以堵促疏”的原则，坚持秸秆禁烧与综合利用相结合、科学防控与多层级督巡查相结合，充分发挥基层网格化管理作用，强化网格监管责任,在“三夏”“三秋”农作物秸秆禁烧重点时段取得良好成效，没有出现大面积焚烧现象和较重污染大气环境的事件，大气质量明显好于往年，高质量完成秸秆禁烧和综合利用的既定目标任务。继续发挥“蓝天卫士”电子监控系统作用，全市建设“蓝天卫士”电子监控平台115个，设立监控探头1059个，安装可视电话36部，各开发区、区县（市）完善加强乡（镇）办、村级应急小分队建设，确保报警30分钟内到达现场，实现早发现，早处置，把隐患消灭在萌芽状态，强化了第一时间处置突发事件的能力。禁烧期间市及各级禁烧办实行24小时值班，市禁烧办坚持“有烟必查、有火必究、有焚必报、有报必罚”。市农委每年安排农作物秸秆综合利用资金，扶持全市农作物秸秆肥料化、饲料化、燃料化、基料化和原料化等“五化”利用，以及秸秆离田收储体系建设等秸秆综合利用产业化发展。印发郑州市农作物秸秆综合利用项目资金申报指南，登封、新密、新郑、荥阳申报秸秆综合利用项目10个，利用秸秆22万余吨，聘请第三方机构进行核查验收，对10家企业（合作社）下拨补贴资金843.4万元。经河南省秸秆禁烧和综合利用办公室通报确认，郑州市实现“零火点”目标，并获得奖励60万元。全年全市小麦秸秆还田率达到96.9%，玉米秸秆还田率93%。主要农作物秸秆利用率将达到93.5%以上。

（徐群堂　咸艳华）

生态保护

【生态环保综合能力建设】2020年，全市生态环保综合能力全面提升。环境监测进一步优化完善，首次实现16个区县（市）土壤监测点位全覆盖和所有声环境功能区类型全覆盖，完成水、气、土、声要素市级生态环境监测网络建设的历史性突破。坚持科技引领带动，“智慧环保”项目正式发布上线。“三线一单”、排污许可登记提前完成省定任务，市生态环境局被生态环境部表彰为2020年全国固定污染源排污许可全覆盖工作先进集体。积极开展“两山”实践创新基地、国家生态文明示范县（市）、省级生态县（市）、生态村创建，14个生态村创建通过专家评审。全省率先开展小微企业产生危废收集试点，进一步实现了危废动态清零，作为先进工作典型被全省推广。率先开展危废物联网监管系统建设，实现了与省厅、国家固废信息系统的“三网融合”和数据传输，达到国内领先水平。全年辐射事故零发生，废旧放射源收贮率达100%。强力推进第二次全国污染源普查，市生态环境局和金水、荥阳、港区分局全部被评为“第二次全国污染源普查表现突出集体”。充分运用“绿色郑州”新媒体宣传平台，2020年发布微博3800余条、微信1300余条，“绿色郑州”微博、微信公众号多次进入生态环境部排名前20位，生态环境宣教引导能力进一步提升，为社会各界凝心聚力生态环保打下牢固基础。

【黄河流域生态保护】坚持生态保护优先，深刻把握黄河“重在保护、要在治理”要求，把生态治理作为实施黄河战略的先导工程、率先推进。排查黄河干流大堤内，伊洛河、汜水河、枯河一级支流两侧500米内区域各类点位264个，整治整改问题1801个。开展“占地造湖”专项整治，对排查出的37个项目逐一研判，“减面瘦体”4处、取消湖面湖体5处。将黄河流域农业农村环境治理融入生态环境高质量发展重大战略，在荥阳市、巩义市实施农用地和污染地块修复治理试点，启动黄河流域核心示范区80个村庄生活污水治理，将沿黄55个村庄纳入综合整治计划。在黄河流域生态保护和高质量发展座谈会一周年之际，在全国首家开展了以黄河水污染处置为主要情节的，跨流域、跨区域、跨部门的环境应急演练。《郑州市流域水生态环境保护“十四五”规划要点》，全省第一家通过生态环境部黄河流域局和淮河流域局审核，郑州市被省厅评为规划编制工作先进地市。

（郭　宇）

【黄河流域生态保护和高质量发展核心示范区建设】加强规划引领。印发《郑州市建设黄河流域生态保护和高质量发展核心示范区生态综合治理三年行动计划（2020—2022）》《郑州市建设黄河流域生态保护和高质量发展核心示范区生态综合治理2020年度专项实施方案》。明确一屏、二区、三网、四带、多组团、多园区建设重点。“一屏”为黄河生态屏障；“二区”为西部生态涵养区和东部平原防护区；“三网”为县乡道路防护林网、河沟渠堤防护林网、平原农田防护林网；“四带”为以京港澳高速、郑云—绕城—S88线、连霍高速、郑民—绕城高速为骨架的高速公路、快速路、铁路、国道、省道等构成的城市生态隔离带；“多组团”为郑州市主城区、各县市区主城区及其周边乡镇的生态组团；“多园区”为森林公园、湿地公园、地质公园、遗址生态文化公园、郊野公园、自然保护区、风景名胜区等。

探索建立黄河滩区综合管理长效机制。印发《黄河郑州段生态环境综合管理长效机制》，创新滩区综合管理方法，建立问题发现机制、问题处置机制和责任落实机制，使滩区管理更趋科学规范。印发《黄河郑州段滩区实施“三滩分治”的工作标准》，统筹协调滩区生态保护与合理利用关系，实现为黄河流域生态保护提供示范要求。

专项行动成效明显。绿盾专项行动整改台账586个点位，已全部整改完

2020年，郑州市积极推进黄河流域生态保护和高质量发展核心示范区建设
（马　健/摄）

毕，整改完成率100%。黄河郑州段突出生态环境问题的整治工作任务共1801个点位，已整改完成点位1800个，完成率为99.91%。

工程项目阶段性目标顺利完成。9月，郑州市沿黄生态廊道八堡村示范段工程建设完成。该工程西起六堡村，东到凌庄，长1.2公里，占地面积约26.6公顷，总投资约7557万元。

（姚　林）

【生态保护红线评估调整】 全面开展评估调整工作，积极与市林业部门充分对接自然保护地整合优化情况，共同分析自然保护地整合优化中存在的矛盾冲突，提出优化整改建议，将自然保护地由1031平方公里缩减至439.94平方公里。10月15日，完成郑州市生态保护红线评估调整工作初步方案，上报省自然资源厅汇总后报自然资源部审查。12月11日，认真对照部、省的反馈意见，完成郑州市生态保护红线评估调整方案的修改完善，形成最新成果。修改完善后，郑州市生态保护红线面积共计535.47平方公里，占辖区比重为7.07%，主要分布在郑州市北部黄河沿岸及西南部的山地丘陵地带，共涉及8个县区（金水区、惠济区、中牟县、荥阳市、新密市、新郑市、登封市、巩义市）。

（李前进）

【水生态系统建设】 坚持“四水同治”“五河共建”，开展以贾鲁河为示范引领的河湖水系生态建设。贾鲁河综合治理生态修复工程全面进入收尾阶段，蓝线工程基本完工，绿线工程任务大头落地，配套设施正在加紧建设；牛口峪引黄荥阳支线工程、潮河上游南曹村桥至小魏庄水库段生态治理工程一期（小魏庄水库至京广铁路桥）加快实施。

加快推进水生态建设重点项目前期工作。郑州市索须河汇合口上游至弓寨大桥段生态提升工程（一期：师家河坝后至弓寨大桥段，涉铁节点）初步设计已经批复。贾峪河生态治理工程、贾鲁河尖岗水库大坝至南四环桥段一期工程初步设计已完成。七里河拦蓄水建筑物工程、花园口引黄干渠改造提升工程等项目前期工作加快推进。

【水土保持生态建设】 总投资1150万元的新密市2020年国家水土保持重点工程建设任务全部完成，治理水土流失面积23平方公里。违法违规生产建设项目水土保持查处工作有序开展。顺利通过河南省水土保持年度目标及“十三五”工作目标考核，考核成绩为优秀。2020年度全省水土保持工作现场会议在郑州召开，郑州市在会上作典型经验交流发言。

【河长制湖长制工作】 持续强化履责意识，实施《郑州市市级河长履职尽责“两函四巡三单两报告”工作法》，及时发出巡河提示函、问题提示函，组织市级河长每季度巡查责任河流，及时解决河湖问题。全年共向市级河长发出巡河提示函35份、问题提示函24份；组织保障市级河长巡河37次；印发总河长令1份，市级河长令1份；每月通报河湖水质和排名情况，向县级河长发出问题交办单109份，通报问题421个，推动河湖长扎实履行治、管、护责任。不断完善工作机制。强化“河长+警长”“河长+检察长”“河长吹哨、单位报到”联动机制，河湖长制工作纳入政府一体化考核，修订《郑州市河湖长制工作督察制度》，促进河湖长制工作向“有实、有为”发展。开展河湖“清四乱”“三污一净”等专项整治。通过“三清两查一督”“人访+机访”等措施，对市级河长责任河湖实施无缝隙排查，推动河湖“四乱、三污”问题早发现、快整治。水利部台帐67个黄河“四乱”问题、省级交办和市级排查台账476个河湖“四乱”问题全部销号；对28条市级河长责任河湖实施无缝隙排查，解决河湖问题802个，封堵排污口68处，清理河道淤泥45.2万立方米，整治河道189.5公里，河湖面貌得到有效改善。

（赵　研）

【增殖放流】 2020年，制订郑州市渔业资源增殖放流实施方案，在全市生态水系等水域放流鲢鳙鱼、草鱼等水生生物，构建完整的水生态食物链，控制水中的浮游生物和水草，优化城市水生态环境。2020年“全国放鱼日”活动，放流草鱼、鲤鱼、鲶鱼等2万余尾。6月12日，在西流湖公园放流草鱼、鳙鱼18000公斤。

（王新平）

绿色发展

【概况】 2020年，郑州市积极推动黄河流域生态保护和高质量发展核心示范区建设、造林绿化、森林（湿地）公园建设，强化森林（湿地）资源管理，统筹推进“六化”（山区森林化、平原林网化、城市园林化、乡村林果化、廊道林荫化、庭院花园化）建设，出台《森林郑州“六化”建设标准（试行）》，坚持适地适景适树的原则，优化景观布局、微地形塑造、景观配置、配套建设，提升生态和景观效果，增强森林稳定性，提升森林质量,增加林农收入，国土绿化高质量发展成效明显。2020年，郑州市获得第四届中国绿化博览会展园竞赛“金奖”和“最佳单体建筑奖”。以“一屏、两带、三网、五美、多园”为建设重点，结合疫情防控形势，细化方案，完善措施，做好项目立项、规划设计、招投标、土地协调、地上附属物清理、苗木，资金筹措等准备工作，为复工做好资金、土地、人员、苗木等准备，为造林绿化年度任务圆满完成打下坚实基础。各开发区、区县（市）抢抓春季造林绿化时间，加快组织开展植树造林，确保按时完成目标任务。针对野生动物保护和疫情防控、森林防火、国土绿化和义务植树等重点工作开展督导，力争“双推进”“双胜利”。深入开展园林绿化增量提质升级，统筹推进疫情防控和复工复产，全市建成公园、微公园和游园400个，新建绿地面积2813万平方米

【造林绿化】 2020年，完成国土绿化面积12493.3公顷，占目标任务的124.93%；中幼林抚育完成7866.67公顷，占目标任务的106.31%。高速公路、铁路、国道、省道、县乡道路生态

廊道提升绿化工作，全市完成3666.67公顷，占总任务的105.76%。创建省级森林城市2个；郑州市林特色小镇17个，河南省森林特色小镇4个；郑州市森林（生态）乡村166个，河南省级森林乡村33个。完成河南省沿黄生态廊道示范工程集中开工暨全省春季义务植树活动。参与义务植树市民总计24.7万人次，共植树113.2万株。

【森林、湿地公园建设】森林、湿地公园开工项目8个：登封香山森林公园、新密溱水河湿地公园、新密雪花山森林运动公园、新密市神仙洞省级森林公园提升建设、新郑市双洎河湿地公园、新郑十七里河湿地公园、河南省中牟森林公园、惠济区郑州黄河国家湿地公园完善提升一期；立项手续办理和规划设计项目3个：巩义河南嵩北国家级森林公园、巩义市河洛文化湿地公园、荥阳环翠峪省级森林公园提升；调整项目2个：郑州黄河湿地中牟鸟类栖息地和中牟雁鸣湖湿地公园。截至2020年年底，6个项目基本完成，7个项目完成年度建设任务。

经市政府批准，缓建项目3个：郑州树木园改造提升工程、新郑市具茨山森林公园、郑州黄河湿地郑东新区湿地恢复项目；取消项目9个：郑州侯寨森林公园、郑州水磨森林公园、郑州凤凰岛城市公园、郑州尖岗城市公园、郑州梅山森林公园、郑州白寨森林公园、郑州市邙岭森林公园、登封颍河—白沙河水库湿地公园、巩义神都山省级森林公园。

【森林（湿地）资源管理】开展林地年度变更调查，做好林地"一张图"年度变更、森林资源连续清查等工作。通过年度绿卫行动、森林督查等加大森林资源监管力度，依法打击破坏森林资源违法行为，依法保护森林资源。加强林木采伐管理，认真执行采伐限额管理制度。加大"放管服"改革力度，提高服务质量和服务效率。积极开展野生动物保护工作，严厉打击滥捕滥猎野生动物等违法行为。以"世界湿地日""世界野生动植物日""爱鸟周""野生动物保护宣传月"以及秋冬春"候鸟迁移护飞"宣传执法活动为载体，积极开展野生动植物保护宣传活动。设立市级野生动物救护站，在黄河滩区成立候鸟护飞巡护队，同时开展鸟类栖息地保护工程示范点建设。疫情防控期间，科学依规做好野生动物防控疫情与处置工作，稳定55家野生动物养殖户思想，完成处置8家2276只野生动物，并给予资金补贴。处置各类自然保护地违建别墅111栋，处置率100%。积极开展春季森林防火和林业有害生物防治工作，全市没有发生较大以上森林火灾和病虫害疫情。

（姚　林）

京港澳高速廊道绿化（市林业局/供图）

【铁路沿线五项综合整治】以"六个坚持"为引领，即"坚持高位推动、坚持全民参与、坚持协调联动、坚持高标站位、坚持以人为本、坚持创新机制"，健全完善《郑州市铁路沿线规划建设导则》，深入推进铁路沿线五项综合整治工程，解决西干道沿线拆迁等难点，铁路沿线新建绿地面积228万平方米，基本完成铁路沿线整治任务；开工建设7条生态廊道，建成前程路、华夏大道等5条，新建绿化面积190万平方米；101个高速互通立交及出入口区域绿化"提质增彩"工作全面推进，共提升绿化面积131万平方米。

【重大园林工程建设】贾鲁河综合治理西流湖段绿化建设基本完成。西流湖公园蓝线内建设基本完成，绿线可施工范围内土方工程、园林景观工程、强弱电及智能化工程全部完成，建筑、古建筑工程正加快推进，完成总量的38.18%。S312市区段绿化进场施工。按照郑州"北静"绿色综合体理念和"一廊、四段、九驿"总体结构，以"自然风光+黄河文化+慢生活"为重点，完成S312市区段绿化可研报告编制和初步设计等前期工作，红线内绿化工程进场施工。青少年公园建设初具雏形。北部区域绿化栽植基本完成，土建园路完成70%，公园主建筑主体已建成，防灾指挥中心、泵房等附属建筑基本建成。南部地下空间开发西侧1—4区主体工程已全部完成，5—6区正在进行基础施工。郊野公园建设深入推进。2020年，15个郊野公园已建成开放3个（经开区陆港郊野公园一期、上街郊野公园一期、惠济郊野公园一期）、在建10个、前期工作2个。扬州世界园艺博览会郑州园项目扎实开展。已完成可研编制、施工图设计等前期工作，正在推进工程施工。

【单位及居住区绿化建设】2020年，郑州市单位庭院和居住区绿化美化工作水平持续提升，城市居民生活环境不断改善。全市新创建省级园林单位12家：中原出版传媒集团、河南水利与环境职业学院、中国农业科学院郑州果树研究所、华北水利水电大学(老校区)、中国烟草总公司职工进修学院、郑州航空工业管理学院、美立方产业园、登封市嵩基建材有限公司、登封市嵩基新材料科技有限公司、新密市同赢企业总部港、光大环保能源(新郑)有限公司、郑州西斯达城市森林学校；新创建省级园林小区49家：郑州市名门郡景小区、郑州市长江一号小区、郑州市橄榄城润泽园小区、郑州市泰宏建业18号院郑州市亚星望江居小区、郑州市正商禧园5号院、郑州市绿都紫判华庭和园、郑州市绿都紫荆华庭佳园、郑州市绿都紫判华庭润园、郑州市阳光城8号院、郑州市阳光城9号院、郑州市永恒理想广场小区、郑州市正商新蓝钻小区、郑州市万科美景龙堂小区郑州市永威南械・福苑、郑州市万科魅力之城祥润园、郑州市万科魅力之城榭香园、郑州市万科魅力之城幽兰园、郑州市碧源月湖和园小区、郑州市碧源月湖荣园小区、郑州市清华园小区、郑州市阳光新城小区、郑州市方圆经纬花园小区、上街区第城・雅园小区、上街区二十里铺社区13号院、上街区森海正阳门小区、上街区翡翠华庭小区、上街区正兴翡翠城小区、上街区和美丽园小区、上街区通航社区、郑州市瀚海晴宇、郑州航空工业管理学院东校区专家公寓、郑州市正商铂钻小区、郑州市朗悦公园道1号天域・南苑、郑州市公园道1号朗悦誉园、荥阳市新田城半岛墅小区、阳市新田城住福小区、中牟县名门紫园小区、中牟县康桥香溪一号院、中牟县康桥香溪二号院、登封市中凯龙城小区、新密市东郡一品小区、新密市荣域福湾小区、新密市和园小区、新郑市府扈新城小区、新郑市昌鼎润苑小区、新郑市浩创奥园小区、新郑市西亚斯·御璟小区、新郑市正商绿地公园小区。

新创建市级园林单位30家，郑东新区：河南省招生管理办公室、郑州高新区人民法院；中原区：中原区锦艺小学；管城回族区：国香茶城；经济开发区：经开区第一幼儿园；高新区：水电十一局；登封市：登封市崇高路小学、河南金牛实业集团有限公司；新郑市：河南省新郑市第一中学、新郑市崇文中学、新郑市辛店镇人民政府、新郑市气象局、河南工程学院、国家税务总局新郑市税务局辛店税务分局、新郑产业新城服务中心；新密市：新密市职教中心、新密市牛店镇卫生院、新密市市直第三幼儿园、新密市教师进修学校、新密市大隗镇和合村村民委员会；巩义市：巩义市康店镇人民政府、巩义市第一中等专业学校、巩义市雷锋小学、巩义市回郭镇人民政府、巩义市鲁庄镇人民政府、郑州白云实业有限公司、巩义市芝田镇东沟村村民委员会、巩义市竹林镇镇东街社区居民委员会、巩义市河洛镇神北村村民委员会、巩义市米河镇赵岭村村民委员会。

新创建市级园林小区108家：郑东新区：安和文苑小区、海马公园5期小区；中原区：林湖美景小区、永威金桂苑小区、正商颖河港湾小区、民安西上一号院小区、天誉华庭小区；二七区：升龙城6号院小区、万科大都会铂悦苑小区、万科大都会海悦苑小区、绿地滨湖国际城八区小区、亚星云水居小区；管城区：鑫苑城6号院小区、枫香庭东院小区、枫香庭西院小区、鑫苑城3号院小区、十里铺安置区一期小区、正商·新蓝钻B区小区、中州城·百合园小区、正商·华钻湾景1号院小区、正商·华钻湾景2号院小区；高新区：朗悦公园道1號大里·鑫桂源小区、朗悦公园道1號北里泓苑小区、朗悦秦庄嘉园小区、金科城1号院（二期)小区、朗悦公园道1號玺园小区；金水区：鸿园·梧桐苑小区、鸿园·玫瑰园小区、鸿园·玉兰苑AB区、鸿园·玉兰苑CD区；上街区：观沟新村小区、左照新家园小区、西街新区小区、乐福国际小区、德鸿现代城小区、御翠园5号院小区；惠济区：昌建誉峰小区、融创城开珑城1号院小区、民安北郡璞岸小区、民安北郡遇见湖小区、保利海上五月花百合园小区、保利海上五月花紫薇园小区、保利海上五月花茉莉园小区、保利海上五月花玫瑰园小区、正弘澜庭叙B区小区；航空港区：永威南樾瑞苑小区、白鹭源小区、豫发国园玖号院小区、豫发国园小区、蓝山公馆小区；经开区：金沙湖高尔夫官邸二期小区、恒大绿洲二期小区、宇通和谐南苑小区、宇通和谐家园小区、亚太花园小区、西贾社区、锦龙花园小区、瑞祥小区、绿地海珀兰轩小区、万锦嘉园小区；登封市：登封市裕兴国际花园小区、登封市嵩基·润堂小区、登封市正商城·裕园小区、登封市嵩基·怡和园小区；荥阳市：荥阳市东润玺城C1小区、荥阳市东润玺城A1小区、荥阳市西雅图·总部湾小区、荥阳市恒大山水城2号地小区、荥阳市恒大山水城3号地小区、荥阳市恒大山水城4号地小区、荥阳市恒大山水城5号地小区、荥阳市大溪地十号院小区、荥阳市大溪地十五号院小区、荥阳市新田城·书香苑小区、荥阳市新田城·梧桐雨小区、荥阳市新城尚郡小区；中牟县：中牟县亚新美好艺境小区、中牟县绿地香颂小区、中牟县碧桂园豪园小区、中牟县康桥香溪郡6号院小区、中牟县康桥香溪郡8号院小区、中牟县康桥香溪郡9号院小区；新郑市：新郑市太极华夏城润园小区、新郑市梨河镇七里堂社区、新郑市正商红溪谷小区、新郑市旌贤花园小区、新郑市薛店镇岳庄新社区、新郑市招商·雍景湾小区、新郑市浩创·梧桐印象小区、新郑市浩创·浩龙花园小区、新郑市正商公主湖小区、新郑市兴弘花园小区、新郑市恒基·水榭华城小区、新郑市浩创·天鹅湖畔小区、新郑市花悦城小区、新郑市北关街社区故里新家园南区小区、新郑市双龙寨社区幸福港湾小区、新郑市康桥林溪湾小区、新郑市香江龙湾小区、新郑市法兰原著小区；巩义市：巩义市世博·一品城·锦苑小区、巩义市卓泰·江南城小区、巩义市海盛花园小区、巩义市东方现代城南苑小区、巩义市星河村小区、巩义市小关镇新丰园小区、巩义市新中镇峡峪新村小区；新密市：新密市建业·壹号城邦小区。

【各区园林绿化建设】2020年，各区、管委会积极推进绿地建设，累计新建绿地1469.88万平方米，新植乔灌木61.49万株，屋顶绿化3.41万平方米。其中，中原区新建绿地103.06万平方米，屋顶绿化0.5万平方米，新植乔灌木1万株；二七区新建绿地63.85万平方米，新植乔灌木1.5万株，屋顶绿化0.2万平方米；金水区新建绿地76.86万平方米，新植乔灌木7.3万株，屋顶绿化0.35万平方米；管城区新建绿地132.32万平方米，新植乔灌木1.49万株；惠济区新建绿地117.88万平方米，新植乔灌木8万株；上街区新建绿地43.67万平方米，新植乔灌木2.07万株，屋顶绿化面积0.2万平方米；郑东新区新建绿地195.66万平方米，新植乔灌木4.03万株，屋顶绿化0.2万平方米；高新区新建绿地136.15万平方米，新植乔灌木4.5万株，屋顶绿化0.6万平方米；经开区新建绿地400.28万平方米，新植乔灌木3.6万株，屋顶绿化面积0.55万平方米；航空港实验区(新郑综合保税区）新建绿地200.09万平方米，新植乔灌木28万株，屋顶绿化面积0.81万平方米。

（满　超）

【绿色交通】为进一步提高绿色出行水平，起草《郑州市绿色出行创建行动方案》，经11月14日市政府第73次常务会议研究通过，郑州市申报绿色出行创建城市。积极推进成立郑州市推进城市绿色货运配送示范工程领导小组，形成责任分工明确的联席会议工作机制，推动市政府办公厅印发《郑州市绿色货运配送示范工程实施方案》。4月份，迎接省交通运输厅对郑州市城市绿色货运配送示范工程的督导检查。

（张朝霞　王广俊）

【绿色邮政建设】郑州市邮政分公司倡导绿色发展理念，响应绿色邮政建设行动，开展“现场环保小讲堂”“老有所乐，老有所为”“认养小小绿植”等活动，在营业厅举办“争当绿色使者，共创绿色家园”主题宣传活动，现场讲解实施垃圾分类的好处，重点对如何正确分类进行现场解读，让广大民众真正将垃圾分类体现在每天的生活中，诠释了“全员参与、共同维护”环保理念。

（贺　琳）

【“绿惠万家”活动】大力开展绿色家庭创建行动，推动绿色家庭创建工作纳入郑州市2020年度环境污染防治攻坚专项绩效考核，与市发改委等部门联合印发《郑州市绿色家庭创建行动实施方案》，全年全市绿色家庭创建达到15%，厚植美丽郑州“家”底色。

（王燕燕）

经济监督与管理

发展计划管理

【经济社会发展概况】2020年，全市上下坚定扛起“三个在”和“龙头高高扬起来”的职责使命，深入把握“控保稳进抬扛”六字要求，统筹推进疫情防控和经济社会发展，扎实做好“六稳”工作，全面落实“六保”任务，疫情防控取得重大战略成果，经济回稳向好发展态势持续巩固拓展，较好完成了市十五届人大三次会议确定的各项目标任务，“十三五”规划确定的目标任务总体完成，决胜全面建成小康社会取得决定性成就。初步核算，2020年全市生产总值完成12003亿元，增长3%。其中，第一产业增加值156.9亿元，增长0.9%；第二产业增加值4759.5亿元，增长4.5%；第三产业增加值7086.6亿元，增长1.7%，三次产业结构1.3:39.7:59。规模以上工业增加值增长6.1%；固定资产投资增长3.6%；地方财政一般公共预算收入增长3%；进出口总额4800亿元，增长16%；实际吸收外资46.3亿美元，增长5%；居民人均可支配收入增长3.7%；新增城镇就业13.96万人；居民消费价格上涨2.5%。

疫情防控取得重大战略成果。健全全方位高水平的救治体系，仅用10天时间建成岐伯山医院，组建5788人的五级医疗梯队，219名医疗队员驰援武汉、湖北、新疆。作为第一入境点，承接国际航班208架次32235人在郑医学观察。在全国率先形成“四位一体”的健康码智能管理体系，排查重点人员数据4.15亿条。在全省率先建立冷链食品追溯系统“郑冷链”，累计检测进口冷链食品样本50093份、贴溯源码166万余张。建设县（市）级重大疫情医疗救治基地，74家生物实验室具备核酸检测能力、日检测能力22.3万份，达到全员检测要求，防护口罩产能提升至3000万只/日，流调队伍人员增加到1800余人，完成267家基层发热门诊（哨点诊室）建设。着力做好保供稳价工作，先后四次投放肉蛋菜10578吨，及时足额发放价格临时补贴6922.8万余元，居民消费价格总指数为2.5%，保持在合理区间。

复工复产推进有序有力有效。创新开展“三送一强”活动，及时出台促进经济平稳发展30条、促消费增活力稳增长10条、为民造福10条等系列政策举措，持续开展“四项对接”活动，组织产销对接活动66场，全力保障供应链、产业链稳定。仅用3个月时间实现全市复工率、用工率均达100%，累计帮扶企业37.6万家、解决用工275万人、协调贷款5544亿元，减免缓税费514亿元，减少电费支出7亿元，降低用气成本约1.35亿元，为945家中小微企业减免房租4646.5万元，为用人单位减征职工医疗保险费（含生育保险）11.22亿元。争取抗疫特别国债22.9亿元、地方政府债券218.1亿元、获批企业债券300亿元。

经济运行呈现稳步恢复态势。及时出台扩大有效投资加快项目建设11条等系列举措，开展促进民间投资专项行动，谋划2020年亿元以上重大项目2514个、“十四五”重大项目5330个，申报新增中央投资储备项目个数、总投资、申请投资均居全省第一。912个省市重点项目全年完成投资4651.8亿元，先后三个批次集中开工533个重大项目，累计完成投资941.9亿元，177个新基建项目年度完成投资102亿元，2020年全市固定资产投资同比增长3.6%。大力促进消费复苏，发放惠民消费券4亿元，举办“十一黄金周”“醉美·夜郑州”等线上线下促销活动，激活消费市场热潮，带动社会直接消费200多亿元。累计创建省级品牌消费集聚区15个，数量居全省首位。全年社会消费品零售总额达到5076.3亿元。

黄河战略启动实施。围绕核心示范区“沿黄生态保护示范区、国家高质量发展区域增长极和黄河历史文化主地标”三大功能定位，编制了郑州建设核心示范区重大战略研究、总体发展规划、起步区建设方案，制定了防洪工程与水资源等系列三年行动计划和年度专

郑州市有序推进复工复产。图为2月24日领秀服饰生产线（赵卫平/摄）

项方案。加快推进“堤（岸）、疏、蓄、滞”综合治理工程，启动了邙岭森林生态、低滩湿地生态、中高滩休闲生态“三大生态保护”工程，完成沿黄突出生态环境问题专项整治点位1800多个。沿黄生态廊道八堡村示范段工程建设完成。建立重大项目储备库，谋划项目1400余项，总投资近万亿元，重点实施郑开同城化推进工程、生态廊道示范工程、生态保护和修复工程、防洪安全治理提升工程、水资源优化配置、黄河历史文化主地标打造、交通基础网络建设、新兴产业培育和对外开放提升等九大工程，加快推进125项标志性、引领性重点任务和重点项目，95项重点项目已完成年度投资640亿元。着力推动合作研究，与济南市签订协同实施黄河战略合作协议，组织召开中国区域经济50人论坛专题研讨黄河流域生态保护和高质量发展，为实施黄河战略和区域协调发展汇聚高端智力。

6月18日，醉美·夜郑州活动启动（马　健/摄）

郑州国家中心城市建设稳步推进。高标准实施高质量发展制造业、高水平扩大对外开放、高品质推进城市建设等系列三年行动计划，不断充实完善郑州国家中心城市建设的实践体系。稳步推进“十四五”规划编制工作，系统开展“53+8”重大课题研究，科学制定“1+4+35”规划体系，研究形成“十四五”规划基本思路，《纲要》编制有序推进。国土空间总体规划编制取得积极进展，完成国土空间开发保护现状评估、生态保护红线评估调整、城区范围划定和城市体检评估，基本完成资源环境承载能力和国土空间开发适宜性评价方案。32个核心板块建设有序推进，黄帝千古情核心板块、二砂文创园（首期）建成开业。

“1+4”郑州都市圈合作发展不断深入。围绕规划共绘、防洪共抓、生态共保、交通共联、产业共建、文化共兴、服务共享，研究编制郑开同城化先行示范区建设工作方案，不断加强与开封、新乡、焦作、许昌等城市联动发展，突出项目化带动，着力推动综合交通互联互通、生态环境协同治理、合作共享互惠共担三项工程落实，郑州都市圈交通、生态等专项规划获批，机场至郑州南站城际铁路正式通车，G107线郑州境东移（一期）改建工程主线基本完工，“3+3+4”快速交通系统加速形成。

制造业高质量发展深入推进。以数字经济和电子信息“一号”产业为引领的战略性新兴产业比重达到38.8%、提高8.1个百分点，富士康、宇通客车、上汽、郑煤机、明泰铝业等龙头企业的行业支撑作用持续增强。六大主导产业对全市规模以上工业的贡献率达84.7%，高技术产业增加值占规上工业比重提升至33.3%，六大高耗能产业比重降至26.2%、降低0.4个百分点。“万企上云接链”行动深入开展，新增“接链”企业2837家，“上云企业”达到3.2万家，成功创建国家产融合作试点城市，好想你等4家企业成为国家绿色供应链管理企业，安图生物医学检测设备智能化取得突破，郑州临空生物园入驻企业23家。2020中国500强企业高峰论坛、第七届中国（郑州）产业转移系列对接活动顺利举办。规模以上工业增加值增长6.1%，建筑业产值达到4951.8亿元。

现代服务业发展提质增效。持续推进“千企展翼”计划，新增4家上市公司，占全省新增总数的44%。郑商所“金融磁石”效益显著，上市交易期货期权品种累计达28个，居国内商品交易所首位。全国首个千亿级科技服务企业启迪科服总部落户郑州。金融业增加值完成1302.9亿元，增长4.1%。存贷款余额分别突破2.4万亿元、2.8万亿元，存贷比达110%以上，金融服务实体经济能力不断提升。成功入选国家骨干冷链物流基地，物流业增加值达到905亿元，增长5.8%。推出5条沿黄河、8条环嵩山、3条历史文化精品旅游线路，全年接待游客达1.13亿人次，旅游总收入达1401亿元。

都市现代农业发展成效显著。重要农产品有效供给，新建高标准农田3.1万亩、“菜篮子”生产示范基地6000亩，全年粮食播种面积433.25万亩、总产146.4万吨，全年蔬菜总产215万吨。创建全国休闲农业与乡村旅游星级企业11家，中牟县官渡镇成功获批全国2020年农业产业强镇，全市农村实用人才达到2.9万人。

数字经济发展势头强劲。总投资846.7亿元的79个新基建重点项目开建，新华三智慧计算终端全球总部基地、中国长城（郑州）自主创新基地等重大项目开工建设，紫光、软通动力、海康威视等龙头企业和中科院过程所等相继入驻智慧岛。5G基站实现市区、县城全覆盖。全国首个网络安全科技馆交付使用，成功举办2020年国家网络安全宣传周高峰论坛。城市大脑一、二期建成投用，“一脑赋城、一网治城、一码通城、一端惠城”格局加快形成，我市数字治理指数位列全国第七，进入数字治理一线城市行列。

基础设施建设进一步完善。四环线及大河路快速化工程高架主线、北三环东延快速通道等市政道路建成通车，“两纵两横两环”快速路网系统基本形成，城市快速路里程达252公里。下穿二七广场隧道等61条城市道路开工建设，郑东新区龙源十三街与连霍高速立交工程等8个项目主体完工。地铁3号线一期、4号线开通载客，全市地铁累计运营7条线路，运营里程达到206公里，运营里程由“十三五”初的全国第22位跃升至第12位，轨道交通第三期建设规划项目全部开工，在建10条线路258公里位居全国第6位。公交线路达347条、4893公里。市政公用设施不断健全，新建公共停车泊位5.9万个，施划夜间限时停车泊位10.9万个；新建改造供水管网133.5公里，燃气管网80.49公里，新增供热面积1681万平方米，水气暖供应保障能力不断增强，生活垃圾分类管理全面推进，7座污水处理厂安全稳定运行。

“双改”工作深入推进。城市道路综合改造加快实施，一期工程嵩山路、京广路等7条道路基本完工，二期工程建设有序推进。整治提升老旧小区1374个，惠及居民22.8万户，加装电梯193部、居全省首位。城乡结合部综合改造稳步实施，清理清除违章建筑1.2万平方米，修缮楼院道路破损1.6万平方米，新增微绿地、微景观等1.4万平方米。城市管理高品质推进，智慧市政、智慧管网、智慧停车等加快推进，创建优秀以上道路1231条，打造美丽街区28个，公厕革命不断深化，城市“亮化”“绿化”提升同步实施。

城市生态更加宜居。深入开展园

林绿化增量提质升级，建成公园、微公园、小游园400个，新建绿地2813万平方米，基本完成铁路沿线五项综合整治，公园拆围透绿持续推进，“市花”月季全面推广。实施国土绿化18.74万亩，其中生态廊道绿化5.5万亩；中幼林抚育11.8万亩，登封香山森林公园、新密溱水河湿地公园等建设有序开展。五河共建理念深入实践，贾鲁河综合治理生态修复工程全面进入收尾阶段，蓝线工程基本完工，绿线工程任务大头落地。牛口峪引黄荥阳支线工程建成通水。

乡村振兴建设取得重大成果。新启动建设美丽乡村项目17个，创建省级“千万工程”示范村80个。农村公路建设大力推进，新改建农村公路554公里，20户以上自然村全部通硬化路。高质量完成农村人居环境三年行动任务，所有规划保留村生活垃圾有效治理，生活污水治理率达到84.4%，户厕改造18万户。400余家村级集体经济“空壳村”全部清零。中牟县官渡镇获批全国农业产业强镇，巩义市竹林镇被评为全国乡村治理示范乡镇，新密市黄固寺村、新郑市泰山村、巩义市石灰务村被评为全国乡村治理示范村，三农基础更加稳固。印发实施《关于加快推进县域经济高质量发展的实施意见》，新郑、巩义、新密、荥阳上榜县域经济百强，巩义入选中国最具幸福感城市，新郑市被命名为全省第一批“县域治理三起来”示范县（市）。

改革攻坚持续深入。财政体制改革不断深化，市与区县（市）财政管理体制调整落地实施，财政事权与支出责任划分改革稳步推进，财政支出标准化建设加快进行，市县两级预算绩效管理组织机构框架基本成型，预算绩效管理制度体系基本建成。规划编制统一集中管理改革持续深化，探索推出新型产业用地、“标准地”供应、带“施工图”出让等举措，不断完善土地储备和做地机制。产权保护制度改革稳妥推进，农村综合改革和开发区体制机制改革稳步实施，农村集体产权制度改革全面完成。制订实施《国企改革三年行动实施方案》，完成全市645家国有企业资产清查工作，10.8万企业退休人员实现社会化管理，国资监管权责和企业境外投资项目负面清单有效落实。

对外开放成效显著。“四条丝路”协同发展，郑州机场完成旅客吞吐量2140.7万人次，居全国11位；货邮吞吐量64万吨，增长22.5%，居全国大型机场首位，货运规模入列全国六强；中欧班列（郑州）开行1126班，同比增长13%。货值、货重同比增长27%、31%，获批建设中东部地区唯一的中欧班列集结中心，疫情期间在全国率先实现常态化往返开行，运输防疫物资1446标箱。跨境电子商务交易额133亿美元，增长23.5%，E贸易辐射190多个国家和地区，入选全国10个跨境电商B2B出口监管试点城市，成功举办第四届全球跨境电商大会。组建专业化铁公海联运平台公司，郑州—青岛—美国线路实现首发，海铁联运完成237列、1.51万标箱，超额完成年度目标任务20%以上。“五区联动”优势提升，自贸区跨境电商零售进口退货中心仓模式全国复制推广，新注册企业1.6万家，航空口岸“7×24小时”通关模式全面实施，邮政口岸航空进口运邮试点获批，药品进口口岸正式运营。郑州经开综保区通过海关总署验收，华锐光电、合晶等近200家智能终端企业入驻新郑综保区，联合国工业发展组织投资和技术促进办公室北方区域协同中心正式落户郑州，郑州市中欧经济合作中心正式成立，与欧洲铁路交通联盟共同组织召开第三届亚欧互联互通产业合作论坛。全市进出口总额完成4800亿元，增长16%。招商引资成效显著，全年新签约项目430个，签约总额突破5700亿元，增长8.9%，引进域外境内资金2359.6亿元，增长5.6%，实际吸收外资46.3亿美元，增长5%。

北龙湖湿地公园（马　健/摄）

科创实力不断提升。中原科技城挂牌启动，国家超算郑州中心通过验收，国家技术转移郑州中心即将投入使用，郑州技术要素交易市场稳步推进。积极谋划建设黄河实验室、嵩山实验室，新建省级及以上研发平台137家。新增国家级众创空间11家，金水区、高新区入选国家第三批双创示范基地。科技部国家级科技企业孵化器评价中，全市优秀数量居全国第5名。全市新增高新技术企业870家，增长42%，新培育科技型企业1861家。技术合同成交额超过200亿元、增长55%，万人发明专利拥有量达18.2件。新增中科院计算所大数据研究院、郑州计量先进技术研究院等3家省重大新型研发机构。超大直径硬岩盾构等关键核心技术实现新突破。全社会研发投入236.7亿元、增长27.8%，享受研发费用加计扣除的企业较上年增加60%、有研发活动的规上工业企业较上年增加43%。

营商环境不断优化。“郑好办”App自运行以来，已上线“一件事”和公民、企业办事高频事项554项，其中，485项实现“掌上办”，178项实现“零材料”办理。坚持“减审批、增服务”，全年梳理新增公共服务事项766项，市本级公共服务事项1118项全部录入政务服务网。首批31个商事登记“一件事”发布上线，招标采购实现不见面开标服务，工程建设项目全流程审批服务事项由122项精简到96项，审批时间最长的政府投资类项目由74天压减到61天以内，最短30个工作日办结。“登银合作”模式全国领先，办理贷款和抵押登记最快4小时办结。在河南省营商环境评价中连续两年位居全省第一。

脱贫攻坚取得决定性成效。贫困人口全部实现脱贫，全年投入财政专项扶贫资金6.32亿元，同比增长11.07%，全市贫困农民人均可支配年收入达到15127.37元。累计投入帮扶资金3.43亿元，引进落地企业20个，招商引资1.38亿元，助力卢氏县实现脱贫摘帽。

生态环境质量明显改善。主城区燃煤机组、全市非电燃煤锅炉双“清零”，重点行业超低排放全覆盖基本实现，大气环境质量实现“六降一增一提升”，PM2.5、PM10年浓度分别下降12.1%、14.3%，年优良天数230天，比上年增加53天，空气质量综合指数退出全国168城市后20位，大气污染防治三年行动计划目标圆满收官。国、省控断面中6个稳定达到Ⅲ类以上水质，2个稳定达到Ⅳ类水质，7个市级集中式饮用水水源地达标率100%，建成区黑臭水体全面消除。全市受污染耕地安全利用率和建设用地安全利用率均保持100%。

重点领域风险有效防控。规范融

资举债机制，全市各级政府债务风险整体可控。清理整顿金融机构，网贷机构由32家减少至11家。加强企业债务风险动态监测，稳步开展豫联能源、豫金刚石等上市公司风险化解工作，坚决打击非法集资。全市高风险公司累计兑付金额66.6亿元，挽回经济损失20亿元。房地产市场平稳健康发展，有序化解问题楼盘40个、完成省交办任务的81.6%。守住了不发生系统性区域性风险的底线。

同时，安全生产和食品药品安全形势总体平稳，防汛抗旱、扫黑除恶等各项工作稳步推进，社会大局保持稳定。

【社会事业发展工作】2020年，坚持疫情防控和社会事业发展两手抓，加大公共服务供给，提高公共服务标准，提升公共服务水平，统筹做好保障和改善民生工作，主动破解社会事业领域热点、难点问题，教育发展更加均衡，医疗服务更为优质，文体活动更加丰富，养老托幼更为完善，人民群众获得感、幸福感、安全感显著提升。加快推进教育现代化。促进各级各类教育协调发展。学前教育普惠大幅提升，稳步推进优质普惠学前教育资源扩容城市试点，公办园在园幼儿占比等目标任务按时完成。义务教育优质均衡发展，顺利通过国家义务教育发展基本均衡县验收，深入推进“新优质初中”学校建设、“名校+”工程和义务标准化管理示范校、特色校创建工作。普通高中发展更加多样，加大市区高中外迁建设力度，实施普及高中阶段教育攻坚计划。职业教育产教融合发展，深入开展产教融合型城市试点，郑州宇通客车股份有限公司等16家企业被纳入河南省第一批产教融合型企业入库培育名单，拟定《郑州市深化产教融合推动职业教育内涵式发展实施方案》等。稳步推进教育基础设施建设。列入市民生实事的新增100所公办幼儿园目标任务超额完成，已建成153所。需治理的城镇小区配套幼儿园280所，已治理完成262所，治理完成率93.57%。列入市民生实事的新建、改扩建中小学目标任务30所，实际开工34所；拟投入使用中小学20所，实际投用30所，共增加约3.79万个学位。郑开学校、四中高中部新校区于秋季招生正式投用。省民生实事明确的600套农村教师周转宿舍投用项目，可交付使用654套；市民生实事明确年底前开工建设1115套，已开工 1581 套，均超额完成年度任务。加快推进高等教育提质增量。优质高等教育资源引进工作进展顺利，中国科学院大学与郑州大学合建的六个合作研究所（中心）落地建成，与中科院化学所及半导体所的合作洽谈顺利进行，配合省与民航大学、航投集团完善合作协议，哈工大引进项目正式签约，推动北师大合作协议签订，郑州幼儿师范高等专科学校与中原教育科技集团达成战略合作协议，市属高校教育教学质量和发展能力明显提高。

统筹推进疫情防控和卫生健康事业发展。大力推进公共卫生防控救治能力建设。印发实施《关于进一步贯彻落实公共卫生防控救治能力建设方案的通知》，谋划储备一批公共卫生防控救治能力提升项目，统筹争取中央预算内资金2.45亿元、国债资金2.15亿元、专项债资金23.6亿元支持项目建设。加强发热门诊和核酸检测能力建设，已建成发热门诊54家，加快推进200家基层哨点诊室建设，全市70家核酸检测机构检测能力达到20.2万份/日。推进市六院、郑州岐伯山医院市级重大疫情救治基地建设，加快推动市疾病预防控制中心传染病应急检测中心P2实验室、市应急医疗物资储备中心建设。持续推进医疗卫生信息化建设。上线应用发热门诊登记信息系统，与公安、交通等建立信息互通共享机制，随时掌握发热患者信息。完成全民健康信息平台建设，建立医疗健康大数据中心，逐步推动全市医疗机构健康信息互联互通、电子病历共享、检查检验结果互认；在“郑好办”App上线电子健康卡、家庭医生签约等多项便民服务。加快推进区域医疗中心建设。拟定郑州市支持国家区域医疗中心建设政策清单，起草试点建设方案和合作共建区域医疗中心协议，加快推动国家儿童区域医疗中心项目前期手续办理；6月2日试点项目建设方案获得国家批复，10月12日省政府与国家儿童医学中心、首都医科大学附属北京儿童医院签署合作共建协议。2020年郑州儿童医院国家儿童区域医疗中心项目争取中央资金2亿元，郑州儿童医院被确定为河南省儿科医学中心，河南患儿到北京儿童医院就诊门诊量下降28.18%、住院量下降9.28%，区域患儿外转率明显下降。郑州市中心医院被明确为河南省创伤医学中心协同单位。6个县（市）人民医院（新密市中医院）全部达到“二级甲等”医院水平，县域就诊率达到90.7%。不断提升中医药服务能力。印发《郑州市促进中医药传承创新发展的实施方案（2020—2025年）》，明确中医药传承创新发展工作目标和任务；推进中医区域专科诊疗中心建设，市中医院被授予“河南省中医药文化宣传教育基地”，郑州市及所辖6县6区全部获评“全国基层中医药工作先进单位”。

推动文体事业快速发展。公共文化服务能力不断增强。郑州博物馆新馆、郑州美术馆新馆、郑州大剧院等重大文化设施投入使用；中国金鸡百花电影节（第35届大众电影百花奖）成功举办；舞剧《精忠报国》、豫剧《杜甫》等精品剧目演出效果明显；疫情期间，市（县）属文艺院团、各区县（市）共推送各类抗疫作品86件，《我们能》《这时候》等一大批公益歌曲广为传唱。城市书房管理和服务持续提升，全市2783个基层综合性文化服务中心服务效能明显增强。“舞台艺术进乡村、进社区”演出1200场及精品剧目演出50场全部完成。全市筹建遗址生态文化公园总数达到107处（建成开放41处）、各类博物馆总数达到108家（建成开放68家），年度部署“新建20个遗址生态文化公园、新建30家各类博物馆”任务全部完成，全市公共文化服务效能持续提升。大运河文化保护传承利用积极推进。按照国家、省大运河文化保护传承利用工作要求，充分挖掘郑州市大运河文化资源，结合黄河文化、大运河文化两大国家战略叠加的区域特点，将大运河郑州段保护传承利用工作与大运河文化带、黄河文化保护传承弘扬、郑州国家中心城市等国家战略深度融合，积极推进《郑州市大运河文化保护传承利用暨大运河国家文化公园建设实施方案》编制工作。重点项目建设有序实施。以项目建设为抓手，坚持项目化推动，加快项目审批，积极推进大河村国家考古

城市书房（王秀清/摄）

遗址公园、黄河国家博物馆、郑州商都遗址博物院、郑州市文物考古研究院新院陈展等项目建设。积极组织申报2021年中央预算内投资项目，沟通协调更多文化项目纳入国家、省"十四五"时期文化保护传承利用工程项目储备库。体育事业加快发展。圆满完成2020国际乒联世界巡回赛总决赛，扎实推进民生实事，投入经费6541万元，新建全民健身路径工程220条、智能健身步道10条、智能健身驿站30个、社区多功能运动场25个、社区健身活动中心21个，更新农民体育健身工程60个、乡镇体育工程14个，更新完善绿博园、树木园健身设施55件。社会足球场地设施建设超额完成任务。根据省工作部署，积极推动社会足球场地设施建设。"十三五"期间，省分配郑州市社会足球场地建设任务180块，截至9月底，已累计建成社会足球场地210块，完成率116.7%，其中5人、7（8）人制完成183块，11人制完成27块，超额完成建设任务。

提升社会保障水平。积极开展就业创业工作。强化"六稳""六保"各项举措，印发《郑州市人民政府关于进一步做好稳就业工作的实施意见》《郑州市人民政府办公厅关于应对新冠肺炎疫情影响做好2020年高校毕业生就业工作的通知》，全力稳就业、保就业。全市新增城镇就业13.96万人，其中失业人员再就业2.45万人、帮助就业困难人员实现就业7900人。新增农村劳动力转移就业4.6万人，创业培训7.65万人，发放创业担保贷款13亿元。全市建档立卡贫困劳动力就业20657人，参加培训18514人，实现"应就业尽就业、应培训尽培训"。持续扩大社会保险范围。继续实施全民参保计划，加大新业态人员参保力度。全市基本养老、失业、工伤保险参保人数分别达到801.99万人、250.01万人、195.97万人，均提前完成"十三五"规划目标。调整退休人员基本养老金工作全面完成，涉及44.65万退休人员，其中全市企业退休人员每月人均提高143元，人均月养老金达到3061.3元。落实社会保险"免、减、缓、降、返"惠企政策，累计减免企业养老、工伤、失业社会保险费119.03亿元，返还失业保险稳岗资金36亿元。提高社会救助标准。印发《关于调整提高城乡最低生活保障标准和特困人员救助供养基本生活标准的通知》，从2020年7月1日开始，全市城乡低保标准统一调整提高为每人每月730元，全市特困人员救助供养基本生活标准按照低保标准的1.5倍执行。推进财政支持农村贫困重度残疾人照护服务机制工作。出台《关于做好脱贫攻坚中贫困重度残疾人照护服务工作的通知》，为全市贫困重度残疾人照护服务工作提供政策支撑，督促各区县（市）出台县级保障政策，推动工作落实。

社会事业项目管理成效显著。坚持新发展理念和以人民为中心发展思想，以满足人民日益增长的美好生活需要为出发点，不断加大社会事业领域政府投资力度，着力改善公共服务基础设施条件，根据郑州市社会事业发展实际，结合年度政府投资计划安排，积极开展项目投资管理工作。2020年市本级政府投资社会事业项目70项，年度安排投资计划41.51亿元，实际下达投资计划40.9亿元，执行率98.5%。完成郑州龙湖一中建设项目、郑州市扶轮外国语高级中学新校区项目、郑州市残疾儿童康复中心项目、大河村国家考古遗址公园项目等一批重大项目可研批复。

推进养老托育服务体系建设。做好养老服务中心示范点建设工作。召开社区养老服务中心示范点建设推进会，确定第二批社区养老服务中心示范点18个，下拨奖补资金6679.27万元。鼓励郑州市域内的省直机关、企事业单位利用家属院、老干部活动中心等现有场地或闲置用房建设社区养老服务中心，确定省直社区养老服务中心示范点8个，下拨奖补资金1958万元。做好养老设施建设补贴工作。指导各区县（市）做好2019年养老机构补贴和城乡养老照料设施补贴核查工作，加快补贴资金发放进度，缓解疫情给我市养老服务企业带来的压力。争取国债、专项债支持养老、婴幼儿照护服务设施建设。根据国家支持方向，积极指导开发区、区县（市）做好县城养老托育服务设施项目储备工作，经省审核纳入国家重大项目库储备项目10个，总投资8亿元，争取国债资金6256万元，专项债资金2.1亿元。开展支持社会力量发展普惠托育服务专项行动。以普惠托育服务专项行动为契机，围绕土地规划、建设、人才、卫生、消防、财税、金融等重要方面，出台支持社会力量发展普惠托育服务一揽子政策，2020年共33家社会力量举办的托育机构参与专项行动，争取中央资金支持3417万元，实现新增普惠托位3417个。推进普惠养老城企联动专项行动。指导各开发区、区县（市）加大普惠养老项目的谋划和储备，支持符合条件的项目争取国家普惠养老城企联动专项资金，2020年筛选上报三个储备项目，计划新增养老床位2994张。

加大社会领域重大政策研究。研究出台为民造福相关政策。贯彻落实习近平总书记关于人民至上重要讲话精神，牵头拟定《关于贯彻以人民为中心发展思想进一步做好为民造福工作的意见》，市委办公厅、市政府办公厅联合下发，聚焦稳岗位、保就业、惠民生，出台十个方面具体措施，着力解决当前民生突出问题。开展郑州国家区域医疗中心和全国科教中心建设研究。梳理郑州市医疗资源、高等教育、职业教育资源现状，分析存在问题，提出主要任务和下步工作举措。研究制定郑州市积极应对人口老龄化实施方案。为贯彻落实《国家积极应对人口老龄化中长期规划》，组建课题组，启动《郑州市积极应对人口老龄化实施方案》编制工作，已完成前期搜集资料和大纲编写工作。编制印发《郑开公共服务同城化实施方案》。推进郑开教育、医疗、文化、体育等公共服务同城化，多次征集开封市发展改革委和郑州市教育、医疗、文化、体育等部门的意见，沟通研究、修改完善后以郑州市建设黄河流域生态保护和高质量发展核心示范区工作领导小组办公室名义印发。

落实上级决策部署。开展高尔夫球场清理整治工作。根据省发展改革委等11部门通知要求，对纳入整改类的河南思念高尔夫俱乐部球场、河南东方金沙湖国际高尔夫俱乐部有限公司球场、郑州中牟圣安德鲁斯高尔夫球场进行认真核查，形成2020年郑州市高尔夫球场清理整治"回头看"工作情报告。对全市三个整改类高尔夫球场坐标和球场面积等数据进行核实，参与中牟雁鸣湖区域综合整治工作。抓好中长期青年发展规划。围绕教育、健康、就业创业、文化、社会保障等10个领域和青年体质健康提升工程、青年就业见习计划、青年文化精品工程等10个重点项目建设，根据职责分工，抓好工作落实，形成贯彻落实中长期青年发展规划专项工作报告。

（谢　莉）

【地区经济】2020年，精心谋划黄河国家战略发展。建立工作机制，成立专项领导小组，建立"一办五组"组织架构，组建工作专班和专项组工程指挥部，健全议事会、协调推进会、联席会、专题会、联络员、请示报告、信息报送等工作推进机制。加强顶层设计。按照"1+1+1+N"规划方案体系顶层设计，组织编制和印发了文化博物旅游、生态综合治理等系列三年行动计划和年度工作方案，为核心示范区建设提供规划引领。聚焦生态环保与黄河安澜、保护传承弘扬黄河文化等领域，建立重大项目储备库，谋划项目1400余项，总投资近万亿元。推进项目建设。印发实施《2020年郑州市建设黄河流域生态保护和高质量发展核心示范区工作要点》，配套出台年度绩效考核方案，建立重点任务（项目）月报、台账和日常考核等制度，推动重点项目建设。2020年底，30项重点任务基本完成，95项重点项目加快推进，完成年度投资640多亿元。加强区域联动。积极谋划郑洛西高质量发展合作带建设，草拟《关于建设郑洛西高质量发展合作带初步建议》。2020年6月8日郑州与济南签订《协同实施黄河流域生态保护和高质量发展战略合作协议》。组织理论研讨。2020年10月31日—11月1日，组织召开中国区域经济50人论坛·黄河流域生态保护和高质量发展专题研讨会，与会专家共同为实施黄河战略和区域协调发展建言献策，沿黄城市代表分享交流了贯彻落实黄河国家战略经验做法。开展“占地造湖”问题专项整治。印发《郑州市开展“占地造湖”问题专项整治工作方案》《全市“占地造湖”项目整改实施方案》等文件，成立专项整治工作领导小组，组建工作专班。对全市开展全面自查排查，共梳理“占地造湖”项目37个，并组织有关责任单位对标“占地造湖”项目问题清单和整改方案，进行分类整改，同时建立周报告、月调度制度，加强跟踪督导，合力推进问题整改落实。

推进郑州都市圈建设。明晰发展思路。起草上报《2020年郑州都市圈一体化发展思路举措》，并围绕重大基础设施建设、创新和产业发展等领域梳理一批具有支撑引领性的重大项目。建立工作机制。会同开封等4市草拟《郑州都市圈城市间联动合作机制工作方案》，推动建立市长联席会议、城市部门间对接合作、咨询、民间交流等一体化联动发展机制。形成研究成果。积极配合省发展改革委研究制定《郑焦一体化发展（2019—2035年）》《洛阳都市圈发展规划(2020—2035年)》等文件，同时，制定印发《关于<2020年郑州都市圈一体化发展工作要点>任务分工的通知》，起草完成《关于加快推进郑开同城化先行示范区建设工作方案》。

推进中欧区域合作。加强研究谋划。为进一步接轨国际商事制度，积极谋划建设“空中丝绸之路”开放试验区，组织开展问题研究和编制总体建设方案。深化交流合作。与欧洲铁路交通联盟共同举办召开“第三届亚欧互联互通产业合作论坛（欧洲）”线上会议，期间就推动泛亚欧铁路经济合作平台建设达成合作意向。积极搭建平台。谋划成立中欧区域经济合作中心，深入推进中欧区域政策合作案例地区建设。与国际资本吉富集团线上共同召开建设“空中丝绸之路”座谈会，谋划打造“空中丝绸之路”第二节点，建设郑州与匈牙利“双枢纽”。

推动县域经济高质量发展。认真研究谋划。研究拟订《关于加快推进县域经济高质量发展的实施意见》，围绕强县富民、改革发展、城乡贯通、绿色发展等四个方面，明确了20项任务，提出了“八个提升”的发展目标和到2022年的具体经济目标。积极督促落实。实地督导6县（市）加快推进县域经济高质量发展情况。新郑市《围绕“芯”“屏”战略培育县域经济高质量发展增长极》经验做法受到省政府通报表扬。强化示范引领。组织推荐新郑市获批全省第一批县域治理“三起来”示范县（市）。积极做好赋予新郑市相关经济社会管理权限下放工作。

（王战勇）

【区域开放工作】2020年，郑州市区域开放工作围绕参与“一带一路”建设和对外开放工作，积极谋划、扎实推进，各项工作取得了一定进展。加强谋划研究。积极配合市开放创新领导小组办公室《郑州市对外开放三年行动计划（2020—2022）》相关配套政策出台。及时进行任务分解，下发实施方案，上报《郑州市发展和改革委员会关于〈郑州市对外开放三年行动计划（2020—2022）〉的相关配套政策意见和建议》。主动对接海上“丝绸之路”。为进一步提升“郑州港”内陆启运港的海港港口功能，加快海铁公等多式联运发展，按照《河南省加快推进“四路协同”发展工作方案》要求，配合市物流口岸局研究出台《郑州市对接海上“丝绸之路”发展扶持办法实施细则》。全力推进“四路协同”任务完成。按照《河南省加快推进“四路协同”发展工作方案》要求，结合郑州市实际，在加强研究谋划的基础上，对涉及的8项牵头任务和11项配合任务进行责任分工，明确目标措施，加强跟踪推进，协调各项任务按时间节点要求组织实施，每月汇总上报各项任务完成情况，推动全年工作任务完成。做好“空中丝绸之路”开放试验区工作。认真做好《河南推进“空中丝绸之路”综合开放试验区总体建设方案》修改意见的汇总反馈。按照省发展改革委《征求对<河南推进“空中丝绸之路”综合开放试验区建设总体方案>（征求意见稿）意见建议的通知》要求，与相关部门积极沟通，收集整理上报意见建议三大类共18项。2020年5月和6月，再次在北京组织召开视频会议，邀请国内外专家，专题研究方案，组织各开发区和相关市直部门在郑州参会讨论，第二稿已完成，下一步将结合国家和省的意见做进一步完善。主动配合政协“一带一路”议政专题研究。围绕市政协“积极融入‘一带一路’，高水平扩大对外开发”议政专题，积极工作、深度参与，共同研究确定郑州市“一带一路”研究方向和调研题目。积极参与市政协组织的多次座谈会议，提出相关工作建议。参加市政协组织多部门对郑州市国际陆港公司“陆上丝绸之路”及“海上丝绸之路”实地调研等活动，配合完成《积极融入“一带一路”更高水平扩大对外开放》全市对外开放总调研报告及《加快建设国际消费中心城市 让“国际郑”名声更响亮》《规划引领 政策扶持 把郑州建设成为国际进口商品贸易基地》《打造中部国际金融中心 提升对外开放支撑能力提升招商引资质量效益》《打造全方位参与国际合作高地聚焦文明合力》《增强郑州国际影响力》等领域专项调研。深入开展对外开放理论研究。不断加强对外开放理论研究工作，与相关部门一起研究形成《郑州市国际友好城市和2020年拟举办重大国际活动有关情况梳理》《关于郑州市国际领事馆和国际化社区建设情况的初步研究》和《关于推动郑州航空港经济综合实验区和中国（河南）自由贸易试验区郑州片区联动发展的研究报告》《郑州打造内陆开放高地的实践与探索》等研究成果，其中《郑州打造内陆开放高地的实践与探索》已被郑州市委研究室主办的《郑州工作》第11期刊发。做好对外开放规划编制工作。《郑州市推动四路协同、五区联动加快高质量开放发展总体规划》已正式启动，积极协调带领规划团队和省自贸办、省自创办、市商务局等12家单位进行面对面交流，赴焦作、开封、洛阳等大都市区城市进行深入对接，实地踏勘郑州大数据研究所、郑州智慧岛、洛阳自贸区等十余个项目，大量的访谈和实地调研有效保证了规划的质量和可落地性。目前规划正在编制当中。做好风险防控支持企业发展。为进一步加强“一带一路”风险防控能力建设，支持企业开展“一带一路”境外投

11月20日，中欧班列集结中心示范工程（郑州—芬兰赫尔辛基）首班开通
（市发改委/供图）

资项目风险专项评估，助力企业编制保质量的可行性研究报告，对企业在全面评估政治风险、经济风险、法律风险、安全风险等方面进行调研和指导，提高企业在“一带一路”沿线国家投资合作的风险防控能力。全力以赴做好服务保障工作。9月西门子（中国）有限公司董事长、总裁赫尔曼一行来郑调研。调研期间拜会省委常委、市委书记徐立毅，就全面推进郑州市与西门子在智能制造和工业互联网、城市可持续发展、海外EPC项目和供应链合作、人才培养与科研创新的等方面的深入合作。开放处圆满完成组织调研、会见及双方合作等事项工作任务。落实黄河战略，共话区域发展，11月中国区域经济50人论坛第十七次专题研讨会在郑州成功举办。

（张　鹏）

【固定资产投资】2020年，郑州市固定资产投资在年初大幅下降的情况下增速稳步回升，结构持续优化，复苏态势不断巩固。受疫情冲击，2020年1—2月份全市固定资产投资大幅下降38.5%，扩大有效投资加快项目建设11条措施不断发力显效，投资降幅逐月收窄，全市固定资产投资自2020年1—5月份实现由负转正以来，投资增速保持稳步回升，2020年全市固定资产投资同比增长3.6%，增速比前三季度加快0.4个百分点，高于全国0.7个百分点。

确保政府投资计划顺利实施。完成2020年市本级政府投资计划编制工作。9月上旬启动2020年市本级政府投资项目计划编制工作，收集汇总各单位提交的申请计划。1月22日郑州市第十五届人民代表大会常务委员会第十三次会议审议通过《2019年政府投资项目计划执行情况和2020年计划（草案）》，2020年市本级政府投资项目安排297项，年度投资计划1006.8亿元。结合国家战略、重大工程和补短板强弱项项目保障需要，经第80次市政府常务会议审议通过，对年度计划予以调整，调整后年度投资计划为910.9亿元。截至2020年底，全市共下达投资计划842.4亿元，执行率为92.5%。

完成新增中央投资项目储备工作。贯彻落实市委、市政府关于2020年新增中央投资项目申报储备的工作部署，按照谋划入库是基础，对接审核通过是关键的工作思路，成立工作专班，建立市县联动机制，紧盯项目谋划入库，主动与省发改委沟通对接。截至国家重大项目库申报窗口关闭，郑州市通过省发改委审核项目数2684个（占全省25.8%），总投资3573亿元（占全省21.3%），申请中央投资1128亿元（占全省20.2%）。

做好重大项目谋划储备。按照“在建一批、新增一批、谋划一批、储备一批”的思路，围绕高质量构建现代产业体系、高水平扩大对外开放，高品质推进城市建设和管理，突出黄河流域生态保护和高质量发展核心示范区建设和“两新一重”项目，聚焦产业转型升级、城市功能提升、生态保护和科技创新等重点领域，精心谋划筛选一批事关全局、具有示范引领带动作用的新时代重大标志性工程和有温度的民生项目。共谋划2020年重大项目2514个，总投资34602亿元，年度计划完成投资6089亿元；共谋划“十四五”重大项目5330个，总投资5.6万亿元，其中“十四五”计划完成投资3.7万亿元。

多渠道争取资金支持。做好中央预算内资金申报工作，全年转发下达17批中央预算内投资计划，涉及项目65个，总投资约29.58亿元,中央预算内投资约8.78亿元。积极做好基础设施领域不动产投资信托基金（REITs）试点项目申报工作，开创新的融资模式。积极争取国家资金、专项企业债券等支持，全年上报地方政府专项债券项目218个，项目总投资1912亿元，发行专项债券170.81亿元，相比2019年专项债券发行额度143.3亿元，同比增长19.1%。推动银企常态化对接，会同中国银行河南省分行、国家开发银行河南省分行、中国农业发展银行河南省分行、中原银行等金融机构，加大对补短板重大工程的融资支持力度。做好境外债发行工作，截至2020年年底，郑州市有8家企业已经国家发展改革委借用外债备案登记，通过8个批次境外发行债券项目，实际发行债券约21.1亿美元。推动郑州市重大项目申报亚投行贷款，成功协调轨道交通3号线一期工程项目利用亚投行贷款解决结余资金问题，持续跟进郑州国际陆港“一带一路”多式联运物流枢纽体系建设项目贷款申报工作。

大力激发民间投资活力。研究出台《郑州市人民政府办公厅关于进一步激发民间投资活力 助推全市经济高质量发展的实施方案》，通过持续开展放宽市场准入、精简审批程序等行动，为民间投资健康发展松绑助力，激发民间投资活力，进一步发挥民间投资对稳增长、调结构的主力军作用。

推进政府投资项目审批制度改革。按照流程更优、服务更好的原则，切实做好政府投资项目策划生成服务工作，实现全市多部门规划成果的汇集、融合和共享，取得较好工作成效。截至2020年年底，共有59个项目录入项目策划生成系统，其中15个项目已完成空间协同，符合“多规合一”相关要求，进入年度计划实施库。经策划生成服务通过的5个项目已顺利进入市工程建设项目审批管理系统，并通过省工改提升组审定。对标“一张清单更加精简规范、一个平台更加便捷高效、一百个工作日内完成全流程审批”任务，出台《郑州市关于落实推进河南省深化投资审批“三个一”改革任务的工作方案》》和《关于落实河南省深化投资审批“三个一”改革实施方案要求规范和简化政府投资项目审批管理的通知》，确保通过减事项、简环节、优流程、在线办，进一步压减投资项目审批时间，提高行政审批服务效能。

（王　娜）

【创新和高技术发展】2020年，市发改委认真落实高技术产业发展的各项政策和相关规定，积极推进全市科技创新和战略性新兴产业发展，加大研发机构引育力度，不断提升我市企业创新能力，优化创新创业环境，夯实新兴产业发展基础，有力地促进了战略性新兴产业的发展和全市科技创新工作的开展。

大力推进新兴产业发展。成立由市主要领导任组长的市战略性新兴产业发展工作领导小组，制定相关工作制度，健全相关工作机制；启动《郑州市“十四五”战略性新兴产业发展规划》和《郑州市新基建建设示范区规划》的编制工作；起草《加快推进郑州市基础设施高质量发展的实施意见》、《关于落实新时期促进集成电路产业和软件产业高质量发展若干政策的工作方案》《郑州市生物医药产业链现代化提升工作方案》《郑州市新型显示和智能终端产业链现代化提升工作方案》；加强产业调研，撰写《郑州市新一代信息技术产业集群发展报告》《郑州国家高技术生物产业基地2019年工作报告》；谋划梳理建立新基建动态项目库，入库项目177个，总投资1230亿元。

做好产业和企业的引育工作。按照打造“新旧动能转换的发动机、中原地区科技创新的策源地、黄河流域高质量发展的引领区”的功能定位，起草《关于加快中原科技城建设的指导意见》，对用地64平方公里的中原科技城进行谋划；加强与阿里巴巴、启迪科服、鲲鹏生态、上海交大的对接，完成阿里巴巴承建的城市大脑（二期）的评审、启迪科服和鲲鹏生态的注册落地；代政府起草《郑州市近期重点工作任务分工方案》和《郑州市推进落实与省发改委对接事项分工方案》，积极推动各项工作的落实；撰写《郑州市深化产学研融合助推经济社会高质量发展》《提高风险意识 扎实推进“新基建”》和《美国数字冷战对我关键信息基础设施安全的影响及对策》等调研报告，深入研究分析郑州市在科技创新方面取得的成绩、存在的问题及应对之策；组织开展帮助企业复工达产、融资对接、特别国债申请等工作，认真落实“六稳六保”政策。

开展“双创”各项工作。起草《郑州市关于提升大众创业万众创新示范基地带动作用进一步促进改革稳就业强动能的实施意见》《郑州市人民政府关于支持全国双创示范基地建设的实施意见》，对郑州市的双创工作进行统筹安排；组织各开发区和县（市、区）

对区域内“双创”工作开展情况进行梳理，推荐高新区和金水区申报国家第三批大众创业万众创新示范基地,并顺利获批；完成国家重点支持的河南省留学创业投资有限公司承建的“留学创投创业中心大数据跨国服务平台”项目、郑州万国优品保税进出口有限公司承建的“跨境电子商务平台、供应链及020创新创业综合服务”项目的验收和中机六院国地联合实验室的验收；配合省发改委，在金水区组织开展全省“双创”活动宣传周活动；撰写《郑州市深化产学研融合助推经济社会高质量发展》的调研文章，对郑州市科技创新情况进行分析研判，查找问题短板，提出应对之策。

做好研发机构和平台建设。开展省级企业技术中心、省级工程研究中心、市级工程研究中心的推荐和认定工作。全年共推荐认定省级企业技术中心18家、省级工程研究中心16家、市级工程研究中心41家，竣工验收的国家地方联合工程研究中心1家、国家企业技术中心1家。积极支持国家超算郑州中心、郑州中科新兴产业技术研究院、国家技术转移郑州中心建设，采取直接下达和融资平台下达方式，下达政府扶持资金7.9亿元。截至2020年底，国家超算郑州中心已经通过验收。积极协调市财政，加大对各级研发平台的支持力度。累计协调财政资金5000万元，对研发平台进行资金补贴。

优化人才引育政策。配合市人才办完成《黄河人才计划》和《关于在中原科技城建设河南省人才创新创业试验区的实施意见》制定工作，为郑州市的人才引育工作奠定坚实的基础；在省级工程研究中心、省级企业技术中心和市级工程研究中心的推荐认定中，分别明确省级研发平台专职研发人员必须达到数量，积极引导企业进行人才的引育；在《黄河人才计划》和《关于在中原科技城建设河南省人才创新创业试验区的实施意见》出台后，配合“六稳六保”工作，先后为启迪科服郑州公司、鲲鹏生态宣讲解读郑州市的最新人才政策，积极吸引外地人才来郑州创新立业。

做好建议提案的办理工作。认真研究代表委员建议提案的关注重点，细致研究相关的政策和涉及问题的解决方案，认真撰写建议提案答复，主动上门进行沟通和解答。2020年，共收到主办和协办人大建议2件，政协提案7件，均得到人大代表和政协委员的满意评价。

（王河北）

【价格服务】 2020年，把保障和改善民生作为工作的出发点和落脚点，认真履行价格监督、调控和服务职能，较好的完成全年工作目标。深入开展国有景区降门票工作。为深入贯彻落实《国家发展改革委关于完善国有景区门票价格形成机制降低重点国有景区门票价格的指导意见》和《河南省发展和改革委员会关于河南省降低国有景区门票价格实施方案的通知》，制定《郑州市发展和改革委员会进一步降低国有景区门票价格工作实施方案》。对郑州市3A级以上政府定价景区门票及相关服务收费开展门票降价工作。截至2020年底，郑州市12家4A级以上景区门票下价下调降价幅度达到27.7%。另外，郑州新郑市、荥阳市在辖区内具茨山、环翠峪、郑风园等景区对游客实行全免门票政策。做好新能源出租汽车推广配套价格工作。根据《河南省新能源及网联汽车发展三年行动规划》，为加快推进新能源出租汽车的推广使用，郑州市开展统筹推进新能源出租汽车更新替代，确定新能源出租汽车运价标准比照现燃油出租车2.0L排量运价标准，起步价10元/3公里，车公里运价2元。做好政府定价经营服务性收费管理。以“国家市场价格监管系统”为平台，对郑州市2019年度政府定价的经营性收费情况进行网上审核和统计，共涉及5个行业，总计2.1924亿元。做好城市公共交通价格管理工作。2020年根据郑州市轨道交通统筹线网原则，在保持票价政策的连续性、稳定性和合理性基础上批复轨道交通3号线执行线网票价，并对公交新开线路制定票价。

【价格监测】 2020年，全力以赴做好当前价格监测工作，及时反映价格异动情况及苗头性问题，做到守土有责，守土担责，守土尽责，为保供稳价提供强有力数据支撑。监测中心荣获全国价格监测工作先进单位、河南省价格监测工作先进集体、郑州市平安建设基层示范单位、郑州市直“疫情防控先进基层党组织”等多项荣誉。因在疫情期间监测中心攻坚克难、勇于担当的突出表现，国家价格监测中心给我委发送感谢信。因执行价格监测任务“行动迅速、工作扎实”，受到省发改委通报表扬。

针对疫情突发情况，制订《关于加强疫情防控期间价格应急监测工作方案》，成立价格应急监测工作领导小组，下设三个监测小组，实行价格监测日报制。每日进行市场巡查，保持24小时手机畅通。随着疫情发展，迅速启动应急价格监测。启动生猪应急价格监测，33种主要食品应急价格监测，13种防疫防护相关用品应急价格监测。以最短的时间，最快的速度实施“日监测、日报告、日发布”制度。深入到超市、农贸市场、药店，了解监测品种的销售价格、销量，市场有没有囤积居奇乱涨价行为，有没有恐慌性抢购、非理性消费、负面舆情等信息，每日形成详细情况说明上报国家、省发改委，省联防联控办公室，为政府掌握市场动态，调配物资提供可靠依据。1月22日，在价格巡查中发现口罩需求大幅度增长的情况立即上报国家、省、市发改委；对1月26日在价格巡查中发现的居民大量采购莲花清瘟胶囊的情况，对个别超市出现的抢购方便面等食品的情况，进行深入调查分析后，及时写出日报、周报、并提出切实可行的建议。疫情期间，市发改委依据价格监测数据，牵头协调商务局、财政局，4次向市场投放储备猪肉，起到保供稳价的作用。6月4日起，监测中心启动小麦收购价格应急监测，实行日报制度，为期4个月共上报报表115个，为保障群众利益，实施粮食最低收购价政策，提供准确的数据支撑。疫情期间，向国家上报疫情防控商品价格信息139期；向省发改委上报主要食品和疫情防控商品价格信息共计260期；向市疫情防控领导小组报送《郑州市发改委防控信息日报表》90期。认真贯彻落实国家、省价格监测报告制度。坚持日报制度，严把数据采集、审核、质量考核关，确保数据的真实性、及时性、准确性。承担国家36

5月22日，智能传感器产业共性关键技术创新与转化平台落户郑州高新区
（郑州高新区管委会/供图）

个大中城市的监测任务，在全市有117个价格监测点，有325个监测品种，全年向国家上报监测报表780个，向省发改委上报监测报表330个。做好重要民生商品价格监测分析工作。重点在农产品、钢材、煤炭、水泥、原油、公路货运、居民服务等领域开展日、周、旬、月、季度日常价格形势分析。全年共撰写完成107期《监测快报》。为政府制定政策提供有价值的第一手材料，并适时提出预警建议；对正确引导市场预期发挥重要作用，引导市民、群众正确看待社会上的热点、焦点问题，为社会提供公共信息服务。认真完成国家、省发改委安排的专项调查工作。充分发挥价格监测职能，加大价格信息调研工作力度，按照国家监测中心、省发改委的安排部署，完成《郑州市生猪市场价格调研》、《郑州市粮油市场价格调研》、《郑州市生活服务消费市场情况调查》等多项调研。及时做好价格监测信息上报、发布工作。全年向国家发改委上报价格动态信息208条；向省发改委上报动态价格信息216条；向市委、市政府、市人大、市政协上报《监测快报》107期；通过委门户网站，全年发布价格信息近6万条，有效引导和稳定市场预期,让市民能够“货比三家”、理性消费，对稳定物价起到积极作用。加大市场价格监测巡查力度。为密切跟踪和掌握市场价格动态，将市场监测巡查转为疫情防控期间市场价格监测巡查，增加市场价格巡查频次，每日指派人员到大型农贸市场、批发市场、超市、药店等地进行实地监测巡查，重点巡查和报告市场供应（市场是否正常经营，物资有无短缺等情况）和价格是否出现异常情况，强化监测预警预报，实现联动联报方式。加强节日期间价格监测工作。为做好节日期间价格监测工作，根据国家、省发改委关于春节、国庆等节日期间做好价格监测工作的通知精神，扎实做好与群众生活、节日消费密切相关的重要商品和服务价格监测工作，重点监测反映粮油肉蛋菜价格动态，密切关注旅游消费、交通运输、商贸餐饮等价格情况。认真开展市场价格巡查，第一时间报告价格异常。

（郑明环）

【价格认定】 2020年，市发改委认真贯彻落实《价格认定规定》，深化价格认定综合业务平台推广应用，不断推动工作高质量发展，圆满完成年度工作任务。郑州市全年共办理价格认定业务1958件，标的总额38212万元。连续9年保持办结率、准确率均达100%。市价格认定中心被国家发改委价格认证中心评为2019—2020年度全国先进价格认定机构，协同带动新郑市价格认证中心、管城区发改委价格服务科两个单位被评2019—2020年度全国先进价格认定机构。李猛同志被评为全国优秀价格认定人员，刘善如、焦永成同志被评为全省优秀价格认定人员,张升华家庭被评为全国最美家庭,个人被评为郑州市精神文明建设先进个人。

完善制度机制。印发《郑州市综合业务平台推广应用活动工作人员积分考核参考标准》，将平台应用纳入各类考核范围。优化工作流程。统一标准，制定“10步工作流程法”，细化分工、责任到人。推动网上办。形成价格认定“郑州模式”，确保“全程网上办”、纸质文本不脱节。编印简报3期，助力平台推广应用。已完成近5年价格认定存量案卷录入和采价数据上传工作，录入量达3409件，占全省录入总量的1/4，稳居全省第一。县区已开展“业务上网、数据入库”工作的机构达到100%。

扎实做好刑事案件涉案财物价格认定。按照以审判为中心的诉讼制度改革要求,精准发现问题，精准把握政策，精准作出认定。全年出具认定报告1884份,标的总额35455万元。深入推进涉纪财物价格认定。认真学习贯彻《监察法》、中纪委等四部委《纪检监察机关查办案件涉案财物价格认定工作暂行办法》和《河南省纪检监察机关查办案件涉案财物价格认定保密制度》，切实协助纪检监察机关及时办理涉纪物品价格认定。指定2名业务能力强、具有鉴证师资格的人员负责，全年出具价格认定结论书14份，标的总额2646万元。做好行政案件价格认定。认真贯彻《价格认定规定》中关于开展行政案件价格认定要求。全年办理行政案件涉案物品价格认定业务60起，认定总值112万元。在国家中心网站发表《郑州市发改委积极开展高速刑事案件价格认定工作》等工作动态15篇。省中心先后4期在《河南价格认定》中给予肯定。

【价格调控】 2020年，着力维护价格总水平基本稳定。受疫情影响，上半年价格总水平一直在高位运行，密切关注市场粮、油、肉、蛋、菜等民生商品供求和价格变化情况，加大价格巡查和调查力度，及时分析研判，早预警、早调控，综合施策，进入下半年后价格指数逐步回落，价格趋于平稳，价格总水平已回落到合理区间。做好重要民生商品储备投放工作。为确保重大节日及重要时段重要节点市场肉蛋菜等民生商品供应和价格稳定价格，配合市商务局、市财政局认真开展肉蛋菜政府储备和投放。全年分多次于双节、端午节、中秋国庆节等重要时段节点，以低于市场零售价格15%—20%的价格及时进行投放，增加市场有效供给，保障市民需求，稳定市场肉蛋菜等重要民生商品价格。据统计，全年共储备猪肉14000吨、蔬菜8000吨、鸡蛋1300吨；全年共投放猪肉2510吨、蔬菜7390吨、鸡蛋677吨。认真落实郑州市社会救助和保障标准与物价上涨挂钩联动机制。2020年以来，郑州市居民消费价格指数（CPI）和CPI中的食品价格指数一直在高位运行，且单月同比涨幅较大，均达到联动机制启动条件，按照郑政办〔2017〕21号规定，郑州市持续启动社会救助和保障标准与物价上涨挂钩联动机制，按月足额向保障对象发放价格临时补贴。经统计，2020年1—9月份全市共发放价格临时补贴69228156.2元。做好“菜篮子”市长负责制考核。加强肉蛋菜等农产品市场价格监测和信息发布；落实“菜篮子”消费者补贴政策；配合制定“菜篮子”保供稳价相关政策；配合实施冬春及双节期间“菜篮子”政府储备投放工作，努力维护市场价格稳定。

（高　艳）

【价格成本调查监审】 根据年初制定的《郑州市2019年价格成本工作先进集体和先进个人评选方案》考评办法，制定农产品调查工作年度考评细则。完成

3月10日，市价格监测中心监测工作人员到超市巡视价格（市发改委/供图）

各项农产品日常监测，常规、直报调查工作：包括郑州市及所辖县区生猪生产情况月报工作；生猪上半年成本调查数据审核，校对，汇总及直报工作；郑州蛋鸡成本月报工作和定期开展市场调查；按期完成主要副食品和蔬菜价格监测的一月两报；每周上报生猪，玉米、豆粕饲料价格，随时掌握生猪市场变化情况。4月，根据省局工作安排，开展全市农产品成本工作现状问题的调查。由于受拆迁改造、环保政策、非洲猪瘟等因素影响，部分调查户相继清栏，转产或退出相关行业生产，不再具备调查要求，同时对调查品种不具备代表性、农户年龄偏大、报送数据不准确的调查户进行全面梳理，根据调查现状，做出调整计划。结合各地养殖、种植情况，2020年5、6月份，对所辖各县开展大量的全方位的调研走访，完成调查户调整工作，共走访调查户30余户次。7月完成所有农调户调整工作，共调整调查户40余户，同时根据种植特点，新增西瓜，大蒜两个调查品种。完成郑州市调查户生猪存出栏情况摸底调查，对全市农调户开展调整前摸底准备工作，开展对农副产品市场价格每日监测工作，疫情期间，共向省成本局报送“关于农村生产生活物资情况”报告17篇。

采取电话询访制、调查户上报制和市场监测制相结合。及时发现问题，及时上报各级政府及相关部门，所报资料达到早、新、准、快。联络感情、现场指导，提高调查户记帐水平。每月到农户家走访，解决农户数据的最直接最根本的记账问题。制定农副产品调查户走访计划，按照计划，针对调查户的不同情况、不同类型、不同特点购买一些礼品，进行逐户走访，采取感情交流、现场指导等方法，尽可能与调查户沟通交流，尽心尽力记好帐，所提供的基础数据准确详实。

规范和完善成本监审制度，引入第三方会计事务所参与成本监审工，提高成本监审工作质量和工作效率。2020年共聘用第三方会计师事务所参与成本监审工作34个项目,完成对郑州公交营运、郑州热力集团有限公司集中供热、郑州自来水公司供水价格、华润燃气管道天然气配气价格成本和郑州仲景国医中等专业学校、郑州东枫外国语学校、郑州市金水区思贤中学等29所民办学校的定价成本监审工作，涉及成本769.09亿元，核减不合理成本费用支出148.73亿元。

【农村经济工作】2020年，坚持绿色可持续发展理念，围绕黄河流域生态保护和高质量发展重大战略、郑州国家中心城市建设，全面实施“乡村振兴战略”，突出项目带动，全力推进水利基础设施和生态项目建设，成效显著。第一产业总体保持稳定。围绕落实“六稳”“六保”，在稳定提升农业生产、推进企业复产复工、畅通农产品销售渠道等领域精准发力，全市第一产业增加值完成156.87亿元，同比增长0.9%。粮食产量基本稳定，其中夏粮产量76万吨，下降3.5%；秋粮产量150万吨，同比增长2.6%，蔬菜产量167.7万吨，同比增长1.2%。

做好“三农”有关工作。起草印发《关于做好学习贯彻<中共中央 国务院关于抓好“三农”领域重点工作确保如期实现全面小康的意见>的通知》，要求全市各级发展改革部门在做好新冠肺炎疫情防控的同时，统一思想、提高认识、高度重视、迅速行动，强化举措、狠抓落实，集中力量完成打赢脱贫攻坚战和补上全面小康“三农”领域突出短板两大重点任务，持续抓好农业稳产保供和农民增收，推进农业高质量发展，保持农村社会和谐稳定，提升农民群众获得感、幸福感、安全感，确保脱贫攻坚战圆满收官，确保农村同步全面建成小康社会。全力配合疫情防控，助力复工复产。落实好武汉农产品生活物资保障能力日报制度，建立全市农产品出村进城、滞销农产品信息以及需要国家和省级协调解决的问题日报制度。开展“三送一强”，为管城区农资销售商户协调农资货源104吨，有力的支持管城区的春耕生产。做好农业领域疫情防控重点保障企业名单审核，推荐入库脱贫攻坚类企业26家，畜禽养殖类企业17家，春耕备耕类企业18家。建立农村经济运行情况周报制度，及时掌握各县市农村经济基本情况，指导全市发改系统农业农村科室做好本地区农村经济工作。研究出台《关于加快推进滞（缓）销农产品线上销售的通知》，依托阿里巴巴的技术支持为农户网上销售商户、合作社等免费培训，并为网上农产品销售推广提供服务和支持，累计网上培训1000余人次。《郑州市乡村振兴战略规划（2018—2022年）》有序推进。根据国家、省有关要求，委托第三方机构对《郑州市乡村振兴战略规划（2018—2022年）》实施情况进行中期评估。全面梳理总结郑州市乡村振兴战略规划实施以来的情况，了解各行业、各部门工作进展、主要成效和经验做法，以及存在问题、下步打算建议等。通过评估，《规划》实施两年来郑州市以乡村产业、人才、生态、文化、组织五大振兴为引领，做到时间过半、任务过半，效果明显。推进农村公共基础设施管护体制改革。根据国家、省工作部署，针对农村水电路气信、文化、教育、医疗等公共基础设施后期管护问题已成为制约乡村振兴战略实施的短板，积极开展郑州市农村公共基础设施管护体制改革试点，探索农村公共基础设施管护体制改革的有效形式，逐步建立明晰的管护责任制度、健全高效的分类管护机制、完善相关的管护配套制度、优化多元的资金保障机制等。

突出政府投资项目带动作用。2020年，政府投资农林水领域项目28个，投资计划22亿元，全年共下达投资计划18亿元。总投资69亿元的贾鲁河综合治理工程按照“安全河、生态河、景观河、文脉河、幸福河”的建设理念加快推进，贾鲁河河道整治主体工程和配套设施基本完工，水面景观已经形成；投资64亿元的贾鲁河综合治理生态绿化工程，绿化任务进入收尾阶段，园建施工也大头落地；基本建成后，将新增水面面积11.5平方公里，绿化面积达到20.95平方公里，形成96公里水岸交融、人水和谐的绿色生态景观带，成为郑州的一道靓丽风景线和城市新名片。

做好河（湖）长制工作。按照郑州市河长制工作有关制度、方案等要求，配合市河长办加强有关河长制工作落实。指导、督促项目单位加快推进项目实施，完成潮河上游南曹村桥至小魏庄水库段生态治理工程可研、初步设计批复，为支持工程建设，及时全额下达投资计划6613万元，花马沟治理工程经

美丽乡村——荥阳市南屯村（马 健/摄）

开区也在有序推进，全年巡河8次。

助力决战决胜脱贫攻坚。完善体制机制。成立“一办八组两队”，进一步明确各班子成员、各处室、各人员责任分工。印发制定全委脱贫攻坚年度工作要点，统筹安排各项工作。创新开展志智双扶工作。在2019年探索开展的咨询工程师“下乡”送技术活动的基础上，2020年继续会同建投咨询，结合农村所需专业技术开展送技术交流座谈活动，拓展村集体经济发展工作思路，坚定村民脱贫致富奔小康的信心。同时，赴新郑千户寨村、新密五虎沟村、登封唐河镇等开展滞销农产品线上销售培训、慰问抗美援朝老兵、中秋“佳节话团圆”等系列活动。组织自查整改工作。对国家、省集中反馈问题进行深入自查，分析原因；组织全委各处室、驻村工作队开展自查自纠工作，建立整改动态台账；制定年度整改方案，建立自查整改长效机制。郑卢结对帮扶工作有序推进。切实做好郑卢产业扶持工作，建立“一平台一体系两机制”推进办法，即郑卢产业对接平台、郑州市“4+N”结对帮扶卢氏县产业扶持体系（即“农业、工业、服务业、市管国有企业和各结对帮扶县拉长产业链条、提升产品附加值工作方案”）和郑卢产业项目、郑卢产业扶持等2个联络机制；通过定期报送信息、适时发布简报、及时总结经验和实地调研督导等形式，进一步畅通工作信息、抓好工作落实、提升帮扶质量、巩固帮扶成效。6月中旬，会同市结对帮扶办组织召开郑卢产业扶持工作推进会，重点围绕结对帮扶以来如何谋划、推进、落实产业帮扶和下步重点工作任务进行深入交流探讨，进一步加大工作力度、助推卢氏县决战决胜脱贫攻坚，切实做好工作谋划。经过结对帮扶，卢氏县于2020年顺利脱贫“摘帽”。

黄河滩区居民迁建工作进入收尾阶段。河南省黄河滩区居民迁建工程共涉及郑州市中牟县狼城岗镇东狼村、西狼村、南韦村、北韦村、南北街村5个行政村，4450户、1.7万人。截至2020年底，工程建设全部结束，入住任务基本完成。

（王　刚）

【数字经济工作】2020年，郑州市大力推进互联网、大数据、人工智能和实体经济深度融合，全面推动“数字产业化、产业数字化”，加速城市数字化进程。用数字化提升政府的治理体系、治理能力和现代化建设水平，加快构建数字经济发展新生态。完善数字经济相关配套政策。抽调解放军信息工程大学、郑州大学等人员组成专班，编制《郑州市加快数字经济发展实施方案（2019—2022）》，编制专班历时近1个月时间，经过十余轮的讨论、修改，完善和市直多个部门征求意见，最终经市政府同意印发实施。为大力推进数据共享，实施“互联网+政务服务”，推动政务信息系统跨部门跨层级互联互通，推动跨部门业务流、数据流的整合再造，制订《郑州市政务信息化项目管理暂行办法》，促进部门间业务协同，加快实现“大平台、大系统、大数据”的发展格局。为高质量发展培育新动能、厚植新优势，加快推动郑州市5G新型基础设施建设，起草完成《郑州市加快5G新型基础设施建设实施意见》，经市政府常务会议研究通过后，于2020年12月10日印发实施。为推动郑州市在数字经济领域进行产业布局、项目谋划、招商引资、技术合作、加快构建数字经济产业发展新生态，全力打造中部地区的数字产业化发展引领高地，同时结合郑州市数字经济产业结构和发展特点，编制完成《郑州市数字经济产业引导目录（试行）》，12月30日向各区县（市）印发试行。推进年度政府投资重点项目。主动与国家、省发改委保持紧密联系，2020年在新增中央财政投资项目申报和政府专项债项目申报工作上，全市数字经济类项目入库数和通过率均居前列，全省“补短板‘982’工程”项目应入尽入。同时，市本级年度共安排13项政府投资项目，完成郑州市电子政务网络建设、郑州市党风廉政宣传教育基地搬迁项目信息化工程、“智汇郑州”人才管理及服务保障支撑系统等项目可行性研究报告（合并）批复6项。下达城市大脑项目（一期）、城市大脑项目（二期）、郑州市公共安全视频监控建设联网应用项目等本级政府投资计划10批，共计13.4982亿元。组织完成2019年度大数据产业发展专项申报工作。根据《郑州市人民政府关于促进大数据产业发展的若干意见》《郑州市大数据产业专项资金管理使用办法（试行）》，积极组织并开展2019年度郑州市大数据产业专项资金的申报工作。经区（市）县初审推荐、专家评审、社会公示，确定92个项目给予支持，6个大数据产业示范应用工程项目待验收后再确定拨付资金额度。2020年6月，会同市财政局下达2019年度郑州市大数据产业发展专项资金3170.29万元。完成数字经济发展的规划和课题研究。为加快郑州建设国家中心城市，引领中原发展、支撑中部崛起、服务全国大局，全面推进郑州创新发展，2020年8月启动“实施筑基补短赶超战略 加快创新发展总体规划”编制工作。先后组织郑州大学规划编制组到市直部门、各区县（市）、企业开展调研50余次，召开专题会议，研究撰写思路、提纲10余次，做好与国家有关政策的研究对接，做到与郑州大都市区、中原城市群、区域一体化发展的统筹考量。年初，结合全市经济发展的实际，适时提出“十四五”郑州市数字经济的课题研究，从郑州市“十三五”数字经济建设成效到对标杭州、合肥、福州、长沙等周边城市，从数字经济面临的机遇和挑战到提出今后“十四五”时期推动数字产业化、推进产业数字化、提升政府服务水平和数字化治能力等重点任务及支持政策有关建议等进行认真的研究和分析。经多次调研，反复论证，同课题组多次讨论，最终形成如何加快郑州市数字经济发展的研究成果。推动新型智慧城市建设。本着系统布局、政府引导、科学有序、融合共享的原则，制订《关于郑州市加快推进新型智慧城市建设的指导意见》，并报市政府常务会议研究通过，于12月21日印发实施。为健康有序推进郑州市新型智慧城市建设，推动数字经济与新型城镇化融合发展，提升城市治理现代化水平，委托中国通信建设集团设计院有限公司编制《郑州市创建省级新型智慧城市建设试点实施方案》，申报河南省新型智慧城市建设试点，经省发改委组织专家评审，郑州市被确定为河南省新型智慧城市建设试点8个城市之一。高质量做好建议提案办理工作。2020年，共收到主办和协办人大建议2件，政协提案8件。主动对接，加强沟通，密切联系，进一步了解代表委员代表委员意图和提出建议提案的背景，坚持办理全过程沟通联系。深入研究、积极吸纳建议提案中提出的新理念、新思路、新举措，把代表委员的真知灼见转化为推动数字经济发展的政策措施，办理好每一件建议提案，实现建议提案办理见面率百分之百，答复率百分之百，满意率百分之百。

（张　伟）

【航空经济工作】2020年，郑州市充分发挥国家战略平台叠加和交通区位优势，聚焦聚力发展航空经济，推动开放型经济实现跨越式发展。郑州机场尽管受疫情冲击影响，但仍表现出较强的韧性，航空运输快速恢复、增速不断提高，机场设施逐步完善，枢纽能力不断提升，客货运规模双跃升，成为引领全省航空经济高质量发展的龙头。立体综合交通枢纽初步形成。郑州航空经济得到快速发展，借助郑州打造“枢纽+物流+开放”高地的契机，全力建设涵盖“航空+高铁、城铁、地铁+高速路、快速路”的综合立体交通枢纽。机场三期扩建工程建设加快推进，机场总体规划修编、航站区规划及T3航站楼概念性设计方案优化完善、三期工程预可研报告编制等工作正在积极推进。郑州机场北货运区工程项目开工建设。高铁南站持续快速推进，主体建设已经封顶，基本形成航空综合交通网络。郑州上街机场实现短途试飞，上街至南阳、襄阳、阜阳短途航线首航及项目签约成功，预计2021年上半年实现常态化运营。航线网络不断完善。2020年，在郑州机场运营的客运航空公司54家，开通客运航线194条（其中国际和地区27条），通航

12月31日，郑州上街机场短途航线首航暨项目签约仪式举行
（市发改委/供图）

城市132个（其中国际和地区24个）；在郑州机场运行的货运航空公司达到31家，开通全货机航线51条（国际和地区航线40条），通航点63个（其中国际和地区46个）。河南省首家本土货运航空公司中州航空正式开航,本土货运航空中原龙浩航空实现国际航线基地串飞,中原龙浩航空已将其总部迁至郑州。推动乌龙木齐航空、桂林航空成立郑州运营基地。中国邮政河南公司相继开通至首尔、东京及欧洲等定期全货机邮件专线,郑州机场邮件出口范围已扩大至欧洲、北美以及亚洲地区。货运量逆势增长、客运量快速恢复。2020年,面对突如其来的新冠肺炎疫情和国内外经济形势巨大变化,郑州市委、市政府统筹推进疫情常态化防控和经济社会发展,扎实做好“六稳、六保”工作，推进各行业复工复产。市政府与省财政厅、省发改委联合出台了对冲疫情影响、进一步提升国际航空货运运力、努力稳定供应链的若干措施，支持郑州航空货运发展。2020年，郑州机场实现了货运逆势增长、客运恢复喜人的局面，完成货邮吞吐量63.9万吨，全国排名提升至第6位，完成旅客吞吐量2140.7万人次，全国排名提升至第11位，客货运全国排名均晋升1位，运输规模连续4年保持中部“双第一”。“空中丝绸之路”建设全面突破。2020年面对疫情对航空行业的影响，省市研究出台《关于对冲疫情影响进一步提升国际航空货运运力努力稳定供应链的若干措施》，支持空中丝绸之路客货运发展，为做大做强空中丝绸之路和增强辐射力、影响力，提供政策支撑，助推航空客货运发展。借助全球疫情物资运输需求增大契机，郑州机场货运量增长超出预期，郑州卢货航贡献突出。2020年，卢森堡货航在郑航线共运行航班777班，总量约128411.2吨，同比增长2.6%，卢货航在郑国际货运量、国际货运航线数等主要指标稳居郑州机场首位。郑州—卢森堡“双枢纽”航空物流基地项目前期工作在积极推进中。对外开放体系日益完善。郑州药品进口口岸获批投入运营,已于4月17日完成首单药品进口测试，8月27日郑州机场成功保障2123公斤新型冠状病毒抗原监测试剂盒通过药品口岸出口，累计进口药品3批次8.47吨，出口140余吨。国际邮件枢纽口岸申报已取得实质性进展,将是继北、上、广之后全国第四个国际邮件枢纽口岸。综保区三期与机场北货运区重叠区域融合发展取得积极进展,郑州海关正在研究具体实施方案。航空产业体系不断壮大。聚焦“枢纽+口岸+物流+制造”，积极推进“千百亿”产业集群培育，以智能终端为代表的世界级电子信息先进制造业集群稳步扩容，手机整机及配套企业超过200家，初步形成从芯片、面板到整机，从硬件到软件的全产业链布局。航空物流产业快速发展，郑州国际航空物流园区获批成为首批示范物流园区，引进顺丰、圆通、中通、申通、韵达、菜鸟网络、苏宁、唯品会等30多个物流项目，初步构建了服务于航空运输的现代物流产业体系。具有临空指向型特点的新兴产业实现较大突破，生物医药产业已有美泰宝、鸿运华宁等70余家新药领军企业与郑州航空港区签约入驻。航空制造业和服务产业稳步推进，南航飞机维修基地开展业务运营，飞机租赁初步构建了金融租赁产业政策体系、运作体系。重点工作积极推进。协助省发展改革委研究制定支持空中丝绸之路政策措施，为做大做强空中丝绸之路发展，增强辐射力、影响力提供政策支撑；协助省发改委研究制定《关于对冲疫情影响进一步提升国际航空货运运力 努力稳定供应链的若干措施》；按照《河南省通用机场中长期布局规划》，及时与市统计局、旅游局、市农委、林业局、工信委、应急管理局、卫健委、公安局、上街通航、登封通航等部门以及县（市）区对接，研究布局我市通用机场情况。积极协调上街通用机场申报民用无人驾驶航空试验区，支持上街机场开通上街至南阳、至阜阳、至襄阳的短途运输航线并参加首航仪式。

（李新章）

【公共资源交易管理】2020年，全市公共资源交易管理系统积极应对疫情，按照应进必进、统一规范、公开透明、服务高效的原则，持续优化营商环境，着力在完善平台体系建设、提升运行服务效能、增强平台承载能力、提高平台发展质量上多点发力，统筹新冠肺炎疫情防控和公共资源交易工作，全市公共资源交易管理工作成效显著。全年各级交易平台共完成交易项目9948宗，交易金额2355.2亿元，增收总额132.7亿元，节约总额104.3亿元。完成市本级公共资源交易项目6118宗，交易金额1662.0337亿元，出让类业务实现增值33.5998亿元，采购类业务节约资金85.5554亿元，共节资增收约119.16亿元。其中，建设工程交易2712项，交易额943.1589亿元；土地使用权交易135宗，交易额630.2122亿元；政府采购交易3080项，交易额83.0351亿元；医疗卫生交易128项，交易额5.3244亿元；国有产权交易63项，交易额0.3031亿元。认真指导各县（市）公管办和各级交易平台结合当地政府关于疫情防控工作的统一部署，研究制定疫情期间确保公共资源交易有序进行的工作方案。督导各级平台开通绿色通道。按照国家发改委办公厅《关于积极应对疫情创新做好招投标工作保障经济平稳运行的通知》关于建立“绿色通道”服务机制的要求，根据“保特保急”的原则，对特殊项目、应急项目制定开工方案，各级交易平台相继开通绿色通道。同时关口前移，对进场人员加强防疫管控，做好各类人员的身份核验、体温测试等严格的疫情排查措施，确保“开工、防疫”两不误。据统计，全市各级交易平台通过绿色服务通道，保障950宗公共资源交易项目的顺利完成。推进公共资源交易网上办理。指导各级交易平台针对不同的交易项目分类施策，按照“不见面、少接触”的原则，通过平台电子交易系统，积极实施网上申报、在线受理、远程服务等措施，确保国土资源交易业务通过网挂系统照常进行竞价。同时，对入场交易登记、招标公告发布、招标文件上传下载、交易场所预约、保证金收退等业务全面推行网上办理。对招标人、投标人、代理机构等涉及文件获取、结果确认、合同签订等事项，指导各级交易平台采取线上或者邮寄快递办理。开展远程异地评标业务。为避免人员聚集，各交易平台积极推进远程异地评标业务。新郑市交易平台作为全省第一批远程异地评标试点单位，先后与沁阳市、南阳市交易平台实现省内远程异地评审，并跨省与四川绵阳、达州，安徽宣城，湖北十堰等地实现远程异地评标对接，实现评标专家的资源共享。2020年，郑州市本级交易平台、荥阳市交易平台同时实现远程异地评标。

实现指导平台服务提升创新。推动不见面开标服务加速实施。为保障各类交易项目顺利实施，不断推动各级交易平台加快研发并实施“不见面开标服务”，指导制定《关于推行不见面开标服务的通知》《不见面开标大厅操作手册（投标人）》《不见面开标大厅操作手册（代理机构）》等一系列保障制度，有效解决传统开标模式现场投标、开标带来的人员聚集风险。截至2020年年底，各级交易平台全部实现“不见面开标”常态化服务，打破了传统开标模式对人员、时间、场地的限制，解决企业投标成本高、投标企业须提前到达开标现场等瓶颈问题，实现“投标不跑路、交易不见面”，营商环境优化工作得到质的提升。全年各级交易平台“不见面开标”项目实现1025宗。指导制定公共资源交易领域政务公开目录。为全面推进公共资源领域政务公开标准化规范化，深入指导开展公共资源交易领域内基层政务决策公开、执行公开、管理公开、服务公开、结果公开，研究制定《郑州市公共资源交易领域政务公开目录》，多次牵头协调市财政、城建、卫健、交通、城管、自然资源等有关招投标行业主管部门，召开专题推进会，督导各级交易平台做好公共资源交易领域政务公开工作。推进公共资源交易数字证书(CA)互认。组织协调推动各级交易平台数字证书(CA)互认工作。郑州市本级交易平台和中牟县交易平台作为全省的试点单位，率先对接、率先应用，为全省全面推进数字证书(CA)互认工作起到示范引领作用。新郑市交易平台和登封市交易平台在全省率先建设招投标移动App，改变传统做法，轻点手机，足不出户就可以完成投标登记、标书下载、保证金查询、保证金退款查询等多项业务，原来需要2—3个工作日才能办完的事项，现在只需手机点击即可快速完成，不受时空限制，让公共资源交易平台在移动端延伸，实现“让信息多跑路、让群众少跑腿”。

持续降低市场主体交易成本。着力推动各级交易平台实施电子保函、保证金“秒退”、异地远程评标、投标贷、中标贷等各项服务，延伸服务链条，搭建信息桥梁，减轻企业负担，电子投标保函功能落地实施。进一步拓展保证金线上缴纳方式，为企业添便利、降成本、减负担，降低保证金管理风险，解决纸质保函真伪难辨的难题，推动由线下现金向线上保函的转变，实现在公共资源交易领域担保制度上的创新发展。2020年各级交易平台成功开具电子保函989笔，提供保函2.69亿元。保证金本息实现“秒退”。针对投标保证金退返效率低下、投标企业频繁催促退款这一行业难题，督促指导各级交易平台通过系统升级实现“秒退”办理，自动生成虚拟子账户，自动识别中标单位和未中标单位，实现保证金收退的电子化、标准化、安全化、规范化，大大提高保证金退返效率。CA降费互认及远程办理CA。推动各交易平台的CA数字证书服务费由1200元/年降至800元/年；指导全市各级交易平台完成全省范围内北京、华测、深圳、信安等4家CA公司互认、降费工作；推进各交易平台实现CA网上办理功能，大大降低企业交易成本。落实惠企政策。严格落实取消政府采购货物服务类投标保证金，向投标人免费提供招标文件，允许外地公共资源交易平台数字证书认证信息与郑州市各级平台共享，将会员注册由“审核制”优化为“承诺制”等惠企政策，实实在在减少企业投标成本。仅新密市交易平台一家在疫情期间，交易服务费减免50%，为233家企业减免服务费685万元。

提升全市各级交易平台管理水平和服务质量。推进市、县两级平台管理体制一体化、信息平台一体化、规则制度一体化、运行机制一体化建设。不断创新完善交易系统。各交易平台始终坚持“服务功能完善、交易公开透明、操作规范统一、网络安全可靠”的建设目标。持续推动“互联互通，信息共享”，不断强化省市县三级平台的数据对接，逐步实现数据共享，进一步提升公共服务平台的兼容性及功能性，强化交易记录全留痕，交易过程全监管，形成全市公共资源交易“一张网、一个体系、一套标准”信息网络格局。做好公共资源交易数据上传。强化公共资源交易数据信息的源头管理，加强市县两级公共资源交易平台的对接交流，确保所有交易信息及音视频资料实时共享至河南省公共资源交易在线监管平台。坚持每月上报交易数据，确保线上、线下数据信息的真实、准确、全面、即时。推进平台大数据分析。郑州市本级交易平台、新郑市交易平台在全省率先开发建设公共资源交易大数据应用服务平台。通过提升数据深加工能力，构建“数据智库”，为政府投资、宏观经济决策、市场分析研判、营商环境分析、公共资源交易监管等提供技术支撑和大数据参考。

河南电视台报道市交易中心优化营商环境工作（市发改委/供图）

统筹做好人员素质、投诉机制、专项整治、专家审核等全面协调公共资源管理工作。统筹做好公共资源管理人员的素质提升。8月15日至8月21日，在哈尔滨工业大学（威海校区），组织开展2020年度全市公共资源交易管理人员能力素质提升培训班，公共资源交易管理业务骨干64人参加培训。统筹建立健全招投标投诉受理机制。根据《工程建设项目招标投标活动投诉处理办法》，牵头组织市城建、交通、城管、卫健、自然资源等有关招投标行政主管单位，研究制定《郑州市工程建设项目招标投标活动投诉处理指导意见》，规范工程建设项目招标投标活动的投诉处理流程和工作机制。统筹开展专项整治。为进一步破除招投标隐性壁垒，保障各类市场主体平等使用资源要素、参与市场竞争，从4月份至8月份，在工程建设项目招投标领域开展为期5个月的营商环境专项整治工作，依法清理、排查和纠正招投标法规政策、招标公告、投标邀请书、资格预审公告、资格预审文件、招标文件和招标投标实际操作中设置的不合理限制和壁垒。统筹做好郑州区域新进专家入库工作。为落实河南省公管办《关于做好省综合评标专家库申报人员专家资格初审工作的通知》要求，组织各行业部门，组成专项审核组，实行人员封闭、脱产办公，对全市新进专家进行严格的审核把关，通过认真审核，高标准完成河南省综合评标专家库郑州区域1486名新入库专家的资格初审工作。

（刘燕杰）

【轨道交通规划建设】 2020年，围绕建设“轨道上的都市”总体要求，全力以赴推动郑州市轨道交通规划建设。完成轨道交通第三期建设规划前期工作。根据市委十一届一次全会及市政府2020年重点工作要求，2020年上半年轨道交通第三期规划线路全部开工。修订完善轨道交通第三期规划剩余4条线路可研报告方案，开辟绿色通道，实施容缺办理，分别于2020年6月30、7月7日取得省发改委关于4条线路可研批复。至2020年底，完成全部7条线路可研，123个配套专题，14个专篇的组织编制、报批工作，圆满完成市委、市政府6月底前第三期建设规划7个项目全部开工的总体目标。

快速推进轨道交通快线前期工作。配合编制郑州市有关铁路线网规划及相关“四网融合”规划，开展郑开城际及郑机城际铁路利用研究，推动在郑州范围内规划建设3条轨道交通快线（K1、K2、K3）项目，2020年8月下旬完成轨道交通快线线网规划和建设规划编制项目的招标工作。成立专项工作组，明确分工、全力配合、整体推进，10余次向国家、省发改部门沟通汇报快线有关情况，不断加强沟通、衔接，加快推进报批工作。12月底，配合省发改委组织郑州、开封、洛阳、焦作、新乡、许昌6市召开城际快线与郑州都市圈城际铁路网规划对接会，为城际快线纳入中原城市群相关规划打下基础。推进轨道交通K2快线线站位方案编制工作，组织10余次技术对接会，多次进行现场踏勘，与有关区县(市)及部门开展对接、座谈并收集资料，K2快线线站位方案2020年11月份通过专家评审。提前开展第四期建设规划前期研究工作。2020年8月完成招标，确定设计研究单位。第四期建设规划前期研究成果已初步形成，为郑州市轨道交通第四期建设规划编制打下基础。全力保障3号线一期工程PPP项目开通运营。2020年，与项目公司签订PPP合同之补充合同，指导督促项目公司完成内部股权变更；组建PPP项目建设期协调委员会和运营期协调委员会，组织召开建设期协调委员会、工程项目推进工作会议及各类协调会议30余次，起草发出各类协调、督促函件100余份。协调区县（市）、市直各职能部门及单位，切实解决车站施工水电迁改、东大街220号楼拆迁、大气污染管控期间施工等重难点问题。确保3号线一期2020年12月26日初期运营，实现市委、市政府关于2020年底全市轨道交通运营总里程达到200公里的总目标。

米字形铁路建设工作。2020年，大力协调相关部门按时完成省政府下达的米字形铁路资本金出资计划，保证郑州段各项工作进展顺利。郑济铁路郑州段建设项目2020年完成投资9亿元，占比100%；郑济铁路黄河特大桥全面转入桥面系施工阶段；涉及郑州市需协调的改路、改渠、“三电”迁改以及环保搬迁各项工作任务进展顺利。

小李庄客运站及陇海铁路改线工程。国家铁路集团公司已安排中铁咨询公司开展该项目可行性研究报告编制工作，郑州市在同步研究小李庄车站规划设计方案，为加快推进项目前期工作进程，市发改委已向市政府请示成立小李庄市级领导小组，同时上报建议业主单位，已获得市政府批准认可。

城际铁路建设工作。郑州机场至南站城际铁路于2020年12月12日顺利建成通车。

施工中的郑州南站（市发改委/供图）

【行政事业性收费管理】 2020年，贯彻执行国家、省、市有关价格工作决策部署，圆满完成各项工作任务。研究制定《郑州市市区机动车停放服务收费管理办法》。为切实规范停车收费行为，维护机动车停放者和停车场（所）经营服务者的合法权益，提高公共停车泊位周转率，减轻城市核心区域交通压力，引导市民合理选择出行方式。广泛征求市内各区、有关委局、专家学者、人大代表、政协委员、消费者代表、新闻媒体代表等意见建议，不断修订完善《郑州市市区机动车停放服务收费管理办法（征求意见稿）》。落实国家、省有关减费降费政策。会同市财政局联合转发《国家发展改革委、财政部关于降低部分行政事业性收费标准的通知》，降低往来台湾通行证（电子）、台湾居民来往大陆通行证（补办）、摩托车号牌工本费等收费标准。转发《国家发展改革委、财政部关于港澳居民来往内地通行证补发、换发收费标准等有关问题的通知》，明确港澳居民来往内地办理通行证的收费标准。转发《省发展改革委、省财政部、省教育厅关于调整公办普通高等学校收费标准的通知》，调整全省公办普通高校本、专科学费标准，促进高等教育事业可持续发展。开展行政事业性收费统计报告，加强事中事后监管。根据河南省发展改革委《关于开展全省收费情况调查工作的通知》要求，以“国家市场价格监管系统”为平台，对郑州市2019年度行政事业性收费情况进行网上审核和统计，涉及22个部门、243个收费单位、41个收费项目，收费金额总计34.26亿元，其中涉企收费22.75亿元、涉个人收费11.29亿元、其他收费0.22亿元。做好疫情防控期间的收费监管工作。重点做好各类学校和幼儿园疫情防控期间收费管理工作，指导督促各类学校和幼儿园按照收费政策积极退还相关费用，切实维护广大学生和家长的合法权益。清理规范行业协会商会收费工作。为进一步推动行业协会商后依法依规收费、减轻企业负担、营造良好营商环境，促进社会组织健康有序发展，市发改委、市民政局、市市场监督管理局联合印发《关于组织开展行业协会商会经营服务性收费清理规范工作的通知》，对全市范围内的行业协会商会的收费情况进行规范和清理，全面落实国家、省减税降费政策，取消违法违规收费、提升收费规范性和透明度，降低偏高收费，切实降低实体经济运行成本。规范殡葬基本服务收费，完善惠民殡葬服务收费政策。为进一步加强殡葬基本服务收费管理，根据河南省定价目录，市发改委、市民政局、市财政局联合印发《关于进一步规范殡葬服务收费有关问题的通知》，对殡葬基本服务收费项目及标准予以明确，对惠民殡葬服务项目和补助标准进行重新核定，惠民殡葬服务补助标准由每具遗体932元调整为每具遗体1500元，惠民殡葬服务在原基础上增加骨灰盒、骨灰寄存等补助项目，对殡葬延伸服务收费标准实行市场调节价，促进殡葬服务业的健康发展。

（张　鹏）

【重点项目建设】 2020年，郑州市持续强化重点项目在稳投资、稳预期方面的重要抓手作用，确立“自我加压、目标前移、投资稳增”总体工作思路，坚持定目标、建机制、抓审批、促开工、优服务“五路并进”，服务保障省市重点项目迅速全面复工开工、掀建设热潮，努力实现全年投资不减、目标不变。

2020年全市省、市两类重点项目共912个，总投资2.11万亿元，年度计划投资4607亿元。全年计划新开工项目210个、完成拟开工项目联审联批事项1224项，组织市政府投资实施代建项目14个。省市重点项目完成投资4651.8亿元，投资进度101%；累计开工省市重点项目216个，占全年目标任务的102.9%；1224项联审联批事项提前于4月底前全部完成，完成率100%；14个市政府投资代建项目进展顺利，其中在建项目4个、前期项目9个、竣工项目1个。

围绕“保量提质”目标，着眼强投资、调结构、补短板、惠民生，扎实谋划选报2020年度省市重点建设项目。通过扎实动员、广泛征集、认真筛查、完善补正，严格把好项目质量关；强化省、市、县三级协调联动，及时跟踪增补项目，牢固把好项目规模关。2020年实施的省市重点项目总体规模较2019年有小幅增长；产业发展类重点项目投资占比由2019年的46.2%提高到47.4%，项目结构进一步优化。按照2月20日市委常委会扩大会议部署，将省市重点项目建设各项目标任务的计划节点前移为“一季度推动项目全面开复工、4月底联审联批事项清零、6月底前完成开工项目210个和投资进度达到50%、全年完成投资4607亿元”，并据此以市政府办公厅文件分解下达各责任单位省市重点项目投资、开工、联审联批目标任务，明确节点，压实责任。同时将各单位工作推进情况纳入综合考评体系，实现任务分解、责任落实、台账管理、绩效考评的“四到位”。健全工作机制。研究拟定市本级“四比四看”活动综合考评细则，每季度对各开发区、区县（市）进行综合评价，营造比学超越氛围，助推项目谋划、招商、实施、建设、投用等各项工作高质量提升。完善市、县两级重点项目建设工作领导小组，成立投资推进、联审联批、督查推进3个工作专班，按照“排查问题、交办任务、督查推进、办结销号”的工作机制，高效协调解决问题。出台市级领导联系百项重点项目方案，优选各领域引领示范作用突出的123个重点项目，由34名市级领导联系推进，提升推进实效。实行日报告、周例会、季通报等制度。每日向省、市报告项目开复工情况，加强监测调度；每周召开推进例会，梳理情况，解决问题，相继召开市级重点项目周例会26次；每季度以市政府办公厅文件排名通报各责任单位目标任务完成情况，在《郑州日报》刊发联审联批、项目开工情况通报4期，营造比学赶超的工作氛围。按照市委市政府统一部署，成立市重点项目联审联批工作专班，印发实施方案，明确职能，压实责任，倒排工期，提高效能，先后下发联审联批任务交办单20个，全力推进1224个联审联批事项4月30日前清零目标；针对审批事项，明确专人负责，实行一个项目、一个台账、一名人员全程跟踪服务，并及时组织召开联审联批协调会议，协调解决项目审批中存在问题。2020年，先后召开联审联批协调会34次，协调项目53个，协调解决河南大学国际学院新校区引黄灌溉渠、省直人才公寓项目手续办理、河南省科技馆新馆热力对接等问题56个，加快项目审批和建设进度。坚持集中开工驱动，分别于1月2日、6月5日、9月29日以“主会场+分会场”和视频联动形式组织开展了3批49场次重大项目集中开工活动，累计开工重大项目533个，总投资4990.7亿元，年度投资目标1156.9亿元，加快形成有效投资增长点，掀起大干快干的项目建设热潮。积极应对疫情影响，配合制定《郑州市建设工程开（复）工实施方案》，明确省市重点项目可提前至2月25日起可陆续开（复）工，至3月15日实现在建项目应复尽复。实行“一对一”精准服务工作机制，逐项目走现场送政策、送信息、送服务、解难题，相继排查发现并及时解决人员返岗、建材物资、审批手续、拆迁补偿等问题467个；成立重点项目建设政策研究小组，梳理分类并汇编重点项目扶持政策文件112个，分组赴各项目单位开展“下基层强服务”服务活动，帮助项目单位熟悉政策，积极协调职能部门落实政策，保障重点项目加快建设。立足于建立决策科学、管理规范、责任清晰的政府投资项目管理长效机制，改革与代建制不相适应的管理体制和运行机制，组织完成代建制管理办法的修订工作；创新完成四个中学和武警郑州支队作战训练中心项目代建单位分标段捆绑招标准备工作，减少招标次数，降低行政成本，缩短建设周期；主动介入项目初步设计编制阶段工作，纠正、补充、完善9个项目初步设70余项问题；协调推进前期手续办理工作，围绕项目土地、拆迁及规划手续办理召开协调推进会议15次，协调解决问题20余项，如期实现四中项目按期招生、其他项目建设稳步推进；严格审核代建单位建设资金申请，审核代建单位提交的建设资金申请21批次，核实资金18174.2万元，发现并纠正重复申请、提前申请等问题，审减428万元，确保投资不超概算。

【财贸金融和信用建设】2020年，市发改委紧紧围绕推动经济社会发展、抗击新型冠状病毒肺炎疫情等方面开展工作。主动谋划出台相关政策，做好六稳六保，保产业链供应链稳定，促进企业复工复产和经济社会发展。

全力做好疫情防控，助力企业复工复产。承担全市防疫物资保障及协调工作，启动应急物资投放方案，积极与相关部门相关企业对接做好蔬菜、粮食、化肥等物资储备和投放。

做好防疫重点保障企业的政策落实。以名单管理制度推动企业融资，纳入全国性、地方性疫情防控重点保障企业名单并已获得各类低息贷款的企业56家，获得贷款67.6亿元；创新开展市级物资保障企业名单工作，推动中小微企业融资，汇总企业235家，发放贷款4.05亿元，大大缓解疫情防控重点保障企业资金紧张局面，为重要物资产业供应提供强力支撑。申报204家疫情防控重点保障物资生产企业，纳入名单的重点企业可享受财税8号公告规定的企业所得税和增值税税收优惠政策。梳理上报69家“稳外贸、稳外资、稳投资”专项贷款企业名单，资金需求14.8亿元，加大对“三外”企业的资金支持。持续开展“861”金融暖春行动，助力受疫情影响和冲击较大的中小微企业尽快复工复产，目前推荐入库中小微企业405家，已获得贷款30.3亿元。开展企业债券发行政策宣讲和解读，推动郑州市企业债发行。2020年，全市共有300亿元企业债获得国家发展改革委批复，分别是郑州发展投资集团150亿元、郑州地产集团100亿元、郑州航空港兴港投资集团50亿元。发挥信用建设在防疫战线作用助力复工复产。率先出台《关于新冠肺炎疫情防控期间社会信用相关政策

主体工程竣工的省科技馆新馆（市发改委/供图）

的通知》，对疫情防控期间郑州市社会信用相关政策进行明确，发挥社会信用政策对防疫工作以及对中小微企业的支持作用。把信用建设和防疫工作有效结合，发布郑州市疫情防控红名单1412条，运用信用监管手段防范打击哄抬物价违法行为，将相关信息归集公示。在信用中国（河南·郑州）网站开通郑州防疫专栏和防疫物资价格承诺公示专栏，积极宣传防疫知识和典型事迹，弘扬正能量。探索开展“信易保”助力企业复工复产，联合保险机构开展信用+企业疫情防控综合保险业务，运用企业主体信用信息，以惠利企业的低价保险，对不同信用等级的企业开发不同的产品，创新信用惠民便企举措，助力企业复工复产。

推进全市社会信用体系建设工作深入开展。以成功创建国家第二批社会信用体系建设示范城市为契机，积极发挥信用建设在防疫战线的推动作用，及时制定出台相关政策，不断完善信用信息归集共享机制、分级分类监管机制、联合奖惩机制和信用修复机制建设，积极构建以信用为基础的新型监管机制，有力促进营商环境优化，并在河南省营商环境评价中位列信用环境第一名。2020年12月，国家发展改革委就信用工作向河南省人民政府致感谢函，充分肯定“郑州市持续创新探索，充分发挥社会信用体系建设示范城市的典型示范作用”。完善以信用为基础的新型监管机制。出台《郑州市加快推进信用体系建设构建以信用为基础的新型监管机制实施方案》《郑州市营商环境政务诚信建设工作推进方案》《2020年社会信用体系建设工作要点》《关于加强政务诚信建设建立健全政府机构及公职人员诚信履约机制的通知》等，筑牢“信用郑州”根基。强力推动信用分级分类监管，全面建立以信用为基础的新型监管机制，实现信用分级监管全行业覆盖。构建联合奖惩机制，将联合奖惩系统嵌入四级联动审批和公共资源交易系统，政府行政事项管理中普遍进行信用核查，2020年核查2.5万次，让守信者受益、失信者受限。不断完善信用修复机制，积极开展信用修复培训，让上万名失信者得到救济机会。信用平台建设和信息共享应用进一步提升。市信用平台在全市政务云平台上完成部署，嵌入政务服务审批系统，形成互联互通的共享机制，归集范围扩展至全市53个部门，涵盖136类一级指标和1280项二级指标。截至2020年12月已归集信息21.9亿余条，“双公示”信息137.1万余条。通过“信用郑州”网站，向社会提供综合查询服务，向信息归集共享单位提供信息资源等查询管理功能，积极建立社会共建共用机制，不断扩大信用信息的应用领域。大力推进示范试点建设。选择重点领域和典型地区开展信用建设示范，对试点建设单位进行一对一的辅导。经信用核查、专家评审、信用郑州网上公示等环节评估验收合格，确定郑州市交通运输综合行政执法支队等8家、巩义市竹林镇等3家为示范单位、乡镇（街道）。形成交通管理失信案例调查和信用修复制度等各具特色的创新亮点，积累经验、做出示范。推进政务诚信建设。制定印发《郑州市营商环境政务诚信建设工作推进方案》《关于加强政务诚信建设建立健全政府机构及公职人员诚信履约机制的通知》等制度文件，坚持依法行政，严格落实行政许可、行政处罚7天双公示制度，推进建立政府决策执行诚信履约机制，将信用记录应用到考核奖励中，有效提升诚信履职意识和诚信行政水平。大力推进失信政府和国企拖欠治理工作，实现政府失信事件全部清零。组织开展考核工作。组织开展2019年信用建设工作考核，根据考核结果，以市人民政府名义对巩义市人民政府等20个先进集体和何向东等30名先进个人予以通报表扬。做好法治政府、金融安全、粮食安全、体制改革等专项考核工作。创新推进“信易+”应用场景建设。积极探索个人信用积分“商鼎分”惠民激励，并建立与杭州“钱江分”合作激励场景共享机制，已有7万人注册开通。积极探索推进信易医、信易游、信易租、信易养老、信易家政等惠企便民应用创新，让诚信的无形价值变成有形价值，让信用有价、守信受益，守信有感。推进“信易贷”平台建设。与市金融局联合印发《关于加强信用信息应用支持中小微企业融资有关工作的通知》，围绕解决中小企业融资难问题,提出做好建立健全信用信息全量归集共享机制、推进郑州市“信易贷”平台建设服务支持中小微企业融资等具体措施。做好城市信用监测工作。积极应对国家发展改革委依托大数据技术对全国36个省会及副省级城市、261个县级市的信用状况监测，认真做好郑州市信用制度完善、信用信息公开方面的工作。同时，做好对16个县（市、区）的信用监测，并将监测结果定期通报。营商环境填报。认真做好国家、河南省营商环境评价填报，认真牵头负责信用环境指标（政务诚信度、商务诚信度）填报，围绕指标做好认真准备和国家团队现场调研工作，并在河南省营商环境评价中获得全省第一名。做好宣传教育工作。充分发挥各类媒体的宣传作用，以《河南省社会信用条例》主题宣传为契机和抓手，通过展板、视频、专题培训等多种形式加强社会信用政策及知识宣传，以信用监管促进营商环境优化，提高社会公众信用意识。2020年7月，发布郑州市首部社会信用体系建设蓝皮书，集中展现郑州市社会信用体系建设成果。举办社会信用大讲堂活动，进一步提升市民对社会信用的理解认识，营造浓厚的社会氛围。

做好企业债券和政府出资产业投资基金防范化解风险工作。做好风险排查、年检和绩效评价工作。按照省发改委的要求，集中开展政府出资产业投资基金及其管理企业风险排查和分类整治，各辖区通过实地走访，了解募集资本来源、管理团队专业及能力、投后管理服务、合作金融机构等情况，研判企业经营风险。认真做好备案创投企业年检工作，按照文件要求通知、指导、督促本辖区内备案创业投资企业通过“全国创业投资企业备案管理信息系统”按时完成年检工作，并通过系统登记拟新申报税收优惠信息。做好政府出资产业投资基金绩效评价。按照省发展改革委要求，会同市财政局、区县（市）发展改革部门，及时通知已登记的基金管理人按照国家、省有关要求，按时完成绩效评价工作。已登记的郑州市现代农业发展投资基金、郑州市新兴重点产业知识产权运营基金（有限合伙）均已完成绩效评价。开展创业投资和政府出资产业投资基金的政策调研。创业投资是实现技术、资本、人才、管理等创新要素与创业企业有效结合的投融资方式，是推动大众创业、万众创新的重要资本力量，为促进我市创业投资发展，赴深圳进行调研学习，进行座谈交流，并梳理杭州、成都、青岛、合肥、深圳等全国先进城市政策，研究郑州市创投企业和基金发展扶持政策，撰写调研报告。做好企业债券存续期风险防范化解工作。按照要求，积极对存续期内企业债券开展风险排查工作，2020年全市存续期内需要兑付本息的企业债券共7支，发行规模104.8亿元，已按时完成2020年度本息兑付，未来3个月无即将到期企业债券，未出现兑付风险。做好债券市场政策研判分析。对企业债券相关政策进行研究，针对国家发展改革委提出的债券市场风险问题，服务和配合发债企业采取有效融资方式，缓解还贷压力，维护区域信用、稳定地区评级，为国家中心城市建设营造良好信用环境。

做好对外贸易工作。按照省发改委要求，会同有关部门，围绕推动促进稳定外贸增长等内容开展调查研究，定期撰写调研分析报告按时上报；完成全市一百多家外贸企业平台注册和融资分析，持续做好外贸企业监测服务系统信息填报工作，扩大入驻系统的外贸企业覆盖面；组织开展郑州市“三稳”专项贷款申报工作，向省发展改革委报送符合条件的外贸企业69家。

做好粮食安全工作。积极做好全市粮食安全和物资储备相关工作，配合相关部门做好疫情“灾后综合症”粮食安全风险研判，加强粮食购销、储运、加工等领域管理，健全流通基础设施体系，确保粮食产业安全健康发展。组织完成2021年粮食棉花进口关税配额申报工作，申报粮食配额47200吨、棉花配额1000吨。做好郑州市2019年粮食、棉花进口关税配额再分配申报工作，共申报企业2家，申请粮食总数115000吨，白糖20000吨。参与粮食安全应急体系建设。配合有关部门参与《郑州市粮食安全应急网点管理暂行办法》制定，配合牵头部门完成10家应急加工企业、8家应急配送企业、327个粮食安全应急网点建设，实现粮食应急供应"上下贯通、覆盖全域"。协同有关部门完成新增市级成品粮、食用植物油储备任务，新增市级成品粮储备18000吨，食用植物油储备5000吨。配合商务局做好2020—2021年城市冬春蔬菜储备工作。其中，春节期间共完成政府储备肉蛋菜13000吨，猪肉4000吨，鸡蛋1000吨，蔬菜8000吨，并顺利完成投放，力保春节期间市场稳定和广大市民消费需求。

做好经贸领域新增中央投资项目申报。按照省发改委安排部署，做好新增中央投资储备项目谋划申报，国家重大项目库新增入库储备项目64个，总投资162.4亿元，拟申请新增中央投资71.8亿元，其中粮食项目18个，应急项目16个，农贸市场项目30个。做好2020年第二批粮食安全保障调控和应急设施中央预算内项目申报，申报项目1个。做好医疗应急物资储备设施项目申报。2020年12月，郑州市医疗卫生应急物资储备中心项目被纳入中央预算内投资计划，获批中央预算内投资6242万元。

（黄 博）

审计监督

【概况】 2020年，面对疫情影响和经济下行压力，郑州市审计系统紧紧围绕市委市政府中心工作，切实增强做好新时代审计工作的使命感，进一步提升审计工作的科学化、规范化、精准化水平，为郑州加快建设国家中心城市和全市经济高质量发展做出应有的审计贡献。全年共完成审计和审计调查项目1243个，查出违规违纪问题金额42.56亿元，管理不规范金额454.31亿元。全面落实中央和省委、市委及审计署、省厅关于加强疫情防控工作的部署要求。发动局机关三分之二以上党员干部下沉分包的8个社区和樱桃沟高速卡口，投身疫情防控第一线，护卫社区25507户、78302人的身体健康和生活秩序。紧盯疫情防控重大决策部署和政策措施的落实，建立和完善制度23条，拨付到位资金2844万元、物资34万份，守卫防疫资金物资的及时、规范、高效使用。实时掌握复工复产复商复市态势，及时向市委市政府上报审计要情15篇，提出审计建议54条，贡献审计智慧，经受住了疫情危机的严峻考验。

【财政预算执行审计】 聚焦盘活财政存量资金和闲置资产情况、政府隐性债务风险防范和化解，重点关注预算支出结构和政府过"紧日子"情况、全面落实一级预算单位审计全覆盖的要求，持续关注闲置资产盘活、压缩一般性支出等落实情况，促进清理盘活沉淀资金资产，积极推动落实"花钱必问效、无效即问责"，促进公共资金合理配置。高效实施2019年度市级预算执行和其他财政收支审计，代表市政府做的《关于2019年度市级预算执行和其他财政收支的审计工作报告》得到市人大常委会充分肯定和高度认可，并高票通过。

【"三大攻坚战"审计】 组织实施了对2016—2018年3个年度的扶贫审计项目开展及整改情况进行核查梳理总结。审计查出问题140个，涉及违规金额5.4亿元。各县区已完成问题整改132个，整改率为94.3%，已整改金额4.8亿元。移送问题案件线索8项，已处理相关人员4名，提出的审计意见建议56条，推动制度落实54项，修订完善制度办法22项。为打赢脱贫攻坚战贡献了审计工作应有的贡献。结合对新密市、金水区原县（市）区长的经济责任审计，开展领导干部自然资源资产审计，强化自然生态管理责任。

【民生项目和资金审计】 深入贯彻以人民为中心的发展思想，围绕市委市政府有关民生重大决策和年度民生实事，持续加大对就业、教育、医疗、社会保障的审计力度，重点关注促进就业创业政策措施、新能源汽车充电基础设施建设、医疗保险基金、保障性安居工程、"路长制"、减税降费落实情况资金管理使用绩效和相关政策落实情况等，让人民群众的获得感幸福感安全感更加充实。

【领导干部经济责任审计】 全年完成对229名领导干部的经济责任审计。坚持党政同责、同责同审，坚持"三个区分开来"的要求，深入分析问题产生原因，客观审慎作出评价和结论，鼓励探索创新，注重保护改革发展中的新生事物，支持担当作为，营造有利于干部干事创业的良好环境，为构建惩治和预防腐败体系等方面发挥重要作用。

【政府投资审计】 持续开展贾鲁河综合整治、地下综合管廊、轨道交通、老旧小区综合改造等27个项目的跟踪审计工作，努力提高政府投资项目的质量和效益，不断提升政府投资效益和安全。

（张向伟）

市场监督管理

【概况】 2020年，全市市场监督管理系统坚持改革创新、担当作为，战疫情、保安全，抓"六稳"、促"六保"，攻难点、创亮点，转作风、树新风，全面履行市场监管职责，积极巩固提升全市经济运行向稳向好向优态势，各项工作取得明显成效。至2020年底，新增各类市场主体累计达到26.71万户，全市市场主体总量达到137.14万户，通过"一件事"进行新开办企业、个体户的业务量已达29180件。全市有效商标注册总量再攀新高，2020年注册总量突破44万件。其中新增注册商标超10万件，列居中部六省省会第一位，每百户市场主体拥有有效商标注册量32件，郑州商标受理窗口被总局评为"2019年商标受理工作先进单位"。梳理黄河历史文化资源，全市共有12件地理标志商标资源、107家企业列入三年梯次培育计划。全力推进国家知识产权强市创建市、知识产权运营服务试点城市建设，2020年专利资助24321项，资助金额达2765万元。筛选符合条件的奖补项目119个，奖补资金达到2345万元。省委常委、市委书记徐立毅4次对市场监管工作予以批示，全国"小个专"党建工作会议在河南郑州召开，全国清理整顿人力资源市场秩序专项执法行动受到国家人力资源社会保障部和市场监管总局通报表扬，蝉联五届全国文明单位，获评"全国市场监管系统抗击新冠肺炎疫情先进集体""全国商标受理工作先进单位""全国价格工作先进集体""全国市场监管系统扫黑除恶专项斗争先进集体""全国消协组织消费纠纷处理先进集体""全国文明单位"等荣誉称号，为郑州经济社会"十三五"完美收官作出了积极贡献。

【新冠肺炎疫情防控】 聚焦蔬菜等生活必需品价格，保障市场价格稳定。打好"五字"主动仗："早"，1月22日就全市紧急启动价格应急预案；"广"，张贴发放《关于疫情防控期间维护防疫用品和生活必需品市场价格秩序的通告》3万多份、价格提醒告诫函10万余份；"诚"，敦促防疫物资经营者开展价格承诺，自查自纠各类价格问题5000余个，协调35家药品连锁总部下属2700多家门店春节不打烊、服务不停歇；"细"，建立价格预警机制，密切关注价格波动，有针对性地开展价格行政约谈12次；"快"，做到小案件不过夜、大案件快速办，果断处置"天价白菜"案，赢得全国网友点赞。疫情期间针对"飘安问题口罩"等疫情防控医疗器械开展排查，查处违法行为50起，移交公安2起，稳定了市场秩序，保障疫情防控用口罩质量安全。仅疫情期间，全市就查办各类价格违法案件200余件，收缴罚没款100余万元。聚焦食品安全问题，保障人民群众健康。制定发布食品经营负面清单，严格检查不放松，督导标准不降低，聚焦"抗疫"期间消费者食品安全，开展6期食品安全专项监督抽检2706批次，发现问题76

批次，问题发现率3.66%。既要满足市场食品供应，又要让市民吃得放心。疫情发生后第一时间紧急下发通知严禁活禽交易，一夜关停99家市场、关闭173家商户。加强野生动物市场监管，以农副产品批发市场、农（集）贸市场为重点，检查各类经营户27.54万户次，与公安、林业等部门联合检查1694户次，屏蔽、删除、下架野生动物及其制品交易信息35条。聚焦线上线下热点，保障网络公平交易。开展对所辖网站、网店销售的消毒液、医用酒精、口罩、防护用品等疫情防护用品的网上监测，共筛查疑似线索1344条信息（经核查未发现违法行为）。聚焦群众烦心事，保障投诉渠道通畅。为缓解社会“一罩难求”现象，组织累计投放平价口罩695万只，受到社会广泛关注和赞誉，有效解决市民口罩购买难问题;12315热线24小时值守，自2020年1月19日至5月6日，市12315投诉举报中心共受理各类投诉96591件，主要反映春节订餐、防疫用品质量和价格等问题。聚焦内部疫情防控，保障系统干部职工健康。严格来客来访人员管理，落实集中堂食管理措施，定期开展环境卫生消杀，全市系统无一人感染。聚焦进口防疫物资现场查验，保障一线医疗机构使用防疫物资质量。1月31日至3月18日，昼夜值守郑州机场西货站，共查验139批次来自24个国家和地区的防疫物资，其中口罩175.41万只，防护服12.77万件，手套、护目镜等122.8万双（只），抽检发现2批医用口罩不符合标准规定，按要求进行上报处理。

【“六稳”服务复工复产】 “三送一强”和复工复产两项活动贯彻全年受好评。建全稳的机制。班子成员带队开展“三送一强”活动超百次，重点服务4家防疫物资生产企业申请商标快速注册通道，先后帮助79家企业购买测温枪、口罩、消毒液等紧缺物资央视两次报道指导餐饮单位复工成效。用足稳的政策。坚持一业一策、一企一策，开展“政银合作”，探索专利、商标质押，帮助食品企业申请复工复产扶持资金2142.5万元。送实稳的服务。送技术，为重点交通枢纽、医院、企业完成计量检定和校准测温仪器2256台、医用仪器13765台，其它计量器具94248台（件），共计减免检定费934.12万元。组织举办8期系列在线计量公益培训，累计为近200家企业3000余人次提供免费技术培训。协助6家企业追回认证费用14.1万元。送标准，主动收集整理5大类142项标准文本，精准帮扶复产转产需求。送技能，特别是面对疫情初期市场上“一罩难求”的严峻局面，动员鼓励企业开办医用口罩、医用防护服、红外测温仪等疫情防控用医疗器械生产企业，通过应急审批绿色通道，在硬件建设、软件资料准备、注册申报等现场指导，帮助企业解决各种难题，疫情防控“五大类”医疗器械生产由5家扩增到46家，其中，医用口罩由产能每天8万只扩产到每天1500万只，满足群众防护需求，为疫情防控提供有力保障，《中国质量报》《河南药品安全》杂志等十余家媒体宣传报道。

【市场监管营商环境优化】 有效落实放管服改革国家重大政策措施受表彰激励。保出了新举措。出台郑州市优化市场监管营商环境30条措施，走在了全省、全国的前列。郑州实现了黄河流域省会城市商事登记跨省通办。保出了高效率。积极承担“一网通办、一次办成”任务，首批“1+X”31个“一件事”已经上线。“用3个月就完成了其他城市需要2年才能做完的工作”，省委常委、市委书记徐立毅两次做出重要批示，对此项工作给予表扬肯定。至2020年底，通过“一件事”进行新开办企业、个体户的业务量已达29180件。保出了新成效。获评总局“2019年商标受理工作先进单位”，积极作为，商请国家知识产权局、省局搭建商标审查绿色通道。疫情期间全面推行“网上办”“掌上办”“邮递办”特色服务；建立绿色通道，实行“特事特办、即报即审”。元月份至3月份新增各类市场主体仅有1.69万户（2月份仅新增2687户），经过努力5月份开始各类市场主体呈现同比增长态势，至年底新增各类市场主体累计达到26.71万户，全市市场主体总量达到137.14万户。放出了新作风。在下放行政审批权限方面，已将特种设备使用登记、药品经营（零售）等10类许可事项全部下放至区县（市），并且培训人员让基层接得住、能完成。

【质量工作】 2020年质量工作再次纳入郑州市综合考评体系。制订《郑州市“十四五”质量强市建设规划》，落实《郑州市质量提升若干政策》，初步拟定奖励单位127家、奖补资金达到8130万元。向省局推荐9家企业争创省长质量奖，已有3家企业进入获奖公示。开展第八届郑州市市长质量奖评选。首期筛选190人纳入质量技术专家库。持续推动先进质量管理模式应用，全市卓越绩效模式导入企业（组织）已备案64家，同时在教育、医疗卫生系统又遴选58家。开展“引智强企”服务行活动，为郑煤机、中铁装备等10家高端制造企业提供“多对一”服务，向争创中国质量奖发起冲击。郑州计量院国家烟气流量实验室投入使用，并完成10项计量标准建设，《时间和空间上大气污染物排放量监测项目》加快推进。国家磨料磨具产业计量测试中心筹建成果显著，开展科研和计量标准制修订32项，为郑州市83家中小型磨料磨具企业开展计量校准服务。

【知识产权保护】 全市有效商标注册总量再攀新高，2020年注册总量突破44万件。其中新增注册商标超10万件，列居中部六省省会第一位，每百户市场主体拥有有效商标注册量32件，郑州商标受理窗口被总局评为“2019年商标受理工作先进单位”。梳理黄河历史文化资源，全市共有12件地理标志商标资源、107家企业列入三年梯次培育计划。全力推进国家知识产权强市创建市、知识产权运营服务试点城市建设，2020年专利资助24321项，资助金额达2765万元。筛选符合条件的奖补项目119个，奖补资金达到2345万元。全市2020年专利申请总量75604件，专利授权总量50224件，万人有效发明专利拥有量18.2件（不含巩义市）。专利授权较去年增长49.1%。知识产权管理效果明显。申报国家专利奖23项，推荐河南省专利奖17项；新增国家知识产权优势企业18

1月28日，市市场监管局工作人员开展野生动物售卖专项检查
（市市场监督管理局/供图）

家，省级知识产权强企40家，市级知识产权优势企业50家。加大知识产权行政执法力度。2020共受理知识产权案件182件，办结182件。牵头完成我市的国家、河南省和郑州市的营商知识环境评价工作，我市知识产权指标获得全省第一的好成绩。推动知识产权运营基金设立运营。设立郑州高新产业知识产权运营基金、郑州市新兴重点产业知识产权运营基金，开展项目储备12项，其中完成尽职调查项目4项，完成投资2000万元。

【标准化工作】 依托河南工业大学建立"一带一路"粮食国际标准研究院，开展2项粮食国际标准化研究。成立9个省级技术标准创新中心和省级技术标准验证中心。制订《郑州市企业标准化专员管理办法》，首批设立企业标准化专员148人。郑州市2家检验机构入选全国企业标准"领跑者"评估机构，3家企业登上全国企业标准"领跑者"排行榜。批准发布郑州市地方标准16项，获批创建国家级和省级标准化示范项目17个，验收通过国家级和省级标准化示范项目10个。开展重点行业企业标准自我声明公开监督检查，全市2803家企业累计声明公开31028项标准,涵盖40532种产品。全市企事业单位参与国际标准、国家标准、行业标准、地方标准、团体标准等标准制修订264项。三磨所新承担国际标委会工作组〔ISO小工具标委会砂轮和磨料分标委工作组（ISO/TC 29/SC 5/WG 8）〕。全力推进百城千业万企对标达标提升专项行动，抓好超硬材料、纺织服装2个试点行业，深入开展耐火材料、装备制造等5个行业的对标达标，郑州市工作经验在全国交流。

【食品安全监管】 通过召开市政府常务会和市委常委会研究，下发《关于健全食品安全责任制加强食品安全工作的若干措施》，明确市级党政领导干部食品安全工作责任。同时以市委、市政府两办名义下发《关于落实食品安全党政同责的实施意见》，明确市直各部门食品安全工作职责。推动出台《郑州市关于进一步加强食品药品安全监管工作的意见》《郑州市关于加强食用农产品产地准出和市场准入衔接机制》等。2019年度郑州市食品安全考核全省领先。深入推进创建国家食品安全示范城市，全域推动省级食品安全区县（市）创建。金水、二七、郑东、经开、管城、惠济、中原区获得省级食品安全示范区命名，高新区获得省级食品安全达标区命名，郑州市已实现全域全覆盖命名。人民群众对食品安全工作的满意度和对创建国家食品安全示范城市的知晓率、支持率均创新高，分别达到82.92%、88.27%、98.78%，较2019年分别提高0.63、0.57、0.58个百分点。坚持以发现问题为导向，全市系统完成食品安全监督抽检任务73593批次，实现郑州市食品安全监督抽检7批次/千人的新突破，其中市局本级完成食品安全监督抽检32837批次，县区局完成40756批次；完成食品安全国抽不合格核查处置任务112件，省抽不合格核查处置任务336件次，市抽不合格核查处置任务共663件次；生产加工环节，对辖区内956家生产企业的风险等级进行动态调整，共检查企业1799家次，下发责令整改通知书67份，已督促企业全部落实整改到位。持续推进6S管理工作，发布实施《郑州市食品生产企业6S现场管理规范》地方标准。累计完成食品小作坊改造升级728家，创建食品小作坊示范单位323家，以每家4万元标准给予财政奖励补贴。食品流通领域，对全市现有食品经营单位78600家全部进行风险分级监管，全市共检查食品经营单位90749家次，责令整改2271起。强化餐饮安全监管，实现全市中小学及托幼机构食堂互联网+明厨亮灶全覆盖，高标准做好金鸡百花电影节等重大活动食品安全保障工作。全市药械妆、食健各类共立案2960件，结案2454件。按照案件产品类别分，药械妆类立案1249件，结案895件；食健类立案1711件，结案1559件。全市药械妆、食健各类稽查累计完成罚没款2100.18万元，其中药械类695.59万元，食健类1404.59万元。共移交公安25起，公安立案15起，刑拘7人，批捕7人。

【药械化安全监管】 创新药品化妆品安全监管，在全省率先开展医疗机构标准化药房建设工作，召开现场观摩活动，选树示范标杆，全市170多家一级以上医疗机构参与建设，占比65%，比原定建设计划翻了一番。开展"互联网+药店"试点，全市共完成试点建设药店600家。加强药品化妆品日常监督检查和监督抽检，突出整治药品化妆品流通领域违法违规行为，开展医美机构、零售药店、化妆品经营企业飞行检查，对违规企业集中行政约谈，落实企业质量安全主体责任，提升医疗机构药品经营质量管理水平，切实防范药品化妆品安全事故发生；完成药品检验862批次，化妆品抽检150批次，医疗器械抽检75批次，完成药化械核查处置任务10件；开展药品、化妆品、医疗器械评价性抽检。牵头负责郑州市疫苗国家监管体系（NRA）评估工作，对辖区15个区县（市）提交的材料1202件进行审核、反馈，完成郑州市NRA自评估报告，报告涵盖郑州市疫苗市场监管的机构、人员、监管情况、交流机制、疫苗投诉举报及不合格药品处置等方面，被省药监局列为试点单位，相关材料在全省起到示范引领作用。郑州药品进口口岸于4月17日正式投入运营，开启了中原药企对外的窗口，全年共办理药品通关业务9单，业务涉及3个省份8个品种17个批次的药品进口。加强医疗器械质量监管，开展医疗器械经营使用监督检查，开展无菌植入、清网行动等六项专项整治，检查医疗器械经营使用单位9898家，移交违法线索187起，公示注销第三类医疗器械经营企业210家，公示取消第二类医疗器械经营企业320家。医疗器械经营使用"四整治四规范"活动经验全省交流。加强医药四项监测工作，审核提交ADR报告8896份、ACR报告1483份、MDR报告2754份、药物滥用报告670份，郑大二附院和郑州市第一人民医院成功创建国家药物滥用监测哨点医院,与郑大药学院合作建立医疗器械不良事件监测工作站，对疫情防控重点品种进行监测，稳步推进监测工作。

【特种设备安全监管】 积极构建特种设备双重预防体系建设，开展特种设备安全大检查及专项整治活动13次，年内全市累计检查企业2556家，发现问题隐患834项，重大隐患2项，全部完成整改。委托第三方技术机构对全市重点区域3329台特种设备、75家特种设备生产、检验单位进行安全隐患排查和技术指导帮扶。积极推进多部门联合共治，以市政府安委办名义，印发《郑州市特种设备安全联席会议制度及成员单位工作职责》。联合市公安局、城管局、交通运输局、应急管理局五部门共同开展液化石油气钢瓶专项整治。新建大型游乐设施信息化管理系统，粘贴二维码，市民可通过扫码掌握设备安全状况。电梯物联网智能化监管项目顺利通过市政府常务会议研究审议，进展有序。96333电梯应急热线共接处11270起，成功解救被困人员22714人，救援效率在全省乃至全国都处于领先水平。全市未发生特种设备安全责任事故。

【重要工业品质量监管】 按照不低于20%比例对郑州天瑞水泥有限公等13家工业产品获证企业、18家食品相关产品获证企业开展"双随机"检查，对发现的问题责令企业限期整改。组织各区县（市）检查获证生产企业172家次，检查率达到100%，建档率达到100%。加强日用防护产品质量安全监管，对全市48家生产企业非医用口罩品种、执行标准等情况先后进行5轮排查，抽查40批次产品，对8批次不合格产品组织开展后处理工作。开展以生产领域危化品、危化品包装企业，危化品车载罐体、化肥等产品为重点的质量安全专项整治，抽查生产领域耐火材料、电线电缆等产品883批次，合格840批次，合格率95.1%。对国抽、省抽、市抽中发现的79家抽检不合格企业开展后处理工作，通过检查、约谈、培训、规范，全市非医用口罩等产品质量安全水平显著提升。

【"双随机、一公开"监管】 以市政府名义印发《郑州市人民政府关于在市场监管领域全面推行部门联合“双随机、一公开”监管实施意见》，双随机监管在全省率先纳入市综合考评绩效考核，年内各单位通过双随机抽查方式已抽查54129户市场主体并公示结果，“双随机、一公开”监管部门覆盖率达100%，政府主导、部门牵头、协同联动、统筹推进的机制日臻完善。其中，市场监管部门牵头协调对道路客运、互联网上网服务企业、农药化肥种子生产经营企业、学校食堂食品安全等12个领域开展部门联合抽查，与民众生活密切相关的加油机、水表、燃气表等计量产品“双随机”监督抽查覆盖面分别达到30%、80%、80%，重点监管领域抽查实现全覆盖，郑州市获评国务院督查激励单位先进集体。

【失信联防机制建设】 紧紧围绕郑州市社会信用体系建设工作目标，创新监管方式，加强信用监管，助力诚信郑州建设，获评郑州市2019年度社会信用体系建设先进集体。市场监管局推荐的44家企业获得郑州市疫情防控期间红名单。完善信用修复机制，激发市场主体活力，鼓励企业重塑信用，截至2020年底，全市共有251654条异常名录和严重违法失信企业信用修复信息，116家企业享受市场监管优化营商环境激励政策红利实现行政处罚信用修复。将年报工作作为市场主体履行法定义务诚信经营的重要抓手，2019年度企业、个体工商户和农民专业合作社已公示数分别为488272、485870和4436，年报公示率分别为91.29%、91.65%和94.52%，应年报范围内的疫苗生产和特种设备生产企业100%年报，连续四年提前圆满完成省局确定的目标任务，获评河南省年报先进集体。及时解决社会公众通过公示系统异议平台提出的418条异议信息，确保群众留言事项件件有落实、事事有回应。全市通过“全国一张网”平台共归集信息426万条，依法归集企业信息总量居全省第一，初步构建了“一处违法、处处受限”的失信联防机制。

【专项治理整顿】 组织防疫用品认证专项整治，检查防疫用品企业、注册认证机构73家，向北京、上海、深圳移交案件13起，办理外省移交案件13起。开展广告专项执法，全年查处办结虚假违法广告案件337件，罚没款617.77万元，其中“三品一械”、医疗、食品、房地产类案件123件，罚没款459.64万元。特别是疫情防控关键时期查处涉疫虚假违法广告大要案9件，罚没款103.33万元，河南平欣大药房有限公司祥盛街店发布虚假广告案，被市场监管总局列为“2020年全国虚假违法广告典型案例”。严厉打击商标侵权和商标恶意注册违法行为，2020年，共办结商标侵权案件228件，罚款327.52万元。查处恶意申请“火神山”“雷神山”“李文亮”等行为案件9起，罚款17.32万元。在全市开展医疗服务价格专项检查，查处不执行政府定价等行为案件4起，处罚249374.2元；深入开展教育收费行为专项检查行动，查处突出价格违法案件5起，处罚39万元。食盐执法共查处违法案件35起，查扣违法盐产品5吨，罚没款58393.76元，依法审核跨区域批发食盐主体40家，动态监控在售食盐36个品牌、149种产品。做好大气污染防治工作，认真开展全市散煤治理工作，规范4家洁净型煤生产，共暗访检查5604处，发现并整改违规使用、存放燃煤共15处，累计财政扣款300万元。认真开展流通领域成品油质量监管工作，系统全年抽检油样1952个批次，合格率99.75%；抽检车用尿素133个批次，合格率100%。烟草市场专项治理共取缔无证商户481户，查处涉烟案件2249起，移交公安机关案件136起，案值4462.7万元，罚没款423.45万元，拘留涉案人员27人、逮捕6人、判刑11人，烟草市场秩序明显好转。

【公平竞争环境优化】 梳理妨碍统一市场和公平竞争政策措施4119份，其中规范性文件调整、废止各2份。开展涉企收费、印章刻制收费、转供电环节价格等专项治理，着力减轻企业负担。妥善处置“天价纹眉”事件，责令商家退还消费者11.98万元。实施价格提醒平抑猪肉、头盔等民生产品价格，赢得各界认可好评。开展为期一年的打击制售假冒伪劣商品“铁拳”行动，助力全国文明城市创建，对全市287个社区测评点进行社区宣传和入户宣传，行动开展以来，出台红头文件4个、召开大型工作会议6次，下发专题通知20余次，班子成员督导60余次，向上级部门递交报告2件，印制打假公益宣传海报2万份，发放宣传材料45万余份，开展大型广场宣传活动10多次，滚动播放宣传标语10余万次，媒体报道宣传60余次，出台“铁拳”行动简报13期，立案查处假冒伪劣商品案件539起，其中，移交公安部门5起。组织开展打击“仿冒混淆”行为和重点领域反不正当竞争专项执法行动，查处各类不正当竞争案件36起，案值103.54万元，罚没款69.34万元。对非法传销活动保持高压严打态势，立案查处传销案件3起，教育遣散传销人员51人。通过网络直播、拍摄公益宣传片、打击传销进校园等活动，多形式、全方位开展集中宣传活动，直播间观看人数高达31.8万人次，发布警示提示2550条次，印发宣传材料11.6万余份，营造“传销违法　人人喊打”的浓厚舆论氛围。

【放心消费环境优化】 开展放心消费创建活动，共评选认定1231家县区级、64家市级放心消费示范单位、示范区域、消费维权服务示范站，实行“五线合一”改革，积极构建消费维权社会共治的新格局。全市12315系统共受理消费者投诉、举报、咨询共计413008件，同比增长91.63%。至12月底，已处理投诉78652件，办结率96.15%，投诉涉及争议金额3.24亿元，挽回经济损失金额7000余万元；已处理举报70034件，办结率95.89%，案值43.67万元，罚没金额209.72万元；消费者抽查回访满意率为98.04%。2020年，全市各级消协组织共受理消费者投诉和咨询共8583件。其中投诉3857件，咨询4726件，解决率93.93%。为消费者挽回经济损失381.27万元。市消协在今年2月被中消协授予“2018—2019年度全国消协组织消费维权先进集体”，12月荣获中国消费者报社颁发“2020年消费维权新闻宣传工作荣誉证书”。

【智慧监管能力提升】 互联网+监管系统研发顺利，即将投入运行，并率先实

8月12日，市市场监管局开展涉嫌销售商标侵权鞋服专项打假行动

（市市场监督管理局/供图）

现市场监管业务全整合、全覆盖。积极推进全市电子商务经营者数据库建设和网上亮照，至2020年底，电子商务经营者网站57716户、网店主体数据库32187个，网上亮照取得明显成效。积极开展网络市场监管专项行动，重点查处侵权假冒、刷单炒信、虚假宣传等违法经营行为，共立案查处网络违法经营案件89起，罚没款165.12万元。“郑州市电子商务诚信交易服务试点项目”顺利通过省发改委验收。384家食品生产企业建成“互联网+透明车间”，160家食品小作坊加工现场视频网络平台纳入监管范围。开展食用农产品集中交易市场食品安全信息化建设，在2019年完成100家食用农产品集中交易市场的基础上，2020年又完成2家自建系统食用农产品批发市场和28家使用“溯本通”系统农贸市场的信息化建设工作。指导冷链行业协会建设“郑州市冷链食品安全智慧化监控平台”，大型冷库20万平方米、冷藏冷冻前置仓500个和冷链运输车辆1000辆已实现数据在线监控。联合阿里集团开发建设郑州市冷链食品“物防”追溯系统（简称“郑冷链”），构建郑州市冷链食品“物防”追溯体系，实现进口冷链食品来源可溯、流转可查、去向可追，打造精准全闭环监管能力，全市累计激活冷链企业4622家，累计张贴溯源码4350461个。主城区132家农贸市场智能电子计价秤强检率达到100%，为市场公平公正交易数据上传提供保障。建设“互联网+大型游乐设施”安全监管系统。《96333应急救援标识牌》贴牌电梯数量达95505台，基本达到全市电梯救援全覆盖。

【市场监管机构改革】 2020年7月21日，网络交易监管分局、铁路和轨道分局、注册审批分局3个市局直属单位分别正式挂牌。12月30日，郑州市市场监督管理局执法稽查支队挂牌成立，整合了原工商、质监、食品、药品、物价、商标、专利、盐业等领域的市场监管行政执法职责，标志着郑州市市场监管领域机构改革主要任务基本完成。

（樊宏颜）

国有资产监督管理

【概况】 2020年，郑州市国资委围绕服务黄河流域生态保护和高质量发展、中部地区崛起、对外开放等国家战略，认真落实市委、市政府各项决策部署，凝心聚力，真抓实干，把国有资本保值增值作为首要任务，坚持稳中求进总基调，大力支持国有企业做强做优做实，圆满完成了各项工作任务。截至2020年12月底，39家市管企业资产总额达到10824.65亿元，同比增长9.8%，净资产总额达到2434.49亿元，同比增长5.7%。共完成营业收入497.66亿元，同比增长0.9%；受疫情及落实房租“两免三减”政策影响，实现利润总额41.6亿元，同比下降28.6 %；上交税金42.32亿元，同比下降0.3%。通过深化改革激发企业的发展活力和动力，企业规模实力和竞争力进一步增强，截至12月底，市管国有企业资产规模超百亿企业14家，千亿企业2家，其中郑州银行资产规模达5467.46亿元，地铁集团资产规模达1669.78亿元。制定《资产清查工作规程》等26个制度文件，设计开发清查报表系统，建立日报告、周例会、月通报、督导检查、通报表彰、五步联动审签等工作机制，全面完成全市国有企业资产清查工作，摸清郑州市国有企业“家底”，清查共涉及全市国有企业645家，纳入清查范围的全市国有企业（不含供销系统企业）资产总额17529.92亿元，负债总额12844.86亿元，净资产总额4685.06亿元，资产负债率73.27%。市国资委涉及“三项工程、一项管理”工作的单位共12家，涉及项目工程114个，成立党支部26个，从全市国资系统选树30个党建示范点，颁发“基层党建示范点”匾牌，树立高爱华优秀党员创新工作室、曹瑞娟党代表工作室、瑞丽创新工作室、和笑天劳模创新工作室、毫秒班组、青年先锋营等一批基层党建品牌，发挥典型引路作用。全年共接待个访64起，共79人；集访35起，共714人；网上办理案件39件，办结率100%。

（文　锋）

【“十四五”国资国企规划】 印发《关于开展“十四五”规划编制工作的通知》，总结评估“十三五”发展规划实施效果，谋划研究市管企业发展目标和拟建项目，促进企业高质量发展。在委官方网站和微信公众号上发布公告，充分吸收社会各界对郑州市国资国企改革发展的意见建议。完成地铁集团、热力集团、城建集团等市管企业“十四五”规划编制工作调研，在此基础上起草《郑州市国资国企“十三五”总结和“十四五”发展思路》。

【市管企业三年滚动规划】 按照《关于开展市管企业2020—2022年发展战略和规划编制工作的通知》，指导市管企业重点抓好对郑州市国家中心城市高质量建设具有重要意义、对产业结构（产品结构）优化升级具有重要影响、对拓展企业发展空间具有重要作用的项目谋划，为郑州市“十四五”国资国企改革和发展规划编制奠定基础。

【市管企业年度投资计划】 按照1+4市管企业投资监管制度体系的要求，制定下发《关于规范开展2020年度投资计划编制工作的通知》，指导市管企业建立投资计划管理制度，严格做好投资计划的编制、论证、决策、执行、调整等程序，进一步规范企业投资计划编制工作。

【重大投资事项监管】 对交建投公司成立充电桩运营项目合资公司、地产集团金岱科创城项目成立合资公司、交运集团设立“网络货运”平台子公司、地铁集团成立时代交通电气公司等事项审核出具批复、意见；对郑房测绘队、公交集团、城建集团变更经营范围等事项进行审核；积极协调沟通交运集团航空港区建设客运站项目。

【投资事项负面清单】 为探索以管资本为主加强国有资产监管，改进投资监管方式，征集市管企业意见建议和规范性文件审核后，经委党委会研究通过，已印发《关于印发<市管企业境外投资事项负面清单（试行）>的通知》。

5月28日，农业快速通道京广快速路互通式立交，迎接国家优质工程复查检验
（市农业路快速通道工程项目建设部/供图）

【助推卢氏县产业扶贫】 制定《2020年郑州市国资系统结对帮扶卢氏县工作方案》，组织召开由热力集团、市场发展公司等10家企业多次召开帮扶卢氏县工作座谈会，鼓励各市管企业为卢氏县发展提供资金、技术、项目帮扶服务，建设可持续发展的产业链项目。协调交运集团、农业担保公司、郑州银行、自来水公司等企业抓好结对帮扶质量，巩固帮扶成效。

【促进营商环境优化】 印发《关于建立优化营商环境工作月报制度的通知》，收集整理委机关各处室和市管企业落实省、市优化营商环境会议精神和工作文件举措情况，每月向市政府起草报送我委优化营商环境月报，完成年度工作总结报送。

（邹　憬）

【减免中小微企业房租】 严格落实国家、省、市关于减免中小微企业房租有关要求，2月20日印发《关于落实<郑州市关于应对新型冠状病毒肺炎疫情促进经济平稳健康发展的若干举措>减免中小微企业房租的通知》，要求市管企业积极履行社会责任，对承租其房产从事生产经营活动的中小微企业落实房租“两免三减”政策（免收两个月租金，减半收取三个月租金）。各市管企业研究制定租金减免工作方案，明确审批主体、流程、时限。并通过公告、电话、电子邮件、网络等多种方式告知各政策范围内中小微企业，力争做到应知尽知。对于符合政策的租金减免，房屋租赁合同双方及时履行修订合同或签订补充协议等手续，市国资委对各市管企业经审定减免的租金在经营业绩考核中予以认可。截至12月底，涉及此项任务的25家市管企业累计为945家中小微企业减免房租4646.5万元。

【制定印发权责清单】 为进一步厘清权责边界，提高国资监管效能、提升决策水平和规范权力运行，更好地依法履行国资监管职责，服务国有企业改革发展，4月17日，制定印发《郑州市国资委权力和责任清单（试行）》，列示了国资委履行的具有权力性质的工作事项共9大类31项，进一步规范国资委行权履职行为，加快推进国资监管机构职能转变。

【企业依法治理】 组织市管企业充分运用《防控疫情 法治同行》挂图开展专项法治宣传教育，为疫情防控和复工复产有序开展营造浓厚的法治氛围。按照《2020年郑州市“百名法学家百场报告会法治宣讲实施方案”》要求，组织市管企业积极开展双百活动，在国资系统迅速掀起学习宣传法律法规的热潮。组织各市管企业集中观看《中华人民共和国民法典》专场报告会，上民法公开课，真正让民法典走进企业身边，走进员工心里。为深入实施创新驱动发展战略，结合社会创新需求，积极组织企业参加郑州市“讲科学、讲创新、讲道德、比贡献”活动，着力提升市管企业科技创新能力。印发《关于组织开展郑州市国资系统2020年“宪法宣传周”活动的通知》，组织企业做好宪法宣传活动。

（文　锋）

【国有企业重组整合和集中统一监管】 以构建国资监管大格局为目标，以落实市委十一届十一次全会第一次全体会议上提出的“实现经营性国有资产集中统一监管”工作部署和市委主要领导指示，市国资委先后赴国务院国资委、省国资委学习取经，借鉴浙江、四川、杭州等地经验，紧密结合郑州市的实际，拟定《郑州国有企业重组整合方案》和《推进市级经营性国有资产集中统一监管工作方案》，多次向市委市政府领导汇报，根据指示精神及时修改完善，完成了方案拟订工作。同时积极推进工作落实，按照市政府批复，已完成市粮食和物资储备局下属4家粮食企业划转和出资人变更。

【国企改革三年行动实施方案】 2020年上半年，根据中央国企改革工作部署，围绕拟订国企改革三年行动方案做了大量准备工作。8月底，中央《国企改革三年行动方案（2020—2022年）》印发后，市国资委9月即拟订了《郑州市国企改革三年行动实施方案》（讨论稿），10月份连同《郑州国有企业重组整合方案》和《郑州市推进经营性国有资产集中统一监管工作方案》一并向市委市政府领导作了4次专题汇报。根据要求，向市管企业和45个市直单位征求对《郑州市国企改革三年行动实施方案》的意见建议，结合反馈意见对方案进行修订完善。

【国有企业治理结构和运营机制】 转发《中央企业公司章程指引》，要求区县（市）和市管企业结合实际，加快企业公司制改制，完善现代企业制度。公交总公司、郑州市郑房测绘队公司制改制工作已完成，划转国资委的四家粮食企业公司制改制已完成立项，正按程序抓紧推进后续工作。混合所有制改革加快推进，交建投公司、市场投资发展公司、市建投等企业引入非公资本组建混合所有制企业7家。

【中原环保“双百行动”综合改革】 中原环保股份有限公司开展市场化选聘职业经理人试点工作经市委深改委第5次会议审议通过，与市委组织部、中原环保联合成立选聘工作指导小组，指导该公司制定市场化选聘试点工作方案和选聘工作方案，配合市委组织部完成选聘面试组织等工作，经过方案制定、公告发布、简历筛选、面试组织、考察了解、研究确定等环节，成功选聘符合企业实际发展需要的投融资副总经理、技术副总经理各1名。

【企业法人治理结构】 完成公交公司、郑房测绘队2家公司制改制企业董事会、监事会人员配备工作；做好市场发展公司监事变更、自来水公司职工监事备案，白鸽集团、粮油集团委员增补和公交公司、兰博尔公司、城建集团法人代表变更工作。

【国有企业退休人员社会化管理】 召开全市工作推进会，指导协调在郑三级企业与各县市区签订协议，对移交协议进行审核，加快推进移交接收工作。截至2020年底，19家市管企业、22家在郑省属企业、119家驻郑央企移交工作已完成，三级企业共接收人员10.8万人、档案7.6万份、党组织关系1.5万人。

【“僵尸企业”处置及“四供一业”移交】 协调解决华山实业、开普集团债务化解、职工安置费拨付工作，有序推进郑州市列入省定任务的“僵尸企业”破产后续工作。加快实施“四供一业”项目竣工结算、现场评审勘查、审验工作，申请拨付补助资金2.28亿元，确保补助资金规范合理使用。

（宗　杰）

【国有企业资产清查】 自2019年12月31日全市国有企业资产清查工作会议后，根据《郑州市国有企业资产清查工作方案》，坚持“统一政策、分类指导、分级实施、专班推进”的工作原则，克服新冠肺炎疫情带来的不利影响，成立专人专班，连续突击奋战，制定《资产清查工作规程》等26个制度文件，设计开发清查报表系统，建立日报告、周例会、月通报、督导检查、通报表彰、五步联动审签等工作机制，全面完成全市国有企业资产清查工作，摸清郑州市国有企业“家底”，分别向市委、市政府、市资产清查工作领导小组报送专题报告，为推进郑州市国企改革和经营性国有资产集中统一监管提供重要的数据支撑。本次清查共涉及全市国有企业645家（包括各级次企业1457家），其中市国资委监管企业39家，27个行政部门所属企业158家，5个直属事业单位所属企业26家，4个开发区所属企业16家，其他企业4家，12个区县（市）所属企业322家，供销社系统企业80家。据清查结果显示，截至2019年12月31日，纳入清查范围的全市国有企业（不含供销系统企业）资产总额17529.92亿元，负债总额12844.86亿元，净资产总额4685.06亿元，资产负债率73.27%。2019年度实现营业收入1139.78亿元，利润总额81.73亿元，净利润60.65亿元。

【企业经济运行监测分析】以企业财务快报系统数据为基础，研究分析国有经济运行信息，监测国有经济和重点企业运行状况，对高负债高风险企业进行动态实时预警，完成市管企业经济运行分析及财务快报分析各12期、季度经济运行分析报告4期。在全市国有企业资产清查的基础上，按时完成2019年度地方企业国有资产统计报表编制工作，将纳入清查范围的企业同步纳入统计年报编制范围，首次实现全市4个开发区、12个区县（市）、33个市直单位和39家市管企业的全口径全级次统计上报。

【企业财务基础管理】推动实现市管企业预算管理全覆盖，组织市管企业报送2020年度财务预算报告，对预算利润、净资产收益率等主要指标加强执行监测并采取相应措施。开展市管企业2019年度财务决算工作，充分掌握企业财务管理及生产经营情况，提升财务决算数据质量，更好地服务于国资监管中心工作。加强企业财务监督管理，制定《关于加强郑州市市管企业改制期间重大财务支出报备管理的通知》，指导市管企业规范对外捐赠支出程序。

【助力企业防范化解经营风险】开展经济安全安全领域疫情“灾后综合征”风险排查化解工作，上报季度研判报告4期、月度研判报告12期、工作台账6期。坚持重大风险隐患排查月报、联络员和联席会议制度，召开市管企业财务风险工作座谈会，组织市管企业报送重大风险隐患排查月报及台账12期。组织市管企业围绕永煤债务违约事件开展自查，深入剖析、提前应对和防范化解或有债务违约风险，形成专题报告上报省国资委。

（范　竞）

【市管企业考核】印发《市管企业2019年度考核工作方案》，会同市委组织部成立5个考核组，对35家市管企业进行2019年度综合考核，经委党委研究确定12家目标管理先进单位。结合企业年度审计数据、业绩完成情况分析报告等资料，对28家市管企业负责人2019年度经营业绩考核结果及评价系数进行测算，将考核结果与企业负责人薪酬审算紧密挂钩。印发《2020年度郑州市市管国有企业综合考评工作实施方案》，改进考核体系和办法。坚持党建引领，进一步突出市委市政府中心工作和国资国企改革考核，引入社会评价评议并激励企业创新争优，促进国有经济持续发展壮大。出台《关于市管企业负责人经营业绩考核方案的补充通知》，完善考核目标调整机制，动态调整考核指标权重，更加突出创新驱动，鼓励企业加大研发投入，在考核计算经济效益指标时，可将研发投入视同利润，推动市管企业高质量发展。

【保值增值责任落实】印发《关于做好2019年度市管企业财务决算管理及报表编制工作的通知》，充分剔除期末国有资本客观增减因素，由会计师事务所对国有资本保值增值情况出具审核意见，市国资委对审核意见予以核准确认，真实反映企业国有资本运营结果。2019年，市国资委监管的31户市管企业（不含破产改制企业）国有资本综合保值增值率为102.03%，其中21户市管企业实现保值增值。

【企业负责人薪酬管理】将2018年市管企业负责人薪酬信息在市国资委官网进行公开披露，并报市深化国有企业负责人薪酬制度改革领导小组办公室备案。完成18户年薪制企业2019年度企业负责人年薪审核测算工作。印发《关于市管企业负责人经营业绩考核实施方案的补充通知》，持续强化考核的激励约束作用，结合岗位职责、贡献大小将企业副职负责人薪酬拉开差距。

（李永梅）

【2020年预算收入超额完成】组织36户市管企业独立核算申报2019年度国有资本收益，依托资产清查数据，以年度审计报告为基础，重点审核应交利润基数、以前年度未弥补亏损、法定公积金等关键指标，结合企业实际，在政策允许范围内弥补以前年度亏损，确保申报数据真实准确，于2020年底前完成国有资本收益35717.87万元上交入库，2020年市管企业国有资本经营预算收入目标超额完成。

【预算资金合理安排使用】安排预算资金7500万元，用于郑州市公用事业集团、地产集团、投资控股公司等5家企业增加企业注册资本，支持重点项目建设，加强对支出项目使用情况监督，提升国有资本使用效率，充分发挥财政预算资金作用。

【编制2021年国有资本经营预算建议草案】组织36户市管企业根据2020年11月底财务统计数据，申报2020年预算收入，围绕推动提质增效稳增长、国有资本布局优化、增强创新发展动能、实现高质量发展等方面科学谋划2021年的预算支出项目。依据企业报送数据，科学研判分析，编制2021年市管企业国有资本经营预算建议草案，预算收入9667.81万元、预算支出10900万元。

（赵　雷）

【行政事业国有资产管理】对市政府批转的市园林局所属新密土地置换事宜提出意见，指导市园林局与新密市政府签署相关协议，明确办理宗地调整手续的费用承担等问题，确保郑州市园林局管理的国有资产权益。回复反馈郑州饭店国有资产归属问题，先后向居民代表、郑州饭店等调查了解情况，并查阅市政府有关会议纪要，依法依规向市政府回复郑州饭店国有资产管理建议。参加市政府组织的司法局、体育局等部门的协调会，对航海体育场的诉讼问题形成一致意见。指导市直各部门做好所属事业单位开办企业脱钩、合并注销等工作，对事业单位改制后的生活性资产提出管理建议，协调有关单位产权登记事项，对在建工程项目审计后的账务处理提出意见。

（朱敬德）

【市管企业产权登记】为理清产权管理范围，明晰产权管理权责，强化出资人职能，对市管企业进行全面系统的产权信息统计，要求企业明确专人负责产权工作，做到人员到位，责任到位，工作到位；针对部分市管企业产权不清，管理权限不明晰等问题，根据处室职责，从严格产权登记工作入手，狠抓基

12月22—24日，2020中国（郑州）主办方大会举行（郑州国际会展中心/供图）

础工作落实，理顺市管企业产权关系。

【市管企业国有资产交易行为专项检查】根据《企业国有资产监督管理暂行条例》及《企业国有资产交易监督管理办法》等各项法律法规，编制印发《关于进一步加强企业国有资产交易监管的通知》等文件，制定处室职责清单，建立工作流程，形成上下统一、权责明晰的制度规范体系。加强国有产权依法依规管理，在企业公司制改制及产权转让过程中，严格执行公示制度，对重大事项进行可行性论证、风险评估，并出具法律意见书等。完成14户市管企业国有资产交易检查工作并及时向市管企业反馈。

【市管企业担保发债】严格控制企业资产负债率及担保比例，对发债到期做到还款提醒及风险提示，切实防范金融风险。2020年度共批复城建集团、地产集团(公司债不超过20亿元、中票不超过10亿元)、地产集团（中票不超过20亿元）、交建投（非公开定向债务不超过10亿元、公司债券不超过25亿元）5项债券，同时实时跟进企业发债进展情况，并定期对市管企业发债情况进行统计。

【国有资产评估备案】严格中介机构选聘程序，规范组织国有资产评估工作，做到评估备案率100%。2020年共对郑州市公共交通总公司、郑州郑房测绘有限责任等国有资产评估备案工作，评估净资产801486.33万元。

【污水净化公司重组上市】研究提出郑州市污水净化有限公司装入中原环保重组上市方案，按照市政府要求对方案进行专家评审并报经政府批准，于2020年10月市政府成立整体重组上市推进工作领导小组，并组织成立工作专班，有序推进重组相关工作。

【驻郑部队全面停止军队有偿服务】中央军委军资办首批下达的郑州87个遗留问题清单已全部销号。建立军地企三方合署办公机构，加强沟通，协同配合，密切联系各相关单位，做好上传下达，并对军地企三方人员定任务、定标准、定时限、定责任,扎实推进日报告、周例会等工作机制；认真梳理细化停偿工作遗留问题任务清单，并将20个相关单位针对任务清单反馈的项目属地、职能责任等问题进行细化梳理；加强多向督导，传递传导压力，强势推进。

（常艳丽）

【市管企业督导检查】成立工作专班，对市管企业疫情防控、复工复产、“三送一强”、资产清查、安全生产、产权交易、以案促改和企业负责人履职待遇、业务支出等方面开展全方位的督导检查，有力推进企业各项工作开展，同时做好督导成果利用，协调解决相关问题,企业好的经验做法得到及时宣传。

6月30日，市国资委举办“奋进新时代 礼赞劳动者”郑州国资系统庆祝建党99周年表彰暨宣讲比赛颁奖典礼（市国资委/供图）

【监管方式和手段创新】出台《国资监管提示函工作规则》和《国资监管通报工作规则》，强化风险问题警示制度建设；出台《郑州市市管企业工资总额管理暂行办法》，分级、分类对市管企业实施工资总额预算管理；印发《关于加强郑州市市管企业改制期间重大财务支出报备管理的通知》，进一步加强市管企业改制期间财务监督管理，防范资金使用风险；下发《关于做好市管企业违规经营投资责任追究工作体系建设有关事项的通知》，指导企业加快建立职责明确、流程清晰、规范有序的责任追究工作机制；印发《2020年度郑州市市管国有企业综合考评工作实施方案》，引入社会评价评议并激励企业创新争优，持续强化目标引领导向作用和激励约束作用；加强信息化建设，编制“智慧国资监管系统”一期项目建议书并上报市政府。

【市管企业房产出租、租赁清理整治】成立领导小组，组建工作专班，制定工作方案、督导方案，在38家市管企业中深入开展房产出租、租赁清理整治工作，共涉及房产出租1898项，出租面积145.18万平方米，年出租金额5.32亿元；房产租赁522项，面积57.71万平方米，年租金2.48亿元。成立5个督导检查组，对企业房产出租租赁清理整治工作进行全面督导检查，反馈问题133项，提出整改建议115条，进一步规范市管企业房产、土地出租工作，防范化解相关风险。

（鲍　阳）

【“平安国资”创建】与39家市管企业签订《2020年平安建设目标责任书》，组织开展“郑州市国资系统平安建设现场观摩暨工作推进会”、“郑州市国资系统平安建设工作素能提升培训班”等平安建设工作相关大型会议、培训6次。通过“线上+线下”方式，围绕治安综治、安全、信访、扫黑除恶、打击网络诈骗等各类主题，开展平安建设宣传工作12554期。鼓励广大干部职工参与“平安郑州”建设，积极参加平安志愿服务活动，全年累计开展志愿者服务活动15632人次。印发《平安建设应知应会手册》《郑州国资平安建设工作专报》，鼓励机关工作人员与企业干部职工积极学习平安建设知识相关知识。整理编印《信访稳定》《安全生产》《平安志愿服务》等10个篇目的平安建设工作资料汇编，并拍摄完成平安建设专题宣传片。

【安全生产督导检查】坚持每月至少1次到企业一线检查安全生产工作，主要领导带队深入企业调研29次，班子成员调研110次，日常督导企业检查25次。参加市政府综合督导组对巩义市等单位就安全生产、复工复产、安全防范、防汛抗旱和落实省市安全生产会议精神、保障十九届五中全会期间安全稳定等内容进行了16次督导。加大安全生产隐患排查治理和专项整治的力度，督促所监管企业建立重大安全隐患台账，开展安全隐患排查929次，排查隐患3420处，全面配合行业主管部门推动各企业安全生产平稳安全发展。

【“细胞工程”创建】积极参与全市平安郑州“细胞工程”创建工作，印发《国资系统“平安企业”暨“细胞工程”创建活动实施方案》，指导市管企业结合行业特色及自身优势开展“平安细胞工程”创建活动，并将该项活动纳入平安建设工作考核。以平安建设相关工作为主题，在郑州市污水净化有限公司探索“日周月季年”时间动态网格管理机制；在郑州保安集团和郑州国际会展中心建立专业化防爆、消防队伍，探索“保消一体化”机制。目前，郑州公交公司“曹瑞娟工作室”、污水净化公司“李佰胜支援服务队”、自来水公司“白师傅便民服务队”等基层“平安细胞”组织均有序运行。

（夏建新）

市场发展管理

【概况】2020年，郑州市场发展工作主动顺应全国发展格局的深刻变化，坚持以新发展理念为引领，不折不扣落实上级决策部署，积极探索“从中心到外围、从软硬件提升到智慧监管、从商品消费到场景体验”的新发展模式，以干促进、以进促提，面对新冠肺炎疫情的冲击，实现了全市市场“零疫情”，在市民餐桌供应、保供稳价、助力经济复苏发展等方面，展现了郑州市场新担当。

【商品交易市场发展】有序推动全市商品交易市场提质发展，打造南部以华南城、东部以万邦农产品国际物流港为代表的2个千亿级市场集群。“一区两翼”12个市场承接地项目向千百亿级迈进，全市市场年交易额突破5000亿。项目开建总面积1739.2万平方米，已建成总面积1340.6万平方米，已开业总面积752.4万平方米，带动相关产业就业人员70余万人。以河南万邦农产品国际物流港、河南中原四季物流港等4家商务部重点联系市场为示范，培育龙头市场，引领带动全市市场向高质量方向发展。

【标准化智慧化农贸市场建设】全年新建、提升改造农贸市场20家，有效改善了近60万市民的餐桌供应。截至2020年12月底，全市新建和改造标准化农贸市场107家，达标率71.8%，改善了400余万郑州市民的餐桌安全及生活环境，服务人数较2015年底增加200余万人。全市农贸市场供应量占全市需求的80%以上。农贸市场保供稳价的“主渠道”作用得到充分彰显，为郑州市民托稳了“菜篮子”。搭建全市市场智慧管理平台和智慧市场交易平台，初步实现市场动态监管处置智慧化，展现了郑州市场“数字建管”新作为。

【疫情防控保供稳价】聚焦保民生、保市场主体，落实“三级分包”制度，积极探索“人防+技防”的全方位常态化防控流程，为全市市民提供安全放心的购物环境。在新冠肺炎疫情爆发初期的3个月里，全市农贸市场投放生鲜蔬菜8.7万吨，销售政府储备肉119.9吨，平抑了市场肉菜价格，为疫情期间保供稳价展现了郑州市场的作为与担当。积极开展“三送一强”活动，通过银商洽谈会、“复商兴市”行动月、第四届中原批发商大会等系列活动，达成合作意向资金100多亿元，发放家居类定向消费券1000万元，布匹、服装类消费券5000份；持续优化营商环境，为全市市场减免房租6.17亿元，市场慈善捐助约950.6万元；深入挖掘商品交易市场夜经济潜力，打造夜经济市场12家，推出夜经济主题活动6个，带动消费1200余万元。

【助力脱贫攻坚】按照结对帮扶全覆盖，帮扶工作不断线的工作原则，先后投入200多万元，为后河村打井并安装饮水除氟设备，解决了村民饮水安全问题；新建6个种桑养蚕温室大棚，增加集体收入；修建主干道1.1公里、硬化道路1.37公里。以党建为引领，对后河村党群服务中心活动阵地进行全面改造提升，后河村成为登封市党建示范点。开办农民夜校，调动村民脱贫致富积极性。组织“产销融合，奋力打造乡村振兴新图景”主题活动，结合后河村资源禀赋，落实产业对接。截至2020年年底，后河村126户贫困户560人，通过帮扶实现全部脱贫，集体经济收入达20余万元。在全省2019年度脱贫攻坚成效考核中，后河村代表郑州市接受考核，综合评价结果取得“好”等次。

（周春雅）

金水区党建主题市投集市（市市场发展中心/供图）

统计工作

【概况】2020年，郑州市统计系统以提高数据质量为统揽，认真落实中部地区崛起和国家黄河战略，围绕国家中心城市高质量建设，强化预警监测分析，发挥统计职能作用，高质量服务于市委、市政府科学决策，为谱写新时代中原更加出彩的绚丽篇章贡献了统计力量。全力做好国家统计督察整改，自上而下搭建领导体系，针对5个方面18个问题，研究制定整改方案、建立工作台账，市县两级主动认领任务，形成整改工作闭环，截至12月底涉及统计系统的37项整改任务已全部完成。认真落实省委常委、市委书记徐立毅调研郑州局时提出的5项工作要求，抓好“统计两支队伍建设”、对服务业比较集中的城区统计工作进行专题研究等，以高度的政治自觉使重大决策部署有效转化为推动统计发展的生动实践。疫情防控期间，统计部门快速准确反映疫情下全市复工复产、复商复市，为市委、市政府及时制定应对措施提供决策参考。2020年郑州市统计系统以实干笃定前行，继续蝉联省级文明单位，先后荣获“郑州市对外开放工作先进集体”“郑州市制造业高质量发展先进单位”等12项集体荣誉称号，7篇课题荣获市社科联优秀论文和省统计系统优秀课题,各方面都取得了长足进步。

【统计法治】把防范和惩治统计造假弄虚作假，提高统计数据质量作为统计工作的生命线，全力以赴予以推进。健全完善依法统计体制。认真落实河南省统计局全面推行行政执法公示制度等要求。建立健全分专业、分岗位数据质量责任制，印发《郑州市统计机构负责人和统计人员防范和惩治统计造假弄虚作假责任制实施办法（试行）》，出台《郑州市统计局贸易专业统计数据质量管理办法及岗位责任》等6项制度，提高统计数据生产活动的科学性和主要统计指标的准确性。市辖六区政府统计机构全部依法单设，为独立开展统计调查、依法履行统计监督职能打好基础。上街、中牟、荥阳多名同志通过国家统计执法考试，法治队伍建设得到加强。

依法治统理念深入人心。16个区

11月5日，国家统计局到民航路社区调研指导人口普查工作开展情况（郑龙伟/摄）

县（市）党委常委会、政府常务会学习中央《意见》《办法》《规定》及省《实施意见》，实现全覆盖。持续推进统计法律法规知识进党校，千余名党政干部接受培训。组织“四上”单位“签承诺、亮信用”活动，企业诚信意识不断增强。以年报会、业务会、“七人普”工作为平台，做好普法培训，参训人员达7万多人次。在《统计法》颁布实施纪念日、统计开放日等重要时间窗口开展主题宣传活动，发放各类普法材料11万册，统计法治精神浸润人心，法治氛围日益浓厚。

法纪震慑作用更加凸显。按照“严治虚、狠打瞒、重防漏”的工作要求，强化统计执法工作。严格执行统计造假、弄虚作假“一票否决制”，加大干部任前统计违法违纪行为审核，出具无违反统计法行为证明481份。动态管理名录库，对不符合入库条件的256家“四上”企业坚决退库。结合“双随机”抽查、专业数据异常波动和统计违法线索核查等，执法检查企业123家、处罚4家；配合省局查办统计违法案件48起，公示统计失信企业4家。金水、二七、新郑、荥阳主动加强自身建设，通过自查夯实数据质量，成效显著。

【统计精准服务决策】监测预警准确及时。紧扣“新旧动能转换提速、城市发展提质增效”，高度关注工业增加值、固定资产投资、社会消费品零售总额、工业用电等重要统计数据，及时向市委、市政府反映全市经济运行中苗头性、趋势性问题，有针对性的提出对策建议，为市委、市政府加强经济调度和管理提供有益参考。省委常委、市委书记徐立毅对全市统计工作给予充分肯定，表示“郑州市统计数据比较客观准确，逻辑关系也经得起检验，没有大的偏颇，能够真实反映经济社会发展情况”。全市统计系统站位全局，巩义、登封、中原、经开认真做好监测分析，为党委政府科学决策提供统计保障。

分析研判细致精准。第一时间全面准确汇集“领导需要了解的数据”和“需要领导了解的数据”形成专题报告。《上半年主要经济指标全面转正工作建议》为助力上半年全市主要经济指标增速实现高于全国、全省立下功劳。《大型商超及购物中心运营模式专项调查报告》对商超入库存在的主要问题分析到位，提出可操作性建议，受到省委常委、市委书记徐立毅表扬。2020年，郑州市统计局共撰写各类分析、信息、报告、研究260篇，市领导批示近30篇，市委书记批示5篇。在市领导的关注下，这些分析成为各部门、各行业查漏补缺、落实决策部署、助力全市经济工作的锦囊妙计。

服务内容丰富多样。紧扣“东强、南动、西美、北静、中优、外联”的郑州现代化城市布局，强化城市间数据交流和单位部门统计咨询。深挖“两办”信息报送内容，认真热情解答社会各界的统计咨询满足公众需求。整编《经济动态》《工业统计快报》《服务业发展动态》等5项统计资料，编印出版《郑州统计年鉴》《郑州农村发展报告》，发布《2019年国民经济和社会发展统计公报》。借助“郑好办”App，推出统计数据查询功能、零跑腿在线开具9项证明，打通服务群众“最后一公里”。讲好统计故事，在国家省市主流媒体发布统计政务、统计信息246篇，利用网站微博做到时时、事事更新，统计宣传进入云空间e时代。

【第七次全国人口普查】成立市分管领导任组长的普查领导小组，印发《关于做好第七次全国人口普查工作的通知》，形成政府主导、统计牵头、部门配合、县市联动的良好工作格局。落实普查经费、培训普查人员、建立普查预案，定期召开工作推进会，郑州市第七次全国人口普查工作按照时间节点高标准推进。聚焦宣传动员营造良好氛围，全国独家冠名开通“人普号”城际列车、全省首创《致全市中小学生及家长的一封信》宣传范围覆盖全市1/3家庭。举办全省“人口普查宣传月”和“中国统计开放日”启动仪式，新郑、金水、上街将普查知识纳入初中统考试卷，为“七人普”宣传开辟新路径。省人普办抽样调查显示：郑州市居民对人口普查知晓率达94.16%，普查员入户率达91.67%，两项指标均居全省第一。2020年10月至12月，全市6万多名普查人员接连奋战三个月，圆满完成普查区划分及绘图、普查短表长表登记、户籍整顿、行职业编码和国家事后质量抽查等工作。国家统计局党组成员、副局长李晓超、盛来运先后莅郑调研指导工作，对郑州市“七人普”工作给予充分肯定。

【统计改革】以市委市政府名义出台《加强新时代高质量统计工作的意见》，实现统计工作从单一专业性部门向综合性部门转变，向数字统计与统计分析并重转变，向事后统计与事前预判并重转变。推进全市地区生产总值统一核算，实现各区县（市）地区生产总值汇总数与全市数在总量、速度和结构上的基本衔接。不断创新工作举措，对绿色发展统计指标体系分区县（市）进行初步测算，建立研发投入千万元以上企业季报制度，稳步推进劳动工资统计改革，依托郑州“城市大脑”建设，郑州市经济社会发展大数据决策服务平台开通上线。提出中小学供餐企业统计方法建议，得到市领导好评。

【统计基础保障】基层基础建设更加坚实稳定。加强“四上”单位入库，新入单位1555家，单位数再居全省第一。印发《郑州市统计局落实“两个工作规范”实施方案》。建立基层统计工作联系点制度，对点指导16个区县（市）统计规范化建设、统计调查业务、统计服务，帮助各区县（市）补齐短板增强发展动力，确保全市统计工作同频共振，同步推进。采取“跨级培训、以会代训、实地教学、训考结合”等形式，全年开展各类业务培训21次，基层统计人员业务能力得到显著提升。建立部门统计会商机制，理顺综合统计与部门统计关系，交流确定统计范围、统计口径、统计时点等内容，集中部门智慧和力量，服务全市发展大局。持续巩固大统计工作格局，与财政、税务、市场、民政等部门的信息共享进一步深化，与发改、工信、房管、文化等部门的业务联动进一步紧密，部门统计工作卓有成效。树立“争先进、创典型、树标杆”的机关建设思路，实施科学管理，健全统计绩效考评机制，对目标任务完成情况进行考核排位、问责约谈，营造“积极、务实、公平、高效”的工作氛围。常态化举办“全市经济运行分析会”“统计素能提升讲坛”“法规知识专题培训班”，选派系统业务骨干赴高校研修学习，干部队伍的素质能力不断提升。

（郝惊迪）

海关工作

【概况】2020年，郑州海关充分发挥海关职能作用，统筹推进口岸疫情防控和促进外贸稳增长工作，持续强化监管优化服务，全力支持河南省开放平台建设，有力服务河南开放型经济发展。扛稳疫情防控政治责任，坚持“人物同防、多病共防”，严防境外疫情输入，支持企业复工复产达产，力促省外贸逆势稳增长。持续推进“党建、产业、政策、消费、文化、健康、智力”七大扶贫项目，全力支持卢氏、鲁山、民权三个海关总署定点扶贫县顺利“摘帽”。出台实施服务大别山革命老区振兴发展、洛阳副中心城市建设和中欧班列发展等“1+8”系列专项方案125项具体措施。2020年河南省进出口值6654.8亿元人民币，创历史新高，居全国第十、中部第一，增速高达16.4%，居全国第三。

【新冠肺炎疫情防控】第一时间成立疫情防控工作指挥部，强化联防联控，完善工作方案，实现无缝对接，严格闭环管理。严格“三查三排一转运”，持续优化口岸检疫流程，整机检疫时长由7小时压缩至2小时左右。共检疫监管进出境航班8818架次（含货运航班）、出入境人员13.03万人次，累计开展核酸检测3.75万人次。强化口岸环节预防性消毒，督促企业开展进口冷链食品预防性消毒2.96万件次。设立专用窗口和绿色通道，实现联合现场办公，第一时间为9家非营利机构办理进口资质，快速验放进口疫情防控物资2.6万批6685.6万元。支持医疗物资出口，指导河南省60家企业通过CE认证、FDA注册认证，出口医疗物资59.9亿元，增长7倍。加强进出口防疫物资质量安全监管，查获不合格出口医疗物资205批，行政立案31起，移交地方公安刑事立案3起，有力维护河南制造形象。

【海关监管】2020年，郑州海关严厉打击洋垃圾、象牙等野生动植物和濒危物种及其制品走私，有力维护国家生态安全。加大口岸反恐维稳工作力度，查获涉枪涉爆物品62件、毒品管制药品13件、非法出版物1423件。扎实开展“龙腾2020”专项行动，加强知识产权海关保护，查扣侵权货物3698批次，增长55.8%。开展安全生产专项整治三年行动，排查整改危化品监管区隐患，开展出口危化品事故应急处置演练，规范监管作业场所运行管理，郑州邮件处理中心监管设施达到A类标准。严格规范检验检疫环节收费，持续压缩货物整体通关时间。12月当月进口、出口货物整体通关时间分别为18.8小时和0.58小时，较2017年分别压缩82.37%和92.21%。后续监管持续加强，强化稽核查工作，稽查作业完成率102.2%，稽核查补税4029.98万元，增长120.5%。

【海关检验检疫】2020年，郑州海关加强口岸核心能力建设，完善基础设施，优化在线检疫作业系统。坚持多病共防，检出登革热等其他传染病99例。做好进境活动物隔离检疫，指导新建进境动物隔离场4个，检疫监管进境种畜种禽3.51万只，妥善规范处置检出疫病的动物，有效防止非洲猪瘟等疫病疫情传入。强化国门生物安全监测，截获各类外来物种65批次，检出植物病虫害46种97次。严格开展进口食品监督抽检和风险监控，查获不合格食品33批次。优化进口食品农产品检疫审批，共办理进境肉类、水产品等检疫审批160批次17.81万吨，增长1.9倍和4.2倍。加强危险化学品等重点敏感商品监管，共检出不合格危险货物及其包装13批次，检出不合格工业品344批次。积极建设进出口商品质量安全风险监测点，获批建设智能手机终端一级监测点。

【海关税收征管】深化综合治税，“两税”实际入库196.19亿元，超额完成税收目标。进一步推广关税保证保险、汇总征税等便利措施，审核担保金额16.93亿元，自报自缴比率保持在90%以上，电子支付比例达99%。率先开展原产地证书“智能审单”，签发各类原产地证书8.58万份。加强税政研究，报送税则调整建议24条、进口税收优惠政策调整建议17条，被国务院关税税则委员会采纳3条。

【海关缉私】2020年，郑州海关深入推进反走私综合治理，推动省打私办实体化运作，建立走私冻品归口地方处置机制。深化全员打私，认真组织开展“国门利剑2020”“蓝天2020”等行动，共立案侦办刑事案件17起，案值17.8亿元，增长3.6倍；涉税2.47亿元，增长9倍；3起案件被列为总署一级挂牌督办案件。立案涉检、走私违规等行政案件195起，案值4.13亿元，增长1.2倍，涉税439.1万元。

【落实“六稳”“六保”部署】2020年，郑州海关狠抓惠企政策措施落实，释放政策红利，为河南省企业减征进口环节增值税16.6亿元，减税幅度达18.1%，减免加工贸易风险保证金1.2亿元。审核确认限上内资鼓励类项目19个，投资总额160.19亿元，增长2.3倍，为河南省161家企事业单位进口的商品减免税款4.05亿元，增长44.3%。积极应对经贸摩擦，退还企业对美市场化排除加征关税1748万元。创新开展原产地证书“智能审单”，签发各类原产地证书8.58万份，可为河南省出口企业争取国外关税优惠约16亿元。

【服务“空中丝绸之路”建设】探索实施全链条“智慧监管”，试行“机坪直提”模式，郑州航空口岸便利化水平进一步提升。支持航空公司通过“客改货”“空空中转”等方式复航，疫情期间新增17条货运航线。支持郑州航空口岸开通临时进境邮路。全年共监管国际航空货运航班8349架次、货运量45.1万吨，分别增长110.6%和47.9%，郑州机场国际及地区货运量占比超过70%，国际货运量居全国第五位，增速居全国大型机场首位，“空中丝绸之路”建设的引领作用更加凸显。

【服务“陆上丝绸之路”建设】推进郑州铁路口岸海关大监管区建设，支持

12月1日，郑州海关在郑州邮政口岸监管疏运出境国际邮件（郑州海关/供图）

郑州建设中欧班列集结中心示范工程。支持班列开展跨境电商、邮快件运输业务，保障河南省开行首趟进口运邮班列，跨境出口专列“菜鸟号”恢复常态化运营，新开通中国郑州—芬兰赫尔辛基线路。加强与口岸海关的协作配合，加大非侵入式设备的使用力度，提升铁路口岸通关效率。全年共监管中欧班列（郑州）1063列，货运量63.2万吨、货值249.2亿元，分别增长23.2%和22.8%。

【服务“网上丝绸之路”建设】2020年，郑州海关支持洛阳、南阳等新一批跨境电商综试区开展业务，支持河南省顺利举办第四届全球跨境电商大会，扩大河南省跨境电商规模和影响力。强化跨境电商监管创新，优化“网购保税+线下自提”模式，探索退货监管模式，“跨境电商零售进口退货中心仓模式”创新入选全国自贸试验区第六批复制推广试点经验。作为首批试点海关，跨境电商B2B出口试点顺利实施。全年共验放跨境电商进出口清单2.43亿票，货值306.2亿元，分别增长91.5%和89.4%。

【服务产业企业发展】联合河南商务、发改等部门，建立外贸监测预警协同配合机制，成立企业服务专班，建立企业“一对一”快速解决和问题清零机制，支持企业复工复产达产。加强企业信用培育，新增高级认证企业9家，全省352家企业获国际AEO便利化“通行证”。新增报关单位注册登记4900家，增长18.2%。助推河南食品农产品走出去，注册登记出口农产品企业33家，推荐9家出口食品生产企业完成对外注册，速冻粽子、含奶食品、黄芯黑豆等首次成功出口美国，鸭肉、食用明胶对俄罗斯出口新版卫生证书问题得到解决，供港活猪业务持续开展。支持许昌发制品以市场采购贸易方式出口，打通义乌—郑州市场采购贸易出口空运通道。支持跨境电商等新兴业态发展，“跨境电商零售进口退货中心仓模式”入选全国自贸试验区第六批复制推广试点经验，B2B出口监管试点实施，共验放跨境电商进出口清单2.43亿票、商品总值306.2亿元，分别增长91.5%和89.4%。

【优化口岸营商环境】不断深化“放管服”改革，“海关改革2020”全面推开，“两步申报”“两段准入”顺利实施。支持中国（许昌）国际发制品交易市场发展，首批市场采购贸易方式货物顺利出口。作为全国首批3个试点海关之一，“关银一KEY通”项目顺利落地实施。实施担保方式改革，为企业办理汇总征税、关税保证保险等税款担保16.93亿元，减轻企业资金压力。支持联邦快递在郑政口岸开展商业快件业务。持续优化口岸营商环境，清理检验检疫环节收费，压缩货物整体通关时间。2020年12月，河南省进口、出口货物整体通关时间分别为18.8小时和0.58小时，较2017年分别压缩82.37%和92.21%，顺利完成国务院压缩50%的目标任务，达到历史最好水平。

【支持开放平台建设】推动海关特殊监管区域建设发展，郑州经开综保区（一期）和民权保税物流中心（B型）先后通过正式验收，洛阳、开封综保区和许昌保税物流中心（B型）先后获批，年度设立数量创历年之最。其中新郑综保区获评为A类，年度进出口值增长18.5%，居全国综保区第二位。河南省海关特殊监管区域全年进出口4211.1亿元，增长20.8%，占全省外贸总值的63.3%。争取海关总署支持，郑州药品进口口岸由航空港口岸扩展至全郑州各主要开放平台，业务现场6个。支持进口肉类指定监管场地恢复进口业务，4个新建进境动物隔离场通过验收，累计检疫监管进境种畜种禽3.51万只，其中种猪系3年来首次进口。推动邮件处理中心硬件设施在全国率先达到A类标准，打通中欧班列（郑州）运邮双向通道，郑州航空口岸开展国际邮件进境业务。河南省开放平台更加完善，口岸枢纽优势更加明显。

（王　璞）

边防检查

【概况】2020年，郑州出入境边防检查站紧盯国家中心城市高质量建设总目标，主动融入郑州市社会经济发展战略，在口岸共荣共建和新冠肺炎疫情防控中，坚持“开局就是决战，起步就要冲刺”，积极做到疫情防控常态化、口岸管控规范化、工作模式外延化，圆满完成全年出入境边防检查任务。2020年度，郑州航空口岸共出入境人员270437人次（入境152878人次、出境117559人次），占全国总数0.2%，同比（与上年同期相比，下同）减少86%。其中出入境旅客213965人次（入境123916人次、出境90049人次），同比减少88%；出入境员工56472人次（入境28962人次、出境27510人次），同比减少52%。检查出入境航班10450架次，同比减少33%。其中客运航班1599架次，同比减少86%，货运航班8822架次，同比增加100%。出入境货运航班共往来42个国家和地区，其中涉及“一带一路”沿线国家达23个，占比55%。

【新冠肺炎疫情防控】坚持“一航线一策、一航班一策”动态调整勤务模式，灵活调整小单元警力部署，重点加强入境人员证件检查和询问盘查，组建“7×24”小时边检核查专班，建立口岸涉疫重点人员数据模型，全方位收集疫情严重国家旅居史人员、涉疫情高风险人员等涉疫信息，24小时滚动开展多维度筛选比对，分国别、分时段、分类型进行全时核查、全量推送。疫情期间，累计核查全国入境人员4124千万人次，向各级疫情防控指挥机构推送涉疫人员信息107万人次，报送预警信息、防控动态20余期，得到国务院联防联控机制第十指导组的高度评价，为辅助决策、防范风险提供边检信息支撑。

【复工复产保障】聚焦“六稳”“六保”，深入航空公司、驻场企业问需问计和座谈交流，了解复工复产难题，安排“边检指导员”一对一提供政策指导，帮助社会各界单位人员安全有序通关、节省运营成本。配合做好开设“中韩快捷通道”相关工作，协助做好入境人员闭环管理，为“快捷通道”包机人员提供通关便利。在执勤现场便民服务台增加人力物力，及时答复出入境咨询，全时段布置政策公告，应用国家移民管理局“出入境信息一键通”、边检24小时热线等平台，及时传达出入境政策法规调整动态，确保新出台政策能够第一时间进入社会各界知悉范围。

【货运查验】积极应对国际全货机航线新增、多家航空公司开设“客改货”业务态势，对全部入境公务机、货机按照涉疫客运航班的检查标准和要求做好检查。进一步完善货运航班查验环境和整体流程，主动密切与战略投送军方、货机代理企业的沟通配合，优化紧急临时入境许可办理程序，对各类运送物资实行通关“零延迟”“零等待”，持续缩短货机通关时间。推广航班备案网上申办，开通保障“绿色通道航班”300余架次，做到“随到随检”、安全通关。全年查验出入境货运航班和货运机组，分别同比增长120%和220%，先后保障装载270余万件物资、7架次援鄂货运包机以及国际援助班机，年货运规模首次突破60万吨，步入全国六强，为推动深化“空中丝绸之路”建设、保障产业链供应链安全稳定作出贡献。

【口岸管控】坚持总体国家安全观，主动融入郑州市“122”工作机制，统筹推进打击整治跨境赌博、电信诈骗、枪爆违法犯罪以及“三非”外国人治理等专项行动。紧跟境内外疫情发展变化形势，制定下发《疫情后维护国家政治安全和口岸稳定工作方案》，完善查获在逃人员处置预案，严密在控在逃人员处置流程，提前协调省内外交控单位，确保查获对象依法稳妥监管、移交。2020年查获在控对象同比2019年增加98%，确保了国门口岸安全无虞。

（马伟伟）

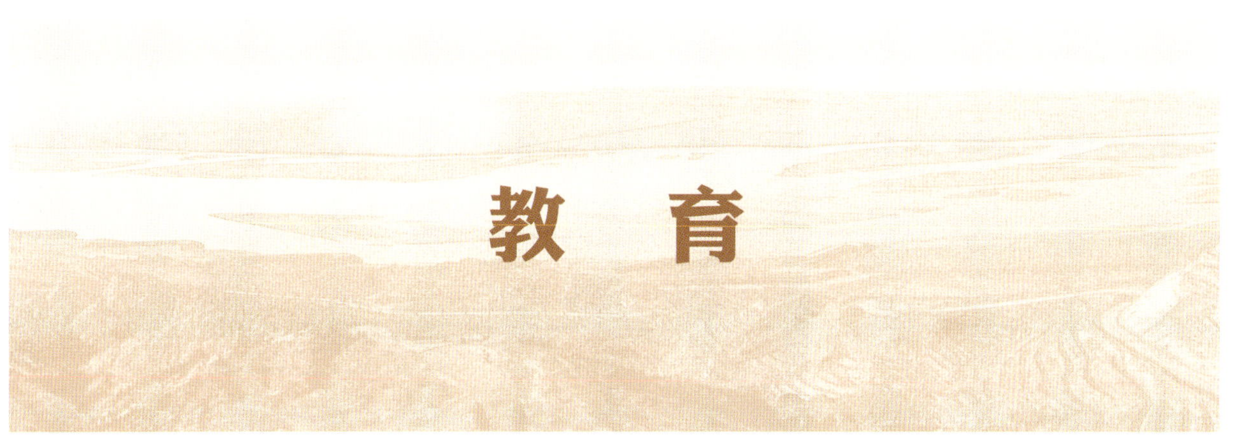

教育

综述

【概况】2020年，全市有各级各类中初等教育学校1614所，在校生201.32万人。其中，普通高（完）中131所，在校生213766人；普通初中393所，在校生448644人；中等职业学校（含省属中专学校）110所，在校生345065人（其中全日制在校生320898人）；小学966所，在校生1003648人；特殊教育学校13所，在校生1951人；工读学校1所，在校生120人。全市各级各类中初等教育学校有教职工126763人，其中专任教师113088人。幼儿园1848所，在园幼儿437802人，教职工59268人，其中专任教师31677人。

【中初等教育规模】小学：全市共有小学966所，比上年增加8所；毕业生149721人，比上年增加6829人，增长4.78%；招生179568人，比上年减少854人，减少0.47%；在校生1003648人，比上年增加35705人，增长3.69%；小学平均规模1039人，平均班额45.85人。

普通初中：全市共有普通初中393所，比上年增加17所，毕业生138117人，比上年增加12042人，增长9.55%；招生153205人，比上年增加3964人，增长2.66%；在校生448644人，比上年增加18228人，增长4.23%；普通初中平均规模1095.21人，平均班额48.93人。

普通高（完）中：全市共有普通高（完）中131所，比上年增加4所；毕业生64712人，比上年增加1354人，增长2.14%；招生75624人，比上年增加4259人，增长5.97%，在校生213766人，比上年增加9577人，增长4.69%；普通高中平均规模1631.80人，平均班额50.99人。

中等职业学校：全市共有中等职业学校110所（包含省属中等专业学校），比上年减少7所；毕业生95653人，比上年减少2280人，减少2.33%，招生120211人，比上年减少3618人，减少2.92%；在校生345065人，比上年增加14692人，增长4.45%。

学前教育：全市共有独立设置的幼儿园1848所，比上年增加119所。离园（班）幼儿135516人，入园（班）幼儿136156人；在园（班）幼儿437802人，比上年增加23325人。

特殊教育和工读学校：全市共有特殊教育学校13所，毕业学生202人，招生291人，在校生1951人；工读学校1所，在校生120人。

【中初等教育主要水平指标】小学：学龄人口入学率100%，净入学率100%，小学五年级巩固率109.56%。初中：学龄人口入学率100%，净入学率110.58%，初中三年级巩固率102.28%，义务教育巩固率112.01%。

【中初等教育师资队伍】教职工队伍规模：全市各类中初等教育学校教职工总数126763人，其中专任教师113088人。

小学教职工（含小学教学点）50088人，专任教师47763人。普通中学教职工62231人，专任教师54390人，普通高中教职工20985人，专任教师18020人，普通初中教职工37394人，专任教师36370人。中等职业学校教职工13926人，专任教师10456人。特殊教育学校教职工490人，专任教师453人。工读学校教职工28人，专任教师26人。幼儿教育教职工59268人，专任教师31677人。

专任教师学历达标情况：普通高中98.88%，普通初中98.98%，小学100%，幼儿园（含学前班）98.90%，中等职业学校83.60%。

【中初等教育基本办学条件】校舍建筑面积：全市中初等教育校舍建筑面积2282.04万平方米。其中，普通中学校舍建筑面积1164.84万平方米，中等职业学校校舍建筑面积385.61万平方米，小学校舍建筑面积724.10万平方米，

8月25日，郑州市小学入学开始报名（市教育局/供图）

特殊教育学校校舍建筑面积7.49万平方米。生均校舍建筑面积：普通高中21.94平方米，普通初中15.51平方米，中等职业学校11.17平方米，小学7.21平方米，特殊教育学校38.40平方米。

图书资料情况：全市中初等学校藏书4695.12万册，其中，普通高中560.39万册，生均26.22册；普通初中1381.60万册，生均30.79册；中等职业学校528.15万册，生均15.31册；普通小学2216.40万册，生均22.08册；特殊教育学校8.58万册，生均43.95册。

5月7日，郑州教育系统综合工作会议召开（市教育局/供图）

【市内五区及四开发区中初等教育基本情况】 小学：434所（不含市直学校），11307个班，在校生536967人，平均班额47.49人。

中原区62所，1404个班，在校生74063人，平均班额52.75人。其中公办学校52所，1285个班，46—50人224个班，51—55人610个班，56—60人34个班，61—65人313个班，66人及以上0个班，在校生69777人，平均班额54.30人。

二七区77所，1570个班，在校生74954人，平均班额47.74人。其中公办学校72所，1380个班，46—50人257个班，51—55人649个班，56—60人79个班，61—65人90个班，66人以上0个班，在校生68525人，平均班额49.66人。

管城区44所，1263个班，在校生61503人，平均班额48.70人。其中公办学校42所，1179个班，46—50人182个班，51—55人655个班，56—60人94个班，61—65人7个班，66人及以上0个班，在校生58701人，平均班额49.79人。

金水区75所，2456个班，在校生119660人，平均班额48.72人。其中公办学校59所，1977个班，46—50人425个班，51—55人1157个班，56-60人45个班，61—65人169个班，66人及以上0个班，在校生103103人，平均班额52.15人。

惠济区39所，989个班，在校生43041人，平均班额43.52人。其中公办学校36所，740个班，46—50人156个班，51—55人275个班，56—60人46个班，61—65人23个班，66人及以上0个班，在校生35322人，平均班额47.73人。

高新区22所，785个班，在校生38275人，平均班额48.76人。其中公办学校21所，682个班，46—50人159个班，51—55人365个班，56—60人19个班，61—65人19个班，66人及以上0个班，在校生34301人，平均班额50.29人。

经开区33所，600个班，在校生26618人，平均班额44.36人。其中公办学校31所，533个班，46—50人67个班，51—55人180个班，56—60人39个班，61—65人5个班，66人及以上0个班，在校生24788人，平均班额46.51人。

郑东新区43所，1361个班，在校生63319人，平均班额46.52人。其中公办学校41所，1206个班，46—50人237个班，51—55人408个班，56—60人33个班，61—65人121个班，66人及以上0个班，在校生57613人，平均班额47.77人。

航空港区48所，879个班，在校生35534人，平均班额40.43人。其中公办学校48所，815个班，46—50人191个班，51—55人170个班，56—60人0个班，61—65人0个班，66人及以上0个班，在校生33652人，平均班额41.29人。

初中：198所，4268个班，在校生201352人，平均班额47.18人。

中原区34所，570个班，在校生26808人，平均班额47.03人。其中公办学校23所，386个班，46—50人105个班，51—55人63个班，56—60人0个班，61—65人38个班，66人以上0个班，在校生18042人，平均班额46.74人。

二七区38所，754个班，在校生36519人，平均班额48.43人。其中公办学校23所，485个班，46—50人167个班，51—55人168个班，56—60人15个班，61—65人9个班，66人以上0个班，在校生23577人，平均班额48.61人。

管城区17所，345个班，在校生15789人，平均班额45.77人。其中公办学校13所，295个班，46—50人79个班，51—55人58个班，56—60人0个班，61—65人0个班，66人以上0个班，在校生13513人，平均班额45.81人。

金水区32所，803个班，在校生36252人，平均班额45.15人。其中公办学校20所，588个班，46—50人106个班，51—55人169个班，56—60人0个班，61—65人23个班，66人以上0个班，在校生26256人，平均班额44.65人。

惠济区11所，320个班，在校生16057人，平均班额50.18人。其中公办学校6所，204个班，46—50人38个班，51—55人116个班，56—60人4个班，61—65人20个班，66人以上0个班，在校生10729人，平均班额52.59人。

高新区13所，130个班，在校生21446人，平均班额49.87人。其中公办学校10所，288个班，46—50人61个班，51—55人136个班，56—60人18个班，61—65人2个班，66人以上0个班，在校生14143人，平均班额49.11人。

经开区11所，301个班，在校生14879人，平均班额49.43人。其中公办学校8所，236个班，46—50人63个班，51—55人148个班，56—60人0个班，61—65人0个班，66人以上0个班，在校生11912人，平均班额50.47人。

郑东新区26所，全是区属公办学校，412个班，在校生18512人，平均班额44.93人，46—50人40个班，51—55人152个班，56—60人7个班，61—65人0个班，66人以上0个班。

航空港区16所，333个班，在校生15090人，平均班额45.32人。其中公办学校15所，239个班，46—50人110个班，51—55人72个班，56—60人0个班，61—65人0个班，66人以上0个班，在校生11516人，平均班额48.18人。

高(完)中：18所（不含市直学校），372个班，在校生17510人，平均班额47.07人。

中原区1所，24个班，在校生1388人，平均班额57.83人，为公办学校。

二七区2所，59个班，在校生2693人，平均班额45.64人，均为公办学校。

管城区1所，32个班，在校生1623人，平均班额50.72人，为公办学校。

惠济区1所，33个班，在校生1952人，平均班额59.16人，为公办学校。

高新区2所，78个班，在校生3312人，平均班额42.46人。其中公办学校1所，41个班，在校生1509人，平均班额36.80人。

经开区2所，20个班，在校生

938人，平均班额46.90人，均为民办学校。

郑东新区2所，23个班，在校生986人，平均班额42.87人，均为公办学校。

航空港区7所，103个班，在校生4618人，平均班额44.83人，其中公办学校1所，18个班，在校生822人，平均班额45.67人。

（张梦晗）

基础教育

【学生德育】坚持德育为先，结合疫情防控，深入开展“把灾难当教材，与祖国共成长”主题教育活动，上好生命教育课，促进师生身心健康。持续加强优秀传统文化教育、革命传统教育、法治教育，深入开展“少年传承中华传统美德”“学习新思想，做好接班人”“厉行节约，爱惜粮食”“扣好人生第一粒扣子”“开学第一课”“学习新思想”等系列主题教育活动。开展德育工作先进集体、先进个人评比活动，全市有10所学校被评为省德育工作先进集体，20人被评为省德育工作先进个人。

【健康教育】为全面贯彻落实健康中国战略，进一步倡导师生以健康为中心的大健康理念，将健康第一的理念融入教育教学各项工作，以两个创建活动（健康学校和无烟单位的创建活动）为载体，提升校园环境卫生综合管理水平，倡导广大师生科学文明健康生活方式。2020年，13个学校（单位）申报郑州市健康单位、19个学校（单位）申报郑州市无烟单位、19个学校（单位）申报郑州市卫生单位（学校），评选出郑州外国语学校等10所迎审示范学校。通过创建活动和示范带动，加强爱国卫生工作长效管理，确保完成各项工作指标，助力郑州市国家卫生城市届满复审工作。

【校园体育】稳步推进校园足球“改革试验区、试点县（区）、特色学校”三位一体普及格局，初步完成郑州市特色教学、训练、竞赛体系构建。创建全国第一家动态数据管理平台，进一步提升校园足球管理水平。持续做好校园足球“满天星”训练营创建，全市共建14个分营，选拔参训教练员74人、学生740人。全市共创建全国校园足球特色学校228所，全国足球特色幼儿园59所。2020年，郑州市85名校园足球运动员被“985”“211”等院校录取，郑州市校园足球队包揽“萨马兰奇杯”中国高中足球锦标赛前三名，校园足球“郑州现象”再次彰显。遴选全国青少年校园冰雪运动特色学校及北京冬奥会教育示范学校，金水区获批全国青少年校园篮球“满天星”训练营。

【校园美育】持续推进学校美育教育，采用网上评审等方式举办中小学生系列美育活动。开展第二轮市美育示范学校复查评估工作，从组织管理、美育课程体系建设、师资队伍建设、美育资源开发与整合利用等几大方面进行评估。举办郑州市第五届中小学“一校一品”评选活动，郑州市二十四中等5所学校和项目参加省级评选，学校艺术教育水平全面提升。

【课程建设】开展“课程改革20年成果征集”活动，全面总结、郑州市课程改革推进历程和突出成绩，进一步明确新时代郑州基础教育发展的历史方位，发现、培育、推广郑州基础教育优秀教学成果，促进基础教育教学质量提高。面向各区县（市）、各直属学校征集20年来教育教学改革与实践探索的重大成果，内容包括课程、教学、评价、资源建设等方面。召开2019—2020学年课程与教学工作会议，全面分析郑州市基础教育教学质量，总结经验，查找不足，明确新学年教育教学任务，提升基础教育教学质量。

【中外合作办学】进一步规范高中层次中外合作办学。对全市19所学校，28个高中层次中外合作办学项目（机构）进行年检。督促指导中外合作办学项目（机构）加大党史、国情、国家安全、社会主义思想政治教育工作力度，加强师生意识形态领域的引导，真正为国家培养社会主义建设者和接班人。摸排全市外籍教师情况，要求各地各学校加强对外教的人文关怀，关心外教生活情况，加强心理疏导，加强对国内疫情防控情况的通报和政策宣传。

【学前教育】全年新增公办幼儿园241所，投用39所。治理城镇小区配套园274所，销账无证园580所。实施幼儿园达标升级奖励工程、学前教育专项课题评价、幼儿园三大员技能提升培训、家园共育、学前教育宣传月、幼儿园教师教育案例分析比赛等活动，促进学前教育内涵提升。开展防止和纠正幼儿园“小学化”倾向专项调研，抽取32所幼儿园考察是否存在教授小学课程内容、教师资质能力不合格等。2020年，郑州市26所幼儿园被确定为河南省“家园共育”示范园，每个区县（市）推选出1—2所科技特色幼儿园培育单位。联合卫健部门全面推行幼儿园“健康副园长”选聘派驻制度，为每1所幼儿园派驻1名“健康副园长”。

【义务教育】2020年，市区开工新建、改扩建中小学34所，往年建设项目投用30所。深入推进“新优质初中”学校建设，确定首批“新优质初中”学校95所，新晋级创建学校18所，同时开展第二批“新优质初中”项目学校申报，逐步扩大新优质教育的覆盖面。在全市义务教育阶段学校实施“名校+”工程，通过城乡间、区域内、校际间协同发展，实现管理、师资、课程、文化等互通互融，整体提升义务教育优质均衡发展水平。深入开展义务标准化管理示范校、特色校创建工作，15所学校被认定为省示范校、特色校。

【高中教育】市区高中外迁项目列入城市高品质发展规划，制订《郑州市属高中阶段学校建设三年行动计划（2020—2022）》，3年内计划新建、迁建20所高中段学校。围绕新高考背景下课程改革，深入开展普通高中多样化发展示范校创建活动，对全市首批15所示范校、第二批13所试点校创建情况

11月26日，第三届全国钱学森班（院、校）工作论坛在郑州市第四高级中学举行（市教育局/供图）

专项督查验收，为深化创建活动打下基础。高标准完成全市普通高中办学基础条件调研，继续探索新高考背景下课程改革、教学质量监控和教育质量评价改革，继续提升普通高中多样化、特色化发展水平。

【特殊教育】 全年完成4800余名适龄残疾儿童少年接受义务教育工作的排查、落实与安置。全市义务教育阶段入学情况：进入普通学校随班就读2186人，在特殊教育学校（含普通学校特教班）就读1343人，1116名学生因自身条件限制由教师送教上门，未入学学龄残疾儿童少年196人（其中家长要求缓学46人，学前阶段安置51人），义务教育阶段入学率达到95.96%。

【语言文字工作】 面向全市中小学生开展汉字比赛，2020年新增教师组比赛，各组别分别评出一等奖1个，二等奖5个，三等奖9个。广泛开展中华经典诵写讲比赛，通过网络展播形式在郑州教育信息网展示168个参赛节目，扩大比赛影响，弘扬社会主义核心价值观；中学组3个节目获得省级比赛一等奖，郑州市教育局获省级优秀组织奖。指导荥阳市完成全国普通话普及情况抽样调查，采用学生家访、家长会、入户调查、街头访问等方式，累计抽样调查600个样本（户），各组别分别评出一等奖1个，二等奖5个，三等奖9个。开展郑州市语言文字规范化示范校（第六批）创建活动，创新工作方法，评估采用网络评审和现场评估相结合的方式进行，逐步建立完善中小学语言文字规范化示范校资料库。

（张梦晗）

职业、成人、高等教育

【中职教育】 改善中职学校办学条件，推进中职外迁建设项目，扩大中职教育资源。加强中职学校专业建设，完成对28所中职学校的57个非国控专业备案工作。持续推进职业教育技能大赛制度化建设，举办郑州市中等职业学校第二十六届学生技能大赛、中职学校班主任素质能力大赛等56个竞赛项目。推进1+X证书制度试点工作，组织17所学校37个专业成功申报第三批证书试点。组织学校开展2020年职业教育活动周系列活动，通过活动展示职业教育成果、展示郑州职业教育风采，营造人人尽展其才、人人皆可成才的良好社会氛围。

【成人社区教育】 开展市级社区教育实验基地遴选和基地、技能工作室年检工作。组织开展郑州市社区教育实验项目立项工作，确定市级重点实验项目15个，通过推动社区教育综合实验项目，探索社区教育发展新模式。组织指导各区县（市）参与省级社区教育示范区、示范性社区（老年）学校创建活动。举办郑州市中职教育就业指导工作人员能力提升培训班和社区教育管理人员素能提升培训班。培训围绕就业指导和社区教育主题，通过专家讲座、实践教学、参观交流等方式，提升社区教育工作人员理论水平、科研能力和实践能力。举办2020年全民终身学习活动周。表彰2020年全国、河南省、郑州市百姓学习之星、终身学习品牌项目、中牟县和郑州市社区教育工作先进单位代表等。指导各区县（市）围绕“全民智学，助力‘双战双赢’”活动周主题，开展内容丰富、形式多样的活动。

【高等教育】 开展高校内涵项目建设，完成地方高校优秀基层教学组织立项评审和项目结项。组织第六届大学生职业技能竞赛，对技术技能名师工作室、大学生创新创业训练计划和优秀中青年骨干教师等进行项目验收和届满考核。优质高等教育资源引进工作进展顺利，中国科学院大学与郑州大学合建的6个合作研究所（中心）落地建成，同中科院化学所及半导体所的合作洽谈顺利进行；配合省教育厅与民航大学、航投集团完善合作协议；哈工大引进项目将签约；推动北师大合作协议签订，组织论证北师大落地郑州的可行性。郑州幼儿师范高等专科学校与中原教育科技集团达成战略合作协议，探索“深化产教融合、校企合作”的职业院校混合所有制办学模式，推动职业教育产教融合走向更深维度。

（张梦晗）

民办教育

【校外培训机构管理】 新冠肺炎疫情期间，始终盯紧校外培训机构疫情防控工作。指导各区县（市）印发校外培训机构疫情防控告知书，告知书进社区、进楼宇、进教育系统“四级微信群”，有效加强校外培训机构疫情防控工作。结合全国文明城市创建，紧盯校外培训机构常态化治理，及时印发《关于加强校外培训机构常态化管理的通知》，全市合法教育机构共计2348所。

【招生政策改革】 改革民办小升初招生政策，实行义务教育公民办学校同一平台，同步报名、同步录取、同步注册学籍。将民办义务教育学校招生纳入审批地统一管理，对报名人数超过招生计划的，实行电脑随机录取。2020年，市区参加电脑派位的民办初中比上年减少5所，报名人数比上年减少6000人左右，民办初中“择校热”开始缓解。

【民办学校规范管理】 改进工作作风，监管关口前移，全面实施规范办学专项行动，印发《郑州市教育局关于开展市管民办学校办学情况核准的通知》，并通过年度检查和春、秋季开学检查以及疫情防控检查，摸清情况，分析研判，依法处理存在重大风险隐患的学校。组织开展首届民办高中校长述职，通过开展述职，促进学校理清思路、相互交流、共同进步。切实压实属地责任，充分发挥好属地管理作用，牢固树立全市民办教育“一盘棋”思想，优化与新发展格局相适应的管理体制，采取暗访、约谈、联席会议等形式，加强民办学校规范管理，保障民办教育健康可持续发展。

（张梦晗）

师资队伍建设

【教师人事管理】 开展教职工编制改革专题调研，对教职工编制情况进行摸底，完善更新实名制编制数据库。开展师资需求调研，市委编办确认局直属学校编制缺额1113名。开展“县管校聘”管理制度改革调研，草拟“县管校聘”改革实施方案。继续规范外聘教师管理，严格做好市属35所学校777名外聘人员工资审核、发放工作。持续做好教师公开招聘工作，选拔优秀人才进入教师队伍。全年郑州市直属学校及各区县（市）中小学、幼儿园公开招聘教师6036名。根据学校疫情防控需要，利用空编公开招聘19名学校卫生保健人员，充实学校防疫一线。

【教师工资待遇】 严格核查义务教育教师工资不低于当地公务员工资落实情况，郑州市所辖各开发区、各区县（市）及直属单位义务教育教师工资均纳入该地财政全额预算。郑州市所有义务教育教师工资全部按照2018年7月的标准执行，按月定期足额发放到位。持续落实“一补两贴”政策，提高乡村教师生活补助、班主任津贴、地方教龄津贴标准。郑州市乡村教师生活补贴按照村委会所在地或乡镇政府所在地分别给予每人每月700元、500元生活补助，除省负担部分外，按照市县1:1比例承担；班主任津贴按不低于500元标准发放；地方教龄津贴按照每增加一年教龄增加10元的标准累计计算核定。

【师德师风建设】 编制《郑州市中小学、幼儿园教师职业道德考核办法（2020年修订）》，完善教师职业道德管理长效机制；修订《郑州市中小学教师违反职业道德行为处理实施细则(试行)》，将师德考核结果作为教师年度考核、聘任（聘用）和评价的首要内容，并纳入年度工作考核。强化宣传

9月8日，2020年“郑州最美教师”发布（市教育局/供图）

引导，扎实开展师德教育主题征文、师德师风优秀案例评选等活动。坚持典型引领，模范带动，积极开展最美教师、师德师风建设先进集体、先进个人评比工作，激励广大教师争做“四有好老师”“四个引路人”。

【教师培训】继续实施中小学千人教育名家培育工程和名师培养工程。高标准完成“国培”“省培”项目，全市共有2405名教师参加“国培计划”，283名教师参加“省培计划”。3名教师被认定为中原教学名师候选人，29名教师被确定为中原名师培育对象。86名确定为省名师，335名确定为省骨干教师。制订评选方案，组织郑州市首届乡村名师评选，112名教师获评。

【班主任队伍建设】评选表彰500名郑州市优秀班主任，评选推荐河南省中小学优秀班主任，郑州市18名班主任被评为省优秀班主任。遴选推荐第三批河南省名班主任工作室主持人，经省教育厅评估认定，郑州市有4名班主任被任命为第三批河南省名班主任工作室主持人。

【教师资格认证管理】面向社会认定高级中学、中等职业学校（含中等职业学校实习指导）教师资格3828人，幼儿园教师资格1126人，小学教师资格6063人、初中教师资格3023人，全市共计认证14040人。开展市属公办学校在编在岗教师资格定期注册工作，最终网报确认375人，注册合格370人。

（张梦晗）

综合管理

【疫情防控】严格落实四方责任（即属地、部门、学校单位和个人家庭），建立四级联动机制，组织建立四级微信群，形成层层抓落实、任务全覆盖、联动无间隙的工作格局。严格规范学校重点场所管理，利用“钉钉”打卡和风险预警系统平台，实现师生健康信息采集、预警全覆盖。疫情期间组织476名优秀教师录制上传1000余节“微课”，通过“学在郑州”“钉钉”等平台严密组织线上教学，确保停课不停学。4月7日起，分区分校分批有序组织学生返校复课，实现抗疫、教学“双胜利”，市教育局被省委、省政府表彰为疫情防控先进单位。

【督导与评估】严格做好疫情期间督查工作，集中督查7次，实地暗访“回头看”2次，督查学校712所次。高标准迎接国家对郑州市县域义务教育均衡发展工作督导检查，省督导组对郑州市工作给予高度评价。将贯彻执行党的教育方针情况、推进义务教育优质均衡发展情况、教育经费落实情况等八项内容作为评价重点，完成对县级政府履行教育职责评价工作。全面开展督学工作，完成局属学校和各区县（市）学校三年发展规划督导评估。开展幼儿园办园行为督导评估，对294所幼儿园安全工作、餐费专款专用等进一步规范。实施幼儿园达标升级工程，评定市示范园12所，市一级园53所，市二级园26所，合格园5所。完成国家义务教育质量监测抽样监测工作，中原区美术教育和新郑市数学教育被推荐为国家义务教育质量监测抽样监测工作先进区县（市）。

【依法治教】组织开展第七批省级依法治校示范校创建工作，推荐金水区纬五路第二小学等6所学校为省级依法治校示范校。组织20名教师参加省教育厅在漯河市举办的中小学法治名师依法治校培训班，研究交流推进中小学法治课堂建设的措施和经验，持续提升中小学法治教师教育教学水平。组织实施“国培计划（2020）”，推选14名专门从事中小学法治课教学一线教师参加中小学教师网络法治教育培训。

【教育信息化建设】实施教育城域网提速增质升级改造工程，制订《郑州市教育城域网网络升级改造实施方案》，对局直属43所学校（单位）、1984个教学班级的网络环境进行升级改造。实现市教育局网络中心机房互联网带宽总量新增18G以上的提速；整体教育城域网网络实现万兆骨干提质提速服务。各接入学校网络安全加固，满足《国家安全法》与网络安全等级保护2.0解决方案等相关要求，有效解决校园网存在的广播风暴、病毒泛滥、内网ARP攻击、事件难于溯源等问题，实现校园网从接入到出口的全方位立体安全防护。

【招生考试管理】发布《郑州市市区2020年义务教育阶段学校招生入学工作实施意见》《关于做好2020年郑州市市区民办初中学校招生入学工作的通知》，进一步完善义务教育阶段学校招生办法。2020年，郑州市所有公办、民办义务教育学校招生工作全部归属区县（市）管理，市级层面加强统筹协调与指导。改进民办初中学校招生政策，对报名人数超过招生计划的民办初中学校，全部实行电脑随机录取。报名方式初次探索使用线上报名方式，初中阶段使用郑州市义务教育入学服务平台进行民办志愿填报，小学阶段符合条件的学生及家长可选择使用“郑好办”App进行线上报名。2020年，全市小学招生18.3万人，其中市区10.3万人；初中招生15.9万人，其中市区7.74万人；市区普通高中招生录取4万人。

【校园安全】进一步强化底线思维和红线意识，以创建“平安校园”为目标，健全巩固党政同责、一岗双责、齐抓共管责任体系，明确教育系统安全领域专项整治行动三年规划实施方向。全市共举办2000余场典型事故案例警示教育活动，召开专题教育150余场，40余万名师生受到教育；开展各级各类演练3000余场次，100余万师生参与演练。持续推进安全风险隐患双重预防体系建设，市直学校基本实现全覆盖。建立安全教育专题课程，郑州市安全教育平台注册学校2935所，涵盖学生179.4万名。严密组织秋季校园安全大检查，排除各类安全隐患411条。开展预防未成年人溺亡工作，实施反恐防范工作调研和“回头看”，确保校园反恐怖防范工作落实到位。

（张梦晗）

科技

综述

【概况】2020年，全市科技工作立足全力补好科技创新短板，坚持内培和外引创新资源联动 ，着力引进和培育创新引领型企业、人才、平台和机构，完善科技创新政策，引导加大研发投入，持续优化创新环境，主要科技指标实现大幅提升，科技创新成为推动全市高质量发展的强劲引擎。累计培育高新技术企业2918家，增长42%，全省占比46%。技术合同成交额达到212亿元，增长67%，全省占比55%。2020年全社会研发投入经费236.7亿元，强度由1.74%增长到2.04%。郑州市“智慧城市”建设、高新区“人工智能”产业成功列入科技部“百城百园”工作城市和园区。

【高新技术企业】实施高新技术企业倍增计划，累计推荐高新技术企业1359家，同比增长31.18%，新增高新技术企业870家，同比增长42%，总数2918家。新增科技型企业1861家，总数7846家，登记入库国家科技型中小企业5486家，占全省登记入库企业总数的43%；开展高新技术企业统计工作，全市高新技术企业2019年实现营业收入3467.22亿元，利润248.57亿元，减免税40.84亿元。

【新型研发机构】郑州轨道交通信息技术研究院联合本地企业，成功研制国内首台半导体激光隐形晶圆切割设备。中科院过程所郑州分所打造的新能源技术中试平台，已为宇通汽车等企业提供技术服务。中科院计算所大数据研究院建设的“数据大脑”平台，为省公安厅等部门提供大安全技术服务。2020年，新备案省级新型研发机构7家，市级10家，总量达到43家。

【创新平台】2020年，国家超算郑州中心通过验收，实现河南省国家大科学装置零的突破。河南省地下工程装备技术创新中心筹建，成为全省首个省级技术创新中心。国家技术转移郑州中心加快建设，即将建成投用。黄河实验室、嵩山实验室筹建工作稳步推进。全年新建省级研发平台209家，市级研发平台152家，累计建设各级各类研发平台3680家，其中省级以上1327家。

【科技服务】2020年，郑州市新增国家级众创空间11家，专业化众创空间1家，累计建成各级各类创新创业载体255家，科技孵化承载能力进一步提升。新增“郑科贷”贷款75笔，共4.3亿元；新增政策性担保38笔，共2.6亿元，科技金融结合更加紧密。新增6家技术转移服务示范机构，总量达到47家。3家技术先进型服务企业获科技部备案。通过线上+线下的方式，举办第九届中国创新创业大赛郑州分赛区比赛，并连续举办3期“郑创汇”国际创新创业大赛月赛和1期年度总决赛，做到疫情期间创业比赛不停歇，科技服务“不打烊”。

【科技惠民】实施科技惠民计划。在生物医药、医疗器械、农业信息化、生态农业技术示范、生态养殖等方面，立项支持科技惠民项目35项，资金1000万元。加强科技特派员技术服务。累计开展农业科技实用技术培训活动200余场次，参与人数1700人次，发放技术手册2000多册，推广新品种、新技术40余项。整合全市科普资源，开展疫情知识科普，举办科技活动周，累计举办科普活动80余场次，受众人数2万余人次。

【科技支撑疫情防控】按照“特事特办、简化程序”的原则，开展新型冠状病毒防控应急科研攻关，在疫苗、快速诊断、综合防护等方面立项支持8项，支持申报河南省应急攻关专项13项。安图生物研发的新型冠状病毒抗体检测试剂盒，获欧盟和国家药监局批复，成为

11月16日，郑创汇国际创新创业大赛开幕（市科技局/供图）

国内4款获得授权的新冠病毒抗体检测产品之一。组织干部职工下沉一线开展防疫，累计下沉职工2352人次，组织疫情捐款2640人，累计捐款33.2万元。

【“三送一强”活动】送政策。组织开展高新技术企业培育、技术合同登记、创新创业服务等线上业务培训100多场次，惠及企业5万多家。送资金。搭建银企对接桥梁，主动征集汇总科技企业融资需求，共655家73亿元，汇总发布合作银行推出的“郑科贷”等金融产品，鼓励银行适当降低审批门槛，先后帮助434家企业获得授信及发放贷款48.13亿元。减房租。鼓励科技企业孵化器、众创空间等孵化载体对疫情期间承租的中小企业减免房租，助力企业共渡难关，累计为1000多家企业减免房租367.34万元。

【科技政策】贯彻落实现有政策，发挥“1+N”科技创新政策成效，持续加大科技政策宣讲和培训力度，全年累计组织各类线上线下政策宣讲培训100余场次。优化修订政策，根据工作情况变化，对现有科技政策梳理、修订和完善，相继出台《郑州市科技型企业评价管理办法》《郑州市软科学研究计划项目管理办法》《郑州市星创天地认定管理办法》等政策，形成系统完备，与时俱进，支撑有力的科技政策体系。

【重大科技创新专项】实施高新技术企业倍增计划，建立创新引领型企业培育库，大力加强入库企业培育力度，变项目受理为主动服务，累计开展政策解读和认定辅导70多场次，辅导企业2万多家。鼓励企业加强自主创新，开展关键核心技术攻关，力争突破一批关键“卡脖子”技术，培育一批创新龙头企业，针对郑州市重点产业领域和优先发展产业领域科技需求，围绕电子信息、装备制造、新材料、新一代信息技术、新一代人工智能等传统优势产业和战略性新兴产业领域，支持实施重大科技创新专项49项，立项自创区产业集群专项8项。

【科技创新投入】不断增加财政科技经费投入，发挥财政资金导向作用，立项资助科技项目2400个，拨付资金9.5亿元，同比增长55.1%；配合完成省级科技计划项目经费拨付工作，拨付资金1.4亿元。撬动社会资本要素投入，落实《郑州市支持科技型企业融资发展的若干政策》等科技金融支持政策，形成投、保、贷、补四位一体的政策链条，受理补助科技金融项目486项，补助金额8142万元。鼓励企业、院所增加研发投入，将企业研发投入作为申报各类财政项目的前置条件；分管市领导带队调研，市科技局成立8个工作组，累计赴高校、院所、医院等开展政策宣讲56场次，切实调动研发主体积极性，高质量完成2019年研发投入统计填报工作，全社会研发投入经费236.7亿元，增长27.8%，高于全国15.3个百分点、全省9.7个百分点；研发投入强度达到2.04%，提高0.3个百分点，在GDP大幅增长的情况下首次突破2%。

【科技体制改革】深化科技领域“放管服”改革，按照“互联网+政务服务”要求，通过调整目标，完善清单，优化流程等措施，扎实推进“一网通办”，提升政务服务水平，政务服务评估成绩位列全市第4位。加快推进职能转变，推动政府职能从研发管理向创新服务转变，现有科技项目全部委托第三方机构或专业机构受理评审，逐步实现从具体项目直接管理，到定战略、定政策、优化环境、提升服务的转变。

（李登科）

气象服务

【概况】2020年，郑州市气候影响评价总体属一般年景。全年平均气温偏高，降水量略偏少，日照时数略偏少；郑州地区未出现极端灾害性天气，气候总体适宜，对国民经济、社会生活等的影响利多弊少。

【主要气候特点】全市平均气温偏高。2020年，郑州平均气温16℃，较常年同期偏高1.2℃，比上年同期偏低0.1℃（图1、图2）。其中冬季平均气温4.3℃，较常年同期偏高1.9℃，比上年同期偏高2.3℃；春季平均气温17.5℃，较常年同期偏高2.1℃，比上年同期偏高0.2℃；夏季平均气温26.5℃，较常年同期偏高0.4℃，比上年同期偏低1.5℃；秋季平均气温16.4℃，较常年同期偏高1.2℃，比上年同期偏低0.2℃。

年极端最低气温-8.2℃，2020年12月30日出现在巩义和登封。

年极端最高气温41℃，2020年5月3日出现在荥阳。

2020年，全市高温日数为8天（登封）-23天（巩义）（图3），全市平均高温日数为16天（图4）。

全市降水量略偏少。2020年，郑州平均降水（20-20）576毫米，较常年同期偏少8%，比上年同期偏多13%（图5、图6）。其中冬季郑州平均降水量87.4毫米，较常年同期偏多186%，比上年同期偏多158%；春季平均降水量60毫米，较常年同期偏少49%，比上年同期偏多73%；夏季平均降水量349.5毫米，较常年同期偏多1%，比上年同期偏多10%；秋季平均降水量80.9毫米，较常年同期偏少40%，比上年同期偏少36%。

全市日照时数略偏少。2020年，郑州平均日照时数1789小时，较常年同期偏少209.2小时，比上年同期偏少85.3小时（图7、图8）。其中冬季平均日照时数370.5小时，较常年同期偏少29.1小时，比上年同期偏多119.5小时；春季平均日照时数655.8小时，较常年同期偏多71.7小时，比上年同期偏多61.5小时；夏季平均日照时数405.2小时，较常年同期偏少144.7小时，比上年同期偏少124.8小时；秋季平均日照时数366.4小时，较常年同期偏少98.3小时，比上年同期偏少54.3小时。

【主要天气气候事件及影响】暴雪、大风、降温、寒潮：1月6日17时-7日06时，郑州市普降大到暴雪，全市降雪量7.5—11.8毫米，最大积雪深度3厘米，未造成长时间积雪，但道路结冰给交通出行带来不利影响。

3月26—28日，全市出现寒潮大风天气过程，最低气温降幅达12.0℃（登封），市观测站极大风速15.8米/秒（7级），局地阵风9级。

4月9—10日，全市出现寒潮大风和降水天气，过程降温剧烈，伴有雨、雪、小冰雹、雷电等复杂天气现象。

12月28—31日，受强冷空气影响，郑州市出现大风降温雨雪天气过程。全市偏北风4-5级、阵风6级以上，西部山区局地阵风9级；全市48小时内最低气温降幅5℃（中牟）-9.4℃（巩义），巩义达到寒潮标准。28日夜里至29日上午，大部分地区出现雨夹雪转小雪天气，降水量0.3毫米（巩义）-4.5毫米（新郑），其中嵩山站积雪厚度达1厘米。

高温、干旱：4月较历史同期气温偏高，降水偏少，日照时数偏多，多风，土壤失墒快，干旱面积逐渐扩大。

4月30日—5月3日，全市出现持续高温，尤其是5月3日，荥阳、登封、新密、中牟站突破建站以来5月历史同期极值，郑州站最高气温40.8℃，达建站以来5月历史同期极值。

5月中下旬，全市无有效降水，土壤失墒快，干旱面积逐渐扩大，旱情加重。

6月1—7日，全市出现持续高温，尤其是6月4日，各国家站最高温度均超过38.6℃，巩义站达到40.8℃。高温区域与前期干旱区域的高度重合，使郑州市尤其是西部地区的旱情在6月初持续发展。

暴雨、强对流天气：5月7—9日，全市普降中到大雨，郑州西南部、新密北部出现暴雨，最大降水量出现在郑州的尖岗水库（55.8毫米）。

5月17日夜里，郑州市出现雷阵雨及大范围雷暴大风天气，新郑的薛店极大风速达到25.4米/秒（10级）。

6月11—12日，郑州市中东部出现中到大雨，航空港区和新郑南部出现暴

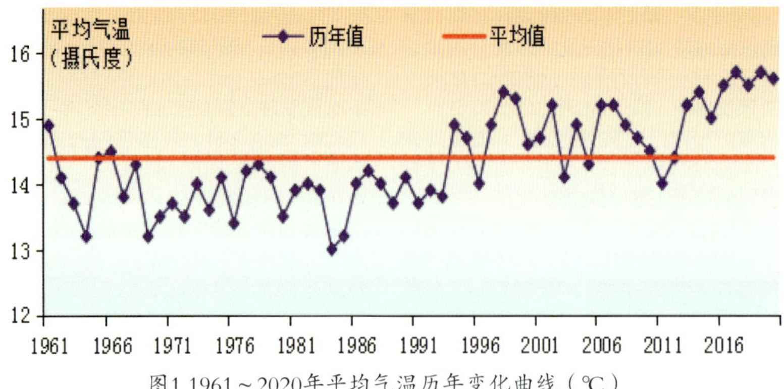

图1 1961～2020年平均气温历年变化曲线（℃）

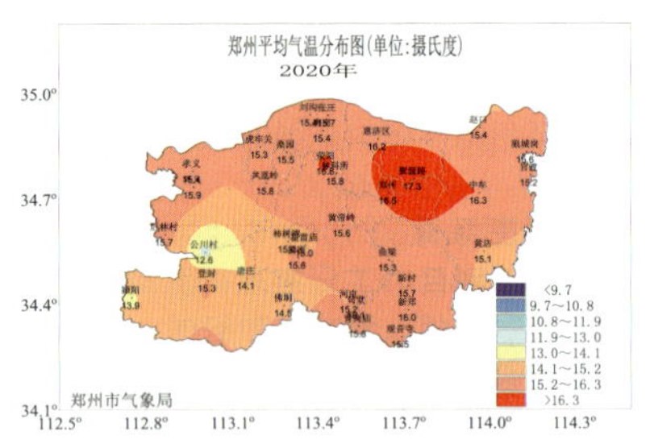

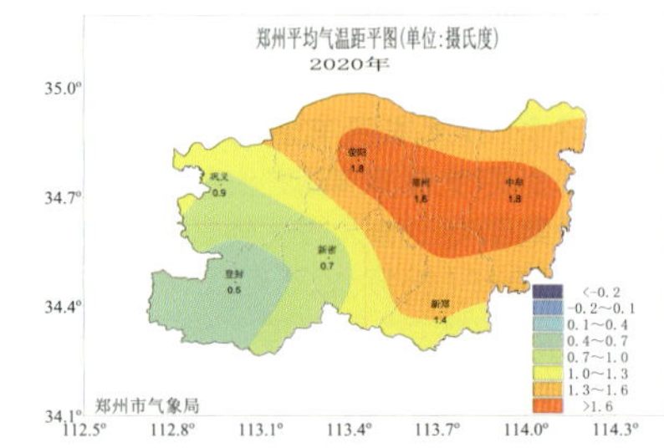

图2 2020年平均气温（左）及距平（右）分布图

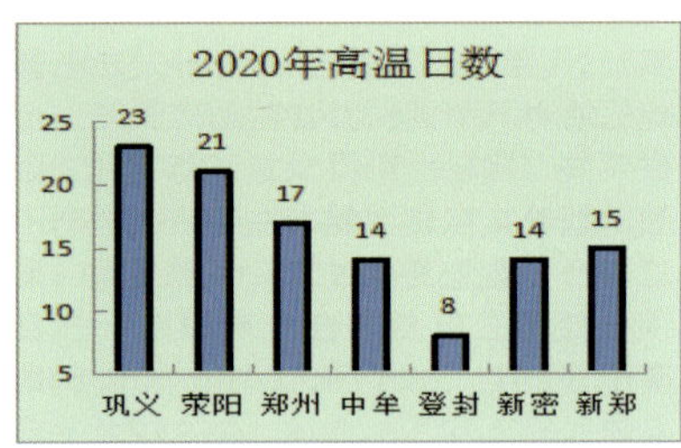

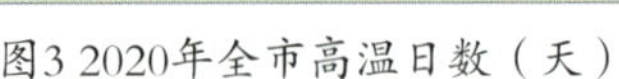
图3 2020年全市高温日数（天）

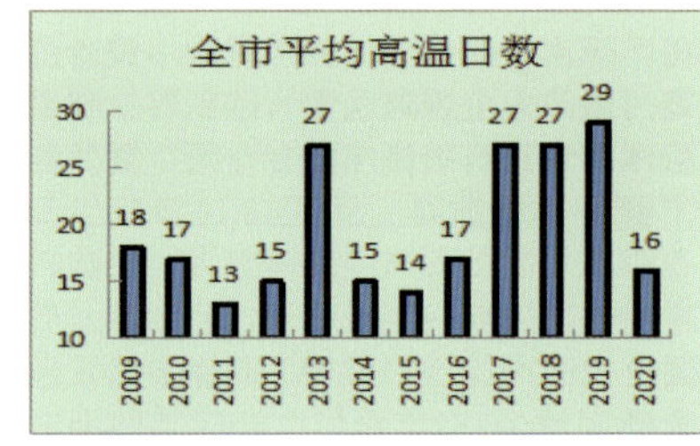

图4 近12年全市平均高温日数（天）

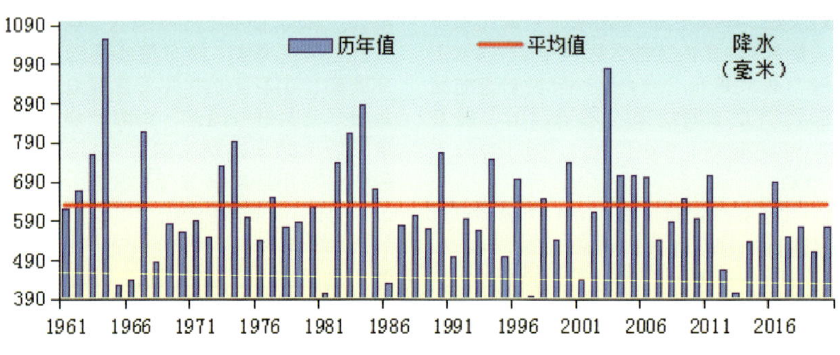

图5 1961～2020年降水历年变化曲线（毫米）

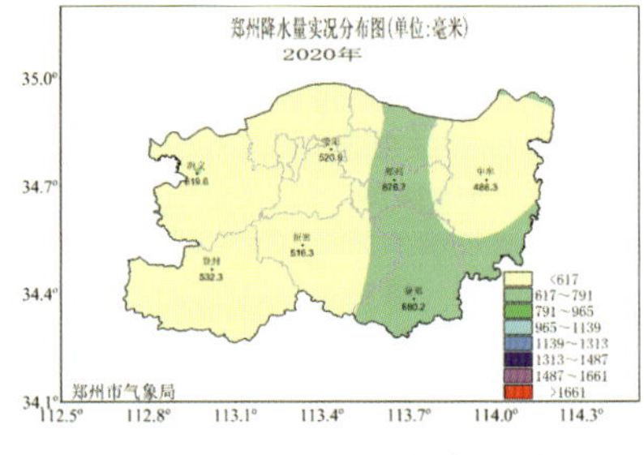

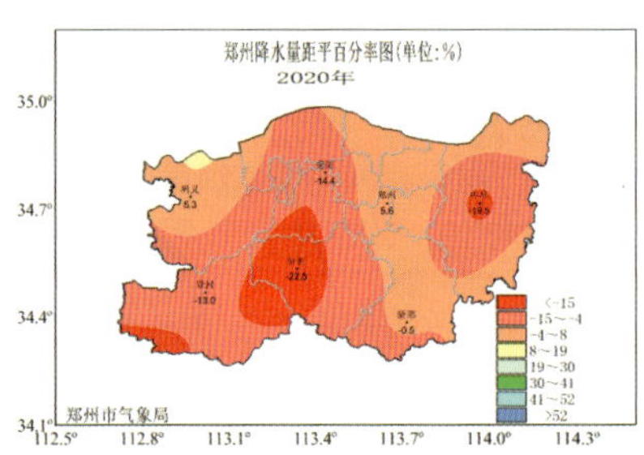

图6 2020年降水（左）及距平百分率（右）分布图

雨，局地大暴雨。降水量在100—249.9毫米的站点有1个，50—99.9毫米的站点有8个，25—49.9毫米的站点有14个，10–24.9毫米的站点有41个。

6月15—17日，全市出现大范围、持续性中到大雨降水天气，局部暴雨。降水量较大的区域位于郑州辖区北部沿黄河一带及西部山区。国家站中过程雨量最大的为巩义（110.0毫米），其次是荥阳（80.3毫米）。区域站中沿黄河一带过程雨量超过100毫米的站点有13个，量级最大的站为郑州的炎黄广场（170.1毫米），其次是荥阳的高村（157.4毫米）。15日午后，上述两站出现短时强降水，最大小时雨强分别为39.9毫米和28.6毫米。西部山区降水量较大的站点有荥阳的环翠峪（112.2毫米）、新密的尖山（110.0毫米）和伏羲山（109.4毫米）。此次降水过程使得郑州地区的旱情得到解除。

6月24日20时—25日00时，受飑线东移南下影响，郑州北部出现对流性降水、雷暴大风天气，极大风速24.1米/秒（9级）（新密的刘河陈家岗），最大降水量14.0毫米（郑州的河大附小）。

8月4日14时—5日06时，郑州市出现短时强降雨天气，惠济区、荥阳出现大到暴雨，局地大暴雨。最大过程降雨量为126.9毫米（荥阳的冢子岗），最大风力4级。此次天气过程造成荥阳市京城办受灾：因降雨致京城办辖区的卫健委院内围墙倒塌，直接经济损失共计229.68万元，受灾人口16人，未发生人员伤亡。

8月5日08时—6日08时，郑州市出现短时强降雨天气，主要降水集中在郑州市东南部，新郑、航空港区和中牟出现暴雨。雨量较大的站点有：新郑市的常刘86.3毫米、新郑站84.9毫米、城关82.7毫米、草庙马81.3毫米、望京楼水库74.2毫米，郑州航空港区的三官庙67.8毫米、张庄51.1毫米，中牟县的黄店68.9毫米、韩寺51.0毫米。

8月6日20时—7日20时，郑州市普降大到暴雨，巩义、登封、荥阳和新密出现大暴雨。降水量在100—249.9毫米的站点有33个，50—99.9毫米的站点有104个。此次强对流及持续强降雨天气造成郑东新区杨桥办事处、新密市尖山管委会受灾：农作物受灾面积18.6公顷，倒塌居民房屋1间；直接经济损失14.37万元，其中农业损失10.37万元，家庭财产损失4万元；全市受灾人口210人，无人员伤亡。

大气污染：2020年郑州地区共出现中–重度污染天气过程37天，特别是1月4—5日、1月13—14日、1月22—24日、11月30日、12月27—28日，受持续静稳天气形势、本地累积及污染传输等因素的影响，郑州出现重度污染，对人体健康造成不利影响。

【气候对行业的影响评价】 气候与农

业。冬季的气候条件对冬小麦生长总体有利；光照不足，对大棚蔬果生长有一定不利影响。

春季出现的阶段性干旱对冬小麦的返青、拔节、后期灌浆，以及春播、夏种都造成一定不利影响。

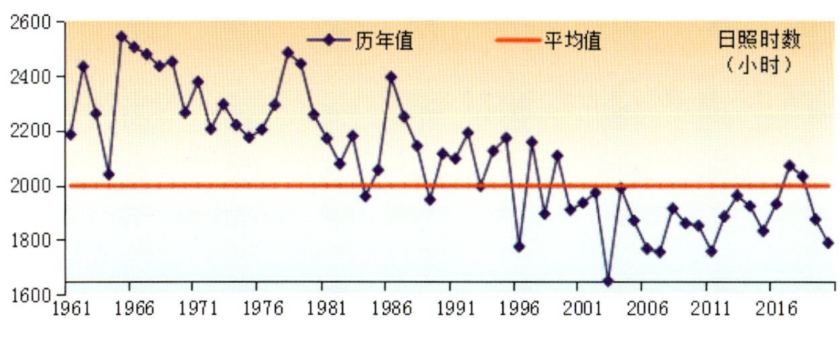

图7 1961～2020年平均日照时数历年变化曲线（小时）

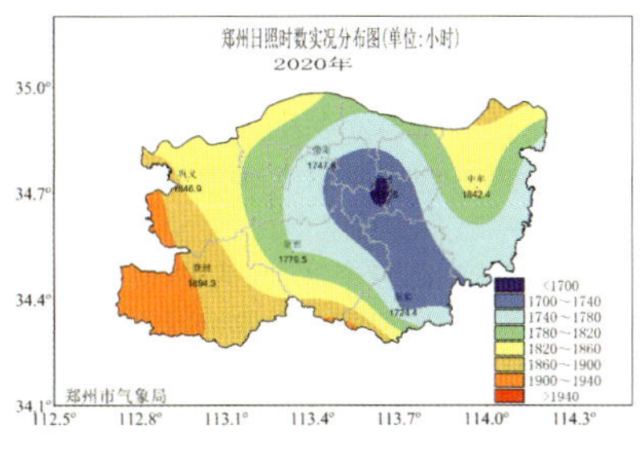

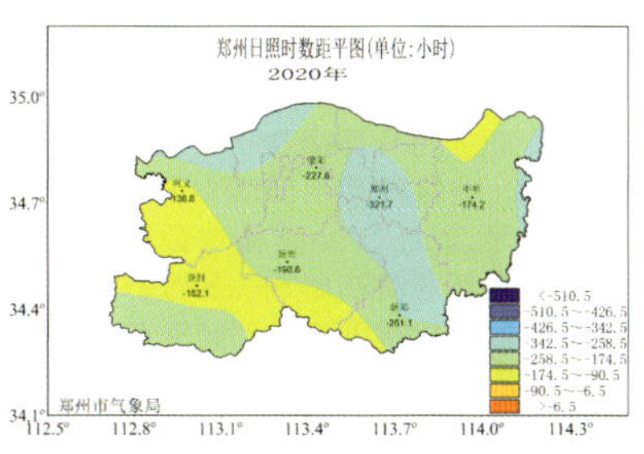

图8 2020年平均日照时数（左）及距平（右）分布图

夏季，郑州地区光、温、水等气象要素整体上对秋作物的生长比较有利。

秋季，郑州地区光、温、水等气象要素对农业生产没有明显不利影响。

气候与旅游。“元旦”期间（2019年12月30日—2020年1月1日），全市以多云天气为主，但气温较低，不利于出游。

“春节”假期期间（2020年1月24—31日），1月25—26日（初一至初二）全市出现雨夹雪天气，后期以晴好天气为主；“清明”和“五一”假期期间天气也较为适宜。但受新冠肺炎疫情影响，市民外出减少，对旅游业影响较大。

“端午”假期期间天气适宜，有利于市民出行和户外旅游。

“十一”黄金周期间，受冷空气影响，出现大风、降温和降水天气，对出游和返程有一定不利影响。

气候与交通。冬季的降雪、大雾天气对交通出行造成一定的影响。

夏季出现几次短时强降水天气过程，在市区强降水区域，出现短时积水现象，对城市交通造成一定影响。

（张俊杰）

文化事业

综述

【概况】 2020年，郑州图书馆接待读者3072558人次，图书外借222294册次；郑州美术馆举办展览20场，接待观众13.3万人次；举办“舞台艺术进乡村、进社区”活动1200场，“舞台艺术送基层”活动69场，2020年郑州新年音乐会2场，2020年郑州市“情暖新春”文艺演出活动6场，“绿色周末”系列活动2场，2020年郑州市精品剧（节）目演出季活动50场；“舞台艺术进乡村、进社区”市财政投入资金1008万元；出动执法人员4200余人次，检查场所9820余家次，立案91起，查处出版物市场大案要案7起，收缴非法出版物140036册（张）。全市有国家级文化产业示范基地3个、国家文化产业出口重点企业2个、国家级动漫产业基地1个、省级文化产业示范基地24个、河南省文化产业示范区2个；有剧场2家、网吧915家、歌舞娱乐场所196家、电子游艺场所10家。

【新冠肺炎疫情防控】 市文广旅局认真贯彻落实党中央、国务院和省、市疫情防控工作部署，团结带领全系统干部职工闻令而动，积极尽责，放弃假日，全员上岗，全力做好疫情防控工作，确保全市文化旅游行业安全、健康、有序运行。市图书馆第一时间闭馆后，由线下借阅转为线上浏览，无偿为市民提供线上图书阅览服务，同时还开展各种志愿活动，向各级隔离点无偿捐赠图书资料2千余册，旅游宣传图册万余册。全市县（市）属文艺院团、各区县（市）共推送各类抗疫作品86（件）。虎美玲、张艳萍、张娜、张海龙、张兰珍、海波等知名艺术家在栏目中表演唱段发声、鼓舞士气。郑州市艺创院阮志斌作词的公益歌曲《我们能》（著名歌手张明敏演唱）、《这时候》一经推出，广为传唱。

【复工复产】 主动服务上门，先后走访文旅企业346家，协调解决各种问题380余件，送消毒液1.5吨、口罩3000多只、发放《疫情防控期间促进文旅企业健康发展政策措施摘编》500余本。强化政策扶持，按照文化和旅游部暂退80%旅游质保金的要求，为246家旅行社办理了暂退手续，共计3588万元。协调郑州市85家文旅企业积极申请国家再贷款再贴现资金。组织线上培训，邀请业内知名专家免费在线讲授旅游专业知识、技术技能、政策解析等内容，共培训1745人次。截至11月份，全市A级景区46家，已全部开放；星级饭店70家，复工65家，复工率93%；旅行社356家，已复工250家，复工率70.2%；网吧968家，复工789家，复工率81.5%；娱乐场所268家，复工224家，复工率83.5%；图书馆16家，全部复工；城市书房65家，全部复工；文化馆15家、美术馆2家，全部复工。1—11月，旅游接待总人数为11078.56万人次，同比恢复至84%；旅游总收入1385.75亿元人民币，同比恢复至83.8%。2020年全年接待国内外游客预计达到11303.95万人次，旅游总收入预计达到1401.06亿元。

【公共服务】 文化场馆阵地建设成效显著，10月25日，郑州美术馆开馆，“聚美中原——郑州美术馆新馆开馆首展系列活动”正式启幕；11月8日郑州大剧院开幕音乐会——林大叶·上海交响乐团在郑州大剧院音乐厅精彩上演，这也标志着郑州大剧院正式投入使用。做好城市书房管理和服务提升工作，修改完善《城市书房规范管理办法》，指导各区县（市）做好已建成城市书房的运行和管理工作。在“郑州城市大脑”项目建设总体框架下，智慧文旅平台建设稳步推进。“郑州文旅云”于6月份上线试运营，实现了与省级公共文化服务平台、“郑好办”政务平台等数据互联互通。码上游郑州、数字景区大数据

10月25日，郑州美术馆新馆开馆（市文广旅局/供图）

监管服务系统和郑州旅游电子年卡都已上线运行。狠抓基层综合性文化服务中心提升工程，制定《2020年郑州市基层综合性文化服务中心提升工程实施方案》，全市2783个基层综合性文化服务中心运转良好，服务效能进一步提升。旅游厕所达标验收和立项审核顺利推进，完成了2019年完工的117座旅游厕所的达标验收工作及2020年完工的67座旅游厕所的建设计划申报、立项和审核工作。积极开展文化惠民活动，持续组织开展“情韵郑州”“绿城读书会”“讲好黄河故事”“天中讲坛”“公益课堂”“全民阅读”等知名度较高群众文化活动品牌，其中，“天中讲坛”承办的《双槐树遗址重要考古发现探秘》及《发现郑州·先秦篇》线上观众分别累计140万人次以上，受到媒体的广泛关注和社会各界的一致好评。由于受疫情影响，惠民演出活动在前期基本停滞的情况下，克服困难，后续发力，严格落实防控标准，确保演出有序开展。截至12月3日，舞台艺术进乡村、进社区”演出1200场及精品剧目演出50场全部完成。

【对外文化交流】因疫情影响，2020中国（郑州）国际旅游城市市长论坛各项工作暂停。受国家文旅部委派，组团赴卡塔尔、乌拉圭、巴西、美国执行文旅部2020“欢乐春节”出访演出交流任务。做好对外文化交流团体疫情防控工作，妥善处置因疫情滞留奥地利的“河南省登封少林武术团”一行19人的安全返郑和归国隔离工作。选报郑州黄河文化公园和嵩山少林功夫游学之旅两个景点（产品）参加“十佳港澳青少年游学产品”竞选活动，郑州市申报的“深读黄河 豫见根魂”入选，目前省文旅厅正组织专业摄制组在郑州市创作该产品宣传片。

【脱贫攻坚工作】加大对贫困村文化基础设施建设、管理资金倾斜力度，促进基层综合性文化服务中心功能优化、提档升级，截至目前，郑州市共建成基层综合性文化服务中心2783个，实现了全市综合性文化服务中心的全覆盖。对口帮扶三门峡卢氏县，投入资金2200万元建成了58个高质量的基层综合性文化服务中心。实施精准扶贫，开展“扶智”“扶志”。建成乡镇图书馆分馆191个、校园分馆16个。加强贫困村文艺队伍建设，要求各区县（市）全年开展各类培训不少于50次，为每个贫困村配备1名文化管理员，培育1—2名文艺骨干。创作扶贫扶志新作品，先后指导文艺院团创排了豫剧《金秋》《老栗树》和大型现代扶贫戏《春暖乱石坡》等3台脱贫攻坚题材的舞台剧目，音乐快板《扶贫攻坚惠民心》和情景歌舞《一个都不能少》，有效鼓舞了贫困群众致富奔小康的信心和决心。深入开展千企帮千村活动，先后组织动员全市文旅部门对300多个贫困村（含卢氏县）进行调研，协调140家民营文旅企业结对帮扶140家建档立卡贫困村加快脱贫进程。支持民营企业参与伏羲山区、大熊山、具茨山、中灵山等贫困山区旅游项目开发，2019年仅旅游企业就带动贫困人口2800多人就业、增收，2020年带动贫困人口3100多人增收、致富。创建旅游扶贫示范县，新密市被评为旅游扶贫示范县，2019年新密市旅游扶贫项目数在脱贫攻坚项目中占32%，旅游带动脱贫3300人。创建郑州市旅游扶贫示范（村）镇、乡村旅游特色村6家、旅游扶贫示范户5家。

【市级文化市场综合行政执法改革】4月1日，郑州市文化市场综合行政执法支队挂牌成立，8个执法大队已下沉到位，开始执行文化、文物、旅游、新闻出版、广播电视、电影六个方面的执法任务。加快推进日常行政执法工作规范化、制度化、信息化，不断提高行政执法综合效能。积极做好文艺院团改革工作。全面贯彻落实市委市政府印发的《郑州市从事生产经营活动事业单位改革实施方案》要求，制定了《郑州市豫剧院、郑州市曲剧团、郑州市歌舞剧院改革实施方案》，经市编委、市分类推进事业改革工作领导小组研究决定，将郑州市豫剧院、曲剧团、歌舞剧院调整为公益二类事业单位，进一步明确了郑州市文艺院团工作职能。

【优化营商环境】结合文化广电和旅游工作实际，提出“强化三个站位、落实八项举措”，为营造良好文化广电和旅游业营商环境提供有力的机制体制保障。严格把关行政审批过程，推进行政审批工作规范化、制度化。认真做好导游证换证工作，严格审核把关，截至11月底，已完成28160人次导游证的审批发证工作。审批广播电视许可事项117件，其中《广播电视节目制作经营单位设立审核》业务115件，《电视剧制作许可证（乙种）核发审核》业务和《设立卫星广播电视广播地面接收设施安装服务机构审核》业务各1件。加快推动“一网通办、一次办成”政务服务改革成果落地，全面认领政务服务事项业务办理32项，并对办理事项的名称、编码、依据、类型等106个基本要素进行标准化编制。其中，19个广电事项均减少了一项办理材料，办理时间全部由原来的10个工作日压缩至3个工作日内，并且全部实现网上办理，网办率达到100%。积极提高不见面审批事项数量，努力让群众办事一次都不跑，不见面审批事项由原来的7个增加至14个，不见面审批率由46.67%提高至93.33%，不见面审批效率增长了46.67%。其中发布的19项行政许可事项，在“减时间”上进一步提效挖潜、再压减再优化，将16项调整为即办件，即办件占比达84.21%，在郑州市各局委中排名第二。

（赵　翔）

社会文化

【文艺作品创作】加工提升舞剧《精忠报国》，并于11月22日登上舞台，完成国家舞台艺术精品创作扶持工程重点扶持剧目、国家艺术基金大型舞台艺术创作资助项目结项汇报演出工作。加工提升豫剧《锦娘》，9月4日正式搬上舞台。与中国戏曲学院联合创排新剧《王熙凤》，于8月24日在郑州艺术宫成功首演。完成豫剧《杜甫》剧本重大修改编剧协议的签订，11月底完成剧本修改。精心打磨曲剧《小小把城官》，

5月26日，2020年“舞台艺术进乡村、进社区”活动，巩义市豫剧团在米河镇小里河村演出（市文广旅局/供图）

恢复传统经典曲剧剧目《花庭会》《沙家浜·智斗》，复排曲剧《姑苏遗恨》《卖苗郎》。指导市县院团新排、复排、加工提高剧目9部。积极推动文艺创作研究，完成《黄河逆行人》等7部剧本创作和修改；创作完成《相亲》等5部曲艺小品；参与电影《宛城之战》《盛开的远方》等2部影视作品的摄制；创作歌曲《我们能》获得“优秀国际展播奖”。积极参与和组织各项文艺赛事、活动，郑州歌舞剧院参与中国金鸡百花电影节（第35届大众电影百花奖）启动仪式及颁奖典礼闭幕式演出、央视中秋晚会等大型演出活动，获得好评。舞蹈《唐宫夜宴》参加第十二届中国舞蹈“荷花奖”古典舞评奖，入选终评奖。组织报送的舞蹈《匠人之心》入选文旅部“百年百项”小型作品创作计划。

【文化活动】 全面启动“2020郑州文化旅游惠民消费季”活动，分别在惠济区艺茂国际仓、巩义市长寿山景区、郑东新区如意湖广场等启动了一至四季“郑州文化旅游惠民消费季”活动，为广大市民游客奉上了形式多样、内容多彩、实惠便利的文化旅游大餐，同时也激发了群众的文旅消费潜力，创造了良好的文旅消费氛围。代拟了《郑州市人民政府办公厅关于进一步激发文化和旅游消费潜力创建国家文化和旅游消费示范城市实施意见》，进一步提高文化和旅游消费对经济发展的贡献度，增强人民群众的获得感、幸福感。积极推动小剧场建设，制订了《关于促进小剧场演艺发展的意见（暂行）》和《郑州市小剧场专项资金管理（试行）办法》，10月1日至11月1日，承办了郑州市首届“黄河杯”小剧场艺术节活动，共征集到4个小剧场、26个剧目参与活动，累计演出114场，接待观众逾2.5万人。组织“郑州十佳夜游好去处”评选活动，参与投票用户79369位，网络投票118527张，活动有力地拉动了郑州市文化旅游消费，樱桃沟景区、方特欢乐世界、建业电影小镇旅游人数和收入环比增长均在30%以上。积极推动文化产业交流活动，组织约克、小樱桃、枫华、华冠等重点文旅企业参加第三届中国国际进口博览会、第三届中原国际文化产业博览交易会、第十六届中国（深圳）国际文化产业博览会（云上文博会）等。

（赵　翔）

旅　游

【概况】 2020年全市接待国内游客11303.95万人次，国内旅游收入预计达到1401.06亿元。全市A级旅游景区46家，旅行社358家，星级饭店68家，其

郑州市A级旅游景区名单

截至2020年12月30日，全市A级旅游景区51个。其中5A1个，4A23个，3A23个，2A4个。

表4

序号	等级	管辖区	景区名称
1	AAAAA（1）	登封市	少林寺景区
2	AAAA（23）	市辖区	郑州黄河文化公园
3		经开区	中原福塔
4		新郑市	黄帝故里
5		登封市	中岳庙
6		登封市	嵩阳书院
7		登封市	观星台
8		登封市	仙人谷景区
9		惠济区	丰乐农庄
10		惠济区	富景生态游乐世界
11		中牟县	郑州绿博园
12		中牟县	方特欢乐世界
13		中牟县	建业华谊兄弟电影小镇
14		荥阳市	古柏渡飞黄旅游区
15		荥阳市	古柏渡丰乐樱花园旅游风景区
16		新密市	伏羲山大峡谷景区
17		新密市	三泉湖景区
18		新密市	红石林景区
19		新密市	银基国际旅游度假区
20		二七区	樱桃沟旅游景区
21		航空港	郑州园博园
22		巩义市	康百万庄园
23		巩义市	竹林长寿山景区
24		巩义市	杜甫故里
25	AAA（23）	惠济区	黄河花园口旅游区
26		惠济区	黄河逸园
27		管城区	郑州城隍庙—文庙
28		金水区	郑州海洋馆
29		荥阳市	环翠峪风景名胜区
30		荥阳市	塔山休闲旅游度假区
31		荥阳市	荥阳市禹锡园
32		新密市	神仙洞森林公园
33		新密市	灵崖山天爷洞景区
34		新密市	豫西抗日纪念园
35		中牟县	雁鸣蟹岛
36		新郑市	始祖山风景区
37		新郑市	新郑郑国车马坑景区
38		新郑市	新郑“好想你”红枣小镇
39		登封市	摘星楼景区
40		登封市	范家门景区
41		巩义市	巩义石窟寺保护所
42		巩义市	青龙山慈云寺景区
43		巩义市	浮戏山雪花洞风景名胜区
44		巩义市	巩义石窟•偃月古城
45		巩义市	黄牛寨景区
46		二七区	钓鱼沟景区
47		经开区	大信家设计工厂
48	AA（4）	新密市	九里山风景区
49		新郑市	新郑市博物馆
50		新郑市	欧阳修公园
51		登封市	登封陶瓷博物馆

中五星级饭店9家，四星级饭店22家。

【全域旅游】积极创建全域旅游示范区，巩义市获得河南省首批省级全域旅游示范区的荣誉称号。积极贯彻落实省、市文化旅游大会精神，认真开展乡村旅游资源普查，研究制定推进乡村旅游高质量发展的实施意见，编制了《郑州市乡村旅游发展三年行动计划》。筹备起草《郑州市乡村旅游民宿高质量发展实施意见》，着力规范乡村旅游民宿发展，评选11家乡村旅游民宿为“郑州民宿”。加强乡村旅游品牌培育，打造一批特色鲜明、优势突出的乡村旅游品牌。新密市米村镇朱家庵村、二七区樱桃沟社区荣获第二批全国乡村旅游重点村。成功创建河南省乡村旅游特色村12个、河南省特色生态旅游示范镇5个、河南省休闲观光园区3个，郑州市乡村旅游特色村3个、郑州市休闲观光园区1个、郑州市巧媳妇创业就业工程示范基地（乡村旅游类）7个。开展首批郑州市十大旅游名镇和十大旅游名村评选活动，评选出巩义市竹林镇等十大旅游名镇和新密市米村镇朱家庵村等十大旅游名村，进一步增强郑州市乡村旅游品牌的影响力和竞争力，促进郑州市乡村旅游提质升级。加强红色旅游培训和岗位练兵，2020河南红色故事讲解员大赛中，获得专业组一等奖“金牌讲解员”1名，二等奖“银牌讲解员”1名，三等奖1名，志愿者组三等奖3名，郑州市文化广电和旅游局荣获优秀组织奖。积极助推乡村旅游扶贫，指导登封市创建2020年河南省旅游扶贫示范县，并依托旅游扶贫示范县创建打造了2个国家A级旅游景区和7个省市乡村旅游特色村，带动了9个贫困村发展乡村旅游，形成乡村与景区共生共荣、共建共享的“景区带村模式”。推进旅游标准化建设。开展评选出了郑州市第四批旅游标准化示范单位，推荐嵩山少林景区、郑州市海洋馆、河南南湖国际旅行社有限公司、郑州嵩山少林旅行社、河南万里行国际旅行社有限公司等5家单位申报河南省第四批旅游标准化试点单位。

【拓展宣传推广渠道】打造精品文化旅游线路，紧扣黄河文化带设计了5条沿黄文化旅游精品线路，紧扣嵩山文化带设计打造了8条精品线路，紧扣中心城市商代王城遗址、二七纪念塔片区、二砂文化片区等商代文化、革命文化、近代工业文化等，设计打造王朝街道和古都之旅、红色之旅、铁路和现代工业之旅等3条精品旅游线路，并进行宣传推介。不断创新宣传推介手段，4月18日、19日，2020郑州文旅云推介（杭州、西安专场）分别通过腾讯新闻直播进行在线推介，吸引了超过320万网友观看和参与。举办“2020年郑州市首届地标打卡地评选活动”，市各景区（景点）、文旅产业园、文创产业园、特色街区、文旅小镇、文旅乡村、地标建筑等55家单位积极参与，近20万人次踊跃投票。承办省委网信办、省文旅厅主办的“打卡老家河南、弘扬黄河文化”主题活动，组织10名全国知名大V和20家网络媒体对郑州黄河段文化旅游资源进行广泛宣传，微博话题总阅读量1.25亿次，全网话题阅读播放量1.69亿次。黄河文化旅游融合协作体亮点活动频现，“大美黄河·醉郑州”短视频大赛和“我和黄河的故事”图文征集活动均取得良好效果。

【文化旅游市场管理】进一步加强旅行社用车专项治理，组织对全市旅行社用车逐一摸排，坚决从严打击租使用不合法车辆的行为。组织完成对全市318家网吧安装监管系统。组织开展全市文化广电和旅游市场扫黑除恶排头兵创建工作，建立健全扫黑办长效工作机制，持续净化郑州文化广电和旅游市场环境。督促文旅企业健全依法安全生产机制，强化企业主体责任，切实抓好安全生产。大力加强文旅行业信用体系建设，积极动员全市文旅企业为疫情防控做贡献，共有9家企业别列入全市疫情防控红名单。组织各开发区、区县（市）行政审批人员参加法律法规培训，进一步规范了行政审批业务。做好出境游旅行社、星级饭店的属地管理。

【黄河文化旅游工作】9月中旬，《黄河流域（郑州段）文化旅游发展专项规划》编制已完成大纲。预计11月底，完成初步成果，编制团队向市委宣传部和文旅局领导进行初步成果汇报。12月底前，完成成果稿进行专家评审会评审，并按照评审会意见修改完善。《黄河流域郑州段非物质文化遗产保护传承弘扬规划》在咨询对接专业规划单位的基础上，积极组织有关专家小组座谈，对郑州市非遗保护弘扬规划编制工作进行研讨。9月份组织招投标。10月份完成规划编制的征求意见稿。11月份完成专家和社会公众对征求意见稿的意见整理工作。12月份修订完善规划，完成规划编制。配合省文化和旅游厅编制《郑汴洛黄河文化国际旅游目的地规划》，讲好“三座城、三百里、三千年”历史文化故事。省文旅厅委托青旅（北京）旅游规划设计研究院编制《郑汴洛黄河文化国际旅游目的地规划》，10月30日，《规划》编制已完成文稿，取得阶段性成果，编制团队已向省厅主要领导专题汇报。目前，正在进一步修改完善，预计12月底《规划》编制结项。

（赵　翔）

黄河文化公园（马　健/摄）

庚子年黄帝故里拜祖大典

【概况】庚子年黄帝故里拜祖大典由河南省人民政府、政协河南省委员会、国务院台湾事务办公室、中华全国归国华侨联合会、中华全国台湾同胞联谊会、中华炎黄文化研究会等单位联合主办，郑州市人民政府、政协郑州市委员会承办。大典仍以“同根同祖同源，和平和睦和谐”为主题，以“长江黄河共战‘疫’，轩辕黄帝佑中华”为主旨，由十二届全国政协副主席齐续春继续担任主拜人，以现场简约而庄严的仪式、全球网上拜祖、电视连线等线上线下、大屏小屏互动交互的形式进行。

由于疫情原因，庚子年黄帝故里拜祖大典以“现场无嘉宾、无观众、无演员表演”、大典“规格不降、影响力不降”为基本遵循简约庄严举办，个别环节由黄帝故里群众完成。

大典取消外广场大规模群众表演参与，能容纳万余人的内广场也一改观礼方式，根据“两个统筹”的要求，在疾控专家指导下，按照人员间隔左右两

3月26日，庚子年黄帝故里拜祖大典举行（刘栓阳/摄）

米、前后三米的标准，由部分黄帝故里当地群众作为参拜人员，代表五大洲世界华人进行观礼，表达对中华文明始祖黄帝的恭拜，对幸福美好生活的祝愿，对世界和平安康的祝福。

为保证黄帝故里拜祖大典作为国家非物质文化遗产的传承性和庄严性，现场继续保留大典的九项仪程。九项仪程分别为：盛世礼炮、敬献花篮、净手上香、行施拜礼、恭读拜文、高唱颂歌、众志成城、祈福中华、天地人和。九项仪程主要通过现场直播连线、主持人和专家解读、网上拜祖等方式完成，个别仪程由黄帝故里少量工作人员完成。

【大典仪程】2020年3月26日9时34分，庚子年黄帝故里拜祖大典开始。大典共有九项仪程：

——盛世礼炮。全体肃立，鸣炮21响。礼炮声声响故里，寄托全球华人礼拜人文始祖的虔诚敬仰之心。礼炮声声震云霄，表达中华儿女抗击新冠疫情的坚定必胜信念。

——敬献花篮。国之大事，在祀与戎。在这神圣而庄严的时刻，我们向中华民族文明始祖、人文共祖表达崇高的敬意。

——净手上香。黄河孕育中华志，从未断流轩辕情。净手、净心、毕恭、毕敬。让我们回到世界华人拜祖圣地，中华民族的精神家园，燃一炷高香，表一份虔诚。一束束清香，香云缭绕，腾空而上，表达了全球华人对祖国风调雨顺、国泰民安的美好祝愿。

——行施拜礼。面向黄帝像三鞠躬，表达着炎黄子孙对文明始祖的无限尊崇。现场播出了美国、澳大利亚、法国、英国、赞比亚等世界五大洲华人和中国香港、澳门、台湾同胞行施拜礼画面。

——恭读拜文。由十二届全国政协副主席齐续春主拜人在北京录制恭读《拜祖文》视频，传至大典现场、央视和全球华人拜祖平台。

——高唱颂歌。“大风起兮云飞扬，吾土吾心吾欢畅，四海之内皆和谐，吾思吾梦吾向往……”现场播放了云合唱《黄帝颂》视频，这是由郑州少儿合唱及成人合唱人员、港澳台同胞和海外侨胞组成的一个庞大的“云合唱团”，通过视频拼贴剪辑完成的《黄帝颂》演唱。肃穆的旋律、悠扬的节奏和经典的歌词，唱出了炎黄子孙的虔诚之心，唱出了全球华人同拜始祖，血浓于水、团结一心的凝聚力。

——众志成城。众志成城是今年大典一项特殊的仪式。当新冠肺炎疫情突降、中华民族面临重大考验之时，习近平总书记亲自部署、亲自指挥抗疫，医护、警察、基层人员等扛鼎逆行勇战，亿万人民凝心聚力，众志成城，激发出同舟共济、共克时艰的磅礴力量。国医大师唐祖宣讲述中医抗疫；港澳台同胞和海外侨胞拜祖祈愿“武汉加油”、“疫情早日结束”；澳门恭拜黄帝大典在“众志成城”仪式中向澳门特区政府捐赠抗疫物资……一个个视频短片，彰显着“中国力量”，传递着必胜的信念。

——祈福中华。2020年是具有里程碑意义的一年。我们将全面建成小康社会，实现第一个百年奋斗目标。2020年也是脱贫攻坚决战决胜之年。我们将走向复兴，走向更美好的第二个一百年。没有任何力量能够撼动我们伟大祖国的地位，没有任何力量能够阻挡中国人民和中华民族的前进步伐。从具茨山上采集的圣火象征着光明和启蒙，中华民族从5000年前走来，生生不息、薪火相传。在祈福中华环节，河南省脱贫致富带头人代表李连成、抗击疫情医护代表赵清霞和少年儿童代表张怡博点燃火炬，为民族祈福、为复兴喝彩。天地人和。从5000年前到新的时代，从具茨山下到黄帝故里，从滚滚黄河到万里长江，文明之火在这里点燃，希望之火从这里延续。黄河之南，天地之中，吾祖吾德贯古今，“四条丝路”通天下。“空中丝绸之路”越飞越广，形成以郑州为中心，“一点连三洲，一线串欧美”的国际航空货运网络；“陆上丝绸之路”越跑越快，中欧班列(郑州)出境线路，覆盖39个国家130多个城市；“网上丝绸之路”越织越密，依托“跨境电商+产业集群”的平台优势，整合全球跨境电商信息；“海上丝绸之路”无缝衔接，建立铁水联运服务中心，着力打造“无水港”。

——天地人和。河南“四条丝路”成就短片看得人热血沸腾，不禁感慨“世界东望，中原向上，在这片古老的土地，我们看得见过去，更看得到未来”。

在庄严祥和的气氛中，庚子年黄帝故里拜祖大典典礼告成。

中央广播电视总台中文国际频道、凤凰卫视、河南广播电视台、郑州广播电视台现场直播，河南省其他17个地市广播电视台同步转播，在全球拥有14亿海外用户的APUS、人民网、新华网、今日头条、澎湃、凤凰等平台进行了网络直播。人民日报、新华社、中央广播电视总台等近百家中外媒体报道大典实况。

【庚子年拜始祖轩辕黄帝文】维公元二〇二〇年三月二十六日，岁在庚子，三月初三。具茨山下，中华始祖轩辕黄帝故里故都；溱水河畔，炎黄子孙庄严神圣拜祖敬宗。当新冠肺炎疫情突降中华民族面临重大考验之时，习近平主席亲自指挥、亲自部署，亿万人民众志成城决战决胜之际，十二届全国政协副主席齐续春，谨以海内外炎黄苗裔之名，为中国和世界人民祈福，恭颂伟哉黄帝开辟文明佑我中华之功德。

辞曰：

中华文明，源远流长。
赫赫始祖，恩泽八方。
启迪蒙昧，告别蛮荒。
伟烈丰功，万古流芳。
教民耕牧，莳谷蚕桑。
婚丧有礼，历数岐黄。
发明舟车，律吕度量。
举贤任能，整纪肃纲。
修德振兵，封土固疆。
肇始一统，和合共襄。
鼎新大公，中和为上。
薪火相传，世代景仰。
秉承祖志，饱经沧桑。
千秋风流，续写华章。
民族复兴，百年梦想。
愈挫愈奋，多难兴邦。
实事求是，解放思想。
与时俱进，改革开放。
脱贫解困，全面小康。
不骄不躁，奋发图强。

新冠疫情，华中突降。
万众一心，筑成城墙。
沧海横流，英雄本色。
夙夜匪懈，民族脊梁。
昆仑巍峨，江河浩瀚。
先祖垂宪，策勉今贤。
天地之中，大河之南。
再创辉煌，无愧祖先。
埋头苦干，奋勇争先。
郑州引领，出彩中原。
城市集群，辐射周边。
承东启西，重任在肩。
黄河文化，文明之源。
乃根乃魂，世代承传。
自强不息，共克时艰。
厚德载物，俯仰皆宽。
日月经天，慎终追远。
炎黄子孙，一脉相传。
两岸四地，血脉相连。
和衷共济，唇亡齿寒。
和而不同，君子择善，
一个中国，蚍蜉难撼。
崇尚和平，关爱自然。
拳拳之心，天地可鉴。
人类兴衰，命运相连。
共为一体，息息相关。
一带一路，文明互鉴。
合作共赢，和平发展。
大河滔滔，嵩岳苍苍。
龙腾云起，地久天长。
敬告我祖，伏惟尚飨!

【第十四届黄帝文化国际论坛】 9月22–23日，由中华炎黄文化研究会、中国先秦史学会、中华黄帝故里建设促进会、郑州市人民政府、政协郑州市委员会主办，新郑市人民政府、河南省黄帝故里文化研究会承办的第十四届黄帝文化国际论坛在新郑举行。出席本届黄帝文化国际论坛的嘉宾有中央马克思主义理论研究和建设工程咨询委员会主任、中共河南省委原书记、中华炎黄文化研究会首席顾问徐光春；联合国前主管经济社会事务副秘书长沙祖康；中华炎黄文化研究会常务副会长、原中央防范办公室副主任高以忱；国务院新闻参事室新闻顾问、中央文史馆馆员、中华炎黄文化研究会特别顾问赵德润等。本届论坛围绕“黄帝文化与黄河文化”主题，紧密结合黄河流域生态保护和高质量发展国家战略，也是深入学习贯彻执行习总书记重要讲话指示精神，旨在通过深入阐释黄帝文化与黄河文化，展示黄帝文化的时代价值，展示黄河文明的“根”和“魂”，深刻理解中华优秀传统文化的精髓、根脉和主流，增强中华儿女国家认同、民族认同、文化认同。开幕式后，央视节目主持人张泽群主持论坛演讲。中国生态文明研究与促进会监事长、中国生态文明杂志总编辑、绿叶文学月刊总编辑、中国环境报社社长兼总编辑杨明森；中共中央党校（国家行政学院）经济学部副主任、教授、博士生导师，中国市场经济研究会副会长曹立；国家社会科学专家咨询委员会委员，中国社会科学院学部委员，中国社会科学院历史学部原主任、郑州大学历史学院院长刘庆柱；国家文化和旅游部原党组成员、故宫博物院原院长，第十至十二届全国政协委员，中国文物学会会长单霁翔；国防大学战略教研部副主任、教授，国防大学国际关系教研室教授金一南；北京师范大学艺术与传媒学院副院长、舞蹈系主任肖向荣；《财经》杂志执行主编、《财经智库》总裁、财经影业副总裁兼制片人，政治学与公共管理学博士张燕冬；中央马克思主义理论研究和建设工程咨询委员会主任、中共河南省委原书记、中华炎黄文化研究会首席顾问徐光春等著名学者登台演讲。论坛闭幕式上，徐光春、赵德润被授予“轩辕奖”。

（赵　伟）

文物管理

【概况】 2020年，全市文物工作坚持以习近平新时代中国特色社会主义思想为指导，深入贯彻习近平总书记关于文物工作重要论述、重要指示批示精神，按照市委决策部署，坚持以重点项目为抓手，积极创建国家文物保护利用示范区，为加快推进国家中心城市建设、打造黄河历史文化主地标城市提供文化支撑。河洛古国（双槐树遗址）、世界大河文明论坛、黄河国家博物馆三大项目列入党中央、国务院《黄河流域生态保护和高质量发展规划纲要》（中发〔2020〕23号）重点项目，考古前置改革被河南省自贸区确定为“最佳实践案例”，河洛古国（双槐树遗址）重大发现新闻发布相关内容一个月内点击量达10亿人次以上，被列入“2020年度国内十大考古新闻”，入围“全国考古十大新发现”。市文物局被省文物局表彰为“河南省第八批全国重点文物保护单位申报遴选工作先进集体”、“河南省文物保护单位基础工作（保护区划定）先进集体”。

【黄河文化保护与传承】 贯彻落实中共中央、国务院《黄河流域生态保护和高质量发展规划纲要》《河南省黄河文化保护传承弘扬三年行动计划》，统筹实施黄河文化遗产系统保护工程，积极谋划黄河文化遗产廊道和黄河文化带建设，配合市委宣传部编制《郑州市黄河流域生态保护和高质量发展核心示范区文化博物旅游发展三年行动计划（2020–2022）》，启动编制《郑州市黄河文化遗产保护传承弘扬专项规划》《郑州市全域文物保护利用示范区总体规划》。5月，国家黄河遗产保护利用规划编制组调研郑州黄河遗产资源情况。6月，大河村国家考古遗址公园（中国仰韶文化博物馆）开工建设。重点推进大运河国家文化公园和“河洛古国”（双槐树遗址）、青台遗址等8处省级考古遗址公园建设。

【夏文化研究保护】 贯彻落实习近平总书记和中央、省、市领导关于夏文化研究的重要批示精神，按照《中共河南省委加快推进二里头遗址发掘保护利用和夏文化研究专班工作方案》要求，成立郑州市夏文化遗址发掘保护利用和夏文化研究专班，建立规范运行工作机制，研究制定国家文物局公布郑州6个全国夏文化研究关键遗址（登封王城岗遗址、新密新砦遗址、巩义稍柴遗址、新密古城寨、高新区东赵遗址、巩义花地嘴遗址）考古发掘规划方案。7月，国家文物局宋新潮副局长一行考察调研郑州夏文化研究保护工作。

【国家文物保护利用示范区创建】 郑州现有世界文化遗产2项、国保单位83处、省保单位123处、市保单位246处，各类不可移动文物近万处，文物总数位居全国前列。充分发挥郑州在落实黄河文化、大运河文化带、中心城市等国家战略中的文化资源和地位作用禀赋优势，积极向国家文物局申报国家文物保护利用示范区。4月，市政府办公厅印发《郑州市关于加强文物保护利用改革实施方案》，进一步明确各级文物保护责任。

【“两带一心”城市规划建设】 按照省、市确立郑州“华夏之根、黄河之魂、天地之中、文明之源”主地标城市战略布局，发挥郑州历史文化反映中华文明起源和发展主线的特色优势，以谋划构建沿黄文化带（以大河村国家考古遗址公园、黄河国家博物馆、西山遗址、双槐树遗址、青台遗址、汉霸二王城、大运河通济渠郑州段和中原考古研究展示中心为支撑）、环嵩山文化带（以环嵩山地区黄帝故里、新密古城寨、登封王城岗、“天地之中”历史建筑群、巩县石窟、康百万庄园等重要遗址为支撑）和中心城区文化板块（以郑州商城、郑州第二砂轮厂旧址、二七塔和二七纪念堂等为支撑）的“两带一心”城市文化总体布局为抓手，加快推进重点项目建设，商代王城保护一期工程完工，二砂文创园首期项目10月建成开放，百年德化历史文化片区二七纪念塔、原日本驻郑领事馆旧址本体保护完成修缮。

【文物保护利用“双百工程”】 按照市委市政府要求，每季度组织人员对16个区县（市）进行现场巡查督导，加快推进项目建设进度。8月，召开全市文物安全暨保护利用“双百工程”建设推进会。市委市政府部署年度“新建20个

1月15日，《郑州大河村国家考古遗址公园概念性规划》评审会召开
（市文物局/供图）

遗址生态文化公园、新建30家各类博物馆”任务基本完成。2020年，全市筹建遗址生态文化公园总数达到107处（建成开放41处）、各类博物馆总数达到108家（建成开放68家）。

【考古前置改革】 新冠肺炎疫情防控期间，在市委市政府统一领导下，局党组带头坚守在疫情防控第一线，圆满完成卡口执勤任务。同时，充分发挥文博系统积极作用，宣传普及疫情防控知识，全力做好文物勘探发掘工作，保障重点项目复工复产。优化营商环境，服务省市重大项目建设，不断从源头上破解文物保护与城市建设的矛盾，助推经济社会发展、服务土地供应和项目建设，开通“绿色通道”，高效做好文物勘探、考古发掘工作。8月，考古前置改革被省深改委确定为省自贸区“最佳实践案例”。全年共签订勘探、考古工作协议497个，勘探面积720万平方米，发掘文化层4.9万平方米，出具考古勘探发掘意见书273份。

【世界文化遗产保护】 深入贯彻中办、国办《大运河文化保护传承利用规划纲要》，认真梳理我市大运河保护传承工程项目，配合省文物局做好《河南省大运河文化保护传承文物专项规划》编制工作。持续做好登封“天地之中”历史建筑群保护管理和监测评估工作，确保遗产本体和周边环境安全。

【文物资源基础保护】 持续做好文物保护基础工作，加快文物活化利用。认真梳理我市新增9处八批国保情况，完成保护区划调整上报工作。组织开展全市八批省保申报遴选，完成21处申报录入工作。完成三批市保简介材料补充、工业遗产及近现代代表性建筑申报。完成914处县级以上文物保护单位黄河区域不可移动文物资源调查和填报工作。提升行政审批服务水平，持续深化一网通办和工程建设项目审批制度改革成果，制定《郑州市文物局工程建设项目审批事项事中事后监管实施方案》《郑州市文物局工程建设项目审批信用信息实施细则（试行）》，简化审批服务流程，提高审批服务效率。

【文物保护科研】 积极参与“考古中国”“文明探源”等科研攻关项目，与郑州大学联合开展《郑州市文化遗产保护传承工作现状调查与对策研究》等多项科研项目，全年完成研究课题15项，举办“天中讲坛”文物文化系列讲座4期，成功召开“古国时代的中原”学术研讨会。11月，在新郑举行裴李岗遗址现场座谈会。郑州市文化遗产综合管理信息系统正式应用。

【重点项目建设】 每两周召开一次重点工作例会，听取工程进度情况汇报，分析讨论存在的问题，明确责任和完成任务的时间节点，研究制定推进措施和方式方法。郑州博物馆新馆竣工试开放，郑州商都遗址博物院和郑州市文物考古研究院新院陈展加快推进，郑州纺织工业遗址博物馆11月开工建设。郑州运河遗产博物馆、老奶奶庙旧石器遗址博物馆和古荥汉代冶铁遗址博物馆等建设扩建工作有序展开。

【非国有博物馆管理】 为规范非国有博物馆设立程序流程，按照便民原则，对非国有博物馆予核名、陈展、藏品及准备申报材料等方面进行规范。制定2019年绩效考核方案及细则，对非国有博物馆进行绩效考核，其中10家优秀、6家合格、5家不合格。积极与财政部门对接，将补助资金下达各区县（市）。

【文物宣传与公共服务】 受新冠肺炎疫情影响，全市博物馆、纪念馆于5月开始有序恢复开放，以国际古迹遗址日、国际博物馆日、文化和自然遗产日等活动日为契机，加强文物价值全媒体传播，讲好郑州文物故事，提升郑州文化遗产的社会影响力。策划郑州百家博物馆建设、双槐树遗址考古重大发现、中国文化遗产日活动和大河村国家考古遗址公园建设等工作新闻宣传。5月7日，举办“河洛古国”双槐树古国时代都邑遗址考古重大考古发现新闻发布会，新华社、人民日报、美国中文网等上百家国内外主流媒体先后进行全方位报道，引发全球各界高度关注，一个月内热点话题点击率超10亿人次以上。编制出版《考古郑州》等一批文物书籍，组织文博单位在全市集中开展文物保护宣传入政府、入企事业单位、入校园、入社区、入村、入户等“六入”活动，切实加强文物普法宣传，不断增强全民文物保护意识。广泛发动社会力量共同开展文物宣传活动，引导社会各界支持文物工作。加强门户网建设和舆情热点监测，积极回应市民关切问题，推进政务公开透明。全市各类博物馆全年举办各类展览近百个，主题宣传社教活动近400场次，接待观众游客1100万人次；组织参加河南省第八届讲解员讲解大赛荣获优秀组织奖和团体奖一等奖。

【文物安全责任】 贯彻国家文物局、省文物局要求，重点围绕落实文物安全监管责任、落实文物管理使用者直接责任、强化文物安全巡护网络、打击文物违法犯罪活动、推进文物安全防护基础设施建设、组织开展文物法律法规宣传活动等方面内容。制定印发《2020年文物安全生产计划和文物消防安全隐患整治和能力提升三年行动方案》，严格落实安全生产“一岗双责”和“三管三必须”制度，切实承担文物安全的属地和主体责任，纳入年度考核目标，明确任务和措施，并在人力、物力、财力上给予支持。认真抓好全市文物安全工作，与省文物局、市安委会、市防火委签订年度文物安全、安全生产、消防安全目标责任书，与各县（市、区）签订2020年文物安全目标责任保证书。在重要活动期间，组织各文博单位开展文物安全隐患自查自纠活动，确保安全平稳。先后开展元旦春节期间文物安全大检查，冬春季节火灾防控工作，防疫及清明节期间文物安全检查、疫情常态化状态下文博单位复工复产安全督导等活动。组织开展安全生产月相关活动，成立专项领导小组，制定活动方案，通过开展安全生产教育警示活动、安全生产应急演练、安全生产专题讲座、安全隐患排查等活动，提升广大干部职工应对突发事件的素质和能力。7月21日，举办全市文物安全交流观摩会，各县（市、区）文物主管单位和相关单位近百人参加交流观摩。

【法治与执法工作】 印发《郑州市文物局2020年度法治政府建设工作要点》，统筹部署2020年度依法行政工作要点。按照市法治政府建设领导小组办公室的考核要求，积极做好材料准备工作，认真完成了年度依法行政考核目标。为深入推进2020年行政执法工作落实，组织执法单位进行年度行政执法调研活动，从推行行政执法“三项制度”、行政权责清单的调整公布情况、互联网+监管平台信息录入应用情况等方面进行了全面调研，总结经验做法，梳理存在的问题、原因和建议，为下一步开展有针对性和可操作性的工作奠定基础。

【队伍建设】大力加强理论武装，坚持用习近平新时代中国特色社会主义思想武装党员干部头脑，严格落实党组、支部会议“第一议题”制度、党员干部教育培训制度，局党组中心组采取召开扩大会的形式集中学习13次，全系统通过线上和线下相结合的方式开展党的创新理论宣讲46场。大力开展坚定理想信念教育，积极组织开展纪念抗美援朝70年周年、庆祝中国共产党建党99周年系列活动，激励广大党员干部牢记初心使命，积极担当作为。圆满完成大博物馆体制改革任务。完成局系统2019年度各级领导班子和领导干部考核、年度综合目标考核、干部职工年度考核及2020年平时考核、“四个一批”人才考核、综合目标绩效考核申报等工作。举办了黄河文化遗产保护与城市发展能力素质培训班。

【优化服务保障】积极做好市级文物保护专项资金使用管理，完成省级文物保护专项经费绩效考评、国保项目重点绩效评价工作、2019年度国有资产报告、政府财务报告编制等工作。对于“放管服”改革审计中发现的问题进行核实整改，开展市级文物保护专项经费情况检查汇报工作。完成河南省黄河流域生态保护和高质量发展2021年中央预算内投资项目申报，完成市本级政府投资项目前期工作台账上报。加强全面协调，联合出台郑州市博物馆事业发展资金管理办法。办结人大建议、政协提案共25件，答复率、面商率和满意度100%。

（常　伟）

社会科学工作

【概况】2020年是全面建成小康社会和“十三五”规划收官之年。市社科联（院）在市委、市政府的领导下，在市委宣传部指导下，以习近平新时代中国特色社会主义思想为指导，全面贯彻党的十九大，十九届二中、三中、四中、五中全会精神，深入贯彻落实习近平总书记对河南、郑州工作重要指示精神，贯彻落实市委十一届十一次、十二次全会精神，坚持守正创新的时代坐标，围绕中心工作，强化政治引领、深入疫情防控、创新理论研究、加强智库建设、提高咨政水平、提升科普实效，较好完成了年度各项工作任务。

以平安建设与文明创建作为促进全面工作的有力抓手，大力加强干部职工政德和社会公德、职业道德、家庭美德、个人品德建设。深入开展群众性精神文明创建，围绕“创文明单位，做文明市民”主题，推进学雷锋志愿服务制度化常态化，组织法规宣讲、社科普及和对口帮扶、交通安全、党员进社区等服务活动，并联合市政法委、市教育局、市科协组织开展了反邪教调研活动，为平安郑州、文明郑州营造良好的舆论环境。目前，双创已顺利通过验收，分别获得市级文明单位和市平安建设先进单位荣誉称号。

【新冠肺炎疫情防控】市社科联多措并举做好疫情防控工作。迅速成立领导小组，制定工作方案，加强值班值守制度，严格按照市委市政府要求应对疫情。发挥“联”字优势。组织省市知名社科专家学者积极发挥智库作用，在公众号和网站上开展“社科专家防疫线上谈”活动，从社会、经济、教育、医疗卫生等多方面、多角度解读此次疫情给郑州市的经济社会发展带来的影响和挑战，并为市委、政府应对疫情防控提出新思路，提高了群众对疫情防控科学知识的知晓度，积极助力郑州市疫情防控工作。加强党建引领。机关党员迅速下沉到街道、社区开展志愿服务工作，驻村工作队积极坚守一线防控疫情。

【学会管理】主动融入经济社会发展主战场，紧扣郑州市重点攻坚项目、重点工作开展应用性对策研究，组织郑州市社科院、省会各高校、社科研究单位、市属社科类学会的社科理论工作者在全市组织开展“研究郑州”重大主题研究活动，切实拿出了一批贴得紧、跟得上、能管用的调研成果。为大力推动社科理论和应用对策研究，建立一批有影响、有特色的研究队伍，在全市组织开展了第一批郑州市哲学社会科学研究基地建设工作，经组织评审，对80家首批郑州市哲学社会科学研究基地予以授牌。并且建立完善了“郑州市社科专家库”，收录近300余名省内外社科专家，为郑州市人才队伍建设提供了强有力的社科人才支撑。鼓励社会科学工作者开展前瞻性、针对性、储备性研究，组织完成了2019年度社科调研课题评审和2020年度社科调研课题立项工作，其中2019年度1053项结项课题中评出优秀社科调研课题一等奖100项，二等奖115项，三等奖125项。同时指导各学会开展了丰富多彩的学术活动和认真完成了社团审批、年检、换届工作等。

【研究机制建设】挂牌成立黄河文化研究中心、高质量发展研究中心、信息文献三个中心，聚焦重大问题开展研究，并聘请6名高校专家学者为院外特聘研究员。郑州师范学院、黄河科技学院两家高校成立了高校社科联，郑州工程技术学院、郑州商学院、郑州职业技术学院三家高校社科联成立工作正在推进中。

【社科研究】立足基础研究支撑性和引领性的作用，积极开展理论研究和学术阐释工作，组织省会专家编写了《郑州：华夏源·黄河魂》《国家中心城市高质量建设的战略支撑体系研究》《二七精神》等重大学术专著；成立专项课题组，发表10余篇研究性和政策解读文章，以观点解读、精神阐释、学术解读等短平快形式，对郑州黄河流域生态保护与高质量发展、十九届五中全会等重大战略和会议精神进行解读，努力打造郑州社科研究的理论高地。认真完成《郑州黄河生态保护与高质量发展研究》《黄河流域文化协同建设机制研究》《郑州发展先进制造业问题研究》《文旅融合及高质量发展问题研究》等20多个专项课题研究。并向市委、市政府提供了13篇高质量决策咨询报告，其中《构造郑州市生态环境现代治理体系》《破解郑州国家中心城市建设水资源刚性约束的基本途径》《郑州建设一流营商环境调研报告》《促进郑州市文化旅游高质量发展调研报告》等报告，获得市委书记徐立毅、副省长（市长）王新伟等省市主要领导及其他市领导共23次批示，相关成果转化为具体的政策，对郑州经济社会发展提供了有力的智力支持。

【社会科学优秀成果评奖】年初，与市委宣传部联合下发成果征集通知，各县（市）区、市直机关各单位、各社科学会和驻郑各高校踊跃申报，共收到成果932项，经资格审查和各系统初评后，提交到评审会的成果共802项。经专家评审，共有一等奖96项，二等奖94项，三等奖93项。成果质量较之往年有明显提升。

【社科普及】面对严峻的新冠肺炎疫情，社科联充分发挥“联”字优势，开展“社科专家防疫线上谈”，组织全市社科专家和社科工作者推出23期线上谈理论文章，积极履行社会责任，传递党的好声音，凝聚社会正能量，宣讲防控疫情知识，为抗击疫情工作履职尽责。在全市建立第三批市级社科普及基地52个，进一步加强基层社科队伍建设，壮大基层社科力量，推动社科工作向好发展。为郑州市中小学编写了《郑州历史文化故事》社科读物，组织开展社科知识大篷车下基层宣讲活动13场。9月29日至10月5日，精心组织开展了2020年郑州市社科普及周活动，以“助力决战脱贫攻坚，全面建成小康社会，为郑州国家中心城市建设营造良好氛围”为主题，举办习近平新时代中国特色社会主义思想系列宣讲活动、社科理论进基层活动和各级社会科学普及基地免费开放活动，市属各学会、协会、研究会与科普基地联合开展各类讲座、社科知识展台、非遗展、文博知识宣传、社科知识进校园等形式多样、内容丰富、互动性强的社科普及活动，深受市民好评。

【《中州纵横》杂志】 围绕市委、市政府的中心工作，先后开设了“学习贯彻党的十九届四中全会精神”“抗击疫情我们在行动”“攻坚研究”“决策咨询”等栏目为郑州市经济社会文化发展组织专题稿件70余篇，积极为郑州经济社会文化的发展建言献策。围绕文明单位创建，在杂志封三连载郑州市文明办文明创建公益宣传图片，加强精神文明建设宣传等，6期杂志获得了广大读者的一致好评。

【全国城市社科院院长联席会】 与中共郑州市委宣传部联合承办了“2020年全国城市社科院第三十次院长联席会议暨全国城市智库联盟第六届年会”，来自广州、重庆、杭州、厦门等全国31家城市社科院的领导、专家学者共计100余人参加会议，会议围绕“加快智慧城市建设，推进城市治理体系和治理能力现代化”主题，进行了广泛而深入的研讨和交流，为推动城市经济社会高质量发展贡献社科智慧。新华社、光明日报、人民日报（人民论坛）、学习强国、凤凰网、中国网等10多家中央媒体及20多家省市媒体予以报道。

【2020年度社科学术年会】 为深入贯彻落实中央《关于实施中华优秀传统文化传承发展工程的意见》，11月18日至20日举办了“第三届虢文化论坛暨2020年度社科学术年会”。主题是“挖掘弘扬虢文化时代价值，深入推进文旅融合高质量发展”。本届由郑州、宝鸡、三门峡三市社科联和运城市委宣传部共同发起的三省四地“虢文化论坛”，旨在建立跨界、跨区域的课题研究、强化区域间文化交流协作，深入挖掘黄河文明的时代价值。中央省市及海外30多家新闻媒体予以报道，尤其在《文旅中国》刊发的“论坛综述”深受业内好评，除了新华网、光明日报、人民日报等，得到海外港澳媒体关注并争先报道。

（张丽新）

档案工作

【概况】 2020年初，突如其来的新冠肺炎疫情，打乱了原本正常的工作计划，市档案馆及时做出调整，按照国家局、省局的总体要求和市委的工作部署，积极服务郑州国家中心城市现代化建设大局。切实做好机构改革后期档案移交接收，完成市安监局、市外侨办等七个涉改撤销单位的档案移交进馆工作。对市环保局、市国土局、市政府法制办、市旅游局的档案进行验收。全年共接收涉改市直机关单位的文书档案766卷、32200件，专业档案14143卷。

【档案宣传推广】 在第13个国际档案日，围绕“档案见证小康路、聚焦扶贫决胜期”的主题，深入挖掘馆藏档案资源，推出“脱贫攻坚”和“疫情防控”两个图片展；设计档案文化产品—“兰台”团扇，在宣传活动现场随档案宣传资料一起发放；与郑州市公交总公司开展合作，在公交车厢内同步展出精准扶贫图片展，进一步扩大了档案的社会影响力。宣传日当天，市委办公厅常务副秘书长、办公厅主任、市档案局局长杨昆峰一行亲临现场，参与指导宣传活动。据不完全统计，此次宣传参观达1.5万余人次。充分利用《郑州记忆展》、《不忘初心、牢记使命档案文献展》这两个对处宣传的重要窗口，在疫情减缓后，恢复参观接待工作，接待参观单位72家，2420人。

【档案查阅利用】 2020年年初，按照疫情防控要求和《河南省档案局关于暂停档案查阅接待工作的通知》（豫档发〔2020〕2号）文件精神，郑州市档案馆于2020年2月5日起暂停对外现场查档服务。为了满足单位和个人查档服务需求，实行网上查档和电话查档，先后为中原区桐柏路办事处、市人大、市统计局、儿童医院、普通市民等查阅了所需的档案资料，并打包邮寄至手中。3月23日，恢复对外现场查档，在查阅大厅安装了“服务评价系统”，打造让群众满意的服务窗口。11月，又与济南档案馆签订《民生档案跨馆查询利用协议》，为档案资源异地共享打下基础。经统计，全年共接待社会各界查档群众2334人次，打印、复印文件6393页，接听电话咨询查档事宜约1290人次，收到群众赠予锦旗两面、感谢信10封。

【档案资源建设】 2020年以来，郑州市档案馆先后对二十多家单位的档案整理情况进行指导和质量把关，接收郑州市委督查室、郑州市直机关工委、郑州市食品药品监督管理局等13家单位的档案，其中:文书档案共计2987卷、13625件；专业档案共计3741卷、11561件；死亡人事档案883卷；实物档案345件。征集到各种家谱、志书、丛书、年鉴、小说、作品集、资料汇编、专著等图书资料121册；征集到上合组织首脑会议总理专用汝瓷龙头杯1个，中央宣传部奖杯1个，解放郑州战役中用过的烟幕弹盒、通讯灯、绑腿3件。征集到郭忠林、葛纪谦、马光天、刘三通等名人的档案资料，补充马金凤戏曲艺术活动照片240余张。

及时派员入驻市疫情防控领导小组工作，共办理收文1532件，印发文件282件，编写《郑州市新冠肺炎疫情防控工作文件汇编》8册，收集文件5293件（档案盒165盒），扫描58720页，收集锦旗、展板等实物档案30多件，照片、视频200G，为郑州市疫情防控政策落实提供依据。通过郑州日报、郑州晚报等媒体发布《征集疫情防控档案公告》，市委办公厅印发《关于移交新冠肺炎疫情防控专题档案资料的通知》，扩大疫情防控档案的征集范围。主动与卫计委、交通局等7家重点单位联系，共收征集到涵盖机关企事业、新闻机构、医院等58家单位，涉及村镇、机场、车站等多种场所，共计抗疫图片1.6万余张，书画作品42件，抗疫题材的电影1部，短视频近200个，

6月9日，郑州市档案馆国际档案日系列宣传活动举行（市档案馆/供图）

防护服、请战书、方舱日记等各种实物档案约500余件。征集到圆方集团党委书记薛荣写给习总书记的亲笔信，职工请战书127份，文档图片500余张。

【重大活动档案收集】 全程参与市“两会”的拍摄工作，共拍摄照片1652张。派员提前介入2020年国家网络安全宣传周暨第29届中国金鸡百花电影节执委会，共收集文书档案100余件、实物档案50余件。为做好十一届全国少数民族传统体育运动会展览布展工作，多次联系民运会执委会，协调市财政局、电视台、市民宗局等多个部门，为民运会展览搜集资料，已接收进馆图书资料270册、实物档案626件、文书档案100盒。

【档案编研成果】 郑州市档案馆与郑州广播电台合作，编撰了《火炬传递背后的故事》，由中州古籍出版社公开出版发行。2020年，郑州市档案馆继续承担组织各单位申报河南省科研项目立项工作，向省档案局申报立项材料12项（含郑州市档案馆申报2项），成功立项8项，成功率67%，占全省立项总数的11%，在各地市档案部门中名列前茅。郑州市在河南省档案局优秀科技成果评审中荣获两个二等奖，二个三等奖。

【档案信息化建设】 市档案馆统筹利用财政专项经费，召开研讨会、推进会，对数字档案馆建设进行阶段总结，提出调整、加强工作的思路和方法。完成馆藏破产企业档案数字化11647卷（件），目录70665条，原文扫描884091页；公证档案数字化27410卷，目录27410条，原文扫描1249053页。接收18家市直单位的电子档案122394卷（件），质检、挂接目录225930条，原文2559268页，数据容量972.894GB；备份光盘30张，移动硬盘6个，数据总量1328.15GB，并完成了病毒查杀及数据有效性、完整性检测。

（魏　勇）

地方史志工作

【概况】 2020年，在市委、市政府正确领导下，郑州市地方史志办公室以习近平新时代中国特色社会主义思想为指引，围绕服务郑州国家中心城市建设，坚持党建引领，强化政治机关建设，积极开展新冠肺炎疫情防控斗争，改革创新、开拓进取，推进地方志事业高质量发展，全面完成了年度目标任务，多项创新创优工作获得中国地方志指导小组办公室、省史志办表彰，经验在全省乃至全国推广。2020年，郑州市作为全省率先完成“两全目标”的省辖市，河南省史志办向市委市政府致函祝贺，对市史志办通报表扬。《郑州年鉴（2019）》《新郑年鉴（2019）》在第七届全国地方志优秀成果（年鉴类）评审活动中分别获得特等、一等年鉴，郑州市年鉴精品工程取得历史突破。《郑州年鉴（2020）》《新郑年鉴（2020）》《巩义年鉴（2020）》入选全省年鉴创优工程，分别获得特等、一等、二等年鉴。郑州市市史志办被省人社厅、省史志办评选为全省地方史志工作先进集体。

【综合年鉴编纂】 扎实推进年鉴精品工程。持续推进市、县两级全面完成一年一鉴、公开出版的目标任务，2020年初市委办公厅、市政府办公厅印发了《关于做好2020卷<郑州年鉴>编纂工作的通知》，市史志办加大指导力度，着力提升综合年鉴编纂质量，疫情防控期间创新工作机制，在全省率先完成市、县两级综合年鉴2020卷编纂出版工作。

【郑州市名镇志、名村志、名街志文化工程】 持续推进郑州市名镇志名村志名街志文化工程。在认真总结以往编纂出版经验基础上，郑州市地方史志编纂委员会印发了《关于2020年度郑州市名镇志名村志名街志文化工程的通知》《关于2020年度郑州市名镇志名村志名街志文化工程丛书入选书目的通知》《关于调整郑州市名镇志名村志名街志文化工程丛书项目库的通知》，全年组织编纂15部，出版5部。《郑州日报》《郑州晚报》和“学习强国”平台作了宣传报道。

【《郑州大事月报》编印】 结合疫情防控工作实际，及时调整栏目设置，突出大事纪要、疫情防控、复工复产复学、民生保障等重点内容。全年完成12期《郑州大事月报》编辑、发行工作，每期收录信息约100条，字数约6.5万字。每月及时向《河南大事月报》报送信息资料，截至目前报送信息247条，被采用139条，居省辖市首位。

【地方志资源收集整理和开发利用】 印发《郑州市地方史志编纂委员会关于开展〈郑州地情报告（2020）〉编写工作的通知》，收录全市年度工作报告、调研报告58篇，约32万字，目前已完成编纂工作，交付出版。做好《河南儿童医院郑州儿童医院志（1960—2020）》《郑州林业志》《郑州市市政工程总公司志》《齐礼闫强制隔离戒毒所志》和郑州火车站地区管委会修志业务指导工作，其中《河南儿童医院郑州儿童医院志（1960—2020）》已出版发行。

【地方史研究】 深入开展地方史研究，做好《郑州地情活页》编纂工作。根据中指办、省史志办和市政府主要领导指示要求，印发《郑州市地方史志编纂委员会关于收集整理新冠肺炎疫情防控资料的通知》，开展资料收集整理和《郑州抗击新冠肺炎疫情志》专题志编纂工作。编纂出版《郑州地情活页》“战疫史话”“抗击新冠肺炎疫情图志”4期专刊。市疫情防控领导小组办公室、市委组织部对讲好抗疫“郑州故事”，编纂出版《郑州地情活页》抗击新冠肺炎疫情图志和专题志的做法给予了肯定。

【信息化建设】 加快信息化建设，提高地方志资源开发利用水平。加强门户网站维护管理，定期组织网络安全和地情数据库隐患排查，及时更新栏目内容，发布各类信息。发挥地方志资源在公共文化服务中的重要作用，广泛宣传地方志成果，推动方志文化进机关、进农村、进社区、进校园、进企业，赠阅郑州史志成果10000余册，受到社会各界好评。

【方志馆建设】 国家方志馆中原分馆建成部分（市史志馆）已完工即将交付使用，展览展示和文献收藏项目列入郑州市2020年政府投资项目计划，按照年度计划要求，目前已完成可行性研究报告等前期工作。根据中指办、省史志办及市委市政府有关部署要求，制订印发了《关于积极推进国家方志馆中原分馆建设的意见》，以中原分馆建设为龙头，建成一批基层方志馆和方志文化教育基地，努力形成覆盖全市的地方志工作网络服务体系。中指办、省史志办对郑州市方志文化教育基地经验给予充分肯定。

（李　栋）

新闻出版与传媒

新闻出版

【概况】2020年，郑州市新闻出版工作围绕决胜全面小康、疫情防控、贯彻落实习近平总书记重要回信精神、打造黄河历史文化主地标城市、高品质推进城市建设等主题，推出一系列策划宣传、实现全媒体呈现。全年仅中央媒体便累计宣传报道郑州550多次。

在新冠肺炎疫情防控特殊期间，统筹做好全市舆论引导工作，果断处置引导"天价大白菜""小区投票拒绝医护人员入内""闯岗打骂""排队喝胡辣汤"等舆情事件，有效引导社会舆论，稳定市民恐慌情绪。"郑州发布"公众号持续发声，粉丝关注量突破300万，进入全国政务新媒体前列。加强外宣国际交流合作，持续巩固提升"三微六网一杂志"外宣主阵地。依托拜祖大典、2020春晚郑州分会场、2020年国家网络安全周和第29届金鸡百花电影节、河南招才引智大会等大型活动，积极协调、组织境内外媒体对郑州进行宣传报道，城市影响力美誉度持续提升。大力推进广电全媒体新闻中心的优质资源融合，推出《正观》新闻客户端，打造郑州全媒体新闻中心。加快推进县级融媒体中心建设，6个县（市）的机构编制全部批复，与省级平台完成互联互通。持续规范完善"4·2·1"新闻发布机制，研究制定《郑州市舆情引导处置工作机制》，出台《2020年度新闻发布和舆情引导处置工作评估指标体系》，全年共组织召开新闻发布会85场次，特别是在疫情防控期间通过"郑州发布"第一时间发布26个重要通报。不断强化对印刷发行、电影放映、新闻出版等经营单位日常管理，统筹强化"扫黄打非"工作，建立"扫黄打非"联防协作机制，核查交办线索43条，查办案件16起，净化全市文化市场环境，有效维护郑州文化市场和意识形态领域的安全稳定。12家单位、16名个人荣获2019年度全国查处重大侵权盗版案件有功单位、有功个人称号，其中市新闻出版局，上街区文广旅局、公安局、巩义市检察院、文广旅局、公安局鲁庄派出所6家单位获得一等奖。郑州市出版审读和软件正版化工作继续走在全省前列，工作经验面向全省推广。

【出版管理】强化出版管理，规范出版秩序。印发《关于加强和改进出版工作的实施方案》，召开全市贯彻落实《关于加强和改进出版工作的意见》汇报会，全面推进出版管理工作；全面实施出版审读计划，聘请三名审读专家对全市报纸、期刊和网络出版单位、连续性内部资料性出版物进行审读，编印2期《郑州市出版审读报告》；开展出版系统创建文明行业活动，印发《郑州市出版系统创建文明行业活动方案》，在全市出版系统启动实施"两个行动"(政治文明、主流价值弘扬提升)、"双争计划"(争创文明单位、争当文明市民)和"文明出版我先行"等五项活动"，取得明显成效；加强出版领域意识形态管控，组织各开发区、各县（市）区宣传出版管理部门落实意识形态预警监测和分析研判制度，强化对辖区报刊、内资出版物的严格管理，在重大会议、重要节日等敏感日期前后，集中对辖区文化市场和文化产品开展意识形态监管隐患排查行动，确保各辖区意识形态安全可控。

【版权宣传】组织"4.26知识产权宣传周"版权宣传活动，积极开展版权公益宣传，全市共开展各类集中宣传活动100多场，进一步提高全社会的版权保护意识。强化版权监管，联合市公安局等四部门开展打击网络侵权盗版"剑网2020"专项行动，指导各县（市、区）相关部门和市文化市场综合执法支队对辖区各类文化市场和互联网企业进行集中清查。深入推进版权纠纷调解工作开展，组织指导郑州版权纠纷调解中心积极开展版权调解工作，新设郑州升达经贸管理学院文法学院、河南鼎德律师事务所2家"郑州版权纠纷调解工作室"，招募近百名专兼职调解员。联合洛阳市司法局等单位，新成立郑州版权纠纷调解中心洛阳分中心，加强对郑州版权调解业务跨区域服务。组建郑州版权志愿服务队，版权服务志愿者队伍人数4500余人，形成全社会参与版权建设合力。

【软件正版化管理】强化日常监管，持续推进软件正版化。向全市党政群机关印发2020年软件正版化工作计划，健全软件正版化工作领导机构，将市推进使用正版软件工作领导小组调整设置为联席会议，建立以市委常委、宣传部部长、市政府党组成员黄卿为总召集人、由市委办公厅等12个部门组成的联席会议领导体系，印发《关于建立郑州市推进使用正版软件工作联席会议制度的通知》。将各项规章制度融入软件正版化日常监管工作，以贯彻落实国务院办公厅《政府机关使用正版软件管理办法》和国家推进使用正版软件工作部际联席会议《正版软件管理工作指南》为重点，组织指导全市党政群机关规范各自软件正版化工作制度、流程、图表，促进机关单位人员软件采购、使用行为，提高日常监管效果。

【版权市场监管】强化版权监管，打击各类侵权盗版行为。联合市公安局等四部门开展打击网络侵权盗版"剑网2020"专项行动，印发《郑州市新闻出版局等五部门关于开展打击网络侵权盗版'剑网2020'专项行动的通知》，指导各县（市、区）相关部门和市文化市场综合执法支队对辖区各类文化市场和互联网企业进行集中清查。认真核实查处国家、省局移转案件线索。落实奖励机制，转发《河南省版权局关于开展2019年度举报、查处侵权盗版案件奖励

11月21日，郑州市2020年文化志愿者朗读之星评选成人组决赛举行
（市文广旅局/供图）

工作的通知》，组织各县市区、市直各相关单位报送2019年度举报、查处侵权盗版案件奖励申报表及证据材料，通过推荐评选，郑州市共有12家单位、16名个人荣获国家版权局2019年度全国查处侵权盗版案件有功单位、有功个人，其中，有功单位一等奖6个，二等奖4个，三等奖2个。郑州市获奖数量占据全省70%，位列全国省会城市首位，获奖等次和数量均创历史之最。

【版权服务体系建设】 强化社会治理，构建版权公共服务体系。深入推进版权纠纷调解工作开展，组织指导郑州版权纠纷调解中心积极开展版权调解工作，新设郑州升达经贸管理学院文法学院、河南鼎德律师事务所2家“郑州版权纠纷调解工作室”，招募近百名专兼职调解员，分三批对调解员进行业务培训，组织版权纠纷调解中心等单位深入企业开展版权服务活动，有效解决企业版权纠纷等问题。9月17日，联合洛阳市司法局等单位，新成立郑州版权纠纷调解中心洛阳分中心，开创对郑州版权调解业务跨区域发展的先河，对河南版权工作产生积极的影响。推动版权协会建设，培育版权社会组织。新设立市文联等6家“郑州市版权服务工作站”，组建郑州版权志愿服务队，版权服务志愿者队伍人数4500余人，形成全社会参与版权建设合力。

【黄河历史文化宣传】 进行文旅融合舆论引导，凸显郑州黄河历史文化主地标地位。郑州电视台开设《文旅郑州》《童话黄河》等栏目，成功举办首届“十佳地标打卡地”评选、“你我来打卡，骑行游郑州”等活动，极大推动全域旅游发展和文旅深度融合。策划实施一系列有深度、有内涵的黄河主题报道。其中，《寻印·黄河文化》3期、《观黄河之美 品黄河之韵》10期、《我的黄河我的城·生态文旅岸上行》8期、《“三夏”走基层——黄河岸边 风吹麦浪》12期、《我是“黄河人”》5集。创新策划《行走郑州黄河之畔VLOG》8集系列纪实短片，全方位讲好黄河故事。推出《黄河安澜润中原》第二季《郑州唱响黄河新时代》，用无人机记录下黄河郑州段的可喜变化，为郑州打造黄河主地标城市营造浓厚舆论氛围。

11月27日至12月4日，由省文联、河南日报报业集团、中共郑州市委宣传部主办，郑州电台承办的“讲好黄河故事——著名作家看河南”黄河文化专题采访创作活动，邀请全国知名作家、评论家、刊物主编，省内外媒体等三十余人，深入郑州、三门峡、洛阳等地进行深度采访和挖掘，书写河南省生态黄河保护的历史成就，展现河南人民自强不息、奋勇向前的奋斗征程。活动得到省市领导、主办部门和全国作家的一致好评。相关稿件除了在会面客户端、郑州人民广播电台新媒体矩阵推出外，微信公众号、抖音、会面客户端等新媒体平台编辑刊发相关新闻近百条，其中制作短视频40条，观看量10万+。还有10篇被学习强国平台选用，收到很好的宣传效果。

【电影行业管理】 全市现有电影放映经营单位共153家。2020年在新冠疫情形势下，全市新设立电影放映经营单位13家，增加电影银幕94块、座位13090个，充分表现出影院投资企业对郑州电影放映市场的信心。策划“郑州观影惠民季”，由政府安排1500万元，相关商业平台配套1500万元优惠资源，共计3000万元用于观影惠民活动，助力电影放映市场复苏。在全国TOP15城市票房中，郑州市票房恢复比例最高，郑州市全国票房排名提至第12名。疫情防控局势稳定后，继续开展农村电影放映活动，按照“不少一场，不漏一村”的要求，制定详细的放映计划，全年共放映20772场、观影人次135万。

【书香郑州建设】 在全市社会消费券发放期间定向发放1000万元图书消费券，超过16万市民领取消费券并在实体书店消费，有效增强市场消费活力。开展系列阅读推广活动2500余场次，参与市民793万余人次。指导郑州市新华书店等单位围绕传承黄河文化主题，开展“传承黄河文化 讲述黄河故事”等系列活动，并在疫情期间与蜻蜓FM等平台联合推出免费的在线数字阅读服务，开设党建专题频道，集中向市民提供包括十九大精神、党史、新中国史在内的大量数字阅读和听书资源。着力推广数字阅读，联合蜻蜓FM河南、掌阅等平台共同开展“书·遇”线上图书漂流活动、“初心百年 继往开来”领读2021跨年阅读活动、“遇约好书”网络阅读推广大赛、“2020年20本值得深读的好书”“那些年我们读过的课文”等一系列线上阅读推广活动，不断丰富市民精神文化生活，营造“书香郑州”的城市文化氛围。做好农家书屋日常管理工作，全年为全市2242个行政村农家书屋配备纸质图书22万8千册，并实现农家书屋数字平台全覆盖。开展“妈妈读书会”等农家书屋延伸活动90余场次，组织专家分享子女教育、家庭生活经验，开展农技培训，解读政策法规，宣传党的方针政策，使农家书屋成为提高村民文化素质、宣传树立核心价值观的重要阵地。依托数字农家书屋平台，为每个农家书屋站点组建村农家书屋电商网络社群，服务于本村居民。

（陈 彬 陈天培 张习瑞）

传媒

报纸

【概况】 2020年，郑州报业集团进一步强化一体化发展方向，紧紧抓住内容建设这个根本，弘扬主旋律，传播正能量，努力打造与郑州国家中心城市地位相匹配的、具有强大影响力和竞争力的新型主流媒体。2020年11月6日，第三十届中国新闻奖、第十六届长江韬奋奖颁奖报告会在北京人民大会堂举行。郑州报业集团党委书记、董事长、社长石大东获全国优秀新闻工作者最高奖——中国长江韬奋奖。20名获奖者中，石大东是此次全国唯一一位地市级媒体获奖的新闻人。这次获奖，也实现了郑州新闻界零的突破，河南地市媒体零的突破。该奖设立30年来，河南媒体界共有5位媒体人荣膺此奖。郑州报业集团“冬呱视频”制作的短视频《我捐了心肝肺肾眼角膜，他们帮我圆篮球梦》获得中国新闻奖二等奖，该作品同时获得河南新闻奖一等奖。由河南省新闻工作者协会主办的第三十七届（2019年度）河南新闻奖中，郑州报业集团旗下的郑州日报、郑州晚报、中原网、冬呱视频共斩获一等奖、二等奖、三等奖22个奖项，其中一等奖6件。河南新闻奖作为全省优秀新闻作品最高奖，郑州报业集团获得数百次。2020年获得的22个奖项，为历年获奖最多的一年。

【新冠肺炎疫情防控报道】抗击新冠肺炎疫情阻击战打响后，报业集团党委书记、社长石大东首批进入市防控领导小组，任市防控工作领导小组宣传部常务副部长和临时党支部书记，协助统筹全市疫情防控宣传报道、舆论引导、舆情处置工作，一直坚持“白天在线（指挥宣传报道），晚上在班（党报夜班）”的工作模式，全力抓好报业集团疫情防控和全市抗击疫情报道工作。精准有效、广泛生动的宣传报道，权威及时、果断有力的引导措施，使得郑州市疫情防控工作取得“社会关注、央媒聚焦、网民点赞、领导点评、专题阅评”的良好效果。省防控指挥部、省委宣传部连续编发两期专报《郑州市奏响疫情防控宣传引导主旋律》《郑州市打造权威声音发布传播“郑州速度”》，推荐郑州市疫情防控宣传引导工作经验。

报业集团第一时间启动重大突发公共事件新闻报道应急响应机制，迅速将春节休假模式调至工作战斗状态，采编人员全部结束假期，全力投入战“疫”；集团党委多次召开专题会议，制定党委班子成员每日双值班制度、全面摸排员工及家属健康情况、加强新闻宣传等工作措施，集团领导班子成员全部深入防控疫情一线，及时发声指导、及时掌握实情、及时采取行动，有力推动各项工作落地见效；集团总计380余人的防控队伍，先后参加市区出入市口中牟服务站和金水区未来路办事处11个社区20个楼院、20个卡点的防控工作，为打赢这场人民战争、总体战、阻击战贡献郑州媒体人的一份力量。

为报道河南省支援湖北医疗队在武汉前线的工作情况，报业集团特别派出全媒体记者王绍禹跟随第五批支援湖北医疗队奔赴武汉，从2月9日到3月19日，在武汉战“疫”40天，发回文字稿件共计66篇，发回图文视频报道近百篇，出色完成报道任务，展现一个媒体人特有的担当。

《河南新闻阅评》先后对郑州媒体“@千万郑州人”系列新媒体产品、郑州晚报疫情防控系列新媒体作品、“郑州发布”为疫情防控推出的三封信、郑州晚报迎接援汉医疗队凯旋的报道、郑州晚报116版《战疫郑能量》大型特刊等进行专题阅评。尤其对“郑州发布”推出的“三封家书”，阅评员称赞形式创新好、节点把控好、传播效果好，做到用文字去鼓舞人、温暖人，给人以希望和温情，为疫情防控创造良好舆论氛围，更为百姓吃下“定心丸”、打“强心剂”。其融媒的宣传形式和传播方式，是主流媒体拥抱新形态、抢占主阵地，创新重大主题宣传报道的一次有益尝试，是媒体融合往深里走、往实里走、往心里走的郑州实践，值得关注和借鉴。

【“郑州发布”运营】新冠肺炎疫情暴发后，由于传统报纸不能有效触达用户，报业集团推动主力军全面挺进主战场，以互联网思维优化资源配置，把更多优质内容、先进技术、专业人才向互联网主阵地汇集、向移动端倾斜，做大做强网络平台，占领新兴传播阵地。由集团负责运营的“郑州发布”两微一端、抖音、快手等多媒体矩阵平台，粉丝累计500多万。其中，微信单篇阅读量最高达到200多万，视频单个播放量最高达到5000多万；在全国政务微信榜单排名中，“郑州发布”排名第10，在新浪微博的政务微博排名中，“郑州发布”排名第2。

“郑州发布”以“权威发布，贴心服务”为工作宗旨，在内容定位上，以权威发布、便民服务、舆情引导、形象宣传、活动推广等为工作方向，迅速建立起市委市政府和市民之间的桥梁，成为郑州市网上舆论引导阵地和“硬核”郑州的有力助手。新冠肺炎疫情初期，“郑州发布”官微在最短时间内实现每天15万只口罩网上预约，40多天预约出700余万只口罩，为郑州18900位空巢老人申请免费发放口罩，有效缓解了市民购买口罩难问题，市民纷纷点赞“这个公众号很暖”；“郑州发布”第一时间发布郑州23个抗疫通告、传递防护知识，撰写“抗疫家书”，通过郑州移动、郑州联通、郑州电信总计超1700万用户手机短信，400多万郑州“物业家庭群”，近200万“学生家长教师群”以及“郑州发布”粉丝定向推送，阅读量超1亿人次。

【特刊品牌打造】每逢大事，必有郑报，每逢节点，必有特刊。报业集团旗下的《郑州日报》经过多年摸索实践和经验积累，树立起有着自己鲜明风格的“特刊品牌”。《郑州日报》《郑州晚报》接连推出《决战决胜》——习近平总书记参加十三届全国人大二次会议河南代表团审议一周年特刊、《白衣执甲 奏凯而还》——郑州援鄂医疗队凯旋特刊、《战疫郑能量》——郑州各条战线抗疫实录116版大型特刊、《城·长》——郑州推进高品质城市建设工作特刊、《黄河浩荡》——全国两会“出彩路上再出发”特刊、《郑之翼》——郑州日报社成立暨《郑州日报》创刊71周年纪念特刊、《中原硅谷崛地而起》——中原科技城政策发布会特刊等一系列有影响、有分量的特刊，持续出新、不断出彩，擦亮党报都市报“特刊品牌”。

【视听品牌打造】疫情期间，集团旗下冬呱视频制作并全网发布30多个抗击新冠肺炎疫情主题的原创短视频：《打赢防疫狙击战MV》《节后复工防疫小知识》《千万郑州人同唱一首歌》等呼吁全民参与抗疫的MV、科普类动画；《郑州岐伯山医院建成记》《送别民警樊树锋》《连线武汉方舱医院里的河南医护人员》等记录抗击疫情前线的新闻现场；《追踪病毒的人》《抗疫守门人的24小时》《为抗疫造“盔甲”的人》《卡车司机的千里逆行》等聚焦流调员、交警、口罩厂工人、卡车司机、平民志愿者们背后的抗疫故事。其中，特别策划的5分钟纪实短片《逆行者背后的人》3月17日首发上线后，在全国引起强烈反响，视频总播放量超过700多万，取得良好的社会传播效果。

2020年国家网络安全宣传周，冬呱视频承制《2020年郑州城市宣传片》。导演摄制组25人，演员40余人，团队60多人，历时5个月，用精品展现出郑州独有的城市魅力，网友盛赞：“这是我看过最潮的城市宣传片！”作为《2020中国金鸡百花电影节形象宣传片》的承制团队，冬呱视频历时7天、168个小时、68个演职人员呈现出的宣传片全网上线后，被本届电影节形象大使刘昊然超话收录，被河南全搜索、河南正发生、郑州全视点等河南本土微博大V集体转发。全网播放量突破500万，通过渠道传播覆盖影响1000万人。

【政务服务】中原网“心通桥”四级网格办事服务平台深耕“移动问政”，曾荣获中国新闻奖一等奖。累积近百万实名注册的市民用户，累计处理问题16万余件。2020年，“心通桥”坚持结果导向，强化督办，加强与入驻单位的沟通衔接，定期整理相关内容，汇总报告，并及时发布反馈情况。同时，加强办结反馈与办结评比，确保网民诉求和建议及时回应、迅速解决。在中原网发布心通桥日报，公布当日网民反映事项、处理情况。在郑州日报和郑州晚报开辟固定栏目——“心通桥民意排行榜”，公布各单位处理网民反映事项的情况。截至2020年11月底，共计发布《“心通桥”民意排行榜》40期，《心通桥日报》222期。2020年供暖季，心通桥、正观、郑州发布联合郑州热力公司，畅通用热问题反馈渠道，为市民提供全方位、更便捷、更迅速的问政服务，持续为居民解决家中供暖问题，自服务开通以来，共收到网友留言近千条，回复率100%，得到广大网友的交口称赞。“心通桥”在开发政务服务办事通知指南的同时，结合“郑好办”进一步完善网上办事功能，作为郑州市民解权威声音、掌上办事、处理问题的重要通道，进一步升级打造心通桥统一数据体系，逐步融合统一的政务数据规范，打造心通桥更强的数据交换能力、统一的数据接口，为心通桥焕发更强活力提供技术赋能，为未来智慧城市建设拓展功能做好衔接。

【新型媒体平台建设】 2020年9月13日，由报业集团打造的新型主流媒体平台——《正观》App全新上线。居中、守正、观天下。《正观》以天下为己任，是一个集“新闻+政务服务商务”于一体的新型主流媒体，旨在“扎根郑州，立足中原，影响全国”。“正观”的“正”，是“郑州”之“郑”的谐音，是正确、正道、正能量；“观”，是观察、观点、观天下。

《正观》的推出是响应中央号召。2020年6月30日，中央全面深化改革委员会第十四次会议强调，要深化体制机制改革，加大全媒体人才培养力度，打造一批具有强大影响力和竞争力的新型主流媒体。第二天也就是七一建党节，《正观》立马推出“百万年薪招聘执行总编辑、执行总经理”的广告，引发业内外广泛关注。《正观》依靠强大先进技术的支撑和优质的内容，将全媒体作为互动纽带，坚持“开门办报”，走好全媒体时代群众路线，把党的优良传统和新技术新手段结合起来，强化媒体与受众的连接，实现新型媒体和用户的高黏性、高频次互动。

在扩大优质内容产能、提升内容价值上，“正观”建设专门团队保证并提升市委政府中心工作的宣传质量；依靠独家、视频、评论、要闻团队建立国内范围内的强影响力；强化国际新闻和文化新闻报道，让用户接触第一手国际新闻；依靠创意设计部门强化内容和经营两方面的包装推广。“正观”引进的优秀深度报道记者，每日生产深度原创新闻，挖掘新闻背后的真相；同时，整合郑报集团旗下冬呱视频、郑直播视频团队，与澎湃新闻视频团队紧密结合，每天生产原创短视频近百条；通过招聘，引入国内知名大学毕业生，开展远传国际新闻落地采写，打造以国际视频为主的“动观天下”短视频栏目；在评论栏目建设方面，“正观”开设“黄河评论”视频评论，有观点有看点有爆点，在2020年国家网络安全宣传周及金鸡百花电影节期间发表“正观社论”，起到正确引导舆论、释放郑州正能量、传递中原好声音的作用。

下一步，报业集团将以“正观”为中心进一步优化集团内容运营的顶层架构，负责统筹指挥管理整体采编和新闻安全生产，聚焦聚集优势资源。将“郑州发布”矩阵体系和中原网“心通桥”粉丝和流量与“正观”衔接和互相导流，与各级政府的电子政务、水电气暖、智慧城市和网上信访结合起来，打通数据，将其作为前置平台，群众可方便快捷地进行网上办理，最大化实现“新闻+政务服务商务”的功能。

【脱贫攻坚】 2014年起，郑州报业集团开始对口扶贫新密市平陌镇白龙庙村，报业集团派出164名党员干部“一对一”进行帮扶。到2020年，该村实现164户贫困户、共计747人全部脱贫，村基础设施达到“1+7”标准，村集体经济收入20多万元。如今的白龙庙村一年一个台阶，实现九个村民组通水、通路、有照明，网络、有线电视入户，公交车每天发车。投资140多万元的多功能文化广场已投入使用，实现租用；投资152万元的安全饮水工程投入使用，彻底解决吃水用水问题；投资35万多元，配备垃圾车、洒水车等整套清洁设备。

在报业集团党委领导带领下，报业集团164位帮扶人为对口帮扶贫困户捐赠慰问金，购买生活用品、衣物及各种食品、小家电等，累计达到20多万元，帮助贫困户就医、安排工作岗位、捐赠学习用品，使贫困户的生活从根本上得到提升。为改善贫困群众的节日生活，报业集团还在每年中秋、春节对全村百姓发放月饼、米、面、油等，累计投入30多万元。报业集团通过捐建价值10万元的农村书屋，投资5万多元设立“郑报白龙‘党建+’爱心超市”，对优秀党员、文明村民和“好婆婆”、“好媳妇”进行表彰，在全村营造出立志勤劳、奋发立业的良好氛围。2018年至今，省扶贫办督巡组，郑州市纪委、组织部、扶贫办组成的督巡组和检查组，多次在白龙庙村进行巡检和入户测评，集中测评满意度，满意度全是100%。

电　视

【概况】 2020年，郑州电视围绕市委市政府中心工作以及重大活动、重要主题做好宣传报道，探索全媒体时代新闻宣传的守正创新，积极向移动端、新媒体转移，创新形式和内容，努力发挥主流媒体的传播力、引导力、影响力、公信力。开设“战疫情 保发展”“做好六稳 落实六保”“三送一强”“夜经济 郑精彩”等12个专栏，播发《政策助推 郑州家政领跑全国》《筑巢引凤 政策助力企业复苏》《人间烟火气“醉”抚凡人心》《“深夜食堂”点亮夜经济》《“醉美·夜郑州”嘉年华今晚炫彩登场》等200余篇报道，为全市经济社会稳步复苏凝聚共识和力量。持续高品质推进城市建设管理报道，开设《“郑”在变美》专栏。推出特别策划《2020“郑”在出彩 “豫”见未来》，多角度全方位展现郑州之美。习近平总书记给圆方集团职工回信后，记者深入郑煤机集团、中铁装备公司等单位采访，展示全市广大劳动者“弘扬劳动精神，争当出彩先锋”的信心和决心。6月11号徐立毅书记履新郑州一周年之际，推出专题报道“时光‘郑’好再出发”，受到市领导和宣传部领导的肯定。开设14个专栏，推出报道460余篇，展示郑州脱贫攻坚成果。做好全国及全市两会报道，圆满完成2020年央视春晚郑州分会场报道，2020年郑州市委市政府团拜会，庚子年黄帝故里拜祖大典网上直播报道等重大活动报道。《天天美食》栏目被中国广播电影电视社会组织联合会评为“旅游美食文化传播力十强品牌栏目”，《文旅郑州》栏目被评为“旅游美食文化传播力优秀品牌栏目”，专题节目《说郑州—魅力管城》被评为“旅游美食文化传播力十佳节目”，专题节目《非遗大“食”堂 一席品河南》被评为“旅游美食文化传播力优秀节目”，刘迪同志荣获“旅游美食文化传播力十大领军人物”。《中华民族一家亲·同心共筑中国梦2020年全国各民族迎春大联欢晚会》荣获中国电视艺术家协会春节文艺晚会最佳作品。大型系列纪录片《四十城 四十年》获国家广电总局中国广播电视大奖专题类大奖，26件作品获省级奖项，其中特别奖1件、一等奖7件、二等奖6件、三等奖12件。

【网络宣传】 精心策划网上宣传主题，坚持精准宣传，把镜头和话筒对准基层群众，把故事讲到群众的心坎里。在疫情防控、决战脱贫攻坚、高质量发展、黄河生态保护和黄河文化传承以及“十三五”回顾、“十四五”谋划等方面，共开设专题14个，推出报道10231条。其中短视频《一句我爱你成最戳心壮行》单条最高点击量2736万。《英雄凯旋 最高礼仪迎接！》最高点赞达到120万。《郑州全城亮灯 致敬战“疫”英雄》在看郑州、学习强国、央视新闻移动网、河南省纪委监委网站播出，播放量达50余万，得到部领导表扬。《2020—雪后郑州》展现郑州人民的乐观精神。短视频《你守望生命 我们守护你》强力登陆中央纪委国家监委网站、河南省纪委监委网站、学习强国河南学习平台，点击量数十万次。《蓄力郑州2020–疫去春来 万物可期》在看郑州、微信、抖音等平台传播，总播放量达50余万。起到强信心、暖人心、聚民心、筑同心的作用。

【对外宣传】 在涉及郑州城市形象、市委市政府中心工作、重大事件等事关全局的报道时，建立重大新闻题材报道领导全程负责制。一系列事关郑州经济和社会发展重大举措、重大事件的宣传报道登上省台和央视，提升郑州的对外形象。金鸡百花电影节2次登上央视《新闻联播》，5次登上《东方时空》，并在央视新闻频道《朝闻天下》

等各栏目播出相关新闻70余条，超过历届百花奖在央视的发稿数量和质量，受到省市宣传部门的表扬。2020国际乒联总决赛在郑州举办，CCTV-1、CCTV-5、CCTV-13等央视各频道先后8次报道比赛盛况，彰显郑州电视台在外宣工作上取得新突破。凭借强有力的直播团队和技术力量，成为央视青睐的合作伙伴，2020年央视3次与郑州电视台记者直播连线。由于外宣工作表现突出，收到中央广播电视总台感谢信。

【新媒体矩阵】 全台拥有官方网站、微博、微信，各频道开通微博、微信、抖音、快手、今日头条等新媒体帐号共计55个，粉丝量总和超过500万。“看郑州”新闻客户端下载量为42万，综合实力在本地App排名中位列第七位。建立以“看郑州”为首，抖音、快手、央视新闻、央视频、今日头条、人民号等十五个平台为辅的新媒体矩阵，具备跨平台内容运营的能力。综合客户端“郑视融媒”为大型活动提供直播平台，郑州街头艺人艺术表演暨群众文化艺术节10场大型户外直播活动，累计观看人数60万+，金鸡百花电影节7场大型户外直播活动，累计观看人数40万+，全媒体观看人数达到132.6万。

【短视频分发矩阵】 发挥自身优势，着力做大做强短视频业务，拥有超过20家媒体分发平台，搭建起包括央视频、头条、澎湃、网易、微信、微博、抖音、百度、抖音、人民号以及省市联动媒体的短视频分发矩阵。各平台粉丝总量超过500万。在2020年省市许多重大事件上，郑州电视台都有亮眼的原创短视频作品策划。定期开展“短视频优秀作品”评选，对优秀作品给予扶持资金。《战“疫”·郑州十二时辰》在“学习强国”河南平台、央视新闻移动网、央视频、郑州发布等同步播发，短时间点击量突破100万+，得到市委宣传部领导的高度肯定和点赞，获省广电局“优秀国产纪录片”创作资金扶持，并选送国家广电总局参评。《郑州战疫》《向着光我们逆风而行》获市委宣传部短视频评选一等奖。特别策划《102岁许欣之——开国大典礼炮鸣放总指挥》、在省广电局举办的“双拥耀中原、出彩新时代”双拥共建主题活动中创作的《向最可爱的人致敬》公益广告，获省级创作资金扶持一等奖。在习近平总书记视察河南一周年之际，省委宣传部组织“出彩路上”大型融媒体直播活动，郑州电视台策划组织《黄河颂“郑”中心》郑州站大型融媒体直播。

【直播带货和电商经济】 依托新媒体矩阵，大力发展直播带货和电商经济。举办郑州电视台“梦想融主播”选拔大赛，重点打造直播带货主播。首次主播带货公益直播活动观看人数21万多人次，累计点赞人数18万人，带动消费30万元。郑州电视台全媒体直播经济基地于2021年1月挂牌，打造垂直化、多元化、精细化的电商直播基地。与河南大中原商业运营管理有限公司合作打造“郑州电视台融媒主播基地”，针对全媒体直播和融媒体升级发展领域展开全面合作。

（陈　彬　陈天培　张习瑞）

电　台

【概况】 2020年，始终坚持围绕市委、市政府中心工作，做好政治、经济、文化、疫情防控、复工复产等方面的宣传报道。持续推进媒体深度融合，传统广播和新媒体并驾齐驱，进一步提升电台新闻宣传报道的传播力、引导力、影响力、公信力。顺利完成2020中国金鸡百花电影节影展论坛和其他新闻宣传，为金鸡百花电影节的举办贡献力量。完成市委巡察、省级文明单位创建等重点工作，12件作品获得河南省新闻和文艺一等奖。获得2020央视春晚郑州分会场筹备工作先进集体、郑州市宣传工作先进集体等荣誉。《百姓热线》获得“金长城传媒奖·2019中国最受听众喜欢广播节目”，郑州新闻广播荣获2019—2020年度全国广播收听市场风云榜全国广播频率综合影响力指数城市电台资讯频率TOP10。郑州交通广播也先后获得“金长城传媒奖·2019中国十大城市广播”、“时代之声（2020）”全国年度优秀市级广播频率，在业内始终保持领先地位。

【新闻宣传报道】 2020年，郑州电台充分发挥广播+新媒体融合传播优势，充分运用新技术、新方法，对多个重大新闻事件进行直播报道，强化树立主流媒体的舆论引导作用。紧紧围绕市委市政府中心工作以及市委宣传部的工作部署，按要求完成专题、系列等重大报道80多个，包括《疫情防控》《牢记嘱托 履职责 出彩路上再出发》等，涵盖市委市政府所有重点工作。采写编发传统新闻稿件11260条，“会面”发稿15720条，“郑说广播”微博发稿8500多条，“郑说广播”微信推送原创微信1029条，抖音“说中就是中”发布视频600多条，破百万的10条，破千万的2条，点赞近170万，均未出现任何政治性、导向性错误。

2020年郑州电台官方微博共发布19580条，总阅读数突破9000万。官方微信发布微刊2034条，总阅读数近90万。今日头条、大风号等商业平台发布稿件8080条。自有客户端“会面”下载量达31万，注册用户10万人。

2020年是我国脱贫攻坚的决胜之年，郑州电台出品的故事片《幸福路上》以电影的形式传递脱贫攻坚精神，进一步营造扶残助残的良好氛围，让更多的残疾人更好地融入社会。经过两年的拍摄制作，2020年9月该片入选金鸡百花电影节本土展映单元，11月在电影院线进行河南点映，下一步将走进全国院线。从出品方到编剧，从演员到主题曲主唱都是郑州广播人，也成为媒体跨界的有益尝试。围绕该电影，专门组织现实题材电影的高峰论坛，著名导演张纪中，全国政协委员、北京电影学院原党委书记侯光明，中国艺术研究院原副院长贾磊磊，国家一级导演卢卫国，著名豫籍导演、编剧韩万峰等数位业内、学界大咖共聚一堂，共同探索现实题材电影的创作之路，促进郑州市影视文化产业发展，传递电影正能量。

连续14年推出黄帝故里拜祖大典国际大联播，联合沿黄九省市省会、首府广播媒体，海峡之声广播电台、香港电台普通话台、台湾台中广播、澳大利亚3CW中文电台等海内外知名华语广播媒体，共同报道拜祖大典盛况，向100多万海外受众推广炎黄文化和中原文明。在蜻蜓FM开设《庚子年黄帝故里拜祖大典手机台》。

【疫情防控报道】 新冠肺炎病毒疫情出现以来，郑州电台上下齐心，初一开始，全员上班，坚守岗位，以高度的责任心和使命感坚决打赢疫情防控宣传战。五套频率并机直播除夕12小时融媒体节目，收听收看量突破608万。防疫宣传中，新闻客户端“会面”上共发稿11432条；微信推送2130条，阅读量3200万；原创设计制作“村长说防护系列公益短视频”阅读数超过5000万。随着抗击疫情工作的不断推进，郑州电台的“大喇叭”响彻在郑州的社区、广场和街头，特别是向有隔离人员居住的社区进行有效宣传。“大喇叭”宣传车走进255个社区、38个有确诊病例的小区，行程7000多公里，打通防控疫情宣传的“最后一公里”，构筑一道基层防疫的宣传防线。

郑州电台号召河南各地十八家广播电台共同创作播发抗“疫”诗歌《长江，长江，我是黄河!》先后被学习强国等多家媒体平台转发，营造同江同河、同舟共济、共同抗“疫”、共克时艰的舆论氛围。武汉新闻广播还回应创作推出诗歌《黄河，黄河，我是长江！》，对中原儿女的呼唤做出回答。诗歌在豫、鄂两地广大听众中引起强烈反响和情感共鸣。为豫、鄂两地广大群众坚定信心、战胜疫情提供强大的精神力量，充分体现主流媒体责任使命和担当作为。新媒体的传播2000余万次。创作歌曲《樱花月季》用樱花代表武汉，用月季代表郑州，表达共同抗疫的信心和决心。搭建公益送菜平台给市民送菜2万斤，线上关注量累计超过50万人次。

【对外宣传】 郑州电台在中国之声发

稿320篇，继续保持在全国城市电台的领先地位，实现了在中国之声城市台发稿总分“二十一连冠”。《各地疫情下文明有序开展祭扫活动》《代表委员热议：破解老旧小区改造难点》等15篇稿件在《新闻和报纸摘要》中播出。郑州电台将学习强国发稿作为重要任务，列入绩效考核。

8月，联合中央广播电视总台（国广）土耳其节目制作室拍摄主题纪录片《行在中国》郑州篇，围绕郑州的现代化城市面貌、华夏文明的起源和中国武术文化等主题，以一个土耳其电台主持人的视角向土耳其等丝路沿线国家讲述我国的最新发展成绩和社会面貌，全面介绍郑州在人文、历史和经济发展等领域取得的突出成就，该片将在土耳其最大私营媒体集团旗下的NTV电视台以及中央广播电视总台海外合作媒体平台上播出。围绕脱贫攻坚春耕生产推出航拍《在希望的田野上》被央视频、郑州发布、河南日报客户端转发，总点击量过百万。

【强化节目质量】 据中国广视索福瑞数据显示，郑州电台全年的综合收听市场份额为47.45%，较2019年（44.67%）上涨2.78个百分点，新闻广播以21.11%的高份额继续保持省会收听市场排名首位优势；车载收听方面，尼尔森数据显示，郑州电台车载收听份额为41.74%，较2019年（40.47%）上升1.27个百分点，交通广播以18.56%继续保持省会广播车载收听首位优势。

在2019年度河南省新闻奖评奖工作中，郑州电台共报送河南新闻奖各类别参评作品26件，有22件作品获奖，其中一等奖作品12件，包括短消息《打破“信息孤岛” 全国首家企业登记身份管理实名验证系统在河南上线》、长消息《河南“海上丝绸之路”——郑州到东南亚“铁海联运”铁路箱开行》、新闻专题《生命速递十二时辰》、社教专题《尺八回家》、戏曲专题《谁说女子不如男——记人民艺术家常香玉剧社号战斗机》、广告文艺《植树节——种下一颗绿色的种子》、文学节目《听见·白居易》、长篇连播《省府前街》、综艺节目《一曲黄河大合唱 奏响时代最强音》、广播播音《我的观点谁做主》、广播主持《百姓热线》等，一等奖数量取得新突破，再创历届河南新闻奖最好成绩，获奖作品总数也继续保持全省地市台第一名。

录制《中药传奇》《大河奔流》《百年德化》等精品节目，自觉承担起弘扬和传播中华传统文化的责任，让文化在传承中创新，这是时代赋予新闻工作者的使命。对于即将消失的文化遗产，广播就是通过声音记录方式达到抢救和传承的目的。

打造“全频智造”模式，进行精品节目输出。服务近20多家广播电台，包括安康台、西华台、五华台、龙岩台、延边台、涿州台、盘锦台、莆田台、鄂尔多斯台等辐射全国。为各台提供全天整套节目以及频宣、公益广告、节目片花等在内的相关音频内容。

【融媒体建设】 以“两微一端一抖音”为基础，以学习强国、今日头条、抖音号、企鹅号等新媒体为延伸平台，抢占可视化、碎片化信息空间，形成以郑州为中心，辐射全国的新媒体传播效力。借助大家热议的“村长喊话”话题，原创设计制作“村长说防护系列公益短视频”。1月29日发布第一个作品的播放量达2355万，点赞77.7万，1月30日发布第二个作品的播放量达2810万，点赞106.9万。运营民生新闻类、美食类、宠物类、教育类等10多个短视频账号及微刊公众号。民生新闻类的抖音号“郑州经济生活广播”，2020年运营9个月来，粉丝从15个增加到现在的272万。通过建立各节目抖音账号、节目视频直播、培养新媒体主播等形式，提升主持人影响力、助力品牌推广。912主播任静抖音粉丝达255万，《音乐飞一般》抖音号粉丝28万。在各类新媒体收听数据上继续领跑河南，在全国音乐台的收听上也数一数二。蜻蜓FM与百度地图合作，深入探索景区+音频模式、布局全场景生态之后，结合地理位置进行场景化内容服务升级。邀请郑州市文物局原局长阎铁成，郑州文化名人翟宏为用特有的风格、新鲜的角度来讲解一座城的著名景点和热门地标，用人文知识和奇闻趣事，带大众重新发现城市内涵。少林寺、二七广场、刘禹锡公园、巩义石窟寺、巩义皇陵、杜甫故里、郑州黄河湿地公园、花园口、CBD、园博园十处郑州地标均录制完成。

在新时代用新思想新理念来谋划推进媒体融合发展工作，推出《方总来了》系列短视频，通过记者自编自导自演情景剧的形式宣传全市中心工作和热点话题，在市属媒体中尚属首创，《方总来了》系列推出近60期，在央视频、今日头条、学习强国等多平台推送，形成一定品牌效应。另外，还联合郑州市气象局推出《气象课堂》系列新媒体特别策划。

创新方式方法，适应网络生产传播的趋势和规律，积极探索适合管用的生产组织和运营方式。2020年受疫情影响，很多线下活动和广告都无法正常进行，通过912云端发布、云端房展会、云端车展会、主播带货、寻找方中山、培养网红主播等新媒体活动形式试水，为融媒体发展之路提供更进一步的可能。交通广播的新媒体作品《寻找郑州爱情》全网播放量达到270多万；《我的家在健康路上》获得第六届“根亲中国”微电影网络大赛战“疫”情特别奉献作品奖。音乐广播与腾讯微视App共同推出“超级品牌日”。

【政务服务平台建设】 2020年，郑州电台继续做好与各局委的联办节目。6月份，启动与市长热线联办的《政府热线直通车》节目，教育局、城市管理局、政务服务中心、市场监管局等30余家上线单位均为一把手带队，近万人参与互动，解决民生类问题500多件。并开设小学入学报名对话各区教育局的《教育主题日》等主题节目，倾听百姓声音，有效解决百姓诉求。2020年再次与市纪委宣传部联办《廉政时空》，内容为一体推进“三不”，深化以案促改，嘉宾为各区县、管委会纪委书记及相关部门领导，播出16期。

【公益宣传】 郑州电台全年共安排播出“讲文明树新风”公益广告五万四千多条（次），累计播出三万六千多分钟。防疫公益广告播出上万条次，对科学防控疫情，辟除谣言，稳定社会起到积极作用。围绕“文明健康 有你有我”、安全生产月、诚信守法、环保节能、脱贫攻坚、防止非法集资、防灾减灾、双拥共建等主题，分别播出公益广告上万条（次），有力配合郑州市的精神文明建设。

6月14日第十七个世界献血者日当天，郑州交通广播承办的第六届“大爱郑州、热血之城”12小时大型直播主题宣传活动，12个小时共有2161人参与无偿献血，献血总量达到3825.75治疗量。实现广播节目和手机小屏的双向传播，在移动端进一步扩大活动影响力；“童在蓝天下”系列公益活动在2020年下半年，定期开展走访贫困留守儿童，为他们提供帮助、送去温暖。郑州新闻广播从2013年到2020年，从郑州到汝州，从十几人到上百人，行程148公里，爱心的接力不曾停歇。2020年12月5日，郑州新闻广播第九次赶往汝州金庚康复医院，去看望生活在那里的92名脑瘫孤儿，让他们感受来自社会的关爱。

（陈　彬　陈天培　张习瑞）

卫生健康

综 述

【概况】2020年，郑州市卫生健康工作始终坚持新时期卫生健康工作方针，紧紧围绕人民群众健康需求，全面落实河南省、郑州市卫生健康大会安排部署，积极应对突发疫情，坚持一手抓疫情防控、一手抓改革发展，疫情防控和卫生健康事业发展实现两促进、双丰收。郑州市卫生健康委被河南省委、省政府表彰为第四届河南省“人民满意的公务员集体”和河南省抗击新冠肺炎疫情先进集体。

【公立医院改革】完成市属公立医院去行政化改革，岗位科室设置、中层选聘、人员招聘和薪酬分配实行医院自主。持续推进现代医院管理制度建设，所有公立医院完成章程制定。在44家公立医院开展按病种收付费改革，104个病种平均降费12%，医保实际报销比例提高5—15%。建设医院精细化管理平台，智能病历质控、DRG绩效评价、合理用药智能监测、区域医院运行监管等4个系统全面启动，33家公立医院5个能力提升项目信息化系统全部上线运行。理顺管理体制，市八院、嵩山医院、第一按摩医院、侨光医院等4家行业公立医院完成转隶。连续两年对郑州市二级以上公立医院开展DRG第三方评估，对市属公立医院运营发展及专科能力进行第三方评价，为医院高质量发展“把脉问诊、对症开方”。

【药品供应保障】坚持基药主体地位，开展基本药物制度绩效考核，落实处方点评，医疗机构优先配备基本药物，政府办基层医疗卫生机构和二级、三级综合公立医院基药配备品种数量占比分别达到86.26%和62.06%、36.23%，高于省定目标。7家市属医院和3家县级医院试点实行总药师制度。实行药品、医用耗材采购目录备案管理，开展高值医用耗材重点治理，促进合理应用。建立短缺药品保供稳价工作会商联动机制，保证临床用药需求。

【卫生健康综合监管】持续推行“双随机、一公开”，完成国家省市三级抽查任务4049例，占比20.2%，完结率100%。严厉打击非法行医，立案查处违法案件679起。持续打造“智慧卫监”，依法执业多元化信用综合监管评价、行政执法全过程记录、电子档案管理等9个系统上线运行。完成国家多元化监管试点工作，经验做法在全国医疗服务多元化监管试点工作总结会上交流发言。加强监督机构规范化建设，新郑市卫生计生监督所等5家单位成功创建省级规范化监督机构。注重监督执法能力培养，荣获省卫生监督执法案卷团体一等奖，2个行政处罚案例被评为河南省卫生健康执法十大典型案卷，1个案例被评为全国卫生健康执法优秀典型案例。

【计划生育服务】规范整顿生育登记，实现“最多跑一次”；修订完善奖励扶助政策，落实各类扶助保障资金5.3亿元。出台计生特别扶助对象住院护理补贴保险办法，累计结案1219人，赔付住院护理补贴240.2万元。新密市、新郑市、中牟县和二七区获评全国计划生育服务先进单位。

【健康扶贫】以“大病集中救治一批、慢病签约服务管理一批、重病兜底保障一批”为抓手，积极采取“七免一减”等健康扶贫政策，郑州市建档立卡因病致贫5428户18551人全部脱贫。郑州市享受“七免一减”惠民政策共13.12万人次，累计减免医疗费用4821.82万元；30种大病集中救治279人，救治率达100%；贫困人口慢病签约8121人，签约率100%；3640名重病患者全部落实医疗兜底保障政策，做到应兜尽兜、不落一人。郑州市贫困人口基本医保参保率100%，贫困村标准化村卫生室和合格乡村医生覆盖率

5月16日，全市卫生健康大会召开（郑州市卫健委/供图）

100%，贫困人口家庭医生签约服务率100%；贫困人口医疗费用实际报销比例91.66%，贫困人口县域内就诊率达到99.56%。县域内定点医疗机构全部实现“一站式”结算，贫困人口“先诊疗后付费”政策全面落实。

【健康郑州行动】印发《健康郑州行动实施方案》，把健康郑州行动作为“一把手工程”，明确以市长为推进委主任的行动组织架构，将健康郑州行动9项指标纳入市委、市政府年度高质量发展绩效考核指标，调动要素资源向卫生健康领域汇聚，合力推进健康郑州建设。老年健康、中医药、癌症防治等9个专项行动先后举行启动仪式，其他行动以不同方式推进落实。郑州市创新健康管理模式、推动控烟立法、实施中医药健康促进等做法被纳入健康中国行动典型经验案例，健康促进做法被省卫健委作为健康教育与促进典型案例刊发。

【健康管理】在郑州市医疗机构推行“三师五方”健康管理模式；深化“三个一”健康管理服务，市财政安排专项资金600万元新建健康小屋30个，并为建设单位奖补设备30台。组织郑州市健康小屋管理员业务培训，提升服务能力。

【智慧健康建设】智慧健康建设纳入郑州市统一的城市大脑项目，16个子系统上线运行。建设医疗数据资源平台、全民健康信息平台、健康档案系统等系统平台，14家公立医院7383.2万余条诊疗数据上传平台，覆盖523万余人就诊记录，市民可以通过“郑好办”App查询，初步实现跨部门、跨区域、跨系统的信息数据互联互通和共享。市一院、市中心医院、郑州人民医院、市七院和郑州儿童医院5家医院通过患者授权实现患者既往就诊记录和在其他机构检查检验结果可查可用。就诊服务更加便民。推行身份证、社保卡“通卡就医”，电子健康卡“亮码就医、脱卡就医”；打通区域医疗机构联通接口，推动数据共享、检查结果互认；推开分时段预约挂号、诊间支付、床旁结算，试行先就诊后付费等服务，群众就医更加方便舒心。多项便民应用惠及群众。在“郑好办”上线“电子健康卡、家庭医生、医疗地图、疫苗接种、出生证明”等健康服务，医疗机构、疫苗接种情况、出生证明等群众关切事项“一图呈现、一键可查”；“一键急救”打通急救车、院前和院后信息通道，提升急救效率；卫生健康领域“一件事”18项上线“郑好办”，极大方便了群众。

【健康教育】开展健康大讲堂3000余场，打造《郑说健康》品牌栏目，在学习强国河南平台、郑州平台开设“健康科普”专栏，组织评选健康达人、健康科普知识竞赛等活动，拓展12320卫生健康热线健康咨询服务，充分运用微信、抖音等媒体等多渠道多平台广泛宣传普及健康知识。新密市成功创建国家健康促进示范县，荥阳市、金水区积极推进省健康促进示范县创建工作。修订实施《郑州市公共场所禁止吸烟条例》，郑州市进入全国无烟立法城市第一方阵，实现河南省公共场所全面无烟立法城市零突破，郑州市创建无烟单位、无烟党政机关952个。

【老年和妇幼健康保障】郑州市18家二级以上综合医院设立老年医学科，13个医养结合试点示范机构遴选公布，36个安宁疗护中心顺利建成、新增床位721张。5个医养结合管理控制中心、3个医养结合安宁疗护实训基地相继成立。探索出郑州福华街社区卫生服务中心“主动式居家养老”模式，普罗旺世医养中心“融健康文化、管理、干预及医疗为一体的中医健康保障”模式，郑州爱睦家“医疗、康复、养老、照护四位一体的失能老人医养结合服务”模式，晚晴养老集团“集居家养老、上门服务、社区日间照料、机构长期照护、医养结合、教育培训于一体的综合型健康养老服务”模式，各具特色。持续实施妇幼健康服务能力提升计划，市妇幼保健院成功创建“三甲”，新密市、登封市、中牟县和荥阳市4家妇幼保健院通过“二甲”评审，郑州市50%以上二级医疗机构、57.3%的乡镇卫生院和51.7%的村卫生室妇幼健康服务能力建设达标。落实促进3岁以下婴幼儿照护服务政策，郑州市建有托育机构261个、提供托位20219个，入托婴幼儿11269人；建有母婴室434个，累计评出优秀母婴室78个。

【卫生健康民生实事】持续开展妇女“两癌”、孕产妇产前筛查和新生儿疾病免费筛查，全年共完成“两癌”筛查122524人，完成率102.1%；完成新生儿疾病筛查395198人次，完成率109.5%；完成产前筛查169855人次，完成率111.2%。在脑卒中危险因素筛查基础上，新增肺癌早期筛查，完成脑卒中筛查50345人，完成率100.6%；完成肺癌筛查50125人，完成率100.3%。

【对外医疗援助】首次整建制派出的第21批援赞比亚医疗队圆满完成任务顺利归国，荣获赞比亚颁发的“五一劳动奖章”“特别贡献奖”“抗击新冠疫情特别贡献奖”和中国驻赞比亚大使馆颁发的“抗疫先进集体”。

（陈琳霞）

疾病防控

【概况】面对新冠肺炎疫情，第一时间启动响应机制，迅速动员部署、成立组织、建立机制，及时出台20多个工作方案，快速确定20家定点（后备）医院和65家发热门诊，14天建成投用郑州版“小汤山”医院--岐伯山医院，组建5788人的五级医疗梯队，坚决落实“四早”“四集中”防治措施，“一人一案”全力救治，7万医务人员取消春节休假坚守岗位，同舟共济构筑坚固防线，最短时间遏制疫情蔓延，仅用30天实现本土确诊病例零新增、43天确诊病例清零。先后8批次314名医疗卫生精锐主动请缨，驰援武汉、新疆、河北。完成国际航班245架次3.8万人的地接任务，排查救治境外输入确诊病例30例，医学观察境外输入无症状感染者269例，实现“疫情零扩散、工作人员零感染、归国人员满意”的“双零一满意”目标。在全国和省市抗疫表彰大会上，全系统3名同志荣获国家荣誉，87个集体、4个基层党组织和236名先进个人、4名优秀共产党员受到省市表彰。

【复工复产复学服务保障】因时因势调整疫情防控策略，全力服务“六稳”“六保”，针对20余个行业、30余类场所和20余类人群制定防控技术规范和防护指南。印发各类疫情防控海报、宣传页、宣传册等100余万份。先后20余次组织专家深入企业学校督导复工复产复学疫情防控。拉网式排查农贸商超冷链食品及外环境，抽检样本11.4万余份，检测进口冷链食品车辆8902车、样本14.1万份。建立疫情防控“点对点”协调机制和“健康副校长”制度，为1345所中小学选派健康副校长，有力保障复工复产复学。

【公卫应急能力建设】流调队伍由458人调整充实到1160人，累计追踪排查密接者7651人。快速提升核酸检测能力，核酸检测机构达到86家，组建10500人的应急采样队伍，日检测能力达到24万份，累计核酸检测488.4万人份。建成发热门诊110家、基层发热哨点诊室153家，推进2个市级重大疫情救治基地和5个后备救治基地建设，按辖区每万人1张床位标准建设县级重大疫情救治基地，医疗救治体系健全完善。及时成立疫苗紧急接种专班，在河南省率先开展新冠疫苗接种，累计完成80.4万人次。建设应急物资储备中心，完成项目立项，医疗机构按照1个月满负荷运转需求做好物资储备。

【疾控体系建设】深化疾控机构改革，市直机关医院、健教所、地病办三家单位整体合并到市疾控中心。开展县级疾控机构标准化建设，巩义市、登封市、新郑市、上街区、惠济区5家疾控中心基本达到国家标准，二七区、航空港区2家完成主体建设，其余9家按计划有序推进。郑州市64家二级及以上公立

8月18日，郑州市举行第三个"中国医师节"庆祝活动

（郑州市中心医院/供图）

医疗机构全部设立疾控科，配备专兼职疾控人员356人。市县两级疾控机构人员编制由996名增加到1346名，培训业务骨干5600余人次，疾控队伍建设不断加强。

【重大疾病防控】 推进县级免疫规划标准化建设，新装备冷库18个，免疫规划疫苗迟种补种完成率达到95.38%。加强传染病监测报告，全年无甲类传染病发生，法定传染病报告发病率同比下降55.16%。深化慢性病综合防控工作，全面推行HEARTS高血压防治项目，荥阳市和中原区分别获评国家和省级慢病综合防控示范区，新郑市和登封市、上街区分别通过国家和省级示范区复审。开展艾滋病综合防治示范区建设，郑州市和登封市分别被确定为国家和省示范区，全年新报告感染者同比下降17.76%。地方病防治通过"十三五"规划终期省级评估，实现消除碘缺乏病目标。结核病、精神病防治等工作扎实有效。

【职业健康和食品安全】 积极实施尘肺病防治攻坚行动，随访调查尘肺病人8144人次，筹建尘肺病康复站9个，在河南省尘肺病康复站（点）建设现场会示范推广。在监督局设立职业卫生科，监督执法力度持续加大。全面开展食品污染、食品有害因素监测，236家哨点医院上报食源性病例18315例。

【应急保障】 开展突发事件公共卫生风险评估12次，科学处置新冠肺炎、炭疽疫情等突发公共卫生事件44起，处置3人以上突发事件807起。圆满完成春晚郑州分会场、网安周暨金鸡百花电影节、国际乒联总决赛、中国500强企业高峰论坛等重大活动和会议防疫医疗保障任务46场次。

（陈琳霞）

医疗服务管理

【概况】 国家儿童区域医疗中心正式挂牌。郑州儿童医院被确定为河南省儿科医学中心，市中心医院被确定为河南省创伤医学中心协同单位。市级10个专科诊疗中心影响力进一步扩大，市二院、市三院、市九院跻身三级医院。6个县（市）县域医疗中心建设单位均通过"二甲"评审并达到建设标准，登封市人民医院、新密市中医院晋升三级。

新建脑卒中、创伤救治、胸痛、肾脏病4个市级医疗质量控制中心，确保医疗安全；10家市属医院设置医务社工部门，配备专兼职医务社工226名，开展义工（志愿者）公益活动，服务内容和形式多样。11家医院设置清真食堂或清真灶（清真窗口），配备专职营养师，开展营养膳食订餐送餐服务，患者满意度不断提升。市中心医院、郑州人民医院、巩义市人民医院和登封市人民医院4家医院、郑州儿童医院医务科、郑州人民医院内分泌代谢科、药学部，巩义市人民医院检验科4个医院科室被国家卫健委作为改善医疗服务先进典型通报表彰。

市三院迁建等11个项目列入郑州市重点项目，郑州卫生健康职业学院迁建等14个项目列入2020年市本级政府投资计划，年度完成投资36342万元。市疾控中心传染病应急检测中心P2实验室、医疗卫生应急物资储备中心和市九院医疗用房装修改造3个项目完成立项。市一院立体停车场项目竣工，市三院迁建、市骨科医院宜居健康城医院和市妇幼保健院宜居健康城医院3个项目进入收尾阶段。

【人才队伍和合作交流】 加大人才引进培养，引进博士22人、硕士280人，新增3名专家享受国务院津贴、1名享受省政府津贴，29名专家当选省市学术技术带头人。选派30名临床学科骨干到北大医学部进行导师制培养。获批国家自然科学基金科研项目3项、省医学科技奖32项、省科技进步奖5项。新增省医学重点（培育）实验室1个、市级重点实验室7个。获批市社会事业专业技术人才高级研修项目3个，占郑州市50%。郑州人民医院获批郑州市首家国家级博士后科研工作站。市一院烧伤外科学、郑州儿童医院儿科学、变态反应学，市六院结核病学，市骨科医院骨外科学等5个学科入围中国医学科学院学科科技量值前100名，市一院烧伤科、郑州儿童医院小儿外科、市骨科医院骨科、市八院精神科、郑州市口腔医院口腔科等5个学科入围中国医院专科声誉排行榜。新引进国内外知名学科团队29个，市三院与树兰医疗集团深度合作项目成效明显，带动医院服务能力和影响力大幅提升。

【中医药服务能力建设】 出台促进中医药传承创新发展实施方案，规划布局中医药发展。推进1个国家级、3个省级区域中医专科诊疗中心建设，引进和应用新技术12项，科研立项11项。启动绿城杏林人才培养工程。新建成基层中医馆9家，评选市级示范中医馆10家，3家县级医疗机构完成省特色中医专科强化建设项目。发挥中医药特色优势，新冠肺炎确诊病例治疗中医参与率达100%，汤药使用率达87.9%。持续弘扬中医药文化，新密市中医院等5家单位被确定为河南省中医药文化宣传教育基地。重点项目稳步推进。

（陈琳霞）

基层服务网络建设

【县域医共体建设】 出台县域医共体建设实施意见，按照"政府主导建、管理七统一、经费双打包"建设路径，创新管理体制和运行机制。郑州市组建7个医共体，覆盖71家基层医疗机构，累计开展远程诊疗18.87万例，双向转诊16573人次，县域就诊率达到96.6%，县域内基层就诊率达到67.8%。

【基层卫生机构建设】 实施社区卫生服务体系建设三年行动计划，按照有用房、有人员、有设备、有资金"四有"标准，完成62家政府主导的社区卫生服务中心建设任务。持续开展"优质服务基层行"活动，148家社区卫生服务中心、乡镇卫生院达到国家标准或推荐标准，达标率74%，远高于省定50%目标。实施基层医疗卫生机构建设三年行动计划，开展村卫生室标准化建设和公

2月13日，来自市属8家医院226名医务人员正式入驻郑州岐伯山医院
（郑州市中医院/供图）

有产权村卫生室改造，公有产权比例达到75.06%。把中小学校园医务室纳入社区卫生服务体系管理，登封市、金水区政府出台实施方案，登封市、郑东新区校医选派到位，新密市、上街区部分校医到位，巩义市完成校园医务室审批。

【基层队伍建设】 继续实施基层卫生人才工程，招聘特招医学生37人、特岗全科医生32名。开展基层卫生人才培养培训计划，培训社区医师、公共卫生等6类人员800人次，培养全科医生449名。开展基层卫生人才能力提升项目，累计培训乡村医生1853人。完成5271名乡村医生执业再注册工作，稳定村医队伍。

基本公卫服务深入开展。强化基层医疗机构公共卫生服务功能定位，规范基本公卫服务项目管理，开展服务项目培训，推行量化考核制度，持续提升基本公卫服务均等化水平。郑州市建立居民电子健康档案862.58万份，65岁及以上老年人接受健康管理55.87万人，管理高血压患者56.2万人、2型糖尿病患者22.94万人、0–6岁儿童66.3万人。

（陈琳霞）

爱国卫生运动

【概况】 以郑州市国家卫生城市复审为抓手，紧紧围绕疫情防控，实施全城动员、全民动手，全面开展城乡环境整洁行动、社区卫生整洁行动等“七大行动”，坚持每周五全城清洁活动，市容市貌大幅提升。充分利用媒体、健康教育专栏、围挡围墙、灯杆幕旗等载体开展爱国卫生和疫情防控宣传，积极开展爱国卫生月、世界无烟日等各类爱国卫生活动，营造讲文明、讲卫生、防疾病的良好风尚。郑州市国家卫生城市复审完成省级评估，新密市成功创建国家卫生城市，中牟县通过届满复审，新增国家卫生乡镇8个、通过届满复审5个；新增省级卫生乡镇7个、卫生单位（社区、村）61个；新增市级卫生乡镇3个、卫生单位（社区、村）176个。

【健康城市建设】 积极推进健康城市和健康细胞建设，郑州市创成省级健康细胞95个、市级220个。积极参与国家健康城市标准化建设项目，上街区工业路街道通航社区、二七区大学路街道康桥华城社区、中牟县雁鸣湖镇东村社区等三个健康社区经验做法作为典型案例纳入项目研究，并在《健康中国观察》杂志连续刊载。

【病媒生物防制管理】 制定公共环境病媒生物防制市场化服务项目管理办法，实施防制越冬蚊蝇、夏季灭蚊蝇、冬季灭鼠专项活动。疫情以来，按照“一清一统二消”（即：清除孳生地、按区统一防鼠设施、消杀、消毒）原则，全面开展病媒生物防制活动，有效防止媒介传染病传播。

（陈琳霞）

综 述

【概况】2020年，全市体育系统以满足群众美好体育生活需求为宗旨，以增强人民体质、提升城市品质为根本任务，体育设施不断完善，全民健身活动创新发展，竞技体育持续提升，体育产业健康有序，全市体育事业呈现出新的局面。市体育局先后获得全国体育事业突出贡献奖、河南省文明单位、河南省全民健身工作先进单位、河南省体育产业示范单位、郑州市年度综合工作先进单位、郑州市依法行政工作先进集体、郑州市“爱国卫生杯”先进单位、郑州市全民科学素质工作先进集体等系列荣誉。

【新冠肺炎疫情防控】结合体育工作实际，制定《郑州市体育局应对新型冠状病毒感染的肺炎疫情防控工作实施方案》，成立由市体育局党组书记任组长的疫情防控工作领导小组，先后召开4次党组会、下发3次文件对疫情防控工作安排部署，确保防控措施有效落实。局系统100多名党员干部积极响应号召，下沉到紫南街道和北下街街道共计30个防疫卡点，测温、扫码、登记、消毒，用贴心、细心、暖心服务10万小区居民。充分发挥资源优势，免费为社区居民发放毽球、握力器、跳绳等健身器材，用“零风险”、“零差错”、“零报告”践行了初心、赢得了民心。充分发挥体育优势，创新推进体育战“疫”。开展‘郑’在行动”“客厅‘马拉松’”居家系列线上健身活动，制作了13期《体育战“疫”在行动》居家健身方法，发起网络健身运动，进行云端居家健身指导，服务提升市民身体素质。协调体育企业向郑州市岐伯山医院捐赠了价值15万元的室内健身器材，助力全市掀起线上线下全民健身新热潮。精准研判起草了《郑州市体育健身场馆复工开放工作指南》，明确推动赛事恢复、场地设施开放和群众体育开展等措施，激发了全民健身热情，推动了体育产业复苏。疫情防控期间，郑州市体育局向下沉社区居民捐赠价值2.41万元的毽球、握力圈、跳绳，倡导居民减少外出，居家健身，提高身体素质和免疫力。

【2020年郑州市全民健身活动月（线上健身）活动】活动由郑州市体育局、郑州报业集团主办，采用线上与线下相结合的形式举行。活动分为四个部分：5月18日，启动仪式举行；线上全民健身视频展示；“云中漫步”云徒步，在无法参与线下集聚性竞赛活动的情况下，不限年龄和地域、融参与性和竞技性于一体，采取累计微信步数的方式进行，共有1500多人参与；线上直播教学，邀请专业健身教练和瑜伽教练在企鹅体育直播平台进行两场教学直播。

（孙 婧）

公共体育服务

【概况】以打造城市社区“15分钟健身圈”为抓手，普及完善百姓身边健身设施工程。全年新增、升级改造智能健身驿站30个、多功能运动场20个、健身步道10条，民生实事任务高标准完成。指导各区（县、市）按时完成新建210个社会足球场任务。至年底，全市共有县（市）级全民健身中心6个（中牟、新密、巩义、荥阳全民健身中心，登封集美全民健身中心、新郑城西全民健身中心），全民健身路径工程建设覆盖率达100%。923个城市社区、112个新型农村社区建有健身路径1289条；建设社区活动中心88个、多功能运动场113个；全市乡镇体育健身工程及农民体育健身工程覆盖率在全省率先达到100%。

在疫情面前攻坚克难，以“全民健身我参与、体育强市我添彩”为主

12月12日，2020年郑州市广场舞大赛举行（市体育局/供图）

题，创新性开展“全民健身百项赛事活动”“千村百镇农民体育活动”“快乐家庭系列活动”。举办郑州市元旦长跑登高健身活动、元旦迎春杯马术俱乐部邀请赛、郑州市围棋公开赛、郑州市全民健身活动月线上健身活动等27项线上线下赛事活动。积极引导老年人开展居家、分散、科学、安全的体育健身活动，参与群众数十万人。全力做好全民运动健身模范城市创建工作，坚持四项创建原则和八项标准，以创建促发展。积极推动3个市级新建国民体质监测站点和县（区）国民体质测定站点规范化建设，顺利完成11个抽样点2400人样本量采集工作，完成郑州市第五次国民体质监测工作。

【公共体育服务平台建设】 坚持“亲民、便民、利民”的原则，积极搭建服务平台，向群众提供丰富多彩的公共体育产品和便捷高效的公共体育服务。体育惠民平台。以郑州市国民体质监测中心为龙头，区（县、市）体质测定站为主体，免费为市民进行体质测试服务并开具运动处方。不断加大体育场馆惠民开放力度，体育系统所属公共体育场馆全部向市民免费或低收费开放。健身指导平台。制定实施社会体育指导员轮训计划，成立绿城使者“健身·棒”全民健身志愿服务支队，共有3支全民健身志愿服务大队、41支全民健身志愿服务小队。全年开展志愿服务活动2000项次。全市有基层健身指导站点4430个、社会体育指导员37066人。健身文化平台。编印发放《全民健身知识手册》《少林拳进课堂》教材，普及健身知识。充分运用主流媒体平台及各大网络平台加强赛事宣传，在郑州电视台开设《郑州体育 奋力前行》和《运动郑能量》电视专栏宣传全民健身运动，进行有计划、全方位、多角度的系统宣传。

【体育社会组织建设】 坚持“放手不放任、支持不包办、指导不指令、购买不强买”的理念，全面扶持发展体育社团，特别是积极推进体育社团向街道和镇延伸，以更好地服务基层全民健身事业的发展。全年新建体育协会2个（郑州市拳击协会、郑州市龙舟协会）。至年底共有市级单项体育协会34个，经批准成立的市级体育俱乐部84个。体育总会、社会体育指导员协会和老年人体协实现全覆盖，乡镇（街道）均有相应的群众体育组织和专（兼）职体育干部，形成了层次分明、门类齐全、覆盖城乡的体育社会组织发展体系。

【国民体质监测】 在巩义市、中牟县、金水区等9个区（县、市）11个抽样点，开展国家第五次国民体质监测郑州采集工作。本次国民体质监测人群按年龄分为幼儿（3–6岁）、成年人（20–59岁）和老年人（60–79岁）3个群体，共计抽样测试2400人。全年完成抽样采集数据2400人、日常监测数据7134人，共计9534人。

全年全市国民体质监测设施设备新增3套、更新15套。郑州市国民体质监测中心同省直三院、郑大体院、郑州航院3个国民体质测定与运动健身指导站签订合作协议，并配备国民体质监测设施设备；开展“全民健身 健康郑州”国民体质测试活动，为3家企事业单位职工进行体质测试活动。开展“体彩杯”2020年郑州市“全民健身 健康郑州”国民体质测试志愿服务活动和“体彩杯”2020年公益国民体质测试活动；在新华社区开展体质测试进社区志愿服务活动。

【2020年郑州市“千村百镇”系列体育活动】 活动由郑州市体育局主办，各区（县、市）体育行政部门承办，以关注民生、服务群众为出发点，以“全民健身我参与，体育强市我添彩”为主题，旨在搭建全民健身平台，提升公共体育服务水平，增强广大农民体育健身意识，丰富活跃广大农民体育文化生活。活动以全市16个区（县、市）135个乡镇（办事处）1647个村（社区）为基本单位，以乒乓球、羽毛球、广场舞、健步走、中国象棋、民俗传统体育和群众喜爱的、自创的趣味竞赛活动为主要内容，采取自下而上、先分后总的方法，由各区（县、市）组织村（社区）、乡镇（办事处）和本级的相关活动，最后由市体育局统一组织市级总决赛。决赛阶段于12月7—9日在郑州奥体中心举行，共设立乒乓球、羽毛球、广场舞、中国象棋、民俗传统体育等6项比赛，16个区（县、市）参赛的65支队伍、965余名体育爱好者报名参加。共评出个人单项奖累计635人次，团体奖86项次。

（孙　婧）

竞技体育

【后备人才培养】 围绕新周期青少年体育工作规划，完善训练体系建设。制定《2020–2022年周期全市传统项目学校评定办法》《2020–2022年周期全市单项体育后备人才基地评定办法》，完成新周期市级单项体育后备人才基地和市级传统体育项目学校评定工作，共命名18个单项后备基地和127个传统项目学校，进一步夯实了业余训练工作基础。2020年分3批为172人办理了二级运动员证。

【2020国际乒联总决赛】 11月19—22日，2020国际乒联总决赛在郑州奥体中心体育馆举行，这是国际乒联2020年重启的三大赛事的年度收官之战，也是2020年在国内举办的第一次由国际体育组织批准、有境外选手参加、有观众的国际体育赛事。郑州市围绕“最佳的安全保障、最佳的赛事组织、最佳的接待服务“三个最佳”目标，坚持“赛事要精、活动要简、防疫要准”原则，突出竞赛组织、疫情防控、安全保卫、人员接待、新闻宣传五项重点工作，高标准高质量组织30场比赛。比赛由国际乒乓球联合会授权，中国乒乓球协会、郑州市人民政府、河南省体育局联合主办。共设男、女单打2个项目，赛事总奖金50万美元。来自14个国家和地区的32名运动员（男、女运动员各16名）参赛。经过激烈角逐，中国乒乓球队包揽本届总决赛男、女单打冠亚军，其中，陈梦获女单冠军、马龙获男单冠军。赛事筹委会被国家体育总局授予“全国体育事业突出贡献奖”称号。

（孙　婧）

体育产业

【概况】 深入贯彻国家和省市关于体育产业高质量发展有关要求，积极推动全民健身公共服务的供给主体和供给方式多元化。积极配合省体育局完成体育健身优惠券试点实施工作，不断激发消费活力。深化推进以冰雪项目普及带动冰雪运动及冰雪产业发展，结合郑州实际制定了《关于促进冰雪运动发展的实施意见》。

【体育产业项目创建】 开展体育产业专项调查工作，进一步厘清郑州市体育产业发展状况。创建省级体育产业示范单位4个、省级体育旅游示范基地2个、中国体育旅游精品项目2个、中国体育文化优秀项目1个，体育产业基地示范引领作用逐步增强。

（孙　婧）

民生工程

【概况】 2020年，市政府各部门齐心协力，紧紧围绕提高人民群众“获得感、幸福感”上下功夫，高质量完成市重点民生实事项目，27个项目已全部完成，其中19项超额完成。12月29日，市十五届人大常委会第二十一次会议听取了市政府关于2020年市重点民生实事工作办理落实情况的报告。

【2020年重点民生实事完成情况】 全市新增城镇就业12.46万人，完成年度任务的113.27%；新增农村劳动力转移就业4.388万人，完成年度任务的125.37%。

全市新增153所公办幼儿园，完成年度任务的153%。开工新建（改扩建）中小学31所，完成年度任务的103.33%；推进中小学校续建项目，建成投用中小学30所，新增加学位3.79万个。开工建设农村教师周转宿舍1581套，完成年度任务的141.79%。

免费为具有郑州户籍的适龄妇女进行宫颈癌筛查6.11万人、乳腺癌筛查6.14万人，分别完成年度任务的101.85%、102.25%；免费为孕妇进行唐氏筛查7.44万人，产前超声波筛查7.75万人，分别完成年度任务的101.51%、106.25%；免费为具有郑州户籍的新生儿进行“两病”（苯丙酮尿症、先天性甲状腺功能低下症）筛查10.17万人、听力初筛10.34万人、35种遗传代谢病筛查8万人、耳聋基因筛查7.76万人，分别完成年度任务的110.45%、107.78%、107.78%和104.58%。免费为具有郑州户籍的适龄（40岁以上）人群进行脑卒中危险因素筛查5.03万人，开展血脂等实验室化验18.36万项次，完成年度任务的100.69%；免费肺癌筛查5.01万人，确诊无症状肺癌4例，完成年度任务的100.25%。

完成“舞台艺术进乡村、进社区”1200场文艺演出活动，惠及400个村、150余万人。完成“郑州市精品剧目演出活动”50场，惠及现场观众3万余人，16场直播演出在线观看群众达350多万人，受到了群众的广泛好评。

新建改建农村公路469公里，完成年度任务的234.5%。市区新增公共停车泊位57453个，完成年度任务的114.9%。划定居民小区周边夜间限时停车泊位10.88万个，完成年度任务的108.8%。新增和存量符合新国标电动自行车备案登记费用由政府财政继续补贴。

市区建成区内新建公园游园320个（其中公园40个），完成年度任务的160%；新增绿地1514.28万平方米，完成年度任务的303%。升级改造智能健身驿站30个，建成城镇社区多功能运动场20个、健身步道10条。

市区新建、改造公厕全部达到二类以上标准，新增一类公厕252座，一类公厕达到1192座；新增二类公厕129座，二类公厕达到1337座，均已超额完成。推广使用“郑州公厕地图”微信小程序，将3771座公厕信息录入，完善公厕位置信息查询、服务评价、投诉受理，接受市民和媒体的监督。

12月26日，地铁3号线、4号线开通初期运营，市区线路运营服务时间延长至23：00。城郊铁路一期运营服务时间延长至22：00。

建成6000亩高标准“菜篮子”生产示范基地，完成年度任务的120%。在全市527家中小学及托幼机构推行明厨亮灶行动，食堂实行透明化监管，确保学生在校食品安全。完成了31家农产品集中交易市场（农贸市场）信息化建设，并全部通过验收。

全市细颗粒物年均浓度为49微克/立方米。完成了河南省下达郑州市细颗粒物年均浓度不高于56微克/立方米的任务。

对市内五区加装电梯意愿强烈且符合条件的既有住宅加装电梯，开通绿色通道，提高办事效率，实施财政补贴，全市共加装电梯152部。

（李林晓　张　赫）

城乡居民生活

【概况】 2020年，郑州市居民收入稳步提高，城乡差距进一步缩小。按常住地分，城镇居民人均可支配收入42887.1元，同比增长1.9%，增幅比前三季度增加0.9个百分点，比上半年增加1个百分点，比一季度增加1个百分点；农村居民人均可支配收入24782.9元，同比增长5.3%，增幅比前三季度增加0.7个百分点，比上半年增加0.8个百分点，比一季度增加1.6个百分点。农村居民人均可支配收入增幅比城镇高3.4个百分点，城乡居民收入比从2019年的1.79:1缩小到了2020年的1.73:1，城乡居民收入差距进一步缩小。居民收入水平持续领先经济增长水平。

【工资性收入】 按收入来源分，2020年郑州城镇居民人均工资性收入27001元，同比增长5.4%，占可支配收入的比重为62.9%，农村居民人均工资性收入15503元，同比增长4.2%，占可支配收入的比重为62.6%。全市统筹推进疫情防控和经济社会发展，各行各业复工复产继续向好，持续恢复经济社会发展活力，为工资性收入增长奠定良好基础。在切实做好疫情防控前提下，及时建立区域性人员流动协调机制，协调员工分批返厂上班，引导企业就地就近招工，保障工人及时到岗；推广“互联网+就业创业”服务，落实职业介绍补贴政策，精准实施就业援助，着力稳定企业劳动关系；出台稳就业硬核“二十八条”，促进劳动者多渠道就业等，有效助力居民工资性收入稳定增长。

【经营净收入】 城镇居民人均经营净

7月10日，郑州市最低生活保障审批权限下放工作现场会召开（市民政局/供图）

收入3758元，同比下降8.3%，占可支配收入的比重为8.8%，农村居民人均经营净收入5759元，同比增长12.4%，占可支配收入的比重为23.2%。疫情期间，各类经营行业受到较大冲击，郑州市出台失业保险稳岗补贴、持续落实社会保险费阶段性“减、免、缓、降”政策，减免或允许延期缴纳相关税费，减负稳岗支持企业发展；缓解企业用工难题，帮助企业恢复生产，对中小微企业实行房租“两免三减”政策，完善企业帮扶机制，坚持“一业一策”精准扶持；加大信贷扶持力度，降低企业信贷融资成本。多措并举为个体经营户和中小微企业有效降低生产经营成本，生产经营状况持续改善。

【财产净收入】 城镇居民人均财产净收入7196元，同比下降5.2%，占可支配收入的比重为16.8%；农村居民人均财产净收入1424元，下降8.4%，占可支配收入的比重为5.7%。财产净收入下降主要原因有：受金融投资环境影响，居民利息收入及红利收入有所下降；受疫情影响，房屋租赁市场较往年较为低迷。

【转移净收入】 城镇居民人均转移净收入4932元，同比增长3.3%，占可支配收入的比重为11.5%，农村居民人均转移净收入2097元，下降6.1%，占可支配收入的比重为8.5%。2020年，郑州市坚持以人民为中心，着力改善民生。企事业单位离退休人员养老金持续提高，基本养老金水平总体上调5%。持续提高城乡最低生活保障标准，从每人每月700元提高为每人每月730元。不断完善各项社会救助制度，及时启动社会救助和保障标准与物价上涨挂钩联动机制，全年共计发放临时救助资金1292.7万元、价格临时补贴6922.8万元，为6.89万名低保、特困及低收入对象和4.36万名优抚救助对象发放消费券5625万元。

全市劳动力就业形势稳定向好，2020年全市新增城镇就业14万人，农村劳动力转移就业4.6万人。

【居民消费】 2020年，郑州市统筹推进疫情防控和经济社会发展，实施促消费增活力10条措施，发放消费券4亿元，开展“春暖郑州”网上购物节、“醉美·夜郑州”等系列活动，刺激社会消费活力，居民消费水平逐步恢复。郑州城镇居民人均消费支出25450元，同比下降6.4%，降幅比前三季度收窄3.6个百分点；农村居民人均消费支出17516元，增长3.9%，农村居民消费增幅高于城镇10.3个百分点。

郑州城镇居民人均居住消费支出8224元，同比增长2.8%，占人均消费支出的比重为32.3%，占比稳居首位；人均食品烟酒消费支出6359元，同比增长0.3%，占人均消费支出的比重为25%；人均生活用品及服务支出1477元，同比下降12.1%，占人均消费支出的比重为5.8%。郑州农村居民人均居住消费支出5017元，同比增长15.3%，占人均消费支出的比重为28.6%，占比稳居首位；人均食品烟酒消费支出4217元，同比增长3.4%，占人均消费支出的比重为24.1%；人均生活用品及服务支出1065元，同比增长9.2%，占人均消费支出的比重为6.1%。

在常态化疫情防控条件下，居民居家时间增加，交通、教育文化娱乐等行业受到一定程度的冲击。城镇人均交通消费支出1856元，同比下降17.1%，农村人均交通消费支出2079元，同比下降5.7%；城镇人均教育文化娱乐消费支出2377元，同比下降26.2%，农村人均教育文化娱乐消费支出1284元，同比下降16.1%。同时，居民通信需求逆向增长，全年城镇人均通信消费支出806元，同比增长6.1%，农村人均通信消费支出669元，同比增长4.2%。

（徐　崇）

社会救助

【城乡低保标准一体化】 联合市财政局下发《关于调整提高城乡最低生活保障标准和特困人员救助供养基本生活标准的通知》，全市低保标准调整提高到每人每月730元，特困人员救助供养基本生活标准调整提高到每人每年不低于13140元。

【低保专项治理】 下发《2020年农村低保转专项治理工作要点》，针对群众反映强烈“人情保”、重度残疾人纳入低保等社会救助政策落实不到位问题，加大清理整改力度，全年退出不再符合条件低保对象187户、306人，通过排查纳入低保2045户、3710人。

【分散供养特困人员照料服务】 下发《关于加强分散供养特困人员照料服务的通知》，以满足分散供养特困人员照料服务需求为目标，不断提升服务质量，确保分散供养特困人员“平日有人照应、生病有人看护”。

【低保审批权限下放】 下发《关于全面开展最低生活保障审批权限下放工作的通知》，推进最低生活保障审核审批管理制度改革创新，进一步优化最低生活保障申请、审核、审批程序，全面提高便民、惠民服务水平，在开展试点的基础上，全市范围全面开展低保审批权限下放工作，截至2020年年底，全市16个开发区、区县（市）已全部将低保审核、审批权限下放至乡镇（街道办）。

【救助补贴】 完善临时救助制度，加大救助力度，优化审核审批程序，提高临时救助效率，全年共临时救助困难群众9388人次，发放临时救助金1293万元。根据市发改委通知，及时启动临时价格补贴，全年拨付价格临时补贴资金共计3857.11万元，保障城乡低保对象、特困、孤儿（含事实无人抚养儿童）等困难群众53.75万人次，确保困难群众基本生活水平不因物价上涨而降低。

【宣传工作】 组织社会救助工作宣传月活动，2020年5月6日至31日，在全市开展以“阳光救助暖万家”为主题的社会救助政策宣传活动，通过政府网站、微信平台、政务微博、短信推送、广播、出租车车载显示屏滚动字幕、悬挂标语、张贴海报等方式就“如何申请城乡低保、特困人员救助供养、临时救助”等内容向群众进行宣传，发送救助宣传短信40000条。

（宋　杰）

养老服务

【养老服务质量建设】 推进养老智能化、信息化建设，郑州市被河南省民政厅确定为2020年智慧养老服务平台建设试点，争取省级试点资金275万元，用于建立全市统一的社区居家服务智慧平台和养老机构智慧安全监管系统。组织开展养老机构非法集资风险排查，发现隐患苗头的及时下达《防范养老服务机构（企业）非法集资的风险提示函》，并通过制作展板，发放宣传页等方式，向社会老年人开展防范非法集资宣传。推进民办养老服务机构消防安全改造提升，组织召开全市养老机构安全工作培训会和全市养老服务机构双重预防体系建设现场观摩会，前移防控关口，全面排查整治安全隐患，着力防范和化解养老服务领域重大风险。

【高龄津贴发放】 指导各区县（市）梳理2019年高龄津贴资金结余和2020年资金需求情况，下拨高龄津贴市级匹配资金。2020年，共发放高龄津贴24860.245万元，发放人数为184699人，其中市人社局发放14055.18万元，市民政局发放10805.065万元。

【养老设施建设】 编制完成《郑州市养老设施布局专项规划（2018—2035）》，合理布局养老机构和社区养老服务设施。协同市财政部门制定落实奖补扶持政策，拨付2020年拟建城镇社区养老服务中心建设资金13511.32万元；确定第二批社区养老服务中心示范点18个，下拨奖补资金6679.27万元；确定省直社区养老服务中心示范点8个，下拨奖补资金1958万元。召开2020年城镇社区养老服务设施建设工作会议，统筹安排2020年全市城镇社区养老服务设施建设工作，督促各区县（市）加快城镇社区养老服务设施的选址、建设工作，并对专项资金使用提出规范要求。全年新增备案养老机构10家，新建城乡社区养老服务设施120家，新增养老托老床位3600多张。

（宋　杰）

儿童福利

【孤弃儿童保障】 开展儿童福利服务提升和“儿童福利信息动态管理精准化提升年”行动，对全市孤儿、事实无人抚养儿童、农村留守儿童、困境儿童等服务对象和关爱服务机构、工作力量进行摸底，截至2020年年底，全市共有农村留守儿童1047人、困境儿童4682人。督促指导各区县（市）严格按照规定要求，进一步规范孤儿认定和资金发放程序，不断提升孤儿养育水平，截至2020年年底，全市共有孤儿1185名，其中社会散居孤儿420名、机构内孤儿765名。全年发放社会散居孤儿养育金568.6万元。组织指导各区县（市）对照事实无人抚养儿童的条件进行严格排查，并严格按照孤儿养育金标准发放补助金，截至2020年年底，全市共有610名事实无人抚养儿童，全年发放事实无人抚养儿童补助金528万。

【留守儿童关爱保护和困境儿童保障】 研究出台《郑州市农村留守儿童关爱保护工作领导小组办公室关于调整郑州市农村留守儿童关爱保护和困境儿童保障工作领导协调机制的通知》，将“郑州市农村留守儿童关爱保护工作领导小组”调整为“郑州市农村留守儿童关爱保护和困境儿童保障工作领导小组”，工作职能增加困境儿童保障工作内容，并细化明确各部门职责任务分工。部署开展农村留守儿童、困境儿童防溺亡和关爱保护“政策宣讲进村（居）”活动工作，印发《全市预防农村留守儿童和困境儿童溺亡专项治理工作实施方案》，制定《关于开展全市农村留守儿童和困境儿童预防溺亡帮扶救助活动的方案》，指导各区县（市）积极开展各类关爱服务活动；研究出台《开展农村留守儿童和困境儿童关爱保护“政策宣讲进村（居）”活动的实施方案》，从未成年人保护的相关法律法规和政策、困境未成年人救助保护政策等7个方面开展宣讲。组织儿童工作业务培训，联合市未成年人保护中心举办12期农村留守儿童和困境儿童实务工作线上培训班，组织16个区县（市）的儿童福利工作人员及乡镇（街道）儿童督导员200余人参加培训。

（宋　杰）

慈善事业

【概况】 2020年，郑州慈善事业持续健康快速发展。全年全市募集善款4.75亿元，其中市本级2.03亿元；项目、基金、扶贫、救助累计支出约2亿元，救助各类困难群体50余万人次。针对新冠肺炎疫情带来的新情况新问题，有针对性开展工作，受到市委、市政府主要领导批示肯定。郑州慈善总会机关荣获“郑州市五一劳动奖状”。

6月30日，召开全市慈善工作会议，要求全市年度募捐目标要稳中有升，比上年有所增加。树立信心，克服困难，多措并举，创先争优。动员党政领导亲自抓，抓企业大户，抓全民参与。拓展渠道，探索募捐新方式。加强督导，形成上下齐抓共管、务求实效局面。7月6日，郑州慈善总会第四届理事会第二次会议以通信形式召开，进一步明确了全年的目标和任务，增选王建勋为郑州慈善总会副会长（不驻会）。

【助力疫情防控】 年初，郑州慈善总会积极响应市委、市政府号召，全力投入募捐工作。第一时间向社会发布募捐方案，完善疫情防控慈善捐赠机制，加强统筹协调，研究捐赠款物管理措施，提高拨付效率，指导相关慈善组织和单位依法合规使用款物。截至4月，共接收社会各界捐赠款物7787.36万元（其中资金5573.92万元、物资价值2213.43万元）。用于医疗2037.09万元，基层防控544.62万元。在全部捐赠中，有259家爱心企业、单位捐赠4657.37万元，（捐赠100万元以上的企业21家）；583位爱心个人捐赠916.55万元；48个单位和个人捐赠物资价值2213.43万元。12月，郑州慈善总会被市委、市政府授予“郑州市抗击新冠肺炎疫情先进集体”称号。

【助力乡村振兴战略】 围绕党委政府中心工作，探索脱贫攻坚新模式，助力乡村振兴战略。新成立各类慈善基金18个，开展活动158次，精准救助1万余人，支出2259万余元。发布慈善项目37个，包括精准扶贫、助学、助医、助残、济困、困境儿童帮扶、慈善文化建设、志愿者发展等，使用善款900余万元，举行各种形式慈善活动200余场，救助困难群体20万人次。设立“精准扶贫，健康中原”慈善基金，募集1700万元助力全市驻村第一书记所在贫困村脱贫。联合省和区县（市）慈善总会为全市1988名集中供养的特困老人每人赠送一套棉衣。强化产业扶贫、行业扶贫和职业技能培训，投入善款210万元，选取20余个市直机关帮扶村实施慈善扶贫·美丽乡村建设项目。

【慈善助学】 持续开展金秋助学系列活动，资助贫困学子圆梦成才。9月8日，郑州慈善总会联合郑州日产举行“不忘初心 筑梦续航” 2020年牵手工程之“成才圆梦”助学活动，为100名领到大学录取通知书家庭困难的学生发放助学金50万元。日产公司11年间累计捐赠3227万元，其中联合郑州慈善总会捐赠2250万元，共资助2553名困难学子。9月21日，联合郑州宇通公司开展“相约宇通 放飞梦想”第十五届宇通金秋助学捐助仪式，为116名贫困学子发放70万元助学金。“金秋助学”是宇通客车自2006年起开展的一项纯公益性助学计划，以“助其自助、引导成长”为核心理念，累计资助1700余名贫困学子。

【慈善募捐渠道拓展】 组织“99公益日”网络募捐活动，拓宽募捐渠道。印发《关于联合参与省慈善总会2020年腾讯“99公益日”活动的通知》，成立专项活动领导小组，各慈善组织和项目合作单位联动实施。召开全市“99公益日”动员大会，举办全市网络募捐培训班。按照“党和政府最关心、人民群众最急需”的原则，设计一批有重大影响力的网络众筹项目，联合150家合作伙伴，上线227个公益项目，动员85万人次参与，共筹募善款2129万元。其中，企业配捐220万元，腾讯配捐和奖励198万元。

【依法行善】 深入贯彻落实《慈善法》，得到河南省人大常委会执法检查组和郑州市人大常委会的充分肯定。8月11日，省人大常委会执法检查组到郑州市检查贯彻实施《慈善法》情况，对郑州市认真贯彻实施《慈善法》，积极推进慈善事业发展，弘扬慈善文化等方面的成绩给予充分肯定。希望进一步加强领导，学法用法，依法施善，依法管善，为全省树立一面旗帜。10月21日，郑州市人大常委会就郑州市贯彻实施《慈善法》情况开展执法检查，要求各级各有关部门提高认识，把贯彻实施《慈善法》摆上重要议程，推动法律制度落到实处，让郑州“七星级慈善城市”的氛围更加浓厚；充分利用“互联网+慈善”等现代技术手段，创新发展模式，以《慈善法》规范慈善行为，建立慈善工作常态化机制，促进慈善事业更好更快发展；提高慈善组织公信力，加强监督管理，加大信息公开透明度，充分尊重捐赠者意愿，加强慈善组织自身建设，不断提升慈善事业发展水平。

【冬季送温暖活动】 郑州慈善总会联合各开发区和区县（市）慈善组织，开展为期3个月的冬季救助系列活动，投入3000余万元，惠及20余万人。开展市直机关困难职工、帮扶村困难群众救助活动，为全市500余名困难职工和1206户村民发放救助金及物资价值163万余元。开展基层困难家庭救助活动，为全市60家办事处、社区慈善志愿者工作站的440位居民发放救助款物计22万余元。

【新时代郑州慈善文明实践中心建设】 弘扬慈善文化，分享慈善成果，打造“新时代郑州慈善文明实践中心”。10月14日，“新时代郑州慈善文明实践中心”开馆仪式在金水区举行。这是郑州市首个展示慈善事业成果的平台。展厅面积近700平方米，分为“大爱无疆，善举济世——郑州慈善历史展厅；聚慈汇善，光耀绿城——郑州慈善事业展厅；善爱德荣，兴业润世——郑州慈善人物展厅”三个展厅。11月4日，举行郑州市首届慈善志愿者故事征文竞赛颁奖仪式，发布《志愿者颂歌》获奖作品集。中央和省市新闻媒体积极采访报道全市慈善活动，发表报道2000余条次。

【郑州慈善日活动】 10月15日，庆祝第十三个郑州慈善日暨第五届郑州慈善大奖颁奖典礼举行。现场累计捐赠款物突破4.75亿元，打破2019年3.78亿元的纪录。本次活动，金水区捐款突破9000万元，康利达、豫发等企业捐款在千万元以上。同时，举行第五届郑州慈善大奖颁奖活动。对近年来在慈善事业、抗击疫情方面作出突出贡献的企事业单位、个人、社会公益组织、志愿者等近300余个（位）进行表彰。

（赵娅慧）

社会治理

【农村自治体系建立】 完成修订完善村规民约工作，截至2020年年底，全市2231个村委会全部依法依规完成新一轮的制定修约任务。在全省率先开展优秀村规民约遴选工作，评选巩义市紫荆路街道大黄冶村、新密市大隗镇和合村、二七区樱桃沟管委会西胡同村等29个村的村规民约为全市优秀村规民约。完成村（居）赋码校核及录入工作，郑州市集中核查比对工作全部完成，社区工作者有效信息全部确认完毕。根据赋码系统显示已录入城乡社区工作者共53324人，其中农村社区工作者33638人。确定5个乡镇为省乡镇政府服务能力建设示范点，试点成效明显。

【社会工作】 出台《关于加快推进全市儿童社会工作专业人才队伍建设的意见》，修改完善《郑州市社会工作专业人才队伍建设工作联席会议职责》和《郑州市社会工作专业人才队伍建设联席会议成员单位职责》。统筹组织社工培训工作，开展各类培训125场，培训7851人次，出壳9家孵化组织，新入孵4家组织、1个项目。

指导社工行业成立社工志愿服务队，开展“护童行动”，截至2020年年底，全市有47个社工机构成立社工志愿服务队，针对全市75个街道（乡镇）的1200余名农村留守儿童和困境儿童提供专业志愿服务，开展志愿服务活动600余场次，为农村留守儿童和困境儿童提供防溺亡、防性侵、防暴力、防辍保学、心理健康、家庭教育指导等儿童社会工作服务。

【社会组织管理】 严格遵守行政审批“两集中、两公开和五单一网”制度，全年办理社会组织行政审批802项，合法率100%，回访满意率100%。印发《郑州市社会组织意识形态工作制度》《郑州市社会组织党组织规范化建设标准》《郑州市社会组织党建工作手册》等文件，组织“郑州市社会组织集中上党课暨观摩交流系列活动”10期、党组织书记培训9期。全市4987家社会组织选派党建联络员2679名，党组织应建尽建率100%，实现党的工作全覆盖。全面开展社会组织年检及执法工作，全市社会组织年检4393家，年检率95%；年检同步开展社会组织评估工作，获得3A级以上社会组织1416家；约谈违规社会组织69家，责令改正61家，警告处罚17家，限期停止活动1家，进行社会组织涉黑涉恶线索排查128家；取缔非法幼儿园43家、非法宗教组织5家。

（宋　杰）

专项社会事务

【区划和地名管理】 完成22个错误的道路交通标志和199个规划公示项目中的非标准地名整治工作。完成须右路等68条道路、红檀路等79条道路的命名工作和紫楠路等26条道路起止点变更工作。完成郑开线、二七管城、二七荥阳、新密巩义、中原二七、登封巩义、中原金水等7条共计310公里界线和30颗界桩的联检任务。完成登封市嵩阳、少林、中岳街道办事处行政区划界线区划调整工作，接受并审核登封市卢店镇撤镇设街道办事处区划调整工作。

【婚姻登记】 完成港澳台婚姻登记历史档案数据补录和婚姻登记历史信息核对工作；规范婚姻登记工作，推进婚姻登记信息化，完成市政府政务数据共享（婚姻数据）交换搭建平台。全年共办理婚姻登记121640对，其中结婚61835对、离婚41321对、补领婚姻证件18484对，办理涉港、澳、台婚姻登记20对。

【殡葬管理】 开展推进移风易俗倡树文明殡葬新风工作，印发《郑州市委办公厅郑州市人民政府办公厅关于深入贯彻落实〈河南省推进移风易俗倡树文明殡葬新风实施方案〉的通知》，成立郑州市推进移风易俗倡树文明殡葬新风工作领导小组，明确职责分工，召开电视电话会议进行动员部署。加强公益性殡葬设施建设，印发《郑州市人民政府办公厅关于加强公益性殡葬设施建设管理工作的通知》，明确建设任务和标准，截至2020年年底，8个城市公益性公墓和75个乡镇示范性农村公益性公墓已完成选址，15个乡镇示范性农村公益性公墓开工建设。持续推进节地生态安葬，建立节地生态安葬奖补机制，对实施节地生态安葬的丧属给予1000元奖励，鼓励和倡导树葬、草坪葬、花坛葬、壁葬和骨灰存放等节地生态安葬；组织开展第十三届“清明雨绿色风文明行”免费公益树葬活动，41个家庭参与，61具骨灰回归自然。推进惠民殡葬，增加惠民殡葬补助项目，提高惠民殡葬补助标准，将遗体接运、冷藏、卫生防护、火化、可降解骨灰盒、骨灰存放纳入惠民补助项目，火化遗体补助标准提高至1500元/具；全年火化遗体34294具、火化率59.09%，投入惠民资金1460.72万元，惠及15673人。

【流浪乞讨人员救助】开展流浪乞讨救助服务质量大提升专项行动，会同市委政法委等十部门制定郑州市救助管理服务质量大提升专项行动实施方案，组织郑州市流浪乞讨救助工作线上培训，推动生活无着的流浪乞讨人员落户安置工作，除危重病人外，滞站超过3个月的查无身份的25人全部予以安置。全年救助生活无着的流浪乞讨人员3755人，其中急（危）重症病人174人、有明显特征的精神障碍人员339人。

【残疾人关爱保护】加快推动各区精神障碍社区试点建设，2019年已建成的精神障碍社区康复服务试点，通过政府购买服务开展服务工作；2020年4个开发区完成试点建设任务。推动脱贫攻坚工作中贫困重度残疾人照护服务工作，市财政局等5部门联合出台《关于做好脱贫攻坚中贫困重度残疾人照护服务工作的通知》，为全市贫困重度残疾人照护服务工作提供政策支撑。继续推动残疾人两项补贴规范化发放，实现残疾人两项补贴应补尽补、应退尽退的动态管理。2020年，累计发放残疾人两项补贴8648.07万元，保障残疾人81.96人次，其中困难残疾人21.42万人次，重度残疾人60.54万人次。

（宋　杰）

民政系统新冠肺炎疫情防控

【服务指导】成立民政系统新冠肺炎疫情防控工作领导小组，下设11个服务指导组，累计860余次深入全市194家民政服务机构，进行全面分包服务指导，累计排查整改隐患问题370多个。同时，对市老年公寓、市救助站、市儿童福利院、市社会福利院进行分包值守服务，确保全市各类民政服务机构零感染、零疑似。选派8名党员业务骨干，分别加入河南省第15批援鄂医疗队和河南省援鄂殡葬服务队。开通疫情防控心理援助热线，被评为疫情期间“专业可靠的中国心理热线”。

【联防联控】对民政服务机构实行闭环管理，落实民政部出台的疫情防控指南，一线工作人员24小时在岗，阻断疫情传播。持续加强民政服务窗口疫情防控，制定印发《关于疫情防控期间政务服务工作的通知》，分门别类确定网上办、邮寄办、预约办等事项，有效减少人员聚集。扎实做好受疫情影响困难群众的社会救助工作，依托村、社区及相关工作力量，动员社会组织和志愿者，采取针对性措施加强对孤寡和留守老年人、困难儿童、重病重残人员等重点群体的服务保障。疫情期间，全市累计发放临时救助资金298.40万元，救助3775人次；及时下发价格补贴2411.81万元，救助2.68万人次；为全市1.89万名城市空巢和农村留守老年人免费发放一次性医用口罩18.9万只；为全市6.89万名低保对象、特困对象、低收入对象发放红利性消费券3445万元。强化慈善捐赠管理，全市共接收社会各界疫情防控捐赠物资1.98亿元，累计支出1.29亿元。积极争取支持，统筹协调解决民政服务机构疫情防护物资24.57万件。

（孙　杰）

城乡社区发展治理

【概况】2020年，郑州市围绕“深化党建引领，服务居民群众，加快推进城乡社区发展治理体系和治理能力现代化”目标，在完善政策制度体系、健全工作机制、延伸治理纵深、构建共建共治共享格局等方面进行积极探索实践，初步形成市委全面领导、社治委统筹推进、职能部门同向发力、街道（乡镇）贯彻落实、社区自治德治法治协同发展的新格局。7月上旬，国家发改委加强和创新社会治理工作调研组对郑州市城乡社区发展治理工作模式给予高度评价；9月2日，全国政协提升基层治理效能调研组在河南调研时对郑州市做法予以充分肯定。密切配合推进全国文明城市创建，扎实组织开展287个实地测评“社区点位”问题排查整改，累计深入楼院、小区816个、开展各类督导检查近千次，督促整改47个专业性问题、1850个环境、物业管理类问题。“郑州社区治理”微信公众号全年推送上级政策精神和社区治理信息127期277条；建立区县（市）、街道、社区三级信息收集、报送、舆情反馈运行平台。

【社区新冠肺炎疫情防控】落实市委总体部署，开通24小时热线受理社区党组织问题建议，筹集口罩10万余个、防护服100套、消毒液60吨，努力缓解社区防疫物资紧缺压力。汇编制作3期《社区新冠肺炎疫情防控典型案例》电子书，指导基层社区党组织相互学习借鉴。多方筹集善款33.7万元，救助生活困难居民群众225人、社区专职工作者112人。积极挖掘典型，通过各大媒体推送先进事迹、暖心故事和典型做法。陇海社区党委书记路艳茹当选全国“城乡社区抗疫巾帼先锋”，《中国社区报》2月20日专版刊发郑州市社治委系统开展疫情防控的典型经验，市委城乡社治委干部在阳光花苑小区发起的“微捐赠”活动受到省委书记王国生高度赞扬。

【城乡社区治理机制建设】切实加强党对城乡社区治理的领导。在市、区县（市）两级建立工作联席会议制度，推动社区成立区域党建联席会，完善社区治理的市级统筹协调决策平台和社区工作推进落实平台。完善“2+N”政策制度体系。联合市委组织部出台《关于建立“一核多元 融合共治”工作机制提升无主管楼院治理水平的指导意见》，配套出台《郑州市社区楼院长责任制实施办法》《无主管楼院自管会建设十条》等，强化基层党组织引领作用；出台《关于在全市城乡社区中开展规范社区、示范社区创建工作的实施方案》，明确标准，提升社区服务水平；出台《郑州市城乡社区服务群众专项经费管理办法（试行）》，赋予基层话语权。首批建立街道级社区发展治理（慈善）基金27只，为社区工作经费提供有效补充。

【无主管楼院整治提升】固化社区疫情防控期间好的做法和经验，延伸治理

整治提升后的无主管楼院中原区桐柏路191号院（市委社治委/供图）

纵深，以建立楼院党组织和楼院自治组织为抓手，以组织建起来、群众组织起来、环境美丽起来、事务管理起来、服务开展起来为主要措施，大力开展无主管楼院整治提升行动。通过干部分包、支部联建、建立楼院党组织和居民自治组织、完善楼院自治公约、广泛开展居民协商等方式，推动无主管楼院向有人管、人人管跨越。截至2020年年底，全市4137个无主管楼院中，党组织覆盖率100%，楼院居民自治组织覆盖率97.51%，群众性志愿服务组织覆盖率96.71%，87%的楼院建立居民网上议事群。为不断提高楼院自治组织依法自治能力，联合市司法局开展居民自治相关法律知识培训，累计组织190余场，培训街道、社区和楼院自管会人员2.3万余人。全市无主管楼院通过开展“四清两美”环境大整治活动，绿化硬化黄土裸露4639处10.6万平方米，清理违建及侵占公共空间6267处6.8万平方米，增添微绿地、微景观、微游园422处，增设机动车停车位7124个、非机动车集中充电设施825处，增设门禁系统571套、视频安防系统500套。

【城乡结合部社区环境综合整治提升】采取挂图作战、跟踪问效、群众监督的方式推进工作，细化整治标准，紧盯问题解决；坚持每周暗访调研、每月定点定事定范围组织观摩，常态化巩固治理成果。530个整治项目中，工程类项目65个，完成58个，完成率89.23%；管理类项目465个全部开展，群众满意度持续提升，涌现出花庄社区、福山社区、郭村社区等一大批示范点。

【城乡社区服务功能提升】省级规范化社区创建任务完成183个，完成率104.57%；指导各区县（市）新招聘社区专职工作者1070人，新聘用无主管楼院保安、保洁人员1675人。持续深化社区美学营造，50个社区党群服务中心亲民化改造和改扩建任务竣工52个。狠抓社区社会组织培育，指导每个区县（市）至少建立1个社区社会组织培育孵化平台，新组建各类社区社会组织9085个，社区社会组织平均数超额完成中央、省委规定任务。积极推进智慧社区建设，方案通过评审并列入郑州城市大脑三期建设项目，50个智慧服务社区试点进展顺利。指导二七区、管城区、惠济区、上街区积极申报创建“全国社区治理和服务创新实验区”。

（谢　魏）

退役军人事务

【双拥优抚】双拥工作领导组织健全，拥军工作扎实有效，拥军爱民成果显著，郑州市再次荣获全国“双拥模范城”称号，实现八连冠。举行省会各界2020年烈士纪念日向人民英雄敬献花篮活动。全年慰问各类优抚对象4.36万余人次，发放慰问品、慰问金1480万元，红利性消费券4300余万元；义务兵家庭优待金标准全省最高，共发放6116户、2.59亿元。

【移交安置】全面实施“阳光安置”机制，完善实施军转干部“直通车”式安置服务、退役士兵双向选择安置方式，创新开展军转干部“绿色通道”式安置新模式，参与全省退役士兵易地选岗工作。接收安置过程中，郑州市转业军官培训中心和郑州市退役士兵培训中心以提高专业素质和岗位能力为目标，分别对军队转业干部和政府安排工作退役士兵、自主就业退役士兵开展培训，实现参训率100%。2020年军休干部、军队转业干部和退役士兵接收报到安置工作全部完成，实现党委政府、部队、用人单位、退役军人四满意。

【就业创业】科学应对疫情影响，做好退役军人就业创业工作，提供50家职业技能培训线上平台，举办12场就业创业指导、岗位解读直播课，退役军人累计参与人数超过2万余人次。同时，根据退役军人意愿和市场需求，精选20余个热门培训专业，通过校企合作，开展“订单式”“定向式”“定岗式”培训。在退役军人网络专场招聘会发布53家优秀企业岗位需求，依托“大兵哥”、河南军创园、“兵创汇”，提供金融、人工智能、现代农业等12个行业近3万个就业岗位。

【权益维护】制定《郑州市困难退役军人帮扶援助暂行办法》《郑州市退役军人“困难九帮扶”工作方案》《重大节庆活动信访工作保障方案》。建立常态化联系退役军人制度，帮助困难退役军人解决生活问题，市财政拨付500万元对“两参”人员进行临时性生活困难救助；拨付144万元对涉核人员进行临时性医疗困难救助；发放企业军转干部解困金1.4亿元。

【社会保险集中补缴】完成部分退役士兵社会保险集中补缴工作。截至2020年年底，郑州市养老保险补缴办结率100%；中央和省财政匹配保障资金3.68亿元，市财政匹配保障资金6391万元，全部预拨到位。

【服务保障体系建设】按照“五有”标准，共建成服务站点3116个，市级服务中心1个，县（区）级服务中心16个，乡镇（街道）级服务站209个，村（社区）级服务站2891个。初步形成以市级中心为导向、区（县、市）级中心为支点、乡（镇、街道）级服务站为骨架、村（社区）常规站为脉络的四级“退役军人服务圈”。

（韩　阳）

民族与宗教

【概况】郑州市是全国第三批“少数民族流动人口服务管理示范城市”。至2020年年底全市有回、满、蒙古、壮、土家等53个少数民族成分，少数民族户籍人口19.2万人。有1个民族区和1个民族乡：管城回族区和荥阳市金寨回族乡。少数民族人口在万人以上的区县（市）6个，千人以上的乡镇（街道）51个。有民族中小学14所，清真食品生产经营单位4000多家，少数民族流动人口约6万人。全市有佛教、道教、伊斯兰教、天主教和基督教等五大宗教。

【民族团结进步创建活动】创新民族

看望慰问军休干部（市退役军人事务局/供图）

团结进步创建活动方式载体，推动创建工作进机关、进企业、进社区、进乡镇、进学校、进连队、进宗教活动场所等。荥阳市金寨回族乡、管城回族区西大街街道创建为第五批河南省民族团结进步示范区，郑东新区社会事业局、郑州市第七高级中学、郑州思念食品有限公司为第五批河南省民族团结进步示范单位。推荐郑州黄河文化公园为第九批全国民族团结进步示范单位。12月，郑州市第十一次民族团结进步表彰大会召开，表彰在推进郑州市民族团结进步事业中做出显著成绩的30个模范集体和60名模范个人。

【民族宗教政策法规学习培训】 将民族宗教政策法规常识纳入全市中心组理论学习，11月，举办宗教领域统战工作与国家中心城市建设专题讲座。以学习习近平总书记关于民族宗教工作论述和《宗教事务条例》为重点，开展“民族宗教政策法规宣传月”等活动。

加强法制宣传教育。制定2020年度法制宣传教育计划，重点加强对民族宗教政策法规的宣传教育培训。各区县（市）以学习培训为契机，规范行政执法行为，提高行政执法水平。

【少数民族经济社会发展】 管好用好少数民族补助费。联合市财政局下拨市级少数民族补助费300万元，扶持9个项目，进一步加强基础设施建设，提升了民族工作精细化程度、人居舒适度和群众满意度。为4万多名群众生产生活提供便利。

着力提升基层干部群众致富技能。举办全市民族聚居村技能培训班，邀请名师讲授“农产品种植品类选择分析”等实用课程，组织登封市基层干部分享乡村振兴工作经验体会，研学《河南省少数民族发展资金项目管理办法》和《郑州市少数民族补助费管理办法》，拓宽农村工作思路。

【少数民族脱贫攻坚】 巩固民族聚居村脱贫攻坚，推进乡村振兴步伐全面提速。积极开展“同心圆·共发展”活动，指导全市30个民族聚居村（社区）与周边村（社区）开展结对帮扶活动，动员各族群众同学技术、同提技能、同兴产业、同促就业，增进民族团结，促进民族聚居村持续健康发展，逐步缩小发展差距。

【清真食品监管】 规范清真食品牌证审批业务，完成清真食品新牌证发放工作。开展节日期间清真食品安全检查，检查清真商户近3100家，取缔违规经营商户20多家，限期整改85家。修订《郑州市清真食品监督员管理办法》和《郑州市清真食品监督员考核办法》，遴选出214名新一届清真食品监督员，发挥社会监督作用。开展清真食品经营企业规范提升工作，对排查出的2900项违规问题进行处理，并整改到位。

【少数民族流动人口服务与管理】 加强对少数民族流动人口服务与管理，组织在郑新疆籍务工、经商人员国家通用语言学习培训班。联合青海省海东市司法和劳动就业部门，对在郑务工经商人员开展政策法规和劳动技能培训。召开全市少数民族流动人口代表人士座谈会，引导少数民族流动人口在确保防控措施到位的前提下有序复工复产。

【依法行政】 加强执法管理，严格执行持证上岗、亮证执法，完成2020年新版执法证的换发工作。开展行政执法卷宗评查、行政执法绩效评价，推动行政执法队伍依法履职。强化行政执法人员资格管理，杜绝行政执法不作为、慢作为、乱作为。加强行政执法监督，提升行政执法效能。对民宗部门在实际执法过程中出现的各类问题进行分析研判，做好指导。

做好“双随机，一公开”行政执法工作。制定“双随机”抽查事项清单，建立“双随机”检查人员权责清单，进一步规范“双随机”抽查的比例和频次，防止检查过多和执法扰民。制作统一的执法检查表格，对“双随机”抽查做到全程记录，确保责任可追。进一步增强执法人员责任意识，确保公平、有效、透明地进行事中事后监管。充分运用“双随机、一公开”工作机制，落实对宗教工作和清真食品工作执法检查。

做好政务服务便民化工作。把“一网通办，网上办好”、“最多跑一次”、政务服务改革任务落到实处，现有的17项行政审批事项全部实现网上标准化流程配置。审批事项办结时限压缩到4个工作日以内完成，“只跑一次”比率实现100%。确立4个审批事项为“即办件”、2个事项为“零跑腿”事项、5个审批事项在“郑好办”App上实现手机端办理。梳理优化行政审批办事指南，完成市本级4项和区县（市）20项最小颗粒化实施清单相关工作。

（薛　强）

医疗保障

【概况】 2020年，市医疗保障局统筹疫情防控和医保事业发展，持续提升医疗保障服务能力，着力完善多层次的医疗保障体系，截至2020年年底，全市医疗保险参保784.66万人次（不含巩义、郑州航空港实验区），其中，职工医保(含生育保险)参保254.22万人次，居民医保参保530.44万人次。全市基本医疗保险基金收入160.62亿元，其中：职工医保(含生育保险)基金收入107.17亿元，居民医保基金收入53.45亿元；基金支出155.86亿元，其中：职工医保(含生育保险)基金支出100.67亿元，居民医保基金支出55.19亿元。全市医疗保险基金滚存结余168.46亿元，其中，职工医保(含生育保险)基金滚存结余152.91亿元，居民医保基金滚存结余15.55亿元。

【新冠肺炎疫情医保救治】 向13家新冠肺炎疫情定点救治医院预拨付医保基金1亿元，切实减轻医院垫付费用压力；制定医疗费用补助政策，患者不因费用问题影响就医、确保收治医疗机构不因支付政策影响救治。实施长处方制度，支持各定点医疗机构根据患者实际情况，合理增加单次处方用药量，保障病患在疫情期间的长期用药需求。扩大“处方共享”范围，参保人员足不出户即可享受线上问诊、线上结算和送药到家服务。实施阶段性减征和缓缴企业职工基本医疗保险费，助力企业复工复产。仅减征一项就为郑州市企业减少支出约11亿元。

【医保扶贫】 加强组织领导，将医保扶贫作为“一把手”工程。强化与扶贫、民政等部门的联动对接，形成工作合力；完善保障对象动态调整机制，将建档立卡的贫困人口73706人（国家级39142人、市级34564人）全部纳入保障范围，实现应保尽保。落实贫困人口医疗保障各项惠民倾斜政策，做好慢性病审批、待遇报销、财政代缴医保费等工作；加强医保扶贫能力建设，在全省率先实现贫困人口住院费用市域内“一站式结算”。

2020年，各项医保扶贫政策惠及贫困人口近2.83万人次，其中门诊11272人次，住院17035人次；医保共计支付1.63亿元，其中：基本医保1.31亿元，大病保险0.19亿元，困难群众大病补充医疗保险401.1万元，医疗救助893.1万元。建档立卡贫困人口住院合规医疗费用报销比例达到90%左右，保障贫困人口的医疗健康。

【医疗保障信息化建设】 经办流程再造运行平稳。与政务服务中心、大数据局、人社局等多部门联动，探索建立“合署办公、综合受理、一窗联办”的经办管理新模式，实现医保与社保业务同步受理、同步经办，保证群众办“一件事”、只约一个号、只排一次队、一次性办成。同时，为老年人等特殊群体保留传统服务方式，专设绿色通道，配备必要辅助设备，开展帮办代办服务，满足运用智能技术有困难的特殊群体需求。

“互联网+医保”成效赢得广泛认可。大力推行“门诊就医一卡通、门诊特殊病种处方共享、住院治疗三级转诊”服务新模式，参保群众凭社保卡就可完成“挂号、就诊、建档、缴费、取药（检查）”全流程的就医闭环服务；

实现门诊特殊病种"在线挂号、视频问诊、线上结算、送药到家"，解决患者排队时间长、来回跑趟、购药方式单一等问题，全市3家医院及周边46家定点药店开通处方共享服务，累计共享处方27万余张。郑州市做法被人民日报全国党媒信息公共平台评为"十大智慧便民服务案例"；持续推进医保电子凭证应用试点和激活推广工作，确定2家医院和354家药店作为首批应用试点，全市医保电子凭证激活人数远超规定标准，并始终在全省保持领先。

信息化人才培养机制初步形成。成立网络安全和信息化工作领导小组，明确工作职责和工作流程，遴选有一定专业基础的干部参加信息化工作会议、参与信息化建设决策，抓好点滴培育和帮带培养；举办"医保大讲堂"，邀请医保专家授课辅导。

【医保改革】 持续深化支付方式改革。在60家二类以上公立医院实施按病种付费改革，病种数量达到104个。做好药品、耗材集中带量采购工作。2020年完成药品集中带量采购3批次、112个品种，医用耗材集中带量采购2批次、7个品种。全市参加集中采购的定点医药机构共计943家，采购金额6013万元，采购药物量1.84亿（片/袋/支）。对提出申请预付金的医疗机构，按中选药品合同约定采购总金额的50%及时拨付，共计2536万元。稳步推进医疗服务项目申报和价格调整工作。2020年，新增医疗服务价格项目88项，其中，市级医院85项，区县（市）级医院3项。落实国家全面取消公立医院耗材加成要求，对全市2667项医疗服务项目进行调整，其中新增25项、调增1717项、调降925项，综合补偿率达到105.6%。

【"两病"门诊医保】 完善"高血压、糖尿病"门诊（"两病"门诊）用药保障，梳理现行待遇政策。摸排全市城乡居民医保"两病"慢性病群体以外的发病人数，测算"两病"分高、中、低档用药年度人均费用，本着"既尽力而为、又量力而行"的原则，合理设置起付线、报销比例。制定《郑州市完善城乡居民高血压糖尿病门诊用药保障工作的实施办法》，将城乡居民高血压、糖尿病门诊用药纳入医保报销范围，并在全省率先组织实施，减轻全市"两病"患者的门诊用药负担。精准界定"两病"保障对象范围，确保待遇到人；对已纳入门诊慢性病保障范围的进行系统精准识别，确保待遇不降。

对"两病"患者降血压、降血糖用药按最新版基本医保药品目录，优先选用目录甲类药品、国家基本药物、通过一致性评价的药品、集中招标采购中选药品，将"两病"门诊用药纳入医保定点服务协议和医保医师协议管理范围。落实放管服改革，简化、再造经办服务流程，最大程度方便"两病"患者享受待遇。明确长期在外务工、异地居住的"两病"患者门诊用药保障，落实门诊用药长处方制度。加强"两病"患者健康管理，预防为主、防治结合，发挥基层医疗机构和全科医生作用。

发挥医保部门牵头抓总作用，会同卫生健康部门加强"两病"医疗服务行为监管，规范诊疗行为；配合市场监管部门负责做好"两病"用药生产、经营、使用等环节的质量监管；争取财政部门支持，落实工作经费保障。

截至2020年年底，郑州市共计233655人次享受"两病"门诊医疗费用报销954.88万元。

【依法行政】 加强政策性文件合法性审查，推行权力清单和责任清单制度。加强执法监督工作，落实行政执法"三项制度"。做好行政复议和行政诉讼工作，开展依法行政示范单位创建和平安建设先进单位创建，推进行政执法责任制示范点、服务型行政执法示范点建设。

【医保经办服务】 适应疫情防控常态化下医保经办服务的新要求，优化简化服务流程，方便群众办事。准确把握疫情防控阶段性变化，着力建立同疫情防控相适应的医疗保险经办秩序，对疫情相关业务开通医保服务绿色通道，缩短办理时间。对慢性病患者实施一季度长处方政策，保障慢性病患者用药需求，组织完成两批次25534人次门诊规定病种的申报和体检工作。探索推进"网上办""掌上办""邮寄办""预约办"等便民服务新模式，15个医保"一件事"上线郑好办App。

【医保基金保障】 实施全民参保计划，统筹推进法定参保人群应保尽保，推动建立部门信息共享和工作协同联动机制。巩固提升医疗保障统筹层次，推进基本医疗保险市级统筹，实现基金统收统支、政策制度统一、经办服务统一、信息系统统一、基金管理统一。全面落实生育保险和职工基本医疗保险合并实施，整合基金及管理资源，建立基金风险预警机制，完善费率动态调整机制。完善城乡居民基本医疗保险筹资和待遇水平动态调整机制；全面实施城乡居民门诊统筹制度，并做好门诊统筹与高血压糖尿病门诊用药保障待遇的衔接。

【医保基金监管】 坚持把守护好人民群众的"看病钱""救命钱"作为首要职责、头等大事。印发出台《打击欺诈骗保专项治理行动方案》，对全市打击欺诈骗保专项治理工作进行总体部署；灵活开展"双随机、一公开"检查、突击检查、交叉互查等。2020年，全市共检查定点医药机构2080家，处理违约违规定点医药机构347家，拒付追缴医保基金10014.85万元。

（宿 磊）

4月15日，打击欺诈骗保、维护基金安全集中宣传月活动启动仪式举行

（市医疗保障局/供图）

社会保障

【概况】 2020年，郑州市社会保险中心上线运行省统一的信息系统，着力提升经办能力和服务水平，不断增强服务对象的幸福感、获得感，助力郑州市营商环境优化。全市社会保险参保人数1185万人次。其中，城镇职工养老500.57 万人（完成年度目标任务的104.91 %）；城乡居民养老233.83万人（完成年度目标任务的100.39%）；机关养老20.58万人（完成年度目标任务的101.63%）；失业保险250.01万人（完成年度目标任务的100%）；工伤保险195.97 万人（完成年度目标任务的

105.08％）；超额完成全年目标任务。

【基金收入】2020年，全市社会保险基金收入249.15亿元，其中，职工养老保险162.37亿元，居民养老保险25.2亿元，机关养老保险49.62亿元，失业保险9.37亿元，工伤保险2.59亿元。基金滚存结余由2019年623.82亿元降至290.62亿元。下降明显的险种分别是职工养老保险，由485亿元降至154.35亿元（下降330.65亿元，降幅68.18%）；失业保险，由71.67亿元降至40.37亿元（下降31.30亿元，降幅43.67%）。

【基金支出】2020年，全市社会保险待遇支出255.03亿元，惠及14815家单位，219.95万人次。养老保险待遇支出共212.55亿元。为38万余名企业退休人员支付养老待遇143.00 亿元，为8.8万名机关事业单位退休人员拨付养老待遇47.14亿元，为72.8万余名到龄人员支付居民养老待遇22.41亿元。失业保险待遇支出共40.16亿元。为3.29万人拨付失业保险金2.65亿元，为8.8万余人拨付失业补助金4.32亿元。返还稳岗补贴32.75亿元，支出技能提升补贴0.44亿元。工伤保险待遇支出2.32亿元，惠及7000余人。

郑州市离退休职工养老金实现“十六连调”、城乡居民养老金实现“七连增”。调整后，郑州市企业退休人员人均养老金达到3061.3元/月（增幅4.52%），城乡居民养老保险人均养老待遇达到249元左右，两项水平继续领跑全省。

全面做好退休人员的移交、接收、管理、服务工作，接收央企退休人员73938人、省企退休人员4347人、市企退休人员4085人，接收率均为100%。继续做好退休人员节日慰问，全年走访看望19061人，支出社会化服务费430万元。

开展“失业保险60日扩围攻坚专项行动”，激发失业保险战疫情保生活的制度优势。通过开设绿色通道、加强业务培训、延长工作时间等措施，完成失业补助金申领404021人，完成省定责任目标75000人的538.69%，占全省总人数的59.27%，位居全省第一。

【机关事业单位养老保险制度改革】做好新增退休人员临时待遇核定及2019年退休人员正式待遇核定发放工作。截至12月底，已完成2720人正式待遇核定发放工作(全市共4102人)，完成率66.31%。总体进度位于全省前列。

【基金监督管理】建立与民政部门火化数据共享的比对机制，接收民政部门火化数据28538条，涉及居民养老人员7278人，降低了养老金的冒领概率；推进重复领取养老保险待遇问题审计整改，追回9人重复领养老保险待遇41.3万；做好服刑人员信息核实，梳理310条疑似违规领取养老保险待遇的数据；完成9698条数据分析汇总。

基金追偿进展快速。催缴历史欠费单位460家，补缴欠费6856万元、50258人次。稳步推进11家欠费单位资产抵押，做好13家破产“僵尸企业”的社保清算工作，补缴社保费3348万元、核销1.19亿元。

【助力脱贫攻坚工作】2020年共完成15万余名贫困人员的精准识别、应保尽保、应缴尽缴和应发尽发；为6.2万名贫困人员代缴城乡居民养老保险费622万余元，为3.8万名到龄贫困人员按时发放待遇。

【降费减负】对全市近11万家参保企业减免社保费119亿元；对6700家参保企业缓缴社保费6.16亿元；退还2月多征社保费3.07亿元；加大稳岗返还力度，为面临暂时性生产经营困难的1.47万家企业返还补贴32.75亿元（应急稳岗返还补贴28.56亿元、稳岗补贴4.19亿元）。

【“放管服”改革】为有效应对疫情稳定后大厅业务“井喷”、办事群众拥堵问题，组织骨干力量全力攻关，畅通网上受理渠道。5月中旬实现全部业务在网厅、自助机、客户端UK、手机App等终端“网上可办”。减资料、减环节、优流程、压时限，实际取消证明材料279项，精简经办层级事项12个。依托年度缴费工资申报工作，组建“网办”业务培训班，培训参保单位社保专管员8万余人次，免费发放Ukey，累计7.9万个，网上申报缴费基数比例达到95%，覆盖全市90%的参保单位和94%的参保职工，引导参保单位转变观念，应用网络自主办理。

【依法行政】严格落实行政执法过错责任追究制度。2020年，在已审理完结的35起案件中，胜诉率80%。商事登记11个一件事于7月13日在政务服务网正式上线发布。申请人通过填写企业开办一件事涉及的设立登记、印章刻制、银行预开户、税务登记、企业社保登记5个环节的“一张表单”“一次材料”上传，即可完成商事登记企业开办受理，完成申请人企业开办各个环节办结，一站完成营业执照、公章、社保凭证等的领取。

【“双提升”工作】持续推进服务质量和经办效能“双提升”，及时回应群众关切。全年处理业务疑难问题460例、解决疑难数据问题12365条，接待群众来访咨询2300余人次。“双提升”活动连续开展四年来，涉及服务质量的投诉问题日渐减少，群众对社保服务的满意度持续提升。

【经办服务模式创新】协调省市数据管理部门，打通与公安部门的数据共享途径，实现参保信息实时校验、快速处理；开发业务批量处理模块，大幅缩短经办时间。建立社保业务预约平台，方便群众自主办理；优化服务措施。通过午间“不休息”、周末“不打烊”、业务“日日清”等措施，最大限度提升业务承载力。及时成立组织化解社保经办疑难问题，满足不同群体需求，方便服务对象就近办理社保业务。成立岗位标准组，重点解决大厅岗位设置不合理。受理岗少、经办岗效率不高的问题。成立大厅管理组，重点解决窗口作风不优、服务绩效不高、督导考评不严等问题。成立教育培训组，重点解决工作人员业务不熟练，运用新系统抓经办效能不高的问题。成立信息系统组，重点解决新系统功能模块不完善，协同平台运行不畅、需求平台效率低等问题。成立精简材料组，重点解决经办层级过多、材料事项过于繁琐等问题及“网上办”“一件事”事项不达标的问题。成立服务延伸组，重点解决服务网点布局少、不便民的问题，制定业务向基层劳动保障站（所）、社区卫生服务中心延伸的工作标准，实现“办公场所、服务设备、经办人员、经费保障”四到位。建成154个社保便民服务网点（46个乡镇（街道）、社区便民服务中心，108个银行合作网点），确保企业和群众“10分钟生活圈”内可办参保登记、查询打印、社保卡等高频业务。

在办事大厅开设“绿色通道”，为老年人等特殊人群提供服务便利。科学调配经办力量。增加受理岗、咨询岗，充实一线经办力量，加速业务处理，提升经办效率。积极推进“社保关系转移接续”专班集约化经办等模式创新。全年共完成跨省市社保关系转移接续业务52464人次。

【政策宣传】坚持围绕中心、服务大局，持续开展“看懂算清”宣传解读，创新宣传方式，提升宣传效果，让社会公众“听懂听进弄清”。统筹“线上线下”宣传，整合“系统内外”宣传，推动建立上下联动、左右协同、同频共振、资源共享的系统宣传格局。聚焦农民工、失业人员、灵活就业人员、新业态从业人员、城乡居民等重点群体，组织开展“社保降费减负集中宣传日”活动、“社保政策进社区、进企业、进工厂”等政策宣传活动，融合传统媒体和现代媒体，不断提升政策宣传的针对性和实效性。正确引导社会舆论，及时回应社会关切，有效缓解公众焦虑。

（杨清华）

园区建设

郑州航空港经济综合实验区（郑州新郑综合保税区）

【概况】2020年，航空港实验区按照“一季度稳下来、二季度正增长、三四季度强巩固”的总体思路，统筹推进疫情常态化防控和经济社会发展，经济社会发展逆势上扬。全区地区生产总值突破1000亿元，达到1041亿元，同比增长7.8%；是2015年的1.7倍，年均增长11.4%。规模以上工业增加值达到568亿元，同比增长10.8%；是2015年的1.8倍，年均增长12.2%。经济总量超过一些省辖市，增速排名全市第一，且达到全省所有省辖市增速的2倍以上。全区进出口总额突破4000亿元，达到4447亿元，是2015年的1.4倍，同比增长21.4%，年均增长7%，全省、全市占比分别达到67%、90%历史最高水平，为稳住全省、全市外贸基本盘作出贡献。全区跨境电商交易单量突破1亿单、货值突破100亿元，分别达到1.39亿单、113.9亿元，分别是2015年的186倍、128倍，年均分别增长184.6%、163.9%，单量分别占全省、全市的57.2%、60.6%，已成为全市、全区外贸进出口新的强劲增长点。全区建成区面积突破100平方公里，达到101平方公里，是2015年的3.2倍，年均增长约16平方公里；基础设施覆盖超过220平方公里，是2015年的2.8倍，年均增长约28平方公里。郑州机场航空货运突破60万吨，达到63.94万吨，同比增长22.5%，增速排名全国大型机场第一，货运总量全国排名再进一位；是2015年的1.6倍，年均增长9.6%，货运量全国排名由2015年的第8位提升至第6位；其中国际货运达到45.13万吨，同比增长47.91%，是2015年的2倍，年均增长14.7%，“空中丝绸之路”重要节点地位进一步提升。

【疫情防控】建立工作机制，严格落实防控措施和工作责任，严防死守，全力抗击新冠肺炎疫情。严密布设区、办事处、村（社区、企业）三级防控网络，利用大数据搭建疫情防控指挥平台，实现重点人群精准防控，“外防输入、内防扩散”。在全市率先实现疑似、确诊病例双清零，在郑州机场牢牢守住境外疫情输入第一关，在岐伯山医院建设中再创24小时清表供地、10天建成的“港区速度”，在对重点疫区旅客的科学留观和精心服务中展现“郑州大爱”。复工复产中，率先出台支持企业复工复产10条政策，累计协调保障用工28万余人。尤其是富士康疫情防控与复工复产工作成为全国的一个标杆，苹果公司高度认可，3次累计给富士康郑州科技园增加订单600亿元；中办、国办督导组、指导组高度认可，李克强总理视频连线听取相关情况，并给予高度评价。

【航空枢纽建设】高铁南站建设持续快速推进，主站房结构顺利封顶，机场至郑州南站城际铁路建成通车。郑州机场总体规划修编方案形成初稿，北货运区工程和中国邮政郑州航空邮件处理中心项目开工建设，南飞行区改造工程基本完工。本土航空公司和基地航空公司加快建设与引进。河南省首家本土货运航空公司—中州航空正式开航，中原龙浩航空总部迁至郑州，桂林航空、乌鲁木齐航空和江西航空设立郑州运营基地，引入全球最大的国际货运航空公司—卡塔尔货航，“空中丝绸之路”快速发展。综保区业务实现新拓展，推动富士康完成苹果手机零组件维修业务试单，计划2021年为富士康增加124万台的维修产能。郑州机场药品口岸实现常态化运行，可快速将药品运输至全球63个城市；肉类、水果、邮件、活牛口岸运行总体平稳。河南联合签证中心业务覆盖32个国家和地区，成为全省最大的签证便利化平台。联合国工业发展组织投资和技术促进办公室北方区域协同中心在实验区揭牌，成为首个落户郑州的联合国机构。全面实施“7×24”小时通关机制，进出口通关时间分别压缩至

3月22日，郑州新郑国际机场工作人员将防疫物资装机（李嘉南/摄）

12.4小时、0.05小时，分别是全国平均时效的5倍和49倍；跨境数据平台日处理能力达到1000万单，口岸作业区到机场的进出口通关时效达到全国同期的27倍和29倍；实施“港仓内移”“选择性征税”“一般纳税人试点”等一系列改革，开放水平进一步提升。

【产业集群培育】 以招商引资和项目建设为生命线，聚焦“枢纽+口岸+物流+制造”，推进“千百亿”产业集群培育，发布优先发展产业指导目录及准入条件，制订高端制造业高质量发展三年行动计划，抢抓豫沪合作新机遇，制订《承接豫沪合作产业转移方案》，项目签约、建设、投产取得成效。全年新签约项目51个，总投资826.6亿元。其中，世界500强项目6个、国内500强项目3个，总投资30亿元以上项目7个。一批高质量“头部”项目签约入驻、建成投产。富士康郑州科技园产值实现十连增，产业链配套项目达到10个，对全省、全市、全区产业发展的支撑作用持续增强。2020年12月31日，投资68亿元的华锐光电液晶面板项目试产。合晶单晶硅、东微芯片靶材、以色列先进切割技术公司半导体划片机、浪潮安全可靠生产基地、鸿运华宁创新药基地等一大批高新技术项目签约入驻、建成投产，均填补全省空白。“十三五”时期，全区的省、市重点项目建设全市综合排名连续五年第一。

【改革创新发展】 河南省政府向航空港实验区下放124项省级经济社会管理权限。2020年11月28日，《郑州航空港经济综合实验区条例》经省人大常委会审议通过，3月1日正式施行，不仅彻底解决了航空港实验区法律地位、委托执法等问题，并且授权港区进行法定机构探索等多项创新，赋予港区多项支持、鼓励政策，为港区高水平开放、高质量发展奠定坚实的法律基础。成立“一网通办，一次办成”政务服务改革工作专班，梳理政务服务事项1116项，加快推进“掌上办”“网上办”，“一网通办”率提升至88.27%，“一件事”达到340项，“最多跑一次”事项占比100%。创新驱动发展战略深入实施，成功申报第二批打造特色载体推动双创升级试点开发区，百度（郑州）创新中心、上海交大创知网平台正式运营，引入中科院软件所、771所等一批科研院所。

【航空新城建设】 初步完成国际经济文化交流中心、公共文化服务中心两个核心板块城市设计，明确开发建设主体，完成国际经济文化交流中心区域评估。城市综合承载力进一步增强。河东五至九安置区回迁地块配套道路全部建成，第四安置区回迁地块主要配套道路具备通车条件，全区新增通车里程40公里，累计达523公里，南水北调以西区域路网和豫州大道以西区域主干道路网基本形成，建成区面积达到101平方公里。持续加强生态文明建设。新增绿化面积200万平方米，累计达3200万平方米；大气污染防治成效显著，空气优良天数累计238天，较上年增加65天。

【群众生活】 全区贫困人口全部实现脱贫，美丽乡村建设全面启动。建成投用各类学校、幼儿园29所，新增学位27570个，全区各类学校198所、在校生8.5万人、学位约10万个，分别增长47.7%、117.9%、115%。各类医疗卫生机构237个、医疗床位数2748张，分别增长99%、750%，每千人床位数增长196%。合村并城工程加快推进，完成整体拆迁108个村、部分拆迁11个村；开工安置房2068万平方米，建成投用1222万平方米，回迁群众127240人。

生物医药产业园（马国樑/摄）

【党的建设】 全面落实“第一议题”制度，理论学习中心组学习质量和学用效果显著提升。基层基础更加牢固。全区173个村（社区）完成“两委”换届工作，实现党组织书记和村（居）委会主任“一肩挑”及学历年龄“一升一降”目标，选优配强村（社区）“两委”班子。推行村组干部任职补贴“区级财政兜底+绩效考核”双管理，实施村（社区）党组织书记区级备案管理，村组干部干事创业氛围更加浓厚。持续推进“逐村观摩”、软弱涣散党组织整顿，农村党支部建设更加规范。政治生态持续优化。严格落实中央八项规定及其实施细则精神，持之以恒纠正“四风”，不断巩固拓展作风建设成果。“不忘初心、牢记使命”主题教育成效显著。成立临时党组织263个，组建“突击队”“先锋岗”等530个，实现疫情防控与复工复产统筹稳步推进。巩固运用五种学习方式，推进领导干部上讲台常态化制度化，实现全区86所中小学全覆盖。实施农村党员联系户制度，建立联系点175个，密切干群关系。

（王　丹）

郑东新区

【概况】 2020年是全面建成小康社会和“十三五”规划的收官之年，是郑东新区以“东强”战略为引领，助推郑州国家中心城市建设的关键一年，也是中原科技城建设的开局之年。一年来，面对新冠肺炎疫情的严重冲击，郑东新区党工委管委会坚持以习近平新时代中国特色社会主义思想为指导，严格落实中央、省、市关于做好“六稳”“六保”，统筹疫情防控和经济社会发展的决策部署，以“东强”战略为目标，以“四比一创”为抓手，团结带领全区上下克难攻坚、连续作战，疫情防控取得重大成果，经济稳定增长，社会大局和谐稳定，较好地完成了年度各项目标任务。全年地区生产总值完成1200亿元，同比增长3.5%；固定资产投资完成697亿元（白沙片区完成投资251亿元，占比36%），公共财政预算收入完成124.2亿元；社消零总额完成562亿元，连续10个月实现稳步回升。

【产业发展】 2020年，郑东新区持续做大做强主导产业，高质量发展的步伐更加铿锵。金融业稳健发展。新引进金融机构20家，核心区持牌类金融机构达到374家，金融业增加值完成371亿元，占全区GDP近三分之一，金融集聚发展态势良好。郑商所新上市动力煤、花生等4个期权期货品种，市场规模和全球影响力进一步提升。金融岛限高问题取得突破，内环基本完工，外环建设加快，如意城市魅力绽放。河南建业新生活服务有限公司完成境外上市，恒拓开源在新三板挂牌，新增中原股权交易中心挂牌企业59家，全区企业资本市场融资达280亿元。中央商务区以第一名的成绩实现全省唯一“六星级”服务业“两区”“五连冠”。总部企业抢滩进驻。新引进中国电力建设集团、阿里巴巴、复星集团等国际国内500强企业4家，累计入驻世界500强企业73家，国内500强企业95家。宝能国际金贸中心、中原总部基地等项目高效推进。河南省超级总部基地城市设计基本确定，县级干部挂帅，“五路人马”招商成效明显，牧原股份、安钢集团等10家省内知名企业意向入驻。全年培育亿元楼宇42栋，占全区楼宇总数的七分之一强，郑州银行大厦成为全区首个税收突破20亿元的楼宇。高端商贸业持续繁荣。国家级电子商务示范基地集聚示范带动作用不断增强，新认证电商企业500多家，累计近千家，年交易额突破1650亿元。“醉美·夜郑州”嘉年华活动精彩绽放，龙湖里、乐享城等一批夜经济示范街区顺利揭牌，CBD、银河里成功入选郑州市夜经济十佳名单，高铁商圈、CBD商圈等营业额再创新高，银泰中心项目落地，城市经济活力进一步增强。

9月15日，中原科技城政策发布会举行（郑东新区管委会/供图）

【科技创新】2020年，郑东新区聚焦“一年起步、三年初具雏形、五年基本成型”建设目标，突出抓好“四个先行一个加快”，中原科技城建设取得重大阶段性成效。前期准备势如破竹。40天高标准完成中原科技城概念性城市设计方案国际征集，一个月完成“一体两翼”规划布局整合，核心区建筑方案确定，得到市委充分肯定。郑州国际文化交流中心、凤栖阁等建筑方案设计大头落地，“中原科技城管委会”“河南省人才创新创业试验区”正式揭牌运行，蓄积了中原科技城高质量发展的强大势能。产业招商态势喜人。借势省党政代表团沪苏浙考察、市党政代表团“长三角”“珠三角”区域合作交流等活动，持续加大招商力度，对接复星国际、深兰科技等重点项目150余个，签约全国首个千亿级科技服务企业—启迪科服总部、上汽集团云计算软件研发中心、恒力集团等领军项目70个，总投资超1200亿元。国际化人工智能科技园、海康威视郑州科技园、大华股份中原区域总部等拿地项目相继开工，龙头项目集聚效应已然形成。特别是无人机、自动驾驶、智能机器人、信创科技等前沿产业谋划，得到市委高度肯定。人才、职住等多维度服务配套强势助阵。主动担当作为，在市人才政策基础上，出台人才发展“龙腾十条”，在“宽门槛、送福利、零租金、重奖补、提待遇”方面给予人才和创新团队更大力度支持。人才引进“一件事”“英才汇”平台在全省率先上线，人才认定实现“智能秒审”。中原科技城创新孵化基地豫发大厦楼事会正式揭牌，打通了服务科创企业和人才的最后100米。率先启动郑州软件人才培养“码农”计划暨中原科技城数字豫才计划，厚植人才支撑。建成龙源四街等3个创新研发中心，整合人才公寓1880余套，首批300套启动装修。科创氛围日益浓厚。哈工大郑州研究院、北理工郑州智能研究院、河南数字经济产业创新研究院等大院名所相继进驻，成功承办数字经济峰会、清华校友三创大赛、启迪创新论坛等科创活动，“智慧岛·未来全景实验室”成功入围第十届全球智慧城市大会创新理念奖提名，并在第21届中国国际高新技术成果交易会上获评中国领军智慧城区创新示范点。

【城市建设】2020年，郑东新区坚持统筹改革与开放，城市发展活力更加蓬勃。对外开放水平不断提高。国际城市设计大会、高等教育国际论坛、金鸡百花电影节颁奖典礼等大型活动云集东区，中部地区对外交往中心地位凸显。自贸区郑东区块注册企业1.2万余家，占郑州片区的75.6%，注册资本超1500亿元，占郑州片区85.7%以上。政务服务改革深入推进。全省率先实现61项个体登记高频事项“智能秒批”，“交房即发证”试点经验全省推广。个体登记和企业开办“一件事”入选《2020郑州市政务服务十佳创新案例》。行政审批基本实现“网上办”“就近办”“最多跑一次”和“不见面审批”，有效激发了市场活力。智慧城市管理中心建成投用，通过线上线下联动，日处理问题2000余件，办结率90%以上，初步实现“一屏观天下、一网管全城”。项目服务不断优化。创新启用征收土地专用印章，优化报批征收程序，产业用地供应取得突破性进展，累计报批土地 281.6公顷，收储土地320.87公顷，供应土地404.4公顷，重点项目用地得到保障。土地卫片执法工作成绩突出，相继被评为全省土地日常执法先进县（区）、郑州市受到国务院督查激励先进集体，共获得86.67公顷用地指标奖励。规划审批效率提升，建设工程规划许可规划阶段审批时限压缩至10个工作日，比市定目标提前5天。

【城市管理】2020年，郑东新区深入推进城市有机更新和管理提升，城市环境更加“整洁、有序、舒适、愉悦”。“三项工程、一项管理”全面展开。道路综合改造方面，一期黄河东路改造和东区12条自选道路改造全部完工，二期东风路改造有序推进，陇海路绿化提升在全市率先完成；老旧小区改造方面，有序推进38个改造项目，已完工10个。时埂社区天然气改造完成，八里庙、陈岗、五洲等首批社区市民驿站建成投用，居民群众的幸福感获得感进一步提升；城乡结合部综合改造方面，杨桥办事处6个行政村污水处理工程等47个项目完工，大有庄、冉庄、花庄等39个村（社区）实现华丽蝶变，城乡面貌明显改观。改进城市管理方面，以“路长制”为抓手，圆满完成218条优秀路段、23条卓越路段创建任务。CBD内外环侧石提升实现低成本和高品质“双赢”，获得广泛赞誉。高标准推进龙湖区域亮化提升、围挡整治等，城市风景更加靓丽。如意湖、龙湖实现通航，“如意画舫夜游两湖”成为“郑州夜景新名片”。新建、提升改造公厕84座，34座智能化公厕建成开放，3次被央视等主流媒体报道。新增停车泊位1.8万余个，生活垃圾分拣中心投用，安装防沉降井盖4456个，城市功能更加完善。在全市道路交通整治“百日攻坚”行动首月考核中，郑东新区位居全市第一。高标准推进文明城市创建、卫生城市复审，为全市创建成功做出了应有贡献。生态环境明显改善。高铁公园、翠屏园、缤纷园等11个公园游园建成开放，新G107生态廊道土地清障40天完成，一期绿化完成70%，全区新增绿化150万平米，生态底色不断擦亮。大气污染防治成效突出，PM10、PM2.5等关键指标降幅高达40%，全市排名第一，蓝天保卫战三年攻坚圆满收官。统筹推进水污染防治、土壤污染防治、大棚房治理、违建别墅整治、“占地造湖”整治等，生态环境持续好转。基础设施配套不断完善。新开工锦绣路（科学大道-连霍高速）等路桥工程13个；完工44个，107辅道综合管廊部分主体完工，新增通车里程41公里，完成投资32亿元，城市承载能力不断提升。

【脱贫攻坚】 2020年，郑东新区积极做好卢氏县“一乡一镇一村”扶贫帮扶工作，实现全员脱贫。参与推动东明镇中心养老院项目建设及卢氏特色农产品宣传工作。秉承扶贫先扶智的原则，组织学校分别与卢氏县东明小学等6所学校签订结对帮扶协议。发动辖区医院到卢氏县开展义诊，参与人数400余人。

【民生事业】 2020年，郑东新区全方位聚焦群众关切，持续完善公共服务配套，守牢民生底线。教育文化医疗高质量发展。河南省实验中学加快推进，清华附中等9个项目建成投用，新增优质学位1.89万个。接收安置区配建幼儿园34所，普惠性民办幼儿园学位占比达到80%以上，学前教育领先全省。大河村遗址公园建设高效推进，中原网球中心二期建成投用，文化事业取得长足发展。郑东新区第一人民医院、中医院确定选址，明理路、龙翼五街等5家政府主导的社区卫生服务中心完成建设和改制，疾病预防控制中心专职招聘人员全员到岗，基层医疗卫生服务体系更加完善。就业与社会保障体系更加健全。狠抓稳岗就业，新增城镇就业3952人，职业培训1.2万人，发放以工代训补贴1.17亿元。安置房建设完成96.5%，回迁群众5.49万人，完成区定任务的137%，网签安置房8811套，连续6年排名全市第一。社会治理能力继续提升。民航花园供暖问题等一批矛盾纠纷，以及宇泰佳苑等一批问题楼盘顺利化解，实现了信访“四个零”“五个不发生”“两个确保”的工作目标。扫黑除恶斗争持续深入，有效净化了社会风气。连续4年获评平安建设先进单位，公众安全感满意度位居全省前列。持续推进法治政府建设，连续三年荣获全市依法行政考核优秀单位。成功创建省级食品安全示范区，“河南省质量强区示范区”通过省专家组验收。完善应急管理体系，扎实开展安全生产三年专项整治，安全形势稳定向好。

【社会治理】 2020年，郑东新区坚持双统筹两手抓，疫情防控和经济发展取得“双战双胜”。面对疫情，全区上下迅速行动，合力攻坚，众志成城，社会运行迅速步入正轨，人民生命健康得到最大保障。严防死守，构筑疫情防控“郑东防线”。第一时间成立“一办八组”防控体系，第一时间设立500个社区卡口，全市率先在高速、国道等出入市口设立卡点，第一时间动员广大党员干部积极投身一线，创新举措，防控得力，全面筑牢“郑东防线”，疫情势头得到全面有效遏制，海马公园社区疫情防控经验在全省推广，居家隔离“四个一”暖心服务、三联三防三必须、红色楼长等特色做法，先后被人民日报、央视、新华社等重量级媒体宣传报道200余次。用心服务，推动“三送一强”助企稳岗。出台“郑东30条”，第一时间启动复工复产，创新推出企业开办公章免费送等“三免”服务，累计帮扶企业4万余家，解决问题13万余个，减免税费、房租近30亿元，协调各类资金超250亿元，拨付应急稳岗补贴近3亿元，19万市场主体和177所学校应复尽复，发展活力迅速回升。毫不松懈，夯实常态化疫情防控基础。立足疫情防控新形势，坚持标准不降、力度不减，实现“两类人员”核酸检测全覆盖和工作零遗漏、感染零发生、公众零舆情。圆满保障了全国疫情防控进入常态化后，首场允许观众现场观赛的国际性体育赛事—2020国际乒联总决赛、网安周等57场大型活动。郑东新区荣获红十字总会抗击新冠肺炎疫情暨应急救护知识竞赛单位组织一等奖，郑东建投被共青团中央授予抗击新冠肺炎疫情青年志愿服务先进集体称号。

8月13日拍摄的郑东新区（郑东新区管委会/供图）

【党建工作】 2020年，郑东新区深入贯彻新时代党的建设总体要求，着力以党的建设高质量推动经济发展高质量。思想信念之基不断筑牢。持续深化“不忘初心、牢记使命”主题教育成果，落实第一议题制度，跟进学习习近平总书记重要讲话、文章、指示批示精神，组织中心组理论学习10次，围绕学习习近平总书记重要回信精神，举办“弘扬劳动精神 争当出彩先锋”系列宣讲活动。充分利用学习强国、党政联席会等平台，加强最新精神传达学习，广大党员干部践行“四个意识”“四个自信”“两个维护”更加坚定自觉。基层战斗堡垒持续夯实。坚持大抓基层，大抓支部，整顿调整“大支部”35个、软弱涣散党组织5个，127个村（社区）党组织和78个机关企事业单位党组织完成换届，基层党组织班子结构全面优化提升。组织“万名党员进党校”培训15期3000余人次，基层党员干部综合素质持续提升。新组建“两新”党组织276家、覆盖企业和社会组织1744家，新打造千禧广场等楼宇党建示范点4个，电子商务大厦联合党委荣获“河南省楼宇党建示范点”称号。62家物业企业实现党建工作全覆盖，192个社区楼院实现“双向进入、交叉任职”，“空壳村”全部清零。机关党建出新出彩，组织集体升旗仪式、“乘红船·忆初心”、“健步走”等系列活动近万人次，凝聚力向心力进一步增强。党风廉政建设深入推进。持续强化严的主基调，以“钉钉子精神”深化正风肃纪，查处违反中央八项规定精神问题线索7件，给予党政纪处分15人。保持反腐高压态势，立案46件，给予党政纪处分74人。运用监督执纪“四种形态”处理254人次。坚持标本兼治，开展专项以案促改3次，所有村组（社区）党员干部接受廉政教育，崇廉尚廉氛围更加浓厚。巡察工作走深走实，落实市委巡察整改“回头看”工作部署，区级巡察基本实现全区局（办）、乡（镇）办、村（社区）等党组织全覆盖，推动解决问题1152个，震慑效应持续放大。

（赵文煜）

郑州经济技术开发区

【概况】 郑州经开区规划控制范围东至新107国道、西至机场高速、南至福山路、北至陇海铁路，面积158.7平方公里。管理经开综保区、国际物流园区两个正县级专业园区，下辖6个办事处78个村（社区），常住和从业人口40余万人，下设14个基层党（工）委。先后获国家新型工业化（装备制造）产业示范基地、国家生态工业示范园区、国家示范物流园区等称号，是河南省第一家六星级产业集聚区。

2020年，全区GDP完成1122亿元，增长3.9%；规模以上工业增加值完成551亿元，增长4.2%；固定资产投资完成479.5亿元，增长11.6%；社会消费品零售额完成463.8亿元，增长1.8%；财政总收入282.6亿元，同比增长8.2%；一般公共财政预算收入完成100.6亿元，增长3.0%。2020年，获全省产业集聚区高质量发展考核第一名。在2020年度国家级开发区综合发展水平考核中排名第26位。全区地区生产总值超1000亿元，财政一般预算收入超100亿元，占全市的比重分别为9%、8%以上。国家支持郑州、重庆、成都、西安、乌鲁木齐等5个城市开展中欧班列集结中心示范工程建设，郑州是中东部地区唯一获批建设的城市。获评国家首批制造业和现代服务业融合发展试点，成为河南省唯一国家级"两业融合"试点园区。全区规划环评获得通过，"国家生态工业示范园区"考核工作通过国家三部委复审。

【疫情防控】 贯彻落实省、市工作要求，坚决扛起新冠肺炎疫情防控重大政治责任。率先成立"一办八组"指挥体系，在郑州市"一办七组"的基础上增设企业组，为企业复工、经济复苏打下基础。率先在全市免费为企业、群众发放口罩365万只，解决企业和群众燃眉之急。率先在全市设立两个集中医学观察点，累计收治医学观察对象600余人，经验做法得到市委、市政府肯定和推广。全面统筹疫情防控与经济社会发展。春节期间全员上岗，领导班子和班子成员带头深入一线、靠前指挥，建立了"区、办、社区"三级疫情防控联动工作机制。在社区（村）建立了辖区党委牵头的公安、交通、办事处、社区（村）、防疫、卫生及居民群众组成的七级联防联控体系，实行网格化、地毯式排查管理；在各社区、各村设立疫情监测点217个，对来往人员进行体温监测、登记、排查和留观，实行"七个一"制度，即一套人马、一套测温器、一套登记表、一套宣传材料、一套消毒设备、一套询问制度、一套广播喇叭，真正把排查、防控、宣传等工作落实到群众家门口。大力开展"三送一强"活动，制订经开区20条惠企政策，减免税费28.3亿元，减免房租10.3亿元，优惠电费3000万元，累计2.1万家企业受益。建立政企互通联络机制，在全市率先开展银企网上授信活动，为区内企业授信138亿元，帮助企业贷款276亿元，减免贷款利息1.6亿元，企业融资难题得以解决。毫不松懈做好常态化疫情防控。始终绷紧"防输入、防散发、防反弹"这根弦，全面加强重点人员、重点环节、重点领域的风险管控，持续强化进口冷链食品储运全链条、全流程闭环管理和监测，巩固阶段性防疫胜利。

【推进产业结构转型升级】 2020年，经开区新增河南乾德精密、郑州大正光电等19家规模以上工业企业，总数170家，排名全市前列。全区规模以上工业实现产值1774亿元，同比增长2.6%。汽车及零部件、装备制造两大主导产业集群做大做强，产值规模占全区的73%。海尔、京东产值突破百亿元，新增2家百亿级企业，全区百亿级企业俱乐部成员达到14家，成为全省百亿级企业最集中的区域。主导产业韧劲强、后劲足。年初，受新冠肺炎疫情的影响，汽车行业整体低迷，汽车产销断崖式下滑，一季度下降47.8%。为破解企业发展难题，第一时间成立企业工作组，采取点对点专车接送、专场招聘等形式，帮助企业协调用工18.4万人，助力企业4月份全面复工复产；开展"智造经开、乐享郑州"等形式的汽车展销活动18场次，2.7万人购置新车。全年汽车产业实现产值713.6亿元，生产整车38万辆，发展势头好于预期。全年装备制造业保持高速增长态势，实现产值584亿元，同比增长22%。现代物流业持续向好，物流业总额超4300亿元，同比增长12%。制造业数字化转型速度加快。率先开启全省首个"5G引领数字经济转型示范区"建设，完成5G基站建设1500个，初步实现5G网络基本覆盖全区的热点区域、重点行业和重点企业。强力推进"万企上云上链"，全年新增"上云"企业271家、"上链"企业82家，信息技术在企业中得到普及应用。智能化、绿色化、企业技术"三大改造"提档升级。全年投资59亿元，智能化改造企业15家，新开工技改项目29个，改造数量、完成投资额和投资占比均排名全市前列。工业互联网平台建设成效突出，全市仅有2家工业互联网平台入选全省培育名单，全部来自经开区。

【对外开放"枢纽+开放"】 "陆上丝绸之路"开拓创新。中欧班列（郑州）在全国率先恢复常态化往返开行，全年中欧班列（郑州）累计开行1126班（654班去程，472班回程），同比增长13%，累计货值43.11亿美元，同比增长27%，货重71.49万吨，同比增长31%，获批建设中东部地区唯一中欧班列集结中心示范工程。新开通郑州—芬兰线路，形成"八站点、六口岸"国际货运班列体系。"网上丝绸之路"逆势增长，跨境电商全年进出口货值完成196.43亿元，完成年度目标的196%。成功举办第四届跨境电商大会；跨境电商进口药品和医疗器械试点正式启动；跨境电商B2B"9710""9810"出口监管试点顺利完成全模式、全通道测试。优德传媒作为河南省首个5G试点电商直播基地，创新电商运营模式。凯越邮政等多个电商产业园集聚，形成"多园区、多模式、多平台、多主体"产业发展格局。"海上丝绸之路"拓展新方向。郑州—青岛—美国线路首发，海铁联运班列开行数量成倍增长。车站海关全面实现7×24通关服务，邮政口岸实现班列进出口双向运邮常态化，汽车口岸二期具备验收条件。自贸区经开区块制度创新持续深化，跨境电商零售进口退货中心仓模式创新案例在全国复制推广。新入驻匈牙利贸易署驻郑办事处、白俄罗斯沃尔科维斯克市驻郑州代表处等机构2个，引入文化产业项目50余个，对外合作步伐更加坚实。

【精准招商引资】 不断增强"双十工程"支撑作用。盯紧任务、精准发力，推动重点项目尽快落地生根、开花结果。全年谋划实施项目515个，总投资2788亿元，上汽发动机、富泰华5G等191个项目开工建设，海尔热水器、上汽乘用车二期111个项目竣工投产投用。纳入省、市考核的31个重点项目，累计完成投资211亿元，超额完成年度目标，其中，安图生物等8个新开工项目全部实现开工，海马DTC自动变速器等4个计划竣工项目全部竣工投产，为全区经济高质量发展注入强劲动能。强化要素保障。抓好土地要素供应保障，强化土地资源优化配置，协调占补平衡指标15公顷，完成征收169公顷，出让土地296.78公顷，保障项目建设顺利进行。深化银企合作，新增专项债券18.4亿元，发行项目26个，规模居全市第一，投资拉动作用得以充分发挥。凝心聚力招商引资。全年实际吸收外资6.06亿美元，引进境内域外资金92.1亿元，大项目带动作用明显。采取"不见面"招商、精准招商等形式，全年签约重点项目41个、金额628.8亿元，超额完成市定高质量招商任务。其中，郑煤机工业产业园、富泰华5G手机精密机构件2个项目投资额均超30亿元。签约总投资15亿元的"跟谁学"中原总部等3个总部项目、总投资10亿元的鼎菱跨境综合产业园项目等10个新兴产业项目，区域产业结构更加优化。

【创新创业】 加快创新性企业引进和培育，签约引进核子基因中原地区总部等6家生物大健康产业、浩鲸科技中原

2020年，经开区坚持产城融合发展。图为潮晟路跨潮河桥（郭　威/摄）

总部等2家新兴数字产业、集聚“跟谁学”等5家教育科技产业，培育发展新动能，厚植发展新优势。强化企业主体作用，全年新增科技型企业127家，新增高新技术企业51家，获批科技创新龙头企业7家，新增市级以上研发中心45个，省级科技企业孵化器2家，市级众创空间1家，科技创新主体梯次发展格局初具规模。引导企业深化产学研合作，引进机科国创（郑州）绿色智造研究院，推动大连理工郑州研究院与中铁装备、郑煤机开展技术合作，产学研合作迈上新台阶。中铁装备成为全省首家获批的省级技术创新中心，安源工程获河南省科技进步一等奖。加大人才引培力度，引进培育科技创新领军人才和产业高端人才26人，“跟谁学”一期投入运营，聚集高层次人才2000多人。全年全区高新技术产业产值完成1485亿元，同比增长6%，全社会研发经费投入占GDP的比重4.5%以上，万人有效发明专利量35.7件，科技创新驱动的支撑作用明显。

【产城融合发展】坚持规划引领，扎实推进三个核心板块建设。起步区核心功能区按照“两心领一轴”的规划结构，加快区域城市和产业有机更新，打造科技智造创新区、工业转型示范区。滨河国际新城核心功能区按照“两核、三轴、六组团”规划结构，集聚生物医药产业、生命健康服务、医药总部等企业；入驻中建七局总部；签约金鹰集团超高层地标项目，占地25.3公顷、投资150亿元；加快规划建设68万平方米的总部经济港、25万平方米的科技孵化器。国际物流园区核心功能区聚焦生活与产业、TOD开发等五个方面，整体地下开发、生态与活力双维度赋能开发，推进产业提升，优化城市形象。“三项工程、一项管理”工作稳步推进。持续开展城区道路综合改造工程，完成市定“一环十纵十横”道路既定工作任务，综合提升27公里；推行“多杆合一”，入地各类管线47公里。推进城乡接合部综合改造，改造拆违70万平方米，清运垃圾80万立方米，完成107国道、京港澳高速2个生态廊道和御风公园、滨河湿地公园等16个公园游园建设，24个老旧小区改造有序进行。城市管理更加精细。围绕“四化”持续开展18类城市精细化管理。强化“千百十”道路创建和示范道路建设，打造朝凤路、凤河东街2个美丽街区。

【共建共享】2020年，省、市分别交办的9项和19项民生实事全部完成。持续打好三大攻坚战。统筹做好登封于爻村、三门峡卢氏县潘河乡和沙河乡的脱贫攻坚对口帮扶工作，“志智双扶”成效明显，脱贫攻坚任务全面完成。金融风险有效防范化解，维护正常金融秩序，防范化解重大金融风险攻坚战取得阶段性成果。全年空气质量同比改善率全市排名第1；优良天数达到233天，全市排名第2。PM2.5同比下降率排名第3，PM10浓度同比下降率排名第1，生态环境持续向好。医院建设稳步推进。郑州七院滨河院区、郑大二附院新院区等项目建设顺利，建成投用社区卫生服务中心4所，基层医疗服务进一步优化。教育工程加快落地。开工建设7个学校项目，建成普惠性幼儿园9所，艺术小学等3所小学投用，新增学位4590个，美好教育再上新台阶。安置房建设扎实推进。安置区开工项目51个，完成投资26亿元，建成投用锦祥一期、瑞和小区等安置区80余万平方米，8.7万村民乔迁新居。稳步推进就业工作。城镇新增就业完成目标任务的188.6%；农村劳动力转移就业完成目标任务的225%;失业人员再就业完成目标任务的194%。基础设施建设全面加强，建成第二十三大街（经南六—南三环）等通车道路项目47个，通车里程24千米；建成一大街等18条道路、2.9万米的通信管道。持续推进“公厕革命”，强化停车场管理、停车位施划，如厕难、停车难等问题有效缓解。国土绿化提速行动强力推进，新增绿化面积400万平方米。大力开展道路绿化提升，形成连贯南北、纵横东西的生态道路体系。社会治理成效显著，持续推进扫黑除恶专项斗争向纵深发展，扎实推进问题楼盘、非法集资等一批突出问题有效解决，及时化解各类矛盾，信访秩序持续向好，全区社会大局和谐稳定。

【优化营商环境】制订《郑州经济技术开发区打造国际化营商环境2020年行动方案》，出台100条政策举措，全面开启营商环境新局面。“最多跑一次”事项1036项，全部实现网上可办。强化“互联网+政务监管”，网上四级联动系统按时办结率99.7%。创新具有经开特色的涉企“一件事”审批，实现涉企“一件事”审批提速50%。全区一般工程建设项目4个阶段审批事项整合成为“一张表单”，审批周期压缩至50个工作日以内，比市定少10天；最短审批时限22天，重大民生工程实现“即受理、即审查”。项目服务更加高效。建立完善“首席服务官”项目分包推进机制，为项目建设提供全流程、全方位、保姆式服务，以“双十工程”为引领的项目建设全面提速增效。全区重大项目从签约到开工平均用时减少100天，项目履约率、开工率分别提高27个和23个百分点。大力推广“区域评估机制”，率先探索“工业标准地”供地模式，完成3个重点区域173.3公顷土地评估。采取“标准地+承诺制”方式供应工业标准地3宗，集约节约用地初见成效。多项改革齐头并进。全年55个村完成农村集体产权制度改革，全区农村集体产权改革落下帷幕。稳定农户承包权，放活土地经营权，新增土地确权面积1533.3公顷，农村土地制度改革基本完成。全面启动机构改革，组织机构进一步精简，部门领导班子配齐配强，年龄结构进一步优化，干部队伍活力进一步提高。全面加强党风廉政制度建设，打造学习型机关，党风、政风和社会风气明显好转。

【中欧班列（郑州）】2020年，中欧班列（郑州）累计开行1126班，同比增长13%；货值43.11亿美元，同比增长27%；货重71.49万吨，同比增长31%。中欧班列（郑州）网络体系建设情况。2021年新开通郑州–波兰回程班列，中欧班列（郑州）形成“九站点、六口岸”国际物流网络，“九站点”即：德国汉堡、德国慕尼黑、比利时列日、芬兰赫尔辛基、波兰卡托维兹、俄罗斯莫斯科、哈萨克斯坦阿拉木图、乌兹别克斯坦塔什干、越南河内；“六口岸”

上汽乘用车郑州基地（朱　哲/摄）

即：新疆阿拉山口、内蒙古二连浩特、内蒙古满洲里、黑龙江绥芬河、新疆霍尔果斯、广西凭祥。基本构建郑州连通欧洲、中亚和东盟及亚太（日韩等）国际物流大通道，形成境内境外“1+N”多枢纽、沿途多点集疏网络体系。按照“干支结合、枢纽集散”的要求，开行商郑欧国际班列，形成全省班列“一核多极”联动发展局面；开通东盟过境班列（越南河内–河南郑州–德国汉堡），畅通中欧班列和国际陆海贸易新通道，有效提升郑州中欧班列集结中心枢纽集散能级。

2020年，面对突如其来的新冠肺炎疫情，在空运、海运严重受阻的情况下，中欧班列（郑州）凭借较高的时效性和良好的运输保障能力，率先在全国实现常态化往返开行，共运输防疫物资112.7万件7032吨，为“一带一路”沿线国家共同抗疫作出贡献。班列+口岸。中欧班列（郑州）运邮进出口双向常态化运营，累计运输邮政包裹135.35万单；汽车口岸进口汽车整车265辆，入驻汽车口岸进口企业28家；首舶进口乌拉圭大豆顺利抵郑，进口粮食1.9万吨；进口肉类货值234万元。班列+电商。不断深挖货源渠道，加强与菜鸟公司深度合作。2020年，通过“9610”监管方式承运跨境电商包裹2804.77万单，同比增长134%，货重2910.93吨，同比增长373%，货值6170万美元，同比增长334%。班列+贸易。依托遍布欧洲、中亚、日韩等地的业务网络，通过直采、直购，打造“郑欧进口商品”品牌，全面拓展线上线下销售网络渠道。2020年，实现进口商品贸易额7435.17万元，举办进口商品进县区、进社区活动214场。班列+特色。发挥中欧班列（郑州）集拼、冷链业务优势，不断提高拼箱业务比重，欧洲去程拼箱占比达到25%，回程拼箱占比达到43%以上。依托自主研发的冷藏集装箱及监控平台资源优势，在丰富国际冷链物流产品种类的同时，加快推进国内冷链干线物流发展。班列+服务。充分发挥线上订舱系统远程操作优势，采取远程沟通、线上下单、全程在线监控等模式，有效保障班列国际物流通道畅通。完善班列“门到门”“一单制”服务，与银行、保险、担保机构、国际贸易商代表共同签订河南省国际陆路运贸互济发展战略框架协议，进一步探索形成可复制、可推广的国际陆路多式联运规则和金融创新经验。

【郑州跨境电商综试区建设】 2020年，全区跨境电商进出口货值共计196.43亿元，同比增长89.99%，其中，进口20亿元，出口176.43亿元。进出口走货量1.02亿包，其中，进口出区1313.99万包，同比下降59.88%，出口出区8880.11万包，同比增长41.84%。全年征收进口税款1.58亿元。形成“四多”产业发展格局。经开区有保税集团、出口加工区、国际陆港、中美创业港、凯越、河南商报、河南邮政、豫满全球等8个专业跨境电商产业园，基本形成“多园区、多模式、多平台、多主体”产业发展格局。保税集团和豫满全球两家省级外贸综合服务企业已成为跨境电商快速发展的主力军。

监管方式和商业模式持续创新。跨境电商1210、“O2O线下自提”“一区多功能”“一店多模式”“班列+电商”等改革创新案例在全国复制推广。河南跨境电商进口药品和医疗器械试点正式启动。跨境电商B2B“9710”“9810”出口监管试点顺利完成全模式、全通道首单测试。通关信息服务平台实现互联互通。在全国最早开发运营的郑州跨境电商通关信息服务平台，实现与海关、公安、银行等部门信息互联互通，“买卖全球网”和“贸易单一窗口”处理能力达到每秒1000单。初步形成企业运营数据化、政府监管数据化、配套服务数据化的数字经济网络。

产业体系和服务体系不断完善。聚集聚美优品、豌豆公主、傲基、DHL、中通国际、中国邮政、支付宝、财付通、亚联商贸等一大批行业龙头企业。41.43万平方米的保税仓和“1+9”智能分拣中心为产业发展提供良好基础条件，在哈萨克斯坦、泰国、缅甸、柬埔寨、越南、印度、德国、俄罗斯等12个“一带一路”沿线国家设有海外仓。

品牌辐射带动效应逐步增强。河南保税集团首创的1210模式在南宁、昆明、延安、呼和浩特、乌鲁木齐等城市综保区复制推广，在卢森堡等境外城市反向复制推广，与美国、越南、印度尼西亚、马来西亚、匈牙利等国家的深度合作顺利推进。

化危为机构建战“疫”通道。针对疫情期间国际运力不足，依托河南保税集团平台国际化优势，开展“五定包机”，4月7日起，开通郑州—欧洲列日全货往返包机每周5架次；5月6日开通郑州—纽约全货往返包机每周3架次。6月9日，开通郑州—洛杉矶全货往返包机每周3架次。全年3条航线共飞行478班次（265架次）。为河南省带来国际空运3万余吨，进出口贸易额约60亿元，产品服务覆盖欧美30余个国家和地区，为近350家跨境企业节约物流成本上亿元。

创新“跨境电商+市场采购”出口新模式。进一步落实国家“六稳”“六保”要求，提升河南省“网上丝绸之路”服务全国的能力和范围，河南保税集团运营的E贸易核心功能集聚区与中国（义乌）跨境电商综试区开展合作，将郑州跨境电商创新模式与义乌市场采购贸易试点模式（1039）进行有效叠加创新，并嫁接郑州航空口岸资源，经过前期测试，落地并正式开展市场化商业运营。10月23日，来自义乌一达通公司的1.57吨货物，由浙江省义乌市聚力报关代理有限公司通过义乌海关市场采购贸易（1039）空运一体化申报，经河南保税集团子公司——中大门国际物流（CGL）国内中转揽货报关服务，顺利完成郑州机场口岸海关通关，于10月26日登上郑州机场货运航班起飞，经由中大门国际物流自营货运航线出口至比利时列日，再通过中大门国际物流的海外仓中转、分拨派送至全球各地，将中国商品送抵全球消费者手中。

监管方式和商业模式持续创新。2020年在河南·阳跨境电商产业园新落户的优德传媒5G电商直播基地，是河南省首个以5G VR直播作为试点的电商直播基地。优德传媒5G电商直播基地整合河南各大直播机构优势资源，通过直播、电商服务、全品类供应链平台、智能云仓等一站式服务，借助郑州联通5G网络，利用5G“大带宽、低时延、

中铁联运郑州中心站（王晓东/摄）

大连接”的优势，创新使用VR、AR等新技术，打造“云逛街”“云购物”，用户可在家中逛商场。河南·阳跨境电商产业园将着力打造更完善的跨境服务平台，运用5G+VR+区块链技术与跨境、直播电商融合，把产品从生产源头更安全的送到用户手中。园区集聚跨境电商、直播电商、外综服平台、供应链金融等企业200余家，培育延伸出相关服务企业1000余家，打造成为河南省乃至中部地区跨境电商的示范性集聚区。

产业集聚效应不断增强。2020年重点引进和培育了优德直播、沃飞、麦迪逊、欧双佰、凯利特等跨境电商企业，跨境电商产业体系和服务体系不断完善。跨境电商区域品牌辐射带动效应逐步增强。全球跨境电商大会成功举办四届，已成为河南省扩大对外开放、推进产业发展的重要平台，2020年第四届大会共邀请省内外知名跨境电商企业98家142名客商参会；完成鼎菱跨境综合产业园项目、别样跨境零售总部基地项目等2个项目的签约；河南跨境电商进口药品和医疗器械试点正式启动。科学建立跨境电商目标体系、统计体系、考核体系。经开区结合海关统计体制、机制的变化，进行反复对接，制订跨境电商园区目标责任书，每月定期推送跨境电商业务规模、业务业绩。

（郭　威）

郑州高新技术产业开发区

【概况】 2020年，郑州高新区坚持稳中求进工作总基调，坚持新发展理念，坚持推进高质量发展，紧紧围绕高新区“发展高科技、实现产业化”的初心和自创区“创新体制机制、政策先行先试”的使命，落实省委、市委全会精神，统筹强“六稳”、抓“六保”，取得疫情稳定可控、经济社会发展快速恢复的良好态势。全年地区生产总值突破515亿元、同比增长2.1%；规模以上工业增加值达到137.8亿元，同比增长3%；一般公共预算收入达到67.4亿元，同比增长6.4%；全口径税收突破百亿、达到100.7亿元；全口径财政收入达到139亿元。完成新签约项目签约额341.3亿元，完成比例116.88%；完成主导产业项目257.2亿元，完成比例147%；完成实际利用外资3.29亿美元，完成比例100.92%；市外资金完成额147.79亿元，完成比例100.74%。

在2020年度国家高新区综合评价中，郑州高新区位列第17名，在首次发布的《国家先进制造业百强园区排名》中，位列全国387家国家高新区和经开区第45位，为实现“千亿级世界一流高科技园区”目标奠定坚实基础。科创指标提质增量。2020年，备案国家级科技型中小企业2103家，完成目标任务140.2%，新增714家，同比增长51.4%；新增高新技术企业300家，累计达到1126家，同比增长36.4%；创新型龙头企业累计14家，占全省的14%，占全市的58.3%；新增郑州市制造业创新中心2家；新增国家级企业技术中心1家；新增市级以上工程研究中心（工程实验室）中心30家；新增市级以上企业技术中心22家，占全市的35%。共承担省市重点项目39个，总投资749.87亿元，年度计划投资216.7亿元，高质量发展动能不断增强。

【新冠肺炎疫情防控】 慎始慎终抓防控，新冠肺炎疫情防控“双战双胜”，经济社会发展加快恢复。建立防控组织网络，将5个办事处划分为30个片区，由副县级以上领导干部分包，建立疫情管理服务点204个，成立3个高速出入卡口防疫服务站；494名机关国企党员干部下沉一线、社区参与疫情防控工作；组建7支共210人的执勤队伍投入防控工作，形成牢固的防控组织网。完善防控救治体系，整合区内医疗资源，规范发热门诊和医院管理，设置4家发热门诊定点医疗机构、3处集中隔离点，并成立高新区疫情防控专家组为疫情防控提供专业咨询，形成分工合理、高效运转的防控救治体系。把稳“外防输入”防线，成立24小时入境人员管理工作专班，第一时间核查处理国外返郑或疑似入境人员信息。抓好社会防控，强化社区管控，加强机关、单位、企业、商超、市场等人群聚集场所管理，突出建筑工地、餐饮店、城乡接合部等薄弱部位，明确领导责任，细化监管措施，实行严查严管。开展群防群控联防联控，全面动员、全面宣传、全面发声，形成区、办事处、社区三级宣传体系，构建社区、物业、楼栋长、楼层长四级联动机制，辖区37万居民纳入健康系统管理。构建智慧防疫体系，集中采购部署“防疫隔离报警系统”，区内建筑工地“信安出入通”系统全覆盖，开发高新区疫情摸排小程序，将各方防疫数据汇聚到大数据中心进行综合分析，助力科学决策。支持抗疫物资生产，高新区列入国家、省、市疫情防控物资重点企业分别有2家、20家及35家，全市仅有的两家口罩生产企业和一家消毒制品生产企业均在高新区，疫情初期，为提升全市防疫物资生产能力，安排专人驻厂对接、协调、指导，帮助企业尽快复产扩产，为全市初期抗疫工作提供重要物资保障。落实常态化防控各项举措，坚持从大处着眼、细处入手，对社区防控、校园防控、重点人群防控等方面的防控措施进行精细化梳理，因地制宜、因时制宜强化优化疫情防控指挥部组织架构，坚决落实疫情防控机制、措施、保障“三个常态化”。

【助力复工达产】 坚持双统筹两手抓，高效服务助力复工达产。超前谋划行动在前。在疫情防控进入有序状态后，提前着手准备经济社会恢复的各项工作，完成高新区企业、学校疫情应急处置预案。在全市启动复工复产复市复课工作时，人员返岗防疫准备、物资保障准备、政策支持准备基本到位，制订高新区“抗疫八条”、支持中小微企业应对疫情共渡难关措施30条等政策，设立总规模1亿元应急转贷资金池，支持企业复工复产。组织做好疫情防控与复工复产双落实。制订《郑州高新区新冠肺炎疫情防控指挥部关于做好企业复工生产疫情防控工作的通知》，明确企业复工复产的条件和要求，采取措施118条，梳理具体工作任务33项，实行台账式管理，多措并举逐项解决企业复工复产难题。成立企业防疫指导队伍，统筹安排75名专业防疫指导员，参与工地、企业、门店防疫指导和检查工作，组建防疫工作“明白人”队伍，累计培训约

1月31日，疫情防控期间志愿者为居民提供代买服务（郑州高新区管委会/供图）

1300人次。多措并举开展“三送一强”活动。累计帮扶企业36094家，解决事项132237个。其中，为1095家企业解决用工107018人；税费减免14.54亿元（其中税收减免10.23亿元、行政收费减免4.3亿元）；资金支持374.82亿元（对1000余家企业减免房租5665.1万元，帮助贷款286.63亿元，贷款贴息减免1612万元，发放研发费用后补助等专项资金9.78亿元，发放应急稳岗补贴等其他资金支持77.68亿元）；谋划专项债53.75亿元；调配120多万只口罩、100余吨消毒液支持企业复工复产。发放疫情防疫设备补贴1683.40万元，惠及21家企业；发放疫情防控市级重点保障企业贷款贴息资金293.26万元。

【“六稳”“六保”】强“六稳”抓“六保”，稳住基本兜住底线。“六稳”“六保”及重大项目资金保障到位，全年支出资金18.07亿元，其中，产业发展14.58亿元，科技金融1.74亿元，社保民生1.75亿元。制订系列专项政策。研究制订《关于支持中小微企业应对新冠肺炎疫情共渡难关的若干措施》，落实《郑州市促消费增活力稳增长若干举措》，谋划系列刺激消费、提振经济举措，发放“西美高新”主题电子消费券、打造“夜经济”消费场景、特色科技产品直播推介等惠民特色活动。研究出台《关于落实好贯彻以人民为中心发展思想进一步做好为民造福工作的意见的通知》，兜住民生底线。强化资金支持。大力压减一般性支出，重点保障义务教育、卫生医疗、生态环保、基础设施建设等民生项目。民生九项支出完成26.19亿元。大力压减一般性支出6108万元，压减比例22%，全部用于支持疫情防控和政府出台各项支持企业复工复产政策资金保障。创新举措保落实。稳外资外贸方面，建立“三外”重点企业服务官机制，开展“一对一”精准服务，助推“三外”骨干企业健康发展。保就业方面，通过强化兜底保障开发公益岗位、发放就业补贴等形式累计帮助94名就业困难人员实现再就业。保能源安全方面，加强巡线协调，保障油气输送管道安全运行。同时组织好生活必需品的市场供应和调配，稳定物资供应链。

【智慧产业发展】2020年，中国电子信息产业集团长城电脑终端产品及服务器产品生产基地项目、紫光股份智慧计算终端全球总部基地项目落地开工并实现新品下线。举办2020年数智治理领航者峰会，郑州（国家）高新区“一台多峰”智慧城市实验场同步启动并正式投用。

【创新要素集聚】2020年，高新区专利申请量16284件，专利授权量10217件；新获批河南省知识产权强企19家；5家企业获得河南省专利奖；完成专利质押融资共计7800万元。高新区河南省专利导航产业发展实验区建设以考核第一名的成绩通过验收。新申报认定省级以上孵化器3家，市级以上众创空间11家；5家单位获评2020年度河南省小型微型企业创业创新示范基地，占河南省16.7%；3家企业获批郑州市小型微型企业创新创业示范基地，新成立省级产业技术创新战略联盟4个；坚持“院校机构+赛事展会+产业”的模式，承办2020国家网络安全宣传周宣传活动，同时依托新落成的网安馆举办“强网杯”系列活动，“集智高新区 北斗系中原”一会一赛一展系列主题活动，2020“郑创汇”国际创新创业大赛年度总决赛等活动。

【制造业发展】制造业发展提质增效。10家企业入选工信部第一批“专精特新小巨人”，占全省的11%；新增省级“专精特新”中小企业10家、市级96家；10个项目入选2020年河南省制造业与互联网融合试点示范项目，占全省14%；新增市级以上科普基地2家，10家企业获得2020年度市级公共服务示范平台称号。在郑州市首次制造业企业“亩均论英雄”综合评价中，122家企业获评A类。

【金融服务】新增注册投资机构和基金共计13家，注册资本32.13亿元。强化金融中介服务，利用“中原中小企业成长指数”和线上“科技金融服务平台”帮助区内企业获得融资约40亿元，线下“科技金融广场”累计入驻45家机构，通过路演、引荐对接吸引省内外创投投资3.48亿元；助力企业拥抱资本市场，启动百企上市三年行动计划，2020年度有2家企业IPO顺利过会。完成专利质押融资共计7800万元。推动《资本力量》“1+6”会客厅升级国内首个常态化投资路演平台，节拍稳定、时间固定、形成常态，为科技型中小企业和创新创业项目提供展示的舞台。

【政策支持】结合高新区主导产业发展，对“金梧桐”政策体系进行修订、完善、增补，不断提升政策的针对性和有效性。研究出台网络安全产业发展若干措施（网安政策2.0版）。深入推进实施M0产业用地政策，多宗产业项目实现供地。出台工业定制地土地出让管理办法，完成工业用地带产业实施方案挂牌，实现企业落地速度及土地利用效率双提升。

【企业服务】探索建立“店小二”“首席服务官”等制度；因地制宜探索发展楼宇经济，形成楼宇企业动态数据库，完善楼宇服务官制度；实行“骨干企业领导分包、规上企业全面分包、网格企业划区域分包”三级分包机制；形成常态化“走出去”系列活动品牌，组织区内200余家企业开展走进阿里巴巴等龙头企业活动，走进西安交大、南方科技大学等重点院校活动，走进郑州国际物流园区、“走进苏州·精益化管理”应用场景平台等活动。

【科技创新】立足“四个一批”，提高自主创新能力。引领型企业方面，初步形成科技型中小企业、高新技术企业、科技小巨人企业、瞪羚企业、潜在独角兽企业、上市公司组成的创新主体队伍。2020年，新增国家科技型中小企业备案714家，增长51.4%；新增高新技术企业300家，累计达到1126家，同比增长36.4%。引领型平台方面，国家超级计算机郑州中心通过科技部验收，成为河南首个大科学装置；建立市级以上研发机构培育库，对高新技术企业、瞪羚企业符合条件但尚未建立研发机构的企业重点跟踪、服务和辅导。引领型人才方面，累计入选郑州市“智汇郑州·1125聚才计划”项目113个人才（团队），初步形成顶尖人才团队、创新创业领军团队、创新创业领军人才、创新创业紧缺人才等组成的金字塔科技创新人才体系。引领型机构方面，郑州中科集成电路与信息系统产业创新研究院和中科院苏州医工所郑州工程技术研究院获批郑州市新型研发机构；信大研究院、郑大研究院获批省重大新型研发机构。全年新备案4家市级新型研发机构，累计达到20家。

【政务服务】 深化“放管服”改革，政务服务能力持续优化。推动企业开办“一件事”零成本一日办结。印发《郑州高新区企业开办全流程“一件事”零成本一日办结行动方案》，促进银企互动，首套公章刻制免费，实行政府买单，首购税控设备免费，推动服务提速，“五个一”支撑“一日办”。推进“一网通办，一次办成”政务服务改革。印发《郑州高新区进一步推进“一网通办，一次办成”政务服务改革工作实施方案》，成立领导小组，梳理公民个人高频事项“一件事”一次办成不少于300项，完成率100%；区本级小食品店登记证、占道经营许可证、个体工商户执照自助申报实现证照打印立等可取。本级小食品店登记证、占道经营许可证、个体工商户执照自助申报实现证照打印立等可取。打造智慧政务，提升便民程度。做好“日清周结”上报工作，引入智能终端，整合社保等部门的60余项自助便民常用服务，4类证照自助申报打印，支撑政务服务从8小时向“全天候”服务的转变。在不动产登记业务办理中，推行“不动产店小二”便民服务模式，推出“交房即发证”暨“不动产便民服务网点进社区”新模式，实现住权与产权同步，“交房即发证”共计完成首次登记2950件，发证337本。

【审批监管改革】 突出公开透明，审批监管改革持续推进。全面落实事中事后监管。管委会各部门“一单两库”基本建立，部门联合抽查基本完成，“双随机一公开”抽查任务完成率100%。

商事制度审批监管改革。压缩企业开办时间，深入落实“多证合一”改革要求，动态更新目录。巩固涉企行政审批事项“证照分离”改革，严格落实“双告知”制度。深化企业名称登记改革，持续推进名称自主申报，减少名称核准环节。深入推进注销登记改革，简化企业普通注销程序，实行企业注销“一网”服务。深化全程电子化登记，进一步提高登记工作的信息化、便利化、规范化水平。工程项目审批监管改革。全面推进“一网通办、多规合一、区域评估、联合测绘、联合审查、联合验收、告知承诺制”等各项审批制度改革提升工作，优化办理建筑许可事项。制订《高新区社会投资一般住宅项目、社会投资一般工业项目、社会投资小型仓储项目审批改革实施方案》，社会投资类项目审批时限压缩至51个工作日以内，社会投资类工业定制地项目压缩至30个工作日以内，政府投资类项目控制在61个工作日以内，同时优化高新区社会投资小型仓储项目、社会投资一般工业项目(出让类用地）、社会投资一般住宅项目（出让类用地）流程图，新增交地即办证，交房即发证环节。

【纳税服务】 倡导网上办税，推广“网上申领、邮寄配送”发票领取方式，开通契税网上申报。落实首席税务服务官制度，采取点对点辅导企业了解税收优惠等政策，及时掌握企业生产经营情况，快速解决企业涉税问题。落实优惠政策做好退税工作，对享受疫情减免政策以及符合“资金账簿”印花税退税的企业加快退税，进一步优化退税流程，压缩退税时间。提升高新区涉税专业服务机构执业质量，为辖区内纳税人提供更加公平公正，秩序良好的税收环境。

【人才服务】 强化主动作为，人才服务全面拓展优化。各园区主动强化一线主动服务意识，深化企业家（科学家）接待日活动，针对性建立个性化人才服务专员制度、人才首席服务官制度，狠抓人才扶持资金、住房保障、子女入学等方面政策兑现落实，切实优化人才发展环境。全年落实购（租）房补贴27.2万元，为1944名青年人才办理落户，发放青年人才申请首次购房补贴4000余万元。

【新型城镇化建设】 坚持以人为本，推进新型城镇化建设。加速安置房建设。全年新开工建设安置房77.56万平方米，续建安置房642.54万平方米，竣工安置房190.21万平方米。加快群众回迁。全年新增交付安置房项目5个，交付回迁安置房146万平方米，新增回迁群众1.23万人，累计回迁安置房764万平方米，累计回迁群众6.65万人。实施市政基础及公共服务设施建设项目76个，基本完成五龙口、大谢等9个村庄村史馆建设工作。加快推进网签及遗留问题处置。制订丁楼遗留问题处置建议，推动西流湖B7片区遗留问题达成和解协议。完成全部村改项目安置区控规批复和12个已回迁项目安置房网签工作，新增网签安置房10904套。

【“三项工程、一项管理”】 立足“西美”布局，提升城市品质改善人居环境。基本完成中心板块规划设计工作，启动17.5平方公里产城更新项目。开展“挖田造湖”整改工作，疑似图斑调查处置率100%。基础设施建设。建设道路16.38千米，完成4000个公共停车泊位建设，设置路内公共临时停车（全时段）泊位2181个，夜间限时停车泊位4948个。完成23个路段人行道铺装和47个路段照明工程建设。整改拆除施工围挡364处，共计14.4万平方米。建成垃圾分拣中心一期项目并投入试运营，完成15座公厕建设。多措并举实施“三大改造”。年内谋划城乡接合部工程类项目35个，完成33个。完成网络安全科技馆建设及周边环境整治工作、完成须水河西支南分段、郭村社区等5个示范点打造工作。开展“三清零”专项整治，拆除整治各类违法建设174处，拆除遗留户48户，清运建筑垃圾（土方）160万余立方米，流转土地面积1240公顷，正在组织流转土地面积1726.67公顷；老旧小区宏莲花园改造完成总进度的80%；“一环十横十纵”涉及高新区项目，完成立项、设计等工作，组织施工招标，区定项目梧桐街示范段进场施工。国土绿化工作。新增绿地面积136.15万平方米，完成市定任务量151%。建成开放杜寨遗址生态文化公园、西棠园2个综合性公园和白桦街银杏路东北角游园、梧桐街西四环东南角游园等35个游园。完成雪梅街、河阳路等25条道路绿化建设，超额完成市定任务400%，完成屋顶绿化工程绿化面积6000余平方米，超额完成市定任务量180%。

【城市数智治理】 开启数智治理，推进城市治理智慧化、智能化。基础建设。提出“一台多峰智慧城市实验场”建设模式，建成政企共享场馆。与阿里、华为、紫光、新华三签订战略合作协议。围绕城管、市政、交通、环保、公共安全等社会治理领域，完成全域可视化项目一期建设工作，实现业务应用的服务支撑和管理赋能。管理网格划分。建成管委会（监督中心）—办事处（考核）—管理片区（处置）—基础网格（发现）四级网格的管理体系，将辖区5个办事处划分为30个片区，198个基础网格。初步形成辖区内人、地、物、情、事、组织等全部数字化。推动项目落地应用。围绕社会治理重点环节，建设智能仲裁、民情直通车、防疫防控、MR地下管网巡检系统、智慧窨井盖监测系统、AI视频分析平台、渣土车智慧治理平台等23个智慧平台。高新区数智治理实践在中国开发区协会第六届新型智慧开发区建设发展论坛上，受邀作交流发言。

【环保智慧管控】 突出环保智慧管控，环境质量持续提升。持续推进科学性规范化管理、技术性工程化措施、全域性网格化协同等环保工作方法，对施工工地分为A、B、C类进行精细化管理，提高监管效率。加快立体化环境精准监测体系建设，精准施策，科学治

10月25日，郑州（国家）高新区智慧城市实验场数智治理动员大会召开
（郑州高新区管委会/供图）

污。高新区全年空气质量实现“八降一升”，优良天数226天，自1999年有监测记录以来首次突破200天，大气污染防治三年行动计划目标圆满完成。

【就业创业服务】 线上线下结合，强化就业创业服务。充分运用“线上直播”宣讲失业保险稳岗补贴政策，做好申报指导及初审工作，高新区有1777家企业享受失业保险稳岗补贴3.59亿元，实现稳定企业职工9.7万余人。线上与智联招聘平台联合举办“春风行动”招聘会、“百日千万岗位网络招聘”活动，累计为1609家用人单位发布信息，涉及8213个岗位共需求20874人。全力落实职业技能提升行动和稳岗扩岗专项计划，创新组织培训机构在抖音平台直播课程，累计为辖区2.4万名城乡劳动力和企业职工开展补贴性职业技能提升培训，共有698家企业开展以工代训236219人次，享受补贴1.18亿元。组织设置69家区级就业见习基地，提供见习岗位2000余个。全面深化智慧仲裁系统建设，推进智慧仲裁系统的更新迭代、完善功能、全域推广。

【社会民生事业】 2020年，高新区民生九项支出26.19亿元，占公共预算支出比重48.67%。高品质教育持续完善。2020年，新投用4所中小学，提供优质学位10980个，另有7所中小学校主体施工按原定计划完成。完成8所民生实事幼儿园建设，其中3所开始招生。实现午餐供餐和课后延时全覆盖，完善普惠性学前教育和特殊教育保障机制，全区幼儿园普惠率90%，适龄残疾儿童（少年）入学率100%。医疗卫生设施建设加快。制订《郑州高新区社区卫生服务体系建设三年行动计划》，年底前完成沟赵、科学大道、枫杨和梧桐社区卫生服务中心政府主导任务。建成政府主导卫生服务中心4个，完成基层医疗卫生机构发热哨点诊室5家。河南省中医院高新区院区建设项目完工投用，郑州市中心医院高新区医院项目完成文物勘探及临时用水、用电施工等前期工作。文化惠民活动丰富多彩。先后组织开展2020年国庆（中秋）群众文艺汇演、“西美”高新专场演出48场，“快乐星期天”系列主题活动60场，高新区公益电影放映260场，红色文艺轻骑兵、舞台艺术进乡村（社区）专场演出40场，开展线上文化活动50余场，组织开展艺术普及公益培训208个班次。启动高新区漫步文化街区建设工作，加速推进办事处综合文化站和社区综合性文化服务中心建设。全民健身活动精彩纷呈。搭建高新体育云平台，依托“互联网+”传播方式，举办线上太极演武大赛、线上舞林大会暨老年人广场舞、“千村百镇”3V3篮球争霸赛等各类体育赛事活动。全年累计新建5处社会足球运动场、10条健身路径、2处社区多功能运动场、2处社区室内健身活动中心、1条健身步道和2处二代智能健身驿站。养老服务体系逐步完善。新增养老机构1家、床位170余张；新增医疗机构改造养老床位项目2个、床位60张。争取上级资金共2200余万元，推动33个新建和改扩建项目（含5个市级示范点项目），面积共计2.15万平方米。社区治理持续加强，按照“一有七中心”标准，完成12个规范化社区建设任务，面向社会公开招聘160名社区专职工作者，全部到岗开展工作。深入推进殡葬改革和移风易俗工作。

【脱贫帮扶工作】 严格落实河南省、郑州市结对帮扶工作部署，全力做好卢氏县徐家湾乡、双龙湾镇的结对帮扶和荥阳东沟村精准帮扶工作。以优质教育帮扶为先导，大力推动产业发展和农产品消费，统筹推进人才交流培训、贫困生资助等任务落实，助力结对帮扶地区打赢脱贫攻坚战。

【安全生产】 2020年，高新区未发生安全生产及食品药品重大安全事故，全年共排查整改各类安全隐患1.62万余项，推动全区企业双重预防体系建设，辖区2家公司被评为首批安全生产风险隐患双重预防体系建设市级标杆企业，6家企业评为郑州市首批双重预防体系建设示范企业。推动辖区龙汇农贸市场、紫竹路农贸市场“溯本通”溯源体系建设，在区内食品生产企业中全面完成“互联网+透明车间”建设工作，在全省率先完成全辖区食品生产及集中供餐单位食品安全体系检查全覆盖，获省食安办授予的河南省食品安全达标区称号。建立覆盖区—办事处—村（社区）三级600余人的应急队伍，应急能力进一步增强。

【信访工作】 推进信访工作法治化、规范化、流程化建设，做好信访稳定保障工作；发挥党政信访联席会议作用，专题研究推进问题楼盘化解攻坚、重信重访治理、化解信访积案工作落实，8个问题楼盘信访问题结案。

【平安建设】 推进智慧小区和社会治安防控体系建设，严打各类违法犯罪活动。推进检察职能、法院审判与平安建设有机融合，为维护辖区的社会和谐稳定提供强有力的司法保障。加强基层党组织建设领域突出问题专项整治，建立健全扫黑除恶长效机制，彻底铲除黑恶势力滋生土壤。

【党的建设】 强化政治意识，扎实做好巡察整改工作。严格按照“责任不落实不放过、问题不解决不放过、整改不到位不放过”的要求，对照《郑州高新区落实市委第一巡察组巡察反馈意见整改工作方案》，先后召开20次党工委会议、16次专题会议就巡察整改工作进行研究部署，完成整改工作，并向市委巡察办提交巡察整改报告。建强基层基础，凝聚工作合力。在疫情防控关键时刻，把堡垒建到一线，累计成立174个临时党支部，投入党员6300多名，发动党员、群众、志愿者7900多名，涌现出先进个人、集体100多个。深入开展“不忘初心、牢记使命”主题教育回头看工作，推进主题教育常态化制度化。组织开展办事处、村（社区）基层干部培训班，110多人参训。开展“党的创新理论万场宣讲进基层”活动24场，覆盖2155人。通过书记讲党课、专家授课等形式加强十九届五中全会精神的学习教育。实施“头雁领飞”工程。落实村（社区）党组织书记区级备案管理；在村（社区）党组织书记中开展“亮赛比”活动，组织村（社区）党组织书记定目标、亮承诺，并于6月份开展专场比学活动。对照巡察发现的薄弱环节，

8月31日，“北斗峰会”一会一赛一展活动举行（郑州高新区管委会/供图）

建立软弱涣散党组织排查预警机制，各基层党（工）委每季度对下属党组织运行情况进行分析研判。抓实党支部建设，对17个无主管楼院实行科级干部分包，机关党支部联建；加强企业非公党建指导工作，对10人以上无党员企业全部选派党建指导员；集中开展“大支部”整顿工作，整顿大支部64个。规划新建党群服务中心19个，年底前完工9个。落实县处级领导干部“包村联居抓支部”制度。印发《关于进一步严格党内组织生活的通知》，规范领导干部双重组织生活、民主生活会（组织生活会）、民主评议党员等工作。村（社区）换届前期准备工作有序推进。

【党风廉政建设】 有序推进纪检监察体制改革。高新区纪检监察工委挂牌成立。机关党委、社会事业局和高新投控集团3家基层纪委经高新区党工委批准成立。各办事处纪检监察工作人员、办公场所均配备落实到位。坚持日常监督与专项督查相结合，深挖细查“四风”问题隐形变异的种种表现，坚守重要节点开展节日期间监督检查，深入开展落实中央八项规定精神监督检查，常态化开展机关作风纪律监督检查，印发通报3期，通报违纪人员23人。深入整治基层腐败，集中治理重复信访举报突出问题。被列入重复信访治理的10件案件全部办结、报结。扎实开展“千人进千村”走访活动，推动信访矛盾纠纷化解。聚焦新型城镇化拆迁改造中的关键环节，重点监督纠治贪污侵占、截留私分、虚报冒领合村并居安置补偿资金等七类问题，深入整治侵害农民利益的腐败问题。继续保持惩治腐败高压态势，共处置问题线索155件。坚持逢案必改，靶向“治疗”。发挥高新区动漫、漫画等产业优势，创新反腐倡廉宣传形式，打造“廉政动漫”品牌，廉政教育传播力、引导力和影响力显著提升。

（侯永臣　张　静）

中国（河南）自由贸易试验区郑州片区

【概况】 2020年，面对突如其来的新冠肺炎疫情，自贸区郑州片区紧紧围绕国家赋予河南自贸试验区“两体系一枢纽”战略定位，牢牢把握制度创新的工作核心和可复制可推广的基本要求，主动融入国内国际“双循环”新发展格局，持续放大开放平台带动效应，一批重大项目落地建设，实际利用外资、外贸进出口等指标均实现逆势大幅增长，制度创新高地、高质量发展高地和营商环境高地建设取得新进展。

【改革创新】 紧紧围绕256项改革创新试点任务，深入对接各项任务涉及部门，建立分工台账，经第三方评估，256项改革创新试点任务完成率98%。梳理创新方向、挖掘创新点，新形成创新案例48项，累计形成创新成果230余项。“跨境电商零售进口退货中心仓”等创新成果在全国复制推广，“消防安全许可便利化措施经验”被国务院政府职能转变和“放管服”改革简报推广，跨境电商“多模式综合监管”等2项成果被评为河南省首届经济体制改革十大案例，“国有土地出让考古前置改革”等7项创新成果被评为河南自贸试验区2020年最佳实践案例。开展三周年制度创新成果宣传。精选“郑欧班列+跨境电商”运营模式等100个案例汇编成郑州片区《三周年创新成果100例选编》，制作跨境电商“网购保税+线下提货”新模式等5个重点案例动画宣传片，以多种形式将自贸试验区制度创新成果进行宣传推广。

【巩固“四路协同”优势】 在空中丝绸之路建设上，国家赋予的第五航权政策在郑州机场得到应用，卢森堡货航的卢森堡–郑州–亚特兰大–芝加哥等航线享受第五航权带来的货运便利。郑州机场启动实施全国首个航空电子货运试点，电子运单中性平台上线运行，促进物流企业之间、不同运输方式之间的标准融合、信息联通、效率提升。在陆上丝绸之路建设上，郑州国际陆港获批成为全国5个之一、中东部唯一的中欧班列枢纽节点城市集结中心。陆港公司开展进口班列运邮试点，打通国际邮件陆路运输双向通道。新开通郑州–芬兰赫尔辛基线路，2020年，中欧班列（郑州）开行1126班。在网上丝绸之路建设上，举办第四届全球跨境电商大会，跨境电商进口药品和医疗器械试点加快推进，入选全国10个跨境电商B2B出口监管试点城市。开辟郑州至首尔、列日、东京、纽约、洛杉矶等跨境电商包机航线，实现网上丝绸之路和空中丝绸之路高效联动。在对接海上丝绸之路上，加快内陆启运港申建，获批“郑州港”国际代码，合作港口由3个增加到5个，与青岛港、连云港、郑州海关联合开发业务集成系统，实现与青岛、连云港、天津、宁波、上海等港口无缝衔接，打造沿海港口向西开放的桥头堡、中西部地区向东开放的无水港。2020年，海铁联运班列完成15112标箱。

【招商引资】 2020年，自贸区郑州片区招商引资实现逆势增长。克服疫情影响，加强企业帮扶。郑州片区主动对接区内企业，持续开展送政策、送服务、送要素、强信心的“三送一强”活动，特别针对外贸、外资“白名单”企业，实施“一企一策”“一企一专班”，及时协调解决建业新生活、瑞贸通大宗商品交易平台、豫新企业服务中心等项目的便利进资、进口配额、外籍人员来郑等实际困难。围绕主导产业，科学编制招商图谱。针对各区块着力发展的主导产业和新兴产业，组织编制汽车、生物医药、科技金融、信息技术（5G）、数字经济及陆港物流产业链招商图谱。加大宣传推介力度，积极招商引资。4月19–24日，组织召开自贸试验区线上招商周推介活动，片区共签约益海嘉里粮食加工等重点项目14个，总投资额超过10亿元。片区各区块加大长三角、京津冀、珠三角等招商力度，洽谈、引进重大项目50余个，其中世界500强项目7个，总投资额超1000亿元，富泰华5G手机精密机构件、上汽集团云计算软件研发中心、阿里巴巴中原区域中心等项目落户加快建设。2020年，郑州片区新注册企业18008家，同比增长16.6%，新增注册资本1731.6亿元；实际利用外资11.5亿美元，同比增长105.4%；实现外贸进出口约290亿元，比上年同期增长75.8%。

10月15日，郑州市在全国自贸试验区高质量发展现场会上作典型发言
（河南自贸区郑州片区管委会/供图）

【优化营商环境】 全面实施“证照分离”改革。提请市政府办公厅印发《郑州片区“证照分离”改革全覆盖试点实施方案》，梳理市、区级的涉企经营许可事项100项，全部实施“证照分离”改革，其中，取消审批2项、审批改为备案5项、实行告知承诺20项、优化审批服务73项。截至年底，郑州片区共办理“证照分离”改革事项14313件，其中，审批改备案1912件，告知承诺制1394件，优化审批服务11007件，大幅缩短企业办理时间、降低营业成本。实施综合服务中心优化提升工程。年初，片区综合服务中心实施政务大厅软硬件升级改造、片区政务平台与省市政务平台互联互通和平台安全、自贸大数据联通应用和管理项目，开发上线外贸企业开办、外资律所等10个“一件事”服务。持续优化政务服务。新冠肺炎疫情发生后，片区综合服务中心于2月初全面推行政务服务“网上办”，创新方法、简化流程、优化服务，满足疫情防控期间企业各种办事需求。企业注册网上办理率95%以上，纳税服务网上办理率75%。入驻片区海关和税务部门实施“双联动”，实现出口退税“一站办”，方便外贸企业出口退税。根据企业自助办事需求，片区综合服务中心设置企业注册自助办理区、纳税自助服务区，增添商事登记智能审批机等自助办理设备，提升自助办理效率。郑州片区获《环球时报》评选的“十佳优质营商环境产业园区”，成为第三批自贸试验区中唯一入选片区。

【体制机制建设】 自贸区建设被纳入全市绩效考核。年初，市委、市政府将“强化自贸区开放引领作用”纳入《郑州市2020年度推进高水平对外开放专项绩效考核方案》，重点围绕256项改革创新试点任务落实，口岸、综保区、通关、多式联运、金融、物流等6项要素创新，聚焦新技术、新产业、新业态、新模式经济培育，对全市涉及的相关部门及区（开发区）进行专项考核。

【优化升级展示中心】 实施展示中心优化升级工程，以自贸试验区为载体，充分展示“枢纽+物流+开放”“一门户两高地”“四路协同”、口岸生态等全市对外开放战略和发展成绩，打造全市、乃至全省对外开放的重要展示平台。

【跨境电商零售进口退货中心仓模式全国复制推广】 7月7日，国务院发布自贸区第六批全国复制推广试点经验，本批试点经验共37项，其中，郑州为第20项：跨境电商零售进口退货中心仓模式。

【上海市外商投资协会调研座谈会在郑州召开】 1月16日下午，上海市外商投资协会调研座谈会在郑州片区管委会召开，会议由郑州片区管委会副主任袁进超主持并汇报郑州片区建设情况，航空港区自贸办主任李金永对港区建设情况进行汇报，并就《新外商投资法》背景下河南自贸区投资促进模式进行探讨交流。省商务厅、省自贸办相关处室人员参加会议。

【线上招商推介会暨重点项目签约仪式举行】 4月20日，中国（河南）自由贸易试验区线上招商推介会暨郑州片区重点项目签约仪式在河南自贸大厦举行。经过前期对接、洽谈，郑州片区共签约重点项目14个，总投资额超过10亿元。

【全国自贸区创新联盟制度创新对接大会（线上）召开】 4月29日，全国自贸区创新联盟第三次制度创新对接大会（线上）召开。会议对全国自贸区联盟建设情况及2019年度全国自贸区制度创新研究报告进行专题讲解，并对全国自贸区智库建设及各片区协同发展提出建议。

【世贸组织亚太地区研讨会（线上）召开】 5月7日，世界贸易组织亚太地区线上研讨会（线上）召开。会议对疫情下中国企业慢慢在复工当中，未来中国经济发展何去何从；全球后疫情期，中国自贸区如何发挥功能为中国经济发展作出贡献，以及哪些措施减轻疫情对自贸区影响，解封后如何协助区内企业发展作专题演讲。

【郑州片区在全国自贸试验区高质量发展现场会作发言】 10月15–16日，全国自贸试验区高质量发展现场会在江苏省苏州市召开。商务部副部长兼国际贸易谈判副代表王受文出席会议并讲话。自贸区郑州片区和上海临港新片区等4个片区作为片区代表作了典型发言。

（涂鹤女）

区县（市）

中原区

【概况】中原区位于郑州市城区西部，总面积97.1平方公里。辖须水、西流湖、柳湖、莲湖、航海西路、中原西路、林山寨、桐柏路、绿东村、棉纺路、三官庙、建设路、秦岭路和汝河路共14个街道，46个行政村、101个社区。常住人口962642人。

2020年围绕“中优、西美”功能定位，中原区强化统筹，精准发力，推动疫情防控取得重大成果，保持经济稳定增长，民生事业协调发展，社会大局和谐稳定，党的建设进一步加强，各项工作取得了新成效，全区生产总值完成709.3亿元，同比增长1.2%；一般公共预算收入完成54.4亿元，为年度目标的101.25%；固定资产投资完成369.9亿元，增长10.2%；居民人均可支配收入增长3%以上，为“十三五”圆满收官、“十四五”顺利开局奠定了坚实基础。

【机构与领导】中共中原区委:书记乔耸；副书记李晓雷、杜建强（10月免）、李卫林（12月任）；常委薛晓军、魏建民（4月免）、成小波、董红利。区委工作部门：区委办公室主任杜建强（10月免）；组织部部长魏建民（4月免）；宣传部部长成小波；统战部部长（空缺）；政法委书记（空缺）；城乡社区发展治理委员会主任魏建民（4月免）；老干部局局长张玲（女）；党校常务副校长韩中亮；机构编制委员会办公室主任谢辉；巡察办主任赵鹏臣。

区十六届人大常委会：主任李长义；副主任郭明立、刘花明（女）、余泽军、吕文；党组副书记吴明勇；党组成员李艳玲（女）。区人大工作部门：办公室主任徐君伟；财经工作委员会主任李海亮；教科文卫工作委员会主任陈玉强；法制工作委员会主任苏海涛（5月免），监察和司法工作委员会主任任德福（5月任）；城乡建设工作委员会主任任德福（5月免），苏海涛（5月任）；代表联络工作委员会主任陈曦；老干部工作科科长马艳红（女）；信访室主任葛玉琴（女）。区人民政府：区长李晓雷；副区长于珊（女）、邵春雨、李卫林、符维、刘斌；党组成员王宏军、王泰峰。郑州中原常西湖新区管委会：书记成小波。郑州中原特色商业区管委会书记、主任：樊立伟。区政府工作部门：政府办公室主任王东甫；教育体育局局长吴晓昊；人力资源和社会保障局局长刘淑霞（女）；财政局局长苏保民（9月免），陈峰（9月任）；发展和改革委员会主任牛振军（7月任）；城乡建设局局长赵永强；城市管理局局长周岭；卫生健康委主任刘专民；市场监督管理局党组书记崔金瑞，局长张龙斌；民政局局长崔晓；科技局局长梅琳；统计局局长张琇琳（女，7月任）；商务局局长刘增峰；工业和信息化局局长王明党；农业农村工作委员会主任李红超；文化旅游体育局局长陈烈；司法局局长刘志伟；审计局局长赵青（女）；人民防空办公室主任何太平；应急管理局局长王新权；交通运输局局长樊志锋；房管局局长李文智；退役军人事务局党组书记高琪（女），局长孙国伟；政务服务办公室主任张青礼；医保局局长黄涛；信访局局长刘彬。

政协区九届委员会：主席王正轩（4月免）、刘守斌（6月任）；党组副书记苏振文；副主席韩根有、韩世昉（女）、黄乃林、张冠军、金红（女）；秘书长徐斌。区政协工作部门：办公室主任徐斌（4月免）、陈欣（4月任）；宣教文卫体委员会主任张红军（4月免）、李宇静（4月任）；港澳台侨和民族宗教委员会主任刘艳萍（女）；委员联络委员会主任贾春霞（女）；提案委员会主任杨丽娜（女）；城建环保委员会主任宋伟明；社会和法制委员会主任侯一花（女），经济科技委员会主任张红军（4月任）。

区纪律检查委员会书记、监察委员会主任：薛晓军。

区人民武装部：部长董红利；政委孙艳伟。区人民法院院长：赵洪印。区人民检察院检察长：陈宏钧。群团工作部门：工会常务副主席丁春伟；团委书记周影（女）；妇联主席耿淑洁（女）；科协主席王金杰；残疾人联合会理事长左献荣。街道办事处机关：须水街道党工委书记陈峰（4月任），办事处主任王国杰；柳湖街道党工委书记刘向峰，办事处主任汪永峰；西流湖街道党工委书记胡志军，办事处主任李晓萌；莲湖街道党工委书记侯慧芳（女），办事处主任（空缺）；航海西路街道党工委书记马卫华，办事处主任刘超；中原西路街道党工委书记李文平，办事处主任张丽娜（女）；林山寨街道党工委书记宋盼峰，办事处主任李嵘（女）；桐柏路街道党工委书记刘学桢，办事处主任王建伟；绿东村街道党工委书记李春节，办事处主任杨艺（女）；棉纺路街道党工委书记高留念，办事处主任李利军；三官庙街道党工委书记李娜（女），办事处主任曹真信；建设路街道党工委书记李建华（女），办事处主任郭永亮；秦岭路街道党工委书记王政英（女），办事处主任杨春晓；汝河路街道党工委书记吴孝刚，办事处主任陈峰（5月免）。

【新冠肺炎疫情防控】2020年，中原区扎实做好“六稳”工作，全面落实“六保”任务，疫情防控重大成果不断巩固。一是第一时间启动应急响应机制，实行区、街道、社区（村）和物业、志愿者“三级五方”联防联控。创新设立社会力量动员部，向社会各界发出“动员令”，迅速成立188个党员先锋队，1105个党组织、83家驻区单位、1.4万余名党员、1.9万余名志愿者、800

9月17日，由郑煤机老厂区改造提升建设的芝麻街双创园开园（马　健/摄）

多名基干民兵、巡防队员、老干部、上千名医务工作者和社区工作者奋战在流调溯源、转运隔离、卡点值守、保障民生一线，共排查49.6万户、136万人，检查车辆16.1万台次，及时切断病毒传播扩散渠道。二是加强分级分类管理救护，快速实现“四个清零”。因应国内外疫情变化，坚持“外防输入、内防反弹”，扎实做好常态化防控。及时组建健康关爱中心服务专班和机场专班，落实入境分流任务，圆满完成援鄂医疗队、归国人员入境分流等服务保障工作。国务院联防联控指导组和国家卫健委考察组对中原区疫情防控工作给予高度评价，在全市16次综合督导考核中，先后5次受到市委、市政府表扬，被评为全市疫情防控先进集体。

【经济发展】 面对新冠肺炎疫情的严重冲击，中原区深入开展“三送一强”“一联三帮”活动，出台“中原区十条”等惠企政策，扎实推进复工复产，稳定经济发展。共发放应急稳岗补贴2.2亿元，减免各类税费14.75亿元以上，“三保”等重点支出29亿元；新增城镇就业22681人，发放创业担保贷款9965万元；多措并举刺激消费，社会消费品零售总额完成257.2亿元，增速居市内五区第一；申请政府债券10.65亿元、抗疫特别国债8716万元；26个省市重点项目完成投资366.6亿元，超额完成年度目标；新增市场主体14530户，增长22.5%；外贸进出口总额达到21.04亿元，稳外资、稳外贸任务顺利完成。

【招商引资】 2020年新引进项目28个，投资额307.1亿元；新开工项目18个，完成投资196.1亿元；引进域外资金219.2亿元，吸收境外资金2.3亿美元，均超额完成目标任务。华润燃气智慧信息科技中心签约落地，惠众大数据产业园开工建设；滴滴河南区域总部等7个科技服务业重点企业、中科协中原科技传播中心等6个创新平台、中国电子工程设计院中部产业园等2家全国综合甲级设计院落户中原区。

【产业结构调整】 2020年，中原区加快构建以科技服务业为主的“4+1”现代产业体系，全年新增科技型企业61家，高新技术企业28家，省市级创新平台、研发机构10家；获得市级研发费用后补助4939.7万元，技术合同成交额19.5亿元。实现网络零售额38.7亿元，跨境电子商务交易额14.7亿元。推动制造业与互联网深度融合，732家企业“上云接链”，国家级工业互联网应用创新推广中心落地建设。文化创意旅游业加快发展，文创企业超200家，产业增加值超11亿元。

【营商环境优化】 “一网通办”全面提速，“最多跑一次”事项网上可办率达100%，办事总时限压减87%；185个事项可凭身份证“一证简办”；在绿东村街道试点设立“就近办”24小时政务服务站；深化企业开办“一日办结”，企业设立登记电子化办理率达到92.88%；“小原帮办”全流程代办、帮办、导办“免费套餐服务”，入选2020年郑州市政务服务改革“十大精品案例”。民营企业、中小企业账款均按要求清偿到位。

【核心板块建设】 中原区强力推进三大核心板块建设，狠抓“拆迁清零、规划设计、土地供应、招商引资、建设运营”五大关键点，同向发力、同步推进，城市建设加快推进。

二砂文化创意园板块。二砂文创园、芝麻街双创园首开区开园运营，成为市民网红打卡地。二砂文创园入驻17家知名头部文创公司，建成“记忆之环”等标志性建筑10余处。芝麻街双创园入驻国家、省、市级创新平台8家，创新型企业30余家。国棉三厂特色历史文化街区综合改造征迁基本结束，概念设计、结构检测已完成，产业谋划、项目招商同步推进。

中央文化区北部片区板块。城市设计方案通过市规委会审查，同步优化调整控规；拆迁清零、场地整理基本完成，收储土地1000余亩；5条道路已通车，综合管廊、交通环廊基本建成；招商引资有序推进。

须水河片区板块。城市设计方案通过市规委会审查；白寨、马庄、坟上遗址生态文化公园对公众开放；10条道路具备通车条件；中机六院高科技信息产业园建成入驻。

【“三项工程、一项管理”】 2020年，中原区继续抓好城市“双改”，城市形态更新、业态更新、功能更新、服务更新。

道路综合改造取得显著成效。市定一期工程桐柏路、嵩山路、航海路在全市率先完成；二期工程西三环、建设路、陇海路正在加快推进。统筹做好路网建设，新建道路50条，16条竣工通车。

老旧小区改造亮点纷呈。创新老旧小区长效管理办法，坚持“一次改造、长效管理”，建立“社区党组织+楼院党支部+楼栋党小组”三级组织架构，推行社区、物业“双向进入、交叉任职”，后期管理分项委托、捆绑打包等举措，488个老旧小区全部完成改造，桐柏路191号院等一批改造小区成为全市样板。

城乡接合部综合改造标本兼治。谋划推进工程性、管理性项目421个，待建区私搭乱建、乱停乱放等现象得到有效遏制，各类安全隐患得到及时消除；建成区健身步道、公园游园、直饮水、游乐场等配套设施不断完善；桐树王示范片区、须水河二期改造高标准完成，相关做法得到《人民日报》点赞好评。

改进城市管理能力大幅提升。基于“一张网”的中原智慧城市管理平台运转有序，城市管理步入数字化阶段，在全省率先完成垃圾分类投放、收集、转运、处置闭环模式建设，构建区、街道、社区、第三方运营公司、物业等多方联动机制，889个小区垃圾分类工作全部启动，生活垃圾分类覆盖率、无害化处理率达100%。创建新一轮“千百十”优秀道路、卓越道路131条，369栋楼体实施“亮化”工程；新建公共停车场42处，新增停车泊位1.6万个，新建公厕15座；生活垃圾分类覆盖率、无害化处理率达到100%。中原区荣获全市“爱国卫生杯”金杯单位称号。

【生态建设】 中原区环境质量持续改

善，全年优良天数达到230天，同比增加80天，PM10、PM2.5、NO2（二氧化氮）年均累计浓度均较上年明显下降，年度目标全面完成；水环境质量不断提升，土壤环境风险有效管控，蓝天、碧水、净土保卫战胜利收官。有序推进贾鲁河综合治理、须水河生态水系改造提升，秀水河、西流湖生态明显改善，新建公园游园31个，完成绿化提升项目11个，打造"西郊记忆"游园等一批精品街角公园，创建省级园林单位（小区）3个、市级6个，新增绿化面积185万平方米。

坚持系统治理、源头治理，坚持"四水同治"，严格落实河（湖）长制，开展"清四乱"、"三污一净"、入河排污口整治等专项行动，黑臭水体全面消除，中原区被水利部命名为节水型社会建设达标区。

11月11日，中原区人民政府与登封市人民政府签订教育发展合作框架协议
（中原区史志办/供图）

【民生保障】 2020年，中原区全年民生支出占一般公共预算支出比例达77%，新建续建中小学、幼儿园26所，建成投用5所，超大班额彻底化解，公办中小学午间供餐及课后延时服务实现全覆盖。新建政府主导社区卫生服务中心9家、社区卫生服务站1家、家庭医生工作室17个。新建社区养老服务中心18个，新增床位440张。建立四级公共图书馆、文化馆服务网络，建成社会足球场16块、健身路径19条。新开工安置房51.6万平方米，竣工28.6万平方米，安置房网签11147套，回迁7303人。农村集体产权制度改革全面完成。助力卢氏县朱阳关镇、狮子坪乡脱贫摘帽。圆满完成第七次全国人口普查登记工作，社会大局和谐稳定。

【文体事业】 中央文化区美术馆、博物馆、大剧院相继投入使用，芝麻街双创园、二砂文创园正式开放，接连举办金鸡百花电影节、国际乒联总决赛、书画展、文物展、音乐剧等一大批精彩文体活动，丰富了辖区居民日常文化生活；积极推进生态保遗工程，庙沟遗址生态公园一期建成开放，白寨、马庄遗址生态文化公园基本建成；成功创建国家公共文化服务体系示范区，中原区顺利通过省级文明城区验收。

【社会治理】 全面做好风险隐患排查整治，问题楼盘有序化解；建立全区社会矛盾纠纷化解调处中心，全年无赴京集访现象；"扫黑除恶"专项斗争取得阶段性成效；中原区区被确定为全市智慧政法试点区（县）。加强安全生产、食品药品安全监管，成功创建省级食品安全示范区、农产品质量安全示范区。深入推进法治政府建设，中原区成为全省首家"府院联动"行政争议实质性化解改革试点单位；自觉执行区人大及其常委会决议决定，办理人大代表建议和政协委员提案284件，满意率100%。

【脱贫攻坚】 2020年，中原区落实各项社会保障制度，切实做好各项特殊人群兜底保障工作，全年共安排资金39712万元用于城乡居民基本社会养老保险；残疾及重度残疾人基本生活、医疗、就业；贫困及低保人员救助；优抚对象补助；高龄津贴；城乡养老设施建设；社区救助站建设等项目，让发展成果更多更公平惠及全体群众。

医疗保障。中原区全年共发放各项奖励扶助资金6837.145万元，惠及计生家庭群众约7.8万人。为全区971名特扶人员办理了住院护理补贴项目，投入资金20.13万元，各项政策覆盖率均达到100%。

住房保障。安排资金9750万元用于城镇保障性安居工程马庄、白寨棚户区改造项目，有效缓解低收入人群住房需求。安排资金29763万元用于老旧小区改造，提升群众住房质量。争取专项债券80000万元用于常西湖管委会大李—西岗（1—2组）棚户区改造项目，有效保障棚改项目建设资金需求。

义务教育保障。2020年，中原区建立起覆盖学前教育、义务教育、高中教育、大学的全学段资助体系，全年累计资助2994人次，资助金额301.16万元，完成各项资助任务，确保不让一名学生因家庭经济困难而失学。

困难残疾人民生保障。中原区为困难残疾人提供居家托养家政服务卡，为持证残疾人办理"安居""安养""安行"工程，投入约1800万元帮助4.7万多人次残疾人改善生活条件，切实做到应保尽保。

2020年，中原区全方位帮扶助力三门峡市卢氏县朱阳关镇、狮子坪乡脱贫摘帽。广大政协委员组织参与慈善捐赠活动，区政协委员李增良响应"精准扶贫"号召，累计向新密市、卢氏县等地捐赠现金和食品等生活用品价值67万元。中原区教育局选派6名优秀教师到三门峡卢氏县参加"郑卢结对帮扶"支教工作。6月29日至30日，中原区人民政府党组成员王宏军，中原区残联党组书记、理事长左献荣带领全区扶残助残爱心企业代表赴卢氏县朱阳关镇和狮子坪乡开展困难残疾人扶贫捐赠活动。

【全面建成小康社会】 2020年中原区主要目标任务顺利完成，标志着"十三五"规划圆满收官。

综合实力显著增强。2020年中原区生产总值较2015年翻了一番；一般公共预算收入是2015年的1.9倍，年均增长3.18%；固定资产投资累计完成1620亿元，年均增长10.4%；居民人均可支配收入年均增长7%。

产业结构持续优化。截至2020年年底，中原区服务业增加值达到484.5亿元，占生产总值比重达到68.3%，较"十二五"末提高10个百分点。全区科技服务业企业近8000家，科技型企业、高新技术企业397家，从业人员5.3万人，产业增加值达到130亿元，占生产总值比重达到18.3%，跻身全国科技创新百强区。

产城融合逐步加深。中原区紧抓郑州中央文化区建设机遇，"十三五"期间完成投资近400亿元，实施道路、管廊、环廊、水系工程29项；奥体中心、大剧院、博物馆、美术馆等建成投用，第十一届全国少数民族运动会、乒乓球世界巡回赛总决赛、中国金鸡百花电影节等国内外顶尖赛事、文化活动在中原区成功举办，郑州中央文化区获批"河南省第二批省级现代服务业专业园区"。城市综合承载力提升，全区城镇化率达到92%，常住人口增加10万人；

33条新建道路通车，25个安置项目8.8万人完成回迁。

转型动力活力加速释放。“十三五”期间引进项目317个，投资额1300亿元；引进域外境内资金950亿元，是“十二五”的1.6倍；完成进出口总额13.4亿美元，对外经济合作14.2亿美元，实际利用外资11亿美元。“放管服”改革不断深化，实行“就近办、自助办、双休日无休办”，在全市率先实现企业开办“一日办结”；新增市场主体58815家，总量是“十二五”末的3.93倍，市场主体活力不断增强。

生态文明建设深入推进。与“十二五”末相比，中原区PM10、PM2.5浓度分别下降49%、45%，空气优良天数230天，增加114天。积极推进生态水系建设，水生态环境不断改善。新建综合性公园、区级游园、街头绿地126个，新增绿地680万平方米，全区绿化覆盖率达到41.63%。

人民生活质量不断改善。“十三五”期间，中原区财政民生支出138.66亿元，占一般公共预算总支出的76.3%。新建改建中小学、幼儿园36所，新增学位2.83万个。新增城镇就业11.55万人。安排财政资金3.32亿元，用于困难群体托底保障。分配保障性住房8752套。39家医疗机构加入“医联体”，“分级诊疗”就医格局加快构建；社区卫生服务中心达到15家、社区卫生服务站26个，基本形成“15分钟医疗卫生服务圈”。建成14个街道综合性文化站、100个社区综合性文化服务中心。成功创建国家公共文化服务体系示范区、省级慢性病综合防控示范区。

（魏强　刘伟　方治华）

二七区

【概况】二七区地处郑州市区中心偏西南，东和管城回族区接壤，南、西南接新郑市、新密市，西、西北与荥阳市、中原区毗邻，北连金水区。截至2020年底，辖区总面积154.96平方公里，建成区面积57平方公里，耕地面积1815.23公顷，林地面积2207.26公顷，园地面积1658.97公顷。年末全区常住人口1061263人，其中女性527275人。下辖一个镇（马寨镇），16个街道办事处（侯寨街道、金水源街道筹备组、大学路街道、五里堡街道、福华街街道、建中街街道、蜜蜂张街道、铭功路街道、一马路街道、解放路街道、德化街街道、淮河路街道、嵩山路街道、长江路街道、京广路街道、人和路街道），5个管委会（二七新区管委会、马寨产业集聚区管委会、二七特色商业区管委会、樱桃沟景区管委会、火车站管委会）。截至2020年年底，二七区有城市社区122个，村改居7个，行政村46个。

2020年，面对严峻复杂的外部环境、艰巨繁重的改革发展任务，特别是新冠肺炎疫情的严重冲击，在市委、市政府的坚强领导下，二七区保持定力、听党指挥、果断行动、共克时艰，统筹推进疫情防控和经济社会发展，扎实做好“六稳”“六保”工作，经济社会呈现持续恢复向好态势。2020年，二七区被胡润研究院评选为“中国最具投资潜力区域百强区”。

【机构与领导】中共二七区委　书记：陈红民；副书记：苏建设、姚志伟（7月免）、时博（7月任）；区委常委：陈红民、苏建设、姚志伟（7月免）、时博（7月任）、高天翼、崔世英、王升建、袁斌（10月免）、唐莉军（女）、雍明轩、石建军、李雅（女，7月任）。

区委系统　纪委书记、监察委主任：高天翼；区委办主任：袁斌（10月免）；组织部长：王升建；宣传部长：崔世英；统战部长：唐莉军（女）；政法委书记：雍明轩；城乡社区发展治理委员会常务副主任：侯宛林（主持工作）；督查局局长：王瑞敏（女）；编办主任：董跃武；巡察办主任：李小平（女）；老干部局局长：徐建宇（女）；机要保密局局长：张世卿；党校常务副校长：冯晶丽（女）；档案馆馆长：牛志宏（女）。

区十六届人大常委会　党组书记：吕安民（11月任）、许广佑（11月免）；党组副书记：许广佑（11月任）、翟国防；主任：许广佑；副主任：刘建峰（5月任）、姚实、杨明军、周国堂、朱志刚、张建森（5月任）；党组成员：刘建峰、姚实、杨明军、周国堂、张建森、孙兴伟、杨振河。

区人大常委会工作部门　区人大办公室主任：刘德斌；城建城管工委主任：魏常春；代表联络工委主任：苏丹（女）；法工委主任：李玲（女）；教科文卫工委主任：雷芙蓉（女）；信访室主任：（暂缺）；机关老干部科科长：（暂缺）；预算工委主任：张红艳（女）；经济工委主任：樊长兴；研究室主任：左学彬。

区人民政府　区长：苏建设；区委常委、副区长：姚志伟（7月免）、李雅（女、7月任）；副区长：董治会、兰海、闫凯、张超；党组成员：林海、胡新生。

区政府系统　政府办公室主任：李景光；地志办主任：刘琴（女）；金融工作服务中心主任：刘亚贞（女）；接待办主任：（空缺）；政务服务中心主任：霍晓丽（女）；大数据中心主任：张绮（女，8月任）；停车服务中心主任：邹峰；发展改革委员会主任：赵恒康（11月免）、王朝阳（11月任）；统计局局长：谢金旺（7月任）；教育局局长：南中洋；科学技术局局长：田景超；工信局局长：陈庆；民族宗教局局长：吕学斌；民政局局长：王琳（女）；司法局局长：王国华（11月免）、王琳（11月任）；财政局局长：周彪；人力资源和社会保障局局长：陈卫东；自然资源局和规划分局局长：马磊；应急管理局局长：牛学峰；建设和交通局局长：刘京威；城市管理局局长：朱继光；农业农村工作委员会主任：余莉（女）；商务局局长：王丽娜

二七新区（二七区史志办/供图）

（女）；文化旅游体育局局长：肖锋；卫生健康委员会主任：王章正；退役军人事务局局长：贾金全；审计局局长：朱松山；市场监督管理局局长：孟文建；医疗保障局局长：周松杰；信访局局长：郭卫东；林业和园林局局长：张学志；机关事务管理局局长：刘长海；房屋管理服务中心主任：毛学利；房屋征收与补偿事务中心主任：赵青（女）；数字化城市管理指挥中心主任：靳东霞（女）；南水北调工程运行保障中心主任：阎立（7月任）；爱国卫生运动服务中心主任：阎立（7月免）、王倩（女，7月任）；土地储备中心主任：王敬敏；新型城镇化建设中心主任：刘杰；建设投资中心主任：王琳（8月免）；国资公司书记、董事长：张庆华（8月任），总经理周跃亭（8月任）。

区政协九届委员会　主席：张全金；党组副书记：袁新生（4月退休），唐莉军（女，8月任）；副主席：安惠萍（女）、李琳、吴书文、王同超。

区政协工作部门　区政协办公室主任：梁晟桦；老干部科副科长：翟伟锋（主持工作）；提案委主任：郭磊；联络委主任：刘来群；经济科技委主任：阴小强；农业委主任：（暂缺）；民族宗教港澳台侨主任：井燕（女）；社会法治委主任：蔡建峰；城建环保委主任：郭映泉；宣教文卫体主任：刘栋（女）；文史资料办公室主任：崔绍光。

中共二七区纪律检查委员会书记、监察委主任：高天翼

区人民法院　院长：王炅

区人民检察院　检察长：贾佳（女）

群团组织　总工会主席：张新云（女，7月退休）；团区委书记：关江娜（女）；妇联主席：李素佩（女）；科协主席：张海红（女）；残联理事长：苏静（女）；工商联党组书记：党春立；红十字会常务副会长：于建业。

乡镇、街道　马寨镇书记：袁斌（9月免）、时博（9月任），常务副书记：赵红林，镇长：谢金旺（10月免）、曾成全（10月任）；侯寨乡书记：张庆华（8月免）、赵恒康（8月任），乡长：禹欣；金水源办事处筹备组组长：魏红利，副组长：张凯；大学路办事处书记：马健，主任：张斌；五里堡办事处书记：王彬（女），主任：楚振海；福华街办事处书记：张振威，主任：李庆红；建中街街道办事处书记：李振伟，主任：牛真（女）；蜜蜂张街道办事处书记：魏锋（3月免）、李国栋（3月任），主任：侯寒松；铭功路办事处书记：路军，主任：杨迎春；一马路街道办事处书记：毛新辉（8月免）、张巧云（女，8月任），主任：张巧云（女）；解放路街道办事处书记：王峰，主任：李锦勇；德化街街道办事处书记：王志平，主任：乐风海；淮河路街道办事处书记：秦召玉，主任：王冬；嵩山路街道办事处书记：张勋，主任：娄晖；长江路街道办事处书记：黄新宏，主任：张积会；京广路街道办事处书记：张祎，主任：王璐；人和路街道办事处书记：王晓东，主任：魏辉利（女）。

二七新区管委会　主任、党工委书记：苏建设（兼任）；常务副主任、党工委副书记：李雅（女，兼任）。

马寨产业集聚区管委会　党工委书记：苏建设（兼任）；主任、党工委副书记：王波；常务副主任：赵红林。

二七特色商业区管委会　主任、党工委书记：唐莉军（女，兼任）；常务副主任、党工委副书记：马遂鑫。

樱桃沟景区管委会　书记：徐建；主任：齐新华。

火车站地区管委会　主任：袁斌（10月任）

【经济工作】 2020年，全年地区生产总值完成760.2亿元，同比增长0.8%。其中，第一产业增加值0.03亿元，同比下降2.6%；第二产业增加值178.7亿元，同比增长5.0%（其中全部工业增加值64.9亿元，同比增长2.9%；建筑业增加值114.1亿元，同比增长6.7%）；第三产业增加值581.4亿元，同比下降0.7%。三次产业结构0.1:23.5:76.4。全年一般公共预算收入完成55.21亿元，同比下降3.81%；税收收入完成46.17亿元，同比下降10.75%。一般公共预算收入占全区生产总值的比重达到7.26%，比上年增长2.93个百分点。全年实现新增城镇就业人员19058人。全年完成农林牧渔业总产值773万元，同比增长5%；农林牧渔业完成增加值425.15万元，同比增长5%。粮食种植面积125.4公顷，其中夏粮种植面积9.1公顷；秋粮种植面积57.6公顷。蔬菜总产量240.5吨。年末全区共有规模以上工业企业91家，完成增加值34.8亿元，同比增长4.7%；全年规模以上工业企业实现产品销售收入163.9亿元，税金总额4.8亿元，实现利润总额11亿元，产销率达到94.2%。全年全社会固定资产投资同比增长11.1%。全年完成社会消费品零售额479亿元，同比下降8.4%。实际利用外商直接投资完成25882万美元，同比增长14.6%；全区电子商务交易额完成122亿元，跨境电子商务进出口额达34326万美元。全区城镇居民人均可支配收入达到45946元，同比增长1.8%；农村居民人均可支配收入达到27778元，同比增长4.7%。

【新冠肺炎疫情防控】 2020年，二七区深入学习贯彻习近平总书记重要指示精神和党中央、国务院决策部署，全员上阵、全民战疫、全力以赴，采取最全面、最彻底、最严密的防控举措，管住火车站、汽车站、高速口“大门”，守牢小区、单位、商场“小门”，坚决筑牢疫情防控的“二七防线”，在一个枢纽地位突出、人流物流密集的中心城区，仅用1个月左右时间就阻断了疫情扩散蔓延，3个月左右时间实现了疫情零传播，有力保障了人民群众生命健康安全，交出了一份饱含心血汗水的合格答卷。在第五届中国社区治理论坛暨全国城乡社区疫情防控优秀案例交流会上，二七区3个案例获评“全国优秀案例”并交流分享。

【“六稳”“六保”】 2020年，二七区把保就业、保市场主体放在重要位置，完善“五个一”机制，常态化推进“三送一强”“一联三帮”活动，累计帮扶企业3078家、解决用工5.58万人、减免税费8.4亿元、提供资金17.76亿元，仅用2个月时间就实现了规模以上企业全部复工复产。新增各类市场主体2.5万户，增长12.2%。新增城镇就业21164人，超额完成年度目标。粮食安全应急保障体系逐步健全，完成7850吨储备粮轮库，布局27家粮食安全应急网点。

扩大投资稳增长，260个重大项目全年完成投资470.1亿元，郑州丰捷创新科技园等65个重点项目全面开工；33个省市重点项目完成投资410亿元，开工率、投资进度均位于全市前列。促进消费稳预期，社会消费品零售总额完成479.8亿元，启动“春的萌动”网上消费节，开展“指尖上的秀场”“豫见·二七美食”等系列活动，打造万达金街等36个特色街区，在醉美·夜郑州“十佳深夜好去处”评选中，二七区3处夜消费场所进入榜单，其中樱桃沟景区位列榜首。打好稳外贸外资组合拳，新增备案登记外贸企业152家，全年实际利用外资2.58亿美元，域外境内资金267亿元，实现外贸进出口13.59亿元。

围绕产业链精准招商，新签约深国际北方区域总部综合物流港等12个主导产业项目，签约额达362亿元；引进3个超10亿元高质量项目。创新招商引资“云推介”模式，金茂集团、招商蛇口等世界500强企业入驻凤湖智能新区。成功入选全国建制县区化债试点；发行政府债券7.2亿元，申报创新型五大领域专项债券43亿元，市内五区排名第一。土地运作科学有序，完成征收、收储2152亩，供应31宗、785.2公顷。

强化创新驱动，承办2020“郑创汇”国际创新创业大赛月赛，新增省市级创新创业载体5家、科技型企业85家、高新技术企业47家，认定重点实验室11家、工程技术中心8家，完成技术合同交易额5.68亿元，二七双创平台、豫乾技术转移公共服务平台被认定为“河南省中小企业公共服务示范平台”，航海科创基地被认定为“河南省小微企业创业创新示范基地”。深化

5月21日，二七区举办百年德化夜经济暨六道巷首届小吃文化节启动仪式举行
（二七区史志办/供图）

放管服改革，在全市率先梳理出免提交工商营业执照的高频事项136个，117个事项可容缺受理。加快5G智能办事大厅建设，实现1054个事项“一次不用跑”、535个事项“即来即办”、153个事项“一证通办”。二七商圈“企业慧服务”和“二七区政务畅通日”获评全市政务服务精品案例。累计受理各类审批及服务事项120余万件，服务群众140万人次，群众满意率达99.62%。事业单位改革、教育管理体制改革圆满完成。国有企业改革迈出关键步伐，成功搭建“1+5+N”运作模式，项目建设、资金运作、市场化运行取得初步成效。

【产城融合】 2020年，二七区大力推进产业园区基础配套、公共服务、运营管理升级，加强项目建设、企业扶持，实施“亩均论英雄”，功能承载能力和产城融合水平大幅提升。二七特色商业区全年完成总营业收入175亿元、税收收入11.9亿元，蝉联河南省五星级服务业两区。马寨产业集聚区围绕制造业高质量发展，大力推进智能制造和企业技术革新，顶津等3家企业被认定为“河南省智能车间”、花花牛等9家企业入选“智能化改造示范企业”、京华制管等3家企业荣获“郑州市领军型企业”，获批省级经济技术开发区。二七新区统筹推进64个重大项目，完成固定资产投资223亿元，是全区产业发展主战场和经济核心增长极，位于全市组团新区前列。樱桃沟景区围绕“西美示范”促进“三生融合”发展，荣获“河南省夜间文旅消费集聚区”，钓鱼沟成功创建国家3A级景区，袁河社区获评“河南省乡村旅游特色村”，樱桃沟社区入选“全国重点文化旅游村”。

【产业结构优化】 2020年，二七区坚持以产为基，把产业升级作为主攻方向，三次产业结构进一步优化，高端商贸、文旅康养、科技服务、现代制造四大产业主导地位进一步确立。百年德化历史文化片区、建业足球小镇、二七华侨城等一批主导产业项目焕发强劲活力。全社会研发投入达19.9亿元，增长31.6%，科技对经济支撑作用更加明显。新兴产业蓬勃发展，全区电子商务交易额完成115.6亿元，跨境电子商务进出口额达3.43亿美元，楼宇（总部）经济实现税收14.35亿元。

【重点项目建设】 2020年，二七商圈板块“1+6”规划体系初见成果，36个重大项目、15项重点工作有序推进，二七广场隧道全面开工，德化步行街成功入选第二批全国步行街改造提升试点，街区形态风貌大幅提升。凤湖智能新区板块7条7.5公里道路建成通车，完成16万平方米热力覆盖和4.4公里综合管廊、5.5公里燃气管网建设，中原数字经济科创园等项目落地开工，城市功能区初具规模。健康产业板块城市设计已通过专家评审会审查，成功引进海例园、奥克斯医养康复产业园等5个亿元以上产业项目。华侨城文旅板块内河南工艺美术馆、省曲剧话剧艺术中心等项目加快推进，金水河源生态修复工程一期景观示范区等工程形象初显。总部经济板块内绿地滨湖国际城部分商务楼宇已投入运营，入驻企业900多家，盛润运河城国际广场项目开工建设。建业文旅小镇板块内北欧智乐园、足球公园等项目深受群众喜爱，获评“郑州市首届十佳地标打卡地”。

【城市建设】 “三项工程一项管理”有序推进，“一环十横十纵”道路综合改造一期3条道路全面完工，17条支线路网改造加快推进。以“一拆五改三增加”为重点，完成236个老旧小区改造，拆除1645处违法建筑，腾退3.1万平方米小区公共空间；新建13座休闲广场、56个口袋花园，惠及居民4万余户，涌现了祥云里、金祥花园等一批亮点小区。打造8个城乡接合部改造提升亮点，135个配套工程项目完工。“大城管”体系初步确立，建成8个美丽街区，“三路一园”项目获评“城市家具国家标准研制试点项目”；创建120条优秀以上道路，完成7.3万平方米道路修整、5.9万米架空线入地，拆除651处施工围挡、812处大型户外广告，整治1064处“住改商”。全域基本实现道路环卫市场化物业化，生活垃圾分类覆盖率达95%以上。

新开工刘胡垌三期等5个约80万平方米安置区项目，张寨等5个约100万平方米安置房实现回迁，网签14832套。积极做好轨道交通等重点市政工程协调服务，保障了四环快速路等一批项目顺利通车。大力推进130条218公里市政道路建设，杏贾路等30条道路建成通车。椰风路、景中路地下综合管廊和罗沟变电站等一批基础设施建成投用。新建1个大型垃圾转运站和垃圾分拣中心、4座环卫中转站、13座公厕，新增9264个公共停车泊位，设置9290个夜间限时停车泊位。

【生态环境】 2020年，二七区污染治理取得积极成效，超额完成省市下达的年度目标，空气质量综合指数5.20，PM2.5年均浓度51微克/立方米，PM10年均浓度79微克/立方米，优良天数241天，市内八区排名第一。全面落实“河长制”，扎实开展“三清一改”行动，辖区水环境质量稳定达标。土壤污染防治与危废治理工作有序推进。主动融入黄河生态保护示范区建设，新建2个综合性公园、30个微公园游园，完成京广路南延生态廊道、30公里林业绿道、陇海铁路沿线、高速互通立交及出入市口绿化提升等28个生态项目，新增绿化面积280万平方米。

【乡村振兴】 紧盯“村庄美、生态美、产业美、治理美、素质美”进行深度治理，全力推进4个美丽片区、9个美丽产业项目、15个美丽生态项目、2条美丽河道、9条美丽道路建设。壮大村级集体经济，培育23家农民专业合作社，集体经济收入超100万元的达30个村。西岗建筑体验园、沉浸式夜游灯光秀、创客基地、电商直播基地等形成品牌特色效应，带动群众“家门口”就业2.1万人。

【民生保障】 2020年，二七区全面落实低保、困难救助、大病救助等基础保障政策，兜牢民生底线。加大困难群众生活保障，发放各类救助资金5.9亿元，惠及2.5万人次。受理公租房保障家庭申请2160户，分配公共租赁住房

1月14日，基层社区举行2020年迎新春文艺汇演（二七区史志办/供图）

4175套。棚户区改造安置房新开工972套，基本建成4574套。持续深化4家区属公立医院综合改革，按国家标准参与“优质服务基层行”达标建设，改建提升10家社区卫生服务中心，建成4家健康小屋，完成脑卒中筛查4010人、肺癌筛查4000人。加强中医药推广创新，蝉联“全国基层中医药工作先进单位”。新开工21个养老服务设施项目，升级53个社区日间照料中心，累计发放高龄津贴1964.8万元、惠及1.47万人，养老服务保障更加有力。

【社会事业】 2020年，二七区新改扩建14个综合性文化服务中心。开展“舞台艺术送基层”44场、“戏曲进校园进乡村”78场、公益演出259场，在全市率先建成“郑好看”小剧场。新建16条健身路径、3个健身活动中心、2个多功能运动场，社区健身设施覆盖率达100%。退役军人服务保障体系建设经验被全国推广，全省部分退役士兵社保补缴官工作现场观摩会在二七区召开。新投用中小学、幼儿园14所，新增优质学位1.04万个，中小学午餐供餐、课后延时服务实现全覆盖。组建陇西小学等14个名校教育集团，优质教育资源不断壮大。做好全面两孩政策配套服务，荣获“全国计划生育优质服务先进单位”。作为河南省唯一县（市、区）入选全国中长期青年发展规划实施试点。大力实施“儿童之家”“绿城妈妈”等16类117个“温暖二七”项目，受益群众31.5万人，荣获中华慈善品牌项目、省“99公益日”先进单位、市“精准扶贫慈善先进单位”等荣誉，“慈善+新零售”模式在全省推广。

【社会稳定】 2020年，二七区以“六清”行动推进扫黑除恶专项斗争，常态化落实信访稳定“十大机制”，重要时期实现零集访、零非访。统筹各类风险排查化解，非法集资、问题楼盘有序化解，生产安全、食品安全持续加强。积极开展“全国综合减灾示范社区”创建，成功创建国家级社区6个、省级8个、市级9个。全市智慧社区建设、双重预防体系、社区治理等现场观摩会在二七区召开。

【社区治理】 2020年，二七区新优化调整24个社区，统筹街道、职能委局等人员力量下沉，推进社区工作者职业化体系建设，公开选任140余名高素质、专业化、年轻化社区专职工作者，畅通成长渠道，出台全链条管理办法，分类定级定岗定酬，激发了社区干部活力。

【郑卢结对帮扶】 2020年，二七区认真贯彻落实郑州市结对帮扶卢氏县工作精神，积极开展郑卢结对帮扶工作，巩固卢氏县汤河乡和五里川镇脱贫摘帽成果。成立了以区委书记任组长的结对帮扶工作领导小组，区委副书记、副区长为具体责任人，抽调部分人员成立帮扶办，明确相关局委成员单位，压实领导责任，并做好统筹协调、日常管理、督导考核等工作。区领导多次带队到帮扶点，针对帮扶点产业发展、资源优势、未来规划、脱贫难点、教育医疗卫生等脱贫攻坚重点开展深度调研，在实地调研的基础上，制定出台《二七区2020年结对帮扶卢氏县五里川镇和汤河乡工作方案》并按照方案开展工作。同时每季度召开1次帮扶工作调度推进会，及时掌握工作进度、查找存在问题、提出整改措施、落实责任。

对应帮扶牵头单位主要领导作为结对帮扶工作的第一负责人，负责与汤河乡、五里川镇对接，帮助解决帮扶工作中存在问题。区直各帮扶单位定期把结对帮扶工作情况及时报送到区帮扶办，由区帮扶办每季度汇总上报，每年12月10日前上报年度帮扶工作总结和有关统计报表。

2020年，二七区投入资金100万元，用于汤河乡产业发展和基础设施改善；结合“温暖二七”建设，利用慈善基金，围绕帮扶点困难和特殊群体的需求，统筹社会组织、志愿者等各方资源，为五保户、低保户等困难群体援助一批生活必需品，让困难群众得到更广泛的救助帮扶。2020年5月，区残联积极与五里川镇和汤河乡残联联系，根据一乡一镇提供的辖区残疾人底册，分析研究各类残疾人的具体数据，重点了解重度残疾人对辅助器具的需求和各类残疾儿童的康复训练的情况和需求，依据调查结果，9月份为有需求的困难重度残疾人配备了30辆轮椅、4付拐杖、2台助行器、2个坐便椅；二七区先后组织线上招聘会4场，提供工作岗位3873个，达成就业协议112人，其中实现建档立卡贫困户就业2564人，最大程度的给卢氏县的居民提供了合适的就业岗位。同时组织实用人才和能力提升等培训12期576人次，最大程度的为当地居民搞好就业服务；二七区先后开展送教13人次，上观摩课5节，并为卢氏县学校捐赠价值3000多元的额温枪、消毒液、洗手液和版画工具等；制定《二七区消费扶贫专柜项目实施方案》，组织召开由辖区内各相关单位参加的消费扶贫专柜项目实施工作安排部署会议，认真组织实施，力争年底150个消费扶贫专柜建设将全面完成；对全区在脱贫攻坚工作中做出突出贡献的区直各相关单位工作人员和集体开展专项奖励工作，制定脱贫攻坚专项奖励方案。目前，奖励工作已圆满完成。

（胡　雷）

金水区

【概况】 2020年，全区地区生产总值突破1800亿元，地方一般公共预算收入完成122亿元，社会消费品零售总额完成979.4亿元，城镇居民人均可支配收入突破5万元，接连入选全国营商环境百强区15位、全国高质量发展百强区26位、全国竞争力指数百强区46位、中国最具投资价值区域百强榜。

【机构与领导】 中共金水区委书记：陈宏伟（5月免）、张红伟（5月任），副书记：魏东、李伟革（11月免）、张艳华（女，11月任）；区委常委：陈宏伟（5月免）、张红伟（5月任）、魏东、李伟革（11月免）、张艳华（女，11月任）、赵惠玲（女，11月免）、杨林、付建峰、卢书选、杨洁、时博（7月免）、曹可艳、周学军（12月免）、高国全（12月任）。

区委工作部门：区委办公室主任曹可艳；组织部部长时博（7月免）；

宣传部部长杨林；统战部部长付建峰；政法委书记卢书选；编办主任刘敏（女）；巡察办主任孟培武；老干部局局长张敏（女）；城乡社区发展治理委员会常务副主任袁小培（女）。

区委直属事业单位：党校常务副校长秦历源；档案馆馆长（空缺）；科协主席冯晓翠（女）；残联理事长席秀卿（女）。

区十三届人大常委会：主任、党组书记薛燕（女）；副主任李贻忠、许贵舟、燕建华、杜艳洁（女）、张涛。

区人大常委会工作机构：办公室主任李慧敏（女）；财经工委主任单广州；法制工委主任林宇峰；城建工委主任李军彦；代表联络工委主任臧跃鹏；教科文卫工委主任李涛；信访办主任周淑娟（女）；老干部管理办主任邱媛（女）。

区人民政府：区长魏东；常务副区长杨洁；副区长赵高翔、赵德武、竞新宇、张川（女，回族）、闵武杰、吴怀广（11月任，挂职）。

区政府工作部门：政府办公室主任杨宇峰；金水区发展和改革委员会主任段亚丽（女、7月任）；金水区统计局局长刘兵（7月任）；教育局局长李正（7月任）；科学技术局局长郝庆丰；工业和信息化局局长李敏（女）；民政局局长刘楠；司法局局长郭冰；财政局局长袁先锋；人力资源和社会保障局局长鞠卫；郑州市自然资源和规划局金水分局梁新生（3月任）；住房和城乡建设局局长刘辉；保障办主任弓俊；交通运输局局长郭峰；城市管理局局长王延军；城市管理执法大队大队长张家俭；农业农村工作委员会主任张福敏；商务局局长赵蔚；金水区文化旅游体育局局长许孔安（7月任）；卫生健康委员会主任李东；退役军人事务局局长解小杰；应急管理局局长库光耀；审计局局长黄涛；市场监督管理局党组书记、副局长李国强、局长彭涛；医疗保障局局长吕志献；信访局局长单红杰；人防办主任周志伟；政务服务办公室主任黄国建。

区政府直属事业单位：城改办主任高媛媛（女）；爱卫办主任芦燕宇（女）；征收办主任王林伟；投资公司经理余志钦；楼宇办主任李保超；事管局局长谢丹；智慧城市管理中心主任吕馨（女）；开发公司经理王项；科技园区管委会主任张双喜；红十字会会长张川（女，回族），常务副会长王炜；接待办主任谢丹；采购中心主任王丽（女）；投资评审中心主任周保民；综合交通办主任翟华风；滨水产业带管委会书记（空缺）；自贸办主任刘文奇。

政协金水区第九届委员会：主席武建民（5月退）、余遂盈（5月任）；党组副书记付建峰（9月兼任）；副主席张华（5月任）、王居良、宋红霞（女，5月退）、王静（女）、刘凌云（女，5月退）、王浩（女，5月任）；秘书长张书林。

区政协工作机构：办公室主任张学亮；城建环保委主任彭英（女）；民主法制委主任赵竞生（回族）；经济科技委主任徐工；学习文史提案委主任王彩虹（女）；港澳台侨委主任邢惠娟（女）；委员管理联络委主任王建伟（女）；文教卫生委主任白平坤；老干部管理办主任袁永平（女）。

中共区纪律检查委员会书记赵惠玲（女，10月免）。

区人民武装部部长周学军（12月免）、刘岩（12月任）；政委高国全（12月任）。

区人民法院院长蔡理亮。

区人民检察院检察长王青（女）。

区群团组织：团区委书记王倩（女）；妇联主席马晓宇（女）；工会主席李劲松（女，满族）；工商联主席李江波。

科教园区管委会：党工委书记魏东；主任、党工委副书记李小虎（7月免），张艳华（女，11月任）。

创意园区管委会：党工委书记王爱辉（女，4月任）；管委会主任王爱辉（女）。

街道：丰庆路街道党工委书记郑迎波，办事处主任乔战峰；杨金路街道党工委书记（空缺），常务副书记秦伟，办事处主任王刚；国基路街道党工委书记（空缺），办事处主任孙大志；丰产路街道党工委书记王展，办事处主任郭俊伟；南阳路街道党工委书记李国梁，办事处主任吴昊；南阳新村街道党工委书记连卿，办事处主任王东；花园路街道党工委书记张俊英（女），办事处主任曾辉；人民路街道党工委书记董青丽（女，回族），办事处主任徐峰杰；经八路街道党工委书记李华（女），办事处主任赵聪；文化路街道党工委书记王麟乐，办事处主任杨正杰；杜岭街道党工委书记花磊，办事处主任鲁晓华（女）；大石桥街道党工委书记刘继峰，办事处主任李存保（女）；东风路街道党工委书记张双喜（兼），常务副书记梁振国，办事处主任王栋；未来路街道党工委书记聂思军，办事处主任汪守景；北林路街道党工委书记牛易，办事处主任石中亮；凤凰台街道党工委书记翟俊杰，办事处主任魏建鹏；兴达路街道党工委书记孔之见，办事处主任崔辉。

【高质量发展】综合实力保持稳步前行，统筹疫情常态防控与经济恢复，制定出台“金水十条”和“为民造福”若干措施，常态化开展“三送一强”，累计减免企业税费41亿元、协调提供资金支持509.3亿元，推动新增市场主体4.2万户、同比增长18.6%，市场主体总量达到26万户、占全省的1/30。产业发展实现量质齐升，软件信息、互联网服务营业收入分别增长11.3%、60%，带动数字经济相关产业营业收入增长11%、现代服务业增加值达到1230亿元；签约落地中原动力智能制造项目，引进数说安全等信息安全企业74家，信大捷安正式推出全球首款符合5G—V2X标准智能交通安全芯片，金水科教园区获批国家网络安全“高精尖”技术创新平台；“四个三”工作有序推进，培育未来大厦“现代金融”等特色楼宇5幢，税收超亿元楼宇达到13幢，获评中国楼宇经济领军发展城区。经济运行展现强劲韧性，扎实开展“四比四看”活动，实施新基建项目19个，新开工重大项目41个、214个省市区重大项目完成项目投资738.7亿元，再创历史新高；深入开展“炫彩金水”等促消费活动，发放消费券2000万元，启动河南直播经济总部基地，网络消费、夜经济成为了新的增长点。

东风路沿线景色（刘安顺/摄）

10月24–26日，“美丽郑州·炫舞世界”2020WDG第八届中国（郑州）国际街舞大赛举行（金水区文化旅游体育局/供图）

【改革创新】 突出自贸区开放带动，积极整合国内外运营资源，并联运行海外仓突破30万平方米，28个境外办事处覆盖五大洲、18个主要贸易国家地区，累计注册企业突破918家，注册资金超163亿元，带动全区外贸进出口实现109亿元，超过市内其他五区总和。突出自创区科技引领，以获批国家网络安全创新应用先进示范区为引领，新增科技型企业419家，新建国家级孵化载体4家、省级新型研发机构2家，市级以上工程技术中心（重点实验室）41家，全社会研发投入同比增长61.6%，成功举办中国创客领袖大会暨“双12”创客节。突出营商环境不断优化，万余平方米的政务服务新大厅全面投用，1067个事项实现“最多只跑一次”，工程建设项目区级审批时限压缩50%以上，率先在市内六区实现企业开办“一次办成”。

【城区建设】 城区功能更趋完善，未来路等4条主干道和经七路等43条支路背街实现“点、线、面”全面升级，395条路段达到优秀以上标准，入地改造高压和强弱电92.4公里，城区环境面貌加速蝶变。城区风貌更有魅力，深入探索老旧小区“建管结合”“路院共治”等新路径，实施改造老旧小区277个，83个无主管楼院纳入专业物管服务范围，受益群众达到21.3万人。城区生态更加优质，石沟完成河道和沿岸绿化综合治理，高速及铁路沿线绿化提升全面完工，建成公园游园微景观107处，新增绿地133万平方米，辖区河流4个断面水质全部实现市级考核达标，PM2.5、PM10平均同比下降12.1%和11.1%，全年优良天数达到227天，比上年增加57天。

【社会民生】 民生实事扎实推进，发放救助资金6255万元，新增城镇就业3.46万人，建成安置房88.2万平方米，网签安置房1.17万套，新增公共停车泊位8260个，444座公厕达到二类以上标准。社会事业蓬勃发展，新投用中小学5所，公办幼儿园9所，新认定普惠性民办幼儿园20所，区属中小学实现午餐供餐和课后服务全覆盖；新建社区卫生服务中心（站）23个，医疗卫生服务网络更健全；新建博物馆3家、社会足球场地28处，建成城市书房7个，举办文化活动372场，群众生活更丰富、更多彩。社会治理不断深化，交通运输等行业203家规模以上重点企业完成安全生产双重预防体系建设，新建、提升改造高标准农贸市场8家，常态化抽检食品68.9万批次，成功创建省级食品安全示范区。

【新冠肺炎疫情防控】 2020年，金水区第一时间启动战时工作机制，组建2115个防控专班，形成“以楼院保社区、以社区保城区、以城区保城市”链条防控体系，用23天实现本地确诊病例的零新增，再用10天实现本地确诊、疑似、无症状感染的全清零。以最硬举措守护群众安康，突出人民至上、生命至上，抓牢“点到点”“门到门”闭环管控，以“大数据+网格化”方式高效排查328.4万人次，44万返校师生零感染、境外输入病例零扩散，真正做到排查零遗漏、管控无死角。以最强担当融入抗疫大局，7300余名党员干部和3000余名公安民警辅警奋战一线，3.8万名社区工作者和志愿者夙夜值守，150余万金水人民用生命和汗水诠释了新时代金水人的无畏担当和家国情怀。

（万　萌）

管城回族区

【概况】 2020年，管城回族区土地总面积为106.429平方公里，其中城区土地面积46.51平方公里，农村土地面积59.92平方公里。常住人口819439人，辖12个街道办事处，109个社区居委会，22个行政村。

2020年，管城回族区地区生产总值同比增长1.6%，一般公共预算收入同比增长1.82%，增速分别位居市内五区第一；固定资产投资同比增长13.2%，增速位居市内五区第二。

【机构与领导】 中共管城回族区委：书记虎强（回族）；副书记张艳敏(女)、张艳华（女，11月免）、刘利（12月任）；区委常委：虎强（回族）、张艳敏（女）、张艳华（女，11月免）、刘利、赵吉平、杨洁（女）、刘守斌（4月免）、姚方海、史伟、刘宁、郭兴军（12月免）、李勇（12月任）、孙涵(12月任)。

区委工作部门：区委办公室主任刘守斌（4月免）；组织部部长刘宁；宣传部部长杨洁（女）；统战部部长姚方海；政法委书记史伟；机构编制委员会办公室主任陈静（女）；巡察办主任蔡勇（女）；老干部局局长任慧（女）；社治委主任刘宁，第一副主任陈定，常务副主任马建军（回族）；党校校长张艳华（女，12月免）、刘利（12月任），常务副校长杨文秀（女）；档案馆馆长毛楠（回族，1月任）。

区人大常务委员会：主任、党组书记刘霞（女，5月免）、魏建民（5月任）；副主任李蝴蝶（女）、刘三修、刘同杰、谢晓东；党组成员：刘三修、刘同杰、谢晓东、王宏武（4月免）、高和平、罗国君、盛伟（4月任）。

区人大工作机构：人大办公室主任王献计；民族宗教工作委员会主任张红（女）；财经工作委员会主任王建华；法制工作委员会主任虎金治（回族）；城乡建设农村工作委员会主任金振岭；老干部管理办公室主任张献忠；教育科学文化卫生工作委员会主任王永善；代表工作委员会主任江小芬（女）；信访室主任吴晓芳（女）。

区人民政府：党组书记、区长张艳敏（女）；党组副书记、副区长刘利（12月免）、孙涵（12月任)；党组成员、副区长张建锋、苏莹玺、陈定；党组成员：郑向阳。

区政府工作部门：政府办公室主任张平；发展和改革委员会主任聂晓红（女，8月任）；统计局局长李素玲（女，8月任）；教育局局长高峰；科技局局长吴俊斐（女，1月免）、王文明（1月任）；工业和信息化局局长聂晓红（女，8月免）、杨福中（8月任）；民族宗教事务局局长马杰（回族）；民政局局长赵鹏；司法局局长白刘军；财政局局长朱宣合（9月免）、殷清刚（9月任）；人力资源和社会保

升级改造后的航海路（马　健/摄）

障局局长杨国华；应急管理局局长马柏煜；城乡建设和交通运输局局长李旭东；城市管理局局长孙铁锋；农业农村工作委员会主任郝碧峰；商务局局长刘巍；卫生健康委员会主任邢惠君（女）；退役军人事务局局长吴勤；审计局局长刘本勇；市场监督管理局局长苏保军；医疗保障局局长王文明（1月免）、吴俊斐（女，1月任）；信访局局长马凯（回族）；文化旅游体育局局长马勇（回族，6月任）；保障性住房服务中心主任胡广宇（8月免）、魏峰（8月任）；机关事务局局长乔喜玲（女，1月任）；人民防空办公室主任孟繁；政务服务和大数据管理局局长陈新义；城市有机更新中心主任王海军（1月任）；房屋征收与补偿事务中心主任帖迪生（回族，5月任）；地方志办公室主任王佰顺。

金岱产业集聚区管委会：副主任杨荣军（4月免）、张佰勇（8月任）。

商都新区管委会副主任苏莹玺、郑向阳、李阳东、巴姝芳（女，回族）。

垂直管理部门：税务局局长王建忠；郑州市自然资源和规划局管城分局局长袁涛（4月任）；郑州市生态环境局管城分局局长李晓朋；郑州市公安局管城分局局长王明选（10月任）；交警四大队队长朱子民；消防大队政治教导员尹国顺（11月免）、李庆虎（11月任），大队长游阳（11月免）、贺体军（11月任）。

政协管城回族区委员会：党组书记、主席赵吉平；党组副书记张平安；副主席韩红伟、陈兵、李雪宁（女）、朱宣合（5月任）。

区政协工作机构：政协办公室主任刘志锋；提案委员会主任冯雅莉（女）；民族宗教港澳台侨委员会主任郭海涛（女）；科教文卫体委员会主任张红军（1月免）；城市建设社会法制委员会主任段建红（女）；文化和文史委员会主任陶丽丽（女）；经济委员会主任蒋晓慧（女）；联络委员会主任张志远；农业人口环境资源委员会主任刘坤（1月免）；老干部管理办公室主任郑青合。

区纪委书记、监察委员会主任:赵吉平。

区人民武装部政委：张学东（7月免）、李勇（7月任）；部长:郭兴军（7月免）、王国庆（8月任代理部长）。

区人民法院院长:田保忠。

区人民检察院检察长:张东。

群众团体组织：工商业联合会主席韩红伟，党组书记李文军（女）；总工会主席盛伟；团区委书记王歌（女）；妇女联合会主席孟沛（女）；科学技术协会主席张惠云（女），党组书记马俊（女，1月任）；残疾人联合会理事长闫田燕（女，回族）；红十字会常务副会长姚琳（女）。

街道办事处：南曹街道党工委书记王传胜，办事处主任陈慧军（1月免）、解鑫（1月任）；十八里河街道党工委书记王志锋，办事处主任王子慧；航海东路街道党工委书记张海军，办事处主任李静（女）；北下街街道党工委书记海彦玲（女，回族），办事处主任姚柯；南关街街道党工委书记沙建武（回族），办事处主任赵玉（女，3月免）、丁朝昔（8月任）；陇海马路街道党工委书记陈瑞勇，办事处主任张佰勇（8月免）、冉建峰（8月任）；二里岗街道党工委书记单书欣，办事处主任郝振宇；城东路街道党工委常务副书记郭庆伟，办事处主任陈孝明；西大街街道党工委书记李颖辉（3月免）、赵玉（女，3月任），办事处主任魏峰（9月免）、张红军（9月任）；东大街街道党工委书记曹广凤（女），办事处主任李翔（回族）；紫荆山南路街道党工委书记李杰，办事处主任常凯；金岱街道党工委书记陈慧军（1月任）、办事处主任沈鹏飞。

【经济社会发展】 疫情防控精准有效。坚持把疫情防控作为头等大事，第一时间建立三级联动防护网，启动454个网格、686个卡口以及重点场所管控，6000余名干部职工、2000余名党员志愿者下沉一线，构筑了“数据、管理、责任”三个闭环。累计核酸检测34000余人次，承接国际航班33架次3409名境外入郑人员集中医学观察，对193家冷库、2170家冷链企业实行全流程、全时段监管，织密人民健康安全网。特别是“五一”前夕，习近平总书记给辖区圆方集团亲自回信，盛赞了疫情防控中展现出的人民力量，更加坚定了管城区夺取大战大考“双胜利”的信心决心。复工复产统筹推进。在全市率先出台“管城10条”“财税9条”帮扶政策，深入开展“三送一强”“一联三帮”企业帮扶活动，累计解决企业用工14万余人，减免缓各类税费32万户次、22.2亿元。助推各类企业融资117亿元，发放小额贷款2.6亿元，惠及企业2.5万余家。通过发布“管城味道”纪录片、开展“管城云车展”、打造“弄啥里”等一批夜间经济街区，有效拉动消费及时回补，全区社会消费品零售总额增速位居市内五区第一。各类市场主体由疫情期间9.2万家增加至11.7万家，新增“四上”企业93家，有效稳住了经济基本面，推动经济扭负为正、企稳回升。项目拉动坚强有力。全力以赴上项目、扩投资，完成土地征收1486亩、供应1542亩，申请中央专项债券资金6.02亿元。出台《推动管城经济高质量发展若干政策实施办法》，编制产业招商图谱，引进7-ELEVEn河南区域总部等18个重点项目，签约总额308.5亿元。全区246个重点项目完成投资615.6亿元，占年度目标的108.6%。

【转型升级动能】 商代王城遗址板块。聘请国内外知名设计机构开展规划方案比选，城市设计方案获市级审批。扩围征迁任务圆满完成，城垣环境保护及提升一期工程建成开放，二期工程即将竣工，综合管廊及道路工程大头落地，“两院”项目即将开馆，安置区正在筹备回迁工作，宫殿区遗址公园等9个项目全面加快建设。统筹推进“六街六片区”协同风貌区建设，北顺城街改造基本竣工，代书胡同、平等街等街区建设成效初显。金岱科创板块。成功创建省级经济技术开发区。完成城市设计、产业定位、做地方案编制，收储土地212亩，文德路等3条道路提升工程建设完工，体育环公园一期建成开放，规划招商展示中心建成投用。腾飞集团等18个总部项目达成入驻意向。小李庄火车站板块。核心区域城市设计方案已获市级审批，火车站站区建设方案正在进一步深化，产业规划设计已形成中期成果。累计完成448万平方米绿化工程，豫一路等10条道路建成通车，豫二路等6条道路正在加快建设，刘湾变等3所变电站主体完工，明珠路小学等5所学校和南曹污水处理厂启动建设。

【改革创新】 营商环境持续优化。政务服务中心总办件量突破236万件，累计服务企业和群众达82万余人次。875项高频事项实现“网上办”，306个“一件‘事’”改革任务圆满完成。深化减证便民专项行动，取消繁文缛节和不必要证明事项307项，审批材料同比减少32.4%，办理时限缩减83.6%。深化工程建设项目审批制度改革，施工许可证办理时限压缩至5个工作日。科技创新亮点纷呈。大力开展科技型和高新企业“双倍增”计划，新认定科技型企业61家，认定高新技术企业35家，累计兑现各类科技奖补资金5743.8万元。获评河南省工程技术研究中心2家，郑州市工程技术研究中心和重点实验室2家。全区高新技术产值达到300亿元。重点领域改革深入实施。深化国有企业改革。整合国有资本，完成5家国有平台公司改革，建立了产权明晰、运转高效的现代化企业制度。深化财政制度改革。积极承接市级下划各类税收属地管理工作，近200家预算单位实现国库集中支付电子化，资金支付使用效率大幅提高。深化农村集体产权制度改革。完成清产核资、股权量化等工作，成立集体经济组织30个。推进农村土地流转，发展高效农业示范园8个。深化体制机制改革。承接市级规划审批下放权限23项；对接市级执法职能划转，梳理行政处罚类权责清单778项。制定完善了应急预案、物资储备、救援队伍等应急管理体系，完成防汛抗旱指挥部体制改革。荣获“河南省改革系统先进单位”“河南省防汛抗旱工作先进集体”。

【高品质城市建设】 道路综合改造成效显著。坚持“两优先、两贯通、两分离、一增加”理念和“四带”原则，探索“道路十条”等道路综合改造模式，“七步联动工作法”在全市推广。高标准完成航海路、未来路改造工程，拆除违章建筑4.5万平方米，线缆入地改造27公里，新增道路绿化10.2万平方米，航海路改造工程成为全市道路改造标杆；城东路综合改造一期大头落地，陇海路综合改造正在加快推进。老旧小区改造稳步实施。坚持示范带动，分类施策，有序推进533个老旧小区改造，已完成陇海北三街等336个老旧小区、9条支路背街改造，改装天燃气3500户，完成既有建筑节能改造49.2万平方米、既有住宅加装电梯48部。央视新闻联播和《人民日报》分别对管城区老旧小区改造经验进行宣传报道。城乡接合部整治统筹有序。坚持标本兼治、长短结合的原则，集中开展“三清”行动并建立长效机制，累计拆除违法建设18.7万平方米、清运垃圾16万立方米、取缔黑加油站2家，建成垃圾中转站5座；新建小型污水处理站6座，实现农村污水全收集；张华楼、刘湾、河西袁美丽乡村建设一期工程基本完工，城乡接合部人居环境明显改善。城市管理更加精细。聚焦“四化”要求，累计创建优秀路段120条、卓越路段14条。完成城南路等13条道路改造提升和南仓街等36条架空线缆入地整治，新增公共停车泊位7536个，建成4条智慧停车示范街，改进城市管理工作走在全市前列。基础设施日臻完善。圆满完成区域内轨道交通和四环快速化等重点市政线性工程征迁任务。区级垃圾分拣中心建成投用，新改建垃圾分类房279处、环卫中转站8座、公厕53座。新开工道路33条、里程近48公里，宇通路、端和路等14条道路建成通车。

【生态环境质量】 大气污染防治成效明显。大力开展移动源、燃煤源、扬尘源等专项整治，150家大中型餐饮门店、133个建筑工地全部纳入智慧在线监控，黑加油站和“散乱污”企业实现动态清零。PM2.5、PM10平均浓度同比分别下降16.9%、14.2%，全年优良天数达222天，同比增加58天。水系治理持续发力。拆除河道两侧违法建设5700平方米；治理排污口4处、整治黑臭水体24处，全区黑臭水体实现动态清零。站马屯截污工程投入使用，南水北调中线防洪工程刘村沟连接段、环城生态水系循环工程基本完工。生态绿化扩面提质。全年共实施生态项目46个，完成投资9.8亿元。陇海铁路等4条铁路沿线及京广快速路南延生态廊道绿化全面完成，十七里河综合公园、南水北调公园建成开放，打造公（游）园和微景观31处，累计完成绿化面积约200万平方米。获评“郑州市生态建设先进单位”。

【社会事业】 民生保障稳步加强。全年民生领域支出达31.6亿元，占一般公共预算支出的71.3%。累计发放低保金、各类补贴1192.6万元，新增城镇就业14725人。分配公共租赁住房1252套，新开工安置房1100万平方米、网签10745套。完成2481名退役军人社保接续工作。区级中心敬老院改造完工，建成10家社区养老服务站、新增养老床位200张。社会事业均衡发展。“美好教育”提质增效。新（续）建中小学14所，投入使用5所，新增公办幼儿园14所；引进郑州一中、郑州八中优质教育资源开展联合办学；投资4000余万元推进56所中小学午餐供应及课后延时服务全覆盖，66人以上超大班额实现清零。公共卫生体系日益完善。积极推进管城人民医院升级改造和管城中西医结合医院迁建工作，完成10家社区卫生服务中心“四有”建设，紫东路等3家社区卫生服务中心通过国家级创建基本标准初审。文体事业蓬勃发展。提升改造特色文化馆、图书馆6家，高标准打造8个社区公共文化活动阵地。新增10家城市书房，新建社会足球场13处。社会治理效能提升。扎实推进安全生产专项整治三年行动计划，210家重点行业企业安全生产双重预防体系实现全覆盖。深入开展扫黑除恶专项斗争，累计破获各类案件316起。妥善化解紫楠花园等10个问题楼盘。加快推进非法集资案件处置，累计兑付资金74.6亿元。化解信访积案52件，进京访批次、人数呈“双降”态势。

2020年，管城区全面加强法治政府建设，大力推进阳光政务，公开政务服务事项1076项；主动接受区人大

管城回族区紫南办事处客技路社区党支部开展“我和党旗合个影”活动
（紫南办事处/供图）

及其常委会的工作监督、法律监督，区政协的民主监督和社会舆论监督，114件人大代表建议和164件政协委员提案全部限时办结。着力解决群众急事难事，办理市民服务热线11322件。力戒形式主义，做好精文减会，各类文件压减10.5%，会议减少35.8%。强化资金监管，评审各类政府投资项目92个，核减资金2亿余元。“三公经费”压减23.1%，非急需非刚性支出压减53.3%。

（韩　越）

惠济区

【概况】总面积232.75平方公里，总人口555002人。辖街道、镇8个，全年实现生产总值291.3亿元，比上年增长0.2%。其中，第一产业增加值4.7亿元，增长40.1%；第二产业增加值103.3亿元，增长6.6%；第三产业增加值183.3亿元，下降4.7%。规模以上工业增加值下降1.3%。粮食总产量5443.4吨，下降33.6%。地方公共财政预算收入347113万元，地方公共财政预算支出277526万元。固定资产投资增长15.7%。社会消费品零售总额下降5.9%。实际利用外商直接投资18597万美元。城镇居民人均可支配收入37208元，人均消费性支出25012元；农村居民人均可支配收入29004元，人均消费性支出23622元。

【机构与领导】中共惠济区委：书记马军（回族）；副书记丁文霞（女）、李伟光；常委刘宏伟（12月免）、马少军、廖军和、马素华（女）、张士先、孙梅（女）、焦健、赵敏祥（4月任）、朱自强（12月任）。

区委工作部门：区委办主任张士先；组织部部长孙梅（女）；宣传部部长焦健；统战部部长马素华（女）；政法委书记马少军；编办主任肖新；巡察办主任吕磊；老干部局局长王莉萍（女）；社治委主任孙梅（女，5月任）。

部门管理机构：档案馆局长宋全希。

直属事业单位：党校常务副校长郝军红（女，7月任）、弓育红（女，7月免）；古荥大运河文化区管理中心主任方倩（女）。

中共惠济区纪律检查委员会：书记廖军和；监察委员会主任廖军和。

区人民代表大会常务委员会：主任王雅伟、党组书记王雅伟；党组副书记崔平；副主任刘满仓、宋国彦、李清海、华新定、袁加军；党组成员刘满仓、李清海、华新定、袁加军、赵风军、杨勇、戴玉振；

区人大常委会工作机构：办公室主任付广喜；代表联络工委主任王西

黄河生态廊道示范段（马　健/摄）

炳；法制工委主任孙正伟；财经工委主任弓育红（女，7月任）、王永忠（7月免）；城建工委主任李建军；来信来访办主任刘治军；教科文卫工委主任弓继军；老干部科科长贾兴起；农村工委主任李海亮。

区人民政府：区长、党组书记丁文霞（女）；副区长、党组副书记赵敏祥（4月任）、李伟光（4月免）；副区长王伟、郭剑锋、黄国彦；政府党组成员王伟、郭剑锋、黄国彦、王保国；政府县级领导隋平民、李志恒（12月任）、李文哲（4月任）、赵鸿年、郑建明、青华山、申慧（女）。

区政府工作部门：政府办主任杨喜军；发展和改革委员会主任刘巍巍（7月任）、程国顺（7月免，原发改统计局局长）；统计局局长卢晓丽（女，7月任）；教育局局长刘博；科技和工业信息化局主任王浩瞻；民宗局局长白新莉（女，7月任）、虎林山（7月免）；民政局局长皇甫海林（7月任）、李喜云（女，7月免）；司法局局长弓永光；财政局局长石朝伟；人力资源和社会保障局局长马兆华；自然资源局局长牛鸿飞；住房和城乡建设局局长陈伟森；交通运输局局长侯永革；城市管理执法局局长师刘伟；农业农村工作委员会主任孙广斌；林业和园林局局长金艳玲（女）；商务局局长李瑞；文化旅游体育局局长王新芳（女，7月任）、丁建国（7月免）；卫生和健康委员会主任穆亮；退役军人事务局局长马红军；应急管理局局长胡斌，审计局局长朱婕（女）；市场监督管理局局长张春雨；医疗保障局局长刘培军；信访局局长侯磊（7月任）、王新生（7月免）；政务服务和大数据管理局局长杜炎（女，7月任）、李洁（女，7月免）；环保局局长崔宇斌。

直属事业单位：机关事务管理局局长王金灵（7月任）、袁玉强（7月免）；城市建设服务中心主任李林峰（7月任）；房屋征收与补偿事务中心主任张杰（7月任）、李少杰（7月免）。

政协惠济区委员会：主席、党组书记张卫民；党组副书记马素华（9月任）、李文建（4月任）；副主席李新安、谢和平（5月退休）、李建国（4月退休）、肖丰逸（女）、余春林（5月任）、耿建伟（5月任）；政协党组成员谢和平（5月退休）、李建国（4月退休）、余春林（5月任）、耿建伟（5月任）、袁春明、贾新杰。

区政协工作机构：办公室主任李向阳；经济委员会主任张巍巍（女，7月任）；教文卫体委主任刘东田；提案委员会主任王宗昌；社会和法制委员会主任程志强；老干部科科长郑永青（7月任）。

区人民法院：院长彭连城（副县）。

区人民检察院：检察长谢凯歌（副县）。

区群团组织：工商联主席肖丰逸（女）；党组书记张小海；总工会主席袁加军（副县）；团委书记张贝贝（女）；妇联主席赵利彦（女）；科协主席王锋；残联理事长常新丽（女）；红十字会常务副会长周红影（女）。

街道、镇、开发区：刘寨街道党工委书记禹金丽（女）、主任邢志峰；长兴路街道党工委书记夏利东、主任王海建；江山路街道党工委书记张铁群、主任李少杰（7月任）、刘巍巍（7月免）；新城街道党工委书记耿建伟、主任郭永杰；迎宾路街道党工委书记魏涛、主任张琨玥（女）；大河路街道党工委书记段祥生、主任何文龙（7月任）、皇甫海林（7月免）；古荥镇党委书记梁俊军、镇长刘庚健；花园口镇党委书记王维翔、镇长耿宇辉；郑州黄河滩地公园管理委员会党委书记李伟光（10月任）、钱世哲（10月免）、主任郑方燕（女）、副主任李国俊、副主任余春林（5月免）、经济发展局局长赵鸿勋、土地规划局局长商桂平（女）、滩区管理办公室主任王向生、土地规划环保局局长荆柳海；郑州惠济新区副主任、党工委委员郭佩军、信息统计局局长陈增林、产业发展办公室主任弓海军、商务局局长卢雪华（女）、发展服务中心主任李福林。

惠济区人民武装部部长朱自强；政委曹俊峰。

【经济发展】 坚持把稳住经济基本盘放在突出位置，打好战疫情、扩内需、稳增长“组合拳”，实施供需两侧协同发力，经济社会发展加快恢复。经济运行企稳向好，统筹实施“防疫+保障复工复产”，认真落实上级支持企业共渡难关和保产业链供应链稳定等政策措施，扎实开展“三送一强”“一联三帮”活动。在全省率先实现企业务工人员“点对点”转运，建立驻企服务员制度等，累计帮助3843家市场主体解决用工15.6万人，减租减息减税降费3亿元。15个省、市重点项目全部开工，118个区重点项目全面推进，超额完成年度投资目标；食品制造业总产值实现两位数增长，达到120亿元；新增“四上”企业入库77家。发放消费券300万元，创新开展“云团车”“惠生活·共美好”惠济区黄河文化夜经济系列促消费活动80余场，直接经济效益超5000万元，间接拉动居民消费超2.1亿元；开展精准产销对接活动，蜜乐源、君兴双桥酒业等企业签约近5000万元。支持企业实现贸易市场多元化，新增外贸企业备案登记68家，引进外贸企业6家，实现货物进出口5.9亿元。文旅产业提质增效，深入开展全域旅游示范区创建，建成特色旅游示范街区1个、精品旅游线路3条，全年接待游客682.9万人次，实现旅游收入1.9亿元。荥泽古城文旅融合项目、大运河通济渠（郑州段）遗址生态公园、西山遗址生态文化公园谋划加快推进，郑州博金书画艺术博物馆等3个博物馆具备开馆条件。现代信息产业初具规模，惠济区智慧城市总体规划编制完成，“城市大脑”一期建设加快推进。制定加快5G网络建设和产业发展三年行动计划，建成5G基站800余座，实现中心城区全覆盖。

【全面践行国家黄河战略】 积极做好沿黄区域生态保护、产业布局、文化传承融合发展文章，在黄河流域生态保护和高质量发展核心示范区起步区建设征途上阔步前行。沿黄生态带加快建设，黄河滩地公园约63公里彩色慢行道路及南裹头、海事码头、惠武浮桥3个观景点建成，郑州沿黄生态廊道示范段完工，成为展示黄河自然景观和生态保护的重要窗口、市民打卡的“网红”区域，人民日报、中央电视台、新华社等主流媒体先后给予报道。S312辖区段23公里主线贯通，绿化工作全面启动，沿黄最美公路雏形初显。持续做好黄河滩区综合整治，656个生态环境问题点位整治完毕，充分展现了践行国家黄河战略的惠济态度和惠济速度。高质量编制建设黄河流域生态保护和高质量发展核心示范区起步区三年行动计划，荥泽古城、大运河文化片区城市设计方案，滩地公园慢行系统规划，保合寨美丽乡村规划已逐步落地实施。荥泽古城文旅融合项目一期样板区启动建设，古荥镇合村并城安置房项目建设稳步推进；大运河文化片区核心板块确定“做地”主体和推进方案，征迁工作加快实施；中原高科技花卉博览园一期基本完工，沿黄区域加速发展的脉络更加清晰、步伐铿锵有力。黄河天下文化综合体、黄河国家博物馆、大河文化绿道等项目有序实施。《黄河文库·文学黄河》十卷丛书编撰完成，第三届大河诗会成功举办，《春天的黄河谣》入选“2020年度河南省精神文明建设‘五个一工程’重点创作项目”，惠济“黄河文化”品牌实力持续壮大。

【城市建设】 聚力改变城市面貌、提升城市品质、加强城市管理，深入推进“三项工程、一项管理”，着力建设人民满意城区。坚持慢行优先、展现文化、优化断面、提升绿化、完善设施，系统性、全方位实施道路综合改造提升，市级“一环十横十纵”工程一期完工，二期开元路等3条道路加快改造；区级自主改造工程一期王寨街等3条道路基本完工、常青路等3条道路加快推进，二期天河路等13条道路稳步实施。41条道路、四环线及大河路快速化工程主线桥建成通车，地铁3号、4号线通车运营，7号线辖区段实现洞通。新增公交线路2条，延长、优化公交线路26条，新增公交里程42.7公里。2020年，新开工安置房71万平方米，网签11828套，回迁群众8498人，超额完成市定任务。中华园等19个老旧小区完成改造，惠及群众5053户。城乡结合部改造创建示范村5个、达标村（社区）19个，181个管理类项目全部实施；持续开展“提升农村及社区人居环境”行动，基本实现农村主干道机扫作业全覆盖、保洁时间无空档，生活垃圾集中收运、日产日清；新建农村污水处理站4个，实现全域农村污水设施全覆盖。完成江山路电力线路入地等迁改工程22项，迁改电力线路13.8公里，建成变电站4座。新增天然气管道40公里、暖气管道20公里、自来水管网25公里、公共停车位4483个，城区承载能力大幅提升。创建“千百十”优秀路段28条、卓越路段4条；银通路等6条道路整修完工，杏花街等17条道路近3万米架空通信线缆完成入地改造；4735个路内停车泊位、69个停车场实现规范管理；查处、纠正交通违法行为为17.6万起，整治乱停乱放车辆2.5万辆。126栋楼体夜景亮化改造完毕，乐飞街等9条道路通车亮灯，城市面貌更加整洁、有序，圆满保障了国家网络安全宣传周、金鸡百花电影节、2020中国500强企业高峰论坛等重大活动开展。

【生态环境建设】 认真践行习近平生态文明思想，持续强化环境治理、筑牢生态屏障，城乡宜居度不断提高。PM10、PM2.5年均浓度为83、52微克每立方米，完成市定年度目标，优良天数达244天，空气质量综合指数、优良天数均居全市第一。坚持县级领导带队夜查，狠抓“散煤、散尘、散乱污”治理，整治“散乱污”企业18家，持续开展重型柴油货车检查，严格渣土车运输和非道路移动机械管理。治理河渠采砂、城市黑臭水体等“四乱和三污”问题66处，集中式饮用水源地达标率100%。扎实推进白色污染治理，开展农药包装废弃物回收处理试点工作，回收率达90%。提速国土绿化行动，新造林3030亩。郑州北站铁路沿线绿化加快实施，郑州北站五龙口干渠滨水绿化、黄河大堤行道树栽植等项目基本完工。推进绿化美化融合，扎实开展“月季满城”行动，栽植月季6.5万棵，建成月季主题道路3条；新建公园游园31个，新增绿地193万平方米，绿满全城的生态环境加快营造。贾鲁河综合治理绿线工程、索须河景观提升工程四期基本完成，枯河辖区段清於、金洼干沟上游水生态修复完工，石苏干沟综合治理、张牛支沟下游治理工程加快推进，辖区7条河流断面水质全部达标，“县域节水型社会”创建工作通过省级验收。

【优化发展环境】 坚持向改革要动力，向开放要活力，向创新要潜力，努力在危机中育新机、于变局中开新局。各项改革持续深化，聚焦重点领域，创新工作举措，深入推行工程建设项目审批制度等14项重大改革，梳理镇（街道）行政审批事项113项、公民个人“一件事”事项344项，企业群众办事更加便利；推行“一窗受理、集成服务”，80%的市场主体准入即准营；“互联网+监管”稳步推进，监管事项主项覆盖率达79.1%，排名全市前列。区、镇（街道）财政管理体制改革圆满完成，隐性债务化解任务有效落实，债务风险指标均在正常区域。出台了国有公司系列规章制度，国有平台公司管理更加规范，天河公司获得AA级主体信用评级。54个行政村农村集体产权制度改革圆满完成。出台农村集体资金资产资源管理实施办法，农村三资管理全面加强。围绕产业建链、扩链、强链，引进企业17家、达成合作意向金额294亿

伊朗撤侨在丰乐农庄隔离（白　韬/摄）

元，实际吸收外资1.9亿美元。投资约100亿元的苏宁智慧零售结算总部项目成功签约，中建二局二公司、中建七局安装工程公司、中国水利水电第六工程局3家央企强势入驻，江西交建、洪城市政等企业顺利落户，中铁十八局、百盛联合集团等10余家大型企业深入洽谈。上报10亿元以上高质量产业项目3个、国内外500强项目4个。建立全区城中村（合村并城）项目商业地块信息共享机制，精准开展“二次招商”，成功引进项目3个。全面落实“智汇郑州·1125聚才计划”，发放人才创新创业资助资金210万元；成功举办黄河流域生态保护和高质量发展高层论坛。新增高新技术企业15家，增长88%，增速居全市第一。建立省级研发平台3个；认定郑州市科技型企业22家、郑州市软科学研究计划项目3个，搭建郑州市工程技术研究中心（重点实验室）4个。成功申报国家级“专精特新”小巨人企业1家，省级、市级“专精特新”中小企业10家。扎实开展工业企业“亩均论英雄”综合评价工作。

【民生事业】坚持民生为本，扎实推进省、市、区三级共37项重点民生实事办理。全区一般公共预算民生支出20.9亿元，占一般公共预算总支出的75.5%，增长14%。6所中小学建成投用，5所小学加快建设，10所小区配建幼儿园收归公办。24个学校食堂改扩建项目加快推进，全省首家校园餐厅全流程数字化监管平台建成投用，午餐供应全面覆盖、优质安全。内容丰富、可供选择的课后延时服务全面实施。新招聘、引进优秀教师547名；与郑州师范学院、郑州四中、郑州外国语学校、郑州市实验幼儿园合作办学已顺利招生开学，与省实验小学、省第二实验中学的合作更加紧密，涵盖“全龄段”的优质教育资源体系加速打造。惠济区入选“中国健康产业百佳县市”。区人民医院实现“就医一卡通”，电子病历系统达到三级水平，医疗智慧化建设明显提升。长兴路街道、江山路街道社区卫生服务中心和花园口镇卫生院基础设施改造，花园口镇卫生院安宁疗护中心项目完工，基层医疗服务体系基本建立。医联体同质化建设进程加快推进。“一老一小”照护服务更加健全，所有社区卫生服务机构、乡镇卫生院具备中医药服务能力。多层次、全覆盖的医保体系初步建立，城乡居民医保参保人数17.3万人，参保率达99.9%，基本医保、大病保险、医疗救助“一站式结算”等举措让群众就医更加便捷。2020年，实现城镇新增就业3490人，农民工返乡创业404人，发放创业担保贷款4430万元，“零就业家庭”动态为零。建成养老服务场所5家。与河南邓亚萍体育产业投资基金达成战略合作。累计建成基层综合性文化服务中心79个。8个城市书房建成运营。新增文化馆分馆5个、图书馆分馆2个，实现8个镇（街道）文化馆分馆、图书馆分馆全覆盖。公共体育服务设施进一步完善，安装健身路径223条，建成农体工程76个、社区多功能运动场3个、社区健身活动中心5个、社会足球场10个、智能健身驿站4个。成功创建省级食品安全示范区，农产品质量安全区创建通过省级验收。全面推进安全生产隐患排查整治，持续开展矛盾纠纷和信访积案化解攻坚，治安态势持续向好，群众的安全感不断提升。同时，我们还认真做好省委巡视及国务院、省、市大督查反馈问题整改；第七次全国人口普查任务圆满完成，第三次全国国土调查工作基本完成；持续加强法治政府建设，全区行政合同审核率、涉法事项审核率均达100%，规范性文件备案审查入选全省法治政府建设示范项目；国防动员体系更加完备，演习演练成为全市品牌亮点；人防、慈善、残疾人、红十字、机关事务、地方史志、民族宗教、退役军人等工作都取得了新的发展。获评全国基层中医药工作先进单位、国家级节约型公共机构示范单位，以及郑州市新型城镇化工作先进单位、依法行政工作先进集体、创建国家生态园林城市工作先进单位、省会铁路沿线等五项绿化工作先进单位、大气污染防治工作优秀单位、“三农”工作（乡村振兴）先进单位、重点项目建设工作先进单位、对外开放工作先进区等十余项荣誉。

【新冠肺炎疫情防控】坚决贯彻中央、省市关于新冠肺炎疫情防控的总体部署，全力以赴打好疫情防控阻击战、持久战，护卫人民群众生命健康，科学有效防控疫情。第一时间建立高效防控体系，5400余名机关干部、公安干警、社区工作者和医卫人员闻令而动、冲锋在前，对全区374个村（社区）卡点、5个交通卡口实行闭环管理；在全市率先高标准设立发热门诊，获得国家卫健委高度肯定；创新实施“楼栋长管理、三色管理、出入证管理”“机关干部+民警+社区人员+志愿者”防控模式，受到国家、省市高度认可；统筹“人防+物防+技防”，强化居民楼院、复课校园、商超市场等重点场所监管检查、安全防护、宣传引导常态化，辖区生产生活秩序井然。筹措落实资金4262.8万元，足额储备、发放疫情防控专用物资。作为全市第一个入境航班隔离点，在全市率先设立丰乐农庄健康关爱中心，建立健全入境人员闭环管理和服务机制，全年累计接收航班45架次、5435人集中隔离；将进口冷链食品监管作为重中之重，创新建立进口冷链食品监管“一总三分”工作专班，建成进口冷链食品集中监管仓，实行“集中监测、集中消杀、集中存储、集中赋码”，为遏制冷链疫情传播做出了惠济贡献。进一步完善公共卫生应急体系，区公共卫生服务中心建成投用，加强疾病预防控制、监测预警等体系建设，核酸检测能力提升至每日1.1万人份。通过全区上下共同努力，疫情防控调度指挥精准高效，各项部署全面落实到位，取得连续300天以上无新增病例的重大战略成果，20人、9个单位获省市表彰。

（徐玲玲）

上街区

【概况】上街区总面积61.73平方千米，其中耕地面积1129.1公顷。辖济源路、新安路、中心路、工业路、矿山5个街道和峡窝镇。总人口197399人。

2020年，全区地区生产总值完成165.5亿元，同比增长2.6%。其中，第一产业增加值0.036亿元，同比下降

88.0%；第二产业增加值78.7亿元，同比增长3.4%；第三产业增加值86.8亿元，同比增长1.8%。粮食总产量0.24万吨，同比下降5.7%。规模以上工业增加值比上年增长3.2%。固定资产投资比上年增长10.5%。社会消费品零售总额同比下降6.4%。一般公共预算收入完成15.0亿元；一般公共预算支出22.5亿元。城镇居民人均可支配收入49532元，同比增长1.9%；农村居民人均可支配收入25296元，同比增长5%。

【机构与领导】 中共上街区委：书记宋洁（女）；副书记耿勇军(10月免）、李新军（10月免）；区委常委：宋洁（女）、耿勇军(10月免）、李新军(10月免）、汤晓义、虎荣鑫、赵晨阳、李献民、时旭、王艳兵。

区委工作部门：办公室主任李献民；组织部部长赵晨阳；宣传部部长（空缺）；统战部部长时旭；政法委书记（空缺）；编办主任张富强（2月免），安青霞（女，5月任）；巡察办主任曹铁信；老干部局局长杨永超；社治委主任赵晨阳；区委区政府督查局局长张建莉（女）。

区委直属事业单位：党校校长李新军(12月免）；档案馆馆长安青霞（女）；融媒体中心主任罗志刚（5月任）。

区人大常委会：党组书记、主任宋双兴；党组副书记王振慧；副主任马丽（女）；党组成员、副主任：朱书民、岳斌、郝斌（4月任党组成员，5月任副主任）；党组成员赵立、李向阳。

区人大常委会工作机构：办公室主任曹锐；财经工委主任王晓；教科文卫工委主任马丽平（女）；信访室主任（空缺）；选举任免代表联络工委主任张玉红（女）；城建环保工委主任张海涛；内务司法工委主任魏志强。

区人民政府：区长耿勇军；常务副区长虎荣鑫；副区长张向奥、王文权（12月免）、房玉雯（女）、张超、游野（12月任）；党组成员王新伟。

区人民政府工作部门：办公室主任张伟；发改委主任何乾坤；教育局局长杨晓东；科工信局局长王玉洁（女）；公安局局长王文权（12月免），游野（12月任）；民政局局长张俊超；司法局局长韩洪涛；财政局局长史瑞娟（女）；人社局局长宋继宾；自然资源局局长杨文斌；住建局局长程建辉；城管局局长邢金聚（5月免），臧彬（5月任）；农委主任刘毅；商务局局长王秀莉（女）；文广旅体局局长蔡旭晓（女）；卫健委主任李显发（2月免），张富强（2月任）；退役军人局局长高天宝；应急管理局局长张海涛；审计局局长邢金聚（5月任）；市场监管局局长陈铠；医保局局长王百峰；信访局局长臧彬（5月免），毛建国（5月任）；市生态环境局上街分局局长吴建伟；统计局局长侯平松（8月任）。

区人民政府直属事业单位：事务局局长赵亚非（5月任）；接待办主任杨丽（女，5月任）；新城办主任邢蕊（女，5月任）；通航试验区管委会副主任孙喜忠；生态新城管委会主任马蕾（女，5月任）；五云社区主任（空缺）。

政协上街区委员会：党组书记、主席邓书安；党组副书记时旭、武家寅；副主席武家寅、李新廷、吕现州、赵文瑛（女）。

区政协工作机构：办公室主任闫荡西；专门委主任何奇志（5月免）；文史委主任路坦坦（女）；经济委主任张元恒；提案委主任（空缺）；教科文卫体委主任赵娟（女，5月任）；社会和法制委主任（空缺）；港澳台侨和民族宗教委主任赵辉（女）。

区纪委书记、监委主任：汤晓义。

区人民武装部：部长王艳兵；政委：成岩峰。

区人民法院：院长乔亦丹（女）。

区人民检察院：检察长陆一凡。

区群团工作部门：总工会主席岳斌；团区委书记王馨欣（女）；妇联主席王敬群（女）；侨联主席杨月凤（女）；科协主席代振岭；工商联(商会)会长张占平；残联理事长刘郁（女，5月任）。

镇、街道：峡窝镇党委书记陈勇（5月任），镇长（空缺）；济源路街道党工委书记李智俊，主任李志峰；新安路街道党工委书记马利伟，主任李军志；中心路街道党工委书记张魁伟，主任樊向阳；工业路街道党工委书记秦清宇，主任张威；矿山街道党工委书记秦永娜（女），主任祁亚。

【产业发展】 制造业高质量发展加快推进。奥克斯智能空调生产基地开工建设，奥克斯智造产业园一期一批建成、签约项目40个。产业集聚区成功申创市高端智能装备产业专利导航试验区，投资12亿元的奥瑞环保研发制造中心及区域总部项目开工建设，青岛国恩二期、红星盾构等加快推进，郑煤机三期投产运营，获评全市“两快”产业集聚区。全区高新技术产业增加值占规上工业增加值30.3%，引进先进制造业项目7个，新增“上云接链”企业256家、外贸登记备案企业43家，5家企业被认定为国家级“两化融合”贯标企业、实现零突破，获评全市制造业高质量发展先进单位。郑州国家通航产业综合示范区建设取得突破。开通上街至襄阳、阜阳、南阳短途航线、填补了全省通航领域的空白，三和消防版无人机通过国家检验，海王地效翼船走向市场，乔海飞机实现全省固定翼飞机自主研发生产零突破，通航企业作业飞行占全省通航飞行时长60%。现代服务业发展态势强劲。郑州国际陆港第二节点加快建设，散装物流区等5个项目建成投用，铁路货运量达到600万吨，商品汽车中转库中转汽车16.9万辆。楼宇经济加快集聚，世界500强企业利宝保险等知名企业入驻，保险业成为新的经济增长点。方顶驿文化旅游片区形象初显，古村示范区建设完成。中铝郑州企业转型发展稳步推进。中铝矿业氧化铝生产工厂获评“河南省智能工厂”，中铝郑州研究院4项科技成果荣获中国有色金属工业科技进步奖。

【发展动能】 招商引资成果丰硕。投资12亿元的奥瑞环保、11亿元的晋潞光电2个高质量项目落地，国内500强企业东方雨虹新材料生产基地、行业领军企业中航材大型飞机维修等55个项目签约、总金额256.3亿元，其中，投资10亿元以上项目5个，盘活闲置厂房楼宇19.8万平方米。科技创新成效显著。全社会科技研发投入经费3.1亿元、增

10月14日，上街区重点项目开工仪式举行（上街区融媒体中心/供图）

改造后的老旧小区——富丽花园（上街区社治委/供图）

长89.9%，创新创业活跃度12县市区排名第二。出台支持创新创业办法，拨付奖补资金3216万元，新增高新技术企业22家、科技型中小企业36家。科技成果转化86项，专利授权量821件、增长30%，2家企业获评全省知识产权优势企业、实现零突破。中关村e谷获评省级孵化器、省级小型微型创业创新示范基地，已入驻企业137家。营商环境更加优化。1673项服务事项“最多跑一次”，1635项“一次不用跑”，企业开办时长压缩至1个工作日，工程建设项目审批时间压缩至最长61个工作日、最短30个工作日办结，不动产登记“当场办、当天办”，获评全市政府信息及政务公开工作先进单位、全市社会信用体系建设工作先进集体。

【城市品质提升】 基础设施不断完善。地铁10号线5个站点全部封顶，汝南路立交桥、新安西路改建、博文路西延等建成通车，310国道上街段、金屏路中段大修工程竣工。铺设管网11公里，新增集中供暖面积56万平方米、燃气用户3300余户。完成6条高压线路迁改、116个5G基站建设。通航核心板块加快建设。编制完成城市设计，机场航站楼、永翔运营基地等11个项目建成投用，郑上商务中心、郑上会展中心等项目加快推进。人居环境明显改善。改造完成06小区、寨沟西苑、陇海安居等16个老旧小区，整治提升中安街片区、许昌路36号院、东方花园等54个无主管楼院，全市无主管楼院整治提升现场会召开。打造“两纵三横”示范路，修复道路3.7万平方米，提升绿化3万平方米。设置公共停车场26处，施划停车位3069个。生活垃圾分类覆盖率达到95%。城市管理更加精细，荣获全市公厕管理工作先进单位、“爱国卫生杯”铜杯等荣誉。

【生态环境优化】 污染防治攻坚扎实有效。PM10、PM2.5下降14.14%、5.45%，优良天数223天、同比增加39天，大气污染防治三年行动计划目标完成。河湖水质稳定达到标准，县域节水型社会达标建设通过省级验收。生态建设成效明显。建成太溪湖公园等13个公园游园，13个小区被评为省市级园林小区，新增绿地50万平方米，完成抚育林630亩，获评全市创建国家生态园林城市工作先进集体。

【民生社会事业】 民生支出16.2亿元，占一般公共预算支出72%，省市民生实事全面完成。脱贫攻坚成果巩固提升。建立完善防返贫动态监测机制，落实扶贫资金324万元。就业创业稳定扩大。新增城镇就业2937人，发放创业担保贷款1720万元，减免缓退企业社会保险费8630万元、惠及企业882家，拨付稳岗补贴、“以工代训”补贴3339万元，获评全市就业创业及社会保障工作先进集体。教育教学取得可喜成绩。许昌路小学建成投用、冠名全省首家钱学森小学，新增学位2640个，在全市率先全面消除义务教育大班额。午餐供餐和课后延时服务实现中小学校全覆盖。高考成绩实现新突破，81名学生被清华大学等“双一流”大学录取。成功引进中原工学院民航校区，填补了无本科院校的空白。全区新引进教师105名，新增市级以上名师22名。被评为全省儿童青少年近视防控试点区、全市教育督导工作优秀等次。卫生健康持续改善。拨付基本公共卫生、基本药物、计生奖励扶助等资金2776.8万元，第十五人民医院主体封顶、成功挂牌郑州大学第二附属医院上街院区，核酸检测实验室、中心路社区卫生服务中心建成投用，峡窝镇卫生院被列为全国安宁疗护工作基层试点。文体事业提质发展。组织文化活动380余场，文明实践中心、3家“郑品书舍”建成，区图书馆获评“河南省数字图书馆推广工程”试点，成功举办2020年中国金鸡百花电影节现实题材电影创作论坛。新建3个社会足球场、11条全民健身路径，人均健身场地面积全市领先。社会保障能力不断提升。拨付低保、救助、残疾人补贴、高龄津贴1155万元，发放抚恤补助金、义务兵家属优待金785万元。新增养老服务场所6家、床位442张。社会治理切实加强。信访稳定、安全生产、食品药品等工作扎实开展，扫黑除恶专项斗争取得阶段性成效，社会大局安定和谐，被评为全市“法治县区”，成功创建全省农产品质量安全区、郑州市唯一的全国信访工作“三无”县（市、区）。

【新冠肺炎疫情防控】 面对突如其来的新冠肺炎疫情，迅速成立疫情防控工作领导小组，建立以“一办七部”为主的疫情防控指挥系统，全区各级党组织和广大党员干部闻令而动、坚守一线，医务工作者、社区干部逆行冲锋、舍身忘我，构建了以小区保社区（村）、以社区（村）保全区的全覆盖防控体系。健全数据、责任、管理三个闭环，推行“红黄绿”三色码管理措施，压实“四级分包”责任，从严落实“四早”“四集中”要求，实施“五防八管八控”工作法，采用“居家隔离+集中隔离”等方式，织密了横到边、纵到底的防护网。累计拨付专项资金3790万元，10天建成2000多平方米的发热门诊，20天建成25间备用留观病房，征用16家酒店建立健康关爱中心，支持中铝郑州企业建成日产15万只口罩生产线，接受人大代表、政协委员等社会各界捐款捐物700多万元，有效提升了疫情防控能力。出台应对新冠肺炎疫情促进经济平稳健康发展30条、加快推动楼宇经济、数字经济发展的若干政策等，常态化开展民营经济“两个健康”、“一联三帮”和“三送一强”等活动，建立县处级领导分包、行业主管单位指导帮扶、属地镇办服务帮办等工作机制，做实银企、产销、用工、产学研“四项对接”，为企业减税1.2亿元，发放奖补资金7687万元，提供贷款28.2亿元，有效提振了市场信心、促进了经济恢复。持续抓好常态化疫情防控，保障了人民群众生命安全和身体健康。

（王怡婧）

巩义市（河南省直管县）

【概况】 2020年，巩义市总面积1043平方公里。辖15个镇、5个街道办事处，31个居民委员会，288个村民委员会。2020年，巩义市生产总值826.57亿元，全市财政总收入100.65亿元，公共财政预算收入51.6亿元，公共财政预算支出91.4亿元，年末全市金融机构人民币各项存款余额531.9亿元，人民币各项贷款余额321.1亿元，截至2020年底，全市共有5家境内外上市公司，发行股票5只。其中A股4只，境外股票1只。全市进出口总值51.5亿美元，全市实际利用外商直接投资3.5亿美元，实际利用省外资金88.3亿元。

全市共有资质内建筑业企业53家，全市建筑业完成增加值40.47亿元，全年固定资产投资（不含农户）同比增长6.3%。全市工业投资比上年增长9.8%。全市粮食播种面积36659公顷，全年粮食产量153906吨，年末农业机械总动力50.37万千瓦，有农用拖拉机1.2万台，全年共营造林3770公顷，有自然保护区1个，有森林公园3个。

全市规模以上工业增加值增长7.2%，全市社会消费品零售总额279.05亿元，全年运输旅客427万人，运输货物3847万吨，全年完成旅客周转量10249万人公里，完成货物周转量957785万吨公里。

全年共完成邮电业务总量62.56亿元，年末本地固定电话用户数4.2万户，移动电话用户达到81.38万户，互联网宽带接入用户达到27.46万户。

全市有艺术表演团体16个，文化馆1个，公共图书馆1个，博物馆1个。全国重点文物保护单位10处。国家级非物质文化遗产名录1个。有A级景区8处，其中4A级以上景区3处。

【机构与领导】 中共巩义市市委：书记：袁三军（2020.5离）袁聚平（2020.5任）；副书记：袁聚平（2020.5离）、邓英文（2020.12任）；常委：袁三军（2020.5离）、袁聚平、景雪萍（女）（2020.10离）、南毅强、梁险峰、贺传伟、史建伟、邓英文、陈兆甲、李勇（2020.12离）、赵凯（2020.12任）、梁江涛（2020.12任）。

市委工作部门：市委办公室主任：范钦伟；组织部长：景雪萍（女）（2020.11离）；宣传部长：史建伟；统战部长：贺传伟；政法委书记：陈兆甲；编办主任：李立新；党史办主任：邵玉龙；巩义融媒体中心主任：张剑；党校常务副校长：杨少辉；市委市政府督查局局长：康新伟。

市六届人大常委会：主任：冯献峰；副主任：闫红涛、范志武、钟西军（2020.4离）、崔俊理、魏文红（2020.9任）。

市人大常委会工作部门：办公室主任：张海涛；教工委主任：刘建伟；财工委主任（空缺）；选工委主任：冯晓慈（女）；农工委主任：李现锋；来信来访工作办公室主任（空缺）；城建环资工委主任：祖世泉；法工委主任（空缺）

市人民政府：市长：袁聚平；副市长：邓英文（2020.12离）、景秀香（女）、杨红伟、刘军杰、杜鹏懿。

市政府工作部门：市政府办公室主任：曹明勋；发改委主任：赵静波（2020.9离）；教育体育局局长：李易（女）

科工信局局长：许学辉；公安局局长：陈兆甲；民政局局长：王国锋；司法局局长：张文红（女）；财政局局长：袁海昌。

人力资源和社会保障局局长：李曙光；自然资源和规划局局长：崔国强；住建局局长：侯松强；交通运输局局长：刘怀威；城市管理局局长：曹喜乐；农业农村工作委员会主任：赵现才；水利局局长：校现伟；林业局局长：庞国栋；商务局局长：刘学明；文化广电旅游体育局局长：秦文坦；卫生健康委员会主任：白利亚；退役军人事务局局长：赵东巍；应急管理局局长：刘金刚；审计局局长：王乾玺；市场监督管理局局长：刘文勇；统计局局长：王娟娟（女）；医疗保障局局长：杨晓贤；信访局局长：孙钧；政务服务和大数据管理局局长：范谡进；郑州市生态环境局巩义分局局长：杨利锋；税务局局长：姬瑞音；公共资源交易中心主任：樊永杰；史志办主任：路培育；机关事务管理局局长：李江涛；

供销社主任：崔卫国；烟草局局长：李伟；气象局局长：杜光伟；供电公司总经理：朱吉祥（2020.4离）杨鲲鹏（2020.4任）；城集联社主任：石景建；邮政公司经理：刘剑峰；

政协巩义市六届委员会：主席：李占龙；副主席：吴建禄、王继锋、马克霞（女）。

政协委员会工作部门：公室主任：张莹剑；财贸经济委主任：康红武；提案委主任：李丹；社会和法制委主任：霍文辉；教科卫体委主任：韩胜利；文化和文史委主任：周占龙。

市纪委书记、监委主任：南毅强。

市人民武装部政委：李勇（2020.12离）、刁建伟（2020.12任），部长：梁江涛。

市人民法院院长：郭宝安。

市人民检察院检察长：刘冰（女）。

市群团工作部门：总工会主席：范志武；妇联主席：李会巧（女）；科协党组书记：杨智威；文联主席：孟玉杰；工商联主席：马克霞（女）；残联理事长：王飞（女）。

镇、街道：米河镇党委书记：秦飞，镇长：李萌轲；新中镇党委书记：马廷文，镇长：曹会婷；小关镇党委书记：白东升，镇长：许火炎；竹林镇党委书记：赵明恩，镇长：杜万里；大峪沟镇党委书记：刘亚涛（2020.11离），镇长：于晓理；河洛镇党委书记：赵江，镇长：李科锋；站街镇党委书记：庞冠峰，镇长：康艳华；康店镇党委书记：路少辉，镇长：张炎杰；北山口镇党委书记：吴建峰，镇长：张赛军；西村镇党委书记：张朝阳，镇长：耿飞；芝田镇党委书记：荆晓锋，镇长：王守刚；回郭镇党委书记：王跃举，镇长：杨少华；鲁庄镇党委书记：王东，镇长：曹报锋；夹津口镇党委书记：李争妍（女），镇长：崔相金；涉村镇党委书记：李明刚，镇长：贺刚；孝义街道党工委书记：焦成举，办事处主任：高明；新华路街道党工委书记：王国栋，办事处主任：路向前；杜甫路街道党工委书记：王伟丽（女），办事处主任：李超勇；永安路街道党工委书记：牛锐锋（女），办事处主任：张宏奎；紫荆路街道党工委书记：韩润峰，办事处主任：曹东伟。

河洛汇流（马　健/摄）

【经济发展】 认真落实郑州市促进经济平稳健康发展30条、促消费增活力稳增长10条等政策措施，出台《应对疫情影响促进经济平稳健康发展的若干举措》，设立1.5亿元中小企业应急转贷周转资金和20亿元先进制造业发展基金，常态化开展“三送一强”活动，累计拨付奖补资金5.8亿元、减免税费4.8亿元，协调银行展期续贷50亿元，鼓励消费、扶持商家、提振市场信心、促进经济恢复。

推动工业转型升级，加快制造业发展提档升级，出台《巩义市制造业高质量发展实施意见》《巩义市“亩均论英雄”分类综合评价实施方案》，128家规上企业实施技术改造、累计完成投资193.2亿元，1306家企业参与深度治理，新增国家级绿色工厂1家，国家级“专精特新”中小企业6家，明泰铝业入选中国制造业民营企业500强、荣获河南省省长质量奖，5G创工业设计中心挂牌成立，巩义市被评为河南省制造业高质量发展综合试点县（市），在2020年全国工业百强县（市）排名中位居第42位、河南省首位。2020年有46家企业通过高新技术企业认定，全市累计达到106家，入库国家科技型中小企业113家，新增省级新型研发机构1家，新建省级工程技术研究中心8家，指导企业申报科技贷、郑科贷1400万元。

【招商引资】强力推进开放招商，制定完善招商引资工作意见和绩效考核办法，落实各项优惠政策，依托国家级重大平台，积极洽谈先进制造、大数据中心、文化旅游等项目。成功举办2020年中国新能源产业发展高峰论坛暨知名企业走进巩义活动。全年签约投资亿元以上项目32个、总投资439.3亿元，实际利用外资3.54亿美元、增长3.1%，引进市外境内资金151.8亿元、增长3.6%。

【文旅融合】巩义长寿山、偃月古城、浮戏山、嵩顶滑雪旅游度假区全年累计接待游客1045万人次，实现旅游综合收入37亿元，成功创成首批省级全域旅游示范区。杜甫故里诗词大会系列活动，“杜甫杯”华语诗歌征文大赛、全国城市雕塑设计大赛参与人数达260万人。“河洛书场”“梨园香韵”等广场文化活动，举办戏曲文化艺术节、广场舞大赛等3000余场次，参与群众达80余万人。聚焦讲好黄河故事、巩义故事，举办首届“杜甫文学艺术奖”评选活动，发布文艺精品18个，做好沿黄文化资源调研推介，推动文创产品开发，彰显巩义深厚文化底蕴和鲜明文化特色。

【城市建设】坚持规划引领，完善规委会制度，全年召开规委会4次，审议重大规划事项20项。紧紧围绕“一张蓝图保发展、一体共治建生态”的工作思路，高标准推进国土空间总体规划编制，有序开展相关专项规划和详细规划编制，强化重点区域城市设计，提升规划管理水平。加快完善基础设施和公共

打响环保攻坚战，建设美丽乡村。图为巩义市米河镇一个废弃的生产耐火材料的烟囱改造成“风车”（马　健/摄）

服务设施，扎实推进“三项工程、一项管理”，建成投用公园游园11个，新增绿化面积19.4万平方米。新规划永安路、唐三彩路等11条道路及21个路口渠化如期完工，30条市政道路项目已在建设，49个老旧小区进行有机更新，3个示范区完成规划设计，47个城乡结合部综合改造稳步实施。强力推进重大交通项目建设，芝田路、洛滨路、竹林至韩门道路、驻张路等7条道路竣工通车，G310焦桐高速至巩偃界段等项目顺利推进，回郭镇大桥主桥建成通车，城市功能日益完善。

【乡村振兴】大力实施乡村振兴，推动现代农业稳步发展，粮食产量达到19.43万吨，新认定郑州市级现代农业示范园6个，省级龙头企业2家、郑州市级2家，新增省级知名农产品品牌3家、绿色食品标志许可17个。扎实开展美丽乡村建设，投资3.89亿元推进涉村镇大南沟村、大峪沟镇海上桥村等15个美丽乡村示范村建设，统筹实施基础设施建设、历史风貌保护、乡村产业发展等项目208项。大力推进农村人居环境整治，农村生活垃圾治理实现全覆盖，无害化卫生厕所普及率达到94%以上，生活污水治理覆盖180个行政村。发展壮大农村集体经济，完成省、郑州市扶持集体经济发展试点项目24个，全市空壳村全部清零，78%的村集体经济经营性收入超过10万元。

【生态环境】深入学习贯彻习近平总书记关于黄河流域生态保护和高质量发展的重要讲话精神，加快建设“天蓝、地绿、水清”的秀美巩义。加大黄河湿地自然保护区退耕还湿、退养还滩力度，完成矿山恢复治理7314亩，成功举办黄河流域突发水环境事件应急演练，提升了黄河流域突发水污染跨流域、跨区域、跨部门联动联防能力。持续打好污染防治攻坚战，实行了全域禁煤，空气质量持续改善，全年优良天数达到213天，比2019年增加26天，PM2.5、PM10累计浓度分别下降6.8%、18.7%，大气污染防控三年攻坚圆满收官。启动青山工程二期项目，完成新造林5.3万亩、廊道绿化4000亩，全市林木覆盖率达42%，获评“河南省级森林城市”。坚持“四水同治”，生态水系项目进展顺利，完成投资18.5亿元；城乡供水一体化工程取得阶段性成果，完成投资1.2亿元。小浪底南岸灌区工程（巩义段）和伊洛河治理康店大桥拆除重建工程全面启动。深化实施河长制，全市河库面貌明显改善，伊洛河出境断面水质达到三类。创成省级节水型城市。

【社会事业】坚持把优化提升营商环境作为推动高质量发展的重要举措，大力推进“互联网+政务服务”和“最多跑一次”改革，1777个事项实现网上办理、83个“一件事”实现“郑好办”在线可办。深化行政执法体制改革，文化市场、农业、交通、市场监管等领域综合行政执法大队挂牌成立。巩义市被确定为全国农村宅基地制度改革试点县（市）。不动产登记实现“交房即发证”，“非接触式办税”“不见面开标”顺利实施。市场主体新登记8866户、新增注册资本172亿元，新增中原股权交易中心挂牌企业55家。

坚持以人民为中心，推进为民造福工作走深走实，围绕人民群众反映强烈的民生问题，不断加大投入力度，全年民生支出达到70.1亿元，占一般公共预算支出的76.7%。巩固脱贫成果投入专项资金1.3亿元，完善提升脱贫村基础设施和公共服务，统筹推进产业扶贫、就业扶贫、金融扶贫等各项措施，

推动全市贫困人口就业15594人、增长 3.4%，实现人均收入17026元、增长24.7%。全方位实施稳就业攻坚行动，全市新增城镇就业11971人、农村劳动力转移就业6133人。

进一步完善社会保障体系，全面落实“全民参保三年行动计划”，城乡居民养老保险参保41.2万人、医疗保险参保66万人，基本医疗、大病保险、困难群众大病补充医疗保险保障水平稳步提升。加大住房保障力度，新开工项目16 个10499套，竣工回迁4个1886套，基本建成10个2399套。坚持办好人民满意的“美好教育”，和平路幼儿园、河东社区幼儿园建成投入使用，市第一初中、山川幼儿园等6所学校主体工程完工；城区近郊6所学校作为市直学校分校进行托管，切实提升薄弱学校教育教学质量。全面提升卫生健康服务水平，市人民医院东区医院一期建成完工，6家乡镇卫生院达到国家级服务能力基本标准、3家达到推荐标准，169种药品价格平均降幅65%，跻身2020中国最具幸福感城市、中国率先全面建成小康社会范例城市。

【新冠肺炎疫情防控】 巩义市委市政府始终充分发挥领导核心作用，先后召开市委常委会12次、全市调度会21次，把上级部署与巩义实际相结合，成立疫情防控指挥部，抽调全市各部门87名精干力量组成专班，全力以赴做好阻止疫情输入扩散蔓延、强化物资保障、宣传舆论引导等方面工作。严格落实“外防输入、内防扩散”及“外防输入、内防反弹”要求，聚焦重点人员、重点区域、重点关口，组织2万多名党员干部下沉社区楼院，累计排查外地返巩人员59998人、流调重点人员1194人、集中隔离235人，实现了郑州地区首例治愈、率先清零， 本地全治愈、医护零感染。安排疫情防控资金1.2 亿元，社会各界爱心人士捐款856万元，防疫和生活物资供应得到保障。

【脱贫攻坚】 2020年，巩义市进一步巩固脱贫攻坚成效，组织专班对12个镇23个村开展实地调研，对165户农户（贫困户130户，非贫困户35户）进行入户访谈，2020年实现贫困人口就业15594人；投资1819.3万元实施精准扶贫标准化厂房项目年收益160.02万元，通过设置公益岗位方式落实到户方式惠及贫困户911户；光伏扶贫项目收益资金150万元惠及贫困户约1200户；投入财政专项扶贫资金1.3亿元，统筹推进产业、就业、金融、生态等扶贫工作，持续巩固脱贫攻坚成果，全市贫困人口年人均收入达到17026元，增长24.7%。开展消费扶贫，全年分别在“河南农购网”、“中国社会扶贫网”上传扶贫农副产品，建成消费扶贫专馆3个，在建1个，建设消费扶贫专区3个，累计开展活动262次，销售额金额202.1万元。

截至2020年年底，巩义市建档立卡户9653户29597人全部实现脱贫，42个省级贫困村全部退出贫困序列。脱贫攻坚工作获“全国脱贫攻坚先进个人”荣誉称号1人，获“河南省脱贫攻坚先进个人”荣誉称号3人。

【巩义市双槐树古国时代都邑遗址考古重大发现】 双槐树遗址位于黄河南岸2公里、伊洛河东4公里，河洛镇双槐树村南，处于河洛文化中心区。目前双槐树遗址东西长约1500米，南北宽约780米，残存面积达117万平方米，发现有仰韶文化中晚阶段3重大型环壕、具有最早瓮城结构的围墙、封闭式排状布局的大型中心居址、大型夯土基址等，并出土了一大批仰韶文化时期丰富的文化遗物。

5月7日，河南文物考古学会在郑州市举行巩义双槐树古国时代都邑遗址考古重大发现发布会（李 焱/摄）

经考古勘探和科学测年确认，双槐树遗址是一处距今5300年前后的仰韶文化中晚期巨型聚落遗址，该遗址是迄今为止在黄河流域仰韶文化中晚期这一中华文明形成的初期，发现的规格最高的、具有都邑性质的中心聚落，不仅被誉为黄河文化之根、华夏文明之魂，还被专家称之为“早期中华文明的胚胎”。

（魏小艳）

登封市

【概况】 2020年，登封市总面积1216.9平方公里，辖3个街道办事处，9个镇、3个乡。面对新冠肺炎疫情的严重冲击，全市上下高举习近平新时代中国特色社会主义思想伟大旗帜，在上级党委、政府和市委的坚强领导下，齐心协力，同舟共济，统筹推进，经受住了重大考验，“美丽登封”建设取得显著成效。全市地区生产总值比上年增长2.4%，一般公共预算收入增长7.2%，固定资产投资增长16.6%，城镇居民人均可支配收入增长2.1%，农村居民人均可支配收入增长5.5%。

【机构与领导】 中共登封市委：书记王鸿勋；副书记杨金军、陈耀宗；市委常委：王鸿勋、杨金军、陈耀宗、李同堂、康红阳、魏银普、王超、杨勇、李力、段宗锋。

市委工作部门：纪委书记、监委主任李同堂；市委办公室主任魏银普(常委)，常务副主任牛洪涛； 组织部部长（空缺），常务副部长兼编办主任杨飞剑；宣传部部长王超（常委），常务副部长张雪霞；统战部部长李力（常委），常务副部长孙利锋；政法委书记杨勇（常委），常务副书记岳小争；巡察办主任薛少龙；社治委常务副主任尚学阁。

市五届人大常委会：主任赵华敏；副主任：闫新生、杨国强、弋群立。

市人大工作部门：办公室主任王建永（1月任）；选举任免代表联络委主任王红伟；经济委主任兼人大财政经济预算委主任委员王学杰；内务司委主任兼人大法治委主任委员郑永红；科教文卫委主任孙红卫；城建环保委主任郑建伟；农村工作委主任岳继红；信访室主任刘国栋；人大社会建设委主任委员李耀峰；预算工委主任（空缺）。

市人民政府：市长杨金军；副市长康红阳、陈治龙、史战胜、何聪道、胡优良。

市政府工作部门：市政府办公室主任景晓明；市发展和改革委员会书记兼主任郑振武；教育局书记李智鑫、局长董辉；工信局书记兼局长张超锋（10月任）；民族宗教局书记卢青、局长王

登封市北高庄知宿民宿（登封市史志办/供图）

向辉；公安局书记兼局长张遂旺；民政局书记兼局长郑铁涛；司法局书记兼局长席遂兴；财政局书记兼局长冯颖灿；人社局书记兼局长冯巧云；自然资源和规划局书记兼局长袁鹏飞；住建局书记兼局长雷新亚；交运局书记兼局长吴建伟；城市管理局书记兼局长高少雷；农业农村委员会书记兼主任刘明战；水利局书记兼局长张晓锋（8月任）；林业局书记兼局长李俊峰（6月任）；文化广电旅游体育局书记兼局长何延木（12月任）；卫健委书记兼主任杨洋；退役军人事务局书记兼局长郭亚丽；应急管理局书记兼局长靳建伟；审计局书记兼局长荣二平；市场监督管理局书记兼局长段世民（6月任）；统计局书记兼局长李会卿；医疗保障局书记兼局长任永立；信访局书记兼局长郝炳鑫；政务服务和大数据管理局书记兼局长郭建刚；商务局书记兼局长温韬。

政协市五届委员会：主席杨戌超；副主席刘白雪、释永信、王丽、甄少杰；秘书长朱振信（7月任）。

市政协工作部门：市政协办公室主任刘元京；提案委主任刘春萍；经济科技委主任赵大杰；学习文史委主任（空缺）；农业和农村委主任刘丹颖；社会和法制委主任王义民（6月任）；教科卫体委主任 空缺；港澳台侨和民族宗教委主任刘洋（7月任）；委员管理联络委主任（空缺）。

市纪律检查委员会书记：李同堂。

市人民武装部政委：段宗锋；部长：李长鑫。

市人民法院院长：郭晓堃。

市人民检察院检察长：刘文胜。

市群团工作部门：总工会党组副书记、副主席孙书峰（10月任）；妇联书记兼主席张华强；侨联书记兼主席李建东；团委书记（空缺）；工商联书记兼主席刘爱玉；科协书记兼主席张松波。

乡镇、办事处、区工委机关：颍阳镇书记张文科、镇长周战波（6月任）；君召乡书记、乡长王磊；石道乡书记刘现伟，乡长王绍锋；大金店镇书记王韶亮，镇长马宝仓；东华镇书记王志鸿、镇长秦胜永；白坪乡书记梁跃飞，乡长毛鹏展；卢店镇书记孔玉峰、镇长李光（6月任）；唐庄镇书记、镇长崔会生；告成镇书记杨伟平、镇长崔鹏（6月任）；徐庄镇书记吴燕（6月任），镇长陈胜强；大冶镇书记王志斌、镇长卢宏斌；宣化镇书记马炎军、镇长景东辉；嵩阳办事处书记韩迎旭、主任李庆成（7月任）；少林办事处书记周莉、主任孟晓丹（10月任）；中岳办事处书记岳小争（6月任），主任王晓蒙（8月任）。

【产业转型】 加快转型升级，大力发展美丽经济，高质量发展的动能越来越强。面对转型升级的历史任务，登封市把制造业高质量发展作为主攻方向，坚决淘汰落后产能，关闭退出煤炭企业3家，淘汰炭素企业3家，整合耐材企业34家，合计压减产能56.7万吨；加快改造提升传统产业，实施“三大改造”重点项目35个，完成工业企业深度治理401家、“亩均论英雄”综合评价634家；大力发展新兴主导产业，规划建设7.26平方公里的装配式建筑产业园，完成投资13.5亿元，城源集团年产20万立方米PC预制构件生产线项目竣工投产；实施重大产业工业项目25个，郑州启明轩智能装备、河南克莱威纳米碳材料等13个项目建成投产；新增接链企业78家、上云企业310家，工业互联网应用成效初显。

【城乡建设与管理】 统筹城乡建设，全力共建美丽人居，高质量发展的品质越来越高。把握山城规律，塑造城市风貌，以道路有机更新带动城市有机更新，一条大道穿城过，百里嵩山入城来，焕然一新的少林大道再次刷新了登封的“颜值”和“气质”，全长33公里的环嵩山旅游公路基本贯通，G207市区至大金店段环境综合整治工程主体完工，盐洛高速少林站建成通车，“一环绕山、九珠璧连、四区联动”新格局即将形成；中心城区功能提升城建二期等26个市政基础设施项目加速推进，新改建道路全部实现明线入地，城市面貌日新月异。全市以核心板块高水平规划引领城乡高质量建设，高标准编制《国土空间总体规划》，进一步优化生产、生活、生态空间布局；精心编制核心板块城市设计，西旅游环路等3条道路全面开工，投资60亿元的绿地嵩山小镇等7个项目加快推进。以完善功能配套提升城乡建设品质，气势恢宏、端庄典雅的市民文化中心惊艳亮相，成为登封新地标；投资2亿元的中岳文化公园、3.1亿元的大周封祀坛遗址生态文化公园开工建设；12个老旧小区改造基本完工，7个镇办城乡结合部综合整治全面启动，14个小微游园建成开放；实施“百县通村入组”工程147个136.5公里，实现全市20户以上自然村全部通硬化路；大力推进燃气“通镇入村”工程，铺设管网270公里，新增农村燃气用户1.1万户；完成农村改厕1.9万户，城乡环境明显改善。全市以城市精细化管理促进城市更美好更宜居，新建停车位1万个并纳入智慧停车管理系统，建成5G基站271个，基本实现城区全覆盖；城市管

登封全景（刘客白/摄）

理执法力量下沉至办事处，拆除违法建设946处，整治“住改商”658间，完成拆墙透绿3.5公里，城区垃圾分类设施覆盖率达到95%，主干道机扫率达到100%；重新规划设置44个城市社区，服务群众更加便捷贴心。

【农业发展】 全市以发展现代特色农业作为重要抓手，新建高标准农田5000亩，粮食产量达到20.2万吨，蔬菜产量达到10万吨，新增郑州市级现代农业示范园项目6个，新认证“绿色食品”农产品基地3家，创成全国休闲农业与乡村旅游四星级示范园区1家，村级集体经济空白村实现“清零”，十万元以上村占比60%，百万元以上村达到18个。

【脱贫攻坚】 坚持以习近平总书记关于脱贫攻坚的重要讲话精神为指导，深入贯彻落实中央、省委和郑州市委各项决策部署，注重强化领导责任、强化资金投入、强化部门协同、强化社会合力、强化基层活力、强化任务落实、强化监督执纪，脱贫攻坚工作取得了一系列成效。一是减贫任务圆满完成。全市57个贫困村已全部摘帽退出，建档立卡贫困户6087户25985人全部脱贫，脱贫攻坚工作取得了决定性胜利，减贫任务全部完成。二是体制机制不断优化。全面落实中央、省和郑州市打赢脱贫攻坚战三年行动计划，完善了市、乡、村三级责任体系，成立了“4+6+4”十四个脱贫攻坚重大专项指挥部，分别出台了教育扶贫、健康扶贫等79项脱贫攻坚政策方案并逐年完善，按照“N+2”精准扶贫模式，明确了“转、扶、搬、保、救”的基本路径，建立了以对人、对事、对时、对责、对账“五对”为工作抓手的推进机制，形成了有登封特色的脱贫攻坚政策落实体系。三是基础条件明显改善。投资1.56亿元，实施专项扶贫项目140个，积极推进产业扶贫、金融扶贫、集体经济发展，贫困村发展后劲进一步增强，贫困村村容村貌和户容户貌显著改善，贫困群众的生产生活条件有了明显改观。截至目前，到年底全市57个贫困村集体经济收入均达到10万元以上。四是农民收入持续增加。树牢“抓脱贫核心就是抓增收”的鲜明导向，鼓励贫困户转移就业，实现了有就业意愿和就业能力的贫困群众就业率动态达到100%；引导贫困户调整产业结构，种植核桃、芥菜、小杂粮等经济作物，因地制宜发展养殖业，鼓励和支持贫困群众参与农民合作社，吸纳贫困群众就近就地就业，促进群众脱贫致富。2020年，贫困户人均纯收入达到13810.1元，同比增长11.69%。

【生态建设】 守护绿水青山，聚力打造美丽生态，高质量发展的基础越来越牢。面对生态保护的重任，全市深入开展生态环境治理，落实“河（库）长制”，推进“三污一净”“三山”整治、“一山一河四路”自然资源清查等专项行动，累计清理河道253公里，治理矿坑284个，恢复生态1万余亩，368宗问题图斑全部整改到位，“三区两线”露天矿山生态修复治理率达到100%，空气质量持续改善，主要考核指标PM10、PM2.5、NO2均同比下降11%，优良天数同比增加68天，实现“三降一升”，排名居郑州县（市）首位。全市大力推进生态文明建设，实施国土绿化提速行动，完成核心景区、三绿楔生态修复1.1万亩，生态廊道绿化1.65万亩，建成围村林等农田防护林3000亩，创成森林特色小镇4个、森林乡村28个；启动水磨湾水库建设和少阳河综合治理工程，全年压采地下水178万立方米，成功创建全国第一批深化小型水库管理体制改革样板县（市）。全市坚决守住生态保护红线，颍河沿线11座污水处理厂、46台污水处理设施实现稳定达标运行，高质量完成自然保护地整合优化和生态保护红线评估调整工作，全面开展农村乱占耕地建房问题专项整治行动，纠正违法违规行为91起，坚决遏制了耕地“非农化”行为。

【社会事业】 围绕增进福祉，加快补齐民生短板弱项，高质量发展的成效越来越好。为让人民群众共享美丽登封建设成果，市委市政府紧抓“两不愁三保障”，持续打好“四场硬仗”，深入开展“六大行动”，大力实施“四项工程”，投入1.5亿元实施专项扶贫项目141个，发放扶贫小额贷款2977万元，资助建档立卡学生9739人次1187万元，健康扶贫救助5.9万人次2100余万元，新增贫困人口实现顺利脱贫，贫困村集体经济收入全部达到10万元以上，贫困户年人均纯收入达到13810元，同比增长11.7%。持之以恒增进民生福祉，建成安置房30.3万平方米，网签2078套，回迁群众730户3285人；引进郑州市实验幼儿园、伊河路小学、七十三中等优质教育资源，组建崇高路小学、商埠街小学2个教育集团，新改建中小学校19所，新增公办幼儿园6所，完成21所城镇小区配套幼儿园移交任务，新增学位1万个，建成16个社会足球场，公办普通高中重点本科和普通本科上线率稳居郑州县（市）首位；市人民医院晋升三级综合医院，实现乡镇卫生院、社区卫生服务中心互联互通；完成农村劳动力技能培训5083人，新增城镇就业5842人、返乡创业1057人；发放城乡低保、特困人员救助资金1.1亿元，清欠农民工工资4659万元，清偿民营中小企业账款2094万元；设立退役军人服务中心（站）348个，为728名退役士兵补缴养老保险1259万元，拥军优属工作深入推进。圆满完成第七次全国人口普查。全市坚持不懈推进安全生产，以三年行动为抓手，深入开展矿山、消防、燃气、道路交通、房屋建筑等领域安全生产专项行动，495家企业建成安全风险隐患双重预防体系，新建“互联网+透明车间”78家、“互联网+明厨亮灶”231家、冷链食品经营单位智慧化监管22家，全年安全生产形势持续稳定；深入开展“扫黑除恶”专项斗争，依法侦办涉黑涉恶案件3起；开展“嵩山志愿者”服务活动5700余场，参与人数超过

50万人次，告成镇创成全国文明镇，徐庄镇屈沟村创成全国文明村，登封市被确定为全国文明城市提名城市。

【优化营商环境】 全市聚焦优化环境，深入推进改革开放创新，高质量发展的活力越来越强。为切实优化经济发展环境，坚持改革“增活力”，产业集聚区机构套合有序开展，国家增量配电试点实现并网供电，卢店镇撤镇设街道稳步推进；深入推进“放管服”改革，1663件政务服务事项实现“一网通办”，电子化审批“一网办、不见面”，不动产登记交易缴税“当场办、当天办”；全面推行“双随机、一公开”监管，“互联网+监管”覆盖率位居郑州市首位。全市坚持开放“壮实力”，全年引进域外境内资金125.2亿元，吸收境外资金1.2亿美元，实现进出口总额3.3亿元；签约引进项目36个，签约总额234.8亿元，投资2.5亿元的山东绿地泉景幕墙等8个项目竣工投产。全年新增市级以上工程技术研究中心10家，评定科技雏鹰企业17家、科技小巨人企业9家、科技瞪羚企业3家、高新技术企业13家，获得授权证书专利438件，科技支撑作用更加显著。

【文化旅游】 全市把文旅融合发展作为新兴战略路径，强化文旅品牌打造，观星台、仙人谷创成4A级景区，范家门、摘星楼创成3A级景区，登封市荣获全国旅游标准化示范单位、河南省旅游扶贫示范县；强化文旅市场培育，室内文武演艺项目《少林十三棍僧》顺利开演，知白民宿、福润雅居被评为河南省首批精品民宿，少林办入选河南省特色生态旅游示范镇；强化文化保护传承，二十四节气、嵩山内养功法入选国家级非遗名录，“天地之中”历史建筑群保护管理获得最高5星级荣誉，成功举办嵩山论坛2020年年会，文化软实力进一步增强。登封坚持文旅强市，创精品、促融合，全面塑造美丽登封发展新引擎。以“环嵩山文化带”建设为统领，以创建“河南省全域旅游示范区”为载体，高标准打造四大文旅片区，高水平规划精品文旅线路，加速推进景区游向全域游迈进。

【新冠肺炎疫情防控】 面对突发疫情，全市坚决守牢疫情防控的“登封防线”，1.7万名党员干部、公安干警、志愿者冲在一线、战在前沿，广大医务工作者坚守阵地、勇担重任，73万人民齐心协力、共克时艰，全面落实闭环管理措施，率先实现全民健康智慧管理；市总医院梁澄辉医师逆行出征、驰援武汉，116名优秀干部、医护人员驻守机场、尽显担当，贡献了登封抗疫力量。全市统筹推进企业复工复产，组建285个“三送一强”服务专班，“一对一”开展精准服务，培育壮大郑州爱乐威医疗科技等7家疫情防控物资生产企业，累计帮扶企业7000余家，协调解决问题4万余个，5.1万个市场主体于2020年6月底前全部实现复工复产、复商复市，全年减税降费4.3亿元，新增贷款39亿元，成功争取专项债券资金13亿元、上级各类补助资金34亿元，有力地支撑了“六稳”“六保”工作。

（白少丹　鲍丽丽）

新密市

【概况】 2020年，新密市总面积1001平方千米，耕地面积45742.07公顷。辖4个办事处、12个镇、1个乡、1个风景区（青屏街、新华路、西大街、矿区四个办事处，城关、米村、牛店、平陌、超化、苟堂、大隗、刘寨、白寨、岳村、来集、曲梁，袁庄乡，伏羲山风景区管委会），303个行政村，48个居委会。总人口82.6万人。

2020年，全年实现国内生产总值706.29亿元，增长3.2%，其中第一产业增加值23.61亿元，增长0.8%；第二产业增加值366.8亿元，增长4.6%；第三产业增加值315.87亿元，增长1.2%。全市三次产业比重由上年的2.5:49.8:47.7调整为3.3:51.9:44.8。人均生产总值85975元，增长2.4%。

全年完成地方财政总收入52.2亿元，增长-2.2%，其中一般公共预算收入38.76亿元，增长4.2%，税收收入22.12亿元，增长-10.9%，税收占财政一般预算收入的比重为57.1%。一般公共财政预算支出72.74亿元，增长0.1%。工业生产稳定增长。全年规模以上工业增加值比上年增长9.0%。全年全社会固定资产投资（不含农户）比上年增长10.6%，其中，第一产业投资增长12.5%，占全市投资比重2.1%；第二产业投资增长2.9%，占全市投资比重25.1%；第三产业投资增长13.4%，占全市投资比重72.8%。城乡居民收入继续增加。全市全体居民人均可支配收入30306元，比上年增加1114元，比上年增长3.8%。农村居民人均可支配收入23623元，比上年增加1189元，增长5.3%。城镇居民人均可支配收入36357元，比上年增加677元，比上年增长1.9%。社会消费品零售总额188.08亿元，增长-4.9%。引进市外资金205.8亿元，实际利用外资2.36亿美元，增长4.2%。实现进出口总额7.07亿元人民币，比上年增长8%。

【机构与领导】 市委书记：蒿铁群
副书记、市长：张红伟（5月免）
　　程　洋（6月任）

市委常委：蒿铁群、张红伟、程洋、刘广军、李婷（女）、张治怀、姚志刚、姬贤杰、胡光程、石建军（8月免）马昕（8月任）。

市委工作部门：市委办公室主任胡光程，常务副主任周晓丹；组织部部长李婷（女），常务副部长罗超红；宣传部部长姬贤杰，冯伟东；统战部部长姚志刚，常务副部长赵明玉；政法委书记张治怀，常务副书记刘军；党校常务副校长王宗福；巡察办主任尚文法；督查局局长梁书灿；编办主任宋照；史志办负责人王西林；档案局负责人周建军；社治委主任李婷（女、组织部部长兼）、常务副主任杨志强。

市五届人大常委会：主任桑萌莉（女）；副主任秦耀堂（5月退）、王敬梅（女）、岳慧玲（女）、王彦国、卢长水（7月任）；党组副书记 许东凡；党组成员、市总工会主席李霞（女）；党组成员徐培林（1月免）。

市人大常委会工作部门：市人大常委会办公室主任侯红超；代表工委主任秦红霞（女）；法工委主任郑亚君（女）；教工委主任李静（女）；农工委主任蔡璐（女）；财工委主任宋卫敏；城工委主任刘群岭；信访室主任靳福生；建设委员会主任委员陈海伟。

市人民政府：市长：张红伟（5月免）、程洋（6月任代市长，7月任市长）；副市长：李磊、杨洋（女）、齐智慧、张宏杰。

市政府工作部门27个：市政府办公室主任屈国强；发展和改革委员会（挂粮食和物资储备局牌子）主任刘彦伟；财政局局长张超峰；教育体育局局长卢长水；科学技术和工业信息化局书记刘大军、局长梁洪彬；民政局局长朱丽华（女）；人力资源和社会保障局局长虎伟东（回族）；住房和城乡建设管理局局长陈铁建；交通运输局局长郑二卿；农业农村工作委员会（挂扶贫开发办公室牌子）主任李瑾瑜；林业局局长程柏松；水利局局长袁金伟；商务局局长张艳艳（女）；文化广电旅游局局长王议唯（女）；卫生健康委员会主任（挂爱国卫生运动委员会牌子）寇海荣（女）；审计局局长王冰；统计局局长裴秋云（女）；信访局局长牛新灿；司法局局长裴晨翔；公安局局长张继军（12月免），姬勇斌（12月任）；自然资源和规划局局长苏松杰；市场监督管理局书记冯嵩懿、局长陈志刚；城市管理局局长（挂城市综合执法局牌子)张玉亭；应急管理局局长王健；退役军人事务局局长魏奇峰；大数据管理局书记朱彦丽（女）、局长杨晓辉；医疗保障局局长王钊铭（兼）。

政协市五届委员会：主席王鲁明；副主席高永森（7月退）、李松涛、宋林祥、李建军、郑二卿（7月任）。

市政协工作部门：市政协办公室主任楚俊锋；提案联络委主任王春芳（女）；社会法制委主任李林灿；教科卫体委主任孟俊玲（女）；经济委主任

谷晓燕（女）；文化和文史委主任于祥萍（女）；农业和农村工作委主任刘新战；委员联络委主任王桂玲（女）；城建环保委主任张晓平（女）。

中共新密市委纪律检查委员会、监察委员会：纪委书记、监察委员会主任：刘广军；纪委副书记、监察委员会副主任李春阳。

市人民武装部：政委石建军（8月免）、马昕（8月任）；部长马昕。

市人民法院院长：张志勇。

市人民检察院检察长：李俊华。

群团组织：总工会主席李霞（女）；团市委书记王幸；妇联主席尚书亚（女）；工商联主席宋林祥，党组书记贾战峰；科协主席徐彩霞（女）；侨联主席李瑞甫；文联主席王镜镔；残联理事长孙明建。

事业单位：环境保护局局长周建凯；行政服务中心主任王建华；公路局局长张进中；创建办主任赵明晓；农机局局长朱青见；畜牧局局长张孟丽（女）；房地产管理服务中心主任陈海峰；城市园林绿化处主任张海俊；房屋征收与补偿办公室主任段玉奎；国有资产管理办公室主任崔皓哲；税源办陈建军；供销社主任郑松峰；社会保险管理局局长王钊铭；残联理事长孙明建；矿区管理中心主任孙宏伟（女）；民族宗教局局长赵伟。

街道、乡镇、管委会：西大街街道党工委书记程华民，办事处主任王红波；青屏街道党工委书记冯玉玺，办事处主任翟文辉；新华路街道党工委书记桑勇，办事处主任张丽祥（女）；矿区街道党工委书记樊建伟，办事处主任阵军；米村镇党委书记陈永建，镇长杨青宜；牛店镇党委书记陈钊利，镇长张国辉；平陌镇党委书记王淑慧（女），镇长黄尉；超化镇党委书记刘振敏，镇长刘根旺；大隗镇党委书记杨兴杰，镇长路广；苟堂镇党委书记谢明勋，镇长丁春杰；刘寨镇党委书记宋光洲，镇长高淑峰（女）；白寨镇党委书记刘银华（女），镇长翟勇亮；曲梁镇党委书记李宏伟，镇长王英朝；岳村镇党委书记李晓锋，镇长樊建平；来集镇党委书记李忠敏，镇长马宇锋；城关镇党委书记冯俊亚，镇长魏洪波；袁庄乡党委书记周建伟，乡长赵清江；伏羲山风景区管委会书记刘宏建，主任王伟峰。

【农业经济】2020年新密市全年实现农林牧渔业增加值24.84亿元，比上年增长0.9%。粮食总产量22.2万吨，减产0.5%，其中夏粮总产量11.3万吨，减产0.5%；秋粮总产量10.9万吨，与去年基本持平。全年油料总产量7837吨；蔬菜总产量23.44万吨，增产13.1%；水果总产量1.99万吨，增产0.9%。

全年粮食种植面积为84.62万亩，比上年增加9315亩。油料种植面积4.39万亩；蔬菜种植面积8.42万亩，比上年增加9397亩；果园种植面积1.88万亩。

全年肉类总产量1.56万吨；禽蛋产量2.66万吨；奶类产量0.07万吨。

全年水产品产量600吨；水产品养殖面积400公顷。当年造林面积1925公顷，木材产量8151立方米。

全市农业机械总动力94.98万千瓦时。农用拖拉机10776台，主要农作物耕种收机械化水平85%。

【工业经济】全市规模以上工业增加值比上年增长9.0%，规模以下工业增加值增长4.0%。分轻重工业看，轻工业增长4.4%；重工业增长9.6%。规模以上工业产品销售率96.3%。

从重点监测行业看，煤炭业增加值同比增长59.3%；耐材业增加值增长1.7%；造纸业增加值增长-17.8%；服装业增加值增长-25%；电力热力燃气业增加值增长-11.2%；装备制造业增加值增长1.0%。

主要工业产品产量有升有降，其中耐火材料产量增长-0.3%；服装产量增长31.9%；发电量增长-1.5%；机制纸及纸板产量增长-19.8%；水泥产量增长3.6%；煤炭产量增长7.7%。

全年全社会建筑业增加值81.31亿元，比上年增长-4.9%；资质建筑业企业完成总产值48.73亿元，增长-1.7%，主营业务收入48.36亿元，增长-8.7%；营业利润2.79亿元，增长-42.4%。

【经济贸易】全年批发零售业增加值58.19亿元，同比增长3.9%；住宿餐饮业增加值17.01亿元，增长-8.3%。其中限上批发和零售业企业实现增加值2.08亿元；限上住宿和餐饮业企业实现增加值5578万元。全市社会消费品零售总额188.08亿元，增长-4.9%。

分城乡看，城镇完成消费品零售额147.08亿元，增长-5.1%；乡村完成消费品零售额41亿元，增长-4.3%。分行业看，批发业零售额12.39亿元，增长-5.5%;零售业141亿元，增长-3.8%；住宿业6.48亿元，增长-6.5%；餐饮业28.2亿元，增长-9.6%。

在商品销售中，中西药品类同比增长32.2%，汽车类同比增长5.3%，书报杂志类同比增长22.4%，饮料类同比增长15.4%，鞋帽类同比增长11.7%。

全年全市实现进出口总额7.07亿元人民币，比上年增长8%。全年新批外资企业0个；实际利用外资额2.36亿美元，增长4.2%。全年引进市外资金205.8亿元，增长6.1%；引进省外资金168.7亿元，增长10.5%。

【第三产业】全年交通运输、仓储和邮政业增加值50.94亿元，比上年增长2.4%。

年末全市机动车拥有量30.6万辆，其中大型汽车9854辆，小型汽车21.1万辆，摩托车7.25万辆。年末实有公交汽（电）车365台，其中城区公交汽车203辆。城市公交客运量0.26亿人次。年末实有出租汽车台数437台。全市公交线路30条。

全年完成邮政业务总量2.09亿元，增长30.4%。全市邮政局（所）数26个，邮路总长度32.33万公里。全年累计订销报纸739.3万份、杂志22.54万本。邮政储蓄存款余额50.97亿元。

年末本地固定电话用户4.99万户，移动电话用户89.37万户，手机上网人数81.34万人。年末互联网用户34.02万户，新增光缆线路长度1073千米。

全年共接待国内外旅游者670万人次，同比增长-26%；旅游综合收入达28.6亿元，同比增长-57%。年末共有12家旅游景区景点，其中AAAA级旅游景区4处、AAA级旅游景区3处。星级饭店2家，星级饭店客房总数651间；旅行社15家。

新密市伏羲山景区（市农委/供图）

【疫情防控】新冠肺炎疫情发生发生后，新密市将疫情防控作为头等大事，坚持把人民群众生命安全和身体健康放在首位，深入贯彻中央、省和郑州市各项决策部署，高度重视、迅速应变，统筹谋划、精准把控，全力以赴推动各项政策措施落准落细落实，全市疫情防控取得阶段性战略成果，经济社会有序恢复，是本地病例最少和“零增长”时间最长的县（市）。在郑州市11次考核中，9次位列前五，2次位列第一。工作中，强化示范带头、扛牢政治责任。第一时间深入学习习近平总书记重要指示精神和中央、省市部署要求，并通过常委会、常委扩大会、党建领导小组会、防控领导小组会等多种形式传达学习，全面科学分析研判，坚定不移贯彻落实。任市疫情防控领导小组组长，强化组织保障，细化责任分工，坚持早例会、晚调度会制度，适时调整防控策略，及时处理各种突发问题，保障工作高效推进。在疫情期间每天坚守防控一线，坚持日常调研、专项督查、随机抽查相结合，对全市18个乡镇办实地走访全覆盖，深入联系分包的来集镇及其他村社区、医院督导48次，走访卡点服务站77个、复工复产企业53家，宣讲政策、发声指导，发现问题、及时纠偏，带动全市各单位积极应战，全面压实属地、行业主管部门和企事业单位责任。强化党建引领、汇聚攻坚合力。作为党建第一责任人，把强化党的领导贯穿始终，充分发挥各级党组织、广大党员干部的战斗堡垒和先锋模范作用，让党旗在疫情防控一线高高飘扬，形成了群防群治、联防联控的大工作格局。在全市组建1447个服务站点临时党支部，机关党支部分包195个无主管楼院，76个市直单位、8710名在职党员下沉一线“双报到、双参与”，吸纳党小组长、村民组长、联户代表、社区“三长”、村医、片警、民兵等2万余人组建1400多支“红色采买队”、660支党群突击队，345名奋战一线人员递交入党申请书，4名医务工作者火线入党，期间，市管党费划拨100万元，接受捐款2400万元、捐物价值1375万元，全力保障基层党组织开展疫情防控工作；把疫情防控一线作为考核评价领导班子的主战场、考察选拔领导干部的主阵地，提拔重用正副科级领导干部2名，分7批选树54名先进典型，查处违纪问题5起18人；关注基层、聚焦前线，重点宣传基层党员、医护人员、志愿者等多个群体的先进事迹和优秀人物，营造强信心、暖人心、聚民心的浓厚氛围，共刊发外宣稿件2057篇，累计点击量达1200多万次，被“学习强国”平台采用103篇。强化措施落实、坚决守好底线。坚持问题导向、效率导向、一体导向，把阻击疫情当作一场大考，动员整合全市力量，抓实抓细各项防控措施，以高度的责任感守好疫情防控的新密防线和人民群众生命健康防线。全面排查，对全市行政区域内的党政机关、企事业单位、居民小区（村）实行闭环管理，以村（社区）、小区为单元，利用大数据、网格化，实行地毯式、滚动式全面排查，以村保乡、以乡保县、以小区保社区、以社区保城市，织密防控网，打好总体战，确保管得严、控得住、服务好；精准防控。由市交运局牵头，抽调交通、公安、卫健和14个市直单位560人对交通卡口进行布控，每个点实行市直单位行政正职负总责、科级干部带班，按照“一套专班，一个流程，一项标准、一码溯源”要求，24小时驻点值守。对社区和村组原则上只留一个出入口，全面加强各项防控措施的落实，使所有村（社区）成为疫情防控的坚强堡垒。科学诊疗。按照“提早提级”的原则，积极探索完善诊疗方案，关口前移、无缝对接，对确诊、疑似、高度怀疑、密切接触者“四类人员”做到应收尽收、分类集中隔离管理，发挥好流调队伍监测作用，加快病例初筛确认速度，最大限度地控增量、消存量。改造4家发热门诊定点医疗机构留观室100间，设置西苑酒店、财校宾馆、煤校宾馆3个集中隔离点148个房间，实行“隔离点长”专班负责制，确保管理服务安全有效。四是强化统筹协调、加快秩序恢复。在落实常态化疫情防控措施的前提下，扎实做好“六稳”工作，落实“六保”任务，坚决守住“保”的底线。分行业、分领域、常态化开展“三送一强”“一联三帮”活动，出台保障措施106项，累计帮扶企业6800余家，提供资金支持257亿元，解决用工14.8万余人，减免缓各类税费53.7亿元，加快推动复工复产复市，全面恢复经济社会发展正常秩序。凝聚“进”的力量。深入实施“3+N”三年行动计划，“三项工程、一项管理”、核心板块建设、美丽乡村建设等重点工作扎实推进，一批重大项目加快实施，城乡功能布局持续优化，高质量态势巩固提升。持续巩固疫情防控阻击战取得的阶段成果。坚持深入研究、专班推进、主动服务，认真落实省20条、郑州30条政策，出台企业复工复产服务保障措施106项，扎实开展“三送一强”活动，着力解决企业面临用工、原材料短缺等一系列困难，力促企业应复尽复。2020年4月，全市5910家（个）企业（工程），91851名人员均已复工到位。组织公安、卫健、市场监管、交通等部门及乡镇对全市14750名教职员工和157322名学生进行全覆盖排查，做到数据、管理和责任三闭环，全市6所高中、33所初中、134所小学（教学点）共计118000多名学生全部如期顺利复课。召开全市卫生健康大会，全面贯彻落实上级精神要求，安排部署有关工作，不断健全完善公共卫生应急管理和救治体系，统筹抓好疫情防控和社会经济发展，确保全面打赢疫情防控阻击战。

【脱贫攻坚】2020年，突出巩固提升脱贫攻坚成果，扎实开展国家、省反馈问题整改和脱贫攻坚“回头看”，全面完成整改任务。坚持“造血”“输血”并举，投资1.3亿元新建续建扶贫项目122个，28个贫困村集体收入平均每年直接增收5万元以上，有力促进了持续稳定脱贫。坚持力度不减、劲头不松、标准不降，深化落实教育、医疗、就业等各类行业扶贫政策，切实改善群众生活质量。深入实施旅游+扶贫、产业+扶贫、创业+扶贫等，新建续建扶贫基础设施、公共服务和产业项目92个，顺利通过省旅游扶贫示范县验收，荣获河南省电商扶贫先进单位。全市安排就业困难建档立卡贫困劳动力135人，开展建档立卡贫困人员“三单联动”技能培训1190人次，发放短期技能培训补贴、种养殖贫困户到户补贴、各类助学补贴等1149.8万元，贫困人口就医全部享受“七免一减”和慢性补贴政策。对口卢氏县官坡镇帮扶工作取得积极成效。

经过8年艰辛奋战，全市3787户建档立卡贫困户16265名，建档立卡贫困群众全部脱贫，28个贫困村全部摘帽出列，使全市贫困群众真脱贫、脱真贫，取得了脱贫攻坚的全面胜利。工作中，新密市14个乡镇扶贫干部、49个扶贫驻村工作队、147名驻村工作队员、6000余名党员干部和贫困户开展结对帮扶，293个脱贫攻坚责任组务实务实担当，2017年脱贫攻坚考核中取得全省第九名，郑州市第一名的成绩。2019年郑州市乡村振兴和脱贫攻坚现场会在我市召开，实地观摩我市的产业扶贫工作；2019年副省长武国定到我市调研乡村振兴和脱贫攻坚工作，对产业扶贫模式给予充分肯定，新密市先后被评为2019年河南省旅游扶贫示范县，2019年国家级电子商务进农村综合示范县，是郑州市第一个国家级综合示范县(市)。

【创新转型】在大创新中促转型，产业结构持续优化，三次产业结构比重调整为3.3:51.9:44.8。突出工业（制造业）强市、文旅兴市导向，推进产业创新、科技创新双联动，赋能经济高质量发展。产业升级呈现加速度。实施制造业高质量发展三年行动计划、高新技术和科技型企业三年倍增计划等专项行动，施密特电梯、国家863科技创新园等128个重点项目有序推进，被评为郑州市制造业高质量发展先进县（市）。大力发展全域旅游，打造省特色生态旅游示范镇1个、乡村旅游特色村2个、休闲观光园区2个。接待游客670万人次，旅游综合收入28.6亿元。银基国际旅游度假区动物王国、冰雪酒店等项目逆势开业，“十一”期间营业收入达到8970万元，名列全省景区第一。伏羲山旅游度假区获批省级旅游度假区。促进农业高质高效，建设高标准农田1.4万亩，发展现代农业示范园5个、全国休闲农业与乡村旅游星级精品园1个，休闲农业总收入1.2亿元，荣获省农产品质量安全县（市）。市产业集聚区新建续建风尚企业新城创新产业园、同赢服装企业总部港等投资亿元以上项目23个，完成投资45亿元，被命名为河南县域经济特色百亿产业集群。我市获评郑州市产业发展先进集体。创新发展实现强驱动。强化技术质量标准引领，全面推行工业企业"亩均论英雄"分类综合评价，新增高新技术企业31家、科技型企业41家、省级以上创新引领型平台9家、"上云"企业312家。酷派三维科技被认定为我市首家郑州市新型研发机构。创成国家级"专精特新"企业2家、国省级绿色工厂3家、郑州市领军型企业4家。市科技创新创业综合体建成省级科技企业孵化器，累计入孵企业256家，被评为省特色产业基地先进单位。评选市长质量奖5家，康宁特环保科技获省长质量奖提名奖。结构调整展现新成效。坚持以开放招商扩优势、增后劲、促转型，聚焦先进制造业、生产性服务业和科技研发平台，强化链条招商、对接拜访，合丰泰柔性玻璃基板、荣力军工通信2个投资10亿元以上高质量项目、云天智能卫星通讯等19个项目正式签约。引进域外境内资金205.8亿元，增长6.1%，跨境电商交易9.3亿元，实际吸收外资2.4亿美元，获郑州市对外开放工作先进县（市）、招商引资工作先进单位。落实"五个一""两分包"工作机制，301个重点项目完成投资315.2亿元，获评郑州市重点项目建设先进集体。

【优化环境】在大变革中优生态，发展环境持续改善。聚焦郑州"西美"功能布局，大力推进"三生融合"美丽新密建设，全力打造宜居宜业宜游的人居环境、生态环境和营商环境。人居环境更美。以文明卫生城市创建提升群众生活品质，喜摘郑州市"爱国卫生杯"桂冠。推进生活垃圾分类处置，覆盖率达95%以上。城市西区洧水河污水处理厂、刘寨镇污水处理厂等建成运营，完成农村"四改"2.5万户。启动50个美丽乡村示范性村庄规划建设，推进保留性村庄实用性规划应编尽编，伏羲山楼院、米村范村、牛店北召等美丽乡村初见成效。创建人居环境整治示范村20个、达标村40个，被授予全省农村人居环境整治先进县（市）。河南卫视《梨园春》栏目"美丽乡村唱起来"大型活动首场演出亮相新密。生态环境更优。持续打好蓝天、碧水、净土保卫战，1765家工业企业完成"六治理"核查，153家涉挥发性有机物企业完成治理，PM2.5、PM10年均浓度分别下降5.6%、18%，空气质量优良天数253天，比上年增加50天。河长制有效落实，出境水质持续向好，土壤环境保持稳定，畜禽养殖粪污资源化利用率达95%以上。编制生态建设规划，42个重大生态项目完成投资18.5亿元。实施"一屏五美六路多园千百十示范点"工程，新增国土绿化5.1万亩，创成国家级森林乡村6个、省级森林特色小镇4个。溱水河综合治理、南水北调引水入密配套调蓄工程等有序推进，"三区两线"露天矿山治理任务全部完成，获评郑州市生态建设先进单位。营商环境更好。深入推进"一网通办、一次办成"政务服务改革，1677项服务事项"最多跑一次"，占比90%，1531项"一次不用跑"，占比82%。"城市大脑"一期项目加快实施，率先开通县级数据仓库。深化工程项目审批制度改革，推行"服务八同步"，完成土地收储7234亩、供应4231亩。争取政府债券8.9亿元，新增"四上"单位70家、资本市场挂牌企业30家，优化营商环境工作走在郑州市前列。

【城乡融合】在大建设中夯基础，城乡融合持续突破。坚定不移推进以人为核心的新型城镇化，加快城乡融合发展，实现城市建设与乡村振兴互促共进、相得益彰。交通"畅"起来。进一步优化城乡路网体系，开阳路南延、溱水路西延、金凤路北延等16条道路建成通车，龙潭大桥新建工程和国道343、省道321等22个整修工程完工投用，国道310、省道317、郑尧高速轩辕丘收费站提升改造等推进顺利，焦平高速、国道234升级改造等前期工作扎实开展。建成"四好农村路"项目92个211.8公里，"百县通村入组"工程任务如期完成，交通网络综合效应持续放大。路网密度提高到2.5公里，骨干交通路网"八纵八横"，通达郑州城区、航空港区和中原城市群的半小时、一小时经济圈，域内15分钟高速圈、15分钟干线公路圈基本形成。城市"靓"起来。以"三项工程、一项管理"为抓手，编制高品质推进城市建设三年行动计划，实施核心片区、重大基础设施、公共服务及生态绿化、城市改造更新四大类项目94个，累计完成投资75亿元。改造老旧小区44个40.5万平方米，网签安置房3202套、回迁群众1879人。金巴斗购物中心、中强·光年综合体等新兴片区蓬勃兴起，城区和主镇区实现5G移动通信网络全覆盖。雪花山森林运动公园、报恩寺生态文化公园建设加快，建成微公园、小游园15个，新增绿地62万平方米。产业新城规划建设有序进展，白寨镇城乡结合部综合改造获郑州市表彰。乡村"兴"起来。668个乡村振兴项目稳步推进，4个中心镇的48个项目完成投资8.8亿元。农村集体产权制度改革全面完成，实施村集体经济项目26个，来集马沟、曲梁窦沟、岳村竹杆园等90个村实现分红，受益群众10万多人。广泛开展文明镇村创建、美丽庭院评选等活动，文明乡风、良好家风、淳朴民风蔚然成风。荣获郑州市"三农"工作（乡村振兴）先进单位。

【社会民生】在大投入中补短板，民生福祉持续增进。越是形势复杂，越要保障好民生。全年民生支出占一般公共预算支出的比重突破80%，承担的省、郑州市重点民生实事任务和新密市人大代表票决产生的10件民生实事项目圆满完成。民生事业蓬勃发展。把保就业放在首位，加大政策扶持，新增市场主体1.2万户，带动城镇新增就业8816人、农村劳动力转移就业9436人，荣获全省农民工返乡创业示范县（市）。坚持美好城市从美好教育开始，实施教育惠民项目54个，政通路幼儿园、育才街小学、市委党校新校区、北京外国语大学附属学校、黄河护理学院、郑州医药专修学院等建设加快，建成农村教师周转宿舍242套。城镇小区配套幼儿园专

新密市米村镇易地扶贫搬迁社区（市农委/供图）

12月17日，全市基层政协工作经验交流会在新密市召开（市政协/供图）

项治理取得实效，引进金水区纬五路一小托管轩辕小学，义务教育阶段起始年级彻底消除大班额。实现城区公办中小学在校午餐供应全覆盖和校内课后延时服务全免费，有效解决学生“午餐难”“接送难”问题。全民健身活动深入开展，建成多功能运动场2个、健身驿站1个、新建和升级改造足球场15个。全国县域紧密型医共体试点县建设稳步推进，疫情防控能力提升等项目进展顺利，4家核酸检测实验室投入使用，完成5家二级医院、17家乡镇卫生院和社区卫生服务中心发热门诊（哨点）建设，市中医院晋升全省首家县级三级医院。医疗保障制度改革纵深推进，公立医院医疗费用下降14.2%。市新时代文明实践中心完成升级改造。举行文化惠民演出234场，新开放各类博物馆5家。民生政策全面落实，有力保障了各类特殊群体和困难群众生活。社会治理效能跃升。扎实推进全国首批乡村治理体系建设试点工作，较好完成全省村（社区）“两委”换届试点任务。第七次全国人口普查工作有序进行。集中开展煤矿、非煤矿山、道路交通、食品安全、消防火险等重点领域隐患排查治理，保持安全生产良好态势。深入推进全面依法治市，坚决打好扫黑除恶专项斗争收官战，开展信访矛盾化解“四大攻坚战”，完善农民工工资支付保障机制，严厉防范打击各类违法犯罪行为，社会环境更加安定。用心用情关爱退役军人，退伍安置、优待抚恤、烈士褒扬、双拥共建等工作成效显著。军民融合深度发展，武装工作在郑州市年度军事素质综合考核中总评第一，市人武部被省军区表彰为全面建设先进人武部。工会、共青团、妇女儿童、民族宗教、外事侨务、机关事务、档案史志、供销烟草、保险气象、邮政通信等工作都取得了新成绩。

【党的建设】 切实加强党的领导，全面从严治党纵深推进。坚持把抓好党建作为最大政绩，认真贯彻新时代党的建设总要求，不断提升管党治党水平，以党的建设高质量助推发展高质量。工作中，突出抓好政治引领。坚持把学习贯彻习近平新时代中国特色社会主义思想作为首要政治任务，巩固“不忘初心、牢记使命”主题教育成果，不断增强“四个意识”、坚定“四个自信”、坚决做到“两个维护”。坚持完善“一个党委、三个党组”制度，全力支持人大、政府、政协履职尽责，巩固和发展爱国统一战线，注重发挥工会、共青团、妇联等群团体桥梁纽带作用，认真抓好国防动员和后备力量建设等，把党的领导落实到各领域各方面各环节，确保上级决策部署落到实处。持续深化思想舆论宣传，落实意识形态工作责任制，强化敏感时期、节点开展风险排查管控，全力维护国家政治安全。培育践行社会主义核心价值观，深化书香新密建设，举办《梨园春》“美丽乡村唱起来”文艺晚会，开展疫情防控身边好人、道德模范、文明市民评选等，唱响主旋律，凝聚正能量。加快县级融媒体、新时代文明实践中心建设，落实网络意识形态24小时值班制度，坚决执行宗教场所“双暂停”，开展党的创新理论进基层宣讲等，努力为创造良好思想舆论环境。扎实推进组织建设，突出村级党组织建设，统筹各领域基层党建，用好“逐支部观摩”载体，创新“亮赛比”形式，开设“支书论坛”，规范“三会一课”等，整顿软弱涣散党支部13个，新建“两新”党组织85个，圆满完成村（社区）“两委”换届试点任务，推动基层党组织全面过硬。加强干部培养锻炼，选派一批优秀年轻干部到重点工作、基层一线历练成长，有效推动党建提质、干部提能、工作提升。深化教育培训，深入推进“万名党员进党校”，举办高端大讲堂、主体班次等，有效提升党员干部素能。统筹各类人才建设，开展乡土人才联络和回归，开展第九批专业技术拔尖人才评选。凝聚统一战线力量，统一战线领域为抗击疫情累计捐款捐物800余万元，统一战线同心圆书社成为新时代宣传教育阵地，被“人民网”“中国政协网”等刊登。坚定不移正风反腐，强化纪律监督，深入开展巡察、纪律检查，查处违反“八项规定”精神案件23起38人。严查腐败行为，立案178件、党纪政务处分253人、移送司法机关8人，深化以案促改，完善制度54项，构建完整链条。深化廉洁教育，深入开展“好家风家庭”评选等，通报曝光违反纪律作风问题6起14人，持续营造风清气正、干事创业的良好政治生态。

【荣获七个“全国百强”】 新密市荣获七个“全国百强”：全国县域经济百强县（市）第62位、全国综合竞争力百强县（市）第73位、全国工业百强县（市）第59位、全国制造业百强县（市）第37位、全国乡村振兴百佳示范县（市）第65位、中国营商环境百强区（县）第32位、中国城市全面小康指数百强县（市）第100位；荣获河南省市县经济社会发展目标考核评价先进县（市）。

（王文硕　桑黎晖）

荥阳市

【概况】 荥阳市地处河南省中部黄河中下游交界处的中原腹心地区，距郑州市区15千米。全市常住人口67万人，面积943平方千米，辖2个办事处，9个镇，3个乡。荥阳历史悠久，文化灿烂。自秦朝置县至今，已有2200多年历史，是嫘祖故里、郑氏祖地。先后被命名为“中国诗歌之乡”“中华诗词之乡”“中国象棋文化之乡”“中国嫘祖文化之乡”。

2020年，全市生产总值比上年增长3.1%，一般公共预算收入增长5.3%，规模以上工业增加值增长9.9%，固定资产投资增长12.5%，居民人均可支配收入增长4%，整体呈现恢复向好、稳中向上的发展态势。

【机构与领导】 中共荥阳市委书记宋书杰；副书记王效光、张东辉；市委常委：方本选（6月免）、岳伟、李献武、王峰、曾厚宏、张宏伟、邢留印、李增辉。

中共荥阳市纪律检查委员会书记、荥阳市监察委员会主任王峰。

市委工作部门：市委办主任李献武；组织部部长曾厚宏；宣传部部长张宏伟；统战部部长岳伟；政法委书记方

本选(6月免)；机构编制委员会办公室主任范喜昌；巡察工作领导小组办公室主任陈首军；市委城乡社区发展治理委员会主任曾厚宏；督查局局长张再宾。

荥阳市第五届人民代表大会常务委员会：主任马炳林（5月任），张淑霞（女，4月退休）；副主任许其明、赵炎利、饶泽寿（5月退休）、任宏宙、周宏武（6月任）。

市人大常务委员会工作机构：办公室主任王星（4月任）、吴跃勋（4月免）；法制工作委员会主任刘剑（女）；人事任免代表联络工作委员会主任鲁鹏；教育科学文化卫生工作委员会主任王蕾（女）；农村工作委员会主任赵卫广；城乡建设环境保护工作委员会主任任金箱；人民来信来访办公室主任齐延峰；财政经济工作委员会主任王凤琴（女，4月任）、周红军（1月免）。

荥阳市人民政府：市长王效光；常务副市长邢留印；副市长任莉（女）、李云峰、胡晓林。

市政府工作部门：政府办公室主任王西周；发展和改革委员会主任王星（4月免）、张海庆（4月任）；教育局局长 周培山（6月任）；科学技术和工业信息化局局长蒋绍斌；公安局局长安龙（12月任）；民政局局长赵国君；司法局局长贾学军；财政局局长李冠顺；人力资源和社会保障局局长张荣耀；自然资源和规划局局长胡建伟；住房和城乡建设局局长王惠玲（女）；交通运输局局长杜文杰；城市管理局局长孙魁；农业农村工作委员会主任李占国；水利局局长陈志刚；林业局局长李继锋；商务局局长周世军；文化广电旅游体育局局长李麦玲（女，6月任）；卫生健康委员会主任李向阳；退役军人事务局局长王书俊；应急管理局局长刘云飞；审计局局长任延华；市场监督管理局局长赵卫华（女）；统计局局长张垒；医疗保障局局长史明杰；信访局局长王宏亮；政务服务和大数据管理局局长魏惠英（女）；郑州生态环境局荥阳分局局长刘洪涛。

荥阳市政协第五届荥阳市委员会：主席马炳林（5月免）、牛健（5月任）；副主席范胜利（6月退休）、靳西峰、王殿玉、荀雷、李本栋（6月任）。

市政协工作机构：秘书长陈晓瑞；办公室主任吴敏生（1月免）、王谦（1月任）；提案委员会主任石永强；农业和农村委员会主任帖鸿浩；文化和文史委员会主任黄凯歌；经济科技委员会主任沈青峰；委员管理联络委主任（空缺）；教科卫体委员会主任王燕飞（女）；民主法制委员会主任张文博。

荥阳市人民法院：院长崔浩。

荥阳市人民检察院：检察长李国强。

群众团体：总工会主席李向亭；共青团荥阳市委书记朱柯鑫（女，4月免）；妇联会主席赵爱敏（女）；科学技术协会主席郭俊杰；文学艺术界联合会主席韩露（女）；归侨侨眷联合会主席胡建华（女）；残疾人联合会理事长李战胜；工商业联合会主席马柳琴（女）。

政府派出机构：郑州荥阳健康园区管理委员会副主任李为民、许培荣（女）、李旭东、鲁晓炜（女，9月免）；荥阳市产业集聚区管理委员会副主任付书敏、方亚平、王向东、张佳涛。

党委直属事业单位：党校常务副校长车永生。

市政府直属事业单位：供销合作社联合社理事会主任杨俊岭（1月任）；市场发展服务中心主任袁爱卿（1月任）；房屋征收与补偿事务中心主任王东辉；公共资源交易中心主任石新鹏；广播电视台台长徐法林；荥阳市特色商业区管理委员会主任尚保旺；五龙产业集聚区管理委员会常务副主任李江鹤（女）；郑州市新材料产业园区管理委员会常务副主任许元甲；环翠峪名胜区管理委员会党工委书记张海庆（4月免），党工委书记、主任吴跃勋（4月任）。

街道、乡镇：索河街道办事处党工委书记马伟胜，主任黄立峰（1月任）；京城路街道办事处党工委书记张建东（4月任），主任陈秀珍（女）；城关乡党委书记司红辉，乡长王遂斌；乔楼镇党委书记鲁晓炜（女，9月免），镇长牛志涛（2020年6月去世）；豫龙镇党委书记张佳涛，镇长陈向辉；广武镇党委书记范超杰，镇长李政；高村乡党委书记张光明，乡长马智慧（女）；王村镇党委书记车玉峰，镇长任燕侠（女）；汜水镇党委书记赵红星，镇长李春梅（女）；高山镇党委书记李静，镇长陈江山（1月任）；刘河镇党委书记王军伟，镇长许国奇；崔庙镇党委书记孙晓丽（女），镇长郑沛溢；贾峪镇党委书记吉喆，镇长赵鹏；金寨回族乡党委书记许元甲，乡长张建东（4月免）、薛书杰（4月任）。

【产业结构优化】 先进制造业提速扩量。装备制造业、高新技术产业增加值分别增长30.7%、10.5%。数字化智能化改造提速，千余家企业“登云”。新增智能制造示范项目15家、“两化融合”贯标企业16家。获评全省制造业高质量发展综合评价试点县（市）。现代服务业提档升级。中科亿霖等3个项目建成投用，郑州骨科医院具备运营条件。新城吾悦广场项目主体封顶，数字经济产业园项目扎实推进。全年接待游客230万人（次），旅游总收入1.4亿元。房地产业健康发展，商品房交易面积168万平方米。金融业增加值增长3.7%。现代农业提质增效。落实最严格耕地保护制度，获评郑州市永久基本农田保护先进集体。新增高标准农田1万亩，粮食总产量27.5万吨。生猪产能稳步提升。新认证“三品一标”农产品12个，新增国家名特优新农产品2个。

【城乡建设】 城乡品质不断提升。实施“三项工程、一项管理”，加快城市有机更新，实施城市提质项目84个，完成投资54.2亿元。索河路、荥泽大道“一纵一横”示范段基本建成，改造老旧小区54个、背街小巷12个。城乡结合部46个村环境综合整治完成“治标”，打造示范村10个，郑州市对插闫、毛寨村进行现场观摩。城市管理更显精细。不断完善农村生活垃圾收运处置体系，城市生活垃圾分类覆盖率达95%以上。深入推进道路清洁机械化联合作业，城区主干道实现每日两扫一冲洗、人工保洁全天候。5G基站实现城区全覆盖。

荥阳东区（朱晓东/摄）

12月4日，全省制造业高质量发展综合评价工作座谈会在荥阳举行
（荥阳市科工信局/供图）

数字城管运营效果位居郑州县（市）前列。路网体系更加完善。持续优化融郑路网，实施交通重点项目36个。改造提升农村道路165公里，完成美丽公路建设10公里。建立“双路长”工作机制，管养路线平均优良率达85%以上。乡村振兴扎实推进。大力实施农村人居环境整治，完成13个示范村村容村貌提升、212个行政村改污改厕。全市农村集体经济股份合作社实现全覆盖。

【改革开放】 重点改革力度不断加大。“放管服”改革持续深化，“一件事”集成服务改革加快推进，政务服务事项网上可办率100%，企业开办时间压缩至半个工作日，工程建设项目审批“流程再造”经验在全省推广。稳步推进医共体建设，市总医院挂牌成立，分级诊疗体系加快构建。全面开放格局加快形成。聚焦主导产业招大引强，新签约郑州轨道交通、泊易达等项目31个，签约总额458亿元，其中超10亿元重大产业项目11个。创新引领作用显著增强。新培育高新技术企业35家、科技型企业47家。中原智谷新增孵化企业51家、公共服务平台2个。

【生态环境】 生态建设展露新姿。实施沿黄生态廊道等重大生态项目30个。完成索河（桃贾路段）等美丽河道建设，森林覆盖率达35.4%。顺利创成国家园林城市。生态修复成效显著。实施“三山”综合整治专项行动，建成绿色矿山2家，生态修复率达89%以上。系统推进沿黄生态治理，启动邙岭生态修复项目，有效排查处置黄河控导工程险情，确保黄河安澜。生态治理力度加大。全面开展河湖“清四乱”“三污一净”专项行动，综合治理河道21公里。农村生活污水集中处理覆盖率达85%以上，畜禽养殖粪污综合利用率达90%。

【社会保障】 社会保障扩面提质。坚持把财力优先用于民生事业，民生支出占一般公共预算支出78.3%。新增城镇就业5225人、转移农村劳动力8529人。获批国家养老基本公共服务标准化试点。建成保障性住房6860套，回迁群众1万余人。社会事业均衡发展。54件民生实事全部完成。9所中小学、幼儿园建设项目实现招生，新增学位1.1万个。设立荥泽教育基金，接受社会捐赠1425万元；完成61家城镇小区配套幼儿园治理；中小学午餐供餐和课后延时服务实现全覆盖。高考清北录取人数稳居郑州县（市）首位。市人民医院（一期）建成投用，完成省级健康城市（试点）建设任务。高村乡韩常村被授予“河南省楹联文化第一村”称号。社会治理力度加大。深化平安荥阳建设，“扫黑除恶”专项斗争取得阶段性成效。推动双重预防体系建设，强化风险隐患排查整治，安全生产形势持续稳定。同时，人事、统计、气象、档案史志、外事侨务、民族宗教、老干部、妇女儿童等取得新进步。

【三大攻坚】 脱贫攻坚取得新进展。累计投入专项资金7246万元，实施扶贫开发项目54个。建立完善防返贫动态监测机制，开展“两不愁三保障”回头看，顺利通过省脱贫攻坚成效考核。污染治理取得新战果。统筹实施“六大专项治理行动”，PM2.5、PM10分别下降8.6%、17.1%，优良天数增加36天，大气污染防治三年行动计划目标圆满完成。防范化解重大风险取得新成效。全面加强政府债务管理，积极稳妥化解存量债务，政府债务风险总体可控。持续推进问题楼盘化解攻坚，6个重点问题楼盘有效化解。

【疫情防控和复工复产】 全力做好疫情防控。第一时间启动应急预案、组建指挥部，率先实施“4+N”值守排查等机制，确定5家医院分三个梯队用于疫情隔离留观与救治，6名确诊患者和1名无症状感染者得到有效救治，万众一心守护群众安康、守卫荥阳安全。精准有序复工复产。优先保障防疫物资和生活必需品供应，分级分类率先推动企业复产、项目复工、商超复市、学校复学。开展“三送一强”“一联三帮”活动，带动各项经济指标企稳向好、逐步走高。积极扩大投资消费。研究出台扩大有效投资具体举措，41个省市重点项目综合排名位居郑州县（市）前列。落细落实促消费增活力稳增长举措，新增特色夜经济示范区3个，拉动消费增长20%。

（闫春燕）

新郑市

【概况】 新郑市总面积873平方公里，其中耕地面积37976.41公顷，常住人口117.22万人。辖9个镇：辛店镇、观音寺镇、梨河镇、和庄镇、薛店镇、孟庄镇、龙湖镇、郭店镇、新村镇；1个乡：城关乡；3个街道办事处：新华路街道办事处、新建路街道办事处、新烟街道办事处；2个管委会：具茨山管委会、新区管委会。

2020年，实现生产总值748.6亿元，比上年增长4.6%。其中，第一产业增加值23.8亿元，增长0.9%；第二产业增加值305.3亿元，增长9.4%；第三产业增加值419.4亿元，增长0.8%。规模以上工业增加值同比增长10.0%。粮食总产量25.5万吨。财政一般预算收入82.6亿元，财政一般预算支出123.1亿元。全社会固定资产投资增长11.6%。社会消费品零售总额304.3亿元。商品出口总额5.4亿元。实际利用外资23026万美元。城镇居民人均可支配收入36711元，人均消费性支出27543元；农村居民人均可支配收入24819元，人均生活费支出23454元。城乡居民年末储蓄存款余额737.6亿元。全国县域经济基本竞争力百强县（市）排名升至第29位，县域经济发展质量总体评价连年位居全省县（市）首位，被认定为全省第一批践行县域治理“三起来”示范县（市）。

【机构与领导】 中共新郑市委：书记马志峰（5月任）；副书记马宏伟（6月任）、曹东锋；市委常委：马志峰、马宏伟（6月任）、曹东锋、徐卫东、黄卫东、赵建武（12月免）、王智明（12月免）、秦洪源、张慧娴（女）、李慧芳（女）、郑延青、才旦加（7月任）。

市委工作部门：市委办公室主任

新郑新区（刘栓阳/摄）

秦洪源；组织部部长黄卫东；宣传部部长张慧娴(女，12月免）；统战部部长空缺；政法委书记赵建武（12月免）；编委办主任敬伟民；巡察办主任刘松岭；社治委主任黄卫东；督查局局长田平安（11月免）；党校校长（空缺）。

市五届人大常委会：党组书记、主任王俊杰；党组副书记王军生；副主任孙阔（4月免）；党组成员、副主任彭德成、王金灿、左建新、郭明熙、杨流、王海亮。

市人大常委会工作部门：市人大常委会办公室主任曾海林；法制工作委员会主任周宏伟；财经工作委员会主任郑媛媛（女）；代表工作委员会主任朱秋国；老干部科科长孔会成；教育科学文化卫生工作委员会主任田延辉；人事任免科科长刘占有；信访室主任董建红(女)；社会建设工作委员会主任王国良；农村工作委员会主任（空缺）。

市人民政府：市长马志峰；副市长王智明（12月免）、张慧娴（女，12月任）、周建超、李猛、朱海新、赵敏祥（4月免）、陶向华（女，10月任）；党组成员苗瑞光。

市政府工作部门：市政府办公室主任刘奎志；发展和改革委员会主任张勇；教育局局长刘学敏；科学技术和工业信息化局党组书记、副局长黄军奇，局长、党组副书记左莉敏（女）；公安局局长朱海新；民政局局长尚忠；司法局局长陈政玮；财政局局长李炎宏；人力资源和社会保障局局长夏红燕（女）；自然资源和规划局局长赵淑梅（女）；住房和城乡建设局局长李宗元；交通运输局局长朱郁琦；城市管理局局长张宏政；农业农村工作委员会主任马伟强；水利局局长岳明旺；林业局局长郑彩霞（女）；商务局局长赵磊；文化广电旅游体育局局长赵舒琪（女）；卫生健康委员会主任李长法；退役军人事务局局长徐平福；应急管理局局长马冠亚；审计局局长孙国军；市场监督管理局局长宋雪峰；统计局局长刘德智；医疗保障局局长赵建军；信访局局长郑国安；政务服务和大数据管理局局长马纯杰；机关事务管理局局长徐晓静（女）；市志办主任李磊；供销社主任郭连伟；郑州市生态环境局新郑分局局长陶永伟；郑州市社保局新郑分局局长赵明；公共资源交易中心主任贺立军；南水北调办主任李国照；气象局局长闫伟杰；供电公司经理金先涛；黄帝故里景区管委会主任张富永；具茨山国家级森林公园管委会党委书记薛智强，主任郭伟酬。

政协市五届委员会：党组书记、主席李志强；党组副书记李中俊；副主席王海民、李建国、王艳红（女）。

市政协工作部门：市政协办公室主任陈新红（女）；教科卫体委主贾伟斌；经济委主任史新军；文化文史委主任沈爱敏（女）；老干部科科长高烨；社会法制委主任赵明旭；港澳台侨委主任秦成伟；农业和农村委主任刘新轩；提案委主任白宵僡（女）。

中共新郑市纪律检查委员会书记、新郑市监察委员会主任：徐卫东。

市人民武装部：政委郑延青；部长张万军。

市人民法院院长：魏磊。

市人民检察院检察长：李广建。

市群团工作部门：妇联主席郑慧阁（女）；团市委书记陈胜利；工商联主席刘彩云（女）。

街道、乡镇机关：新华路街道党工委书记仪刚，办事处主任冯举涛；新建路街道党工委书记李勇（11月任），办事处主任李勇（11月免）、张磊（11月任）；新烟街道党工委书记马慧萍（女，11月任），办事处主任马慧萍（女，11月免）、赵春阳（11月任）；城关乡党委书记马东亮，乡长王鹏；辛店镇党委书记李军辉，镇长王燕（女）；观音寺镇党委书记冯军辉，镇长赵金聚；梨河镇党委书记陈同周，镇长高智军；和庄镇党委常务副书记唐永刚，镇长马聪锋；薛店镇党委书记安广涛，镇长孙现峰；孟庄镇党委书记刘志刚（11月任），镇长刘志刚（11月免）、田平安（11月任）；龙湖镇党委常务副书记马绍敏，镇长白育峰；郭店镇党委书记（空缺）、镇长赵东辉（11月任）；新村镇党委常务副书记周伟杰，镇长（空缺）。

【工业经济】坚持把培育电子信息产业作为制造业高质量发展的关键，规划建设6.7平方公里电子信息产业园，建成全省首家电子信息专业污水处理厂，招引奥飞5G大数据等电子信息产业项目7个、总投资126.7亿元，华思光电、集成电路产业港开工建设，锐杰微芯片封测项目实现当年签约、当年量产，月封装芯片3000万颗以上，填补了全省集成电路产业空白；《围绕“芯”“屏”战略培育县域经济高质量发展增长极》典型经验被省政府通报表扬。新增规上工业企业25家、展示板挂牌企业35家，商标拥有量1.64万件，居全省县（市）第一；规模以上工业增加值增长10%。积极推进工业“三大改造”，实施技改项目57个、智能化改造企业11家，“上云”企业1095家，好想你健康食品、运达造纸设备分别被认定为国家级绿色供应链、绿色制造供应商企业。

【第三产业】商贸物流业持续壮大，完成增加值164亿元，占GDP的22%；民生电商产业园主体竣工，传化中原物流小镇、华南城九大高端商业等项目快速建设。加快创建全域旅游示范区，黄帝千古情正式运营，投资30亿的寒舍·轩辕夜游谷项目即将开工，投资60亿的龙西·嘉年华恐龙主题旅游度假区项目即将签约落地；创建省级旅游特色村2家，全年接待游客443万人次。房地产业平稳发展，房屋交易面积310万平方米、交易额262亿元，均居全省县（市）首位。第三产业增加值完成419.4亿元。

【现代农业】粮食总产量达25.5万吨；“菜篮子”“粮袋子”保障充足。农业产业化水平持续提升，创建省级现代农业产业园1个，引进推广农业新技术8项，主要农作物耕种收综合机械化率达94%；农民专业合作社、家庭农场分别达427家、71家，农业规模经营户达1020家。

【新型城镇化建设】 高质量编制黄帝千古情核心板块规划设计，《国土空间总体规划（2020–2035）》初步编制完成。黄帝故里园区建设全面启动，高标准完成核心区规划设计。实施城市建设提质项目93个，建成汇通路等城市道路8条25.2公里，新改建农村公路31条46公里，改造提升城区阁老路等5条道路，双湖大道东延等7条融郑融港道路快速推进；铺设城市管线248公里，供电总容量达141万千伏安；新建公厕50座、垃圾中转站16座，洧水路综合农贸市场开业运营，风苑路消防救援站建成投勤；新增优化公交线路20条，建成公交场站3个，评为全省"万村通客车提质工程"示范县（市）。持续改善群众居住条件，改造老旧小区37个，加装电梯35部；建成安置房5432套63.7万平方米，网签安置房4969套，9547名群众入住新居。

【开放创新】 开放招商成效明显，签约产业项目19个，合同金额283亿元，其中，10亿元以上高质量产业项目4个；外贸进出口完成5.4亿元；实施"故里英才引进计划"，引进硕博士102名。创新创业活力充分释放，深化国家创新型县（市）建设，新培育高新技术企业27家、科技型企业53家、知识产权优势企业6家，新增中原学者工作站1家、省级以上创新平台9家，新申请专利1432件、转化科技成果20项，全社会研发投入强度达1.13%；全市创新创业载体达34个，在孵企业（团队）1060家；新增各类市场主体1.9万户。

【三大攻坚战】 脱贫攻坚任务圆满完成。狠抓三保障、三精准、三落实，坚持质量、精准、激励、标准"四种导向"，以五查五确保为抓手，圆满完成脱贫攻坚各项任务。全市13个建档立卡贫困村、18个郑州市级低收入村、4个扶贫任务较重的面上村全部脱贫出列，现行标准下贫困人口全部脱贫，人均纯收入由2013年约2700元增长至约1.3万元。全市累计投入专项扶贫资金3.48亿元，实施扶贫开发项目224个，大力改善贫困村基础设施条件和产业发展水平，35个扶贫重点村村集体经济收入全部达到5万元以上，15个村达到10万元以上。为南召县投入财政资金9980万元，助力脱贫摘帽。污染防治深入推进。坚持不懈做好移动源、工业源、扬尘源等污染治理，常态开展夜查晨查行动，"散乱污"企业实现动态清零，淘汰国三及以下排放标准营运柴油货车1924辆，空气质量六项污染因子指数同比下降，空气质量优良天数同比增加68天，圆满完成蓝天保卫战三年行动计划。严格落实"河长制"，持续开展"清四乱""三污一净"专项行动，国控断面水质优于国家考核目标。着力打造生态水系，洧水公园、潮河郊野公园建成开放，南水北调中线观音寺调蓄工程开工建设，水系连通及农村水系综合整治试点县项目稳步实施，暖泉河公园加快推进。完成城关污水处理厂中水回用、十七里河湿地公园生态尾水净化项目，全市日污水收集处理能力达27万吨。秸秆禁烧实现全年"零火点"，连年评为郑州市秸秆禁烧和综合利用先进单位。持续推动生态修复，"三山"治理任务全面完成，老观寨水库区域生态修复工程加紧实施。防范化解各领域重大风险。严格规范政府举债行为，坚决遏制隐性债务增量，持续强化政府债务风险管控和化解，全市政府债务风险整体可控。深化平安新郑建设，健全立体化、信息化社会治安防控体系，严厉打击和惩治违法犯罪，"扫黑除恶"专项斗争三年行动圆满收官。规范房地产市场秩序，商品住房去化周期处于合理区间，省、郑州市交办问题楼盘全部化解。深入开展重点领域安全隐患排查整治，全年无较大以上生产安全事故发生，评为全省安全生产先进单位；畅通信访渠道，化解矛盾纠纷，越级上访人数下降50%，群众安全感、满意度持续提升。

【社会事业】 教育事业欣欣向荣，新建、改扩建中小学、幼儿园20所，新增学位9310个，充实教师1060名；移交城镇小区配套幼儿园87所，认定普惠性民办幼儿园157所，学前教育普惠率升至96.8%；中小学午餐供应和课后延时服务实现全覆盖。医疗卫生服务水平不断提升，龙湖片区4个公共卫生服务中心启动建设，市公立中医院快速推进，创建郑州市示范中医馆3家。积极推进健康新郑建设，创成省级健康乡镇6个、健康村（社区）7个、健康单位2个。文体事业蓬勃发展，公共数字文化工程试点建设有序推进，开展惠民演出668场，图书档案方志馆加紧建设，顺利通过全省首批县级融媒体中心试点县（市）验收；新建足球场13个、全民健身路径10条。成功承办全省统计系统"签承诺、亮信用"启动仪式，圆满完成第七次全国人口普查现场登记工作。积极推进军民融合发展，"双拥"工作持续深化。

【疫情防控】 坚持把人民群众生命安全和身体健康放在首位，坚决贯彻落实疫情防控各项决策部署，集中人力物力财力，全面打好疫情防控阻击战。坚持早安排、早管控，下好先手棋、打好主动仗，在郑州市率先实施摸排信息、设置卡点等有效措施，调动一切资源和力量，迅速形成抗击疫情强大合力。强化联防联控、群防群治、闭环管控，对全市所有出入市口和村（社区）、楼院实施闭环管理，严格落实"居家隔离+集中隔离""红黄绿三色码"等各项措施，构筑了全覆盖疫情防控体系；集中优质医疗资源，全力救治患者，实现了确诊患者零死亡、医护人员零感染，没有出现本地感染二代病例。精准把握疫情形势变化，统筹推进疫情防控和经济社会发展，全力做好"六稳"工作，落实"六保"任务，出台应对疫情促进经济平稳健康发展系列举措，常态开展"三送一强"活动，有序推动复工复产复学，累计帮扶企业1万家，协调用工18.9万人，减免缓税费32亿元，复工复产工作被新华社、央视《新闻30分》《东方时空》等多家主流媒体报道；积极开展促进消费提振信心专项行动，累计发放电子消费券2400万元，带动社会直接消费1.9亿元，有力推动了社会秩序加快恢复、经济运行稳步复苏，被评

锐杰微产线（杨　媚/摄）

为郑州市疫情防控先进集体。

（黄龙飞）

中牟县

【概况】2020年，中牟县总面积952.53平方公里，总人口581256人。辖3个街道办事处：青年路街道办事处、东风路街道办事处、广惠街街道办事处；1个乡：刁家乡；10个镇：韩寺镇、官渡镇、狼城岗镇、雁鸣湖镇、大孟镇、万滩镇、刘集镇、郑庵镇、黄店镇、姚家镇。有439个自然村、274个行政村、20个城市社区。

2020年，面对突如其来的新冠肺炎疫情，全县人民在县委坚强领导下，以习近平新时代中国特色社会主义思想为引领，统筹推进疫情防控和经济社会发展，扎实做好"六稳"工作，全面落实"六保"任务，克难攻坚，逆势前行，经济持续恢复向好，社会大局保持和谐稳定。全县地区生产总值435.9亿元，比上年增长1%；一般公共预算收入完成61亿元，比上年增长6.5%；居民人均可支配收入比上年增长4%。综合竞争力攀升至全国80位，发展效益跃居全省第1位。创成国家无障碍环境示范县、河南省文明城市提名城市，获评"2020年中国最美生态文化旅游名县"，挺进全省县域工业30强。迎来了金鸡百花电影节，也迎来了中牟历史上首条地铁线路的开工建设。

【机构与领导】中共中牟县委：书记潘开名；副书记楚惠东、李晓亮；县委常委：潘开名、楚惠东、李晓亮、李长松、任程伟（12月免）、牛健（4月免）、张胜利、牛满仓、耿志国、任大同、乔琳(女)、扎西尼玛（7月任）。

县委工作机关：办公室主任张胜利；组织部部长耿志国（12月免）；宣传部部长任大同；统战部部长乔琳(女);政法委书记牛健（4月免）；编办主任姚保林；巡察工作领导小组办公室主任孙彦宾；城乡社区发展治理委员会主任耿志国；县委县政府督查局局长朱星伟。

县委直属事业单位：党校常务副校长周宝丽（女）；县委县政府接待办主任贺学勤（女）；档案馆馆长冉宁；融媒体中心主任李军强。

县第十四届人大常委会：主任李延中（4月退）、方本选（5月任）；副主任段长兴、李鸿欣、李长宝、杨书立（5月任）。

县人大常委会工作机构：办公室主任尚会军；社会建设委员会主任委员张明科；财政预算委员会（预算工委）主任委员、主任仇向阳；法制委员会（法工委）主任委员、主任刘岚（女）；城建环资工委员会主任张长军；信访室主任马国昌；选工委员会主任王玉成；经济工委员会主任刘宪国；农工委员会主任李森林（6月免）；教工委员会主任王华萍（女）。

县人民政府：县长楚惠东；常务副县长任程伟（12月免），耿志国（12月任）；副县长扎西尼玛（7月任）；县政府党组成员杨书立（4月免）；副县长朱清伟；副县长卢志刚；副县长屈连武；副县长李新建；副县长栗英（12月任）；县政府党组成员李增辉。

县政府工作部门：办公室主任李有忠；发展和改革委员会主任於红太；教育局局长王国恩；科学技术和工业信息化局局长张海献；公安局局长栗英（女）；民政局局长张照强；司法局局长顾永辉；财政局局长张伍发；人力资源和社会保障局局长李记勤（女）；自然资源和规划局局长刘国胜；住房和城乡建设局局长单纪谦；交通运输局局长罗振华；城市管理局局长张小马；农业农村委员会主任乔松伟；水利局局长樊守峰；林业局局长何胜；商务局局长段文周；文化广电旅游体育局局长王成立；卫生健康委员会主任姚国森；退伍军人事务局局长周盾营；应急管理局局长王梦醒；审计局局长朱明华；市场监督管理局局长马爱国；统计局局长王平（女）；医疗保障局局长兰伟（回）；信访局局长岳志强；政务服务和大数据管理局局长王志现。

县委、县政府派出机构：郑州现代农业示范区管理委员会副主任刘聚宝；郑州国际文化创意产业园党工委书记楚惠东；中牟汽车产业集聚区党工委书记楚惠东。

县政府直属事业单位：郑州市雁鸣湖生态风景区管理委员会主任骆照顺；供销合作社主任张宪斌；机关事务服务中心主任（空缺）；林场场长冉军岭；民兵训练基地主任王百泉；公共资源交易中心主任李有忠。

政协县第十届委员会：主席张书勤；副主席刘海燕、朱怀召、王连宇、梁凌达（女）。

县政协工作机构：办公室主任（空缺）；提案委员会主任吴小五；经济科技委员会主任王辉；教科卫体委员会主任杨凯（女）；社会法制委员会主任王瑞芳（女）；台港澳侨联络委员会主任李绍然；文化和文史委员会主任杨红莉（女）；委员联络委员会主任张宏伟；城建环保委员会主任刘须峰。

中共中牟县纪委监委：纪委书记、监委主任牛满仓。

县人民武装部：部长张德炯，政委李长松。

县人民法院：院长刘文辉。

县人民检察院：检察长丁海江。

县群团组织：总工会党组书记孙玉霞（女）；团县委书记郭忠强；妇联主席李玲玲（女）；科协主席曹书杰；残联理事长刘超；工商联（总商会）主席魏刘萍（女）。

县群团直属事业单位：文联主席（空缺）。

乡镇（街道）：青年路街道党工委书记申永强，办事处主任马振民；东风路街道党工委书记陈国岭，办事处主任张中锋；广惠街街道党工委书记王林祥，办事处主任张胜勇；韩寺镇党委书记郭宏领，镇长刘长锁；官渡镇党委书记段长海，镇长李三；狼城岗镇党委书记白钢林，镇长胡何林；雁鸣湖镇党委书记刘海玲（女），镇长梁全峰；大孟镇党委书记刘海峰，镇长王振杰；万滩镇党委书记马素萍（女），镇长吴杰；刘集镇党委书记李恒，镇长周国富；郑庵镇党委书记曹西峰，镇长谢继周；黄店镇党委书记袁瑞霞（女），镇长袁新科；姚家镇党委书记周国富，镇长郝宏彬；刁家乡党委书记姬会杰，乡长王红生。

【新冠肺炎疫情防控】在突发的疫情面前，县委、县政府坚持人民至上、生命至上，严格落实"四早"要求，除夕之夜成立疫情防控指挥部，大年初一全县启动应急响应，800多个党组织、2万多名党员、1万多名机关干部、2万多名志愿者闻令而动、尽锐出战，率先开展"14+3"集中隔离，组织实施"大数据+网格化"排查，迅速阻断了疫情扩散蔓延，筑牢了联防联控、群防群控严密防线。广大医务工作者白衣执甲、护佑生命健康，人民警察日夜奋战、守护一方平安，人民教师以家为岗开展网络授课，新闻工作者深入前沿报道感人事迹，志愿者在疫情一线彰显青春担当，社会各界踊跃捐款捐物，村组干部、快递小哥、环卫工人、运输司机、物业员工等普通群体甘做防疫无名英雄，广大群众自觉宅家抗疫。涓滴之力汇聚成磅礴伟力。2月22日至年底全县无新增确诊和疑似病例，全县抗疫斗争取得重大成果。

【复工复产】中牟县扎实开展"三送一强""一联三帮"，出台"暖企10条"，解决企业各类问题5.4万个。实施"奖补缓免贷"政策，帮助企业解决资金困难近160亿元。以稳投资为抓手，争取省、市重点项目24个，实施县本级财政投资项目378个，固定资产投资增长14.1%。疫情期间发行中部地区首单、利率最低的保障房资产支持证券，争取地方政府债券30.6亿元（核实债务名称）。把促消费摆在突出位置，发放消费券1475万元，带动消费近亿元。组织"醉美·夜郑州"中牟系列活动，建业电影小镇、郑州方特获评郑州市"十佳夜游好去处"。

【创新驱动】2020年，中牟县全社会研发投入7.1亿元。落实企业研发投入税收优惠4.3亿元，同比增长11.1%。获批科技部“科技助力经济2020”重点专项1个、省级重大科技创新专项1个。新认定国家高新技术企业14家、科技型中小企业70家。新增省级技术创新示范企业1家、质量标杆企业2家、研发机构7家，引导企业实施科研项目514个。高新技术产业增加值占规模以上工业增加值比重达到86.7%。

【制造业转型升级】2020年，中牟县新能源、大健康、新一代电子信息等战略性新兴产业加快布局，占制造业比重超过30%。大连中比电池、比克新能源客车签约入驻，新能源产业从导入期进入快速成长期。引进扬州九州车业、三一挖掘机等先进制造业项目7个，协议资金超140亿元。实施“三大改造”项目37个，投资28.2亿元，占工业总投资的67.1%，新增“两化融合”贯标企业14家，纳入省级智能制造项目库企业6家，创建省级智能工厂2家。

【现代服务业】2020年，中牟县生产性服务业向专业化和价值链高端延伸，中核集团智能科创基地、厚疆综合体等7个项目入驻，中交一公局七公司、河南移动等总部项目开建，河南省城乡建筑设计院建成投用。文旅产业“吃住行游购娱”链条加快完善，只有河南·戏之国、建业电影小镇世界影剧院基本建成，郑州海昌海洋公园、中华复兴之路加快推进，杉杉·奥特莱斯二期、建业J18、郑大三附院新区医院、一八联合学校等加快建设。文创园获评“省文化和旅游消费示范区”，建业电影小镇成为4A级景区、入选中国“最具人气文旅目的地”“文旅融合发展十大创新项目”。

【城市建设】2020年，中牟县空间结构更加优化。按照“聚优控”原则推动城市发展方式转变，开展《国土空间总体规划》编制，“多规合一”的国土空间规划体系加快建立。大力推动核心板块开发建设，城市设计编制完成，控制性详细规划实现全覆盖，新引进华润集团、深圳宝能2个国内500强项目，集聚产业项目19个，“数创引擎、文旅地标”初露峥嵘。

基础支撑不断增强。省道312、豫兴大道基本完工，建成市政路网项目40个，备受关注的中兴路立交桥建成通车；新开通公交线路6条，地铁8号线开工建设，“地铁+公交”的公共交通模式指日可待。城市保障能力不断提升，官渡污水处理厂建设完成，新增雨污水管网66公里，新建110千伏输变电工程2个，日供气能力提高100万立方米。

品质内涵持续提升。以“三项工程一项管理”为抓手，同步推进老城区有机更新、新城区功能完善，整洁、有序、舒适、愉悦的人居环境逐步呈现。学苑路试验段等20条道路综合改造工程全部完工，城市街区空间更为清爽。54个老旧小区改造全面推进，立面美观、道路整洁、绿意沁人的居住环境更加舒心，休闲健身、养老服务、文化融入的功能要素更加完备，从内到外展现出“新气质”。城乡结合部改造有序推进，改造村庄（社区）39个，建成美丽乡村示范村3个。城市管理更加精细，“城市大脑”启动建设，数字城管平台实现群众参与城市治理零距离。

【乡村振兴】2020年，中牟县农村改革走在省市前列。全省第一本农村房屋不动产证在中牟发放，全市第一家农村产权交易平台在中牟建立。都市生态农业提质增效，新建高标准农田1万亩、“菜篮子”示范基地6423亩。打造省级特色生态旅游示范镇1个、乡村旅游特色村3个，创成市级旅游名镇1个。官渡镇获批全国农业产业强镇，大孟镇获评河南省文化产业特色乡村。

全县基础设施不断完善，获河南省“四好农村路”示范县、“万村通客车提质工程”示范县称号。人居环境持续优化，生活污水治理加快推进，完成户厕改造1.5万户，建成“四美乡村”省级示范村10个。13个村镇跻身国家、省、市级文明村镇，姚家镇老八庄村、青年路街道西街村成为国家级文明村。

【巩固脱贫攻坚成果】2020年，中牟县在全省率先建立防返贫监测帮扶机制，设立500万元“精准防贫保障金”，投入专项扶贫资金6412万元，实施产业项目13个，贫困村集体经济平均收入达到23万元，老弱病残等特殊贫困群众兜底保障持续强化，实现不落一人、不漏一户精准稳定脱贫。助力卢氏县范里镇脱贫“摘帽”。黄河滩区居民迁建工程二期完工，7610名群众搬进新社区。

【生态环境】2020年，1.2万亩的河南省中牟森林公园基本建成。安罗高速、新国道107廊道绿化完工，新增绿化面积1.4万亩；营造生态林2.8万亩，打造森林特色小镇2个、森林特色乡村28个。县域内贾鲁河水系治理全面完成，雁鸣湖区域综合整治成效初显，雁鸣湖重现碧波荡漾。空气质量持续改善，优良天数增加58天。“河湖长制”深入实施，“四水同治”深入开展，河湖“清四乱”“三污一净”等专项整治深入推进，城市黑臭水体保持动态清零。全县土壤环境质量保持稳定。

【营商环境提升】2020年，中牟县“一网通办、一次办成”改革扎实推进，全部1683个政务服务事项实现“一站式”办结，300个个人高频事项实现“一次办成”。企业开办实现“零成本一日办”，工程建设项目审批压减至最长61个工作日、最短14个工作日，机动车牌办理即时可取，不动产登记“交房即发证”。24小时自助服务实现县域全覆盖，有效解决群众“工作时间没空办、休息时间没处办”的困扰。营商环境综合评价位居全市第1，带来更多优质经济增量，全年引进项目16个，协议资金314亿元，其中，10亿元以上高质量项目3个、国内500强项目3个。

【社会民生】2020年，中牟县尽力保障民生支出。在财政收支矛盾十分尖锐情况下，坚持政府过紧日子确保群众过好日子，压减非急需非刚性支出4.6亿元，压减比例超50%，把节省的资金重点用于保民生、保工资、保运转，全年民生支出69.4亿元，占一般公共预算支出的76.7%。省市县重点民生实事全部完成。

健康中牟建设深入推进。公立医院综合改革不断深化，紧密型医共体加

1月18日，中牟县举行智慧中牟暨“城市大脑”建设签约仪式

（县委宣传部／供图）

快建设，“就医一卡通”、诊间支付、床旁结算等高效贴心服务全面推广；建成县域医疗中心，群众不出中牟就能享受到名医诊疗，90%以上患者留在县域内就医。中医药事业大力发展，乡镇卫生院实现中医科建设全覆盖。爱国卫生运动深入实施，国家卫生县城通过复审。

教育文化事业全面发展。坚持教育优先，建成公办幼儿园7所、中小学2所，高考一本和二本上线率首次跃居郑州各县（市）第1位，城区公办中小学实现午餐供应全覆盖，温暖了学生，方便了家长。文化事业蓬勃发展，“双优”“双带”、送戏下乡持续开展，箜篌城生态文化公园建成开放。

社会保障水平不断提高。千方百计保就业，新增城镇就业2874人，农村劳动力转移就业7203人。社会救助和养老服务水平不断提升，城乡低保标准和特困人员基本生活标准进一步提高，3631名城乡低保对象、特困人员基本生活得到有效保障；建成社区老年人日间照料中心11个，医养结合养老新模式开始推行。慈善救助帮扶困难群众1.8万人次。农民工权益得到切实保障。加快动迁群众回迁安置，新回迁群众2.9万人。

郑州市观鸟林森林公园（中牟县林业局/供图）

社会大局保持和谐稳定。切实抓好信访源头问题化解，创新开展“网上信访”，信访秩序明显好转，连续6年获全省信访工作先进县称号。非法集资有效遏制，问题楼盘有序化解。市场监管更加有力，人民群众饮食用药安全更有保障。平安中牟建设不断深化，法治公安专职化运行开创全省先河，一批大案要案、疑难积案侦破，“扫黑除恶”取得压倒性胜利。安全生产形势保持稳定。第七次人口普查扎实开展。退役军人服务保障不断强化，双拥氛围更加浓厚。

（徐　园）

人物

2020年全国劳动模范

牛雪平　男，汉族，河南省平顶山市汝州市人，1977年11月出生，1996年参加工作，中共党员，郑州飞机装备有限责任公司（以下简称公司）加工中心操作工，高级技师，航空工业首席技能专家，享受国务院政府特殊津贴。

牛雪平同志一直从事悬挂发射装置产品的研制和批产工作，主要负责五轴加工中心的功能开发、技术应用和公司军品关键零部件的数控加工、技术攻关等。承担复杂架体类零件科研技术攻关，大型钛合金零件五轴加工，直xx和歼xx新品挂架、气密性零部件等数十项产品零件的科研生产任务。

牛雪平同志曾获"全国五一劳动奖章""全国技术能手""河南省五一劳动奖章""中原技能大师""中原大工匠""河南省技术能手""河南省国防科工局优秀共产党员""航空工业青年五四奖章""航空工业敬业好员工""航空工业技术能手""郑州市五一劳动奖章""郑州市突出贡献高技能人才""郑州市首届大工匠"等荣誉称号。以其名字命名的牛雪平创新工作室先后被命名为"全国示范性劳模和工匠人才创新工作室""航空工业劳模（职工）创新工作室""河南省劳模（技能人才）创新工作室"。

牛雪平同志主持复杂架体类、大型钛合金接头、铝合金7050大型薄壁等数十项关键零部件技术攻关和生产，广泛应用于悬挂装置、弹射挂弹钩等航空军械产品，为公司军品高质量及时交付奠定了基础。主持科研项目"五轴设备加工空间拓展技术研究应用"，实现了在行程为1米的五轴设备上，加工零件长度1.22米，翼型面长1.02米的高精度空间特征架体类零件。该项目被评为"十二五河南省十大职工技术创新成果"。主持技术攻关项目"TC11钛合金材料数控加工工艺技术研究与应用"，成功解决了大型钛合金材料的机加难题，零件质量稳定，关键部位加工刀具寿命延长3倍，降低了刀具成本。主持龙门加工中心五面加工自动转换技术应用，利用编制宏程序，实现立、卧坐标系自动校准，提高设备加工效率30.5%。主持"沉淀硬化不锈钢加工方法及参数优化"应用，通过对材料特性以及零件结构的分析，在公司首次应用摆线铣削和插铣相结合加工方式，实现刀具高速切削，有效解决此材料难于加工的问题，提高了刀具效率和利用率，大幅降低刀具成本。主持牛雪平创新工作室运行管理，2015—2019年，累计完成技术创新项目100余项，技术成果转化达95%。工作室成为解决科研生产技术瓶颈、提高生产运行质量与效益、培养专家型能工巧匠的平台。

牛雪平同志主导的国家发明专利项目"一种基于FANUC0i数控系统定制G252螺旋铣削循环"，专利号201811034732.7。本发明基于FANUC0i数控系统定制一种多功能螺旋铣削循环G代码指令。该指令主要用于螺旋铣孔或者螺旋铣凸台，为参数模态化指令，人为指定该G代码为G252，具有功能全面、简洁、安全、通俗易懂等特点。国家实用新型专利"一种千分尺"，专利号ZL 2016 2 1241517.0。提供一种新型通用测量工具，解决了空间狭小、截面复杂、槽底直径要求严格的外槽结构测量困难难题。主导的创新项目"数控铣削参数优化技术研究及应用"，分析数控程序的优化原理，结合公司数控加工程序特点，摸索出适合数控程序优化的典型零件和典型程序方法，提高机床加工效率。"基于CATIA的五轴数控编程技术与程序后处理技术开发应用"项目，自主开发了五轴后置系统，已经在多种复杂架体类骨架零件应用，其生成的程序更加合理，有效降低了成本。这两个项目，2018年均获得航空工业机电系统创新项目大赛工艺制造二等奖。

牛雪平同志作为高级考评员参与河南省、郑州市等示范性劳模创新工作室的评审工作。作为航空工业数控培训基地的客座讲师，积极开展培训。以牛雪平创新工作室为平台，创新求变，培养人才。开展导师带徒，做好技术传承。开展多元化培训，加大辐射力度，实践形成"样板培训、定期集中培训、生产现场培训"的多元化培训方式。工作室年均开展专业技术技能培训20余次400余人次。培养出航空工业首席技能专家1人、机载系统特级技能专家2人、河南省技术能手4人，高级技师6人、高级工程师8人。

牛雪平同志在《工具技术》《河南科技》《机械工程师》《中国科技期刊数据库工业C》发表论文7篇。思想政治成果理论研究《创新工作室带动和辐射作用与管理模式探索》项目获航空工业首届青年创新奖“优秀奖”。

李会东 男，汉族，河南河南睢县人，1986年10月出生，2007年参加工作，中共党员，大学本科，恒天重工股份有限公司班组长。

2007年参加工作以来，李会东同志参加各类职工技术比武取得斐然成绩，树立了技术工人学习技术的榜样。参加企业多项生产攻关工作，充分发挥劳模工匠精神，展示了新时期一个优秀的80后青年员工的精神风貌。

勇于担当，在军品生产中显身手。几年前在加工某军品托架本体时，由于工件结构的原因，加工中心的刀具机械加工满足不了使用厂家的需求，李会东主动请缨，带着徒弟克服重重困难，利用平面延申技术与扎实的基本功，手工完成了这项艰巨的工作任务，保证了各项精度要求，受到厂家高度称赞，托架本体在公司累计销售额已达到1.2亿元人民币。

积极创新、助力公司发展。以“李会东”命名的“李会东劳模创新工作室”成立于2015年11月，发展创新成员共49人，大胆创新，扎实开展工作，在解决生产难题和生产瓶颈的过程中，起到了关键作用。期间积极吸收勤学习、善钻研的优秀人才加入创新工作室团队，始终坚持注重发挥劳模及各类先进人物的引领作用，立足本公司现有条件、生产工艺、生产现场，充分调动工作室全体成员的积极性，围绕生产工作中的难点、热点问题，组织实施技术创新、技术攻关工作，积极开展创新攻关、小改小革、技能培训工作，充分发挥劳模创新工作室的创新引领作用，完成技术创新成果68项，获得集团公司一、二、三等奖共计43项，达到节能降耗、提高生产效率、提高生产质量的效果，累计节约成本600余万元。李会东同志申报国家专利8项，其中2项为发明专利，完成QC小组2项。2018年4月，李会东劳模创新工作室被郑州市总工会授予“郑州市示范性劳模创新工作室”，2019年6月被河南省总工会授予“河南省示范性劳模和工匠人才创新工作室”。

带好徒弟，传授技艺，培养新人。李会东劳模工作室是公司各类技术人才、技术比武精英的聚集地，不但在公司起到攻坚克难、技术攻关的作用，同时还肩负着技术传承、技术培训的作用，积极发扬导师带徒、传帮带的优良传统，2019年累计培训员工400余人次，培养出一批年轻优秀骨干。在参加技术比武方面，工作室积极关注掌握各类技术比武信息，鼓励身边技术能手参加公司级、省市级、国家级各类技术比武，积极做好赛前对选手的技术指导、理论辅导以及心理疏导等一系列服务措施，使一大批年轻技工在和同行业选手激烈角逐中找到了横向差距，得到磨炼，技术水平得到明显提升，使公司新一代人才梯队逐步形成。2018年9月李会东与杨庆源师徒二人在中国恒天集团有限公司第七届职工职业技能大赛中一举包揽钳工第一名与第二名的好成绩，被授予中国恒天集团公司青年技术岗位能手、中国恒天集团公司技术能手等荣誉称号。2019年4月杨庆源荣获“河南省五一劳动奖章”，2019年5月荣获2017–2019年度国机集团青年岗位能手。李会东劳模创新工作室在公司青年员工技能提升发面充分发挥了示范带动作用。

勇挑重担，在新冠肺炎疫情阻击战中充分发挥劳模工匠作用。新冠肺炎疫情发生后，公司2月12日接到国家工信部、国务院国资委下达的医用防护服压条机紧急调拨指令，在无图纸、无技术资料及供应链极度不畅的艰难情况下，迅速组成以李会东为主要代表的劳模工匠先进群体参加的攻关突击队，充分发挥劳模工匠精神，加班加点，24小时连轴转，仅用8天就研发生产出首批10台医用防护服压条机设备样机，在60天内完成700余台压条机的出产任务，有力保障了抗疫一线对医用防护服产能产量的需求，受到国务院应对新冠肺炎疫情联防联控机制物资保障组特派员、国家工信部、国务院国资委的高度评价。

曹瑞娟 女，汉族，河南省郑州市人，1973年2月出生，1993年参加工作，中共党员，郑州市公共交通总公司一公司驾驶员、车长。

26年来，曹瑞娟同志初心不改，始终践行着“听党话、跟党走，做党的好女儿，做乘客贴心人”的誓言。

她倾洒真情为乘客，不断充实着优质服务、乘客满意的服务内涵，践行公交人快乐、忘我、敬业、奉献的理念，是创新服务、无私奉献的楷模。她创建“三动”工作法，用细节打造温馨温暖车厢，200多本意见薄满满的赞美是对她最好的褒奖。她带领着曹瑞娟志愿服务队、曹瑞娟劳模工作室，建成党代表流动车厢，成为创文明服务的窗口。她是全国“五一劳动奖章”获得者，是全国“三八红旗手”、是感动河南交通十大人物、河南省优秀共产党员，也是郑州市“十大杰出女性”，她的事迹被国家省市媒体多次报道，她是郑州的五星级明星车长，是公交人学习的榜样。

倾洒真情为乘客，细节打造显特色。曹瑞娟同志总结出“三动”工作法，即心动、手动、口动。心动，就是以真心、诚心、耐心换取乘客对自己工作的支持和理解；手动，就是根据不同的节日，打扮相宜的车厢环境，用双手扮靓车厢，形成了自己独特的车厢文化；口动，就是每一句话都要能温暖乘客的心，把乘客当作自己的亲人，想乘客之所想，急乘客之所急。她坚持十几年行车无违章、无事故、无投诉。曹瑞娟同志还是个“百事通”。为方便乘客换乘，她经常下班后骑车沿着60路的走向，熟记每个站点的换乘线路以及周围的车站、商场、公司、菜市场、宾馆等，以便准确为乘客指路。为给乘客创造一个温馨舒适的乘车环境，她在工作中始终做到“五净一亮”，垃圾篓一趟一清。她用国旗，党旗，鲜花，绢花，剪纸，中国结等中国特有的节日元素布置不同的主题车厢，营造浪漫温馨的氛围，把车厢变成了流动的家。文化宣传的长廊。遇到老年人、残疾人上车不方便，她主动下车搀扶，并提醒其他乘客让座。一些乘客被她的热情服务打动，还会主动帮忙搀扶，好车长、文明乘客共同构成了60路公交特有的车厢文化。

践行群众路线，传播文明形象。郑州公交是城市文明的“窗口”，曹瑞娟同志通过“窗口”展现出公交的文明形象，展示了郑州的精神面貌。一位来自北京的乘客初次到郑州，偶然坐上了曹瑞娟的公交车，因为对郑州不熟悉，他就不停地向车长问东问西，曹瑞娟总是准确无误的帮他解答了问题，当乘客下车时感动地说“作为一个外地人来到郑州，人生地不熟的，在公交车上感受到了河南人的热情，更感受到了郑州人的细致周到的服务，你就是郑州公交的名片。”曹瑞娟通过这些平凡的小事感动着乘客，感动着身边人，同时也影响着这个集体。她胸怀全局、信念坚定，始终用党员标准要求自己，牢固树立“四种意识”，团结带领线路上的同志们把真心和真情倾注于广大乘客，提高了乘客满意率。2016的12月5日，郑州公交曹瑞娟志愿服务队正式注册成立，现有成员462名，服务队下设有老兵突击队、青年突击队、赵杨徐维修队、学雷锋志愿服务队等，年均组织服务活动百余次。2019年9月第十一届全国少数民族传统运动会曹瑞娟代表郑州公交担任火炬手，她用自己的实际行动传播着新时代公交人的良好职业风尚和健康向上的精神风貌。

履行党员义务，感动温暖身边人。曹瑞娟同志不断丰富60路线路党支部的组织生活内容，时刻以党员的标准来要求自己，她团结同事，热心助人，无论谁有困难，她都会无私的帮助。为更好地行使党代表职责，她结合本职工作，利用自身优势，成立了党代表工作室和流动工作车，在公交车上搭起党和人民的连心桥。她深入社区、学校、企事业单位进行调研走访，收集各种意见和建议，倾听群众心声。在新冠病毒防控期间，曹瑞娟始终坚守一线、践行“疫情不灭、我们不退”的誓言；面对父亲突然过世噩耗，处理好后事后，第一时间返回岗位，请战加入战“疫”第一线，她每天总是第一个赶到场站，熟练的配好消毒液，对公交场区、站台、车辆进行消毒；主动协助社区做好小区疫情防控工作，组织小区疫情防控党员突击队并担任队长。带领社区党员对小区进行消毒，帮助小区居民购买生活必需品、清倒垃圾。当小区防疫物品不足时，曹瑞娟多方联系，出资买来消毒液和口罩，捐献给社区，又通过河南省妇女儿童基金会为防抗疫情捐赠善款。

孙振川　男，汉族，陕西省韩城市人，1972年1月出生，1995年参加工作，中共党员，硕士研究生，盾构及掘进技术国家重点实验室执行主任，教授级高级工程师，国务院政府特殊津贴专家，住建部绿色施工专家委员会委员、中国科协九大代表、河南省建筑业优秀总工程师，河南省学术技术带头人，盾构及掘进技术国家重点实验室国家级科研创新团队核心成员。

孙振川同志长期工作在我国地下空间领域科研与施工一线，是中国地下空间创新发展的驱动者；带领科研团队攻坚克险，主持修建了我国首座大断面海底隧道——厦门翔安隧道；承担的“跨江越海大断面暗挖隧道修建关键技术与应用”获2016年度国家科技进步二等奖；牵头建成的盾构及掘进技术国家重点实验室近年来先后荣获全国工人先锋号、全国专业技术人才先进集体、全国五一劳动奖状、全国职工职业道德建设标兵单位、中国专利奖、国家科技进步奖等多项国家级荣誉，在科技部首轮5年企业国家重点实验室评估中获评优秀(河南省唯一)；主持研制的盾构TBM工程大数据云平台，成功为盾构TBM工程提供实时预警，防范化解了盾构TBM施工重大风险，逐步实现了盾构TBM智能化选型、设计与智慧掘进，极大提高了行业智能化水平；创新研发了具有自主知识产权的新型盾构与新型TBM等高端装备，推动了我国盾构TBM等高端装备先进制造业迈入国际领先行列，为川藏铁路、大瑞铁路高黎贡山等艰险复杂长大隧道建设提供了技术支撑与保障。

2005年，筹划十年的我国首座大断面海底隧道——厦门翔安隧道开建，这是一项规模宏大的跨海工程，地质条件异常复杂，施工风险世界罕见，我国从没有修建此类工程的经验。孙振川作为工程技术负责人，顶着巨大压力，带领项目施工人员日夜坚守施工现场，大胆开拓、小心验证，锲而不舍进行研究实验与技术创新，成功攻克了陆域全强风化地段大断面浅埋暗挖施工、浅滩段透水砂层施工、海底风化深槽施工三大技术难关，解决多个“世界性难题”，防范化解了海底隧道修建的重大风险，创造了“海底奇迹”。依靠自主创新，翔安海底隧道施工技术达世界领先水平，被交通运输部确定为全国三大样板工程之一。孙振川团队在建设过程中不断进行技术优化、创新，构建了跨江越海隧道设计施工理论与方法等关键技术体系，填补多项国内外技术空白，其成果先后荣获河南省科技进步一等奖、福建省科学技术二等奖、中施协科学技术奖特等奖、中国中铁青年创新一等奖、2016年度国家科技进步二等奖等多项技术奖励，为青岛胶州湾、汕头海湾等9座总长50.9公里的跨江越海隧道提供了技术支撑，节约投资约15.6亿元。孙振川个人被授予厦门市“突出贡献个人”、厦门市五一劳动奖章、福建省劳动模范等荣誉称号。

作为盾构及掘进技术国家重点实验室主要牵头人，孙振川勇担新使命，将目光投向最前沿的科技——大数据与人工智能，将信息技术与盾构技术相结合，带来了盾构技术的革命性变革。牵头组建“盾构TBM工程大数据云平台开发及应用”科研团队，研制了集智能监控、数据分析、协同管理及大数据应用于一体的盾构TBM工程大数据云平台和手机App，逐步实现盾构TBM智能化选型设计、智慧化作业。目前，已接入包括以色列、马来西亚等国内外盾构TBM施工线路200多条，预测并防范化解重大风险1500多次，纠正不当施工行为800余次，创造经济效益约2.54亿元，大大提升了盾构TBM的风险管控及智能化水平，推进了盾构TBM技术智能化发展。成果先后获工信部大数据示范试点项目、百家大数据优秀案例、河南省科技进步二等奖等多项荣誉。

为解决日益严重的“城市病”，改善交通拥堵，孙振川带领团队指导高端装备制造企业突破了超大、异型盾构等诸多国际难题，指导并参与研制出世界首台超大断面矩形盾构、世界首台马蹄形盾构，突破了超大异形全断面开挖、异形多曲率管片拼装等难题，成果获河南省科技进步一等奖。依托承担的中国中铁科技项目，指导并参与研制了世界最大断面矩形盾构（10.42m×7.57m）；依托承担的863、973等项目（课题），牵头联合研制了国产最大直径（Φ9.03m）TBM、国产最大直径（Φ15.80m）泥水盾构，推动了我国盾构TBM等高端装备先进制造业迈入了国际领先行列，促进了国产盾构市场占有率从2012年不足25%发展到如今的95%以上，产品遍布国内各省市地区，产量位居中国第一，并成功进入意大利、丹麦、法国、以色列、马来西亚等18个国家和地区。为建设并提升行业从业人员的业务知识、技能水平与能力，孙振川所带领的团队近五年主办全国盾构从业人员技术培训班21期，为国家培训知识型、技能型人才2600余人；团队成功入选国家重点领域创新团队，先后获全国工人先锋号、全国专业技术人才先进集体、全国五一劳动奖状、全国职工职业道德建设标兵单位、国家专利奖、科技进步奖等多项国家级荣誉与奖励；孙振川个人近5年先后获国家科技进步二等奖1项、省部级科技进步奖20余项，省部级工法10余项，发明专利26项，发表论文论著20余篇；被聘为住房城乡建设部绿色专家委员会委员、中国爆破行业专家库专家、中国中铁专家；2016年当选第九届中国科协代表。

彭夫望 男，汉族，1973年11月出生，1997年参加工作，群众，博士研究生，毕业于中国疾控中心病毒所。曾先后留学美国堪萨斯大学医学中心做博士后，美国纳布拉斯卡大学医学中心药理系任讲师。2016年任河南昂睿生物科技有限公司研发总监、郑州博睿医学检验实验室有限公司任技术总监。2013-2018年郑州市劳动模范、2014-2019年河南省劳动模范、郑州市首批高层次人才"地方突出贡献人才"。

身处武汉隔离，远程指挥调度，为信阳市三家县级医院建成呼吸道特检实验室，助力新冠肺炎疫情防控狙击战。彭夫望同志虽因节前回武汉探亲无法返回郑州，但面对新型肺炎疫情防控的严峻形势，该同志及时挑起重担，运用互联网与公司同事们迅速建立"筹建办公小组"，依照自己的专业知识策划了整套运行方案，分配各部门的工作职责，协调公司各方面的资源，让采购、运输、对接、安装、工程师安排等各个细节紧密衔接，有序运转。仅用1月28日到31日的短短4天时间，便按照当地领导的要求使所有仪器安装到位，并通过试运行，成功指导信阳市潢川县人民医院等三家县级医院建立呼吸道特检实验室，开始接受当地发热患者的诊治，为当地疫情防控发挥了积极作用。受到当地领导的一致好评。

牵头组建中部地区最大的基因检测服务平台和中国（河南）自由贸易实验区博士后科研工作分站。彭夫望同志建议公司抓住时代机遇，采取强强联合的方式快速提升自身在国内行业中的地位。作为有分子遗传研究背景的彭夫望同志成为此次合作的主负责人。彭夫望同志联系了国内基因行业前两强企业明码生物与华大基因，共同探讨了两家公司的技术优势、特点，以及市场应用前景，成功引入世界排名第一（美国illumina）和第二（中国华大）的两套核酸高通量检测技术，为博睿医学检验实验室公司建立了拥有全套一代、二代、三代检测平台，同时建立了相应的大数据分析技术和数据存储中心。由于检测能力和数据处理能力的突出表现，公司成为2018年度国家服务业发展引导资金重点资助企业，被河南省发改委评定为河南省级大数据研究中心。借此基因平台，彭夫望同志又联系中科院基因组所、军事医学科学院等国家级研究室，进行医学科研合作，并参与了军事医学科学院牵头的国家重点疾病防治专项课题。鉴于目前的专家力量和课题资源，2019年8月，昂睿生物科技有限公司被国家人力资源和社会保障部、全国博士后管委会批准设立博士后科研工作分站。

主持研制开发一批诊断试剂和基因检测相关试剂。调任昂睿生物科技有限公司研发总监期间，彭夫望同志担起为公司设计开发新产品的重任。首先针对严重危害人民身体健康的急性心肌疾病、甲状腺疾病、急性感染等疾病，利用市场新兴床旁诊断技术，采用目前国内反应最灵敏的化学发光检测技术，进行快速诊断试剂的研制开发。由于当时公司初建，相关专业人才较为缺乏，彭夫望同志需要一手承担实验室设计、工作安排、专业问题分析等各种事物，工作压力巨大。同时，因为临床试剂开发具有严格的国家审查流程，极具专业性，他还需承担起对员工专业知识培训的重任，参与专业实验材料的编写、对专业人员的招聘，以便快速增强公司的专业实力。为建设符合国家食药局要求的试剂生产厂，他亲自绘制专业厂房的图纸，监管厂房的建设细节，随时同承建商讨论新发问题，最终让厂房成功通过MA认证。在两年的艰苦研发和临床验证研究，公司研发团队获得了28种POCT诊断试剂的检验证，形成了自有的产品系列。昂睿生物公司成为郑州航空港经济开发区第一个具有临床II类诊断试剂研发生产能力的公司。

为了跟上近年来的"基因诊断"浪潮，彭夫望同志着手基因相关试剂的开发。并采取由易到难的策略，依次在核酸提取、RNA核酸保护、基因文库制备等基因检测相关试剂方面取得突破，形成基因检测前处理全系列的核酸产品，同时为其中部分产品申报了临床I类试剂备案。产品覆盖了包括临床和科研方面的高效自动化配套试剂，使昂睿生物科技公司成为国内为数不多的能够生产全系列基因相关产品的生物试剂企业。

代鑫波 男，汉族，河南兰考人，1974年5月出生，1995年参加工作，中共党员，技术经济与管理学博士，高级工程师，河南省第十二、十三届人大代表，国网河南省电力公司郑州供电公司副总经理。2014年3月17日，该同志作为全省焦裕禄式好干部的杰出代表，受到习近平总书记的亲切接见，并合影留念。

从业25年，从优秀员工到焦裕禄式好干部。

1995年参加工作后，代鑫波把技能提高放在首位，1997年在开封供电区第一届青工技能大赛拿了第一名。由于技术过硬，敢负责任，1997年调任谷营乡供电所长。他把苦练技能的劲头用在供电所的治理上，带领全所员工，连续30天对辖区电网进行地毯式排查，消除600多处安全供电隐患，根治频繁停电问题，提升用户电力获得感，得到群众广泛好评。不到两年带领全县落后的供电所一跃成为全省先进供电所。2005年调任开封县供电公司总经理兼党委书记，当时该公司在全省同业对标中排名倒数第一，上任后代鑫波大刀阔斧搞改革。四年内，带领公司实现由"落后企业到省一流企业、国家电网公司一流企业，再到全国综合管理标杆"的三大步跨越式发展。2015年转任郑州市供电公司总经理后，要求树立"人人是经理，个个活雷锋，处处营业厅"服务理念，组织1408名干部员工开展"大走访、大回访、再走访"活动，做到"敲开门、见到人、搭上话、连上心"，实现供电服务水平大幅提升。仅用两年多的时间，公司管理水平由全省倒数第二提升至正数第二，赢得地方政府和供电客户的普遍赞誉，先进事迹被央视《新闻联播》、河南电视台、河南日报等多家媒体报道。

铭记总书记嘱托，为国家中心城市建设再立新功。2018年4月调任国网郑州供电公司副总经理，分管电网规划、建设及电力扶贫等工作。他时刻铭记总书记的鼓励和嘱托，立足本职工作，敬业、务实、为民、担当，为推动郑州高质量发展、打赢污染防治与脱贫攻坚战做出了突出贡献。

坚持新发展理念，加快推动郑州高质量发展。开工电网项目数量历史第一——两年开工169项110千伏及以上输变电工程，是前5年的总和；完成电网发展投入114.6亿元，是前4年的总和。带领团队攻坚克难，解决电力工程“落地难”问题，停工多年的桐柏、雪莲等12项输变电工程实现复工。电网建设速度历史第一——两年投产110千伏及以上输变电工程91项，是前6年的总和，仅2019年就投产220千伏变电站8座、是前8年的总和，投产110千伏及以上输电线路771千米、是前5年的总和，创单月、单年投产项目数量等多个“历史第一”。电网供电能力提升360万千瓦，可满足新增400万城市人口的用电需求。全力做好“米字型”高铁网、轨道交通网供电保障——为实现郑万高铁按期送电，他曾一个月连轴工作，使4项220千伏输变电工程、3项110千伏输变电工程、26条输电线路工程全部按期完成，实现郑万、郑阜高铁、地铁5号、14号线全部提前送电。全力做好第十一届全国少数民族运动会供电保障——为确保工程进度，他吃住在单位、周末不休息，多次连夜赶到现场解决问题，组织、协调20多家参战单位，以最短时间提前完成5项主网工程、44项配网工程，王新伟市长在视察220千伏柿园输变电工程现场时，给予高度评价和表扬，有力保障了第十一届全国少数民族运动会的胜利召开，受到省委省政府集体记功，获得国家电网公司和省电力公司通报表彰。

推进绿色发展，助力打赢大气污染防治攻坚战。“外电入郑”减少大气污染排放量历史第一——多方协调外电入郑，2018、2019年连续超额完成入郑电量145、192亿千瓦时，折合削减燃煤665万吨，相当于减少二氧化碳排放336万吨、二氧化硫排放10.1万吨、氮氧化物排放5.1万吨，推动郑州空气质量持续改善，为2019年取得新空气质量标准考核以来最好成绩做出突出贡献。助力四环内“煤电机组清零”——按照省政府关于煤电行业发展转型工作部署，带领分管部门确定16项煤电关停配套电网项目，加班加点提前完成工程建设，保障了郑州热电厂100万千瓦煤电机组顺利关停，四环内最大的“污染源”成功消除，市民蓝天白云获得感明显提升。践行人大代表责任，推动能源绿色发展——面对郑州能源转型、煤电机组加速关停新形势，提出“加快推动第三直流入豫研究”“加快郑州大都市区500千伏电网建设”的议案建议，得到政府能源部门高度重视，相关研究已全面展开，将给郑州带来800万千瓦的清洁电力，能够满足全市未来十年绿色用能需求。

克难攻坚，全力助推打赢脱贫攻坚战。脱贫攻坚勇摘全省第一——积极响应政府号召，全力推进电力脱贫攻坚，提前1年完成全市288个贫困村电网改造升级。扎扎实实开展驻村结对帮扶、产业指导等工作，公司6个驻村工作队帮扶的397个贫困户，提前一年全部脱贫摘帽。在2018年度全省脱贫攻坚考核中，脱贫攻坚专项责任、定点扶贫任务得分均居全省第一。

薛　荣　女，汉族，江苏省邳州市人，1958年5月出生，1980年参加工作，中共党员，大学本科学历，河南圆方物业管理有限公司党委书记、总裁。先后荣获全国优秀党务工作者、改革开放40年杰出民营企业家、河南省劳动模范等上百项殊荣，曾7次受到习近平总书记亲切接见。

经营管理求发展。1994年5月，薛荣带领16名下岗工人成立圆方美洁公司。她在企业经营管理中引入8S、卓越绩效、标准化、积分制考核等先进管理方法，从做专做精到做大做强。发展成为拥有10家子公司、38家分公司，2019年实现产值6.9亿元，连续三年实现25%的递增，成为全国行业领先的知名企业。她的创业事迹被广为流传，被媒体称为“保洁女王”“家政皇后”“网红薛书记”。

团队建设见成效。薛荣致力于打造一支高素质的管理团队和员工队伍，2002年成立党组织，2003年先后成立了工会、社工中心等群团组织；创办《圆方文化》月刊，开通企业网站，开展丰富多彩的文体活动，凝聚广大员工，确保企业持续发展。集团先后荣获“全国和谐劳动关系模范企业”“全国会员评议职工之家示范单位”“全国总工会评为全国职工教育培训示范点”等荣誉。

改革创新促发展。薛荣将“创新”视为一个企业的根，为强化党建对服务创新的引领作用，她创立了“薛书记有约工作室”，探索总结“一三四六党建工作法”，创新出台《圆方党建六项基础制度》、“三会一课两培训”、非公党建+“三个五”的工作模式和圆方工会“1+4个5”工作模式；她创新微党课、每日语音播报等，把信息化和党建工作制度落实有机结合。公司每年定期开展“十大先进工作法”ＰＫ评选活动，其中，评选出的“六课教育法”先进工作法的落实，为企业发展增力增效增值。

建家普惠显真情。她在企业建设近1000平米的职工服务中心、开设职工红色书屋，对职工定期开展征文、读书分享会、学习强国分享、专题知识讲座、摄影比赛、诗歌朗诵等活动，让文化“火”起来，让书屋“活”起来；提炼出“安康杯”安全知识竞赛、保安会操比赛、家政保洁技能竞赛、职工趣味运动会等经典活动，让职工“动”起来，让凝聚力“强”起来。为充分发挥劳模示范带头作用，她率先在集团成立薛荣劳模创新工作室，并协助成立雷勇劳模创新工作室。围绕生产经营开展技术创新和攻关活动，开创圆方职工创业就业平台，帮助数名公司优秀职工和社会群众成功成才。每年各项活动资金超过30万元。

履行责任献爱心。薛荣同志坚持办好企业回报社会、反哺社会，使200多名妇女儿童得到帮扶救助。她成立圆方残障人发展促进会、圆方社工服务中心，实施残障人“圆梦大行动”，帮助残障人创业、就业、婚介、培训、心理咨询等。她先后收养了十几名孤残儿童，进行全方位的帮扶和培养。10年来累计组织开展帮扶助残圆梦活动750多次，4万多人得到了帮扶救助。残疾会员亲切地称她为“薛妈妈”。

精准扶贫解民忧。薛荣响应中央精准扶贫号召，奔赴贫困县实施扶贫。在进村入户实地调研并多次与村镇干部群众座谈的基础上，确定了“精准扶贫星空计划”。其要义是通过提供免费的技术培训，以期达到“就业一个人，幸福两个家，点亮一片星空”的扶贫效果。“星空计划”实施以来，薛荣带团队在全国各地共讲授512场党课，开展家政技能培训186期，培训12870人，安置就业10296人。

网红书记上党课。至2020年1月，薛荣每天坚持一分钟与党建有关的微语和文字进行“薛书记今日播报”2406期，抖音讲党史426期。2017年2月，薛荣在花椒直播平台注册成为网络主播。每晚7：30至9时，她以直播课堂的形式，向网友讲述圆方创业故事、党建和工作法等精彩课程。利用网络新媒体开创党课教育的新平台，受到《新华每日电讯》《河南日报》等媒体的高度评价，被誉为“网红书记”。参加党的十九大后，薛荣开启对十九大精神、习近平新时代中国特色社会主义思想的宣讲。至2020年1月，她受邀到全国各地共进行359场宣讲，受众20多万人次，创造了时间最短、宣贯场数最多、宣贯人数最多的全国纪录。

抗击疫情再出发。薛荣曾带领圆方赈灾突击队第一时间出现在汶川、雅安、玉树地震前线慰问捐款捐物。圆方物业医疗业态的服务占公司主营业务的30%以上，服务100余家医院。2003年“非典”期间，薛荣带领2000余名员工到非典病房做保洁。2020年春节面对肆虐的新型冠状病毒，她第一时间递交请战书，主动请缨到郑大一附院隔离病房工作，因年龄大未获批准后，她另择险途冲锋一线，以“危急时刻能豁出来”的圆方共产党员的大无畏精神，冒着被感染的危险，大年三十出发，先后到湖北、北京、山东、陕西等四省市36家新冠病毒感染肺炎诊治定点医院，培训指导进入发热门诊、隔离病房的保洁员，慰问一线员工，并率圆方党员突击队奔赴北京301医院和湖北十堰人民医院支援一线发热病房的卫生保洁工作，为一线职工送去各类保障物资累计超过50万元。

在薛荣的影响下，圆方公司内部形成了争做劳模当标兵的文化氛围。

丁　波　男，汉族，江苏南京人，1972年9月出生，1991年参加工作，中共党员，上海汽车集团股份有限公司乘用车郑州分公司党委书记、总经理、河南省人大代表、河南省企业联合会、河南省企业家协会第七届理事会副会长。

不忘入党初心，牢记党员使命。丁波同志有较高的政治觉悟和政治理论水平，作风扎实，十分注重理论知识学习，认真学习和实践十九大报告及习总书记重要讲话精神，全面落实科学发展观，在政治上、思想上、行动上自觉同党中央保持高度一致。在原则问题和重大事件上立场坚定，旗帜鲜明，有较强的政治鉴别力和政治敏锐性。多次获得上汽优秀党员、优秀员工称号及管理创新最高奖。在日常工作、生活中不但严格要求自己，作为上汽乘用车郑州项目负责人，更对所带团队提出较高要求，经常深入生产一线，了解实际，掌握实情，切实解决问题，牢固树立了认真负责、严谨细致的工作作风，真正为基层员工、为生产解决实际问题。

业绩突出，助力河南汽车产业发展。2017年2月22日，上汽集团乘用车郑州分公司注册成立。丁波带领团队成员共同努力，攻克了诸多难题，刷新了上汽速度，创造了郑州速度：90天完成建设改造和设备安装；85天完成设备调试和新产品导入；65天完成第一个10000台生产；25天完成第二个10000台生产，实现了上汽郑州基地30万产能项目“当年签约、当年建成、当年量产”的行业奇迹，圆满完成上级交予的任务，为自主品牌的展和国家经济增长作出积极贡献。自郑州分公司建成以来，各大汽车零部件供应商纷纷到郑州落户、建厂，为河南招商引资加速助力。

2018年1月2日，郑州市政府与上汽集团签署上汽郑州二期30万产能项目协议；2月1日，上汽郑州二期项目正式开工，在丁波同志所在团队的积极推动下，上汽郑州二期项目进展迅速。同时，以整车项目带动周边物流、零部件产业同步发展，拓展金融、后市场等现代服务业发展空间。2018年6月28日，郑州市政府与上汽集团动机总成项目签约，9月21日，上汽集团与郑州市政府合作的第四大项目上汽集团云计算（郑州）数据中心项目顺利签约。

心系河南，全心全意为河南人民服务。自上汽在河南建厂以来，丁波同志拉动周边资源，积极促进关于支持上汽集团在豫开展新能源汽车团购优惠回馈活动的顺利进行。作为第十一届全国少数民族传统体育运动会的主要合作伙伴之一，推动上汽集团及上汽在豫各相关企业成立多个保障工作组，全面保障用车等各项服务。在河南抗击新型冠状病毒感染肺炎疫情的关键时期，上汽集团乘用车郑州分公司提供80台车辆，供有关部门与机构在疫情期间免费使用。

严格自律，以身作则。在生活和工作中，丁波同志坚持整治“四风问题”，坚持开展批评和自我批评，坚持惩前毖后，治病救人。牢记准则，严守底线；以身作则，廉洁自律，始终按照《党政干部行为准则》严格要求自己，自觉抵制各种不正之风，从不搞特殊化，自觉的接受党和群众的批评和监督，时刻做到自重、自省、自警、自立，善于团结同志，认真听取群众意见。作为郑州分公司党委书记，带领全体党员、干部在日常工作中加强纪律教育，强化纪律执行，让党员、干部知敬畏，存戒惧、守底线，习惯在受监督和约束的环境中生活。

郎瑞翔　男，汉族，河南省新乡市人，1987年11月出生，2010年参加工作，群众，大专学历。2014年8月，入职富士康科技集团郑州科技园，从事自动化设计开发及改造工作。郎瑞祥同志在工作中认真负责，严于律己，从基层技术员做起，遇到问题积极主动解决，任劳任怨，勤勤恳恳，秉承“主动、负责、积极、进取”的工作态度，形成了快速、灵活的工作风格。2019年，荣获“河南省劳动模范”荣誉称号。

响应公司号召，投身自动化建设。随着公司订单的大量增加，公司基础人力面临巨大的缺口。在此情形之下，富士康总裁在2014年提出大力发展自动化、无人化生产。该同志积极响应公司号召，一招一式从头学起，不断钻研创新，为公司生产车间设计和自动化改造13个项目做出贡献，同时响应公司“传帮带”号召，陆续为公司培养电控专业技术人员30余人，提升了车间自动化人员专业技能知识，缩短了自动化设备异常维护时间，成功申报团队专利一次、个人商业秘密一次，并在2016年荣获“郑州市技术标兵”称号。工作之余，时刻不忘为学习充电，先后获得国

家认可的中级维修电工证、助理工程师证等。

精湛技术展风采，废旧利用创价值。为使公司闲置的设备能够充分利用，该同志带领团队人员将25台旧的闲置贴膜机在一月之内翻新保养，克服新代CNC系统死循环控制、原器件老旧再改造等多个问题并重新投入使用，为公司节省新设备请购费用700万元，同时圆满完成量产爬坡任务。在大型设备的开发改造中，他带领团队先后攻克了三菱L型PLC的组态、多轴运动控制、人机网络组态、CC-Link现场总线等多个难点，改造大型设备4台，节约成本110万元。他不仅顺利完成了大型设备的改造，也为以后自主开发大型设备积累了丰富的经验。

自主开发显神通，改善环境增效益。复杂性和恶劣性是喷砂车间的共性。为提高工作效率，降低粉尘对员工身体的危害，公司开发喷砂治具回流及自动上下盖板项目。该同志优先考虑利用旧原器件，争取把自动化开发成本降到最低。自主利用旧原器件加工，成功开发3条喷砂治具回流及自动上下盖板线，为公司节约采购成本150万元。针对喷砂车间的恶劣环境采用双程序不间断切换程式，充分降低了设备的故障停滞时间，使机器故障率由11%降低至3%，单班增加产能0.4K。工作之中学以致用，不断反省总结。在公司产品钝化打标联机改造过程中积累经验，顺利完成新产品两条线的设计、架设、调试工作，两条线共计节约采购费用90万元。在DD马达的程序开发过程中出现不规律的打标转动异常，该同志反复研究推敲，查找问题原因，经过不断完善，保证了自主打标联机的开发。

乐于分享传经验，相亲相爱一家人。郎瑞翔同志将自己的生产经验和专业技术传授给每一位学员，为厂部的技术团队打下坚实基础，利用班前会、班后会、周末总结会、积极与班组成员交流，达到共同进步、共同提高的目的。关心员工、团结同事，对于需要困难帮扶的员工，他总是组织团队成员前往探望和慰问，帮助他们了解工会帮扶政策并积极申请；同时积极组织团队成员开展文化娱乐活动，促进身心健康，增加员工的团结、友谊，增强了团队的凝聚力和战斗力。

何　昕　男，汉族，河南省周口市人，1969年1月出生，1990年参加工作，大学本科，经济师。2013年3月加入中国民主建国会，政协郑州市惠济区第二届、第三届常委，郑州市第十五届人大代表，民建河南省委农业与资源环境委员会副主任。河南蜜乐源养蜂专业合作社理事长，河南省蜂产业技术创新联盟发起人、河南省农副土特产品流通协会副会长、中国蜂产品协会常务理事。2019年被授予河南省劳动模范。

作为一名合作社带头人，何昕从标准化、规模化及小农户面对大市场的初心开始，与54名养蜂户发起成立河南蜜乐源养蜂专业合作社，吸收近500家贫困养蜂户加入，辐射带动了周边2000多农户发展养蜂，以“统一标准、统一供应生产资料和采购、品牌包装和销售、统一利润分红”的模式，解决了小农户面向大市场的难题，增加了社员收入，带动了农村就业，2012年被农业部授予“全国农民合作社示范社”。

何昕积极调研养蜂业发展的现状和存在问题，尤其是提出成熟蜂蜜的生产及现代养蜂技术的推广、蜜蜂授粉为农作物增收、从源头控制质量的溯源体系、延长蜂产业链条、调整养蜂业发展结构等，具有良好的社会生态效益及经济效益。加入合作社的社员收入比未入社社员高30%，加入合作社的农民年人均销售收入是当地农民的2倍以上，在解决农村就业的同时，在城市建立销售网点增加就业。

何昕同志心系贫困蜂农，走访全省100多个县对河南蜜蜂养殖量、从业人数及蜜源植物进行调查，对“三山一滩”区域农户开展免费养蜂技术培训，累计培训蜂农达3000多人次。尤其是带动国家级贫困县卢氏县发展养蜂扶贫事业，多次赴卢氏县对接蜂产业帮贫脱贫，得到卢氏县委、县政府重视，成立了蜂产业发展领导小组。2018年何昕与郑州大学发起蜂产业技术创新战略联盟，吸收卢氏县10家养蜂合作社，共同开展蜂产业精准扶贫，并与当地合作社签订产品收购协议。

何昕同志刻苦钻研，注重科技创新，关注蜂产品质量安全，积极转变养蜂业发展方式，多次呼吁修订《蜂蜜国家标准》，打击假冒伪劣蜂蜜，维护消费者利益和蜂农权益。在《中国蜂业》《蜜蜂》等国家级专业期刊上发表多篇论文，其中《中国养蜂业之痛》《蜂产品溯源体系建设》等获优秀论文。何昕出版了《蜂产品与健康美容》《蜜蜂养殖及其利用》，将自身的工作经验编著成书，传授科学养蜂技术。工作之余，何昕还走进电视台及广播电台“直播间”讲授养蜂技术及蜂业科普讲座二十二期，取得良好的社会效益。

2020年2月，受疫情影响，北方大部分去云南越冬的蜂农转场放蜂遇到困难，何昕同志接到求助电话后，连夜撰写《关于蜂农转场遇阻情况的紧急反映》建议，通过民建河南省委上报给民建中央，问题得到重视。

何昕同志重视科技创新与研发，依托河南科技学院成立了郑州市蜂业工程研究中心，依托郑州大学成立了河南蜂产业科技创新联盟，对全省蜂行业存在的共性问题研发。《蜜蜂标准化养殖及成熟蜂蜜生产技术》获河南省科普成果一等奖，被中国蜂产品协会吸收为常务理事，并被评为“中国蜂产品协会优秀会员”“蜂耘三十年杰出合作社理事长”，在行业中享有较高威信，深受蜂农信赖。

何昕同志不忘合作初心，牢记为蜂农服务的使命，热心公益事业，善尽一个农村带头人应有的社会责任。在“三山一滩”发展养蜂扶贫事业中，何昕免费为贫困蜂农送蜂箱、送技术、定向采购等方式进行产业帮扶，尤其是对交通不便的老龄养蜂人“一站式”服务。合作社成立以来累计为蜂农免费提供20多万元的生产资料、蜂箱、蜂具，建立标准化养蜂场。2012年走进联合国开封“SOS”儿童村，看望“SOS”儿童村孤儿；2012年以来，多次慰问全国道德模范、革命功臣李文祥；2014年，到河南省军区第三干休所慰问抗战老兵，并积极参加“珍惜鲜血换来的和平”大型抗战胜利69周年纪念活动。2019年，向河南省慈善总会捐物3万元；新冠肺炎抗疫期间，积极慰问一线抗疫人员，累计向武汉及一线抗疫人员捐款捐物20余万元。

在何昕的带领下，合作社连续在全国性展会获得7个“金奖”，农业部授予“全国农民合作社示范社”，中华供销合作总社授予“全国百佳农产品品牌”“全国百强农产品经纪人”“全国蜂农专业合作社示范社”，获“全国蜂产品行业标准化示范社”“河南省先进集体”等荣誉称号。

何昕同志先后荣获“首届建设社会主义新农村优秀新闻人物”“十大富农先进个人”“河南省第二届农村实用人才”“蜂耘30年杰出合作社领导人”“明星合作社理事长”等荣誉称号，获河南省科学技术协会科普成果等奖。2019年中共河南省委、河南省政府授予“河南省劳动模范”称号，其先进事迹多次受到主流媒体报道。

（肖　楠）

2020年全国先进工作者

郭勤学　男，汉族，河南省新密市人，1965年2月出生，1986年参加工作，中共党员，河南省特级教师，中小学正高级教师。郑州市第十一中学校长。他从教30余年，在郑州市初中、职业学校、完中、高中等不同学校担任校长职务18年，在教师专业提升、创新人才培养、民族团结教育等方面颇有建树。

以德润身，一位厚德温情的垂范者。郭勤学同志坚定不移地贯彻党的教育方针，忠诚人民的教育事业，牢记培养社会主义建设者和接班人的神圣职责。高度重视党建工作，组织开展党员“人生导师制”、党员先锋岗评选表彰暨先进事迹报告会、红歌大赛、知识竞赛等特色活动，亮点突出，效果显著，学校曾被授予“河南省首批中小学党建工作示范校”称号。

教育的道路上，爱与责任同行。郑州11中于2011年承担内地新疆班教学任务，目前新疆部有600余名学生。郭勤学同志非常关心这些远离家乡、在外求学的孩子们，经常到教室、食堂、宿舍，了解他们的学习、生活情况；常常参加新疆部的活动，用爱心和真情，走进了每一名新疆学生的心里。内高班学生冷悦患有先天性心脏病，作为校长，他高度重视，帮助联系医院，帮助申请中国红十字基金会的“天使阳光基金”，经过手术，冷悦恢复健康。

郭勤学同志高度重视民族教育，促进民族团结，努力构建民族团结进步教育特色课程体系，积极打造民族团结品牌活动。在他的带领下，学校被国务院授予“全国民族团结进步模范集体”荣誉称号，2019年圆满完成第十一届全国少数民族传统体育运动会射弩项目承办任务，被省委、省政府授予集体记功奖励。

肩负责任，一位敢于担当的引路者。2018年3月，教育部启动“国培计划”中小学名师名校长领航工程。郭勤学积极申报，最终入选教育部名校长领航班。11月26日，教育部中小学名校长领航工程“郭勤学校长工作室”授牌仪式在郑州举行。

领航和帮扶，郭勤学名校长工作室在行动。积极响应教育部“凉山教育帮扶行动”的部署，选派两位优秀教师首批赴凉山州进行支教。2019年10月，他带领学校4位教研组长抵达四川凉山州喜德县开展送培送教活动，并代表学校为喜德中学捐助5万元体育器材物资。期间，到尔曲村重点帮扶的四户彝族老乡家里送温暖，并给喜德县各中学的领导老师作了《新高考背景下育人模式变革》的专题报告，提高教师专业素养，促进教学质量的提升。

辐射和带动，郭勤学同志致力于校长领导力提升。该同志勤于思考、追求卓越，通过名校长论坛、专题报告、交流研讨等形式，分享教育思想和教育理念，充分发挥名校长工作室的示范引领和辐射作用。郭勤学同志在首届“全国名校长教育思想郑州论坛”、河南省高中校长任职资格培训、广西八桂教育家培养工程等学术交流活动中作专题报告，引领全国中小学校长共同成长。他连任河南省第六届、第七届政府督学，担任河南省新高考专家委员会成员，探索制定河南省高考改革方案，从理论和实践多层面推进河南高考改革。

他任职郑州47中校长近十年，把这所年轻学校发展到一校四部，成为郑州市规模最大，国际化、信息化程度最高，办学层次最丰富，宏志生、国际教育等特色鲜明的河南省名校，荣获首批全国文明单位（校园）。任职郑州11中校长5年来，办学质量连年攀升，学校上榜“全国百强高中”，物理、化学、信息技术等学科竞赛成绩位列郑州市属学校第三，高校自主招生位列河南第四、全国百强；2019年高考一本上线率达94%，文科郑州市排名第二位，理科排名第四位。

严谨笃实，一位勤勉治学的教育者。郭勤学同志始终坚持教育科学研究工作，成果丰硕：主持或参与了河南省优秀科研成果《以校训为根基，培育核心素养》《普通高中教育功能的达成策略研究》《以特色创客教学模式实践核心素养教育理念》《中小学教育管理》《创新教育在新课改和人才培养中的实践探索》等多项课题，荣获省级一等奖；论文《青年教师群体如何快速提升》《教育国际化：创中原教育发展新路》《高中教育发展的路径探索》在核心期刊发表，《以承办内地新疆班为契机，促进民族融合大团结》《以特色创客教学模式实践核心素养教育理念》等学术论文在国内知名教育期刊发表，《腾飞》等多部著作出版发行，《一种物理教学光用学原理实验装置》获得发明专利证书。多项科研成果在郑州市基础教育工作中得到推广应用，并取得良好效果。

创新提升，一位勇于担当的开拓者。创新育人模式，大力开展创客教育，成立了星火创客空间，构建了“三级五线”的特色创客教育体系，开展丰富多彩的创客活动，近百人次获得国家级荣誉，其中娄晨耀同学获得全国信息奥赛金牌，成为2016年清华大学在河南录取的首位学生。同时，由他主持的创客教育类案例《打造特色创客教育模式，实践核心素养教育理论》成功入选2018-2019年度基础教育信息化应用典型案例，为河南省中小学创客教育提供了范式参考。突破唯升学率的狭隘误区，从“育分”走向“育人”，致力于为学生的全面发展、个性发展和终身发展奠基。在他的带领下，学校加大校本课程建设，现已开发校本课程36门，涉及国学、艺术、政治、历史、礼仪、体育等十几个领域，形成了可供学生自由选择的校本课程“超市”；加强学生社团建设，学校有各类社团45个，墨舞丹青书画社被评为全国优秀中学生国学社团，国旗仪仗队、心灵氧吧、武搏社等8个社团评为郑州市中学生四星、五星社团。

自郭勤学同志担任郑州11中校长以来，学校多次获评国家、省、市级各种荣誉称号：学校被评为全国民族团结进步模范集体、全国学校体育工作示范校、教育部“国防教育特色学校”、全国青少年校园足球特色学校、全国校园篮球特色学校、河南省文明单位、河南省教育系统先进集体、河南省首批中小学党建工作示范校、河南省中小学德育工作先进集体、首批河南省中小学创客教育示范校等多项荣誉称号，是郑州市唯一一所连续28年荣获普通高中教学先进单位称号的学校。

朱明军 男，汉族，河南省新乡市人，1964年3月出生，1984年参加工作，中共党员，博士研究生，河南中医药大学第一附属医院院长。

作为院长，朱明军同志在努力保障医院各项工作常规运转的同时，进一步厘清医院以什么样的理念、什么样的方法发展的思路，努力推动医院实现跨越发展，河南中医药大学第一附属医院相继被确定为河南省中西医结合儿童医院、河南省中西医结合康复医院、河南省国家中医儿童区域医疗中心主体建设单位、国家中医临床研究基地、全国中医药传承创新工程重点中医医院项目建设单位。理思路，明确医院发展方向。结合国家医药卫生体制改革政策、中医药行业发展趋势，综合分析医院发展现状，巩固国家中医临床研究基地建设成效，理清了要着力推动医疗、教学、科研“三位一体”协同发展，要推动医院从规模发展向规模与内涵建设同步发展转变、从粗放经营向全面精细化管理转变、从重视内部医疗资源有效调配向内联外延结合、加强对外交流与合作转变的发展思路，进一步明确了由“临床研究型医院”向“学院型医院”发展的建设目标。抓内涵，提升医院核心竞争力。充分发挥中医药特色优势，合理调配医疗资源，努力提升医院医疗服务水平。推进医疗、教学深度融合，突出加强教学能力建设、基层教研组织建设，大力开展全员教学能力培训，努力提升医院教育教学水平。主导推动科技强院战略，努力提升医院科研创新水平，科学研究水平、科研成果产出等均位于国内同行业前列。努力提升学科专科建设水平，初步建成国家级重点学科、专科群，有国家中医（专科）区域诊疗中心建设单位6个、国家中医药管理局重点学科9个、国家临床重点专科（中医类）7个、国家中医重点专科14个。坚持引育并举，注重人才传承创新，实施人才兴院战略，推进“两类人才”培养项目、高层次人才引进项目、人才国际化工程，努力提升人才队伍建设水平。努力提升医院综合管理水平，依托HERP运营管理，引进国际医院管理理念，完善管理制度，规范工作流程，致力于推动医院向全面精细化管理转变。

作为医生，朱明军同志坚持每周出门诊，努力为病人减轻病痛。努力抓好所在学科发展，自2010年开始，坚持每年举办黄河心血管病论坛，在全国中医、西医界产生了重大学术影响。作为教师，积极开展带教业务，坚持为在校本科生、研究生讲授《中医内科学》《西医内科学》《中西医结合内科学》等课程。同时积极开展科学研究，先后主持或参加科研项目31项，其中主持国家重点研发计划项目1项、国家重点研发计划课题1项、国家重点基础研究发展计划“973计划”课题1项、国家科技支撑计划项目1项、国家自然科学基金项目3项；牵头起草制定了慢性心衰病诊疗规范、临床路径1项，带领团队参与撰写专家共识和建议9项，获国家科技进步二等奖等科技成果25项，研制获得新药临床研究批件1个，获取专利2项，发表学术论文150余篇，主编或参编专著12部、教材2部。

在新冠肺炎疫情发生后，朱明军同志带领全院医护人员加班加点，3天时间内就紧急制定了百余项紧急应对举措，在省直医院中第一时间建立起疫情防控战线，被河南省卫健委确定为河南省首家省级定点中医医院。同时，为国家中医医疗队、河南省新冠肺炎专家组输送专家并献计献策，协助河南省卫健委制定中医预防方药并传达全省。河南中医药大学第一附属医院取得临床治疗中医药参与率100%、收治急危重症新冠肺炎病人有效率100%、医护人员“零感染零上报”的成绩，在全国医学同行前为“河南中医药硬核迎击疫情”做出表率。

刘成晓 女，汉族，河南巩义人，1967年7月出生，1990年参加工作，中共党员，大专学历，郑州市公安局商城路分局案件侦办大队教导员，一级警督警衔。

刘成晓同志从事刑侦工作20年来，不忘初心、牢记使命，以“巾帼不让须眉”和“干，就要干出个样子来”的朴素信念，始终战斗在刑侦工作第一线、冲锋在打击犯罪的最前沿，先后参与和组织侦破“1999.12.5”特大抢劫银行案、“2005.11.20”一家三口灭门案、“2007.3.21”杀害幼女案、“2007.10.4”特大抢劫案、“2008.8.30”特大系列盗窃案、引起社会极大反响的“2010.3.5”杀人案、轰动全国的“2015.12.25”全国研究生考试作弊案、“2015.5.13”黄金大劫案、“2015.11.8”拐卖儿童案、“2017.9.13”系列入室盗窃、贩毒案、“2018.1.5”系列电信诈骗案、“2018.10.27”网络刷单电信诈骗案、“2018.5.25”宋XX涉恶涉黑团伙案等各类刑事案件2500余起，打掉各类团伙300余个，抓获犯罪嫌疑人3000余名，为群众挽回经济损失2亿多元，守护了辖区的稳定和百姓的安宁。她所办理的精品案件多次在中央电视台《今日说法》《法治在线》《一线》《天网》和《撒贝宁时间》等热点栏目进行系列专题报道。由于工作成绩突出，她先后荣获“全国三八红旗手”、“全国巾帼建功标兵”、“全国特级优秀人民警察”、公安部首届“我心中的警察英雄”、“全国维护妇女儿童权益先进个人”、“河南省优秀党务工作者”、“河南公安巾帼民警”、“河南省五一劳动奖章”、“河南公安十大忠诚卫士”、“郑州市十大杰出女性”、“郑州市十大先锋共产党员”等荣誉称号，荣立个人一等功1次、个人二等功2次。2017年5月她光荣出席全国公安系统英雄模范立功集体表彰大会，受到习近平总书记等中央领导的亲切接见，并作为全国200余万人民警察代表在全国公安系统英雄模范立功集体表彰大会上发言，参加公安部英模报告团到全国巡讲；2019年10月，作为全国公安英模代表受邀进京参加新中国成立70周年国庆观礼。

刘成晓同志对刑侦事业充满热爱、特别执着，无论遇到多么复杂难办的案件，都主动干、往前冲，锲而不舍，确保案情水落石出；无论碰到多么危险的案情，都义无反顾，与犯罪分子斗智斗勇，坚决将犯罪分子绳之以法。用侦查破案、打击犯罪的实际行动，展现了一名刑侦民警对党忠诚、为党尽责、为民除害、守护平安的入警誓言。

刘成晓同志用心用情，带出过硬队伍。从担任情报信息中队长起，她都坚持从自身做起，凡要求民警做到的，她带头做到；凡要求民警不做的，她坚决不做；真正做到了事事处处走在前、干在先、当标杆、做表率。在抓好队伍打击能力提升的同时，为强化队伍长远建设，把案件侦办大队打造成为一个能打善拼的坚强战斗堡垒，刘成晓坚持从学习抓起，从支部建设严起，每天除了梳理研究各类案件外，坚定不移抓队伍学习、抓组织建设，积极开展争先创优评比，要求党员民警要表率带头以身作则，发挥党员先锋模范作用，工作中不仅要当好“战斗员”、会办疑难案件，还要当好“指挥员”“引领员”，带领民警攻坚克难。同时，针对刑侦民警常年与犯罪分子打交道，随时会经受各类诱惑和考验的实际，为确保队伍健康成长，她给大家约法三章，要求每个民警严格公正规范执法，不准办关系案、人情案，不准插手干预他人办理的案件，不准通过案件收受他人财物，还经常在早点名、周例会上，利用反面案例给大家提醒提示，引导大家守好纪律红线、法律底线，自觉抵制各种诱惑腐蚀。在她的教育引导下，所带大队始终充满活力，想工作、干事业、争先进、比奉献，大队先后被评为“全省优秀公安基层单位”“河南省优秀基层党组织”“第五届郑州市人民满意的公务员集体”“郑州市公安局先进基层党组织”等称号，1人荣立个人一等功、4人荣立个人二等功、17人荣立个人三等功、20余人被评为各类先进受到上级表扬。

（肖　楠）

2020年河南省“五一劳动奖章”获得者名单

徐红胜　郑州煤炭工业（集团）有限责任公司大平煤矿运输队副队长

周海燕（女）郑州公共交通总公司快速公交B11路车长

牛振西　郑州市城市照明灯饰管理处监控室科员

李翠玲（女）富士康科技集团郑州科技园工程师

于小青（女）郑州宇通客车股份有限公司订单管理部经理

曹永彬　博雅文化产业集团有限公司董事长

张尽杰　郑州航空港兴港投资集团有限公司经理

冯永海　郑州大学第五附属医院呼吸科副主任、河南省第一批援鄂医疗队队长、河南省第一批援鄂医疗队二病区科主任

邢丽华（女）郑州大学第一附属医院呼吸与危重症医学科主任医师

李雅丽（女）郑州市新城路社区卫生服务中心全科主任

李宝敏（女）河南省工人文化宫财务科副科长

樊树锋　郑州市公安局东风路分局治安管理服务大队民警

郑　凯　荥阳市司法局社区矫正管理科科长

（肖　楠）

荣　誉

2020年河南省“五一劳动奖状”获得单位名单

恒天重工股份有限公司

上海汽车集团股份有限公司乘用车郑州分公司

郑州市管城回族区人民检察院

华润雪花啤酒（河南）有限公司

郑州华能电控设备有限公司

郑州市金水区总医院

2020年河南省“工人先锋号”获得集体名单

郑州市第一人民医院郑州岐伯山医院

荥阳市卫生防疫站公共卫生科

新密市中医院儿童康复科

富士康科技集团郑州科技园iDPBG事业群QA事业处制程品质管制课

格力电器（郑州）有限公司信息网络科

中国长城铝业有限公司保卫消防中心治安巡逻队

郑州交通运输集团有限责任公司长途汽车南站客运室

河南中烟工业有限责任公司黄金叶生产制造中心物流分中心

郑煤机综机设备有限公司机加工车间

河南省第一建筑工程集团有限责任公司郑州航空工业管理学院东校区教学实验楼项目部

国网河南省电力公司郑州供电公司变电检修室二次三班

（肖　楠）

附 录

统计资料

2020年郑州市国民经济和社会发展统计公报

2020年，是全面建成小康社会和“十三五”规划收官之年，面对新冠肺炎疫情带来的严峻考验和复杂多变的国内外环境，在市委、市政府坚强领导下，全市上下高举习近平新时代中国特色社会主义思想伟大旗帜，认真落实中部地区崛起和国家黄河战略，围绕国家中心城市高质量建设，积极应对各种风险挑战，全力做好“六稳”“六保”工作，全市经济持续恢复向好，社会事业全面发展。

一、综合

根据地区生产总值统一核算结果，2020年，郑州市完成生产总值12003.0亿元，按可比价格计算，比上年增长3.0%。其中，第一产业增加值156.9亿元，增长0.9%；第二产业增加值4759.5亿元，增长4.5%；第三产业增加值7086.6亿元，增长1.7%。三次产业结构1.3：39.7：59.0。

全市地方财政总收入1948.8亿元，比上年下降1.1%；地方财政一般公共预算收入1259.2亿元，增长3.0%；其中，税收收入870.1亿元，下降2.6%；市本级收入248.4亿元，增长9.7%。在地方财政一般公共预算收入中，个人所得税36.8亿元，增长2.3%；企业所得税141.2亿元，下降3.2%；增值税301.6亿元，下降4.3%；契税125.3亿元，增长19.2%；房产税29.6亿元，增长3.5%。

全年地方财政一般公共预算支出1721.3亿元，比上年下降9.9%。其中，一般公共服务支出159.0亿元，增长4.5%；城乡社区支出474.2亿元，下降29.8%；教育经费支出240.6亿元，下降2.6%；卫生健康支出124.9亿元，增长8.5%；科学技术支出69.1亿元，增长9.0%；社会保障与就业支出141.6亿元，下降11.3%；公共安全支出77.6亿元，下降4.0%；农林水支出80.9亿元，增长6.0%。

全年城镇居民消费价格比上年上涨2.3%。食品烟酒价格上涨7.3%；其中，畜肉价格上涨36.3%，蛋类下跌14.4%，鲜菜上涨4.6%。居住价格下跌1.0%；生活用品及服务价格上涨0.5%；医疗保健价格上涨5.4%；教育文化和娱乐价格上涨2.5%；交通和通信价格下跌6.3%；衣着价格下跌0.9%。全年城镇新增就业人员11.7万人，增长1.9%；下岗失业人员实现再就业2.4万人；全市新增农村劳动力转移就业4.6万人，下降11.5%；年末城镇登记失业率1.93%。

二、农业

全年粮食总产量146.4万吨，比上年下降2.1%；其中，夏粮产量71.2万吨，下降6.2%；秋粮产量75.2万吨，增长2.2%。棉花产量609.2吨，下降50.6%；油料产量12.3万吨，增长4.1%；蔬菜产量219.8万吨，增长3.1%；水果产量27.3万吨，增长6.8%。肉类产量8.7万吨，下降14.5%；禽蛋11.8万吨，增长0.9%；牛奶产量10.7万吨，增长26.2%。

全年粮食作物播种面积288.8千公顷，比上年下降6.0%；其中，夏粮播种面积140.5千公顷，下降10.4%；秋粮播种面积148.4千公顷，下降1.5%。蔬菜种植面积56.8千公顷，增长2.7%；油料种植面积32.3千公顷，增长4.0%；棉花种植面积0.7千公顷，下降43.0%。

三、工业和建筑业

全年规模以上工业增加值比上年增长6.1%；其中，高技术产业增加值增长12.7%。分经济类型看，国有企业增加值增长2.5%；集体企业增加值增长5.7%；股份制企业增加值增长5.2%；其他类型增加值增长27.7%。分轻重工业看，轻工业增加值增长8.9%；重工业增加值增长3.9%。六大主导产业增加值增长6.3%。

主要工业产品产量有升有降。其中，移动通信手持机（手机）13548.9万台，比上年下降35.2%；汽车46.3万辆，下降23.8%；新能源汽车3.86万辆，下降28.7%；铝材543.9万吨，增长24.2%；钢材168.8万吨，下降8.6%；速冻食品129.1万吨，增长10.8%；耐火材料制品445.8万吨，下降4.6%；服装0.2亿件，增长7.8%；水泥1558.9万吨，增长8.3%；卷烟793.8亿支，增长0.6%；电力电缆39.8万千米，下降23.3%。

全年规模以上工业企业营业收入增长3.2%；利税总额增长1.8%；利润总额增长5.1%；产销率达到99.7%。

全市建筑业总产值4953.9亿元，比上年增长4.7%;完成增加值1627.7亿元，增长1.6%。建筑施工企业施工房屋面积34413.7万平方米，增长7.5%；竣工房屋面积5801.0万平方米，增长1.3%。

四、固定资产投资

全年固定资产投资完成额比上年增长3.6%。分产业看，第一产业投资下降15.7%，第二产业投资增长20.8%，其中，工业投资增长20.9%；第三产业投资增长1.6%。基础设施投资下降9.6%。

全年固定资产施工项目2776个，计划总投资14510亿元，比上年增长4.4%；新开工项目1457个，计划总投资3180.2亿元，增长74.7%。

全年房地产开发投资完成额比上年增长2.4%；其中，住宅投资增长5.7%。商品房屋施工面积19444.8万平方米，下降0.7%；其中，住宅施工面积13202.0万平方米，下降0.7%。商品房新开工面积3289.8万平方米，下降29.5%；其中，住宅2283.6万平方米，下降29.4%。商品房屋竣工面积1462.9万平方米，下降30.6%；其中，住宅1032.0万平方米，下降30.2%。房屋实际销售面积3426.1万平方米，下降4.7%；销售金额3369.2亿元，下降1.0%；待售房屋面积758.0万平方米，增长22.9%。

五、国内贸易

全年社会消费品零售总额5076.3亿元，比上年下降4.7%。分城乡看，城镇消费品零售额4582.0亿元，下降4.8%；乡村消费品零售额494.3亿元，下降3.6%。分行业看，批发业零售额577.7亿元，下降2.6%；零售业零售额3621.7亿元，下降4.4%；住宿业零售额25.1亿元，下降21.2%；餐饮业零售额851.8亿元，下降6.4%。

从限上单位商品销售分类看，2020年，粮油食品类、饮料类和日用品类等基本生活类商品分别增长12.8%、27.0%和4.7%。中西药品类商品增长62.3%，家用电器和音像器材类商品下降13.6%。

六、对外经济

全年直接进出口总额4946.4亿元，比上年增长19.7%；其中，进口1997.6亿元，增长37.6%；出口2948.8亿元，增长10.0%。

全年新批外资企业101个，比上年增加16个，增长18.8%。合同利用外资额11.5亿美元，下降51.9%；实际利用外商直接投资46.6亿美元，增长5.7%；引进境内域外资金2359.6亿元，增长5.6%。

全年境外投资额3.3亿美元，比上年下降56.4%。

全年跨境电子贸易走货量7865.5万包，比上年增长47.0%；货值154.8亿元，增长70.5%。

七、交通、邮电和旅游

全年交通运输业各种运输方式完成货物周转量706.2亿吨公里，比上年增长3.8%。其中，铁路155.6亿吨公里，下降2.3%；公路530.1亿吨公里，增长6.0%；航空20.6亿吨公里，下降3.2%。完成货运量25818.7万吨，增长12.0%；其中，铁路1490.3万吨，增长9.3%；公路24305.1万吨，增长12.2%；航空23.2万吨，下降0.9%。

全年交通运输业各种运输方式完成旅客周转量192.6亿人公里，比上年下降50.2%。其中，铁路97.7亿人公里，下降42.3%；公路24.1亿人公里，下降73.5%；航空70.8亿人公里，下降44.0%。完成客运量7975.9万人，下降46.3%；其中，铁路4597.8万人，下降34.5%；公路2850.7万人，下降59.8%；航空527.4万人，下降27.1%。

郑州新郑国际机场全年完成货邮吞吐量63.9万吨，比上年增长22.5%；旅客吞吐量2140.7万人次，下降26.5%。郑欧班列开行1126班，增长12.6%，进出口货值42.8亿美元，增长27.1%。

全年邮电业务总量1917.1亿元，比上年增长30.4%。其中，邮政业务总量265.8亿元，增长31.8%；电信业务总量1651.3亿元，增长30.2%；快递业务量110046.5万件，增长33.7%。年末移动电话用户达到1701.0万户，增长2.1%，本年新增移动电话用户35.0万户，下降52.8%；年末互联网宽带接入用户306万户，增长0.3%。

年末民用汽车拥有量409.8万辆，比上年增长6.3%；其中，个人拥有372.1万辆，增长6.4%。在汽车拥有量中，轿车232.5万辆，增长6.0%；其中，个人拥有量217.9万辆，增长6.1%。

全年国内旅游总人次11304.0万人次，比上年下降13.1%；过夜游客人数5585.1万人，下降15.3%；国内旅游总收入1401.1亿元，下降11.5%，其中过夜游客总花费936.2亿元，下降10.6%，一日游游客总花费464.8亿元，下降12.2%。

八、金融、证券和保险

年末金融机构各项存款余额24994.3亿元，比年初增加1638.2亿元，增长7.0%；其中，住户存款余额8961.8亿元，增加1004.7亿元，增长12.6%。金融机构各项贷款余额28439.4亿元，增加3075.1亿元，增长12.1%。

2020年，新增上市企业4家，分别为郑州捷安高科股份有限公司、大山教育控股有限公司、建业新生活有限公司、兴业物联服务集团有限公司。截至2020年底，全市境内外上市公司49家、新三板挂牌公司181家。

全年保险公司保费收入800.3亿元，比上年增长5.6%。其中，财产险收入194.5亿元，增长0.2%；人身险收入605.3亿元，增长7.4%。

九、科学技术和教育

全市组织实施科技项目6605项，比上年增长78.1%；其中，省级以上项目3239项，增长169.2%；市级项目3366项，增长34.3%。拥有国家工程技术研究中心6个，省级工程技术研究中心595个。拥有省级重点实验室136个；国家级企业技术中心24个，省级企业技术中心299个。获得省级科学进步奖170项。

全年专利申请量达到75604件，比上年增长26.8%；授权量50224件，增长49.1%。全年共签订技术合同6681份，增长34.9%；技术合同成交金额212.8亿元，增长66.9%。

年末研究生培养单位12个，招生15718人，比上年增长33.4%；在校研究生38265人，增长21.0%；毕业生8893人，下降12.0%。普通高等学校65所，招生38.8万人，增长7.2%；在校学生116.0万人，增长7.6%；毕业生29.6万人，增长9.4%。中等职业技术教育学校110所，招生12.0万人，下降2.9%；在校学生34.5万人，增长4.4%；毕业生9.6万人，下降2.3%。普通高中131所，招生7.6万人，增长6.0%；在校学生21.4万人，增长4.7%；毕业生6.5万人，增长2.1%。普通初中393所，招生15.3万人，增长2.7%；在校学生44.9万人，增长4.2%；毕业生13.8万人，增长9.6%。普通小学966所，招生18万人，下降0.5%；在校学生100.4万人，增长3.7%；毕业生15.0万人，增长4.8%；小学适龄儿童入学率达100%。幼儿园在园幼儿43.8万人，增长5.6%。专任教师19.9万人，增长3.8%；其中，高等学校6.0万人，增长8.1%；普通中等职业学校1.0万人，下降8.1%；普通中学4.9万人，下降3.1%；普通小学4.8万人，增长7.5%；幼儿园3.2万人，增长5.9%。

十、文化、卫生和体育

年末艺术表演团体15个，公共图书馆17个，文化馆14个，博物馆41个，广播电台2座，广播人口覆盖率99.7%；电视台2座，电视人口覆盖率达99.9%，有线电视用户181万户。拥有全国重点文物保护单位83处；国家级非物质文化遗产名录6个。

年末卫生机构6256个，比上年增长25.1%；拥有床位10.5万张，增长4.5%。其中，医院、卫生院381个，增长6.4%；拥有床位9.8万张，增长4.4%。卫生技术人员16.0万人，增长32.0%；其中，执业医师、执业助理医师5.1万人，增长13.6%；注册护士6.5万人，增长9.1%。疾病预防控制中心、防疫站15个，卫生技术人员1019人；妇幼卫生机构14个，卫生技术人员5362人。专科疾病防治医院1个，卫生监督所（中心）18个，监督所（中心）卫生技术人员473人。乡镇卫生院99个，卫生技术人员5132人，床位6134张。

全年共获得世界冠军1个，全国冠军5个，获得各类比赛金牌141枚。新增全民健身路径工程220条，新增村级农民体育健身工程60个。体育彩票销售点3292个，比上年增加983个；销售体育彩票33.5亿元，下降16.2%。

十一、环境保护和安全生产

全年全社会用电量554.1亿千瓦时，比上年下降1.9%，其中，工业用电量265.7亿千瓦时，下降2.2%；城乡居民生活用电量108.6亿千瓦时，下降4.9%。

全市禁燃区面积1339.4平方公里，立案查处环境违法案件1240个。

单位规模以上工业增加值能耗下降6.6%。综合能源消费量下降0.9%；其中，轻工业下降5.0%，重工业下降0.7%。

全年共发生伤亡事故219起，比上年下降14.1%；造成死亡72人，下降10.0%；事故直接财产损失3202万元，下降20.3%。

十二、人民生活和社会保障

全年居民人均可支配收入36661元，比上年增长2.0%；其中，城镇居民人均可支配收入42887元，增长1.9%；人均消费性支出25450元，下降6.4%。农村居民人均可支配收入24783元，增长5.3%；人均消费性支出17518元，增长3.9%。

全年城镇居民享受政府最低生活保障1.4万人，比上年下降1.4%；发放最低生活保障金12249.6万元，增长25.5%；农村居民享受最低保障3.9万人，发放最低生活保障金2.4亿元，增长26.1%。全市参加失业保险250万人，增长15.2%；全年领取失业保险金者2.4万人。参加城镇职工基本养老保险568.3万人，增长9.2%；其中，职工521.2万人，增长9.5%；离退休人员47.1万人，增长5.8%。城镇职工参加医疗保险总人数254.2万人，增长6.7%；其中，职工211.9万人，增长6.8%；退休人员42.3万人，增长6.3%。

年末提供住宿的社会服务机构139个，比上年下降4.1%；拥有床位数23916张，下降3.4%。

全年社会销售福利彩票9.12亿元，比上年下降39.8%；筹集社会福利资金5061万元，下降63.1%；接受社会捐赠173.2万元，增长3.0%。

注：1.本公报数据为初步统计数。

2.公报中生产总值、各产业增加值绝对数按现行价格计算，增长速度按可比价格计算。

郑州市人民代表大会常务委员会公告

［十五届］第十六号

《郑州市人民代表大会常务委员会关于修改部分地方性法规的决定》已经郑州市第十五届人民代表大会常务委员会第十五次会议于2020年4月29日通过，河南省第十三届人民代表大会常务委员会第十八次会议于2020年6月3日批准，现予公布，自公布之日起施行。

特此公告。

郑州市人民代表大会常务委员会

2020年7月8日

郑州市人民代表大会常务委员会关于修改部分地方性法规的决定

（2020年4月29日郑州市第十五届人民代表大会常务委员会第十五次会议通过 2020年6月3日河南省第十三届人民代表大会常务委员会第十八次会议批准）

郑州市第十五届人民代表大会常务委员会第十五次会议决定：

一、对《郑州市大气污染防治条例》作出修改

1. 将第十九条修改为："对排污单位依法实行排污许可制度。

"对大气污染物产生量大、排放量大或者环境危害程度高的排污单位实行排污许可重点管理，对其他排污单位实行排污许可简化管理。

"市生态环境主管部门依法将实行排污许可重点管理的排污单位确定为重点排污单位，并向社会公布。"

2. 将第二十九条修改为："禁止新建、扩建燃用高污染燃料的设施。原有使用高污染燃料的设施，应当按照规定改用清洁能源。"

3. 删去第三十条第一款、第三款。

4. 将第四十条中的"建设项目主管部门和环境保护行政主管部门"修改为"负责监督管理扬尘污染防治的主管部门"。

5. 将第五十六条第三项修改为："（三）违反本条例第二十九条规定，新建、扩建燃用高污染燃料设施的，没收燃用高污染燃料的设施，处二万元以上二十万元以下罚款；"

6. 将第五十七条中的"环境保护行政主管部门可以查封排污设施，处五万元以上五十万元以下罚款"修改为"由生态环境主管部门处一万元以上十万元以下罚款"；删去其中的"拒不执行停止露天烧烤应对措施的，由市容和环境卫生行政主管部门处一万元以上十万元以下罚款"。

7. 删去第五十八条第一款第二项中的"第二款"。

8. 将全文中的"环境保护行政主管部门"修改为"生态环境主管部门"。

二、对《郑州市湿地保护条例》作出修改

9. 删去第四十二条第三项中的"烧烤"。

三、对《郑州市生态林管理条例》作出修改

10. 删去第三十七条第四项。

四、对《郑州市嵩山历史建筑群保护管理条例》作出修改

11. 将第二十八条第三项修改为："（三）有第五项中的野炊行为的，处以五百元以上五千元以下罚款。"

12. 删去第二十九条中的"责令改正，并"；

删去第一项中的"第（四）项"，将"处以五十元以上二百元以下罚款"修改为"未造成严重后果的，给予警告，可以并处一百元以上二百元以下罚款"；

将第二项中的"处以二十元以上五十元以下罚款"修改为"处以警告并责令当场清理，拒不清理的，处以五十元罚款"。

五、对《郑州市郑韩故城遗址保护条例》作出修改

13. 删去第三十七条第五项。

六、对《郑州市基本农田保护条例》作出修改

14. 删去第三十二条中的"或赔偿损失"，将"二百元以上五百元以下"修改为"二百元以上一千元以下"。

七、对《郑州市矿产资源管理条例》作出修改

15. 删去第四十条第一项。

八、对《郑州市水资源管理条例》作出修改

16. 删去第三十三条。

17. 将第四十四条改为第四十三条，删去其中的"并可"；删去第三项、第四项。

18. 删去第四十七条。

19. 将全文中的"县（市）、上街区"修改为"县（市、区）"。

九、对《郑州市节约用水条例》作出修改

20. 删去第十二条。

21. 将第四十一条改为第四十条，删去其中的"给予警告"；将"处以一万元以上三万元以下罚款"修改为"处以五千元以上五万元以下罚款"；

在第五项"经营洗浴"后增加"洗车场（点）"，在"未按规定安装使用节水设施、器具"后增加"或者未按有关规定建立循环用水系统"；

增加一项，作为第八项："（八）计划用水单位擅自停止使用节水设施的。"

22. 将第四十二条改为第四十一条，将"五千元以上"修改为"两千元以上"；

删去第二项。

23. 删去第四十五条。

24. 将全文中的"市、县（市）、上街区"和"市、县（市）、区"修改为"市、县（市、区）"。

十、对《郑州市城市供水管理条例》作出修改

25. 将第五十五条修改为："城市公共供水企业、自建设施供水单位违反本条例规定，未采取应急供水措施的，由城市供水行政主管部门责令改正，处以三千元以上一万元以下罚款。"

26. 将第五十六条修改为："二次供水管理单位未按要求对二次供水设施采取安全保护措施的，由城市供水行政主管部门责令改正，处以三千元以上一万元以下罚款。"

27．将第五十七条中的“责令改正”修改为“责令限期改正”；

将第一项中的“一千元以上五千元以下”修改为“一万元以上三万元以下”；

将第三项中的“二千元以上一万元以下”修改为“三千元以上二万元以下”；

将第六项中的“五千元以上二万元以下”修改为“一万元以上三万元以下”；

将第八项中的“三千元以下”修改为“五千元以下”。

十一、对《郑州市燃气管理条例》作出修改

28．删去第十九条第四项中的“或者器具”。

29．删去第四十六条中的“责令改正，并”；

将第四项中的“处以一千元以上五千元以下罚款”修改为“责令改正，处以一千元以上一万元以下罚款；情节严重的，处以一万元以上三万元以下罚款”；

将第五项修改为：“（五）在燃气设施保护范围内，倾倒、排放腐蚀性液体，擅自开挖沟渠、挖坑取土、打桩或者顶进作业，擅自从事爆破作业的，责令停止违法行为，限期恢复原状或者采取其他补救措施，对单位处以五万元以上十万元以下罚款，对个人处以五千元以上五万元以下罚款；修建建筑物、堆放物料等的，依照有关城乡规划的法律、行政法规的规定进行处罚；”

将第六项中的“处以三千元以上五千元以下罚款”修改为“责令限期改正；逾期不改正的，对单位可以处二万元以上十万元以下罚款，对个人可以处二百元以上一千元以下罚款”；

将第七项中的“处以一千元以上二千元以下罚款”修改为“责令限期改正；逾期不改正的，对单位可以处二万元以上十万元以下罚款，对个人可以处二百元以上一千元以下罚款”；

将第八项中的“影响用气安全的，责令赔偿损失，处以一千元以上二千元以下罚款”修改为“的，责令限期改正，恢复原状或者采取其他补救措施，对单位处以五万元以上十万元以下罚款，对个人处以五千元以上五万元以下罚款”；

将第九项中的“处以五百元罚款”修改为“责令限期改正；逾期不改正的，对单位可以处二万元以上十万元以下罚款，对个人可以处二百元以上一千元以下罚款”；

将第十项中的“处以五百元罚款”修改为“责令改正，并处以一千元以上一万元以下罚款；情节严重的，处以一万元以上三万元以下罚款”。

30．将第四十七条中的“给予警告，并处以五千元以上二万元以下罚款”修改为“并处以一万元以上十万元以下罚款”；

删去第一项。

十二、对《郑州市建设工程施工安全管理条例》作出修改

31．删去第三十三条。

32．第四十五条改为第四十四条，删去第五项。

十三、对《郑州市市政工程设施管理条例》作出修改

33．增加一条，作为第五十五条：“违反本条例规定的行为，法律、法规已有处罚规定的，从其规定。”

34．将第五十五条改为第五十六条，删去第四项中的“（二）”。

35．删去第五十六条。

十四、对《郑州市城市市容和环境卫生管理条例》作出修改

36．删去第四十八条第六项中的“违反第二十九条第四、五项规定的，对单位处以二百元以上二千元以下罚款，对个人处以五十元以上二百元以下罚款”和“第二十七条第二款”；

删去第十项中的“违反第三十七条第二款规定，施工单位未及时清运建筑垃圾造成环境污染的，处以五千元以上一万元以下罚款”；

删去第十二项中的“违反第四十一条第（三）项规定的，处以五百元以上三千元以下罚款”。

十五、对《郑州市公共场所禁止吸烟条例》作出修改

37．将第三条修改为：“本市市区的室内公共场所、室内工作场所、公共交通工具内禁止吸烟。

“下列公共场所室外区域禁止吸烟：

“（一）托儿所、幼儿园、中小学校、少年宫、教育培训机构等主要为未成年人提供教育、教学、活动、服务的场所；

“（二）第一项规定以外的其他学校、培训机构的室外教学区域；

“（三）妇幼保健院、儿童医院等主要为妇女、儿童提供服务的医疗卫生机构、儿童福利机构；

“（四）体育健身场馆、演出场所的室外观众座席和比赛、健身、演出区域；

“（五）对社会开放的文物保护单位；

“（六）法律、法规规定的其他公共场所。

“市人民政府可以根据举办大型活动的需要，划定临时性禁止吸烟的室外区域。”

38．将第五条修改为：“市、区人民政府应当加强对禁止吸烟工作的领导。

“市、区爱国卫生运动委员会在本级人民政府领导下，负责组织、协调有关部门的禁止吸烟工作，引导社会组织和个人开展社会监督，开展禁止吸烟工作的宣传教育活动。

“市卫生健康行政主管部门负责全市禁止吸烟工作，区卫生健康行政主管部门负责本辖区禁止吸烟工作。”

39．将第八条修改为：“禁止未成年人吸烟。

“禁止向未成年人销售烟草制品。对难以判明是否已成年的，经营者应当要求其出示身份证件；对不能出示身份证件的，不得向其销售烟草制品。

“经营者应当在营业场所显著位置设置吸烟有害健康和不向未成年人销售烟草制品的标识。”

40．将第十一条第二款修改为：“对违反本条例规定在禁止区域吸烟的，由市、区卫生健康行政主管部门责令立即改正，可以处五十元罚款；拒不改正的，处二百元罚款。”

41．将全文中的“爱国卫生工作管理机构”修改为“卫生健康行政主管部门”。

十六、对《郑州市旅游业管理条例》作出修改

42．将第八条第四款中的“旅游行政主管部门设立的旅游质量监督机构”修改为“文化市场综合行政执法机构”。

43．删去第二十三条。

44．删去第二十八条。

45．删去第三十四条。

46．将第四十六条改为第四十三条，修改为：“文化和旅游主管部门收到举报、投诉后，对不符合受理条件的，应当在三个工作日内告知举报人、投诉人，并说明理由；对符合受理条件的，应当在三十日内处理完毕并告知举报人、投诉人。因情况复杂在上述时限内不能办结的，经本行政机关主要负责人批准，可以延长三十日。举报、投诉事项属于其他部门职责范围的，应当在

三日内转办，并将转办情况告知举报人、投诉人。”

47．将第四十九条改为第四十六条，修改为：“违反本条例规定，未取得旅行社业务经营许可从事经营性旅游业务的，由市、县（市）文化和旅游主管部门责令改正，没收违法所得，并处以二万元以上十万元以下罚款，对有关责任人员，处以五千元以上二万元以下罚款；违法所得十万元以上的，并处以违法所得一倍以上五倍以下罚款；构成犯罪的，依法追究刑事责任。”

48．将全文中的“旅游行政主管部门”修改为“文化和旅游主管部门”。

十七、对《郑州市城市中小学校幼儿园规划建设管理条例》作出修改

49．在第六条第二款中增加“并根据国家和地方配建标准，将小区配套幼儿园必要建设用地纳入国土空间规划，按照相关规定划拨建设用地”；删去其中的“国土资源”。

50．将第八条第一款修改为：“自然资源和规划行政主管部门在编制或审批新区开发、住宅小区规划、易地扶贫搬迁和城市旧区、棚户区改造方案时，必须规划预留中小学校、幼儿园建设用地。”

51．将第九条第一款第三项修改为“（三）国家规定的预留幼儿园建设用地标准。”删去第二款“有关学校建设标准”中的“学校”。

52．删去第十三条中的“幼儿园”；

增加一款，作为第二款：“开发建设单位配套建设的幼儿园，建成后应当按照规定移交给县(市、区)教育行政部门。”

53．在第十八条第二款“中小学校”后增加“幼儿园”。

54．将第六条第二款、第八条第一款中的“城市规划行政主管部门”修改为“自然资源和规划行政主管部门”；将第七条第一款、第八条第二款、第十八条第二款、第二十条中的“城市规划、国土资源”修改为“自然资源和规划”。

十八、对《郑州市客运出租汽车管理条例》作出修改

55．将第六条中的“市政行政主管部门”修改为“交通运输行政主管部门”。

56．删去第十五条。

57．删去第四十五条。

本决定自公布之日起施行。

上述地方性法规根据本决定作相应修改，重新公布。

郑州市人民代表大会常务委员会公告

［十五届］第十七号

《郑州市人民代表大会常务委员会关于废止部分地方性法规的决定》已经郑州市第十五届人民代表大会常务委员会第十五次会议于2020年4月29日通过，河南省第十三届人民代表大会常务委员会第十八次会议于2020年6月3日批准，现予公布，自公布之日起施行。

特此公告。

郑州市人民代表大会常务委员会

2020年8月5日

郑州市人民代表大会常务委员会关于废止部分地方性法规的决定

（2020年4月29日郑州市第十五届人民代表大会常务委员会第十五次会议通过2020年6月3日河南省第十三届人民代表大会常务委员会第十八次会议批准）

郑州市第十五届人民代表大会常务委员会第十五次会议决定废止下列地方性法规：

一、郑州市城市饮用水源保护和污染防治条例（1999年10月29日郑州市第十一届人民代表大会常务委员会第七次会议通过1999年11月25日河南省第九届人民代表大会常务委员会第十二次会议批准）

二、郑州市商品交易市场建设管理条例（2001年6月29日郑州市第十一届人民代表大会常务委员会第二十次会议通过2001年9月29日河南省第九届人民代表大会常务委员会第二十四次会议批准）

三、郑州市城市建设拆迁管理条例（2002年12月26日郑州市第十一届人民代表大会常务委员会第三十四次会议通过2003年5月29日河南省第十届人民代表大会常务委员会第三次会议批准根据2005年4月28日郑州市第十二届人民代表大会常务委员会第十次会议通过2005年9月30日河南省第十届人民代表大会常务委员会第十九次会议批准的《关于修改〈郑州市城市建设拆迁管理条例〉的决定》修正）

四、郑州市农产品质量安全条例（2005年10月10日郑州市第十二届人民代表大会常务委员会第十四次会议通过2006年9月29日河南省第十届人民代表大会常务委员会第二十六次会议批准）

本决定自公布之日起施行。

郑州市人民代表大会常务委员会公告

［十五届］第十九号

《郑州市城市公共汽车客运条例》已经郑州市第十五届人民代表大会常务委员会第十七次会议于2020年6月24日审议通过，河南省第十三届人民代表大会常务委员会第十九次会议于2020年7月31日审查批准，现予公布，自2020年10月1日起施行。

特此公告。

郑州市人民代表大会常务委员会

2020年9月8日

郑州市城市公共汽车客运条例

（2020年6月24日郑州市第十五届人民代表大会常务委员会第十七次会议通过

2020年7月31日河南省第十三届人民代表大会常务委员会第十九次会议批准）

第一章　总则

第一条　为了规范城市公共汽车客运活动，保障运营安全，提高服务水平，引导绿色出行，促进城市公共汽车客运事业健康有序发展，根据有关法律、法规规定，结合本市实际，制定本条例。

第二条　本市行政区域内城市公共汽车客运的规划、建设、运营、管理等活动，适用本条例。

第三条　本条例所称城市公共汽车客运，是指在市、县（市）、上街区人民政府确定的范围内，利用公共汽车（含电车）等交通工具，按照规定的路线、编号、站点、时间、收费标准运营，为公众提供基本出行服务的活动。

本条例所称城市公共汽车客运设施，是指为城市公共汽车客运服务的停车场、首末站、换乘枢纽站及其配套设施，候车亭、站牌、港湾等站务设施，供配电设施以及城市智能公共汽车客运系统设施等。

第四条　城市公共汽车客运应当遵循统筹规划、政府主导、积极扶持、安全便捷、节能环保的原则。

第五条　城市公共汽车客运是社会公益性事业。市、县（市）、上街区人民政府应当将城市公共汽车客运发展纳入当地国民经济和社会发展中长期规划及年度计划，在城市规划、用地供给、设施建设、道路通行、安全防范等方面优先保障城市公共汽车客运发展。

加快推进城乡客运一体化，形成全域公共交通，提供城乡公共汽车客运

均等化服务。

第六条　市、县（市）、上街区城市公共交通主管部门负责本行政区域内城市公共汽车客运的监督管理工作。

发展改革、自然资源和规划、城乡建设、园林、财政、税务、市场监督管理、国有资产管理、公安、生态环境、城市管理、应急管理等有关部门应当在各自职责范围内，共同做好城市公共汽车客运管理工作。

第二章　规划与建设

第七条　城市公共汽车客运发展应当符合国土空间规划，与本市经济发展、城市建设、生态环境保护和人民生活水平相适应。

第八条　城市公共交通主管部门应当会同自然资源和规划、发展改革、财政、公安、国有资产管理、城市管理、城乡建设等部门，根据国土空间规划、城市公共交通规划编制城市公共汽车客运专项规划，报本级人民政府批准。编制城市公共汽车客运专项规划应当征求公众意见。

市公共交通主管部门编制城市公共汽车客运专项规划涉及跨市区、县（市）、上街区的，应当征求相关县（市）、上街区人民政府意见。

经批准的城市公共汽车客运专项规划应当严格执行，不得擅自变更；确需变更的，应当按照规定程序报经批准。

第九条　城市公共汽车客运专项规划应当包括公共汽车在公共交通方式中的构成比例、城市公共汽车客运设施的用地范围、枢纽和场站布局、线路布局、专用车道和停靠站设置以及城市公共汽车优先通行系统等。

第十条　有关部门在组织编制控制性详细规划时，应当落实城市公共汽车客运专项规划确定的城市公共汽车客运停车场、首末站、换乘枢纽站等设施用地。

城市公共汽车客运设施用地可以以划拨或者协议出让方式供给。

任何单位和个人不得侵占城市规划确定的城市公共汽车客运设施用地或者擅自改变其土地用途。

第十一条　经市或者县（市）、上街区人民政府批准，在确保城市公共汽车客运设施用地功能及规模的基础上，可以依法对城市公共汽车客运设施用地进行综合开发，其收益应当用于城市公共汽车客运基础设施建设和运营。

第十二条　下列建设工程，应当按照控制性详细规划的要求，配套建设相应的城市公共汽车客运设施，与主体工程同步设计、同步建设、同步验收、同步交付使用：

（一）新建、改建或者扩建大型住宅区、大型商业区和机场、火车站、长途汽车站、轨道交通站点等人流集散场所；

（二）新建、改建或者扩建文化、卫生、体育、娱乐等大型公共设施。

未按照规划配套相应城市公共汽车客运设施的建设项目，有关部门不予审批、核准。

第十三条　新建、改建或者扩建城市主干道时，应当同步规划、建设港湾式停靠站等公共汽车客运设施；新建、改建或者扩建其他城市道路时，应当同步规划、建设站台等设施。

第十四条　城市公共汽车客运设施建设应当符合国家有关标准，按照规定配建或者设置无障碍设施。

城市公共汽车客运站务设施影响道路交通安全、畅通的，城市公共汽车客运经营者应当按照规定及时调整。

第十五条　建设公共汽车客运首末站、枢纽站等设施，应当按照国家有关规定配置和完善公众出行信息服务系统、车辆运营调度系统、安全监控和防范系统、应急处置系统、消防安全系统，推进城市公共汽车客运智能化发展。

第十六条　市、县（市）、上街区人民政府应当组织城市公共交通主管部门和公安机关交通管理等部门，在城市主干道及其他有条件的城市道路，合理设置城市公共汽车客运车辆专用道及优先通行的交通标识，提高城市公共汽车客运的运行效率。

公安机关交通管理部门应当通过设置优先通行信号或者采取其他有效措施，保障城市公共汽车客运车辆优先通行；在道路条件允许的情况下，允许城市公共汽车客运车辆在禁左、禁右和单向行驶路段通行，并设立标识。

第十七条　城市公共汽车客运设施由城市公共汽车客运经营者负责定期维护，保证性能完好，发生故障或者损毁时应当及时抢修。

第十八条　任何单位和个人不得擅自迁移、拆除、占用城市公共汽车客运设施。确需迁移、拆除、占用的，应当经城市公共交通主管部门同意，并按照规定予以补建或者补偿。

第十九条　城市公共汽车客运应当以政府投入为主。

城市公共汽车客运设施建设和车辆购置所需资金由政府投资，纳入城市建设投资计划和年度财政预算；并可以采取企业筹资、社会融资等多种方式筹集资金。

第二十条　市、县（市）、上街区人民政府应当建立城市公共汽车客运经营者运营成本监审和补贴、补偿制度，组织财政、交通运输、发展改革、审计等部门定期对其运营成本进行审计、监审和评价，科学核定定价成本，合理界定财政补贴、补偿额度和范围。

城市公共汽车客运经营者因执行票价低于成本票价、政府乘车优惠政策或者因承担政府指令性任务所造成的政策性亏损，市、县（市）、上街区人民政府应当及时、足额给予财政补贴、补偿。

第二十一条　城市公共汽车客运经营者按照规定享受税费减免优惠。

有关部门应当严格执行国家、省、市有关优先发展城市公共交通方面的优惠政策。

第二十二条　市人民政府应当结合城市道路建设情况，发展大运量快速公共汽车客运系统。

推进物联网、大数据、移动互联网等现代信息技术在城市公共汽车运营、管理等方面的应用，提高城市公共汽车客运服务水平。

推广使用新能源和清洁能源公共汽车，新增公共汽车应当是新能源、清洁能源车辆。

第三章　运营管理

第二十三条　城市公共汽车客运依法实行特许经营。从事城市公共汽车客运经营应当具备的条件，按照国家有关规定执行。

第二十四条　城市公共汽车客运经营者依照法定程序确定后，城市公共交通主管部门应当与其签订特许经营协议。

第二十五条　城市公共交通主管部门应当根据城市公共汽车客运专项规划和城市发展实际设置、调整城市公共汽车客运线路。城市公共交通主管部门应当定期对城市公共汽车客运线路设置的科学性和合理性进行评价。评价意见作为调整、优化城市公共汽车客运线路的依据。

城市公共汽车客运线路的设置、调整应当征求公安机关交通管理部门的意见，并广泛听取社会公众、相关专家和城市公共汽车客运经营者的意见，必要时举行听证。

城市公共汽车客运线路的设置、调整应当及时向社会公布。

第二十六条　因城市基础设施施工或者其他原因影响城市公共汽车客运运营安全及畅通，确需临时变更线路的，施工单位应当提前十五日通知城市公共汽车客运经营者。城市公共汽车客运经营者应当及时报请城市公共交通主管部门，城市公共交通主管部门应当会同公安机关交通管理部门对线路进行变更。

城市公共汽车客运经营者应当于线路变更前五日向社会公告。公告期满后，城市公共汽车客运经营者应当按照变更后的线路运营，并及时更改原站牌。

第二十七条　本市与县（市）、上街区之间需要开通公共汽车客运线路的，由市城市公共交通主管部门会同市公安机关交通管理部门与县（市）、上街区人民政府协商提出方案，报市人民政府确定。

县（市）、上街区之间需要开通公共汽车客运线路的，由途经地人民政府协商确定。

第二十八条　城市公共汽车客运经营者聘用的驾驶员、乘务员，应当具备以下条件：

（一）具有履行岗位职责的能力；

（二）身心健康，无可能危及行车安全的疾病病史；

（三）无危害公共安全、侵犯公民人身权利犯罪记录，无吸毒行为记录。

驾驶员除符合前款规定外，还应当符合以下条件：

（一）取得相应准驾车型机动车驾驶证并具有一年以上准驾车型驾驶经历；

（二）无饮酒后驾驶记录；

（三）最近连续三个记分周期内没有记满十二分违规记录。

第二十九条　城市公共汽车客运经营者依法取得的特许经营权不得转让、出租或者以承包、挂靠、联营等方式变相转让、出租。

本条例施行前已采取承包、挂靠、联营等方式经营的，经营合同期满后，由城市公共交通主管部门按照本条例规定重新确定经营者。

第三十条　特许经营期限届满前，城市公共交通主管部门应当依法重新确定城市公共汽车客运经营者，在同等条件下优先选择原特许经营者。

第三十一条　城市公共汽车客运票价实行政府定价。制定、调整城市公共汽车客运票价，应当统筹考虑社会承受能力、企业运营成本、鼓励公交出行等因素，并由政府价格主管部门依法进行定价成本监审和价格听证。

第三十二条　发生自然灾害及其他突发事件时，城市公共汽车客运经营者应当服从当地人民政府对城市公共汽车客运车辆的统一调度和指挥。

第四章　运营服务

第三十三条　城市公共汽车客运经营者应当按照特许经营协议和行业服务规范，诚信经营、规范服务、安全运营、文明行车。

第三十四条　城市公共汽车客运经营者应当按照有关规定定期维护和检测运营车辆，保证其技术性能和设施设备完好，符合机动车安全、污染物排放等标准。

从事运营的车辆应当达到下列要求：

（一）车辆整洁，符合相关卫生标准和卫生要求；

（二）按照规定标明经营者名称、线路编号、途经站点、票价；

（三）在规定的位置张贴城市公共汽车客运车辆乘坐规则、禁烟标识和投诉电话；

（四）设置老、幼、病、残、孕专座；

（五）无人售票车辆按照规定设置投币箱、非现金支付识别和电子报站设备；

（六）保持通风设施性能良好。

城市公共汽车客运经营者应当在城市公共汽车上安装符合国家标准的卫星定位行车设备和电子监控系统，将车辆实时动态数据接入动态监控平台，并确保数据完整。

第三十五条　驾驶员、乘务员从事运营服务时，应当遵守下列规定：

（一）着装整洁，文明、安全行车，规范作业；

（二）遵守道路交通安全法律、法规，按照规定携带、佩戴相关证件和标识；

（三）准确播报线路名称、车辆开往方向和停靠站点名称；

（四）在规定的区域停靠，依次进出站；

（五）按照运营路线、班次、时间发车和行车，不得滞站、甩站、拒载，不得无故半途返回；

（六）不得要求乘客超出政府制定的票价标准购票、刷卡或者投币；

（七）为老、幼、病、残、孕等特殊乘客提供必要的帮助；

（八）维护乘车秩序，保护乘客安全，发现盗窃、诈骗等违法行为应当予以制止并报警；

（九）提供合法有效的车票。

第三十六条　公共汽车客运车辆运营中发生故障不能正常行驶时，驾驶员、乘务员应当及时向乘客说明原因，并安排乘客免费换乘后续同线路、同方向车辆或者申请调派车辆。

第三十七条　乘客应当遵守下列规定：

（一）在规定的停靠站（点）依次排队上下车；

（二）足额购票或者主动出示乘车票证；

（三）不得在运营车辆内吸烟、随地吐痰或者向车内外抛撒废弃物，以及从事营销活动、散发宣传品等行为；

（四）醉酒者、传染病患者、无人监护的精神病患者以及无成年人带领的学龄前儿童不得乘车；

（五）不得携带畜禽、猫、狗等动物乘车，有识别标识的服务犬除外；

（六）配合驾驶员、乘务员接受票证检验。

乘客违反前款规定的，驾驶员、乘务员应当及时制止或者劝阻；经制止或者劝阻拒不改正的，驾驶员、乘务员可以拒绝为其提供运营服务。

第三十八条　老年人、儿童、中小学生、残疾人、现役军人按照规定可以享受免费乘车或者优惠乘车待遇。具体办法由市人民政府另行制定。

第三十九条　城市公共交通主管部门应当根据公众出行需要，优化配置城市公共汽车客运资源，组织经营者提供大站快线、微循环线路、社区接驳班车、夜间班车以及定制线路等多样化城市公共汽车客运服务。

城市公共汽车客运定制线路服务的具体管理办法，由市人民政府另行制定。

第四十条　城市公共交通主管部门应当建立抽查制度，随机抽取检查对象、随机选派检查执法人员，对城市公共汽车客运进行监督检查，并及时向社会公开检查结果。

城市公共交通主管部门应当定期对城市公共汽车客运线路运营服务状况进行评议，其评议结果向社会公布。城市公共交通主管部门组织评议时，应当邀请相关专家、乘客代表参加，并征询社会各方面的意见。

第四十一条　城市公共交通主管部门和城市公共汽车客运经营者应当分别建立举报、投诉制度，公开举报、投诉电话。受理举报、投诉后，应当在十日内调查处理完毕，并将调查、处理结果及时反馈举报人、投诉人。

第四十二条　建立城市公共汽车客运经营者职工工资增长机制，保障职工收入与本市经济社会发展水平相适应。

第五章　运营安全

第四十三条　城市公共汽车客运经营者应当建立、健全运营安全管理制度，定期检查各项安全防范措施落实情况，及时消除事故隐患。

城市公共汽车客运经营者应当保证运营安全资金投入，设立相应的安全管理机构，配备专职安全管理人员。

城市公共汽车客运经营者应当利用电子报站设备等多种形式，向乘客宣传安全乘车知识。

第四十四条　城市公共汽车客运经营者应当在城市公共汽车客运车辆和场站醒目位置设置安全警示标识、安全疏散示意图等，为车辆配备灭火器、安全锤等安全应急设备，并定期检查、更换，保证安全应急设备处于良好状态。

城市公共汽车客运经营者应当制定城市公共汽车客运安全操作规程，对从业人员加强安全管理，定期进行安全教育培训、考核。驾驶员、乘务员等从业人员在运营过程中应当执行安全操作规程。

城市公共汽车客运经营者应当加强驾驶员身心健康管理。持续推进车辆安全防范新技术应用，加强对城市公共汽车运行动态监控，及时提醒和纠正不安全驾驶行为。

第四十五条　城市公共汽车客运经营者应当在城市公共汽车客运主要站点的醒目位置公布禁止携带的违禁物品目录。有条件的，应当在城市公共汽车上张贴禁止携带违禁物品乘车的提示。

城市公共汽车客运经营者应当按照规定配备安保人员和相应设施设备，依法加强安全检查，乘客应当自觉接受、配合。乘客拒绝接受安全检查的，驾驶员、乘务员可以拒绝为其提供运营服务。

第四十六条　利用站牌、候车亭、公交车辆等发布广告的，不得覆盖站牌标识和车辆运营标识，不得妨碍乘客观察进站车辆视线和车辆行驶安全视线。

第四十七条　禁止下列扰乱乘车秩序、妨害城市公共汽车客运安全的行为：

（一）辱骂、殴打、拉拽驾驶员，抢夺运营车辆方向盘、变速杆等操纵装置，以及其他妨害安全驾驶的行为；

（二）非法拦截、强行上下运营车辆；

（三）携带易燃、易爆、毒害性、放射性、腐蚀性以及其他有可能危及人身和财产安全的物品；

（四）擅自操作有警示标识的车辆按钮、开关装置，非紧急状态下动用紧急或者安全装置；

（五）在城市公共汽车客运场站及其出入口通道擅自停放非城市公共汽车客运车辆、堆放杂物或者摆摊设点等；

（六）违反规定进入公共汽车客运车辆专用道；

（七）擅自进入车辆调度中心、车辆基地或者其他明示禁入的区域；

（八）破坏、损毁城市公共汽车客运设施；

（九）在公交站点前后三十米内停放其他社会车辆；

（十）其他扰乱乘车秩序、妨害客运安全的行为。

第四十八条　城市公共交通主管部门应当会同有关部门制定城市公共汽车客运突发事件应急预案，报市、县（市）、上街区人民政府批准。城市公共汽车客运经营者应当根据城市公共汽车客运突发事件应急预案，制定本企业的应急预案，并定期演练。

发生自然灾害以及其他突发事件时，市、县（市）、上街区人民政府及其有关部门、城市公共汽车客运经营者等单位应当按照应急预案采取应急处置措施。

第四十九条　发生城市公共汽车客运安全事故的，城市公共汽车客运经营者应当按照国家生产安全事故报告的规定，报告城市公共交通主管部门和其他有关部门。

第六章　法律责任

第五十条　违反本条例规定的行为，法律、法规已有处罚规定的，从其规定。

第五十一条　违反本条例规定，有下列行为之一的，由城市公共交通主管部门责令改正，并按照下列规定予以处罚：

（一）城市公共汽车客运经营者未按照规定对城市公共汽车客运设施进行定期维护或者及时抢修，造成严重后果的，处以五千元以上二万元以下罚款；

（二）擅自迁移、拆除、占用或者破坏、损毁城市公共汽车客运设施的，责令恢复原状或者赔偿损失，并处以一千元以上五千元以下罚款；

（三）利用站牌、候车亭、公交车辆等发布的广告覆盖站牌标识、车辆运营标识或者妨碍乘客观察进站车辆视线、车辆行驶安全视线的，可处以五百元以上二千元以下罚款。

第五十二条　违反本条例第二十三条规定，未取得特许经营权擅自从事城市公共汽车客运的，由城市公共交通主管部门责令改正，没收违法所得，并处以三万元以上五万元以下罚款。

第五十三条　城市公共汽车客运经营者违反本条例规定，有下列行为之一的，由城市公共交通主管部门责令改正，并按照下列规定予以处罚：

（一）转让、出租或者变相转让、出租经营权的，没收违法所得，并处以一万元以上三万元以下罚款；

（二）未按照特许经营协议，擅自调整线路的，处以一万元以上三万元以下罚款；

（三）聘用不符合条件的人员担任驾驶员、乘务员的，处以五千元以上一万元以下罚款。

有前款所列情形之一，情节严重的，可以由城市公共交通主管部门报同级人民政府终止特许经营协议。

第五十四条　违反本条例第三十七条第一款、第四十七条规定，扰乱公共汽车客运管理秩序、妨害安全驾驶、危害城市公共汽车客运安全，构成违反治安管理行为的，由公安机关依法给予治安管理处罚；构成犯罪的，依法追究刑事责任。

第五十五条　城市公共交通主管部门和其他有关部门有下列情形之一的，由本级人民政府或者有管理权限的部门责令改正，对负有责任的主管人员和其他直接责任人员，依法给予处分；构成犯罪的，依法追究其刑事责任：

（一）对未按照规定规划、建设城市公共汽车客运配套设施的建设工程，办理有关审批手续的；

（二）对非法侵占城市规划确定的城市公共汽车客运设施用地或者擅自改变土地用途，办理有关审批手续的；

（三）对发现的违法行为不及时查处或者违法实施行政处罚的；

（四）有其他滥用职权、玩忽职守、徇私舞弊行为的。

第七章　附则

第五十六条　本市与其他城市之间需要开通公共汽车客运线路的，由市人民政府与相关城市人民政府协商确定。

第五十七条　本条例自2020年10月1日起施行。2008年8月22日郑州市第十二届人民代表大会常务委员会第三十九次会议通过、2008年11月28日河南省第十一届人民代表大会常务委员会第六次会议批准的《郑州市城市公共交通条例》同时废止。

郑州市人民代表大会常务委员会公告

［十五届］第二十一号

《郑州市房屋使用安全管理条例》已经郑州市第十五届人民代表大会常务委员会第十七次会议于2020年6月24日审议通过，河南省第十三届人民代表大会常务委员会第二十次会议于2020年9月26日审查批准，现予公布，自2021年1月1日起施行。

特此公告。

郑州市人民代表大会常务委员会

2020年11月9日

郑州市房屋使用安全管理条例

（2020年6月24日郑州市第十五届人民代表大会常务委员会第十七次会议通过
2020年9月26日河南省第十三届人民代表大会常务委员会第二十次会议批准）

第一章　总则

第一条　为了加强房屋使用安全管理，维护公共安全和公共利益，保护公民、法人和其他组织的人身、财产安全，根据有关法律、法规，结合本市实际，制定本条例。

第二条　本市行政区域内合法建造并投入使用房屋的安全管理活动，适用本条例。

历史建筑、文物保护单位、风景名胜区、自然保护区、宗教活动场所、人防工程等范围内的房屋使用安全管理，以及房屋的消防、电梯、供水、供电、供热、燃气、通讯、防雷、抗震等专业设施设备的使用安全管理，按照有关法律、法规的规定执行。

违法建筑的处置办法，由市人民政府另行制定。

第三条　本条例所称房屋使用安全管理，是指房屋在使用过程中的检查维护、安全鉴定、危险治理、装饰装修以及白蚁防治等安全管理活动。

第四条　房屋使用安全管理应当遵循预防为主、防治结合、属地管理、安全使用的原则。

第五条　市、县（市、区）人民政府应当加强房屋使用安全管理工作的组织领导，统筹协调房屋使用安全中的重大事项，建立健全房屋使用安全突发重大事件应急处置机制。

市住房保障和房地产管理部门是全市房屋使用安全的主管部门，负责全市房屋使用安全管理的统筹、协调、监督和指导；县（市、区）房屋使用安全管理部门具体负责本行政区域内房屋使用安全管理工作。

乡（镇）人民政府、街道办事处对本辖区内房屋使用安全进行日常监督管理。

发展改革、城乡建设、自然资源和规划、财政、城市管理、公安、民政、应急管理、大数据管理等部门，在各自职责范围内做好房屋使用安全管理工作。

第六条　市、县（市、区）人民政府应当将房屋使用安全管理专项经费纳入同级财政预算，保障房屋使用安全管理工作的实施。

市、县（市、区）人民政府应当建立健全房屋使用安全救助机制，设立房屋使用安全救助专项资金，对特殊困难家庭的房屋安全鉴定、危险房屋治理等进行救助，具体办法由市人民政府另行制定。

第七条　房屋安全鉴定、装饰装修、物业管理等行业协会应当加强行业自律，协助有关部门和单位做好房屋使用安全管理工作，接受社会监督。

第八条　市住房保障和房地产管理部门、县（市、区）房屋使用安全管理部门应当设立并公布举报、投诉电话，及时受理危害房屋使用安全行为的举报、投诉，依法对举报、投诉事项进行处理。

鼓励单位和个人对危害房屋使用安全的行为进行举报、投诉。

第二章　房屋安全使用

第九条　房屋所有权人是房屋使用安全责任人。

公有房屋管理单位是公有房屋使用安全责任人。

房屋居住权人、承租人、借用人等房屋实际使用人以及房屋代管人应当按照法律、法规的规定以及合同约定使用房屋，并承担相应的房屋使用安全责任。

第十条　房屋使用安全责任人承担下列房屋使用安全责任：

（一）按照设计用途、使用性质以及房屋权属证明记载的房屋用途使用房屋；

（二）对房屋建筑结构、幕墙及其附属设施承担安全使用、隐患治理等责任；

（三）配合政府及有关部门组织实施的房屋安全隐患排查、危险房屋治理与应急处置；

（四）对危险房屋及时采取防范治理措施；

（五）法律、法规规定的其他责任。

第十一条　房屋实行物业服务等委托管理方式的，物业服务企业或者其他管理人应当按照合同约定，承担共有部分的检查、维修、养护等日常管理责任，并建立房屋安全档案。

实行自行管理的，共有部分的日常安全管理责任由房屋使用安全责任人依法共同承担。

房屋专有部分的日常安全管理责任，由房屋使用安全责任人依法承担。

第十二条　禁止实施下列危害房屋使用安全的行为：

（一）未经原设计单位或者具有相应资质等级的设计单位提出设计方案，擅自变动建筑主体和承重结构的；

（二）在承重墙上开挖壁柜、门窗等洞口或者扩大房屋承重墙上原有门窗尺寸的；

（三）超过设计标准增大荷载使用房屋的；

（四）降低房屋底层室内标高的；

（五）擅自改变房屋原建筑设计用途的；

（六）拆除或者改变商场、宾馆、饭店、影剧院、体育场馆等大型建筑中具有房屋抗震、防火、人防等整体功能的主体结构的；

（七）法律、法规禁止的其他危害房屋使用安全的行为。

第十三条　新建房屋交付使用时，建设单位应当按照规定向房屋受让人交付房屋质量保证书、房屋使用说明书以及房屋竣工的其他有关资料。

建设、勘察、设计、施工、监理等单位应当按照有关法律、法规规定以及合同约定，承担房屋使用安全责任。

第十四条　进行城市轨道交通等重大基础设施工程建设对相邻房屋可能造成损害的，建设、施工单位应当先行制定专项防护措施；造成房屋损害的，依法承担相应责任。

第十五条　进行房屋装饰装修的，应当按照规定告知物业服务企业或者其他管理人。房屋装饰装修不得影响共有部分使用，不得危及房屋安全和相邻房屋安全。

第十六条　支持房屋使用安全责任人对房屋及其附属设施实施白蚁预防处理。房屋及其附属设施发生蚁害的，县（市、区）房屋使用安全管理部门应当指导房屋使用安全责任人及时进行灭治。

第十七条　新建大型公共建筑和超高层建筑，建设单位应当预留房屋安全动态监测仪器和线路位置，设置建筑结构性能监测系统。

鼓励运用房屋安全动态监测新技术、新设备，开展房屋安全动态监测预警和防范治理。

第三章　房屋安全鉴定

第十八条　依法成立的房屋安全鉴定单位在本市从事房屋安全鉴定活动的，市住房保障和房地产管理部门应当将其基本信息纳入市大数据管理平台，并向社会公布。

第十九条　有下列情形之一，危及公共安全的，房屋使用安全责任人应当委托进行房屋安全鉴定：

（一）房屋地基基础、墙体或者其他承重构件出现明显下沉、裂缝、变形、腐蚀等情形；

（二）因自然灾害或者火灾、爆炸

等事故造成房屋出现裂缝、变形、不均匀沉降等情形；

（三）房屋达到设计使用年限存在安全隐患仍需继续使用的；

（四）学校、医院、体育场馆等人员密集的公共建筑，不符合相关标准和规范且存在重大房屋安全隐患的；

（五）其他可能影响房屋安全需要鉴定的情形。

有前款规定的情形之一，房屋使用安全责任人不委托进行房屋安全鉴定的，县（市、区）房屋使用安全管理部门可以根据公共安全需要委托鉴定。经鉴定属于危险房屋的，鉴定费用由房屋使用安全责任人承担，特殊困难家庭可以申请房屋使用安全救助专项资金。

第二十条　既有建筑幕墙有下列情形之一，危及公共安全的，房屋使用安全责任人应当及时委托具有建筑幕墙检测能力的房屋安全鉴定单位进行鉴定：

（一）面板、连接构件或者局部墙面出现异常变形、脱落、爆裂等现象的；

（二）遭受风暴、地震、雷击、火灾、爆炸等自然灾害或者事故造成损坏的；

（三）相关建筑主体结构经检测、鉴定存在安全隐患的；

（四）其他存在安全隐患的情形。

既有建筑幕墙使用安全的监督管理按照有关规定执行。

第二十一条　下列范围内的房屋，建设、施工单位应当在施工前委托房屋安全鉴定单位进行结构安全影响鉴定，并在施工全程进行跟踪监测：

（一）挤土桩施工，距最近桩基一倍桩身长度范围内的房屋；

（二）开挖深度为三米以上的基坑，距离基坑两倍基坑深度范围内的房屋；

（三）轨道交通、地下管廊、隧道盾构施工，距洞口边缘一倍埋深范围内的房屋；

（四）爆破施工中处于爆破安全距离范围内的房屋；

（五）地下管线施工、降低地下水位施工等其他施工中处于设计影响范围内的房屋。

第二十二条　房屋安全鉴定单位的鉴定结论是认定房屋安全状况的依据，鉴定程序、方法和鉴定报告应当符合国家、行业、地方相关标准和规范。

房屋安全鉴定报告包括鉴定依据、技术分析、鉴定结论等内容。鉴定报告应当客观、真实。

鼓励房屋安全鉴定单位参与公益性、应急性鉴定活动。

第二十三条　经鉴定属于危险房屋的，房屋安全鉴定单位应当在出具鉴定报告之日起三日内，将鉴定报告报送县（市、区）房屋使用安全管理部门。

第二十四条　对房屋安全鉴定报告有异议的，可以委托重新鉴定。

第四章　危险房屋治理和应急处置

第二十五条　市住房保障和房地产管理部门、县（市）、上街区房屋使用安全管理部门，应当会同自然资源和规划等部门，根据国土空间规划和城市设计的要求，组织编制本行政区域内危险房屋改造治理计划，报同级人民政府批准后予以公布。

第二十六条　经鉴定属于危险房屋的，县（市、区）房屋使用安全管理部门应当自收到鉴定报告之日起三日内向房屋使用安全责任人发出危险房屋治理通知书，提出对危险房屋的处理意见和治理期限。危险房屋危及公共安全的，应当及时报告县（市、区）人民政府。

第二十七条　房屋使用安全责任人应当根据房屋安全鉴定单位出具的鉴定报告，对危险房屋进行分类治理：

（一）采取适当安全措施消除危险的，可以处理使用；

（二）采取适当安全措施，尚能短期使用的，可以观察使用；

（三）已无修缮价值，暂时不便拆除又不危及他人安全和相邻建（构）筑物的，应当停止使用；

（四）整幢危险已无修缮价值，危及他人安全和相邻建（构）筑物的，应当立即整体拆除。

房屋出现险情的，房屋使用安全责任人应当立即在显著位置设置警示标志，采取必要的安全措施，并及时向县（市、区）房屋使用安全管理部门报告。

危险房屋治理需要改变房屋原有面积、高度和结构布局的，应当依法办理有关审批手续。

第二十八条　县（市、区）房屋使用安全管理部门应当督促和指导房屋使用安全责任人落实危险房屋治理措施。

房屋出现局部坍塌、随时有坍塌危险等其他可能严重危及公共安全或者人身安全情形的，县（市、区）房屋使用安全管理部门应当及时告知房屋使用人停止使用；房屋使用人拒不停止使用的，县（市、区）人民政府可以依法采取搬离、加固等必要的应急措施。

第二十九条　危险房屋危及公共安全，房屋使用安全责任人拒不治理的，由县（市、区）人民政府组织房屋使用安全管理部门、乡（镇）人民政府、街道办事处等采取加固、修缮、拆除、改建等措施进行治理。

第三十条　危险房屋治理可以按照规定使用房屋专项维修资金、住房公积金，特殊困难家庭可以申请房屋使用安全救助专项资金。

第三十一条　危险房屋为唯一居住用房的，房屋所有权人或者居住权人可以向县（市、区）人民政府申请政策性住房作为临时过渡住房。

危险房屋治理结束后，房屋所有权人或者居住权人应当在规定期限内搬出临时过渡住房。

危险房屋整体拆除的，房屋所有权人或者居住权人的住房保障按照有关规定，优先予以安排。

第三十二条　市、县（市、区）人民政府应当建立健全房屋安全应急抢险组织体系，制定房屋安全应急抢险预案，组建应急救援队伍，定期组织培训和演练，储备抢险救援物资和装备器材。

第三十三条　县（市、区）人民政府及有关部门根据房屋使用安全实际状况，可以采取划定警示区域、利用或者拆除相邻建（构）筑物等应急抢险措施。

因应急抢险损害相邻建（构）筑物和有关设施的，县（市、区）人民政府应当组织修复或者给予补偿。

第五章　农村房屋特别规定

第三十四条　县（市、区）房屋使用安全管理部门负责本辖区内农村房屋使用安全监督管理工作，建立健全相应的农村房屋使用安全管理、检查及应急抢险处置机制。

第三十五条　乡（镇）人民政府、街道办事处应当加强农村房屋使用安全的日常管理，确定安全管理组织及人员，建立安全巡查制度，明确巡查范围、责任区域和巡查要求等内容。

第三十六条　乡（镇）人民政府、街道办事处应当建立农村房屋安全档案，督促房屋使用安全责任人治理危险房屋、消除安全隐患。危险房屋危及公共安全的，应当及时向县（市、区）房屋使用安全管理部门报告。

第三十七条　县（市、区）有关部门应当引导村民对自建房屋实行规范化管理，选择有资质的施工单位进行施工，通过合同约定房屋保修责任。

第三十八条　农村企业用房、公共设施用房、公益事业用房以及集中新建的农村房屋等，应当在有关部门的指导和监督下，按照国家相关法律、法规规定进行建设和验收。

第三十九条　县（市、区）城乡建设部门应当加强农村建筑工匠的技能培训，提高建筑工匠专业技术水平，提升农村房屋建筑质量。

第六章　服务与监督

第四十条　市住房保障和房地产管理部门应当建立房屋使用安全动态管理制度，定期组织房屋安全普查和危险房屋排查。

县（市、区）房屋使用安全管理部门应当定期开展房屋安全检查，建立房屋安全档案，明确房屋使用安全责任人；对于存在安全隐患的房屋，应当在显著位置设置警示标志，并督促房屋使用安全责任人及时消除房屋安全隐患。

第四十一条　市住房保障和房地产管理部门应当建立全市统一的房屋使用安全管理信息系统，纳入市大数据管理平台，实现信息共享，并为公众查询提供便利服务。

第四十二条　教育、卫生健康、文化广电和旅游、体育等部门应当定期对学校、医院、影剧院、体育场馆等公共建筑开展安全检查，指导房屋使用安全责任人建立房屋安全档案；发现房屋安全隐患时，督促房屋使用安全责任人及时采取治理措施，并告知县（市、区）房屋使用安全管理部门。

第四十三条　有下列情形之一的，县（市、区）房屋使用安全管理部门应当及时进行现场查勘：

（一）接到房屋安全隐患报告的；

（二）有关部门和单位在巡查检查中发现房屋安全隐患的；

（三）接到关于房屋使用安全举报、投诉的；

（四）通过其他途径获知房屋可能存在安全隐患的。

县（市、区）房屋使用安全管理部门经现场查勘后发现房屋存在安全隐患的，应当依法及时处理。市住房保障和房地产管理部门应当给予政策指导，提供必要的技术支持。

第七章　法律责任

第四十四条　违反本条例规定的行为，法律、法规已有处罚规定的，从其规定。

第四十五条　违反本条例第十二条第二项至第五项规定的，由有关管理部门根据职责范围责令改正，并由城市管理综合执法部门对个人处以二千元以上一万元以下罚款，对单位处以五万元以上十万元以下罚款。

第四十六条　未按照本条例规定委托房屋安全鉴定的，由有关管理部门根据职责范围责令限期改正；逾期不改正的，由城市管理综合执法部门按照下列规定处罚：

（一）既有建筑幕墙的房屋使用安全责任人违反第二十条规定的，处以一万元以上三万元以下罚款；

（二）建设、施工单位违反第二十一条规定的，处以一万元以上五万元以下罚款，情节严重的，处以五万元以上二十万元以下罚款。

第四十七条　违反本条例第二十二条第二款规定，房屋安全鉴定单位出具虚假鉴定报告的，由城市管理综合执法部门没收违法所得，并处以十万元以上三十万元以下罚款，情节严重的，处以三十万元以上五十万元以下罚款，对负有直接责任的鉴定人员处以五千元以上一万元以下罚款。

房屋安全鉴定单位和负有直接责任的鉴定人员自受到前款规定的行政处罚之日起，十年内不得从事房屋安全鉴定活动。

第四十八条　房屋安全鉴定单位未按照本条例第二十三条规定向县（市、区）房屋使用安全管理部门报送鉴定报告的，由县（市、区）房屋使用安全管理部门责令限期改正；逾期不改正的，由城市管理综合执法部门处以五千元以上二万元以下罚款。

第四十九条　市住房保障和房地产管理部门、县（市、区）房屋使用安全管理部门和有关部门及其工作人员有下列行为之一的，由有关机关对直接负责的主管人员和其他直接责任人员依法给予处分；构成犯罪的，依法追究刑事责任：

（一）对违反房屋使用安全管理的行为拒不查处的；

（二）未督促房屋使用安全责任人对危险房屋及时治理的；

（三）未依法履行房屋使用安全监管职责致使发生重大安全事故的；

（四）其他滥用职权、玩忽职守、徇私舞弊的行为。

第八章　附则

第五十条　本条例中下列用语的含义：

（一）建筑主体，是指建筑实体的结构构造，包括屋盖、楼盖、梁、柱、支撑、墙体、连接接点和基础等；

（二）承重结构，是指房屋的承重墙、梁、柱、楼板、基础结构或者剪力墙等构件；

（三）建筑幕墙，是指由玻璃、石材等板材与支承结构体系组成的、相对于主体结构有一定位移能力或者自身有一定变形能力、不承担主体结构所受作用的围护墙体；

（四）危险房屋，是指结构已严重损坏或者承重构件已属危险构件，随时有可能丧失结构稳定和承载能力，不能保证安全的房屋。

第五十一条　郑州航空港经济综合实验区、郑东新区、郑州经济技术开发区、郑州高新技术产业开发区等区域的房屋使用安全管理，适用本条例。

第五十二条　本条例自2021年1月1日起施行。

重要文件目录

中共郑州市委文件

中共郑州市委　郑州市人民政府关于全面推进预算绩效管理的实施意见
郑发〔2020〕2号
（2020年1月20日）

中共郑州市委　郑州市人民政府关于印发《郑州市产业工人队伍建设改革实施方案》的通知
郑发〔2020〕3号
（2020年1月20日）

中共郑州市委　郑州市人民政府关于进一步加强全市规划集中统一管理的意见
郑发〔2020〕4号
（2020年1月23日）

中共郑州市委关于加强党的政治建设推进全面从严治党向纵深发展的实施意见
郑发〔2020〕5号
（20年2月20日）

中共郑州市委　郑州市人民政府关于抓好“三农”领域重点工作　进一步夯实全面小康基础的实施意见
郑发〔2020〕6号
（2020年4月10日）

中共郑州市委关于建立政府向本级人大常委报告国有资产管理情况制度的实施意见
郑发〔2020〕7号
（2020年4月26日）

中共郑州市委　郑州市人民政府关于进一步加强综合考评工作的意见
郑发〔2020〕8号
（2020年5月6日）

中共郑州市委　郑州市人民政府印发《郑州市关于促进中医药传承创新发展的实施方案（2020–2025年）》的通知
郑发〔2020〕9号
（2020年5月15日）

中共郑州市委印发《关于推进学习贯彻习近平总书记给郑州圆方集团全体职工重要回信精神持续走深走实的工作方案》的通知
郑发〔2020〕10号
（2020年6月24日）

中共郑州市委关于印发《中共郑州市委履行全面从严治党主体责任清单》《落实市委全面从严治党主体责任重点任务分工》的通知
郑发〔2020〕11号
（2020年7月3日）

中共郑州市委　郑州市人民政府关于加快推进县域经济高质量发展的实施意见
郑发〔2020〕12号
（2020年7月14日）

中共郑州市委　郑州市人民政府关于实施“黄河人才计划”加快建设人才强市的意见
郑发〔2020〕14号
（2020年9月13日）

中共郑州市委关于新时代加强和改进人民政协工作的实施意见
郑发〔2020〕15号
（2020年9月23日）

中共郑州市委关于加强新时代人大工作和建设的意见
郑发〔2020〕16号
（2020年9月24日）

中共郑州市委　郑州市人民政府关于建设文化旅游强市的意见
郑发〔2020〕17号
（2020年9月27日）

中共郑州市委　郑州市人民政府关于印发《郑州市贯彻落实〈新时代爱国主义教育实施纲要〉实施方案》的通知
郑发〔2020〕18号
（2020年9月28日）

中共郑州市委　郑州市人民政府印发《关于健全食品安全责任制加强食品安全工作的若干措施》的通知
郑发〔2020〕19号
（2020年10月20日）

中共郑州市委　郑州市人民政府关于贯彻落实《河南省中长期青年发展规划（2019–2025年）》的实施意见
郑发〔2020〕21号
（2020年12月30日）

中共郑州市委　郑州市人民政府关于加快构建现代化环境治理体系的实施意见
郑发〔2020〕22号
（2020年12月30日）

（刘跃亭　张　凯　翟景伟　左雨龙）

郑州市人大常委会文件

郑州市人大常委会关于组织实施《郑州市贾鲁河保护条例》的通知
郑人常〔2020〕1号
（2019年1月2日）

郑州市人民代表大会常务委员会关于接受陈兆超辞去郑州市人民政府副市长职务的决定（2020年1月21日郑州市第十五届人民代表大会常务委员会第十三次会议通过）
郑人常〔2020〕2号
（2020年1月21日）

郑州市人民代表大会常务委员会关于依法全力做好当前新冠肺炎疫情防控工作的决定（2020年2月11日郑州市第十五届人民代表大会常务委员会第十四次会议通过）
郑人常〔2020〕3号
（2020年2月12日）

郑州市人大常委会关于印发《郑州市人民代表大会常务委员会关于批准郑州市2020年政府投资项目计划的决议》的通知
郑人常〔2020〕4号
（2020年2月21日）

郑州市人大常委会关于印发《郑州市人大常委会2020年度地方立法计划》的通知
郑人常〔2020〕5号
（2020年3月25日）

关于印发《郑州市人民代表大会常务委员会2020年工作要点》的通知
郑人常〔2020〕6号
（2020年3月3日）

关于印发《郑州市人民代表大会常务委员会2020年监督工作计划》的通知
郑人常〔2020〕7号
（2020年3月30日）

关于印发《2020年郑州市人民代表大会常委会会议、主任会议议题安排意见》的通知
郑人常〔2020〕8号
（2020年3月30日）

郑州市人民代表大会常务委员会关于报请审查批准《郑州市人民代表大会常务委员会关于修改部分地方性法规的决定》和《郑州市人民代表大会常务委员会关于废止部分地方性法规的决定》的报告
郑人常〔2020〕9号
（2020年5月8日）

郑州市人民代表大会常务委员会关于接受周富强辞去郑州市监察委员会主任职务的决定（2020年6月24日郑州市第十五届人民代表大会常务委员会第十七次会议通过）
郑人常〔2020〕10号
（2020年6月24日）

郑州市人民代表大会常务委员会关于任命杜新军为郑州市监察委员会副主任、代理主任的决定（2020年6月24日郑州市第十五届人民代表大会常务委员会第十七次会议通过）

郑人常〔2020〕11号

（2020年6月24日）

郑州市人民代表大会常务委员会关于加强检察建议工作的决议（2020年6月24日市十五届人大常委会第十七次会议通过）

郑人常〔2020〕12号

（2020年7月2日）

郑州市人大常委会关于提请审查批准《郑州市房屋使用安全管理条例》的报告

郑人常〔2020〕13号

（2020年7月2日）

郑州市人大常委会关于提请审查批准《郑州市城市公共汽车客运条例》的报告

郑人常〔2020〕14号

（2020年8月6日）

关于组织实施《郑州市人民代表大会常务委员会关于修改部分地方性法规的决定》和《郑州市人民代表大会常务委员会关于废止部分地方性法规的决定》的通知

郑人常〔2020〕15号

（2020年8月28日）

郑州市人民代表大会常务委员会关于内务司法工作委员会更名为监察和司法工作委员会的决定（2020年8月28日郑州市第十五届人民代表大会常务委员会第十八次会议通过）

郑人常〔2020〕16号

（2020年8月31日）

郑州市人大常委会关于批准2019年市级财政决算的决议（2020年8月26日郑州市第十五届人民代表大会常务委员会第十八次会议通过）

郑人常〔2020〕17号

（2020年8月31日）

郑州市人大常委会关于批准郑州市2020年政府债务限额的决议（2020年8月26日郑州市第十五届人民代表大会常务委员会第十八次会议通过）

郑人常〔2020〕18号

（2020年9月4日）

郑州市人大常委会关于提请审查批准《郑州市房屋使用安全管理条例》的报告

郑人常〔2020〕19号

（2020年9月4日）

郑州市人大常委会关于检查《全国人民代表大会常务委员会关于全面禁止非法野生动物交易、革除滥食野生动物陋习、切实保障人民群众生命健康安全的决定》和《中华人民共和国野生动物保护法》贯彻执行情况的报告

郑人常〔2020〕20号

（2020年9月7日）

郑州市人大常委会关于检查《中华人民共和国土壤污染防治法》贯彻执行情况的报告

郑人常〔2020〕21号

（2020年9月7日）

郑州市人大常委会关于组织实施《郑州市城市公共汽车客运条例》的通知

郑人常〔2020〕22号

（2020年9月8日）

郑州市人民代表大会常务委员会关于接受部分专门委员会组成人员辞去专门委员会职务请求的决定（2020年11月5日郑州市第十五届人民代表大会常务委员会第二十次会议通过）

郑人常〔2020〕23号

（2020年11月5日）

郑州市人大常委会关于组织实施《郑州市房屋使用安全管理条例》的通知

郑人常〔2020〕24号

（2020年11月9日）

郑州市人大常委会关于批准2020年市本级预算调整方案的决议（2020年11月5日郑州市第十五届人民代表大会常务委员会第二十次会议通过）

郑人常〔2020〕25号

（2020年11月10日）

郑州市人大常委会关于印发《郑州市人民代表大会常务委员会讨论、决定重大事项清单》的通知

郑人常〔2020〕26号

（2020年11月9日）

郑州市人民代表大会常务委员会关于任命侯红为郑州市人民政府副市长、代理市长的决定（2020年12月31日郑州市第十五届人民代表大会常务委员会第二十一次会议通过）

郑人常〔2020〕27号

（2020年12月31日）

郑州市人民代表大会常务委员会关于接受王新伟辞去郑州市人民政府市长职务的决定（2020年12月31日郑州市第十五届人民代表大会常务委员会第二十一次会议通过）

郑人常〔2020〕28号

（2020年12月31日）

郑州市人民代表大会常务委员会关于接受万正峰辞去郑州市人民政府副市长职务的决定（2020年12月31日郑州市第十五届人民代表大会常务委员会第二十一次会议通过）

郑人常〔2020〕29号

（2020年12月31日）

郑州市人大常委会关于批准2020年市本级预算调整方案的决议（2020年12月31日郑州市第十五届人民代表大会常务委员会第二十一次会议通过）

郑人常〔2020〕30号

（2020年12月31日）

郑州市人民代表大会常务委员会关于报送《郑州市人大常委会2021年度地方立法计划》的报告

郑人常〔2020〕31号

（2020年12月28日）

（常红敏）

郑州市人民政府文件

郑州市人民政府关于下达2020年度郑州市重点建设项目的通知

郑政〔2020〕1号

2020年1月3日

郑州市人民政府关于下达2020年度第二批郑州市重点建设项目的通知

郑政〔2020〕2号

2020年1月23日

郑州市人民政府关于印发郑州市加快推进社会信用体系建设构建以信用为基础的新型监管机制实施方案的通知

郑政〔2020〕3号

2020年1月23日

郑州市人民政府关于做好第七次全国人口普查的通知

郑政〔2020〕5号

2020年2月20日

郑州市人民政府关于在市场监管领域全面推行部门联合 “双随机、一公开” 监管实施意见

郑政〔2020〕7号

2020年3月9日

郑州市人民政府关于推进 “亩均论英雄” 综合评价的实施意见

郑政〔2020〕8号

2020年3月11日

郑州市人民政府关于印发郑州市养殖水域滩涂规划 (2020—2030年) 的通知

郑政〔2020〕9号

2020年4月3日

郑州市人民政府关于印发郑州市2020年度河湖长制工作要点和郑州市2020年度河湖长制工作考核方案的通知

郑政〔2020〕10号

2020年4月22日

郑州市人民政府关于印发郑州市2020

年国民经济和社会发展计划的通知

郑政〔2020〕11号

2020年6月9日

郑州市人民政府关于给予宋洁等五名同志记功的决定

郑政〔2020〕12号

2020年7月13日

郑州市人民政府关于印发郑州市自然资源统一确权登记总体工作方案的通知

郑政〔2020〕13号

2020年7月16日

郑州市人民政府关于加强传统村落保护发展的意见

郑政〔2020〕14号

2020年7月27日

郑州市人民政府关于取消西流湖饮用水地表水源地的决定

郑政〔2020〕15号

2020年7月28日

郑州市人民政府关于试行“标准地”出让制度的实施意见

郑政〔2020〕16号

2020年7月31日

郑州市人民政府关于进一步做好稳就业工作的实施意见

郑政〔2020〕17号

2020年7月31日

郑州市人民政府关于印发郑州市人民政府行政规范性文件管理实施细则（试行）的通知

郑政〔2020〕18号

2020年8月5日

郑州市人民政府关于印发森林郑州生态建设规划(2020—2035年)的通知

郑政〔2020〕19号

2020年9月4日

郑州市人民政府关于印发郑州市支持制造业高质量发展若干政策的通知

郑政〔2020〕20号

2020年9月1日

郑州市人民政府关于给予市轨道交通建设中心集体嘉奖及严波等5名同志记功的决定

郑政〔2020〕21号

2020年9月21日

郑州市人民政府关于印发郑州市政务数据安全管理暂行办法的通知

郑政〔2020〕22号

2020年11月20日

郑州市人民政府关于加快5G新型基础设施建设的实施意见

郑政〔2020〕23号

2020年12月11日

郑州市人民政府关于表彰郑州市民族团结进步模范集体和模范个人的决定

郑政〔2020〕24号

2020年12月16日

郑州市人民政府关于提升我市粮食和应急物资储备保障能力的实施意见

郑政〔2020〕25号

2020年12月18日

郑州市人民政府关于郑州市园林绿化规划建设管理的指导意见

郑政〔2020〕26号

2020年12月18日

郑州市人民政府关于加快推进新型智慧城市建设的指导意见

郑政〔2020〕27号

2020年12月21日

（李林晓　张 赫）

索引

说明：

本索引为分类索引，包括主题词索引、表格和示意图索引。

主题词索引标目按汉语拼音音序排列，标目后数字为页码，页码后a、b、c分别表示为该页的左、中、右栏。

表格和示意图索引按页码顺序编排。

主题词索引

A

阿里巴巴集团　145a
爱国卫生　212c
爱国卫生运动　399b
爱粮节粮宣传　296c
安排使用　365c
安全　162b
安全　281b、284c、329c、330c、375c、398a
安全风险　210b
安全管理　258b、284a、334b
安全监管　268c、361a、361b
安全生产　265c、274c、328c、421c
安全生产督导检查　366c
安全生产管理　278a
安全生产监管　289a
安全生产责任制　210a
安全事故　210b
安全责任　386c
安委会　189c
安置　407b
案防　307a
案件查处　223a
案件派遣　326b
澳洲活牛进口屠宰口岸　107b

B

百花　148a
百年纪念大会　39
“百日攻坚”行动　193a
拜始祖轩辕黄帝文　384c
拜祖大典　142c、214a、383c
班列　106c、278c、416c
班主任队伍建设　375a
颁奖典礼　146b
搬迁　63a
板块　425b
版权服务体系建设　391a
版权市场监管　390c
版权宣传　390b
办公用房管理　212b
办事机构　76b
办学　373c
办学条件　371c
帮扶　245c、246a、430b、56b、57a
帮扶服务　236c
帮扶工作　421b
帮扶贫困县　205c
包装废弃物　264a
保电　328c
保供给　265c
保供稳价　296a、367b
保护　320b、339b、386b、406a
保护监督　320c
保护利用　192a、385c
保护与传承　385b
“保护伞”查处　223a
保税区　411a
保险　308b、407c、410a
保险机构　78c
保障大局　248b
保障工作　243c
保障能力建设　259c
保障体系建设　333c、407c
保障中心工作　167c
保值增值责任落实　365b
报道　392a、394b、394c
报告　7、319a

报批　319c
报纸　391c
北车站　283c
北方区域协同中心　150a
备案　366a
边防检查　370b
编发　178c
编研成果　389a
编印　389b
编制　167b、167c
编制2021年国有资本经营预算建议草案　365c
编制管理　166b
编纂　170b、389b
标准　321a、403c
标准化工作　361a
标准化智慧化农贸市场建设　367a
表彰活动　146b
别墅　321c
殡葬管理　405c
冰鲜水产品　107c
病媒生物防制管理　399c
博览会　297c、298b
博物馆管理　386b
补缴　407a
补贴　263b、265a、403c
布局调整　279a
步行街改造提升试点　295a
部属及省属单位　78b
88届　298a
8月　92c
BAA（中国）航空培训中心　144c

C

财产净收入　403a
财经技师学院　295c
财贸金融和信用建设　357c
财务基础管理　365a
财政 税务　314
财政　314a
财政体制改革　315c
财政预算执行审计　359a
财政政策落实　314b
财政支持打好三大攻坚战　314c
财政支持经济社会高质量发展　315a
财政支持社会保障和民生改善　315b
“菜篮子”工程　190a
“菜篮子”生产示范基地建设　263b
参与国际合作高地打造　299c
参与国际治理　166a
参政履职　229c
参政议政　226a、227c、230c、232b、233c
残疾人关爱保护　406a
残疾人教育帮扶　246a
残疾人精准康复　245c
残疾人救助帮扶　245c
残疾人就业培训　246a
残疾人联合会　245b
残疾人权益保障　246b
残疾人证核发管理　246b
草案　365c
测绘地理信息管理　321a
查处　223a
查验　370c
查阅利用　388b
产城融合　429a
产城融合发展　416a
产权保护　360c
产权登记　365c
产权交易　335a
产权制度改革　263a
产学研对接　240c
产业　401c、446c
产业发展　155c、191c、412c、419b、438b
产业扶贫　274c、364a、60a
产业化经营　261c
产业集群培育　412a
产业结构　415b
产业结构调整　273b、425b
产业结构优化　429a、450c
产业联盟　312a
产业企业发展　370a
产业体系　178a
产业体系和服务体系完善　106b
产业项目　401c
产业园建设　262b
产业政策制订　273a
产业转型　443b
产业转移　194c
常态化防控　267b
常态化开行　278c
常委会　173c、175b
常委会议　220c、112a、179b
场站建设　332a
超限超载运输治理　291a
超载运输治理　291a
成本调查监审　351c
成果评奖　387c
成人、高等教育　374a
成人社区教育　374a
诚信制度化建设　157c
承办网络安全宣传周科普活动　241c
承包地管理与改革　263a
城管　326b
城管运行机制改革　323b
城区河道管理　324c
城区建设　432a
城市大脑　190b
城市大脑项目建设　206c
城市道路绿化　324a
城市雕塑管理　332c
城市发展提质增效　178a
城市公共交通　331c
城市公共汽车客运条例　472c
城市供电　328b
城市供水　329c
城市管理　323a、326a、413c
城市管理监督　326b
城市管理体制机制　323b
城市管理应急处置　323c
城市规划建设　385c
城市环境雕塑建设　332c
城市基础设施建设　317b
城市建设　317b、399c、413b、429b、434a、436b、441a、455a
城市建设和管理　109b
城市建设和管理立法　249c
城市品质提升　439a
城市燃气　330b
城市设计大会　298b
城市设计工作　320b
城市社科院院长联席会　388a
城市数智治理　420c
城市隧道综合管理养护　325b
城市照明设施管理　324b
城乡低保标准一体化　403c
城乡建设　450c
城乡建设与管理　317、443c
城乡结合部社区环境综合整治提升　407a
城乡居民生活　402c
城乡融合　448b
城乡社区发展治理　406b
城乡社区服务功能提升　407a
城乡社区治理机制建设　406c
城乡统筹发展　318a
城镇化　132a、453a
城镇化建设　420b
乘务　285a
乘用车　275b
出版　390
出版管理　390b
出彩先锋　144a、145b
出口模式创新　106b
出租汽车新能源替代工作　332b
初等教育规模　371a
初等教育基本办学条件　371c
初等教育基本情况　372a
除恶　248c、254b

除雪　324a
储备　296b
储备与投放　294b
处置　323c
畜牧业　265c
畜牧业高质量发展　266a
畜禽粪污资源化利用　264a
畜禽种业发展　263c
传播　243a、245a
传承　385b
传媒　390、391c
创建　156a、266b、366b、401c
创建活动　407c
创新创业　415c
创新创业环境优化　106a
创新发展　24b、192b、305c、412a
创新和高技术发展　349c
创新联盟　423c
创新平台　376b
创新平台培育　273c
创新驱动　454c
创新驱动助力工程　241c
创新投入　377a
创新要素集聚　419b
创新专项　377a
创新转型　305b、447c
创新资源集聚　105c
创业　207c、407b、415c
创业服务　421a
创业环境优化　106a
创作　332c、381c
春季禁渔工作　268a
春晚　193c
慈善募捐渠道拓展　404c
慈善日　405a
慈善事业　404b
慈善文明实践中心　405a
慈善助学　404c
从严治党　111a
促进营商环境优化　364a
促进祖国和平统一　227a
促销活动　294b
村貌提升　265a
村容村貌提升　265a
村庄规划编制　319b
村庄清洁行动　264c
存款业务　306b、308a

D

达产　418c
打好三大攻坚战　314c
打击　251a
“打非治违”　290c
大典　214a、383c
大典仪程　384a
大剧院　149b
大客车综合治理　290a
大气污染防治　337c
大气污染防治攻坚　192c
大事记　16、79
大数据管理　206c
大学　240c
大众电影百花奖　148a
代表团　144b
代市长　7
带货　394a
贷款　305a
贷款业务　306b、308a
待遇　374c
担保　206b
担保发债　366a
单位改革　241c
单位及居住区绿化建设　341c
党的建设　259c、412c、421c、449b
党的十八大　29、39
党的十九届五中全会精神　149b、195a
党的十六大　22、29
党的十四大　16、22
党的十一届三中全会　16
党风廉政建设　422a
党管外事　163c
党建　153c、169c
党建促脱贫攻坚　58a
党建工作　414c
党建工作重要会议　126b
党领导政法工作体系建设　248a
党派　77b、223c、224b、224c
党史宣传教育　170b
党史研究　170b
党史资料征集和编纂　170b
党校工作　170c
党政代表团　144b
党政机构　108
党政考察团　146a、148b、149c
党组织建设　170a
档案编研成果　389a
档案查阅利用　388b
档案工作　388a
档案收集　389a
档案信息化建设　389a
档案宣传推广　388b
档案资源建设　388c
道德　156b
道路管线综合规划　320a
道路交通安全　193a
道路绿化　324a
道路养护工作　290a
道路运输生产　290a
德化街入围国家级步行街改造提升试点　295a
德育　373a
“德润万家”活动　239c
地方金融组织发展　302c
地方史研究　389c
地方史志工作　389a
地方性法规　470a、472b
地方志资源收集整理和开发利用　389c
地理信息管理　321a
地力保护　263b
地貌　65a
地名管理　405c
地区经济　347c
地铁　286c
地铁建设　287a
地铁开发　287b
地铁运营　287a
地质地貌　65a
地质矿产保护监督　320c
登封市　442c
登记权籍调查　318b
低保标准　403c
低保审批权限下放　403c
低保专项治理　403c
堤坝　258c
第16届中国郑州工业装备博览会　298b
第35届大众电影百花奖　148a
第88届全国汽车配件交易会在郑州举办　298a
第二十六届郑交会　194c
第二十六届郑州全国商品交易会举办　298a
第七次全国人口普查　368b
第三产业　446c、452c
第三届国家中心城市建设高层论坛　194a
第三届郑州国际城市设计大会　298b
第三批都市生态农业示范园建设　262b
第十二次全体（扩大）会议　111c
第十二届启迪创新论坛　195b
第十届中国测绘地理信息技术装备博览会　298b
第十七次专题研讨会　148c
第十四届黄帝文化国际论坛　385a
第十四届委员会　76c
第十一届纪律检查委员会第五次全体会议　222a
第十一届委员会　111c
第四届全球跨境电子商务大会　147c
第四届全球跨境电子商务大会在郑州举办　297c
第五次全体会议　222a

第五届清华校友三创大赛全球总决赛颁奖典礼暨中原数字经济高峰论坛 146b
第一次 191b
第一次全体（扩大）会议 189c
电力供需情况 328b
电联 312b
电商 417b
电商经济 394a
电商零售进口退货中心仓模式全国复制推广 423b
电视 393b
电台 394b
电网建设 329a
电信通信 312c
电影百花奖 148a
电影节 148a
电影行业管理 391b
电子商务 106a、147c、297c
电子证照数据归集工作 321b
雕塑创作 332c
雕塑管理 332c
雕塑规划 332c
雕塑建设 332c
调查 318b
调查监测 318a
调查监审 351c
调度 271c、274b
调控 351b
调图 281a
调研 423c
调研活动 150a、195c
调研视察活动 215c
调运生猪 267b
调整完善 209b
顶层设计 103a
定点扶贫 206a
定位 103a
冬季送温暖活动 405a
动车组列车 279a
动能 433c、438c
动物 107c
动物繁育与管养 328b
动物疫病防控 267a
动员部署 193a
动员会 192b
动员视频会议 192c
都市生态农业示范园建设项目 262b
都邑遗址 442b
兜底保障 62a、205b
督查巡查 58a
督导检查 366a、366c
督导与评估 375b
短视频分发矩阵 394a
队伍 398b
队伍管理 222a
队伍建设 153b、249b、252a、254a、255a、283a、286b、374c、375a、387a、399a
对接 240c
对接大会 423c
对接活动 194b
对外经贸 299
对外开放“枢纽+开放” 415b
对外开放 103b
对外开放高地 299b
对外文化交流 381a
对外宣传 166a、393c、394c
对外医疗援助 397b
多场景 312b
多党合作和政治协商 159b
多元投入机制建立 105c

E

遏制重特大安全事故 210b
儿童保障 404a
儿童福利 404a
儿童关爱保护和困境儿童保障 404b
二〇〇〇年 26a
二〇〇八年 33c
二〇〇二年 28a
二〇〇九年 35a
二〇〇六年 31c
二〇〇七年 32c
二〇〇三年 29a
二〇〇四年 30a
二〇〇五年 30c
二〇〇一年 27a
二〇二〇年 49b
二〇二一年 52c
二〇一〇年 36a
二〇一八年 47a
二〇一二年 38a
二〇一二年 39a
二〇一九年 48b
二〇一六年 44b
二〇一七年 46a
二〇一三年 40a
二〇一四年 41a
二〇一五年 42c
二〇一一年 37a
二七区 144c、427a
二十六届 194c、298a
2002年12月 22
2002年12月党的十六大—2012年11月党的十八大 29
2012年11月 29
2012年11月党的十八大—2021年7月1日建党百年纪念大会 39
2020年郑州市全民健身活动月（线上健身）活动 400b
2020“国防教育日”系列活动 258c
2020第16届中国郑州工业装备博览会在郑州举办 298b
2020第三届郑州国际城市设计大会在郑州举办 298b
2020高等教育国际论坛年会在郑州举办 298c
2020国际乒联总决赛 401c
2020年度全国浙江商会会长、秘书长工作会议暨知名浙商走进郑州活动 146a
2020年度社科学术年会 388a
2020年国家网络安全宣传周在郑州举行 146c
2020年河南省“工人先锋号”获得集体名单 466c
2020年河南省“五一劳动奖章”获得者名单 466b
2020年河南省“五一劳动奖状”获得单位名单 466c
2020年全国劳动模范 457a
2020年全国先进工作者 464a
2020年数智治理领航者峰会 149a
2020年预算收入超额完成 365c
2020年郑州市“千村百镇”系列体育活动 401b
2020年郑州市国民经济和社会发展统计公报 467a
2020年郑州市招商引资集中网络签约活动 142b
2020年中国金鸡百花电影节（第35届大众电影百花奖）在郑州举行 148a
2020年中国优秀工业设计奖金奖 275c
2020年重点民生实事完成情况 402a
2020学术年会 298b
2020招才引智专项行动 192b
2020中国（郑州）产业转移系列对接活动举行 194b
2020中国（郑州）会展主办方大会暨黄河流域会展联盟成立大会在郑州举办 298c
2020中国500强企业高峰论坛 148b
2020中国500强企业高峰论坛在郑州举办 297c
2020中国中博（春季）建筑建材装饰博览会在郑州举办 297c
2020中国最具幸福感城市 195a
2021年7月1日 39
2021年国有资本经营预算建议

草案　365c
2月　81a

F

发布　147a、312b、310b
发放　404a
发行　303c
发债　366a
发展动能　438c
发展环境　436c
发展计划管理　343a
发展目标　104a
发展治理　406b
发展综述　68a
“发现最美铁路·豫见魅力郑万”一线行活动　279c
法 规　470
法 治　248
法规学习　408a
法律服务　255a
法律制度宣传　256c
法人治理结构　364c
法院　77c、254a、254c
法院队伍建设　255a
法制委员会　73a
法治　367c
法治建设　172a
法治营商环境　254a
法治与执法工作　386c
法治政府建设　249c、250a
“法进万家”活动　240a
繁育　328b
反邪教工作　241a
返贫　205b
方式创新　106b
方式转变　109a
方志馆建设　389c
防返贫机制建设　205b
防范　308c、309c
防范化解　211b
防范化解经营风险　365a
防范化解重大安全风险　210b
防汛　271a
防汛除雪　324a
防疫物资保障供应　274a
防制管理　399c
防治攻坚　192c
房产出租　366b
房地产情况汇报　193b
房地产市场监管　334c
房地产行业管理　334c
房地产行业信用体系建设　335a
房地产业　333
房屋安全管理　334b
房屋使用安全管理条例　475c
房租　364a
放流　340c
放心消费环境优化　362c
“放管服”改革　209a、410b
“放管服”改革和优化营商环境　291b
非公经济领域统战工作　160b
非国有博物馆管理　386b
非洲猪瘟疫情常态化防控　267b
废弃农膜回收利用　264a
废弃物　264a
废止部分地方性法规的决定　472b
分发矩阵　394a
分会场　193c
分散供养特困人员照料服务　403c
分析管理　321a
分析会　191a
分校管理指导　171c
分支机构建设　336c
氛围营造　246b
粪污资源化利用　264a
风险　210b、365a
风险防范　308c、309c
风险防控　336b
风险管理　306a、307a
峰会　149a
扶残助残氛围营造　246b
扶持　270b
扶贫　205c、274c、302b、305a、307a、310a、396c、408c、58a、59a、59b、60a、60c、61a、63c、、64a、64b
扶贫搬迁　63a
扶贫扶志工作　58c
扶贫工程　205a
扶贫开发　280a
扶贫小额信贷　206b
扶志　58c
服务“空中丝绸之路”建设　369c
服务“陆上丝绸之路”建设　369c
服务“三大攻坚战”　328c
服务“网上丝绸之路”建设　370a
服务保障　258c、387a、397c
服务保障大局　248b
服务保障体系建设　407c
服务保障中心工作　167c
服务产业企业发展　370a
服务高质量发展　222c
服务功能　407a
服务管理　169a、291a、398b
服务经济社会发展　165a、243a、252b、337b
服务民生　305b
服务模式创新　410c
服务能力　398c
服务品质　305a
服务品质改革提升　309b
服务平台　401a
服务平台建设　395c
服务青少年发展　238a
服务实体　304c
服务实体经济　307c
服务体系建设　209、391a
服务体系完善　106b
服务业　275b、455a
服务夜间经济　331c
服务与管理　408b
服务指导　406a
服务质量　285c
服务质量建设　404a
服务中心大局　153a
服务中心工作　247a
服务重点工作　169c
福利　404a
辅政　161b
腐败　223a
负面清单　363c
负责人　72a
负责人薪酬管理　365b
妇女联合会　238b
妇幼健康保障　397b
附录　467
附属中学　146c
复产　159a
复产保障　370c
复产复学服务保障　397c
复工达产　418c
复工复产　159a
复工复产　172a、213a、235c、238b、242a、243b、262c、275c、360a、380b、451b、454c
复工复产保障　370c
复工复产复学服务保障　397c
复学服务保障　397c
“复兴号”动车组列车上线运营　279a
赋能　308c

G

改革创新　104c、238a、240a、422b、432a、434a
改革创新发展　412a
改革开放　178b、451a
改革配套　309b
改革提升　309b
改造　264c
改造提升试点　295a

干部队伍建设　153b
干部教育培训　171b
刚性约束　167b
港澳台海外统战工作　160c
高标准农田建设　263c
高层论坛　194a
高地　299b、299c
高等教育　374a
高等教育　374b
高等教育国际论坛年会　298c
高端讲堂　142c
高峰论坛　146b、148b、298a
高技术发展　349c
高龄津贴发放　404a
高品质城市建设　434a
高品质推进城市建设　317b
高铁　280a
高校　195a
高新技术产业开发区　418a
高新技术企业　376a
高质量发展　103a、123b、177a、222c、240b、263a、266a、271c、315a、339c、431c
高质量发展规划体系　269a
高质量发展现场会　423c
高质量项目引进　294a
高中教育　373c
各区园林绿化建设　342b
庚子年拜始祖轩辕黄帝文　384c
庚子年黄帝故里拜祖大典　142c
庚子年黄帝故里拜祖大典　214a
庚子年黄帝故里拜祖大典　383c
耕地　322a
耕地保护　320b
耕地地力保护补贴　263b
耕地土壤环境质量类别划定　263c
工会　235a
工程　103b、104b、389b、402a
工程管理　271b
工程建设　271a、292b、329c、331a、341b
工程建设管理　260b、291a
工程审批　260b
工发组织　150a
工会基层组织建设　236c
工人先锋号　467c
工商联　77b
工商业联合会　243a
工商银行　304b
工业　273
工业互联网平台　312b
工业经济　446b、452c
工业品质量监管　361c
工业设计奖金奖　275c
工业运行调度　274b
工业装备博览会　298b
工资待遇　374c
工资性收入　402c
工作报告　7
工作会　190b
工作会议　146a
工作推进会议　191c
公安　250b
公安队伍建设　252a
公安基层基础建设　251b
公安系统改革　251c
公报　467a
公共法律服务　255a
公共服务　380c、386c
公共服务建设维护试点项目　265a
公共机构节能管理　212c
公共交通　331c
公共交通线网优化配置　332b
公共汽车客运条例　472c
公共体育服务　400c
公共体育服务平台建设　401a
公共文明素养提升　158a
公共资源交易管理　354b
公积金　335b
公积金服务　336a
公积金归集　335c
公积金运作使用　336a
公交　332a
公交场站建设　332a
公立医院改革　396a
公路　325a
公路运输　287c
公平竞争环境优化　362b
公司管理　287b
公司治理　307c
公司重组上市　366a
公卫应急能力建设　397c
公务用车管理　212b
公益扶贫　64a
公益诉讼检察　253a
公益行　310b
公益宣传　395c
公用事业　328b
公用事业发展　322b
公寓　212b
公园建设　341a
功能定位　103a
功能提升　407a
功能性口岸建设　107a
攻坚战　178b、288b、328c、453a
供电　328b
供电服务　329b
供给　265c
供给结构　302c
供后监管　321c
供气安全　330c
供热　330c
供热服务　331b
供热生产　331a
供水　329c
供水安全　329c
供水服务　330a
供水工程建设　329c
供水营销管理　330a
供销合作　295a
供需情况　328b
供养　403c
供应　274a
供应保障　396a
巩固“四路协同”优势　422c
巩固脱贫攻坚成果　455b
巩义市（河南省直管县）　439c
巩义市民兵完成黄河受损堤坝抢修任务　258c
巩义市双槐树古国时代都邑遗址考古重大发现　442b
共产党　108a、111c、222a
共建共享　312b、416b
共青团　237a
共青团基层组织建设　237c
构建和谐劳动关系工作　208c
构建战“疫”通道　106b
购置补贴　265a
孤弃儿童保障　404a
古国时代　442b
固定资产投资　349a
故里　214a、383c
关爱保护　404b、406a
关怀活动　242c
管城回族区　432b
管河　271b
管控　370c、420c
管理　335b、343a、443c
管理服务　241b、289a
管理品质　304c
管理提升　276c
管理体制机制　323b
管理养护　325b
管理与服务　165c
管理指导　171c
管线综合规划　320a
管养　328b
归国华侨联合会　242a
归集　321b、335c
归侨关怀活动　242c
规范管理　256b、374c
规范化建设　212c、223c

规划　289b、318a、319b、320a、332c、363b、363c
规划编制　319b
规划建设　355c、385c
规划体系　269a
规模　371a
规模扩充　278c
轨道交通规划建设　355c
滚动规划　363c
国防教育　258a
国防教育日　258c
国际城市设计大会　298b
国际合作高地　299c
国际交通枢纽门户建设　299a
国际论坛　298c、385a
国际乒联总决赛　195a、401c
国际友城与民间交流　166b
国际治理　166a
国家功能性口岸建设　107a
国家级步行街改造提升试点　295a
国家网络安全宣传周　146c
国家网络安全宣传周系列重要活动　163b
国家文物保护利用示范区创建　385c
国家战略　103
国家战略　177a、213b
国家中心城市建设　103c、191a、194a
国家自主创新示范区　105b
国家综合型信息消费示范城市　275a
国库信息化建设　304a
国民经济和社会发展　467a
国民体质监测　401b
国内友好城市、友好合作城市交流与合作　301c
国企改革三年行动实施方案　364b
国企规划3　63b
国土三调工作　318c
国有企业退休人员社会化管理　364c
国有企业治理结构和运营机制　364b
国有企业重组整合和集中统一监管　364b
国有企业资产清查　364c
国有资本经营预算建议草案　365c
国有资产管理　365c
国有资产监督管理　363a
国有资产评估备案　366a
国资国企规划　363b

H

海关工作　369a
海关缉私　369c
海关监管　369a
海关检验检疫　369b
海关税收征管　369b
海事管理　291a
海外　160c
航空港经济综合实验区　411a
航空货运　293a
航空经济工作　353c
航空客运　293b
航空培训中心　144c
航空枢纽建设　411b
航空新城建设　412b
航空运输业　292a
航线网络　293a
航线网络拓展　293c
合作　159b、297b、301b、301c、310b
合作办学　373c
合作交流　398b
合作协议　145a
和平统一　227a
和谐劳动关系　208c
河道管理　324c
河南省“工人先锋号”获得集体名单　466c
河南省“五一劳动奖章”获得者名单　466b
河南省“五一劳动奖状”获得单位名单　466c
河南省直管县　39c
河长制湖长制工作　340b
“河南人游河南”专列开行　279c
核发管理　246b
核心板块　320b
核心板块建设　425b
核心价值观　155a
核心示范区建设　339
弘扬抗疫精神　146b
弘扬劳动精神　144a
“弘扬劳动精神 争当出彩先锋”庆“七一”主题宣讲会　145b
红十字会　244b
红线评估调整　340a
侯红　7
后备人才培养　401b
后期扶持　270b
湖长制工作　340b
互联互通　106b
互联网+仲裁工作　256b
互联网　275a
互联网平台　312b
“互联网+监管”和“双随机一公开”　290c
互通　106b
户厕改造　264c
护佑人民健康　146b
华侨　242a
化肥农药零增长行动　263c
化解　211b、365a
化解攻坚　189c
化解重大安全风险　210b
划定标准　321a
环保　339b
环保智慧管控　420c
环城快速公路管理　325a
环境　429c
环境保护　337
环境改善　265a
环境卫生　325c
环境卫生管理　322c、326a
环境优化　106a、439b
环境整治　323a
环境质量　263c、434b
环境治理　337c
环境综合整治提升　407a
黄帝　384c
黄帝故里拜祖大典　142c、214a、383c
黄帝文化国际论坛　385a
黄河历史文化宣传　391a
黄河流域会展联盟成立大会　298c
黄河流域生态保护　339c
黄河流域生态保护和高质量发展　103a、271c
黄河流域生态保护和高质量发展国家战略实施监督　177a
黄河流域生态保护和高质量发展核心示范区建设　339c
黄河流域生态保护和高质量发展战略　240b
黄河流域生态保护和高质量发展重要会议　123b
黄河受损堤坝抢修任务　258c
黄河文化保护与传承　385b
黄河文化旅游工作　383c
黄河战略　436a
黄河治理　271a
恢复　338a
回收处理　264a
回收利用　264a
汇报　193b、193b
会展联盟　298c
会展业　297a
会展业发展　297a
会展主办方大会　298c
会长　146a
惠济区　435a
惠民　376c
惠民消费券发放　294c
惠农兴村和人才培训　240b
婚姻登记　405c
活牛进口屠宰　107b

货币发行　303c
货币信贷管理　303a
货运查验　370c
货运航线网络拓展　293a

I

ITPO Beijing项目　150a

J

机动车维修行业服务管理　291a
机构　72a
机构编制刚性约束　167b
机构编制管理　166b
机构编制实名制管理　167b
机构编制资源优化配置　167c
机构改革　166c、363a
机构建设　336c、398c
机构节能管理　212c
机构体系　302b
机构优化设置　167b
机构与领导　424a、427b、430c、432c、435a、438a、440a、442c、445b、449c、451c、454a
机关　212c
机关党建　169c
机关党组织建设　170a
机关事务管理　212a
机关事务管理服务规范化建设　212c
机关事业单位养老保险制度改革　410a
机关作风建设　170a
机械化　265a
机械化生产　265b
机制　105c
机制创新　212a、249c
机制建设　205b、305b、362a、387b、406c、423b
基本办学条件　371c
基本情况　372a
基层党建　153c
基层队伍建设　399a
基层服务网络建设　398c
基层基础建设　210c、251b
基层建设　259b
基层侨联组织建设　242c
基层卫生机构建设　398c
基层源头防范化解　211b
基层组织建设　236c、237c、258b
基础　210c、251b、256a
基础保障　368c
基础管理　305b、311b、365a
基础教育　373a
基础设施　320a
基础设施建设　207c、241b、289b、317b
基地　275b
基地建设　263b
基金保障　409c
基金监督管理　410a
基金监管　409c
基金收入　410a
基金支出　410a
缉私　369c
疾病防控　397b、398a
疾控体系建设　397c
集成　209b
集聚　105c、419b
集群培育　412a
集体产权　263a
集体经济　262c
集邮主题文化活动　310a
集中补缴　407c
集中供热　330c
集中开工仪式　142a
集中签约　194a
集中统一监管　364b
集中网络签约　142b
集中整治　193a
计划　319c、343a、363c
计划生育服务　396c
纪检监察工作　221c
纪律检查委员会　72a、222a
纪念大会　39
技能提升　236b
技术　376a
技术创新　330c
技术进步　331b
技术设备　280c、284a、284c
技术协会　241b
济南市党政代表团到郑州市考察　144b
寄递发展改革配套　309b
寄递服务品质改革提升　309b
家庭农场高质量发展　263a
价格成本调查监审　351c
价格调控　351b
价格服务　350a
价格监测　350b
价格认定　351a
价值观　155a
监测　318a、350b、401b
监测分析　365a
监察工作　221c
监察委员会　72a
监督　177a、177b、177c、222c、234c、250a、320c、326b、359a
监督工作　177a、222b
监督管理　359b、363a、410a
监督与管理　343
监管方式创新　106b
监管方式和手段创新　366b
监管改革　420a
监管机构　363a
监管能力提升　362c
监审　351c
检察　252b
检查　366a、370b
检察　252c、253a、253b
检察院　77c
检务公开　253c
检验检疫　369b
检疫　369b
减负　410b
减免中小微企业房租　364a
建成　312b
建成区划定标准　321a
建党百年纪念大会　39
建设工程日照分析管理　321a
建设管理　260b、270b
建设维护　265a
建设行业管理　317a
建设银行　305c
建设用地预审及报批　319c
建设与管理　317
建新功　239a
建置沿革　66b
建置与区划　66b
建筑建材装饰博览会　297c
建筑业行业管理　317c
健康　146b、396、397b、398a
健康保障　397b
健康城市建设　399c
健康扶贫　59b、396c
健康管理　397a
健康建设　397a
健康教育　373a、397a
健康郑州行动　397a
健康综合监管　396b
健身　400b
健身活动月（线上健身）活动　400b
践行社会主义核心价值观　155a
僵尸企业　364c
“僵尸企业”处置及“四供一业”移交　364c
讲话　1
讲堂　142c
降费减负　410b
交流　381a、398b
交流合作　297b
交流与合作　301b、301c
交通　289b、342c
交通安全　193a
交通规划　289b、320a

交通规划建设 355c
交通规划勘察设计研究院 291c
交通基础设施建设 289b
交通企业 291b
交通枢纽门户 299a
交通线网优化配置 332b
交通行业管理 290c
交通运输集团 291b
交通运输脱贫攻坚 288c
交通运输业 277
交通重点项目建设 289c
交易 335a
交易管理 354b
交易会 298a
交易市场 367a
焦作 148b
焦作市党政考察团到郑州市考察学习 149c
教师工资待遇 374c
教师培训 375a
教师人事管理 374c
教师资格认证管理 375a
教育 170b、223b、258a、371、397a
教育帮扶 246a
教育扶贫 59a
教育规模 371a
教育培训 171b
教育日 258c
教育信息化建设 375c
接待 164c
秸秆禁烧和综合利用 339a
揭牌 146c、150a、279c
揭牌仪式 194a
街区 319a
节粮宣传 296c
节目质量 395a
节能管理 212c
节水型社会建设 269c
结案 254c
结对帮扶 57a、430b
结对帮扶贫困县 205c
结构 302c、415b
结构调整 273b、290b、425b
结构优化 429a、450c
结合部 407a
结算 303c
“解民忧、纾民困、转作风、提效能”专项行动 328a
金鸡百花电影节 148a
金奖 275c
金融 306c、308b、357c
金融创新 308a
金融贷款 305a
金融风险防范 309c
金融扶贫 60c、307a
金融服务 419c
金融服务管理 303c
金融改革 303b、308a
金融供给结构 302c
金融机构体系 302b
金融精准扶贫 302b
金融稳定 303c
金融业 302
金融业务 306c
金融组织发展 302c
金融机构 78b
金水区 430c
津贴发放 404a
“巾帼建新功”行动 239a
“巾帼暖人心”行动 239b
“巾帼心向党”行动 238c
进步 407c
进境粮食指定口岸 107c
进口 107b、107c、292c
进口冰鲜水产品指定口岸 107c
进口肉类指定口岸 107b
进口水果指定口岸 107c
进口退货中心仓 423b
禁烧 339a
禁渔工作 268a
经办服务 409c
经办服务模式创新 410c
经济 394a
经济发展 425a、436a、440c
经济发展方式转变 109a
经济工作 428b
经济工作汇报 193b
经济工作会议 1
经济工作重要会议 128c
经济监督与管理 343
经济建设 69b
经济领域 160b
经济贸易 446b
经济社会发展 165a、243a、252b、337b、408a、433c
经济社会发展大局 237b
经济社会发展概况 343a
经济社会高质量发展 315a
经济运行分析 192c
经济运行分析会 191a
经济运行监测分析 365a
经济运行监督 177b
经济责任审计 359b
经营 261c、275c、278b、311b
经营风险 365a
经营管理 277c
经营净收入 402c
经营业绩 305a
经营主体 262c
精神 149b
精神文明创建 158b
精神文明建设 156a、158c
精准扶贫 302b、305a、310a
精准服务决策 368a
精准康复 245c
精准脱贫攻坚专项培训 206b
精准招商引资 415c
警备区 257a、258c
净化 366a
净收入 402c、403a
竞技体育 401b
竞争环境优化 362b
九三学社郑州市委员会 233a
救治 408c
救助 403c、406a
救助帮扶 245c
救助补贴 403c
就业 61c
就业创业 407b
就业创业服务 421a
就业创业工作 207c
就业培训 246a
居民生活 402c
居民消费 403b
居住区绿化建设341c
局部调整 319b
矩阵 394a
卷烟经营 275c
决赛 146b、195a、401c
军事 257
军队 366a
军民共建 258c
军民融合 258a
军民深度融合发展 274a
军人 407a
9月 94c

K

开发 280a、287b
开发利用 319a、389c
开发区418a
开发区机构优化设置 167b
开放 103b、178b、348a、415b、451a
开放创新 4353a
开放平台建设 370b
开封 148b
开工仪式 142a
开航 293a
开通运营 280a
开行 278c、279c
开园 147b

勘察设计 291c
康复 245c
"康乐万家"活动 240a
抗疫 164c
抗疫保电 328c
抗疫精神 146b
考察 144b、146a
考察团 146a、148b、149c
考察学习 148b、149c
考古前置改革 386a
考古重大发现 442b
考核 365a
考试管理 375c
科服 194a
科技 308b、376
科技城 147a
科技创新 271c、413a、419c
科技创新和管理提升 276c
科技创新投入 377a
科技创新专项 377a
科技创新资源集聚 105c
科技服务 376b
科技赋能 308c
科技惠民 376c
科技经济融合行动项目申报 241c
科技领导小组工作会议 191c
科技体制改革 377b
科技政策 377a
科技支撑疫情防控 376c
科普大学 240c
科普工作 240c
科普活动 241c
科普基础设施建设 241b
科普日活动 241c
科普信息化工作 241a
科协建设 241b
科学技术协会 241b
科学素质提升 241c
科研 386b
科研成果 328a
科研工作 171b
颗粒化 209b
客车综合治理 290a
客户服务 310c、312a
客户拓展 304b、305b
客运 293b
客运安全 284c
客运乘务 285a
客运段 284b
客运服务 282b
客运航线网络拓展 293c
客运收入 285b
客运直属站布局调整 279a
课程建设 373b
空中丝绸之路 144c
"空中丝绸之路"建设 369c
口岸 107b、107c、292c
口岸保障 292c
口岸管控 370c
口岸建设 107a、设300a
口岸体系建设 300c
口岸营商环境 370a
跨境电商零售进口退货中心仓模式全国复制推广 423b
跨境电商综试区 417b
跨境电子商务 147c、297c
跨境电子商务综合试验区 106a
"跨境电商+市场采购"出口模式创新 106b
快速公路管理 325a
矿产保护监督 320c
矿产资源 65b
矿山生态环境治理恢复 338a
矿山整治 338c
矿业权管理 320b
困境儿童保障 404b

L

垃圾治理 264c
来访群众 144c
劳动关系 208c
劳动精神 144a、145b
劳动力就业 61c
劳动模范 457a
老干部工作 167c
老干部学习活动阵地建设 169b
老年和妇幼健康保障 397b
类别划定 263c
离退休干部服务管理 169a
离退休干部思想政治建设 168a
离退休干部优势作用发挥 168c
离退休干部组织建设 168b
理财业务 308a
理论 154c
理论武装 169c
理论学习中心组学习会 120c
历史 65c
历史人物 66a
历史文化 65c
历史文化街区划定 319a
历史文化宣传 391a
立法 249c、250a
立法工作机制创新 249c
利用 339a、388b
连锁化 294b
联防机制建设 362a
联防联控 406a
联合国工发组织ITPO Beijing项目北方区域协同中心在郑州揭牌 150a
联合会 238b、242a、243a、245b246c
联控 406a
联络服务 301c
联盟 312a、423c
联通通信 311a
联席会 388a
廉政 422a
粮食 107c
粮食产业 296c
粮食和物资储备 296b
粮食生产 263b
粮食应急 296b
粮油购销和物资储备 296a
粮油市场保供稳价 296a
粮油市场监管 296c
"两病"门诊医保 409a
"两带一心"城市规划建设 385c
"两客一危"企业专项整治 290b
列车调图 281a
零售423 b
零增长行动 263c
领导干部 142c
领导干部经济责任审计 359b
领导小组 191c
领导小组会议 190a
领航者 149a
留守儿童关爱保护和困境儿童保障 404b
流动人口 408b
流浪乞讨人员救助 406a
流通 294
流域 123b、177a、271c、339c
六稳 360a
"六保" 369c、419a、428c
"六稳" "六保" 419a、428c
"六稳"服务复工复产 360a
龙头企业 262c
楼院 406c
卢森堡 144c
卢氏县产业扶贫 364a
路网规模扩充 278c
露天矿山整治 338c
"陆上丝绸之路"建设 369c
乱占耕地建房 322a
论坛 146b、148b、148c、194a、195b、298a
落地河南 194a
落实"六稳" "六保"部署 369c
旅服管理 286a
旅客服务 293c
旅游 382a、383a、383c、445a
旅游市场管理 383b

旅游业　262c
履行职能　224b
履职　229c
绿化　326c、341a
绿化管理　327c
绿化建设　341c、342b
绿色发展　340c
绿色交通　342c
绿色邮政建设　342c
“绿惠万家”活动　342c
60万辆　275b
6家企业　194a
6月　89c

M

贸易　422b、446b
媒体　395b
媒体矩阵　394a
媒体平台建设　393a
美丽牧场创建　266b
美丽乡村建设　264b
美育　373b
魅力郑万　279c
门户　299a
门诊医保　409a
秘书长　146a
民办教育　374b
民办学校规范管理　374c
民兵　258c
民革郑州市委员会　225a
民间交流　166b
民建郑州市委员会　228b
民进郑州市委员会　230b
民盟郑州市委员会　227a
民生　177c、305b、432a、448c、455c
民生保障　426a、429c
民生改善　315b
民生工程　402a
民生领域突出问题专项治理　223a
民生社会事业　178c、439b
民生实事　397b、402a
民生实事工作　327a
民生事业　111a、414a、421a、437a
民生项目和资金审计　359b
民事检察　253a
民事诉讼改革　254c
民营企业服务保障工作　243c
民营企业意识形态工作　244a
民政系统新冠肺炎疫情防控　406a
民政行业兜底保障　62a
民主党派与工商联　77b、223c
民主党派履行职能　224b
民主党派自身建设　224c
民主政治　110c
民族团结进步创建活动　407c
民族与宗教　407c
民族宗教工作　159c
民族宗教政策法规学习培训　408a
名村志　389b
名街志　389b
名镇志、名村志、名街志文化工程　389b
摸排工作　322a
模式　423b
模式创新　106c、410c
目标　104a
目录　479
牧场　266b
募捐渠道　404c

N

纳税服务　420b
奶业提质增效行动　266b
南水北调工作　270b
南站站房　279b
内控案防　307a
内陆对外开放高地建设　299b
内陆无水港“郑州港”揭牌　279c
能力建设　222a、339b、397c
能力提升　309c、362c
年度社科学术年会　388a
年度投资计划　363c
年会　298c、388a
年鉴编纂　389b
农产品品牌建设　262a
农场高质量发展　263a
农村　261
农村承包地管理与改革　263a
农村改革　263a
农村公共服务建设维护试点项目　265a
农村集体产权制度改革　263a
农村集体经济发展试点建设　262c
农村经济工作　352b
农村精神文明建设　158c
农村路　290a
农村乱占耕地建房摸排工作　322a
农村人居环境改善　265a
农村生活垃圾治理　264c
农村生活污水治理　264c
农村水利　270a
农村宅基地管理与改革　263a
农村自治体系建立　405b
农房登记权籍调查　318b
农工党郑州市委员会　231a
农机安全生产　265c
农机购置补贴　265a
农机社会化服务　265b
农机新技术新机具推广　265b
农贸市场建设　367a
农民增收　204c
农膜　264a
农时机械化生产　265b
农田建设　263c
农药　263c
农药包装废弃物回收处理　264a
农业　262c、452c
农业产业化经营　261c
农业产业园建设　262b
农业担保　206b
农业发展　444a
农业机械化　265a
农业经济　446a
农业经营主体培育　262c
农业龙头企业复工复产指导服务工作　262c
农业农村　261
农业示范园　262b
农业银行　305a
农业展会　262a
农资管理　266c
农作物秸秆禁烧和综合利用　339a
暖人心　239b

P

派出机构　76a
派遣　326b
培训　171a、206b、206c、215a、240b、246a、375a、408a
培训机构管理　374b
培训中心　144c
培养　401b
培育　262c、273c、412a
培育和践行社会主义核心价值观　155a
配套　309b
配置　167c
片区　422b
片区规划　319b
贫困村农村人居环境改善　265a
贫困劳动力就业脱贫　61c
贫困县　205c
品牌打造　306a、392b、392c
品牌化　294b
品牌建设　262a、287b
品质　305a、309b
品质提升　439a
乒联　195a
乒联总决赛　401c
平安建设　421c
平安郑州建设　249a

平台　106b、312b、376b
平台建设　370b、393a、395c、401a
平台培育　273c
“平安国资”创建　366b
评估　375b
评估备案　366a
评估调整　340a
评奖　387c
普遍服务　309a
普惠金融贷款　305a
普惠金融改革　303b
普惠金融业务　306c
普及　387c

Q

七次　368b
七一　145b
其他重要会议　136a
其他单位　78c
乞讨人员救助　406a
企事业科协建设　241b
企业　291b、376a
企业财务基础管理　365a
企业产权登记　365c
企业担保发债　366a
企业督导检查　366a
企业发展　370a
企业法人治理结构　364c
企业防范化解经营风险　365a
企业房产出租、租赁清理整治　366b
企业房租　364a
企业扶贫　63c
企业服务　419c
企业服务保障工作　243c
企业负责人薪酬管理　365b
企业改革　295b
企业管理　311a、311c
企业经济运行监测分析　365a
企业经营管理　277c
企业考核　365a
企业年度投资计划　363c
企业品牌化连锁化发展　294b
企业三年滚动规划　363c
企业生产要素保障　274b
企业退休人员社会化管理　364c
企业依法治理　364a
企业意识形态工作　244a
企业治理结构和运营机制　364b
企业重组整合和集中统一监管　364b
企业资产清查　364c
启迪创新论坛　195b
启迪科服落地河南签约暨揭牌仪式在郑州举行　194a
启动　312b
启动仪式　144c
启用　149b
气候对行业的影响评价　378c
气候气象　65b
气候事件及影响　377c
气候特点　377b
气温　377b
气象　65b
气象服务　377b
气源保障　330b
汽车配件交易会　298a
汽车整车进口口岸　107b
签署战略合作协议　145a
签约　142b、194a
签约仪式　145c、423c
前沿　142c
前置改革　386a
“千村百镇”系列体育活动　401b
强化节目质量　395a
抢修　258c
侨联组织建设　242c
青年服务经济社会发展大局　237b
青年人才公寓建设　212b
青年思想政治引领　237a
青少年发展　238a
青少年科普工作　240c
清查　364c
清查整治　321c
清单　209b、364a
清华大学附属中学郑州学校揭牌　146c
清华校友三创大赛全球总决赛　146b
清洁行动　264c
清理整治　366b
清真食品监管　408a
庆祝表彰活动　146b
秋冬季大气污染防治攻坚　192c
区划　66b、66c
区划和地名管理　405c
区域合作　145c
区域经济　148c
区域经济交流与合作　301b
区域开放工作　348a
区域协同　150a
区域招商活动　294c
驱动　241c、454c
渠道　211b、383b、404c
渠道建设　307a
权籍调查　318b
权限下放　403c
权益保障　246b
权益维护　236b、407b
权责清单　364a
权责清单调整完善　209b
全场景智慧营业厅　310a
全国百强　449c
全国城市社科院院长联席会　388a
全国科普日活动　241c
全国劳动模范　457a
全国汽车配件交易会　298a
全国人口普查　368b
全国商品交易会　298a
全国首个5G“全流程多场景智慧庭审系统”建成　312b
全国先进工作者　464a
全国执业兽医资格考试组织工作　267c
全国自贸区创新联盟制度创新对接大会（线上）召开　423c
全国自贸试验区　423c
全会　1、149b、173a、195a
全流程多场景智慧庭审系统　312b
全面从严治党　111a
全面建成小康社会　426c
全面建成小康社会大事记　16
全面践行国家黄河战略　436a
全面深化改革　109c
全面停止军队有偿服务　366a
全民健身活动月（线上健身）活动　400b
全民科学素质提升　240c
全球跨境电子商务大会　147c
全球跨境电子商务大会　297c
全球总决赛　146b
全社会用电量情况　328b
全体（扩大）会议　111c、189c、190c、191b
全体会议　220c、222a
全线开通运营　280a
全域公交　332a
全域旅游　383a
确权登记　318b
群众生活　412b
群众团体　235
群众团体组织　77c
群众信访渠道创新　211b
群众性精神文明创建　158b
7月1日　39
7月　91a

R

燃气　330b
人　物　457a
人才队伍和合作交流　398b
人才服务　420b
人才工作　154a
人才公寓　212b
人才培训　240b、401b

人才人事工作　208b
人大常委会　72c
人大常委会工作机构　73a
人大常委会会议　173c
人大常委会文件　479b
人大常委会主任会议　175b
人大代表工作　172b
人大法治建设　172a
人大全会　173a
人大自身建设　172c
人道传播　245a
人防工程建设管理　260b
人防工程审批　260b
人防宣传　260c
人居环境改善　265a
人口构成　67 b
人口普查　368b
人口状况　67b
人力资源和社会保障　207c
人民代表大会　171c
人民防空　260a
人民健康　146b
人民银行　302c
人民政府　73c、177c
人民政府文件　480c
人事工作　208b
人事管理　374c
人寿　308b
人文历史　65c
人物　荣誉　457
人物　66a
认定　351a
认证管理　375a
日照　321a
荣获七个“全国百强”　449c
荣誉　457
荣誉　466c
融合　209c、258a、429a、441a、448b
融合发展　274a、275a、275b、416a
融合线上线下展会　297b
融合行动　241c
融媒体建设　395b
肉类　107b
入围国家级步行街改造提升试点　295a
入选国家综合型信息消费示范城市　275a
软件正版化管理　390c

S

赛事保障　332a
三创大赛　146b
三大攻坚　451b
三大攻坚战　178b、288b、314c、328c、359b、453a
三大区域招商活动　294c
三调工作　318c
三年滚动规划　363c
三年行动实施方案　364b
三送一强　377a
“三大攻坚战”审计　359b
“三救”工作　244b
“三送一强”活动　377a
“三献”工作　244b
“三项工程、一项管理”　420b、425c
扫黑除恶斗争　248c
扫黑除恶工作　254b
森林（湿地）资源管理　341a
森林、湿地公园建设　341a
山脉水系　65a
商会会长　146a
商会建设　244b
商贸流通　294
商品交易会　298a
商品交易市场发展　367a
商业模式创新　106c
商用　312c
上报　178c
上海市　146a
上海市外商投资协会调研座谈会在郑州召开　423c
上街区　437c
上汽乘用车郑州基地整车产量突破60万辆　275b
上市　366a
上线运营　279a
少数民族经济社会发展　408a
少数民族流动人口服务与管理　408b
少数民族脱贫攻坚　408a
设备　280c、284a、284c
设计　103a、298b
设计工作　320b
设施　317b、324a
设施管理　322a
设施建设　289b、404a
设施养护　324a
设置　167b
社会保险集中补缴　407c
社会保障　207c、409c、451b
社会保障工作　208a
社会保障和民生改善　315b
社会发展　337b、408a、433c
社会发展概况　343a
社会扶贫　63c、206a
社会服务　226c、228a、230a、231a、232c、234b
社会工作　405b
社会化服务　265b
社会化管理　364c
社会建设　70a
社会阶层　160a
社会救助　403c
社会科学工作　387a
社会科学优秀成果评奖　387c
社会民生　432a、448c、455c
社会民生监督　177c
社会民生事业　421a
社会事务　405c
社会事业　178c、402、430a、434c、439b、441c、444c、453b
社会事业发展工作　346a
社会文化　381c
社会稳定　430a
社会治理　250b、405b、414b、426a
社会主义核心价值观　155a
社会主义民主政治建设　110c
社会组织管理　405b
社会组织建设　401a
社科普及　387c
社科学术年会　388a
社科研究　387c
社科院院长联席会　388a
社内监督　234c
社区发展治理　406b
社区服务　407a
社区公益行　310b
社区环境综合整治提升　407a
社区教育　374a
社区科普大学工作　240c
社区新冠肺炎疫情防控　406c
社区治理　430b
社区治理机制建设　406c
涉黑涉恶腐败和“保护伞”查处　223a
涉外管理与服务　165c
涉外疫情防控　164a
申报　241c
深度共建共享　312b
深度融合发展　274a
深化对外开放　103b
深化服务　306a
深化改革　109c、221c、313a
深化改革工作　162a
深化改革重要会议　130b
深化理论武装　169c
审计　359a、359b
审计监督　359a
审批　260b、321c
审批监管改革　420a
审批权限下放　403c
升级　268b、313b、415b、423b、433c、455a
生产管理　278a

生产经营　310b
生产示范基地建设　263b
生产要素保障　274b
生活　402c、412b
生活必需品应急储备与投放　294b
生活垃圾治理　264c
生活污水治理　264c
生态　262b
生态保护　339b
生态保护和高质量发展　103a
生态保护和高质量发展　123b、177a、240b、271c
生态保护和高质量发展核心示范区建设　339c
生态保护红线评估调整　340a
生态环保综合能力建设　339b
生态环境　429c、441b、451a、455c
生态环境建设　436c
生态环境优化　439b
生态环境质量　434b
生态环境治理恢复　338a
生态建设　340b
生态建设　425c、444b
生态建设规划　320a
生态文明建设　110a、71b
生态文明建设重要会议　135a
生态系统建设　340a
生态与环境保护　337
生物防制管理　399c
生物资源　65b
生育服务　396c
生猪　267b
生猪稳产保供给　265c
省市青年人才公寓建设　212b
省属单位　78b
省委常委　1
省市双重管理机构　76b
失信联防机制建设　362a
师德师风建设　374c
师风建设　374c
师资队伍　371b
师资队伍建设　374c
湿地　341a
湿地公园建设　341a
十八大　29、39
十二届　195b
十九届五中全会　149b、195a
十八大　22、29
十七次　148c
十三次全会　1
十四大　16、22
十四届　385a
十五届人大常委会　72c
十一届纪律检查委员会　222a
十一届三中全会　16
十一届十三次全会　1
“十四五”国资国企规划　363b
实践　156c、405a
实名制　167b
实施　213b
实施方案　364b
实施监督　177a
实事　327a
实体　304c
实体经济　307c
实验区　411a
食品安全　398a
食品安全监管　361a
食品安全委员会　190c
食品监管　408a
食用水生动物口岸　107c
史志工作　389a
始祖轩辕黄帝　384c
示范城市　275a
示范基地建设　263b
示范路　258c
示范区　105b
示范区创建　385c
示范区建设　340a
世界文化遗产保护　386a
世贸组织亚太地区研讨会（线上）召开　423c
市安委会2020年第一次全体（扩大）会议　189c
市场采购　106b
市场发展管理　367a
市场管理　383b
市场监督管理　359b
市场监管　334c、390c
市场监管机构改革　363a
市场监管营商环境优化　360b
市场建设　302b
市管企业产权登记　365c
市管企业担保发债　366a
市管企业督导检查　366a
市管企业房产出租、租赁清理整治　366b
市管企业考核　365a
市管企业年度投资计划　363c
市管企业三年滚动规划　363c
市级文化市场综合行政执法改革　381b
市级重点项目建设　294a
市纪律检查委员会、市监察委员会　72a
市名溯源　65c
市内五区及四开发区中初等教育基本情况　372a
市情概要　65
市情推介会　145c
市人大法制委员会　73a
市容管理　325c
市容环境卫生　325c
市容环境整治　323a
市委　72a
市委常务会议　112a
市委经济工作会议　1
市委理论学习中心组学习会　120c
市委十一届十三次全会暨市委经济工作会议　1
市委书记　1
市委书记徐立毅到二七区接待来访群众　144c
市委书记徐立毅到中原工学院宣讲党的十九届五中全会精神　149b
市委文件　479a
市长　7
市长王新伟到高校宣讲党的十九届五中全会精神　195a
市政府常务会议　179b
市政府第一次全体（扩大）会议　191b
市政府与紫光集团等6家企业集中签约　194a
市政府召开专题会议听取房地产情况汇报　193b
市政府召开专题会议听取经济工作汇报　193b
市政建设与管理　322a
市政管理　325b
市政基础设施专项规划　320a
市政设施防汛除雪　324a
市政设施管理　322a
市政设施养护　324a
市政设施综合整治提升　324a
市直机关爱国卫生工作　212c
市人大常委会工作机构　73a
市委工作部门　72a
市委直属事业单位　72c
市政府工作部门　73c
市政府派出机构　76a
市政府直属事业单位　75c
市政府驻外办事机构　76b
市政协工作机构　77a
事故　210b
事件及影响　377c
事务　405c、407a
事项颗粒化　209b
事业单位改革　166c、241c
事业单位养老保险制度改革　410a
事业发展　155b、346a
事业国有资产管理　365c
事业性收费　356b
试点　295a

试点建设　262c
试点项目　265a
试验区　106a、422b
视察活动　215c
视频分发矩阵　394a
视频会议　192c
视听品牌打造　392c
收储　318c
收费管理　356b
收集整理和开发利用　389c
收入　285b、402c、403a、410a
手段创新　366b
首个　312b
兽医资格考试　267c
书香郑州建设　391c
“书香万家”活动　239c
纾民困　328a
枢纽+开放　415b
枢纽建设　411b
梳理集成　209b
输配系统建设　330b
蔬菜生产　263b
数据　321b
数智治理　420c
数智治理领航者峰会　149a
数字城管案件派遣　326b
数字化城市管理　326a
数字化城市管理监督　326b
数字经济　146b
数字经济发展　207a
数字经济工作　353a
双百工程　192a
双重管理机构　76b
双创园　147b
双槐树古国时代都邑遗址考古重大发现　442b
双随机　361c
双随机一公开　290c
双拥示范路　258c
双拥优抚　407a
双月协商座谈会　219b
“双11”生产经营　310b
“双百工程”　385c
“双百行动”　364b
“双随机、一公开”监管　361c
“双提升”工作　410b
水产品　107c
水产品质量安全监管　268c
水产养殖业转型升级　268b
水产业　268a
水果　107c
水果生产　263b
水旱灾害防御　270a
水利　269、270a
水利扶贫　61a
水利高质量发展规划体系　269a
水利工程建设管理　270b
水利工程运行管理　270c
水利建设　269a
水利脱贫攻坚　269a
水利行业营商环境　270c
水平指标　371b
水生动物107c
水生态系统建设　340a
水土保持生态建设　340b
水文化建设　270c
水污染防治　338a
水系　65a
水资源保障　269a
水资源管理　269b
水资源管理与调度　271c
税收营商环境　316b
税收征管　369b
税务・邮政　310b
税务　314、316a
税务监管　316c
司法为民　253b
司法行政　255a
司法行政基础　256a
丝绸之路　144c、369c、370a
丝绸之路建设　300b
思想　110b
思想道德建设　156b
思想建设　153a、225b、227b、228c、230c、231c、233b
思想理论建设　154c
思想政治　235a
思想政治建设　168a、257a、259a
思想政治引领　237a
四供一业　364c
四开发区　372a
“四好农村路”建设　290a
“四路协同”　422c
“四路协同”发展　104c
送温暖活动　405a
诉讼　253a
诉讼改革　254c
素养提升　158a
素质提升　240c
溯源　65c
隧道综合管理养护　325b
索引　482
32个　320b
35届　148a
3月　83a
4G网络　312b
4月　85c
10月　96c
11月　98b
12月　100a

T

特大安全事故　210b
特点　377b
特刊品牌打造　392b
特困人员照料服务　403c
特色金融　308b
特殊教育374a
特载　1
提案工作　214a
提效能　328a
提质增效　178a
提质增效　266b
体系　106b、269a
体系建立　405b
体系建设　106c、210c、248a、258a、295b、300c、333c、335a、391a、397c、407c
体育　373b、400、401b
体育产业　401c
体育产业项目创建　401c
体育服务　400c
体育服务平台建设　401a
体育活动　401b
体育社会组织建设　401a
体制改革　167a、315c、377b
体制机制　323b
体制机制改革　105c
体制机制建设　423b
体质监测　401b
替代　332b
天气　377c
铁路　277a
铁路沿线五项综合整治　341b
庭审系统　312b
停止军队有偿服务　366a
通 信　310c
通车　258c
通道　106b
通关信息服务平台互联互通　106b
通信业　309
统筹发展　318a
统筹疫情防控和会展业发展　297a
统计报告　319a
统计法治　367c
统计改革　368c
统计工作　367c
统计公报　467a
统计基础保障　368c
统计精准服务决策　368a
统计资料　467

统一　227a
统一监管　364b
统战工作　159a、160a、160b、160c
投放　294b
投入　205a、377a
投入机制建立　105c
投行业务　306c
投资　349a
投资促进　301b
投资计划　363c
投资审计　359b
投资事项负面清单　363c
投资事项监管　363c
投资协会　423c
突出问题　189c、211b
突出问题专项治理　223a
突破60万辆　275b
屠宰　107b
土地供后监管　321c
土地利用总体规划局部调整　319b
土地收储　318c
土壤环境质量类别划定　263c
土壤污染防治　338a
团结进步创建活动　407c
推广　265b、388b、423b
推广渠道　383b
推介　247c、423c
推进产业结构转型升级　415b
推进城市建设　317b
推进会　192a
退货　423b
退休干部　168a、168b、168c、169a
退休人员　364c
退役军人事务　407a
脱贫　61c
脱贫帮扶工作　421b
脱贫攻坚　204b、236c、238b、255c、269a、288c、295c、307c、308c、313a、334b、367b、393b、408a、410b、414a、426b、442b、444a、447c、54c、58a
脱贫攻坚成果　455b
脱贫攻坚工作　381a
脱贫攻坚与乡村振兴衔接　205c
脱贫攻坚重要会议　125a
脱贫攻坚专项培训　206b
拓展　404c、293a、293c、304b、305b
拓展宣传推广渠道　383b

W

外汇管理　304a
外商投资　423c
外事　163c
外事工作　163c
外事接待　164c
完成情况　402a
完善　106b
完善安全生产责任制　210a
王新伟　195a
网络　293a
网络安全宣传周　146c
网络安全宣传周　163b
网络安全宣传周科普活动　241c
网络安全与信息化　162b
网络保障　313c
网络建设　191c、311a、311c、313c、398c
网络金融　306c
网络内容建设　162c
网络签约　142b
网络拓展　293c
网络体系建设　106c
网络宣传　393c
网络综合治理　163a
“网上丝绸之路”建设　370a
违法违规调运生猪专项整治　267b
违规调运生猪　267b
违建别墅问题清查整治专项行动　321c
维护　407b
维修行业服务管理　291a
委员会　108a、190c、213a、225a、227a、228b、230b、231a、233a
委员培训　215a
卫生　326a、399b
卫生管理　322c
卫生机构建设　398c
卫生健康　396
卫生健康民生实事　397b
卫生健康综合监管　396b
文化　110b、381c、385c、65c
文化保护与传承　385b
文化产业发展　155c
文化工程　389b
文化活动　310a、382a
文化建设　270c、71a
文化交流　381a
文化旅游　445a
文化旅游工作　383c
文化旅游市场管理　383b
文化市场综合行政执法改革　381b
文化事业　380
文化事业发展　155b
文化推介　247c
文化宣传　391a
文化遗产保护　386a
文件　479a、479b、480c
文件目录　479
文旅融合　441a
文明城市创建　156a
文明实践　156c
文明实践中心　405a
文明素养提升　158a
文体事业　426a
文物安全　192a
文物安全责任　386c
文物保护科研　386b
文物保护利用“双百工程”　385c
文物保护利用示范区创建　385c
文物管理　385b
文物宣传与公共服务　386c
文物资源基础保护　386a
文学艺术界联合会　246c
文艺展演　247a
文艺作品创作　381c
文字工作　374a
稳产保供给　265c
稳定　303c、430a
稳价　296a、367b
问题楼盘　189c
问题整改　205a
“问学前沿”高端讲堂　142c
卧具洗涤　286a
污染防治　337c、338a
污染防治攻坚　192c
污水净化公司重组上市　366a
污水治理　264c
无水港　279c
无主管楼院整治提升　406c
五区　372a
五项综合整治　341b
五一劳动奖章　466b
五一劳动奖状　466c
五中全会　149b、195a
武警郑州支队　259a
物流业转型发展　301a
物业管理　334a
物资保障供应　274a
物资储备　296a、296b
500强企业　148b、298a
50人　148c
5G　312b
5G产业联盟　312a
5G工业互联网平台　312b
5G全场景智慧营业厅　310a
5G商用　312c
5G网络建设　191c
5月　88a

X

洗涤　286a

洗消中心项目建设 267c
系列重要活动 163b
系统建设 340a
细胞工程 366c
“细胞工程”创建 366c
下放 403c
夏日邮爱 大河传情社区公益行 310b
夏文化研究保护 385c
先进工作者 464a
先进文化 235a
衔接 205c
县（市）区 424
县级城市管理 323a
县域医共体建设 398c
现场会 423c
现代产业体系构建 178a
现代服务业 455a
现代农业 452c
线上 423c
线上健身 400b
线上线下促销活动 294b
线上线下融合 209c
线上线下展会 297b
线上招商推介会暨重点项目签约仪式举行 423c
线网 332b
线下 209c
线下促销活动 294b
线下展会 297b
乡村建设 264b
乡村旅游业 262c
乡村振兴 205c、429c、441b、455b
乡村振兴战略 404c
项目 423c
项目保障 321b
项目创建 401c
项目建设 190b、206c、212b、213c、267c、275a、289c、356c、386b、429b
项目库 103b
项目签约仪式 145c
项目引进 294a
消费 275a、403b
消费扶贫 205c、64b
消费环境优化 362c
消费季系列活动 295a
消费券发放 294c
小额信贷 206b
小康社会 426c
小康社会大事记 16
校外培训机构管理 374b
校友 146b
校园安全 375c
校园美育 373b
校园体育 373b
效能提升 251a
协会 241b、423c
协商 159b、224a
协商座谈会 219b
协同 150a
协议 145a
携手抗疫 164c
心向党 238c
“心暖万家”活动 240a
新城 412b
新的社会阶层人士统战工作 160a
新冠肺炎疫情防控 156b、162c、170a、204c、207b、307c、310c、312a、314a、323c、326c、333a、335c、359c、369a、370b、380a、387b、400a、406a、406c、418b、424c、428b、432b、437c、439c、442a、445a、454c
新冠肺炎疫情防控报道 392a
新冠肺炎疫情防控重要会议 122a、188b
新冠肺炎疫情医保救治 408c
新机具推广 265b
新技术新机具推广 265b
新媒体矩阵 394a
新密市 445b
新能源替代 332b
新时代文明实践工作 156c
新时代郑州慈善文明实践中心建设 405a
新闻出版 390a
新闻出版与传媒 390
新闻宣传报道 394b
新闻宣传和舆论引导 155a
新乡 148b
新校区建设 295c
新型城镇化建设 420b、453a
新型城镇化建设重要会议 132a
新型媒体平台建设 393a
新型农业经营主体培育 262c
新型研发机构 376a
新郑市 451c
新郑综合保税区 411a
薪酬管理 365b
信贷 206b
信贷管理 303a
信访工作 211a、421c
信访工作机制创新 212a
信访工作责任制落实 211a
信访渠道 211b
信访突出问题 189c
信访突出问题化解 211b
信息编发和上报 178c
信息服务平台互联互通 106b
信息管理 321a
信息化 162b、241a
信息化建设 211a、304a、375c、389a、389c、408c
信息化能力提升 309c
信息基础设施建设 207c
信息科技 308b
信息消费示范城市 275a
信用建设 357c
信用体系建设 335a
刑事检察 252c
刑事执行 255b
行动 397a
行风建设工作 208c
行善 405a
行业“三大攻坚战” 288b
行业 378c
行业扶贫 58a
行业管理 290c
行业管理 317a、317c、334c、391b
行业管理服务 289a
行业交流合作 297b
行业信用体系建设 335a
行政 408b、409b、410b
行政检察 253b
行政区划 66c
行政审批 321c
行政事业国有资产管理 365c
行政事业性收费管理 356b
行政执法改革 381b
行政执法监督 250a
荥阳市 449c
幸福感 195a
休干体系建设 258a
休闲农业及乡村旅游业 262c
修改部分地方性法规的决定 470a
徐立毅 1、144c、149b
许昌 148b
轩辕黄帝 384c
宣传报道 394b
宣传工作 154b、403c
宣传教育 170b、210c、223b
宣传思想文化工作 110b
宣传推广 388b
宣传推广渠道 383b
宣传周 146c、163b、241c
宣讲 149b、195a
宣讲会 145b
宣讲活动 144a
学会管理 387b
学会管理服务 241b
学前教育 373c
学生德育 373a

学术年会　388a
学习会　120c
学习活动阵地建设　169b
学习培训　408a
学校规范管理　374c
巡查　58a
巡查规范化建设　223c
巡查整改　223c
巡察工作　223b
巡游出租汽车新能源替代工作　332b

Y

亚太地区　423c
烟草工业　275c
沿革　66b
沿线　341b
研发机构　376a
研究　389c
研究保护　385c
研究机制建设　387b
研讨会　148c、423c
央视春晚在郑州设立分会场　193c
养护　290a、324a、325b
养老保险制度改革　410a
养老服务　404a
养老服务质量建设　404a
养老设施建设　404a
养殖业转型升级　268b
药品供应保障　396a
药品进口口岸　107c、292c
药械化安全监管　361b
要素保障　274b
要素集聚　419b
业绩　305a
业务创新　303c
业务发展　310c
业务经营　311b
业务开展　107a
业务能力建设　222a
“业安万家”活动　239c
夜间经济　331c
夜郑州　295a
一公开　290c、361c
一九八〇年　16a
一九八八年　19b
一九八二年　17a
一九八九年　19c
一九八六年　18c
一九八七年　19a
一九八三年　17b
一九八四年　17c
一九八五年　18a
一九八一年　16c
一九九〇年　20a
一九九八年　24c
一九九二年　21b
一九九二年　22a
一九九九年　25b
一九九六年　23c
一九九七年　24a
一九九三年　22a
一九九四年　22c
一九九五年　23b
一九九一年　20b
一九七八年　16a
一九七九年　16a
一体化　403c
一线行活动　279c
一项管理　420b、425c
“一件事”梳理集成　209b
“一网通办”政务服务改革　206c
“一张图”建设　321b
医保　409a
医保扶贫　408c
医保改革　409a
医保基金保障　409c
医保基金监管　409c
医保经办服务　409c
医保救治　408c
医共体建设　398c
医疗保障　408b
医疗保障信息化建设　408c
医疗服务管理　398b
医疗援助　397b
医院改革　396a
依法行善　405a
依法行政　290c、408b、409b、410b
依法行政工作　328a
依法治河管河　271b
依法治教　375b
依法治理　364a
依法治市　249c
仪程　384a
移动通信　310c
移交　364c
移交安置　407b
移民后期扶持　270b
遗产保护　386a
遗址　442b
以案促改　223b
以文辅政　161b
义务教育　373c
艺术界　246c
议政　226a、227c、230c、232b、233c
易地扶贫搬迁　63a
疫病防控　267a
疫情　408c
疫情常态化防控　267b
疫情防控　108c、156b、162c、164a、170a、178a、188b、204c、207b、225a、227b、228b、231b、233a、241b、245c、248b、251a、257b、261c、297a、307c、308c、310c、312a、312c、314a、323c、326c、333a、335c、359c、369a、370b、375a、376c、380a、387b、400a、404c、406a、406c、411a、415a、418b、424c、428b、432b、437c、439c、442a、445a、447a、453c、454c
疫情防控保供稳价　367b
疫情防控报道　392a、94c
疫情防控和复工复产　159a、172a、213a、235c、242a、243b、451b
疫情防控与复工复产　238b、275c
疫情防控重要会议　122a
疫情期间粮油市场保供稳价　296a
意识形态工作　154c、244a
银行　302c
引进　294a
引领　237a
引智　192b、298b
应急　296b
应急保障　398a
应急储备与投放　294b
应急处置　323c
应急管理　210a
应急管理体系建设　210a
应急管理信息化建设　211a
应急基层基础建设　210c
应急能力建设　397c
应急知识宣传教育　210c
营商环境　254a、270c、274b、291b、297b、316b、370a、381b、416c、423a、445a
营商环境提升　455c
营商环境优化　266b、360b、364a、425b
营商环境优化提升　105a
营销管理　330a
营业厅　310a
影响　377c
影响评价　378c
用车　212b
用地计划改革　319c
用地预审及报批　319c
用电量情况　328b
用房　212b
优抚　407a
优化发展环境　436c
优化服务保障　387a

优化环境　448a
优化口岸营商环境　370a
优化配置　167c、332b
优化设置　167b
优化升级展示中心　423b
优化税收营商环境　316b
优化提升　105a
优化营商环境　274b、291b、297b、416c、423a、445a
优势　168c、422c
优秀工业设计奖金奖　275c
优质服务　330c
邮电通信业　309
邮政　309a
邮政5G全场景智慧营业厅开业　310a
邮政建设　342c
邮政转运口岸　107b
游河南　279c
友城　166b
友好城市携手抗疫　164c
友好合作城市　301c
有偿服务　366a
舆论引导　155a
雨露计划培训　206c
语言文字工作　374a
预审　319c
预算　365c
预算收入超额完成　365c
预算执行　314a
预算执行审计　359a
预算资金合理安排使用　365c
豫见魅力郑万　279c
“育兴万家”活动　239c
园林工程建设　341b
园林科研成果　328a
园林绿化　326c
园林绿化管理　327c
园林绿化建设　342b
园林绿化依法行政工作　328a
园区建设　411
援助　397b
源头　211b
院长联席会　388a
约束　167b
运动　399b
运输　287c
运输安全　281b
运输结构调整　290b
运输经营　278b
运输生产　290a
运输生产任务　282a
运输组织　284a
运行调度　274b
运行管理　270c、292c
运行机制　323b
运行监督　177b
运营　279a、280a、287a、392b
运营机制　364b
运作使用　336a
1978年12月党的十一届三中全会—1992年10月党的十四大　16
1992年10月　16
1992年10月党的十四大—2002年12月党的十六大　22
1月　79a

Z

杂志　388a
灾害防御　270a
再生资源体系建设　295b
造林绿化　341a
责任　386c
责任落实　365b
责任制　210a
责任制落实　211a
增收　204c
增效　178a
增值责任落实　365b
增殖放流　340c
宅基地管理与改革　263a
展会　262a、297b
展示中心　423b
展演　247a
战“疫”通道　106b
战略　103、436a
战略发展　305c
战略合作　310b
战略合作协议　145a
站房　279b
长三角区域合作　145c
招才引智　192b
招才引智创新发展大会　298b
招商活动　294c
招商推介会　423c
招商引资　105a、142b、190b、275a、294a、415c、422c、425a、441a
招生考试管理　375c
招生政策改革　374b
照料服务　403c
照明设施管理　324b
浙江商会会长　146a
浙商　146a
阵地建设　169b
振兴　429c、441b、455b
争当出彩先锋　144a、145b
征兵工作　257c
征管　369b
征集　170b
征信管理与服务　304a
整车产量突破60万辆　275b
整车进口　107b
整顿　362a
整改　205a、223c
整改工作　321c
整合　364b
整治　290b、321c、323a、338c、341b、366b
整治提升　324a、406c、407a
正版化管理　390c
证照　321b
郑东新区　412c
郑交会　194c
郑开大道市政管理　325b
郑卢结对帮扶　430b
郑洛新国家自主创新示范区　105b
郑太高铁全线开通运营　280a
郑万　279c
郑州北车站　283c
郑州财经技师学院新校区建设　295c
郑州慈善日活动　405a
郑州慈善文明实践中心　405a
郑州大剧院启用　149b
郑州电联4G网络深度共建共享启动　312b
郑州发布　392b
郑州港　279c
郑州高新技术产业开发区　418a
郑州航空港经济综合实验区（郑州新郑综合保税区）　411a
郑州获评“2020中国最具幸福感城市”　195ab
郑州基地　275b
郑州建设　391c
郑州交通运输集团有限责任公司　291b
郑州经济技术开发区　415a
郑州警备区　257a
郑州警备区军民共建“双拥示范路”通车　258c
郑州客运段　284b
郑州跨境电商综试区建设　417b
郑州—卢森堡“空中丝绸之路”座谈会暨BAA（中国）航空培训中心启动仪式　144c
郑州南站站房工程建设　279b
郑州片区　104c、422b
郑州片区在全国自贸试验区高质量发展现场会作发言　423c
郑州全国商品交易会　298a
郑州市“菜篮子”工程工作领导小组会议　190a
郑州市“弘扬抗疫精神 护佑人民

健康”庆祝表彰活动　146b
郑州市“弘扬劳动精神 争当出彩先锋”宣讲活动　144a
郑州市“千村百镇”系列体育活动　401b
郑州市“长三角区域合作”市情推介会暨项目签约仪式　145c
郑州市2020—2021年秋冬季大气污染防治攻坚动员视频会议　192c
郑州市32个核心板块城市设计工作　320b
郑州市5G工业互联网平台发布　312b
郑州市5G网络建设和产业发展工作推进会议　191c
郑州市城市公共汽车客运条例　472c
郑州市党政考察团到上海市考察并座谈　146a
郑州市党政考察团到许昌开封焦作新乡四市考察学习　148b
郑州市道路交通安全集中整治“百日攻坚”行动动员部署会议　193ab
郑州市房屋使用安全管理条例　475c
郑州市国家中心城市建设工作专题会议　191a
郑州市交通规划勘察设计研究院　291c
郑州市经济运行分析会　191a
郑州市经济运行分析会议　192c
郑州市科技领导小组工作会议　191c
郑州市领导干部“问学前沿”高端讲堂　142c
郑州市名镇志、名村志、名街志文化工程　389b
郑州市全民健身活动月（线上健身）活动　400b
郑州市群众团体组织　77c
郑州市人大常委会文件　479b
郑州市人民代表大会　171c
郑州市人民代表大会常务委员会关于废止部分地方性法规的决定　472b
郑州市人民代表大会常务委员会关于修改部分地方性法规的决定　470a
郑州市人民检察院　77c
郑州市人民政府　73c、177c
郑州市人民政府文件　480c
郑州市入选国家综合型信息消费示范城市　275a
郑州市十五届人大常委会　72c
郑州市食品安全委员会全体（扩大）会议　190c
郑州市委　72a
郑州市委员会　225a、227a、228b、230b、231a、233a
郑州市文物安全暨保护利用“双百工程”推进会　192a
郑州市问题楼盘信访突出问题化解攻坚总结大会　189c
郑州市与阿里巴巴集团举行座谈并签署战略合作协议　145a
郑州市招商引资工作会　190b
郑州市政务服务改革和城市大脑项目建设工作专题会议　190b
郑州市中国·河南招才引智创新发展大会“2020招才引智专项行动”动员会　192b
郑州市中级人民法院　77c
郑州市重大项目集中开工仪式　142a
郑州税务·邮政战略合作发布会　310b
郑州新郑综合保税区　411a
郑州药品进口口岸启用　292c
郑州银行　307b
郑州站　280b
“郑州发布”运营　392b
《郑州大事月报》编印　389b
政策　377a
政策发布会　147a
政策法规　408a
政策改革　374b
政策落实　314b
政策宣传　410c
政策研究　161a
政策支持　297b、419c
政策制订　273a
政策制订与落实　56a
政党协商　224a
政法队伍建设　249b
政法工作体系建设　248a
政法委及综治　248a
政法系统改革　249a
政府　177c
政府常务会议　179b
政府工作报告　7
政府建设　249c、250a
政府立法　250a
政府投资审计　359b
政务服务　209a、392c、420a
政务服务改革　190b、206c
政务服务平台建设　395c
政务服务事项颗粒化　209b
政务服务体系建设　209c
政务信息编发和上报　178c
政协常委会议　220c
政协全体会议　220c
政协双月协商座谈会　219b
政协提案工作　214a
政协委员培训　215a
政协郑州市第十四届委员会　76c
政协郑州市委员会　213a
政协自身建设　215c
政治监督　222c
政治建设　68a、108a、257a、259a
政治思想建设　153a
政治协商　159b
支撑　376c
支撑性工程　104b
支持　419c
支持打好三大攻坚战　314c
支持经济社会高质量发展　315a
支持开放平台建设　370b
支持社会保障和民生改善　315b
支出　410a
支付结算　303c
芝麻街双创园开园　147b
知名浙商走进郑州　146a
知识产权保护　360c
执法改革　381b
执法工作　386c
执法监督　250a
执法整改工作　321c
执行　255b、359a
执行结案工作　254c
执业兽医资格考试　267c
直播带货和电商经济　394a
直管县　439c
直属事业单位　72c、75c
直属站　279a
职工帮扶服务　236c
职工队伍思想政治和先进文化建设　235a
职工技能提升　236b
职工权益维护　236b
职能　224b
职业、成人、高等教育　374a
职业健康和食品安全　398a
指标　371b
指导　171c、406a
指导服务　262c
指定口岸　107b、107c
志愿服务　157b、244b
志智双扶　205b
制订与落实　56a
制定印发权责清单　364a
制度创新　423c
制度改革　263a、410a
制度化建设　157c
制度宣传　256c
制造业　275a
制造业发展　419b
制造业与服务业融合发展　275b
制造业与互联网融合发展　275a
制造业转型升级　455a
质量　263c、285c、395a
质量安全监管　268c

质量工作　360c
质量监管　361c
质量建设　404a
治河管河　271b
治教　375b
治理恢复　338a
治理结构　364c
治理结构和运营机制　364b
治理整顿　362a
治市　249c
智慧产业发展　419b
智慧城管建设　326b
智慧法院建设　254c
智慧管控　420c
智慧化农贸市场建设　367a
智慧监管能力提升　362c
智慧健康建设　397a
智慧交通　289b
智慧庭审系统　312b
智慧营业厅　310a
中博（春季）建筑建材装饰博览会　297c
中初等教育规模　371a
中初等教育基本办学条件　371c
中初等教育基本情况　372a
中初等教育师资队伍　371b
中初等教育主要水平指标　371b
中共郑州市委　72a
中共郑州市委文件　479a
中国（河南）自由贸易试验区郑州片区　104c、422b
中国（郑州）产业转移系列对接活动　194b
中国（郑州）会展主办方大会　298c
中国（郑州）跨境电子商务综合试验区　106a
中国·河南　192b
中国·河南招才引智创新发展大会在郑州举办　298b
中国·郑州2020国际乒联总决赛　195a
中国500强企业高峰论坛　148b
中国500强企业高峰论坛　298a
中国测绘地理信息技术装备博览会　298b
中国测绘学会2020学术年会暨第十届中国测绘地理信息技术装备博览会在郑州举办　298b
中国共产党郑州市第十一届纪律检查委员会第五次全体会议　222a
中国共产党郑州市第十一届委员会第十二次全体（扩大）会议　111c
中国共产党郑州市委员会　108a
中国金鸡百花电影节　148a
中国区域经济50人论坛第十七次专题研讨会　148c
中国人寿　308b
中国银行　306b
中国优秀工业设计奖金奖　275c
中国郑州工业装备博览会　298b
中国中博（春季）建筑建材装饰博览会　297c
中牟县　454a
中欧班列（郑州）　106c、416c
中欧班列常态化开行　278c
中铁装备获2020年中国优秀工业设计奖金奖　275c
中外合作办学　373c
中小微企业房租　364a
中心　423b
中心仓　423b
中心城市　103c、194b
中心大局　153a
中心工作　167c、247b
中心组　120c
中医药服务能力建设　398c
中原工学院　149b
中原环保“双百行动”综合改革　364b
中原科技城政策发布会　147a
中原区　424a
中原数字经济高峰论坛　146b
中原文化传播　243a
中原文化推介　247c
中职教育　374a
中州航空开航　293a
《中州纵横》杂志　388a
种业发展　263c
种业监管　263b
种植业　263b
仲 裁　256a
仲裁法律制度宣传　256c
仲裁工作　256b
仲裁规范管理　256b
重大安全风险　210b
重大动物疫病防控　267a
重大工程　103b
重大活动档案收集　389a
重大活动网络保障　313c
重大疾病防控　398a
重大科技创新专项　377a
重大投资事项监管　363c
重大项目　142a
重大项目建设　213c
重大项目库　103b
重大园林工程建设　341b
重点工程项目建设　212b
重点工作　169c
重点领域体制改革　167a
重点领域专项提升　209c
重点民生实事　402a
重点项目保障　321b
重点项目建设　289c、294a、356c、386b、429b
重点项目签约仪式　423c
重特大安全事故　210b
重要调研活动　150a、195c
重要工业品质量监管　361c
重要会议　111c、122a、123b、125a、126b、128c、130b、132a、135a、136a、173a、179b、188b、220c
重要活动　142a、163b、193c
重要农时机械化生产　265b
重要片区规划　319b
重要文件　目录479
重组上市　366a
重组整合和集中统一监管　364b
猪瘟疫情常态化防控　267b
主攻方向　104a
主任会议　175b
主题雕塑创作　332c
主题文化活动　310a
主题宣讲会　145b
主要技术设备　280c、284a、284c
主要气候特点　377b
主要水平指标　371b
主要天气气候事件及影响　377c
助残　246b
助力复工达产　418c
助力工程　241c
助力黄河流域生态保护和高质量发展　271c
助力精准扶贫　310a
助力企业防范化解经营风险　365a
助力实施黄河流域生态保护和高质量发展战略　240b
助力脱贫攻坚　238b、295c、307c、367b、410b
助力乡村振兴战略　404c
助力新冠肺炎疫情防控　156b
助力疫情防控　404c
助力中原文化传播　243a
助力重大项目建设　213c
助推国家战略实施　213b
助推卢氏县产业扶贫　364a
助学　404c
住房保障体系建设　333c
住房公积金管理　335b
住房租赁市场　335a
驻村帮扶　56b
驻外办事机构　76b
驻郑部队全面停止军队有偿服务　366a
驻郑部属及省属单位　78b
驻郑单位联络服务　301c

专记　16
专列　279c
专卖管理　276a
专题会议　190b、191a、193b
专题研讨会　148c
专项　377a
专项规划　320a
专项培训　206b
专项社会事务　405c
专项提升　209c
专项行动　192b、321c、328a
专项整治　267b、290b
专项治理　223a、403c
专项治理整顿　362a
转型　305b、443b、447c
转型发展　301a
转型升级　268b、313b、415b、455a
转型升级动能　433c
转移净收入　403a
转运　107b
转作风　328a
资本经营预算　365c
资本市场建设　302b
资产　349a
资产管理统计报告　319a
资产监督管理　363a
资产评估备案　366a
资产清查　364c
资格认证管理　375a
资金合理安排使用　365c
资金审计　359b
资金投入　205a
资料征集和编纂　170b
资源　65b、318a、319a、354b
资源管理　341a
资源化利用　264a
资源基础　386a
资源集聚　105c
资源建设　388c
资源开发利用　319a
资源收集整理和开发利用　389c
资源优化配置　167c
紫光集团　194a
自贸区　423c
自贸区业务创新　303c
自贸试验区　423c
自然环境　65a
自然资源调查监测　318a
自然资源和规划　318a
自然资源开发利用　319a
自然资源确权登记　318b
自然资源资产管理统计报告　319a
自身建设　172c、215c、224c
自由贸易试验区郑州片区　104c、422b
自治体系建立　405b
自主创新示范区　105b
宗教　159c、407c
宗教政策法规　408a
综合保税区　411a
综合保障能力建设　259c
综合打击效能提升　251a
综合改革　364b
综合管理　375a
综合监管　396b
综合利用　339a
综合能力建设　339b
综合年鉴编纂　389b
综合实验区　411a
综合试验区　106a
综合行政执法改革　381b
综合整治　341b
综合整治提升　407a
综合治理　163a、290a
综试区　417b
综治　248a
总结大会　189c
总决赛　401c
总体规划局部调整　319b
租赁清理整治　366b
租赁市场　335a
组织工作　153a
组织管理　405b
组织机构及负责人　72a
组织建设　168b、225c、227c、229b、231a、232a、234a、236c、237c、242c、258b、401a
组织领导　55c
祖国和平统一　227a
最美铁路　279c
"醉美·夜郑州"消费季系列活动　295a
作风安全管理　258b
作风建设　170a、222c
作品创作　381c
作用发挥　168c
座谈　145a、146a
座谈会　144c、219b、423c

表格和示意图索引

1961–2020年降水历年变化曲线（毫米）　378
1961–2020年平均气温历年变化曲线　378
1961–2020年平均日照时数历年变化曲线（小时）　378
2020年降水（左）及距平百分率（右）分布图　378
2020年平均气温（左）及距平（右）分布图　378
2020年平均日照时数（左）及距平（右）分布图　378
2020年全市高温日数（天）　378
2020年郑州市行政区划情况　67
近12年全市平均高温日数（天）　378
郑州市2020年全社会用电量统计表　329
郑州市A级旅游景区名单　382
郑州市人口基本情况（第七次人口普查）　68

图书在版编目（CIP）数据

郑州年鉴．2021 / 郑州市地方史志办公室编．—郑州：中州古籍出版社，2021. 6
ISBN 978-7-5348-9701-6

Ⅰ．①郑… Ⅱ．①郑… Ⅲ．①郑州 -2021- 年鉴 Ⅳ．① Z526.11

中国版本图书馆 CIP 数据核字（2021）第 122809 号

ZHENGZHOU NIANJIAN（2021）
郑州年鉴（2021）

责任编辑　宗增芳
责任校对　梁　郁
美术编辑　古青风
装帧设计　凡响工作室
封面摄影　郭少宁

出 版 社　中州古籍出版社（地址：郑州市郑东新区祥盛街 27 号 6 层 邮编：450016　电话：0371-65788693）
发行单位　河南省新华书店发行集团有限公司
承印单位　河南瑞之光印刷股份有限公司
开　　本　889 mm × 1194 mm　1/16
印　　张　33.5
字　　数　1600 千字
印　　数　1—2000 册
版　　次　2021 年 8 月第 1 版
印　　次　2021 年 8 月第 1 次印刷
定　　价　320.00 元